世界女神大事典

THE ENCYCLOPEDIA OF
THE GODDESS

松村一男
森 雅子
沖田瑞穂
編

原書房

日本

《天照大神と須佐之男命》
松本楓湖
広島県立美術館蔵
（630頁参照）

《神崎の窟》
小林古径
佐野市吉澤記念美術館蔵
（630頁参照）

道教

送子娘娘
蓬莱閣子孫殿
櫻井龍彦撮影

日月仙女
黄海道、海州

朝鮮半島

仏教

胎蔵界曼荼羅
東寺

ハトホル、デル・
エル＝バハリ
田澤恵子撮影

エジプト

ギリシア

ネプトゥウスと
アムピトリテ
モザイク壁画
Stelian Poro-jnicu

《ユピテルとダナエ》
ジャンバッティス
タ・ティエポロ
ストックホルム大学
付属美術館

アーサー王物語

イズーとトリスタンのもとに突然マルク王が現れる
『トリスタン物語』より

《王妃グウィネヴィア》
ウィリアム・モリス

メソアメリカ

テオティワカンの大女神
テパンティトラ宮殿壁画のレプリカ、テオティワカン博物館蔵
(右)
シワテテオ
メキシコ国立人類学博物館所蔵

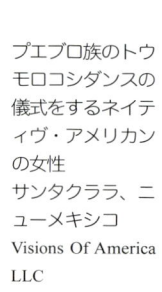

プエブロ族のトウモロコシダンスの儀式をするネイティヴ・アメリカンの女性
サンタクララ、ニューメキシコ
Visions Of America LLC

ネイティヴ・アメリカン

インドネシア

魔女ランダ像
インドンシア、
バリ島

《聖ウルスラの殉教》
カラヴァッジョ
イタリア商業銀行蔵

キリスト教の聖女

新約聖書

《フォリーニョの
聖母》
ラファエロ
ヴァティカン絵画
館蔵

世界女神大事典

目次

総説　女神とは何か　松村一男　5
この事典の使い方　12

◎ 東アジア 13 ◎

日本の女神　古川のり子　14
沖縄の女神　福寛美　63
中国の女神　森雅子　73
道教の女神　櫻井龍彦　91
朝鮮半島の女神　依田千百子　102

◎ 南アジア 119 ◎

インドの女神　沖田瑞穂　120
仏教の女神　沖田瑞穂　177

◎ 西アジア 193 ◎

イランの女神　青木健　194
メソポタミアの女神　岡田明子、森雅子　201
エジプトの女神　田澤恵子　240
アラビアの女神　森下信子　265

◎ ヨーロッパ 275 ◎

ギリシア・ローマの女神　平山東子　276
ケルトの女神　渡邉浩司　334
アイルランドの女神　339
ウェールズの女神　353
ガリアの女神　362
その他のケルトの女神　375
アーサー王物語の女性たち　380
ゲルマンの女神　松村一男　390
ゲルマン小女神　404
シベリアとアイヌの女神　荻原眞子　407
アイヌの女神　荻原眞子　420
スラヴの女神　荻原眞子　422
カレワラの女神　荻原眞子　433

アメリカ大陸 439
ネイティヴ・アメリカンの女神　荻原眞子　440
メソアメリカの女神　笹尾典代　452

オセアニア 473
インドネシアの女神　後藤明　477
オーストラリアの女神　後藤明　482
ミクロネシアの女神　後藤明　485
メラネシアの女神　後藤明　487
ポリネシアの女神　後藤明　489

聖典 497
旧約聖書の女神　松村一男　498
新約聖書の女神　松村一男　511
キリスト教の聖女と魔女　松村一男　515

現代 521
ファンタジーの女神　沖田瑞穂　522
メルヘンと児童文学の女神　大澤千恵子　532
オペラの女神　沖田瑞穂　543
女神的存在　松村一男　552

あとがき　563

索引 567
略記表　568
キーワード索引　569
神名索引　599

総説 女神とは何か

松村一男

・神話の普遍性と不変性

　この事典は旧石器時代の女神像の背後にも女神神話の存在を想定し、また現代のメディアのセレブリティの女性たちの背後にもやはり女神神話の存在を想定して、作られている。女神の神話は人類に**普遍**であり、しかも内容的には**不変**ではないか、という見方である。神話とは、人類が人類となった証しとしての思索（コギト）の原初形態であると考える。身の回りにある天体、自然、動物、植物などを手がかりに世界や自分たちについて考えたことを物語として、それを語ることで、それを共有してきたのだろう。そこで語られることは現在なら「起源、秩序、規律、規範、道徳、マナー」などと呼ばれている内容であった。不変性を可能にする手段の一つが図像化・神像化であったと思われる。図像や神像によって可視化すれば、不変性を獲得できるからだ。旧石器時代以来世界中で途絶えることなく作られてきた女神像がその証拠である。しかし、女神の優越を嫌う男性優位主義の集団は図像化を禁じた。いわゆる偶像崇拝の禁止である。イスラエル宗教、ゾロアスター教、キリスト教、ユダヤ教、イスラームなどの唯一の男神を崇拝し、女神を否定する宗教集団がすべて偶像崇拝の名のもとに女神像を禁じるのは偶然ではない。

　しかしこのことは裏返して言えば、変わらない固定化された女性像は女神化されやすいとなるはずだ。近現代の写真や映画の発明は、時間や時代を超越する永遠性を帯びた女神的な女性の姿を生み出した。現実ではない写真やスクリーンの中の女優は永遠に同じ姿なのである。カラー以前のモノクロの写真や映画の方が対象の女神性をより示すのは、モノクロの方がより非現実、非日常、異世界の感覚を惹起するからであろう。

・女神の見取り図

　世界中のどの時代や地域においても女神が一般的に付与される傾向のある幾つかの特性がある。人間社会が男性と女性からなっており、それぞれが合理性に基づいて役割分担を果たすことによって人間社会は繁栄してきたからだ。以下では基本的な女神の分類を考える。男神と女神は何が異なり、その理由は何にあるのかを明らかにしてみたい。しかしそうした構造的な分析だけでは不十分なので、歴史的な問題にも触れることになる。

　本書は地域別に女神を紹介している。その地域の執筆者による地域の女神の普遍性と独自性について触れた概説も用意されている。それによって地域ごとの女神の特徴を明らかにできると思うが、世界規模の時代的な変化のような問題はそうした体裁では取り扱えない。しかし、それはどこかで論じなければならないので、ここで述べておく。

　同じ問題を別の言い方で述べてみよう。この事典は他の多くの神話事典と同様に名前で項目を立てている。つまり名前のない女神については事典本体では取り扱えないのだ。しかし、図像は残っているが名前が残っていない女神は多数いる。例えば、文字資料のない先史時代の女神像については項目が立てられない。しかし女神像は存在するし、それを無視することは女神事典という名にふさわしくない。

・旧石器時代の女神

旧石器時代後期の遺跡からは女神小像が出土している。フランス、ドルドーニュ出土の「ローセルのヴィーナス」（44cm）やオーストリア、ヴィーレンドルフ出土の「ヴィーレンドルフのヴィーナス」（11cm）などが有名である。ほとんどの場合、顔は省略され、巨大な胸、腹部、臀部を持ち、性器が刻印されている。洞窟壁画に写実的な動物群が描かれるのと対照的に、女神像は抽象的・観念的である。これらを女神（豊穣女神、大地母など）と見るか、妊婦や育児の護符と見るか、意見は分かれている。

女性の生産力を女神化して崇拝する「大女神」崇拝の時代が人類史には普遍的に存在したという考えは19世紀にバッハオーフェンやエンゲルスらによって唱えられ、その後もユング派のエーリッヒ・ノイマンや考古学者のマリア・ギンブタス、歴史家のゲルダ・ラーナーらのように、そうした立場を擁護する者もいるが、学問の精緻化と共に女神についてもそうした大理論は受入れ難くなっている（バッハオーフェン1992-1993年、ノイマン1982年、ギンブタス1989年、ラーナー1996年）。

とはいえ、女神のイメージは人類の誕生以来絶えることなく存在してきたのだし、日本においても縄文土偶のほとんどすべては女性像である（ナウマン2005年）。それらを個別の女性の像であると考えることは難しいだろう。女神とするのが最も妥当な見方だと思う。

・女神の分類

女神を一括して「大女神」とすることが疑わしいわけだが、では女神はどのように分類されるだろうか。決定的な基準はないので、一つの可能性を提案してみたい。

出産は女性にしかできないので、世界を生み出すとされるのは女神であり、その側面については一般的に**大母神、グレード・マザー、始原女神、創造女神**などの名称で呼ばれている。始原には世界がまだ未分化で無秩序であったとする見方が優勢だから、世界の始まりはカオスあるいは原初の海とされることが多い。日本神話もインド神話もそうである。従って始原女神は水や海との関連が深いとされがちである。メソポタミア神話のティアマト†がそうだろう。しかしその後の世界のあり方に関する神話になると、こうした大女神の諸側面が分離して限定された機能神として語られることも多い。宗教観念や神話体系の精緻化と共に大母神から**職能女神**へと分化していく変化が起こる。

始祖母も大女神としての始原女神の流れを汲んでいるが、世界とか人類という大きなものの母ではなく、ある部族の最初の母と限定された役割を担う。原初に大洪水があり、人々が絶えたが一組の男女別けても兄と妹だけが生き残って、その二人から再び人類が増えたというタイプの洪水神話がアジアには多い（篠田・丸山編2005年）。彼女は神ではないが人類の母として女神のようにあるいは女神として崇拝される。また王国なり王朝なりを開いた人物の母も同じように崇拝されることがある。このほか、イエスの母マリア†や釈迦の母マヤ夫人が典型的だが、教えを開いた人物の母も女神のようにみなされることがある（⇒王権女神）。

出産：女性が出産するように、女神があらゆる生物を生み出すか与えると考えるなら、狩猟や漁撈の成功には女神の好意を得ることが必要だとするタイプの神話（落ち度が女神の怒りを招き、滅ぼされるという形態を取ることもある）があることが理解しやすいだろう。このタイプの女神神話は特に狩猟や漁撈を主な生計の手段としている狩猟・漁撈採集民の間に見られ、こうした獣や魚・海獣を支配している女神は**母、女主人、女王**などと呼ばれることが多い。山の（女）神や航海の守護女神も起源はこうした獣や魚・海獣の女主人型の女神なのかもしれない。

穀物女神：農業の発生は穀物起源の神話を生み出したが、天上から盗んでくるというタイプのほかに女神が殺され、その死体から食物が発生したというタイプも広く分布してい

る。インドネシアのセラム島のハイヌウェレ[†]、日本神話のオホゲツヒメ[†]やウケモチ[†]、北米先住民のセル[†]やウトセト[†]などが典型である。またインドネシアでは稲の女神デヴィ・スリ[†]が崇拝されている（インド風の名前はインド文化の影響の結果で、土着の女神）。

機織り女神：伝統的に女性の仕事とされてきたものに機織りがある。中国漢民族の天体神話に見られる、七夕での牽牛星と織女星という名称のもとになった天帝の娘の織女[†]がよい例だろう。日本神話の主神アマテラス[†]も**機織りの女神**である。また機織りによって生み出される織物は比喩的に時間とか運命に擬せられる場合がある。アマテラスのほか、ギリシア神話のヘレネ[†]、オデュッセウスの妻のペネロペイアも機織りにより時間と運命を左右する女神的存在と考えられる。ヘレネはトロイアとギリシアの男たちが自分を巡って戦っている間も機を織り続ける。それは戦の時を織り成しているかのようである。またペネロペイアは夫がトロイア戦争に出かけて不在中に、夫は死んだとして彼女に再婚を迫る求婚者たちを、機織りで義父のための葬送布を完成させることを口実に断り、日中に織ったものを夜に解いて完成を遅らせ、夫の帰還を待ちわびている。ギリシアのモイラ（モイライ）[†]や北欧のノルン（ノルニル）[†]といった**運命の女神**はしばしば機織りの女神のイメージを帯びるが、これは偶然ではない。機織りは女性の多くの地域や時代で女性の典型的な職業とされており、出産と並んで、時間の経過の中で何か新しいものを生み出すことが時間のメタファーとされ、世界の秩序や運命のカギを握る存在とみなされるようになったのであろう（Barber1991、バーバー 1996）。

竈の火の女神：家事も多く女性が担ってきたので、家の守護神や竈とその火を女神とすることも多い。**竈の火の女神**への信仰ではギリシアのヘスティア[†]やローマのウェスタ[†]が有名だが、沖縄やアイヌにおいても見られる。家庭の竈の火の神がやがて国家の竈の神となったのがポリス国家のヘスティアやローマ帝国のウェスタである。

男女二項対立：女性的な性質・属性というものが男性的な性質・属性との関係において、二項対立あるいは二項対比から類比的に決定されてきたという問題がある。もちろん、例外もあるし、こうした類比によるイメージ連鎖が果たして正しいものかどうかは大いに議論もあるだろうが、人類が伝統的にそうしたアナロジーを使って思考し生活してきたのは事実なのだから、「女神」という現象の理解のためにそれを参照すべきだろう。

天地の対比：天地との類比で言えば女性的とされるのは地、太陽と月なら月、火と水なら水、動物と植物なら植物の側が女性的とされることが多い（もちろん、その逆もある）。また実りをもたらす大地、満ち欠けする月、生命をもたらす水、大地の実りである植物が女神の属性とされることが一般的である（エリアーデ 1974）。本書にも**大地母神、水の女神**（イランのアナーヒター[†]、インドのサラスヴァティー[†]、仏教の**弁（才）天**[†]など）、月の女神、食物女神の例は数多い。

自然を象徴：自然の諸要素とのつながりも男神の場合より強いと思われる。例えば山の神とか、**天女**とか、森や川の精などだ。天女や山野の精は**羽衣伝承**や**白鳥乙女伝承**によく登場する。そして人間の男との間に生まれた子供が有名なあるいは高位の人物となるという形で始祖母の側面ともつながっていく。またそれは自然の神格化でもある。多くの場合、その姿は美しい若い乙女とされ、手つかずの自然の美しさを表現している。

山の女神：山の神もその系譜に属するが、恵み深いばかりでなく恐ろしい側面も持ち、また若く美しいよりも時にはグロテスクなほど多産性や豊穣性のシンボルに満ちているとされることが多い。なぜ山の神にこうした傾向が存在するかについては、いざ説明しようとすると意外に難しい。山は農耕牧畜文化以前

の段階から狩猟や採集による食物や建材や燃料の重要な入手先であった。山の神は原初の時代から一種の大母神（**グレートマザー**）として久しく崇拝されてきた。アナトリアの**キュベレ**†、インドの**ドゥルガー**†、中国の**西王母**†、日本の山の神、仏教の影響を受けた鬼子母神、そして昔話に取り込まれた天邪鬼などがここに属するだろう。

　自然を象徴する女神が多いということを上記の二項対立的な思考と関連付けるならば、それは男性が文化で女性が自然という図式とも重なることがわかるだろう。こうした傾向とは、男性が自分たちは優位・上位な文化的存在であり、女性は劣位・下位な自然的存在であるという言説を作り上げてきた結果であるというフェミニスト人類学からの批判もある（アードナー他 1987）。

抽象概念の女神化：これ以外に、抽象的な概念が女神として表象される場合も少なくない。例えば現在でも**幸運の女神**とか**自由の女神**とかがしばしば聞かれる。最も有名なのは**運命の女神**だろう。運命というのは、時の流れの変化と関係するから、誕生・成長・死とか若さ・成熟・老成という三段階で理解されやすく、従って乙女・母・老婆という女性の三段階や紡ぐ・織る・断つという機織りの三段階（上述のように機織りは伝統的に女性の仕事であった）との整合性から、運命の女神という観念が広汎に認められるのであろう。こうした抽象概念の女神は天上からのメッセンジャー、つまりは天女に近く観念されるので、固有の属性は強くないし、従ってあまり神話もない。

王権女神：王を戴くような階層化社会になると、男性の王の守護存在として女神を位置付けて、王権や国土・領土を象徴する王権の守護女神が置かれることがある。この女神は歴代の王の母ともされる。この**王権女神**として最も有名なのはエジプトの**イシス**†であろう。アイルランドの**エーリウ**†や日本神話のアマテラスもそうである。王権女神はしばしば王に最も血縁的に近い姉妹として表現されることもある。イシスはオシリスの妹にして妻、そして冥府の王となったオシリスに代わって地上の王となるホルスの母である。

機能横断的女神：男神との対比で生まれる女神のタイプもある。例えば**機能横断的女神**である。インドのサラスヴァティー、イランのアナーヒター、イラン系の遊牧民であるスキタイ人のアルギンパサ（ヘロドトス『歴史』4.59 参照）、その子孫と目されるカフカスのオセット人のサタナ（松村他『神の文化史事典』「ナルト」の項、375-376 頁参照）などが典型的である。このタイプはいわゆる大女神とも機能限定の女神とも多少異なっている。このタイプの女神がよく見られるのは、男神中心で、しかもその男神が機能神として階層化・構造化されている社会、典型的にはインド・ヨーロッパ語族社会である。そこでは聖性・戦闘性・生産性という三機能を象徴する男神の三神群が特徴的であるが、これら三つの機能すべてとつながる大女神がこのタイプなのである。このタイプは遊牧騎馬民族によって日本や沖縄にも伝えられた可能性がある。

・**大宗教や一神教との共存**

　次に、大宗教と伝統的宗教の並存と習合の問題がある。イスラームや仏教といった地域を超えた普遍性を唱える大宗教（世界宗教とも呼ばれる）は一神教であることが多いが、それぞれの地域の伝統的な宗教——多くの場合に多神教——を駆逐したり、共存したり互いに影響しあって習合したりしている。日本、中国、南アジア（インド、スリランカ）、朝鮮・韓国、東南アジアにおける仏教や、イラン・ペルシア・アラブと東南アジア（マレーシア、インドネシア）におけるイスラームがこれに該当する。また、これら二つの宗教ほどではないが、インドのヒンドゥー教は東南アジアに進出しており、カンボジア（アンコール・ワットやアンコール・トム）やインドネシア（国名からして影響は明らか）のバリ島には今なおその強い影響が見られる。このほか、イランに誕生した二元論的・一神教的なゾロアスター教は、それま

での多神教のマズダー教を変容させた。また宗教だけでなく中国に典型的な儒教のような倫理道徳もまた女神たちの存在を脅かすものである。

こうした一神教的宗教や倫理道徳が多神教の神々、そして女神たちの存在に大きな影響を及ぼすことは言うまでもない。イスラームはユダヤ教やキリスト教と同系で父的な絶対神への信仰だから、女神とは相性が悪く、否定されがちとなり、そのもとでは多くの女神の神話が失われたと思われる。そして残った場合でも、矮小化されて妖精となるか、一神教に敵対的な悪をなす魔女[†]や鬼（鬼女）と位置付けられることが多かった。

・聖女と魔女

神話は人々に生きるモデルを提供する物語なので、それぞれの時代にふさわしい神話があり、ふさわしい女神もいると考えられる。中世ヨーロッパのキリスト教世界、カトリック世界は一神教の世界であり、そこでは女性性をプラスに評価するものとして聖母マリアをはじめとして多くの聖女が崇拝された。しかしその反面のマイナスとして評価するものとしての魔女も併存した。これはギリシア神話において女神とその反対物としての女怪物が併存したことと同じ構図である（安田編2004）。

・女神の強靭な生命力

もちろん、一神教世界で女神のすべてがこうして消去されたり、魔女化されたり、矮小化されるわけではない。女神たちの生命力は強い。本書では様々に姿を変えつつ生き残った多くの女神たちも紹介されている。キリスト教のマリアやマグダラのマリア[†]、そして多くの聖女たちは多神教の女神たちの後継者と思われる。

上述のように、そもそも女性の存在なくして社会は成立しない。女性なしに出産や育児が不可能なことはもちろんだが、男は女性を交換することで人のつながりを作り、集団を構成してきたのであり、女性の交換とは言葉によるコミュニケーションや産物の交換によ

る交易の基礎でもあった（レヴィ＝ストロース2000、ファン・バール1980）。経済の面からしても、食物採取、作物の栽培から収穫、家畜の育成、機織りなど女性なしには不可能である（バーバー1996）。また心理的にも、ユング派が男性の内なる異性として措定する元型のアニマがある（エーリッヒ・ノイマン1982）。一神教のはずのキリスト教におけるマリアに対する女神のような崇拝や仏教における観音の女神化の傾向も人間の文化における女神観念の重要性と必要性を示すものだろう。

女性の交換が男性の社会関係を構築するのに欠かせないことは、女性が男性より霊的に優位であるという感覚を生む場合がある。その表現が、危険な場面において女神が英雄を守護するという神話であろう。ギリシア神話の英雄はみなアテナ[†]に援けられている。それが最も強く感じられるのは血のつながりの濃い姉妹や伯母・叔母である。日本神話におけるヒメヒコの物語やヤマトタケルを守護するヤマトヒメ[†]、沖縄の漁師を守護する姉妹の霊魂が白鳥の姿を取るヲナリ神[†]などが典型的だろう。

・性別と名前

これまで女神の特徴として述べてきた側面以外にも女神の属性とされているものは当然あるはずだ。それぞれの時代や地域の違いによって多様な女神が存在しうるのだから、上記の範疇に入らないことがあっても、むしろその理由を考えることでより有意義な女神観が生み出されることを期待したい。これに関連して、必ずしも性別が一定しない場合があることも忘れてはならない。例えば太陽神は男神が多いが、日本、沖縄、シベリア、アイヌでは女神とすることがあるし、月神は女神が多いが、上記の地域では男神である。冥界も男神が多いが、死の女神も知られている。結局、これまで述べてきたように女神化されやすい要素や領域に特定の傾向は確かに認められるが、その例外となる場合や、男女いずれとも決め難い要素については、個別特性よりも神話体系の中で他の神々との関係の中で

割り当てられる役割として考えるべきなのかもしれない。エジプト神話が通常の天父母地の対比に逆らって天を女神ヌト†とし大地を男神ゲブとしていたからといって、誰もそれを間違いだとは言えないだろう。

同じように考慮する必要があると思うのは名前の問題である。同一の名前の女神であっても、時代や地域が違うと性格や存在様式が多様化する場合がある。伝播の過程や歴史の中で名前と性格が変化するのだ。西王母や女媧†についての伝承の多様さはそうした結果かもしれない。

・男神と女神と両性具有神

男神と女神のほかに両方の性を兼ね備えた両性具有神も考えられる。しかし実際はギリシア神話に登場するヘルメスとアプロディテ†の子ヘルマプロディトスぐらいしか見当たらない。そしてこの神はあまり現実味がない。そうではなく、始原は世界だけでなく男女も未分化の状態だったはずだから、世界を創造した神の本質的に両性具有的であったはずだという議論も行われている。旧約聖書のヤハウェがいかに男神的に振る舞おうとも、自分の似姿にアダムを作り、そのアダムの肋骨からエバ（イヴ）†を作ったというのなら、ヤハウェには男女両方の要素が内在しているというのである。

・現実の女性と女神

女神の姿と現実の女性とは重ならない方がむしろ多いことはよく知られている。しかし歴史的資料が残っていない先史社会や無文字社会での女性の在り方を知ろうとすれば、伝承上の女神の姿も利用する必要がある。ただし、その際には十分に慎重でなければならない。イエスの母としてのマリア、アテナイの王エリクトニオスの母としてのアテナ、ホノニニギの祖母でオシホミミの母としてのアマテラスなどは、処女にして同時に母であるという矛盾した性格を示す。それはこれらの女神が、男たちが理想として造り上げた存在であって、現実の女性とは無関係だからである（松村1999）。

・抽象的概念としての女神——非女神的女神表現

現代でも至上の価値を可視化する際に女性像を用いることがよく行われる。これはヨーロッパの古典古代の手法を継承するものである。例えば、フランス革命時にはドラクロワの描いた「民衆を率いる自由の女神」（ルーヴル美術館蔵）によって、自由という至上の理念が表現され、その後のアメリカの独立戦争においても自由の女神像がフランスから贈られ、その拡大版がニューヨーク港に巨大な像として建てられ、新天地での新しい生活を求めてヨーロッパから船でニューヨークにたどり着いた人々にアメリカ合衆国の理念を真っ先に感じさせた。そうした象徴・シンボルとしての女神としては自由の女神†のほかにも運命の女神、死の女神、勝利の女神、正義の女神などがある。

・現代の女神たち

また、一般に偉人とかヒロインと呼ばれている人物も女神の役割を果たしている。本事典ではナイチンゲール†、マザー・テレサ†、マドンナ†、ダイアナ元妃†なども取り上げた。またおとぎ話や映画やアニメの女性主人公も視聴者や読者の生き方のモデルとなることがあり、これまた女神的役割を果たしていると考えられる。

【参考文献】

アードナー，エドウィン他『男が文化で、女は自然か？』山崎カヲル監訳，晶文社，1987年

エリアーデ，ミルチア『豊饒と再生』（エリアーデ著作集2），久米博訳，せりか書房，1974年

大林太良編『母権制の謎―世界の女性史2 未開社会の女』評論社，1975年

ギンブタス，マリア『古ヨーロッパの神々』鶴岡真弓訳，言叢社，1989年

篠田知和基／丸山顕徳編『世界の洪水神話』勉誠出版，2005年

duBois, Page, *Sowing the Body: Psychoanalysis and Ancient*

Representations of Women, The University of Chicago Press, 1988.
ナウマン，ネリー『生の緒』檜枝陽一郎訳，言叢社，2005年
ノイマン，エリッヒ『グレート・マザー』福島章他訳，ナツメ社，1982年
バッハオーフェン，J.J.『母権論―古代世界の女性支配に関する研究 その宗教的および法的本質』〈1〉〈2〉，岡道男／河上倫逸訳，みすず書房，1991年
Barber, Elizabeth, *Prehistoric Textiles*, Princeton University Press, 1991.
バーバー，エリザベス・W『女の仕事――織物から見た古代の生活文化』中島健訳，青土社，1996年（*Women's Work*, Norton, 1994）
ファン・バール，J.『互酬性と女性の地位』田中真砂子／中川敏訳，弘文堂，1980年
松村一男『女神の神話学』平凡社，1999年
安田喜憲編『魔女の文明史』八坂書房，2004年
ラーナー，ゲルダ『男性支配の起源と歴史』奥田暁子訳，三一書房，1996年
レヴィ＝ストロース，クロード『親族の基本構造』福井和美訳，青弓社，2000年

この事典の使い方

ラートリー Rātrī
名前の意味・神格・属性:「夜」の意。夜の女神。曙の女神ウシャス[†]の姉、太陽神スーリヤの母。
概要:『リグ・ヴェーダ』に一つの独立讃歌を持つ（10.127）。『リグ・ヴェーダ』10.127.2 に、「光明をもって暗黒を滅ぼす」とあるので、夜の闇の女神ではないことが窺われる。星明りの夜の女神なのであろう。10.127.1 には「多くの眼によって四方を眺めた」ともあり、やはり天空の「穴」としての星の光との関連を思わせる。
　デュメジルによって再構築された、太陽と曙と夜にまつわるインド・ヨーロッパ語族の共通神話によると、赤子の太陽は毎朝曙の女神の鍾愛を受け、その乳を与えられて成長し、万物に光を投げかける。しかし曙は太陽の生みの母ではない。太陽の実母は夜の女神である。しかし夜は、太陽の誕生と共にその存続が不可能になるので、太陽を生むとすぐに姿を消さなければならない。それでその生み捨てられた赤子を、夜の妹の曙が引き取り、愛情ゆたかに育てるのである。
キーワード:夜、星
参考文献:吉田敦彦『太陽の神話と祭り』青土社, 2003 年, 47-53 頁;『リグ・ヴェーダ』28-29 頁.
⇒ウシャス

†：この語を見出しとした項目が本書に収録されている

キーワード:この項目で解説される神話のキーワードを挙げた。巻末のキーワード索引から引くことができる

参考文献:この項目のさらなる理解の助けとなる文献を挙げた。省略形で記載されている文献の詳細な書誌情報は、各章の「概説」の【原典】もしくは【参考文献】の欄にある

⇒：関連項目　他地域も含めて関連性のある神話を持つ項目を挙げた

東アジア

日本
沖縄
中国
道教
朝鮮半島

日本の女神

古川のり子

概説

【原典】

古代の日本神話を伝える最も重要な資料は、『古事記』（712年成立）と『日本書紀』（720年成立）である。どちらも多くの神話・伝説・歌謡を含みつつ、天地開闢から天皇の時代に至るまでの歴史を記している。『古事記』は主に国内の氏族たちに対し、天皇を頂点とする支配秩序の基盤となる唯一の神聖な物語を提示することを目的とする。それに対して『日本書紀』は「日本」という国名のもとに、対外意識をもって編纂された最初の史書である。正文を立てたうえで、数多くの異伝（一書）を併記する点を特徴とする。同じく8世紀の伝承を残す資料には、諸国の神話・地形・産物などを記した『風土記』、現存する最古の和歌集である『万葉集』、高橋氏の由来書『高橋氏文』、住吉神社の古縁起書『住吉大社神代記』がある。

9世紀以降の資料には、忌部氏の神話を伝える『古語拾遺』、物部氏に関する独自の伝承などを残す『先代旧事本紀』、平安初期の貴族の系譜集『新撰姓氏録』、最古の仏教説話集『日本霊異記』、儀式の饗宴歌と演奏法を記す『琴歌譜』、伊勢神宮の儀式・行事を記載する『皇太神宮儀式帳』『止由気宮儀式帳』などがある。また『延喜式』（967年施行）には宮中の年中行事・制度が記され、諸国の官社一覧（神名帳）や、祝詞（祈年祭、出雲国造神賀詞など）が含まれている。「中臣寿詞」は、藤原頼長の日記『台記』（平安後期）の別記にある。

【日本神話における男神と女神】

日本神話の男神は、海、山、川、木、風などの自然神と、祭政や戦闘を司る神々、大地の生産性に関わる神々に分類される。祭政・戦闘に関わる神は高天の原の天つ神に多く、生産・豊穣に関与する神は、地上の国つ神に多い。それに対して女神の多くは大地の生産性を本質とし、子供や作物などの繁殖、豊穣、死と再生を司る。祭政や戦闘の機能に関与する女神はきわめて少ない。それにもかかわらず、すべての男女の神々の最上位に、最高主権神としてアマテラス†大御神という女神を位置付けている点が特徴的だと言える。

日本の女神たちの中心にいるのは、大地の母神イザナミ†（A）である。大地の神格化であるイザナミは、その胎内から国土でも人間でも動植物でも鉱物でも、すべてを生み出す万物の母であると同時に、それらの生命が死んで帰ってくる死の国でもある。万物を生んだイザナミは最後に火を生んで死ぬ。その死によって地上（生）と地下（死）が分離し、死と再生、冬と春が繰り返されるこの世界が成立した。死者を呑み込んでは新しい生命を生み出すイザナミは、循環する世界そのものである。日本神話に登場する女神たちは、このようなイザナミの包括的で複合的な性質を、部分的に受け継ぐ多くの女神たちによって主に構成されている。本書で取り扱った四十三柱の女神について、以下に分類を試みる。

概説

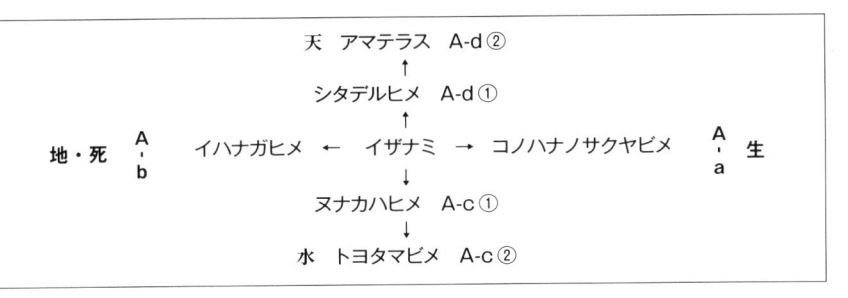

```
              天 アマテラス A-d②
                    ↑
              シタデルヒメ A-d①
                    ↑
  地・死  A-b  イハナガヒメ ← イザナミ → コノハナノサクヤビメ  A-a  生
                    ↓
              ヌナカハヒメ A-c①
                    ↓
              水 トヨタマビメ A-c②
```

1　生（A-a）⇔死（A-b）の軸において、イザナミの生産性（＋－）を継承する女神たち。死と再生を司る、豊穣の母神。

A-a　地上世界において、大地の生産性を多方面で発揮する女神たち。
①食物、作物の母であり、死によってあるいは火で焼かれることで農作物等を生じさせる。オホゲツヒメ†、コノハナノサクヤビメ†、サヨツヒメ†
②大地の生産性を表す。テナヅチ†、クシナダヒメ†
③死と再生を司る。ククリヒメ†、イツノメ、サシクニワカヒメ†、ウムカヒヒメ†、キサカヒヒメ†、スセリビメ†
④その他　イザナミ自身の身体機能を構成する、オホトノベ、アヤカシコネ†。またイザナミが生んだ自然神たち、エヒメ†、カヤノヒメ†、カナヤマビメ†、ハニヤスビメ†、ミツハノメ†。

A-b　地上世界あるいは地下世界において、イザナミの生産性を負の方向（死・穢れ）に発揮する女神たち。ヨモツシコメ†、イハナガヒメ†、セオリツヒメ†、ハヤアキツヒメ†、ハヤサスラヒメ†

2　水⇔地⇔天　の軸において、イザナミの生産性を継承する女神たち。玉あるいは太陽によって表される。男神との関係を拒否する、またはそれによって時空間の分離を生じさせる。

A-c　水界において、イザナミの生産性を発揮する女神たち。
①水辺の玉の女神で、矛によって表される地上の男神と結婚して子を生む。訪れる男神をいったん拒否する性質を持つ。ヤガミヒメ†、ヌナカハヒメ†、タマヒメ†
②海の玉の女神で、天神と結婚して地上の王を誕生させる。海と陸を分離させる。トヨタマビメ†、タマヨリビメ†、カメヒメ†

A-d　地上あるいは天界において、イザナミの生産性を継承する女神たち。
①地上において、太陽の性質を持つ玉によって表される女神。矛によって表される男神と夫婦・親族などの関係にある。夫の男神を失う、あるいは拒否する性質を持つ。シタデルヒメ†、アカルヒメ†、イヅシヲトメ†
②天界の女神。地上世界に王と豊穣をもたらす。アマテラス、カムムスヒ、ヨロヅハタトヨアキツシヒメ†の子孫は、下界の王あるいは一族の始祖となる。また彼女たちの子孫である農作物の神を下界に降ろす。太陽・玉と明白な結び付きを持つのはアマテラスだけである。アマテラス、トヨウケ†、アマツヲトメ†の神話には、天地間の往来の断絶の意味が認められる。

　水辺の玉の女神の神話（A-c①）と太陽の玉の女神の神話（A-d①）、また海の玉の女神の神話（A-c②）と天の太陽の女神の神話（A-d②）の間には、明らかな対応関係が見られる。

3　異なる世界との間を媒介する女神。これまでに分類した三十八柱の女神のほかに、各領域を結びつける働きをする女神たちがい

る。

ナキサハメ†（生／死）、アマノウズメ†（生／死、地／天、海／陸）、アマノサグメ†（天／地）、宗像三女神†（天／地、海／陸）

　以上に分類した日本神話の女神（四十三柱）の全体像を、各領域を代表する女神によって図に表すと前頁のようになる。

※アマテラスの御神体である鏡の製作を司るイシコリドメは、これらの分類の中に位置付け難い。

【原典と略号】
『古事記』⇒記
『日本書紀』⇒書紀
『古事記』と『日本書紀』⇒記紀

青木和夫他校注『古事記』岩波書店，1982年
倉野憲司他編『古事記・祝詞』岩波書店，1958年
神野志隆光他校注『古事記』小学館，1997年
武田祐吉訳注『古事記』角川書店，1977年
大野晋他校注『日本書紀』上・下，岩波書店，1965，1967年
小島憲之他校注『日本書紀』1, 2, 3, 小学館，1994, 1996, 1998年
秋本吉郎校注『風土記』岩波書店，1958年
植垣節也校注『風土記』小学館，1997年
五味智英他校注『万葉集』1-4, 岩波書店，1957-1962年
小島憲之他校注『万葉集』1-4, 小学館，1994-1996年
安田尚道他校注『古語拾遺・高橋氏文』現代思潮社，1976年
西宮一民校注『古語拾遺』岩波書店，1985年
鎌田純一校注『先代旧事本紀』神道大系編纂会，1980年
中田祝夫校注『日本霊異記』小学館，1995年
土橋寛他校注『古代歌謡集』（琴歌譜）岩波書店，1957年
虎尾俊哉『延喜式』上・中，集英社，2000, 2007年
青木紀元『祝詞全評釈』右文書院，2000年

『神道大系神宮編』1（皇太神宮儀式帳・止由気宮儀式帳・太神宮諸雑事記）神道大系編纂会，1979年

【参考文献】
伊藤清司『日本神話と中国神話』学生社，1979年
大野晋『仮名遣と上代語』岩波書店，1982年
大林太良『神話の系譜』講談社，1991年
大林太良『東アジアの王権神話』弘文堂，1984年
大林太良『日本神話の起源』角川書店，1973年
神野志隆光／山口佳紀『古事記注解』2, 4, 笠間書院，1993, 1997年
神野志隆光『古事記の世界』吉川弘文館，1986年
小松和彦『新編　鬼の玉手箱』福武書店，1991年
西郷信綱『古事記注釈』2巻，第5, 平凡社，1975年（ちくま学芸文庫、2005-2006年）
薗田稔他監修『日本の神々の事典』学研，1997年
谷川健一編『日本の神々　神社と聖地』1-13, 白水社，1984-1987年
古川のり子『昔ばなし　あの世とこの世を結ぶ物語』山川出版社，2013年
松前健『古代伝承と宮廷祭祀』塙書房，1974年
松前健『日本神話と古代生活』有精堂，1970年
松村一男編『生と死の神話』リトン，2004年
松村一男編『太陽神の研究』上，リトン，2002年
松本信広『日本神話の研究』平凡社，1971年
三品彰英『増補　日鮮神話伝説の研究』平凡社，1972年
水野祐『出雲国風土記論攷』早稲田大学古代史研究会，1965年
水野祐『勾玉』学生社，1992年
溝口睦子『王権神話の二元構造』吉川弘文館，2000年
宮田登『神の民俗誌』岩波書店，1979年

吉田敦彦『アマテラスの原像』青土社, 1980年
吉田敦彦『縄文土偶の神話学』名著刊行会, 1986年
吉田敦彦『日本神話と印欧神話』弘文堂, 1974年
吉田敦彦『日本神話の特色』青土社, 1985年
吉田敦彦『昔話の考古学』中央公論社, 1992年
吉田敦彦『妖怪と美女の神話学』名著刊行会, 1989年
吉田敦彦編『比較神話学の鳥瞰図』大和書房, 2005年
吉田敦彦／松村一男編『アジア女神大全』青土社, 2011年
吉田敦彦／大林太良監修『日本神話事典』大和書房, 1997年
吉田敦彦／古川のり子『日本の神話伝説』青土社, 1996年

日本神話の女神事典

アカルヒメ　阿加流比売神

名前の意味・神格・属性：新羅からやって来た太陽の女神。難波の比売碁曾社の祭神。アカルは「赤る・明る」で、「赤らむ、明るくなる」意。アカルヒメは「赤く色づく女神」の意である。『延喜式』には、比売許曾神社について「亦下照比売と号す」（臨時祭）、下照比売社について「或いは比売許曾社と号す」（四時祭）とあり、アカルヒメとシタデルヒメ†（下界に赤く照り輝く女神）を同一の神と見なしている。

概要：『古事記』（応神）によれば、新羅国の沼のほとりで賤しい女性が昼寝をしていると、日の光が虹のように陰部を射し、彼女は身ごもって赤い玉を生んだ。新羅国王の子・天之日矛は牛を連れた男からその玉を手に入れ、床の辺に置くとたちまち美しい乙女の姿になったので結婚して正妻とした。彼女はいつも美味しい食べ物を与えてくれたが、彼が思い上がって罵ると「私はあなたの妻になるべき女ではない。祖先の国に行く」と言って、小船に乗って逃げ渡り、難波に留まった。これが難波の比売碁曾社に鎮座するアカルヒメだという。『延喜式』（神名帳）では、摂津国に赤留比売神社（住吉郡）、比売許曾神社（東生郡）が記され、現在も大阪市の平野区と東成区にそれぞれ同名の神社がある。

『日本書紀』（垂仁）には、意富加羅国の王子・都怒我阿羅斯等の話として類似の伝説がある。白い石が化した美女を追って、彼が海を渡り日本に入ると、逃げた乙女は難波に到り、比売語曾社の神となり、また豊国の比売語曾社（大分県東国東郡姫島）の神となったという。また『摂津国風土記』逸文（比売島の松原）には、新羅の女神が夫から逃げて、筑紫国の伊波比の比売島、次いで摂津国の比売島に来たとある。太陽の神が朝鮮半島から日本に渡って来る話は、朝鮮の史書『三国遺事』（巻一）にもある。新羅の東海の浜からまず夫の延烏郎（ヨノラン）が海を渡って日本に流れ着き、それを追って妻の細烏女†（セオニョ）も流れて来ると、新羅では日月の精が去ったために太陽と月の光が失われた。そこで妻が織った薄絹を新羅国王に渡し、それで天を祀ると日月はもと通りになったという。

太陽の女神アカルヒメが流れ着いたとされる難波の地は、東征の途上にある日の御子・神武天皇が船に乗って目指して来たところであり、また新羅国への遠征から神功皇后と息子（応神天皇）が帰って来た場所でもある（記、書紀）。神功皇后伝説と太陽女神アマテラス†の神話の間には密接な対応関係があり、神功皇后は地上のアマテラスとしての性質を持つ。つまり難波は、太陽女神あるいは日の御子が出現する場所だとみなされているのである。天皇の即位儀礼の一つである「八十島祭」が難波で行われていたのも、この地が太陽の誕生の地だと考えられていたためだと思われる。大和岩雄は「難波」という地名について、古代朝鮮語で太陽を意味する「ナル」と「ニハ（庭）」で、太陽の聖地を意味しているとする。

キーワード：太陽、玉、感生（感精）
参考文献：谷川編『日本の神々』3、大和岩雄「比売許曾神社」.
⇒柳花

アマツヲトメ　天女

名前の意味・神格・属性：天から降りてきて人間の男と結婚し、子孫の繁栄と作物の豊穣をもたらす女神。

概要：『風土記』には、日本各地に伝わる天女の説話が残されている。『近江国風土記』逸文（伊香小江）は、天の八女が白鳥となって降りて来て水浴びをしているのを、伊香刀美という男が見つけ、その一人の天の羽衣を盗んで妻とした。二男二女が生まれ、伊香連等の祖先となったが、天女は後に羽衣を見つけて天に帰ったと伝える。

『丹後国風土記』逸文（奈具社）には、老夫婦に衣を隠された天女が万病に効く酒を醸した話が豊宇賀能売命を祀る奈具社の起源譚

《羽衣天女》本多錦吉郎、兵庫県立美術館

として記されている。『常陸国風土記』(香島郡白鳥の里)には、天から白鳥が飛んできて乙女となり、池の堤を築こうとしたが完成できずに天に帰ったとある。

羽衣説話(水辺に現れた天女の羽衣を奪って妻にする話)は世界的な分布を持つが、日本では昔話「天人女房」として今日も広く伝承されている。天女は本来鳥であり、その子孫は鳥の援助を受けて地上の一族の始祖などとなって繁栄する。また天女は豊穣女神であり、その羽衣は稲倉に隠される。夫や子供に尽きない食物や富を与え、彼らに稲などの作物を託して地上に農業を広めさせる。これらの話に共通する天女の特徴は、その豊穣性にある。それは、天女の子孫を地上に繁栄させる「種の繁栄」と、地上に農作物や富をもたらす「物質的豊穣」という、二つの方向に発揮される。このような豊穣をもたらす天(鳥)女の姿は、高句麗の始祖王・朱蒙の母神である柳花†や、皇室の祖母神であるアマテラス†にも認められる。

キーワード：天女、豊穣女神、子孫繁栄、天人女房、白鳥、羽衣

参考文献：大島建彦「日本神話の類型」、『言語生活』1981年；君島久子「東洋の天女たち──羽衣説話をめぐって」、『民話と伝承』朝日新聞社, 1978年；大林太良「羽衣と天孫降臨」、『東アジアの古代文化』39号, 大和書房, 1984年；古川のり子「昔話『天人女房』と神話──天女とアマテラスおよびカムムスヒ」、吉田『妖怪と美女の神話学』.
⇒ウルヴァシー、トヨウケ

アマテラス　天照大御神

名前の意味・神格・属性：『古事記』『日本書紀』の神々の最高神で、天皇家の祖先神。高天の原に輝く太陽の女神で、稲作と養蚕を創始した豊穣の女神。八咫(尺)の鏡をご神体とし、伊勢神宮に祀られる。伊勢大神、撞賢木厳之御魂天疎向津媛命、大日孁尊、日神などともいう。

アマテラスは「天に照り輝いていらっしゃる神」の意。テラスは、「照る」の未然形に尊敬の助動詞「す」が付いたもの。ヒルメは、太陽の女神。ヒは「日」、ルは神留伎の「る」と同じで、連体助詞「の」の意の古語。メは「女性」の意。メを「妻」の意として、ヒルメを「太陽の妻」と解釈する説もあるが、ミツハノメ†、イハツツノメなど多くの「メ」神の中で、ヒルメだけ妻の意とする積極的な根拠はない。

概要：イザナミと訣別して黄泉の国から帰ってきたイザナキが、筑紫の日向の川原で禊ぎをした時、左目を洗うとアマテラス、右目を洗うとツクヨミ、鼻を洗うとスサノヲを誕生した。そこでイザナキは、アマテラスには高天原、ツクヨミには夜の食国あるいは海原、スサノヲには海原あるいは天の下の統治を命じたという(記、書紀第五段の六)。日本書紀の第五段本文によると、イザナキ・イザナミが国生みに続いて海、川、山、木、草を生んだ後、「天下の主者」を生もうと言って誕生させたのが日の神・オホヒルメノムチである。またはイザナキが「御宇すべき珍の子」を生もうとして、左手に白銅鏡を持った時にオホヒルメ尊が生まれたとも伝えられている

（書紀五の1）。

　高天原に昇ったアマテラスは、スサノヲの訪問を武装して迎え、彼の真意を問うために誓約（うけひ）をして互いに子供を生むことにする。アマテラスは剣から三女神、スサノヲは玉から五（六）男神を発生させ、その結果スサノヲに反逆心がないことが明らかになる（記、書紀六の本文、1、3）。アマテラスは、アマノオシホミミを長兄とする五男神を自分の子とみなして後継者とした。また三女神は下界に降り、宗像神社（福岡県宗像郡）の祭神となった（記、書紀六の本文、1、3）。

　この後スサノヲは高天原で乱暴を働き、アマテラスの田を破壊し、新嘗の神殿を大便で汚す。さらにアマテラスの機殿の屋根に穴を空け、天の斑馬の皮を逆剝ぎにしてそこから投げ込んだので、驚いた天の機織り女（書紀七の1ではワカヒルメ）が梭〔織機で縦糸の間に横糸を通す道具〕で女性器を突いて死ぬ（記）。書紀七の本文は、アマテラス自身が傷を負ったとする。怒ったアマテラスが、天の石屋（石窟）に入り岩戸を閉ざしてしまったので、世界は暗闇になった。そこで天の神々が集まり、常世の長鳴鳥を鳴かせ、賢木に八咫鏡と玉などを掛けて祭りを行う（記、書紀七の本文、2、3）。古事記によれば、アマノウズメ†が岩戸の前で踊りながら女性器を露出したのを見て神々が哄笑すると、アマテラスは岩戸を少し開けて外の様子をうかがい、そこに差し出された八咫鏡に映る自分の姿をよく見ようとした。その時、天手力男神が、アマテラスの手を取って石屋から引き出したので、世界は再び明るくなったという。アマテラスを招きだした鏡には、岩戸に触れてできた小さな傷があるが、これが「伊勢に崇祕る大神」（書紀七の2）である。また日の像を表す鏡は、紀伊国の「日前神（ひのくま）」（書紀七の1）である、あるいは最初に鋳造して不適当だった鏡が日前神で、次に作った美しい鏡が伊勢大神だともいう（古語拾遺）。

　古事記によれば、オホクニヌシによる地上世界の国作りが完成すると、アマテラスは息子アマノオシホミミを下界の王として天降らせようとする。そこで中つ国を平定するために、タカミムスヒと共に命令を下して何度も使者を派遣したが、最後に派遣されたタケミカヅチらが、地上の支配権を譲り渡すことをオホクニヌシに承知させた。アマテラスとタカミムスヒは、アマノオシホミミの息子・ホノニニギ（天孫）を降臨させることにして、彼に五伴緒の神々などを随伴させ、八尺の勾玉、八尺鏡、草那芸剣を与えて天降らせた。なかでも八尺鏡は、アマテラスの「御魂」として伊勢神宮に祀る（記）、あるいはアマテラスを「視るがごとく」して天孫と同じ御殿の中で祀ることになった（書紀九の2、古拾）。またアマテラスは、自分が高天原で食している「斎庭の穂（ゆにはのいなのほ）」をホノニニギに授けた（書紀九の2、古拾）という。

　記紀神話の天皇伝説の中にも、アマテラスが登場することがある。神武天皇の東征では、タケミカヅチに神剣を降ろさせたり、八咫烏を派遣したりして子孫の窮地を救った。ヤマトタケルの東征・西征では、伊勢神宮の斎宮ヤマトヒメを通じてヤマトタケルを援助した。また神功皇后の伝説では、皇后に神懸かりして新羅征服を命令したとされる。

　伊勢神宮の起源伝承は、記紀や『延暦儀式帳』、『倭姫命世記』などに見える。伊勢神宮は、アマテラスを祀る内宮と、豊受大神を祀る外宮とからなる。日本書紀の崇神天皇六年条によると、それまで宮中に祀っていたアマテラスを豊鍬入姫命に託して倭の笠縫邑に移し、さらに垂仁天皇二十五年、倭姫命がアマテラスの鎮座地を求めて巡り歩いた。伊勢に至った時アマテラスが「是の神風の伊勢国は、常世の浪の重浪帰（うま）する国なり。傍国の可怜し国なり」と告げたので、五十鈴川のほとりに宮を建てたのが、内宮の起源であるという。これらの伝承に登場する、皇女・豊鍬入姫命あるいは倭姫命が、アマテラスを奉斎する斎宮の始まりとされる。外宮については、雄略天皇の夢に現れたアマテラスが、自らの食事を司る神として丹波国の豊受大神を迎えるように要求したのが起源であるという（『止由気宮儀式帳』）。

　そのほか日本書紀には、人々が猿の鳴き声を「伊勢大神の使」だと噂したこと（皇極四

アマテラス

上《しんはんくみあけとふ
ろふゑ 天の岩戸神かぐら
の図 上》葛飾北斎
下《しんはんくみあけとふ
ろふゑ 天の岩戸神かぐら
の図 下》葛飾北斎

年六月)、天武天皇が壬申の乱の時に伊勢国の川辺でアマテラスを望拝したこと(天武元年六月)、伊勢大神が赤引糸を求める神託を下したこと(持統六年閏五月)などが記されている。

風土記には、アマテラスの乗る舟に猪を献上した話(播磨風 猪飼野)、「日神之御神(ひのみかみ)」が天から投げ降ろした金の鈴を、サルタビコの娘・アガツヒメが奉祭した話(伊賀風逸文 伊賀国号)、アマテラスが伊勢に入る道を塞いでいた荒ぶる神を、大若子命が鎮めた話(伊勢風逸文 安佐賀社)などがある。万葉集には、「天照らす 日女の命 一に云ふ さしのぼる日女の命 天をば知らしめすと」(一六七)、「あまでらす 神の御代より 安の河 中に隔てて」(四一二五)とある。神楽歌や琴歌譜にも、「ひるめ」の神の名が歌われている。

①最高神・皇祖神 記紀神話においてアマテラスは、皇室の祖先神であり、王権の根源である最高神として位置付けられている。最高神が女神であることは世界的にも珍しく、しかもその女神が慈悲深い処女母神であることが、日本の最高神のきわめてユニークな特徴であると言われる。

アマテラスは神武東征、ヤマトタケルの東征西征、神功皇后の西国征討に関与して、自らの子孫による国土拡大を援助した。『日本

書紀』のこれらの伝説中には、「日本」という国号が集中して見られ、日神アマテラスが加護する国「日本」という意識が認められる。

しかし天孫降臨の指令神をタカミムスヒとする異伝が多いところから、本来の最高神はアマテラスではなく、タカミムスヒであったとする研究者が多い。7世紀後半、中央集権的な統一国家の形成期に、皇室や伴造系の氏などの一部の支配者のみに信奉されていたタカミムスヒから、古来広く人々に親しまれてきた太陽神アマテラスへと最高神の転換がなされたのだという。またアマテラス神話と神功皇后伝説は密接な関わりを持ち、神功皇后は「地上のアマテラス」として描かれている。

アマテラスが天孫ホノニニギに授けた三種の神器、「八咫(尺)鏡」、「草薙剣」、「八坂瓊の曲玉(八尺勾玉)」(書紀九の1、記)は、皇室の王権の象徴として今日まで伝えられている。特に鏡は、アマテラスの「御魂」であるとされる。また剣はスサノヲと、玉はオホクニヌシと密接な関わりを持つことから、この三つの神宝は、アマテラスが主管する「祭政・主権」、スサノヲが主管する「軍事」、オホクニヌシが主管する「生産」の三つの機能をそれぞれ象徴し、世界秩序が維持されるためにはこれら三つの機能が必要であるとする観念を提示しているという。

これらと同様な意味を持つ三種の神宝は、イラン系遊牧民スキタイの神話における王家の宝物(盃・戦斧・耕具)、高句麗における三王の宝物(鼓角・剣・鼎)にも見られる。ここには、フランスの神話学者デュメジルが「三機能体系」と名付けた世界観の枠組み――宇宙や神界・人間社会はすべて、「祭政」・「軍事」・「生産」の三種の力の共働によって成立するとみなす観念の体系――が認められる。大林太良・吉田敦彦は、インド・ヨーロッパ語族のあいだに古くから共通して存在したとされるこのような枠組みを持つ神話が、スキタイなどのイラン系遊牧民の移動によって極東にまで及び、朝鮮半島を経由して日本にもたらされたと考えた。日本の最高神アマテラスは、インド・イラン人の古神界における主権神で、法や祭祀を司る慈悲深いミトラに対応する神であるという。また三種の神器の所有者であるアマテラスには、三つの機能のすべてと関わる多機能的な性質も認められる。この側面においてアマテラスは、インド・イランの河川の女神サラスヴァティー†、アナーヒター†、スキタイのサタナのような、水界と強く結び付く多機能的な大女神と対比される。

②太陽女神 アマテラスの太陽神としての性質は、「日神」と呼ばれることや、月の神ツクヨミとの別離によって昼と夜の区別ができたとする話(書紀五の11)からも明らかだが、特に天の石屋神話に顕著に認められる。この神が石屋に閉じこもると、世界は「常闇・長夜」(書紀七の本文)となった。天の岩戸隠れは、アマテラスの死と再生を象徴的に表し、アマテラスが未熟な少女から大人の女性へ、あるいは最高神へと成長するための通過儀礼としての意味を持つと解釈されている。

天の岩戸隠れ神話はまた、冬至あるいは日食の時の太陽の死と再生を意味する。冬至の頃には、新嘗祭という稲の再生の祭りが行われるが、その前日に宮中で催される鎮魂祭では、御巫・猿女らの神楽舞や御巫による宇気槽撞きが行われた。これは神話においてアマノウズメが岩戸の前で槽を伏せて踏み鳴らして舞ったことと対応し、衰えた冬至の頃の太陽(アマテラス・天皇)の再生を願うものである。新天皇の誕生の儀礼である大嘗祭はこの新嘗祭を基盤としているので、アマテラスの再生の神話は「太陽」・「稲」・「天皇」の誕生と重ね合わされていると言える。またかつて即位儀礼の一環として大嘗祭の翌年に行われた「八十島祭」でも鎮魂と禊ぎが行われたが、これもまた「鎮魂」によるアマテラスの再生の神話と、イザナキの「禊ぎ」によるアマテラスの誕生の神話に基づく、太陽の誕生の儀礼としての性質を持っていたと考えられる。

現代の儀礼の中では、山形県羽黒山の松例祭(十二月三十一日―一月一日)の最後に行われる「火の打ち替え」の行事に、太陽の新生の祭りとしての意味が認められる。ここでは、柱状の鏡松明の下で女装をした火打ちが

新年の火を切り出すが、このことは日本書紀の第五段本文において、イザナキ・イザナミ（＝火打ち）がオホヒルメノムチ（＝太陽）を生み出し、天柱（＝鏡松明）によって天上に送り上げたとする神話と対応するという。また天の石屋神話は、宮崎県の高千穂の夜神楽に代表される岩戸神楽によく表現されている。

天の石屋の神話は、中国西南部やアッサムに伝わる「洞窟に隠れた太陽を、鶏を鳴かせておびき出す」話との類似が指摘されている。一方で、インドシナの日食の起源神話とも対比される。太陽と月の兄弟（姉妹）の下にもう一人悪い弟（妹）がいて、この子が上の二人を追いかけて戦うために日・月食が起こるというものである。またアマテラスは高天の原で機織りをするが、伊勢神宮でも神衣祭が重要な祭りの一つとなっている。アマテラスの機織りは、ギリシアのヘレネ[†]、中国の西王母[†]の機織りなどと同様に、宇宙の秩序を織りなす意味を持つ。スサノヲの暴挙によって機織りが中断されると、世界が無秩序の状態に陥るのはそのためでもある。中国トン族の母神サテェンパは、天網を織りなす蜘蛛の女神であると同時に太陽の女神でもあるとみなされている。アマテラスもまた、太陽の女神であり、その口から糸を吐き出して機織りをする蚕のような女神でもある（書紀五の11）。また岩戸の前で、鏡や勾玉を掛けて太陽の女神を祀る真賢木は、ラトヴィアの太陽の木、ギリシアのヘレネの木、中国の扶桑・若木と共通するような、太陽を出現させる木としての性質を持つとされる。

ところで誓約・天の石屋神話は、天王郎（解慕漱）と河伯の娘・柳花[†]の結婚による高句麗始祖王・朱蒙の誕生の神話と密接な関係を持つ。東の洞窟で柳花と朱蒙（東明王）を祀る「東盟祭」は、柳花が日光（天王郎）に感精して朱蒙を生んだ神話を儀礼化した冬至の祭りであり、洞窟に籠もった太陽神の再生を願う天の石屋神話と対応する。また誓約神話において、アマテラスが、安の河辺で玉から生まれた日の御子アマノオシホミミを自分の子としたことは、イラン系遊牧民オセット人の叙事詩において、女神サタナが、川辺の石から生まれた太陽神的英雄ソスランを自分の子として愛育した話と対比されている。

③豊穣神　アマテラスは、稲をはじめとする穀物の神であり、養蚕の神でもある。日本書紀五の11によればアマテラスは、保食神（うけもち）の死体から生じた牛馬、蚕、五穀のうち、粟、稗、麦、豆は人間が食べるための畑作物とした。そして稲は水田作物と定め、高天原に田を作って稲作を創始した。さらに自らの口に含んだ蚕から糸を引き出し、養蚕の道を始めたとある。そのアマテラスがスサノヲの暴挙を恐れて石屋に逃避したことは、東南アジアの稲作民の間に広く伝わる稲魂の逃亡神話と類比される。

またアマテラスは収穫された天の稲で新嘗の祭りを営み（書紀七の本文、2）、天孫ホノニニギに「斎庭の穂」を授けて天降らせ（書紀九の2、古拾）、地上に稲作を広めさせた。建国の旅に出る息子に母神が穀物の種子を与えることは、ギリシア神話の農業の女神デメテル[†]が、息子のように愛育した王子トリプトレモスに麦の種子を与えて農業を広めさせたことや、高句麗建国神話の柳花が、息子の東明王・朱蒙に穀物の種を与えて旅立たせたことと対応する。デメテルに関しては、怒った彼女を宥めるためにバウボという女性が性器を露出して笑わせた話、馬に化身した弟神ポセイドンの性的暴行を受けて洞窟に隠れた話なども伝えられている。これらの話は、アマノウズメによる女性器露出の神話や、弟スサノヲが投げた馬によってアマテラスの分身的な女神（ワカヒルメ・機織り女）が女性器に負傷した神話との類似が指摘されている。

ところでアマテラスは、蚕そのものであるかのように自分の口から糸を引き出して機を織る。またその死は、殺されて皮を剥かれた馬の襲撃による女性器の負傷が原因であると言える。そうすると天の石屋神話は日本のオシラ神信仰や、中国の馬娘婚姻説話にみられるような、人間の女性との結婚を望んだ馬が殺され、その皮が女性を包んだものが糸を吐く蚕となったという、養蚕起源神話の痕跡を示している。

④アマテラスと羽衣説話・伊勢神宮　世界に広く分布する羽衣説話（「天人女房」）に現れる天女は本来、羽を持つ鳥女で、「種の繁栄」と「物質的豊穣」の二つの機能を持つ。同じような特徴を持つ「豊穣の鳥女」の説話は、東アジア、東南アジアの稲作民・雑穀栽培民の間に広く認められる。天女の子孫が鳥の援助を受けて地上の王や首長となること、天女は豊穣神であり最初の作物（稲、雑穀）を子孫に託して地上に広めること、羽衣（翼）を米倉の稲の下に隠すと米が増え続けるとされることなどが、これらの話の特色である。このような天（鳥）女の姿は、古代中国の殷祖・契の誕生神話や、舜の誕生神話にも見られるが、特に朝鮮半島の高句麗の始祖神話に明瞭に認めることができる。始祖王の母となる柳花は、水辺に遊びに来たところを天王郎にとらえられて妻となり卵を生んだが、そこから朱蒙（東明王）が生まれた。建国の旅に出る朱蒙に柳花は五穀の種を与え、さらに鳩を遣わして忘れた麦の種を届けたという。

これらと同じような天（鳥）女の姿は、日本では記紀神話のアマテラスの中に認めることができる。アマテラスは水辺に現れて結婚し、その子孫は国の支配者となり、母神の遣わした鳥（八咫烏など）の援助を受けて地上に繁栄する。またアマテラスは子孫に最初の稲を授けて下界に稲作を伝えさせた。古代の日本・中国・朝鮮半島の王権神話の中で天女は、王家の一族とその国を支える作物の根源として重要な位置にある。

アマテラスが、王権と結び付いた種の繁栄の機能と、稲と結び付いた物質的豊穣の機能とを発揮する「豊穣の鳥女」であるとすれば、その特徴は伊勢神宮のあり方とも深く関わっている。例えば伊勢神宮に特徴的な神饌である鶏と卵を、本来は稲倉の様式であったとされる社殿に供えることは、天女の羽を稲倉に隠して米が尽きないようにすることと対応する。また伊勢神宮は内宮と外宮とからなるが、大林太良によれば、内宮のアマテラス祭祀の起源神話は天孫降臨神話（記）であり、外宮の食物神トユケの大神祭祀の起源神話は『丹後国風土記』逸文・奈具社の天女トヨウカノメの神話によって語られている。天女トヨウカノメは衣を取られて老夫婦の養女となり、万病に効く酒を造って富をもたらした。内宮・外宮の二つの天降り神話の違いは、そのテーマが一方は種としての豊穣性（主権の永続性）であり、他方は物質的な豊穣性（酒を造って富をもたらす）であるという点にある。伊勢の内宮・外宮の神話は、まさに全体として豊穣の天女・アマテラスの二つの機能——種の繁栄（内宮）と物質的豊穣（外宮）——を表現している。外宮の祭神は単に食事の奉仕をする神ではなく、アマテラスの豊穣神としての半面を担っているので、伊勢神宮は両宮があってはじめて完全な天女アマテラスを顕現することになる。

キーワード：太陽、豊穣女神、稲、王権、鏡、再生、天女、養蚕

参考文献：吉田『日本神話の特色』、「第一章　高天原の女王アマテラスと王権の理想」；溝口睦子『王権神話の二元構造』吉川弘文館，2000年，「第三章　最高神（皇祖神）の転換——タカミムスヒからアマテラスへ——」；織田尚生『王権の心理学』第三文明社，1990年，「第9章　中心における死と再生」；越野真理子「アマテラスの成長——ユング心理学による『古事記』神話分析の試み——」，『学習院大学国語国文学会誌』36号，1993年；森本直子「神話における機織りの意味」，『学習院大学国語国文学会誌』43号，2000年；吉田『日本神話と印欧神話』、「四：アマテラス・スサノヲ・オホクニヌシ——古典神界における主神グループの構造」、「六：綜合的大女神格としてのアマテラス——アマテラスとスキュタイの大女神」；同『アマテラスの原像　スキュタイ神話と日本神話』青土社，1980年；同『太陽の神話と祭り』青土社，2003年，「第1章　ギリシア神話の絶世の美女ヘレネと太陽」、「第4章　天の岩屋戸神話を表す祭り——高千穂の夜神楽と松例祭」；大林『日本神話の起源』Ⅳ、「アマテラスとスサノオ」；同『東アジアの王権神話』弘文堂，1984年，「第十三章　日本神話と朝鮮神話——支配者文化を中心として」；松前健『古代伝承と宮廷祭祀』塙書房，1974年；君島久子「蜘蛛の女

神」,『日中文化研究4』勉誠社1993年；伊藤『日本神話と中国神話』,「農耕養蚕起源神話」；荒川理恵「『古事記』における養蚕起源神話──馬と蚕をめぐって──」,『学習院大学上代文学研究』19号, 1993年；古川のり子「アマテラスの神話と神功皇后伝説──その構造的対応関係」,『日本学』11号, 1988年, 名著刊行会；同「昔話『天人女房譚』と神話──天女とアマテラスおよびカムムスヒ」, 吉田『妖怪と美女の神話学』；同「太陽神の祭り──難波津の八十島祭──」, 松村一男編『太陽神の研究 上巻』リトン, 2002年.
⇒アカルヒメ、アマツヲトメ、ウルヴァシー、カムムスヒ、シタデルヒメ、トヨウケ

アマノウズメ　天宇受売命・天鈿女命

名前の意味・神格・属性：閉ざされた道を開く女神。鎮魂祭などの宮中神事に関与した猿女君氏の祖先神とされる。ウズは、本来は「頭」「頭のてっぺん」の意だが、そこに挿す木の枝や木の葉、絹や金銀細工の飾りも表す。『日本書紀』に「唯元日には髻花着す。髻花此をば于孺と云ふ」（推古十一・十二）とある。鈿女の「鈿（てん・でん）」は金飾り、かんざしの意。アマノウズメは、「天の髪飾りをつけた女」の意。『古語拾遺』は「古語に天之於須女といふ」とし、「強く悍く猛く固」い「強女」の意であると伝える。ウズを、「おぞまし（恐ろしい、我が強い）」のオゾの交替形と見なした解釈である。

概要：アマテラス†が天の岩屋に隠れた時、アマノウズメが蔓や襷を身につけ、矛を手にして登場し、岩戸の前で火を焚き、桶を伏せ、神懸かりして歌い踊った。アマテラスは彼女が楽しみ笑っているのを不思議に思い、岩戸を少し開けてのぞき見ようとしたが、手力雄神がその手を取って外へ引っ張り出したという（書紀七の本文）。古事記によればアマノウズメは踊りながら、胸をはだけ女性器を露わにして天の神々を哄笑させた。アマテラスがその理由を尋ねると、アマノウズメは「あなたよりもっと貴い神がいるからだ」と答えたとある。また日本書紀第七段の3には、天の神々から追放されたスサノヲが、姉のアマテラスに会おうと天に昇ってくるのを、アマノウズメが見て報告したという異伝がある。

天孫降臨神話では、天降りの道を塞ぐ神に対しアマノウズメが胸と女性器を露わにして問いかけると、相手の神はその名（サルタビコ）を明らかにし降臨の先導者として仕えた（書紀九の1）。アマノウズメは五伴緒（五部神）の一柱として天孫に随伴して下界に天降り、その子孫はサルタビコの名を負って「猿女君」と呼ばれるようになる（記、書紀九の1）。サルタビコを伊勢に送り、アマノウズメは海の魚たちを集めて天の神の御子への奉仕を約束させた。これによって志摩の海産物は代々猿女君に与えられるようになったという（記）。

『豊受皇太神御鎮座本紀』はこの神を「人長神」（神楽の舞人の長）と呼び、世阿弥の『風姿花伝』は、岩戸の前における歌舞を「申楽の始め」とする。後世の「お多福」面は、アマノウズメの顔あるいはそれを信仰する亀女の顔を表したものだと伝えられる。

①**鎮魂祭**　冬至の頃に宮中で行われる鎮魂祭は、衰えた太陽（アマテラス・天皇）の復活と、春の世界の再生を願うものである。アマテラスを復活させたアマノウズメの行為は、鎮魂祭で行われる所作と対応する。『貞観儀式』鎮魂祭儀の条には、この時、御巫が伏せた槽の上に立って矛で撞き、御巫と猿女が舞うと伝えている。『古語拾遺』は、「凡て、鎮魂の儀は、天鈿女命の遺跡なり」とする。そのうえで鎮魂祭の御巫の職は、祭儀の創始者であるアマノウズメの子孫が担当すべきだとし、神祇官の神部にも猿女氏などが除外されたことを非難している（「遺りたること」九・十）。

猿女氏は宮中の祭儀に猿女を貢進した氏族で、「神楽の事」（『古語拾遺』）を司ったが9世紀には衰退したとされる。古事記の編纂時に種々の伝承を誦習した（記序）稗田阿礼が、アマノウズメの後裔（『弘仁私記序』）と伝えられること、また『西宮記』裏書に、死んだ猿女・稗田海子の代わりに稗田福貞子を請う記事があることなどから、猿女氏の一部は大和国添上郡稗田に住み稗田氏を称したと考え

日本

アマノウズメ、《天之八衢》
安田靫彦、福井県立美術館

られている。

②性器露出・笑い　松本信広はアマノウズメの神話を、バウボという女性が大地の女神デメテルに女性器を見せて笑わせ、大地の生産力を回復させたというギリシア神話などと比較した。アマノウズメが矛で槽を撞くのは陰陽の合致を表し、生産力の源である女陰を顕示するのは、分娩をやめた怒れる自然(アマテラス)に豊穣多産であることを回復させるためだとする。

松本は、笑いもまた吝嗇な冬の口を緩め春の豊穣をもたらすという。日本の神社の冬の祭りには、春への扉を開くための笑いの儀式がある。「笑い」や「女性器の露出」が「生(性)の世界」への道を開く力を持つことは、『沙石集』巻十末二(和泉式部が夫との縁を回復するために神前で女性器を露出しようとする話)や、現代の昔話「鬼の子小綱」(鬼の世界から脱出するために女性器を露出して鬼を笑わせる話)にも、受け継がれている。アマノウズメが「目人に勝ちたる神(にらめっこをして勝つ神)」(書紀九の1)と呼ばれるのは、相手の口を緩めて開かせ笑わせる力を持つからだろう。

ところで「笑う女(アマノウズメ)」は、葬儀の際の「泣き女(ナキサハメ[†])」と一対を成している。どちらもその笑い声・泣き声の力で閉塞した世界に亀裂を入れ、魂が通るための道を開く役割を果たす。

③通路を開く神　吉田敦彦はアマノウズメの本質を、「鎖ざされている口、通路などを開く」機能にあるとする。アマノウズメは八百万の神々の口を開かせて哄笑させ、アマテラスに岩戸を開かせた。また通路を塞ぐサルタビコの口を開かせて天孫降臨のための道を開き、さらに海の魚たちやナマコの口も開いたとされる。吉田はこのようなアマノウズメには、インドの『リグ・ヴェーダ』において笑いながら裸体を露出し、鎖ざされていた岩戸や門などを開いて太陽を世界に出現させたことを歌われる、曙の女神ウシャス[†]とよく似た性質が認められるという。さらに吉田は、アマノウズメがウヅヒコと一対の存在であると指摘した。ウヅヒコ(珍彦・槁根津日子・椎根津彦)は記紀神話の神武東征伝説において一貫して、鎖ざされた通路を開き日の御子を大和に出現させる働きをする。

キーワード: 女性器、笑い、舞踊、再生、春、芸能

参考文献: 松本『日本神話の研究』,「笑いの祭儀と神話」;吉田敦彦『小さ子とハイヌウェレ』みすず書房, 1976年,「二　女性器露出神話の系譜」;同『日本神話の特色』,「第七章　アマノウズメとウヅヒコ」;『日本神話

と氏族』有精堂，田中日佐男「日本神話と猿女氏」，1977年；古川のり子「日本神話と葬式の民俗——泣き女・枕飯」，『死生学年報4』リトン，2008年．

アマノサグメ　天探女
名前の意味・神格・属性：言葉の伝達を攪乱することで、神々の間の争いを煽動する女神。サグを「探る」の語根として、「天の探る力を持つ女」の意に解釈されている。また清音サクとして「逆女（逆らう女）」の意とする説もある。読み方については、「天佐具女（あまのさぐめ）」（記）、「阿麻能左愚謎（あまのさぐめ）」（書紀九の本文）、「阿万左久女、安万乃左久米（あまのさぐめ）」（『和名抄』）とある。
概要：『古事記』『日本書紀』の中つ国平定神話に登場する。地上世界の支配者オホクニヌシに国譲りをさせるための交渉役として、天の神はアメワカヒコを派遣したが、彼は自分が下界の王になろうと企んで天に帰らなかった。天の神は雉を派遣して彼の意志を問いただすが、この時アメワカヒコの傍らにアマノサグメが出現し、不吉な声で鳴くあの鳥を射殺してしまえとそそのかす。雉を射殺した矢は天の神のもとへ届き、アメワカヒコは天から逆に投げ下ろされた矢にあたって死んでしまう。

記紀神話の中でアマノサグメが登場するのはこの場面だけである。ほかには『万葉集』に「ひさかたの　天の探女が　石船の　泊てし高津は　浅せにけるかも（アマノサグメが天から乗って降りて来たという石船が泊まった高津は、浅くなったものだ）」（二九二）という歌がある。また『摂津風土記』逸文・高津の条にも「難波高津は、アメワカヒコが天降った時、付き従って下りてきた神アマノサグメが、磐舟に乗って着いたところである。天磐船が泊まったことにちなんで、高津という」と伝えられている。

中つ国平定神話の中で、アマノサグメはトリックスターとしての性質をきわめてよく表している。トリックスターとは、説話中に登場するいたずら者のことを指す。両義性をその特徴とし、天と地、自然と文化、神と人、善と悪、男と女など、対立する性質の両方を併せ持つ。悪質な詐術やよけいな手出しなどによって、世界を攪乱し争いを煽動して、秩序や権威を逆転・破壊する。その一方で対立物を媒介し、異質なものの間に思わぬ結び付きやコミュニケーションを成立させ、新しい秩序、未知のものを誕生させる文化英雄・創造者としての働きをすることもある。

『万葉集』や『摂津風土記』逸文によると、アマノサグメはアメワカヒコの従者として共に天降ってきた「天の神」ということになるが、『日本書紀』九の1や『先代旧事本紀』の神話はこの神を「国つ神」と明記する。また『和名抄』はこれを「鬼魅類」に分類している。このようにアマノサグメは天つ神とも国つ神とも鬼魅とも区別しがたい存在である。

アマノサグメは、鳥の言葉を偽って伝えて天地間の情報の伝達を攪乱する。そしてアメワカヒコをそそのかし天の神に反抗させることで、天と地の間の争いを引き起こした。一方で、雉を射抜いて高天原に届いた矢は、天の神の前にアメワカヒコの隠されていた反逆心を露呈させ、それに対して天の神が矢を投げ返し罰を下すことによって自らの意思を地上に顕現するという、思いがけない真の意思の伝達を、対立する両者の間に成立させた。このあと天の神が、下界との交渉にそれまでは用いなかった戦神を投入することで国譲りが成就され、地上世界は天の神のものとなる。したがってアマノサグメの介入は、結果的に世界秩序の再編成をもたらしたので、まさにこの神はトリックスターとして重要な創造的役割を果たしたと言えるだろう。

アマノサグメは、現代のアマノジャク（天の邪鬼）という言葉と関係があると考えられている。日本の全国各地でアマンジャク、アマノジャキ、アマンシャグメ、アマノジャコ、アマノザコなどともいう。『日葡辞書』（室町末期）は「アマノザコ」について、「ものを言うと言われる獣の名、差し出がましい者、でしゃばって、口数の多い者」と記している。現在アマノジャクという言葉は、「何事でも人の意に逆らってわざと反対のことをするひねくれ者」の意味に用いられることが多いが、

そのほかに山彦・こだまを表すこともある。仁王や毘沙門天の足下に踏みつけられる小鬼や地虫などもアマノジャクと呼ばれる。

　昔話・伝説の中では、娘になりすます怪物（「瓜子姫」）、親に逆らったために鳶や雨蛙になった親不孝者（「鳶不孝」「雨蛙不孝」）、神や人の仕事を邪魔する悪者（「一夜工事」）として登場する。例えば「一夜工事」の話では、神が一夜の内に島と陸との間を橋で結びつけようとした時、アマノジャクが鶏の鳴き声を偽って告げることによって神の仕事を中断させたので、その橋の残骸がアマンジャク岩などとなったという。この話は、アマノサグメが雉の言葉を不吉な鳴き声として偽って伝えることで、天と地の間の連絡を取ろうとする神の仕事を阻害したこととよく似ている。

　また長崎県壱岐郡には、すべての穀物が根元からいっぱい実っていた時代に、これでは人間のために良すぎるからと、アマンシャグメが稲・麦・大豆・黍の茎を扱いて実を減らし、雑草の種を播き、寒い冬や暑い夏や闇夜を作ったので、神様が怒って虫けらにしてしまったという話が伝えられている。ここでアマノジャクは、今あるような世界を創造する役割を果たしている。

　何にでも逆らうひねくれ者で、物真似・口真似の詐術を用い（瓜子姫に化ける・山彦・こだま・鳥の鳴き真似）、神や人の仕事を攪乱するが、そのことが逆に現在の世界（岩、虫、穀物、雑草、冬と夏、操船法、闇夜）を創造することもある。このようなアマノジャクは、神話の中のアマノサグメの性質をきわめてよく保存していると思われる。

キーワード：トリックスター

参考文献：松村武雄『日本神話の研究』第三巻，培風館，1955年，「第十四章　国譲り神話」；山口昌男『道化の民俗学』筑摩書房，1985年；関敬吾編『日本昔話大成』三，角川書店，1978年，一四四B天の邪鬼；古川のり子「天の探女とアマノジャク」，『東洋英和女学院大学心理相談室紀要』8号，2004年；古川『昔ばなし』，「第二話　かちかち山　トリックスター，稲羽の素兎の末裔たち」。

⇒マンタラー

アヤカシコネ　阿夜訶志古泥神、青檮城根尊

名前の意味・神格・属性：アヤカシコネは、「アヤ（感動詞）」「カシコ（畏まる）」「ネ（女性を示す接尾語）」で、男神の言葉を受けて「まぁ、恐れ多い」と返す女神の言葉を表す。「まぁ、恐れ多い」と答える女神。オモダル（於母陀流神、面足尊）と男女の一対を成し、男女間の最初の会話を神格化したもの。オモダルは、「オモ（面）」「タル（足る）」で、「容貌が満足できるほどに整っている」と女神を称える言葉である。

概要：『古事記』『日本書紀』の創世神話に登場する神で、神世七代の第六代目にあたる。『日本書紀』第二段本文はカシコネ（惶根尊）とし、そのほかに四つの別名（吾屋惶根尊、忌橿城尊、青橿城根尊、吾屋橿城尊）を併記する。語形の変化はあるが、これらの神名は、女性であること、感動詞、畏しの意を表す点で共通するとされる。また書紀（第二段の1）は、イザナキとイザナミ†を「青橿城根尊の子なり」とする。

　オモダルとアヤカシコネの二神は原初の混沌の中から、生命が目に見える形と男女の区別を形成していく過程で出現する。『古事記』によると、「泥土（ウヒヂニ・スヒヂニ）」から「植物的な生命（ツノグヒ・イククヒ）」が生じ、そこに「男女の性器（オホトノヂ・オホトノベ†）」が形作られる。すると男は女に賞賛の言葉（オモダル）を送り、女は敬意を表して（アヤカシコネ）それに応える。両者の間に会話が成立すると、互いに結婚をいざなう完成された男女（イザナキ・イザナミ）が誕生する。

　オモダルとアヤカシコネの会話は、イザナキとイザナミの結婚にあたっての「あなにやし、えをとめを（なんて愛しい女だろう）」「あなにやし、えをとこを（なんて愛しい男だろう）」という会話において繰り返される。国生みに臨んで天父イザナキが地母イザナミを讃め称え、地母が満足して答えを返し、二神の結婚が成立すると豊かな国土や万物が生み出される。まず男神が女神を賞賛し、女神がそれに応えるというこの発言の順序は、オモダルとアヤカシコネの発言の順序と一致す

る。この順序が逆になると、ヒルコなどが生まれ国生みは失敗に終わる。このように豊穣を願って大地を讃め称えることは、天皇や支配者が山や丘などの小高いところに登って国土を望見し賞讃する「国見・国讃め」の儀礼としても実現されている。大野晋によると、オモダルとアヤカシコネの会話の神話は、あとの大規模なイザナキ・イザナミの神話と重複するために縮小され、わずかに神名として残存したのではないかという。

キーワード：会話、男女の誕生、儀礼、男女一対

参考文献：大野晋「記紀の創世神話の構成」、『仮名遣と上代語』岩波書店、1982年；古川のり子「国讃めと国土創世」、『学習院大学国語国文学会誌』34号、1991年．

イザナミ　伊邪那美神・伊奘冉尊

名前の意味・神格・属性：イザナキと結婚して世界の万物を生み出した母神であり、死の国の支配者でもある、大地の女神。イザは相手を誘う言葉。ナは「〜の」の意味の助詞。ミは「オミナ（嫗）」のミと同じで、女性・妻の意。「冉」をナミと読むのは、漢代の発音 ńam によるとされる。イザナキ・イザナミは「誘う男神、誘う女神」の意。

概要：①最初の結婚〜世界の誕生　世界の始まりの時、イザナキ・イザナミは、オモダルとアヤカシコネ[†]（カシコネ）という男女一対の神に次いで生じた（記、書紀五の本文、三の1）。オモダルは「あなたの容貌は整って美しい」という賞讃の言葉の神格化、それに対するアヤカシコネは「まあ何て恐れ多いこと」という返事の言葉の神格化。この二神によって表される男女の間の会話の発生を受けて、「いざ」という結婚への誘いの言葉を名に負うイザナキ・イザナミが誕生した。書紀二の1は、イザナキとイザナミがともにアオカシキネの子である、つまり兄妹だと伝えている。これによれば世界で最初の結婚は、兄と妹による近親相姦だったことになる。世界の多くの神話の中で、近親相姦は世界秩序を超える原初的な力を発動させる行為として重要な役割を果たす。記紀神話においてもこの兄妹相姦から、世界や神々や人間たちが誕生する。

天の神の命令を受けてイザナキ・イザナミは、天の浮橋の上、天の狭霧の中または高天原から下界の原初の海の中に矛をさし入れ、オノゴロ島を出現させてその上に天降る（記、書紀四の本文、1、2、3、4）。二神は性行為のやり方を決め、天の御柱の周りを反対方向から回って出会ったところで互いに褒め言葉を発し合い、最初の結婚をして国土を生み出そうとする。しかしヒルコ（水蛭子・蛭児）や淡島（洲）が生まれてしまい（記、書紀四の1、10）失敗に終わったので、天の神に相談し発言の順序を入れ替え、男がはじめに発言して結婚をやり直すと、日本の国土の島々が生まれた（記、書紀四の本文、1）。この時イザナミは淡路島、淡島、またはオノゴロ島を胎盤として島々を生んだともいう（書紀四の本文、6、8、9）。

次にイザナミは海、川、山、木などの、この世界を構成する様々な神々を生み出したが、最後に火の神を生んだために火傷を負って死ぬ。苦しむイザナミの吐瀉物や排泄物から金属・粘土・水・作物などの神々が生じた（記、書紀五の2、3、4）。このあとイザナミを出雲国と伯耆国との境にある比婆の山に葬った（記）、あるいは紀伊国の熊野の有馬村に葬った（書紀五の5）とある。

イザナキとイザナミの国生み神話は、母親が子供を生むようにして島々を生み出したとする、ポリネシア、メラネシアの「島生み型」陸地起源神話と似ている。他方で国生み神話は、東南アジア、西南中国、台湾などに伝わる兄妹始祖型の洪水神話とも比較される。これらの神話には、大洋のただ中に出現した陸地の上で結婚が行われること、兄妹婚であること、柱や山などの周りを回ってから結婚すること、占いによって兄妹婚の可否を問うこと、生まれた子供が肉塊・動物などの異常児であることなどが共通しており密接な関係がうかがわれる。物の周りを回って結婚することについては、日本の小正月に粟の予祝儀礼として行われる、「裸まわり」との関わりが指摘されている。安田尚道は、いろりの周り

を夫婦が裸で回り性的な所作を行うこの行事をイザナキとイザナミの神話と結びつけ、それらの背後に粟の焼畑耕作文化があるのではないかという。また書紀四の5には、イザナキとイザナミが尾を動かす鶺鴒を見て性交のやり方を学んだとする異伝がある。最初の性交の仕方を鳥や虫が教えたという神話も、台湾や沖縄に認められる。

創世神話の中でイザナミは、最初の性行為をしてたくさんの子供を生み残して死んだので、「生きて結婚して子孫を生んで死んでいく」ような人間の運命の最初の一回が、彼女によって生きられたことになる。イザナミの「死」を直接的にもたらしたのは「火」だが、その「火」はイザナキとイザナミの最初の「性」行為によって女神の体内に宿った。つまりわれわれ人間は「性」を獲得して子孫を残すことができるようになった時、同時に「死」をも手に入れた。また火の誕生による大地母神の死は、人間の「文化」を可能にする神々（金属・粘土・水・作物など）を発生させた。イザナキとイザナミの神話において、「性」と「火」と「死」と「文化」の起源はこうして互いに切り離しがたく結び付いている。

②黄泉の国　夫イザナキは、死んだ妻を連れ戻すために黄泉の国まで追いかけて行く（記、書紀五の6、9、10）。イザナキは禁止に背いて、醜く腐った死者となったイザナミの姿を見てしまう。イザナミは、驚いて逃げ出した夫を恨んで追いかけてくるが、イザナキは地上と地下の境にあるヨモツヒラサカを巨大な岩で塞ぎ、その岩をはさんで妻と向かい合って立ち、夫婦の絶縁の誓いをする。ここでイザナミは一日に千人の人間を殺すことを誓い、イザナキは一日に千五百人生まれさせることを宣言した。これによって毎日必ず千人死んで、千五百人生まれるようになったという。こうしてイザナミは「黄泉津大神」（記）となった。『鎮火祭の祝詞』では、イザナミは夫に対して「吾がなせの命は、上つ国を知ろしめすべし、吾は下つ国を知らさむ」と告げたとされる。日本書紀五の本文、2では、イザナキの黄泉の国訪問の部分は語られず、イザナキ・イザナミが神生みの最後に、日、月、蛭児、スサノヲを生んだとある。

イザナミの名は、『風土記』の中にも二回登場する。イザナミの時代に、日淵川の水を引いて池を作った（出雲国風土記　神門）。イザナミが火の神を生んだために熱に苦しんで嘔吐した時、その吐瀉物から美濃の国の一の宮（仲山金山彦神社）に祀られる金山彦神が生じた（美濃風土記逸文）。イザナキ・イザナミは人類全体の祖先なので、特定の氏族の祖神とはみなされていない（『新撰姓氏録』）。

黄泉の国の神話は、死と人間の起源を語っている。イザナミが火傷を負って死んだために、すでに最初の死は発生したが、彼女が黄泉の国でもう一度、櫛に灯された「火」に照らされることでその死は確実なものとなった。そしてイザナミが「汝の国の人草、一日に千頭絞り殺さむ」（記）と宣言することによって、ここで「死」が地上の「人間（人草）」たちのうえに不可避の運命として定まったので、今あるような死ぬ運命を負った「人間」も、ここに初めて誕生したことになる。

イザナキによる黄泉の国訪問の神話は、ギリシアのオルペウスによる冥界訪問の神話に著しく似ていることが知られている。ギリシア神話と日本神話との間の不思議な類似については、古代ギリシア人と密接な交渉を持ったイラン系騎馬遊牧民族・スキタイ人の神話からの影響が、朝鮮半島を経由して古墳時代の日本に及んだと考えることによって説明される。イザナミが黄泉の国の竈（かまど）で作られた食物を食べたために地上に帰ることが困難になったとする「ヨモツヘグヒ（黄泉戸喫・滄泉之竈）」（記、書紀五の6）の話もギリシア神話に認められる。大地の女神デメテルの娘ペルセポネは冥界の石榴の実を食べたために地上に戻れなくなり、一年の三分の一を冥界の女王として過ごすことになった。他界の食物を摂るともとの世界に戻れなくなるという考え方は、今日の日本の民俗の中にも残っているが、異界の「火」で煮炊きされた食物とする点が特徴的である。新生児や花嫁や死者は新しい世界の火で作られた食物（出産の時の産飯、結婚の時の高盛飯、葬儀の時の枕飯）

イザナキとイザナミ。「神代絵」山辺神社蔵（学研フォトアーカイブス）

を摂ることによって、その世界への所属を確かなものとする。

イザナキとイザナミの神話と特によく似た死者の国訪問神話は、ポリネシアにもある。ニュージーランドのマオリ族の伝承では、タネという神が自分の娘ヒネ（ヒナ[†]）と結婚したが、ヒネはそれを恥じて自殺し地下へ行って偉大な夜の女神となった。タネが妻を追って冥界に行くと、ヒネは戸を開けずに、あなたは地上で子孫たちを養うようにと告げ、自分は彼らを地下へ引き下ろすことを宣言したという。ここには近親婚、夫婦の絶縁の誓いによる死の発生という要素も共通している。同じマオリ族には、互いにくっついていた天神ランギと大地母神パパ[†]が息子によって引き離され、ランギの涙は雨となり、パパからは霧が生じて天へ立ち上ったという神話がある。またインドネシアのセラム島では、抱き合っていた天父と地母を息子が引き離すと、地中から火が生じ、その火から太陽と月が生じたという。天父イザナキと地母イザナミも、火神の誕生を契機として決定的な分離を遂げ、天と地、生と死、地上世界と地下世界はここにはっきりと区分された。さらに地上に逃げ帰ったイザナキの禊ぎによって、生者を死へと導く災いや、太陽と月、天と地の間を循環する大気が誕生し、今日の世界の最も基本的な結構がこうして整ったことになる。

③**大地の母神**　太陽・月・大気を生じさせたイザナキと、日本の国土の島々を生み出したイザナミは、それぞれ「天父」と「地母」の性質を持つ。「大地母神」は大地そのものを神格化した存在で、そこから人間や様々な資源などの万物を生み出す母胎であると同時に、生けるものすべてが最後には死んでその腹に呑み込まれていく死者の国そのものでもある。この女神に対する信仰は、人類の最も古い時代（後期旧石器時代）の宗教にまで遡るとされる。イザナミは日本神話における大地母神として、国土や神々、人間、作物、鉱物などを生み出す万物の母であると同時に、人間たちに死の運命をもたらす恐ろしい死の女神（黄泉津大神）でもある。このようなイザナミの「生と死」の両面的な性質は、『古事記』『日本書紀』の日向神話では醜いイハナガヒメ[†]と美しいコノハナノサクヤビメ[†]という一対の姉妹によっても表される。

ところで作物栽培を始めとする人間の文化は、大地母神が身体から出して与えてくれる物だけでは満足せず、人間たちが大地に殺傷を加えその身体から欲する物をむりやり産出させることによって成立する。イザナミの死もまた、火の獲得＝文化の発生と共に語られている。イザナミは火の神を生んで火傷を負って死ぬ間際に、金属作り、土器作り、焼畑農耕を可能にする神々を誕生させた。人間の文化は自然の母神の犠牲のうえに成立することが、ここによく表されている。このような、自分が犠牲になっても人間たちの文化のために必要な物を与えてくれる大地母神イザナミの性質は、オホゲツヒメ[†]、ウケモチを主人公とする作物の起源神話によっても表されている。これらの神は、生きている間は身体から惜しみなく食物を出して与えたうえに、殺害されるとその死体から様々な種類の農作物を発生させたという。

死と再生を司り、人間のために必要な物をすべてその体内に妊娠しては生み出して与えるが、殺されてあるいは火で焼かれて死ぬことで栽培作物をも発生させる「大地母神」に対する信仰は、記紀神話のイザナミ、オホゲツヒメ、ウケモチ、イハナガヒメ、コノハナノサクヤビメに見出されるだけでなく、縄文時代の信仰にまで遡ると考えられている。「縄

文土偶」に表された女神は壊して殺され，豊穣を願って大地にばらまかれる。また「釣手型土器」〔女神の体の形をした土器の中に灯を灯す〕は，胎内に宿した火を生み出す女神の姿を表している。大地の母神への信仰は，現代の山の神＝山姥の信仰や伝承，「瓜子姫」・「花咲爺」などの昔話の中にも受け継がれており，今も日本文化の基層で働き続けている。

　またイザナキ・イザナミの創世神話の世界観は，境界を守る道祖神信仰や，節分・正月の火祭り行事の中に全体的によく保存されている。特に関東中部地方では，小正月に道祖神を焼き殺して新年の豊作・除災招福・健康・良縁・子宝を祈願する火祭りが行われてきた。イザナキが地上と地下の境目を岩で塞いで，焼け死んだ大地母神イザナミの追撃を防いだように，道祖神の火祭りでは，災厄をもたらす冬の女神を焼き殺して冥界に押し込め，春（生）と冬（死）の境を画定して世界の再生を願う。こうしてイザナキ・イザナミの創世神話は，年の境目に繰り返し表現されてきたのだと思われる。

キーワード：大地母神，万物の生成，死と再生，火，性，農耕，山，道祖神，ハイヌウェレ型，国土創成

参考文献：大林太良編『シンポジウム日本の神話1 国生み神話』学生社，1972年，「二国生み」；同『日本神話の起源』Ⅱ，「国土と神々の創成」；吉田敦彦『ギリシァ神話と日本神話』みすず書房，1974年，「一 ギリシァ神話と日本神話」；同『創世神話99の謎』産報，1976年；同『昔話の考古学』中央公論社，1992年，「第三章 イザナミともコノハナノサクヤビメ＝イハナガヒメともそっくりな山姥」；吉田／古川『日本の神話伝説』第一部日本の神話伝説の意味を考える；A・E・イェンゼン『殺された女神』弘文堂，1977年；大野晋「記紀の創世神話の構成」，『文学』岩波書店，1965年8月；伊藤『日本神話と中国神話』，「天地創始・人類起源神話」；安田尚道「イザナキ・イザナミの神話とアワの農耕儀礼」，『民族学研究』36-3（1971）；古川のり子「冬の老女──イザナミの神話とミカワリ婆さん」，『ユリイカ』青土社，1997年

2月；同「神話に民族の世界観を見る──創世神話と道祖神信仰」，『言語』大修館2000年12月；同「節分と正月の火祭り」，吉田敦彦監修『比較神話学の鳥瞰図』大和書房，2005年；同「日本神話と葬式の民俗──泣き女・枕飯」，『死生学年報4』2008年，リトン；同「寒戸の婆と赤猪子　忘れられた老女の願い」，『現代思想』2012年10月号，青土社．
⇒ヒナ、ペルセポネ

イシコリドメ　伊斯許理度売命（記）　石凝姥命（紀）

名前の意味・神格・属性：祭祀に用いる鏡の製作を司る老女神。「コリ」はキコリ（木樵）と同じで，目的にかなうように対象を定まった寸法で切ること。「トメ（ドメ）」は戸女（戸口にいる女）の意で，一家の老主婦を表す。「ト」を連体助詞ツの音転として，「トメ（トベ）」は「─の女」の意を表すとする説もある。鋳型を作るための「石を切り出す老女」の意。「石凝戸辺」（書紀七の3）とも表記されるが，「トベ」の「ベ」は「メ」の音転。

　「トメ（トベ）」を含む女性名（播磨刀売，名草戸畔など）が，応神天皇以前の地方首長名に見られることから，溝口睦子は「トメ・トベ」を統一王権成立以前の女性首長号の一つであったとする。時代が下ると共に地位のある女性を表す言葉として，中高年女性を指すようになったという。

概要：天の岩戸隠れの神話には，アマテラス†を岩屋から招き出すために，イシコリドメが鏡（八咫の鏡）を作ったとある（記，書紀七の3）。のちにイシコリドメは，天孫ホノニニギに随伴して高天の原から下界に天降る。この時，剣・勾玉と共に，イシコリドメが作った鏡がアマテラスから天孫に授けられた（記，書紀九の1）。この鏡はのちにアマテラスのご神体として伊勢神宮に祀られる。

　一方でイシコリドメが冶工として作った鏡は，紀伊国の日前神（和歌山県和歌山市秋月日前神宮）である（書紀七の1）。あるいはイシコリドメが最初に作って気に入らなかった鏡が日前神で，次に作った麗しい鏡が伊勢大神だともいう（古語拾遺）。

また崇神天皇の時代に、鏡と剣を皇居から他の場所に移すにあたり、イシコリドメの末裔と、天目一箇神の末裔を忌部氏が率いて、宮中に新たな鏡と剣を作らせたとある（古語拾遺）。天目一箇神は刀や斧、鉄の鐸を作ったと伝えられる（古語拾遺）鍛冶の神である。溝口睦子は、同じ金属器の製作を司る神でもイシコリドメと天目一箇神とではその金属器の種類が違うとする。天目一箇神は新しい鉄器文化の神として武器などの製作を担い、イシコリドメは古い石器文化の伝統を受け継いだ鏡などの祭祀具の製作を担う女神である。

イシコリドメは「鏡作連」（鏡作部を管掌し、鏡の製作・祭祀にあたった氏族）の祖先神とされる。「鏡作の遠祖 天抜戸」（書紀七の3）、あるいは「天糠戸命」（古語拾遺）の子である。日本書紀七の2は、この神（天糠戸者）が鏡を作ったとも伝える。延喜式神名帳の大和国城下郡（奈良県磯城郡）に、鏡作坐天照御魂神社、鏡作伊多神社、鏡作麻気神社がある。

キーワード：老女、鍛冶、鏡、岩石
参考文献：溝口睦子「戸畔考——女性首長伝承をめぐって」、西宮一民編『上代語と表記』おうふう、2000年；溝口睦子「記紀に見える女性像——巫女・女酋・冶工・戦士」、前近代女性史研究会編『家族と女性の歴史 古代・中世』、吉川弘文館1989年.

イヅシヲトメ 伊豆志袁登女神
名前の意味・神格・属性：伊豆志大神の娘で、春山之霞壮夫の妻となった女神。イヅシヲトメは「出石の少女」の意。イヅシは兵庫県豊岡市出石町にあたる。『古事記』（応神）によれば、昔、新羅国王の子・天之日矛が、逃げた妻の阿加流比売を追って日本に渡り、但馬国（兵庫県北部）に留まった。この時アマノヒホコは、「玉津宝」と呼ばれる八種類の神宝を携えてきた。この神宝が伊豆志の八柱の大神であり、その娘がイヅシヲトメである。
概要：イヅシヲトメは多くの神々が妻にしたいと望みながら、まだ誰も結婚できずにいる女神だった。二人兄弟の兄神・秋山之下氷壮夫「秋山の紅葉の男」は、弟神の春山之霞壮夫「春山の霞の男」に賭けを申し出て、自分が手に入れられなかったイヅシヲトメを、もし弟が獲得したら着物と酒と山河の生産物をすべて与えると約束した。弟がこのことを母神に言うと、彼女は藤蔓で衣・袴・下沓・沓を作り、弓矢にそれを着せて彼に持たせた。春山之霞壮夫がイヅシヲトメの家に行くと、その衣服も弓矢もすべて藤の花になったので、彼はその弓矢を彼女の厠に掛けておく。イヅシヲトメがその花を持ち帰る時、彼はその後ろについて入って彼女と結婚し、子供が一人生まれた。腹を立てた兄は、賭けの物を払わない。母神は、「兄は神ではなく人間の振る舞いに倣うのか」といって兄神を恨む。そこで目の粗い竹籠を作り、塩をあえた石を竹の葉に包んだものを用いて、弟に兄を呪詛させた。「この竹の葉のように青く茂り、萎れよ。この潮のように満ち干よ。この石のように沈め」と唱えると、兄は八年のあいだ病み衰えた。兄が泣いて許しを請うので、呪物を母に返すともと通り元気になったという（記：応神）。この神話は『日本書紀』には見られないが、兄弟間の争い、弟の勝利、言語呪術などの点で、オホクニヌシ神話、海幸山幸神話との類似が指摘されている。

イヅシヲトメは、出石の八種の神宝（伊豆志の八柱の大神）の娘であるとされる。出石の神宝は、珠二貫、浪振る比礼、浪切る比礼、風振る比礼、風切る比礼、奥津鏡、辺津鏡の八種から成る。これらの神宝については『日本書紀』にも記述があり、「羽太玉、足高玉、鵜鹿鹿赤石玉、日鏡、出石桙、出石小刀、熊神籬」の七種（垂仁三年）、「葉細珠、足高珠、鵜鹿鹿赤石珠、日鏡、出石槍、出石小刀、胆狭浅大刀、熊神籬」の八種（同一云）であるともいう。三品彰英は、これらの神宝の多くが石上神宮の十種の神宝と重なることを指摘する。石上の神宝は、冬から春へと生命力を増強し更新させる鎮魂（タマフリ）の力を発揮すると考えられている（『旧事本紀』天神本紀）。また『釈日本紀』（述義六）によれば、出石の神宝は垂仁天皇の時代に石上神宮に納められたとある。したがって三品は、出石の神宝もまたタマフリの力と不可分の関係にあ

り、イヅシヲトメの神話は御魂（ミタマ）の増殖した「春」をたたえる物語であるとする。イヅシヲトメのもとで、藤蔓がいっせいに花を咲かせたように、タマフリの力を持つ女神は、春山之霞壮夫と結び付くことで活力に満ちた新しい春の世界を顕現させるのだろう。
キーワード：土地（の女神）、宝、春、花
参考文献：三品彰英『増補　日鮮神話伝説の研究』（三品彰英論文集4）, 平凡社, 1972年,「第三章　ミタマフリの伝承」；藤澤友祥「秋山之下氷壮夫と春山之霞壮夫──神話の機能と『古事記』の時間軸──」,『早稲田大学大学院文学研究科紀要』第3分冊, 2009年．

イヅノメ　伊豆能売（記）
名前の意味・神格・属性：清浄な力で穢れを清める女神。イヅはイツ（厳、斎、稜威）で、神聖で清浄な威力のあること。ノメは「〜の女」で、イヅノメはそのような「霊威ある女性」の意。
概要：『古事記』の創世神話で、黄泉の国から帰って来たイザナキは穢れを清めるために禊ぎ祓えをした。川の水に潜って身をすすぐと、その穢れから地上世界の災厄の元凶となる災いの神である八十禍津日（ヤソマガツヒ）神、大禍津日（オホマガツヒ）神が誕生する。すると次にその災いを清め正常な状態に戻すために、神直日（カムナホビ）神、大直日（オホナホビ）神、イヅノメの三神が生まれたという。このあとイザナキはさらに水で身をすすぎ洗い、安曇氏の祖先となる三柱の海神、住吉三神、次いでアマテラス†、ツクヨミ、スサノヲの三貴子を誕生させる。
　『日本書紀』では、神武天皇が大和平野に攻め込む直前、自ら神となって祭りを行う際に、斎主の役目をする道臣命に「厳媛（イツヒメ）」（霊威ある女性）の名を与え、さらに酒瓶・火・水・食物・薪・草にも神の名をつけて呼んだとある（神武即位前戊午年九月）。このイツヒメはイヅノメと同様に、清浄な霊威によって穢れを浄化し、この場を神聖な威力ある祭りの場とする役割を果たすものと思われる。
キーワード：水、浄化

参考文献：小島憲之他校注『日本書紀①』小学館, 1994年,「厳媛」頭註．
⇒ククリヒメ、セオリツヒメ

イハナガヒメ　石長比売
名前の意味・神格・属性：「岩のように永遠不変である女性」の意。死をもたらす醜い冬の大地の女神。
概要：大山津見神の娘で、木花之佐久夜毘売（このはなのさくやびめ）の姉。姉妹は二人一緒に天孫ホノニニギのもとへ嫁いだが、イハナガヒメはとても醜かったので送り返され、花のように美しい妹だけが天孫と結婚した。恨んだイハナガヒメは、彼と妹の子孫あるいはすべての人間たちに死の運命を宣告したので、天皇家の一族あるいは人間たちは石のような不死を失い、寿命が木の花のように短くなったという（記、書紀）。
　『日本書紀』（九の2）によると、拒絶されたイハナガヒメは恥じて「もし天孫が私と結婚していたら、生まれる子の寿命は岩のように永遠であったろうに。妹とだけ結婚したから、その生命は木の花のように散り落ちるだろう」と言って呪った。または「人間たちは木の花のように、はかなく移ろい衰えていくだろう」と言ってすべての人間たちに死の運命を定めたとある。
　イハナガヒメとコノハナノサクヤビメ†の姉妹は、大地の母神イザナミ†と多くの共通点を持つ。イザナミは世界の万物を生み出す若く美しい女神だったが、死んで黄泉の国の支配者となり、その醜く腐った姿を見て逃げだした夫を恨んで地上の人間に死の運命を定めた。こうしてそれまでの永遠の時空間に終止符が打たれ、春に万物が誕生し冬に死んで大地の胎内に戻り、そこでもう一度受胎されて再び地上に生み出されていくような、循環する世界が成立した。子を生む美女コノハナノサクヤビメと死をもたらす醜女イハナガヒメの一対は互いに切り離すことのできない表裏一体の関係にあり、大地の母神イザナミが持つ生と死の二つの側面を表している。
　このような大地の母神の一対は、民間の山の神信仰にも受け継がれている。日本の農村

では、春に里を訪れる若く美しい田の神は、収穫が終わると山へ帰り醜い老女の姿の山の神となるという。昔話では、貪欲なホトトギスと可憐で健気なウグイスの一対として登場する。醜い岩のような冬の女神の姿は、昔話の山姥や、仁徳天皇の嫉妬深い皇后・石之日売（イハノヒメ　記、書紀）、花のような美女（お梅）に夫を奪われて死の復讐を果たす醜いお岩（『東海道四谷怪談』）の姿にも表れている。

キーワード：岩石、醜女、冬、死
参考文献：吉田敦彦『昔話の考古学』中公新書, 1992年,「第三章　イザナミともコノハナノサクヤビメ＝イハナガヒメともそっくりな山姥」；古川のり子「不死をめぐる神話──『東海道四谷怪談』」, 松村編『生と死の神話』；古川『昔ばなし』第八話,「ホトトギスと兄弟　夜鳴く鳥の悲しい前世」。

ウケモチ　保食神⇒オホゲツヒメ

ウムカヒヒメ　蛤貝比売
名前の意味・神格・属性：蛤の女神。母乳のような汁を出し、死者を再生させる女神。蛤の古称をウムキという。『和名抄』は海蛤を「宇無木乃加比」と読む。『出雲国風土記』に「宇武加比売」とあるが、ウムカヒはウムキノカヒの約。
概要：『古事記』によると、大穴牟遅（おほなむち）神（のちの大国主神）が、兄弟の神々に焼けた石を抱かされて死んだ時、母神の刺国若比売が嘆いて天に昇り、神産巣日之命に助けを求めた。カムムスヒ†は、下界にキサカヒヒメ†（赤貝の女神）とウムカヒヒメを派遣してオホナムチを再生させる。まずキサカヒヒメが焼け石に張り付いたオホナムチの身体を削り取り、そのバラバラになった肉体の断片をウムカヒヒメが受け取り、自分の体から母乳のような汁を出して塗ると、立派な男となって生き返った。あるいはキサカヒヒメが赤貝の貝殻を削って出した粉を、ウムカヒヒメが出した母乳のような汁で溶いて塗ったとする説、またウムカヒヒメが塗ったのは母神サシクニワカヒメ†の母乳だとする説もある。

子安貝が安産のお守りとされるように、古くから貝と女性・女性器との結び付きは深い。蛤も婚礼や雛祭りの吸い物などに広く用いられてきた。西日本を中心に伝承される「蛤女房」という昔話では、蛤が化した女房は鍋にまたがって体から汁を出し、美味しい味噌汁を作って食べさせたという。蛤の身から搾り出される汁には、死者を蘇生させるだけでなく、女性を成熟させて生む力を高めたり、美味しい食物を生産したりする力があるとみなされているようだ。

『出雲国風土記』（島根郡　法吉郷）には、カムムスヒの子のウムカヒメが法吉鳥となって飛び渡って来てここに鎮座したので、この地を法吉と呼ぶとある。『延喜式』神名帳にも出雲国島根郡「法吉神社」がある。ホホキドリはウグイスのことで、蛤の女神はウグイスの姿で飛ぶことがあると考えられている。ホホキドリの名は鳴き声によるとも、春到来の喜びを告げる「祝き鳥」の意であるともいう。鳥が蛤と化す話は『日本書紀』景行天皇五十三年、冬十月の記事にもある。ここでは覚賀鳥（ミサゴ科とされる）の声を聞き、その姿を求めて海の中に行くと白蛤を得たと伝える。

ところで昔話「見るなの座敷」は、不思議な女性のいる山中の家に招かれ多くのご馳走でもてなされた男性が、禁止されていた座敷の中をのぞき見るとすべて消え失せてしまったという話だが、この女性の正体はウグイスだと伝えられている。吉田敦彦によればこのウグイス女は、春になると里へ下りてくる山の神である。山の神は春には田の神となって、作物や子供の豊穣・多産をもたらすとされる。景行紀で鳥の声を聞いて海中に蛤を得たのが冬であったように、蛤とウグイスは、山の母神の冬の姿と春の姿だと考えられていたのだろう。

キーワード：貝（蛤）、女性器、再生、鳥（ウグイス）、山の女神
参考文献：神野志隆光・山口佳紀『古事記注解4』笠間書院, 1997年,「2　八十神の迫害」；吉田敦彦『日本の神話』青土社, 1990年,「そ

の四　日本の昔話と神話がなぜ似通っているか」.

エヒメ　愛比売（記）
名前の意味・神格・属性：四国の愛媛県（伊予の国）の女神。「愛（え）」はア行のエを表す音仮名で、「愛すべき」の意。年長の意味の「兄（え）」、良い意味の「吉（え）」と解する説もあるが、「兄・吉」はヤ行のエだから別。エヒメは「愛すべき女性」の意で、愛媛という現代の県名はこの神名に由来する。

概要：『古事記』の国生み神話で、イザナキとイザナミ[†]が日本の国土の島々を生み出した時、最初に淡路島が生まれ、次に伊予之二名島（いよのふたなのしま）が誕生した。これが現在の四国だが、この島は一つの体に四つの顔を持つ神で、それぞれ異なる名前があった。伊予の国の名は愛比売、讃岐の国（香川県）は飯依比古（いいよりひこ）（飯の男）、粟の国（徳島県）は大宜都比売（おおげつひめ）（食物の女）、土佐の国（高知県）は建依別（たけよりわけ）（勇猛な男）である。

『日本書紀』にはエヒメの名は見えないが、国生みの時に淡路島や豊秋津洲（とよあきつしま）（本州）に続いて「伊予二名洲、伊予洲」が生まれたとある。伊予の名称が四国全体の総称でもあるように、伊予の国は四国を代表する国であったらしい。

キーワード：国土創成
参考文献：谷川編『日本の神々』2,「伊豫神社」.

オカミ　於迦美⇒ミツハノメ

オホゲツヒメ　大宜都比売神
名前の意味・神格・属性：オホ（大）ゲ（宜）ツ（助詞）ヒメ（女性）で「偉大な（多くの）食物の女性」の意。ゲ（宜）はケ（食）で、食物を意味する。その死体から穀物などを発生させた農作物の母神。

概要：『古事記』によれば、神生みの最後にイザナミ[†]はオホゲツヒメを生み、次いで火神カグツチを生んで火傷を負い、死んで黄泉の国に去った。のちにオホゲツヒメは、高天の原から降りてきたスサノヲと出会い、食べ物を与えようとして、鼻・口・尻から種々の食物を出す。しかしその様子を見たスサノヲは、汚物を差し出すと思って、オホゲツヒメを殺害した。するとその死体の頭に蚕、目に稲種、耳に粟、鼻に小豆、性器に麦、尻に大豆が発生したので、高天の原のカムムスヒ[†]がこれらを取り上げて農作物の種としたという。大年神の系譜では、オホゲツヒメは羽山戸神（はやまとのかみ）と結婚し、山の神や、若年神などの作物の神を生んだとある。

これと同類とみなされる神話が、『日本書紀』に二つある。その一つは、稚産霊（ワクムスヒ）（ワクは若、ムスヒは生産力の意で「若々しい生産力の神」）の神話である。ここには殺害の要素はないが、この神の頭上に蚕と桑、へその中に五穀が生じたという（五の2）。もう一つは、保食の神（ウケはウカの転で、食料の意。「食物を保持する神」）殺害の神話である。ウケモチは口から飯、魚、獣を吐き出してツクヨミをもてなそうとしたが、怒ったツクヨミはウケモチを斬り殺した。するとその死体の頭に牛馬、額に粟、眉に蚕、目に稗、腹に稲、性器に麦・大豆・小豆が生じた。高天の原のアマテラス[†]がこれらを入手し、粟・稗・麦・豆を人間たちが食べる陸田種子（畑の作物）に定め、稲は水田種子として天上の田に植え、蚕からは糸を引いて養蚕の道を創始したという（五の11）。

「生きている間、身体から排泄物や分泌物を出すようなやり方で食物をいくらでも出して与えてくれる主人公が、そのやり方を嫌悪した他者によって殺害される。するとその死体のいろいろな部分から、種々の作物やその他のものが発生し、それによって農業が創始される」。このような作物起源神話は、人間が大地の母神から与えられる物だけでは満足できなくなり、母神（大地）の身体を農具で切り裂き焼き払って殺害することで農耕文化を獲得し、もっと多くの作物などを産出させるようになることを意味している。

オホゲツヒメ神話を含むこのタイプの神話は「ハイヌウェレ[†]型」と呼ばれ、インドネシア、メラネシア、ポリネシアなどの熱帯地方、南北アメリカ大陸を中心に分布する。こ

れらの地域ではこのタイプの神話と共に、生け贄を殺害して神話の神殺しを再現し、死体の断片を畑に埋めて作物の豊穣を願う儀礼も行われていた。イェンゼンは、インドネシア・メラネシアなどで営まれてきた農耕文化（簡単な焼畑で芋や果樹を栽培する）を「初期栽培民文化」と呼び、ハイヌウェレ型神話は本来この文化を母胎として発生した芋や果樹の起源神話であったと考えた。

しかし日本のオホゲツヒメの死体から生じたのは、芋ではなく、五穀などである。また古事記の国生み神話には、粟の国の名が「オホゲツヒメ」と記されているので、オホゲツヒメは特に「粟」と関係する女神だと考えられる。そこで大林太良は、ハイヌウェレ型神話が日本に伝わったのは、焼畑による雑穀栽培文化が流入した時であるとした。

一方、吉田敦彦は、縄文時代の日本にすでに芋や果樹の焼畑農耕が行われ、作物の母神殺しの神話が語られていて、その神話を反映する殺害儀礼が、土偶を用いて執り行われていた可能性があるという。縄文土偶は、そのほとんどが女性像であり、バラバラに壊されて、その断片が村落の周囲にばら撒かれたからである。縄文の母神信仰は、記紀神話のオホゲツヒメ、イザナミ、イハナガヒメ†、コノハナノサクヤビメ†などの女神たち、さらには農村における山の神（山姥）信仰に受け継がれた。「身体から富を出す主人公が殺害されて、植物と化す」話は、「山姥」「瓜子姫」「花咲爺」など、今日の昔話や伝説の中に多く残されている。また「芋正月」（正月に餅ではなく芋を食べる）や「月見」（芋の収穫を月に感謝する）などの年中行事の中にも、古い母神への信仰がその痕跡をとどめている。作物の母神と月と芋との結び付きは「古栽培民文化」にも認められるという。

キーワード：豊穣女神、農耕、食物女神、芋、粟、死と再生、ハイヌウェレ型

参考文献：イェンゼン『殺された女神』弘文堂，1977年；大林太良『稲作の神話』弘文堂，1973年，「第二章　オホゲツヒメ型神話の構造」；吉田敦彦『縄文土偶の神話学』名著刊行会，1986年，第一章－第六章；古川のり子「付説　花咲爺伝承について」吉田同書；猪野史子「瓜子姫の民話と焼畑農耕文化」『現代のエスプリ臨時増刊号・日本人の原点』至文堂，1978年．

オホトノベ　大斗乃弁神

名前の意味・神格・属性：偉大な女性器の神。「偉大な男性器」を意味する意富斗能地神と男女の一対を成す。オホトノヂ、オホトノベに共通する「ト」は戸、門、喉のトで狭い通行点を表すと共に、トツギ（嫁）、ミトノマグハヒ（性交）のトのように男女を象徴する性的な器官を指す。オホトノヂの「ヂ」はヲヂ（伯叔父）、チチ（父）などのヂ・チで、男性の意、オホトノベの「ベ」はメ（女）の転で女性の意である。

概要：『古事記』『日本書紀』の創世神話に登場する男女一対の神で、『古事記』では神代七代の第五代目である。原初の混沌の中から、生命が目に見える姿形と男女の区別を形成していく過程において登場する。「泥土」（ウヒジニ・スヒジニ）から「植物的な生命」（ツノクヒ・イククヒ）が生じ、そこに具体的な「男女の性器」（オホトノヂ・オホトノベ）が形を整え、その男女の間に「会話」（オモダル「あなたの顔は美しい」・アヤカシコネ†「まぁ、恐れ多い」）が交わされ、イザナキ・イザナミに至って互いに結婚をいざなう最初の男女として完成する。

キーワード：性器（の神格化）、男女の誕生、男女一対

参考文献：大野晋「記紀の創世神話の構成」『仮名遣と上代語』岩波書店，1982年．

カナヤマビメ　金山毘売神

名前の意味・神格・属性：鉱山・製鉄の女神。カナヤマは金属を採取する山の意。『延喜式』神名帳には「河内国大県郡　金山孫女神社」がある。『梁塵秘抄』（平安末）の歌謡（二六二）に見える伊賀の国の「幼き児の宮」は、現在の三重県伊賀市にある敢国神社のことだが、祭神の一柱としてカナヤマビメを祀っている。

概要：『古事記』の神生み神話で、イザナ

ミ†が火の神を生み火傷を負って死去する時、苦しむイザナミが出した吐瀉物からカナヤマビコ（金山毘古神）とカナヤマビメという男女一対の鉱山の神が生じた。鉱石を火で溶かしたものと、嘔吐との類似による連想だろうと言われる。

カナヤマビコ・カナヤマビメを祀る神社に、金屋子神社（島根県安来市広瀬町西日田）がある。製鉄の神・金屋子神（金屋神、金井子神、金鋳神）の信仰は、中国・四国地方を中心に北九州から東北地方南部にまで広がり、各地の神社やタタラ師、鍛冶、鋳物師の職場に祀られたが、この出雲の金屋子神社がその本社であるとされる。「金屋子神祭文」（『鉄山必用記事』）によれば、この神は天から播磨の国に降臨し白鷺に乗って出雲の非（比）田に至り、自ら村下（タタラ師の長）となって製鉄の技を教えたという。

金屋子神は女神であるとされ、高殿（タタラ場）の押立柱の後ろに築いた土山をご体として祀られる。女性を嫌い、月経や出産の血穢を厳しく忌む。また金屋子神は犬に吠えられ、麻苧に足をとられて死んだが、神託に従ってその死骸を押立柱に立てて鉄を吹くと、それまで通り鉄が湧き繁盛した。それゆえタタラ場では麻苧を用いず、犬を入れないが、死穢を忌まないという（『鉄山必用記事』）。

金屋子神の死体が置かれた高殿の炉に火を入れて吹くと、そこから鉄が生まれ出ることは、『古事記』の金属神誕生の神話を思い起こさせる。大地の母神イザナミは、火の神を生んで胎内を火で焼かれて死ぬ時に、金属の神カナヤマビコ・カナヤマビメを誕生させた。このような場面は、炉（母胎）が内側から火で焼かれ、その中で溶解し変容した砂鉄が最後にケラ（粗製の鉄と鉱滓の混合体）の塊となって生まれ出ることと対応する。

金屋子神はしばしばカナヤマビメの名で呼ばれるが、この神はむしろカナヤマビメを生み出した母神イザナミの性質をよく受け継いでいると言える。エリアーデによれば大地を母胎に、鉱山を子宮に、そして鉱石をそこから生まれ出る胎児に重ね合わせる考え方はきわめて古く、また製鉄の工程に神の死や供儀が必要であるとする考え方も世界の各地に見られる。このような観念は、死んだ神の身体から世界や人間や作物が生じたとする宇宙起源神話に結び付くという。

キーワード：鉱山の女神、製鉄、母胎、死と再生

参考文献：下原重仲「鉄山必用記事」，宮本常一他編『日本庶民生活史料集成10』三一書房，1970年；石塚尊俊『鉄と民俗』，森浩一編『日本古代文化の探求　鉄』社会思想社，1974年；エリアーデ『エリアーデ著作集第5巻　鍛冶師と錬金術師』大室幹雄訳，せりか書房，1986年；山本ひろ子「鉄の女神　タタラの呪的世界をめぐって」，『へるめす』67号，岩波書店，1997年7月．

カムムスヒ　神産巣日神

名前の意味・神格・属性：神聖な生成力の神。神皇産霊尊、神魂命、神産日神などともいう。高天の原に最初に出現した造化三神の一柱。高御産巣日神と一対をなす。カムは美称、ムスは「生す、苔むす」のムス（自動詞）で、植物が自然に生成する意、ヒは霊力を意味する。

概要：『古事記』『日本書紀』『風土記』には、この神が女神だとは明記されていない。『古語拾遺』（平安中期）は、中臣寿詞に男女一対の神として登場する「皇親神留伎命」・「皇親神留弥命」を、タカミムスヒ・カムムスヒと同一神であると見なしている。

カムムスヒはタカミムスヒと共に、宮中の守護神として神祇官西院の八神殿に祀られ、祈年祭、鎮魂祭、大嘗祭など宮廷の重要な祭りにおける主要な祭神である（延喜式）。紀直、賀茂県主、今木連など、カムムスヒを祖先とする氏族は多い（新撰姓氏録）。しかし記紀神話ではこの神の登場は少なく、特に『日本書紀』では、天地開闢の段の異伝（一の4）と、天孫降臨の段に天孫を生んだ栲幡千幡姫の親神（九の7）としてその名が見えるだけである。『出雲国風土記』には、カムムスヒの子だとされる神々の名（八尋鉾長依日子命、ウムカヒメ、キサカヒメ（キサカヒ

ヒメの約)、天御鳥命、キヒサカミタカヒコ命、綾門日女命、真玉著玉之邑日女命)が伝えられている。出雲の狭田地方の有力神である佐太大神は、カムムスヒの娘・キサカヒメが水辺の洞窟で生んだという(島根郡 加賀神埼)。また楯縫の条には、カムムスヒは大国主神の宮殿造営のために、御子の天御鳥命を楯部として下界へ派遣したとある(楯縫郡)。

『古事記』の創世神話によると、天地が分かれ始めた時、高天の原にまず天之御中主神(あまのみなかぬしのかみ)、次にタカミムスヒ、次にカムムスヒが出現した。これが「造化の首(はじめ)」の三神(記 序)であり、「独神(ひとりがみ)」(男女の区別がない神)で、「隠身(かくれみ)」(目に見える姿形を持たない神)だったという。この二神の「ムスヒ(生成力)」が、世界創造の原動力となる。後の神話の中でタカミムスヒは主に統治に関わる機能を、カムムスヒは主に生産・医療に関わる機能を発揮するので、両者はそれぞれ男性的、女性的な生成力を表すと言われる。

カムムスヒは高天の原にいて、地上世界の様子を常に監視している。スサノヲがオオゲツヒメ†を殺害すると、その死体から生じた穀物を高天の原に取り上げて農作物の種とした。大国主神が火傷を負って死んだ時は、天から貝の女神を派遣して治療させ、生き返らせた。またカムムスヒ自身の手から粟霊(スクナビコナ)を下界に落とし、大国主神と兄弟となって二人で国作りをせよと命じている。地上世界が完成した後、天つ神への国譲りにあたって櫛八玉神(くしやたま)が祝詞を唱えるが、その祝福の言葉にもカムムスヒの名が見える。

吉田敦彦はタカミムスヒとカムムスヒを、皇室と深い関係を持つ祭司グループによって尊崇された最高神の一つであるとする。高天の原のアマテラス†の傍らにあって、カムムスヒは地上の神に富を生産させるために働く。一方のタカミムスヒは地上世界に天つ神の一族の支配権を確立させるために働く。アマテラスとそれを補佐するタカミムスヒとカムムスヒの役割は、インド・イラン人の古神界における、主権神ミトラを補佐する副次的主権神アリヤマンとバガの役割と一致するという。またアマテラスには、子孫の繁栄と稲の豊穣をもたらす天女(鳥女)としての性質が認められるが、雑穀類の豊穣と結び付いた形で、同じ性質がカムムスヒにも残されている。

キーワード：生成、治癒、再生、子孫繁栄
参考文献：水野『出雲国風土記論攷』、「第十三章 出雲国風土記の神話」；吉田『日本神話と印欧神話』、「四 アマテラス・スサノヲ・オホクニヌシ――古典神界における主神グループの構造」；古川のり子「昔話『天人女房』と神話――天女とアマテラスおよびカムムスヒ」、吉田『妖怪と美女の神話学』.
⇒ウムカヒヒメ、キリカヒヒメ

カメヒメ　亀比売

名前の意味・神格・属性：海の彼方の神仙世界に住む乙女で、浦島子(うらのしまこ)と結婚した女神。亀の姿で出現することがある。

概要：『丹後国風土記』逸文によれば、丹後国の与謝郡、筒川村の水江の浦島子が海で五色の亀を釣り上げると、それが美しい女性になった。彼女から求婚され、島子は一瞬のうちに海上の大きな島に行った。亀比売の親族たちの歓迎を受けて二人は夫婦となり、三年の時が過ぎた。望郷の念を起こした島子に、亀比売は玉匣(たまくしげ)(美しい箱)を与え、「またここへ帰ろうと思うなら、開けてはならない」と言う。島子が故郷に帰るとすでに三百余年が経っていたので、玉匣を開けて見ると、芳しく香るものが風雲と共に翻り天に昇っていった。島子は亀比売と二度と会えないことを悟り、泣きながら遠く離れた彼女と歌を詠み交わした。

亀比売という名は伝えられていないが、『日本書紀』(雄略二十二年)には、釣り上げた大亀が化した乙女と結婚した水江の浦島子が、海に入って蓬萊山に到り神仙たちを見てまわったと記されている。『万葉集』にもこの伝説を詠った長歌(一七四〇)がある。ここでは乙女は海神の娘とされ、彼女と結婚した浦島子は海神の宮で不老不死の生活をしていたが、故郷に帰って箱を開けると白雲がた

《新版浮絵　浦島龍宮入之図》葛飾北斎

なびき、たちまち老人となって死んでしまったという。浦島子の物語は、平安時代には『浦島子伝』『続浦島子伝記』、室町時代には御伽草子『浦島太郎』、謡曲『浦島』など様々な形で伝承されてきた。今日も浦島伝説が京都府与謝郡をはじめとして全国各地に伝えられ、昔話「浦島太郎」としても語り継がれている。ここでは亀比売は、亀を助けた浦島に報いる竜宮城の乙姫となっているが、話の基本的な構成は変わっていない。

浦島子伝説は、『古事記』『日本書紀』の海幸山幸神話と多くの共通点を持つ。海神の宮を訪れたヒコホホデミ（山幸彦）は、海神の娘トヨタマビメ†と結婚するが、三年の時を経て地上世界へ帰る。トヨタマビメは出産のために地上へやって来て、夫に産屋の中を覗いてはならないと忠告する。ヒコホホデミが覗き見ると、妻は大きなサメの姿になっていた。トヨタマビメは息子を残し、海と陸の境を塞いで帰って行ったという。亀比売は亀の化身であったが、トヨタマビメは「大亀」に乗って現れた（書紀十の3）とも伝えられる。また浦島子が禁を犯して玉匣を開けたために、「永遠の命を享受する神仙世界」と「老いて死ぬ定めの現実世界」とが分断され、二つの世界の間を行き来できなくなった。このことは、ヒコホホデミが禁を犯して産屋の中を見たために、「海」と「陸」の世界が分離したこととと呼応する。

吉田敦彦は玉匣を開けることの意味を、南米先住民の死の起源を語る神話と対比して解釈した。トゥクナ族の神話では、亀がビールの入った甕を打ち壊し、蛆が湧き蠢くビールが流れ出たことによって、それを罰めた生物だけが脱皮して永遠に生き、他の生物は死ぬことになったとされる。この話は、切れ目のない連続体（甕）が破片に分割され、永遠の生を可能にしていたものが流れ出ることで、死によって区分される世界が成立したことを意味する。浦島子も玉匣の蓋を開けて不連続な部分に分け、不老不死を可能にしていた模糊として芳しく香る何か（芳蘭之体）を流失させたために、死の運命を決定付けられたのだという。そうすると彼に玉匣を与えた亀比売は、ビールの甕を壊して自らは昇天した亀と同じように、原初の混沌に終止符を打ち、彼女が属する神々の世界と人間の世界を分ける役割を担っていることになる。

キーワード：亀、死

参考文献：吉田敦彦『豊穣と不死の神話』青土社，1990年，「すばる星の連続と不死の神話」：古川のり子『昔ばなし　あの世とこの世を結ぶ物語』山川出版社，2013年「浦島太郎」．

⇒ニアヴ

カヤノヒメ　鹿屋野比売神(記)　草野姫(紀)

名前の意味・神格・属性：草原の女神。「カヤ(鹿屋・草)」は、屋根葺きなどに用いられる菅、茅、薄などイネ科植物の総称。『古事記』に「茸草を訓みて加夜(かや)と云ふ」とある。「カヤノ」はそのような有用植物が生えた草原である。

「ノ(野)」は、人が採集・狩猟をするために行く平地や緩やかな傾斜地を指す。「ヤマ(山)」という聖域・墓域と、「サト(里)」という居住地を結びつける中間地帯で、死者は「野」を通って(野辺送り)あの世へと旅立っていく。

カヤノヒメの別名を「野椎(野槌)」(記、書紀)、「四草姫」(旧事本紀)という。ノツチの「ツ」は「-の」の意味の連体助詞。「チ」は自然の持つ激しい雷光のような威力を表す。イカヅチ(雷)、ミツチ(蛟)の「チ」と同じ。ノツチは「野原の威力ある神霊」の意。

イカヅチやミツチが蛇の姿を持つとされていたように、ノツチも蝮あるいは蠍のことを指すとも考えられていた(『新撰字鏡』平安前期の漢和辞書)。また『沙石集』(鎌倉時代)には「野槌と云は、常にもなき獣なり。深山の中に希にありと云へり。形は大にして、目鼻手足もなくして、只、口ばかりある物の、人をとりて食と云へり」とある。現代も各地に伝承される怪物「ツチノコ(槌子)」につながるものと見る説もある。

概要：『古事記』『日本書紀』の創世神話で、カヤノヒメは海、川、山、風、木の神などに続いて、イザナキとイザナミ[†]から誕生した。野の神(記)、草の祖(書紀)である。『古事記』によると、山の神オホヤマツミとノツチが山の側と野の側とを分担して、さらに土、霧、谷などの神々を誕生させた。生まれたばかりの地上世界は、草や木や石がものを言う混沌とした世界である。人間もまた草の一種として「青人草」と呼ばれた。そのような草に満ちた「葦原の中つ国」を切り開き、制御するのが「草薙の剣」である。

アマテラス[†]の岩戸隠れの神話では、岩戸前の祭りのために山雷が榊を、野槌が野薦(薄、萱、篠など)を用意したとある(紀七の2)。また神武天皇は大和の国に攻め込む前に、火を火の神カグツチとし、水を水の神ミツハノメ[†]とし、食糧を食物の女神ウカノメとし、薪を山の神ヤマツチとし、草をノツチとして祭りを行ったという(書紀　神武即位前戊午年九月)。

キーワード：草、草原の女神

参考文献：大野晋『古典基礎語辞典』角川学芸出版, 2011年,「の」;中村幸彦・阪倉篤義他『角川古語大辞典』第四巻, 角川書店, 1994年,「のつち」.

キサカヒヒメ　䗚貝比売

名前の意味・神格・属性：赤貝の女神。死者を蘇生させ、海辺の洞窟で子供を生む母神。『出雲国風土記』に「支佐加比売命」とある。「䗚」は辞書に見えない字で、造字、あるいは「蚶」の誤字・異体字とされる。蚶は赤貝の古名で、『和名抄』に「蚶　和名木佐」、「状蛤の如く円くして厚く、外に理有り、縦横なり」とあるので、貝の表面の刻みによる名称だと言われる。

概要：『古事記』によると、大穴牟遅神(のちの大国主神)が、兄弟の神々に焼けた石を抱かされて死んだ時、母神の刺国若比売が嘆いて天に昇り、神産巣日之命に助けを求めた。カムムスヒ[†]は、下界にキサカヒヒメと蛤貝比売(蛤の女神)を派遣してオホナムチを再生させる。まずキサカヒヒメが焼けた石に張り付いたオホナムチの肉体を削り取り、そのバラバラの断片をウムカヒヒメ[†]が受け取って母乳のような汁を出して塗ると、立派な男となって生き返った。あるいはキサカヒヒメが削ったのは赤貝の貝殻で、その粉を蛤の汁に混ぜて溶かし火傷に塗る古代の治療法だとする説もある。

『出雲国風土記』(島根郡)にもキサカヒメ(キサカヒヒメの約)が登場する。キサカヒメは神魂命の子で、佐田大神の母神であるとされる。キサカヒメが洞窟で「暗い岩屋だなあ」と言って黄金の弓で射ると光り輝いたので、この地をカカという(加賀の郷)。またキサカヒメが佐田大神を出産しようとした時、弓矢が無くなったので「我が子が立派な

男神の子なら、弓矢よ出てこい」と言って祈願した。するとまず角の弓矢が流れてきたので投げ捨てた。次に黄金の弓矢が流れて来るとそれを取り「暗い岩屋だなあ」と言って、その矢で岩屋の壁を射通した。キサカヒメの社はここにある。今この岩屋のあたりを通る時は大声を響かせて行かないと、神が現れて突風が起こり船は必ず転覆するという(加賀の神埼)。

黄金の弓矢で岩屋を射通した神については、女神が射たとする説と御子神が射たとする説がある。いずれにしても加賀の神埼の神話では、「黄金の弓矢」に象徴される男神と「洞窟」に象徴される貝の女神との結婚によって、佐田国を支配する大神が誕生したことが語られている。ここには、丹塗矢に変身した男神が女性のもとに通って子供を誕生させる「丹塗矢伝説」(古事記、山城国風土記逸文・可茂社)との共通性が認められる。しかし出雲の伝承の矢は、赤ではなく黄金色であるところに特徴がある。黄金色の矢は太陽の光線を表し、海水の通じる洞穴(母の胎内)に黄金の矢(太陽の光)が射通されることで御子が誕生するという日光感精型の神話要素がここには含まれている。

加賀の地は、現在の島根県八束郡島根町加賀にあたる。キサカヒメなどを祀る加賀神社(式内)がある。加賀の神埼は加賀湾の北方に突き出す岬の先端で、「潜戸鼻(くけどばな)」と呼ばれている。ここには「加賀の潜戸」として名高い二つの海食洞穴(新潜戸、旧潜戸)がある。新潜戸は岬の先端に近く、北方と東西の三方に開口している。東西に一直線に通じる洞穴の東方延長線上には的島があり、岩屋を射抜いた矢が勢い余って穴を空けた島であると伝えている。原宏によれば、新潜戸から見た的島は夏至の日の出の方向、的島から見た新潜戸は冬至の日没の方向にある。一方の旧潜戸は加賀湾の内側にある洞穴で「賽の河原」と呼ばれ、その浜には夜の間に石を積んだ子供の霊の足跡がついているなどという。

キーワード:貝(赤貝)、洞窟、再生、矢、太陽、感生(感精)

参考文献:水野『出雲国風土記論攷』、「第七章 加賀潜戸考」:谷川編『日本の神々』7、原宏「加賀神社」.

ククリヒメ 菊理媛神(紀)

名前の意味・神格・属性:穢れを水に流して浄化し、生まれ変わらせる女神。『和名抄』に「菊池(久々知(くくち))」とあるので、菊理は「ククリ」と読む。クク(潜(くく))リ」は、水などが漏れ流れる意。

概要:『日本書紀』の創世神話(五の10)にだけ登場する女神。死んだ妻イザナミ†を追って黄泉の国を訪れたイザナキは、禁を犯して妻の様子を見てしまった。そのため夫婦は絶縁することになり、生の世界と死の世界の境で二神は訣別を誓う。まず「泉守道人(よもつちもりびと)=黄泉の国の出入り口を守る者」が、イザナミの別れの言葉をイザナキに伝えた。その時ククリヒメも何か申し上げたが、イザナキはそれを聞いて彼女を褒めたという。ククリヒメが何を言ったかは記されていないが、そのあとイザナキは生の世界に帰って行き、水に入って死の世界の穢れをすすぎ払い神々を生んだとあるので、ククリヒメの働きは死から再生への転換に関わっていることがうかがえる。

石川・岐阜・福井の県境にそびえる白山(はくさん)の神、白山比咩大神(しらやまひめ)は、ククリヒメと同一の神であるとされる(『二十二社註式』『大日本国一宮記』室町時代)。この神が祀られる白山比咩神社(石川県)は全国三千余社にのぼる白山神社の総本宮で、ほかにイザナキ、イザナミを祀る。白山修験道の霊場でもある。白山は命の水を授ける山として崇敬され、その伏流水は延命長寿の「白山霊水」として名高い。境内にはその水が満たされた禊場があり、イザナキの最初の禊ぎに由来すると伝える。

折口信夫はククリヒメについて、イザナキに禊ぎを勧めた神で、この神が白山の神になったのは「生まれ変わる」ことと関係のある、「白山(しらやま)」の連想からではないかと指摘した。愛知県奥三河地方の山間部に伝わる花祭では、かつて「白山(しらやま)行事」が行われていたことが知られている。この行事では、白装束の男女が橋を渡って「白山」という建造物の中

ククリヒメ《白山比咩大神》青木哥彦、白山比咩神社

⇒イヅノメ、セオリツヒメ

クシナダヒメ　櫛名田比売・奇稲田姫
名前の意味・神格・属性：不思議に豊かに実る稲田の女神。ヤマタノヲロチ（八俣大蛇）に食われそうになっていたところをスサノヲに助けられ、スサノヲと結婚して大国主神を誕生させた。クシは「奇し」で「不思議である」意。「櫛」の字を当てるのは、この女神が櫛に変身したことによる。ナダは稲田の約。真髪触奇稲田媛ともいう。マカミフルは、髪に触れる櫛を連想させる縁語。

概要：『古事記』『日本書紀』によると、スサノヲが出雲国の斐伊川の川上に降り立った時、老夫婦と娘が泣いていた。夫はアシナヅチ、妻はテナヅチ、娘はクシナダヒメである。夫婦にはもともと八人の娘がいたが、毎年ヤマタノヲロチが来て呑み込んでしまった。あるいは毎年出産するとすぐ呑まれて一人も成長したことがない。今、またヤマタノヲロチがやって来るという。そこでスサノヲはクシナダヒメとの結婚を約束し、彼女を神聖な櫛に変身させて髪に挿す。そのうえでヤマタノヲロチに強い酒を飲ませ、眠ったところを切り殺して退治する。スサノヲは須賀の地に宮殿を建て「八雲立つ　出雲八重垣　妻籠みに　八重垣作る　その八重垣を」（盛んに雲が湧き立つ出雲の八重垣よ、妻を籠もらせるために八重垣を作る、その八重垣よ）の歌を詠んで、クシナダヒメと結婚した。この結婚から、オホクニヌシに至る子孫の神々が誕生する。

『出雲国風土記』（飯石郡熊谷の郷）には、クシイナダミトアタハスマヌラヒメ（久志伊奈太美等與麻奴良比売命）の名がある。「ミトアタハス」は結婚する意、「マヌラ」は未詳。この女神が出産の場を探し求めた時「くまくましき谷なり」（深く入り込んだ谷だ）といったので、ここを熊谷と呼んだという。『延喜式　神名帳』には、「能登国能登郡　久志伊奈太伎比咩神社」がある。現在、スサノヲとクシナダヒメを祀る神社として、須我神社（島根県大原郡大東町）、八重垣神社（同松江市佐草町）などが知られる。八重垣神社には、

に入り、枕飯を食べ、乱入してきた鬼たちによって白山が破壊されて再び外へ出る。宮田登によれば、この時参加者はいったん死んで他界（白山）に入り、そこが破壊されて生まれ変わるので、「白山」は、穢れが清められて新たな生を受ける「生まれ清まり」の装置である。ククリヒメと白山の神（白山比咩大神）が同一視されたのは、この女神たちがどちらも白山の機能、つまり死の穢れを払い生まれ変わらせる機能を持つと考えられていたからだろうという。

キーワード：水、死と再生、浄化
参考文献：『白山比咩神社』白山比咩神社, 2011年；折口信夫「山の霜月祭——花祭り解説——」、『折口信夫全集17』中公文庫, 1976年；宮田登『はじめての民俗学』筑摩書房（文庫）, 2012年, 「Ⅲ　再生への願い」；宮田登『神の民俗誌』岩波書店（新書）, 1979年, 「五　シラヤマ神」.

クシナダヒメやスサノヲなどの神々を描いた壁画（重要文化財）がある（図）。

ヤマタノヲロチは、地上世界の未開の山野の凶暴で不毛な側面を表し、アシナヅチ・テナヅチは同じ山野の従順で生産的な側面を表す。彼らが生み出したクシナダヒメは、下界の大地が「豊かな稲田になる可能性」を意味する。ヤマタノヲロチとアシナヅチ・テナヅチは、その可能性を生かすか殺すかをめぐって対立していた。ここでスサノヲがアシナヅチ・テナヅチを助けてヤマタノヲロチを退治したことによって、野生の大地は切りひらかれ、作物を生み出す農耕地になる可能性が救い出された。こうしてクシナダヒメは、のちに下界に農耕文化を創始するオホクニヌシを誕生させることになる。スサノヲからオホクニヌシに至るまでの系譜には、多くの島々、土地、水、着物の神々が見られ、地上の大地が潤い農耕文化を受け入れる準備を整えていく様子を表している。

クシナダヒメは「湯津爪櫛」に変化したと伝えられている。櫛は串と同根の言葉で、古くは横櫛ではなく縦長の櫛、あるいは棒状のものだった。土地に串を刺すことがその占有権を示すように、女神が峰に「指櫛」をすることで川の流れを変えて自分の領地に導く話がある（『播磨国風土記』揖保郡美奈志川）。黄泉の国訪問神話では、イザナキは櫛を投げて筍を生えさせ、追いかけてくる黄泉の醜女たちの足止めをしたという。『万葉集』（四二六三）には「櫛も見じ屋内も掃かじ草枕旅行く君を斎ふと思ひて」（櫛も見るまい、家の中も掃くまい。旅に行くあなたの安全を祈って）とある。ここで作者は、箒で魂を掃き出すことと共に、櫛を出して見ることが旅立つ人との永遠の別れを決定付けてしまうのを怖れている。つまり櫛は、他界とこの世、土地と土地、人と人のあいだに境界を画定する力を持つと考えられていたことがわかる。

また黄泉の国でイザナキは、櫛の歯に火を灯して死者となったイザナミ†の醜い姿を暴き出した。ヤマトタケル伝説（記）では、オトタチバナヒメが荒れる海に入水して海神の怒りを鎮めたあと、彼女の櫛が海辺に流れ着いたとある。ここで櫛は混沌の闇を切りひらき、自然の荒ぶる力を制御する働きをする。現代の民俗でも、櫛で擦るとモノモライやヒキツケが治る、若い女性が夜外出する時に櫛をくわえて行けば危険に遭わないなどという。

櫛は、乱れた髪を押さえ整えるように荒ぶる力を制御し、境界を明示して世界の区別を明確にする力を持つ。クシナダヒメが変化した櫛も、スサノヲの髪に挿されることで、暴発し続けてきた彼の力を制御し、酒に酔わせて斬るという知恵を使ったオロチ退治を成し遂げることに貢献したと言えるだろう。

キーワード：稲田、竜殺し、櫛
参考文献：吉田／古川『日本の神話伝説』第一部Ⅲ「地上世界の秩序化」；大野晋編『古典基礎語辞典』角川学芸出版，2011年，「くし」（石井千鶴子）．

クシナダヒメは稲田姫命とも記される。《稲田姫命像》八重垣神社壁画

クラミツハ　闇御津羽神・闇罔象 ⇒ ミツハノメ

コノハナノサクヤビメ　木花之佐久夜毘売・木花開耶姫

名前の意味・神格・属性：多産で美しい春の大地の女神。コノハナは桜の花を指すとされる。サクは「咲く」。サキハヒ（幸）、サカエ（栄）、サカリ（盛）と同根で、内にある生命の活動が外に形をとって開く意。ヤは間投助詞。コノハナノサクヤビメは「桜の花のように咲き栄える女性」の意である。『古事記』『日本書紀』では、神阿多都比売、吾田鹿葦津姫とも呼ばれる。阿多は、阿多隼人の本拠地である鹿児島県西部の地名だとされる。

概要：『古事記』によると、高天の原から日向の地へ降臨した天孫ホノニニギは、笠沙の岬で美しいコノハナノサクヤビメと出会い、すぐに結婚を申し入れた。彼女の父神である大山津見神は喜び、姉娘の石長比売（イハナガヒメ[†]）も添えて、姉妹二人を差し出した。ところが姉の方は醜かったので、ホノニニギは彼女を送り返し、妹の方だけを妻とする。父神はこれを恥じて「私が娘二人を一緒に差し上げたのは、天の神の御子の生命が、岩のように永遠不変であるように、また木の花が咲くごとく栄えるようにと祈願したからだ。それなのにイハナガヒメを返し、コノハナノサクヤビメとだけ結婚したので、あなたの生命は木の花の寿命のように短くなるだろう」と言った。こうして天の神の子孫である代々の天皇たちは、不死ではなくなったのだという。『日本書紀』の異伝では、イハナガヒメ本人が恥じて恨んで泣きながら「人間たちは木の花のように、はかなく移ろい衰えていくだろう」と言った。これが、この世の人間たちの命が短くなった起源であると伝えている。このように石と植物の間の選択で、植物の方を選んだために死の運命を担い、世代交代して生きるようになったとする死の起源神話は、バナナ型と呼ばれインドネシアに多く分布している。

コノハナノサクヤビメが妊娠したことを告げると、ホノニニギはたった一夜の契りで妊娠するはずがないと言い、自分ではなく誰か他の神の子ではないかと疑った。そこでコノハナノサクヤビメは身ごもった子が天の神の子であることを証明するために、出入り口のない産屋に籠もって火をつけ、燃え上がる火の中で出産をした。『古事記』によればこうして生まれたのが、のちに隼人の祖先となるホデリ（海幸彦）、ホスセリ、皇室の祖先となるホヲリ（山幸彦）である。『日本書紀』（九の3）では、彼女がへその緒を切った竹刀を捨てたところから竹林が生じた。また神聖な田の稲で作った酒と飯で、地上で最初の新嘗祭を行ったとある。

美しいコノハナノサクヤビメと醜いイハナガヒメの姉妹は、互いに切り離すことのできない表裏一体の存在であり、大地の母神イザナミ[†]と多くの共通点を持つ。イザナミは地

《木華開耶媛》堂本印象、
京都府立堂本印象美術館

上で世界の万物を生み、火で体を焼かれてさらに金属や粘土や作物の神々を生んで死んだが、黄泉の国の支配者となり、醜く腐った姿を見て逃げだした夫を恨んで地上の人間に死の運命を定めた。こうして大地は万物を生み出す母胎としての春の顔と、すべての命が死んで帰ってくる墓場としての冬の顔を持つことになった。このようなイザナミの生と死の二つの側面は、火中で子を生む美女コノハナノサクヤビメと、夫を恨んで死の宣告をする醜女イハナガヒメの一対に表れている。

コノハナノサクヤビメは現在、安産を司る富士山の女神としても知られ、富士山本宮浅間大社に祀られている。

キーワード：花、美女、出産、春、山の女神、バナナ型

参考文献：吉田敦彦『昔話の考古学』中公新書, 1992 年,「第三章 イザナミともコノハナノサクヤビメ＝イハナガヒメともそっくりな山姥」；古川のり子「不死をめぐる神話──『東海道四谷怪談』」, 松村編『生と死の神話』；古川『昔ばなし』,「第八話 ホトトギスと兄弟 夜鳴く鳥の悲しい前世」.

⇒オホゲツヒメ

サシクニワカヒメ　刺国若比売

名前の意味・神格・属性：大国主神の母神（『古事記』）。「刺国」は、自分の所有する国土に串を刺して表示する意だと解釈されている。「国土の占有を指し示す若々しい女神」の意。系譜以外では常に「御祖命(みおやのみこと)」（親神）と呼ばれる。

概要：『古事記』によると、サシクニワカヒメは刺国大神の娘で、天之冬衣神(あまのふゆきぬ)と結婚してオホクニヌシを生んだ。フユキヌは「増ゆ衣」で、衣服が豊かに増えることを表す神とされる。大穴牟遅神(おほなむちのかみ)（のちの大国主神）が兄弟の神々に虐げられ、火傷を負わされて死ぬと、彼女は泣き悲しんで天に昇り、神産巣日之命(かむむすひのみこと)に願い出て、貝の女神キサカヒヒメ†（赤貝）とウムカヒヒメ†（蛤）を派遣してもらい、その治療によって息子を生き返らせた。次にオホナムチが木の割れ目に挟まれて殺されると、また泣きながら捜し出し、木から彼を取り出して生き返らせた。最後にサシクニワカヒメは息子に対し、「お前はここにいたら、いずれは兄弟たちに滅ぼされるだろう」と言い、紀伊の国の大屋毘古神(おほやびこ)のもとへ行かせた。オホナムチはそこから地下の根の国（黄泉の国）へ赴き、スサノヲによる試練を克服し、地上世界の支配者である「大国主神」の名と妻を獲得して帰還することになる。オホナムチは火傷、木に挟まれること、根の国へ行くことによって、三度、死と再生を繰り返す。そのすべてに関わり、息子の死と地上の王への再生をうながす母神として働くのがこの女神の役割である。

キーワード：再生、母

参考文献：神野『古事記の世界』, 第六章「根之堅州国」──「葦原中国」の完成.

サヨツヒメ　賛用都比売命

名前の意味・神格・属性：「讃容の女神」の意。播磨国讃容郡の土地の女神。現在の兵庫県佐用郡佐用町(さようちょう)本位田にあたる。佐用町本位田に佐用都比売神社があり、『延喜式』神名帳にも「播磨国 佐用郡 佐用都比売神社」とある。

概要：『播磨国風土記』讃容郡の条によると、夫婦の神が土地の占有争いをした。その時、妻の玉津日女命(たまつひめのみこと)が、生きた鹿の腹を割いてその血に稲種を蒔くと一夜の内に苗が生え、すぐに田植えができた。夫の大神は「あなたは五月夜(さよ)に植えたのだな」と言って、他所に去った。そこでその地を五月夜の郡、女神をサヨツヒメと名付けた。今も讃容の町田（占卜を行う田）があり、鹿を放してやった山は鹿庭山(かにはやま)という。その山の四面には十二の谷があり、すべて鉄を産出する。難波の豊崎の朝廷（孝徳天皇）にその鉄を初めて献上したが、鉱脈を発見したのは別部の犬という人で、その孫等の代になって献上したのだという。また讃容の里の条には、サヨツヒメが山で金鞍（金属を用いた鞍）を得たとある。

サヨツヒメは、犠牲にした鹿の血から稲を発生させる。記紀神話に登場する大地の母神イザナミ†は火を生んで死ぬ間際に、その大便や吐瀉物や小便から金属、粘土、作物などを誕生させた。またイザナミの娘である食物

の女神オホゲツヒメ[†]は、殺されてその死体から農作物や牛馬、蚕などを生じさせたとある。犠牲者の分泌物や死体などから作物を発生させている点で、サヨツヒメはこれらの女神たちと共通する性質を持つ。吉田敦彦は、イザナミやオホゲツヒメなどの女神には万物を産出する古い大地の母神の性質が認められ、それは今日の山の神の信仰や伝承の中に受け継がれていることを明らかにしている。サヨツヒメもまた讃容の山野の豊穣を生み出す土地の母神であることは、その本来の名タマツヒメが「玉に象徴される生産力の女神」を意味することからもわかる。サヨツヒメは作物を生み育て、動物の生死を自在に操り、山谷から鉄を生み出すことができる。ところで民間信仰において山の女神は十二様とも呼ばれ、十二人の子を生むなどと語り伝えられている。つまり山の神は一年の十二か月を自分の子として生み、季節の変化を司るとも考えられてきた。サヨツヒメの山が四つの面と十二の谷からなっているというのは、この女神が四つの季節の変化と十二か月を支配することを表しているのだろう。

キーワード：大地母神、山の女神、玉、鹿、稲、鉄、十二か月、季節

参考文献：武田久吉『農村の年中行事』龍星閣, 1943年,「十二様」；吉田敦彦『日本の神話』青土社, 1990年,「その五 山の神の神秘に寄せるあこがれの感情」.

シタデルヒメ 下照比売命

名前の意味・神格・属性：下界において赤く照り輝く女神。大国主神の娘。シタは文字通り「下」を意味すると同時に、動詞シタフと同根で「赤く色づく」意を含む。『万葉集』（四一三九）の「春の苑 紅にほふ桃の花 下照る道に 出で立つ乙女」（春の苑は紅に輝く。桃の花の下、その色が赤く照り映える道に出で立つ乙女よ）の場合と同じである。シタデルヒメは、「赤い色が下に照り輝く女神」の意。

『日本書紀』には、「稚国玉（わかくにたま）」という別名も記されている（九の本文）。この名は「若々しい国土の玉（＝魂・生産力）の女神」を意味し、父神オホクニヌシの別名の一つ「顕国玉（うつしくにたま）」（地上世界の国土の生産力）と同じ性質を持つ。

概要：オホクニヌシが宗像三女神（むなかたさんじょしん）[†]の一人、多紀理毘売命（たきりびめのみこと）と結婚して生まれた女神。アジシキタカヒコネ（阿治志貴高日子根神）の妹で、タカヒメ（高比売命）とも呼ばれる（記）。

地上世界の支配者であるオホクニヌシに国譲りをさせるために、天の神は下界に使者アメワカヒコ（天稚彦・天若日子）を派遣したが、彼はオホクニヌシの娘のシタデルヒメと結婚し、自分が下界の王になろうと企んだ。裏切りが露見し、天の神によってアメワカヒコが射殺されると、妻のシタデルヒメの泣き悲しむ声が天にまで届いたという。アメワカヒコの葬儀に、彼女の兄アジシキタカヒコネがやって来たが、アメワカヒコとそっくりだったので死者と見間違えられ、彼は怒って喪屋を切り倒す。シタデルヒメは歌を詠んで兄を讃え、その名を明らかにした。「天なるや 弟棚機の 項がせる 玉の御統（みすまる） 御統に穴玉はや み谷二渡らす 阿治志貴高日子根神ぞ（天の機織り女が首にかけていらっしゃる穴玉のように、谷二つに輝き渡っているのはアジジキタカヒコネである）」（記）。

この歌に詠まれる「天の機織り女」が、高天の原を治める太陽の女神・天照大神（あまてらすおほみかみ）を指すとすれば、シタデルヒメは「下界に照り輝く女神」として「天に照り輝く女神（アマテラス[†]）」と対抗する位置にあると考えられる。そこでシタデルヒメを、アマテラスの競争者である日の女神（松本信広）、「上より下を照らす」太陽神（松前健）とみなす説もある。シタデルヒメの母神タキリビメは、アマテラスが誓約の際にスサノヲの剣から誕生させた女神の一柱で、また父神は下界の支配者オホクニヌシ（顕国玉）であるとされる（記）。したがってシタデルヒメは、天の支配者（太陽）と地上の生産力の支配者（玉）の資質をともに受け継ぐ有力な女神であると言える。

『延喜式』には「下照比売社一座 或いは比売許曾社と号す」（四時祭）、「比売許曾神

社一座 また下照比売と号す」（臨時祭）とあり、シタデルヒメは比売許曾社の祭神・阿加流比売神と同じ神だとみなされている。アカルヒメ[†]は、太陽の光を受けて妊娠した女性から生まれた赤い玉が化した女神で、新羅国王の子である天之日矛(あまのひほこ)の妻となりいつも美味しい料理を作っていたが逃げ出して難波に鎮座したと伝えられる（記：応神）。『延喜式』の記載は、このような「太陽の娘で赤く輝く玉の女神」とシタデルヒメを結びつける考え方が古くからあったことを示している。

キーワード：太陽、玉
参考文献：松本『日本神話の研究』,「日の神の子孫」；松前健『日本神話と古代生活』有精堂, 1970年,「天照御魂神考」.

スセリビメ　須勢理毘女命

名前の意味・神格・属性：大国主神の正妻である、嫉妬深い女神。スサノヲの娘。スセリはススム（進）のスス、スサノヲのスサ（荒）と同根で、自然に沸き起こる勢いのままに激しく振る舞う意。スサノヲとスセリビメの父娘は、その名が「自然の勢いの激しさ」を表す点で共通している。

概要：『古事記』によると、大穴牟遅神(おほなむち)（のちの大国主神）は根の国を訪れてスセリビメと出会い、互いにすぐ気に入って結婚した。彼女の父神スサノヲがオホナムチに難題を課すが、蛇の室、ムカデと蜂の室に入れられた時は、スセリビメから与えられた蛇の領布(ひれ)、ムカデと蜂の領布を用いて切り抜けた。スサノヲの頭にたかったムカデを取る際には、彼女がくれた椋の実と赤土を使い、ムカデを食いちぎるふりをした。最後にオホナムチはスセリビメを背負い、スサノヲの大刀・弓矢と琴を奪って根の国から脱出する。この時スサノヲは彼を祝福して「大国主神・うつし国玉神」の名を授け、スセリビメを「適妻(むかひめ)」（正妻）とするように命じた。彼らが地上に帰還すると、オホニヌシのもう一人の妻である八上比売(やがみひめ)は、スセリビメを恐れて子を木の股に挟んで去った。

オホクニヌシの国作りがはじまると、彼が全国各地の女神たちのところを廻って恋愛をするのでスセリビメはひどく嫉妬し、歌のやり取りをして夫を引き留めた。オホクニヌシが「私が行ってしまったら、あなたは山の一本ススキのように項垂れて、朝の雨が霧となって立ちのぼるようにして泣くだろう」と歌う。するとスセリビメは「八千矛の神よ、私の大国主よ。あなたは男だから廻る岬々に妻がいるでしょうが、私は女だからあなた以外に夫はいない。柔らかな夜具のもとで私の若々しい胸や白い腕を愛撫して、私の手を枕に脚を伸ばしてやすみなさい。この酒をお飲みなさい」と歌った。こうして二人は盃を交わして誓いを結び、互いの首に腕を掛け合って今に至るまで仲良く鎮座しているという。「適妻」（正妻）とされる女神は、スセリビメが最初である。オホクニヌシを祀る出雲大社に縁結びの霊験があるとされるのは、彼がはじめて正妻を娶り、父母を尊び妻子を愛おしむこの世の道理（婚姻制度）を人間社会に広めた（『万葉集』四一〇六）とされているからである。

スセリビメの名は『日本書紀』には見えないが、『出雲国風土記』（神門郡　滑狭の郷）に、スサノヲの御子「和加須世理比売命(わかすせりひめのみこと)」が登場する。天下を作った大神が彼女のもとへ通った時、その社の前に岩があった。岩の表面がとても滑らかだったので「滑らかな岩だなあ」と言った。それでこの地を南佐(なめさ)と呼ぶのだという。『延喜式神名帳』にも「那売佐社　同社坐和加須西利比売神社」（出雲国神門郡）とある。風土記の神話によると、スセリビメの社には「岩」があるという。スセリビメは激しい嫉妬を特徴とする女神だが、嫉妬深い女性と「岩」との結び付きは深い。妃たちへの激しい嫉妬で知られる、仁徳天皇の皇后・石之日売も、日向神話でホノニニギが妹神だけを妻としたのを、激しく泣いて恨み呪った石長比売(いはながひめ)も、「岩」をその名に含んでいる。イハナガヒメ[†]の呪詛は夫神の子孫である天皇の一族に死の運命を与えたが、このことは創世神話で黄泉の国のイザナミ[†]が、彼女の醜い姿を見て逃げ出した夫イザナキを恨み、その子孫の人間たちに死の運命を宣告したことと重なり合う。イザナミのこの宣告

は「千引石」(ちびきのいわ)の前で行われたので、イザナミもまた「岩」と結び付いている。

イザナミが支配する黄泉の国は、オホナムチが訪れた根の国の別名である。この世界は大地の母神イザナミの胎内世界であり、死んでここに帰って来たすべての魂が再び受胎されて生まれ出るための、生命の根源の国である。そこに出現したスセリビメは、イザナミの分身ともいうべき大地の女神としての性質を持つのではないかと思われる。地上世界の生産性は、国作りの神であるオホクニヌシが、大地の母神の力を受け継ぐスセリビメと結婚することで保証される。スセリビメは、スサノヲの娘とされる以外にその系譜を持たない。またオホクニヌシの正妻でありながら、その子孫の系譜もない。それはこの女神が地上の個々の土地の女神ではなく、大地そのものを代表する女神だからだと考えられる。

キーワード：嫉妬、岩石、冥界、結婚(婚姻制度の起源)、大地母神

参考文献：吉田敦彦『昔話の考古学』中央公論社, 1992年, 第三章「イザナミともコノハナノサクヤビメ=イハナガヒメともそっくりな山姥」;乾克己他編『日本伝奇伝説大事典』角川書店, 1986年.「須勢理毘女」(三浦佑之).
⇒ヤガミヒメ

セオリツヒメ　瀬織津比咩 (祝詞　六月晦大祓)

名前の意味・神格・属性：激しく流れ落ちる川の瀬にいてこの世の罪穢れを集めて大海原へ持ち出す女神。祓戸の神(大祓えをする所に祀る神)。

「瀬」は、渡ることのできる川の浅いところ、または川の水の浅い流れを指す。「瀬織津比咩」は、瀬を流れる水波を織りなす女神の意。

概要：『古事記』によれば、黄泉の国から地上に逃げ帰ってきたイザナキは、死の国の穢れを祓うために最初の禊ぎ祓えを行った。この時イザナキは「上つ瀬の流れは速く、下つ瀬の流れは弱い」と言って、初めて中つ瀬(中流の瀬)に勢いよく潜って身をすすいだとある。川の瀬は、禊ぎ祓えの儀礼を行う場(祓戸)として重要な場所である。『延喜式』祝詞「六月晦大祓」では、高い山や低い山の頂から勢いよく流れ落ちて逆巻く速川の瀬にいるセオリツヒメが、すべての罪穢れを川から大海原へ持ち出していくと語られている。その罪穢れを、たくさんの激しい潮流の交わるところにいるハヤアキツヒメ[†]がガブガブと呑み込むと、罪穢れを吹き払う出入り口にいるイブキドヌシが地下の根の国に吹き払い、ついにはハヤサスラヒメ[†]がそれを持ってさすらい消失させるという。

キーワード：河川、罪(穢れ)、浄化
参考文献：青木紀元『祝詞全評釈』右文書院, 2000年.
⇒イヅノメ、ククリヒメ

タマヒメ　玉日女命

名前の意味・神格・属性：玉の女神。玉(タマ)は「魂(タマ)」で、生命そのものを表す。タマが肉体から離れないように「魂鎮祭(たましずめ)」を行い、その力を活性化するために「霊振(ふり)」を行う。タマヒメは、タマに象徴される生む力に満ちた女神の意。

概要：『出雲国風土記』仁多郡の恋山(したふやま)の条によると、阿伊村にいる神タマヒメを恋うて、ワニ(サメ、フカの意)が川を遡って来た。しかしタマヒメが石で川を塞いだので、会えずに恋い慕うばかりだった。それでこの地を恋山と呼ぶ。恋山は現在「鬼の舌震」(島根県仁多郡奥出雲町)と呼ばれ、斐伊川の支流・大馬木川中流域の急峻な渓谷地帯を指す。切り立つ絶壁や巨岩・奇岩が連なり国の名勝・天然記念物に指定されている。この土地では「ワニのしたふ」が訛って「鬼の舌震」になったと伝えている。

恋山の神話は、ワニとタマの女神の結婚の話として見る場合には、『日本書紀』(八の6)の玉櫛姫の話と共通性を持つ。事代主神が「八尋熊鰐(大きなワニ)」の姿になって、「タマクシヒメ」のもとに通い、ヒメタタライスズヒメ(神武天皇の皇后)が生まれたという。またタマの女神ではないが、『肥前国風土記』佐嘉郡には「石神の世田姫」のもとへ海の神であるワニが、毎年魚たちを引き連れ佐嘉川

を遡ってやって来て、二、三日滞在して帰って行くとある。これらの類話には、女神が男神を拒否する要素は見られない。

一方で恋山の神話について、女神が男神の求婚を「石」を用いて拒絶する話として見ると、この場合は『播磨国風土記』の神話と近い性質を持つ。託賀郡・都多支の条によれば、讃伎日子（サヌキヒコ）神が氷上刀女（ヒカミトメ）に強引な求婚をすると、女神は怒って「建石命」（強力な石）を雇って戦わせ、退散させた。その時タケイハ命は坂に冠を置き、「今後は二度とこの境界を越えてはならない」と言ったという（法太の里）。また伊和大神が安師川の安師比売（アナシヒメ）と結婚しようとして断られ、怒って石で川の源を塞いだという話もある（安師の里）。この話で石を用いたのは男神だが、石によって男女が絶縁した点では共通している。これらの神話で男女の間を塞ぐ石は、イザナキがイザナミ†と訣別する時、黄泉の国との境の坂を塞いだ「千引石」と同様に、土地の境界を画定する意味を持つ。

ところで記紀神話には、海の玉の女神であるトヨタマビメ†（豊かな玉の生産力を持つ女神）が登場する。海神の娘トヨタマビメはホヲリと結婚するが、ワニとしての正体をのぞき見られて夫と別れ、海坂（海と陸の境界）を塞いで去っていった。恋山の神話やその他の神話に分散して見られる「タマの女神との結婚」「ワニとの絶縁」「境界の画定」の要素はすべて、この神話の中に形を変えて存在していると言える。

キーワード：玉、ワニ、境界、岩石、異類婚（の失敗）、男女の断絶
参考文献：大林太良／吉田敦彦監修『日本神話事典』大和書房，1997年，「恋山説話」（飯泉健司）．
⇒タマヨリビメ

タマヨリビメ　玉依毘売
名前の意味・神格・属性：「生む力が集まっている女神」の意。海神の娘で、豊玉毘売命（とよたまびめ）の妹。鵜葺草葺不合命（うがやふきあえずのみこと）と結婚して神武天皇を生んだ女神。タマは魂、生命力を表し、ヨリは引きつけられる、集まる意。

概要：『日本書紀』第十段によれば、姉のトヨタマビメ†は彦火火出見尊（ヒコホホデミノミコト）の子を生むために、妹のタマヨリビメを率いて海神の宮から地上世界へやって来た。トヨタマビメは八尋大鰐（やひろわに）（大きなサメ）になって出産する姿を夫に覗き見られ、海へ去っていくが、残した息子を愛おしく思ってタマヨリビメを派遣して養育させ、彼女に夫への歌を託した。またこの時ヒコホホデミが息子のために、乳母（生母に代わり乳を飲ませ養育する役）、湯母（湯を飲ませる役）、飯嚼（飯を噛み砕いて食べさせる役）、湯坐（入浴させる役）などを定めたことが、乳母を雇って子を育てることの起源となったという（十の3）。またトヨタマビメは息子をいったん海に連れ帰ったが、天の神の子孫を海中に置いてはいけないので、タマヨリビメに抱かせて送り出したとも伝えている（十の4・一云）。

成長したウガヤフキアヘズは、彼を育てた叔母のタマヨリビメと結婚し、四人の息子が誕生した（『古事記』『日本書紀』）。その一人が神日本磐余彦尊（かむやまといはれびこのみこと）で、のちに九州から東征の旅に出て大和を征服し、初代の天皇（神武天皇）となる。

タマヨリビメの名は、しばしば「神霊が依り憑く巫女」の意に解釈されるが、神話におけるその役割からみると、玉が象徴する生産力を発揮して「子を生み養い育てる生命力に満ちあふれた女性」を表していると思われる。同じ名を持つ女性や女神は、『古事記』『日本書紀』などに多く登場する。例えば三輪の大物主神（おほたたねこ）の妻となって大田田根子を生んだ活玉依媛（いくたまよりびめ）（記、書紀）、火雷命（ほのいかづちのみこと）の妻となって賀茂別雷命（かもわけいかづちのみこと）を生んだ玉依日売（『山城国風土記』逸文）、また天忍骨命（あまのおしほねのみこと）と結婚して息子を生んだ女神・玉依姫命（書紀九の7）や、高野の社の祭神・玉依比売命（『播磨国風土記』神前郡）などである。

キーワード：玉、乳母
参考文献：三田村佳子「玉依毘売命」，薗田稔他監修『日本の神々の事典』学研，1997年．
⇒タマヒメ、ヌナカハヒメ

テナヅチ　手名椎神、手摩乳

名前の意味・神格・属性：アシナヅチ（足名椎神・脚摩乳）の妻で、クシナダヒメ[†]（奇稲田姫）を生んだ老女神。アシナヅチとテナヅチが娘を「撫でつつ哭く」（日本書紀八の本文）とあることから、この夫婦の名は「足・手」「ナヅ（撫づ）」「チ（神霊）」で、娘の手足を撫でて慈しむ神の意だとされる。あるいは「足・手」「無し」「チ（神霊）」で、蛇神を意味するという説もある。

概要：『古事記』『日本書紀』の、スサノヲのヤマタノヲロチ退治神話に登場する。高天の原から出雲の斐伊川の川上に降りてきたスサノヲは、娘を間において泣いている老夫婦に出会う。夫はアシナヅチ、妻はテナヅチ、娘はクシナダヒメである。夫婦にはもともと八人の娘がいたが、毎年ヤマタノヲロチがやって来て呑み込んでしまった。ついに今、最後に残った娘を呑みに来るという。スサノヲは娘を妻にもらうことを約束して彼らに強い酒を造らせ、それを飲んで眠ったヤマタノヲロチを退治した。そのあと須賀の地に宮殿を建てて、クシナダヒメと結婚し子孫を誕生させる（記、書紀八の本文）。

スサノヲは、アシナヅチを宮殿の長官に任命し、「稲田宮主須賀之八耳神（いなだのみやぬしすがのやつみみ）」の名を与えた（記）。あるいはアシナヅチとテナヅチの二神に「稲田宮主神」の名を与えた（書紀八の本文）。また夫の名を「脚摩手摩（あしまてま）」、妻の名を「稲田宮主簀狭之八箇耳（いなだのみやぬしすさのやつみみ）」とする異伝もある。この異伝では、夫婦は安芸国（広島県）の可愛（え）の川上にいたとされる。妻はたくさんの子を生んだがその度にヲロチに呑まれ、一人も生存できないと嘆いていた。スサノヲがヲロチを退治すると、彼女はクシナダヒメを生み、出雲国の斐伊川上流に移住して養育したという（書紀八の2）。スサノヲとクシナダヒメの結婚によって生まれた子供、あるいは六代後の子孫が大国主神である。

アシナヅチとテナヅチは開拓されて田畑となる山野を体現し、対立するヤマタノヲロチは開拓を拒む山野の不毛な側面を象徴する。スサノヲが、アシナヅチとテナヅチを助けてヲロチを退治することで、地上世界は切り開かれ、稲を育む農地になる可能性（クシナダヒメ）が救われたことになる。

キーワード：老女神、山、蛇
参考文献：吉田／古川『日本の神話伝説』第一部Ⅲ「地上世界の秩序化」．

トヨウケ　豊受大神

名前の意味・神格・属性：豊かな食物の女神。伊勢神宮の外宮の祭神。ウケはウカの転で、食物の意。

概要：伊勢神宮は、内宮（皇大神宮）と外宮（豊受大神宮）から成る。内宮は八咫鏡をご神体として天照大神を祀り、外宮は豊受大神を祀る。『古事記』の天孫降臨の条には、アマテラス[†]の御魂を表す八咫の鏡を伊勢神宮の内宮に祀ることに続けて、外宮の祭神として登由宇気神（とゆうけのかみ）の名が記されている。また延暦二十三年（八〇四）の『止由気宮儀式帳』によれば、雄略天皇の夢にアマテラスが現れ、「自分は望み通りの場所に鎮座したけれど、私一人だけなので食事をするのも苦労しているから、丹波国の比治の真奈井にいる私の御饌都神（みけつかみ）（食物神）である等由気大神を、私のもとへ連れてきて欲しい」と告げた。そこで天皇は外宮を建て、丹波からこの神を迎えたという。このため外宮の豊受大神は、皇祖神アマテラスに奉仕する食物女神だと理解され、衣食住をはじめとするあらゆる産業の守り神として信仰されてきた。

『丹後国風土記』逸文（奈具社（なぐのやしろ））には、比治山の真名井に降りてきた天女・豊宇賀能売命（とようかのめのみこと）の神話がある。衣を奪われて老夫婦の子になった天女は、万病を癒す酒を醸したが、裕福になった老夫婦に追い出されてしまう。天女は泣き悲しんでさまよい歩き、奈具の村に留まった。これが竹野の郡の奈具の社に坐すトヨウカノメであるという。大林太良はこの神話を外宮の創祀神話であると見なし、伊勢神宮の起源神話は、八咫鏡を捧持して天降る天孫降臨神話（内宮の起源）と、食物神を表す名を持つ天女の羽衣神話（外宮の起源）という、二つの天降り神話によって構成されているとする。内宮の天降り神話のテーマが「王権の永続性・種としての豊穣性」であるのに

対して、外宮の羽衣神話のテーマは「食物や酒、富という形での豊穣性」である。アマテラスには、東アジアに広く見られる「種の繁栄」と「物質的豊穣」をもたらす天女としての性質が認められるので、内宮と外宮のテーマはアマテラスが持つこの二つの力と呼応する。したがって外宮に祀られているのは単なる食事の神ではなく、アマテラス自身の半身である。外宮と内宮に祀られる二つの側面があってはじめてアマテラスは、その豊穣性を十全に発揮できることになる。内宮と外宮がほとんど同じ待遇を受けてきたのは、このためだと思われる。

キーワード：天女、食物女神、豊穣女神、子孫繁栄、王権

参考文献：大林太良「羽衣と天孫降臨」、『東アジアの古代文化』39号、大和書房、1984年；古川のり子「昔話『天人女房』と神話──天女とアマテラスおよびカムムスヒ」；吉田『妖怪と美女の神話学』.

⇒アマツヲトメ

トヨタマビメ　豊玉毘女

名前の意味・神格・属性：海神の娘で、ヒコホホデミ（山幸彦）と結婚して天皇家の祖先神を生んだ女神。タマは魂、生命力を表し、トヨタマビメは「豊かな生む力に満ちた女性」の意。

概要：『古事記』によると、天孫ホノニニギの息子で山の獲物を獲るのが上手い火遠理命（別名、日子穂々手見命）は、海の獲物を獲るのが上手い兄・火照命から釣り針を借りたが海で失う。ホヲリは釣り針を求めて海神の宮へ行き、歓迎を受けて海神の娘トヨタマビメと結婚した。海神は釣り針を捜し出し、潮の満ち引きを司る塩盈珠と塩乾珠を彼に与え、兄への仕返しの方法を授けて地上世界に送り返す。ホヲリは玉を使って田の水を操り、また高潮や引き潮を起こして兄を溺れさせて服従させた。

その後、トヨタマビメが彼の子を出産するため海辺にやって来る。彼女は鵜の羽で作った産屋の屋根が未完成のうちに、自分の姿を見ないでくれと忠告して産屋に入る。しかしホヲリが覗き見ると、トヨタマビメは八尋和邇（大きなサメ）の姿で這い回っていた。彼女は見られたことを恥じて生まれた子供を置き、海と陸の境である「海坂」を塞いで海に帰って行った。この子が天津日高日子波限建鵜葺草葺不合命である。彼女は妹のタマヨリビメ†を、子供を養育する乳母の役として地上に派遣した。また彼女に託して、最後に夫と歌のやり取りをする。トヨタマビメの歌は「赤玉は緒さへ光れど　白玉の君が装いし貴くありけり」（赤い玉はそれを通す緒さえ輝くが、白玉のようなあなたの姿こそ貴いものだ）、夫の返歌は「沖つ鳥鴨著く島に我が率寝し　妹は忘れじ世の悉に」（鴨が寄りつく島で私と寝たあなたのことは、一生ずっと忘れはしない）である。

『日本書紀』第十段にもほぼ同じ神話が伝えられているが、トヨタマビメの正体は竜である（十の本文）とも、彼女は風波が激しい日にやって来る（十の本文、1）とも、自ら大亀に乗り、タマヨリビメを引き連れ海を照り輝かせてやって来た（十の3）ともいう。また第十の1には、夫の神が櫛に火を灯して産屋の妻を覗き見たとあり、創世神話においてイザナキが、櫛に火を灯して黄泉の国のイザナミ†を覗き見たとあるのと近い形をとっている。イザナキとイザナミの訣別が地上と地下の世界を分離させたように、ホヲリとトヨタマビメの離別によって海陸が分離し、二つの世界の間を行き来できなくなった。そのことは「此、海陸相通はざる縁なり」（十の4）と明記されている。

「タマ（玉）ヒメ」（生む力に満ちた女性）の名を持つ女神は他の神話の中にも見られ、恋愛、結婚、出産に関わる話が多く伝えられている。

大林太良は、ホヲリとトヨタマビメの結婚のような、竜女との結婚を語る説話が中国南部やインドシナ、アッサムなどの東南アジアに多く伝承されていることを指摘している。中国浙江省に伝わる白娘子伝説では、白蛇が人間と化して男の妻となり妊娠するが、その正体を夫に見られる。出産後、白娘子（白蛇）は敵対者によって子供を残して埋められてし

まう。しかし味方が敵対者と戦う際には、彼女が飛び出してきて大波をわき上がらせ洪水を起こして攻撃したという。この伝説は、トヨタマビメが出産時に正体を見られ子供を残し去っていくことや、ホヲリが海神の玉で高波を起こして兄を溺れさせたことなどと対応する。日本の各地には、「蛇女房」と呼ばれる昔話が伝えられている。この話では、蛇が人間に化けて男の女房となり子供を生むが、出産の時に正体を見られ、子供と乳代わりに舐めさせる「目玉」を残して去っていく。殿様が目玉を横取りすると、大津波や地震を起こして復讐したという。このような蛇女房は、白娘子とも、激しい波風と共に出現し、息子に乳母を与えて去っていったトヨタマビメともよく似た性質を残している。

キーワード：海、玉、ワニ、境界
参考文献：大林太良『神話の系譜』講談社学術文庫, 1991 年,「Ⅱ-8《白娘子》と《化け鮫》——江南の伝説と日本の海幸山幸神話」.
⇒ヌナカハヒメ

ナキサハメ　泣沢女神・啼沢女命

名前の意味・神格・属性：泣いてあの世とこの世の間に道を開く女神。ナキ（泣き）サハ（多）メ（女）で、「大いに泣く女神」の意。
概要：『古事記』『日本書紀』の創世神話によると、最初の夫婦神イザナキとイザナミ†は世界の万物を生み出したが、その最後にイザナミは火の神を生み火傷を負って死んだ。イザナキが妻の死を悲しんで、死体の周囲を這いずり回って泣き叫んだ時、その涙から生まれたのがナキサハメである。

現在、奈良県橿原市木之本町の「啼沢の杜」にある畝尾都多本神社は、玉垣に囲まれた空井戸をご神体として啼沢女神を祀る。池田源太によると、この神は「長寿」の神として信仰された痕跡があるという。泣沢神社のことは、『万葉集』の高市皇子の挽歌（二〇二）の中にも見え、「哭沢の　神社に神酒すゑ　禱祈れども　わが王は　高日知らしぬ」（泣沢の社に神酒を捧げて祈っても、わが高市皇子は天に昇って行ってしまった）と詠まれている。ここには「檜隈女王の、泣沢神社を怨むる歌なり」という注記があり、泣沢の神に皇子の「蘇生」を祈願したが叶わなかったことがうかがえる。

ナキサハメに「長寿」や「蘇生」を願うことは、古代から近代までの日本の葬送儀礼において「泣き女」が死者の魂を呼び戻す役割を担っていたことと結び付く。ナキサハメ誕生の神話は、葬儀で死者に寄り添って激しく泣く「泣き女」役の起源神話である。記紀神話のアメワカヒコ葬儀の場面では、「哭女」の役を雉、あるいはサザキ（ミソサザイ）が担当し、儀式の最後に死者とそっくりの神が出現したとある。またオホサザキ（偉大なミソサザイ）の名を持つ仁徳天皇が弟の死体にまたがって泣き叫ぶと、弟はいっとき生き返って話をしたという。創世神話でもイザナキの号泣によってナキサハメが誕生すると、黄泉の国への道が通じ、死んだ妻を追ってイザナキも他界に入っていく。これらの話から、激しい泣き声にはあの世とこの世の間に道を開く力があると考えられていることがわかる。このような「泣き声」の力は、アマテラス†を岩屋から再生させた「笑い声」の力と対応する。大きな泣き声や笑い声は閉ざされた世界に亀裂を入れ、魂が出入りするための道を開くのである。

キーワード：泣く、笑い
参考文献：池田源太「泣沢女の杜——神を記述する」,『神道学』64, 1970 年；古川のり子「日本神話と葬式の民俗——泣き女・枕飯」,『死生学年報 4』2008 年, リトン.
⇒アマノウズメ

ヌナカハヒメ　沼河比売

名前の意味・神格・属性：玉を産出する川の女神。沼河の女神。「高志の国の沼河比売」と呼ばれる。高志の国は「越の国」で、北陸（越前・越中・越後）地方の総称。『和名抄』に「越後国　頸城郡　沼川郷」、『延喜式』神名帳に同郡「奴奈川神社」がある。越後国頸城郡は、現在の新潟県糸魚川市にあたる。ヌナカハヒメの名は「沼川」の地名に由来するとされる。

また糸魚川市の姫川、青海川流域は日本で数少ない翡翠の産地として知られ、縄文時代

に遡る翡翠製品工房址も発見されている。ヌナカハヒメの「ヌ（瓊）」は玉、「ナ」は「-の」の意味の連体助詞とみて、「玉の川の女神」（勾玉を作る翡翠を生み出す川の女神）とも解釈できる。

概要： 『古事記』に、八千矛神（大国主神の別名）とヌナカハヒメの間に交わされた歌と結婚の神話が伝えられている。ヤチホコノカミが「国中に妻を探し求めて、遠い遠い越の国に賢く美しい女性がいると聞いてやって来たのに、あなたの家の戸を押し揺さぶっているうちに、青山にヌエが鳴き、夜明けを告げる雉や鶏が鳴きだした。こんな忌々しい鳥は打ち殺してしまえ」と歌いかける。するとヌナカハヒメは「女である私の心は入江の鳥だ。今はそうでなくてもいずれはあなたの鳥になるから、その鳥は殺さないでくれ」「次の夜になったら、あなたは朝日のような笑顔でやって来て、私の白い腕や若々しい胸を愛でて、手を枕にし脚を伸ばして寝るだろうから、むやみに恋焦がれるな」と歌を返した。二人は翌日の夜、結婚したという。

ヌナカハヒメのヌ（瓊）は「玉」で、「玉」は「魂」と同根であり、タマを連ねた「玉の緒」は命そのものを表す。『万葉集』に「渟名川（ぬなかは）の底なる玉 求めて得し玉かも 拾ひて得し玉かも 惜しき 君が老ゆらく惜しも」（三二四七）とある。「生命力に満ちたヌナカハの玉のようなあなたなのに、年をとっていくのが残念だ」という。ヌナカハヒメは、玉に表される生命や生産力を本質とする女神であると考えられる。

ヌナカハヒメが結婚する八千矛神は、多くの「矛（男性の象徴）」によって表される神である。創世神話でイザナキ・イザナミ†は「天の沼矛（ぬぼこ）」という「玉矛」を、原初の海にさし入れてオノゴロ島を生み出した。玉と矛の組み合わせが最初の陸地を誕生させたように、「玉」の女神（ヌナカハヒメ）と「矛」の男神（ヤチホコノカミ）の結婚は、豊かな地上世界を生み出すにちがいない。だからこその神話が、大国主神の国作り神話の冒頭に位置付けられているのだろう。

『出雲国風土記』島根郡美保郷の条に、「奴（ぬ）奈宜波比売（ながはひめ）」は越の国のオキツクシヰ命（のみこと）の子であるヘツクシヰ命の子で、国作りをした大神と結婚して御穂須須美命（みほすすみのみこと）を生んだとある。ミホは稲穂、ススミは実りが進み色づく意。

キーワード：沼河女神、玉、宝石（翡翠）、結婚

参考文献：水野祐『勾玉』学生社，1992年，八，九；坂本勝「八百万の神 ヌナカハヒメ」，『図書』岩波書店，2000年3月.

ハニヤスビメ　波邇夜須毘売神

名前の意味・神格・属性：土器などを作る粘土の女神。波邇夜須毘古神（はにやすびこのかみ）と男女の一対を成す（記）。埴山姫（はにやまひめ）ともいう。

ハニは赤黄色の粘土。陶器、瓦などの材料にし、染料としても用いた。『和名抄』には「土黄にして細密なるを埴と曰ふ、和名、波爾」とある。また『古事記』には、クシヤタマの神が海底の「波邇」で皿を作ったとある。一般に、ヤスは「ネヤ（粘・練）ス」の変化した形で、「練りこねて粘りを与える」意であるとされる。『金光明最勝王経 平安初期点』に「真金あり、鍛（キタ）ひ、銷（ケ）し、冶ち、錬（ネヤ）す」とあり、『名義抄』は「鍛、錬、餬、粘」などを「ネヤス」と読む。しかしこの「ネヤス」は「ニヤス」の転と考えられる。ニは「土」（土器の材料や顔料にする土）の意。ヤスは、語根「安」と同じで、柔らかくする意。ハニ・ニヤス（粘土をこねて柔軟にする）が、ハニヤスに変化したか。

概要：『古事記』『日本書紀』の神生み神話によると、粘土の女神はイザナミ†が火の神を生み火傷を負って死ぬ間際に生まれた（書紀五の2、3）。あるいは火傷に苦しむイザナミが排泄した大便から誕生した（記、書紀五の4）。またハニヤマビメと火の神の結婚によって、作物の神ワクムスヒ†が生まれたという（書紀五の2）。

『古事記』では火の神が誕生して大地の母神イザナミが焼かれて死ぬ時に、粘土の神ハニヤスビコ、ハニヤスビメ、金属の神カナヤマビコ、カナヤマビメ†、水の神ミツハノメ†、作物の神ワクムスヒが生まれたと語られてい

る。これらのことは、大地から生じた火と粘土、金属、水、作物が結合することによって、土器や金属器の製作、焼畑農耕などの文化が可能になることを意味している。ハニヤスビメが司る土は、人間が焼畑や土器作りなどに利用する土である。『延喜式』「鎮火祭」の祝詞には、イザナミは火の神を鎮めるために「水の神・匏・川菜・埴山姫」を生んで下つ国に去ったとある。粘土の女神は、火の暴発を鎮める力を持つとも考えられている。

粘土の神はイザナミの大便から生まれたとされているが、このような粘土と大便の密接な関係は、『播磨国風土記』神前郡埴岡の里の条にも見える。オホナムチとスクナヒコネが、大便を我慢して歩くのと、粘土の荷物を担いで歩くのとどちらが長く続けられるか競争をしたが、この時我慢できずに投げ出した粘土と排泄した大便が、今も石となって残っているという。レヴィ＝ストロースはアメリカ先住民の神話分析の中で、粘土と大便が同一の過程の始めと終わりに位置するものとして、深い結び付きを持つことを指摘している。つまり粘土はまず大地から「採掘」され、次いでこねて「成形」され、最後に火で「焼成」されて土器となるのに対して、その土器に入れた食物が火で「加熱」調理され、次いで体内に入って「消化」され、最後に外部に「排泄」されたのが大便である。消化の生理過程（加熱→消化→排泄）を逆にたどったのが、土器作りの文化過程（採掘→成形→焼成）なのだという。

『延喜式』神名帳には、阿波の国（徳島県）美馬郡に「波爾移麻比禰神社」があり、現在、徳島県三好市にハニヤマビメを祀る馬岡新田神社がある。また神名帳の大和の国（奈良県）十市郡には畝尾坐健土安神社の名が見える。これは、神武天皇が大和の国に攻め込むにあたって天香具山の埴土を持って来させ、それで多くの皿を作り諸神を祭って大和を平定したので、その土を採った所を埴安（はにやす）と名付けたという伝説（書紀　神武即位前己未年二月）と関係があるとされる。崇神天皇の時代には武埴安彦（たけはにやすびこ）の妻が密かに香具山の土を採り、「倭の国の物実」（国そのものを表す物）とし

て呪詛したため、反逆の意図が露見したとある（書紀　崇神十年九月）。埴土はその土地の支配権とも強く結び付いている。

キーワード：土（粘土）、大便

参考文献：レヴィ＝ストロース『やきもち焼きの土器つくり』渡辺公三訳，みすず書房，1990年，「第十三章　神話思考の性質」．

ハヤアキツヒメ　速秋津比売神（記）　速開都比咩（祝詞　六月晦大祓）

名前の意味・神格・属性：勢いよく口を開く水の通路の女神。「ハヤ」は「勢いの強い」、「アキ」は「口を開く」意。「ツ（津）」は「ト（戸）」の母音交代形で、内と外を隔てる狭い通路を表す。河口あるいは潮流の交わる場所にいて、この世の罪穢れを呑み込む女神。祓戸の神（大祓えの場に祀る神）。

概要：『古事記』の国生み神話で、イザナキとイザナミ†が海の神、風の神、木の神、山の神などを生んだ時に、海の神に続いて誕生したとされる。「水戸（河口）の神」で、ハヤアキツヒコと男女の一対を成す。ハヤアキツヒコとハヤアキツヒメがそれぞれ川の側と海の側を分担し、アハナギ・アハナミ（水泡）、ツラナギ・ツラナミ（水面）、アメノミクマリ・クニノミクマリ（水の分配）、アメノクヒザモチ・クニノクヒザモチ（水をくむ柄杓持ち）の神々が生じたという。こうして川と海の区別が明らかになり、すべての川や海に水が満たされることになった。

『延喜式』「六月晦大祓え」の祝詞では、この女神が「荒塩の塩の八百道の、八塩道の塩の八百会」（多くの潮の流れが出会うところ）にいて大きな口を開け、川から海へ流れ込んできた国中の罪穢れを呑み込むとされる。『住吉大社神代記』にも、「六月解除。開口水門姫（あきくちみなとひめ）神社」とある。水門の女神は、川と海、あるいはこの世と根の国をつなぐ水の通路の開閉を司ると考えられている。

キーワード：水門、罪（穢れ）、浄化

参考文献：青木紀元『祝詞全評釈』右文書院，2000年．

⇒サラスヴァティー、セオリツヒメ、ハヤサ

日本

イザナキが黄泉国から帰り、海で禊ぎをしている時に生まれた神々。中央のイザナキの左下にハヤサスラヒメ。山辺神社蔵（学研フォトアーカイブス）

スラヒメ

ハヤサスラヒメ　速佐須良比咩（祝詞　六月晦大祓）

名前の意味・神格・属性：勢いよくさすらって罪穢れを消失させる女神。ハヤは「勢いのよい」、サスラヒメは「サスラヒヒメ」の約で、「あてもなく放浪する女性」の意。祓戸の神（大祓えの場に祀る神）。

概要：地上世界の罪穢（つみけが）れや災厄は、黄泉の国から帰ってきたイザナキが禊ぎ祓えをした時、その身からすすぎ払われた汚穢からマガツヒ（災い）の神が生まれたことに由来する（記、書紀）。この罪穢れ・災厄は、大祓えの儀式を行うことで再び黄泉の国へと払い返される。『延喜式』「六月晦大祓」の祝詞によれば、国中の罪穢れを、激しく流れる川の瀬にいるセオリツヒメ†がまず大海原へ流し出し、ハヤアキツヒメ†がそれを潮流の渦の中に呑み込み、イブキドヌシが根の国（黄泉の国）に吹き払うと、「根の国底の国」にいるハヤサスラヒメがそれを持ってさすらい、ついに消失させるという。罪穢れはこのような過程を経て浄化されると考えられているので、この祝詞は現在も各地の神社で行われる祓えの儀式で唱えられている。

キーワード：放浪、罪（穢れ）、浄化
参考文献：青木紀元『祝詞全評釈』右文書院、2000年．

ベンザイテン　弁財天⇒弁才天（べんざいてん）（仏教）、弁才天（べんざいてん）（沖縄）

ミツハノメ　彌都波能売神・罔象女

名前の意味・神格・属性：人間が利用する水を司る女神。神名「罔象」の読み方については『古事記』に「彌都波能売神（ミツハノメ）」、『日本書紀』に、「罔象、此をば美都波と云ふ」（五の2）、「罔象女、此をば瀰都破奴迷（ミツハノメ）と云ふ」（神武即位前戊午年）とある。このように『古事記』『日本書紀』では清音「ミ（水）」「ツ（連体助詞）」だが、平安時代の辞書『和名抄』には「魍魎、和名、美豆波（ミヅハ）、水神也」、『名義抄』にも「魍魎、ミヅハ」とあり、「ミツ」を濁

音「ミヅ」と表記して「水」の意に解している。上代には清音「ミツ」で水を表す例はないので、本来は「ミ（水）」「ツ」であったものが、のちに「ミヅ（水）」と理解されて濁音化したとみなす説と、上代にも「水（ミ・ミヅ）」に清音「ミツ」をあてる形が存在していたとする説がある。「ハ」は「走・早（始・端）」で、ミツハは「水の出始め」の意とも言われるが、未詳。

「罔象」という水の精の名は、中国の古典の中にあることが指摘されている。『淮南子』巻十三「氾訓論」に「水は罔象を生ず」とあり、高誘の注に「水の精なり。国語に曰く、龍は罔象なり」とあるので、罔象は龍の姿をしていたとわかる。

概要：『古事記』『日本書紀』のイザナキ・イザナミ†による神生み神話で、イザナミは最後に火の神を生んだために火傷を負って死ぬが、その間際に水の神ミツハノメと土の神ハニヤマビメを生んだ（書紀五の2、3）、あるいは苦しむイザナミが排泄した小便からミツハノメが生じたとされる（記、書紀五の4）。類似する神名に「クラミツハ（闇御津羽神・闇罔象）」がある。これはイザナキが殺した火の神の血から生じた谷の水神である（記、書紀五の6）。クラは「クル（刳る）」と同根で「谷、洞」の意。

『延喜式』「鎮火祭」の祝詞には、イザナミは火の神を鎮めるために「水の神、匏、川菜、ハニヤマビメ」を生んで地下世界に去ったとある。また神武天皇は吉野の丹生の川上で天神地祇を祀るにあたり、祭祀に用いる水を「厳罔象女（いつのみつはのめ）」と呼んだという（書紀　神武即位前戊午年九月）。

ミツハノメ、クラミツハの誕生は、どちらも火の神と強く結び付いている。『古事記』では、火の神が誕生して大地の母神が死ぬ過程において、カナヤマビコ・カナヤマビメ†（金属の神）、ハニヤスビコ・ハニヤスビメ†（粘土の神）、ミツハノメ（水の神）、ワクムスヒ（作物の神）が生まれたことが語られる。この場面は、火と水を用いることで金属器製作、土器製作、焼畑農耕が可能になることを意味している。ミツハノメが司る水は、農業や道具の製作、火伏せ、祭祀など、人間が文化を営むために利用する水なのである。このことは、「ミツチ（蛟・鮫龍）」（チは、ヲロチのチで激しい自然の威力を表す）が人に害をなす水の霊威であることと対立している。『万葉集』（三八三三）に「青淵に鮫龍（みつち）とり来む剣大刀もが」（青い淵でミツチを退治してくれるような剣が欲しい）とある。一方で火の神が殺害された時にクラミツハと共に誕生したとされる「オカミ（於迦美）」は、やはり蛇の姿で丘や谷間の水に棲む水の神だが、こちらはミツハノメと同様に人間の役に立つ飲用水や雨雪を支配すると考えられている。『万葉集』（一〇四）に「わが岡のオカミに言ひて落らしめし雪のくだけしそこに散りけむ」（私の住む岡の水神に言いつけて降らせた雪のかけらがそこに散ったのだろう）とある。現在、丹生川上神社（奈良県吉野郡）の上社と下社にタカオカミとクラオカミ、中社にミツハノメが祀られているが、この神社は古来祈雨の神として尊崇されてきた（『延喜式』「臨時祭」）。『延喜式』神名帳には、阿波の国（徳島県）美馬郡に彌都波能売神社の名がある。

大林太良はミツハノメを、アマテラス†と対をなす地上の水の女神であるとする。また父イザナキから太陽（アマテラス）・月・大気が生まれる神話は、母イザナミから水（ミツハノメ）・火・土が生まれる神話と対応し、ともに中国の盤古（ばんこ）神話に代表されるような、世界巨人の身体から宇宙の各部分が発生したという神話形式に属するとみなしている。

キーワード：水の女神、竜

参考文献：西郷信綱『古事記注釈』2巻, 第5, 平凡社, 1975年：大林太良『東アジアの王権神話』第二章, 弘文堂, 1984年.

宗像三女神（むなかたさんじょしん）

名前の意味・神格・属性：海上交通の安全を司る三柱の女神。宗像大社（福岡県宗像市）の祭神。宗像大社は三つの宮から成り、玄界灘の中央に位置する沖ノ島に沖津宮、陸地近くの大島に中津宮、本土の田島に辺津宮がある。沖津宮に田心姫神（たごりひめのかみ）、中津宮に湍津姫神（たぎつひめのかみ）、

辺津宮に市杵島姫神を祀り、この三女神を合わせて宗像大神と呼ぶ。一直線上に並ぶ三つの宮は朝鮮半島への航路に位置し、大和王権の外征・外交の航路を守護する航海神として国家による祭祀を受けた。宗像大社はこの三女神を祀る全国六千二百余社の総本社で、広島県宮島の厳島神社もその一つである。

タコリヒメは、タキリビメ（田霧比売　書紀六の3）ともあるように、本来は「霧の女神」の意。別名のオキツシマヒメ（奥津島比売命　記）は「沖の島の女神」の意である。タギツヒメのタギツは、水が激しくわきかえることで、「激流の女神」。イチキシマヒメのイチキは「斎き」で、「神事の島の女神」の意である。別名のサヨリビメ（狭依毘女命　記）は「神懸かりする女」の意。

概要：『古事記』によると、高天の原に昇ってきたスサノヲに敵対心があるかないかを判断するために、アマテラス†とスサノヲは、誓約によって互いの持ち物から子供を発生させることにした。まずアマテラスがスサノヲの剣を三段に折り、天の真名井ですすぎ、よく噛んで吹き出した息吹の狭霧からタキリビメ（多紀理毘女命）、イチキシマヒメ（市寸島比売命）、タギツヒメ（多岐都比売命）の三女神が誕生した。同じようにしてスサノヲはアマテラスの勾玉から、皇室の祖先神となるアマノオシホミミ（天之忍穂耳）を含む五男神を誕生させた。アマテラスは五男神を自分の子、三女神をスサノヲの子と決め、スサノヲの心の清らかさは優しい女子を得たことで証明された。タキリビメは胸形の奥津宮に、イチキシマヒメは中津宮に、タギツヒメは辺津宮に鎮座し、胸形君等がこの三柱の大神を奉祭しているという。

『日本書紀』にもほぼ同様の神話があるが、三女神とそれが祀られる三宮の関係は諸伝によって異なる。現在の宗像神社の三宮の祭神は、『日本書紀』第六段の本文の記載と同じで、この配置は平安初期には確定したとされる（『文徳実録』天安二年）。アマテラスは三女神を筑紫洲に降し、「道の中に降り居して、天孫を助け奉りて、天孫の為に祭られよ」（海路の途中に鎮座して、天孫をお助けし、天孫によって祭られよ）と命じた（書紀六の1）。あるいは三女神ははじめ宇佐島に降ったが、今は海の北の道中に鎮座し「道主貴（道を司る神）」と呼ばれ、筑紫の水沼君等が祀るとする異伝もある（六の3）。

岡田精司によれば宗像三女神の特徴は、地方豪族の氏神でありながら王権直属の航海神でもあるという二面性にある。8世紀に入り、遣唐使の航路が変わると地位は低下するが、武士団や貿易商人の信仰を集めて繁栄を続けたという。

タキリビメについては『古事記』に、大国主神と結婚してアジスキタカヒコネ（阿遅鉏高日子根神）とタカヒメ（高比売命、別名シタデルヒメ†　下光比売命）を生んだとある。また『播磨国風土記』には別名のオキツシマヒメや宗形大神の名で登場し、伊和大神の子を身ごもって「私の出産の時が来た」と言ったと伝えられている（託賀郡袁布山、支閇岡）。これらの出産の伝承から、タキリビメの霧が誓約で多くの神々を生み出した「息吹の狭霧」の性質を持つことがうかがえる。この女神を祀る沖ノ島は、古くから神の島として崇拝されてきた。ペルシアなどからの伝来品を含む四世紀から九世紀までの夥しい数の祭祀遺物が発見されたことから、この島で国家的な規模の祭祀が営まれていたと推測されている。益田勝美は遺物の分布状況から、かつてここでアマテラスとスサノヲの降臨、誓約の執行、三女神の誕生を再現する儀礼が行われていたとする。

キーワード：航海の守護女神、三神群、誓約、霧

参考文献：岡田精司『新編　神社の古代史』学生社, 2011年,「第4章　航海と外征の神〈宗像と住吉〉」; 益田勝美『秘儀の島』ちくま学芸文庫, 2006年,「補注　アマテラスの宗像降臨」.

ヤガミヒメ　八上比売

名前の意味・神格・属性：八上の土地の女神。「稲羽の八上比売」（記）と呼ばれる。「因幡国八上郡」（『和名抄』。現在の鳥取県八頭郡）の地名による名称。『万葉集』安貴王の

歌（五三四、五三五）左注に「因幡の八上采女」とあり、因幡国の八上から采女が献上されていたことがわかる。安貴王は因幡の八上采女を娶ったが、あまりに夢中になったために不敬の罪を問われ、八上采女は故郷へ追放されたという。また『古事記』で大国主神との結婚が語られるヤガミヒメと沼河比売（ヌナカハヒメ）は、どちらも日本で数少ない翡翠の産地（鳥取県八頭郡若桜町、新潟県糸魚川市）の女神であることから、神話の背後に出雲の玉造と翡翠の産地との交流があったのではないかとされる。

概要：『古事記』の大国主神の神話に登場する。オホクニヌシがまだオホナムチと呼ばれていた頃、兄弟の神々はヤガミヒメに求婚しようと稲羽を訪れたが、オホナムチには袋を背負わせ従者として連れて行った。その時オホナムチが、気多の岬で毛皮を剝がれて苦しんでいた素兎を助けてやると、兎はオホナムチがヤガミヒメを獲得するだろうと予言した。果たしてヤガミヒメは兄弟の神々の求婚を断り、オホナムチと結婚したいと言う。怒った兄弟の神々から迫害を受けたオホナムチは、地下の根の国に赴く。そこでスサノヲによる試練を克服し、大国主神という名と、スサノヲの娘であるスセリビメ†を獲得して地上に帰還する。オホナムチは以前の約束通りヤガミヒメと結婚し、彼女を出雲に連れて来る。しかしヤガミヒメは正妻のスセリビメを怖れ、自分が生んだ子供を木の股に挟んで帰って行った。それでその子を名付けて「木俣神」といい、別名は「御井神」であるという。

オホナムチは根の国に行く時、木の股の間を潜って入っていった。根の国は大地の母神イザナミ†の胎内世界であり、木の股は子宮に通じる魂の出入り口を意味している。ヤガミヒメが子供を木の股に挟んだのは、その魂を胎内世界にもどすためだと考えられる。『日本往生極楽記』（平安中期）に、胞衣に包まれたまま生まれた行基菩薩を、父母が忌んで木の股の上にあげておいたという説話がある。しかし一夜明けて見ると胞衣から出てものを言ったので、養うことにしたという。

ヤガミヒメの子「木俣神」は、また「御井神」でもあるとされる。出産をめぐる民間信仰において、井戸は重要な役割を帯びている。東日本を中心に、子供が生まれて七日目の初外出の時、便所、井戸、橋にお参りする習慣があり、これを「セッチンマイリ」「井戸参り」「橋参り」などという。便所、井戸、橋はどれも、幽霊などの異類が現れる場所であり、あの世とこの世の境目とみなされてきたところだ。これらの場所にお参りをすることで、そこを司る神に子供の誕生を感謝すると共に、その通路から再びあの世に戻ることのないようにと願う。木の股と井戸は、胎内世界との間の通路である点で共通しているのである。

キーワード：土地（の女神）、井戸、橋、境界、宝石（翡翠）

参考文献：恩賜財団母子愛育会編『日本産育習俗資料集成』育児, 第一法規出版, 1975年；吉井巌「大蛇退治, 剣, 玉」, 『鑑賞日本古典文学　古事記』角川書店, 1978年.

ヤガミヒメを訪れ求婚する八十神。「神代絵」山辺神社蔵（学研フォトアーカイブス）

ヤマトヒメ　倭姫命 ⇒ アマテラス

ヤマンバ　山姥

名前の意味・神格・属性：山に住む恐ろしい老女の妖怪。昔話、伝説などの民間伝承に多く登場する。本来は女性の山の神で、きわめて古い大地母神の後裔である。山母、山女などともいう。ウバ（姥）は老女、あるいは乳母の意。

概要：①昔話・伝説の中の山姥　「三枚の護

符」「食わず女房」「牛方山姥」など、山姥が登場する昔話は多い。「三枚の護符」では山姥は、角を出し口が耳元まで裂けた姿で、捕まえた小僧を食おうと包丁を研ぐ。「食わず女房」では、頭の上に開いた真っ赤な口から大量の食物や人まで呑み込もうとし、逃げ出した男を執念深く追いかけてくる。現在でも山姥はこのように、人間を取って食う醜く恐ろしい鬼婆としてよく知られている。

ところがその一方で山姥は、人に幸福や食物、財宝を授けることもある。各地に伝わる昔話や伝説では、山姥は大量の糸を積み出したり、いくらでも飯が出る杓子を人に与えたりする。山姥がもたらす米粒は搗けば搗くほど増え、汚らしい山姥を大切にしている間は田畑が豊作となり、おろそかに扱うと実らなくなる。つまり山姥は不思議な生産力を持ち、田畑の実りを司る豊穣の女神のような力を持つと考えられている。また山姥はきわめて多産で、一度に何万人もの子を生んだとも伝えられる。その出産にあたって難産に苦しんで助けを求め、快く助けてくれた者に狩りの獲物や福を授けるという。これらの性質はすべて、民間信仰における女性の山の神に共通して認められるものである。したがって女性の山の神と山姥は、本来同一の存在であると考えられている。

②山姥と記紀神話の女神　山姥は、『古事記』『日本書紀』に登場する女神たちとも共通する性質を持つ。例えば山姥はお産の最中に火で焼き殺された（高知）とも、焼き殺されることで、あるいは殺されると、その死体や血から薬などの貴重な物や人参、蕎麦などの根の赤い作物が生じた（「牛方山姥」「天道さん金の鎖」）などとも伝えられている。このような山姥は、記紀神話において地上世界を生んだとされる大地母神・イザナミ[†]とよく似ている。イザナミもまた一度にたくさんの神々を出産した女神だが、その最中に火の神を生み、体を焼かれて死んだ。その時苦しんで出した排泄物などから、金属、粘土、水、農作物などの貴重なものを発生させたとされている。イザナミが子供として火の神を生むことは、浮世絵の山姥が火のように赤い金太郎を抱いている姿（喜多川歌麿など）や、浄瑠璃『嫗山姥』（近松門左衛門）で山姥が全身朱色の荒ぶる童子の母であるとされていることなどとも結び付く。

死んだイザナミは黄泉の国の支配者となり、地上の人間たちに死の運命を定めた。このことは山姥が豊穣な産育の女神である一方で、人を喰い殺す妖怪でもあるという二面性を持つことと呼応する。同じような二面性は、記紀神話で山の神の娘とされる姉妹にも認められる。火で体を焼かれながら出産する美しい女神コノハナノサクヤビメ[†]には、死をもたらす醜いイハナガヒメ[†]という表裏一体の姉がいるからである。ところで山姥は若い美女としても現れることがあり（「食わず女房」）、美女にも老女にも変身できる「姥皮」を持っているとも伝えられる（「姥皮」）。このような「美／醜」の二つの姿は山の女神の「春／冬」の姿だが、これはコノハナノサクヤビメとイハナガヒメの姉妹、地上のイザナミと黄泉の国のイザナミ、また老女となって天皇のもとに現れる三輪山の美女・赤猪子（古事記　雄略）にも表されている。

また山姥は殺されて作物などを発生させる一方で、生きている間は自分の大便や乳や皮などから、布や糸や宝物などの貴重なものをいくらでも出すことができたという（「姥皮」など）。このような性質は記紀神話のオホゲツヒメ[†]やウケモチ[†]が、生きている間は排泄物や分泌物を出すようにして自分の体から食べ物を出し、殺されるとその死体から農作物や蚕や牛馬などを発生させたことと共通する。

③縄文時代の大地母神　山姥について浩瀚な研究をした吉田敦彦は、山姥と記紀神話の女神たちとの間に類似が認められる理由について、縄文時代に遡る日本の古い女神の性質がそれぞれに受け継がれているからであるとする。

縄文時代を代表する遺物の一つである土偶は、子供を妊娠し生み育てる母神の像である。この母神像は、壊されて殺され集落の周囲にばら撒かれたり、断片が家の中に祀られたりする。つまりこの母神はオホゲツヒメや

ウケモチ、イザナミと同じように、殺されることでその死体から作物を発生させる女神である。オホゲツヒメ型の作物起源神話は、「ハイヌウェレ型神話」と呼ばれ、イェンゼン（1899－1965年）によって「初期栽培（芋と果樹の原初的焼畑）民文化」を母体とする作物起源神話であるとされる。縄文時代の人々はこのような神話の主人公の女神を土偶によって表し、土偶を破壊することで女神殺害を繰り返し行っていたと考えられる。

またこの母神の性質は、土偶の顔などが付いた様々な土器によっても表現された。オホゲツヒメや山姥のように、この女神は体内に持っている食物を排泄・分泌するようにして出して与えてくれる（深鉢型土器）。山姥が若返りの変身の力を持つように、この女神も若返りの水（酒）を生み出す（有孔鍔付き土器）が、その一方で山姥やイザナミのように、人を呑み込んで死なせる恐ろしい神でもある（容器型土偶）。また胎内に火を宿し、体を火に焼かれて苦しみながら出産をする（釣手土器）。

縄文時代の信仰の中心にある母神は大地の神格化であり、その体を分断されたり焼かれたりして殺されながらも、作物、鉱物、動物、火など人間に必要なものを生み出して与えてくれる。すべての生き物は死んでその胎内に呑み込まれ、再び地上に生み出される。生と死を司る縄文時代の大地母神の性質は、記紀神話の女神たちにそれぞれ部分的に受け継がれたが、民間伝承の中でそれらよりさらに全体的に継承しているのが山姥である。

キーワード：老女、大地母神、出産、ハイヌウェレ型、死、火

参考文献：吉田敦彦『昔話の考古学　山姥と縄文の女神』中央公論社, 1992年, 第一章-第七章；吉田敦彦『縄文宗教の謎』大和書房, 1993年, 第一-第十章；柳田国男「山の人生」,『柳田国男全集4』筑摩書房, 1989年；鳥居フミ子『金太郎の誕生』勉誠出版, 2002年, 第四章-第六章；古川のり子「寒戸の婆と赤猪子　忘れられた老女の願い」,『現代思想』2012年10月号, 青土社.

ヨモツシコメ　泉津醜女

名前の意味・神格・属性：黄泉の国の醜い死の女神。泉津日狭女（よもつひさめ）ともいう。

概要：『古事記』『日本書紀』の黄泉の国訪問神話で、イザナキが妻イザナミ†の醜く腐った姿を覗き見て逃げ出した時、イザナミが彼を追いかけるために遣わした醜い女。八人の女たちであるとも伝えられる（書紀五の6）。死の国に引き戻そうとイザナキを追うが、逃げるイザナキが黒御鬘（くろみかづら）（髪飾り）を投げるとそれが山葡萄の実になり、櫛を投げると筍になる。ヨモツシコメがそれらを貪り食っている間にイザナキは逃げていった。あるいはイザナキが大樹に放尿すると巨大な川となり、追手を阻止したという。

ヨモツシコメを遣わしたイザナミは大地の母神であり、世界の万物を生み出す生産の女神の性質と、生み出されたすべての生命を呑み込む死の国そのものとしての性質をあわせ持つ。ヨモツシコメは、イザナミの飢えて貪欲な醜い死の女神としての側面の分身と言える存在である。イザナキを追うイザナミやヨモツシコメの姿は、昔話「三枚の護符」の中の、小僧を追う山姥の姿によく残されている。山姥の恐ろしい姿を覗き見て逃げ出した小僧は背後に護符を投げ、砂山や川などの障害物を発生させながら逃げていく。同様な醜女の姿は、現代の都市伝説においても「口裂け女」として表れている。子供の前に赤いコートを着た女が出現し「私きれい？」と問いかけるやいなや、マスクの下の大きく裂けた口を露

《黄泉比良坂》青木繁、福岡市美術館

わにして追いかけてくる。イザナキがヨモツシコメに葡萄や筍を与えて逃げたように、子供は彼女にべっこう飴を与えると逃げ切ることができるのだという。

キーワード：醜女、死、冥界

参考文献：吉田敦彦『昔話の考古学』中公新書, 1992年,「第三章　イザナミともコノハナノサクヤビメ=イハナガヒメともそっくりな山姥」;小松和彦『新編　鬼の玉手箱』福武書店, 1991年,「口裂け女」の意味論；古川『昔ばなし』，第四話「三枚の護符　便所はあの世の出入り口」.

ヨロヅハタトヨアキツシヒメ　万幡豊秋津師比売命

名前の意味・神格・属性：天孫ホノニニギの母神。名前には異伝が多く、栲幡千千姫、万幡豊秋津媛命、万幡姫、栲幡千千姫、万幡姫命、千千姫命、天万栲幡千千姫、栲幡千幡姫などともいう。名前の意味は難解で、ハタを「機織物」として「機織りが盛んで豊かな出来秋をもたらす姫」の意、または「多くの布で蜻蛉の羽のような薄い上質のものを織る織姫」の意とする説、あるいはハタを「旗」、アキツシを「秋」の(ツ)「風」(シ)と解して「多くの旗が豊かに秋風になびく」ような豊穣を示すとする説などがある。「皇孫の母」として伊勢神宮の内宮にアマテラス†と共に祀られる(『皇太神宮儀式帳』平安初期)。

概要：『古事記』によれば、この女神は高天の原にいるタカミムスヒ(高皇産霊尊)の娘である。アマテラスの息子のアマノオシホミミ(天忍穂耳命)と結婚して、アマノホアカリ(天火明命)とホノニニギ(番能邇々芸命)を生んだ。『日本書紀』もほぼ同様に伝えるが、オモヒカネ(思兼神)の妹(九の1)、タカミムスヒの孫(九の6)、カムムスヒ†(神皇産霊尊)の娘(九の7)であるともいう。彼女の夫であるアマノオシホミミは、アマテラスから下界への降臨を命じられたが拒否したので、息子のホノニニギが父に代わり葦原の中つ国の支配者として天降った(天孫降臨)。もう一人の息子アマノホアカリは、尾張連等の祖先神とされる(書紀九の6、8)。『先代旧事本紀』(天孫本紀)は、この神をアマノホアカリクシタマニギハヤヒ(天火明櫛玉饒速日命)と呼び、記紀の神武天皇伝説でホノニニギに先立って降臨したと伝えられるニギハヤヒ(饒速日命)と結びつけている。

ヨロヅハタトヨアキツシヒメが持つ種々の名前には、ほぼ共通して「はた」が含まれている。ハタ(旗・幡)は、ハタハタと風に翻る音による語かという。『万葉集』で使われる枕詞「青旗の」は、木々の密集して繁ったさまが青い旗を立て並べたように見えることから、そのような姿の山の名にかかる。枕詞「はた(だ)すすき」は、まるで旗のようにいっせいに風になびく薄の穂の意から「穂」にかけて用いられる。また「豊旗雲」(一四八)は、豊かに大きくなびいた雲のことである。つまり「ハタ」は、豊かになびく木々や穂や雲に見られるような、生き生きと活動する生産力に満ちた状態を表現していると考えられる。古事記の神名中の「アキツシ」を「秋風」と解するのは、このようなハタをなびかせるものとしてふさわしい。その他の神名中の「アキツ」(蜻蛉)も、実りの秋に湧き立つ生産力の象徴として用いられるものだ。またこの女神の夫(オシホミミ)も、子供(ホアカリ、ホノニニギ)も、豊かに実る「ホ(稲穂)」をその名に含む神々である。したがってヨロヅハタトヨアキツシヒメは、多くの旗をいっせいにはためかせるようにして稲の霊を活性化する力を持った女神だと考えられる。

キーワード：母、機織り、トンボ、豊穣女神、穀物(穀霊)

参考文献：神野志隆光他校注『古事記』小学館, 1997年, 頭注.

ワクムスヒ　和久産巣日(記)　稚産霊(紀)
⇒オホゲツヒメ

概論

沖縄の女神

福 寛美

概説

【原典】

　まず挙げられるのは1713年、琉球王府の手によって成った琉球王国の地誌『琉球国由来記』である。琉球王国各地の聖域である御嶽（ウタキ、オタケ、オン）の中でも特に神聖なイベに祀られる神々の名称と由来が示されている。イベは木や石やシャコガイの貝殻などで示される御嶽の中心で、祭祀の際に神が降りたつとされる。

　次に1623年最終編纂と考えられる神歌集『おもろさうし』はオモロと称される神歌の集成である。その内容は、国王を霊的に守護する祭祀の中心となる最高神女、聞得大君はじめ王族の高級神女たちのオモロ群、航海オモロ群、沖縄島や周辺の島々に割拠していた男性支配者たちを賛美するオモロ群、俗謡などである。

　高級神女は祭祀においてオボツ・カグラなどの天上他界へ赴き、霊力を更新し、地上の国王にセヂと呼ばれる霊力を奉るとされる。そのような高級神女は祭祀においてはオボツ・カグラの神同様の存在である。すなわち、高級神女は王族の貴婦人であると同時に女神同様の存在でもある。また、地方の御嶽においては御嶽の神名と御嶽で祭祀をする神女が同名の場合がある。これは、神と神を祀る神女が一体化しているとみなされていることを意味する。このように琉球・沖縄においては生身の神女が女神として祭祀に臨むので、『おもろさうし』のオモロの神女たち、聞得大君、煽りやへ†や地方祭祀の神女も女神として扱う。

　『おもろさうし』の航海オモロには「〇〇の神（神女）を崇敬し、私を守ってこの航海上の難所を渡して下さい（吾　守て　此渡　渡しよわれ）」という常套句がある。

　海上から御嶽を見上げる航海従事者にとって、高所の御嶽で祈願を行う神女たちは御嶽と一体化した女神たちにほかならない。航海守護は琉球王国時代の神女たちにとって、位の上下に関わりなく、最も期待される役割だった。神女祭祀は財政難の琉球王国の政治的な圧力がかかり、縮小される傾向にあったが、王国末期まで存続したのは航海守護の役割を担っていたからである、という見解がある。そして南西諸島の神歌には女神が死んで木に化し、その木で船を造った、船は女神そのものである、と謡うものがある。オモロには船材となる木を神女が育てる、と謡うものがある。そして船を守護するのは神女たちである。南西諸島の船は様々なレベルで神女たちや女神たちに守護され、航海するのである。

　また、民間伝承の世界では神的な女性が死後、神として祀られたことが語られる。一方、美貌を妬まれて殺害されたり、自死した女性についての語りも数多く存在する。それらの女性は往々にして非業の最後を遂げたのち、強い祟りをなしたと語られる。これらは女性が死を契機に強い力を持ち女神となった、ということができる。このような民間伝承の記された本も原典として扱う。

【沖縄神話における男神と女神】

　琉球・沖縄は女性の霊力優位の特異な宗教文化を持つ。そのため公的な祭祀では聞得大

君を頂点とする祭祀組織が力を持ち、私的でインフォーマルな相談事においてはユタが活躍している。男性神役が祭祀組織に位置付けられる場合もあり、男性ユタも存在しているが、カミゴトに携わるのは女性が圧倒的に多い。そのため、『琉球国由来記』に男神も存在するが、女神が祀られている場合が多い。琉球文化における女性の霊力の比重は高い。

【原典】
『おもろさうし上・下』外間守善校注，岩波書店，2000，2000年
外間守善／波照間永吉編著『琉球国由来記』角川書店，1997年

【参考文献】
〔一般〕
『沖縄大百科事典』沖縄タイムス社，1983年
沖縄古語大辞典編集委員会『沖縄古語大辞典』角川書店，1995年
吉田敦彦・松村一男編著『アジア女神大全』青土社，2011年
〔琉球・沖縄の神話〕
島村幸一『『おもろさうし』と琉球文学』笠間書院，2010年

沖縄の女神の事典

煽りやへ
名前の意味・神格・属性：あふり（傘）にちなむ。聞得大君職成立以前の最高神女。
概要：王府の高級神女職であり、神名。『おもろさうし』のオモロでは「戦闘を勝利に導く軍神」、「女性と男性の二つの性を兼ね備えた双性の神女」、「神話的始原世界に登場し、世界を構築する神女」、「風と和合し風を司る神女」、「八幡神の神紋であり、第二尚氏の紋章でもある三つ巴紋を身につける神女」。国王の母神でもある。

煽りやへ職には聞得大君職と同じく王妃や王母が就任した。このことは煽りやへ神女職の格式の高さを示している。

キーワード：神女
参考文献：島村『『おもろさうし』と琉球文学』124頁；吉田他『アジア女神大全』132頁．

天女
名前の意味・神格・属性：天から降臨する女・神女
概要：天女をアモレという場合もある。南西諸島には天人女房譚が数多く分布する。噂話では「井泉（湧水）で天女の衣を見た」、「井泉で女の長い髪を見た」などという話が50年くらい前までは普通に交わされていた。

天人女房譚が琉球で重要視されているのは、最高神女の聞得大君が天女を原型の一つにしているからである。聞得大君の成巫式「御新下り」において、与那原のオヤガワ（親川）の聖水を額につけるお水撫での儀式が行われる。その儀式が行われるのは浜ノ御殿で、その神名はアマオレツカサ、「天から降臨する聖なる神女」を意味する。『琉球国由来記』には、昔この浜ノ御殿に天女が降りたとある。また、オヤガワについては、浜ノ御殿に天降りした天女の御子の産井である、と伝える。天女が降臨した場所、天の子の産井の水を祭儀に用いる新聞得大君は、御水撫でによって天女の霊性を獲得するのである。

『由来記』は西原間切我謝村のヱボシガワノ嶽、神名「君ガ御水主ガ御水ノ御イベ」について、この井泉に天女が天降りし、沐浴しているのを見た男が飛衣を隠し、天女と夫婦になり、二人の子が生まれたことを記す。天女は、弟と遊んでいる上の子が「飛衣は稲束の下にある」と歌うのを聞き、飛衣を取り出して着て、二人の子を抱き上天した。このヱボシガワにも聞得大君は参詣に訪れ、毎年2・3月に御水撫でをしていた。天女にゆかりのあるヱボシガワの水もまた、聞得大君に霊力を与えたのである。そして琉球の察度王統の察度王の母は天女である。

これらの伝承は天女ゆかりの井泉が聞得大君の霊性の更新に力を発揮すること、天女の子孫は地上で繁栄することを示す。『由来記』では天女と天女の霊性は高く評価されている。『おもろさうし』では、聞得大君を筆頭に「神女が降りる」という詞句が多く見られる。

奄美群島には、琉球と同様に飛ぶための衣や糞を男に隠された天女が男は妻となって子を生むが、隠し場所を知って天に上るという話もあるが、そのほかに妖怪じみたものもある。それは、天から男を求める美しい女が降りてきて、その女に抱きつくと男の魂をとられる、という話である。またアモレオナグが出るという山頂で美しい女に会い、一緒に歩いていたが、女が集落へ行くのとは違う道を行こうとするので注意したら物凄い目で睨まれ、怖くなった男が逃げ帰ったが病になり、2、3日後に死んだ、という話もある。

また天女と、不遇の内に殺害され祟りをなす霊神として恐れられている今女の話が混同されて語られることもある。これは琉球列島で神女原型、そして聞得大君の霊性の源として極端に高く評価される天女的なものを引き下げて語ろうとする民衆の無意識の志向のあらわれであろう。

キーワード：天人女房
参考文献：大藤時彦・小川徹編『沖縄文化論叢　第二巻　民俗編上I』平凡社，1971年，

所収金久正「天降り女人」；吉成直樹・福寛美『琉球王国と倭寇』森話社，2006年，87-89頁；島村『『おもろさうし』と琉球文学』322-329頁；吉田他『アジア女神大全』134-135頁.
⇒アプサラス、ウルヴァシー

アマミキヨ

名前の意味・神格・属性：アマミキヨのアマミの語源は沖縄島の北の奄美大島のアマミ、海や天を意味するアマ、海人族のアマなど多くの説が出ているが、定説はない。琉球の創造女神。

概要：琉球王国の正史『中山世鑑』(1650年成立)の巻1「琉球開闢之事」には天に阿摩美久（アマミキヨ）という神がおり、天帝がこの神を召して島を作らせる、とある。アマミクは土石草木を天帝から授けられて島を作り、島の各地の重要な聖域、次に首里森、真玉森、次に島々国々の嶽々森々を作った。これらの場所はいずれも神を拝む聖域や拝所である。この記述は始原の時、女神によって島と聖域が作られたことを示す。数万年後、アマミクは天帝に人の種子を乞う。天帝は男女二人の子を下した。この二人に陰陽の和合はなかったが、往来の風によって女神が孕み、三男二女を生んだ。長男は国の支配者の天孫氏の始まり、次男は諸侯の始まり、三男は百姓の始まり、長女は君々の始まり、次女はノロの始まりとなり、そこから夫婦の結婚のことも始まった。

キーワード：創造女神
参考文献：外間他編『琉球国由来記』1997年；『おもろさうし』；『沖縄古語大辞典』38-39頁；吉田他『アジア女神大全』133-134頁.

あれ

名前の意味・神格・属性：意味不詳。神女。

概要：今帰仁オモロ世界に登場する神女。親田（支配者の田）に降臨し、神踊りする、と謡われる。なお親田に降臨する存在は穀霊としての象徴も持つ、と考えられる。

キーワード：神女、穀物（穀霊）
参考文献：吉田他『アジア女神大全』135頁.
⇒照る日

今女

名前の意味・神格・属性：「今の女」の意。奄美大島の祟り神。

概要：美しい今女は金持ちの使用人で主人に妾にされたが、本妻は今女を憎み、責め殺した。今女の身内が死骸を墓に葬り、根なし竹を逆さに突きたて呪った。金持ちの家は財産を失い家族も亡くし、血統が絶えた。その頃、白い風呂敷包みを持った今女を見掛けた、という人がいた。現代も今女を見た話があり、

アマミキヨゆかりの聖地、沖縄の玉城グスク、福寛美撮影

ワンピースを着ていたりするそうだ。今女という名自体が死んでも今に生きている、ということで祟りを恐れる人が多い。
キーワード：非業の死、亡霊、祟り
参考文献：島尾敏雄他『奄美の伝説』1987年, 角川書店, 227-231頁.
⇒天女、思松金、カンツメ、マッサビ

思松金（おもいまつかね）
名前の意味・神格・属性：意味不詳。ユタの祖神、歌の題材。
概要：奄美の神的女性。ユタの唱える呪詞（神歌）では思松金は絶世の美女であり、部屋に籠って芭蕉布（ばしょうふ）を織っていたが、天ザシシの神（太陽神）に感精して神の子、カネノマタラベを生む。神童マタラベは父のことを思松金に尋ねると、思松金は父が太陽神であることを教える。マタラベは試練を乗り越えて父に出会い、様々なことを教えられて地上に降り、母と子はともにユタの祖となった。
キーワード：機織り、感生（感精）
参考文献：山下欣一『奄美のシャーマニズム』弘文堂, 1977年, 158-164頁；吉田他『アジア女神大全』138頁.
⇒今女、カンツメ、マッサビ、ユタ

カンツメ
名前の意味・神格・属性：意味不詳。奄美大島の祟り神。歌の題材。
概要：美しいカンツメは金持ちの使用人で歌がうまかった。金持ちを訪ねてきた岩加那（いわかな）と恋仲になり、夜毎岩加那に会いに行った。カンツメに思いを掛けていた主人と妻はそれを憎み、カンツメの陰部に焼け火箸を押しつけた。カンツメはその体を恥じて自死した。それから金持ちの家の人々は死に絶えた。カンツメを題材にしたカンツメ節は島歌として知られているが、カンツメの噂を雨の日や夜にすると、その魂が降りたつ、として怖がる人は多い。
キーワード：非業の死、亡霊、祟り
参考文献：島尾敏雄他『奄美の伝説』1987年, 角川書店, 232-253, 283-286頁.
⇒今女、思松金、マッサビ

聞得大君（きこえのおおぎみ）（琉球の）
名前の意味・神格・属性：「名高い大君」の意。最高神女。
概要：琉球王国時代の最高神女。大君とも称される。『おもろさうし』では鳴響む精高子（鳴り轟く霊能高いお方）とも呼ばれる。
　就任式の御新下り（おあらおり）は王国最大の聖域、斎場嶽（さやはたけ）で行われ、御名付け、聖域巡拝などを行い、聞得大君のセヂ〔概説参照〕を受ける。その夜、御嶽内に設けられた仮屋に宿泊するが、そこには金の屏風がはりめぐらされ、枕が二つ並べられている。それを神との聖婚と見る説がある。
　聞得大君の汎機能性は、王の支配権、戦勝、長寿、降雨、航海守護といった分野に及ぶ。
　聞得大君のオモロには航海守護を謳ったものも多い。特に御隼（みやふさ）（船名）のオモロでは聞得大君が撫でていらっしゃる御隼、と謳われている。航海守護のオモロで年代がわかるのは正徳12（1517）年、尚真王がセヂ新富を南蛮（なばん）ことタイに遣わした時のオモロ、という詞書を持つ巻13-762である。琉球王府と中国や朝鮮との外交文書や文案を集成した『歴代宝案（れきだいほうあん）』（1424-1867年）には正徳12年9月15日の記事に尚真王がシャム（タイ）へ蘇木（そぼく）や胡椒（こしょう）を買い求めに船を遣わした記録がある。762の詞書はこの記録に対応すると考えられる。セヂ新富を派遣する際、尚真王は自らオモロを作り、聞得大君に順風を乞い、船の安全な航行を願っている。聞得大君は普通は影響力を行使できない神の世界の風を管理しており、まさに船の守護神である。
　聞得大君はじめ女性に強い霊力を認める観念は、第一尚氏時代にすでに存在したことが『李朝実録』の1463年の記事からうかがえる。女神の力が負の方向を向くと、琉球の男にも天罰が下されるのである。
　最高神女にして女神である聞得大君は弁才天†、ヲナリ神†、媽祖†、観音などが習合している。
キーワード：神女
参考文献：『おもろさうし』；『沖縄古語大辞典』225頁；島村幸一『『おもろさうし』と琉球文学』笠間書院, 2010年, 49, 60-62, 315頁；

吉田他『アジア女神大全』138-139頁.
⇒煽りやへ、天女、ノロ、弁才天（沖縄）

サンアイ・イソバ
名前の意味・神格・属性：意味不詳。巨体・強力。

概要：八重山諸島の与那国島の伝説的な女性。15世紀末、首長として君臨していたとされる。俗に、イソバ・アブ、元司アブとして島民の尊崇を集めた。アブ（阿母）は老婦の尊称。伝説によると4人の兄弟を村々に配し、自らは中央台地を拠点に新村建設と開拓などの内治につくす一方、宮古島と貿易を行った。16世紀はじめ、宮古勢が侵略したさい、阿修羅のごとく奮戦し、敵の大将の一人を宙につるし上げるほどの腕力を発揮した。イソバの晩年については定かでなく、墓所は旧島仲村近くにある。子孫は最近まで女系であったと伝えられる。伝説化された話がまとわりつくが、一種の司祭者的女性だったと考えられる。琉球文化領域の南西端に胆力と霊力を兼ね備えた老婦がいたことは、琉球の宗教文化のあり方の一つの象徴でもある。

キーワード：怪力、老女

参考文献：『沖縄大百科事典』242頁；吉田他『アジア女神大全』142頁.
⇒チャームンダー、バーバヤガ、真乙姥、ヲモトヲナリ

玉メガ
名前の意味・神格・属性：宮古島の女性に多い名の「メガ」に美しさを表す美称辞「玉」をつけた。

概要：宮古諸島の伊良部島の乗瀬御嶽の女神。美しい百姓の娘を玉メガと世の人は呼んでいた。15、16歳の頃、潮汲みに乗瀬の浜に行ったまま行方知れずになったが、三か月して乗瀬の山の麓に以前と同じ様子でいるのが見つかった。父母は喜んで娘を抱いたが、娘は袖を引きちぎり、自分は島を守護する神となる、と言って山に入りかき消すようにいなくなった。父母は泣く泣く形見の袖を乗瀬山に葬り、神として拝んだ。

キーワード：いなくなった女

参考文献：外間他編『琉球国由来記』480頁.
⇒フセライ、普天間権現、ヲモトヲナリ

照る日
名前の意味・神格・属性：「照る太陽」の意。女性シャーマン。

概要：今帰仁オモロには神女照る日の用例があり、「御み顔の珍らしやてだ（御顔の美しい太陽）」と謡われる。オモロ世界で女性が陽とされる唯一の例である。

照る日、あるいはお日照り様は日光に感精し、超人的な力を持つ天童法師を生んだという対馬の天童信仰の母神の名でもある。そし

照る日ゆかりの聖地、対馬の雷命神社、福寛美撮影

て吐噶喇列島の口之島には照日大権現を祀る神社がある。今帰仁は沖縄島の北方から様々な文化が流れ込む土地であり、対馬、吐噶喇列島を経て今帰仁に流れ込んだ文化の流れを照る日の名は示唆しているようである。
参考文献：吉田他『アジア女神大全』143頁.
⇒あれ

ノロ
名前の意味・神格・属性：「祈る人、宣る人」の意。
概要：政治的色彩が濃厚な神女。公儀ノロ制の完成期は尚真王時代と言われ、それによって琉球社会の祭祀は国家的なものとなった。行政区画である間切に数人ずつ置かれたノロは、数村落の聖域の神祭りを管轄した。ノロたちは公的辞令書で任命され、俸禄（土地）もあった。彼女たちは祭祀の執行者であると同時に、降臨するノロ神として祭祀に臨んでいた。
参考文献：『沖縄大百科事典』181-182頁；吉田他『アジア女神大全』144-145頁.
⇒聞得大君

フセライ
名前の意味・神格・属性：意味不詳。宮古島狩俣の女神・神女祭祀の創始者。
概要：狩俣村御嶽の大城山に一人で住む天女、豊見赤星テダナフラ真主が蛇の化身の男の子を生み、女の子がフセライ、もう一人は男の子で狩俣の氏神となって崇敬された。フセライは15、16歳の頃、髪を乱し白い浄衣を着て葛蔓を帯にして青シバという葛を鉢巻の下地に巻き、高コバの筋を杖にしてつき、青シバ葛を手に持って神アヤゴ（神歌）をうたい、この世のために神になる、といって大城山に入り、行方知れずになった。この時から狩俣村の女たちは年に一度大城山に集まってフセライの祭礼をし、それが島中に広まって世直し神遊びといった。月に5日、精進潔斎し、フセライのような装束を着て昼は野山に籠り、晩は村の嶽に集まり、太鼓で神アヤゴを歌い、世果報を願って神遊びをした。フセライは天女と蛇神の娘で、葛や蔓を身に着け、神となった。この葛蔓は蛇霊に憑依されていることを示す。フセライに倣い、神遊びをする女たちは現代の宮古島にも存在している。
キーワード：神の母
参考文献：外間他編『琉球国由来記』474、483-484頁；吉田他『アジア女神大全』145-146頁.
⇒玉メガ、ヲモトヲナリ

普天間権現
名前の意味・神格・属性：普天間に祀られる洞穴の女神、熊野権現。
概要：宜野湾市普天間にある普天間宮の祭神。琉球の歴史書『球陽』（1745年）外伝の『遺老説伝』によると首里桃原にいた美しい姉妹の姉は人に見られるのを忌み、家で機織りをしていた。その姿を見たいと望んだ妹の夫の手引きで姿を見られた姉は逃げて普天間権現の洞窟に入り、神になった。この物語のモチーフは日常性を逸脱した主人公、神秘的な洞穴、女の失踪という語り、と集約できる。主人公の女は、生来サーダカウマリ〔不可視の神に感応しやすい霊能高い女〕であり、その成巫過程や神への変容が物語に反映している。成巫途上の女が聖域である洞穴に惹きつけられ、他界につながる、あるいは他界そのものとみなされている聖域に入って他界の神性を獲得し、現実の世界に戻ると巫女になり、戻らないと神として祀られる、ということである。
キーワード：いなくなった女
参考文献：外間他編『琉球国由来記』219-220頁；高梨一美『沖縄の「かみんちゅ」たち』2009年, 岩田書院, 153-184頁；吉田他『アジア女神大全』146頁.
⇒玉メガ

弁才天（琉球の）
名前の意味・神格・属性：名前の意味は弁才天†（仏教）を参照。航海の守護。
概要：最後の国王世子（王の世継ぎ）尚典侯爵の夫人の野蒿御殿によると、最高神女、聞得大君御殿の神殿正面の神壇には壁面の中央に古来、弁財天と呼んできた掛物が掛

かっていた。女神像の下には白馬が描かれ、白馬は聞得大君の御新下り（成巫式）の際の乗馬なので、この像は聞得大君のいつき祀る女性祖神像である、とみなされている。

琉球の弁才天はヲナリ神†信仰、中国から入ってきた航海守護の女神の天妃や媽祖†、さらに観音とも重なっている。聞得大君はその成巫式、御新下りにおいてオヤガワの水を撫でる（額につける）儀礼を行った。新聞得大君が儀礼を行った場所は浜の御殿であり、その神名はアマオレツカサ（天降れつかさ）である。『琉球国由来記』にはオヤガワが浜の御殿へ天降りした天女†の御子の産井と申し伝える、とある。聞得大君の原型の一つは天女であり、水辺に降臨し水浴するなど、水と関わりが深い。この天女と弁才天が相似している。

琉球王国の制度下にある神女の重要な役割の一つは、航海の守護女神である。そして弁才天が琉球の神女と習合しているのは、琉球の神女（ヲナリ神）が航海神としての性格を強く持っていたことと関係しよう。女性の霊力優位の琉球において弁才天は最高神女聞得大君と習合しつつ、弁才天としても信仰され続けていたのである。

キーワード：航海の守護女神
参考文献：島村『『おもろさうし』と琉球文学』62-64頁；吉田他『アジア女神大全』60-75, 146-147頁.
⇒サラスヴァティー、弁才天（仏教）

真乙姥（まいつば）
名前の意味・神格・属性：バは尊称、名はマイツ。歌の題材。
概要：15世紀末、八重山諸島石垣島の有力者だった長田大主（なあたうふしゅ）の妹。霊威高い女性。1500年のオヤケ・アカハチの乱に際して首里王府軍の無事帰還を祈り、王府から神衣を授けられたうえ、上国して国王に謁見し、永良比金の神職についた。真乙姥の徳をたたえ、年々の上国を謡った八重山の古謡「真乙姥のユンタ」でも名高い。真乙姥を祀った御嶽が石垣市新川にあり、現代も人々の崇敬を集めている。

参考文献：『沖縄大百科事典』494頁.
⇒今女、思松金、マッサビ、ヲモトヲナリ

マッサビ
名前の意味・神格・属性：意味不詳。船の女神。
概要：美しい娘マッサビが役人の求愛を拒否し、山に籠ったが死んでしまい、その死体から木が生え、その木から船が造られる、という内容の神歌の主人公。八重山のおもと岳に籠もる、と石垣島の神歌では伝えられ、宮古諸島の池間島、狩俣にも同じ内容のウタがある。船を女性と捉える観念は宮古、八重山、沖縄諸島に存在する。
キーワード：死体化生
参考文献：島村『『おもろさうし』と琉球文学』56-57, 612-614頁.
⇒今女、カンツメ、玉メガ

百度踏み揚がり（ももとふみあがり）
名前の意味・神格・属性：「何回も踏み揚がる」の意。何回も踏み揚がる、という名はシャーマン・ダンスを表現している、という見解がある。神女。
概要：第二尚王統の神女組織の中に踏上がり（ふみあがり）がみえる。

百度踏み揚がりのオモロは巻6に収録されている。その中に「百度踏み揚がりは天地を揺り動かし、天を鳴らして」と謡うオモロ（342）がある。具体的にどのような状況を謡っているのかわからないが、百度踏み揚がりの祭祀の場での登場、あるいは神としての降臨の際に天地が鳴動する、ということがオモロに表現されており、シャーマン・ダンスとの関わりを思わせる。

キーワード：シャーマン、舞踊
参考文献：『沖縄古語大辞典』673頁；吉田他『アジア女神大全』148頁.
⇒アマノウズメ

ユタ
名前の意味・神格・属性：シャーマン・生きる神。
概要：南西諸島の土俗シャーマニズムの担い手。相談者が来訪すると目に見えない神を我

が身に依り憑かせ、相談に応える。現代もユタは続々と誕生しており、ユタガミサマとも呼ばれる。女性のユタが多いが、男性ユタもいる。

ユタになる資質はサーダカウマリ（霊能高い生まれ）、ウマリタカサン（神高い生まれ）、と呼ばれる。これは、幼少の時から霊的なものを見ることが多い、あるいは予見を述べてそれが当たる、という資質を指す。宮古島のユタは幼少時に集落の人の顔を見て、あなたは交通事故にあう、あなたは海で事故に遭う、と述べ、それがことごとく当たったので、この娘は集落には置いておけない、と言われたという。また、近所の船主の家の屋根に青い光が落ちて行くのを見て、凶事の前兆と悟り、それを知らせたところ家の主人に怒られた、というサーダカウマリの少女がいた。やがて船主が船を出したら海難事故で乗り手が数人死亡した。少女はやがて青い光を見ることが減り、普通の大人になった。このように少年期までは資質があったが、加齢と共にいつの間にか霊的なものから遠ざかる、という場合も多い。

ユタはサーダカな資質と共に、成巫前に不幸に見舞われる場合が多い。両親の不和や離婚、貧乏な生い立ち、虚弱な身体、結婚の失敗、配偶者や子供たちの病気や事故や死亡などに次々と見舞われた、と語るユタは多い。そして本人が原因不明の病になり、通院しても治らない、あるいは病名がつかない場合もある。そのような時ユタにみてもらい、不幸や病は神の知らせのカミダーリィであり、ユタの神が本人をユタにして、人助けをさせたいと思っているからだ、と説明されることがある。

そのようなユタの説明に納得し、ユタになるための修業を始める人がいる一方、ユタになることを嫌う人も多い。その理由はユタに対する社会的評価が必ずしも高くないことである。ユタはフリムン（狂人）と言われることがあり、迷信を助長するとして、琉球王府時代から弾圧されてきた歴史がある。現在も表札を出さずに巫業を行っているユタは多い。また、ユタ信奉者の、主に中高年の女性がユタに多額の謝礼を支払うことへの根強い批判がある。そして、沖縄のユタの場合、成巫までにかかる時間や金銭、自分の拝むべき神を探すために島中の拝所を廻らなければならない苦労を考え、ユタになろうとしない人もいる。ユタ業は人の因縁に深く関わることも多いので、それを恐れる人もいる。

ユタの拝む神は様々であり、地域差が大きい。奄美諸島ではユタの祖神とされる思松金、そして天ザシシの神を拝むユタが多い。ただ、奄美諸島は本土に比較的近く薩摩藩の直轄領だった時期も長いため、神道の影響も及んでおり、明らかにユタであるにもかかわらず、「自分が拝むのは日本の貴い神様の天照大御神である」と称するユタもいる。また、沖縄では最初の国王、舜天の父とされる源為朝やかつて建造されたグスクの主や昔の高名な神女、そして自分の霊感で感得した祖神を拝むユタがいる。

そのようなユタは公的な聖域、例えば神社や御嶽などの域内に自分の祠を置き、神拝みをしている事例がある。また、宮古諸島の下地島では巨大地震による津波で打ち上げられた津波石に神霊を感じ、拝所にしているユタもいる。また、すでに拝所になっている聖域や巨岩に自分なりに手を加えて拝所を改変しているユタもいる。

キーワード：シャーマン、生き神
参考文献：桜井徳太郎『沖縄のシャマニズム』弘文堂, 1973年：山下欣一『奄美のシャーマニズム』弘文堂, 1977年：大橋英寿『沖縄シャーマニズムの社会心理学的研究』弘文堂, 1998年：福寛美『ユタ神誕生』南方新社, 2013年.
⇒思松金

ヲナリ神

名前の意味・神格・属性：意味不詳。姉妹の神、生きる神、守護女神。
概要：兄弟（エケリ）に対して姉妹（ヲナリ）は生来霊力が優位であり、エケリを霊的に守護する、という信仰が沖縄にはある。現代の沖縄にあっても兄弟が姉妹の写真をお守り代わりに持つことがある。航海をするエケリを

守護する際にヲナリが白い鳥になるという琉歌や、ヲナリが美しい蝶になるというオモロがある。

琉球では政治を司る国王に対応するのが祭祀を司る聞得大君である。初代の聞得大君は尚真王の姉妹であるが、後代の聞得大君は王妃が兼任することが多く、聞得大君は厳密な意味での国王のヲナリ神ではない。ただし、王族の貴婦人が着任する高級神女オモロ群において、国王は「いせゑけり按司襲い（賢き兄弟なる国王）」、「いせゑけりたたみ子（賢き兄弟なるお方）」と呼ばれることがあり、ヲナリ神である高級神女にヱケリとして霊的守護を受けて霊力を授かる、という宗教思想があるのは確実である。

オモロには船人を送り出した者たちが無事の帰還をヲナリ神に祈り、聞得大君に良風の南風を願う、というものがある。ヲナリ神は船人たち一人ひとりのヲナリであり、そのヲナリを統括するのが国の最高神女の聞得大君である。またオモロや南島古謡からは、船材となる木をヲナリ神が慈しんで育てるという概念や、船がヲナリそのものであるという概念がある。船を守護するのはヲナリ神が化した鳥や蝶であり、航海をするヱケリは幾重にもヲナリ神によって守護されているのである。

なお、日本古代の文学世界にヲナリ神信仰を投影して解釈する論が従来見られた。しかし、ヲナリ神信仰は琉球で弁才天、媽祖、観音など他の文化複合の影響を受けて成立した女性の霊力信仰の可能性が高いと思われる。女性の祭祀制度を整序した琉球王府の方式が民間に及んだ結果かもしれない。

地方にもこのような航海の女神がある。久米島のこいしの、君南風などは『おもろさうし』にも登場する名高い航海守護の神女であり、女神でもある。

キーワード：守護女神

参考文献：島村幸一『おもろさうし』と琉球文学』笠間書院, 2010 年, 43-64 頁；吉田他『アジア女神大全』137-138 頁.

⇒アマミキヨ、ヲモトヲナリ

ヲモトヲナリ

名前の意味・神格・属性：於茂登岳の姉妹神。

概要：『琉球国由来記』の石垣島名蔵村の御嶽の由来譚に登場する女神。『由来記』ではヲモトヲナリの驕った兄が神に対して不敬な態度をとる。兄は神を試そうと大きな海山の動物を見たい、と言う。ヲモトヲナリが示した場所で大猪や大鮫を見た兄は打ち殺して食ってしまい、次は神を直接拝んでみたい、と言う。うつつに現われた神の祟りで半死になった兄がヲモトヲナリを殺害し、兄は名蔵野の石になったが、ヲモトヲナリの遺骸は神がヲモト嵩に取り上げた、とある。こうしてヲモトヲナリは於茂登岳と一体になり、崇敬を集めることになる。神女でもあるヲモトヲナリは兄のヲナリ（姉妹神）でもあり、兄と神の仲介をしようとするが、叶わなかった。

キーワード：山

参考文献：外間他編『琉球国由来記』490-491 頁；吉田他『アジア女神大全』149 頁.

⇒玉メガ、フセライ、ヲナリ神

中国の女神

森 雅子

概説

広大な国土と長大な歴史を持つ中国には複数の神話群が存在する。

Ⅰ．主として春秋・戦国時代（前770-前221年）から秦・漢代（前221-後220年）の文献に記録された神話。

Ⅱ．それらが伝説や昔話、時に仙話や小説の類に紛れ込み、神々やストーリーが大幅に変貌・変質されながら語り伝えられることになった神話。

Ⅲ．今日もなお人々の信仰や崇敬の対象である道教の神話。

Ⅳ．周辺部に住む少数民族や農・山村に住む漢民族の人々が語り伝えてきた口承神話。

Ⅰの古文献の神話（狭義の神話）は、これまで中国が「神話なき国」とも「神話の不毛な国」とも呼ばれてきたことからも明らかなように、残されている資料はごくわずかである。しかも「怪力乱神を語らず」と力説した儒教や諸子百家の影響もあって合理化され、自説を強化するためにだけ書き留められた傾向が顕著であり、他の古代文化圏——エジプト、メソポタミア、インド、ギリシア等々に見出されるような神話らしい神話は見られない。また、Ⅱの三国時代（220-280年）以降の諸文献に見出される神話（広義の神話）の場合も、著述者の感情移入により多分に世俗化され、翻案・脚色され、時に神仙家・道士等による潤色・加工を経ているので、その本来の神話を復元し、再生するには、古文献の神話以上に慎重な態度が要求される。以下論及されることの多い文献を列挙し、若干の説明を加える。

【原典】

①『楚辞（そじ）』は戦国時代に揚子江流域に栄えていた楚国の詩人屈原の作品を中心に編纂された詞華集（アンソロジー）である。とりわけ「天問」という詩篇には、天地開闢から始まる神話世界とそれ以後の歴史的出来事に関する疑問が次々と提起され、中国神話の宝庫と呼ばれている。「九歌」や「離騒（りそう）」「遠遊（えんゆう）」等にも神話・伝説の断片が認められる。

②『山海経（せんがいきょう）』は成立年代も、編纂した著述者も明確ではない。おそらく中国古代社会で巫祝（ふしゅく）（シャーマン）と呼ばれていた人々が全土をめぐりながら各地の自然や文物、風俗などを書き留めた一種の地理書である。多くの神々（もしくは神獣・悪鬼たち）の記録が含まれていて、彼らに出会った時の対応策——その加護を祈り、宥恕（ゆうじょ）を懇願するための備忘録として機能していたと推定され、神名一覧表としての価値が大きい。

③春秋時代の『尚書（しょうしょ）』、『春秋左氏伝（しゅんじゅうさしでん）』、『国語（こくご）』から、漢代の『史記』や『漢書（かんじょ）』にいたる歴史書にも古い神話やその残影が散在する。

④春秋・戦国時代に成立したと推定されている『韓非子（かんぴし）』、『荘子（そうじ）』、『列子（れっし）』、『管子（かんし）』、『荀子（じゅんし）』のような諸子百家の書の場合、①や②とは比較すべくもないが、神々やその断片的なエピソードを解釈するうえでの価値は蔑ろにできない。

⑤『呂氏春秋』は戦国時代末期に、『淮南子』は漢代初期に編纂された一種の百科全書である。前者は秦代以前の、後者は前漢代まで残存していた古代の知識や伝承を集大成したもので、中国の神話研究には欠かせない。

⑥このほか、『三五歴(歴)紀』や『五運歴(歴)年記』、『拾遺記』、『述異記』、『神異経』、『捜神記』等々の後世の文献にも、盤古の天地開闢をはじめとするより古い時代の神話が記録され、また『漢武故事』、『漢武帝内伝』から『封神演義』、『西遊記』に至る小説類も神話研究の補助資料として重要な役割を果たしているが、上述した通りその取り扱いには慎重さが必要である。

【男神と女神】

前漢初期の司馬遷が著した『史記』「五帝本紀」には黄帝・顓頊・帝嚳・堯・舜が、帝王として夏以前の国家を支配していたとあり、更に唐代(618-907年)の司馬貞が同書に補撰した「三皇本紀」には彼らに先行して伏羲・女媧†・神農が、支配していたと記されている。このような伝説上の古帝王(三皇五帝と総称される)と夏王朝の始祖である禹は、漢民族の政治的理想を人格化した存在であると同時に、神々であり、超自然的な存在に他ならない。それは彼らが人首蛇身、牛頭人身、時に重華(目の中に瞳が二つずつあること)、偏枯(半身が麻痺して、あし萎えであった)である等、異常な身体的特徴を喧伝されていることにより明らかである。実際、これらの古帝王以外の男神、すなわち天地を創造した盤古をはじめ、共工、蚩尤、夸父、祝融等々もまた例外なく異常な姿態の持ち主であり、時に巨人であることによって、その聖性が強調され、古代の神々の末裔であったことを示している。従って、中国の男神はおしなべて反エウヘメリズムの洗礼を受けているとはいえ、その本来の神格・属性をとどめており、かつては神話世界の主人公であったと推定される〔エウヘメリズム=神々とはかつて人間であった者が、死後にその偉業や武勲によって崇拝され、神格化されたものであるとする学説であり、「人間神格化説」とも訳される。ただし中国では反対に神々が人間化され、古帝王やその一族、あるいは彼らへの挑戦者・反逆者として記録された反エウヘメリズムが大半である〕。

これに対して、女神の場合は上述の文献に数量的にも内容的にもわずかしか登場せず、残されている記録からは彼女たちが果たして女神なのか、単なる地上の女性に過ぎないのかを判断することすら難しい。例えば、『山海経』では、かつて水神として河川や海に出没していた女神は、溺死した人間の女性と解釈され、また大半がその神格・属性を失って名前をとどめているにすぎない。さらに、先妣と呼ばれ、部族や国家の祖先神として祀られていた女神は、歴史書の中では男性原理(燕のような鳥やその卵、電光、虹、星等々)に感応して、処女懐胎する感生帝説の女主人公として、人間の娘に格下げされている。この感生帝説(感精伝説、異常出生説話)は、漢代以降に陰陽五行説や讖緯説に代表される神秘思想が流行すると、ほとんどすべての古代王朝の帝王や建国の始祖、孔子や老子のような宗教の開祖にも付け加えられることになった処女懐胎神話の一種である。彼女らが生んだ息子たちの権威を高め、神格化を主要な目的として創作されたが、主役はあくまでそのようにして誕生をした息子たちである。一方、日・月の母として名高い羲和、常羲や養蚕の始祖である嫘祖†は、比較的その本来の神格・属性をとどめているが、それでもなお前者は帝俊の妻であり、後者は黄帝の正妃であることによって、独立した女神としての身分を剥奪されている。

なお、このように格下げされ、女神と呼ぶには余りに人間的であり、地上的・世俗的であり、むしろ神女と呼ぶほうが適切な中国の女神の中で、唯一の例外が三皇の一人にあげられている女媧である。彼女は『楚辞』「天問」の中では、始原の存在であり、おそらく伏羲に先行して帝位についた大女神であることが謳われ、『淮南子』「説林訓」や『風俗通義』では人間の創造に関与し、更に『淮南子』「覧冥訓」には破壊された天地を補修し、再

生させたことが明記される等、まさに創造女神の名にふさわしい、独立した大母神（グレート・マザー）である。後に、彼女には配偶神として人首蛇身の伏羲が配されたが、彼の神格・属性は女媧に較べて卑小であり、わずかに易の八卦や漁猟の網を発明し、大型の琴や婚姻制度の創造・発案に関与した文化英雄に過ぎない。

【特徴】

古文献から抽出された女神もしくは神女たちの特徴としては次の二点をあげることができる。

Ⅰ．他の文化圏、とりわけ農耕牧畜文明が発達した地域では何よりもその活躍が重要視され、多彩な神話で語られている地母神の末裔、すなわち大地の豊穣・多産を司り、「愛情や生殖」をその神格・属性とする女神が認められない。かつて謝選駿（「中国古籍中的女神——她們的生活、愛情、文化象徵」『神与神話』聯経出版事業公司、1988年）が指摘したように、メソポタミアのイナンナ／イシュタル[+]やギリシアのアプロディテ[+]に匹敵する美貌の、それ故に男性との恋愛関係を華々しく繰り広げる存在が（ごくわずかな例外を除いて）欠落している。

Ⅱ．統計では感生帝説の女主人公が他の神格・属性を持つ女神に較べて圧倒的に多く、女主人公たちは配偶者とも、天界からもたらされた神的存在とも性的に交わることなく、処女懐胎という奇跡によって出産に至っている。言いかえれば、中国の女神では母性が最重要視され、「愛情や生殖」とは無縁である。

ただし、この特徴に関しても、女媧は例外である。後漢代の『風俗通義』には「女媧が神祠に祈って女媒になり、世界に婚姻制度を導入した」とあり、ギリシア神話のヘラ[+]にも似た愛の女神として機能したとされ、晋代の『抱朴子』「釈滯」には「女媧は地から湧き出た」とあることからも大地の豊穣・多産を司る地母神としての一面を有したことがうかがわれる。しかも彼女は、伏羲という配偶者を得ることにより、漢代以降に制作された画像石・画像磚や帛画の類では、その人首蛇身の下半身を絡み合わせ（性的に交わり）、時にその周囲に彼らの相似形の子供たちを配することによって、「愛情や生殖」を司る女神となっている。

なお、中国の女神としては上述した文献に記録されている女神、道教の女神のほかに、この国の周辺部に住む少数民族や漢民族の農民が語り伝えた神話に登場する女神が存在する。その数は夥しく、今後も文化人類学・民俗（族）学の調査が進められるにつれて増大し続ける傾向にあるので、本事典においては紙幅の関係上割愛した。なお、少数民族の女神についての事典は、参考文献の『アジア女神大全』収録の井上順子「中国少数民族の女神小事典」がある。

【原典】

『淮南子』上中下，楠山春樹校注（『新釈漢文大系』〈54〉〈55〉〈62〉，明治書院，1979年）

『管子』上中下，遠藤哲夫校注（『新釈漢文大系』〈42〉，明治書院，1989年）

『韓非子』上下，小野沢精一訳注（『全釈漢文大系』〈20〉〈21〉，集英社，1975，1987年）

『荊楚歳時記』守屋美都雄訳注，平凡社，1978年

女媧と伏羲

中国

『国語』上下，大野峻校注（『新釈漢文大系』〈66〉，明治書院，1975年）

『史記』本紀上下，吉田賢抗校注（『新釈漢文大系』〈38〉〈39〉，明治書院，1973年）

『春秋左氏伝』上中下，竹内照夫訳注（『全釈漢文大系』〈4〉〈5〉〈6〉，集英社，1974-75年）

『尚書』池田末利訳注（宇野精一，平岡武夫編『全釈漢文大系』〈11〉，集英社，1976年）

『山海経・列仙伝』前野直彬訳（『全釈漢文大系』〈33〉，集英社，1975年）

『荘子』上下，赤塚忠訳注（宇野精一，平岡武夫編『全釈漢文大系』〈16〉〈17〉，集英社，1974年）

『楚辞』星川清孝校注（『新釈漢文大系』〈34〉，明治書院，1970年）

『文選』三，四，小尾郊一訳注（詩騒編）（『全釈漢文大系』〈28〉〈29〉，集英社，1975年）

『穆天子伝，漢武故事，神異経，山海経』他，竹田晃他編，明治書院，2007年

『呂氏春秋』上中下，楠山春樹校注（『新編漢文選』〈1〉〈2〉〈3〉，明治書院，1996-98年）

『列子』小林信明校注（『新釈漢文大系』〈22〉，明治書院，1967年）

『列女伝』上中下，山崎純一校注，明治書院，1996年

【参考文献】

赤塚忠『中国古代の宗教と文化』角川書店，1977年

出石誠彦『支那神話伝説の研究』中央公論社，1943年

伊藤清司『中国の神話・伝説』東方書店，1996年

伊藤清司『中国の神獣・悪鬼たち』東方書店，1986年（増補改訂版，2013年）

袁珂『中国の神話伝説』鈴木博訳，青土社，1993年

袁珂『中国神話・伝説大事典』鈴木博訳，大修館書店，1999年

過偉『中国女神の宇宙』君島久子他訳，勉誠出版，2009年

貝塚茂樹『貝塚茂樹著作集』五，中央公論社，1976年

君島久子『中国の神話――天地を分けた巨人』筑摩書房，1983年

小南一郎『中国の神話と物語り』岩波書店，1984年

小南一郎『西王母と七夕伝承』平凡社，1991年

小南一郎『詩経』岩波書店，2012年

白川静『中国の神話』中央公論社，1975年

白川静『中国の古代文学』一，中央公論社，1976年

林巳奈央『漢代の神神』臨川書店，1989年

林巳奈央『中国古代の神がみ』吉川弘文館，2002年

聞一多『中国神話』中島みどり訳，平凡社，1989年

森雅子『西王母の原像』應義塾大学出版会，2005年

森雅子『神女列伝』應義塾大学出版会，2013年

森三樹三郎『支那古代神話』大雅堂，1944年

森安太郎『黄帝伝説』朋友書店，1970年

安居香山『緯書』明徳出版，1969年

吉田敦彦・松村一男編著『アジア女神大全』青土社，2011年

陸思賢『中国の神話考古』岡田陽一訳，言叢社，2001年

『中国の民話と伝説』沢山春三郎訳，太平出版社，1972年

中国の女神の事典

簡狄 Jian Di

名前の意味・神格・属性：意味不詳。簡翟とも表記される。商(殷)王朝の始祖母。玄鳥(燕)の卵を呑んで処女懐胎し、後に商の始祖となる契を生んだ感生帝説の女主人公。

概要：『楚辞』「天問」によれば、簡狄が高台にいた時、五帝の一人である嚳が彼女を好ましく思い、玄鳥に贈り物を持たせて結婚の申し入れを行うと、彼女もまた喜んでこの申し入れを受けた。『呂氏春秋』「音初篇」では、有娀氏の美しい娘の簡狄は、妹の建疵と共に人目につかないように九層の高台に住んでおり、天帝が燕に命じて二人の様子を見に行かせた。二人はその鳴き声を可愛く思って捕まえ、玉をちりばめた箱で飼っていたが、やがて燕は卵を二つ残して飛び去り、そのまま帰ってこなかった。そこで、簡狄たちが失った燕を懐かしんだことから「北音」が創作されたという音楽の起源譚となっている。また、『史記』「殷本紀」によれば、簡狄は嚳の次妃で、ある時一族の婦人たちと川で水浴びをしていた。すると玄鳥が卵を落としていったので、簡狄がこれを拾って呑み込んだところ身ごもり、契を生んだとある。契は成長してから禹を助けて、治水に功績があったので、商族の祖となった。

これらの断片を総合すると、簡狄は燕の卵、すなわち人間ではない神的存在により懐胎して建国の始祖、聖天子、英雄らを生んだ感生帝説の女主人公であり、聖母マリアにも通じる処女懐胎神話の女神であったと言えるだろう。また、彼女がしばしば高台に住んでいるとされるのは、娘が男性と交わって子供を生むことを恐れた父により幽閉され、処女であることを強制されたギリシア神話のダナエ†やケルト神話のエトネ†のモティーフと関連があると考えられる。このほか、彼女に良く似た女性としては、秦や夏の始祖母である女

簡狄と建疵

脩や修已がいる。彼女らはいずれも燕の卵、薏苡(はと麦)、神珠、もしくは鶏の卵のような月精を呑み込んで身ごもっている。なお、修已は女嬉、女志、女狄とも表記されて、大同小異の感生帝説が伝えられているが、中国における最初の世襲王朝である夏を建国した禹はそのような母ではなく、父である鯀の腹から誕生したという異伝もあり、また、石から生まれたという伝説も残されている。

キーワード：処女懐胎、卵、岩石、始祖母、感生(感精)

参考文献：森『支那古代神話』137-144頁；伊藤『中国の神話・伝説』256-257頁；工藤元男『睡虎地秦簡より見た秦代の国家と社会』創文社東洋学叢書, 1998年, 296頁.

九天玄女 Jiutian Xuannu

名前の意味・神格・属性：「九重、もしくは九分割されている天界に所属し、玄鳥(燕)の化身した女性」の意。玄女(元女)とも呼ばれる。守護女神。戦闘女神。

概要：西王母†や天帝の使者として地上に降臨し、その意思や恩恵を伝達する女神。とりわけ戦いの場面に出現し、味方する天子や英雄に戦法・兵法の書やお札の類を授け、勝利をもたらす守護女神。後には自らも武器を手にして戦う女の戦士(戦闘女神)に変貌した。張君房編『雲笈七籤』所収の「九天玄女伝」、厳可均編『全上古三代秦漢三国六朝文』所収の「黄帝、玄女に兵法を問う」等による

と、五帝の一人である黄帝が、蚩尤との戦いに苦戦していた時、人の頭に鳥の姿の女神が天界から地上に飛来した。そこで黄帝は戦えば必ず勝利する戦法を教えてほしいと彼女に懇願した。こうして黄帝は百戦百勝する戦法、もしくは兵法書や霊宝五符その他のお札を与えられ、牛の蹄、銅の頭、鉄の額を持つ蚩尤の軍を破ることができた。この時玄女を地上に派遣したのは西王母であったと伝えられている。ついで羅貫中によって編纂された明代の小説『水滸伝』で、九天玄女は、梁山泊の頭首である宋江が官兵に追われ絶体絶命の危機にあった時に出現して、風を巻き起こし、石を吹き付けて敵を追い払い、天書三巻を授けて励ましている。後に宋江が兵を率いて遼を討つ場面でも、玄女が彼に戦法を授けて勝利に導くなど、この権力に対抗する英雄の守護女神として活躍する。一方、同じ作者の『平妖伝』では、この女神は越女もしくは南林の処女と名前を変えて登場する。春秋時代の越王句践が剣戟の名手として名高い彼女を軍師として越国に招くが、乙女は山を下りて越王のもとに赴く途上で、人間の老人の姿をした妖術使いの白猿を難なく撃退した。また越国にたどり着くと、軍隊を訓練して強大にし、呉王の軍を打ち破るほどにした。この乙女の正体は天帝が暴虐な呉王を撃破するために地上に降臨させた九天玄女であった。

この段階では、女神を天界から地上に派遣したのは西王母ではなく天帝になっている。また九天玄女の属性も、天子や英雄に戦法・兵法の書やお札の類を授ける守護女神から、ウガリト神話のアナト[†]、インド神話のカーリー[†]にも似た、武器を手にして戦う女戦士（戦闘女神）に変貌している。このほかにも、九天玄女の化身である乙女が妖怪を打ち倒す民間伝承は数多く見られるが、いずれも玄女の原型は『詩経』「商頌」「玄鳥」に「天は玄鳥に命じて、降って商（殷）の始祖となる契を生ませた」と記される玄鳥であり、天界と地上を往復する鳥女神であったと考えられる。

キーワード：守護女神、戦闘女神、鳥女神、燕

参考文献：伊藤『中国の神話・伝説』110頁；過偉『中国女神の宇宙』345-348頁.

姜嫄　Jiang Yuan

名前の意味・神格・属性：古代の一大部族である「姜族」の「女祖先」の意。周王朝の始祖母。郊外の野原に出かけ、巨人の足跡を踏むことよって処女懐胎（感生帝説）し、後に周の始祖となる后稷を生んだ。

概要：『詩経』「大雅」の「生民」では、周の始祖を生んだのは姜嫄とされる。彼女は恭しく神を祀り、穢れを祓い清めた後に、大きな足跡を踏んだところ身ごもった。同じく「魯頌」の「閟宮」にも彼女の徳が邪でなく、輝くようであったので、上帝がこれに憑り、妊娠させたと謡われている。彼女は月満ちて、子羊のように易々と生まれた子を最初は狭い小路に、ついで平地の林に、最後に冷たい氷の上に捨てたが、子供が牛や羊、きこり、鳥に庇護され、衰弱もせず、元気な泣き声をあげていたので、ついには引き取って養うことにしたという捨て子伝承も付け加えられた。やがてその子は立派に成人して農業を司る長官となり、人々に稼穡（植え付けと収穫）の

九天玄女、石島天后宮、山東省栄成市、櫻井龍彦撮影

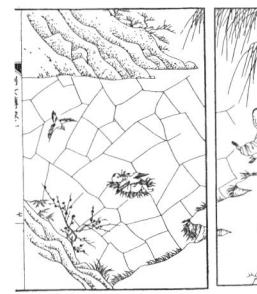

姜嫄、『汪氏列女傳』より

道を教えたとされている。また、『楚辞』「天問」にも、后稷は帝の長子であるのに、なぜ父はこの子供を苦しめ、氷の上に投げ捨てたりしたのであろうかと謡われ、ここにも捨て子伝承が見られるが、「天問」では后稷を捨てた主体は父であり、母の姜嫄ではない。一方、やや時代が下る『史記』「周本紀」にはより詳細な記述がある。姜嫄は有邰氏の娘で、五帝の一人である嚳の正妃であったが、ある時野原で巨人の足跡を踏むと体内に動くものを感じた。そうして身ごもり、后稷を生んだ彼女は、配偶者ではない者の子供を生んだことに怯え、また不吉なことであると思い、路地裏に捨てたが、通り過ぎる牛や馬はその子を踏まないように避けて通った。そこで林の中に捨てようとしたが、たまたま大勢の人々が林を往来していたので、次はやむなく溝の中の氷の上に捨てる。すると鳥が飛んできて翼で覆うといったように、いずれの場合も人間や動物の救い手が現れて、その子は死ななかった。ついに姜嫄は、子供を初めは捨てようとしたので弃（＝棄）と名付けて、手許において養育することにした。弃は幼い時から百穀の種を蒔き、その生育や収穫に精勤し、農業の進歩に著しい貢献をなしたので後に認められて、農業を司る長官として五帝の堯・舜に仕え、死後は后稷（当時の穀物の代表であった稷の名前を冠した農耕神）として祀られ、また彼の子孫は周王朝を建国した。ここでは姜嫄の配偶者として嚳の名前があげられているが、おそらく彼は『詩経』の上帝、『楚辞』の帝と同格の存在であり、天帝の一人で

あったと解釈することが可能である。感生帝説もしくは処女懐胎神話に特有の、姿を現さない男性原理であろう。なお、姜嫄に良く似た女性としては、九河の神女である華胥がいる。彼女は雷澤の巨人の足跡を踏んで、感応して身ごもり、三皇の筆頭にあげられている伏羲を生んでいる。いずれの場合も彼女らが踏んだ足跡は天帝、もしくは雷神のものと推定される。

キーワード：始祖母、処女懐胎、捨て子、感生（感精）
参考文献：出石『支那神話伝説の研究』532-551頁；森『支那古代神話』11, 144-153頁；伊藤『中国の神話・伝説』261-262頁.

羲和 Xi He

名前の意味・神格・属性：意味不詳。太陽の母。太陽、時に月の運行をも司る御者。

概要：十個の太陽を生み、東海の甘水のほとりで彼らに産湯を使わせる女性。十二個の月を生んだ常羲と日・月の母として対になっている。太陽が十個で、月は十二個であるのは、暦の単位に用いられた十干（十日＝一旬）と、一年間が十二か月からなることに基づいている。彼女たちは『山海経』「大荒南経」「大荒西経」において、共に帝俊の妻であるとされているが、帝俊はパンテオンにおける最高神の一柱でありながら明確な神話が語られず、その神格・属性すら曖昧であり、暇な神（デウス・オティオースス）であったらしい。従って、配偶女神の妊娠は帝俊自身によるものではなく「羲和は陽光の照射する水中で沐浴して身ごもり、常羲は月光の照射する水中で沐浴して身ごもった」という処女懐胎神話、すなわち感生帝説であった可能性が大である。さらに、『山海経』の郭璞の注によると、羲和は「天地ができたばかりの時に出現した女神で、日・月を司り、その出没を職務として夜と昼を作った」とされ、また『楚辞』「離騒」や『淮南子』「天文訓」では、彼女は毎日十個の太陽を一個ずつ六頭の龍の引く車に乗せて、天空を馳せて西の果てまで導くとされている。以上から、彼女は太陽の母であると同時にその運行を司り、時に月の

運行にも関与する御者と考えられていたと見られる。他方、常羲は月の母ではあっても、その御者としての役割は繊阿、もしくは望舒という女性に取って代わられており、神格や業績は羲和ほどではない。このほか、『呂氏春秋』「勿躬」では羲和は占日（太陽の運行を観測して一年の長さを決定し、また日の吉凶を占う）の方法を決定し、尚儀（＝常羲）は占月（月の運行を観察して一か月の長さを決定し、また月の吉凶を占う）の方法を創始した官吏とされている。『尚書』「堯典」では、羲和は羲氏と和氏、すなわち羲仲・羲叔・和仲・和叔の兄弟の総称のことであり、五帝の一人である堯が四方に派遣して天文暦象を司らせた官吏であったとされるが、それらの記述は神話の歴史的解釈、もしくは儒家一流の合理的改竄である。

おそらく羲和と常羲の原型は、東海と西海の海辺で太陽と月を生み、太陽には昼の、月には夜の天空への運行に旅立つ支度をする殷代の東母・西母にまで遡る女神であったろう。

キーワード：太陽、月、母神、処女懐胎、感生（感精）

参考文献：森『支那古代神話』48-51頁；過偉『中国女神の宇宙』321-325頁；赤塚『中国古代の宗教と文化』443-453頁.

嫦娥／常羲　Chang E／Chang Xi

名前の意味・神格・属性：嫦は常、娥は女性の美しさを表す。「不老不死を約束された美貌の女性」の意。月精、月の女神。

概要：常娥、恒娥、姮娥とも表記。本来は十二個の月を生んだ常羲のことであったが、次第に月に住む絶世の美女を指すように変貌した。例えば、『淮南子』「覽冥訓」に登場する姮娥は、弓の名手の羿が西王母†から貰い受けた不死の薬を盗んで、一人だけで月に逃れた女性とされる。彼女は月で白兎（玉兎）と不死の薬を搗いているとも、醜い蟾蜍（ヒキガエル）になって孤独のうちに過ごしているとも語られているが、いずれも月には兎や蟾蜍がいるという説にちなんだ話で、この段階で姮娥／嫦娥は月の母ではなく、月に住むものに変貌していることがわかる。なお、蟾

嫦娥、『程氏墨苑』より

蜍になったという説は次第に消失し、嫦娥は月そのものの不死（再生する力）や空に輝く美しさを吸収した絶世の美女として、多くの民間伝承や詩歌の中で讃えられ、謡われるようになっていく。実際、唐代の李商隠は「霜月」の中で、月光の白さにちなんで素娥、すなわち白い嫦娥とも呼ばれる女神が、霜雪の女神である青霄（青霄玉女）と月の中、霜のもとで、その艶やかさを競い合っている様子を謡った。また、明代の『西遊記』の中では、天蓬元帥が嫦娥の美しさに夢中になって戯れたために下界に落とされ、猪八戒になったエピソードが語られるなど、彼女の見目麗しい容貌に対する憧れは今日まで人々を魅了している。彼女を祀る中秋節（旧暦の八月十五日）には、中国の各地で嫦娥を賛美する儀式が執り行われている。

キーワード：月、不死、蛙、美女

参考文献：伊藤『中国の神話・伝説』48-52頁；過偉『中国女神の宇宙』330-335頁.
⇒羲和

湘妃　Xiang-fei

名前の意味・神格・属性：「湘水の男女の配偶者」の意。江西省に源を発し、湖南省に入り、諸水と合流した後、北流して洞庭湖に注ぐ湘水（一名湘江）の女神。暴風神としての一面を持ち、後に舜の妃である娥皇と女英と同一視された。

概要：『楚辞』「九歌」には、「湘君」と「湘夫人」という二つの詩篇がある。前者は湘水

（一説では、湘山）の男神、後者は湘水の女神であり、この男女二神が互いに結ばれる時を待ちわび、相聞歌を交わしあう様が謡われている。この初期の段階では、湘夫人が湘君の配偶者、すなわち湘妃であることは明らかで、彼らは古代の豊穣儀礼の一種である「聖婚」を執り行うために、香草・香木を身につけ、船に乗り、飛龍に駕し、馬を走らせて出会いの場所へと急ぐが、その途上で波や風雨のことが繰り返し謡われているので、楚の地方では、彼らは「聖婚」の花婿・花嫁であると同時に、水波や風波を司る暴風神としての神格・属性を併せ持つものとしても受け入れられていたことがうかがわれる。その結果、本来男性と女性であったこの二神と『山海経』「中山経」の「帝の二女」、すなわち洞庭の山に住み、出入する際には必ずつむじ風とにわか雨を伴うと記録されている二人の女性が、その暴風神としての共通項ゆえに同一視される。さらに二人の女性が「帝の二女」であると定義されているところから、彼らを五帝の一人である堯の娘で、同じく五帝の舜に嫁いだ娥皇と女英と混同し、同一視するといった事態が発生したと考えられる。実際、その同一視は『史記』「秦始皇本紀」では次のように描かれている。始皇帝が四方を巡って南の湖南省に到り、湘山の祠に行こうとしたが、大風にあって渡航することができなくなった時、「ここに祀っている湘君とは、どのような神なのか」とたずねた。すると同行していた博士が「湘君とは堯の娘で、舜の妻であった二女のことで、彼女たちはここに葬られています」と回答しているので、この段階ですでに湘君が二人の女性（娥皇と女英）であり、しかも大風を起こす暴風神という一面を有すると広く認識されていたことがわかる。なお、娥皇と女英は堯が舜の人格を見極めるために嫁がせた「帝の二女」であり、彼女らはよく夫に仕え、また舜の父瞽叟や弟の象の迫害から彼を守り、堯の後継者として帝位につけた賢婦人として名高いが、後に舜が江南に巡幸する途中、蒼梧の野で崩御すると、二人は悲しみの余り湘水に身を投げて死んだと伝えられている。精衛†や洛神†と同様に、中国には溺死した女性をその水界（海や河川）の女神として祭祀する風習があったところから、おそらく娥皇と女英もまた湘水の女神として祀られるようになったのだろう。その結果本来は男女の二神であった湘君と湘夫人を、二人の女性として誤解する傾向にますます拍車がかかったのであろう。湘君を舜の二人の妃の総称とする説のほかに、娥皇は姉で正妃であったので湘君と呼び、女英は妹で次妃なので湘夫人と呼ばれたとする説、湘君は舜であり、湘夫人は二人の妃の総称とする説もある。なお、彼女たちは舜の死に泣き崩れ、その涙がこぼれた竹は斑模様になり斑竹、いわゆる湘妃竹になったという伝承が残されている。

キーワード：河川女神、風、竹、溺死
参考文献：森『支那古代神話』244-247頁；過偉『中国女神の宇宙』303-309頁.

湘君、湘夫人、『離騒図』より

女媧 Nuwa

名前の意味・神格・属性：正確な意味は不明であるが、媧という文字にはカタツムリ（蝸）やカエル（蛙）、水で削られてできた穴（窩）、潜伏所＝隠れが（渦）に通じるものがあり、湿ったところに棲む動物、もしくは雨溜りの精を暗示しているという説もある。伏義の配

偶神。
概要：中国において最も名高く偉大な女神であり、原初の時に万物に先行して出現した。人類を創造し、破壊された天地を補修し、後に人首蛇身の伏羲、牛頭人身の神農と共に三皇の一人に数えられた。また、婚姻制度の発案者（皋媒の神）・楽器（笙簧）の創造者であり、長雨や旱魃の時に祈禱される農耕神・天候神としての一面も記録されている。道教に取り入れられた女媧娘娘は、子授け・家内安全など様々な祈願の対象となる女神であると同時に、九天玄女†にも通じる戦闘女神としての一面も付け加えられた。

その神話は以下に記すように多岐にわたり、複雑である。

①『楚辞』「天問」は、女媧の身体は誰が作り、誰が「帝」として即位させることができたのかという疑問を提示する。この女神が原初に出現した「始原の存在」であるのに、彼女以外の何者も存在しない世界で一体誰がそのような行為を遂行できたのか。実際、後漢の許慎が編纂した『説文解字』は、女媧は古代の神聖な女性であり、万物に化したものと定義しているので、この女神があらゆるものに先行して出現した創造女神とされていたのであろう。

②『淮南子』「説林訓」の中でも黄帝、上駢、桑林といった神々が共同作業で人類を創造したが、これこそは女媧が七十回も造化を繰り返した理由とされ、人類を含む万物を創造、もしくは化生・孕育〔胎内に宿し、出産〕した女神であると暗示されている。

③このほか、『山海経』「大荒西経」には、女媧の腸と呼ばれる十人の神々が栗広の野に住み、道をさえぎる形で横たわっているとあり、おそらく、腸に似た蛇体の神々の母でもあった。

④後漢の『風俗通義』には女媧がたった一人で黄土をまるめて人類を造っていたが、余りに激務であったので、ついには荒縄を泥の中に浸し、引き上げて滴り落ちる泥から粗製乱造したので、金持ちで高貴な人々と貧乏で凡庸な人々という貧富の差が発生したという説話が記録されている。やや時代が下る『荊楚歳時記』では、女媧は正月一日には鶏、二日は犬、三日は羊、四日は猪、五日は牛、六日は馬、七日は人、八日は穀物を作ったとされ、この作業日程は、『旧約聖書』創世記のヤハウェによる七日間での世界創造も想起させる。

⑤このほか、『淮南子』「覧冥訓」には「女媧補天」として名高い神話がある。太古の時に東西南北の天を支えていた四本の柱が倒れ、大地は割れ、天空は綻び、火は燃え広がり、洪水が全土を覆うという大災害が起こった。女媧は五色の石を錬って天空の綻びを補修し、大きな亀の足を切って四本の柱の代わりとし、葦を燃やした灰を積み上げて洪水をせき止めたとされ、「彼女の大きな功績は上は九天に至り、下は黄泉に及び、名声は後世に聞こえ、輝きは万物を照らした」と讃えられている。

⑥しかしこの万物、とりわけ人類をたった一人で創造し、破壊された天地を補修した全能ともいえる女媧に対して、人々は次第に疑問を抱くようになったと思われる。時代が下るにつれ、配偶神として伏羲という男神が考案され、女媧の功績や地位が分与される傾向が生じる。『文選』所収の「魯の霊光殿賦」では「伏羲は麟身、女媧は蛇軀」であると謡い、画像石・画像磚や帛画の類にこのメリュジーヌ†にも似た女神と人首（頭）蛇身の男神が交尾する姿で描くことによって、女媧の功績の半分は伏羲のものであることを表している。唐代の司馬貞が補った『史記』「三皇本紀」に至ると、本来彼女のものであった三皇の筆頭の地位を伏羲に取って代わられ、女媧は同じ風姓の妹として、その配偶女神とされるようになる。

⑦かくして兄妹であると同時に夫婦であるとされた伏羲と女媧は、婚姻制度の発案者となり、また自然や人間関係が調和するように笙簧と瑟と呼ばれる楽器を創造する文化英雄としての一面が付け加えられる。

⑧唐代の李冗が編纂した『独異志』では、この世界ができたばかりの時、崑崙山には女媧兄妹しかなかったので、二人は躊躇いながらも近親相姦を犯し、地上に人類を繁殖さ

82

せたとしている。一方、中国の周辺部に住む少数民族の間でもこれによく似た兄妹結婚型洪水（再生始祖）神話が広く語られていたことは近年の民俗（族）学者・文化人類学者の実地調査によって明らかにされている。

⑨女媧には農耕神・天候神としての神格・属性も認められる。東晋代の『抱朴子』『釈滞』には「女媧は地から湧き出た」とあり、彼女がインドのシーター†にも似た大地の女神であることを暗示している。また、『論衡』「順鼓篇」には「長雨が止まない時には、彼女を祀る」とある一方で、民間伝承では旱魃の時、彼女の廟に雨乞いしたことが記録されている。

⑩最終的に、道教に取り入れられて女媧娘娘と呼ばれ、子授け、家族の繁栄や幸福を願い、災いを祓う女神として祀られるようになったが、時に九天玄女とも同一視された。明代の小説『封神演義』に登場する女媧娘娘は、好色な殷の紂王を罰するために妲己等を地上に降臨させ、彼の酒池肉林に代表される悪行を扇動し、周の武王による殷周革命を推進する役割を果たしているが、それは戦闘女神である玄女が越＝南林の処女の姿を借りて、暴虐な呉王を討伐し、越王を勝利に導いたという伝承と酷似している。

キーワード：原初（女神）、人類・万物の創造、世界（の修復）、婚姻制度の発案者、夫婦神、近親婚、人首（頭）蛇身、文化英雄、洪水、旱魃、戦闘女神

参考文献：E・H・シェーファー『神女』西脇常記訳，東海大学出版会，1978年，39頁；過偉『中国女神の宇宙』15-135頁；聞一多『中国神話』12-139頁．

織女　Zhinu

名前の意味・神格・属性：「機織りをする女」の意。琴座の二星とベガ（Vega）から構成された星座（織女三星）の神格化された女性。鷲座の二星とアルタイル（Altail）からなる牽牛との悲恋を語る七夕伝承の主人公。

概要：『詩経』「小雅」「大東」に謡われている二つの星、織女星と牽牛星の物語が、漢代の「古詩十九首」の断片的な記録を経て、ある程度まとまった筋書きで語られるようになるのは、梁代の『荊楚歳時記』や『小説』（『月令広義』「七月令」所引）に至ってのことである。それらの七夕の条には次のような悲恋物語が記されている。天の川の東には織女がいて、彼女は天帝の娘である。彼女は明けても暮れても機織の仕事に精を出し、雲の錦から天衣を織り出していた。そこで天帝は彼女が独身であるのを憐れみ、天の川の西に住む牽牛に嫁がせた。ところが織女は牽牛との生活が余りに楽しく、ついには機織の仕事を止めてしまった。腹を立てた天帝は織女を天の川の東に連れ戻し、ただ一年に一度だけ（七月七日の夜に）二人が会うことを許したという。このほか、織女が七夕に牽牛を訪れるために天の川を渡る時、カササギに命じて橋にしたという神話や、天帝は七日に一度だけ会うことを許すと言ったのに、烏が七月七日に一度だけと間違えて伝えたために二人は一年に一度しか会えなくなったという民話、そのため七夕の頃にカササギや烏の羽毛が抜け落ちることの原因譚も伝えられているが、やがてこの星の神話は、世俗化という大きな流れの中で天界の神女と貧しい地上の若者との恋物語に変貌・変質する。例えば、ある民間伝承では白鳥乙女説話や二人兄弟型故事と融合して、次のように語られている。織女は西王母†の孫娘で、天界で織物が巧みであったのでその名前で呼ばれる神女であったが、ある時地上に降りてきて山中の湖で水浴びをしていた。すると牽牛（＝牛郎）と呼ばれる若者が、兄からわずかに譲られて飼っていた老牛に教えられて、彼女の衣服をこっそり盗み、隠してしまった。織女は天界に帰れなくなり、やむなく若者の妻となって二人の子供も生まれ幸せに暮らしていた。一方、天帝もしくは織女の祖母である西王母は彼らの結婚を知ると、天兵や天将を率いて地上に降り、織女を天界に連れ去った。牽牛は子供たちを連れて天界を訪れるが、多くの場合西王母に妨げられて彼女を取り返すことができず、最終的に二人は一年に一度、七月七日の夜にしか会うことができなくなった。

　この伝承に付随して七月七日の夜に行われ

牽牛、織女、『銭吉生画譜』より

る行事、すなわち乞巧奠では、女性たちが庭先に酒や瓜を並べて、針仕事や機織が上達することを織女に祈ったが、一説によれば摩睺羅と呼ばれる泥作りの子供の人形を飾るところから、女性たちの子授けや多産を祈る信仰と習合したとも推定され、次第に織女は機織の女神から愛の女神へと発展し、地域によっては病気や災いを避ける神格すら獲得し今日に至っている。

キーワード：白鳥（処女）、星、機織り、天の川、結婚、人形、子授け、病気

参考文献：小南一郎『西王母と七夕伝承』平凡社，1991年，18-68頁；沢山晴三郎『中国の民話と伝説』太平出版社，1972年，104-115頁．

精衛（せいえい） Jing wei

名前の意味・神格・属性：意味不詳。ただし、現世の名前である女娃（じょあ）は「美しく、かわいい娘」の意。三皇の一人である炎帝神農氏の娘。

概要：『山海経』「北山経（ほくさんきょう）」によれば、炎帝の末娘の女娃は東海に旅をした時、溺死した。そのため精衛と呼ばれる鳥に化し、東海を埋めようとして、西山の木の枝や小石をいつもくわえてきて投げ入れているという。『述異記（じゅついき）』巻上にも、東海地方の川で溺死した女娃が精衛もしくは冤禽（えんきん）、志鳥、帝女雀（ていじょじゃく）とも呼ばれる鳥に化したという大同小異の伝説が残されているが、このような小さな鳥が大海を埋めようとしている背景には、おそらく世界に広く分布している「潜水型世界創造神話」があったことが推定されよう。このタイプの神話では、最高神が小動物に命じて原初の海に潜らせ、泥や粘土をくわえて戻ってきて、大地を創造させている。一方、女娃も中国の神話世界では天帝、もしくは最高神にも匹敵する炎帝神農氏の娘であり、その命令で東海に旅をし、溺死し（＝水の中に潜り）、その結果小さな鳥となり、大変な労苦をものともせず木の枝や小石で東海を埋めていた（＝大地の創造）と考えるならば、精衛もまた矮小化しているとはいえ、女媧（じょか）†と並ぶ創造女神にあげることができよう。

キーワード：潜水型（創造神話）、鳥、溺死

参考文献：伊藤『中国の神話・伝説』127頁；過偉『中国女神の宇宙』344-345頁；D・リーミング他『創造神話の事典』松浦俊輔他訳，青土社，1998年，186-187頁．

西王母（せいおうぼ） Xi-Wang mu

名前の意味・神格・属性：「西の世界の王母」の意。山岳の女神、動物の女主人、王権の守護者、戦闘の援助者、不老不死・子孫・富裕・国家や家族の繁栄・安寧などの授与者、女仙（リーダー）の領袖。

概要：女媧（じょか）†に次ぐ高名な女神で、その神話もまた時代や資料により異なり、多岐にわたっており複雑である。

①殷代の卜辞に見える「西母」は西王母の最古の姿とされ、「東母」と併記されることによって、東海と西海にあって太陽と月の運行を助ける女神として、もしくは「出日」と「入日」を司る巫先（巫術者）として、国家的祭祀の対象であったと推定される。「東母」とは文字通り東方にあって太陽と月の誕生を助け、「西母」とは、西方にあって太陽と月を安息につかせ、夜の平安を守る母であったろう。

②長い空白期間の後、戦国時代から漢代に成立したと推定される『山海経』「西山経（せいざんきょう）」「海内北経（かいだいほくきょう）」「大荒西経（だいこうせいきょう）」等に登場する。玉山を始めとする山々に住み、豹の尻尾、虎の歯を持ち、獣のように吼え、ざんばら髪には勝（かんざし）と時に「杖」を挿している

される。この半人半獣の西王母は「天の厲と五残」〔万物の生命力を衰微させる刑気〕を司り、地上に災厄をもたらす凶神で、几(座の前におく脇息)に寄りかかっているか、あるいは洞窟(穴の中・石室)で暮らしており、三羽の青い鳥が彼女のために食べ物を集めてくるといった諸要素が付け加えられている。

③『山海経』とほぼ同時代に成立した『荘子』「大宗師篇」では、西王母は少広の山に住み、その始めを知る者もその終わりを知る者もいない「不老不死の真人」であり、「道」を体得した女仙の一人とされている。また、『淮南子』「地形訓」や『爾雅』「釈地」では、西王母は単なる地名として記録され、しかも「四荒」(四方の果てにある国)の一つとして西方に位置すると記されている。

④その結果、西王母は西方の地に住まう高貴な女性、もしくは女神と考えられるようになり、中国の支配者がこの女神を訪れて祝福を受け、王権の守護を約束されるという思想が生まれた。例えば、五帝の一人である堯や禹、益等が西王母を訪れ、百福を請い、あるいはその地に学んだことを『新書』『荀子』、『論衡』といった諸書が記しているが、その最も代表的なものが戦国時代の魏王の墓に副葬され、晋代に発見された『穆天子伝』である。主人公の西周の穆王・満が旅行好きの天子で、諸国を巡ったことは『楚辞』「天問」や『国語』「周語上」、『春秋左氏伝』昭公十二年等に書かれ、よく知られていたが、西征して西王母と交歓したという形をとるのは『穆天子伝』と、同時に出土した『竹書紀年』が最初である。前者の巻三では、穆王は西王母の国に到着し、威儀を正して会見の場に望む。翌日には瑶池の辺で酒宴を催し、互いに詩を贈って、別れを惜しむなど、情緒纏綿とした情景が描かれている。また後者の十七年の条では、穆王が崑崙の邱を訪れ西王母に会見し、同じ年に西王母が来朝したことが記されている。

⑤さらに、漢代になると、西王母が与えるのは単なる祝福や王権の守護ではなく、不死や長生ということになる。『淮南子』「覧冥訓」においては、九個の太陽を射落としたことで名高い羿が彼女を訪れ、不死の薬を請い受けている。

⑥従来は支配者が女神を訪れていたこの関係は、やがて主客が転倒して、西王母が彼らを訪れ様々な瑞兆〔めでたいきざし〕を授ける形になる。例えば、『尚書大伝』や『大戴礼記』等には、五帝の一人である舜の時代に、西王母が訪れて白玉の琯を献上したことが記されているが、『博物志』、『漢武故事』、『漢武帝内伝』といった小説類にも同様のパターンが見られる。ここでは、主人公である漢の武帝を、紫雲の車に乗って玉女たちを従えた西王母が訪れる。この時、西王母が彼に与えた三千年に一度実るとされる桃は、明代の小説『西遊記』の中にも出現しており、天界に侵入した孫悟空が西王母から盗んだというエピソードを残している。なお、武帝はこの桃を食べていながら、その後身を慎まなかったので、伝授された経典の類を焼失してしまい、長生の術を完成させることができなかったが、孫悟空は「仙桃」や「仙薬」を盗み食いしたために、長生不死であったと伝えられている。

⑦支配者たちに瑞兆をもたらし、彼らの国家や治世の天下泰平を寿ぐ王権の守護者という機能は、戦いの場面においても発揮されたのであろう。例えば、『広博物志』巻九では、西王母は戦闘女神として名高い九天玄女を

西王母

遣わして、黄帝に勝利をもたらしている。『山海経』の中で、髪に挿していたという「杖」も、従来推定されたように衍字〔語句の中に誤って入った不要な文字〕だったのではなく、その戦闘女神としての一面を表すものであったかもしれない。

⑧道教に迎え入れられた西王母は、王母娘娘（にゃんにゃん）、金母元君、瑤池金母、九霊太妙亀山金母、太霊九光亀台金母等とも呼ばれ、最高神である玉皇大帝の配偶女神となった。すべての女仙を統括し、管理する第一位の女神である彼女は、子授け、催生（難産を救う）、天然痘、眼病の治癒を司る女神としても崇拝され、天降る時には上元夫人、王夫人といった侍女や娘を伴うのが常である。

キーワード：半人半獣、山の女神、王権、戦闘女神、不老不死、動物の女主人

参考文献：赤塚『中国古代の宗教と文化』, 447-453頁；小南一郎『西王母と七夕伝承』平凡社, 1991年, 70-102頁；葛兆光『道教と中国文化』大形徹他訳, 東方書店, 1993年, 64-68, 345頁.

登比氏　Dengbi shi

名前の意味・神格・属性：意味不詳。登北氏とも表記される。五帝の一人である舜の妻。宵明と燭光という二人の娘の母。

概要：舜には娥皇と女英という二人の妻がいて、彼女らは後には湘君、湘夫人とも呼ばれる湘水の女神と同一視され、神格化された（⇒湘妃）。一方、登比氏に関しては、『山海経』「海内北経」に「舜の妻で、宵明と燭光という二人の娘を生み、黄河の大澤に住まわせた」とある以外にはほかに資料がなく、そのため彼女は娥皇と女英が嫁いでくる前に舜が娶った女性（先妻）であったとも、後に第三夫人として娶った女性であったとも考えられているが、いずれにしても推定・憶測に過ぎない。ただし登比氏は舜の子孫を残したという点で重要である。西晋代の『帝王世紀』によると、正妃である娥皇には子供がなく、次妃の女英が商均を生んだが、『孟子』「万章（上）」や『路史』「後記」には、この息子は歌舞を好み、不肖の子であったので、舜は天下を禹に譲ったと記されているのに対して、登比氏が生んだ二人の娘は、「宵明」と「燭光」というその名前からも太陽神としての一面を持つ舜からその光り輝く神格・属性の一部を分け与えられている。しかも黄河付近の広大な沼地に住む彼女たちは、夜になるとその体から光を発し、周囲百里の地を明るく照らし出したとされているので、高名な女英の生んだ息子よりも優れた、もしくは神的な存在であったことが明らかである。また、そのような娘たちを生んだ登比氏にも、本来は娥皇と女英と同等の、あるいは彼女たち以上の神話が伝えられていた可能性が大であり、この登比氏の神話は同じ『山海経』「大荒南経」「大荒西経」の中で光の源である太陽と月を生んだ帝俊の二人の妻（羲和[†]と常羲[†]）を連想させる。

キーワード：太陽、月

参考文献：袁珂『中国の神話伝説』上, 286頁；森雅子『神女列伝』187頁.

塗山氏　Tushan shi

名前の意味・神格・属性：「塗山と呼ばれる山（浙江省紹興県の北西部）に居住していた部族の娘」の意。夏王朝の建国の始祖である禹の妻。二代目の啓の母。

概要：塗山の女とも女嬌とも呼ばれる。禹が父である鯀の失敗した治水の仕事を引継ぎ、四方を巡っていた時に出会い、結婚した女性。しかし彼らの結婚に関して、『楚辞』「天問」では、それは野合に近いもので、正式な手続きをふむものではなかったことが謡われ、『呂氏春秋』「音初篇」では、契りを結ばずに治水に邁進する禹を待ちわびて、娘が後に「南音」と呼ばれることになる歌を謡ったとされている。いずれにしても、このような行為は好色、淫湎の罪名に通じるものであったとして批判されている。また、『尚書』「益稷」には禹が結婚してわずか四日後には、妻のもとを離れて、あわただしく治水の仕事に戻り、その後啓が生まれても慈しむことすらなかったと記され、『水経注』「涑水」には塗山氏が故郷を恋しがるので、禹は「望郷台」という高い台を作り、はるか彼方の故郷を遠望させたというエピソードが残さ

れるなど、その結婚は温和な、永続的なものではなかったことが暗示されている。このほか、『呉越春秋』「越王無余外伝」は、三十歳を過ぎても配偶者を得る暇がなく、後継者に恵まれていないことを心配した禹が、塗山で九尾の白狐に出会った時のことを記している。この狐が彼の治世や家系が末永く繁栄することを予言し、祝福するのを聞いて、禹は「塗山の女を娶った」が、彼女はすなわち瑞兆〔めでたいきざし〕をもたらした白狐そのものであり、彼らの結婚は悲劇的な別離に終わることの多い異類婚であったと推定されている。一方、『淮南子』(『楚辞』「天問」の洪興祖補注、および『漢書』「武帝紀」の顔師古注所引)には、結婚生活の破綻に関する伝承がより直截的に描かれている。禹が治水のために熊に変身して工事をしていた時、昼飯を持ってきた塗山氏にその姿を見られた。彼女は恥じて逃げ去り、崇高山(河南省登封県の北部)の麓で石になってしまった。塗山氏は身ごもっていたので、追いかけてきた禹が「わが子を返せ!」と叫ぶと、彼女の化した石の北側が割れて、啓(割れる、開くに通じる名前)が生まれたという。このように、啓は石に化した母(啓母石)から生まれたうえに、『山海経』「海外西経」「大荒西経」には、しばしば天界に昇って天帝の音楽「九弁」「九歌」を手に入れた、もしくは盗んで下界に戻ったと記されていることから、『西遊記』の主人公である孫悟空の原型の一人であったと考えられている。

キーワード:異類婚、狐、熊、岩石、変身、洪水

参考文献:聞一多『中国神話』180頁;白川静『中国の古代文学』〈一〉,231頁;中野美代子『西遊記の秘密』福武書店,1984年,16頁.

魃 Ba
名前の意味・神格・属性:「旱魃」(の女神)の意。五帝の筆頭にあげられる黄帝の娘、旱魃を武器として敵軍を敗退させる神通力を持つ戦闘女神。後に旱魃の女神として畏怖される。

概要:『山海経』「大荒北経」では黄帝の女魃と表記され、かつて蚩尤との戦闘に苦しんだ黄帝が天界から地上に呼び下ろした天女。彼女は風伯・雨師を駆使して、暴風雨をほしいままに展開する蚩尤に対して、神通力を発揮して雨を止め、ついに蚩尤を殺した。ところがこの戦闘で力を消費し尽くしてしまったので、天界に戻ることができなくなり、そのため彼女のいるところには雨が降らなくなった。黄帝は魃を赤水の北に住まわせたが、時々彼女が逃げ出すと、その行く先々は千里にわたって日照りが続き、一滴も雨が降らなくなった。そこで人々が彼女を追い払うために様々な儀礼を行ったことが記録されていて、この段階で魃はその神通力ゆえに人々に疎まれ、排撃される旱魃の女神に落ちぶれている。なお、旱魃の女神としての魃は「禿げていて、髪の毛がない」「背丈が二、三尺で、肌脱ぎで、目は頭のてっぺんにあり、風のように速く走り、その人が姿を現した国は大旱魃になる」とされ、極めて醜く、怪異な姿に変身・変貌している。

キーワード:戦闘女神、旱魃、醜女

参考文献:伊藤『中国の神話・伝説』152-153頁;過偉『中国女神の宇宙』345-346頁.

馬頭娘 Matou Niang
名前の意味・神格・属性:「馬の頭を持つ娘」の意。養蚕に関与する女神。異類婚姻譚の主人公。

概要:蚕女とも呼ばれ、蚕に化してこの世に絹をもたらした娘。養蚕の由来を説く伝承は多くの文献に収録されているが、その原型は『山海経』「海外北経」の中で「一人の娘が跪き、木につかまって糸を吐いている」とある欧糸野の娘であったと考えられている。晋代の『捜神記』巻一四によれば、大昔、ある家の父親が戦争に駆り出されて、家には娘と馬だけが残されていた。娘は寂しさのあまり、馬に向かって「お父さんを連れ戻してくれたら、お嫁さんになってあげる」と言った。すると馬は手綱を引き千切って姿を消し、やがて父親を連れて戻ってきた。ところが馬はご褒美には目もくれず、興奮して暴れるので、不思議に思った父親は娘に訳を尋ねた。そし

て娘のうちあけ話を聞いた父親は「畜生に嫁がせることなどとんでもない」と怒り、馬を射殺し、その皮を剥いで庭にさらした。ある日、娘が庭で遊んでいると、その皮は不意に娘に巻きついて飛び去り、数日後、娘と馬の皮は一体となり、蚕に化して、糸を吐いているのが発見されたという。この物語は宋、元、明、清の歴代に異説、異伝が発生し、各伝承の間には若干の相違があるが、民間に流布している馬頭娘伝説やその祭祀においては、娘は馬の皮を被った姿で描かれ、祀られているのが常である。なお、馬頭娘伝説は日本にも伝来してオシラサマの由来説話になったことは疑う余地が無いが、わが国では、娘と馬が相思相愛であったという新しい要素が付け加えられている。

キーワード：養蚕、馬、異類婚
参考文献：伊藤『中国の神話・伝説』69-70頁；過偉『中国女神の宇宙』354-356頁；柳田國男『遠野物語』角川書店, 1955年, 44, 112-117頁.
⇒アマテラス、嫘祖

附宝 Fubao
名前の意味・神格・属性：意味不詳。雷に感応して、黄帝を生んだ感生帝説の女主人公。五帝の筆頭にあげられる黄帝の母。
概要：『河図稽命徴』、『詩含神霧』といった緯書〔儒教の経典「経書」の解釈に関連づけて、予言を述べた書物〕には、大きな稲妻が北斗七星をめぐって、郊外の野原を照らすのを見て感応し、二十五か月後に青邱で黄帝を生んだとある。同じく『河図帝紀通』では黄帝は雷の精によって生まれたと記されているので、黄帝は雷神の息子であり、彼自身も雷雨を司る神であったと思われる。そのような神の子、もしくは神を処女懐胎によって生んだとされる附宝は神聖な女性であり、キリストを生んだ聖母マリア[†]にも通じる存在である。この種の感生帝説は漢代以降に盛んに編纂された緯書の類に頻出し、それ以前の古い文献にはまったく見出されないので、儒家が崇敬する経書に飽き足りなくなった人々が神秘的な物語を創作したものと考えられているが、あるいはより古い時代の母性崇拝が復活・再生したものかもしれない。なお、附宝によく似た女性としては、握登、女枢、扶都らがいて、彼女たちはいずれも天界に出現した稲妻、虹、光の類に感応し、配偶者の有無には関係なく処女懐胎し、偉大なる息子たち——五帝の舜、顓頊、殷王朝を建国した湯を出産している。

キーワード：感生（感精）、雷、虹、光、処女懐胎
参考文献：出石『支那神話伝説の研究』491-556頁；森『支那古代神話』156-157頁；安居『緯書』118-150頁.

瑶姫 Yao Ji
名前の意味・神格・属性：「玉の姫」「玉の如く美しく、高貴なる女性」の意。帝の末娘。巫山の神女、高唐の女とも呼ばれる。天候に関与する豊穣女神。王権の守護女神。
概要：帝、もしくは赤帝＝炎帝神農氏の末娘である瑶姫は、まだ嫁がないうちに死んだので、巫山（四川省から流れ下ってくる揚子江の流域、楚国の古都の近くに位置していたと推定されている）の南斜面に葬られた。『山海経』「中山経」に記されている、姑媱の山で死に、薬草と呼ばれる媚薬に化した「帝女」と同一視する説もあるが、戦国時代末期の宋玉は『文選』所収の「高唐の賦」の中で、これとは趣を異にする次のようなエピソードを伝えている。かつて楚の懐王が高唐の地を訪れた時に、巫山の神女と名乗る美しい女性がその昼寝の夢の中に出現し、「あなた様が高唐に遊んでおいでのことをお聞きし、枕席に侍り契りを交わしたいと存じました」と言うので、王は一夜を共にした。翌朝、神女は別れに際して「私は巫山の南斜面、高丘の岨（嶮しい所）にとどまり、朝には朝雲となり、暮れには行雨となりましょう」と約束したため、王はその地に朝雲という廟（神女廟）を建てて神女を偲んだ。巫山の神女は「朝雲」と「行雨」になると約束することにより、天が人類に賦与する最大の恩恵にして農耕生活に必要不可欠な雨を降らせることができる女神であることを暗示している。また、神女

雲華夫人（瑤姫）、『仙媛紀事』より

と王との結婚は「聖婚」（ヒエロス・ガモス）と呼ばれて、ある特定の季節に国家的祭祀として執り行われていたことが推定されている。

一方、五代の『墉城集仙録』巻三に登場する瑤姫は、西王母†の二十三番目の娘であり、雲華夫人とも呼ばれていたが、治水に苦しむ禹の前に出現し、流れをせき止めている箇所や狭い渓谷を切り開く作業に援助の手を差し伸べ、また鬼神を駆使する書を授けている。この場面における瑤姫も別れに際して「たちまち上昇し、飛散して青雲となり、むくむくと湧き起り、集まって夕べの雨を降らせた」と述べられているので、雨や雲を司る豊穣女神としての一面をとどめてはいるが、禹に代表される地上の支配者の守護女神としての神格・属性のほうがより濃厚である。

キーワード：美女、豊穣女神、雨、雲、聖婚、王権

参考文献：聞一多『中国神話』182-217頁；E・H・シェーファー『神女』西脇常記訳，東海大学出版会，1978年，44-49，93-116頁．

洛神　Luo Shen

名前の意味・神格・属性：「洛水の（女）神」の意。雒嬪とも表記される。別名は宓妃。水神。

概要：三皇の筆頭にあげられている伏羲の娘（一説によれば妃）であり、洛水で溺死し、その川の女神になったと伝えられる。最初は黄河の神・河伯の妻であったが、後に地上の様々な災害を除いた英雄の羿が河伯を射て、彼女を奪い妻としたことから、その類まれな美しさと、多情なさまが多くの詩人によって謡われている。洛水が古都洛陽の傍らを過ぎて黄河に流れ込むことから、古代の人々は黄河と洛水を男女の二神であると想定した。『楚辞』「九歌」の「河伯」の中で黄河の神がある女性のもとを訪れて、水辺で戯れ、宝玉で飾った宮殿で過ごすさまが謡われているのは、洛水の女神との神婚説話であったと考えられる。しかし同じ『楚辞』でも「天問」では、天帝の命令で地上に遣わされた弓の名手の羿が白龍に化して、川の辺で遊んでいた河伯から妻を奪ったと謡われていて、この段階ですでに河伯と洛神の夫婦関係は破綻し、彼女は夫を射た羿の妻になっている。それゆえ、『楚辞』「離騒」では、主人公の霊均の言葉として、宓妃すなわち洛神は夕べになると羿の住まいである窮石山を訪れて宿泊し、翌朝には髪を洗い化粧をして帰っていくが、その「自分の美貌を頼みにして心驕り、淫らな遊びに耽っているさま」は唾棄すべきものであり、「美しさは他に比類が無いとはいえ、余りに礼儀を弁えていない」と非難されている。

一方、宓妃を奪った羿には、彼女のほかにも妻がいた。姮娥（＝嫦娥†）という名前の、後に月に奔って月精になった女神や、黒髪が鑑のようで、目がくらむほど美しいため玄妻＝眩妻とも呼ばれたという純狐がそうである。後者は同様に美貌の誉れの高い洛神と同一視することが可能である。純狐は寒浞という家臣と謀って、夫の羿を殺した後、その妻妾の一人になったことが記されているが、宓妃と同様に複数の恋愛や結婚を繰り返し、その相手を不幸にしたり、死に追いやったりするといった共通する一面を有している。また、三国時代の曹植による『文選』所収の「洛神

の賦」は、彼が熱愛しながら結ばれることの
なかった甄后(しんこう)を洛神にたとえて謡ったものだ
とする説もある。『三国志』の中に描かれる
甄后は、絶世の美女であったが、戦乱に巻き
込まれた結果、幾度も結婚を繰り返し、しか
もいずれの恋愛、結婚も破綻することになる
女性である。

　三国時代以降の、とりわけ唐代の詩人たち
が謡う洛水の女神は、曹植の作品の宮廷風に
世俗化されたイメージに影響を受けて、その
美しさばかりが強調され、崇敬の念や神格を
喪失している。それでもなお姿を龍にたとえ
られ、その周辺に魚や水鳥を配して描写され
ることによって、水神であった本来の属性の
一端をとどめている。

キーワード：河川女神、水の女神、美女、溺
死、多情

参考文献：E・H・シェーファー『神女』西
脇常記訳、東海大学出版会、1978年、67-
69、116-119頁；白川『中国の神話』141頁；
目加田誠『洛神の賦』講談社、1989年、9-
40頁．

⇒アプロディテ、イナンナ／イシュタル

嫘祖(るいそ)　Lei Zu

名前の意味・神格・属性：傫・累祖とも雷祖
とも表記され、「嫘・傫・累もしくは雷を氏
姓とする一族の女祖先」の意。五帝の筆頭に
あげられる黄帝の正妃。死後、先蚕(こうさん)(養蚕の
女神)として、また祖神(道路の神、道祖神)
として祀られた。

概要：『史記』「五帝本紀(せいりょうし)」には、黄帝は諸侯
の一人である西陵氏の娘、嫘祖を娶って正
妃としたとある。彼女は人々に蚕を育て、絲
繭(けんけん)(絹糸と繭)を作り、衣服を製作して暑さ
や寒さから守ることを初めて教えたので、後
世に先蚕として祀られたことで名高い。また、
唐代の『軒轅本紀(けんえんほんぎ)』(『雲笈七籤(うんきゅうしちせん)』巻百所収)
によると、黄帝が天下を周遊した時、彼に従っ
ていた嫘祖がその旅の途中で死んだ。黄帝は
彼女を弔って、旅行の安全を見守る道路の神、
すなわち祖神として祀り、第二夫人の嫫母(ぼぼ)
にその棺もしくは廟を守らせたと記されてい
る。

嫫母は醜女として名高かったものの徳が
あったので、黄帝は後宮に迎え入れて女官た
ちの教育に当たらせていたが、嫘祖の死後、
彼女はその棺を守って先導した。これが方相
氏の始まりであり、やがて『周礼』「夏官」
に疫鬼を駆逐する官吏として記録された。こ
のほか、宋代の『路史(ろし)』「後記」には、黄帝
の次妃として方累氏、彤魚氏(とうぎょし)の名前があげら
れているが、嫘祖と嫫母を合わせて四妃がい
たとするこの説は、おそらく戦国時代の『尸
子(しし)』の「黄帝が四面であった」とする記述
に対応するものであったろう。なお、『山海
経(せんがい)』「海内経(かいだいきょう)」に嫘祖が雷祖という名前で登
場する場合には、彼女が昌意(しょうい)を生み、昌意が
韓流(かんりゅう)を生み、韓流が帝顓頊(せんぎょく)を生んだとあり、
黄帝の世系は正妃である彼女の子孫によって
引き継がれたことが明記されている。

キーワード：養蚕、道祖神、醜女

参考文献：森『黄帝伝説』149-161頁；伊藤『中
国の神話・伝説』68-69、92-93頁；過偉『中
国女神の宇宙』349-354頁．

⇒アマテラス、馬頭娘

嫘祖、山東潍坊民俗版画

概説

道教の女神

櫻井 龍彦

概説

道教の神々は実に種々雑多である。民間からもいろいろな神を取り込んでいるので、土着の民間信仰の神なのか、道教に位置付けられる神なのか、その区別は判然としないところがある。信仰の範囲も中国各地に広がりをみせている神もいれば、黄河流域（女媧†、西王母†）、華北・東北地域（碧霞元君†）、沿海域（媽祖†）、華南地域（臨水夫人†）など地域的にかたよりのある神もいれば、出自した地方に信者が多い限定的な神（広州の金花娘娘など）もいる。

道教の最高神は道士の間では玉清元始天尊を中心に上清霊宝天尊、太清道徳天尊を合わせた三清とされるが、民間では玉皇大帝が尊ばれている。

三清を補佐するのが四御と称される四人の神であるが、玉皇はそのうちの一人であった。四御の中に后土皇地祇がいる。これは大地の神であるため豊穣をもたらす母神として女性化し、民間では后土娘娘（⇒后土夫人）として信奉されるようになる。娘（niang: にゃん）は母親、むすめ、年長夫人に対する尊称であるが、娘娘と呼ぶ時は、皇后や道教・民間信仰の女神をさす。

道教の神祇体系において最高位の女神がだれかは決まっていないが、西王母はあまたの女仙を統括する領袖とされる。神話の世界に登場する西王母が神仙思想に取り込まれて女仙の最高位につくと、道教の世界でも元始天尊の娘であるとか、玉皇大帝の配偶者という説が出てくる。西王母がこのように最高位の男神と関連づけられると、その高い神格から瑤池金母、また親しみをこめて王母娘

王母娘娘と玉皇大帝
天津市葛姑鎮天后宮玉皇廟
本章の写真はすべて櫻井龍彦撮影

娘と呼ばれるようになる。

后土娘娘が四御の一人である后土皇地祇につながるとすれば、神祇上では位格は高いことになる。しかし民間の后土信仰の中では特に最高位という認識はなく、農民の間では豊穣を祈願する大地母神として祀られている。四御の紫微北極大帝と鉤陳天皇大帝は日月星辰の天体を管轄する神々であるが、それらを生んだ母親が斗姥（斗姆ともいう）である。その意味では女神の序列としては上位にあるといえよう。斗姥を祀る建物を元辰殿、斗姥殿といい、中に斗姥元君像が配されている（北京の白雲観など）。元君とは最高位にある女神の尊称である。西王母も王母元君と呼ばれた。

元君と呼ばれる女神はほかに碧霞元君などがいる。特に北方で信奉をあつめたが、元君に奉じたのは宋の真宗であり、以後明清時代においても国家祭祀の対象となった最上位の女神である。天仙聖母碧霞元君という称号を下賜されている。

国家が祭祀の対象とした女神にはほかにも媽祖がいる。碧霞元君が北方を代表する女神ならば媽祖は南方を代表する女神といってよいだろう。もともとは福建の沿海部で信仰された航海神だったが、その霊験が広く認知され、元代に天妃の封号を賜ることになる。明清時代も官民あげて信奉され、清代には天妃から天后に格上げされている。これは中国史上ただ一人の女帝である唐の武則天と同じ尊号である。

娘娘の種類は多い。現世の欲望はその数はかりしれず、一人の神だけでそれを充足することはできないので、頼みの神は多いほどよい。そこで碧霞元君や媽祖のように俗世のあらゆる願望に応えてくれる大慈大悲の万能神を用意する一方、機能を特化、分掌させた神々をたくさん創りあげた。

娘娘の神格を大きく分類すると、自然（天象、山岳河川等）、福寿、招財、動植物、学芸、辟邪、医薬、授産、育児に関わるものなどに分けることができる。瀧澤俊亮は『満洲の街村信仰』（満州事情案内所　1940年。第一書房、1982年復刻）の中で、1940年ごろ

娘娘廟、天津市大宋村

満洲や華北で自ら調査した民間信仰の神々を整理して道教百神の表を作っているが、女神についてだけ述べると、地に土母、星に斗母、雷に電母、水に水母、海に天后娘娘（天妃）、植物に桃花仙姑、招財に財公神母、天仙聖母（碧霞元君）、長生に大慈観音、死命に命符娘娘などをあげている（瀧澤　1940年、174-175頁）。その中でも特に娘娘神が多いのは、医薬、授産、育子の分野である。女神となるとやはり子授かり、出産、育児、子供の病気治癒など乳幼児の生命や健康に関わるものが多くなるのは自然である。

道教は一神教ではないため、娘娘を祀る廟宇でも一人の神だけが祭祀されることはまずない。欲望の数だけ神をそろえることはできないが、主神が天后娘娘（媽祖）や天仙娘娘（碧霞元君）といった二大万能神の廟でも、送子娘娘や眼光娘娘などを副神として従えているのが普通である。

瀧澤があげた神名に大慈観音、白衣観音があったように、娘娘信仰は外来の仏教からきた観音信仰とも密接な関係にある。観音自体も世俗化して観音娘娘、観音媽となっている。特に送子観音は送子娘娘や子孫娘娘と区別するところはない。ともに慈悲深い母性を表象したものとして親しまれている。観音娘娘のほかにも、仏教から転化した道教の神として斗姆元君†がいる。

道教や民間信仰の女神には、女仙や道姑が神格化して神になった者が多い。その出自などから推測すると、後世におけるその信仰や伝説の伝播には、病気治癒や卜占などで呪術

送子娘娘、北京市川底下村、娘娘廟

的な霊能を発揮する巫女のような存在が関わっていたと考えることができるかもしれない。

　男神と比較した女神の特徴をひとくちで言えば、それは慈悲にあると言ってよいだろう。母性としての慈悲は女性に特有の病を取り除き、出産、子育てなど母親としての使命を助けるものであった。旧社会では後継ぎがないことは、女性としての価値がないことに等しい。家の存続のために子を生むことは悲願であり、結婚しても子ができない悩みを持つ女性は娘娘の篤い慈悲にすがろうとした。

　また医学も発達しておらず、衛生環境も良好ではなかった時代、子供を生んでも無事育て上げられるかどうかは大きな悩みであった。不衛生な生活は特に眼病と皮膚病に表れる。だからこそ送子娘娘、眼光娘娘、斑疹娘娘のような女神が創出された。

　道教や民間信仰の女神の中には、その成立や伝承に巫祝を職能とする女性の関与がうかがい知れる例があるが、少なくともその信仰をこれだけ長期にわたって育て上げてきた過程で、信者となった女性たちの存在が大きかったことは間違いがないだろう。

【参考文献と略号】
彌永信美『観音変容譚』法蔵館，2002年
奥村義信『満洲娘娘考』満洲事情案内所，1939年（第一書房，1982年復刻）
過偉『中国女神の宇宙』君島久子監訳，勉誠出版，2009年
可児弘明『民衆道教の周辺』風響社，2004年
葛兆光『道教と中国文化』坂出祥伸他訳，東方書店，1987年
許仲琳編『完訳　封神演義』全3冊，光栄，1995年
窪徳忠『道教の神々』平河出版社，1986年
坂出祥伸『道教とはなにか』中央公論社，2005年
志賀市子『中国のこっくりさん――扶鸞信仰と華人社会』大修館書店，2003年
シャヴァンヌ『泰山――中国人の信仰』菊池章太訳，勉誠出版，2001年
朱天順『媽祖と中国の民間信仰』平河出版社，1996年
瀧澤俊亮『満洲の街村信仰』満州事情案内所，1940年（第一書房，1982年復刻）
野口鐵郎他『道教事典』平河出版，1994年
李獻璋『媽祖信仰の研究』泰山文物社，1979年

道教、民間信仰の女神の事典

何仙姑　He Xiangu
名前の意味・神格・属性：何は姓。仙姑は女性の仙人、女性の道士、巫女などを指す。禍福吉凶を占う神。

概要：実在の人物ではないが、仙人になった伝説を持つ女道士で、禍福吉凶を占う術にたけた巫女と考えられたらしい。古来、中国では道を体得して仙人となった伝説的人物は多く、その中でも鍾離権、張果老、李鉄拐、曹国舅、呂洞賓、韓湘子、藍采和、何仙姑の「八仙」が有名である。何仙姑はその中で唯一の女性である。

　何仙姑に関する記録は唐宋以来の文献に多く見られるが、その出身地や事跡については異伝が多い。家業が豆腐屋、靴屋などと言われ、出自が庶民であったため、幅広い階層で信仰された。出身地は広東、福建、広西、湖南、浙江、安徽など南方の地と関連があるが、大きく広州増城県と湖南永州の二説に分かれる。時代も唐の武則天の時、北宋の仁宗の時の二説に大別される。

　清初の『歴代神仙通鑑』（巻14）によると、武則天の時代、増城県出身で何泰の娘。生まれた時、紫雲が産室にたちこめる吉祥が見られた。13歳の時山へ茶葉を採りに出かけ道に迷う。たまたま出会った道士から、食べれば仙人になれると渡された桃を口にすると、空腹を感じなくなり、人の吉凶がわかるようになった。また夢に神が現れ、雲母の粉を食べるとよいと教えてくれた。生涯嫁がないと誓い、山中を往来したが、その身の軽さは飛ぶが如くであった。毎朝山へ入り、夕方になると果物を持って帰宅し母親に与えた。

キーワード：仙女、占い、桃

参考文献：窪『道教の神々』190頁；野口他『道教事典』67頁．

観音娘娘　Guanyin Niangniang
名前の意味・神格・属性：観音が道教に取り込まれ、世俗的な神として変身したもの。南海大士、慈航大士とも呼ばれる（大士は菩薩のこと）。

概要：仏教は後漢（25-220年）の頃に中国に伝来したとされる。多くの仏典ももたらされ、五胡十六国の後秦（384-417年）の時、鳩摩羅什によって『妙法蓮華経』が翻訳された（406年）。その中の「観世音菩薩普門品」によって観音も知られるようになった。ほぼ同じころ曇無讖によって訳された『悲華経』では、観世音菩薩がインドの無諍念王の第一王子として登場するように、当初、観音は男性であると考えられていたが、中国では時代が下ると次第に女性化していき、宋以降はほぼ女性と考えられた。

　観音はもともと衆生救済のためにその形象を自在に千変万化する菩薩だったので男にも女にもなることができたが、慈愛を求める民衆は、母性の権化として女性の姿を理想としたのだろう。

　観音の世俗化の最たるものが送子観音であ

観音娘娘、天津市、大宋村娘娘廟

送子観音、山東省蓬莱市、蓬莱閣子孫殿

ろう。仏教の観音は大慈大悲救苦救難の菩薩であるが、その信仰が階層を問わずに浸透していったのは、子授けのような現実願望を満たす機能を強めたからであろう。観音は道教や民間信仰と習合し、必然的にこういった俗世の欲望にも関わることになった。廟に祀られた「送子観音」は乳幼児を腕に抱く姿で表現されているが、その役割は娘娘神の一つで、子宝を恵む送子娘娘と同じである。
キーワード：子授け、母性
参考文献：彌永信美『観音変容譚』法蔵館, 2002年, 307頁以下, 551頁以下；過偉『中国女神の宇宙』461頁以下.

后土夫人　Houtu Furen
名前の意味・神格・属性：后土皇地祇という土地神が女性化したもの。后土娘娘ともいう。大地山川を主管する神。娘娘神として子供の生育も司る。
概要：豊穣をもたらす大地の神としては女性がふさわしいが、中国では城隍神や土地爺など男神もいる。后土ももとは男神であったようだが、陰陽説による天陽地陰、男陽女陰の考えが導入されると女神として定まった。

名称については神名、人名、官名など諸説あるが、前漢の時には、土地に関わる自然神として国家祭祀の対象となり、后土祠も建てられた。その祠典は歴代の皇帝において継承され、唐代には夏至の日に皇帝が地祇を祀り、宋の徽宗は「承天効法厚徳光大后土皇地祇」の封号を与えている。

このように支配者層において非常に地位の高い女神であるが、民間の農耕社会でも大地母神として崇拝された。五穀豊穣、賜福滅災、吉祥安泰を願う庶民層では、道教の娘娘神と同一視される。豊穣の地母とは別に、后土神は陰の大地との関連から冥界と結び付き、墓の守護神ともなっている。
キーワード：大地母神、豊穣女神、成長、冥界、生と死
参考文献：窪『道教の神々』280－281頁；過偉『中国女神の宇宙』340－343頁.
⇒イザナミ、カーリー

三霄娘娘　Sanxiao Niangniang
（雲霄 Yunxiao・瓊霄 Qiongxiao・碧霄 Bixiao）
名前の意味・神格・属性：武神・財神で名高い趙公明の三姉妹、雲霄（大奶奶）・瓊霄（二奶奶）・碧霄（三奶奶）をさす。三仙姑、三姑ともいう。婚姻、嗣子、生育を司る。
概要：三姉妹の兄は峨眉山の羅浮洞で修行した趙公明。三姉妹も驪山老母（驪山の麓に住む老仙女）を師として修道につとめ仙人となる。兄が殺された仇討ちに、混元金斗、金蛟剪という神器を使ったり九曲黄河陣という陣を敷いて戦う女神でもある。のちに姜子牙によって「感応随世仙姑正神」に封ぜられている（『封神演義』第99回）。

混元金斗は方術でつかう壺状の容器であるが、便器と形状が似ているため、三仙姑は廁神の坑三姑娘すなわち紫姑†にたとえられる。また混元金斗が産湯を使う桶とみなされると、妊娠、出産などを司る註生娘娘と同一視されることもある。

兄の趙公明は武神・財神として崇拝されるが、その廟には妹の三仙姑を祀った三仙姑殿もある。特に台湾で信仰があつく、北港の武

三霄娘娘
（左）雲霄娘娘、（中）瓊霄娘娘、（右）碧霄娘娘、山東省栄成市石島、天后宮

徳宮にある三仙姑殿が有名で参拝者が多い。
キーワード：子授け
参考文献：許編『完訳　封神演義』.

紫姑　Zigu

名前の意味・神格・属性：子姑、坑三姑娘、七姑ともいう。厠神。吉祥禍福を占う時、降臨する神。「扶箕」という卜占法は紫姑神信仰に由来する（⇒三霄娘娘）。

概要：唐の時代、山東省莱陽の人。ある人の妾になったが、本妻に嫉妬され正月15日に厠で殺害される。天帝が憐れんで厠神とした。

正月15日は元宵節で、この日の夜、紫姑の人形を作り、厠や豚小屋で紫姑神を迎え豊作や諸事を占う「迎紫姑」という習俗がある。六朝時代にすでに行われたようで、唐宋時代に盛んだった。

いろいろなやり方があるが、清・黄伯禄『集説詮真』によると、14日の夜、糞箕〔汚物をかき集める箕の形をした道具〕を用意しそれをかんざしや花で飾り、銀製のかんざしを箕の口に挿したものをご神体として汲み取り口に置く。別に供物の机を用意し、白米を机上に撒いておく。10歳以上の幼女がご神体の銀のかんざしの先を米粒にしっかりあてる。するとかんざしが米の上で動き始め、字のようなものを書き出す。これが厠神のご託宣であるという。

この「こっくりさん」に似た降神による卜占法を「扶箕」（箕を支え持つ）といい、台湾、香港はじめ華人社会でいまも盛んに行われている。紫姑神は厠神といっても実際には厠とは関係なく、もっぱら卜占の時に招き降ろす神である。

キーワード：厠神、占い
参考文献：志賀市子『中国のこっくりさん——扶鸞信仰と華人社会』大修館書店，2003年；伊藤清司『中国の神話・伝説』89-91頁.

電母　Dianmu

名前の意味・神格・属性：閃電娘娘、金光聖母とも呼ばれる。電光を司る。

概要：雷公電父という言葉があるが、雷・電は一体として男神とみなされていた。しかし雷神が男神の性格を強めていくにつれ、雷と電は分化し、電光の神は雷神の配偶者として女神の電母となった。

唐代の文献には雷公電母という表現が出てくるので（崔致遠『桂苑筆耕集』巻16）、その頃には電母が女性神となっていたことがわかる。宋・元代の儀仗〔儀式の際に用いる武器〕の中に「電母旗」があり、女性の姿が描かれていた。

雷は雷公が地上の善悪是非を見極めて、悪

事を働いた者に落とすと考えられた。ところが雷公は眼が悪いため懲罰の相手を間違えないように、まず電母が鏡で地上を照らして判別した。いま母の神像が両手に鏡を持つのは、この伝説に由来する。明の『封神演義』第99回では金光聖母が雷部正神の閃電神に封ぜられている。道教では娘娘神の一つになり、閃電娘娘と呼ばれる。

キーワード：雷神、鏡
参考文献：過偉『中国女神の宇宙』338頁.

斗姆元君　Doumu Yuanjun

名前の意味・神格・属性：斗母とも書く。紫光夫人、斗姆娘娘、斗姥奶奶ともいう。奶奶は娘娘と同じく年配女性に対する敬称。斗は北斗七星。斗姆はその母としてあらゆる星の生みの親を意味する。元君は最高位の女神の称号。人間の寿命を司り、危難の除去、子授けの神でもある。

概要：斗姆元君は観音娘娘と同様に道教と仏教が融合した女神である。斗姆元君は仏教の護法神である摩利支天の化身と言われる（屈大均『広東新語』巻6）。その姿は摩利支天に似て、三つの眼、四つの顔、八本の腕を持ち、手には太陽、月、矛、戟などの武器を持つ。道観の中の斗姆殿や斗姆閣に祀られた女神像は、このような特異な容貌で形象され、数ある道教神の中でも珍しい姿をしている。四面八臂は四象八卦を表し宇宙万物の象徴ともいう。

伝説によると、龍漢年間に、周御という国王がいて、その妃である紫光夫人が斗姆元君という。紫光夫人は百花咲き誇り、芳香に満ちたある春の日、玉池で沐浴していたところ、突然感ずるところあり、九弁の蓮の花を生んだ。それが九人の子供と化し、上の二人が天皇大帝、紫微大帝（北極星）に、残りの七人が北斗七星になったという。あらゆる災難を除いてくれる万能神だが、寿命も管轄している。華北では子授けの女神とされる。

キーワード：長寿、北斗七星、子授け
参考文献：野口他『道教事典』471頁.
⇒マーリーチー

斗姆元君、山東省栄成市、石島天后宮

碧霞元君　Bixia Yuanjun

名前の意味・神格・属性：天仙聖母碧霞元君が正式の名称。元君は女仙の尊称（男神の尊号は天尊）。泰山玉女、玉女大仙、天仙娘娘ともいう。泰山の主神である東岳大帝の娘とされる。現世利益の願いをかなえる神通広大な万能神。

概要：媽祖†が福建省を発祥地とし南方で尊崇される女神とすれば、碧霞元君は山東省泰山を中心として北方で信仰のあつい女神である。

来歴は諸説ある。多くは東岳大帝の娘とするが、炳霊侯（東岳大帝の三男）の娘とする説もある。東岳とは道教の聖地である五つの山（五岳）の中で東方に位置する泰山のこと。泰山は死者の霊魂が集まるところでもあり、歴代の皇帝が封禅という祭天儀礼をする聖地でもあった。

そのため来歴の異伝には神仙説に由来して、黄帝が岱岳観を建てた時、西崑真人を泰山に迎えるため七人の娘を派遣したが、その

七女のうち修行を積んで得道した玉女（ぎょくじょ）というう説や漢の明帝の時、善士石守道に玉葉という娘がいて、三歳で人倫を知り、七歳で諸法に通じて西王母（せいおうぼ）†を拝し、十四歳の時、泰山の黄花洞に入り、三年で煉丹の術を修めたあと昇仙したという説（『古今図書集成・神異典』巻21引く明・王之綱『玉女伝』）などがある。碧霞元君の前身が泰山で刻苦修行し神仙術を得た女仙であるという伝承から、山岳信仰と関係する巫女の存在がうかがわれる。

泰山に玉女がいるという考えは古くからあったようで、山頂には玉女池や玉女の石像もあった。北宋の真宗皇帝（997－1022年在位）が泰山で封禅を行った時、玉女池に沈んだままで破損していた石像を見つけ、それを修復し祠を建て「天仙玉女碧霞元君」として祀ったという。これにしたがえば碧霞元君という称号は宋代に与えられた。

泰山の玉女は、こうして皇帝の権威と結び付いて神格が高められ、人々の尊崇を集めるようになっていくが、碧霞元君という称号は、媽祖（まそ）や臨水夫人（りんすいふじん）†（順懿夫人（じゅんい）すなわち陳靖姑のこと）にも与えられ、明代の神怪小説『封神演義』第99回には余化龍が五方の痘神を統率する「主痘碧霞元君（しゅとうへきかげんくん）」という称号を持つなど混用がみられる。

泰山玉女を指して専ら碧霞元君と称するようになったのは、明代以降と考えられる。実際、碧霞元君への信仰は明清時代に盛んだった。

東岳大帝（泰山府君）は泰山の主神であり、人間の寿命も管理する死後世界の支配者だが、明代以降は娘の碧霞元君への信仰、参拝の方が盛んになる。その理由はこの女神が授子安産、病気治癒、福禄長寿、商売繁盛などあらゆる現世利益に効験ある神として崇められたからである。人々にとって冥界の最高神への畏怖よりは、現実生活の欲望や利益を満たし、苦悩を除いてくれる神の方がありがたく身近である。今日でも人々が泰山登頂をめざす目的は、碧霞元君を祀った碧霞祠への焼香である。

碧霞元君の神通は人事万般におよぶが、元君を主神として祀る娘娘廟には、授子・育児（送生、送子、子孫、催生）や治病（眼光、天花、斑疹）を司る娘娘神もあわせて祀られている。婦女には子宝を授け、安産を約束し、乳幼児には眼疾や天然痘に罹らないよう健康を恵む慈悲深い守護神とされているため、女性の参拝者が多い。

キーワード：子授け、育児、治癒、山の女神
参考文献：シャヴァンヌ『泰山――中国人の

（左）碧霞元君
山東省、泰山香亭
（右）眼光娘娘
天津市大宋村、娘娘廟

信仰』菊池章太訳, 勉誠出版, 2001年；小南一郎「女神のめざめ——碧霞元君と春の祀り」, 説話と説話文学の会編『説話論集』第13集, 3-20頁, 清文堂出版, 2003年.

媽祖　Mazu

名前の意味・神格・属性：媽祖は神格に対する親しみをこめた尊称。伝説によれば姓は林、名は黙娘。生後しばらく泣き声もあげなかったので「黙」と命名されたという。沿海地域で海神として崇められ、航海安全や漁業の守護神だった。しかし時代が下ると国家祭祀の対象となり、「天妃」、「天后」、「天上聖母」などの封号が与えられ、霊験あらたかな万能神として官民から信奉される。道教の神「天后娘娘」としても親しまれている。

概要：中国では、北方の碧霞元君と並んで南方の媽祖が、民間における女神信仰の双璧である。

その信仰が伝播、拡大していくにつれて、霊験譚も増大し、膨大な資料が残っているが、反面その出自はよくわかっていない。生卒年は諸説あり、明末の『天妃顕聖録』では、宋の建隆元 (960) 年3月23日にいまの福建省莆田で生まれ、雍熙4 (987) 年9月9日に逝去したという。これに従えば、30歳に満たない若さで亡くなったことになる。

現在、媽祖に関する記念行事はこの生卒年月日に依拠していて、特に誕生日の旧暦3月23日は大陸や台湾各地の媽祖廟で盛大な祝祭が行われている。

若年で未婚のまま亡くなったことや呪術にすぐれた巫女であったという説も神秘化の要因であろう。一方、媽祖を地域の官吏名族である林家の娘（例えば万暦3 (1575) 年の『興化府志』では福建省興化府の官僚であった林愿の娘という）とする説があるのは、高貴で権威ある神格とするためであろう。

『天妃顕聖録』によると、懐妊、降誕時からすでに奇瑞がみられる。母親が夢に現れた観音から丸薬を授かり、それを服用して身ごもった子で、赤い光が寝室に射しこみ、目を奪うばかりの色彩と芳香に包まれながら出産したという。幼いころの聡明さも常人とは異なり、経書を誦読し仏法の奥妙を究め、神仙から道教の秘文を授かると、邪怪を消滅し、居ながらにして精神は世界を浮遊し、吉凶禍福を言い当てたという。

莆田が大干ばつに襲われた時、祈禱をして雨を降らせた話、西北に順風耳と千里眼という悪鬼がいて村民を苦しめていたが、それを知って調伏した話、船を転覆させる海中の妖怪を懲らしめ、航海の安全を確保した話、誕生日に東海龍王が水族を引きつれてお祝いに来た話、疫病が流行した時、魔よけの呪文を入口に貼り、菖蒲を煎じて飲ませ病気を治

媽祖、福建省莆田県湄州島

した話など、媽祖の神通力を語る霊験譚は多い。

各地の媽祖廟には、媽祖像の左右に千里眼、順風耳という神がいるが、これは上記の故事に由来する。千里かなたの遠方を見通し、災難の兆候を聞き取る超能力をそなえた二神は、もともと凶神であったが、改心して媽祖の配下となったのである。

媽祖にまつわる最も有名な霊異伝説は「機上救親」であろう。すなわち父と兄が海上で暴風雨にあっている時、媽祖はちょうど家で機織りをしていたが、突然意識を失う。しかし手はしっかり梭を持ち、足はしっかり踏み板を押さえていて、なにか逃げようとするものを防ぐかのような動作だった。その様子に驚いた母親が急いで声をかけ目覚めさせると、媽祖は手から梭を落としてしまう。そして泣きながら「父は助かりましたが、兄は死にました」と言う。

しばらくして、父親の船は荒波の中で転覆しかけたものの、だれかが舵をしっかり押さえていたかのようで助かったが、兄の船は舵が折れ転覆したという悲報が入った。媽祖が失神した時、足で踏んでいたのは父親の船であり、手に持った梭は兄の船であった。母親に呼び覚まされた時、梭を手から落としたため兄は死んだのである。

『天妃顕聖録』が媽祖の生存期を宋代10世紀としたように、媽祖信仰は宋代から盛んになってきた。しかし当時はまだ福建地方を基盤とした神女だったが、霊威伝説が広まるにつれ信仰範囲も南北に拡大していった。歴代皇帝による冊封はその拡大に大きく寄与したと言えるだろう。宋代では紹興26（1156）年に霊恵夫人、紹熙元（1190）年に霊恵妃、元代では至元15（1278）年に天妃の封号を賜って以後、数回冊封されている。媽祖信仰は元代になると海上交易の進展と共に華中、華北の沿海部を中心に拡がっていった。

明代になると外国との交易も盛んになり、海外派遣の使節や商船が媽祖の加護で海難を逃れた奇蹟譚が多く語られる。特に東南アジアからアフリカまで航海した鄭和が媽祖の神助によって救われたという故事は、媽祖信仰の伸張に多大な影響力をもった。

天妃の封号賜与は明代でも継承され、清代になると康熙23（1684）年に天妃から天后に昇格した。媽祖を祀った廟が「天妃宮」、「天后宮」などと称されるのはこうした勅封に由来する。

媽祖は神格を天后までのぼりつめ、国家に功徳ある最高神として認められることで、その信仰が官民の階層を問わず広く奨励されたことになる。異色なのはその霊能が軍事面でも発揮されたことで、媽祖は軍神として治安維持にも活用されたのである。

媽祖が国家的祭祀の対象に編入されていくことは、その神格が国威発揚や鎮護国家に利用されていくことでもあるが、一方、民衆のあいだではもっと身近な生活レベルで霊験ある娘娘として親しまれた。避疫、求子、安産、求雨、発財などあらゆる現世利益の祈願に応える万能神として信奉されていった。慈悲深い観音菩薩との融合も庶民願望の顕現であろう。

媽祖信仰は中国人の交易活動や移住、冊封使の往来などにともなって、とりわけ明代以降各地の港市に波及した。大陸における広い分布にとどまらず、台湾、東南アジア、日本などにも伝播し、いまでは世界の華僑・華人社会に広く浸透している。

キーワード：シャーマン、航海、海の女神、戦闘女神

参考文献：李献璋『媽祖信仰の研究』泰山文物社，1979年；朱天順『媽祖と中国の民間信仰』平河出版社，1996年；過偉『中国女神の宇宙』371頁以下.

⇒ヲナリ神

臨水夫人（りんすいふじん）　Linshui Furen

名前の意味・神格・属性：産神。特に難産を助ける。雨乞い、厄災除去も司る。福建省古田郡臨水郷で生まれたので臨水夫人という。陳靖（進）姑が神になったもので、順天聖母（じゅんてんせいぼ）、順懿夫人（じゅんいふじん）の異名もある。

概要：『三教源流捜神大全』巻4によれば、唐の大暦2（767）年に福建省古田郡臨水郷で生まれる。父は陳昌、母は葛氏。観音菩薩

りんすいふじん

左から臨水夫人（剣を持つ）、観音菩薩、碧霞元君、福建省福州市、天后宮

の化身とされる。17歳で閭山に入って方術を学び、村人を苦しめていた大蛇を退治した。皇后が難産の時、無事太子をとりあげたので「都天鎮国顕応崇福順意大奶夫人」を勅封される。

謝金鑾『台灣縣志』によれば、劉杞と結婚し妊娠したが、大干ばつの時だったので堕胎して祈雨につとめた結果、死んでしまった。死に際に「死んだら必ず神になり、人々の難産を救う」と言ったという。臨水郷に白蛇洞があり、そこに棲む蛇が毒気を吐いて、人々に疫癘をもたらしていた。ある日赤い服を着て剣をもった女性が現れ、蛇を斬り殺すと、「陳昌の娘である」と名乗って立ち去った。村人は白蛇洞のそばに廟を建てて陳を祀ると、その霊験は著しかったという。

以上からは、蛇妖や瘟疫を鎮めたり、雨乞いをしたりする呪術を駆使できる巫女だったらしく、後に死して神となり、助産もしたこと、観音信仰が融合していることなどがわかる。

福建出身なので、今日でも信仰は華南地方と台湾で盛んで、北方では重視されない。信仰は明清時代に隆盛し、その廟は子宝を願い、子供の無事な生育を祈る人々でにぎわった。出産育児を司る註生娘娘と同一視されることもある。

道教の一派である三奶派では、臨水夫人を主神とし、その妹の林夫人紗娘、李夫人三娘をあわせて「三奶夫人」として尊崇している。法師が儀礼を行う時には必ず三奶夫人を降臨させる。

陳靖姑の故事を題材とした祭祀芸能は数多く、今日でも追儺儀礼や人形劇の中で演唱される。『鑄鼎餘聞』巻3が引く同治『麗水縣志』に、子宝を授かればその子の成長儀礼の時、盲目の芸人を呼んで陳靖姑の故事を語らせる「唱夫人」という芸能があったという。

キーワード：出産女神、雨乞い、シャーマン、蛇（退治）

参考文献：窪『道教の神々』214-215頁.

朝鮮半島の女神

依田千百子

概説

朝鮮半島には多様な女神がいる。その古代神話は王権の起源を説く建国・始祖神話が中心で創世神話を欠く。天地創造や文化の起源については巫歌や神話的昔話など口伝神話が伝える。朝鮮半島神話の顕著な属性である「神話と伝説の複合性」は、建国神話が実在した歴史的王国の始祖王の物語であるという、その資料性に基づいている。このような特性を勘案して、女神の範囲を「古文献、巫歌、民間伝承に登場する女性たちのうち、その事蹟の中に神性や大女(母)神、地母神の残像が認められる存在」と一般的女神概念より幅広く定義する必要がある。

朝鮮半島神話の女神を伝承形態によって分類すると、文献神話の女神と口伝神話(巫俗神話と民間伝承)の女神に二大別できる。

【原典】

文献神話の主要な原典には以下がある。

『三国史記』全50巻は、1145年に金富軾らが編纂した新羅・高句麗・百済に関する官撰の、現存最古の歴史書である。各種の民俗史料と中国史料を多用した、古代の歴史文化の基本資料だが、編者が儒学者であったことから、神話は非合理的なものとして簡略に記録されている。

『三国遺事』全5巻は、1280年代に僧一然が編纂し弟子の無極が補筆した、新羅史を中心とした私撰の歴史書。神話的要素が豊富で、檀君神話や「駕洛国記」の抄録、郷歌(新羅の詩歌)など『三国史記』にはない資料を広く収録している。編者が僧侶のため仏教的色彩が強い。

『旧三国史』は1010年代に成立した高句麗中心の歴史書。現存しないが、その一部である高句麗建国神話が「東明王篇」の中の分注記事として残り、後世に伝えられている(李奎報『東国李相国集』巻第三「東明王篇」1241年)。

以上のほか、断片的神話を収録しているものに『帝王韻記』(李承休、1287年)、『高句麗』(鄭麟趾他編、1454年)、『世宗実録地理志』(1454年)、『東国輿地勝覧』(盧思慎他編、1481年)などの国内文献のほかに、『論衡』『後漢書』『魏書』『梁書』『隋書』『周書』『唐書』『北史』などの中国の歴史書および「広開土王碑文」をはじめとする金石文がある。

口伝神話の資料については後述の参考文献にまとめた。

【文献神話の女神】

文献神話の女神は『三国史記』『三国遺事』ほかの古文献に記載されている女神で、多くは始祖王の母、妻・妃である。「古朝鮮の檀君神話」の熊女、「高句麗の建国神話・朱蒙神話」の柳花、「百済建国神話」の召西奴、「新羅建国神話」の閼英†、「駕洛国建国神話」の許黄玉、「耽羅国の建国神話」の耽羅国三姓始祖の妻†、新羅文武王の母・文姫†、百済武王の后善花公主†、後百済の始祖甄萱の母†、「高麗王朝起源伝説」の辰義と翥旻義†(竜女)などがこれに属す。そのほか月の女神細烏女†、水路夫人†、桃花女†、平康公主†の話がある。文献神話の特徴は山の女神の神話が多いことである。仙桃

概説

聖母、雲梯山聖母(雲帝夫人)、護国三女神、鵄述嶺神母、霊鷲山の女神、正見母主†(伽耶山の山神)、智異山聖母†、平那山(聖居山)の山女神†などがある。

【巫俗神話の女神】

巫祭で口誦される巫俗の神々の由来譚を叙事巫歌または本解(ポンプリ)という。代表的女神の本解は次の通りである。子授け・出産・生育神三神婆様†の「三神婆様本解(サムスンハルマンボンプリ)」、寿樣・産神タングムエギの「帝釈本解(チェソクボンプリ)」、死霊をあの世に導く巫祖バリ公主の「バリ公主神話」、済州島の巫祖神話「初公本解(チョゴンボンプリ)」、農耕神チャチョンビの「世経本解(セギョンボンプリ)」、財富を司る蛇神の「七星本解(チルソンボンプリ)」、西天の花畑の管理人の妻の「二公本解(イゴンボンプリ)」、富福を司る神カムンジャンアギの「三公本解(サムゴンボンプリ)」、ハシカの女神の「胡鬼プリ(ホギプリ)」と各地の堂神(村の守護神)、各姓氏の祖先の本解である。巫俗神話の女神は生命、死、寿、福、財、農、病、村、祖先など時間的、空間的に女性の生活全般に関与している。

【民間伝承の女神】

国土創世神話は伝説の形で伝わる。済州島のソルムンデハルマン†は巨大な女神で、裳で土を運び、その土を注いでできたのが漢拏(ハンナ)山、途中でこぼれ落ちたのが周辺の山々となった。彼女の小便は川となり、陸地をえぐり切り離されて島になったという。ソルムンデ婆様と同類の巨大な老女の伝承は本土にもある。東・南西海岸のマゴハルミ、ノゴハルミ、全羅北道扶安の七山海を管理する巨大な海の女神ケヤンハルミなどがいる。単独で国土や自然物を創造する巨大な婆様たちは民話化し神聖性を失っているものの、原初の創造の大女神の残像と見てよいだろう。このほか半島南部と済州島で信仰されているヨンドン婆様(ハルマン)という風雨の老女神がいる。自然の摂理を司るヨンドン婆様も大女神の一つの残像であろう。

【村共同体の女神】

村の守護神の中で、嶺南地方のコルメギハルメ(ハルメは女神の尊称)と嶺南・湖南地方の堂婆さんは男神の二、三倍の数にのぼり、村祭りの女神の卓越性が指摘されている。ただし、嶺南・湖南地方の村の守護神は堂爺さんと堂婆さんの夫婦配偶型が基本形態である。男女一対のこの形態は、朝鮮半島の神話及び民俗信仰の根幹をなす天父地母の原理と陰陽思想に基づくもので、農村社会的信仰と言える。数は多いが堂婆さんはこのような信仰体系の中に存在、機能している。村の守護神に女神が多いのは、女神の持つ生産神的機能が期待され、豊穣多産を保障する存在とみなされているからである。その他の村共同体の女神に、怨恨を抱いて死んだ女性を神に祀った冤魂の女神〔後述【冤魂型女神】参照〕が存在する。

【女神の三類型】

文献、巫俗、民間伝承、村共同体の女神を分類すると、夫婦配偶型と単独型、母子型の三類型に分類される。いずれの群の女神も夫婦配偶型が圧倒的に多く、単独型の女神は、文献神話の女山神の一部と巫俗神話の三神婆様、民間伝承の巨大婆様、村共同体の冤魂女神である。母子型は少なく、柳花、仙桃聖母、正見母主がこれにあたる。

【大母神の残像】

単独形態の女神の一つは済州島のソルムンデハルマンとその同類の巨大婆様で、原初の創造の大女神の残像とみなされる。巫俗の女神では三神婆様が唯一独神であるのは、生命(西天の花畑の花)を授ける別格の老女神で、大母神につながる存在と観念されているからであろう(因みに生命の花を司る女神の原形と目される、中国チワン族のミロチヤは創世の大女神である。)原初の大女神はやがて山神として祀られる趨勢にあるが、山の神の中で特に「聖母」の付く山女神は、明らかに大女神の残映が強い。仙桃聖母はもと中国帝室の娘で、夫なくして孕み、新羅に至り始祖赫居世と閼英を生んだ。聖母は動物の主的属性、文化の授与者的機能など複合的山神で、原初の大女神の相貌を最も多く継承している。また「大力長身の女」智異山聖母は、

大女神の巨人性を引き継ぎながら朝鮮八道の巫女の祖となっている。その他の朝鮮半島の山の女神も原初の大女神の末裔と見てよいだろう。

【冤魂型女神】
　江原道安仁津の海娘堂(ヘランダン)は、ある娘がワカメ採りに行って、船に乗った美青年に一目惚れし、恋患いで死んだ。村に不漁や災いが生じ、村人は海娘堂を造って娘を祀り、男根を奉納して娘の怨みを解き、豊漁と平安を祈ったという。東海岸地域、済州島では特に不幸な死に方をした処女の冤魂〔*〕をその村の守護神として祀ることが多い。冤魂の女神は古代の文献神話にもすでに登場している。鵄述嶺神母の話では、夫が倭国に旅立つや慟哭してついには自殺した、朴提上夫人の冤魂が神として祀られたという内容で、現在の村の冤魂の女神の成神過程と同様の構造である。冤魂の女神は、非業の死を遂げた女性の死霊に対する、強い思いを背景とした韓国特有の女神である。

＊冤魂とは恨みをのんで死んだ人の魂のこと。未婚のまま死んだ処女の死霊は、特に孫閣氏(ソンガクシ)と呼ばれる悪鬼となって、この世の人々に激しいたたり（精神異常、急病、事業不振、天災、事故など）を及ぼすと、非常に恐れられている。若い女がとりつかれると、結婚できず、病気や事故にあい、不幸な境遇に陥るという。

　孫閣氏や若死にした嫁の冤魂が持つ恐ろしい破壊力は、祀られることによって守護神へと転換する。慰霊のために未婚者同士の死霊を結婚させる死後結婚や特別の死霊祭などが行われ、不幸な死に方をした女性の冤魂を村の守護神として祀るものが多い。

【男神と女神】
　朝鮮半島の女神の類型の主体は夫婦配偶型である。神話や民俗文化の背景をなす世界観の反映であろう。建国神話では王と后の協力体制の重要性が語られているが、これは『易経』や『礼記』に見える、国家や家族における男女の協調性の重要さを説く、儒教的倫理の影響と捉えることもできるが、神話学的には王権神話に比較的多く見られる構造である。王権神話に不可欠な王の結婚＝聖婚は、王は別の世界に属する女性（王妃）からその豊穣性を取り込みながら新王国を発展させる、という命題の神話的表現であるから自ずと協調性が重視される。建国神話の女神が、男女配偶形態の体系の中で観念され機能しているのは、現在の村共同体の女神の在り方と呼応する。

【参考文献】
〔文献神話〕
『三国史記』全4巻，井上秀雄訳註，平凡社，1980-88年
『三国遺事』金思燁訳，六興出版，1980年
〔口伝神話〕
金泰坤『韓国巫俗神話』瑞文堂，1996年
玄容駿『済州道神話』瑞文堂，1996年
崔仁鶴／厳鎔姫『昔話集成　옛날이야기꾸러미』5（神話昔話），集文堂，2003年（崔仁鶴／厳鎔姫編『韓国昔話集成』辻井一美／田畑博子／李権熙他訳，第8巻，悠書館，2016年）
赤松智城／秋葉隆編著『朝鮮巫俗の研究』上巻，大阪屋號書店，1938年
北島由紀子「朝鮮神話の女神について――文献神話を中心に」『朝鮮学報』第202輯，125-165頁，2007年
北島由紀子「朝鮮神話の山神について――山の女神と虎の再考」，『摂大人文科学』第17号，2009年9月，1-30頁
北島由紀子「山神の両義性に対する一考察」，『日韓比較文学研究』第1号，2011年1月，21-31頁
野村伸一編著『東アジアの女神信仰と女性生活』慶応義塾大学出版会，2004年，第一部，第二部
吉田敦彦／松村一男編著『アジア女神大全』青土社，2011年，「韓国・朝鮮」

朝鮮半島の女神の事典

※神名の表記について
　文献（古典記載）神話の神名は（日本で定訳があるため）漢字を用い、日本語の読み方をひらがなで表記し、ふりがなをふった。続いて韓国語の読み方をカタカナで表記し、ローマ字による韓国語の転写を付記した。
　口伝神話の神名は（近年の調査研究のため）韓国語の読み方をカタカナで表記し、続いてローマ字による韓国語の転写を付記した。

閼英（あつえい）　アルヨン　Aryong
名前の意味・神格・属性：「閼」ar アルは韓国語の穀物・卵を表す語。「英」yong ヨンは尊称的語尾であるが「花」のことで、直訳すると「穀花」。「穀女」「穀母」の意。水の女神。農耕神。新羅の建国王の后。国母的巫女、鶏竜（りゅう）〔鶏の頭をした竜〕の子。
概要：辰韓の人々が王の出現を求めていると、紫色の大卵が天から降りて来て、その中から男児（朴赫居世）が生まれた。同日閼英という井戸の辺に鶏竜が現れ、その左脇から女児が生まれた（竜が死んでその腹を割ると女児が現れたともいう）。容姿は美しかったが唇が鶏のくちばしのようだったので、月城の北川で沐浴させるとそのくちばしが抜け落ちた。その子は生まれた場所にちなんで閼英と呼ばれた。二人が13歳になると男は王になり、女は后になった。国号を徐羅伐（ソラボル）または斯羅といい、後に新羅と改めた（『三国遺事』巻一）。彼女は賢く、行いも優れ、内助の功も大きく王国は繁栄し、人々は二人を聖人といった（『三国史記』巻1）。井戸の辺りで鶏竜から生まれ、穀父・穀母を意味する名を持つ閼英の本質は水の女神、農耕神である。聖川での沐浴によりくちばしが落ちたのは、俗的存在から聖女へと変化するためのイニシエーションであり、彼女の巫女・司祭者としての性格がうかがえる。閼英は赫居世の妻の ほかに母（『三国遺事』巻1注記）・妹（『三国遺事』「王暦」）と三様に伝えられているが、これらは同一人物である国母の巫女の姿を三様に伝えているのであって、閼英の原像は穀霊的祖霊に仕える国母の巫女である。神話が赫居世と閼英の結婚を重視しているのは天と地、太陽と水の結合を象徴する王と王妃の聖婚によって、新羅王国の豊穣と繁栄が確保されるからであろう。
キーワード：穀物（穀母）、水の女神、建国、国母、シャーマン、聖婚
参考文献：三品彰英『古代祭政と穀霊信仰』三品彰英論集第5巻，平凡社，1973年，第3章.
⇒ 柳花（りゅうか）

雲帝夫人（うんていふじん）（雲梯山聖母（うんていさんせいぼ））　ウンジョンブイン（ウンジョンサンソンモ）　Unjenbuin, Unjesanseongmo
名前の意味・神格・属性：別名阿婁（アル）夫人。雨水神。新羅最高巫女。新羅第二代王・南解次次雄（ナメチャチャウン）の后。
概要：『三国遺事』（巻1）は南解次次雄の后について「雲帝（ウンジョンブイン）夫人、あるいは雲梯（ウンジョン）ともいう。今、迎日県の西側に雲梯山聖母があって、旱（ひでり）の時に雨乞いをすれば効きめがある」と記している。「雲帝」という漢字からも雨雲が連想されるが、この記事から雲帝夫人は雲梯山の女神で雨水の施与者としての性格が認められる。また『三国史記』（巻一）には「雲帝夫人あるいは阿婁夫人という」とあり、雲帝という漢語式名に対して本来の伝承的な名は「阿婁（アル ar）」であったことがわかる。アル（阿婁）は閼に通じる穀物を意味する語で、古代新羅では王妃・王妹による穀霊的祖霊の奉祭が行われていたことから、新羅王の后である彼女は穀霊的始祖・閼智を祀る国家的最高巫女であったと思われる。
キーワード：山の女神、雨水の女神、シャーマン
参考文献：三品彰英『古代祭政と穀霊信仰』三品彰英論集第5巻，平凡社，1973年，後編第二〜第四節.

許黄玉　ホファンオク　Heohwangog

名前の意味・神格・属性：「黄」は黄金や繁栄を象徴する色。「玉」は美しいもの、すぐれたものの意。駕洛国（カラクグク）の建国王金首露（キムスロ）の后。阿踰陀国の王女。

概要：「駕洛国記（からこくき）」によると、亀旨峰（きしほう）に天降った黄金の卵から生まれた首露王は配偶者がなかった。臣下が結婚をすすめると、王は妃もすでに天が決めていると言って部下を望山島へ派遣して待っていた。その時、緋色の帆を掛け赤い旗を上げた船が神女を乗せて現れた。首露はこの西南方の海からやって来た阿踰陀国の王女、許黄玉を迎えて后とした。彼女は両親が夢で上帝から駕洛国の首露はまだ配偶が定まっていない、汝の王女を送って縁を結べという命令を受け、王に会うために多くの棗（なつめ）と蟠桃（ばんとう）（神仙の桃）を持ってやって来たという。携えてきた繡綾羅（しゅうりょうら）、衣裳疋段（いしょうひつだん）、金銀珠玉（きんぎんしゅぎょく）は数えきれないほどであった。彼女は首露をよく助け、太子の居登を生んで、157歳で没した（『三国遺事』巻2）。

この話の神女の乗り物は帆船であって箱船ではないが、それに準じて考えてよく、箱船に乗った女が漂着して天神や王者と結婚して子を生むという箱船漂流型説話の基本型を示している。また王女の出自がインドの阿踰陀国というのは、仏教的潤色であり本来は遙か彼方の海上にある豊穣の国のことである。彼女の携えてきた棗と蟠桃は、男子の多産と長寿、ともに子孫繁栄の象徴であり建国王の妃、国母にとっての必須品である。この許黄玉の漂着神話は仏教的潤色が著しいが、遙か彼方の海の国から沢山の財物を積んだ舟に乗った女がやって来て、始祖と結婚して建国を助けるという物語構造は、耽羅国（タムラ）の三姓始祖の建国神話と同工異曲である。海は豊穣の源泉であり、その異郷からやって来る女によってこの世に富福がもたらされるという主題は、朝鮮半島神話の伝承を貫流する重要なテーマであり、許黄玉は最古の海の豊穣女神であると言えるだろう。

キーワード：箱船漂流型、異界（海上）、建国、豊穣女神

参考文献：三品彰英『増補日鮮神話伝説の研究』三品彰英論文集第4巻，平凡社，1972年，後編．

⇒耽羅国三姓始祖（たんらこくさんせいし）の妻

許黄玉上陸図

護国三女神　ホグクサムニョシン　Hogugsamnyeosin

名前の意味・神格・属性：護国神。新羅の護国三山（奈林・穴礼・骨火山（なりん・けつれい・こっかさん））の女神。

概要：『三国遺事』（巻1）には、新羅の英雄金庾信（キムユシン）が高句麗の間諜の策略に陥る危機を、奈林・穴礼・骨火山三山の護国の三人の女神に救われた話が載っている。ここでの三女神の機能は英雄の保護者、予言者・護国神である。新羅は古来山神信仰がさかんで、山神を女神とする従来の信仰に、山岳信仰と関連した護国神としての山神信仰が付加、制度化された。新羅では中国の律令を受け入れるも、大祀の対象は中国では昊天（こうてん）・上帝であるのに対して、慶州周辺の上記の三山であった。三山の神が女神であることはこの伝説から明らかで、山女神信仰の伝統の強さがわかる。山神を女性・母と見るのは女性が本来的に持っている出産・豊穣の能力に加え、保護者とし

ての属性に基づくもので、大地母神の信仰を継承展開したものである。

キーワード：守護女神、山の女神
参考文献：依田千百子『朝鮮民俗文化の研究』、瑠璃書房、1985年、第四章.
⇒イハナガヒメ、コノハナノサクヤビメ

細烏女　セオニョ　Seonyeo
名前の意味・神格・属性：月神。烏は太陽の象徴。日神延烏郎の妻。機織女神。
概要：『三国遺事』(巻2)によると、「東海の浜辺に延烏郎・細烏女という夫婦がいた。夫が海岸で藻を採っているとたちまち一岩(または魚)が彼を負って日本に至り王となった。妻は夫の後を追って日本に渡り夫婦再会して貴妃になった。この時新羅の日月が光を失い、日官が国王に日月の精が日本に去ったからだと奏上した。国王は使を遣わして二人に帰国を求めたが、延烏郎はこれを断り、代わりに細烏女の織ったうす絹を与えた。これを以て天を祀ると日月は光を回復した。うす絹を倉庫に収めて貴妃庫と名付け、天を祀ったところを迎日県または都祈野と名付けた」この話の夫が太陽で妻が月であるという観念は、日女・月男の兄弟姉妹構成が東北アジアにおける古層文化に属するのに対して、西方内陸アジア系の太陽＝男性表象の影響を受けて変容した新しい形態である。この話は太陽を呼び戻す神話の一変形であり、その祭儀に細烏女の織ったうす絹が用いられているのは、日本の天岩屋戸神話の日神を呼び戻す祭儀に、白丹寸、青丹寸が用いられたことと符合する。また細烏女は日本のアマテラスと同様神祀りのための布を織る聖なる機織女であり、彼女の織った布は太陽を呼び戻すための偉大な呪力を持っていた。うす絹を呪具として用いた祭天儀礼が、高貴な巫女によって行われたことが想定され、この巫女的貴妃が神話上の細烏女にあたる存在であろうとみなされる。また機織りの月の女神・細烏女は、世界をとりまいて分布している、月中の機織女とも何らかの関わりが求められるだろう。

キーワード：太陽、月、機織り、呪力
参考文献：三品彰英『増補日鮮神話伝説の研究』三品彰英論文集第4巻、平凡社、1972年、後編；依田千百子『朝鮮の王権と神話伝承』勉誠出版、2007年、第12章.

沙蘇　Saso
中国の王女
⇒仙桃聖母

三神婆　Samseunghalmang
名前の意味・神格・属性：サムは「生きる」という意味の動名詞「サールダ」に由来するという説と、三神の三、産神の産は古代新羅語の「胞胎」をさす「サム」が語源という説がある。三(サム)と産(サン)は類似音のため、しばしば混同・混用される。ハルマンは祖母・老婆の意。受胎、出産、養育の神。産神。
概要：済州島の巫俗神話「三神婆本解」によると、玉皇上帝の命を受けた命長国の娘と東海龍王国の娘が三神婆(受胎・出産・生育神)になることをめぐって争い、玉皇は二人に花を咲かせる競争をさせて、勝った者を三神にすることにした。命長国の娘の畑には見事な花が咲き、東海龍王国の花は萎えた花であったため、命長国の娘が勝った。こうして命長国の娘は三神となり、西天花畑を司りその花を持って人間に子供を授け、出産を助け、養育する。負けた東海龍王国の娘は「あの世の婆」になって、子供に病気を与えて殺し、あの世で死んだ子供の魂を司るようになったという。

一方半島部の「帝釈クッ」「世尊クッ」「タングムエギ」「三胎子プリ」とよばれる叙事巫歌では「高貴な家の娘(タングムエギ)が僧に懐妊させられて三つ子の男の子を生み、この三兄弟が三仏帝釈(生産神・寿福神)となり、その母親が三神婆(産神)になったという、済州島とは別の三神婆の由来を伝えている。済州島の三神婆は道教の、半島部の三神婆には仏教の影響が顕著である。

キーワード：出産、花
参考文献：玄容駿『済州島の民話』朴健市訳、大日本絵画、1978年、第一部；張籌根『韓国の民間信仰』論考篇、金花舎、1974年、

第四章.

鵄述嶺神母　チスルリョンシンモ　Chi-sulryeongsinmo
名前の意味・神格・属性：鵄述嶺の山の母神。穂落神〔稲穂を与える神〕。新羅の将軍・朴提上（パクチェサン）の妻。

概要：『三国遺事』（巻１）によると、朴提上将軍が日本に使することになり急ぎ出発した。夫人は鵄述嶺に登り、日本を望みながら慟哭し死んで鵄述嶺神母となった。今も祀堂が残るという。この話は望夫石伝説としても伝えられた。夫人は娘たちを連れてこの山に登り舟を見送ったが、悲しみのあまり石に化した。その魂は鳥になって近くの寺の岩穴に入った。その岩からは一日一人が食べるだけの米が出たが、強欲な僧のため米は出なくなり水が出るようになった。彼女は奇蹟の米をこの地方にもたらした穂落神とみなされる。また『東京雑記』には夫人は鵄述嶺神母として村人に祀られ、後世祈雨祭の場所となったと記されている。鵄述嶺神母は朝鮮半島神話の山の母神の代表で穀物神・雨水神の性格が認められるが、これらの機能はすべて山の母神の持つ豊穣性と結び付く。

キーワード：山の女神、母神、変身、岩石、穀物女神、雨水の女神

参考文献：大林太良『稲作の神話』弘文堂，1973年，第三章.

翥旻義　ヂェミンウィ　Jeomineui
名前の意味・神格・属性：別名竜女。高麗太祖王建（ワンゴン）の祖父・作帝建（ザクゼゴン）の妻。西海竜王の娘。海の豊穣女神。

概要：作帝建が唐に行く途中、西海竜王にたのまれて老狐を退治して、竜王の娘を妻とし、お礼に七宝と竜王の力の源である楊杖と豚を貰って帰って来た。彼は松嶽の南麓に宮殿を作り窓外に井戸を掘り、竜女はこの井戸を通って西海の竜宮に往還していた。彼女はこの様子を決して見ないよう夫と約束していたが、ある日彼は密かに黄竜に化した妻の姿を覗いてしまった。彼女は夫の違約を怒り竜に化して井戸に入り、戻らなかった。竜女は四男を残し、孫の王建が高麗王朝を創立した（『編年通録』）。

ここで重要なのは作帝建が竜女と結婚したこと。さらに彼は七宝と竜王の神通力の源である呪宝の楊杖と豚（海の統治権の象徴）を竜王から得たことである。これは高麗王家の神聖性の源泉として「海」が重視されていることを表している。また豚は朝鮮半島の民俗では富の象徴と考えられているので、海は豊穣、富の源泉という観念が認められ、そこからやってきた竜女は豊穣の海の女神とみなされる。竜女との結婚は山と天の血を受けた作帝建の血統に「海」の血を加えることであり、山・天・海の宇宙三界を祖先（背景）に持つ、王朝始祖の誕生のための前提条件をなしている。

キーワード：タブー（見るなの）、異界訪問、竜女、異類婚

参考文献：依田千百子『朝鮮神話伝承の研究』瑠璃書房，1991年，Ⅴ；依田千百子『朝鮮の王権と神話伝承』勉誠出版，2007年，第九章.

⇒トヨタマビメ、メリュジーヌ

辰義　ヂンウィ　Jineui
名前の意味・神格・属性：高麗太祖王建の祖父・作帝建（ザクゼゴン）の母。唐の肅宗の妻。

概要：高麗の始祖建（ワンゴン）の祖先の宝育には二人の娘がいた。妹の辰義は才智にたけ、美人として評判が高かった。ある日姉が五冠山に登って放尿したところ国中に溢れた夢を見た。これを妹の辰義が聞いてその夢を自分の綾の裳と交換した。唐の肅宗がこの地を訪れ、辰義が彼の破れた衣を繕ったことがきっかけとなり、結婚して妊娠したが、彼は形見に弓矢を残して帰国してしまう。生まれたのが作帝建で彼の孫王建は高麗王朝を創立した（『編年通録』）。この話は登場人物の名が違うのみで『三国遺事』や『三国史記』に記された新羅の文姫[†]と宝姫の「放尿夢、夢買い譚」と同様である。姉の見た「放尿夢」は高貴な女性が良縁を得て妃となり、王・貴人を生むという吉夢であるが、姉には夢を解釈する能力がなく妹に売ってしまった。果た

して辰義は唐の粛宗に会い、後に文武に秀でた英雄となる作帝建を生む。「夢買い」は放尿夢の持っている力――新しい統治者の誕生――を入手して新王朝を創立することを表している。辰義は粛宗との結婚によって、高麗王朝の神聖性の一つに、古代の天に匹敵する大唐国という宇宙領域を付与する大きな役割を果たしている。

キーワード：放尿、夢、夢買い、姉妹

参考文献：依田千百子『朝鮮の王権と神話伝承』勉誠出版, 2007年, 第3部; 井本英一『夢の神話学』「夢中放尿の話」「夢の中で尿をして大洪水になる話」「夢を買う話」法政大学出版局, 1997年.

甄萱の母　ギョンフォンウィモ
Gyenhoeon eui mo

名前の意味・神格・属性：後百済の建国王甄萱（ギョンフォン）の母。

概要：昔、光州の金持ちに容姿端正な娘がいた。毎夜娘の元に男が来て共寝していった。娘が長い糸を通してその男の着物に刺しておき、翌朝糸をたどって行くと、塀の下の大きなミミズに針が刺さっていた。その後彼は男の子を生み、その子は15歳になると甄萱（ギョンフォン）と名乗り、後百済の王となった（『三国遺事』（巻2）「古記」）。この話は朝鮮半島神話では夜来者説話と呼ばれ、日本の三輪山型説話に当る。訪問者の正体はミミズ、蛇、亀、スッポン、カワウソなど水棲生物とチョウセンニンジンが多く、その性格は（土地の主的）水霊とみなされる。北方系の「天父地母型」に対してこの「水父地母型」神話は百済系の始祖神話である。甄萱の母は日本の三輪山伝説の活玉依姫（山を祀る巫女）に当る人物であるが、その神聖性、祭祀との結び付きは薄い。

キーワード：異類婚、始祖（王朝の）

参考文献：大林太良『東アジアの王権神話』弘文堂, 1984年, 第二部.

水路夫人　スロブイン　Surobuin

名前の意味・神格・属性：路は「往来する」の意。竜宮へ往来した夫人。

概要：夫人は江陵太守純貞の妻で絶世の美女だったゆえに、山神や海神にたびたび捕らえられた。夫と任地へ赴く途中、突然海竜が夫人を海中に連れ去った。夫が老人の占いに従い人々を集め歌を唱いながら杖で海辺を打つと、竜が夫人を連れ戻した。帰ってきた夫人によると、海中には七宝の宮殿があり、飲食は清らかで芳香が漂い、人間界の料理ではなかったという。彼女の衣服からこの世のものではない香気が発していた（『三国遺事』（巻2）。この話の七宝の宮殿のある海中の国は竜宮で楽土である。一般に海中の国・竜宮へ行って来るのは選ばれた男性であるが、この場合女性であることが特異である。海の豊穣性と女性の結び付きは、伽洛や耽羅の建国神話における文化や財物を積んだ舟でやって来た海の豊穣の女神に遡る。

キーワード：異界訪問、美女、海

参考文献：依田千百子『朝鮮の王権と神話伝承』, 勉誠出版, 2007年, 第16章.

正見母主　ジョンギョンモジュ　Jeonggyanmoju

名前の意味・神格・属性：意味不詳。伽耶山の山の母神。大伽耶王、悩室朱日（伊珍阿鼓）と金官伽耶王、悩室青裔（金首露　キムスロ）の母。

概要：正見母主は天神・夷訶の精に感じて受胎し、大伽耶王の悩室朱日と悩室青裔の二人を生んだが、悩室朱日は伊珍阿鼓王の別称であり、青裔は首露王の別称であるという（『東国輿地勝覧』巻29）。この始祖伝承は『三国遺事』所収「伽洛国記」の伝える、五伽耶の祖と首露は天から亀旨峯に降りて来た卵から生まれたとする、降下卵生型の始祖伝承とは明らかに異なる別伝である。

この神話は北方系の天神と地上の女神の感精型神婚説話の型をとりながら、地上の女神を山神としているところが特異である。これは朝鮮半島南部における、女性の山神信仰の強い伝統のもとに形成された始祖神話とみなされる。古代朝鮮では山神を女神とする観念が顕著で、正見母主は、新羅の始祖の母を仙桃聖母であるとする伝承と通ずるものであり、半島南部から九州にかけて存在する、天

神と山の女神の子を祖とする始祖神話の類型の一例である。
キーワード：結婚（天神と山の女神）、感生（感精）、処女懐胎
参考文献：金厚蓮／田畑博子編著『韓国神話集成』，第一書房，2006年，45頁．

善花公主 ソンファゴンジュ Seonhwa-ongju
名前の意味・神格・属性：「花」は美貌を表す。「公主」は王女の意。福を与える女。豊穣女神。
概要：百済三十代武王は貧しく、薯を掘って暮らしていたので幼名を薯童といった。彼は新羅真平王の三女、善花公主が美しいと聞いて、彼女と結婚しようと新羅の都へ行き、子供たちに「善花公主は密かに嫁ぎ、夜薯童を抱いて去る」という童謡を唱わせた。これが王の耳に達し王女は追い出されたが、母が純金を与えた。二人は結婚して百済に帰り、妻から黄金の価値を教えられた彼は、薯を掘る山中で多量の黄金を発見して大金持ちになり、真平王の信用を得、人心を得て王位に就いた（『三国遺事』巻2）。これは朝鮮半島神話で「女人発福説話」と呼ばれる話で、日本の「芋掘り長者譚」に当る。薯童説話は一種の致富譚で、善花公主は他郷からやって来て貧しい薯童と結婚して彼を豊かにする、生まれながらの福分を持つ女性、福を与える女性である。そこには豊穣や富が、異郷からやって来た高貴な女性によってもたらされるという観念が見られ、彼女の原像が豊穣の女神であることがわかる。
キーワード：福を与える女、芋掘り長者譚
参考文献：福田晃／金賛會／百田弥栄子編『鉄文化を拓く「炭焼長者」』，三弥井書店，2011年，「韓国の炭火焼き長者を考える」．
⇒平康公主

仙桃聖母 ソンドソンモ Seon-doseongmo
名前の意味・神格・属性：仙桃山（ソンドサン）の聖母（ソンモ）。中国の王女沙蘇（サソ）。山の母神。新羅始祖（赫居世〈ヒョッコセ〉と閼英†）の母。別名、西述山聖母（ソシルサンソンモ）
概要：『三国遺事』（巻5）によると、仙桃聖母は中国帝室の娘で沙蘇という名であったが、神仙の術法を習い海東（朝鮮）にやって来て長い間帰らなかった。父は鳶の足に手紙を結び付けて娘に送り、鳶の止まったところに家を建てるように伝え、彼女は鳶の導きにより仙桃山に住み、地仙になったという。また彼女ははじめ辰韓に到り、聖子を生み、その聖子が東国の最初の王となった。これは新羅の始祖赫居世とその后閼英の二人のことである。景明王の鷹狩りの時、聖母は鷹を自由に操り鷹が彼女の臣下であることを示し叙位された。聖母は久しく山に留まり国を鎮護し、仏殿修理のための金を喜捨、機織、染色、製服の指導など霊異が多かったという。さらに『三国史記』（第12）は編者金富軾が宋に使臣した時に聞いた話として「彼女は夫なくして子を孕み、舟に乗って辰韓に行き子を生んだ」という箱船漂流型説話の話を記している。これは正史が伝える降下卵生型の新羅の建国神話とは異なる、山の母神からの始祖の出生を語る伝承である。

仙桃聖母は道教・仏教との習合が著しいが新羅の建国始祖神話と関わる重要な山の母神である。特に「夫なくして孕む」というモチーフは、聖母が元来大地母神的性格を持つ神格であることを示唆している。さらに聖母が鷹を自由に操るのは、野獣の支配者・動物の主としての性格を表し、一方仏殿修理のための金の喜捨は仏教の保護者、仙女たちに対する機織・染色・製服の技術指導からは文化の授与者としての姿がうかがえる。仙桃聖母は大地母神、動物の主、山の母神を原像として、道教・仏教の強い影響・習合のもとに形成された複合的な山の大母神とみなされる。
キーワード：山の女神、大地母神、動物の女主人、箱船漂流型、処女懐胎
参考文献：金厚蓮／田畑博子編著『韓国神話集成』，第一書房，2006年，45頁．

雪饅頭婆 ソルムンデハルマン Seolmundaehalmang
名前の意味・神格・属性：ハルマンは「祖母、老婆」の意。

ぜんかこうしゅ ― たんらこくさんせいしそのつま

概要：昔、済州島にソルムンデハルマンという女巨人がいて、裳またはシャベルで土を運んできて注いだのが済州島になり、最後に注いだのが漢挐山(かんなさん)、こぼれたのがその他の山・峰・丘になった。彼女が城山日出峰と食山峰をまたいで放尿すると、川となって流れて陸地をえぐり、切り離された陸地の一角は牛島になったという。大食、大量の排泄、巨軀、大衣、巨人の痕跡など彼女の巨人的面貌を伝える伝承が多い。巨人の創造行為は二段階に分かれ、第一段階は天地分離、日月調整など宇宙の形成が、次に海・陸地・山川など特定の地形の創造が行われる。彼女の創造行為はこの二段階目にあたる。半島本土にもマゴハルミ、ケヤンハルミなどソルムンデと同系統の女巨人の伝承がある。単独（夫がいても従属的）で国土や自然物の創造にあたる、女巨人の原像は原初の創造女神に求められる。

キーワード：巨人、国土創成、創造女神
参考文献：玄容駿『済州島の民話』朴welcome市訳、大日本絵画，1978年，第二部．金厚蓮／田畑博子『韓国神話集成』第一書房，2006年，31頁．

タングムエギ　Danggeumaegi

名前の意味・神格・属性：タン（村または谷）、グム（神）の合成語で「村の神、地域守護神、地母神」の意。エギは「童女、娘」の意。産神。三仏帝釈神(サムブルチェソク)（農業神・産神・寿命神）の母。

概要：ソウル地方の「帝釈本解(チェソクポンプリ)」によると、ある高貴な家にタングムエギという一人娘がおり、父母は長期の留守の間娘を部屋に閉じ込めて行く。そこへ僧が訪ねてきて道術で門を開け施しを請う。娘が穀物を与えると僧はそれを受け、道術で彼女を受胎させた。娘は家名を汚したかどで父母に追い出され、三人の息子を生む。兄弟は後に僧を訪ねて行って、様々な試験の結果実子と認められ、三人は三仏帝釈に、母は人間の命を司る三神(サムシン)（産神）になったという。この巫歌は全国的に分布していて、巫歌名、主人公名、内容が地域ごとに異なるが共通要素は「高貴な家の娘が僧と結ばれ、三人の息子を生み、多くの苦難を乗り越えて産神になった」話である。男主人公の僧は本来天神的存在で、タングムエギは地母神的存在であって、父系の天（日）神と母系の地母神の結合から新しい神格が誕生するというもので、国祖神話と構造的に一致する。朱蒙(しゅもう)神話と帝釈本解は、男女の結合過程、女主人公の受難譚、出産の場面、父親探索など対応する叙述が多い。両者は同じ淵源を持つ生命守護神神話で、朱蒙神話が高句麗の国祖神話として文献に記録された書承神話であるのに対して、帝釈本解は民衆の巫儀の中で口伝されてきた国祖神話の口述の伝承である。タングムエギは古代高句麗の多機能的大母神・柳花(りゅうか)の産神的機能を受け継いだ、韓国巫俗の重要な人間の命を司る女神である。

キーワード：産神、受難（の女神）、始祖
参考文献：依田千百子『朝鮮神話伝承の研究』瑠璃書房，1991年，IV：金賛會『本地物の比較研究』三弥井書店，2001年，第四章．

耽羅国三姓始祖の妻　タムラグクサムセンシドウィチョ　Tamragugsamsengsidoeui chei

名前の意味・神格・属性：建国始祖の妻。海の豊穣の女神。

概要：太初、済州島の毛興(モフンヒョル)穴から良乙那(ヤンウルラ)・高乙那(コウルラ)・夫乙那(プウルラ)の三神人が湧き出て狩猟生活をしていた。ある日海辺に漂着した木箱を開けると、中から一人の使者と三人の処女と五穀の種子と駒と犢が現れた。使者は、「日本国王が西海の嶽に神子が三人降って国を開こうとしているが伴侶がない。この三人を連れて行けというので連れてきた。夫婦になって大業を成し遂げよ」と告げて去った。良高夫の三人は各々三女を娶って居所を定め、五穀の種子を播き牛馬を飼って日毎に繁栄した（『高羅史』）。この神話は地中から湧き出た三神人が開国しようとする時、日本国の王女が五穀の種子と駒犢を携えてきて、その配偶となり、農牧国としての耽羅国の建国の基礎を与え、それを助けた話で、穀物栽培や牧畜などの文化の起源と建国が同時に語られている。異伝が多く三王女の出身地は日本国のほかに東海碧浪国、碧浪国があるが、日本国というのは後代の地理的比定であって碧浪(ビョクラン)

（「海」の済州方言）が本来的なものであろう。海の彼方に豊穣の世界を想定し、そこから女性によって福利がもたらされるという観念は、朝鮮半島の神話伝承を貫く世界観であり、箱船の三王女は海の豊穣の女神と言える。

キーワード：豊穣女神、箱船漂流型、異界（海の国）、建国、農耕（の起源）、牧畜の起源

参考文献：金厚蓮／田畑博子編著『韓国神話集成』第一書房、2006年、補注19.

⇒許黃玉（きょうぎょく）

智異山聖母（天王） チリサンソンモ（チョワン） Jirisanseongmo（Cheowang）

名前の意味・神格・属性：智異山の母神。巫祖。大地母神。

概要：李能和『朝鮮巫俗考』によると、智異山古巌川寺の法祐和尚という法力の強い僧が、ある日突然山間に水があふれ出てきたので、その水源を尋ねて天王峯の頂きに至り、長身、大力の女に出会った。その女は聖母天王と名乗り、罪により人間に落とされて、あなたと因縁があったので水を操る術を用いて自ら媒介したと言った。これより二人は夫婦となり八人の娘を儲けた。八人の娘たちは巫術を学び全国の津々浦々を巡って巫業をなしたという。

特徴は巫仏習合を明確に語っている点である。智異山聖母の前身については高麗大祖の母・威肅王后説（『帝王韻記』）と摩耶夫人説（『佔畢斎集』）等があるが、水を操る能力、長身、大力という巨人性、山中の孤独な女、男に対する積極性、多産性などの属性から、その原像は大地母神の機能を受け継いだ山の女神であるとみなされる。「聖母」という語句は仏教との習合を、「天王」、「天上から罪のため人間の世界に落とされる」というのは道教的であり、仏教・道教の習合が明らかに認められる。彼女の行使した水術は結婚と出産の前提であり、水と共に山の母神の持つ豊穣性の直接的表現である。天王峯には聖母祠があって、中には白衣を着た石の女神像があった。『東国輿地勝覧』（巻30）は聖母像の頂上にある剣傷の痕は、倭軍から国土を守るためについたと伝えているが、これは聖母の護国神的性格を示すものと思われる。古代朝鮮半島の山神には母・女神が多く、智異山聖母はそれらの代表格である。山神を女性あるいは母とみなすのは、女性が本来持っている出産能力・豊穣性と保護者としての属性に基づくもので、単独で語られるものが多く夫はあっても従属的なのは、大地母神の機能を継承発展させたものだからであろう。

キーワード：山の女神、大地母神、聖婚、巨人、魔法（水術）

参考文献：秋葉隆『朝鮮巫俗の現地研究』養徳社、1951年、第2章.

⇒鵄述（しじゅつ）嶺神母、仙桃聖母（せんとうせいぼ）

慈充姫（自請妃、紫青妃） Jachongbi（Jachungbi）

名前の意味・神格・属性：チャチョンビとも呼ばれる。慈充（チャチュン）は古代新羅語で巫の意。農業神、大地母神。

概要：済州島の巫俗神話「世経本解（セギョンボンプリ）」によると、チムジンクク大監には仏前供養をして生まれたチャチョンビという娘がいた。彼女は15歳の時、書堂に勉強に行く天の文道令（ムンドリョン）と会い、男装して一緒に行く。後に女であることがわかり二人は恋仲になるが、彼は父の命令でソス王の娘と結婚するため天に帰る。失意の彼女は下男のチョンスナミに強姦されそうになり、彼を殺してしまう。彼女は男装して金宰相の家の西天花畑から還生花を取ってきて、下男を生き返らせる。ただし宰相の娘と結婚させられ逃げ出す。彼女は文道令に会うため天上に昇り多くの困難を克服して彼と結婚する。彼女は天帝国の乱を平定し、その褒賞に天帝王から地と水、五穀の種子を貰い、夫を連れて人間界に降りて来て、農業の神・世経になり、下男は畜産神になった。

この話は朝鮮王朝小説「梁山伯伝」と似ており、その源流は中国の「祝英台」説話に求められる。チャチョンビによる下男の「殺害と蘇生」は彼女の本質が地母神的農業神であることを物語っている。彼女は下男を殺し、後に呪花で蘇生させているが、これはギリシア神話のアプロディテ[†]とアドニス、メソポタミアのイシュタル[†]とタンムズなど「母な

る豊穣女神と少年穀物神」の神話を想起させる。息子にとって母親は恐ろしい存在で、殺され地下の国へ追いやられるが、春には蘇生させられて再びこの世に戻って来る。神の死、ことに殺害は生の前提であり、作物の豊穣のためには不可欠の行為である。彼女が男装したり、女戦士として戦乱を平定するのは、猛々しく好戦的な両性具有の大地母神の属性の表出である。

キーワード：大地母神、豊穣女神、死と再生、男装、農耕（の起源）、牧畜（の起源）

参考文献：赤松智城／秋葉隆『朝鮮巫俗の研究』（上巻），1938年，大阪屋號書店，七章；張籌根『韓国の民間信仰』論考篇，金花舎，1973年，第四章；金仁顕監訳『チャチュンビ伝説』工作舎，1988年．

桃花女　ドファニョ　Dohwanyeo
名前の意味・神格・属性：桃の花は美しい女性の喩え。亡霊の子を生んだ。

概要：ある庶民の娘が容姿艶美であったので、人々は彼女を桃花女と呼んだ。新羅第25代真智王は彼女を宮中に入れて楽しもうとしたが、彼女は女の守るべきは二夫に仕えないことだと言って従わない。王が、夫がいなければよいかと言うと「はい」と答えた。その後王も女の夫も死んだ。ある夜忽然と王が女の部屋に来て、七日間逗留して消えた。その後彼女は男の子を生み、鼻荊と名付けた。彼は真平王の命によりトケビ（妖怪）たちを集めて、一夜のうちに「橋」を作ったという（『三国遺事』巻1）。この話の特徴は男の亡霊の身分が高貴で積極的であること、男子の誕生、その子は後に出世して鬼の統率者になったことである。中国の冥婚説話では女の亡霊が積極的であるのに対して、男の亡霊が積極的なのは朝鮮半島的特性である。

キーワード：美女、結婚（死霊との）

参考文献：依田千百子「韓国の死霊祭と冥婚説話」，篠田知和基編『神話・象徴・文化Ⅱ』楽浪書院，2006年．

バリ公主　バリゴンジュ　Barigongju
名前の意味・神格・属性：バリは韓国語ボリダ（捨てる）からきた語で、公主は王女の意。直訳すると「捨てられた王女」。バリテギ、ボリテギ、ボリドキ、七公主（チルコンジュ）とも呼ばれる。死霊をあの世へ導く女神。

概要：ソウル地方の巫歌「バリ公主」によると、巫の占いを無視して結婚した王は、王子の誕生を願っていたが、七番目も王女であった。失望した王の命令によりその王女は石匣に入れて捨てられるが山の神の老夫婦に拾われ、養育される。両親が重病に罹った時、六人の姉は薬水を求めて西天西域国に行くことを断ったが、末のバリ公主だけが西天西域国に旅立った。彼女は多くの苦労の末に神仙ムジャンスに出会い、七人の息子を生んでやって、九年間尽くした後、薬水を得てこの世に戻り、両親にそれを飲ませて生き返らせた。この世とあの世の西天西域国を往来して両親を生き返らせたバリ公主は、死霊をあの世に

バリ公主、1800年代の紙本

導く巫女となり、夫は死人の路祭を司る神に、息子たちは仏銭を受ける者になったという。巫歌「バリ公主」は現在済州島と平安道を除く全国に分布しており、異本はソウル、咸興、慶北、東海、全南など地域別に分類される。尚高美を備えたもの、滑稽な挿話やパンソリ〔韓国の伝統芸能の一つ。口唱の語り物〕の要素の入ったもの、仏教的影響の濃淡など地域ごとの特色が見られる。その共通要素は「捨てられた娘があの世から薬水を持ち帰り、父母を再生させて、死者をあの世に導く巫女になった」というものである。この巫歌はソウル地方の「チノギクッ」、全羅、慶尚道地方の「オグクッ」、咸鏡道地方のマンムギクッと呼ばれる死者の霊魂をあの世に送る死霊祭において唱えられる。巫歌「バリ公主」は捨て子、不死薬を求めての他界旅行、回生、巫神としての坐定などを主要モチーフとしているが、他界旅行では『十王経』の仏教的世界観及び四十九日間の死者の魂の旅が基軸になっている。神仙・霊水・不死薬のモチーフは道教的であり、後半部では儒教の孝を強調している。「バリ公主」は英雄譚の構造を備えているが、古代の英雄とは違い、彼女の受ける試練はすべて女性であるが故の試練であり、受難の女神、代受苦の女神の代表と言えよう。「バリ公主」の形成には『観音宝巻』の妙善の物語の影響が指摘されている。

キーワード：死霊を導く女神、異界訪問、不死薬、受難（の女神）

参考文献：金香淑『朝鮮の口伝神話「バリ公主神話集」』和泉書院, 1998年；金厚蓮／田畑博子編著『韓国神話集成』第一書房, 2006年, 補注4；依田千百子『朝鮮民俗文化の研究』瑠璃書房, 1985年, II章.

文姫　ムンフィ　Munheui

名前の意味・神格・属性：新羅・文武王の母。大宗武烈王の后。

概要：新羅の英雄・金庾信(キムユシン)には二人の妹がいた。ある夜姉の宝姫(ボンフィ)が山上から放尿すると都中に満ちる夢を見た。これを妹の文姫(ムンフィ)が聞いて、自分の絹の袴とその夢を交換した。その後、庾信は金春秋（後の武烈王）と蹴鞠をして、切れた紐を繕うために彼を家に誘い、妹の文姫が繕った。春秋は文姫の所へしばしば通い、文姫は妊娠した。庾信は妹が未婚で妊娠したことを責めて焼き殺そうとした。事の次第を善徳女王が知るところとなり、春秋は王命のもとに彼女を助け、直ちに婚礼を行った。生まれたのが三国を統一した文武王である（『三国遺事』巻1、『三国史記』巻6）。この伝説は日本神話のニニギノミコトとコノハナノサクヤビメ†の話と、妹の優位性、布・衣類、火刑など対応関係が認められる。コノハナノサクヤビメの火中出産は焼畑農耕儀礼に由来するという説があるが、文姫の焚刑も彼女の原型に焼畑農耕の女神の要素があったことを推測させる。「放尿夢」は高貴な女性が良縁を得て妃となり、王・貴人を生むという吉夢であり、「夢買い」は新しい統治者の誕生と新秩序の設定を意味する。放尿夢は古代オリエントでは王権と結び付き新王の誕生や王権の移行の予兆とされるが、朝鮮半島神話の場合も新しい統治者の誕生を物語る王権神話の性格を持っている。文武王は三国を統一し新羅中代の盛時の起点となった、武烈王統最初の王である。ほかには、高麗王朝の祖先の宝育、辰義†や献貞王后などいくつかの放尿夢譚が伝わっている。

キーワード：放尿、夢、夢買い、王権、姉妹

参考文献：井本英一『夢の神話学』「夢中放尿の話」「夢の中で尿をして大洪水になる話, 夢を買う話」, 法政大学出版局, 1997年；依田千百子『朝鮮の王権と神話伝承』第3部, 勉誠出版, 2007年.

平康公主(へいこうこうしゅ)　ビョンガンゴンジュ　Pyong-ganggongju

名前の意味・神格・属性：公主は王女の意。英雄の妻。福を与える女。

概要：高句麗平原王の時代、物乞いをして母を養っている馬鹿の温達(オンダル)という男がいた。平康公主がよく泣くので王は馬鹿の温達の嫁にやるぞと言った。公主が十六歳になり王は貴族に降嫁させようとしたが、公主は断り王宮を追い出された。彼女は腕輪を持って温達を尋ねて行き、結婚する。公主は腕輪を彼に渡

して、国産の痩せて見放された馬を買って来させ、馬を立派に育てた。温達はその馬に乗って狩猟大会に出て器量を発揮し、後周との戦争で手柄を立て平原王に婿として認められ、大兄の位に就いた（『三国史記』第45）。

これは女人発福説話に分類される話で、王宮を追い出された公主が、押しかけ嫁となって身分の低い男性と結婚して、男性を出世させるものである。この類型のほかの話では女性が男性にもたらす福は「黄金」であるのに対して、平康公主が温達にもたらした福は、遊牧騎馬民族的な「馬飼育」で、彼女が生来所有する駿馬を見分ける才能とそれを飼育する技術である。

キーワード：福を与える女
参考文献：金厚蓮／田畑博子編著『韓国神話集成』，第一書房，2006年，18.
⇒善花公主（ぜんかこうしゅ）

平那山の山女神　ピョンナサンウィサンニョシソ　Pyongnasan eui sannyeosin
名前の意味・神格・属性：虎の姿の山女神、動物の女主人。
概要：『編年通録』によると虎景（ホギョン）（聖骨将軍）という狩人がいて、ある日仲間と平那（聖居）山に狩りに行き夜を明かそうと洞窟に入ると、入口で虎が吼えた。彼らは冠を取られた者が犠牲になることにして冠を投げると、虎は聖骨の冠を取った。彼が外に出ると洞窟が崩れ皆圧死した。仲間を葬るために山神祭を行うと、山神（虎）が現れ「私は寡婦でこの山の主だ。幸い聖骨将軍に会ったので夫婦になって神政を施したい。どうか山の王になってくれ」と言って彼と共に消えた。人々は聖骨を大王として祀った。彼の五代目の子孫・王建が高麗王朝を創立した。

朝鮮半島神話では虎は文献・民間伝承ともに女神とみなされ、山神ハルモニ（祖母・老婆）と呼ばれているが、これは虎の姿の山の女神に関する最古の記録であり、虎は山神であると同時に族祖的存在である。山神は虎・熊・鹿・狐などの動物の姿で現れるが、虎が最も多い。動物の姿の山神の多くは女神と考えられていて、数多くの山の女神と狩人の婚姻譚

平那山の山女神、1800年代の紙本

が伝わっている。虎の姿の山の女神は「動物の主」、山の支配者で野獣を所有し狩人に獲物を与える狩猟民的山神であるが、山神が寵愛する狩人またはその子孫に与える贈物は、山の豊穣性（獲物）を超えた、王朝の創立者や英傑になったり、立身出世したり富裕になるなど普遍的次元での幸福である。

キーワード：異類婚、虎、山の女神、動物の女主人、王権
参考文献：依田千百子『朝鮮神話伝承の研究』，瑠璃書房，1991年，Ⅲ；依田千百子『朝鮮の王権と神話伝承』，勉誠出版，2007年，第九章.

海娘（ヘラン）　Haerang
名前の意味・神格・属性：海上安全と豊漁神。村の守護神。

概要：昔、安仁津（江原道江陵市）に住む娘がワカメを採りに行った時、船に乗った美青年を見て一目惚れし、恋わずらいで死んだ。その後村では魚が獲れず、船の転覆が続いた。ある日死んだ娘が村の漁師の夢に現れ、男と交わることなく死んだ恨みが深いので、自分を村の守護神として祀って、その恨みを解いてくれと言った。そこで村人は海娘堂（ヘランダン）を造って娘を祀ることにし、木を刻んで作った男根を奉納して娘の怨みを解き、村の平安と豊漁を祈願する慣習が生まれたという。同様の処女神は半島東海岸から南部の海岸地域や済州島に多い。これは非業の死を遂げた女性の死霊に対する強い想いを背景とした、朝鮮半島神話独特の「冤魂型女神」（概説参照）と言える。

キーワード：処女神、男根

参考文献：張籌根『韓国の郷土信仰』松本誠一訳，第一書房，1982年，第一章；野村伸一編『東アジアの女神信仰と女性生活』，慶応義塾大学出版会，2004年，第二部第九章．
⇒熊女

熊女　ウンニョ　Unnyeo

名前の意味・神格・属性：大地母神、産神。人間の女になった熊。古朝鮮の建国始祖・檀君王儉（ダングンワングオム）の母。

概要：『三国遺事』（巻1）によると、「天神の子 桓雄は人間世界を統治するため、太伯山頂の檀樹のもとに天降った。時に一頭の熊と虎が洞穴に棲んでいて人間になりたいと願った。桓雄はヨモギとニンニクを食べて百日間光を見なければ人間になれると教えた。熊は教えを守って二十一日目に人間の女に変わったが、物忌みを怠った虎は人間になれなかった。熊女は結婚する相手がいないので常に檀樹の下で懐妊することを祈った。そこで桓雄は熊女と結婚し男の子が生まれた。この子が檀君王儉で古朝鮮を建国し、朝鮮民族の祖となった」。神話の前半は東北アジアの北方遊牧民に一般的な天孫降臨神話の一つであり、後半の獣祖神話の部分の熊女の忌み籠りは、成女式または巫女となる過程の叙述である。母胎を象徴する洞穴に籠って天神の子を生む熊女には大地母神・産神の性格が、また東アジアでは熊には水神の性格が認められる。熊の朝鮮語「곰」（kom）は神・尊長者を意味する「검」（keom）、「금」（keum）と関連し、日本語の熊・神、アイヌのカムイともつながる。檀君の神話は熊を神・祖先・トーテム獣と見る北アジアの熊信仰と深い関係があり、人間と熊の交婚譚はことにツングース諸族で発達している。檀君神話の特徴である熊と虎は対をなす動物という観念、人間の男と熊女の結婚（動物嫁）の二要素を持つのはアムール川流域のツングース諸族の伝承で、檀君神話はこれらの一伝とみなされる。ただし檀君神話とこれらの話との顕著な違いは、檀君神話では熊が恒常的に人間に変身して天神と婚している点である。ここでの熊女は動物と人間、自然と文化、陸（山）と水の属性を併せ持つ両義的存在であり、天の血を引く檀君が古朝鮮の建国王になるための神聖性を付与する役割を果たしている。

キーワード：大地母神、産神、熊、変身（動物から人間の女に）、異類婚、建国

参考文献：三品彰英『建国神話の諸問題』，三品彰英論文集第2巻，平凡社，1971年，後編第三章；大林太良『東アジアの王権神話』弘文堂，1984年，第二部；依田千百子『朝鮮の王権と神話伝承』，勉誠出版，2007年，第九章．
⇒平那山の山女神

柳花　ユファ　Yuhwa

名前の意味・神格・属性：柳のようなしなやかで強靭な美女の意。「花」は美貌を形容する語。別名、河伯女。青河河神の娘。天帝の太子・解慕漱の妻。高句麗の建国王・高朱蒙の母。太陽を祀る巫女。

概要：高句麗の建国神話には多くの異伝がある。紀元1世紀に成った王充の『論衡』を初見に『魏略』『魏書』『三国志』『後漢書』『梁書』『隋書』『北史』『周書』『珠琳傳』などの中国文献と、朝鮮半島側の史料としては「広開土王碑文」『牟頭婁誌』『旧三国史』逸文『三国史記』『三国遺事』などがある。『旧三国史』逸文は青河河伯には長女の柳花、次女の

萱花、三女の葦花という三人の娘がいたと記しているが、柳花及び萱花、葦花という名前は中国文献には見当らず、国内文献にのみ見出せる。557年成立の『魏書』とその系列書には朱蒙の母は単に「河伯女」となっており、河伯女に柳花という名前が付いているのは国内文献の『三国史記』（1145年）が初出である。高句麗の建国王高朱蒙の神話における朱蒙と柳花との結合は少なくとも6世紀半ば以後のことである。

『旧三国史』逸文によると、青河の河神には三人の娘がいた。天帝の太子解慕漱は長女の柳花を后にしようとして熊神山のふもとで交わった。彼は結婚を申し込むために河神の宮殿に行き、天神であることを証明するべく河神と変身競争をして、彼に勝ち、柳花と結婚した。しかし河神の意に反して彼は一人で天に帰ってしまい、残された柳花は怒った河神によって優渤水に追いやられ、彼女はそこで東夫余の金蛙王と出会う。王は彼女が解慕漱の后であることを知り、部屋に幽閉しておくと、柳花は窓から入ってきた日光で懐妊し、大きな卵を生んだ。王は不祥だとして卵を捨てたが鳥獣が保護し、壊そうとしたが破れなかったので母に返した。その卵から男の子が生まれ朱蒙と名付けられた。東夫余の王子たちが朱蒙の才能を恐れ、殺そうとしているのを知った柳花は、彼に国を出ることを勧め、駿馬の選別法を教え、五穀の種子を与えた。朱蒙は東夫余を去り、南下して河を渡るとき魚やスッポンが橋を作って渡河を助けてくれた。また忘れてきた麦の種子を母の変身したハトが届けてくれた。朱蒙は卒本の沸流水に至り高句麗を建国した。

河神の娘である柳花の基本的性格は水の女神、農耕神である。この神話は「卵生型日光感精神話」と言われ、北方系の日光感精型ではあるが、南方系の卵生要素と複合している。日光感精型は女が日光に感じて懐妊し太陽神の子を生むというもので、地上の特定の聖女の交霊儀礼に由来し、王を太陽神の御子・子孫とみて、王と太陽を結び付ける観念に基づいている。蒙古、鮮卑、契丹など東北アジアの遊牧騎馬民族の建国神話に見られる。一方卵生型は卵から部族や国家の始祖が生まれるというもので南方系である。

柳花は太陽神の妻、日神を祀る巫女であり、日神の子を生んだ産神でもある。日神との交わりは前後2回行われたが、熊神山下での交わりは生産的でなく、室中に幽閉された後に日光に照らされることによって、初めて朱蒙を生んでいる。これは巫女のイニシエーションを表現したものであり、柳花が日神を祀る巫女であることを物語っている。彼女は卵を生み、その卵から朱蒙が生まれたが、韓国語の卵・アルは穀物の意味でもあることから、柳花は穀霊的存在の母・穀母であり、同時に「始祖卵を生む鳥形の女神」という側面を持つ。彼女と鳥との関係は、優渤水で水鳥のような長いくちばしをしていたこと、朱蒙に麦の種子を届ける彼女の別態がハトであることによって明らかだ。さらに柳花は朱蒙の危機を察知して、出国の勧告、建国に必要な駿馬の選別、五穀の種子の授与など、建国の英雄を助ける女神（導きの女神）でもある。彼女は追放、幽閉、異常出産など多くの苛酷な苦難を被っているが、これは韓国文学に貫通している「女性受難」の主題の原形である。

柳花は「洞窟の女神」として古くから祀られていた。高句麗では毎年10月に東盟祭という祭天儀礼があり、それに続いて隧穴の神・穟神（木で象った穀穂）を国の東の河辺に迎えて祀る隧神祭が行われていた。穟神は後に柳花を表した木彫りの女神像に代わり、朱蒙と共に歳神・生産神として高麗時代まで国家祭祀を受けていた。このことから柳花の原像が洞窟の女神、地母神であることがわかる。この古い洞窟の女神信仰の上に、西方の発達した農耕文化を背景とした穀物女神信仰が複合して、高句麗の国母神が形成されたのであろう。

その柳花の神格形成にはインド・ヨーロッパ語族の神話やギリシア神話の影響が見られ、古代スキタイ民族の後裔オセット族のナルト叙事詩の主人公ゼラセとの類似が指摘されている。柳花にはインドのサラスヴァティー[†]、イランのアナーヒター[†]と共通する多機能的河水の女神の性格も認められる。

河水、農耕と深く結び付いた柳花は日本のアマテラス[†]の原形とみなされている。

キーワード：美女、水の女神、農耕、感生（感精）、処女懐胎、穀物女神、建国、国母、受難（の女神）、洞窟（の女神）、三機能（総合女神）

参考文献：三品彰英『建国神話の諸問題』三品彰英論文集第2巻，平凡社，1971年，後編；三品彰英『神話と文化史』三品彰英論文集第3巻，平凡社，1971年，後編；三品彰英『古代祭政と穀霊信仰』三品彰英論文集第5巻，平凡社，1973年，第三章；吉田敦彦『日本人の女神信仰』青土社，1995年，第Ⅲ部；依田千百子「柳花考─高句麗の祖母神柳花の原像」，吉田敦彦／松村一男編『アジア女神大全』青土社，2011年，「韓国・朝鮮」．
⇒タングムエギ

南アジア

インドの女神
仏教の女神

インドの女神

沖田瑞穂

概説

【原典】

　バラモン教の聖典はヴェーダと呼ばれ、四ヴェーダとして『リグ・ヴェーダ』、『サーマ・ヴェーダ』（歌詠の集成）、『ヤジュル・ヴェーダ』（祭句の集成）、『アタルヴァ・ヴェーダ』がある。中でも『リグ・ヴェーダ』は成立が最も古く、紀元前1200年頃と推定されている。『リグ・ヴェーダ』は神々への讃歌を集めたもので、具体的な神話は讃歌の前提となっており、説明されることはないため、断片的にしか知ることができない。これを補うのが紀元前800年頃に成立した「ブラーフマナ」と呼ばれる一群の文献である。例えば『シャタパタ・ブラーフマナ』には天女ウルヴァシー[†]とプルーラヴァス王の話が記されている。四ヴェーダのうち最も新しい『アタルヴァ・ヴェーダ』は呪句を集めたもので、やはり神話が説明されることはないが、民間における神や女神の役割を知ることができる。

　ヒンドゥー教時代になると多くの聖典が成立した。二大叙事詩の『マハーバーラタ』と『ラーマーヤナ』、「プラーナ」と呼ばれる文献群などがある。ほかに『ギータ・ゴーヴィンダ』のような文学作品にも神話が伝えられている。『マハーバーラタ』はパーンダヴァ五王子とカウラヴァ百兄弟の従兄弟間の大戦争が主題となっているが、この主筋の間に多くの神話が挿入され、神話の宝庫となっている。『ラーマーヤナ』はラーマ王子（ヴィシュヌ神の化身）が誘拐された妃シーター[†]（女神シュリー[†]の化身）を救出する話である。プラーナ文献の中では、特に『マールカンデーヤ・プラーナ』の一部をなす『デーヴィー・マーハートミャ』が重要である。女神ドゥルガー[†]（チャンディカー）の誕生と戦争における活躍が物語られている。

　翻訳としては、『リグ・ヴェーダ』と『アタルヴァ・ヴェーダ』には辻直四郎による抄訳がある。ブラーフマナ文献の神話は、辻直四郎の『古代インドの説話』で一部が紹介されている。『マハーバーラタ』は上村勝彦による訳があるが、訳者の死去により第8巻までとなっている。『ラーマーヤナ』は中村了昭による全訳がある。『デーヴィー・マーハートミャ』は横山優子による翻訳がある。

【インド神話における男神と女神】

　インド最古の文献『リグ・ヴェーダ』においては、雷霆と戦の神インドラが最も多い讃歌を捧げられている。女神への讃歌は男神に比べて目だって少ない。讃歌は少ないものの、重要な女神も存在した。中でも古くからの女神の機能、生命を生み出す役割を持つのが、神々と人間の母アディティ[†]である。カドルー[†]とヴィナター[†]は、それぞれ蛇族と鳥族の母として、やはり生産の機能を保持している。

　このような「生み出す」女神とはまったく反対に、神々によって女神が「生み出される」という神話が、ヒンドゥー教に多く認められる。美と愛の女神シュリーは、ブラフマーとヴィシュヌの主導により、インドラをはじめとする男神たちの乳海攪拌によって海から誕生した。美貌の天女ティロータマー[†]は神々

の工匠ヴィシュヴァカルマンによって作り出され、死の女神ムリトュユ†はブラフマーによって生み出され、戦闘女神チャンディカーは男神たちの熱光から誕生した。いずれの場合も、女神たちの誕生に、女性原理がまったく必要とされていない。また、ティロータマーとチャンディカーはアスラを滅ぼす目的で造られ、ムリトュユは誰もが嫌がる死の神としての役割のために生み出された。男神たちにとっても困難な仕事を遂行するためにこれらの女神が誕生させられている。女神から男神が生まれるのではなく、男神たちから女神が生み出されるのである。女神の生む力は男神たちに吸収されたと言える。

女神や女性の生む力への信仰は人類最古のものであるが、ヒンドゥー教の神話では重視されず、逆に、人間の女から生まれることを厭うという思想が見られる。呪いを受けて人間界に生まれ変わらなければならなくなったヴァス神たちは、人間の胎に宿ることを嫌がり、ガンガー†女神に地上に降りて自分たちを生んでくれるよう懇願した。

女性の生む力が軽視された神話の最も極端な形が、男性による単性生殖の話であり、『マハーバーラタ』の登場人物であるクリパやドローナといった英雄は、それぞれ葦や枡に落ちた聖仙の精液から誕生した。

ヒンドゥー教の神話において、女神の生む力はほとんど顧みられていない。しかし、女神はすべての面で力を失ったわけではない。女神が太古からの力を保持して影響力を保ち続けている領域もある。それは王権である。女神が王を選び王権を与えるという観念が、ヒンドゥー教の神話の中に表れている。

ヒンドゥー教の女神信仰の特徴の一つは、恐るべき女神への強い信仰である。ドゥルガー、カーリー†などの血を求める女神が現在でも信仰を集めている。このことは、女神における死と生、凶暴さと優しさが表裏一体のものであることを表している。

叙事詩に現れる女主人公たちにも、神性を認めることができる。『マハーバーラタ』の女主人公ドラウパディー†や、『ラーマーヤナ』の女主人公シーターは、どちらも女神シュリーの化身である。

項目としては取り上げなかったが、民間において地方特有の女神たちが信仰されている。ベンガル地方で崇拝されるシータラーは、天然痘のような腫瘍を起こす恐ろしい女神である。デラーイ・チャンディはベンガル地方で祀られる安産の女神で、聖なる林の中に住むとされる。オラーイ・チャンディはベンガル地方のコレラの女神で、ガウンを着け、馬に乗った姿で表される。

【原典と略称】

『アタルヴァ・ヴェーダ讃歌』辻直四郎訳, 岩波文庫, 1979年

『ヴェーダ・アヴェスター』辻直四郎他訳, 筑摩書房, 1967年

『原典訳マハーバーラタ』〈1〉-〈8〉, 上村勝彦訳, ちくま学芸文庫, 2002-2005年

『ヒンドゥー教の聖典二篇：ギータ・ゴーヴィンダ／デーヴィー・マーハートミャ』小倉泰, 横地優子訳, 平凡社東洋文庫, 2000年

『リグ・ヴェーダ讃歌』辻直四郎訳, 岩波文庫, 1970年

ヴァールミーキ『新訳 ラーマーヤナ』〈1〉-〈7〉, 中村了昭訳, 平凡社, 2012-2013年

The Mahābhārata, 19vols. for the first time critically edited by V. S. Sukthankar. Bhandarkar Oriental Research Institute (Poona), 1933-1966

The Mahābhārata, 5vols. text as constituted in its critical edition. Bhandarkar Oriental Research Institute (Poona), 1971-1975

The Mahābhāratam, with the Bharata Bhawadeepa comm. of Nīlakaṇṭha, Ed. by Pandit Ramchandrashastri Kinjawadekar. Bombay, 1869. Reprinted in 6vols, New Delhi, 1979

Mahābhārata. translated into English from original Sanskrit text By M. N. Dutt. Reprinted in 7vols, Parimal Publications (Delhi), 1997 (Original edition: *A prose English translation of the Mahabharata*,

3vols. translated literally from the original Sanskrit text by M. N. Dutt. Calcutta, 1895–1905)

The Mārkaṇḍeya Mahāpurāṇam. with Hindi trans., verse-index and textual corrections. Nag Publishers (Delhi), 1984

The Viṣṇu Purāṇa: a system of Hindu mythology and tradition, 2vols. text in Devanagari, English translation notes and appendices, etc., translated from the original Sanskrit and illustrated by notes derived chiefly from other PurANas by H. H. Wilson, enlarged & arranged by Nag Sharan Singh, 1st ed. Nag Publishers (Delhi), 1980

The Linga Purana, ancient indian tradition and mythology, translated by a board of scholars, part2, motilal banarsidass, 1973

【参考文献と略称】

上村勝彦『インド神話』東京書籍、1981年

沖田瑞穂『マハーバーラタの神話学』弘文堂、2008年

辻直四郎『古代インドの説話』春秋社、1978年

ドゥ・ヨング『インド文化研究史論集』塚本啓祥訳、平楽寺店、1986年

中村元『ヴェーダの思想』中村元選集〔決定版〕第八巻、春秋社、1989年

中村元『ヒンドゥー教と叙事詩』中村元選集〔決定版〕第三〇巻、春秋社、1996年

Bedekar, V. M. "The Legend of the Churning of the Ocean in the Epics and the Purāṇas: A Comparative Study", *Purāṇa* 9. 1 (Jan. 1967): 7–61

Coomaraswamy, Ananda K. "On the Loathly Bride", *Speculum* 20 (1945): 391–404

Delamarre, X., *Le vocabulaire indo-européen: lexique étymologique thématique*, Librairie d'Amérique et d'Orient, 1984

Dumézil, Georges. *L'idéologie Tripartie des Indo-Européens.* Latomus (Bruxelles), 1958. (ジョルジュ・デュメジル『神々の構造』松村一男訳. 国文社, 1987年)

———. *Mythe et Épopée* Ⅰ. Gallimard (Paris), 1968

———. *Mythe et Épopée* Ⅱ. Gallimard (Paris), 1971

Gonda, J., *Aspects of early Viṣṇuism,* 2nd ed., Motilal Banarsidass (Delhi), 1969

Hiltebeitel, Alf. *The Ritual of Battle.* Cornell University Press (Ithaca and London), 1976

Jaiswal, S., *Origine and development of Vaiṣṇavism*, 2nd rev. and enl. ed., Munshiram Manoharlal (New Delhi), 1981

Krappe, Alexander H. "The Sovereignty of Erin", *American Journal of Philology* 63 (1942): 444–454

Kuiper, F. B. J. *An Austro-Asiatic Myth in the Rigveda.* Noord-Hollandsche Uitgevers Maatschappij (Amsterdam), 1950

Macdonell, A. A. *Vedic Mythology.* Trübner (Strassburg), 1897

Mehta, M. "The Evolution of the Suparṇa Saga in the *Mahābhārata*", *Journal of the Oriental Institute* 21 (1971–72): 41–65

Vettam Mani, *Purāṇic Encyclopaedia*, Motional Banarsidass, 1975

Wikander, Stig. "Pāṇḍavasagan och Mahābhāratas mytiska förutsättningar", *Religion och Bibel, Nathan Säderblom-sällskapets Årsbok* Ⅵ (1947): 27–39

インドの女神の事典

アディティ　Aditi
名前の意味・神格・属性：「無拘束」、「自由（特に罪からの自由）」の意。アーディティヤ神群の母にして、人類の祖先母。
概要：男神優位のヴェーダ神話において、「母神」の機能を持つ数少ない女神。『リグ・ヴェーダ』1.89.10では、すべてを包容するもの、原初の世界の根本原理として、次のように詠われている。「アディティは天であり、空界である。母であり、父であり、息子である。一切の神々であり、五つの部族である。すでに生まれたものであり、これから生まれるものである」。

『リグ・ヴェーダ』10.72.4–9によると、原初の世界に出現し男神ダクシャ（「能力」）を出産の形式で生み出した。ところが『リグ・ヴェーダ』は、このダクシャから再びアディティが生まれたと語っており、アディティ（女）⇒ダクシャ（男）⇒アディティ（女）という円環的思想がうかがわれる。第8詩節では、ダクシャから生まれたアディティは、八人の息子をもうけた。そのうち七人をアーディティヤ神群という。一番目から五番目は序列が決まっており、1 ヴァルナ（王権）、2 ミトラ（契約）、3 アリヤマン（部族の慣習）、4 バガ（分配）、5 アムシャ（取り分）である。六番目は不定で、インドラ、サヴィトリ、マルトなどが入る。七番目には、再びダクシャが現れる。アディティはこれら七人の息子を連れて、「神々のもと」、「原初の世」へ去り、八番目の息子マールターンダを捨てた。しかしこれに続く第9詩節においては、彼女は「子孫をもたらすため」、同時に「死をもたらすため」、マールターンダを連れ戻している。「マールターンダ」とは「死んだ卵から生まれた者」の意で、流産された肉の塊を指す。人類はこのマールターンダから誕生する。つまりアディティに連れ戻されたマールターンダは、「子孫をつくる」定めを持つ人間の祖となり、同時にその人間たちに死の運命が割り当てられたのだから、ここには生殖と死が表裏一体であるという「神話の論理」が表れている（生殖と死を表裏一体とみなす神話の典型としては、東南アジアを中心に分布する「バナナ型」の死の起源神話がある）。

アディティからダクシャが生まれ、そのダクシャから再びアディティが生まれ、さらにその第二のアディティから再びダクシャが生まれるという、原初の時の円環的表現は、『リグ・ヴェーダ』の言語女神ヴァーチュ[†]においても表れており（10.125.7）、さらには他地域の神話にも認めることができる。ヴェネズエラ、マキリタレ族の神話によると、男神ワナディは原初の空間でタバコをのみながら一人の女が生まれる夢を見た。その女とは、彼自身の母親で、名をクマリアワといった。ワナディが彼女の夢を見ている間に彼女は成人した姿で生まれた。彼は自分の母親を生んだのだ。

アディティの生み損ないの肉塊であるマールターンダから人が誕生したという話は、中国および東南アジアを中心に分布する、兄妹始祖型洪水神話との関連がうかがわれる。例えば中国雲南省から貴州省にかけて住むミャオ族の洪水物語では、人類を滅ぼす洪水から生き残った兄と妹は、結婚して子供を生むが、生まれてきた子供は目も口も鼻もない肉の塊であった。父のいいつけに従ってその肉塊を細かく切り刻みあちこちに投げると、その肉塊が人間となり、人類は再び栄える。このモチーフは『マハーバーラタ』にもある。ドリタラーシュトラ王の妃ガーンダーリー[†]は二年間の妊娠の末、一つの肉塊を生む。ヴィヤーサ仙の助言に従ってその肉塊を切り刻むと、そこから百王子が誕生する（1.107）。

キーワード：祖先母、原初（女神）、母神、自由、円環的思想、バナナ型、人類の起源
参考文献：後藤敏文「人類と死の起源――リグヴェーダ創造讃歌X 72――」、『インド学諸思想とその周延』三喜房佛書林、2004年、404-421頁；ミネケ・シッパー『なぜ神々は人間をつくったのか』松村一男監訳、大山

晶訳，原書房，2013年，71頁；松村一男『この世界のはじまりの物語』白水社，2008年，88-89頁．

アドリカー　Adrikā

名前の意味・神格・属性：「山」adri に指小辞 kā を付したもの。美貌のアプサラス†。サティヤヴァティー†の母。

概要：『マハーバーラタ』1.57.31-55 によると、ブラフマー神の呪いにより魚の姿となってヤムナー川に住んでいた。魚のアドリカーは、鷹が運んできたヴァス王の精液を飲みこんだ。それから十月が経った時、漁師たちがアドリカーを捕え、その腹を裂き、男女の双子を引き出した。この奇跡を漁師たちはウパリチャラ王に報告した。双子のうち男児は王によって取り上げられ、マツヤ（「魚」）という名の高徳の王となった。女児の方は、魚の匂いがしたため漁師が育てることになり、サティヤヴァティーと名付けられた。サティヤヴァティーは後にパラーシャラ仙との間に聖仙ヴィヤーサをもうけ、またシャンタヌ王との間にチトラーンガダとヴィチトラヴィーリヤをもうけ、クル族の王母となった。アドリカーは、人間の双子を生んだことによって呪詛から解放され、天女の姿を取り戻して天界へ帰った。

聖仙との間に通常の性行為によらずに子供を儲ける天女の話は、グリターチー†にも認められる。

キーワード：天女、呪い
参考文献：『原典訳マハーバーラタ』〈1〉，253-255頁．

アドリシャンティー　Adṛśyantī

名前の意味・神格・属性：「見えない」を意味する adṛś から派生。ヴァシシュタ仙の息子シャクティの妻。

概要：ヴァシシュタ仙が、シャクティをはじめとする百人の息子たちが羅刹に憑りつかれたカルマーシャパーダ王に食べられてしまい、子孫が断絶したものと思って絶望して自殺を試みるが、かなわなかったので隠棲所に帰ろうとすると、後ろから息子のシャクティの妻アドリシャンティーがついて来た。そのすぐ近くから、完璧なヴェーダ聖典の朗唱が聞こえてきた。その声は誰のものかと問うと、アドリシャンティーは「私の胎内にいるシャクティの息子です」と答えた。ヴァシシュタ仙は子孫がいたことを知って喜び、死のうとすることをやめた。そこにカルマーシャパーダ王が現れてアドリシャンティーを食べようとしたが、ヴァシシュタ仙が制止し、王を羅刹から解放してやった（『マハーバーラタ』1.166-167）。

キーワード：（聖仙の）妻
参考文献：『原典訳マハーバーラタ』〈2〉，81-82頁．

アナスーヤー　Anasūyā

名前の意味・神格・属性：「不平を言わない、恨まない」の意。アトリ仙の老齢の妻。

概要：『ラーマーヤナ』によると（2.117-119）、世界が十年間干ばつにみまわれた時、アナスーヤーが厳しい苦行に専心したため、聖仙たちの住む土地にガンジス川が流れてきた。「不平を言わない」という誓戒を立てている。ラーマ王子の妃シーター†は夫と共に旅の途中でアトリ仙の隠棲所に行き、アナスーヤーと対話した。アナスーヤーはシーターの徳をほめたたえ、夫に従うことの重要性について説いた。シーターも彼女の話に賛同し、夫に恭順であることの素晴らしさを語ると、アナスーヤーは大変喜び、シーターに花輪や衣装、装飾品、香油などを贈った。

キーワード：（聖仙の）妻
参考文献：『新訳ラーマーヤナ』〈2〉，472-481頁．

アーパス　Āpas

名前の意味・神格・属性：女性名詞 ap「水」の複数形。『リグ・ヴェーダ』における水の女神たち。

概要：『リグ・ヴェーダ』に四篇の独立讃歌を持つ。慈愛に富む母、宇宙の母であり、妻であり、生物・無生物を生む（『リグ・ヴェーダ』6.50.7）。原初の大いなる女神の残存であるかもしれない。原初の水という点では、メソ

ポタミアのティアマト†に比すことができる。

『リグ・ヴェーダ』7.49.2-3において、「澄んで清らかな浄めの水」と繰り返し讃えられていることは、インドにおいて一般に水浴によって穢れをはらう思想の萌芽とみることができるかもしれない。インダス文明のモエンジョダロの大浴場についても想起される。

キーワード：水、水の女神、原初（の水）
参考文献：中村『ヴェーダの思想』第八巻, 180-182頁.

アハリヤー　Ahalyā

名前の意味・神格・属性：「土地が鋤で耕されていない」、「耕作に適さない」の意。ガウタマ仙の妻。インドラ神との不義のため夫に呪いをかけられる。

概要：インドラ神はガウタマ仙の不在時にガウタマ仙の姿になってアハリヤーを訪ね、愛の交わりを求めた。アハリヤーはインドラ神の変装を見破ったが、神の王の愛欲に負けて応じた。事が終わると、インドラ神はガウタマ仙を恐れて急いで天界へ帰ろうとしたが、戻ってきたガウタマ仙に姿を見られ、「睾丸なき者となれ」と呪いをかけられた。聖仙は自分の妻をも呪って、「数千年の間ここに住み、風以外何も食べず、苦行を続け、何者の眼にも触れることがなくなるだろう」と言った。この呪いは、ラーマ王子がその森に来るまで解けないことになっていた。

やがて森を訪れたラーマによって呪いは終了し、アハリヤーは美しい姿を現し、再びガウタマ仙の従順な妻となった（『ラーマーヤナ』1.148-149）。

デュメジルはインドラとアハリヤーの不義の神話を、戦士神としてのインドラの、三つの機能にわたる「三つの罪」のうちの一つ、第三機能の罪として分析している。

キーワード：(聖仙の) 妻、不倫
参考文献：『新訳ラーマーヤナ』〈1〉, 221-227頁；『デュメジル・コレクション』〈4〉315-329頁.

アプサラス　Apsaras

名前の意味・神格・属性：「水から現れ出る」の意か。天女。一群の水精。西洋のニンフ†に比される。

概要：水と強い結び付きを持ち、しばしば水鳥に化すとされる。楽神ガンダルヴァたちの妻とされ、変身の能力に優れ、骰子遊びを好み、幸運を恵む。呪法讃歌集『アタルヴァ・ヴェーダ』に含まれる狂気を癒す呪文において「心狂わす」と形容され（6.111.4）、男子に熱情を起こさせる呪文においては「この情熱は快楽の勝利者であり、快楽の勝利に関与するアプサラスのものである」と述べられ（6.130.1）、骰子賭博の勝利を願う呪文においては、賭博を支配する半神として「骰子に歓喜し、悲しみと怒りとをもたらすアプサラスを、魅惑し、狂喜させるアプサラスを、私はここに招き寄せる」（4.38.4）と讃えられている。

アプサラスのウルヴァシー†が人間の王プルーラヴァスを愛した物語は、その断片が『リグ・ヴェーダ』10.95にも記されており、確認できる限り最古の天人女房譚である。

叙事詩においては、インドラの命令により、その性的魅力によって聖仙らの苦行を妨害するために派遣される話が多い。叙事詩以降の神話において、神々とアスラたちが乳海を攪拌した時、海から生まれたとされている。『ヴィシュヌ・プラーナ』〈9〉101では、アプサラスの筆頭としてグリターチー†の名が

アプサラス、ジャイナ教の聖典『カルパ・スートラ』より、15世紀、ニューデリー国立博物館

挙げられている。
　海から生まれ、美と愛欲を司るという点では、ギリシア神話のアプロディテ[†]に通じるところがある。
キーワード：天女、愛欲、賭博
参考文献：『アタルヴァ・ヴェーダ』66、107、166-167頁；『リグ・ヴェーダ』292-296頁.
⇒アドリカー、メーナカー

アルンダティー　Arundhatī
名前の意味・神格・属性：語源はrudh「さえぎる」に否定辞aを付したもの。七仙の一人ヴァシシュタの妻。
概要：女神スヴァーハー[†]が火神と交わるために次々と七仙の妻に変身した時、アルンダティーの姿だけは、その徳性の高さゆえに、取ることができなかった（『マハーバーラタ』3.214）。
　『マハーバーラタ』9.47によると、ある時七仙たちはアルンダティーを残して果実や木の根を集めにヒマーラヤ山へ行った。その時干ばつが起こり十二年間続いた。七仙たちはヒマーラヤ山中に避難所を造りそこに住み続けた。一方、アルンダティーは苦行をしていた。そこにシヴァ神がバラモンに姿を変えてやって来て、施しを求めた。食物の蓄えは尽きていた。バラモンは棗を調理するように言った。アルンダティーは棗を煮ながらバラモンの教説を聞いていた。すると、十二年間の干ばつが去った。七仙が戻って来て、シヴァは本来の姿を現した。彼はアルンダティーの苦行の力は七仙のそれよりも素晴らしいものであると言い、彼女の願いを叶えて、その場所をバダラパーチャナ（棗の実を煮たところ）と呼ばれる聖地とした。

キーワード：（聖仙の）妻
参考文献：*Purāṇic Encyclopaedia*

アンジャナー　Añjanā
名前の意味・神格・属性：añj「聖別する」に由来する名。もとは天女のプンジカスタラー。猿ケーサリンの妻。風神ヴァーユとの間にハヌマットをもうける。
概要：天女のプンジカスタラーは呪詛によって猿族に生まれ変わり、猿のケーサリンと結婚した。ある時彼女が山を散策していると、風神がその美しさを見て愛欲にとりつかれ、長い腕で彼女を抱きしめた。神の心がアンジャナーの胎内に入り、息子が宿った。彼女は洞窟の中でハヌマットを生んだ（『ラーマーヤナ』4.66）。
　風神は『マハーバーラタ』においてはクンティー[†]王妃との間に英雄ビーマをもうけている（1.114）。ハヌマットとビーマは異母兄弟ということになる。
キーワード：天女、呪い、猿
参考文献：『新訳ラーマーヤナ』〈4〉，192-294頁；『原典訳マハーバーラタ』〈1〉，400-401頁.

アンバー　Ambā
名前の意味・神格・属性：「母」の意。カーシ国王の長女。
概要：婚選び式スヴァヤンヴァラにおいてクル族のビーシュマに力ずくで連れ去られ、クル族の王ヴィチトラヴィーリヤの妃とされるところであったが、サウバ王シャールヴァを結婚相手として心に決めていることをビーシュマに訴え、クル国を去ることを許される。その後シャールヴァのもとへ行くも、「一度他の男に触れられた女を妻に迎えることなどできない」と冷たく突き放される。サウバ王に見放され、クル国に行くことも、故国に帰ることもできなくなり、そもそもの不幸の原因はビーシュマにあると確信し、復讐を誓う。ビーシュマの師であるパラシュラーマに救いを求め、パラシュラーマとビーシュマの間で長い戦闘が行われたが、パラシュラーマは勝利をあきらめ、両者は和解した。それを聞いたアンバーはビーシュマへの復讐を再度心に誓い、長い間苦行を行った。ビーシュマの母である川の女神ガンガー[†]がアンバーの苦行をやめさせようとしたが応じなかったため、ガンガーは「もしあなたが誓戒を守って身体を捨てるなら（死ぬなら）、あなたは雨季にしか水のない曲がりくねった川になるだろう。その川は沐浴に適さず、人に知られず、

ワニが棲むであろう」と呪った。アンバーはヴァッツァブーミという所でアンバー川という川になったが、苦行の力により半身のみ川になり、もう半身は少女のままであった。そこにシヴァ神が現れ、「汝は男性として生まれ変わり、戦場においてビーシュマを殺すであろう」とアンバーの望みを叶えてやった。アンバーは薪を集めて火をつけ、「ビーシュマを殺すために」と言って火の中に入り、ドルパダの娘シカンディンとして生まれ変わり、後に性転換して男となり、クルクシェートラの戦いにおいてアルジュナと共にビーシュマを倒した（『マハーバーラタ』1.96; 5.170-193）。
参考文献：『原典訳マハーバーラタ』〈1〉, 360-365頁；〈5〉, 493-558頁.
⇒アンバーリカー、アンビカー

アンバーリカー　Ambālikā
名前の意味・神格・属性：「母」の意。カーシ国王の三女。クル族の王ヴィチトラヴィーリヤの妃。パーンドゥの母。
概要：婚選び式スヴァヤンヴァラにおいてクル族のビーシュマに力ずくで連れ去られ、クル族の王ヴィチトラヴィーリヤの妃となる。容姿は背が高く、浅黒い肌をし（美しい色とされる）、黒い巻き毛で、赤く長い爪をしている。ヴィチトラヴィーリヤが結核で若死にしたため、息子を得るためにヴィヤーサ仙と床を共にするが、その恐ろしい姿を見て蒼白になった。そのために息子パーンドゥは青白い肌をして生まれてきた（『マハーバーラタ』1.96）。
キーワード：王妃、（英雄の）母
参考文献：『原典訳マハーバーラタ』〈1〉, 360-375頁.
⇒アンバー、アンビカー

アンビカー　Ambikā
名前の意味・神格・属性：「母」の意。カーシ国王の次女。クル族の王ヴィチトラヴィーリヤの妃。ドリタラーシュトラの母。
概要：婚選び式スヴァヤンヴァラにおいてクル族のビーシュマに力ずくで連れ去られ、クル族の王ヴィチトラヴィーリヤの妃となる。容姿は背が高く、浅黒い肌をし（美しい色とされる）、黒い巻き毛で、赤く長い爪をしている。ヴィチトラヴィーリヤが結核で若死にしたため、息子を得るためにヴィヤーサ仙と床を共にするが、その恐ろしい姿を見て眼を瞑ってしまった。そのために生まれてきた息子ドリタラーシュトラは盲目であった（『マハーバーラタ』1.96）。
キーワード：王妃、（英雄の）母
参考文献：『原典訳マハーバーラタ』〈1〉, 360-374頁.
⇒アンバー、アンバーリカー

イラー　Ilā
名前の意味・神格・属性：「大地」の意。もとはイラという名の男性で、バーフリ国王。ひと月ごとに性が転換する。月神の息子ブダとの間にプルーラヴァスをもうける。
概要：ある時イラ王が従者を連れて山へ狩りに行くと、山中ではシヴァ神が妃ウマーを楽しませるために女の姿をとって遊んでいた。その時、その森に存在するすべての動植物と人間は、女性に変わった。イラ王も例外ではなかった。イラ王は男性に戻れるようシヴァ神に願ったが叶えられなかったので、ウマー女神に願った。「私がひと月の間は美しい女性となり、次の月には男性となりますように」。ウマーは王の願いを叶えてやり、彼が男性である時は女性であった時のことを忘れ、女性である時は男性であった時のことを忘れるようにした。

　王は最初の月に美しい女性の姿となり、もとは男性だった女性の従者たちを連れて、森を楽しく歩き回った。そこに月神ソーマの息子ブダがいて、イラーの姿を一目見て恋に落ちた。ブダは王に起こったことをすべて察知し、従者の女性たちを山に住む妖精キンプルシャに変えてやった上で、イラーに愛を求めた。イラーは彼に応じ、二人は楽しく時を過ごした。やがてひと月がたち、イラーは男性に戻った。記憶を失ってベッドで目覚めたイラ王に、ブダは優しく語りかけ、一年の間この森に滞在するよう勧めた。王はそこに住ん

で、ひと月は女性となって楽しく過ごし、次のひと月は男性となって法を実践した。九か月目に、イラーはブダとの間に息子を生んだ。この子はプルーラヴァスと名付けられた。一年が過ぎると、ブダは聖仙たちを集め、イラ王のためにアシュヴァメーダ祭（馬祀祭）を行い、シヴァ神を満足させ、王を完全な男性にもどしてやった（『ラーマーヤナ』7.87-90）。

　性を転換した人物としては、ギリシア神話のテイレシアスが挙げられる。テイレシアスは森で二匹の蛇が絡まり合って交尾しているのを見て、杖で殴りつけた。すると彼は女性となった。七年後、彼が同じように蛇が絡まり合っているのを見て、再び殴りつけると、もとの男性に戻った（オウィディウス『変身物語』3）。

キーワード：性転換
参考文献：『新訳ラーマーヤナ』〈7〉, 348-360頁；オウィディウス『変身物語』上，中村善也訳，岩波文庫，112-113頁.

ヴァイダルビー　Vaidarbhī

名前の意味・神格・属性：「ヴィダルバ国の女」の意。イクシュヴァーク家の王サガラの妃。
概要：サガラ王にはヴァイダルビーとシャイビヤー†という二人の妃がいたが、息子がなかったので、妻たちと共にカイラーサ山へ行って激しい苦行を行い、シヴァ神を満足させた。シヴァ神は王に告げた。「汝の一人の妻に六万人の勇猛な息子が生まれるが、彼らは全滅するだろう。もう一人の妻に、家系を担う息子が生まれるだろう」。

　二人の妻は懐妊し、ヴァイダルビーは瓢箪の形の胎児を生み落とした。王がその瓢箪を捨てようとすると空から声が聞こえ、瓢箪から種を取り出し、一つずつ、熱したギー（乳製品）の中に入れて見守るよう告げた。その通りにすると、そこから六万人の息子が誕生した。成長した六万人の息子たちはカピラ仙の怒りに触れて焼き尽くされた（『マハーバーラタ』3.104-106）。

　瓢箪の形の胎児を生み、そこから六万人の息子が誕生したという部分は、ガーンダーリー†が一つの肉塊を生み、それを分割すると百人の王子が誕生したという話と似ている。この二つの話は平行関係にある。

キーワード：王妃
参考文献：『原典訳マハーバーラタ』〈3〉, 294-297頁；沖田『マハーバーラタの神話学』223-245頁.

ヴァーチュ　Vāc

名前の意味・神格・属性：「言葉」、「声」の意。言語の女神。
概要：『リグ・ヴェーダ』10.125において、ヴァーチュの自讃の形式で讃歌が捧げられている。言語の威力は多岐にわたる。人間が食物を摂るのも、物事を識別するのも、呼吸をするのも、言葉を聞くのも、言語の力による。ヴァーチュは自らの寵愛を受けたものを強豪に、また賢慮あるものとなす。人間の間に闘争を引き起こし、一切万物の間に浸透し、天のかなた、地のかなたに風のように吹きわたる。この讃歌においてヴァーチュは「自らの父を生んだ」とあるので、アディティ†の場合と同様に円環的思想が表れている。フランスの比較神話学者デュメジルはこの女神を、聖性・戦闘・生産性というインド・ヨーロッパ語族の三つの機能を総合する、「三機能総合女神」であるとした。『リグ・ヴェーダ』10.125.1において、「われはミトラとヴァルナとの両神を担う、われはインドラとアグニとを、われはアシュヴィン双神を」とあり、聖性の機能（第一機能）を司るヴァルナとミトラ、戦闘の機能（第二機能）を司るインドラ、生産の機能（第三機能）を司るアシュヴィン双神を、ヴァーチュが一身に総合しているからである。

　『シャタパタ・ブラーフマナ』1.4.5.8-12には、ヴァーチュ（「語」）が「意」（思考、マナス manas）と争った話が記されている。意は言った。「あなたは私の模倣者であり、追随者であるから、私の方が優れている」。ヴァーチュは言った。「私はあなたの知ることを外に知らしめ、伝達するから、あなたより優れている」。両者は裁定を求めて造物主プラジャーパティのもとへ行った。プラ

ジャーパティは、「意こそがヴァーチュより優れている」と判定した。ヴァーチュは落胆し、胎児を流産した。彼女はプラジャーパティを恨み、以後彼のために祭祀の供物を運ぶことを拒絶した。

『シャタパタ・ブラーフマナ』3.2.4.1-6には、地界にいる神々に天界のソーマをもたらした話が記されている。ガーヤトリー（韻律）が天界のソーマを神々にもたらそうとした時、ガンダルヴァのヴィシュヴァーヴァスがそれを盗んだ。神々はヴァーチュを送り出し、ヴィシュヴァーヴァスからソーマを取り戻した。ソーマは神々のものとなったが、ヴァーチュの所属を決定するため、ガンダルヴァと神々は競って彼女を招き呼んだ。ガンダルヴァたちはヴェーダの聖句を唱えた。神々は楽器のヴィーナーを作り出し、それを弾じながら歌った。ヴァーチュはヴェーダの讃唱をしりぞけ、歌い踊る神々のもとへ行った。これがために婦女は歌舞を好むのであるという。バラモン教の最大の拠り所であるヴェーダに近い位置にあるのは男性であって、ヴァーチュがヴェーダを離れ歌舞を選んだように、女性もまたヴェーダから遠ざかっている、という考えが表されており、宗教における男性優位が著しい。

ヴァーチュは後に河川女神サラスヴァティー†と同一視され、ベンザイテン†として日本にも伝わった。

キーワード：言語、三機能（総合女神）
参考文献：『リグ・ヴェーダ』307-308頁；辻直四郎『古代インドの説話――ブラーフマナ文献より――』春秋社, 1978年, 151-152頁, 177-178頁；ジョルジュ・デュメジル『神々の構造』松村一男訳, 国文社, 1987年, 127頁.

ヴァルガー　Vargā

名前の意味・神格・属性：「種」「グループ」を意味する男性名詞ヴァルガ vargaの女性形。ワニの姿となった天女。
概要：森を遍歴していた英雄アルジュナは、南の海岸にある聖地を訪れ、人の寄り付かなくなったスバドラの聖地で沐浴をした。水中にいた大きなワニがアルジュナを捕えたが、アルジュナは力まかせにワニをつかんで水中から引きずり出した。するとワニは美しい女に姿を変えた。彼女は天女ヴァルガーで、クベーラ神のお気に入りであったが、苦行中のバラモンを妨害したため呪われ、ワニとなって水中に住んでいたが、アルジュナによって呪いが解かれ本来の姿に戻ることができたのだという。アルジュナはヴァルガーと同様にワニの姿にされていた四人の天女をもとの姿にもどしてやった（『マハーバーラタ』1.208-209）。

ワニに姿を変えられたという部分は、魚に姿を変えられたアドリカー†の話と似ている。

キーワード：ワニ、天女、呪い
参考文献：『原典訳マハーバーラタ』〈2〉, 178-183頁.

ヴィダートリ　Vidhātṛ

名前の意味・神格・属性：「制定する者」の意。創造神。運命の女神。
概要：『マハーバーラタ』1.3において、聖者ウッタンカが地下界に行ってダートリ†とヴィダートリを目撃する話が記されている。それによると、地下界では二人の女神ダートリとヴィダートリが機を織っている。その糸の色は黒と白で、それぞれ夜と昼を表している。機を織ることで、生類と世界の運命を織り成しているのである。

キーワード：運命の女神、機織り
参考文献：『原典訳マハーバーラタ』〈1〉, 109-112頁.

ヴィドゥラー　Vidurā

名前の意味・神格・属性：「賢い女」の意。クシャトリヤ（王族）の女の鑑。
概要：戦でシンドゥ国王に敗れ、落ち込んで寝ていた息子に話しかけて叱咤激励したクシャトリヤの母の話が『マハーバーラタ』に記されている。ヴィドゥラーが息子に「生命を惜しまず戦いなさい」と言うと息子は「私が死んだらあなたにとって生命は何になるのか」と返す。母「勇気のない者たちの行動に従事してはならぬ。クシャトリヤが生命を惜

しんではならぬ」。息子「あなたの心は鉄を固めて作ったかのようだ」。母「私は法（ダルマ）と実利（アルタ）を考慮してあなたを鼓舞したのです。クシャトリヤは戦うため、勝利するために創造されたのです。残酷にふるまうことも、クシャトリヤの定めです。殺されてもインドラの世界に行くことができます」。息子「息子に憐れみをかけてください」。母「シンドゥ族を殺したらあなたを尊敬しましょう」。息子「何か方策を授けてください」。母「私たちには、あなたの知らない多大な財産と、幾百もの一騎当千の友がいます。これらの財産と協力者を使って戦いなさい」。こうして、母の意義深い長大な教説を聞き、息子はようやく敵を制圧すべく戦う決意をした（『マハーバーラタ』5.131-134）。

クシャトリヤの男に戦う決意をさせるために長々と教説を垂れるという点では、同じ『マハーバーラタ』に含まれる、名高い「バガヴァッド・ギーター」の内容と似ている。

キーワード：（戦士の）母
参考文献：『原典訳マハーバーラタ』〈5〉，381-390頁．

ヴィナター　Vinatā

名前の意味・神格・属性：vi-nam「かがむ」の過去受動分詞女性形。造物神プラジャーパティの娘、カシュヤパ仙の妻、カドルー†の姉妹、曙アルナと鳥王ガルダの母。

概要：『マハーバーラタ』1.14-30によると、ヴィナターは姉妹のカドルーと共にカシュヤパ仙の妻となり、彼を満足させたので、願いを叶えてもらえることになった。カドルーは千匹の蛇の息子を望み、ヴィナターはカドルーの息子たちより優れた二人の息子を望んだ。カシュヤパはヴィナターに、「一人半」の息子が授かるだろうと言った。やがてカドルーは千個の卵を、ヴィナターは二個の卵を生んだ。それから500年後、カドルーの千個の卵が孵化して、蛇の息子たちが生まれた。しかしヴィナターの卵はなかなか孵化しなかったので、ヴィナターは卵を割って中を見た。子供は、上半身はできあがっていたが、下半身がまだなかった。この子アルナは母を恨み、500年間ライヴァル（カドルー）の奴隷となるという呪いを母にかけ、空へ行き、曙となった。さらに500年が経つと、ヴィナターのもう一つの卵が孵り、鳥王ガルダが生まれた。カドルーとヴィナターは神馬ウッチャイヒシュラヴァスの尾の色について賭けをし、カドルーの策略のためにヴィナターが負けてカドルーの奴隷となった。ガルダもまた母と共にカドルーと蛇たちに仕えたが、ある時母が奴隷となったいきさつを知って悲しみ、蛇たちの要求に従って天界から不死の飲物アムリタを奪い、インドラ神と共謀してアムリタを蛇たちに与えるふりをして母ヴィナターと自分を奴隷の状態から解放させた。

カドルーとヴィナターとの対立関係は、さらに古くブラーフマナ神話に遡る。『シャタパタ・ブラーフマナ』3.6.2.2-15によると、神々はソーマを得るために二つの幻影、カドルーとスパルニー（「美しき翼を持つ女」、ヴィナターのこと）を創造した。神々はこの二者の間に不和を生じさせた。二人はどちらがより遠くまで見ることができるか競争することにした。負けた方が勝った方に仕えることを取り決めた。カドルーは海の彼方にいる白馬の尾の様子を見通した。そこで勝負はカドルーの勝ちとなった。スパルニーは、天界のソーマをもたらすことによって自身を購うこととなった。スパルニーは韻律のガーヤトリーを作り出し、ガーヤトリーは天界からソーマをもたらした。

『マハーバーラタ』1.14において、ヴィナターが卵を早く割ったために足が未完成なまま子供（アルナ）が生まれ、曙となったという話は、日本神話のヒルコと比較できる。ヒルコは、イザナキとイザナミの初生児で、特に『日本書紀』第五段一書第二に「三年たっても足がたたなかった」とあるところは、アルナとの類似が著しい。ヒルコとアルナはどちらも太陽と関連が深いという点も似ている。アルナは曙であり、ヒルコは日ル子であって、もとはアマテラス以前の太陽神であったと考えられている。

ヴィナターの鳥の母としての属性は、人類の最古層の神話的観念に連なるものである可

能性がある。旧石器時代・新石器時代において、女神は鳥の姿でも表されていた。
キーワード：母神、鳥（女神）
参考文献：辻直四郎『古代インドの説話——ブラーフマナ文献より——』春秋社, 1978 年, 179-181 頁;『原典訳マハーバーラタ』〈1〉, 141-178 頁; 沖田瑞穂「脚萎えの太陽と曙——ヒルコとアルナ」,『神話・象徴・言語』篠田知和基編, 楽浪書院, 2008 年, 109-124 頁; ベアリング／キャシュフォード『世界女神大全』I, 森雅子訳, 原書房, 2007 年, 14 頁, 68-71 頁.

ヴェーダヴァティー　Vedavatī
名前の意味・神格・属性：「ヴェーダ（聖典）を有する女」の意。シーター†の過去世。父はブリハスパティ神の息子である梵仙クシャドヴァジャ。
概要：『ラーマーヤナ』7.17 によると、ヴェーダヴァティーが苦行に専心しているところに羅刹王ラーヴァナがやって来て結婚を求めた。ヴェーダヴァティーは、ヴィシュヌ神を夫にすると心に決めているからと言って断った。ラーヴァナは彼女の髪を指の先で摑んだ。ヴェーダヴァティーは激怒し、自らの手を刃に変えて髪を切断し、このように辱められたからには生きていこうとは思わない、今あなたの前で火の中に身を投げるが、あなたを殺すために再びこの世に生まれてきましょう、その時には女性の母胎から生まれたのではない娘、貞節な娘、法を愛する者の娘として生まれるでしょう、と言って、火の中に身を投げた。このヴェーダヴァティーの生まれ変わりがシーターで、ヴィシュヌ神の化身であるラーマ王子と結ばれ、後にラーマがラーヴァナを殺すことになる。

キーワード：生まれ変わり
参考文献：『新訳ラーマーヤナ』〈7〉, 94-98 頁.

ウシャス　Uṣas
名前の意味・神格・属性：「曙」の意。ラテン語「アウローラ aurora」と同語源。インド・ヨーロッパ祖語 *ausos に遡る。若く美しい曙の女神。天神ディヤウスの娘、夜の女神ラートリー†の妹、太陽神スーリヤの母あるいは恋人。
概要：神格の大部分を自然現象としての曙光に負っており、自然現象からの分離が希薄である。『リグ・ヴェーダ』讃歌において「ウシャス」は単数でも複数でも表されるので、この女神は一人なのか複数なのかという問題も提起される。曙光が四方八方に広がることからの類推であろう。

比較神話学者デュメジルによって再構築された、太陽と曙と夜にまつわるインド・ヨーロッパ語族の共通神話によると、赤子の太陽は毎朝曙の女神の鍾愛を受け、その乳を与えられて成長し、万物に光を投げかける。しかし曙は太陽の生みの母ではない。太陽の実母は夜の女神である。しかし夜は、太陽の誕生と共にその存続が不可能になるので、太陽を生むとすぐに姿を消さなければならない。それでその生み捨てられた赤子を、夜の妹の曙が引き取り、愛情ゆたかに育てるのである。このようなインド・ヨーロッパ神話は、日本神話とも似たところのあることが指摘されている。太陽神アマテラスの直系の子孫であるウガヤフキアヘズの生母は、海の神の娘トヨタマビメである。しかしトヨタマビメは、出産の折、夫のホヲリに分娩中の姿を見ないでほしいと言っておいたにもかかわらず、ワニになってのたうちまわりながら出産しているところを見られてしまう。それでトヨタマビメは赤子を生み捨てにして海へ帰って行ったが、自分の代わりに息子の養育係として妹のタマヨリビメ†を地上につかわした。つまり、太陽神の子孫ウガヤフキアヘズは、生母に生み捨てられるが、その妹神によって養育されたことになっているので、インド・ヨーロッパ神話の太陽と曙と夜の話に酷似している。また、ウシャスは太陽神の恋人とされることもあるが、ウガヤフキアヘズの養母にして実の叔母にあたるタマヨリビメも、成長したウガヤフキアヘズと結婚しているので、この点でも両地域の神話は似ている。

ウシャスはまた、自身の裸体を露にすることによって太陽を導くという神話を持つ。『リグ・ヴェーダ』5.80.4-5 において「この女

神は多彩に輝き、その力を倍増させ、自らの裸体を東方に現す。天則の道に従い、道を熟知し、方向を誤ることなく正しく進む。この女神は自らの裸身を自覚する美女の如くに沐浴して直立する、我らが彼女を見るために。敵意や暗黒を駆逐し、天の娘ウシャスは光明と共に到着する」と歌われており、この讃歌の前提として、太陽を導く曙の女神の裸身露出神話が存在したことが推測される。このようなウシャスの裸体露出は、日本神話のアマノウズメ[†]と似ている。『古事記』においてアマノウズメは、岩屋にこもった太陽女神アマテラスを外に引き出すため、衣をはだけて陰部を露出して踊ったとされているからである。

　ウシャスは『リグ・ヴェーダ』においては女神の中でも際立った存在であったが、その後の神話においては重視されず、仏教神話にも現れない。

キーワード：曙、太陽（の養母）、裸（体）、姉妹、ワニ

参考文献：吉田敦彦『太陽の神話と祭り』青土社，2003年，47-60頁；『リグ・ヴェーダ』19-27頁．

ウッタラー　Uttarā

名前の意味・神格・属性：「北方、上方、左、優れた」などの意。ヴィラータ王の娘。アルジュナの息子アビマニュの妻。

概要：ヴィラータ王は彼の王国の危機を武力によって守ったアルジュナに、礼として王女ウッタラーを与えた。アルジュナはウッタラーを自分の息子アビマニュの妻として受け取った。クルクシェートラの大戦争ののち、アシュヴァッターマンによってウッタラーの胎内にいたアビマニュの息子は殺されたが、クリシュナによって生き返らされた。こうして生まれたのがパリクシットで、彼によってパーンダヴァの家系が守られた（『マハーバーラタ』4.65-67）。

キーワード：王女、（英雄の）妻

参考文献：『原典訳マハーバーラタ』〈4〉，596-603頁．

ウパシュルティ　Upaśruti

名前の意味・神格・属性：「聞く」を意味する動詞 upa-śru から派生した女性名詞。インドラ神妃が作り出した、予知能力を持つ女神。

概要：インドラ神が失踪し、ナフシャが王位についていた時、インドラ神妃シャチー[†]はナフシャに言い寄られて苦悩し、夜の女神を崇拝して予知能力を持つ女神ウパシュルティを作り出した。シャチーは彼女に、夫のいる場所を見せてくれるよう頼んだ。ウパシュルティはシャチーを連れてインドラが隠れている湖の中の蓮の茎の中に入って行って、夫婦を再会させた（『マハーバーラタ』5.13-14）。

キーワード：予知、夜

参考文献：『原典訳マハーバーラタ』〈5〉，58-61頁．

ウマー　Umā

名前の意味・神格・属性：語源は「おお、お止めなさい」という制止の言葉。激しい苦行をする娘に母のメーナー[†]が発した言葉（umā iti）。「光輝」、「名誉」、「静穏」。シヴァ神妃の穏やかで恵み深い側面。

概要：ヒマーラヤ山と妃メーナーの間に二人の娘があり、ガンガー[†]女神とウマー女神といった。ガンガーはガンジス川の女神となり、ウマーはシヴァ神の妃となった。シヴァとウマーは愛の戯れを始め、それは神々の百年間続いた。しかしウマーには子供が生まれなかった。神々は皆、もしウマーが子供を生んだら、誰も対抗することはできないと考えて恐れた。彼らはシヴァ神に、苦行をして精液を体内に留めるよう懇願した。シヴァは承諾したが、彼の体内から溢れ出た精液が大地に落ち、山も森も満たした。火の神がその精液の中に入り、そこからシュヴェータ山と葦の叢林が生じた。さらに、カールッティケーヤ（軍神スカンダ）が生まれた。ところが妃ウマーは怒っていた。「息子がほしくて結婚したのに、交わりを禁じられた。あなた方も、妻との間に子供が生まれなくなるだろう」と言って神々を呪い、さらに大地も呪って、子供を得ることができないようにした。その後、

ウマーはシヴァと共にヒマーラヤ山中のプラバヴァ山の頂上で苦行を行った(『ラーマーヤナ』1. 35-36)。

山の神に二人の娘がいるという構造は、日本神話における山神オホヤマツミとその二人の娘イハナガヒメ[†]とコノハナノサクヤビメ[†]の場合と似ている。ウマーはヒンドゥー教の主神シヴァの妃となり、コノハナノサクヤビメは天孫ホノニニギの妃となった点も似ている。どちらの場合も、結婚によって神々と人間にとって重大な、生死にかかわる呪いが発生する。ウマーは自ら神々を呪い、子供が生まれないようにした。日本の場合は、醜かったため結婚を断られ親元に返されたイハナガヒメが、天皇の一族と人間を呪い、寿命を短くした(『日本書紀』第九段一書二)。

キーワード:山
参考文献:『新訳ラーマーヤナ』〈1〉、176-182頁.
⇒自在女、大自在天妃

ウルヴァシー　Urvaśī
名前の意味・神格・属性:形容詞uru「広い」「すぐれた」に由来するか。アプサラス[†]の一人。
概要:『シャタパタ・ブラーフマナ』11. 5. 1に、人間の王プルーラヴァスとの恋物語が伝えられている。ウルヴァシーはプルーラヴァスを愛して結婚した。結婚する時、ウルヴァシーは三つの約束を交わさせた。「日に三度、私を竹の棒で突きなさい(性行為の暗示)。私が求めない時は近づいてはならない。あなたの裸身を私に見せてはならない」。ウルヴァシーは長くプルーラヴァスと暮らし、子を宿すまでにいたった。ガンダルヴァたちは、ウルヴァシーが長く人間のもとにいることを快く思わず、彼女を取り戻すべく、策を講じた。彼女の寝台には、一匹の雌羊と二匹の子羊が繋がれていた。ガンダルヴァたちはそのうち一匹の子羊を奪った。ウルヴァシーは悔しがって、「私のそばには勇士がいないかのようだ。いとしいわが子が奪われていく」と嘆いた。続いて第二の子羊が奪われ、ウルヴァシーは同じように言った。それを聞いたプルーラヴァスは、「ここに勇士がいないと言わせない」と思い、裸のまま、略奪者の後を追った。衣服をまとうのがもどかしかったのである。その時ガンダルヴァたちは雷光を閃かせた。ウルヴァシーは裸身の夫を見て、姿を消した。プルーラヴァスは悲嘆にくれてウルヴァシーを探し求めた。ある蓮池で、アプサラスたちが水鳥の姿をして泳いでいた。ウルヴァシーもその中にいて、かつての夫を見て本当の姿を現した。プルーラヴァスは「話し合おう」と言ったが、ウルヴァシーは「約束を守れなかったあなたが悪いのだ」とつれなく突き放した。プルーラヴァスが「私は首を吊るか、狼に喰われてしまうだろう」と言うと、ウルヴァシーは心を動かされ、「今から一年後の夜にここに来なさい。その時私と共に一夜を過ごしなさい。私が身ごもっているあなたの子供も、生まれているでしょう」と言った。一年後、その場所に来てみると、黄金の宮殿があり、ウルヴァシーはプルーラヴァスを招き入れ、こう告げた。「翌朝ガンダルヴァたちがあなたの願いを叶えるでしょう。その時、『あなた方の一員となりたい』と言いなさい」。ガンダルヴァたちは翌朝彼の願いを叶え、人間のプルーラヴァスを自分たちの一員とした。

『リグ・ヴェーダ』10. 95にはウルヴァシーとプルーラヴァスが再会した時のことが両者の会話の形で記されており、この物語の古さが示されている。

世界各地に認められる「天人女房譚」の一つであるが、天女ウルヴァシーが夫に課す義務と禁止は独特である。異類婚においては「見るなの禁」が課せられることが多いが、ウルヴァシーが課した禁止は「あなたの裸身を見せてはならない」というものであった。これに近いものとして、『マハーバーラタ』3. 190に記される「かわずの奥方」の話がある。蛙のスショーバナー[†]は美しい人間の女の姿をしてパリクシット王の前に現れ、「私に水を見せないでください」という条件を課して彼と結婚した。「見せるなの禁」という要素が共通している。

水精と人間の異類婚姻譚としては、ドイツ後期ロマン派のフーケーによる「ウンディー

ネ」があり、夫に課せられる禁止は「水上で妻を罵ってはならない」というものである。
キーワード：天女、天人女房、異類婚、タブー（見せるなの）
参考文献：辻直四郎『古代インドの説話――ブラーフマナ文献より』春秋社，1978年，28-31頁；『リグ・ヴェーダ』292-296頁；フーケー『水妖記』柴田治三郎訳，岩波文庫，1938年．

ウルーピー　Ulūpī
名前の意味・神格・属性：男性名詞 ulapa「夢」に由来するか。竜族（ナーガ）の女。カウラヴィヤ竜の娘。
概要：『マハーバーラタ』1.206において、人間の英雄アルジュナが森で移住生活を送っていた時、ウルーピーはガンジス川で沐浴をしている彼を見て愛に囚われ、水中に引き入れた。ウルーピーがアルジュナに愛を求めると、彼は「私は今禁欲生活をしているから」と言って拒んだ。ウルーピーは、愛に苦しむ女を救済することは法にかなっている、と言ってアルジュナを説得した。アルジュナはその夜ウルーピーと共に竜宮で過ごし、太陽が昇ると同時に地上に帰った。

インド神話に現れる竜・ナーガ族は、コブラを神格化したものであり、したがってその本当の姿も蛇であるが、しばしば美しい人間の姿に変身して、人間を惑わす。
キーワード：竜、蛇
参考文献：『原典訳マハーバーラタ』〈2〉，174-176頁．

カイカシー　Kaikasī
名前の意味・神格・属性：形容詞 kīkasa「固い」に由来するか。羅刹王ラーヴァナの母。
概要：『ラーマーヤナ』7.9によると、カイカシーは父スマーリンの命令により、梵仙（ブラフマ・リシ）ヴィシュラヴァスのもとへ行き、彼の息子である財宝主クベーラ神に等しい息子を授けてくれるよう求めた。しかしその時は縁起の悪い時間であったので、生まれてくる子は凶悪であろうと梵仙は言った。カイカシーが慈悲を請うと、梵仙は、「そなた

が生む最後の息子は法を愛する者となるだろう」と言った。こうしてカイカシーはヴィシュラヴァスとの間に子供をもうけた。最初の子は羅刹の姿をした、破壊を好む凶暴な息子で、十の首を持っていたのでダシャグリーヴァと名付けられた。後に彼はシヴァ神より「ラーヴァナ」の名を授かった。次にクンバカルナという体の大きな息子が生まれた。次に娘のシュールパナカー†が生まれた。異様な顔つきをしていた。最後の息子ヴィビーシャナは法を愛し、徳を具えていた。
キーワード：魔物の女、魔物の母
参考文献：『新訳ラーマーヤナ』〈7〉，55-59頁．

カイケーイー　Kaikeyī
名前の意味・神格・属性：「ケーカヤ族の女」の意。『ラーマーヤナ』の主人公ラーマ王子の父ダシャラタ王の妃の一人。バラタ王子の母。奸計によってラーマ追放の原因を作る。その悪事のため彼女の名は「口やかましい女」「悪妻」の意味でことわざとして用いられる。
概要：神々から授かった飲料を飲み、バラタ王子を生んだ。バラタはヴィシュヌ神の四分の一の化身であった（1.16）。カウサリヤー†妃の王子ラーマが皇太子に内定すると、はじめは自分の息子のことのように喜んだが、召使いの女マンタラー†にそそのかされ、ラーマを憎み、代わりにバラタを皇太子にすることをダシャラタ王に求めた。カイケーイーはかつて戦いで重傷を負った王を守り看護し、王はその礼として「二つの贈り物（願い）」を約束した。カイケーイーは今こそその願いを叶えてもらう時だと言い、ラーマの追放とバラタの灌頂を求めた。王は約束を違えるわけにいかず、望みを叶えてやったが、その後すぐに失意の命を落とした。

バラタはこの件にひどく立腹し、母を責め、即位を拒み、ラーマから乞い求めた履物を玉座に置き、それを頼りに政治に務め、兄の帰りを待った（2.73-74; 2.112-115）。
キーワード：王妃、悪女
参考文献：『新訳ラーマーヤナ』〈1〉，108-112頁；〈2〉，47-81, 328-334, 458-468頁．
⇒スミトラー

カウサリヤー　Kausalyā

名前の意味・神格・属性:「コーサラ国に属する女」の意。アヨーディヤー王ダシャラタの妃、ラーマの母。

概要: カウサリヤー妃のラーマ王子懐妊の話は、神々の問題から始まる。神々はラークシャサ（羅刹）討伐のため、ヴィシュヌ神に人間に生まれ変わるよう頼んだ。ヴィシュヌはアヨーディヤー王ダシャラタを自らの父として選んだ。ダシャラタ王は息子を得るための祭式を行っていた。その祭火から、輝く鬼神が現れ、天界の飲料の入った黄金づくりの大きな壺を王に授け、王妃たちに飲ませるよう命じた。ダシャラタ王にはカウサリヤー、スミトラー†、カイケーイー†という三人の妃がいた。王はカウサリヤー妃に半分の飲料を与え、スミトラー妃に四分の一、カイケーイー妃に残りの半分、さらに残った飲料を再びスミトラー妃に与えた。王妃たちはそれを飲んで懐妊した。時が過ぎ、カウサリヤーはラーマ王子を生んだ。彼はヴィシュヌ神の半分の化身であった（『ラーマーヤナ』1.16-18）。

ラーマ王子が長じて皇太子の位に就くことになると、カウサリヤーは涙を流して喜んだ。しかしカイケーイー妃の奸計によりラーマは追放され、カイケーイーの息子バラタが皇太子となる。カウサリヤーは王に嘆きの言葉を連ねる（2.43）。スミトラー妃が言葉を尽くしてなぐさめると、カウサリヤーの悲しみは幾分か晴れた（2.44）。

キーワード: 王妃、（英雄の）母

参考文献:『新訳ラーマーヤナ』〈1〉, 108-123 頁；〈2〉, 208-210 頁；〈2〉, 211-214 頁.

カドルー　Kadrū

名前の意味・神格・属性:「黄褐色の」、「斑模様の」の意。造物神プラジャーパティの娘、カシュヤパ仙の妻、ヴィナター†の姉妹、蛇族（ナーガ）の母。

概要:『マハーバーラタ』1.14-30 によると、カドルーはヴィナターと共にカシュヤパ仙の妻となり、彼を満足させたので願いを叶えてもらえることになった。カドルーは千匹の蛇の息子を望んだ。やがてカドルーは千個の卵を生み、500 年後にそこから千匹の蛇が生まれた。ある時カドルーは姉妹のヴィナターと、神馬ウッチャイヒシュラヴァスの色について賭けをして、負けた方が勝った方の奴隷となることに取り決めた。ヴィナターは、馬の色は白であると言った。カドルーは、馬の色は白だが、その尾は黒であると言った。両者は翌日馬を見に行くことにした。その間にカドルーは、息子である蛇たちに、黒色の毛となって神馬の尾に入ることを命じた。彼女は命令に従わなかった蛇たちを呪い、ジャナメージャヤ王の蛇供犠で焼かれるであろうと言った。夜が明けると、カドルーとヴィナターは神馬を見に行った。カドルーのいかさまにより、白馬の尾には多くの黒い毛があった。ヴィナターはカドルーの奴隷となり、息子のガルダ鳥の活躍によって奴隷の身分から解き放たれるまで、その地位に束縛されることとなった。

蛇の母というカドルーの属性は、人類の最古層の神話的観念に連なるものである可能性がある。新石器時代の女神像の中には、女神の体全体に蛇の紋様が描かれているものがあり、女神と蛇が一体のものとして考えられていたことが示されている。

キーワード: 母神、蛇（の母）、竜

参考文献:『原典訳マハーバーラタ』〈1〉, 141-178 頁；ベアリング／キャシュフォード『世界女神大全』I, 森雅子訳, 原書房, 2007 年, 75-76 頁.

カーラカー　Kālakā

名前の意味・神格・属性: kāla「時間」に指小辞 kā を付した名。アスラ（悪魔）の女。カーラケーヤ族の祖先母。

概要: プローマー†とカーラカーという二人のアスラの女は神々の千年間、大苦行を行った。満足したブラフマーは彼女たちの願いを叶えてやることにした。二人は、息子たちが苦しむことのないように、そして神々にも羅刹（ラークシャサ）にも蛇（ナーガ）にも殺されることがないようにと願った。ブラフマーはその願いを叶えてやり、さらに空飛ぶ美しいアスラの都を、彼女らの一族のために

作ってやった。しかしブラフマーは、やがて人間がその都を滅ぼすことを定めた。パーンダヴァ五兄弟の三男アルジュナがその都をアスラともども滅ぼした(『マハーバーラタ』3. 170)。
キーワード：悪魔、祖先母
参考文献：『原典訳マハーバーラタ』〈3〉, 492-497頁.

カーリー　Kālī
名前の意味・神格・属性：kāla「黒い」「時間」の女性形。シヴァ神妃の一人。血を飲む恐るべき女神。
概要：8世紀頃に成立した『デーヴィー・マーハートミャ』7-8に、カーリーの誕生と戦闘における活躍について語られている。女神ドゥルガー†がチャンダとムンダを将とするアスラの軍と戦っている時、女神の怒りからその額が漆黒に染まり、そこから恐るべき女神カーリーがぬっと現れ出た。その手には剣と羂索、色あざやかな髑髏の杖を持ち、人間の髑髏で作った花輪で身を飾り、虎の皮をまとっていた。その肉はしなびて、口を開いて舌なめずりし、真っ赤な目は窪んでいた。カーリーは敵の軍勢に襲いかかり、アスラたちの軍勢を倒して喰らった。アスラの将チャンダとムンダもカーリーに倒された。カーリーがチャンダとムンダの骸を持ってドゥルガー女神のもとへ行くと、女神は「あなたはチャンダとムンダを連れてきたから、チャームンダー†という名の女神として、世に知られることになるだろう」と言った。続いて女神たちはアスラのラクタビージャと戦った。このアスラの体から一滴の血が大地に落ちると、そこから彼と同じ大きさのアスラが出てくるのであった。そこでドゥルガーはカーリーに、「私が武器で攻撃するから、あなたはアスラの血を飲み干しなさい」と命じた。ドゥルガーは矛でアスラに打ちかかり、カーリーは口で彼の血を受けた。カーリーの口の中に落ちたアスラの血の滴から、無数のアスラたちが湧き出たが、女神はそれらを貪り、血を飲み干した。ラクタビージャはドゥルガーに攻撃され、血を失って倒れた。

カーリー、アルヴィン・O・ベラック・コレクション

　カーリーとチャームンダーは元来は異なる神格であったが、12世紀頃までに、どちらもシヴァ神の妃神、大女神デーヴィー†の異なる現れであるとみなされるようになった。
　カーリーは血の犠牲を要求する女神であり、現在でもコルカタのカーリガート寺院で羊が捧げられている。このような醜く恐ろしい女神の姿は一見異様であるかもしれない。あらゆる生類の生と死を司る、原初の大母神の恐るべき側面、血と死を自らの内部に招き寄せる側面が強調され具現化したのがこのカーリー女神なのである。女神とは、生産を司る美しい姿で表されるだけではない。生を司り、あらゆる生類をこの世に送り出したならば、女神はそれらの生類の「回収」にも責任を持たなければならない。これが神話の論理なのである。したがって、死を司る恐るべき女神として、インドではカーリーのほかにドゥルガー、チャンディカー†、ムリトュユ†、ニルリティ†などがあり、メソポタミアのイナンナ／イシュタル†、カナンのアナト†なども同じ系列に加えられよう。
キーワード：血、死、恐るべき女神、戦闘女神、殺戮
参考文献：『ヒンドゥー教の聖典二篇』, 184-192頁；立川武蔵『女神たちのインド』せりか書房, 1990年, 130-154, 270頁.

ガンガー Gaṅgā
名前の意味・神格・属性：gam「行く」に由来するか。ガンジス川を神格化した女神。ヒマーラヤ山の神ヒマヴァットの長女。シヴァ神妃ウマー†の姉。
概要：インドで最も聖なる川であるガンジス川の女神。あらゆる穢れを浄化する力を持つ。
『マハーバーラタ』3. 104-108には、ガンガーが死者を浄めるために天界から地上に降下した話が記されている。バギーラタ王は、先祖であるサガラ王の六万人の息子たちが、かつてカピラ仙の怒りに触れて焼かれ、天界に行けないでいることを知った。バギーラタ王は国を大臣に任せ、自らヒマーラヤ山中に赴き、ガンガー女神を満足させようと苦行を行った。神々の一千年が過ぎた時、ガンガー女神は姿を現し、何でも望みを叶えようと言った。王はガンガーに願った。「私の先祖であるサガラ王の六万人の息子たちは、祭式に用いる馬を探しているうちにカピラ仙に殺され、死者の国におります。あなたの水で彼らの身体を浄めないうちは、彼らは天界へ行けません。どうか先祖を天へ行かせてあげてください」。ガンガーは言った。「あなたの願いを叶えましょう。ですが、私が天から降りたら、その衝撃は大変なものです。全世界に、シヴァ神を除いて、私の水を支えることができる者はいません。ですので、苦行によってシヴァ神を満足させて、私が地上に落ちる時、その頭で私を受け止めるように頼みなさい」。それを聞くと、バギーラタ王はカイラーサ山へ行ってシヴァ神を満足させ、やがてシヴァに会うことができた。シヴァはガンガーの水を受け止めることを承知し、ヒマーラヤに行き、バギーラタ王に言った。「さあ、ガンガー女神に祈りなさい。彼女が天から落ちてくる時に、私がその水を受け止めよう」。バギーラタが祈ると、ガンガー女神は天から勢いよく飛び降りシヴァはそれを受け止めた。こうしてガンガー女神の水は、かつてアガスティヤ仙に飲み干されて空になっていた海を満たし、サガラ王の息子たちを浄めた。
ガンガー降下の話は『ラーマーヤナ』1. 38-44にも記されている。話の大筋は同様だが、細部は異なっている。
『マハーバーラタ』1. 91-93には、ガンガーと人間の王との結婚の話が記されている。ある時八人のヴァス神はヴァシシュタ仙の怒りを買い、「人間の胎に生まれよ」という呪いをかけられた。ヴァスたちはガンガー女神に、不浄な人間の女の胎に入りたくないから、地上に降りて自分たちの母となってくれるよう頼んだ。ガンガーがこれを承諾すると、さらにヴァスたちは、少しでも早く天界に戻れるよう、生まれたらすぐに自分たちを川に投じて殺してくれるよう頼んだ。しかしガンガーは、彼女の地上における夫となるシャンタヌ王に、一人の子も残らないことを憐れんだ。そこでヴァスたちは、彼ら一人ひとりが、八分の一ずつの精液によって一人の子を作り、その子だけは殺さずに地上に残すことに決めた。地上に降りたガンガーはシャンタヌの妻となったが、結婚に際して、約束を交わした。「私がよいことをしても悪いことをしても、止めてはならないし、不快なことを言ってもならない」。やがてガンガーは八人の子を生んだが、生まれるとすぐに子供たちを川へ投じて天界へ帰してやった。事情を知らないシャンタヌはガンガーのこの恐ろしい行いに耐えられなくなり、誓いに反して、八人目の子が生まれた時、彼女を罵った。するとガンガーは正体を明かし、すべての事情を語ったうえで、神々の世界へ帰っていった。八人目の息子がビーシュマで、大戦争でクル軍の将軍となって活躍することになる英雄である。

このガンガーの話は天人女房譚の一つであり、同じく人間の王と結婚した天女ウルヴァシー†や、太陽神の娘タパティー†と比すことができるほか、ギリシアのアキレウス誕生の話と似ていることが指摘されている。アキレウスの母は海の女神テティス†である。テティスは人間の王ペレウスと結婚し、子供をもうけたが、生まれるとすぐに子供たちを水に投じて殺していた。子供が神性をそなえているかどうかを見極めるためにこのようなことをしたのだという。七番目の息子としてアキレウスが生まれた時、ペレウスはついに耐え切れず息子が水に投げ入れられるのを阻止し

た。するとテティスは怒って海に帰っていった。

「妻を罵ってはならない」という禁止のモチーフに着目すると、ドイツ後期ロマン派のフーケーによる「ウンディーネ」にも通じる。

キーワード：河川（女神）、天人女房、異類婚

参考文献：吉田敦彦『ギリシァ神話と日本神話』みすず書房，1974年，70-74頁．

⇒サラスヴァティー

ガーンダーリー　Gāndhārī

名前の意味・神格・属性：「ガーンダーラ族の女」の意。『マハーバーラタ』の登場人物。ガーンダーラ王スバラの娘。クル族の盲目の王ドリタラーシュトラに嫁ぎ、百人の息子を生む。

概要：『マハーバーラタ』1. 103-107によると、シヴァ神あるいはヴィヤーサ仙により、百人の息子が授かるという恩寵を得ていた。クル族の盲目の王ドリタラーシュトラに嫁ぐことが決まると、布で自らの両目を覆い、夫以上の経験をしないことを決意した。やがて懐妊したが、二年もの間出産できず、子を宿したままでいた。夫の知らないところで出産したが、生まれてきたのは一つの肉塊であった。それを捨てようとするとヴィヤーサ仙がやって来て、その肉塊に水を注いで百個に分け、それぞれの肉片を百の瓶に入れ、ギー（バター状の乳製品）で満たした。やがてそれらの瓶から、長子のドゥルヨーダナをはじめとする百人の息子が生まれた。この百王子はカウラヴァ百兄弟と称され、後にクルクシェートラの戦いにおいてパーンダヴァ五兄弟と戦って滅ぼされることになる。

肉塊を百の断片に切り刻み、それらの肉片から子供が誕生したとする話は、中国などに分布する兄妹始祖型洪水神話において、洪水を逃れた兄妹の間に最初に生まれたのが一つの肉塊であったとする話に通じる。さらに、死体を断片に刻まれて、そこから最初の芋が発生したとするハイヌウェレ[†]神話に持つながる要素である。

キーワード：（英雄の）母、異常出産、ハイヌウェレ型

参考文献：『原典訳マハーバーラタ』〈1〉，382-390頁．

⇒アディティ、クンティー、サティー

グナケーシー　Guṇakeśī

名前の意味・神格・属性：guṇa は「美質」、keśī は「髪」を意味する男性名詞 keśa の女性形。インドラ神の御者マータリの娘。母はスダルマー。蛇（ナーガ）族のスムカの妻。

概要：マータリは娘グナケーシーが結婚適齢期に達したのを見ると、美しい娘に、容色の点でふさわしい婿を探そうと、旅に出た。彼は途中で出会ったナーラダ仙と共に、水神ヴァルナの世界、地底界パーターラ、空中都市ヒラニヤプラ、鳥の世界、第七の地底界ラサータラ、そして蛇（竜）の世界ボーガヴァティーを遍歴した。マータリは蛇の世界で見目麗しい蛇のスムカを気に入り、娘の婿に望んだ。スムカの祖父アーリヤカに結婚の申し入れをすると、アーリヤカが言うには、スムカの父はガルダ鳥に食べられ、スムカ自身も一か月後にガルダ鳥に食べられるということであった。ナーラダとマータリはスムカを連れてインドラ神のもとへ行った。インドラは、ヴィシュヌの助言に従ってスムカに長寿を与えた（が、アムリタを与えて不死にすることはしなかった）。スムカはグナケーシーとめでたく結婚した（『マハーバーラタ』5. 95-103）。

キーワード：蛇

参考文献：『原典訳マハーバーラタ』〈5〉，302-320頁．

クマリ　Kaumārī

名前の意味・神格・属性：kumārī「少女」から派生した名。ネパールで崇拝される少女の生き神。

概要：ネパール中央部のネパール盆地に住むネワールの人々の間で崇拝される。盆地の各地に「地方のクマリ」がいるが、首都の「王室のクマリ」が最も格が高い。仏教徒の金銀細工師のカーストから選ばれる。初潮前の少女であることが絶対の条件で、月経を見れば

資格を失う。それに備えて常に次のクマリが探されている。選定条件は細かく、家系や身体条件など32項目にわたる。正装は真紅の衣装に蛇の首飾りをつけ、額にはシヴァの印である第三の眼を描く。旧王室の隣にある「クマリの館」に住み、日々礼拝を受け、人々はクマリの一挙手一投足から王国の自然や人事の予兆を判断する。ネワール族の宗教儀礼の中にはクマリの臨席が必須とされているものもある。

ネパールにおいては、生き神クマリのほかに神格としてのクマリ崇拝も盛んである。その場合、八母神あるいは七母神†の一人として崇拝される他、単独の神格クマリ崇拝もあり、これには三つの形態がある。一つ目はクマリを本尊として祀る寺院群で、そこで祀られている「バル・クマリ」には犠牲獣を捧げることが許されている。生き神クマリに対しては血の穢れを嫌うため直接犠牲獣を捧げることが許されていないことと対照的である。神格クマリの二つ目の形態は石であり、三つ目の形態は穴である。サティー†女神の身体の一部が落ちた場所がクマリの穴と呼ばれ、崇拝されている。このクマリの穴には血の病気で苦しむ女性が訪れる。生き神クマリは血を忌避するが、神格クマリには血との関連が見られる。

キーワード：少女神、童女、生き神、血（の穢れ）
参考文献：前田知郷「ネパールにおけるクマリ崇拝について」、『印度學佛教學研究』第58巻第2号、2010年.

グリターチー　Ghṛtācī
名前の意味・神格・属性：「ギー（乳製品）に富んだ女」の意。アプサラス†の中でも傑出した存在。『ヴィシュヌ・プラーナ』9. 101ではアプサラスの筆頭。
概要：『マハーバーラタ』1. 121. 3-5によると、聖仙バラドヴァージャが祭祀を行っている時、水浴を終えた天女グリターチーを見た。その時、風が天女の衣を運び去り、バラドヴァージャの精液がほとばしり出た。彼はそれを枡（ドローナ）の中に入れた。その容器の中で、後にパーンダヴァ五王子の武術の師となるドローナが育った。

天女の役割は聖仙の性欲を刺激するにとどまり、ドローナの出生のために、女性の母胎は必要とされていない。男性による単性生殖に近い話となっているが、他方で、聖仙の精液を受けた枡を子宮の象徴と見ることもできる。

キーワード：天女
参考文献：『原典訳マハーバーラタ』〈1〉、418頁.
⇒アドリカー

クリティヤー　Kṛtyā
名前の意味・神格・属性：「行為」「魔術」の意。妖女。
概要：クル族の王子カウラヴァ百兄弟の長男ドゥルヨーダナが、対立する従兄弟のパーンダヴァ五兄弟に軍隊を救われたことにひどく誇りを傷つけられ、自殺しようとすると、悪魔たちは彼に死なれては困ると考えて祭式を行った。祭式が成就した時、妖女クリティヤーがあくびをしながら立ち上がり、「何をしましょうか」と言った。悪魔たちは彼女にドゥルヨーダナを連れて来させ、自殺を止めるよう説得した（『マハーバーラタ』3. 239）。

キーワード：妖女、魔女
参考文献：『原典訳マハーバーラタ』〈4〉、220-221頁.

クリピー　Kṛpī
名前の意味・神格・属性：「憐憫」の意。シャンタヌ王が森で拾って憐憫から養育したため。シャラドヴァット仙の娘。クル族の兵法の師クリパの双子の兄妹。クル族の武術指南役ドローナの妻。アシュヴァッターマンの母。
概要：弓術に長じたシャラドヴァット仙の苦行を妨害しようと、インドラ神は天女を派遣した。天女の姿を見たシャラドヴァット仙は動揺したが自制した。しかし彼の精液が自然と流れ、葦の茎に落ち、それが二つに分かれ、双子の男女が生まれた。シャンタヌ王が狩猟の最中にこの双子の赤子を見つけ、王宮に連れ帰って養育した。男児はクリパと名付けら

れ、クル族の兵法の師となり、女児はクリピーと名付けられ、クル族の武術指南役のドローナと結婚し、息子アシュヴァッターマンをもうけた（『マハーバーラタ』1. 120）。
キーワード：（英雄の）母
参考文献：『原典訳マハーバーラタ』〈1〉, 416-417頁.

クンティー　Kuntī
名前の意味・神格・属性：語源不明。別名プリター Pṛthā。クル族の王パーンドゥの妃。ユディシュティラ、ビーマ、アルジュナの母。
概要：ヤドゥ族の長シューラの長女として生まれ、シューラの父方の叔母の息子であるクンティボージャに養女として出された。ある時クンティーは新しい父の家で気難しいことで名高いドゥルヴァーサス仙をもてなした。満足したドゥルヴァーサスは、「望んだ時に望みの神を呼び出し、その神の子を授かる」という呪文をクンティーに授けた。クンティーは好奇心にかられて太陽神を呼び出し、彼の子を宿し、満月ちて素晴らしい英雄を生んだ。その子はカルナという名で、生まれながらにして甲冑を身に着けていた。太陽神はクンティーを処女に戻してやった。この一件が親族に知られぬよう、クンティーは生まれた子を川に流した。御者のスータがこの子を拾い、妻と共に育てた。カルナは長じてクンティーの息子たち、つまり実の兄弟たちと戦場で戦い合い、敗れる定めにあった。
　クンティーの父は彼女のために婚選び式スヴァヤンヴァラを催した。彼女はその場に集った多くの王たちの中から、クル族の王パーンドゥを夫に選んだ。しかしパーンドゥは、ある時森で聖仙の呪いを受け、女性と交わった瞬間に死なねばならぬ身となった。自らの種によって子供をもうけることができなくなった夫のために、クンティーはかつてドゥルヴァーサス仙に教わった呪文を用いることにした。まず法の神ダルマを呼び出し、長子ユディシュティラを生んだ。次に風神ヴァーユによりビーマを、そして神々の王インドラにより最高の英雄アルジュナを得た。パーンドゥのもう一人の妃マードリー†のために呪文を使うことを許すと、マードリーは一度の機会で最良の結果を得ようと、常に行動を共にする双子神アシュヴィンを呼び出し、双子のナクラとサハデーヴァを生んだ。
　ある時パーンドゥは森で愛欲に迷ってマードリーと交わり、呪いが成就して命を落とした。マードリーはパーンドゥの火葬の薪に入って後を追った。クンティーは残されたマードリーの双子を自分の三人の息子と分け隔てなく育てた。このパーンドゥの五人の王子たちが『マハーバーラタ』の主役である「パーンダヴァ」と総称される五王子である。クンティーの三人の息子は、母の名を取って「カウンテーヤ」（クンティーの息子）と呼ばれる（『マハーバーラタ』1. 104-105, 109-115）。
キーワード：（英雄の）母
参考文献：『原典訳マハーバーラタ』〈1〉, 383-385, 391-406頁.

サーヴィトリー　Sāvitrī
名前の意味・神格・属性：「サヴィトリ（太陽）に属する女」の意。マドラ国王アシュヴァパティの娘。サーヴィトリー女神が王に娘を授けたので女神の名を取って名付けられた。
概要：アシュヴァパティ王は娘サーヴィトリーが年頃になると、「自分で夫を探してきなさい」と言って旅に出した。サーヴィトリーが旅から帰ってくると、王宮ではナーラダ仙が王と語らっていた。サーヴィトリーは旅の報告をした。シャールヴァ国にデュマットセーナという王がいたが、盲目になったので近隣の王に国を奪われ、妻子と共に森へ行き、苦行を行った。その息子がサティヤヴァットで、サーヴィトリーはこの王子を夫として選んだ。ナーラダ仙が言うには、この王子は徳性高く、勇猛で、容姿はアシュヴィン双神のように美しい。しかし重大な欠点があり、彼は今日から一年後に命を落とす定めであるという。王は他の夫を選びなおすよう娘に命じたが、サーヴィトリーは二度も夫を選ぶことはしないと主張し、ナーラダ仙もサティヤヴァットとの結婚を勧めた。両者の結婚式が森で行われ、サーヴィトリーは装身具を捨て

て舅、姑と共に森の隠棲所で暮らした。彼女の心は寝ても覚めても夫の運命に悩まされ、日々は過ぎ、その時まであと四日となった。サーヴィトリーは三夜続く苦行を行い、昼も夜も立ったままでいた。そしてその日が来た。サティヤヴァットは斧を持って森へ行った。サーヴィトリーもついて行った。サティヤヴァットは薪を伐っている最中に頭痛に見舞われ、妻の膝に頭をのせて横になった。そこに、黄色い衣を纏い、冠をつけ、太陽のように輝き、赤い眼をし、輪縄を手にした美しい男が現れた。死神ヤマであった。ヤマはサティヤヴァットの体から、親指ほどの大きさの霊魂を輪縄で縛って引き抜いた。サティヤヴァットの体は死んだ。ヤマは霊魂を持って南方へ進んだ。サーヴィトリーはついて行った。ヤマに「帰りなさい」と言われると、彼女は「私の言うことを少しだけお聞きください」と言い、「法の重要性」について説いた。サーヴィトリーの言葉に満足したヤマは、サティヤヴァットの生命を除き、願い事を叶えようと言った。サーヴィトリーは、舅が視力を取り戻すことを望み、叶えられた。ヤマが再度引き返しなさいと言うと、サーヴィトリーは、今度は「善き人々」について説いた。満足したヤマは、サティヤヴァットの生命を除き、第二の願いを叶えようと言った。サーヴィトリーは、舅である王が自らの王国を取り戻すことを願い、叶えられた。次にサーヴィトリーは、「善き人々の永遠の法（ダルマ）」について語った。ヤマは、サティヤヴァットの生命を除き、第三の願いを叶えようと言い、サーヴィトリーは彼女自身の父に百人の息子ができることを望み、叶えられた。再びサーヴィトリーは「善き人々」について語った。ヤマは、サティヤヴァットの生命を除き、第四の願いを述べよと言った。サーヴィトリーは、自分とサティヤヴァットの間に百人の息子が生まれることを望み、叶えられた。サーヴィトリーは「善き人々」に関する言説を続けた。ついにヤマは「望みを選べ」と言った。「サティヤヴァットの生命を除く」という例外が述べられていなかったので、サーヴィトリーは夫の生命を望み、叶えられた。ヤマは

サーヴィトリーが死神ヤマに夫の命を返してほしいと頼んでいる。ヴィクトリア＆アルバート美術館

サーヴィトリーとその夫に四百年の生命を約束し、去った。サーヴィトリーは夫のもとへ戻り、二人で舅と姑の待つ隠棲所に帰り、起こったことを残らず語って聞かせた。舅は視力と王国を回復し、サティヤヴァットは皇太子となった。サーヴィトリーの父には百人の息子が授かり、彼女自身も百人の息子をもうけた（『マハーバーラタ』3. 277-283）。

キーワード：貞節、蘇生、（王子の）妻
参考文献：『原典訳マハーバーラタ』〈4〉, 344-379頁.

サティー Satī
名前の意味・神格・属性：「貞淑な女」の意。シヴァ神の最初の妃。創造神ダクシャの娘。
概要：『リンガ・プラーナ』1. 99によると、ダクシャが供犠祭を催した時、娘のサティーも婿のシヴァも招かれなかった。そのことを苦にしたサティーは、自らヨーガの力によっ

て身体を捨てた。あるいは、祭火に身を投じて死んだともいう。『デーヴィーバーガヴァタ・プラーナ』7.30によると、シヴァがサティーの死体を肩にかついで国中を回って死の踊りを踊ったので、世界は破滅しそうになった。そこでヴィシュヌがサティーの死体を切り刻んだ。その破片は各地に散らばり、そこから多くの女神が誕生した。サティーはその後パールヴァティー†として生まれ変わり、再びシヴァと結婚した。

ヒンドゥー社会における、未亡人が夫の火葬の薪の上って焼身自殺する慣習「サティー」と関連付けられる神話である。ヴェーダ時代、すでにサティーの慣習は存在したが、儀礼的な死の模倣であったらしい。『アタルヴァ・ヴェーダ』18.31にサティーの語が見られるが、これは慣習としてのサティーを指している。サティーの慣習はインド近代法で禁じられるまで続けられた。

『カーリカー・プラーナ』8-18では、サティー神話にカーリー†崇拝が入り込んでいる。ダクシャがカーリーを崇拝し、そのカーリーがダクシャの娘サティーとして生まれ変わる。しかし、ダクシャがカーリーへの献身を怠れば、姿を消すという。ダクシャは約束を違えたので、娘を失うこととなった。

『ラーマーヤナ』6.116において、シーター†が身の潔白を証明するために火の中に入る話は、サティーの火による自殺と関連があるかもしれない。

サティーの死体が切り刻まれ、そこから多くの女神が誕生したという部分には、ハイヌウェレ†的要素が認められる。

キーワード：自殺、生まれ変わり、ハイヌウェレ型

参考文献：前田知郷「Kalikā-purāṇa にみられるサティー伝説」,『印度學佛教學研究』第54巻第2号, 平成18年3月, 863-860頁.

サティヤヴァティー　Satyavatī

名前の意味・神格・属性：「真実（サティヤ）を有する女」の意。ガーディ王の娘。ブリグ族のリチーカ仙の妻。

概要：カーニャクブジャにガーディという王がいて、サティヤヴァティーという娘がいた。ブリグ族のリチーカ仙が彼女に求婚した。ガーディ王は、「黒い耳をした千頭の白馬」を結納の品として求めた。リチーカ仙はヴァルナ神から黒い耳の白馬を貰い受け、ガーディ王に贈った。両者の婚礼の式に、ブリグ族の長が現れ、サティヤヴァティーに望みを述べよと言った。サティヤヴァティーは、自分と母に息子が授かりますようにと願った。ブリグは言った。「受胎期になったら、お前はウドゥンバラの樹を、母はアシュヴァッタの樹を、それぞれ抱きなさい」。しかし二人の母娘は樹を抱く時にそれぞれあべこべに抱いた。それを知ったブリグは言った。「お前の息子はクシャトリヤ（戦士）のようにふるまうバラモンとなり、母の息子はバラモンのようにふるまうクシャトリヤとなるだろう」。サティヤヴァティーは、息子ではなく孫がそのようになることを望み、叶えられた。彼女からジャマドアグニが生まれ、ジャマドアグニの息子としてパラシュラーマが生まれた。パラシュラーマは21回、クシャトリヤたちを地上から全滅させた（『マハーバーラタ』3.115-117）。

リチーカ仙がヴァルナ神から貰い受けた「黒い耳の白馬」は、『マハーバーラタ』第五巻のマーダヴィー†説話にも出てくる。

キーワード：王女、（聖仙の）妻、馬

参考文献：『原典訳マハーバーラタ』〈3〉, 324-330頁.

⇒レーヌカー

サティヤバーマー　Satyabhāmā

名前の意味・神格・属性：satya「真実」のbhāmā「輝き」。あるいは「激情の女」。クリシュナの妃の一人。

概要：パーンダヴァ五兄弟の共通の妻ドラウパディー†との間に交わされた、夫を引き付ける方法についての対話が『マハーバーラタ』第三巻に記されている。サティヤバーマーが、パーンダヴァ兄弟がドラウパディーに従順であるのはなぜなのか、苦行や沐浴、呪文、あるいは薬草や祭式のおかげなのかと問うと、ドラウパディーは、そのような邪道な行いは

女がしてはならぬことであり、自分はただ女性にふさわしい正しい行動によって（例えば家族の誰よりも早く起き、最後に眠る、など）夫たちに仕えているのだと話した。サティヤバーマーはドラウパディーの言葉に感服した（『マハーバーラタ』3. 222-223）。

キーワード：（英雄の）妻
参考文献：『原典訳マハーバーラタ』〈4〉, 172-179頁.

サプタ・マートリカー ⇒ 七母神

サラスヴァティー　Sarasvatī

名前の意味・神格・属性：「水」「水流」を意味する saras +所有を表す接尾辞 vat +女性語尾 ī。「水流に富む女」。河川女神。

概要：ヴェーダ神話の中で最も有力な河川女神。聖河サラスヴァティーの神格化されたものであるが、その河が実際にどこにあったのかについては諸説ある。後のブラーフマナ神話において言語の女神ヴァーチュ[†]と同一視され、その後仏教において弁才天[†]と称され、智慧・学問・技芸の女神としてわが国にも伝わった。

サラスヴァティーは他の河川の中でただ一人、山々から海へと流れる。彩り豊かな世界の富を知り、ヨーグルトと乳を人間のために搾る（『リグ・ヴェーダ』7. 95. 2）。彼女は浄化する者であり（『リグ・ヴェーダ』1. 3. 10）、富と子孫と不死を人間に授け、活力を与える（『リグ・ヴェーダ』10. 30. 12）。神々に不敬をなす者を滅ぼし、恐ろしく、悪竜ヴリトラの殺戮者と呼ばれる（『リグ・ヴェーダ』6. 61. 3-7）。しかし信者に対しては優しく、庇護を与え、彼らの敵を制圧する（『リグ・ヴェーダ』2. 30. 8; 6. 49. 7）。

「ヴリトラの殺戮者」の名称と、特にマルト神群と関連が深いことからは、戦闘の機能との強い関連が窺われる（『リグ・ヴェーダ』2. 30. 8; 7. 96. 2）。河川の氾濫の強力な破壊力がイメージされているのであろう。また、『ヴァージャサネーイ・サンヒター』19. 94においてアシュヴィン双神の妻とされていることからは、生産の機能との結び付きが看取される。

デュメジルはこの女神を、聖性・戦闘・生産性というインド・ヨーロッパ語族の三つの機能を一身に担う「三機能総合女神」であるとし、『アヴェスター』における河川女神アナーヒター[†]と正確に対応するものとした。『マハーバーラタ』におけるパーンダヴァ五兄弟の共通の妻ドラウパディー[†]も、同様の系譜に属するものと考えられている。

ヒンドゥー教において、サラスヴァティーは創造神ブラフマーの娘とも、あるいは妻ともされる。『ブラフマーンダ・プラーナ』43によると、ブラフマーが創造の準備を整えていたところ、彼の瞑想の中でサットヴァ・グナ（純質）が増大し、そこから一人の少女が生まれた。ブラフマーが「あなたは誰か」と尋ねると、少女は答えた。「私はあなたから生まれました。あなたが、私の居所となすべきことを定めてください」。ブラフマーは言った。「あなたの名はサラスヴァティー。あらゆる人々の舌の先端に住みなさい。特に、学

サラスヴァティー。ヴィーナーをたずさえている。ロシア科学アカデミー東洋学研究所

識ある人々の舌の上で踊りなさい。あなたはまた、川の姿で地上に住みなさい。そして第三の姿として、私の中に住みなさい」。こうして彼女は人間の舌と、川と、ブラフマーという三つの居所を持つこととなった。

図像においては、蓮華に座りヴィーナーを演奏している姿で表される。

詩、学問、音楽の霊感を与える女神として、ギリシア神話のムーサ†に相当する。

キーワード：河川（女神）、三機能（総合女神）、詩、学問、音楽、神の妻

参考文献：『リグ・ヴェーダ』71-76頁；ジョルジュ・デュメジル『神々の構造』松村一男訳，国文社，1987年，99頁．

サラマー　Saramā

名前の意味・神格・属性：sr「動く」に由来する名。ラーヴァナに仕える羅刹女。シーター†に友情を抱いている。

概要：ラーヴァナに捕られ、悲しみに沈んでいるシーターに優しく励ましの言葉をかけ、ラーマ王子が猿の軍団を引き連れて海を渡り、海岸に駐屯しているので、救済は近いと教えてやる。その上、ラーヴァナと顧問官の話を盗み聞きしてシーターに報告した（『ラーマーヤナ』5.33-34）。

シーターに親切な羅刹女として、ほかにトリジャター†がいる。

キーワード：魔物の女

参考文献：『新訳ラーマーヤナ』〈5〉，490-498頁．

サンジュニャー　Saṃjñā

名前の意味・神格・属性：「知覚」、「知識」の意。工作神ヴィシュヴァカルマンの娘。太陽神ヴィヴァスヴァットの妻。

概要：ヴィヴァスヴァットとの間にヴァイヴァスヴァタ・マヌ、ヤマ、ヤミー†の二男一女をもうける。その後、太陽神である夫のすさまじい光輝に耐えかねて、侍女のチャーヤー†（「影」）を身代わりにして父の家に帰った。父が娘の行いを快く思わなかったため、雌馬に姿を変えて北方のクルの牧場へ行った。ヴィヴァスヴァットはチャーヤーが妻の身代わりであることに気付き、義父ヴィシュヴァカルマンのもとへ行った。ヴィシュヴァカルマンはヴィヴァスヴァットの輝きを、回転機にかけて削ってやった。いっそう美しくなったヴィヴァスヴァットはサンジュニャーを見つけて近づいて行った。彼を他人と思ったサンジュニャーは逃げた。その間にサンジュニャーの鼻孔から二人の男児が生まれた。これがアシュヴィン双神である。ヴィヴァスヴァットとサンジュニャーは二人で家に帰った（『ヴァーマナ・プラーナ』21）。

キーワード：馬、太陽（の妻）

参考文献：*Purāṇic Encyclopaedia*

シーター　Sītā

名前の意味・神格・属性：「畝の溝」の意。『ラーマーヤナ』の女主人公。ラーマ王子の妃。女神シュリー†（ラクシュミー）の化身。

概要：ジャナカ王は地面を掘っている時に女の赤子を鋤で掘り出した。王は大地から生まれたこの赤子をシーターと名付け、自分の娘として育てた。王は成長した娘の求婚者たちに、シヴァ神の弓を引くという課題を課した。これまで誰も成功した者はいなかったが、ダシャラタ王の王子ラーマがやすやすとその強弓を引き、弓を折ってしまった。シーターは祝福されてラーマと結婚した（1.66-77）。弓の競技による結婚相手の決定というモチーフは、『マハーバーラタ』の女主人公ドラウパディー†や、ギリシアのオデュッセウスの妻ペネロペイアにも共通している。

ラーマとシーターはアヨーディヤーの都で幸福に暮らし、ラーマは王位継承者に内定した。しかしダシャラタ王妃の一人カイケーイー†の奸計により、ラーマの14年間の森への追放が決定された。シーターはラーマに請うて共に森へ行った（2.27-30）。

森でラーマを見て愛欲を抱いたが拒絶された羅刹女シュールパナカー†は、兄である羅刹王ラーヴァナに、シーター妃の掠奪を勧める。ラーヴァナは計略を立ててシーターをランカー島に誘拐し、王妃となることを求めるが、シーターは恐怖にひるむことなく拒んだ。ラーヴァナはシーターをアショーカの森に幽

閉し、羅刹女たちに監視をゆだねた（3.46-56）。

妃を探すラーマに加勢した猿のハヌマットはシーターの姿を求めてランカー島を探し回り、シーターを発見すると、彼女に近づき、ラーマの名が刻まれた指輪を示して信用を得る。シーターは救出をラーマに依頼するようハヌマットに頼み、隠し持っていた髪飾りの宝石を彼に託した（5.31-40）。

ラーマは猿の軍を率いて羅刹軍と戦い、ラーヴァナを打ち取ってシーターを取り戻す。しかしラーマは誘拐されていた間の妃の潔白を疑い、シーターを突き放す。シーターは悲しみにくれてラーマの弟ラクシュマナに火葬の薪の準備をさせ、火に入る。火神がシーターを抱き上げて彼女の無垢なることを証明する。ラーマは、自分はシーターの無垢を信じていたが、民衆に証明するためにわざと冷たくしたのだと真意を語った（6.114-118）。貞操を証明するために火に入るという点では、日本のコノハナノサクヤビメ[†]と似ている。

それから長く二人は幸福に暮らし、シーターは妊娠したが、ラーマは民衆がシーターの潔白を疑う噂を立てていることを耳にし、シーターを国境近くのヴァールミーキ仙（『ラーマーヤナ』の作者）のもとへ追放する。シーターはヴァールミーキ仙の庇護のもと暮らし、二人の男児クシャとラヴァを生んだ。その後ラーマはシーターに、人々の前で潔白を証明することを求める。シーターが「ラーマ以外の人を心でさえも思ったことはありません、その功徳によって、大地の女神よ、私に大地への入り口を与えてください」と言うと、地中から美しい玉座が現れ、大地の女神がシーターを玉座に座らせると、彼女は地下界へ消えていった。ラーマの嘆きは深かった（7.42-49；95-98）。

インド二大叙事詩の女主人公、『ラーマーヤナ』のシーターと『マハーバーラタ』のドラウパディーには、似ているところと対照的なところがある。まず、二人とも女神シュリー[†]の化身である。そして二人とも人間の女性の胎から生まれたのではない。シーターは田の畔から生まれ（「土」の要素）、ドラウパディーは祭壇の火（「火」の要素）から生まれた。このような誕生の仕方は、両者の女神性を表す。シーターは赤子の姿で、ドラウパディーは成人した姿で生まれている点は対照的である。二人とも夫と共に森での放浪生活を体験し、その途中で誘拐される。二人の死に方は二重の意味で対照的である。シーターは大地の割れ目に入って消え（下降）、罪なきことを証明して「女神として」生まれた場所に戻る（無垢・無罪）。ドラウパディーは山へ登り（上昇）、「人間の女として」罪を問われて（五人の夫のうちアルジュナを特に愛したという罪）死ぬ（有罪）。ほかに、例えば結婚形態に着目すると、シーターは一夫一婦制、ドラウパディーは一妻多夫制、という点でも対照的である。

キーワード：妻（王子の）、大地女神、誘拐
参考文献：『新訳ラーマーヤナ』〈1〉，281-321頁；〈2〉，144-158頁；〈3〉，182-235頁；〈5〉，169-225頁；〈6〉，433-451頁；〈7〉216-240，371-380頁．

⇒夜咲花

七母神 Saptamātṛkā
しちぼしん

名前の意味・神格・属性：ヒンドゥー教の母神群。

概要：男神たちの妃にして、幼児を抱く母として表されるが、元来は群れをなして血に酔って戦う恐るべき女たちであった。神話においては、カーリー[†]と共にドゥルガー[†]女神を助けて戦う（『デーヴィー・マーハートミャ』8）。

七母神の源泉は大地母神にある。子を生み育てる優しき母神であると同時に、自らが生み出した生命を「回収する」、恐ろしき死の女神である。

七人のそれぞれの名称と配偶神、持物、乗り物は以下の通り。

1. ブラフマーニー Brahmāṇī／ブラフマー神の妃／瓶／ハンサ鳥（野鴨）
2. マーヘーシュヴァリー Māheśvarī／シヴァ神の妃／三叉戟／牛
3. カウマーリー Kaumārī／クマーラ神の

パートナー（クマーラは女嫌いなので妃を持たない）／短槍／孔雀
4．ヴァイシュナヴィー Vaiṣnavī ／ヴィシュヌ神の妃／円盤・ほら貝／ガルダ鳥
5．ヴァーラーヒー†Vārāhī ／ヴィシュヌの化身ヴァラーハの妃／魚・索・鉤／水牛
6．インドラーニー Indrāṇī ／インドラ神の妃／金剛・傘／象
7．チャームンダー†Cāmuṇḍā ／ヤマ神の妃／剣・盾／フクロウ・死体・餓鬼。

これら七母神にマハーラクシュミー Mahālakṣmī あるいはヌリシンヒー Nṛsimhī が加えられて八母神 Aṣṭamātṛkā となる。

図像においては一般に左からブラフマーニーを先頭にして横一列に並んでいる。母神たちはそれぞれの夫の持物を持ち、妻としての姿を表すと同時に、各々乳児を抱いている。

後に七母神（八母神）はシヴァ崇拝に組み入れられ、元来の妃神としての側面は薄れ、全員がシヴァ神妃と考えられるようになった。さらに彼女らはヒンドゥー教後期になると、シヴァ神をも捨て、シヴァの畏怖相であるバイラヴァを配偶神とするに至る。

ネパール中央のカトマンドゥ盆地には七母神（八母神）崇拝が現在でも顕著に残している。ただしヒンドゥー教においてもネパールにおいても、七母神（八母神）信仰が宗教の中心に置かれることはない。彼女たちは周縁的存在にとどまっている。

キーワード：母神
参考文献：立川武蔵『女神たちのインド』41, 47, 60-61, 79, 80-81, 84, 86頁.

シャイビヤー　Śaibyā
名前の意味・神格・属性：「シビ国の女」の意。イクシュヴァーク家の王サガラの妃。
概要：サガラ王にはヴァイダルビー†とシャイビヤーという二人の妃がいたが、息子がなかったので、妻たちと共にカイラーサ山へ行って激しい苦行を行い、シヴァ神を満足させた。シヴァ神は王に告げた。「汝の一人の妻に六万人の勇猛な息子が生まれるが、彼らは全滅するだろう。もう一人の妻に、家系を担う息子が生まれるだろう」。

二人の妻は懐妊し、ヴァイダルビーの生んだ瓢箪からは六万人の息子が生まれた。シャイビヤーは神々しい姿の一人の息子を生んだ。ところがこの息子アサマンジャスは素行がひどく悪く市民を虐待したため王国を追放され、その息子アンシュマットが家系を継いだ（『マハーバーラタ』3.104-106）。

二人の王妃のうち一人が多数の息子を生み、もう一人が少数の優れた息子を生むという話は、『マハーバーラタ』の主筋の物語におけるガーンダーリー†とクンティー†の話や、『マハーバーラタ』の挿話として語られる、カドルー†とヴィナター†が生んだ蛇族（ナーガ）とガルダ鳥の話と対応する。

キーワード：王妃
参考文献：『原典訳マハーバーラタ』〈3〉, 294-297頁；沖田『マハーバーラタの神話学』, 223-245頁.

シャクンタラー　Śakuntalā
名前の意味・神格・属性：ヴィシュヴァーミトラ仙とアプサラス†のメーナカー†の娘。マーリニー川のほとりに捨てられていたのをカヌヴァ仙が拾って養育した。名称は赤子の時に鳥 śakunta に守られていたことに由来する。
概要：パウラヴァ族のドゥフシャンタ王はカヌヴァ仙と面会するために森の中の隠棲所に行った。カヌヴァ仙は不在であったが、娘のシャクンタラーが出てきた。一目で彼女に恋をした王は、熱心に口説き、両者はガーンダルヴァ婚（自由恋愛による結婚）により、その場で契りを交わした。その際シャクンタラーは、自分の生む息子が皇太子となるようにという約束を取り付けた。王は必ず軍隊を派遣して迎えに来ると言って去った。帰宅したカヌヴァ仙は、シャクンタラーが自分の許可を得ずに結婚したことをたちまち見抜いたが祝福した。やがてシャクンタラーはドゥフシャンタ王の息子を生み、時が過ぎて息子は六歳となった。カヌヴァ仙は孫が皇太子になるべき時が来たと言い、シャクンタラーとその息子を王のもとへ行かせた。母子は王と面会した。シャクンタラーが息子を皇太子にす

るという約束を思い出して下さいと言うと、王は冷たく「知らぬ」と言い放った。シャクンタラーは怒りにかられたが自制し、長々と教説を述べて説得を試みたが、王は応じなかった。シャクンタラーがとうとう立ち去ろうとすると、空中から神々の声が聞こえ、シャクンタラーの息子はドゥフシャンタ王の息子であり、その息子を養育せよと告げた。王は大変喜んだ。自分は真実を知っていたが、もしシャクンタラーの言葉だけで息子を受け入れていたら、世の人は疑ったであろうと述べた。王は息子をバラタと名付けた。彼からバーラタの家系が生じた（『マハーバーラタ』1. 62-69）。

キーワード:（聖仙の）娘、王妃
参考文献:『原典訳マハーバーラタ』〈1〉, 262-289 頁.

シャチー　Sacī

名前の意味・神格・属性:「言語」「雄弁」「神秘的な力」「清らかな行い」の意。インドラ神の妃。インドラーニー Indrānī ともいう。

概要:『リグ・ヴェーダ』10.86 には、シャチーと猿のヴリシャーカピに関する不思議な神話が残されている。インドラ神の寵愛を得た猿ヴリシャーカピに激しく嫉妬したシャチーは、猿をその妻ともども追放するが、そのためにインドラは供物の不足に悩む。結局両者は和解するが、猿は失踪するという、よくわからない結末に終わる。神々の王の嫉妬深い妻という側面を見せており、ギリシア神話のヘラ[†]に比すことができる。

『マハーバーラタ』5.11-18 には、シャチーの苦難の物語が記されている。インドラ神は悪竜ヴリトラを卑劣な手段で殺したこと、そしてそれより以前にバラモンのトリシラスを殺したことを深く思い悩み、神々の王の座を離れ、世界の果てまで行き、水の中に隠れてしまった。インドラが失踪すると、大地は荒廃し、雨は降らなくなり、川や池は干からびた。神々や聖仙たちは王を失って悩み、英雄ナフシャを神々の王位につけることにした。神々はナフシャに力を与えた。神々にせよ、聖仙にせよ、その視界に入った者は、ナフシャに生気を奪われる、という力であった。ナフシャは、もとは徳高い人物であったが、神々の王として豪奢な生活を送っているうちに性質が悪くなっていった。ある時彼はシャチーを見て邪心を抱き、シャチーを自分に仕えさせるように命じた。シャチーは神々の師ブリハスパティに助けを求めた。ブリハスパティは、ナフシャのもとへ行って少しの間猶予をもらえるよう頼んでくるよう助言した。シャチーは怯えながらもナフシャのもとへ行き、夫のインドラに何が起こり、どこへ行ったのかがわかるまで、猶予を貰えるよう頼み、事の真相がわかったら、あなたにお仕えしますと約束した。ナフシャはシャチーに猶予を与え、ブリハスパティのもとへ帰らせた。シャチーは深い悲しみの中、助力を求めて夜の女神に祈ったところ、夜の予言の女神ウパシュルティ[†]が現れた。シャチーがウパシュルティについて行くと、女神は神々の森を過ぎ、多くの山々を越え、ヒマーラヤを越え、北方に進んで海に出て、ある大陸に着いた。そこに神聖な池があった。シャチーは女神と共にその池に咲く蓮の茎を切ってそこに入り、蓮の繊維の中に入り込んでいたインドラ神を見つけた。インドラは妻に「何をしに来たのだ」と冷たく問うた。シャチーは、ナフシャの横暴な言動を訴え、ナフシャを殺してくれるようインドラに頼んだ。インドラは、今は武勇ではナフシャに勝てない、と言ったあと、シャチーに次のような秘策を授けた。「おまえは彼のところへ行ってこう言いなさい。『聖仙たちに担われる神々しい輿に乗って私のところへ来てください。そうすれば、私は喜んであなたにお仕えします』と」。シャチーは承知してナフシャのもとへ行った。そしてこう言った。「私はあなたにお仕えします。ただし一つだけお願いがあります。インドラは乗り物として立派な馬や象を持っていました。ですからあなたも、ヴィシュヌやシヴァでさえ持っていないような、前代未聞の乗り物を持っていただきたいのです。あなたは輿に乗って、聖仙たちにかつがせなさい。そうすれば、誰もあなたに逆らうことはないでしょう」。ナフシャは聖仙たちを乗り物にすると

いうこの提案をたいへん喜び、聖仙たちを車につなぎ、彼らに車を担わせた。ナフシャが聖仙たちの背負う車に乗っている時、彼の足が大聖仙アガスティヤの頭に触れた。このために彼は一瞬にしてすべての力を失った。ナフシャはアガスティヤの呪いによって、大蛇となって大地をさまようことになった。シャチーは蓮の茎から出てきたインドラと再会し、喜びに満ちて世界を守護した。

キーワード：神の妻

参考文献：『リグ・ヴェーダ』180-185頁；『原典訳マハーバーラタ』〈5〉, 49-73頁.

⇒帝釈天妃

シャバリー　Śabarī

名前の意味・神格・属性：「山岳民の女」の意。パンパー湖西岸の隠棲所に住む老苦行尼。

概要：ラーマとラクシュマナは旅の途中でシャバリー尼の隠棲所を訪れた。ラーマが丁寧にあいさつをすると、シャバリーはラーマを見たことによって自分の苦行は完成したと告げ、ラーマと会話を交わしたのち、彼の了解を得て、火の中に入って身体を捨てて天界へ旅立った（『ラーマーヤナ』3.74）。

参考文献：『新訳ラーマーヤナ』〈3〉, 298-302頁.

ジャヤー　Jayā

名前の意味・神格・属性：「勝利」の意。創造神ダクシャの娘。

概要：数百本の輝く刀と剣を作り出し、50人の武器の権化である優れた息子を生んだ。彼らはアスラを滅ぼすため、姿を隠すことのできる力を持つ。ヴィシュヴァーミトラ仙がこれらの武器を所有し、正しく用いる（『ラーマーヤナ』1.21）。

キーワード：武器

参考文献：『新訳ラーマーヤナ』〈1〉, 132頁.

⇒スプラバー

ジャラー　Jarā

名前の意味・神格・属性：「老齢」の意。ラークシャサ（羅刹）の女。

概要：『マハーバーラタ』2.16-17によると、ジャラーはマガダ国王ブリハドラタの王宮で尊敬されて幸せに暮らし、常々王に恩返しをしたいと考えていた。ブリハドラタ王はカーシ国王の双子の王女を妻としたが、長い年月が経っても子供は生まれなかった。王は、たまたま国に来て樹の根本にいる聖仙チャンダカウシカのもとへ行って、多くの財宝を差し出した。聖仙は瞑想によって力を注いだ一つのマンゴーの実を王に与えた。王がそのマンゴーの実を二人の妻に与えると、二人はそれを二つに分けて食べ、妊娠した。時期が来て、二人は息子を生んだが、それらは体の縦半分ずつしか備えていなかった。二人の妻は恐れ、悲嘆にくれながら、生きているその息子らを宮殿の外に捨てた。その子らをジャラーが見つけ、半分ずつの体をくっつけて一人の立派な息子とし、ブリハドラタ王に返した。子供はジャラーの名をとってジャラーサンダと名付けられ、やがてマガダ国の王となった。

果実を食べて妊娠するというモチーフは、わが国の桃太郎に通じるところがある。

キーワード：魔物の女

参考文献：『原典訳マハーバーラタ』〈2〉, 278-282頁.

⇒ヒディンバー

ジャラトカール　Jaratkāru

名前の意味・神格・属性：jarat「年老いた」kāru「作り手」の意。竜王ヴァースキの妹。同名の苦行者ジャラトカールの妻。アースティーカの母。

概要：大苦行者ジャラトカールは地上を遍歴するうちに、ある洞窟の中で顔を下にしてぶら下がっている祖霊たちを見た。彼らはジャラトカール自身の祖霊で、彼が苦行に専心して子孫を作らないため、家系断絶の危機にさらされて地獄に落ちる寸前でそのような姿になっているのであった。ジャラトカールは結婚して子孫を作ることを誓ったが、細かい条件をつけた。「私と同じ名で、その女性が自ら進んで、施物として与えられ、彼女を扶養しなくてもよいなら」。こうして苦行者ジャラトカールは再び地上を歩き回ったが、彼は老人であったので、妻を得ることはできな

かった。そこに竜王ヴァースキが着飾った妹を連れて現れ、その妹を苦行者に与えようとした。ジャラトカールがすぐに受け取ろうとしないでいると、ヴァースキは言った。「この私の妹は、あなたと同じ名のジャラトカールである。あなたの妻となっても、私が彼女を扶養しよう」。こうして二人のジャラトカールは結婚した。しかし気難しい夫の機嫌を些細なことで損ねてしまい、苦行者ジャラトカールは間もなく妻のもとを去った。二人の間にはアースティーカという優れた息子が生まれた。このアースティーカが、ジャナメージャヤ王の行った蛇族を全滅させる蛇供儀を止めさせ、母の一族を救った（『マハーバーラタ』1.41-53）。

キーワード：祖先、蛇、竜女

参考文献：『原典訳マハーバーラタ』〈1〉，203-237頁.

シャルミシュター　Śarmiṣṭā

名前の意味・神格・属性：「幸福」śarman に由来するか。アスラ王ヴリシャパルヴァンの娘。ヤヤーティ王との間に三子をもうける。

概要：女友達と水浴をしていた時、父であるアスラ王の師カーヴィヤ・ウシャナスの愛娘デーヴァヤーニー†の服を間違えて取ってしまった。デーヴァヤーニーが「あなたは私の弟子のくせに」と罵ると、シャルミシュターは「あなたは、乞い、讃え、ものをもらう人の娘だけど、私は、讃えられ、与え、もらわない人の娘なの。あなたは武器を持っていないけれど、私は持っているわ」と言ってデーヴァヤーニーを井戸に突き落として去った。たまたま通りかかったヤヤーティ王に井戸から助けられたデーヴァヤーニーは父ウシャナスに起こったことを告げた。ウシャナスが激怒してアスラ王のもとへ行き、彼らの国を捨てて出て行くと言うと、アスラ王は必死で引き留め、何でもするからと懇願したので、デーヴァヤーニーの望む通りにせよと言うと、王は承諾した。デーヴァヤーニーが、「シャルミシュター†が千人の侍女と共に私の召使いになり、嫁ぎ先にもついてくること」を求めると、シャルミシュターは父のために潔く召使いとなった。デーヴァヤーニーはかつて井戸から自分を救い上げてくれたヤヤーティ王と結婚した。シャルミシュターも召使いとしてついて行った。結婚に際してウシャナスはヤヤーティ王に、「決して寝所にシャルミシュターを招いてはならない」とくぎを刺しておいた。しかし王は秘かにシャルミシュターと交わり、ドゥルフユ、アヌ、プールの三子が生まれた。デーヴァヤーニーにはヤドゥとトゥルヴァスの二人が生まれた。ヤヤーティ王の不倫を知ったデーヴァヤーニーは父ウシャナスに泣きついた。ウシャナスはヤヤーティ王を老人に変えた。ヤヤーティは息子たちに自分の「老い」を引き受けてくれるよう頼んだが、デーヴァヤーニーの二人の息子は断った。シャルミシュターの上の二人の息子も断ったが、末子のプールが快く父の老いを引き受けた。このプールがやがて王位を継いだ（『マハーバーラタ』1.73-80）。

クシャトリヤ（王族・戦士）の女（シャルミシュター）とバラモン（聖職者）の女（デーヴァヤーニー）との争いである。身分としてはバラモンの方が優れているが、力関係としてはクシャトリヤに分がある。結婚においても、バラモンの女とクシャトリヤの男との組み合わせより、同じクシャトリヤ同士であるヤヤーティとシャルミシュターの組み合わせの方が推奨されることが、シャルミシュターの息子が結局王位を継いだという部分に表されている。

キーワード：侍女

参考文献：『原典訳マハーバーラタ』〈1〉，304-333頁.

シャーンター　Śāntā

名前の意味・神格・属性：「寂静」の意。ローマパーダ王の娘。リシュヤシュリンガ仙の妻。

概要：アンガ国にローマパーダという王がいて、バラモンたちに対して嘘をつき、またその国の司祭がいなくなったこともあり、インドラ神は国土に雨を降らせなくなった。王は贖罪を行った上でバラモンの助言に従って森に住むリシュヤシュリンガ仙を領土に連れて来ようと画策した。鹿から生まれたリシュヤ

シュリンガ仙は父のほかに人間を見たことがなかった。王は遊女を使ってリシュヤシュリンガ仙を国土に連れてきた。その瞬間、インドラ神はアンガ国に大雨を降らせた。王は娘のシャーンターをリシュヤシュリンガ仙に妻として与えた（『マハーバーラタ』3.110-113）。

キーワード：王女、（聖仙の）妻、鹿
参考文献：『原典訳マハーバーラタ』〈3〉, 310-319頁.

シャーンディリー　Śāṇḍilī

名前の意味・神格・属性：リシャバ山で苦行するバラモンの女。

概要：語源不明。ガルダ鳥とガーラヴァ仙が旅の途中でシャーンディリーのもとを訪れ、食事を出されてもてなされ、眠った。目が覚めると、ガルダ鳥の体から羽根が抜け落ちていて、肉団子のようになっていた。ガーラヴァ仙がガルダ鳥に、何か悪いことを考えたのではないかと尋ねると、ガルダ鳥は、シャーンディリーを、ブラフマー神、シヴァ神、ヴィシュヌ神、ダルマ神などのところに連れて行こうとした、彼女にはそのような場所がふさわしいと思ったから、と答えた。ガルダ鳥がシャーンディリーに丁重に謝ると、彼女は「私は侮辱にがまんできなかったのです。あなたは、ここから望む所へ行きなさい」と言ってガルダ鳥を許した。ガルダ鳥の羽は回復し、その翼は一層強力になった（『マハーバーラタ』5.111）。

キーワード：呪力
参考文献：『原典訳マハーバーラタ』〈5〉, 329-330頁.

シュリー　Śrī

名前の意味・神格・属性：「吉祥」、「幸運」、「繁栄」、「王権」の意。別名ラクシュミー Lakṣmī。ヒンドゥー教の神界を代表する美・愛・豊穣・王権の女神。

概要：『ラーマーヤナ』やプラーナ諸文献以降にヴィシュヌ神妃としての地位を確立し、以来ヴィシュヌの性格を反映した妃神としての側面が強調されるが、元来は独立した女神であった。ヴィシュヌと結び付けられるのは『マハーバーラタ』の新しい層以降においてである。もとは非アーリヤの豊穣女神であったのが、後にアーリヤの神界に組み込まれた。蓮花や象との結び付きは非アーリヤの女神としての名残である。

①乳海からの誕生

『マハーバーラタ』、『ラーマーヤナ』、およびプラーナ諸文献に語られる乳海攪拌神話には、乳海からの誕生の様子が伝えられている。例えば『ヴィシュヌ・プラーナ』9では以下のような話になっている。

シヴァの化身であるドゥルヴァーサス仙が地上を旅していた時、彼はヴィドヤーダラ（半神族）の女の手の中に、天上の木に咲く花で作られた神々しい花輪を見た。その芳香は森全体に漂い、森の住人たちを楽しませていた。ドゥルヴァーサス仙はヴィドヤーダラの女にそれを請うた。花輪を受け取ると、ドゥルヴァーサスは自分の頭にそれを置いて、大地を徘徊した。ある時彼は、象アイラーヴァタに乗り、神々を従えた三界の王、インドラが近づいてくるのを見た。ドゥルヴァーサスは自分の頭から、蜂をともなう花輪を取って、神々の王に投げた。インドラはそれを受け取ると、アイラーヴァタの頭に置いた。アイラーヴァタは芳香に魅せられて、手でその花輪を頭から取って匂いを嗅いでから、地上に投げた。ドゥルヴァーサスは激怒して、インドラに言った。「力に驕った悪しき心を持つ者よ、あなたは愚かである。私が与えたシュリーの住処である花輪を享受しなかったのだから。あなたは私の厚意に対して返事もせず、敬礼もしなかった。花輪を自分の頭に置かず、それを大したものだと思わなかった。愚か者よ。今、三界の幸運（シュリー）は消滅するだろう。私が与えた花輪が地面に落とされたように、あなたの支配する三界も幸運（ラクシュミー）を失うだろう。私の生来の激情は、すべての生類に恐れられる。その私を、あなたは高慢さによって怒らせたのだ」。ドゥルヴァーサスに呪われたインドラは、急いで象から降りて聖仙の許しを請うたが、相手はその恐ろしさと気難しさによって名高いドゥル

ヴァーサスである。彼はインドラを決して許さず、その場を去った。インドラは象に乗って自分の居城アマラーヴァティーに帰った。ドゥルヴァーサスの呪いはすぐに効力を発した。その様子は、次のように描写されている。「インドラと三界は、繁栄（シュリー）を失い始めた。植物や蔦は、呪われて枯れた。祭式は行われず、苦行者たちは苦行を行わなくなった。贈り物などの法に、人々は心を留めなくなった。欲望などによって感官を妨害された全世界の生類は力を失い、取るに足りないものとなった。幸運を失い力に見放された三界において、栄光を失った人間たちは、知性をも失った」

このようにして三界が繁栄を失うと、アスラたちは神々へ攻撃を始めた。戦闘に敗れた神々は火神を先頭にしてブラフマーに助けを求めた。ブラフマーは神々を連れてヴィシュヌのもとへ行った。神々の讃歌に応えて姿を現したヴィシュヌは、こう命じた。「神々はアスラと協力して、あらゆる種類の薬草を乳海に投げ入れなさい。そしてマンダラ山を支柱とし、ヴァースキ竜を引き綱として、共にアムリタのために海を攪拌しなさい。アスラの協力を確保するために、彼らと和平を結び、労働の報酬を均等に分けることを約束するのだ。アムリタを飲んで強力に、そして不死になるだろうと彼らに言って。私は彼らがその貴重な飲料を手に入れることがないように、注意している。アスラたちは労働だけに加わることになるのだ」。神々はヴィシュヌの言葉通りにアスラと和平を結び、協力して乳海を攪拌した。するとそこから、雌牛スラビ、酒の女神ヴァールニー、パーリジャータの木、アプサラス[†]の群れ、月、ナーガたちの所有となる毒、アムリタの入った壺を持ったダヌヴァンタリが生じた。そして最後に女神シュリーが誕生した。その様子は、次のように描写されている。「蓮花の上に立ち、蓮花を持った、美しさに輝くシュリー女神が水から生じた。大聖仙たちはシュリー讃歌によって彼女を讃えた。ヴィシュヴァーヴァスをはじめとするガンダルヴァたちは、彼女の前で歌った。グリターチー[†]をはじめとするアプサラス

たちは踊った。ガンガー[†]をはじめとする川たちは、沐浴のための水と共に彼女に近づいた。四方の象たちは金の水差しから清浄な水を注いで、全世界の女王である女神に、沐浴をさせた。（人間の）姿を取った乳海は、枯れることのない蓮の花輪を与えた。ヴィシュヴァカルマンは彼女の身体を装飾品で飾り立てた。神々しい花輪と衣服を与えられ、沐浴をし、装飾品で飾られた彼女は、すべての神々が見ている中で、ヴィシュヌの胸に行った。ヴィシュヌの胸にいるラクシュミーが神々を見ると、彼らはたちまち最高の幸福に達した。ヴィシュヌに顔を背けられラクシュミーに捨てられた、ヴィプラチッティをはじめとするアスラたちは、ひどく落胆した」

ドゥルヴァーサス仙がヴィドヤーダラの女からもらった花輪は、「シュリーの住処」である。その花輪をインドラ神は軽んじ、地面に落としてしまった。そのことによって滅亡への道をたどる世界を救うべく、世界の再創造の意味を持つ乳海攪拌が行われ、それによってシュリーが海から生まれる。つまりこの話は、女神シュリーの喪失と再生の話なのである。

②王権女神としてのシュリー

『マハーバーラタ』12. 221には、シュリーの王権女神としての側面を示す話が伝えられている。

ナーラダ仙とインドラが川のほとりで話をしていると、太陽のように光り輝く女神が、ヴィシュヌの車に乗ってアプサラスたちを従えて現れた。彼女は言った。「私はシュリー・ラクシュミーです。私はかつてアスラと共に住んでいました。彼らは以前は徳高かったのですが、今は反対の性質になってしまいました。インドラよ、私は彼らと離れてあなたと共に住むことを望みます」。インドラは彼女を受け入れた。それ以来、天地のすべての生類は幸福と繁栄を享受するようになった。

この神話の最後の部分では、インドラがシュリーを受け入れたことによって世界が正しく運行を始めたことが描写されている。「インドラは正しい時期に畑に雨を降らせた。法の道から外れる者は誰もいなかった。大地は

ガルーダ（神鳥）に乗ったシュリーとヴィシュヌ、ロサンゼルス・カントリーミュージアム

多くの宝石の鉱脈によって飾られた。誉れ高い人間たちは正しく祭式を行い、喜びに満ち溢れた。人間、神々、キンナラ、ヤクシャ、ラークシャサたちは、繁栄と幸福と栄誉を得た。果物や花は、たとえ風に吹かれた時にも、時期を逸して木から落ちることはなかった。如意牛は甘露のような乳を出した。誰の口からも不快な言葉が語られることはなかった」。シュリーが神々と全世界の王としてインドラを選び、そのために世界が秩序を回復したことになっている。

③浮気な豊穣女神としてのシュリー

シュリーは多くの神話の中で、浮気な性質を強調されている。例えば『マハーバーラタ』13. 81. 3-24 には、なぜシュリーが雌牛の糞の中に住まうとされているのかを説明する神話が語られているが、その中でシュリー自身と雌牛たちによって、この女神の浮気な性質が述べられている。

ある時シュリーは美しい娘の姿をして、雌牛の群れの中に入っていった。雌牛たちは尋ねた。「比類なき姿をした女神よ、あなたは誰ですか。どこから来たのですか」シュリーは答えた。「私は人々に愛されるシュリーです。悪魔たちは私に捨てられて永遠に敗北しました。聖仙たちや神々は私を得て繁栄しています。私が嫌う者は、完全に滅び去ります。私を、幸福を与える者であると知りなさい。私はあなた方の中に住むことを望みます。穢れないものたちよ、あなた方は幸運（シュリー）を有するものとなりなさい」。雌牛たちは言った。「あなたは落ち着きがなく、移り気で、多くの者たちによって共有されます。そのようなあなたを、我々は望みません」。シュリーは言った。「あなた方にふさわしい私を、なぜ享受しないのですか。非常に過酷な苦行を行って、人間、神々、ダーナヴァ、ガンダルヴァ、ピシャーチャ、ナーガ、ラークシャサたちは私を享受します。雌牛たちよ、私を受け入れなさい」。雌牛たちは言った。「あなたは落ち着きがなく、浮気な性質です。だから我々はあなたを避けるのです」。シュリーは言った。「あなたたちに拒絶されたら、私は不名誉な者となるでしょう。私を救って下さい。たとえ卑しい場所であっても、あなた方の中に住むことを望みます。あなた方の身体に、卑しい場所はどこにも見出されませんが。どうか私が住む場所を教えて下さい」。慈悲深い雌牛たちは皆で相談して、シュリーに言った。「あなたは我々の糞と尿に住みなさい。我々のそれは神聖ですから」。シュリーは言った。「そのようにいたしましょう」。

雌牛たちとシュリー自身が述べているように、ヴィシュヌ神妃の地位を確立する以前のシュリーは、浮気な女神であって、クベーラ、ダルマ、インドラ、軍神カールッティケーヤ（スカンダ）などの様々な男神との関係が知られている。

シュリーは豊穣の女神でありながら、自らは子供を生まない。ヴィシュヌとの間に子がいたという話はない。シヴァが妻と子供らと共に豊かな「家族図」を形成しているのと対照的である。ヒンドゥー教の神界において、生産の力は男神であるシヴァに集中させられた。

水と密接なつながりを有し、浮気な性質を強調される美と愛と豊穣の女神という点で、ギリシアのアプロディテ†やゲルマンのフレ

イヤ†に比すことができる。

『マハーバーラタ』においては、ドルパダ王の娘ドラウパディー†に化身し、パーンダヴァ五兄弟の共通の妻となった。

図像としては、蓮華に座し象に水を注がれる姿で表される。

キーワード：美神、愛、豊穣女神、王権、神の妻

参考文献：沖田『マハーバーラタの神話学』、111-131頁.

⇒功徳天、毘紐女、那羅延天妃

シュールパナカー　Śūrpaṇakhā

名前の意味・神格・属性：「箕のような爪を持つ女」の意。醜い姿の羅刹女。ラーヴァナの妹。

概要：森の中でラーマ王子を見て愛に取りつかれ、妃のシーター†を捨てて自分と一緒になるよう求める。ラーマが優しく語りかけ、自分ではなく弟のラクシュマナを愛するようすすめると、羅刹女はあっさりラーマをあきらめ、ラクシュマナに言い寄る。ラクシュマナは醜い姿の羅刹女に冗談で「美しいあなたを捨てて誰が人間の女を愛するだろう」などと言って、再びラーマを愛するようすすめる。シュールパナカーが邪魔なシーターを食べてしまいましょうと言って襲いかかろうとすると、ラーマの命令を受けたラクシュマナが、シュールパナカーの鼻と耳を剣で切り落とした。シュールパナカーは森に来ていた兄のカラの所へ逃げていった。カラは妹の復讐のため十四人の羅刹にラーマ一行を襲うよう命じたが、羅刹たちはラーマに倒された。怒ったカラは一万四千の羅刹の軍を集めて出撃したが、ラーマは一人で軍を壊滅させた。最後にカラ自身がラーマと戦ったが殺された。

落胆したシュールパナカーは兄ラーヴァナのもとへ行き、シーターの誘拐をそそのかした。これによってラーヴァナはシーターを誘拐することとなった（『ラーマーヤナ』3. 17-34）。

キーワード：魔物の女

参考文献：『新訳ラーマーヤナ』〈3〉、78-141頁.

シンヒカー　Siṃhikā

名前の意味・神格・属性：siṃha「ライオン」に指小辞 kā を付した名。羅刹女。影を捕えれば、その者を餌食にできるという特権を創造神ブラフマーより与えられている。

概要：猿のハヌマットがラーマ王子の妃シーター†を探して空中を飛翔していると、彼の影がシンヒカーに捕えられた。足を引っ張られたようになったハヌマットはシンヒカーを見出し、自ら体を巨大に引き伸ばした。シンヒカーも、天地に届くほどに大きく口を開けた。ハヌマットは一瞬で体を縮めて彼女の口の中に入り、鋭い爪で彼女を切り裂いて出てくると、すぐに体をもとに戻した。シンヒカーは殺されて水中に沈んだ（『ラーマーヤナ』5. 1）。

ハヌマットによるシンヒカー殺害の話は、彼がスラサー†女神と出会った直後のこととして語られている。スラサー女神の場合も羅刹女シンヒカーの場合も、ハヌマットはその口の中に入って出てくる。女神の体に入っていくということは、誕生以前の状態に戻ること、すなわち死を意味する。この神話はハヌマットの死と再生の物語であり、彼の通過儀礼を意味している。

キーワード：影、通過儀礼

参考文献：『新訳ラーマーヤナ』〈5〉、33-35頁.

スヴァーハー　Svāhā

名前の意味・神格・属性：多数の神にまとめて行う祭式を意味する名。また、祭式の際に唱えられる呪文。音写して薩婆訶（そわか）。創造神ダクシャの娘。火神アグニの妻。軍神スカンダの母。

概要：火神を愛していたが、火神は七聖仙の妻たちに恋心を抱いていたので、七仙の妻たちの姿をとって火神に近づくことにし、まずアンギラス仙の妻シヴァーの姿になって火神のそばへ行き、愛を告白した。火神は喜んで彼女と契りを交わした。スヴァーハーは火神の精液を手に取って、聖仙の妻の不行跡の評判が立たぬようにと、人知れず鳥に変身して、悪鬼たちの棲むシュヴェータ山へ行き、その山頂にある黄金の窪みに精液を落とした。こ

うして彼女は七仙のほかの妻の姿をとり、火神と交わったが、ヴァシシュタ仙の貞節な妻アルンダティー[†]の姿をとることだけはできなかった。スヴァーハーは山の窪みに六度、火神の精液を落とし、そこからスカンダが生まれた。スカンダが生まれると、七仙の六人の妻が火神と交わったという噂が流れ、七仙はアルンダティーを除く六人の妻を離縁した。彼女たちはスカンダに救いを求め、彼の力によってすばる星（クリッティカー）となった。スヴァーハーは息子のもとへ赴き、火神と共に住みたいと願った。スカンダは、祭式において供物が火中にくべられる時、バラモンたちがいつも「スヴァーハー」と唱えるように取り決めた。こうしてスヴァーハーは火神を夫として常にそばにいられることになり、満足した（『マハーバーラタ』3. 213-220）。

キーワード：呪い、火
参考文献：『原典訳マハーバーラタ』〈4〉, 136-163頁.

スヴァヤンプラバー　Svayamprabhā

名前の意味・神格・属性：「自ら輝く」の意。天女ヘーマーの洞窟の管理をしている老女。

概要：猿のハヌマットが誘拐されたシーター[†]を探す旅の途中、ヴィンディヤ山で洞窟を見つけて中に入ると、そこは様々な鳥や動物、木々があり、あらゆるものが黄金で造られた楽園であった。神々の工匠ヴィシュヴァカルマンがこの宮殿を造り、そこを使う権利がブラフマー神によって天女ヘーマーに与えられた。スヴァヤンプラバーはこの宮殿の管理を任されていた。猿たちはこの洞窟で空腹と英気を回復したが、その洞窟は一度入ると生きて出てくることは困難な場所であった。スヴァヤンプラバーは苦行の力によって猿たちを外に出してやった（『ラーマーヤナ』4. 50-52）。

キーワード：老女
参考文献：『新訳ラーマーヤナ』〈4〉, 245-255頁.

スカニヤー　Sukanyā

名前の意味・神格・属性：「善き娘」の意。シャリヤーティ王の娘。チヤヴァナ仙の妻。

概要：ブリグ仙にチヤヴァナ・バールガヴァという息子がいた。チヤヴァナ仙は非常に長い間、動かずに結跏趺坐を組んで苦行をしていたため、蟻塚に覆われてしまった。そこにシャリヤーティ王の娘スカニヤーが女友達を引き連れてやって来て、蟻塚の中に光るチヤヴァナ仙の両眼を、そうとは知らず好奇心から荊で突いた。チヤヴァナ仙は激怒してシャリヤーティ王の兵士たちの大小便を止めてしまった。娘の過失が原因であることを突き止めると、王はためらわず王女をチヤヴァナ仙に妻として差し出した。スカニヤーは愛情をこめて年老いた夫に仕えた。アシュヴィン双神（美しいことで名高い）が沐浴中で裸のスカニヤーを見て恋に落ち、老いた夫を捨てて自分たちのうちどちらかを夫に選ぶよう迫った。スカニヤーが夫への忠誠を守ると言うと、双神は「われわれは神々の医師であるから、あなたの夫を若く美しくしてやろう。その上で、チヤヴァナ仙かわれわれのうち一人を夫に選びなさい」と言った。チヤヴァナは双神と共に水に入った。水から出てきた三人は皆、若く美しい同じ姿をしていた。その中から一人を選ぶように言われたスカニヤーは、正しくチヤヴァナを選んだ。チヤヴァナ仙は若さを回復してくれた双神への礼として、神々の飲料ソーマに与る資格を彼らに与えた（『マハーバーラタ』3. 122-123）。

キーワード：王女、（聖仙の）妻
参考文献：『原典訳マハーバーラタ』〈3〉, 340-345頁.

スショーバナー　Suśobhanā

名前の意味・神格・属性：su「美しく」+śobhanā「輝く女」。蛙の王の娘。イクシュヴァーク家のパリクシット王の妃。

概要：パリクシット王は蓮池のほとりで一人の美しい娘を見た。王が娘に求婚すると、彼女は「私に水を見せてはならない」という条件で承諾した。二人は王国に帰り、楽しく暮らした。ある日二人は大臣が王宮内に作った「水のない森」を散策していた。するとあず

まやの中に池を見た。王は妃に「池の中に入りなさい」と言った。妃は池に入ったきり、戻ってこなかった。あちこち探した末に王が池の水を抜くと、そこに一匹の蛙がいた。王は蛙が妃を呑み込んだものと思い、蛙を呪い、すべての蛙を殺すよう命令を出した。蛙の大殺戮が行われた。蛙の王は苦行者の姿をして王のもとへ行き、真実を語った。自分は蛙の王で、王妃となった女は娘のスショーバナーで、人間の王をだます悪い癖があるのだという。王が妃を戻して下さいと言うと、蛙の王は娘を王に与え、「お前は王たちをだましたから、その報いにより、お前の子供たちは敬虔なものにはならないだろう」と言った。王は嬉し涙を流して妃との再会を喜んだ。二人の間にシャラ、ダラ、バラの三子が生まれた (『マハーバーラタ』3.190)。

人間の王と水に属する女性との異類婚という点では、シャンタヌ王とガンジス川の女神ガンガー[†]との結婚や、プルーラヴァス王とアプサラス[†]のウルヴァシー[†]との結婚、日本ではホヲリと海の神ワタツミの娘トヨタマビメ[†]との結婚に比すことができる。「水を見せてはならない」という「見せるなの禁」は、ウルヴァシーの「あなたの裸を見せるな」という禁と似ている。水に関連する禁止としては、「水の上で私を罵ってはならない」という禁止を課したウンディーネと似ている。

キーワード：蛙、異類婚、水（の女性）、タブー（見せるなの）
参考文献：『原典訳マハーバーラタ』〈4〉、64-67 頁.

スバドラー　Subhadrā

名前の意味・神格・属性：「幸運な女」の意。あるいは su「良き」+bhadrā「雌牛」。ヤドゥ族の長ヴァスデーヴァの娘。バララーマとクリシュナの妹。アルジュナの妻で、アビマニユの母。

概要：クル国の英雄アルジュナは森で親友クリシュナと再会し、彼の都ドゥヴァーラカーを訪れ、クリシュナの妹スバドラーを一目見て恋に落ちた。アルジュナから相談を受けたクリシュナは、王族（クシャトリヤ）にとって力ずくの掠奪による結婚は讃えられるものであるから、彼女を力によって奪うよう勧めた。アルジュナはその助言に従って戦いの支度を整え、スバドラーを力ずくで戦車に乗せて奪った。スバドラーを妻として都のカーンダヴァプラスタに連れ帰ると、先の妻であるドラウパディー[†]が当然ひどく機嫌が悪い。そこでアルジュナはスバドラーに牛飼女の服を着せ、スバドラーはその恰好でドラウパディーのもとへ行き、「私は召使いです」と言った。機嫌を直したドラウパディーは彼女を抱きしめ、両者は和解した。スバドラーはアルジュナの息子としてアビマニユを生んだ。この子は優れた英雄に育ったが、クルクシェートラの大戦で命を落とす定めにあった (『マハーバーラタ』1.211-212)。

キーワード：(英雄の) 妻、(英雄の) 母
参考文献：『原典訳マハーバーラタ』〈2〉、188-201 頁.

スプラバー　Suprabhā

名前の意味・神格・属性：「輝かしい」の意。創造神ダクシャの娘。

概要：五十人の武器の息子を生んだ。「サンハーラ」（破壊者）と名付けられ、非常に強力な息子たちである。ヴィシュヴァーミトラ仙がこれらの武器を所有し、正しく用いる (『ラーマーヤナ』1.21)。

キーワード：武器
参考文献：『新訳ラーマーヤナ』〈1〉、132 頁.
⇒ジャヤー

スミトラー　Sumitrā

名前の意味・神格・属性：「良き友」の意。『ラーマーヤナ』の主人公ラーマ王子の父王ダシャラタの妃。ラクシュマナ王子とシャトルグナ王子の母。

概要：祭式において神々から授かった飲料を飲み、ラクシュマナとシャトルグナの二王子を生んだ。この二人はヴィシュヌ神の一部の化身であった (1.16)。

ダシャラタ王のもう一人の妃カウサリヤー[†]の息子ラーマが皇太子に内定したが、カイケーイー[†]妃の奸計により追放されることに

なると、心を尽くしてカウサリヤー妃を慰めた（2.44）。

キーワード：王妃
参考文献：『新訳ラーマーヤナ』〈1〉, 108-112; 〈2〉, 211-213.

スラー　Surā

名前の意味・神格・属性：「酒」の意。水神ヴァルナの妻。別名ヴァールニー。

概要：二大叙事詩及び諸プラーナ文献に記される乳海攪拌神話において、神々とアスラが乳海を攪拌した時に、海から誕生した。『マハーバーラタ』5.96には、海底にあるヴァルナとスラー（ヴァールニー）の御殿の様子が記されている。そこにはアスラ（悪魔）たちのあらゆる武器があり、ラークシャサ（羅刹）とブータ（鬼霊）の種族がおり、海中の火が常に燃えている。ヴィシュヌの円盤があり、ガーンディーヴァ弓があり、ブラフマダンダと呼ばれる杖がある。水の王の傘があり、そこから一面に雨が注がれる。

地底界にある宮殿に「水の王の傘」があり、そこから雨が降るとされていることから、地底界と天界の一体化、円環的世界観が看取される。

キーワード：酒、円環的世界観
参考文献：沖田瑞穂「『マハーバーラタ』におけるインドラの御者マータリの地底界遍歴」，篠田知和基編『異界と常世』，楽浪書院, 2013年, 131-144頁.
⇒シュリー

スラサー　Surasā

名前の意味・神格・属性：「芳香」、「良き味わい」の意。ナーガ（蛇族）の母。

概要：猿のハヌマットが、ラーマ王子の妃シーター[†]を探すために勢いよく空中を飛翔していると、彼の武勇を試したいという神々の依頼を受けた女神スラサーが、醜く恐ろしい羅刹女の姿を取ってハヌマットをさえぎり、彼を食べようとした。ハヌマットがシーターとラーマに会ってからあなたの口に入りましょうと言うと、スラサーは「何者も、私に食べられないで通り過ぎる者はいない。これは私の特権です」と言い、口を大きく開けた。ハヌマットは怒って、「私が入れるよう、口をもっと大きく開け」と言った。スラサーとハヌマットは競い合うようにそれぞれ口と体を大きくした。スラサーが口を百ヨージナに開けた時、ハヌマットは巨大な体を縮めて、親指ほどの大きさになり、スラサーの口に入り、そこから飛び出した。女神スラサーは本来の姿に戻り、ハヌマットを祝福した（『ラーマーヤナ』5.1）。

女神の口に入り、そこから生きて出てくるということは、ハヌマットの死と再生を暗示しており、ハヌマットの通過儀礼を表していると見ることができる。

キーワード：通過儀礼
参考文献：『新訳ラーマーヤナ』〈5〉, 29-32頁.
⇒シンヒカー

スーリヤー　Sūryā

名前の意味・神格・属性：Sūrya（太陽）の女性形。太陽神の娘。

概要：若く美しい双子神アシュヴィンと密接な関係を持ち、彼らの妻とされる。双神の車は「蜜の車」と呼ばれ、太陽のように金色で、三輪・三座を有し、その一つの座にスーリヤーが座すとされる（『リグ・ヴェーダ』1.118.5）。アシュヴィンとスーリヤーの関係は、ギリシア神話における双子神ディオスクロイ（カストルとポリュデウケス）とその妹ヘレネ[†]の関係と似ていることが指摘されている。アシュヴィン双神とディオスクロイは、馬と関連を持つこと、「天神の双子の息子」であること、様々な危難、とりわけ海難から人々を救う役割を果たす、といった点で酷似しているが、それに加え、「太陽の娘」と深く結び付けられている。古代ギリシアにおいて行われていた「ヘレネの樹」の祭りからは、ヘレネが太陽女神的側面を有していたことが看取される。太陽女神としてのヘレネとディオスクロイの組み合わせと、太陽の娘スーリヤーとアシュヴィン双神との関係は、どちらも「太陽の女神」と「天神の息子の双子神」という、同じ構造を示している。

キーワード：太陽（の娘）

参考文献：吉田敦彦『太陽の神話と祭り』青土社，2003年，11-44頁.

タータカー　Tāṭakā
名前の意味・神格・属性：taḍ「打つ」から派生した名。ヤクシャ（夜叉）の女であったが、呪いを受けてラークシャサ（羅刹）の女となった。

概要：ラーマ王子と弟のラクシュマナ王子が、ヴィシュヴァーミトラ仙に連れられて旅をしていた時、羅刹女タータカーの住む森を通った。タータカーは元来無力な夜叉の女であったが、ブラフマー神の恩寵により一千頭の象に匹敵する力を与えられていた。成長するとスンダに嫁ぎ、マーリーチャという息子を生んだ。しかしスンダがアガスティヤ仙の呪いによって殺されると、息子と共にアガスティヤ仙を襲撃した。聖仙はマーリーチャを呪って羅刹の身分に落とし、タータカーにも、「その美しさを捨てて恐ろしい姿になれ」と言って呪った。それ以後彼女はアガスティヤ仙を恨み、彼の聖地を荒らしているのであった。

ヴィシュヴァーミトラ仙は、ラーマ王子にタータカーを誅殺するよう命じた。タータカーは魔法によって石の雨を降らせて攻撃した。ラーマは、はじめは女が相手であるからと情をかけて戦っていたが、ヴィシュヴァーミトラ仙に、羅刹が力を発揮する夕暮れになる前に倒すよう言われ、魔法によって姿を隠しながら攻撃していたタータカーを、音を頼りに探し出し、一本の矢で胸を貫いて殺した（『ラーマーヤナ』1.25-26）。

キーワード：魔物の女
参考文献：『新訳ラーマーヤナ』〈1〉，143-150頁.

ダートリ　Dhātṛ
名前の意味・神格・属性：「配置する者」の意。創造神。運命の女神。

概要：『マハーバーラタ』1.3において、聖者ウッタンカが地下界に行ってダートリとヴィダートリ†を目撃する話が記されている。それによると、地下界では二人の女神ダートリとヴィダートリが機を織っている。その糸の色は黒と白で、それぞれ夜と昼を表している。機を織ることで、生類と世界の運命を織り成しているのである。

キーワード：創造女神、運命、運命の女神、機織り
参考文献：『原典訳マハーバーラタ』〈1〉，109-112頁.

タパティー　Tapatī
名前の意味・神格・属性：tap「輝く」、「燃える」から派生した名。太陽神の娘。人間の王サンヴァラナの妻。クルの母。

概要：『マハーバーラタ』1.160-163に、タパティーとサンヴァラナ王の美しい恋物語が伝えられている。太陽神は、娘のタパティーが美しく成長し、結婚適齢期になると、誰に嫁がせようかと思案した。容姿と行いと生まれの点で彼女にふさわしい夫は、神々はおろか、アスラの中にも、ヤクシャにもラークシャサにもガンダルヴァにも見当たらないように思われた。地上には、サンヴァラナという名の人間の王がいて、熱心な太陽崇拝者であった。この徳高い王を、娘の婿にしようと太陽神は心に決めた。サンヴァラナ王が森で狩りをしていた時、タパティーは彼の前にその美しい姿を現した。王はその娘に素性を問うたが、娘は何も答えずに姿を消した。王は傷心のあまり地面に倒れた。すると再び娘が現れたので、サンヴァラナは熱意を込めて結婚を求めた。娘は、「私は太陽神の娘です。私と結婚したければ、まず父を満足させてください」と言った。王はタパティーを得るために、苦行に専心した。そこにヴァシシュタ仙が現れ、王のために太陽神のもとへ行って結婚の許しを求めた。太陽神はタパティーをヴァシシュタに預けた。ヴァシシュタ仙の仲介のもと、タパティーはサンヴァラナ王とめでたく結婚した。

女神（的存在）と人間の王との結婚という点では、ウルヴァシー†に通じるところがある。

キーワード：太陽（の娘）、天人女房
参考文献：『原典訳マハーバーラタ』〈2〉，64-71頁.

ダマヤンティー　Damayantī

名前の意味・神格・属性：名称はダマナ仙にちなむ。「ナラ王物語」の女主人公。ヴィダルバ国王ビーマの娘。ナラ王の妃。

概要：ダマヤンティーはハンサ鳥（ガチョウの一種）からナラ王の噂を聞き、恋煩いに陥っていた。父王は娘の様子を見て、婿選び式スヴァヤンヴァラを行うことにした。スヴァヤンヴァラの会場には、ナラ王のほかに、インドラ神、火神アグニ、水神ヴァルナ、死神ヤマといった神々も来ていた。彼らは皆、ナラ王とそっくりな姿に身を変えていた。その中からダマヤンティーは愛するナラ王を夫に選んだ。神々は両者を祝福し、贈り物を与えて去った。ナラ王とダマヤンティーはしばらくの間幸福に暮らした。ところが二人の結婚に怒りを持っていた悪神カリがナラ王に取り憑き、ナラと、彼の弟でカリに唆されたプシュカラとの間で賭博が行われ、ナラ王は負け続けて王国と全財産を奪われた。彼は一枚の衣のみをまとって王宮を出た。ダマヤンティーも一衣のみで夫に従った。森の中でナラ王は妻のためを思って、眠っている間に彼女を置き去りにした。ダマヤンティーは夫を探して森をさまよううちに隊商の列に行き当たり、彼らに連れられてチェーディ国へ行き、王母のもとに身を寄せることになった。

　一方ナラ王はカルコータカ竜の力によって姿を変えてアヨーディヤーの王リトゥパルナのもとで馬術の師として仕えていた。

　ダマヤンティーは父王ビーマに発見され、故国に帰った。彼女はナラ王を探すために二度目のスヴァヤンヴァラを行うことを布告した。ナラ王は、密かにヴィダルバ国に来ていた。彼は体内にいたカリを追い出し、リトゥパルナ王から賭博の神髄を伝授されていた。二人はめでたく再会した。ナラ王は妻を連れて国に帰り、プシュカラと再度賭博を行い、王国を取り戻した。二人は双子の子供たちと共に幸福に暮らした（『マハーバーラタ』3.50-78）。

　「ナラ王物語」は『マハーバーラタ』の挿話として語られるが、夫の賭博によって王国を追われ、森で放浪生活を送るが、最終的に王国を取り戻すという点で、『マハーバーラタ』の主筋の物語と似ており、ダマヤンティーはドラウパディー[†]と多くの共通項を持つ。

キーワード：賭博、王妃

参考文献：『原典訳マハーバーラタ』〈3〉, 136-221頁；『マハーバーラタ ナラ王物語——ダマヤンティー姫の数奇な生涯』鎧淳訳, 岩波文庫, 1989年.

ターラー　Tārā

名前の意味・神格・属性：「星」の意。神々の師ブリハスパティの美貌の妻。

概要：ブリハスパティの妻でありながら、月神チャンドラに恋をし、夫のもとを離れてチャンドラと共に住み始めた。チャンドラはブリハスパティの弟子であるので、神々は、自分たちの師の妻が、その弟子と共にいることを知って怒った。ブリハスパティは妻に戻ってくるよう伝えたが妻は無視した。神々はチャンドラと戦う決意をしたが、結局両者は和解し、ターラーは夫のもとへ帰った。その後ターラーはブダという名の息子を生んだ。父親はどちらかと問いただされ、チャンドラだと答えたので、ブダはチャンドラのもとで育てられた（『バーガヴァタ・プラーナ』9）。

キーワード：不倫

チトラーンガダー　Citrāṅgadā

名前の意味・神格・属性：「輝く腕輪で飾り立てた女」の意。マナルーラ（マニプーラ）の領主チトラヴァーハナの娘。アルジュナの妻。

概要：チトラヴァーハナ王の祖先にプラバンカラという王がいて、子孫を望んで苦行を行い、シヴァ神を満足させ、彼の家系に代々一人ずつの子供が授かるという恩寵を得た。その後代々の王に一人ずつ息子が生まれたが、チトラヴァーハナ王には一人の娘チトラーンガダーが生まれたので、彼は家系の存続に頭を悩ませていた。そこにクル国の英雄アルジュナが訪れ、チトラーンガダーを愛し、王に結婚の許可を求めたので、王は生まれてきた息子を家系の相続人とすることを条件に結

婚を認めた。アルジュナはその都に三年間滞在し、一子をもうけた(『マハーバーラタ』1.207)。
キーワード：(英雄の)妻
参考文献：『原典訳マハーバーラタ』〈2〉, 177-178頁.
⇒ドラウパディー、スバドラー

チャームンダー　Cāmuṇḍā
名前の意味・神格・属性：『デーヴィー・マーハートミヤ』によれば、アスラのチャンダとムンダを倒したことからドゥルガー†女神にこの名を与えられた。生と死を司る恐るべき女神。
概要：カーリー†と同一視されることがある。両者はもとは異なる女神であったが、12世紀頃までにどちらもシヴァ神妃の異なる表れと考えられるようになった。

墓地に住むとも、バニヤン樹の下に住むとも言われる。乗り物(ヴァーハナ)は梟。額にシヴァの特徴である「第三の眼」を持つ。しなびた皮ばかりの身体をし、あばら骨が浮き、乳房はしおれている。その乳房からは紐のように乳が腹に伝っている。恐ろしい老女神の流れ出る乳という点では、日本の昔話に現れるヤマンバ†を想起させる。

しばしば蠍と結びつけられる。足輪、腕輪は蛇。人の首をつないで輪にした首飾りをつけている。天然痘、らい病などを引き受け、癒す役割も果たす。
キーワード：疫病、生と死、老女神、恐るべき女神
参考文献：立川武蔵『女神たちのインド』せりか書房, 1990年, 第7章.
⇒遮文茶(しゃもんだ)

チャーヤー　Chāyā
名前の意味・神格・属性：「影」の意。太陽神の妻サンジュニャー†の侍女。
概要：サンジュニャー女神が夫である太陽神ヴィヴァスヴァットのすさまじい光輝に耐えかねて逃げ出した時、身代わりとなった。ヴィヴァスヴァットはチャーヤーを妻サンジュニャーと思って床を共にした。チャーヤーは二人の息子サーヴァルニとシャニと、娘のタパティー†を生んだ。サンジュニャーには太陽神との間に息子のマヌとヤマ、娘のヤミー†がいたが、チャーヤーは自分の子供たちばかりかわいがった。サンジュニャーの子供たちはひどく悲しんだ。ある時ヤマはチャーヤーを蹴ろうとした。チャーヤーは彼を呪い、「その足は砕けてしまえ」と言った。ヤマは父のもとへ行き、呪いを無効にしてもらった。この事件によってヴィヴァスヴァットは妻が偽者であることに気付き、サンジュニャーを探し出して取り戻した。
キーワード：影
参考文献：*Purāṇic Encyclopedia*

ディティ　Diti
名前の意味・神格・属性：do「切る」「分ける」から派生した名か。創造神ダクシャの娘、カシュヤパ仙の妻、悪魔(アスラ Asura、あるいはディティの名からダイティヤ Daitya (「ディティに属する」) とも呼ばれる)の母、マルト神群の母、アディティ†の姉妹。
概要：太古の時、神々とアスラとの間で戦いがあり、ディティの息子であるアスラたちは殺された。ディティは大変悲しみ、夫のカシュヤパ仙に訴えた。「私は苦行を行いますので、息子たちの敵であるインドラ神を殺すことのできる胎児を授けてください」。カシュヤパ仙は、「そなたが清らかであれば、一千年後に、世界中を破壊できる息子が、私との間に生まれるだろう」と約束した。ディティは喜んで長い苦行生活に入った。そこにインドラ神が現れ、ディティの世話をした。望むものを持って来たり、身体を按摩したりと、彼女に尽くした。990年が過ぎた時、ディティは満足してインドラ神に言った。「残り十年の苦行が終わったら、私は息子を生みますが、その子はあなたに敵意を持たないでしょう」。それからディティは眠くなり、両足を、頭を置くべき方向に向けて寝た。これは不浄なことであったので、インドラ神はそこに隙を見出し、ディティの胎内に入り込み、胎児を七つに裂いた。胎児はものすごい声で泣いたので、ディティは目覚め、「殺さないで」と懇願しなが

ら言った。「私の胎児たちに慈愛をほどこしてください。彼らをマルト神群と名付け、風(マルト)の七つの道の七人の守護者としてください」。インドラは彼女の願いを叶えてやった(『ラーマーヤナ』1. 46-47)。
キーワード:悪魔の母、母神、風
参考文献:『新訳ラーマーヤナ』〈1〉, 214-219頁.

ティロータッマー　Tilottamā
名前の意味・神格・属性:tila「部分」+ uttamā「最上の」。宝の部分を集めて作られたのでこのように呼ばれる。工作神ヴィシュヴァカルマンが作り出した美貌の天女。
概要:『マハーバーラタ』1. 201-204に、アスラの兄弟を滅ぼすために、工作神ヴィシュヴァカルマンが絶世の美女の天女を作り上げる話が記されている。

　スンダとウパスンダという二人の悪魔がいて、常に行動を共にし、一つのものが二つに分かれたかのようにそっくりであった。成長すると、二人は協力して天空地の三界を征服しようとたくらんだ。そのためにまず二人は厳しい苦行を行った。長い苦行の末に、ブラフマー神が彼らのもとに現れた。二人は、「我々互いを除いて、世界中のものは、動くものでも動かないものでも、我々に危害を加えることのないように」と願った。ブラフマーはその願いを叶えてやった。

　無敵となった二人の兄弟は、三界を征服し、聖なるバラモン僧たちを皆殺しにした。祭式が行われなくなった地上は荒れはて、滅びた。大地の女神は苦痛のあまり、深いため息をもらした。聖仙たちは助けを請うためにブラフマー神の宮殿に行き、スンダとウパスンダの大殺戮について語った。ブラフマーは悪魔の兄弟を殺すしかないと決意すると、神々の工匠ヴィシュヴァカルマンを呼ばせ、こう命じた。「世界中のものに愛されるような、美しい天女を作りなさい」。ヴィシュヴァカルマンは、たいへんな努力のすえに、一人の天女を作った。三界における動くものと動かないものの中から美しいものを、あちこちから苦労して集めてきた。そして、多くの宝を、天女の身体に入れた。こうして宝に満ちた女神のような姿をした天女を作った。天女の身体には完全な美しさを備えていない部分はどこにもなく、見ている者たちの目が惹きつけられない部分もないのであった。天女は美の女神シュリー[†]のように姿かたち美しく、あらゆる生き物たちの目と心を奪った。宝の部分(ティラ)を集めて作られたので、ティロータッマーと、ブラフマーは彼女を名付けた。ブラフマーは言った。「行け、ティロータッマーよ、悪魔のスンダとウパスンダを、その美しい姿によって魅了せよ。そなたの姿を見るやいなや、その完璧な容姿のために、あの二人の兄弟は対立するであろう」。天女は「おおせのままに」と約束し、ブラフマーに敬礼してから、神々の集団を右回りに回った。尊いシヴァ神は南方に、東を向いて座っていた。神々は北方にいた。あらゆる方向に聖仙たちがいた。天女が神々の集団を右回りに回っている時、インドラとシヴァは平静さを保っていた。しかし天女が近くを通った時、シヴァはどうしても見たいと望んで、南側にまつ毛を曲げた顔が生じた。天女が背後を回っていると、西を向いた顔が生じた。北を通ると、北を向いた顔が生じた。インドラにも、身体の側面と背面と前面に、赤い大きな千の眼が生じた。このようにして、シヴァは四つの顔を持つ者となり、インドラは千の眼を持つ者となった。神々と聖仙たちの顔は、ティロータッマーが行くすべての方向に向けられた。天女に視線を向けなかったのは、ただブラフマーのみであった。天女が地上に降りて行く時、神々と聖仙たちは、その完璧な美しさによって、すでに目的は果たされたと確信した。

　三界を平定したスンダとウパスンダは、神のような生活を楽しんでいた。ある時二人は、ヴィンディヤ山の頂に遊びに出かけた。ティロータッマーは、一枚の赤い布をしどけなく身にまとい、川岸に生えているカルニカーラの黄金の花を集めながら、二人の大悪魔がいるその場所に、少しずつ近づいた。二人は強い酒に酔って眼の端を赤くしていた。腰つき美しい天女を見るや、兄弟はたちまち心を奪われ、立ち上がって天女の方へ近づいて行っ

た。二人は愛に迷って天女を求めた。スンダは天女の右手をつかみ、ウパスンダは左手をつかんだ。「彼女は私の妻で、おまえの義理の姉だ」とスンダは言った。「彼女は私の妻で、おまえにとっては義理の妹だ」とウパスンダは言った。天女をめぐって、二人の悪魔は棍棒をつかみ、打ち合って、全身血にまみれて地面に倒れた。おびえた取り巻きの女たちと悪魔たちは、地下の世界へ逃げ去った。

そこにブラフマーが、神々や聖仙たちと共に、ティローッタマーを称えるためにやってきた。ブラフマーは天女に、願い事を述べよと言った。すると天女は、「ただ喜んでくだされば」と言った。ブラフマーは言った。「天空神たちの動く世界を、そなたは動き回りなさい。その輝きのために、誰もそなたを見つめることはできないであろう」。ブラフマーは、インドラ神に三界の支配をゆだねると、自らの宮殿に帰って行った。

このティローッタマーの話は、ギリシアのパンドラ†の神話と似ている。神々の王の命令によって、神々の工匠が作り出した美女であること、「贈り物」や「宝」がこの美女に与えられたこと、神々と敵対する兄弟に破滅をもたらしたこと、などの点で相似形を示しており、インド・ヨーロッパ語族の原神話に遡る話である可能性がある。

聖仙アガスティヤが自ら「生物の最高の諸部分」を集めて作ったというローパームドラー†の話や、神々が作り出した戦闘女神ドゥルガー†とも似ている。

キーワード：美女、女（の創造）
参考文献：沖田『マハーバーラタの神話学』、133-142頁。

デーヴァセーナー　Devasenā

名前の意味・神格・属性：「神々の軍隊」の意。創造神プラジャーパティの娘。軍神スカンダ（カールッティケーヤ）の妻。

概要：インドラ神はマーナサ山で悪魔のケーシンに奪われそうになっていた女神デーヴァセーナーを助けた。デーヴァセーナーに、自分にふさわしい夫を探してほしいと求められたインドラは色々と思案したが、彼女にふさわしい夫は思い浮かばなかったので、彼女を連れてブラフマー神のもとへ行った。ブラフマーは、じきにふさわしい夫が生まれるであろうと述べた。火神アグニと女神スヴァーハー†の間に生まれたスカンダがデーヴァセーナーの夫となった（『マハーバーラタ』3.213-218）。

キーワード：戦闘
参考文献：『原典訳マハーバーラタ』〈4〉、136-155頁。

デーヴァヤーニー　Devayānī

名前の意味・神格・属性：「神々の乗り物」の意。詩聖ウシャナス・カーヴィヤの娘。ヤヤーティ王の妃。

概要：『マハーバーラタ』において三つの神話を持つ。

①カチャへの愛と呪い（1.71-72）　神々とアスラたちが争っていた時、神々の中で殺されたものは生き返ることはできなかったが、アスラたちの中で殺されたものは、ウシャナスが呪文によって生き返らせた。この呪文を獲得するため、神々はブリハスパティの息子カチャをウシャナスのもとへ弟子として送り込んだ。デーヴァヤーニーはカチャを愛し、献身的に身の回りの世話をした。カチャも、常にデーヴァヤーニーの機嫌を取り、歌い、踊り、楽器を奏で、花や果実を取ってきたり、使い走りをして、彼女を満足させた。デーヴァヤーニーの方も、父を説得してカチャの呪文の習得を助けた。修行を終えたカチャがウシャナスのもとを去る時、デーヴァヤーニーはカチャに愛を求めた。カチャは「師の娘であるから」と言って拒んだ。怒ったデーヴァヤーニーは、習得した呪文が無効になるという呪いをかけた。するとカチャは、「呪われるに値しない私を呪ったから、いかなる聖仙もあなたと結婚しないでしょう」と呪いを返し、天界へ去って行った。

②アスラの王女を召使いにする（1.73-75）　デーヴァヤーニーはある時アスラ王の娘シャルミシュター†らと共に沐浴に行った。シャルミシュターが誤ってデーヴァヤーニーの服を着てしまったことをデーヴァヤーニー

がとがめると、シャルミシュターは彼女を「あなたは、乞い、讃え、ものをもらう人の娘だ」と言って罵り、井戸に突き落として帰って行った。そこにヤヤーティ王が通りかかり、井戸の中のデーヴァヤーニーの手を取って引き上げてやった。事の次第を娘から聞いたウシャナスは、激怒してアスラ王ヴリシャパルヴァンのもとへ行き、アスラの都を出て行くと宣言した。ヴリシャパルヴァンが許しを請うと、ウシャナスは「デーヴァヤーニーが満足すればよい」と告げた。デーヴァヤーニーは、シャルミシュターが千人の侍女と共に自分に仕えること、自分が結婚したら、その嫁ぎ先にも召使いとしてついてくることを求めた。こうしてアスラの王女シャルミシュターはデーヴァヤーニーの侍女となった。

③ヤヤーティ王との結婚（1.76-78）
長い時が流れ、デーヴァヤーニーはヤヤーティ王と再会し、結婚を強く求めた。ヤヤーティは身分の違いを理由に拒んだ。デーヴァヤーニーはバラモンで、ヤヤーティはクシャトリヤだからである。このような結婚は不適切とされていたが、娘のためにウシャナスが、この婚姻によって非法（アダルマ）が生じることのないよう、罪を除去した。デーヴァヤーニーはヤヤーティ王と結婚し、シャルミシュターも侍女としてついて行った。やがてデーヴァヤーニーは二人の子ヤドゥとトゥルヴァスを生んだ。シャルミシュターも、ひそかにヤヤーティ王と通じて三人の息子ドゥルフュとアヌとプールを生んだ。このことを知ったデーヴァヤーニーは父のもとへ帰り、夫の不義を父に告げた。ウシャナスは大変怒り、ヤヤーティを呪って老人に変えてしまった。

デーヴァヤーニーの重要性は詩聖ウシャナスの愛娘であることに限定されており、彼女の神話もウシャナスへの強い影響力を示すものとなっている。

キーワード：（聖仙の）娘
参考文献：『原典訳マハーバーラタ』〈1〉, 293-326頁.

デーヴィー　Devī
名前の意味・神格・属性：「女神」の意。大女神。シヴァ神妃を指す。
概要：ヒンドゥー教において女神は両義的な存在である。生命を惜しみなく与える恵み深い母としての側面と、血と犠牲を欲し、そのことによって自らが生み出した生命を「回収」する恐るべき側面がある。デーヴィーはその両方のイメージを持つ。彼女の信仰者たちは、シャクティの崇拝者を意味するシャークタ派と呼ばれる。シャクティとはサンスクリット語の女性名詞で「力」を意味し、宇宙の一切はこのシャクティの仮の顕現であるとされる。シャクティ信仰においては、シャクティこそが宇宙の最高原理とみなされるため、その体現である女神が、他の男神たちよりもはるかに強大な力を持つものとして考えられるのである。

キーワード：大女神、神の妻
参考文献：橋本泰元／宮本久義／山下博司『ヒンドゥー教の事典』東京堂出版, 2005年, 195-196頁.

⇒ウマー、カーリー、サティー、ドゥルガー、パールヴァティー

ドゥルガー　Durgā
名前の意味・神格・属性：「近づきがたい女」の意。戦闘女神。チャンディカー[†]、アンビカー[†]とも呼ばれる。
概要：『デーヴィー・マーハートミャ』2-4に、誕生と戦闘における活躍の話が記されている。マヒシャがアスラたちの王で、インドラが神々の王であった時、神々と悪魔の間に百年にわたる戦いがあった。神々の軍は敗北し、マヒシャが王になった。神々はブラフマーを先頭にしてシヴァとヴィシュヌのもとへ行き、苦境を訴えた。神々の言葉を聞いたヴィシュヌとシヴァは眉をひそめ顔をしかめて怒りを発した。するとヴィシュヌの顔から巨大な熱光（テージャス）が飛び出した。ブラフマーとシヴァの顔からも、インドラをはじめとする他の神々の身体からも熱光が飛び出し、それは一つに纏まり、四方に輝く燃える山のような塊になった。この熱光から三界を光で輝かせる一柱の女神ドゥルガーが生じた。神々は喜んでドゥルガーに自分たちの武

器を与えた。シヴァは自身の三叉の矛から三叉の矛を引き出して彼女に与えた。クリシュナは円盤を、ヴァルナは法螺貝を、火神は槍を、風神は弓と、矢で満たされた二つのえびらを、インドラはヴァジュラを、ヤマは杖を、ヴァルナは縄索を、海は衣服と様々な装飾品を、ヴィシュヴァカルマンは斧と種々の武器、貫かれることのない鎧を与えた。女神はまた他の神々からも装飾品や武器によって称えられ、高らかに哄笑した。女神はアスラの無数の軍勢を殺戮した。軍隊が壊滅させられると、アスラ王マヒシャは水牛の姿になって女神と戦った。女神は彼に縄を投げ、縛った。するとマヒシャは水牛の姿を捨てて獅子となった。女神がその頭を切り落とそうとすると、マヒシャは剣を持った男の姿になった。女神はその男を矢で切断した。するとマヒシャは巨大な象となった。女神は象の鼻を剣で切った。マヒシャは再び水牛の姿に戻った。女神はマヒシャの上に乗り、足で踏みつけ、首を矛で打った。こうしてマヒシャは滅びた。神々はこの上ない喜びに沸いた。

この神話の背景には、ヒンドゥー教のシャクティ思想がある。シャクティは「力」を意味するサンスクリット語の女性名詞で、宇宙の一切はこのシャクティの仮の顕現とされる。ここではシャクティが、ヴィシュヌ・シヴァ・ブラフマーという男性の三大主神をも超えた最高原理とみなされているため、その顕現である女神ドゥルガーは、アスラとの戦いにおいて男神たちをはるかに凌駕する圧倒的な力の持ち主として描かれている。

ドゥルガーには処女性も付与されている。したがってこの女神は男性の配偶神を持たず、男性神に従属することも対になることもないので、最高女神たりえるのである。

なお、ドゥルガーというこの固有名詞が、この女神の呼び名として使われ始めたのは、それほど古くなく、10世紀以降であるとされている。この女神の固有名詞としては、チャンディー、あるいはチャンディカー（「気性の激しい女」）の方が本来的と考えられている。

ドゥルガーの活躍を描いた上述の『デー

ドゥルガー、フィラデルフィア美術館

ヴィー・マーハートミャ』は今日でも民衆の間で人気があり、全インドのドゥルガー寺院で秋の大祭ドゥルガー・プージャーの期間中に読誦されている。

戦闘女神であると同時に処女神でもあるという点では、ギリシア神話のアテナ[†]に比すことができる。

キーワード：戦闘女神、処女神、最高女神

参考文献：横地優子「処女戦士が最高神となるとき」、吉田敦彦・松村一男編著『アジア女神大全』青土社、2011年、345-363頁；『ヒンドゥー教の聖典二篇』、「デーヴィー・マーハートミャ」。

⇒ウマー、カーリー、黒闇天女、サティー、大自在天妃、デーヴィー、パールヴァティー、マーヤー

ドラウパディー　Draupadī

名前の意味・神格・属性：「ドルパダの娘」の意。別名「クリシュナー Krṣṇā」は「黒い女」の意。『マハーバーラタ』の女主人公。ドルパダ王の娘。パーンダヴァ五兄弟の共通の妻。女神シュリー[†]の化身。

概要：ドルパダ王の祭式において、祭壇の火の中から成人した姿で誕生した。その時天の声が予言をした。「この女性はクシャトリヤ（戦士）の一族を滅亡させるであろう」（1.155）。

ドラウパディーの婚選び式スヴァヤンヴァ

ラが行われ、パーンダヴァ五兄弟の一人アルジュナが、強弓を引く課題をやすやすとなしとげ、ドラウパディーを妻として得た。ドラウパディーは五兄弟（ユディシュティラ、ビーマ、アルジュナ、ナクラ、サハデーヴァ）の共通の妻となった（1. 174-185）。この一妻多夫婚形態はきわめて稀であり、『マハーバーラタ』中でもその是非が議論されている。ウィカンデルとデュメジルは、ドラウパディーをインド・ヨーロッパ語族の三機能総合女神の投影であると考えた。三つの機能（聖性・戦闘・生産）のそれぞれを体現するパーンダヴァ五兄弟を、結婚という形でドラウパディーが統合しているのである。

ドラウパディーは五人の夫それぞれの息子を生んだ。ユディシュティラとの間にプラティヴィンディヤ、ビーマとの間にスタソーマ、アルジュナとの間にシュルタカルマン、ナクラとの間にシャターニーカ、サハデーヴァとの間にシュルタセーナ。

五兄弟とドラウパディーはカーンダヴァプラスタを都として王国を統治したが、従兄弟のドゥルヨーダナの仕掛けたいかさま賭博によってユディシュティラは王国も財産も兄弟も奪われ、最後にはドラウパディーを賭けて負ける。ドラウパディーは生理中で一衣のみを下半身にまとって部屋にこもっていたところを、多くの人が集う集会所に引きずり出され、衆目の面前で辱められた。この事件により、後にパーンダヴァとカウラヴァ百兄弟の間に諸国を巻き込んだ大戦争が行われることになる。ドラウパディーは誕生の時の予言をこのような形で成就する。

やがて二度目の賭博が行われ、またしても負けたユディシュティラは、弟たちと妻と共に都を離れ、十二年間森で暮らし、十三年目は人々の間で正体を知られずに暮らさなければならないことになる（2. 43-72）。

森での滞在中、シンドゥ国王ジャヤドラタに誘拐されるが、五人の夫がシンドゥ国王の軍を壊滅させ、ジャヤドラタは恐れて逃亡し、ドラウパディーは救出された（3. 248-256）。

放浪の十三年目、ドラウパディーと夫たちはヴィラータ王の宮殿に身分を隠して暮らすことにした。夫たちはそれぞれ特技をいかした変装をして潜り込み、ドラウパディーは調髪に長けたサイランドリーという召使いとして王妃に仕えた（4. 3）。しかし王妃の弟で将軍のキーチャカがドラウパディーに懸想し、無理強いをしようとしたので、妻の訴えに応じたビーマが密かに彼を殺した（4. 13-23）。

十三年間の放浪期間が終わってもカウラヴァ兄弟が王国の半分を返そうとしないので、パーンダヴァ軍とカウラヴァ軍の間に諸国を巻き込んだ大戦争がはじまり、最終的にパーンダヴァ軍が勝利するが、カウラヴァ軍の生き残りであるアシュヴァッターマンの夜襲にあい、ほんの数名を除いて殺害される。ドラウパディーの五人の息子も命を落とした。

死者たちの葬儀が行われたのち、ユディシュティラは即位した。戦争の三十六年後、ユディシュティラはこの世を捨てる決意をし、四人の弟とドラウパディーと一匹の犬を伴い、メール山へ昇山するが、途中、ドラウパディーは倒れて死ぬ。彼女の死は、五人の夫のうちアルジュナに特に心を寄せた罪の報いであった（17. 2）。

ドラウパディーに関して、『マハーバーラタ』中に二つの前世譚が語られ、それによって彼女の一妻多夫婚の謎の説明が試みられている。一つ目の前世譚では、ドラウパディーは女神シュリー†（ラクシュミー）の化身であり、シヴァ神の怒りを買った五人のインドラ（パーンダヴァ五兄弟の前世）の共通の妻として指定された（1. 189. 1-33）。二つ目の前世譚では聖仙の娘で、シヴァ神に「夫をください」と五回唱えたために来世において五人の夫を持つ定めとなった（1. 189. 41-47）。これらの前世譚はどちらも、ドラウパディーが五人の夫を持つことになったのはシヴァの計らいであると語っている。ドラウパディーは第18巻において「シヴァによって創られた」とされ（18. 4. 9-10）、やはりその誕生がシヴァ神に帰せられている。このようなドラウパディーとシヴァとの結び付きは、彼女の「大戦争の原因を作る」という役

割が、シヴァの「破壊」の相に通じるためであると考えられる。

　ドラウパディーは別名をクリシュナーというが、この名を持つ人物が『マハーバーラタ』中にほかに二人いる。パーンダヴァの参謀役のクリシュナ・ヴァースデーヴァと、パーンダヴァとカウラヴァの両方の祖父であり、『マハーバーラタ』の作者とされるクリシュナ・ヴィヤーサである。この二人のうち、クリシュナ・ヴァースデーヴァはヴィシュヌの化身であり、クリシュナ・ヴィヤーサはブラフマー神の役割を引き継いでいる。そしてクリシュナー・ドラウパディーはシヴァ神と結びつけられている。すなわち三人のクリシュナはそれぞれブラフマー・ヴィシュヌ・シヴァというヒンドゥー教の三大主神の投影であり、トリムールティを形成している。

キーワード：王女、誘拐、戦争（の原因）
参考文献：『原典訳　マハーバーラタ』〈2〉, 53-54, 97-113, 122-129, 352-456頁：〈4〉, 252-276, 448, 474-505頁：山際素男編訳『マハーバーラタ』〈9〉, 155-156頁：沖田『マハーバーラタの神話学』, 第1部.
⇒シーター

トリジャター　Trijata
名前の意味・神格・属性：「ねじって巻き上げた髪の房を三つ持つ女」の意。ラーヴァナの宮殿に仕える老齢の賢い羅刹女。
概要：ラーヴァナに仕える羅刹女たちが捕われのシーター[†]を脅して取って食おうとすると、トリジャターは羅刹女たちを制止し、自分が見た夢の話をした。羅刹の滅亡と、シーターの夫ラーマ王子の勝利の夢であった。ある夢では、ラーマは空中を進む馬車に百頭の馬をつないで、ラクシュマナと共に乗っていた。彼は白い花輪と衣服を身につけていた。シーターは白衣を着て、ラーマと一緒になった。また別の夢では、シーターは夫の御する象の肩に乗り、月と太陽を両手で撫でていた。夢の中でラーヴァナは頭を剃られ、油で汚れ、赤い衣服を身につけ、油を飲んで酔い、天界の車プシュパカから地上に転び落ちていた。別の夢では、彼は悪臭のただよう地獄のような暗黒の汚泥の中に沈んだ。ランカーの都は焼かれて海に沈んだ。以上のような多くの夢の話をしてから、トリジャターは羅刹女たちに逃げることをすすめ、シーターに許しを乞うよう忠告した（『ラーマーヤナ』5.27）。

　夢の中でシーターが月と太陽を撫でたという表現には、彼女がただの捕われの人間の女ではなく、女神シュリー[†]の化身であることが明示されている。

　シーターに親切な羅刹女として、ほかにサラマー[†]がいる。

キーワード：魔物の女、夢
参考文献：『新訳ラーマーヤナ』〈5〉, 153-158頁.

ニルリティ　Nirṛti
名前の意味・神格・属性：「破滅」の意。ヴェーダ神話における死の女神。
概要：『リグ・ヴェーダ』10.165にわずかながらこの女神への言及がある。「不吉な鳥に対する歌」と題された讃歌において、「鳩が、ニルリティの使者として派遣されてここに来ようとも、われわれはそれに呪文を唱え、贖罪をする。派遣された鳩はわれわれに吉祥であれ。鳥は、われわれの家において無害であれ」と歌われている。ほぼ同様の詩句が『アタルヴァ・ヴェーダ』6.27にも認められる。

キーワード：死、死の女神、破滅
参考文献：『リグ・ヴェーダ』383頁：『アタルヴァ・ヴェーダ』178頁.
⇒イザナミ、ヒナ、ムリトゥユ

八母神（はちぼしん）⇒七母神（しちぼしん）

パッティニ　Pattini
名前の意味・神格・属性：語源不明。スリランカで信仰される疫病の女神、子供の守護女神。
概要：病気、特に天然痘をもたらす女神。和めれば伝染病にかからないとされる。子供の守り神でもある。現世に現れた時には、夫と交渉を持たず処女を守ったことから、貞節な処女としての側面を表す。同時に献身的な妻であり、矛盾しているようだが石女でもある。

子授け、雨乞いも祈願される。

マンゴーの実から生まれたため、出産の穢れもなく、月経による血の穢れもないとされ、女性特有の穢れと無縁である。

病をもたらす悪霊という側面もある。恐ろしくもあり、温和でもあるという女神の両義性が表れている。

樹木と結び付けられ、この女神の神殿はバニヤン樹の中にある。

キーワード：病気、処女、守護女神（子供の）、樹木

参考文献：鈴木正崇「スリランカの女神信仰――パッティニを中心として」，吉田敦彦・松村一男編著『アジア女神大全』青土社，2011年，327-344頁．

パールヴァティー　Pārvatī

名前の意味・神格・属性：parvata「山」から派生した女性名詞。「山の娘」。ヒマーラヤ山の神ヒマヴァットの娘、シヴァ神の妃。サティー†の生まれ変わり。

概要：ウマー†、ドゥルガー†、ガウリー、カーリー†などの別名があるが、これらは元来は独立した女神であったのが、後にシヴァ神妃の異なる側面と考えられるようになった。カーリダーサの美文体詩『クマーラ・サンバヴァ』1-8に、シヴァとパールヴァティーの結婚に至るまでの神話が記されている。パールヴァティーが年頃になったある時、聖仙ナーラダがヒマーラヤに来て、彼女はシヴァと結婚することになると予言した。シヴァは妻のサティーを失った後、ヒマーラヤに来て苦行に専心していた。それを知ったヒマヴァットは、娘にシヴァの身のまわりの世話をするように命じた。その頃神々は、ターラカという悪魔に悩まされていた。彼を倒せる唯一の男は、シヴァの息子のみであった（のちに生まれることになるスカンダ）。そこでまず、シヴァに息子を作らせなければならなかった。シヴァにふさわしい妻はパールヴァティーだけということになり、インドラがシヴァの恋情をかきたてるために、愛神カーマを派遣した。カーマは友である春の神ヴァサンタと、妻のラティ†と共に、シヴァが苦行をしている場所に出かけた。カーマはパールヴァティーがシヴァのそばにいる時を狙い、花の矢をシヴァに向けた。シヴァはわずかに平静さを失ってパールヴァティーの顔に視線を向けた。パールヴァティーの心も動揺した。しかしシヴァは我に返り、第三の眼から火炎を発し、カーマを灰にしてしまった。妻のラティは気絶した。シヴァは姿を隠し、パールヴァティーは激しく落胆して家に帰った。カーマの妻ラティは意識を取り戻すと、ヴァサンタを呼んで火葬の準備をさせ、火の中に身を投じて夫の後を追おうとした。その時、空から声が聞こえて、シヴァがパールヴァティーと結婚すれば、カーマは蘇ると告げた。パールヴァティーはシヴァの愛情を得るために山中に籠り苦行に勤しんだ。ある日、シヴァは苦行者に姿を変えてそこにやって来た。パールヴァティーはシヴァとは知らずにその客人をもてなした。その男は、彼女がシヴァのために苦行をしているのを知ると、シヴァの悪口を並べ立て、彼女の望みを捨てさせようとした。パールヴァティーはそれに反論し、シヴァの偉大さを懸命に主張し、自分の心はシヴァへの愛情で占められていると言って、その場を去ろうとした。するとシヴァは本来の姿に戻り、「パールヴァティーよ、今日から私はあなたの僕だ。あなたの苦行によって私は買われたのだ」と言った。パールヴァティーとシヴァはヒマーラヤの許しを得て結婚した。

山の神は男神ヒマヴァットであり、パールヴァティーはその娘であっても自らは山の女神ではない。日本神話でも山の神は男神オホヤマツミで、娘にイハナガヒメ†とコノハナノサクヤビメ†がいる。

キーワード：神の妻、山

参考文献：上村『インド神話』，199-208頁；立川武蔵「インドの女神たちの変容――ヒマーラヤのパールヴァティー」，『ユリイカ』1998年12月号，102-108頁．

⇒アパルナー、自在女、大自在天妃

ヒディンバー　Hiḍimbā

名前の意味・神格・属性：語源不明。ラークシャ

パールヴァティとシヴァ、アルヴィン・O・ベラックコレクション

サ（羅刹）の女。羅刹ヒディンバの妹。ビーマとの間に一子をもうける。

概要：『マハーバーラタ』1.139-143 に、羅刹女ヒディンバーが人間の英雄ビーマに恋をし、彼との間に息子をもうける話が記されている。『マハーバーラタ』の主役の英雄であるパーンダヴァ五兄弟と、彼らの母クンティー[†]が森で放浪生活を送っていた時、羅刹のヒディンバが彼らを見つけ、餌食にしようと考えた。ヒディンバは妹のヒディンバーに様子を見てくるように命じた。ヒディンバーは、一人眠らずに番をしているビーマを一目見て恋に落ち、美しい人間の女に姿を変えて彼に近づき、危険を知らせ、自分を愛してくれるよう口説いた。ビーマはまったく取り合わない。そのうちにヒディンバがやって来て、妹の裏切りを知り、怒って妹を殺そうとする。ビーマはヒディンバと闘い、倒した。ビーマは昼の間はヒディンバーと共に暮らし、夜は母と兄弟のもとへ帰ることになった。ヒディンバーはビーマとの愛の生活を楽しんでいるうちに彼の子を生んだ。やがて彼女はビーマとの生活の終わりを告げ、去って行った。二人の間に生まれた息子のガトートカチャは、後の大戦争において無比の活躍をし、その戦争の中で命を落とした。

キーワード：魔物の女

参考文献：『原典訳マハーバーラタ』〈2〉、20-30頁.

⇒ジャラー

ブーミ　Bhūmi

名前の意味・神格・属性：「大地」の意。大地の女神。

概要：『マハーバーラタ』1. 58. 24-50 によると、クリタ・ユガ（インド神話の四つの時代区分の最初）の時代、大地はくまなく多くの生類によって満たされていた。その時代に、神々との戦いに敗れたアスラ（悪魔）たちが、天界より落とされて地上に生まれ変わった。彼らは人間をはじめとして、乳牛、馬、ロバ、ラクダ、水牛、肉食の獣、象、鹿など、様々な生類に生まれ変わった。人間の王として生まれ変わったアスラもいた。彼らはバラモン、クシャトリヤ、ヴァイシャ、シュードラや、他の様々な生類を苦しめ、殺戮しながら、大地のあらゆる場所を歩き回った。不浄で、武勇に慢心し、狂気と力に酔った彼らは、隠棲所に住む偉大な聖仙たちをあちこちで傷つけた。風や蛇や山々は、もはやアスラたちに制圧された大地を支えることができなかった。重圧と恐怖に苦しんだ大地女神は、ブラフマー神に救いを求めた。ブラフマーは神々、ガンダルヴァ、アプサラス[†]たちに命じた。「大地の重みを取り除くために、それぞれの分身によって地上に子を作りなさい」。

インドラをはじめとするすべての神々は自分たちの分身を地上に降した。最高神ナーラーヤナ（ヴィシュヌ）も分身を降下させた。こうして誕生したのが多くの英雄たちで、後にクルクシェートラの戦いで活躍することになる。

大地女神の重みを軽減するために神々が子供や分身を作り、そうして生まれた英雄たちが戦争で戦うという話は、ギリシアにもある。失われた叙事詩「キュプリア」に採録されていたとされる神話によると、トロイア戦争は、大地の女神の重圧を軽減する目的で、ゼウスによって準備された。ゼウスは自らと人間の女レダとの間にヘレネ[†]を生まれさせることで戦争の原因を用意し、また人間のペレウスと女神テティス[†]を結婚させることで、戦争において活躍する英雄アキレウスを誕生させ

た。これら両地域の神話は、インド・ヨーロッパ語族の共通神話に遡るものと考えられている。
キーワード：大地女神
参考文献：吉田敦彦『ギリシァ神話と日本神話』みすず書房，1974年，70-71頁．
⇒ヴァスダラー、堅牢地神后、プリトヴィー

プラマッドヴァラー　Pramadvarā
名前の意味・神格・属性：pramadā「他の女性」をvarā「凌駕していた」ために名付けられた名。ガンダルヴァ王ヴィシュヴァーヴァスとアプサラス†のメーナカー†の娘。ルル仙の妻。
概要：メーナカーはガンダルヴァ王ヴィシュヴァーヴァスとの間にもうけた女の子を川岸に捨てて去った。その子をストゥーラケーシャ仙が拾い、育てた。娘はプラマッドヴァラーと名付けられ、美しく成長した。ある時ルル仙が彼女を見て恋に落ち、ルルの父プラマティがストゥーラケーシャ仙のもとへ行き、二人の結婚がまとまった。婚礼の日が数日後に近づいたある日、プラマッドヴァラーは蛇に咬まれてうら若い命を落とした。嘆き悲しんだルルに、その場に現れた神の使者は言った。「寿命が尽きた人間が生き返ることはないが、神々は一つの方便をもうけた。もしお前が寿命の半分を彼女に与えるなら、プラマッドヴァラーは蘇るだろう」。そこで、彼女の父であるヴィシュヴァーヴァスと神の使者が死神ヤマ（ダルマ）のもとへ行き、ルルの非常に長い寿命の半分と引き換えに死んだ妻を蘇らせるよう願った。ヤマはその願いを叶えてやった。ルルは生き返ったプラマッドヴァラーと婚礼の式を行い、二人は幸せに暮らしたが、ルルは蛇に対する憎しみを忘れることはなかった（『マハーバーラタ』1.8-9）。

　オルペウス型神話（成功型）の変形である。オルペウス型神話とは、妻に先立たれた男による妻を取り戻すための冥界訪問の神話であるが、この場合、夫のルルの代わりに父のヴィシュヴァーヴァスが冥界へ赴いている。蛇に咬まれて命を落とすという点は、ギリシア神話のエウリュディケの場合と同様である。
キーワード：オルペウス型、（聖仙の）妻
参考文献：『原典訳マハーバーラタ』〈1〉，124-128頁．

プリトヴィー　Pṛthvī / Prthivī
名前の意味・神格・属性：語源は「広きもの」。「地」を意味する名詞として用いられ、そのまま大地女神の名称となった。天神ディヤウスと対になる大地の女神。
概要：父なる天に対する母なる大地とされ、死者の帰る場所と考えられていた。『リグ・ヴェーダ』5.84.2では「白く輝く女神」と讃えられているので、黒い土色の女神とは考えられていなかったようである。同讃歌では、「大地を活気づける」、「雨水を放出する」とも歌われている。

　『ヴィシュヌ・プラーナ』1.22によると、プリトゥ王の時代、大地が作物を生み出さなかったので人々は飢えていた。前王ヴェーナからプリトゥに王権が移るまでの短い期間に、大地の女神はすべての植物を大地の中に隠してしまったのだ。人々の窮状を聞いたプリトゥ王はたいへん怒り、弓と矢を取って大地の女神を探しに行った。女神は恐れて雌牛の姿を取って逃げた。彼女はあらゆる世界を逃げ回ったが、プリトゥ王はどこまでも追いかけてきた。ついに女神は王のもとへ行って、恐れおののきながら言った。「王よ、なぜあなたはしつこく私を殺そうと追いかけてくるのですか。婦人を殺すことは罪とされています」。王は答えた。「邪悪な者を殺すことに罪はない」。女神は言った。「私は私が壊したすべてのものを、乳の形であなたにお返しします。あなたが人々の幸福を望むなら、私の乳を搾って、欲するものを得なさい。そのためにまず、子牛を連れてきなさい」。プリトゥはマヌを子牛にして、大地からあらゆる植物を搾り出した。人々はこの時搾り出された物によって、今日も生きている。こうしてプリトゥ王は大地女神に命を与えたから、彼の名を取って大地女神はプリトヴィーと呼ばれるようになった。この最後の部分は、後世に作られた語源説明で、この女神の名称の本来の

意味を説明するものではない。
キーワード：大地女神
参考文献：中村元『ヴェーダの思想』188-189頁；*Purāṇic Encyclopaedia*
⇒ヴァスダラー、堅牢地神后、ブーミ

プローマー　Pulomā
名前の意味・神格・属性：語源不明。アスラ（悪魔）の女。パウローマ族の祖先母。
概要：プローマーとカーラカー†という二人のアスラの女は神々の千年間、大苦行を行った。ブラフマーは彼女たちの願いを叶えてやることにした。二人は、息子たちが苦しむことのないように、そして神々にもラークシャサ（羅刹）にもナーガ（蛇）にも殺されることがないようにと願った。ブラフマーはその願いを叶えてやり、さらに空飛ぶ美しいアスラの都を、彼女らの一族のために作ってやった。しかしブラフマーは、やがて人間がその都を滅ぼすことを定めた。パーンダヴァ五兄弟の三男アルジュナがその都をアスラともども滅ぼした（『マハーバーラタ』3.170）。
キーワード：悪魔、祖先母
参考文献：『原典訳マハーバーラタ』〈3〉、492-497頁.

マーダヴィー　Mādhavī
名前の意味・神格・属性：語源は madhu「蜂蜜」。ヤヤーティ王の娘。四つの家系を確立させる者。
概要：バラモンのガーラヴァがガルダ鳥を連れて、師への謝礼として支払う「黒い耳をした純血種の月のように輝く白馬八百頭」を探して旅を続けていた時、ヤヤーティ王の王国に立ち寄り、馬を求めた。ヤヤーティ王にはそれを与えるだけの財政的余裕がなかったので、代わりに娘のマーダヴィーを、次のように言ってガーラヴァに与えた。「この娘は四つの家系を確立させる者で、容姿の美しさにおいて並ぶものがない。王たちは彼女を妻とする婚資として、八百頭の黒い耳の白馬などたやすく出すだろう」。ガーラヴァはマーダヴィーを連れてアヨーディヤーのイクシュヴァーク家の王ハリアシュヴァの所へ行き、八百頭の馬と引き換えにマーダヴィーを妻として与えようと言った。ハリアシュヴァはそのような馬を二百頭しか持っていなかったので、マーダヴィーとの間に一人の息子を作ることを条件に、二百頭の馬を差し出そうと言った。するとマーダヴィーはこう言った。「私はバラモンより恩寵を授かっていて、子を生むたびに処女にもどることができます。あなたは四人の王に私を与えなさい。そうすればあなたの望む八百頭の馬はそろうでしょう。私には四人の息子ができるでしょう」。ハリアシュヴァ王は婚資の四分の一（白馬二百頭）でマーダヴィーを受け取り、一人の息子ヴァスマナスをもうけた。マーダヴィーは処女にもどり、ガーラヴァ仙に連れられて、ディヴォーダーサ王のもとへ行き、同じように二百頭の白馬と引き換えに一人の息子プラタルダナをもうけた。次にボージャ族の王ウシーナラとの間にシビをもうけた。

ガーラヴァとマーダヴィーが残り二百頭の白馬を求めて旅を続けようとするとガルダ鳥が現れ、残り二百頭の黒い耳の白馬は川に奪われてすでに存在しておらず、入手するのは不可能であるから、ヴィシュヴァーミトラ仙には六百頭の馬と、マーダヴィーを贈りなさいと助言した。ガーラヴァはその助言に従い、師であるヴィシュヴァーミトラ仙のもとへ行き、六百頭の黒い耳の白馬と、マーダヴィーを贈った。ヴィシュヴァーミトラ仙はたいへん喜び、マーダヴィーとの間にアシタカをもうけた。マーダヴィーは再び処女を回復し、父王のもとへ帰った。

ヤヤーティ王は娘の婚選び式スヴァヤンヴァラを行おうと、森に求婚者たちを集めた。しかしマーダヴィーはすべての求婚者を素通りし、「森」を夫に選んだ。彼女は父の戦車から降り、親族に敬礼してから、森に入り苦行をし、鹿のような生活を送った（『マハーバーラタ』5.112-118）。

マーダヴィーが生んだ四人の息子は、「気前よく与える（ヴァスマナス）」（第三機能）、「勇士（プラタルダナ）」（第二機能）、「真実と法に専心する（シビ）」「祭式を行う（アシタカ）」（第一機能）と表現されており（5.

117. 21-22)、デュメジルの提唱したインド・ヨーロッパ語族の三つの機能に対応している。その四人の母であるという点で、マーダヴィーは三つの機能を総合する「三機能総合女神」としての役割を果たしており、同じように結婚によって三機能を総合するドラウパディー†と同質的である。
キーワード：三機能（総合女神）、鹿、王権
参考文献：『原典訳マハーバーラタ』〈5〉、331-345頁;沖田『マハーバーラタの神話学』197-221頁.
⇒アマテラス、ヴァーチュ、サラスヴァティー

マードリー　Mādrī
名前の意味・神格・属性：「マドラ国の女」の意。マドラ国の王女。クル国王パーンドゥの第二王妃。ナクラとサハデーヴァの母。
概要：マドラ国において容色の点で地上に並ぶものがないと知られていた。クル国の英雄ビーシュマが、甥にあたるクル国王パーンドゥのために、多大な財物によって彼女を買い、両者の結婚式を執り行った。夫パーンドゥが呪いのために自らの種によって子孫を残すことができない体になると、もう一人の妃クンティー†の呪文によって常に行動を共にする双子神アシュヴィンを呼び出し、双子のナクラとサハデーヴァをもうけた。その後森で愛欲に迷ったパーンドゥと交わったため、呪いが成就してパーンドゥは死に、マードリーは夫の火葬の薪に登って焼かれた。残された双子の息子はクンティーに引き取られ、大切に育てられた（『マハーバーラタ』1. 105; 1. 115)。
キーワード：（英雄の）母
参考文献：『原典訳マハーバーラタ』〈1〉、385、404-406頁.

マーヤー　Māyā
名前の意味・神格・属性：「幻、幻力」の意。ヴィシュヌ神の妃。ドゥルガー†を指すこともある。
概要：プラーナの神話によると、この世界は皆マーヤーであり、もし人間が世界を実在として感じるなら、それはマーヤーの働きによるのであるという。
『デーヴィー・マーハートミャ』1において、マーヤーの力が次のように説明されている。人間が自己への執着に捕われ、迷妄の闇から抜け出せず、輪廻にとどまるのは、マーヤーの力による。マーヤーが全世界を惑わせている。動植物を含むこの世界のすべてを創造するのも彼女である。彼女の心が和めば、恵み深く人々を輪廻の輪から解き放つ。輪廻にとどまるのも、解脱を得るのも、彼女の力による。彼女は宇宙一切の支配者である。
キーワード：幻
参考文献：『ヒンドゥー教の聖典二篇』140-141頁.

マリアイ　Mārīaī
名前の意味・神格・属性：語源不明。南インドの土着の女神。
概要：シンボルは複数の丸い石。赤ペンキが塗られ、二つの黒点で眼が表される。それぞれの石は「ドゥルガー」「シーター」「サラスヴァティー」などと呼ばれ、ヒンドゥー教の「大いなる伝統」に組み込まれている。
キーワード：岩石
参考文献：立川武蔵『女神たちのインド』80-82頁.
⇒サラスヴァティー、シーター、ドゥルガー

マンタラー　Mantharā
名前の意味・神格・属性：manth「攪拌する」から派生した名。ダシャラタ王妃カイケーイーの母方の家の召使い。せむし。カイケーイーを唆し、ラーマ王子を追放させる。
概要：ダシャラタ王妃カウサリヤー†の息子ラーマが皇太子となることに決まったことを知り、マンタラーは主人であるカイケーイー†妃の幸福を願うあまり大いに落胆し、カイケーイー妃に報告するが、はじめカイケーイーはラーマの徳を讃え、皇太子即位を祝福する。しかしマンタラーが、カイケーイーの息子バラタが王位継承権から外されることの危難を訴えると、カイケーイーは怒りに取りつかれ、マンタラーに方策を相談する。カイケーイーはかつて、戦争の折に夫で

ある王を助け、看護した。この時王は妃に、二つの願いを叶える約束をした。マンタラーは、今こそその願いを叶えてもらう時であると言う。一つは「バラタ王子の皇太子即位」、もう一つは「ラーマ王子の十四年間の追放」。カイケーイーはマンタラーの口車にすっかり乗せられ、彼女の提案を褒め称え、感謝し、実行に移した（『ラーマーヤナ』2.7-11）。

ラーマ王子の追放が実現すると、ダシャラタ王のもう一人の妃スミトラー†の息子シャトルグナは、マンタラーがことの原因を作ったことを知り、彼女を引きずり回して懲らしめた。バラタ王子が「婦女子は殺してはならない」と言ってシャトルグナを制止した（2.78）。

キーワード：不和
参考文献：『新訳ラーマーヤナ』〈2〉, 43-67, 348-351頁.

ミーナークシー　Mīnākṣī

名前の意味・神格・属性：語源は諸説あり定まらない。mīnā「魚」と関連するか。

概要：もとはタミルの土着神であったのが、まずシヴァ神と結婚し、次いでヴィシュヌを兄とし、徐々にヒンドゥー化された。タミル・ナードゥ州のマドゥライにこの女神とシヴァ神を主宰神とするヒンドゥー寺院がある。

キーワード：神の妻

ムリトゥユ　Mṛtyu

名前の意味・神格・属性：「死」の意。死の女神。

概要：『マハーバーラタ』12.248-250によると、創造神ブラフマーは多くの生類を創造したが、それらは皆死ななかったために大地に溢れ、大地の女神を苦しめた。ブラフマーはその過剰な生命をどうすればよいかわからず苛立ち、体から怒りの炎を発し、世界を燃やした。そこにシヴァ神がやって来てブラフマーを制止し、生類を滅ぼす代わりに、彼らを何度でも死ぬようにし、そして何度でもこの世に帰って来ることができるようにすることを勧めた。ブラフマーは死の女神ムリトゥユを創造した。死の女神は赤と黒の衣装をまとい、輝くばかりの装身具を身に着けて現れた。ブラフマーは彼女に生類を殺すことを命じた。ムリトゥユはこの命令を嫌がり、長い間苦行を行ったが、ブラフマーの再三の命令についに折れて、人間の最後の時に欲望と怒りを送って彼らを殺すことにした。また、彼女が人間を殺すことを嫌がって流した涙は病となって、人間の命を奪うようになった。

死の神が女神である例として、日本のイザナミ†、ポリネシアのヒナ†などがある。

キーワード：死、死の女神
参考文献：『マハーバーラタ』山際素男訳, 第七巻, 三一書房, 1996年, 97-101頁.
⇒ニルリティ

メーナー　Menā

名前の意味・神格・属性：語源不明。ヒマーラヤ山の神ヒマヴァットの妻。

概要：ヒマヴァットとの間に、ガンジス川の女神となるガンガー†と、シヴァ神の妃となるウマー†をもうけた。母神としての役割以上の情報は見られない。

キーワード：山の女神、母神

メーナカー　Menakā

名前の意味・神格・属性：語源不明。美貌のアプサラス†。ヴィシュヴァーミトラ仙を惑わし、シャクンタラー†姫を生む。

概要：『マハーバーラタ』1.65-66によると、かつてヴィシュヴァーミトラ仙が大苦行を行じた時、その苦行により生じた力で神々の王位を追われることを恐れたインドラ神は、メーナカーを呼び、ヴィシュヴァーミトラを誘惑し、苦行を妨害するよう命じた。ヴィシュヴァーミトラを恐れたメーナカーは、自分の安全のため、風の神の助力を得ることをインドラに約束させた。メーナカーはヴィシュヴァーミトラが苦行を行っているところに赴き、聖仙にあいさつをし、彼のそばで遊び戯れた。その時、風が天女の衣服を奪い去った。天女は衣服を抱きしめ、恥じらいながら風に向かって微笑んだ。聖仙はその姿を見て愛欲にかられ、天女を招いた。二人は森で長い時を過ごし、やがてメーナカーは女児シャクンタラーを生んだ。メーナカーはその赤子

をマーリニー川のほとりに捨てて、インドラの宮殿に戻った。子供は鳥たちに守られ、やがてカヌヴァ仙に見つけられ、彼の子として育てられた。

メーナカーがヴィシュヴァーミトラ仙を惑わす話は、『ラーマーヤナ』1. 63 にも記されている。

キーワード：天女
参考文献：『原典訳マハーバーラタ』〈1〉, 270-274 頁.

ヤミー　Yamī

名前の意味・神格・属性：yama「双子」の女性形。最初の人間にして最初の死者となり、天界の死の神となったヤマ（仏教の閻魔）の双子の妹。ヤムナー川の女神。

概要：『リグ・ヴェーダ』10.10 にヤマとヤミーの対話の形式で神話が残されている。ヤミーは兄ヤマに愛を求める。同じ寝床に横たわり、引き裂くばかりに戯れようと懸命に誘う。ヤマが、ヴァルナ神のめつけは止まることも眼を閉じることもない、他の者と戯れよ、と冷たく突き放すと、ヤミーは、兄妹にあるまじき行為の責任は自分が取る、同腹の兄妹である天地と同じように、太陽の眼をしばし欺き、われわれも結ばれようと食い下がる。『リグ・ヴェーダ』の対話は結末を見ないが、この両者により人類が生まれたとされる。ヤミーはのちにヤムナー川の女神となり、生を象徴するに至った。

日本神話においては、男神イザナキが生を象徴し、女神イザナミ†は死を司る。この両者も近親相姦を行った点は同じだが、その役割は正反対に逆転している。

神話ではしばしば原初の時の近親相姦が語られる。それらの近親相姦は、世界の秩序を作り出すために役割を果たす。近親相姦が、宇宙の秩序を超えたエネルギーを生み出し、それによって世界が造られるのである。したがって、秩序が確立されたのちの世界においては、近親相姦は一貫して絶対のタブーとなる。

キーワード：近親相姦、人類の起源
参考文献：『リグ・ヴェーダ』282-286 頁；吉田敦彦『神話と近親相姦』青土社, 1993 年, 9-45 頁.
⇒夜摩女

ヨーギニー　Yoginī

名前の意味・神格・属性：男性名詞 yogin「ヨーガ行者」の女性形。「女性ヨーガ行者」。「魔女」。

概要：ヒンドゥー教および仏教において、11～12世紀以降に現れた女神の集団。超能力を持ち、空を飛び、人間を動物の姿に変えることができるとされる。七母神†と密接なつながりを持つ。ネパール、チベットにおいてはまだ信仰が残っており、呪術的、秘儀的色彩が強い。

「空を飛ぶ魔女」という点では、西洋の箒に乗って空を飛ぶ魔女と属性を共有している。大和岩雄によれば、これら空飛ぶ魔女の起源は、太古の翼を持つ大女神や鳥女に遡る。

キーワード：魔女、空中飛行
参考文献：大和岩雄『魔女論』大和書房, 2011 年。
⇒ダーキニー

ラーダー　Rādhā

名前の意味・神格・属性：「繁栄」の意。牛飼いの乙女で、クリシュナ神の恋人。

概要：12世紀の東インドの詩人ジャヤデーヴァ作『ギータ・ゴーヴィンダ』に、ラーダーとヴィシュヌ神の化身クリシュナの恋が物語られている。そこには神の性愛が赤裸々に描写されている。広い森をさまよい、クリシュナを追い求めるラーダーに女友だちが語りかける。「このなまめかしい春に、友よ、ハリ様は、今、乙女たちと、戯れ、踊っていらっしゃる。別離の者たちには辛いこの春に」。クリシュナの戯れの描写が続く。「愛くるしい女どもがなまめかしく浮かれ戯れるこの場所で、ハリ様はお楽しみ」。クリシュナがどの女も分け隔てなく愛するので、ラーダーは嫉妬して別の方へ去り、女友だちに語る。「わたしの心はこの場所で思い浮かべる。ラーサの踊りの中で、愛戯にふけるハリを。ふざけまわるハリを」。ラーダーはクリシュナと最初に交わった時のことを回想する。「ああ、

友よ。気高いケーシ・マタナ（クリシュナ）の心を戻して、わたしとむつませておくれ。愛の欲望にとらわれたわたしと」。クリシュナはラーダーに心を戻し、牛飼い女たちを捨て、ラーダーを探して悔やむ。「ああ、ああ、あのひとは怒って行ってしまった。尊敬をなくして」。クリシュナにラーダーの女友だちが語りかける。「マーダヴァ（クリシュナ）様。まるで、愛神の矢を恐れるかのように、彼女は空想の中で、あなた様にすがっています。あなた様と離れて惨めなありさまです」。クリシュナはラーダーを慰めるよう女たちに求める。女たちはラーダーに告げる。「友よ、森の花の華鬘をかけたあの方は、あなたと離れて、沈みこんでいらっしゃる」。「森の花の華鬘をかけたあの方は、やさしいそよ風が吹くヤムナーの岸辺の森にいらっしゃいます。その両の手は絶えず動いて、牛飼い女のまるまるとした乳房を押し潰しています」。女友だちは恋い焦がれながらも庵でぐずぐずしているラーダーを見て、クリシュナのもとへ行き、語る。「ハリ様。ラーダーは逢い引きの庵で沈みこんでいます」。ラーダーはなおも一人思い悩む。「友たちの言葉に欺かれたわたしは、ここでいったい誰に助けを求めたらいいのかしら？」。女友だちがクリシュナを伴わずに戻って来たので、ラーダーはまるで見てきたかのように言う。「美点にあふれた、どこかの若い女が、マドゥ・リプ（クリシュナ）と戯れている。勝ち誇ったムラ・アリ（クリシュナ）は、今、ヤムナーのほとりで、お楽しみ」。ラーダーは女友だちに言う。「友よ。その女は、森の花の華鬘をかけたあのひとに悦ばされている」。夜が明け、自分の前で頭を垂れて謝るクリシュナに、ラーダーは怒って言う。「ああ、ああ、行って。マーダヴァ（クリシュナ）。行って。ケーシャヴァ（クリシュナ）。偽りの言葉を言わないで。蓮のような目をしたひと。あの女を追いかけて。あなたの憂いを晴らしてくれるあの女を」。クリシュナとけんか別れになったラーダーに、女友だちが語りかける。「嫉妬でお怒りの方。けっしてマーダヴァ様にお怒りをおむけになりませんように」。夕方になると、クリシュナはラーダーに近づき、歓喜にあふれて語りかける。「愛するひと。ぼくへのいわれのない怒りを解いておくれ。突然、情欲の炎がぼくの心を焼く。蓮の甘露のような（あなたの）口を飲ませておくれ」。クリシュナは言葉を尽くしてラーダーの機嫌をとることに成功し、二人は茂みの褥に向かう。女友だちがラーダーに声をかける。「愛くるしいラーディカー。（あなたに）従順なマドゥ・マタナ（クリシュナ）様を追いかけなさい」。ラーダーはクリシュナを見つめた。「ラーダーだけに情欲を燃やし、長いあいだ、愛戯を待ち望んでいたハリを。その顔は大いなる歓喜に満ち、愛神の宿るハリを」。女友だちは去った。ラーダーの心は恋情にあふれた。クリシュナはラーダーに語りかける。「さあ、今、ほんの少し、このナーラーヤナ（クリシュナ）に従っておくれ。君に従ってきたナーラーヤナに」。こうして二人は愛の戯れを始めた。過大なる歓喜を味わったのち、ラーダーはクリシュナに身だしなみを整える手伝いをさせた。

　ラーダーは牛飼いの女で、地位は低い。一方クリシュナは神の化身であり、地上では王族である。民俗的には、両者の恋は社会的に

ラーダー

173

は認められない「秘密の恋」である。しかし、クリシュナ＝ラーダー信仰の高まりにより、ラーダーは理想的なクリシュナ信者ととらえられるようになる。さらには、クリシュナの「シャクティ」（女性として表される神の力）とみなされ、ラーダーは女神となる。

『ギータ・ゴーヴィンダ』に描かれる神の性愛は、神話としては、原初のエロスの再現ととらえることができる。エロスは原初の存在で、世界創造を可能にした巨大な力である。ギリシア神話においても、インド神話においても、愛神（エロス／カーマ）は原初の存在であるとされる。クリシュナとラーダーの性愛は、原初において世界を生みだした力への賛美であるのだ。

キーワード： 性愛
参考文献：『ヒンドゥー教の聖典二篇』9-131頁.

ラティ　Rati
名前の意味・神格・属性：「愛」、「喜び」の意。愛神カーマの妻。

概要： カーリダーサの美文体詩『クマーラ・サンバヴァ』1-8に記されるシヴァとパールヴァティー†の結婚に至るまでの神話の中に、ラティとカーマが現れる。カーマはシヴァに愛の矢を向けたため、シヴァの怒りを買って燃やされてしまう。ラティはカーマの後を追って火葬の薪に入って死のうとするが、空から声が聞こえてきて、シヴァとパールヴァティーが結婚した暁には、カーマは蘇るという。後にカーマはクリシュナの息子プラデュムナとして生まれ変わり、マーヤーヴァティーとして生まれ変わっていたラティと再会した。

参考文献： 上村『インド神話』, 199-208頁.

ラートリー　Rātrī
名前の意味・神格・属性：「夜」の意。夜の女神。曙の女神ウシャス†の姉、太陽神スーリヤの母。

概要：『リグ・ヴェーダ』に一つの独立讃歌を持つ（10.127）。『リグ・ヴェーダ』10.127.2に、「光明をもって暗黒を滅ぼす」とあるので、夜の闇の女神ではないことが窺われる。星明りの夜の女神なのであろう。10.127.1には「多くの眼によって四方を眺めた」ともあり、やはり天空の「穴」としての星の光との関連を思わせる。

デュメジルによって再構築された、太陽と曙と夜にまつわるインド・ヨーロッパ語族の共通神話によると、赤子の太陽は毎朝曙の女神の鍾愛を受け、その乳を与えられて成長し、万物に光を投げかける。しかし曙は太陽の生みの母ではない。太陽の実母は夜の女神である。しかし夜は、太陽の誕生と共にその存続が不可能になるので、太陽を生むとすぐに姿を消さなければならない。それでその生み捨てられた赤子を、夜の妹の曙が引き取り、愛情ゆたかに育てるのである。

キーワード： 夜、星
参考文献： 吉田敦彦『太陽の神話と祭り』青土社, 2003年, 47-53頁;『リグ・ヴェーダ』28-29頁.

ランカー　Laṅkā
名前の意味・神格・属性： lak「味わう」「獲得する」から派生した名。羅刹王ラーヴァナの都城ランカーの守護女神。ラーヴァナに仕える。

概要： 猿のハヌマットがラーマ王子の妃シーター†を探してランカーにやって来ると、ランカーの守護女神が醜い女神の姿を現してハヌマットをさえぎり、攻撃した。ハヌマットは反撃したが女と思って手加減した。女神は大地に倒れ伏し丁重にハヌマットに謝罪し、都へ入ることを許した（『ラーマーヤナ』5.3）。

キーワード： 神格化（都市の）、守護女神（都市の）
参考文献：『新訳ラーマーヤナ』〈5〉, 45-48頁.

ランバー　Rambhā
名前の意味・神格・属性： 美貌のアプサラス†。『ラーマーヤナ』ではクベーラ神の息子ナラクーバラの妻とされる。

概要：『ラーマーヤナ』1.64に、インドラ神の命令によりヴィシュヴァーミトラ仙を容色

によって惑わせ、苦行を妨害する話がある。ヴィシュヴァーミトラ仙が「ブラフマ・リシ（梵仙）」の地位を得るために大苦行を行った時、インドラはその苦行を妨害するためにランバーを遣わした。人の心を捉えるコーキラ鳥と愛の神カンダルパ（カーマ）を従えたランバーはヴィシュヴァーミトラに近づいて誘惑しようとしたが、インドラの企てを見破ったヴィシュヴァーミトラは激怒してランバーを呪い、一万年の間石になるようにし、時が来ればヴァシシュタ仙がその呪いを解くであろうと告げた。

『ラーマーヤナ』7.26 には、羅刹の王ラーヴァナに乱暴された話が記されている。ラーヴァナはランバーの姿を見て愛欲に囚われ、愛を求めて彼女に近づいた。ランバーは、自分は彼の兄弟であるクベーラの息子ナラクーバラの妻であり、したがって彼にとっては息子の妻も同然である、と言って拒んだ。しかしラーヴァナは、アプサラスに夫など存在しないと言って無理やりランバーを犯した。そのことを知ったナラクーバラはラーヴァナを呪い、「愛情を抱いていない女を無理やりに犯したから、彼は愛情を持たない他の女に近づくことができない。もし愛情を持たない女を犯したら、彼の頭は七つに砕けるであろう」と言った。これにより、ラーヴァナは誘拐し幽閉したシーター†を無理やり自分のものにすることができなかった。

キーワード：天女、呪い

参考文献：『新訳ラーマーヤナ』〈1〉，274-276 頁；〈7〉，137-143 頁.

⇒グリターチー、ウルヴァシー

ルクミニー　Rukmiṇī

名前の意味・神格・属性：ruc「輝く」から派生した名。『マハーバーラタ』の英雄クリシュナの妃。シュリー†（ラクシュミー）の化身。

概要：ヴィダルバ国のビーシュマカ王の娘として生まれる。成長してクリシュナに恋をし、両親も二人の結婚に賛同したが、兄のルクミンはクリシュナを敵視していたので、妹をシシュパーラ王に嫁がせようとした。その婚礼の日が決められると、ルクミニーは焦燥してバラモンをクリシュナのもとに遣いに出した。婚礼の日が近づき、諸国の王が会場に集まった。クリシュナとその兄バラバドラ（バララーマ）は軍を率いてやって来た。軍と兄を残して、クリシュナは一人で婚礼会場に入り、準備が整えられた会場からルクミニーをさらって戦車に乗せ、素早くその場を去った。王たちが戦いを挑んできたが、バラバドラの軍隊に撃沈された。二人はドゥヴァーラカーの都で結婚した（『バーガヴァタ・プラーナ』10）。

クリシュナはヴィシュヌ神の化身で、ヴィシュヌの妃はシュリー（ラクシュミー）であるので、シュリー女神がルクミニーとして化身して、クリシュナに化身した夫と地上において結婚したという構造である。なお、英雄クリシュナの妃はルクミニーで、神クリシュナの恋人はラーダー†である。

キーワード：（英雄の）妻

レーヌカー　Reṇukā

名前の意味・神格・属性：reṇu「塵、砂、花粉」に女性形の指小辞 kā がつけられた名。プラセーナジット王の娘。ジャマドアグニ仙の妻。パラシュラーマの母。

概要：ブリグ族のジャマドアグニ仙はプラセーナジット王のもとへ行き、王女レーヌカーに求婚した。王は聖仙に娘を与えた。レーヌカーは森の隠棲所で忠実に夫に仕え、四人の息子が生まれ、五番目にラーマが生まれた。この息子は兄弟の中で最も優れていた。ある時レーヌカーは沐浴の帰りにチトララタという王が妻たちと共に水の中で遊んでいるのを見て、彼に対して強い憧れを抱き、放心して、欲情した。ふるえながら隠棲所に帰ると、夫はたちまち妻の異常に気付き、バラモンの清浄さを失っていることを見て取ると、大いに怒り、息子たちに母を殺せと命じた。上の四人の息子が肝をつぶして途方にくれていると、ジャマドアグニは彼らを呪って鳥獣のような昏迷状態に陥れた。末子のラーマが隠棲所に帰ってきたので、ジャマドアグニが母を殺せと命じると、ラーマは斧を取って母の頭

を切り取った。ジャマドアグニの怒りは去り、ラーマに望みを述べよと言うと、ラーマは「母が生き返ること、母を殺したことを忘れること、母殺しの罪に触れぬこと、兄弟がもとにもどること」を望んだ。望みはすべて叶えられ、さらにジャマドアグニはラーマに、戦闘において無敵であることや長寿など、あらゆる願望を叶えてやった(『マハーバーラタ』3.116)。

キーワード：王女、(聖仙の)妻、(聖仙の)母、蘇生
参考文献：『原典訳マハーバーラタ』〈3〉, 326-328頁.
⇒サティヤヴァティー

ローパームドラー　Lopāmudrā

名前の意味・神格・属性：lup「困惑させる」「破壊する」+ mudrā「印」。アガスティヤ仙の妻。
概要：アガスティヤ仙はある時、洞窟の中で頭を下にして吊り下がっている自らの祖霊たちを見た。祖霊たちは、アガスティヤに子孫がいないためにそのような地獄にいるのであった。アガスティヤは子孫を作る決意をしたが、ふさわしい相手を見つけることができなかったので、自ら様々な生物の諸部分を集めて、最高の女性を作り出し、子供のいなかったヴィダルバ国王に与えた。その娘はローパームドラーと名付けられ、ヴィダルバ国で美しく成長した。彼女が適齢期になると、アガスティヤ仙が求婚にやって来た。王は戸惑ったが、ローパームドラーは進んでアガスティヤ仙に嫁いだ。彼女は豪華な衣服と装飾品を捨て、粗末な衣と樹皮と鹿皮をまとい、夫と同じ生活を送った。彼女の容姿と行いに満足したアガスティヤ仙が、交わりを持とうと近づくと、ローパームドラーは自分の生まれにふさわしい豪華な寝台を要求した。アガスティヤは悪魔のイルヴァラを懲らしめて財宝を譲り受け、それによってローパームドラーの要求を叶えた。やがてローパームドラーは徳高い息子ドリダスユを生んだ。

生物の最高の部分を集めて作られた女という点で、工作神ヴィシュヴァカルマンが世界中の宝の部分を集めて作った天女ティロッタマー†と似ている。

キーワード：女(の創造)
参考文献：『原典訳マハーバーラタ』〈3〉, 269-279頁.

ローヒニー　Rohiṇī

名前の意味・神格・属性：ruh「成長する」「昇る」から派生した名。牛の母。
概要：『ラーマーヤナ』3.14によると、創造神カシュヤパはダクシャ神の七人の娘の、スラビと結婚した。両者の間に二人の娘ローヒニーとガンダルヴィーが生まれた。ローヒニーから牛の一族が生まれ、ガンダルヴィーから馬の一族が生まれた。

『ラーマーヤナ』3.14はほかに、アディティ†女神からのアーディティヤ神群・ヴァス神群・ルドラ神群・アシュヴィン双神の誕生、ディティ†女神からのダイティヤ神群(悪魔)の誕生を語り、さらにクラウンチー女神から梟、バーシー女神から猛禽類、シェーニー女神から鷹と禿鷲、ドリタラーシュトリー女神から白鳥、ムリギー女神から鹿、ムリガマンダー女神から熊、ハリー女神から獅子と猿、シャールドゥーリー女神から猿と虎、マータンギー女神とシュヴェーター女神から象、スラサー†からナーガ蛇、カドルー†からパンナ蛇が生まれ、カシュヤパ仙の妻マヌはバラモン・クシャトリヤ・ヴァイシャ・シュードラの四階級の人々を生み、アナラー女神から果実の生る樹々が生じた。

この神話では、神々や人間だけでなく動物や植物も、女神が出産という形式で生み出したことになっている。

キーワード：牛、動物(の起源)
参考文献：『新訳ラーマーヤナ』〈3〉, 65-69頁.

概説

仏教の女神

沖田瑞穂

概説

初期仏教において、女神はほとんど現れない。樹女神ヤクシー[†]とハーリーティー[†]くらいである。この時期の仏教が民間信仰を取り入れなかったからであろう。しかし密教の時代になると、ヒンドゥー教の影響のもと、おびただしい女神が現れるようになる。初期密教においては陀羅尼[†]の女尊〔女性の尊格。仏・菩薩天・明王などを尊んで尊と呼ぶ〕たちが現れ、後期密教においては恐ろしい女尊たちが現れる。また、多くのヒンドゥー教の女神(ウマー[†]、サラスヴァティー[†]など)も取り入れられた。ただしこれらの女神は男神・男尊の配偶者として現れる場合がほとんどで、際立った個性を持たず、神話も持たない。しかし、多くの女神が存在するというそのこと自体に大きな意味があると考える。男神・男尊は女神・女尊の存在によってはじめて完全なものになるという意味が読み取れるからである。

密教の女神・女尊たちは多く曼荼羅の中に描かれ、悟りの世界を表す曼荼羅の重要な構成要素となっている。曼荼羅とは、もとはインドの初期の密教(5-6世紀)で修法に用いられた祭壇で、中国・日本において諸尊の姿を画布に描くようになった。代表的な曼荼羅に胎蔵・金剛の両部マンダラがある。

チベットに伝承された後期密教では、仏菩薩が妃を抱擁する父母仏(ヤブユム)が多く描かれるようになる。仏教の伝統においては、僧侶は独身と規定されているので、仏菩薩が妃を伴うということはあり得ないことになる。しかしヒンドゥー教においては、シヴァ神がパールヴァティー[†]を伴い、ヴィシュヌ神がシュリー[†](ラクシュミー)を伴うように、主神には妃神がいて、多くの信仰を集めていた。この影響のもと、後期密教において、仏菩薩が妃を伴うようになり、曼荼羅の宇宙創成の過程を、仏と神妃の和合によって説明しようとした。

・観音

観音が男性か女性かについては議論が分かれる。サンスクリット語で観音はアヴァローキテーシュヴァラといい、これは男性名詞であるので、観音を男性と考える強い根拠となっている。しかし観音の女性的側面も否定できず、もとは中央アジアあるいは西アジアの女神であったのが、仏教に取り入れられ、変成男子(女性は汚れていて成仏できないので、性転換して男性となる必要がある)の説に従って男性化したとする考えもある。どちらにせよ、明らかな女神とみなすことは困難であるため、本事典の項目には加えなかった。ただし、准胝観音[†]、白衣観音[†]、葉衣観音[†]のような変化観音は、インド起源の女尊である。

【参考文献と略称】

『〈縮刷版〉曼荼羅図典』大法輪閣,1993

三枝充悳『インド仏教思想史』講談社学術文庫,2013年

佐藤任『密教の神々』平凡社ライブラリー,2009年

佐和隆研編『密教辞典』法蔵館,1975年

田中公明『詳解 河口慧海コレクション チ

ベット・ネパール仏教美術』佼成出版社, 1990年
田中公明『曼荼羅イコノロジー』平河出版社, 1987年
八田幸雄『秘密マンダラの世界』平河出版社, 1988年
早島鏡正監修, 高崎直道編集代表『仏教・インド思想辞典』春秋社, 1987年
松長有慶『密教』岩波新書, 1991年
宮治昭『仏教美術のイコノロジー――インドから日本まで』吉川弘文館, 1999年
森雅秀『インド密教の仏たち』春秋社, 2001年
森雅秀『生と死からはじめるマンダラ入門』法蔵館, 2007年

胎蔵界曼荼羅、東寺

仏教の女神の事典

アパラージター Aparājita ⇒無能勝妃(むのうしょうひ)

ヴァスダラー Vasudharā
名前の意味・神格・属性：サンスクリット名称のヴァス vasu は「富」、ダラ dhara は「保持」。あるいは、ダラー dharā で「大地」。
概要：大地女神。地天。漢訳経典では「持世菩薩」。あらゆる富を生みだす大地が尊格化されたもの。図像においては、左手に穀物を持ち、右手に丸い果物を持つことが多い。
キーワード：大地、大地女神
参考文献：森『インド密教の仏たち』259-260 頁.
⇒ブーミ、プリトヴィー

ヴァーラーヒー Vārāhī ⇒七母神(しちぼしん)

ヴィシュヴァ・マーター Viśvamātā
名前の意味・神格・属性：サンスクリット語でヴィシュヴァ viśva は「すべての」、マーター mātā は「母」。
概要：チベットの『時輪サンヴァラ曼荼羅』の主尊カーラチャクラの神妃。父母仏(ヤブユム。男女の仏が抱擁している姿)で描かれる。金剛薩埵(こんごうさった)の化身。
キーワード：母神
参考文献：『曼荼羅イコノロジー』235 頁.

優婆髻設尼童女(うばけいしにどうにょ) Upakeśinī
名前の意味・神格・属性：サンスクリット名称は「美しい髪の女」を意味するケーシニー keśinī に、近接を意味する接頭辞ウパ upa を付したもの。
概要：三昧耶形(さんまや)(諸尊の誓願を金剛杵や印契など様々な形に表したもの)は鋭い槍で、鋭い智慧を表す。文殊菩薩の布施の徳を司る。胎蔵界曼荼羅において文殊院に配される。
キーワード：智恵(智慧)

参考文献：『曼荼羅図典』128 頁.
⇒髻設尼童女(けいしにどうにょ)

羯磨波羅蜜菩薩(かつまはらみつぼさつ) Karmapāramitā
名前の意味・神格・属性：サンスクリット名称のカルマ karma(n) は「行い」、パーラミターpāramitā は「波羅蜜」。
概要：金剛界曼荼羅において、毘盧遮那仏(びるしゃなぶつ)(大日如来)の北方に描かれる。不空成就如来が毘盧遮那仏を供養するために出現させた女尊。羯磨はサンスクリット語カルマン karman の音写。精進の業を指す。
参考文献：『曼荼羅図典』274-275 頁.
⇒金剛波羅蜜菩薩(こんごうはらみつぼさつ)、宝波羅蜜菩薩(ほうはらみつぼさつ)、法波羅蜜菩薩(ほうはらみつぼさつ)、四波羅蜜(しはらみつ)

鬼子母神(きしもじん) ⇒ハーリーティ

功徳天(くどくてん) Śrīdevī
名前の意味・神格・属性：サンスクリット名称シュリー śrī は「幸運、吉祥」の意、devī は「女神」。吉祥天女。
概要：ヒンドゥー教のヴィシュヌ神妃シュリー(ラクシュミー)のこと。仏教では毘沙門天(ヒンドゥー教の財宝の神クベーラ)の妃とされる。胎蔵界曼荼羅の虚空蔵院に配される。
キーワード：幸運、神の妻
参考文献：『曼荼羅図典』158 頁.
⇒毘紐女(びちゅうにょ)、那羅延天妃(ならえんてんき)

鳩摩利(くまり) Kaumārī
名前の意味・神格・属性：サンスクリット名称カウマーリーは「クマーラ Kumāra に属する女」の意。
概要：ヒンドゥー教では軍神クマーラのパートナー。クマーラは女嫌いで知られているので妃とはしない。仏教における鳩摩利は鳩摩羅の妃。七母女天(焔摩天(ヤマ)の眷属(けんぞく))の一。胎蔵界曼荼羅において、西方の最外院に配される。
キーワード：神の妻
参考文献：『曼荼羅図典』209 頁.
⇒七母神(しちぼしん)

髻設尼童女　Keśinī

名前の意味・神格・属性：サンスクリット名称ケーシニーは「美しい髪の女」の意。

概要：文殊菩薩の五使者の一人で、その美しい髪が文殊の智慧を表す。胎蔵界曼荼羅において文殊院に配される。

キーワード：髪、智恵（智慧）

参考文献：『曼荼羅図典』127頁.

⇒優婆髻設尼童女

堅牢地神后　Dharī

名前の意味・神格・属性：サンスクリット語では女性名詞ダラー Dharā で「大地」の意。この Dharā から男尊である堅牢地神のサンスクリット名 Dhara が作られ、これを女性形にして Dharī としたものと思われる。

概要：堅牢地神の妃。配偶尊である堅牢地神は、元来は女尊であり、万物を成育する徳を司る。これが男性とみなされたため、配偶尊として女尊である堅牢地神后が考え出された。胎蔵界曼荼羅において、東方の最外院に配される。

キーワード：大地、大地女神

参考文献：『曼荼羅図典』174-175頁.

⇒プリトヴィー、ブーミ、ヴァスダラー

光音天女　Ābhāsvarā

名前の意味・神格・属性：サンスクリット名称のアーバー ābha は「光」、スヴァラー svarā は「音」。

概要：色界の第二禅天に位置する光音天の妃。第二禅天では、光が音声の役割をする。胎蔵界曼荼羅の北方の最外院に配される。

キーワード：光、音

参考文献：『曼荼羅図典』225頁.

⇒兜卒天女

黒闇天女　Kālarātrī

名前の意味・神格・属性：サンスクリット名称のカーラ kāla は「黒い」「時間」の意で、ラートリー rātrī は「夜」の意。

概要：焔摩七母天の一。光のない暗黒の夜の中にいる衆生を守護するとされる。ヒンドゥー教のドゥルガー†女神に相当する。胎蔵界曼荼羅において、南方の最外院に配される。

キーワード：闇、夜、時間

参考文献：『曼荼羅図典』198-199頁.

五金剛女　ごこんごうにょ

名前の意味・神格・属性：人間の五感の対象を象徴する女神。

概要：『秘密集会タントラ』（チベットに伝承された後期密教の経典）では、色・声・香・味・触の五金剛女が四仏母†と共に大毘盧遮那から生じたとされる。仏格化は十分でない。

参考文献：『曼荼羅イコノロジー』192頁.

金剛歌菩薩　Vajragītā

名前の意味・神格・属性：サンスクリット名称のヴァジュラ vajra は「金剛」、ギーター gītā は「歌」。

概要：金剛界曼荼羅に描かれる女尊。大日如来が無量寿如来を供養するために生みだした。無量寿如来は説法が得意とされるため、説法の響きを歌詠に託して表現したもの。

キーワード：歌

参考文献：『曼荼羅図典』312-314頁.

⇒金剛嬉菩薩、金剛鬘菩薩、金剛舞菩薩、金剛焼香菩薩、金剛華菩薩、金剛燈菩薩、金剛塗香菩薩、八供養菩薩

金剛嬉菩薩　Vajralāsī

名前の意味・神格・属性：サンスクリット名称のヴァジュラ vajra は「金剛」、ラーシー lāsī は「踊り」を意味する男性名詞 lāsa の女性形。

概要：金剛界曼荼羅に描かれる女尊。大日如来が阿閦如来を供養するために生みだした。阿閦如来の菩提心から生じる喜びが、女性が愛する男性につくす喜びとして表現されたもの。

キーワード：喜び、愛

参考文献：『曼荼羅図典』308-310頁.

⇒金剛鬘菩薩、金剛歌菩薩、金剛舞菩薩、金剛焼香菩薩、金剛華菩薩、金剛燈菩薩、金剛塗香菩薩、八供養菩薩

けいしにどうにょ － こんごうぶぼさつ

金剛華菩薩　Vajrapuṣpā
名前の意味・神格・属性：サンスクリット名称のヴァジュラ vajra は「金剛」、プシュパー puṣpā は「花」を意味する中性名詞プシュパム puṣpam を女性形にしたもの。
概要：金剛界曼荼羅に描かれる女尊。宝生如来が大日如来を供養するために生みだした。一切の徳が華で飾り立てられたことを表す。
キーワード：花
参考文献：『曼荼羅図典』319-320頁.
⇒金剛嬉菩薩、金剛鬘菩薩、金剛歌菩薩、金剛舞菩薩、金剛焼香菩薩、金剛燈菩薩、金剛塗香菩薩、八供養菩薩

金剛焼香菩薩　Vajradhūpā
名前の意味・神格・属性：サンスクリット名称のヴァジュラ vajra は「金剛」、ドゥーパー dhūpā は「香」を意味する男性名詞 dhūpa の女性形。
概要：金剛界曼荼羅に描かれる女尊。阿閦如来が大日如来を供養するために生みだした。香は、塗香ではなく焚香。香が自由自在に広がるように、衆生に喜びを与えることを示したもの。
参考文献：『曼荼羅図典』317-319頁.
⇒金剛嬉菩薩、金剛鬘菩薩、金剛歌菩薩、金剛舞菩薩、金剛華菩薩、金剛燈菩薩、金剛塗香菩薩、八供養菩薩

金剛塗香菩薩　Vajragandhā
名前の意味・神格・属性：サンスクリット名称のヴァジュラ vajra は「金剛」、ガンダー gandhā は「香り」を意味する男性名詞ガンダ gandha の女性形。
概要：金剛界曼荼羅に描かれる女尊。不空成就如来が大日如来を供養するために生みだした。塗香とは、香木を粉末にして体に塗る香料。穢れを浄め、煩悩を払う働きを表したもの。
参考文献：『曼荼羅図典』323-325頁.
⇒金剛嬉菩薩、金剛鬘菩薩、金剛歌菩薩、金剛舞菩薩、金剛焼香菩薩、金剛華菩薩、金剛燈菩薩、八供養菩薩

金剛燈菩薩　Vajrālokā
名前の意味・神格・属性：サンスクリット名称のヴァジュラ vajra は「金剛」、アーローカー ālokā は「明かり」を意味する男性名詞アーローカ āloka の女性形。
概要：金剛界曼荼羅に描かれる女尊。無量寿如来が大日如来を供養するために生みだした。智慧の光によって闇を照らし、世界を荘厳する働きを表す。
キーワード：光
参考文献：『曼荼羅図典』321-322頁.
⇒金剛嬉菩薩、金剛鬘菩薩、金剛歌菩薩、金剛舞菩薩、金剛焼香菩薩、金剛華菩薩、金剛塗香菩薩、八供養菩薩

金剛波羅蜜菩薩　Vajrapāramitā
名前の意味・神格・属性：サンスクリット名称のヴァジュラ vajra は「金剛」、パーラミター pāramitā は「波羅蜜」。
概要：金剛界曼荼羅において、毘盧遮那如来のすぐ前（東方）に位置する。阿閦如来が毘盧遮那如来を供養するために出現させた女尊。名称の金剛は、菩提（悟り）を求める心の堅固であることを示し、波羅蜜とは彼岸に至るということで、悟りを得て彼岸に至るという誓願を表した菩薩。
参考文献：『曼荼羅図典』270-271頁.
⇒宝波羅蜜菩薩、法波羅蜜菩薩、羯磨波羅蜜菩薩、四波羅蜜

金剛舞菩薩　Vajranṛtyā
名前の意味・神格・属性：サンスクリット名称のヴァジュラ vajra は「金剛」、ヌリトヤー nṛtyā は「踊り」を意味する中性名詞 nṛtyam の女性形。
概要：金剛界曼荼羅に描かれる女尊。大日如来が不空成就如来を供養するために生みだした。舞による供養の意を表したもの。
参考文献：『曼荼羅図典』314-316頁.
⇒金剛嬉菩薩、金剛鬘菩薩、金剛歌菩薩、金剛焼香菩薩、金剛華菩薩、金剛燈菩薩、金剛塗香菩薩、八供養菩薩

金剛鬘菩薩　Vajramālā

名前の意味・神格・属性：サンスクリット名称のヴァジュラ vajra は「金剛」、マーラー mālā は「花輪」。

概要：金剛界曼荼羅に描かれる女尊。大日如来が宝生如来を供養をするために生みだした。供養のための宝を天女の姿として表したもの。

参考文献：『曼荼羅図典』310-312頁.

⇒金剛嬉菩薩、金剛歌菩薩、金剛舞菩薩、金剛焼香菩薩、金剛華菩薩、金剛燈菩薩、金剛塗香菩薩、八供養菩薩

地慧童女　Vasumatī

名前の意味・神格・属性：サンスクリット名称のヴァス vasu は「富、財産」、マティ mati は「智慧、心」の意。

概要：大地があらゆる富を内包しているように、尽きることのない智慧を持つ。胎蔵界曼荼羅において文殊院に配される。

キーワード：大地、知恵（智慧）

参考文献：『曼荼羅図典』129頁.

自在女　Raudrī

名前の意味・神格・属性：サンスクリット名称ラウドリーは「ルドラ Rudra に属する女」の意。ルドラ・シヴァの妃。

概要：焔摩七母天の一。胎蔵界曼荼羅において南方の最外院に配される。

キーワード：神の妻

参考文献：『曼荼羅図典』190頁.

⇒ウマー、パールヴァティー

四姉妹天女（四波羅蜜）

名前の意味・神格・属性：胎蔵界曼荼羅の文殊院において、瞳母嚕（Tumra）の周囲に配される四体の天女。『文殊根本儀軌』に、文殊菩薩の眷属として衆生を救うとある。

概要：阿耳多 Ajitā は「征服されざる女」の意で、涅槃の境地の清らかさを表す。金剛界曼荼羅の四波羅蜜菩薩の一人、法波羅蜜菩薩†と同体とされる。阿波耳多 Aparājitā も「征服されざる女」の意で、涅槃の境地の心の自由であることを表す。金剛界曼荼羅の四波羅蜜菩薩の一人、羯磨波羅蜜菩薩†と同体。肥者耶 Vijayā は「征服」を意味し、涅槃の境地の安楽さを表す。金剛界の四波羅蜜の一人、宝波羅蜜菩薩†と同体。者耶 Jayā も「征服」を意味し、涅槃の境地における悟りの堅固であることを表す。金剛界の四波羅蜜菩薩の一人、金剛波羅蜜菩薩†と同体。

キーワード：天女

参考文献：『曼荼羅図典』126-127頁.

十波羅蜜

名前の意味・神格・属性：十体の波羅蜜菩薩。波羅蜜とは菩薩の基本的実践徳目のこと。

概要：①檀波羅蜜菩薩（Dānapāramitā）：pāramitā は波羅蜜のこと。ダーナ dāna は「分け与えること」の意。布施の徳を表す。

②戒波羅蜜菩薩（Śīlapāramitā）：シーラ śīla は「徳、よき行い」の意。戒の徳を表す。

③忍辱波羅蜜菩薩（Kṣāntipāramitā）：クシャーンティ kṣānti は「耐え忍ぶこと」の意。忍耐の徳を表す。

④精進波羅蜜菩薩（Vīryapāramitā）：ヴィールヤ vīrya は「努力」の意。精進の徳を表す。

⑤禅波羅蜜菩薩（Dhyānapāramitā）：ドゥヤーナ dhyāna は「瞑想、深く考えること」の意。禅定の徳を表す。

⑥般若波羅蜜菩薩（Prajñāpāramitā）：プラジュニャー prajñā は「智慧」の意。智慧の徳を表す。

⑦方便波羅蜜菩薩（Upāyapāramitā）：ウパーヤ upāya は「方法・手段」の意。方便の徳を表す。方便とは、具体的な手段のこと。菩薩が様々な具体的手段で衆生を救済することを示す。

⑧願波羅蜜菩薩（Praṇidhānapāramitā）：プラニダーナ praṇidhāna は「祈り、願」の意。願の徳を表す。

⑨力波羅蜜菩薩（Balapāramitā）：バラ bala は「力」の意。判断力と習得力という二つの徳を表す。

⑩智波羅蜜菩薩（Jñānapāramitā）：ジュニャーナ jñāna は「智慧」の意。般若波羅蜜が世俗を超えた智を表すのに対し、智波羅蜜

質呾羅童女　Citrā

名前の意味・神格・属性：サンスクリット名称チトラーは「種々の、明白な、鮮やかな色彩の」の意。

概要：文殊菩薩の体に現れた徳を表す。胎蔵界曼荼羅において文殊院に配される。

参考文献：『曼荼羅図典』128頁.

四波羅蜜

名前の意味・神格・属性：金剛波羅蜜菩薩†、宝波羅蜜菩薩†、法波羅蜜菩薩†、羯磨波羅蜜菩薩†の四尊の女菩薩。

概要：金剛界曼荼羅において、主尊である毘盧遮那仏の前後左右に配される。天女の姿で表されることが多い。

参考文献：『曼荼羅イコノロジー』80頁。『曼荼羅図典』270-275頁.

四仏母（四明妃）

概要：仏眼、マーマキー、白衣、ターラー†の四尊よりなる。チベットの『『秘密集会』聖者流阿閦三十二尊曼荼羅』などにおいて、四維に配され、それぞれ仏部、金剛部、蓮華部、羯磨部の仏母。『秘密集会』体系において、四仏母は物質世界を構成する地水火風の四大元素を象徴する。

キーワード：母神

参考文献：『曼荼羅イコノロジー』191-192頁.
⇒白衣観音、仏眼仏母

遮文茶　Cāmuṇḍā

名前の意味・神格・属性：サンスクリット名称のチャームンダー†は、『デーヴィー・マーハートミャ』〈7〉25においてこの女神がアスラのチャンダとムンダを捕えたことからつけられた。

概要：焔摩天の妃。七母天の筆頭。凶暴で忿怒の様相を表す。胎蔵界曼荼羅において、西方の最外院に配される。

キーワード：神の妻

参考文献：『曼荼羅図典』210頁.
⇒七母神

准胝観音　Cundā

名前の意味・神格・属性：サンスクリット名称のチュンダーは「促す」「鼓舞する」を意味する動詞 cud から派生。七俱胝仏母ともいう。

概要：陀羅尼†（長文の呪文）の女尊。修行に専心する行者が自らを鼓舞するために唱えた陀羅尼が尊格化されたもの。図像においては台座に二人の竜王が表されることが多い。経典の規定によると、これらの竜王はナンダとウパナンダである。

キーワード：蛇、竜、呪文

参考文献：森『インド密教の仏たち』202-206頁.

成就持明仙女　Siddhavidyādharā

名前の意味・神格・属性：サンスクリット名称のシッダ siddha はヒンドゥー教の半神族。ヴィドヤーダラ vidyādhara もヒンドゥー神話にしばしば現れる半神族。語末を長母音にすることで女性形とする。

概要：成就持明仙の妃。ヒンドゥー教の半神族が仏教に取り入れられたもの。胎蔵界曼荼羅において、北方の最外院に配される。

参考文献：『曼荼羅図典』228頁.

触金剛女　Sparśavajrā

名前の意味・神格・属性：サンスクリット名称のスパルシャ sparśa は「触」、ヴァジュラー vajrā は「金剛」。

概要：チベット曼荼羅「『秘密集会』聖者流阿閦三十二尊曼荼羅」において、中央に描かれる三面六臂の阿閦如来が、同じく三面六臂の触金剛女を抱擁している。男女の仏を抱擁した姿で描くのはチベットの無上瑜伽タントラの特徴で、チベットではヤブユム（父母仏。男女の仏が抱擁している姿）と呼ばれる。

参考文献：『曼荼羅イコノロジー』190頁.

大孔雀明妃　Mahāmayūrī
名前の意味・神格・属性：サンスクリット名称のマハー mahā は「大きな、偉大な」、マユーリー mayūrī は「孔雀」を意味する男性名詞マユーラ mayūra の女性形。孔雀明王、孔雀王母ともいう。チベットではマチャチェンモ（rMa bya chen mo）。

概要：毒蛇を食べる孔雀を仏格化したもので、毒蛇をはじめ様々な毒害を救う。釈尊の弟子阿難は、ある比丘が毒蛇に咬まれて苦しんでいるのを釈尊に伝えると、孔雀の真言を伝授されたという。

胎蔵界曼荼羅において、蘇悉地院に配される。チベットの初期密教経典である所作タントラにおける五守護女尊（陀羅尼の女神）の北方尊。

キーワード：孔雀、蛇
参考文献：『曼荼羅イコノロジー』60, 148頁；『曼荼羅図典』165-166頁.

大自在天妃　Umā
名前の意味・神格・属性：サンスクリット名称ウマーはヒンドゥー教のシヴァ神妃の名。

概要：大自在天（Maheśvara）の妃。大自在天はヒンドゥー教の主神の一人であるシヴァ神のこと。破壊と再生という両義的な役割を担う。大自在天と共に、胎蔵界曼荼羅において西方の最外院に配される。

図像において、大自在天妃（ウマー）は大自在天（シヴァ）と共に地面に伏して降三世明王に踏みつけられている。降三世明王はヒンドゥー教の神話（『デーヴィー・マーハートミャ』9-10）において女神に退治される悪魔スンバとニスンバに対応する。ヒンドゥー神話において女神に退治される悪魔が、仏教では立場が大逆転して、女神をその配偶神と共に足元に踏みつけている。仏教がヒンドゥー教の神々を内部に取り入れるための神話的操作と見ることができる。

キーワード：神の妻
参考文献：『曼荼羅図典』208頁；森『インド密教の仏たち』266-279頁.

⇒ドゥルガー、パールヴァティー

帝釈天妃　Aindrī
名前の意味・神格・属性：サンスクリット名称アインドリーは「インドラ Indra に属する女」の意。

概要：帝釈天（ヒンドゥー教のインドラ神）の妃。七母女天の一。胎蔵界曼荼羅において、西方の最外院に配される。

キーワード：神の妻
参考文献：『曼荼羅図典』209頁.

⇒シャチー、七母神

大随求菩薩　Mahāpratisarā
名前の意味・神格・属性：サンスクリット名称のマハー mahā は「大きい、偉大な」、プラティサラー pratisarā は「護符、従僕」。チベットではソソル・タンマ（So sor ḥ braṅ ma）。

概要：所作タントラ（インドで比較的初期に成立したタントラで、その後チベットに伝来した。印、真言、沐浴など様々な所作が規定されている）に属する五篇の陀羅尼（長文の呪文）の女神を五守護女尊といい、その中尊がこの女尊。罪障消滅など多くの功徳がある。図像においては、剣、弓矢、金剛杵、絹索、円盤など様々な武器を持つ。

キーワード：呪文
参考文献：『曼荼羅イコノロジー』146頁；森『インド密教の仏たち』口絵14.

ダーキニー　Ḍākinī
名前の意味・神格・属性：後期密教の「恐ろしい女尊」。

概要：もとはヒンドゥー教の人肉を食べる魔女。性瑜伽（刹那的な性的快楽を恒久的な仏の境地に高める）の技法に通じているとされたため、瑜伽女（ヨーギニー Yoginī）とも呼ばれる。チベットで古い時期に翻訳された『サーマヨーガ・タントラ』では、ヘールカ（後期密教において忿怒形をとった尊格。シヴァ神と多くの要素を共有している）の周囲を、八人のダーキニー（ガウリー Gaurī、チャウリー Caurī、プラモーハー Pramohā、ヴェーターリー Vetālī、プッカシー Pukkasī、チャンダーリー Caṇḍālī、ガスマリー Gasmarī、

他化自在天女 Paranirmitavaśavartinī
名前の意味・神格・属性：サンスクリット名称のパラニルミタ paranirmita は「他者が作り出した」の意、ヴァシャヴァルティン vaśavartin で「自在に享受する」の意。語末に女性形の ī が付される。他者が作り出した欲望を自在に享受するということ。
概要：他化自在天の妃。他化自在天は釈尊が悟りを開く時に魔王によって派遣された悪魔の一人である大魔。密教においては成道の楽しみを享受する境地が尊格化され、この尊およびその配偶尊である女尊が作り出された。胎蔵界曼荼羅において、北方の最外院に配される。
キーワード：悪魔、悪魔の神格化
参考文献：『曼荼羅図典』227 頁.

ターラー（多羅菩薩） Tārā
名前の意味・神格・属性：サンスクリット語

荼枳尼天（ダーキニー）曼荼羅、室町時代、大阪市立美術館蔵

で「瞳」の意。観自在菩薩の眼の輝きから生まれたとされる。また「渡す」の意もあり、衆生を彼岸に渡すとされる。
概要：観音の脇侍。単独尊としても多くの像が作られ崇拝を集めた。胎蔵界曼荼羅の蓮華部院に配される。インドとチベットにおいては密教の代表的な女尊として崇拝されるが、日本では一般化しなかった。観音のように様々な姿の「変化身」をとることからは、この女尊の多様性がうかがわれる。
キーワード：眼
参考文献：『曼荼羅図典』50 頁；森『インド密教の仏たち』196-201 頁.

陀羅尼 Dhāraṇī
名前の意味・神格・属性：「保つ」を意味する動詞ドゥフリ dhṛ から派生。
概要：本来は仏の教えを正しく聞き、記憶することを意味し、大乗仏教における菩薩の徳目の一つであった。さらに、衆生救済のための説法も陀羅尼の内容であった。密教になると、陀羅尼は呪文として変化する。このような陀羅尼は特定の女尊と結び付き、陀羅尼を唱えることで女尊の功徳が得られると考えられた。代表的な陀羅尼の女尊に、マーリーチー†、チュンダー（准胝観音†）、パルナシャバリー（葉衣観音†）などがある。
キーワード：呪文
参考文献：森『インド密教の仏たち』210-212 頁.

タレジュ Taleju
名前の意味・神格・属性：語義未詳。
概要：ネパールのマッラ王朝の守護女神。ドゥルガー†と同一視される。秋に行われるダサイン祭では多くの水牛、ヤギなどが捧げられる。カトマンドゥのタレジュのシンボルは壺。女性の子宮を象徴している。
キーワード：壺
参考文献：立川武蔵『女神たちのインド』せりか書房，1990 年，25, 142, 152, 182 頁.

召請童女 Ākarṣaṇī
名前の意味・神格・属性：サンスクリット名

称アーカルシャニーは「引き寄せる」という意。鉤召とも言う。
概要：鉤で衆生を引き寄せ菩提に導く。胎蔵界曼荼羅において、文殊院に配される。
キーワード：鉤
参考文献：『曼荼羅図典』129-130 頁.

兜卒天女　Tuṣitā
名前の意味・神格・属性：サンスクリット名称のトゥシター tuṣitā は「満足」の意。
概要：兜率天の妃。欲界の第四禅天に位置する。五欲（眼・耳・鼻・舌・身から起こる五つの欲望）について満足を知るのでこのように言う。胎蔵界曼荼羅において、北方の最外院に配される。
参考文献：『曼荼羅図典』226 頁.
⇒光音天女

那羅延天妃　Nārāyaṇī
名前の意味・神格・属性：サンスクリット名称ナーラーヤニーはヴィシュヌの別名ナーラーヤナの女性形。
概要：ヒンドゥー教におけるヴィシュヌ・ナーラーヤナの妃シュリー†（ラクシュミー）に相当する。焔摩七母天の一。毘紐女†もヴィシュヌ神妃であるので、両者の位置付けに混乱が見られる。
キーワード：神の妻
参考文献：『曼荼羅図典』219 頁.
⇒功徳天

八供養菩薩
概要：毘盧遮那仏（大日如来）と四仏の互いの供養を象徴する菩薩。天女の姿で表される。毘盧遮那仏が四仏（阿閦、宝生、阿弥陀、不空成就）を供養するために生みだしたのが嬉・鬘・歌・舞の供養菩薩で、それに対して四仏が毘盧遮那仏に応えるために生みだしたのが、香・華・灯・塗の供養菩薩。
キーワード：喜び、愛、歌、花、光
参考文献：『曼荼羅イコノロジー』80 頁.
⇒金剛嬉菩薩、金剛鬘菩薩、金剛歌菩薩、金剛舞菩薩、金剛焼香菩薩、金剛華菩薩、金剛燈菩薩、金剛塗香菩薩

ハーリーティー　Hārītī
名前の意味・神格・属性：名称は「奪う」を意味する動詞 hṛ から派生。子供を奪い去る疫病を神格化したもの。ヤクシー†。鬼子母神。
概要：ハーリーティーの仏教改宗の話は北伝仏教において好んで取り上げられた。例えば472年の『雑実蔵経』の「鬼子母失子縁」には以下のように記されている。

ハーリーティーはヤクシャのパーンチカの妻で、一万の子がいた。彼女は他人の子供らを喰らうことを常としていた。世尊は人々の頼みを受けて、ハーリーティーの末子ピンガラをさらって隠した。ハーリーティーは心を痛めて七日間探し回ったが見つからないので、世尊のもとを訪れた。世尊が言うには、「お前は一万の子がいるのに、たった一人の子を失っただけで悲しんでいる。世間の人はせいぜい一人から15人ほどの子供がいるだけなのに、お前はその子供らを喰らっているのだよ」。ハーリーティーは、ピンガラを返してくれたらもう子供を殺しませんと誓い、鉢の下に隠されていたピンガラを返してもらった。

ハーリーティーにおける、人の子を喰らう血なまぐさい凶暴性と、一万人の子供を持つという際立った生産性は表裏一体のものであり、生と死の近さという神話的思考をよく表している。
キーワード：人喰い、子授け、豊穣女神
参考文献：山野智恵「ヤクシー信仰――豊饒と財福の女神――」『紀要』5, 蓮花寺佛教研究所, 2012 年, 163-140 頁.

毘紐女　Vaiṣṇavī
名前の意味・神格・属性：サンスクリット名称ヴァイシュナヴィーは「ヴィシュヌ Viṣṇu に属する女」の意で、ヴィシュヌ神妃を指す。
概要：焔摩七母天の一。胎蔵界曼荼羅において、南方の最外院に配される。配偶尊ヴィシュヌは仏教で毘紐天という。毘紐天（ヴィシュヌ）と那羅延天（ナーラーヤナ）はヒンドゥー教では同一視されているので、その妃である毘紐女と那羅延天妃†の位置にも混乱が見られる。功徳天†（シュリーデーヴィー）もヒ

ンドゥー教ではヴィシュヌ神妃である。
キーワード：神の妻
参考文献：『曼荼羅図典』190頁.
⇒七母神、シュリー

飛天 Devatā
名前の意味・神格・属性：サンスクリット語で「神」を意味するデーヴァ deva に抽象名詞を作る女性形の接尾辞 tā が付されたもの。
概要：天女。片方の手に花を持ち、もう片方の手で花を散じている。胎蔵界曼荼羅の虚空蔵院に配される。ヒンドゥー教の天女アプサラス†との関連が示唆される。
キーワード：天女
参考文献：『曼荼羅図典』158-159頁.

白衣観音 Pāṇḍaravāsinī
名前の意味・神格・属性：サンスクリット名称のパーンダラ pāṇḍara は「白い」、ヴァーシニー vāsinī は「衣をつけた女」の意。白処尊菩薩ともいう。
概要：初期曼荼羅における蓮華部の部母（部族の長の夫人）。後期密教の代表的な経典である『秘密集会タントラ』及びその系統の経典では阿弥陀の配偶尊とされる。
キーワード：母神
参考文献：『曼荼羅イコノロジー』55-58頁.
⇒仏眼仏母

白傘蓋仏母 Sitātapatrā
名前の意味・神格・属性：サンスクリット名称シタ sita は「白い」、アータパトラ ātapatra は「傘」、語末の長母音は女性形を示す。
概要：インド・チベットにおいて『白傘蓋仏頂陀羅尼』が女神として仏格化されたもの。仏頂尊とは密教の時代になって信仰されるようになったもので、衆生の罪業を浄めて地獄から救うために如来の説いた陀羅尼（長い呪文）が仏格化したもののこと。釈尊が天人の罪業を浄めるために自らの頭の頂から光明を放ったという伝承に基づく。陀羅尼はサンスクリット語で dhāraṇī であるが、この語が女性名詞であるために女神の姿として考えられた。
キーワード：呪文
参考文献：『曼荼羅イコノロジー』61-62頁；『仏教・インド思想辞典』290-291頁.
⇒仏頂尊勝母

仏眼仏母 Buddhalocanā
名前の意味・神格・属性：サンスクリット名称のブッダ buddha は「悟った人、仏」、ローチャナー locanā は「眼」を意味する中性名詞の女性形。諸仏を生みだす母。
概要：初期曼荼羅に現れる。初期の曼荼羅は、三尊形式から発展した仏部・蓮華部・金剛部の三部形式を基本とする。三尊形式自体は、古代エジプト、ヒンドゥー教にも見られるもので仏教の独創ではない。配偶神や子供を左右に並べれば簡単に三尊形式が造られる。しかし仏教においては、仏は出家し修行して悟りを開いたのだから、妻子を左右に並べることができない。そこで主要な仏弟子が左右に配された。これに対し大乗仏教では、仏弟子の代わりに菩薩が用いられた。このような三尊形式から初期曼荼羅が発展した。本尊（釈迦如来であることが多い）が中央に大きく描かれ、右側には観音と縁の深い菩薩が、左側には金剛手に関する菩薩が、さらに上下にも仏菩薩が描かれる。したがって、初期曼荼羅においては、中央の釈迦如来を中心とするグループ、北方（本尊から右）の観音を中心とするグループ、南方（本尊から左）の金剛手を中心とするグループの三つから構成されている。この三つのグループを密教ではそれぞれ仏部、蓮華部、金剛部の三部と称する。「部」とはサンスクリット語のクラ kula の訳語で、血縁関係のある一族を指す。このうち、仏部の部母（部族の長の夫人）が仏眼仏母であり、蓮華部の部母が白衣観音†、金剛部の仏母がマーマキー仏母である。

胎蔵界曼荼羅においては、大日如来の智慧の持つ創造性を表し、遍知院に配される。
キーワード：母神
参考文献：『曼荼羅イコノロジー』55-58頁；『曼荼羅図典』41頁.

仏眼仏母、高山寺

仏頂尊勝母　Uṣṇīṣavijayā

名前の意味・神格・属性：サンスクリット名称のウシュニーシャ uṣṇīṣa の本来の意味は「頭を取り巻くもの」。ここでは釈尊の頭頂の功徳を指す。ヴィジャヤー vijayā は「勝利」を意味する男性名詞ヴィジャヤ vijaya の女性形。

概要：インド・チベットにおいて『仏頂尊勝陀羅尼』が女神として仏格化されたもの。仏頂尊とは密教の時代になって信仰されるようになったもので、衆生の罪業を浄めて地獄から救うために如来の説いた陀羅尼†（長い呪文）が仏格化したもののこと。釈尊が天人の罪業を浄めるために自らの頭の頂から光明を放ったという伝承に基づく。陀羅尼はサンスクリット語で dhāraṇī であるが、この語が女性名詞であるために女神の姿として考えられた。

キーワード：呪文

参考文献：『曼荼羅イコノロジー』61-62頁；『仏教・インド思想辞典』290-291頁.
⇒ 白傘蓋仏母

ブリクティ（ブリクティー）　Bhṛkuṭī

名前の意味・神格・属性：名称の意味は「眉の皺」。観自在菩薩の眉間の皺から現れたのでこの名がついた。

概要：ターラー†と共に観音の脇侍をつとめる。音写されて「毘倶胝」として漢訳仏典に登場する。わが国では胎蔵界曼荼羅の蓮華部に含まれる以外には図像の作例は伝えられていない。一面四臂の尊容で、数珠、水瓶、三叉の棒を持つ。

参考文献：森『インド密教の仏たち』195-196頁；『曼荼羅図典』49頁.

弁才天　Sarasvatī

名前の意味・神格・属性：技芸・音楽の守護女神。美音天、妙音天、大弁功徳天ともいう。

概要：もとはヴェーダ神話の河川女神サラスヴァティー†。後に言語の女神ヴァーチュ†と同一視され、言語と芸術を司る。日本では弁舌と財宝の女神として弁天とも表記される。胎蔵界曼荼羅において、西方の最外院に配される。

キーワード：芸術、宝

参考文献：『曼荼羅図典』220頁.

宝波羅蜜菩薩　Ratnapāramitā

名前の意味・神格・属性：サンスクリット名称のラトナ ratna は「宝」、パーラミター pāramitā は「波羅蜜」。

概要：金剛界曼荼羅において、毘盧遮那仏の南方の月輪の中に描かれる。宝生如来が毘盧遮那如来を供養するために出現させた女尊。財宝そのものの徳、布施の徳を表す。

キーワード：宝

参考文献：『曼荼羅図典』271-272頁.
⇒ 金剛波羅蜜菩薩、法波羅蜜菩薩、羯磨波羅蜜菩薩、四波羅蜜

法波羅蜜菩薩　Darmapāramitā

名前の意味・神格・属性：サンスクリット名称のダルマ dharma は「法」、パーラミター pāramitā は「波羅蜜」。

概要：金剛界曼荼羅において、毘盧遮那仏の西方の月輪に描かれる。阿弥陀如来が毘盧遮

那仏を供養するために出現させた女尊。すべての事物における真実の相を観察する叡智、悟りの智慧を表す。
キーワード：智恵（智慧）
参考文献：『曼荼羅図典』272-273頁.
⇒金剛波羅蜜菩薩、宝波羅蜜菩薩、羯磨波羅蜜菩薩、四波羅蜜

梵天女　Brāhmī
名前の意味・神格・属性：サンスクリット名称ブラーフミーは「ブラフマー Brahmā に属する女」の意。
概要：『大日経疏』では梵天明妃とされるが、梵天（ブラフマー）は欲望を超越した色界にあって淫欲を持たないから妃の存在する余地はないとし、梵天の持つ世界創造の力を女性神として表したものとされる。胎蔵界曼荼羅において、西方の最外院に配される。
　仏教、とりわけ曼荼羅に表される密教の世界観においては、男女尊は対として表されることが多く、そのような要請のもとで生み出された女尊であろう。
キーワード：世界（創造）、原初（女神）
参考文献：『曼荼羅図典』208-209頁.
⇒七母神

マートリカー　Mātṛkā
名前の意味・神格・属性：サンスクリット語で「母」を意味する mātṛ に指小辞 kā を付したもの。「母天」。
概要：チベットの「身口意具足時輪曼荼羅」において、口密曼荼羅に配される八尊の女神。ヒンドゥー教の有力な神々の妃。チャルチカー、ヴァイシュナヴィー、ヴァーラーヒー、クマーリー、アインドリー、ブラフマーニー、ラウドリー、ラクシュミーよりなる。ヒンドゥー教の母神崇拝を密教は早くから取り入れていた。
キーワード：母神
参考文献：『曼荼羅イコノロジー』238-241頁.
⇒鳩摩利、七母神

マーリーチー　Mārīcī
名前の意味・神格・属性：「光線、陽光」を意味するサンスクリット語マリーチ marīci から派生。
概要：密教の時代に広く信仰された女尊。摩里支天の名で平安時代にわが国に伝わり、中世以降には武士の間で信仰を集めた。敵の前から姿を隠すことができる「隠身」の効験があるとされた。
　仏教の尊格では珍しい「恐ろしい女神」の姿をしている。図像においては三面を持つものが多い。そのうち左面は常に猪の顔で表される。ヒンドゥー教の主神ヴィシュヌのアヴァターラ（化身）の一つである猪（ヴァラーハ Varāha）との関連が示唆される。台座には七頭の猪が並んでいる。ヒンドゥー教の太陽神スーリヤが七頭の馬を乗り物にしていることが想起される。さらに、持物として弓矢を手にしていることが多く、この弓矢が「太陽光線」を表すものであるなら、マーリーチーの名称の本来の意味につながる。
キーワード：光、太陽、猪
参考文献：森『インド密教の仏たち』85-98頁.

無能勝妃　Aparājitā
名前の意味・神格・属性：サンスクリット名称の構成は「征服する」という意味の動詞パラージ parāji の過去受動分詞女性形パラージター parājitā に否定辞 a を付したもの。「征服されざる女」の意。無能勝明王の妃。
概要：無能勝明王の妃として、明王と同じ徳を備える。『大日経疏』によると、釈尊が四魔を降伏し成道した時に、両者が重要な働きをした。そのため菩提樹の下での釈尊の降魔の徳を示す女尊として曼荼羅に描かれる。
　胎蔵界曼荼羅において釈迦院に配される。
キーワード：（明王の）妻
参考文献：『曼荼羅図典』97-98頁；森『インド密教の仏たち』61-62頁.

ヤクシー　Yakṣī
名前の意味・神格・属性：名称は男性名詞ヤクシャ Yakṣa の女性形。語源は諸説あり、「供犠をささげる」を意味する動詞 yaj、「あがめる」を意味する pra-yakṣ、「素早く移動する」を意味する yakṣ などが考えられている。

樹木に宿るとされる神的存在。
概要：ヤクシーはヤクシャと共に村、森などの聖樹に宿るとされ、信仰された。伝承においては、人肉を食する悪鬼として語られることがある。例えば菩薩の過去世を説く「天馬本生」に記される話によると、シュリーランカ島のシュリーサットヴァという町に美しいヤクシーたちが住んでいて、難破船が漂着するたびに商人たちを夫にしていたが、新たな難破船が来ると、夫になっていた商人たちは人喰い屋敷に投げ込まれヤクシーたちに喰われた。天馬として生まれ変わった菩薩が商人たちを人間の町に運んで救ってやったという。

ヤクシーは恐ろしいだけの存在ではなく、恵み深い女神としての側面も持つ。彫像に造形されるヤクシーは樹下に配され、樹女神として生命力を司り、またその豊満な肢体は豊穣性を表す。

8世紀以降のタントラ聖典において、ヤクシーはヤクシニーとして財福を司り信仰を集めた。

キーワード：人喰い、樹木、豊穣女神、富
参考文献：山野智恵「ヤクシー信仰——豊饒と財福の女神——」『紀要』5, 蓮花寺佛教研究所, 2012年, 163-140頁.

耶輸陀羅菩薩（ヤショーダラー） Yaśodharā
名前の意味・神格・属性：釈尊の王子時代の妃
概要：胎蔵界曼荼羅において、蓮華部院に配される。実在の女性が仏教において仏格化されたもの。

キーワード：（王子の）妻
参考文献：『曼荼羅図典』53頁.

夜摩女 Yamī
名前の意味・神格・属性：サンスクリット名称は「双子」を意味するヤマ yama の女性形。
概要：ヴェーダ神話においては冥界の王ヤマの双子の姉妹にして、近親相姦によって人類の祖先となったことが示唆されている。仏教においては焔摩天（ヤマ）の妃とされる。焔摩七母天の一。胎蔵界曼荼羅において、南方の最外院に配される。

キーワード：神の妻、死、近親相姦
参考文献：『曼荼羅図典』191頁.
⇒ヤミー

葉衣観音 Parṇaśabarī
名前の意味・神格・属性：サンスクリット名称のパルナシャバリーは「パルナ樹の葉をまとうシャバラ族の女」の意。被葉衣菩薩ともいう。
概要：インドの初期密教から信仰されていた女尊。シャバラ族は山岳民族で、農耕文化を形成したインドでは恐怖の対象であったため、元来は忿怒尊としての性格を持っていた。漢訳経典にも現れる。日本に伝えられた密教においては、柔和な観音の姿で表される。胎蔵界曼荼羅において、蓮華部院に配される。陀羅尼†の尊格の一人として信仰された。

参考文献：『曼荼羅図典』56頁；森『インド密教の仏たち』201-202頁.

羅刹女 Rākṣasī
名前の意味・神格・属性：羅刹・ラークシャサの女。
概要：胎蔵界曼荼羅西南方の守護神である涅哩底王に従う女尊。涅哩底王はサンスクリット名をナイルリティ Nairṛti というが、この

ヤクシー像、後2世紀、コルカタ・インド博物館、素描

ナイルリティの語は「破壊・死」を意味する女性名詞ニルリティ[†]nirṛti から派生したものである。従って元来は女尊であったのが、男尊とされるようになり、女尊の羅利女を伴うこととなった。羅利が人肉を食べるように、仏は衆生の煩悩を食い尽くす。羅利女は涅哩底王と共にその役割を果たすとされる。

　ヒンドゥー教の悪鬼が、仏教においては仏の守護神として取り入れられた一例と見ることができる。

キーワード：人喰い、魔女、悪鬼、悪魔の神格化

参考文献：『曼荼羅図典』207 頁.

六金剛女 (ろくこんごうにょ)

名前の意味・神格・属性：ジュニャーナパーダ流『秘密集会』曼荼羅において、外側に配置される六体の金剛女。

概要：東南の色金剛女、西南の声金剛女、西北の香金剛女、東北の味金剛女、東門の北の触金剛女(そくこんごうにょ)[†]、東門の南の法界金剛女よりなる。六金剛女は色声香味触法の六境と六波羅蜜（菩薩の実践徳目）を象徴し、眼耳鼻舌味意の六根を表す地蔵・金剛手・虚空蔵・観自在・除蓋障・普賢の六大菩薩と父母仏（ヤブユム。男女の仏が抱擁している姿）を形成する。

参考文献：『曼荼羅イコノロジー』196 頁.

ワンチュクマ　dBaṅ phyug ma

名前の意味・神格・属性：チベットのシト（寂静・忿怒尊）の仏画に描かれる二十八尊の女神。鳥獣の頭を持つ。

概要：もとはヒンドゥー教の神々の妃。インドのシャクティ崇拝（神妃を男神の精力の現れとして崇拝する）が仏教に取り入れられたもの。二十八尊のワンチュクマは、二十のヒンドゥー教の神妃と、八尊の羅利女(らせつにょ)[†]から構成されている。

キーワード：動物

参考文献：『曼荼羅イコノロジー』251 頁.

西アジア

イラン
メソポタミア
エジプト
アラビア

イランの女神

青木 健

概説

【原典】

イラン語によるゾロアスター教資料は、二つに大別される。第一に、古代イラン語の一種アヴェスター語で伝承されている聖典『アヴェスター』である。内容的には、①紀元前1200年頃に教祖ザラスシュトラが述作した詩文「ガーサー」、②「ガーサー」に付加的な祭文を加えて、祭式用に編集した17編の「ヤスナ」、③ゾロアスター教以前の古代イランの神々を習合し、それらへの祭文を編集した21編の「ヤシュト」、④さらに後代に、悪魔払い儀式用に編集された「ウィーデーウダード」に分類される。ただし、これらを扱う場合の問題として、㋐口承で伝えられてきた『アヴェスター』が文字化されたのは6世紀頃とかなり遅い点、㋑イスラーム教徒によるイラン征服と支配によって、元来存在したであろう『アヴェスター』の四分の一程度しか残っていない点などが挙げられる。

第二に、9-10世紀に集中的に編纂された中期ペルシア語文献である。これらの中には、『アヴェスター』の翻訳・注釈から9世紀当時のオリジナルまで、年代的に非常に多岐にわたる文献が収められているものの、個々の文献の年代は確定していない。例えば、『ブンダヒシュン』は散逸した『アヴェスター』への注釈と想定され、『ザンド・イー・ワフマン・ヤスン』は中期の教義を反映しているとされる。しかも、個別の文献の中にも古層と後代の付加部分があると考えられている。例えば、『デーンカルド』のある部分は『アヴェスター』に遡るのに対し、別の部分は10世紀のオリジナルである。

この二つの言語による内部資料のほかにも、いくつかの外部資料が存在する。ハカーマニシュ（アケメネス）王朝前後に関してはギリシア語文献があり、アルシャク王朝前後に関してはギリシア語とラテン語文献があり、サーサーン王朝時代に関してはマニ教文献とイスラーム文献がある。これらは、外部資料としての弱点はあるものの、年代的な連続性が確保されていないイランの神話や伝説の年代を推定する上で重要な史料となっている。

【イラン神話における男神と女神】

女神たちは、ザラスシュトラが古代イラン人の神々、および古代イラン人以外の神々を習合し、システム化した段階でのものである。以下では、ゾロアスター教神学の二元論的体系の中で、善なる女神と悪なる女神がどのように位置付けられているのかを概観する。

原始ゾロアスター教神学では、善神アフラ・マズダーに次ぐ位置にある六大アムシャ・スプンタのうち、三柱が男性名詞なので男神、三柱が女性名詞なので女神（⇒アールマティ）とみなされ、それぞれ三対のペアを構成している。しかし、その序列は男神三柱が上位で、女神三柱は下位に属し、女神の従属性を明らかにしている。また、女神の中の最上位者である（スプンタ・）アールマティは、大地の女神であると共に従順の徳を具えており、不従順の女悪魔の仇敵とされる。また、自己のドッペルゲンガーであるダエーナー[†]は、有徳の人生を送った場合は15歳の豊満で色白

の処女、背徳の人生を送った場合は醜悪な老婆の姿をとるとされる。要するに、女性の価値評価基準は若さと美であるとされているわけだが、これは、男神の場合には適用されない価値評価である。逆に、男神の場合に重要視される勇気、智慧、力などの徳目は、女神の場合はほとんど述べられていない。次に悪の陣営では、悪神を唆して悪事を働かせるのは、アンラ・マンユを励ますジェフ†やアンラ・マンユとペアになっているアーズ†のように、大抵の場合、邪悪と情欲の女神である。色欲によって悪神を惑わせ、さらなる悪事に駆り立てる点に、悪の女神の特徴がある。

【原典】

『原典訳アヴェスター』、伊藤義教訳、ちくま学芸文庫、2012 年（『アヴェスター』の「ガーサー」の完全訳）

『ゾロアスター教の悪魔払い』岡田明憲訳、平河出版社、1984 年（『アヴェスター』の「ウィーデーウダード」の部分訳）

『伊藤義教氏転写・翻訳『デーンカルド』第 3 巻』（1）（2）、伊藤義教訳、東京大学東洋文化研究所附属東洋学研究情報センター叢刊 8、2007 年；東京大学東洋文化研究所附属東洋学研究情報センター叢刊 11、2009 年

岡田明憲『ゾロアスター教——神々への讃歌』平河出版社、1982 年（『アヴェスター』の「ヤシュト」の部分訳）

【参考文献と略号】

青木健『ゾロアスター教』講談社選書メチエ、2008 年

青木健『ゾロアスター教史——古代アーリア・中世ペルシア・現代インド』刀水書房、2008 年

岡田明憲『ゾロアスター教——神々への讃歌』平河出版社、1982 年

ハーツ、ポーラ『ゾロアスター教』奥西峻介訳、青土社、2004 年

ボイス、メアリー『ゾロアスター教——三五〇〇年の歴史』山本由美子訳、筑摩書房、1983 年

Encyclopedia Iranica, Eisenbrauns, 1973-
http://www.iranicaonline.org/
　⇒ E.I.

イランの女神の事典

アシ Aši
名前の意味・神格・属性：アヴェスター語でアシ、中期ペルシア語でアフリシュワング。抽象的な「報償、幸運」が語源で、転じて「多産、豊穣」の女神となった。

概要：教祖ザラスシュトラの段階では抽象的な概念に留まっており、女神として崇拝された形跡はない。しかし、数世代後になると、アシを祀る祭文として『アヴェスター』の「第七ヤシュト」である「アルド・ヤシュト」が作成され、抽象概念から「多産、豊穣」の女神へと変化した。

より後代のゾロアスター教パンテオンの中では、アフラ・マズダーとスプンタ・アールマティ†の娘にして、ミスラ、スラオシャ、ラシュヌなどの姉妹と位置付けられる。特にミスラとは相性が良く、『アヴェスター』の「第十六ヤシュト」である「ミフル・ヤシュト」では、しばしばミスラの二輪馬車を駆る御者として登場する。

キーワード：幸運、豊穣女神
参考文献：岡田『ゾロアスター教』,「アルド・ヤシュト」299-315頁；*E.I.*2.750-751.
⇒シュリー

アーズ Āz
名前の意味・神格・属性：アヴェスター語でアーズィ（Āzi）、中期ペルシア語ではアーズ。動詞 āz-「……に励む、努力する」という動詞からの派生形。転じて、「強欲、欲望、貪欲」が擬人化し悪の女神となった。

概要：『アヴェスター』では、聖火を神格化したアータルに対抗する神格（この段階では男性形）で、犠牲獣の油脂によって撃退される。しかし、ゾロアスター教中期ペルシア語文献では、中庸の徳に対抗する暴飲暴食の女神として女性に転じ、そこから、人間の健康を破壊する死の女神と観念されるに至った。ゾロアスター教中期ペルシア語文献の終末論では、アーズとアフレマン（アンラ・マンユ）が最終決戦に残り、アーズはスラオシャに、アフレマンはオフルマズド（アフラ・マズダー）に倒されることになっている。

マニ教文献ではさらに重要性が上がり、「すべての悪の根源である悪魔たちの母神」と表現されるまでに昇格した。マニ教の教義では、アーズは物質、質料、暗黒の根源として、人間に光の故郷を忘却させる元凶である。これはおそらく、マニ教が形成された3世紀前後のゾロアスター教におけるアーズの重要性を反映した結果と考えられる。

キーワード：死の女神、悪の女神
参考文献：岡田『ゾロアスター教』,「ウィーデーウダード」18.19, 21, 22；「ヤスナ」16.8 = 64.8；「ヤシュト」18.1；*E.I.*3.168-169
⇒ムリトュユ

アナーヒター Anāhitā
名前の意味・神格・属性：古代イラン語で、アルドウィー・スーラー・アナーヒター。中期ペルシア語でアナーヒード、新ペルシア語でナーヒードと簡略化した。「湿潤で全能の汚れなき者」、「縛られていない（自由な）」など複数の語源説がある。

概要：インド・イラン共通時代の河川・水の女神に遡ると考えられ、インドの『ヴェーダ』文献のサラスヴァティー†（弁才天†）と同一起源である。イランでは、『アヴェスター』の「第五ヤシュト」である「アーバーン・ヤシュト」に彼女への祈りの言葉がおさめられており、次第にゾロアスター教パンテオンの中に習合されていった。同書は「ヤシュト」諸書の中でも最も長く、ゾロアスター教に習合した時点でのアナーヒター信仰の大きさを示している。

その後は、セム系民族の女神イナンナ／イシュタル†と習合し、「二輪馬車を駆る戦争の女神」という戦闘女神としての性格や、「金星の女神」という星辰崇拝としての性格も付与された。なお、前者は、古代イランの神々の中では、アシ†女神と共通する性格づけである。このため、イラン東部に比べて政

治的・軍事的な集権化が進み、王朝が成立しつつあったイラン西部で軍神として広く信仰を集めたようである。また、イラン西部に隣接していたギリシア語の文献では、アナイティスとして記録に残っている。

イラン南西部を基盤とするハカーマニシュ（アケメニネス）王朝（前550-前330年）の大王アルタクシャサ（アルタクセルクセス）二世（在位・前404-359年）が造営した古代ペルシア語碑文では、この女神は「アナーヒト」との名称で、「アウラマズダー（＝アヴェスター語のアフラ・マズダー）」や「ミスラ」と並んで三神群として崇拝されている。また、姿について具体的な描写が多く、男神とは異なり、この当時のアナーヒターは図像や彫刻として表現されていたと考えられている。

しかし、当時のイランには、このような習合現象や図像表現を回避しようとする宗教勢力もあったようで、「アーバーン・ヤシュト」の中でのアナーヒターの地位は必ずしも安定していない。特に、競合する性格のアシ女神には、しばしば祭日などを奪われた様子が見て取れる。また、聖火崇拝を強調する宗教勢力からは、偶像崇拝の焦点にある神格として忌避された。

アルシャク王朝時代（前249-224年）にも、上述の三神群信仰は維持された。特にアナーヒターは、水の女神として湖水信仰・河川信仰・泉信仰などの自然崇拝の要衝に祀られることが多かった。また、アルシャク王朝時代はヘレニズムの全盛期でもあるので、しばしばギリシアの女神アプロディテ[†]と習合している。さらに、この時代には、隣接するアルメニアで、ギリシア人職人によるアナーヒター像が多数作成された。

サーサーン王朝（224-651年）は、イスタフルのアナーヒター女神の神殿に仕える神官だったアルダシール一世が建国したものの、この王朝は最初期の頃から偶像破壊運動を推進しており、アナーヒターの神像を祀る神殿の多くが破壊されたと考えられる。このため、アナーヒター女神に対する信仰はこの王朝の全期間を通じて健在だったものの、神像を伴わない崇拝形式へと変化していった。

イスラーム時代以降は、自然崇拝と習合したアナーヒター信仰は、イマーム・ザーデ〔アリー家の子孫の墓廟〕崇拝やバーヌー・パールス[†]信仰として生き延び、新たにシーア派イスラーム信仰と習合した。

キーワード：河川女神、水の女神、星、戦闘女神、三神群
参考文献：岡田『ゾロアスター教』，「アルドウィー＝スール・ヤシュト」章．49-138頁．
⇒ドゥルガー

アールマティ　Ārmaiti

名前の意味・神格・属性：アヴェスター語でスプンタ・アールマティ、中期ペルシア語ではスパンダールマド、新ペルシア語ではエスファンダールマド。名称は「献身、信心、従順」の意味で、『リグ・ヴェーダ』のアラマティに対応する善なる女神である。ゾロアスター教神学では、最高神アフラ・マズダーの下の六大神アムシャ・スプンタの中の一柱。
概要：教祖ザラスシュトラの段階では、はなはだ抽象的な倫理的徳目として、最高神アフラ・マズダーの属性の一つとされていた。しかし、時代が下るにつれて大地母神として独立し、同じくアムシャ・スプンタの一柱で、大空の守護者にして王国・権力を司るフシャスラ神とペアを形成した。ちなみに、六大アムシャ・スプンタ中での序列は第四位で、三柱の女神の中では最上位を占める。なお、残る二柱の女神は、ハルワタート（完全性）とアムルタート（不死性）である。また、生

聖火崇拝が行われた神殿、イラン、ペルシア州東部、2005年、青木健撮影

命を授ける大地を支配する関係から、女性全体の守護者としての側面も具えるようになった。イランでは、イスラーム期に至るまで、「アールマティの日（スパンダールマド）」は女性のための祝日として祝われている。

原始ゾロアスター教教団の中では最高位の女神であり、アフラ・マズダーの妻とされることもあったが、非ゾロアスター教系の女神アナーヒター†がゾロアスター教に習合するにつれて、アールマティやアシュなど原始ゾロアスター教系の女神は彼女に地位を奪われ、徐々に重要性を失っていった。結局、アールマティは神像表現や自然崇拝との融合は果たせず、わずかにゾロアスター教カレンダーの中の第五日に名を留めている。

キーワード：大地母神、善なる女神、守護女神

参考文献：『原典訳アヴェスター』、「ヤスナ」32.2; 33.13; 34.9; 10; 45.4; 49.2; 51.4,11.

ジェフ　Jeh

名前の意味・神格・属性：「女性、少女」の意。アヴェスター語での名称はジャヒー（Jahī）またはジャヒカー（Jahikā）で、中期ペルシア語でジェフ、新ペルシア語では伝承されていない。次第に「売春婦」の意味が付加され、悪の女神の列に加えられた。ゾロアスター教徒の用法としては、不道徳な振る舞いをする女性への罵倒語として使われることもある。

概要：中期ペルシア語文献のゾロアスター教神学では、光明神アフラ・マズダーと暗黒神アンラ・マンユが宇宙的闘争を中断する休戦条約を締結した際、アフラ・マズダーの側では義人を創造して闇を無化しようと謀ったので、アンラ・マンユは3000年間気を失う破目に陥った。後者は配下の悪魔たちが起こそうとしてもなかなか起き上がれなかったが、ジェフが計略を携えて出現すると、やっと希望を見出した。この時、感激したアンラ・マンユがジェフにキスしたので、女性一般に生理が始まったとされる。こうして、ジェフはアンラ・マンユの妻にして、地獄の女王、義人の仇敵と化した。

これまで、女性の位置を著しく低く設定するジェフ関連の神話は、ゾロアスター教ズルヴァーン主義に特有とされていた。しかし、現在では、この学説は支持されておらず、むしろアフラ・マズダーの配偶者アールマティ†の対応物として、二元論的な神学にそって形成されたと考えられている。

キーワード：悪の女神、娼婦、地獄
⇒エレシュキガル、ヘル

ダエーナー　Daēnā

名前の意味・神格・属性：意味は「個人の精神的存在の集合体、幻視、内在的な自己、意識、宗教」の意。アヴェスター語での名称はダエーナー、中期ペルシア語でデーン、新ペルシア語ではディーン。おそらく、アラビア語でイスラーム（の教え）を意味するディーンの語源に当たる。

概要：『アヴェスター』の「ハーゾークト・ナスク」では、義人が亡くなった後、あの世へと向かうチンワト橋のたもとで、彼の生前の「善思・善語・善行」の具現化として出現する15歳の処女として表象される。しかし、仮に死者が「悪思・悪語・悪行」の徒だった場合、彼のダエーナーは醜悪な老婆として出現する。生前の思考・発言・行動がそのまま反映された自己自身のドッペルゲンガーとしての女神である。

中期ペルシア語文献のゾロアスター教神学では、ダエーナー理解も抽象化しており、アフラ・マズダーの光明から発せられる「主の叡智」にして、世界の混合状態を浄化する原理、つまりゾロアスター教の教え自体を指す。また、マニ教神学でも、マニ教の教え自体、あるいはマニ教教会を指す用語として用いられる。

キーワード：乙女、二重性
参考文献：*E.I.* 7.279-281.
⇒フール

ドルワースパー　Drvāspā

名前の意味・神格・属性：「頑丈な馬と共に（ある者）」の意。アヴェスター語でドルワースパー、中期ペルシア語でドルワースプ。

概要：『アヴェスター』の「第九ヤシュト」

である「ドルワースプ・ヤシュト」に登場する女神で、馬の健康を司る。ケルト神話に登場するエポナ†と共通性があるので、インド・ヨーロッパ語族が分化する以前からの神格と推測されている。しかし、「ドルワースプ・ヤシュト」という文献は、他の文献の文章の抜粋に過ぎず、独自の要素がまったくない。このため、ドルワースパーという単語自体は、本来はアシ†女神の修飾語に過ぎなかったのが独立しただけではないかと推測されている。また、西北インドに栄えたクシャナ王朝（1世紀前半-375年）のコインでは、ドルーアスポという男性神として登場する。

キーワード：守護女神（馬の）
参考文献：*E.I.*7. 565.
⇒マハ、リアンノン

バーヌー・パールス Bānū Pārs／Bībī Šahrbānū
名前の意味・神格・属性：「ペルシア州の貴婦人」の意。ゾロアスター教の正規の神格ではなく、民間信仰の女神。
概要：サーサーン王朝の最後の皇帝ヤザドギルド三世（在位630-651年）がアラブ人イスラーム教徒軍に敗れてヤズド（イラン中央部の砂漠都市）に逃れた際、この地で一人の皇女が一行からはぐれてしまった。皇女は農民から牛乳を恵んで貰おうとしたが、乳牛がコップを蹴り倒してしまったので果たせなかった。さらにアラブ人イスラーム教徒の追手が掛かったので、皇女は町の外れにある聖なる岩付近まで逃げ、アフラ・マズダーに祈ったところ、岩が割れ、皇女はそこに身を隠すことができた。

このヤズド近郊の聖岩の中で今でも生き続けている皇女が、女神バーヌー・パールスとして信仰されている。毎年、ヤズドのゾロアスター教徒の間では、乳牛が犠牲獣として屠られ、牛乳を蹴り倒した報いを受けている。現在では、インド在住のゾロアスター教徒が毎年6月に参詣するゾロアスター教の一大聖地と化している。また、テヘラン南郊のライに祀られるシャフル・バーヌーについても、同様の民間信仰が見られる。ただし、こちらはゾロアスター教徒ではなく、イスラーム教徒の間で信仰されている。

ヤズドのバーヌー・パールス神殿は、この地域の女子にアーブ・ナーヒードという名が多いことから、本来はアナーヒター†女神の神殿だったとされている。牛の犠牲祭なども、イスラーム以前の段階ではアナーヒター女神を祀る民間信仰の儀礼の一種だったと思われる。

キーワード：岩石
参考文献：*E.I.* 3.717-718.

パリカー Pairikā
名前の意味・神格・属性：アヴェスター語でパリカー、中期ペルシア語でパリーグ、新ペルシア語でパリー。「魔女、女悪魔」の意。もとの意味は、「異邦の女性」、「満たす者」、「妾、情婦」、「魔女」、「光に取り巻かれた者」など諸説ある。
概要：『アヴェスター』では悪の妖精として登場し、火、水、大地、人間などに悪影響を及ぼすが、ゾロアスター教の聖呪アフナワルヤを用いて撃退可能である。複数の種類があり、特に「ネズミのパリカー」は盗みと汚染を専らにして、性質が悪いとされる。

中期ペルシア語文献に至ると、魔女としてのパリカーと並んで、善なるパリカーも出現し、事態を複雑にした。また、魔女としての悪行の中に、①偶像崇拝を推進する、②ジャム（インドのヤマ＝閻魔大王）と寝て猿を生む、③人間の青年と寝て黒人を生む、などの要素が加わった。

新ペルシア語文献では否定的な要素をほぼ消失し、美しい妖精やヒロインとなる。シバの女王†は中国皇帝とパリカーの娘とされ、『アラビアンナイト』でもパリカーの娘が活躍している。ついに近代のゾロアスター教儀礼の中でも、パリカー崇拝が付け加わった。

キーワード：悪の妖精、魔女
参考文献：*E.I.* http://www.iranicaonline.org/articles/pairika

ピーレ・ザン Pīr-e Zan
名前の意味・神格・属性：名前は新ペルシア

語で「女長老」を意味する。冬を擬人化した老婆の神格。季節が冬から春に移り変わる頃（2-3月の変わり目）の最後に出現する寒の戻りを象徴し、ノウルーズ（イランの正月で、春分に当たる）直前の七日間を支配する。同種の神格はイラン文化圏だけではなく、ヨーロッパから北アフリカにかけて広く分布する。

概要：中央アジアのホラズム地方出身のイラン人科学者・歴史家であるビールーニー（973-1020年）が文献上の初出である。春先に暖かくなってきたので冬物を脱いだ老婆が寒の戻りに当たって凍死したという不幸な伝説。性格は複合的で、冬の破壊的な側面を象徴すると共に、その犠牲者でもある。イラン東部では天候を司り、収穫に影響を与える農業神。おそらく多様な民間信仰が積み重なってこのような姿をとったらしい。

キーワード：冬

参考文献：*E.I.* http://www.iranicaonline.org/articles/pir-e-zan

⇒白い魔女、ポリアフ

ブーシャースプ　Būšāsp

名前の意味・神格・属性：アヴェスター語でブーシュヤスタ、中期ペルシア語でブーシャースプ、新ペルシア語でブーシャースプ。原義は「〜になる者」で、特に暗黒の陣営で「怠惰になる者」を指す。

概要：『アヴェスター』では、怠惰の女神で絶えず物質世界を脅かすが、最終的にはミスラ神に棍棒で殴られ、光輪によって滅却される。一説によると、ゾロアスター教以前からの神託の女神だったが、習合される際に悪の女神に転落した。

　中期ペルシア語文献では、特にゾロアスター教の宗教的義務に対しての怠惰を象徴するようになり、アコーマン（悪思）、アーズ†に次ぐゾロアスター教の第三の脅威とされた。しかし、次第に悪の女神としての神格を失って、単に「睡眠、夢」を意味するようになった。

キーワード：怠惰、眠り、夢

参考文献：*E.I.* 4.568-569.

メソポタミアの女神

岡田明子　森 雅子

概説

岡田明子

【古代メソポタミアの地域と時代：女神たちの活躍の場】

　メソポタミアとはギリシア語で「川の間の地」の意味。現在のトルコ東部山中の水源からシリア北部を通過して、イラク領内に入り、バスラ付近で合流してペルシア湾に注ぎ込むティグリス川とユーフラテス川に挟まれた地域を指す。イラクの首都バグダード付近から北部はアッシリア、南部はバビロニアと呼ばれ、バビロニア地方はさらに聖都ニップルから北部はアッカド、南部はシュメルと呼ばれた。人類最初の都市文明が開化したのは南部のシュメルで紀元前四千年紀末であった。それから約千年間シュメル・アッカドの地が文化の中心であったが、前二千年紀前半にバビロンのハンムラビ王がメソポタミアを統一して以来、バビロニア文化が当時の世界の頂点に立ち、その影響は、東はイラン西部のエラム、西は地中海沿岸地方からトルコ中央部のアナトリア高原にまで及んだ。前二千年紀後半から国力を増してきた北方のアッシリアは前一千年紀になるとバビロニアと覇権を争うようになり、両者のあいだで激しい勢力争いが繰り返された。結局前一千年紀後半にはメソポタミア全土がイランから出たアケメネス朝ペルシアに統合され、やがてペルシア帝国が西方の小国マケドニア出身の若き王アレクサンドロスに征服された時点で、古代メソポタミアの歴史は幕を閉じる。

　メソポタミアの宗教と神々、そしてそれに関わる神話も、上述したような歴史の流れに沿って、シュメル・アッカドの地から、バビロニア・アッシリアへ、それからその周辺地

域へと伝播した。シュメル・アッカドの神々は、その過程で周辺の地の神々と習合し、各地の神統譜に新しい神格として加わることもあった。代表的女神イナンナ／イシュタルを含む豊穣の女神たちは特にその傾向が強かった。本章では女神一覧の関連地域名として、全体を「メソポタミア」とし、個別地域名としては「シュメル・アッカド」、「バビロニア・アッシリア」、「ミタンニ」、「シリア」、「エラム（イラン高原南東部）」、「ウラルトゥ（アルメニア地域）」、「ヒッタイト（トルコ・アナトリア高原）」、「ウガリト（地中海東岸地域）」とする。

【原典】
以下では本稿で取り上げた文献を地域別にリストにしてある。参考文献のどこに翻訳や内容紹介があるかを示した。文献情報の詳細は後述の【参考文献】を参照のこと。

・シュメル

「イナンナの冥界下り」：『古代オリエント集』23-36頁；岡田・小林『シュメル神話の世界』162-166頁

「イナンナ女神とエビフ山」：岡田・小林『シュメル神話の世界』102-106頁

「イナンナとエンキ」：岡田・小林『シュメル神話の世界』112-119頁

「（シュメルと）ウル（の）滅亡哀歌」：『古代オリエント集』49-64頁；岡田・小林『シュメル神話の世界』296-305頁

「エンキとニンフルサグ」：『古代オリエント集』15-22頁；岡田・小林『シュメル神話の世界』74-80頁

「エンキとニンマフ」：岡田・小林『シュメル神話の世界』26-31頁

「エンキ神の定めた世界秩序」：岡田・小林『シュメル神話の世界』90-94頁

「エンメルカルとアラッタの君主」：岡田・小林『シュメル神話の世界』186-194頁

「エンリルとスド」：岡田・小林『シュメル神話の世界』152-153頁

「エンリルと鶴嘴（の創造）」（「鶴嘴讃歌」）：岡田・小林『シュメル神話の世界』34；月本『古代メソポタミアの神話と儀礼』8-9頁

「エンリルとニンリル」：岡田・小林『シュメル神話の世界』136-141頁

「グデアの神殿讃歌」（あるいは「（グデアの）円筒碑文A」）：『古代オリエント集』76-85頁；岡田・小林『シュメル神話の世界』285-287頁

「洪水伝説」：『古代オリエント集』12-14頁；岡田・小林『シュメル神話の世界』48-51頁

「樹木と葦」：月本『古代メソポタミアの神話と儀礼』11-12頁

「シュルギ王讃歌」（「シュルギ王とニンリル女神の聖船」）：『古代オリエント集』72-75頁；岡田・小林『シュメル神話の世界』130-133頁

「ドゥムジとエンキムドゥ」：『古代オリエント集』43-48頁；岡田・小林『シュメル神話の世界』97-99頁

「ドゥムジとゲシュティンアンナ」：岡田・小林『シュメル神話の世界』173頁

「ドゥムジの夢」：岡田・小林『シュメル神話の世界』168-169頁

「ニンイシンナのニップル詣で」：岡田・小林『シュメル神話の世界』128頁

「ニンカシ女神讃歌」：岡田・小林『シュメル神話の世界』57頁

「バウ（ババ）女神讃歌」：『古代オリエント集』68-71頁

「ビルガメシュ神、エンキドゥと冥界」：岡田・小林『シュメル神話の世界』244-245頁

「ラハルとアシュナン」：月本『古代メソポタミアの神話と儀礼』10-11頁

「ルガル神話」（「ルガルエ」）：岡田・小林『シュメル神話の世界』264-270頁；月本『古代メソポタミアの神話と儀礼』13-14頁

「ルガルバンダ叙事詩」：岡田・小林『シュメル神話の世界』203-218頁

・アッカド・（新）バビロニア

「アトラ・ハシス物語」：『古代オリエント集』167-190頁

「イシュタルの冥界下り」：『古代オリエント集』191-195頁

「エヌマ・エリシュ（天地創造物語）」：『古代オリエント集』105-133頁；岡田・小林『古代メソポタミアの神話』123-129頁

「エンキドゥ創造譚」：『古代オリエント集』138-139頁；『ギルガメシュ叙事詩』8-9, 241頁

「神々の誕生を語る祭儀テキスト（SS.52）」：クロス『カナン神話とヘブライ叙事詩』76-79頁；Gibson 123-127頁

『ギルガメシュ叙事詩』：月本昭男訳『ギルガメシュ叙事詩』3-179頁；『古代オリエント集』134-166頁

「シュルプ」（呪文集）：ボテロ『最古の宗教』328-329頁

「神託預言の報告書」：月本『古代メソポタミアの神話と儀礼』259-288頁

「バビロニアの新年祭」：『古代オリエント集』197-206頁

『ハンムラビ法典』：中田訳『原典ハンムラビ法典』1-77頁

ベロッソス『バビロニア誌』：Burstein

「虫歯の物語」：『古代オリエント集』196頁

・アッシリア

「アデー誓約」：NHK学園『メソポタミアの世界』「必携」60-65頁

「ムル・アピン」：近藤『星座神話の起源』21-32頁

・ウガリト

「アクハト」：『古代オリエント集』313-326頁

「ケレト」：『古代オリエント集』327-341頁

「ニッカルと月の結婚」：『古代オリエント集』342-345頁

「バアルとアナト」：『古代オリエント集』275-312頁

・フルリ

→ヒッタイトの「クマルビ神話」の項

・ヒッタイト

「クマルビ神話」：『古代オリエント集』349-366頁；岡田・小林『古代メソポタミアの神々』163-166頁

「テリピヌ」：『古代オリエント集』370-374頁

・ギリシア・ローマ

オウィディウス『祭暦』：高橋訳，国文社

シチリア（シケリア）のディオドロス『ビブリオテケ（歴史叢書）』：飯尾訳

パウサニアス『ギリシア記』：(全訳)飯尾訳；

パウサニアス『ギリシア案内記』上（第一巻），下（第二, 十巻），馬場恵二訳，岩波文庫，1991年

ヘロドトス『歴史』松平千秋訳，岩波文庫，1971-72年

ルキアノス「シリアの女神について」：ルキアノス『ルキアノス選集』174-205頁；Hörig.

・その他、旧約聖書など

『アルメニア史』：佐藤信夫『新アルメニア史——人類の再生と滅亡の地』泰流社，1989年，「アルメニアの建国神話」

『旧約聖書』：「列王記下」（23.10），「エレミヤ書」（32.35）

【メソポタミア神話における男神と女神】

　文字のない時代、多産豊穣を祈願する形象や偶像は「女性」を強調したものが圧倒的に多かった。それが大地母神である。文字の発明と都市文明の発展により、様々な神々の序列が統一されて神統譜が形成され、神話が語られるようになっても、豊穣の大地母神の存在はそのまま大きな意義を持っていた。しかし社会形態が整備され、王を頂点とする階級制度が固まるにつれて、宗教世界でも男神優勢になっていく。シュメル・アッカドの神統譜の「大いなる神々」でも、天空神アン（アヌ；以下カッコ内はアッカド名）、大気神エンリル、水神エンキ（エア）、太陽神ウトゥ（シャマシュ）、月神ナンナ（シン）などは男神である。それでも「大いなる」という点では大地母神の系統をひく女神は存続し、「山の女主人」ニンフルサグ†は豊穣神として、「エアンナの女主人」イナンナまたはイシュタル†は愛と豊穣、明星の女神であると共に、「王

権の守護神」として「聖婚儀礼」では配偶神ドゥムジ（タンムズ）よりはるかに大きな力を持ち、さらに「大いなる地（冥界）の女王」エレシュキガルもギリシア神話の冥界神ハデスに匹敵する権力を行使している。ニンフルサグ†女神はシュメルの楽園神話「エンキとニンフルサグ」でエンキ神を相手に対等以上の活躍ぶりを見せ、イナンナ女神も「イナンナとエンキ」で知恵神エンキを出し抜き、「イナンナ女神とエビフ山」では最高神アンやエンリルをも驚かせる憤怒を示し、王権守護と戦闘の女神としても後代までメソポタミア世界で広く崇敬される。トルコ・アナトリア高原中央部にあるヒッタイトの聖域ヤズルカヤの「岩の神殿」に刻まれた浮彫群は向かって左側には男神の行列、右側には女神の行列が描かれ、先頭の主神テシュプとヘパト女神が中央で向かいあうが、イシュタル（フルリ系女神名はシャウシュガ）は王権の守護神、戦闘神として男神側の列にも加わっている。そのイナンナ／イシュタルをも平伏させるのは姉妹のエレシュキガルで「イナンナ（イシュタル）の冥界下り」では訪ねてきたイナンナを丸裸にして冥界に幽閉してしまう。メソポタミアの人々にとって「冥界」はギルガメシュのような英雄でも必ず行かねばならないところ、二度と戻れぬ地、塵芥と荒廃の地であった。イナンナをそこから解放するために配偶神ドゥムジとその姉妹神ゲシュティンアンナとが半年ごとに交代して冥界に赴くという神話は現実の地上での一年の「豊穣と荒廃」の交代を説明しているという説もある。

メソポタミアの神々の役割の特徴として、「都市神」、「個人神」が挙げられる。シュメル・アッカド時代から新アッシリア・バビロニア時代に至るまで、主要都市には守護する特定の神がいると考えられ、また国家の守護神とは別に王から庶民まで一人一人を守ってくれる「個人神」が存在するとされていた。都市神には必ず配偶神の存在が想定されており、各種の「都市滅亡哀歌」には自己の都市滅亡を嘆く多くの夫妻神名が記されている。大いなる神々も、アン神・アントゥ†女神（・以下配偶女神）＝ウルク市、エンリル神・ニ

ンリル†女神＝ニップル市、シン神・ニンガル†女神＝ウル市、エンキ神・ダムキナ†女神＝エリドゥ市、マルドゥク神・ツァルパニートゥ†女神＝バビロン市、アッシュル神・ムリッス†女神＝アッシュル市など都市神としての任を担っている。個人神はシュメルの王エンメテナやグデア以来の王碑文に「我が神」として登場するが、女性の場合はあまり文献例がなく、実家の個人神を持ち続けるのか、それとも婚家の個人神に替えるのかといったようなことについての実態はよくわかっていない。

【参考文献】

『ギルガメシュ叙事詩』月本昭男訳, 岩波書店, 1996年

『原典訳・ハンムラビ「法典」』中田一郎訳,（古代オリエント資料集成 I）リトン, 2000年

『古代オリエント集』（筑摩世界文學大系 I），杉勇他訳，筑摩書房，1978年

ウォーカー，B『神話・伝承事典――失われた女神たちの復権』山下圭一郎他訳，大修館書店，1988年

オウィディウス『祭暦』高橋宏幸訳, 国文社，1994年

岡田明子，小林登志子『古代メソポタミアの神々――世界最古の「王と神の饗宴」』三笠宮崇仁監修，集英社，2000年

岡田明子／小林登志子『シュメル神話の世界――粘土板に刻まれた最古のロマン』（中公新書）中央公論新社，2008年

ガスター，H『世界最古の物語：バビロニア・ハッティ・カナアン』矢島文夫訳，（現代教養文庫）社会思想社，1973年

栗田伸子／佐藤育子『通商国家カルタゴ』（興亡の世界史 03）講談社，2009年

グレイ，J『オリエント神話』森雅子訳, 青土社，1993年

クレイギー，P・C『ウガリトと旧約聖書』津村俊夫監訳，教文館，1990年

クレーマー，S・N『聖婚――古代シュメールの信仰・神話・儀礼』小川英雄，森雅子訳，新地書房，1989年

概説

クレンゲル，H『古代シリアの歴史と文化——東西文化の懸け橋』五味亨訳，六興出版，1991年

小林登志子『シュメル——人類最古の文明』中公新書，2005年

小林登志子『文明の誕生——メソポタミア、ローマ、そして日本へ』中公新書，2015年

ゴールドン，C・H『ウガリト文学と古代世界』高橋正男訳，日本基督教団出版局，1976年

コロン，D『オリエントの印章』小川修三日本語版監修，池田淳訳（大英博物館双書・古代を解き明かす④）學藝書林，1998年

近藤二郎『わかってきた星座神話の起源：古代メソポタミアの星座』誠文堂新光社，2010年

澁澤龍彦『黄金時代』薔薇十字社，1971年

シン，M『太陽神話』木村重信監修，講談社，1997年

月本昭男『古代メソポタミアの神話と儀礼』岩波書店，2010年

月本昭男編『創成神話の研究』リトン，1996年（月本昭男「古代メソポタミアの創世神話」，11－60頁（月本『古代メソポタミアの神話と儀礼』第1部第1章再録）

ディオドロス『神代地誌』飯尾都人訳，龍溪書舎，1991年

日本オリエント学会監修，板倉勝正他共編『古代オリエント史：メソポタミアの世界』（上・下・必携），NHK学園，1988年

日本オリエント学会編『古代オリエント事典』岩波書店，2004年

ノイマン，E『グレート・マザー』福島章他共訳，ナツメ社，1982年

パウサニアス『ギリシア記』飯尾都人訳，竜渓書舎，1991年

ピエンコウスキ，P／ミラード，A共編『大英博物館 図説古代オリエント事典』池田裕／山田重郎監訳，東洋書林，2004年

ビッテル，K『ヒッタイト王国の発見』大村幸弘他訳，山本書店，1991年

フェルマースレン，M・J『キュベレとアッティス——その神話と祭儀』小川英雄訳，新地書房，1986年

ベアリング／キャシュフォード『図説・世界女神大全Ⅰ：原初の女神からギリシア神話まで』森雅子訳，『同Ⅱ：ギリシアの女神から神秘主義まで』藤原達也訳，原書房，2007年

ボテロ，J『最古の宗教——古代メソポタミア』松島英子訳（りぶらりあ選書）法政大学出版局，2001年

前川和也編著『図説・メソポタミア文明』（ふくろうの本）河出書房新社，2011年・

前田徹『メソポタミアの王・神・世界観——シュメール人の王権観』山川出版社，2003年

マッコール，H『メソポタミアの神話』青木薫訳（丸善ブックス）丸善，1994年

松島英子『メソポタミアの神像——偶像と神殿祭儀』角川叢書，2001年

松村一男／平藤喜久子／山田仁史他編『神の文化史事典』白水社，2013年

MIHO MUSEUM編『メソポタミアの神々と空想動物』A・グリーン監修，山川出版社，2012年

矢島文夫『ヴィーナスの神話』美術出版社，1970年

矢島文夫『メソポタミアの神話』筑摩書房，1982年

ルキアノス『ルキアノス選集』内田次信訳，国文社，1999年

レーマン，J『ヒッタイト帝国』内野隆司／戸叶勝也訳，佑学社，1979年

ANET: Pritchard, James B. ed., *Ancient Near Eastern Texts relating to the Old Testament*, Princeton University Press, 1969.

ANEP: Pritchard, James B. ed., *Ancient Near Eastern Pictures relating to the Old Testament*, Princeton University Press, 1969.

Burstein, Stanley Mayer trans., *The Babyloniaca of Berossus*, Undena Publications: Malibu, 1978.

Dalley, Stephanie trans., *Myths from Mesopotamia*, Oxford University Press, 1989.

Foster, Benjamin R. trans., *From Distant

Days: Myths, Tales, and Poetry of Ancient Mesopotamia, CDL Press, 1995.

Gibson, J. C. L.,*Canaanite Myths and Legends*, T & T Clark, 1978. (SS, 52 "*Schachar and Shaim and the Gracious Gods*": pp.123-127)

Hörig, Monica., *Dea Syria*, Verlag Butzon & Bercker Kevelaer, 1979

Kramer, S. N., *Sumerian Mythology: Study of Spiritual and Literary Achievement in the Third Millennium B.C.*, 1944, 1961, 2007

Walls, Neal H., *The Goddess Anat in Ugaritic myth*, Scholars Press, 1992

Wiggins, Steve A., *A Reassessment of 'Asherah'*, Verlag Butzon & Bercker, 1993

Wolkstein, Diane and Kramer, Samuel Noah, *Inanna, Queen of Heaven and Earth: Her Stories and Hymns from Sumer*, Harper & Row, Publishers, Inc., 1983

年表

	西部地中海世界	東部地中海世界	古代オリエント世界		
	地中海世界 ローマ	地中海世界 クレタ ギリシア	エジプト	シリア・小アジア フェニキア イスラエル	メソポタミア イラン
前3000			3100-2890 初期王朝時代 古王国時代	3000年紀後半-2000年紀前半 エブラ王国	3000頃 シュメル都市国家の発展 初期王朝時代
			2134-2040 第一中間期 中王国時代 (11-12王朝)		2334-2193 アッカド王朝 グティ人の侵入 2112-2004 ウル第三王朝
前2000		2000頃 ミノア文明			2000年紀前半 アモリ人侵入 古アッシリア王国 古バビロニア時代 1792-1750 ハンムラビ王
			1640-1550 第二中間期 1550-1069 新王国時代 (18-20王朝)	マリ王国 1900-1200頃 ウガリト王国 1680-1450 ヒッタイト古王国	1570-1154 カッシート朝 1550-1400 ミタンニ王国
前1500		1600頃 ミケーネ文明			
			前14世紀前半 アマルナ時代＝世界最古の国際化社会 「海の民」の侵攻		
		1100 ドーリア人の侵入		1450-1200 ヒッタイト新王国	1243-1000 中期アッシリア王国
前1000	814 フェニキア人の植民都市・カルタゴ建設(伝説) 753 ロムルス王のローマ建国(伝説)	750頃 ギリシア都市国家時代	1069-747 第三中間期 (21-23王朝) 747-332 末期王朝時代 (24-31王朝)	1000頃 ダビデ王国 フェニキア ギリシア人のイオニア植民都市建設(伝説)	934-609 新アッシリア帝国 625-539 新バビロニア王国
前500			559-330 アケメネス朝ペルシア		
	272 タレントゥムの陥落によりローマのイタリア統一 264-241 ポエニ戦争 146 カルタゴ滅亡	334-323 マケドニア王アレクサンドロス(三世)大王の東征 ヘレニズム時代 305-63 セレウコス朝シリア			
(紀元前)		前304-30 プトレマイオス朝エジプト ローマの地中海世界征服			前247-後224 パルティア王国
紀元元年 (紀元後)	後395 ローマ帝国の東西分裂				後226-651 ササン朝ペルシア

メソポタミアの女神の事典

岡田明子、森 雅子

【補注】
形容辞
王名や神名に添えられ、王や神の属性を説明する形容詞やフレーズ。

アシェラ　Asherah
名前の意味・神格・属性：意味不詳。バビロニアでの別名はアシラト。西セム系の豊穣多産の女神として、エブラ、ウガリト、カナン、バビロニア、エジプトで広く崇拝された。一部の地域ではアスタルテ[†]、アナト[†]、イナンナ／イシュタル[†]、時にハトホル[†]の属性をも帯び、その性格を明確に定義することは困難。
概要：前14-13世紀に最盛期を迎えたウガリト王国のパンテオンでは最高神エルの配偶女神とされ、多くの（一説によれば、七十柱の）神々を生み、「神々の母」という重要な形容辞を有する。また「海の貴婦人」とも呼ばれ、ウガリト、ティルス、シドンのような港湾都市で重要であったことを証している。ウガリト神話「バアルとアナト」では、若い男女の神バアルとアナトが宮殿を建造する許可を得るために訪れると、アシェラは彼らの嘆願を配偶神であるエルに伝え、執り成している。そこに描かれているのは年老いて「暇な神」（デウス・オティオーシス）になったエルに対して対等、もしくは上位に立って脅迫し、命令する大女神の姿である。アシェラは愛と生殖とも結び付き、時に王や神々に授乳する姿で描かれる。「バアルとアナト」の一部をなしている豊穣多産祭儀劇では、エルが二人の女性と交わり、シャハル（夜明け）とシャレム（黄昏）、すなわち「明けの明星」と「宵の明星」をはじめとして、多くの善なる神々（もしくは優美な神々）を生ませているが、彼らは「貴婦人」アシェラの乳房を吸い、養育されたことが明記されている。
キーワード：神の母、海、執り成し、豊穣女神、愛、生殖、授乳、養育
参考文献：「バアルとアナト」『古代オリエント集』291-294,309-312頁；グレイ『オリエント神話』182頁；ベアリング／キャシュフォード『世界女神大全』Ⅱ, 136-139頁；岡田／小林『古代メソポタミアの神々』253頁. ⇒アシェラ（旧約聖書）

アシュナン　Ashnan
名前の意味・神格・属性：「穀物」の神の意。シュメルの植物・穀物女神。
概要：シュメル神話「ラハルとアシュナン」には、天空神アンがアヌンナキと呼ばれる原初の神々を生成させた時、彼らはパンを知らず、衣服を知らず、動物のように暮らしていたと記されている。そこで「聖なる丘」で家畜（羊）の神ラハルと穀物（麦）の神アシュナンが創造され、大いなる神々エンキとエンリルに命じられて地上に下り、農耕・牧畜による定住生活を始めた。こうして地上には豊かさがもたらされたが、この二柱の神々は葡萄酒を飲んで口論を始め、それぞれが自分の業を自慢し、相手のそれを貶めたので、エンキとエンリルが仲裁に入る。アシュナンに軍配が上がり、牧畜に対する農耕の優位性が示されて終わるこの物語は、人間の創造神話の一つ「エンキとニンマフ」と同じくシュメルに多い「論争詩／対論文学」に属する。当初、ラハルは男神、アシュナンは女神とする説があったが、現在はラハルとアシュナンは姉妹神で、前者は羊小屋の女神、後者は穀物の女神という説もある。性別に関しては諸説あり、定説はない。

豊穣の象徴であるアシュナン（麦）とラハル（羊）、円筒印章印影模写

キーワード：穀物女神
参考文献：月本編『創成神話の研究』19頁；月本『古代メソポタミアの神話と儀礼』10-11, 34頁；岡田／小林『古代メソポタミアの神々』253頁；クレーマー『聖婚』55, 90-91頁；Kramer, *Sumerian Mythology*, p. 53.

アスタルテ　Astarte

名前の意味・神格・属性：「子宮」ないしは「子宮から生じるもの」の意。アシュタルト、アシュタルテとも呼ばれる。ヘブライ語ではアシュトレト。古代オリエント世界で広く崇拝された豊穣女神。ウガリトでは最高神エル、ついでバアルの配偶女神であったが、フェニキアでは「海の女神」として崇拝され、エジプトでは「馬の女主人」、「戦車の貴婦人」と呼ばれ、戦闘女神としての神格が強調された。また、旧約聖書の中では聖職者たちによって悪魔に貶められた。

概要：シリア、とりわけ古代フェニキアの諸都市（シドン、ティルス）で崇拝され、ウガリトではアシェラ†、アナト†と共にパンテオンにおける三大女神として高位を占めていた。例えば、神々の誕生を語る豊穣多産祭儀劇では、最高神エルとの間に「明けの明星」を生んだのはアスタルテであると考えられている。また、姉妹であるアナトと共にバアルの配偶女神として描かれることがあり、英雄叙事詩「ケレト」の中では、フルリヤ姫は「アナトとアスタルテのように美しい」と讃えられ、「バアルとアナト」の中でも「アナトはバアルの右手を、アスタルテは左手を捕らえた」とあるように、常にアナトと対をなして登場する。しかしアナトがバアルの姉妹で、その最大の協力者としてあらゆる場面で活躍するのに対して、アスタルテに関する記述はごくわずかであり、ウガリトのパンテオンにおいてはアシェラ、アナトに較べて明確な役割を果たしていない。これに対して、フェニキアとその植民地では極めて重要な女神であり、とりわけシドンではその都市の守護女神として「海の乙女」、「船舶の守り手」という称号が与えられ、前四世紀までにはアシェラに取って代わって、「海の女神」として盛大

アスタルテ像、粘土製装飾板、模写

な祭祀を受けるようになっていた。また、エジプトに伝えられたアスタルテは盾と棍棒で武装し、乗馬姿で描かれるなどアナトの戦闘女神としての神格・属性を継承しており、アナトとアスタルテが二柱の別個の女神であったのか、それとも同一の女神の異なる諸様相を表すものであったかは確認されていない。一方、アスタルテは旧約聖書の中ではシリアを代表する豊穣女神アシュトレト（複数形はアシュタロト）として預言者たちの攻撃の最大目標になっているので、その存在がウガリトの神話テキストが描いているよりはるかに大きく、また長い時間の流れや地理的広がりに応じて、その神格・属性がかなり変化したことは明らかである。類似の名前を持つメソポタミアのイナンナ／イシュタル†や、ギリシアの愛と美の女神として名高いアプロディテ†と同一視され、シリアで発掘された裸体女神像は、一般にアスタルテと呼ばれることが多い。最終的にはアシェラ†やアナト†と習合し、「シリアの女神」アタルガティス†として崇拝された。

キーワード：豊穣女神、戦闘女神、守護女神、

海、船舶、悪魔
参考文献：「バアルとアナト」「ケレト」『古代オリエント集』282,309-312,331頁；グレイ『オリエント神話』235-238頁；『図説 古代オリエント事典』9-10頁；ベアリング／キャシュフォード『世界女神大全』Ⅱ, 141-143頁；『神の文化史事典』35頁.
⇒アシェラ（旧約聖書）、アシュトレト（旧約聖書）、アスタルテ（エジプト）

アタルガティス　Atargatis
名前の意味・神格・属性：意味不詳。別名はデルケト。ヘレニズム・ローマ時代のシリアを代表する豊穣女神。天候神（嵐の神）ハダドの配偶女神。その名前や属性はウガリトのパンテオンで中心的な役割を果たしていた三女神アシェラ†、アナト†、アスタルテ†に由来し、ペルシア時代に習合してアタルガティスになったと考えられている。
概要：シリアの著述家ルキアノス（2世紀）の「シリアの女神」によれば、ユーフラテス川からほど遠からぬところにある町、ヒエラポリスの聖域で崇拝されていたのはシリアのヘラ†、すなわちアタルガティスであった。古い伝説によれば、この聖域はバビロンの女王セミラミス†がその母デルケト（＝アタルガティス）のために設けたもので、その神像は半身が女性であるが、腿から足先までは魚の尾が伸びている奇妙な姿であったという。一方、シチリアのディオドロス（前1世紀末）の大著『ビブリオテケ』（2.4.2）には、次のような伝承が残されている。シリアのアスカロンの近郊には魚がたくさんいる湖があった。その岸辺にはシリア人がデルケトと呼ぶ有名な女神の神殿があった。この女神の顔（上半身）は女性だが、その他の部分（下半身）は魚だった。彼女のことをよく思わないアプロディテ†の企みにより、デルケトはシリア人の青年に恋をして身を任せ、娘を生んだが、この行いを恥じて青年を殺し、子供を荒地に置き去りにしたうえ、湖に飛び込んでその半身を魚に変えてしまったからだ。捨てられた赤子はハトに養育され、美しい娘に成長してセミラミスと名付けられた。その名はシリア人のハトを意味する言葉が少し変化したものである。シリア人はデルケトが湖に落ちて魚になり、また彼女が荒地に捨てた赤子がハトに養育されたという伝承から、魚とハトをその聖獣として崇拝し、決して食べたり殺したりすることがないという。

一方、性愛や多産を司る豊穣女神でありながら、他の女神とも複雑に習合したアタルガティスの信仰は、シリアからエジプトやギリシア・ローマにも広がり、クレタ島の女神によく見られる蛇を巻きつけた姿（『グレート・マザー』写真版59頁）で描かれ、またローマのある記念物にはキュベレ†に酷似し、両脇にライオンを侍らせた玉座に座った彼女の姿が見られる。

キーワード：豊穣女神、性愛、ハト、蛇
参考文献：矢島文夫『ヴィーナスの神話』, 美術出版社, 1970年, 72-73頁；『古代オリエント事典』294頁；ルキアノス「シリアの女神」（『ルキアノス選集』174頁-201頁).

アナト　Anat
名前の意味・神格・属性：意味不詳。アナテ、アナタとも呼ばれる。性愛（豊穣多産）と大規模な暴力（戦争）と結び付いた女神。本来は狩猟の女神であったが、その属性が変質して戦闘女神になったと推定され、ウガリトではバアルの姉妹で同時に配偶女神であった。「乙女」、「山の貴婦人」、「民の生命の源」もしくは「英雄たちの女先祖」という形容辞を持ち、フェニキアでは「生命の力強きもの」、エジプトでは「天界の女主人」、「パンテオンの女王」と呼ばれた。
概要：前二千年紀半ばから前一千年紀末までシリア、ウガリト、カナン、エジプトなどで広く知られていた女神。美しいが、同時に破壊的で残忍な女性として描かれ、メソポタミアのイシュタル†と多くの点で共通している。ウガリト神話「バアルとアナト」の一部をなす豊穣多産祭儀劇では、最高神エルはある時火の中から二人の女性を創造し、この娘たちを妻として「明けの明星」と「宵の明星」を生ませているが、この二人の女性はアスタルテ†とアナトであったと推定され、この段階

ではアナトはエルの配偶女神であった。しかし後にエルが年老いて「暇な神」（デウス・オティオースス）になると、天候神ダガンの息子バアルが出現し、エルの二人の妻アスタルテとアナトを奪ったと考えられ、アナトはエルの娘、バアルの姉妹となり、同時にバアルの献身的な妻に変身・変貌する。例えば、「バアルとアナト」の前半では、彼女のあらゆる行為は「バアルに敵対するもの、雲に乗るものに対する反逆者」を一掃することを目的としていることが明言され、また他の場面では雌牛に変身したアナトがバアルと熱烈な性愛関係を結び、子牛の姿の息子を生んでいる。さらに、彼女は執り成しの女神として、バアルの宮殿を築くように、母であるアシェラ†、次いで父であるエルに脅迫まがいの嘆願を試みるなど、常にバアルに寄り添い、その王権を確固たるものにするために獅子奮迅の活躍をする最大の協力者である。他方、戦闘女神としてのアナトは傲慢で貪欲な女神に描かれ、人々を殺戮し、死者の頭やもぎ取られた手足を腰にぶら下げ、歓喜の叫びを挙げながら血の海に腰を浸して歩き回る。また、バアルを殺害された復讐に、死神モトを捕らえ、剣で切り裂き、箭にかけ、火で焼き、碾き臼で粉々にして野原にばら撒くなど、その容赦のない残忍さが発揮されているが、おそらくこの神を殺害してその肉体を切断し、まるで穀物のタネのように撒く行為は、大地を新たにして翌年の収穫を祈る古代の豊穣儀礼を反映するものであったろう。なお、英雄叙事詩「アクハト」に登場するアナトは、その本来の狩猟の女神としての本性をむき出しにして、アクハトの弓矢を強奪しているが、彼の死に直面して悼み、泣きながらその再生を祈願する姿には、メソポタミアのゲシュティンアンナ†やアナトリアのキュベレ†にも通じる哀哭の女神としての一面がうかがえる。アナトはイスラエルでもアシェラ、アスタルテと共に信仰されていたようであるが、その実情はほとんど知られていない。ヘレニズム・ローマ時代に至ると、彼女はアシェラ、アスタルテと習合して、「シリアの女神」アタルガティス†と呼ばれるようになる。

キーワード：性愛、暴力、豊穣女神、戦闘女神、殺戮、狩猟、執り成し、泣く
参考文献：「バアルとアナト」「アクハト」（『古代オリエント集』280-312, 314-326 頁）；『古代オリエント事典』287, 303 頁；『神の文化史事典』44-45 頁；ベアリング／キャシュフォード『世界女神大全』Ⅱ, 139-141 頁.
⇒カーリー

アヌニトゥ　Anunitu
名前の意味・神格・属性：アッカド語で「小競り合いを続けるもの」の意。アンヌニートゥ、アンヌニトゥム、アヌニトゥムとも呼ばれる。本来はイナンナ／イシュタル†の形容辞の一つで、古バビロニア時代の叙事詩では戦闘女神（女戦士イシュタル）を表していたが、アッカド王朝時代の末期頃独立した女神名に昇格した。マリ、シッパル、キッスラ、ニップルなどに神殿があり、出産に関わる女神としても崇拝された。
概要：メソポタミアのアッカド、バビロニア、アッシリアなどで崇拝されていたが、バビロンのハンムラビ王（前 1792-1750 年頃）とほぼ同時代、ユーフラテス川中流域のマリ王国では古バビロニア時代の『預言報告書』にその名が記されている。後代になると、アヌニトゥは星座の一つとして登場する。新アッシリア時代の写本「ムル・アピン」（前 687 年）には、合計 5 個の惑星と 66 個の星が記録されているが、その第 36 番目の星はアヌニトゥと呼ばれ、「アヌの道」にある。この星は「尾」と呼ばれる二匹の魚が二本の綱で繋がれた形の星座で、現今の黄道十二宮の一つ「うお座」の原型と言われている。二本の綱はティグリス・ユーフラテス川を表し、ティグリスに繋がれている魚は「アヌニトゥム（北魚）」と呼ばれていた。

キーワード：戦闘女神、出産、預言、星座
参考文献：岡田／小林『古代メソポタミアの神々』253 頁；MIHO MUSEUM 編『メソポタミアの神々と空想動物』40 頁；『古代オリエント事典』337 頁；ボテロ『最古の宗教』285-286 頁；近藤『わかってきた星座神話の起源』33, 54-55 頁；月本『古代メソポ

タミアの神話と儀礼』260-262頁.

アヤ　Aya

名前の意味・神格・属性：意味不詳。セム系の暁の女神。シュメルの光の女神シェリダと同一視され、性愛と豊穣を司る。太陽神シャマシュの配偶女神。

概要：メソポタミア南部のアッカド、バビロニアで崇拝され、古バビロニア時代にはシッパルやラルサの太陽神殿にシャマシュと共に祀られていた。また前一千年期の新バビロニア時代にその信仰は隆盛を極め、シッパルの神殿ではシャマシュと配偶女神アヤの「聖婚」の儀式が年中行事に組み入れられ、定期的に執り行われたことが知られている。

キーワード：曙、光、太陽、性愛、豊穣女神、聖婚

参考文献：岡田／小林『古代メソポタミアの神々』252頁；MIHO MUSEUM編『メソポタミアの神々と空想動物』119頁；『古代オリエント事典』322, 554頁；『図説・古代オリエント事典』304頁；月本『古代メソポタミアの神話と儀礼』105頁.

アリンナの太陽女神　Sun Goddess of Arinna　ᵈUTUᵘʳᵘ*Arinna*

名前の意味・神格・属性：「神の町アリンナの太陽女神」の意。dはシュメル以来の楔形文書において「神」を示す記号 (dingir)、UTUは「太陽」（シュメル語でウトゥ、アッカド語でシャマシュ）、uruは「都市」の記号で、そしてアリンナが都市の名前（ヒッタイト語であることを示すためイタリックになっている）。別名にエスタン†、イスタヌがある。ヒッタイト王国の国家神。太陽神としての属性は多分に二次的で、宗教都市アリンナの表意文字には「泉」や「井戸」の意味が含まれており、本来は豊穣多産や冥界とも関わりを持つ女神。ハッティ人（ヒッタイト以前のアナトリアの先住民）の「大地の母」ウルセムにまで遡ると推定されている。

概要：「天と地の女王」、「ヒッタイト王国の王と王妃の守護神」という形容辞を持ち、王国の全時代を通して配偶者の天候神タル、もしくはよりよく用いられるフルリ語名テシュブと共に最高神であり続けた。アリンナは、ヒッタイト時代の最も重要な宗教都市の一つであり、首都ハットゥサから約一日行程という比較的近距離にあった。この「神の町」に毎年盛大な祭儀を執り行うために王や王妃が訪れたことが知られ、太陽女神はその祭儀において特別な位置を占めていた。ヒッタイトの王たちは軍事遠征による戦利品の数々をこの女神に奉納し、宮殿では常に「雄牛を天候神に、雌牛をアリンナの太陽女神に捧げた」ことが知られるにもかかわらず、この女神に関する神話は残されていない。一方、祈禱文や条約書の類にはしばしばその名前が見出され、新王国時代の王ハットゥシリ三世（前1275-1250年頃）の妃プドゥヘパは「わが女神、ハッティ国の女神、天と地の女王、アリンナの太陽女神へ。──あまねく全世界の女神、この国ではアリンナの女神とお呼びするが、かの杉の国ではヘパトという御名をお持ちでいらっしゃる女神へ」と呼びかけている。この祈禱文からは前二千年紀にシリア北部やメソポタミア北部で活躍したフルリ人の大女神ヘパト†がヒッタイトにも伝えられて、アリンナの女神と同一視されるようになっていたことがうかがえる。また、エジプト王ラメセス二世（前1279-1213年頃）がハットゥシリ三世と締結した平和条約の調印には、エジプト側は王朝の守護神であるセト神の印を用いているが、ヒッタイト側は「ハッティの女王、アリンナのラー女神」の印を使用したことが記録されていて、ラーはエジプトの太陽神の名前であるところから、ヒッタイト側は名前の明示されない太陽女神に代用したものと推定されている。実際、この女神はエスタンあるいはイスタヌという名前を持つが、文書では常にアリンナの女神と呼ばれ、その固有名詞が明示されることはない。

キーワード：太陽、守護女神、泉、井戸、豊穣女神、冥界、大地

参考文献：岡田／小林『古代メソポタミアの神々』162頁；『古代オリエント事典』327, 734頁；『神の文化史事典』60-61頁；ビッテル『ヒッタイト王国の発見』8, 100, 136

頁（図 70），140 頁（図 71）.

アルル Aruru
名前の意味・神格・属性：意味不詳。シュメル・アッカドの大気の神エンリルの姉妹であり、出産の女神として神々の産婆役を務め、また人間を創造した母神。
概要：殺された神の血肉と粘土を混ぜて人間を創造する「陶工」であり、ナンム†、ニンマフ†、ニントゥ†、ニンメナ、ニンフルサグ†、マミなど多くの名前で崇拝されていたメソポタミアの母神の一柱。例えば、彼女は標準版『ギルガメシュ叙事詩』の中ではまず人間を、ついで天空神アヌの命令で粘土からギルガメシュのライバルであり、後に盟友となるエンキドゥを創造している（第一書版 30-35）。このほか、「エリドゥ創造譚」ではマルドゥクと共に「人間の種」を創造しているので、彼の配偶女神であるツァルパニートゥ†と同一視されることがあり、時に出産を司るニントゥやベレト・イリ†とも同一視される。
キーワード：母神、出産、創造女神、陶工
参考文献：岡田／小林『シュメル神話の世界』94, 153 頁；『古代オリエント集』8, 138 頁；『ギルガメシュ叙事詩』8-9 頁；月本編『創成神話の研究』28, 39, 40 頁；月本『古代メソポタミアの神話と儀礼』17 頁；『図説 古代オリエント事典』477-478 頁；松島『メソポタミアの神像』210-213 頁.

アントゥ Antu
名前の意味・神格・属性：アッカド語で、天空神アヌの女性形であり、「天の女神」の意。メソポタミアのパンテオンでは、最初期に最高位にあり、ついで「暇な神」（デウス・オティオースス）となった天空神アヌの配偶女神。カッシート朝バビロニア時代以降は、イシュタル†の異名とされる。
概要：シュメルの天空神アンはすべての神々の父であり、その妻は「大地の女神」ウラシュであったが、後世の伝承では「大地」のキ†と、ついでナンム†やニンマフ†といった母神とも結婚したと伝えられ、バビロニアではその名がアヌ、配偶女神はアントゥに変化している。前一千年紀以降、ウルクの都市神アヌとアントゥとの「聖婚」の儀式が毎年恒例の大祭の一つとなった。例えば、新バビロニア王国の創立者ナボポラッサル王（前 625-605 年）の時代に遡る祭儀文書（AO 6459）では、タシュリートゥの月（現在の 9-10 月）の 1 日から 11 日まで大規模な祭儀が催され、同月 7 日の早朝に神々の食事、ついでアヌ、アントゥ、イシュタルに衣装が準備された後、音楽が演奏され、市壁の外に設けられた神殿「アキトゥ」への行進がなされたと記されている。その翌 8 日、祭殿に籠もっていたアヌとアントゥの部屋の扉が開かれ、神々が入場し、王が臨席して灌奠、浄め、供物の奉納が繰り返されている。おそらく、これはウルクのアヌのジグラト地区にあった大神殿で執り行われたアヌとアントゥの「聖婚」を含む一連の儀式の模様と推定され、この神殿はパルティア時代まで存続したことが判明している。
キーワード：天空、聖婚
参考文献：岡田／小林『古代メソポタミアの神々』252 頁；『古代オリエント事典』305, 554 頁；『図説 オリエント事典』26, 304 頁；松島『メソポタミアの神像』150-152, 214-218 頁.

イシュタル Ishtar ⇒イナンナ／イシュタル

イシュハラ Ishhara
名前の意味・神格・属性：意味不詳。セム系あるいはエラム起源の「愛の女神」、「戦いの女神」。冥界とも関わりがあり、成長、誓約、治癒、呪詛の女神でもあるなど、時代や地域により様々な異なる性格を持つ。
概要：シュメル・アッカド、シリアのアララク、ウガリト、エマルのほか、ヒッタイト王国の時代にはアナトリア東南部のキズワトナなど広範囲で崇拝された。古バビロニア時代には蛇、カッシート時代には蠍がその象徴とされ、メソポタミアのイナンナ／イシュタル†、ミタンニのシャウシュガ†等と同一視されることもある。例えば、「アトラ・ハシス

物語」では、ニントゥ†が七対の男女を創造した後、マミ†をはじめとする出産の女神たちの活躍で人間が次々と生まれるが、そのことに関して「寝床が敷かれたら、妻と夫を共に臥せしめよ。結婚を行うために（義父の）家で彼らはイシュタルを心にとめ、九日の間喜びをあらしめよ。彼らをしてイシュタルをイシュハラと呼ばしめよ」と記されている（第六欄298-304）。このことからイシュタルとイシュハラは明らかに同一視されていると言えよう。アナトリアの伝承では、イシュハラは大気神エンリルとアバンド神の母として知られ、フルリ系の冥界の女神であり、成長を司る女神として穀物神ダガンや農耕、植物神ニヌルタとも結び付いていた。誓約の女神としては「誓いを破ったものに罰として病気を送り、反対に病気から救出もする」と期待され、儀礼や卜占、呪術などの文書では「七精霊の母」と呼ばれ、エラムの女神ナルンテ†／ナルンディに由来する七柱の精霊たちはイシュハラ女神の子供たちと考えられた。

キーワード：愛、戦闘女神、冥界、誓約、成長、治癒、呪詛、卜占

参考文献：岡田／小林『古代メソポタミアの神々』147, 160, 252頁；MIHO MUSEUM編『メソポタミアの神々と空想動物』80頁；『古代オリエント事典』343頁；ボテロ『最古の宗教』106頁；『古代オリエント集』173頁．

イナル　Inar

名前の意味・神格・属性：意味不詳。イナラシュ、イナラス、イナラとも呼ばれる。ハッティ（ヒッタイト王国以前、中央アナトリアに居住していた先住民）に起源を持つ重要な神々の一柱で、天候神の娘。愛と戦いの女神。メソポタミアのイナンナ／イシュタル†と同一視される。

概要：ヒッタイト古王国時代には首都ハットゥシャの都市神・守護女神であったが、中王国以降もその属性を保持し、表意文字でLAMMA（守護神）とも表記された。ヒッタイトには、竜神と天候神が戦い、後者が一度は敗れるが他の神々（もしくは彼自身の子供）に助けられて復讐を果たす「竜神イルヤンカ（イルルヤンカシュ）の神話」が二種類伝わっている。一つの版では、竜神イルヤンカによって打ち負かされた天候神がすべての神々に助力を求め、女神イナル（イナラシュ）には祝典の準備をするように懇願する。彼女が大規模な宴会の用意万端を整えると、人間の男フパシャ（フパシャシュ）をその性的魅力で誘惑し、竜神をねぐらから宴会場に誘い出す。竜神がたらふく食べたり呑んだりして、ねぐらに戻ることができなくなったのを見計らって、協力者のフパシャが怪物を縛り上げ、天候神がこれを殺す。一方、イナルはフパシャの望みを叶えて彼と交わり、崖の上の家に一緒に住んでいたが、窓を開けてはいけないと命じる。しかし二十日過ぎると、フパシャは窓から下界を見下ろし、地上の妻子の姿を見て「私を家に帰してください」と嘆願するので、女神は彼を殺してしまう（第一欄、第二欄）。この神話は愛の女神として人間の男を誘惑して関係を持ちながら、最終的に死を与える残酷な女神としてのイナルを描いており、メソポタミアの『ギルガメシュ叙事詩』に登場するイシュタルやフリュギアのキュベレ†、シリアのデルケト（＝アタルガティス†）との類似が顕著であり、またその後半では昔話の「見るなの座敷」の原型とも言えるタブーのモティーフが語られている。もう一つの版では、イルヤンカに目と心臓を奪われた天候神が、地上の貧しい娘と交わり、息子を生んでいる。彼はこの息子とイルヤンカの娘を結婚させ、欺いて自分の目と心臓を取り戻し、竜神と息子を殺している（第三欄、第四欄）。ギリシアに伝えられてゼウスとテュポンの神話になったこの物語では、天候神に勝利をもたらすのは間接的に息子であり、イナルは登場しない。

キーワード：愛、戦闘女神、都市女神、守護女神、竜神、タブー（見るなの）

参考文献：『古代オリエント集』367-369頁；『古代オリエント事典』348, 352頁；矢島『メソポタミアの神話』179-183頁；ガスター『世界最古の物語』183-189頁；『神の文化史事典』94-95頁．

イナンナ／イシュタル　Inanna / Ishtar

名前の意味・神格・属性： シュメル語で「天の女主人」(ニンアンナ)の意。ウルク期以来、豊穣の「葦束」が象徴とされ、その絵文字が「イナンナ」を示す楔形文字に発展した。別称としてニンアンナ、インニン、ニンニ、イシュハラ†。牧畜神ドゥムジ／タンムズの配偶女神。イナンナはシュメルの大いなる神、天神アンの娘とされるが、その他の神々、例えば月神ナンナの娘ともされる。イシュタルはアッカド人がイナンナを指して呼んだ名称であり、シュメルの「愛と豊穣の女神」、「王権の守護者」とセム系の「戦いの女神」、「金星の女神」などの諸要素が融合して複雑な性格を持つに至った。

概要： メソポタミアのシュメル・アッカドをはじめ、古代オリエント世界の全域で崇拝された。イナンナの聖地はウルクのエアンナ(「天の家」の意)と呼ばれるジグラト地区にあったが、イシュタルのそれは古代オリエント世界の広範囲に散在し、そのため各地の女神たちと習合し、信仰中心地の名前を冠して「アルベラのイシュタル」、「ニネヴェのイシュタル」などと称せられた。この女神は多くの神話に登場する。シュメル神話「ドゥムジとエンキムドゥ」では、牧畜神ドゥムジと農耕神エンキムドゥがイナンナ女神の「花婿」候補となり、最初イナンナは農耕神に心惹かれるが、最終的に兄の太陽神ウトゥが薦める牧畜神ドゥムジと結婚する。この男女神の組み合わせは、ウル第三王朝時代以降に王がドゥムジに成り代わり、イナンナとの「聖婚」儀礼を行うことで、国家の繁栄を得るという祭礼に発展した。この「聖婚」の式次第を記した「王讃歌」が多数残されているが、その中に描かれているイナンナは有史以前からの大地母神の系統を引くものではなく、王権の守護者としての役割を果たしていると考えられる。また、シュメルには王権に欠かせないものとして、その文明すべてを律する「メ」があり、通常は大いなる神々、例えば最高神である天空神アンやその息子の大気神エンリルが司り、あるいは知恵神エンキがエリドゥにある神殿アブズに保管していると考えられて

上：イナンナ女神の象徴(右端)に捧げる聖婚儀礼の品々、円筒印章印影
下：武装のイナンナ／イシュタル、イラン高原の磨崖碑模写

いた。この種の神話の一つ「イナンナとエンキ」では、エリドゥを訪問したイナンナがすっかり酩酊したエンキからすべての「メ」を譲り受け、天の船に積み込んでウルクへと漕ぎ出して行く。酔いから覚めたエンキはあわてて追っ手を繰り出し、「メ」を取り戻そうとするが、イナンナは従者のニンシュブル†女神に救援を求めて追っ手をかわし、無事にウルクの聖域エアンナに帰還している。一方、もう一つの「メ」に関するシュメル神話「イナンナ女神とシュカレトゥダ」では、女神が人間の青年に陵辱されるという一風変わった内容が語られている。若者シュカレトゥダは植物を育てるのが下手で、芽が出ないうちに引っこ抜いてしまうような駄目な園丁であったが、それでもようやくユーフラテス・ポプラが育ち、昼も夜も木陰を提供するようになった。ある時、山野を駆け巡り、世界の秩序を守る「メ」で全土を補導しようとしていたイナンナ女神は、あまりの暑さに疲れ果て、

休憩所を求めてこのユーフラテス・ポプラの緑陰に辿り着くと、「メ」を腰巻にして熟睡してしまった。それを見たシュカレトゥダは女神の腰巻を解いて陵辱し、逃げ出した。女神は目覚めてこのことを知ると、怒り狂い、シュメルの地に様々な害悪を流して、犯人の若者を炙り出そうとする。しかしシュカレトゥダは父親の知恵を借り、大都会の人ごみに紛れて追及をかわしていたが、結局大いなる神々の助けを借りたイナンナに捕まり、殺されてしまう。ただし、女神は「お前の命はなくなるが、お前の名前は永遠に残そう」と約束し、この神話が成立した時代から五千年を経た現在でも、シュカレトゥダの名前は伝えられている。このほか、アッカド王サルゴン一世（前2334-2279年）の娘であり、現在までのところ名前の判明している最古の詩人エンヘドゥアンナ王女が創った讃歌「イナンナ女神とエビフ山」では、イナンナの力強さが讃えられている。ザグロス山脈の中で威容を誇るエビフ山がイナンナに敬意を表さないので、怒った女神が大いなる神アンの諫めも聞かず、脅威を示す「ニ」や高貴な力「メラム」で武装し、右手には七つ頭の武器「シタ」を持ってエビフ山に戦いを挑み、大地を揺るがしてその山を崩壊させてしまうという内容である。また、イナンナの守護する都市ウルクの王とザグロス山脈を越えたはるか東方のアラッタの君主との抗争を描いた叙事詩「エンメルカルとアラッタの君主」では、イナンナが「強い王」を好むことが語られ、戦いを勝利に導く女神としてのイナンナが強調されている。しかし、続編の「ルガルバンダ叙事詩」では明星の女神として出現して、山中で病に伏す小さなルガルバンダ王子を励ますなど、猛々しい戦いの女神とは対照的な病気を治癒する権能を発揮している。

イナンナとイシュタルに共通する最も有名な神話としては、「イナンナ（イシュタル）の冥界下り」がある。女神は「天と地の女王」と呼ばれ、地上界と天上界を支配していたが、彼女の姉妹であるエレシュキガル[†]が統治している冥界をも支配しようと思い立つ。彼女は「大いなる地下」へ下っていくが、七つの大門をくぐるごとに衣装を剝ぎ取られたので、エレシュキガルの前に出た素裸の女神は死骸となって三日間冥界に吊るされてしまう。そこで忠実な召使の女神ニンシュブル（アッカド版では従者パプスッカル）が大いなる神々に訴え、イナンナ／イシュタルは地上に帰還できることになる。ただし、この神話は後半の展開が二種類あり、アッカド語版では女神が七つの大門を抜けてくる所で終わっている。一方、シュメル版の場合、イナンナの帰還には身代わりが必要とされた。その結果、女神は妻の喪にも服さず、着飾って玉座に座っていた夫のドゥムジを冥界に下らせ、ついでその姉ゲシュティンアンナ[†]（「天の葡萄の木」の意）が交代で冥界に下ることになった。このエピソードからは、イナンナの豊穣多産の大地母神としての属性を見て取れる。また、牧畜神ドゥムジとその姉とが半年ごとに冥界に下ることになるのは、春に羊の屠殺が行われ、秋に葡萄の収穫がなされるという一年の農耕サイクルが、この「死と復活」の物語に重ねあわされているためであるという説もある。なお、アッカド語の『ギルガメシュ叙事詩』に登場するイシュタルは、英雄ギルガメシュによってその淫乱さ、残酷さが徹底的に排撃され、侮蔑・嘲笑されているので、かつてイナンナとドゥムジ、イシュタルとタンムズの名前のもとに執り行われていた聖婚の儀式はこの時点で過去のものとなり、同時に、王権の守護神もしくは豊穣多産を司る大地母神としての神格・属性を喪失していたことがうかがえる。

王権の守護神としてのイナンナ／イシュタルの図像は、弓矢等で武装し、ライオンを従えた姿で描かれることが多いが、時として扇情的なポーズと衣服によって性愛の女神としての役割を誇示していることもある。前15世紀頃には、「ニネヴェのイシュタル女神」の像が病気の治癒に霊験あらたかであるとされ、エジプト第十八王朝のアメンヘテプ三世の晩年に、当時アッシリアを支配していたミタンニ王トゥシュラッタからこの像が貸与されたという記録が残されている。また、ヒッタイトでは、イシュタルはフルリ系のシャウ

シュガ†と同一視される。天候神かつ最高神テシュブの姉妹神として法秩序と戦争を司り、ヤズルカヤの「岩の神殿」では男神の行列に加わって男神と同じ角冠をかぶり、ニナッタとクリッタという戦いと奏楽の二女神を従えた姿で描かれている。

キーワード：愛、豊穣女神、戦闘女神、王権、星、聖婚、治癒、冥界、姉妹、守護女神

参考文献：『古代オリエント集』23-36, 43-48, 65-67, 143, 150-152, 191-195, 253, 361-362頁；岡田／小林『古代メソポタミアの神々』38-46, 67-68, 252頁；岡田／小林『シュメル神話の世界』96-109, 111-125, 162-167, 171-179, 186-194, 203-218, 240-244, 298頁；『古代オリエント事典』348-349頁；『図説 古代オリエント事典』55-56頁；矢島『メソポタミアの神話』71-76, 141-146頁.
⇒イシュハラ、ヘパト

エレシュキガルと考えられる冥界の女神像、粘土製装飾板、模写

インニン Innin ⇒イナンナ／イシュタル

エスタン Estan ⇒アリンナの太陽女神

エレシュキガル Ereshkigal
名前の意味・神格・属性：シュメル語で「大いなる下界の女主人」、「冥界の女王」の意。死と暗闇の世界、すなわち冥界を支配する女神。古くはググアルアンナ（「天界の巨大な雄牛」もしくは「天空神アンの運河監督者」の意）の配偶女神であったが、後代の神話ではネルガル（シュメル語で「大いなる都市の主人」の意）を夫として、「死者の国」を共同統治したとされる。アッカド語ではアルラトゥ、配偶神ネルガルはエラ（戦い、暴力、焦土、破壊の神）としても知られる。イナンナ／イシュタル†は姉妹、娘はヌンガル、息子はナムタル（冥界の使者、執事）とニンアズ（治癒神）である。

概要：シュメル語の「イナンナの冥界下り」では、エレシュキガルは、神々がすでに定めた領域を侵犯して冥界に下りてきたイナンナに「死の目」を向け、その死体を釘にかけて三日三晩放置した。イナンナの忠実な召使の女神ニンシュブル†はあらかじめ言い含められていたように彼女の助命に奔走するが、大気の神エンリルや月神ナンナに拒絶される。その後、ようやく知恵の神エンキが援助の手を差し伸べるが、イナンナが冥界から完全に解放されるには配偶者ドゥムジを身代わりに立てなければならなかった。

一方、アッカド語の「イシュタルの冥界下り」でも、エレシュキガルはイシュタルが七つの門を通るごとにその装飾品や衣服を奪い、完全に無力にして宮殿に閉じ込めたと語られる。そこは「埃がご馳走であり、粘土が食料であり、光を奪われた暗黒の家」であり、「そこに入ったものは誰一人戻ることができない不帰の家でもあった」と描写されている。同じアッカド語の「ネルガルとエレシュキガル」という神話は、天界の神ネルガルが、冥界の使者ナムタルに敬意を表さなかったので、罰としてその地に下されて激しい愛憎劇を繰り広げ（一説によれば一度は天界に逃げ戻るが）、最終的にエレシュキガルの夫として冥界にとどまったと語る。この神話では、冥界とそれ以外の領域との往来には厳しいタ

ブーがあり、神といえどもそれを犯すことは不可能であったことが繰り返し強調されている。なお、ここでのエレシュキガルは、日本神話のイザナミ†にも似て「もしネルガルをよこさないならば、死者たちを(地上に)上らせて、生者を食わせ、死者を生者より多くしよう」と脅迫する冥界の女王であると同時に、ネルガルと「七日間、情熱的にベッドを共にする」性愛の女神としての一面をあわせ持っている。

キーワード：冥界、死の女神、タブー、姉妹
参考文献：「イナンナの冥界下り」、「イシュタルの冥界下り」、「ネルガルとエレシュキガル」(『古代オリエント集』23-36, 191-195, 211-221頁)；矢島『メソポタミアの神話』51-72, 155-161頁；『神の文化史事典』140, 391頁；月本『古代メソポタミアの神話と儀礼』75-76頁.

カデシュ Kadesh
名前の意味・神格・属性：カデシュはシリア中部の地名・古代都市名であり、その地で発掘された紀元前二千年紀の裸体の女神像はその名前で呼ばれる。セム系の女神。性愛、狩猟、野生動物と関連があり、両手に花と蛇を持ち、裸でライオンの背に乗る姿で描かれる。セム系遊牧民アモリ人の神アムル(シュメル語ではマルトゥ)の配偶女神。アスタルテ†、アシェラ†とも同一視され、エジプトのセクメト†との類似も指摘される。

キーワード：性愛、狩猟
参考文献：岡田/小林『古代メソポタミアの神々』251頁；ベアリング/キャシュフォード『世界女神大全』Ⅱ, 140頁(図10), クレンゲル『古代シリアの歴史と文化』149頁(写真42).

ガトゥムドゥグ Gatumdug
名前の意味・神格・属性：意味不詳。天空アンの娘。シュメルの都市ラガシュの守護女神。

概要：守護する都市の名前を冠して「ラガシュの母」、「ラガシュを造りし母」、「ラガシュの嫗」とも呼ばれた。アッカド王朝の勢力が北方からの山岳民族グティ人の侵入で弱まっていた頃、ラガシュではグデア王とその一族が交易によって繁栄していた。グデア王(前2144-2124年頃統治)は信心深い王として多くの像や碑文を残しているが、その一つ「グデアの神殿讚歌」では、王は夢の中でラガシュの都市神ニンギルスに神殿建立を命じられ、神の真意を確認するために、シララ市区の主神ナンシェ†(エンキの娘、ニンギルスの妹)のもとに夢解きを願いに出かける。王は道中の各神殿で神々に祈りを捧げ、ガトゥムドゥグにもパンと冷たい水を捧げ、次のように呼びかける。「私の女王よ、浄らかなアンが生み給うた子よ。占いの権威者、誇らかに頭を上げている女神よ。――ラガシュの礎を置かれた母、女主人よ」。さらに、王はナンシェ女神の夢解きが得られるように、吉兆が得られるようにと祈願し、「彼の女王、浄らかなガトゥムドゥグは、彼の供物と祈願を受け入れた」ので、グデアは勇気を得てシララに赴き、「神々の夢占い、――夢を解いてくださる母」ナンシェ女神から無事に夢解きをしてもらって、ニンギルスの神殿建立を決意している。この段階ではグデアの、また彼の支配するラガシュの守護女神であったガトゥムドゥグは、前二千年紀末、ウル第三王朝に東方のエラム人や北方からのスビル人などの侵入が相次ぎ、国土が荒廃した時代に再び登場する。シュメルの「ウルの滅亡哀歌」はその歴史事実を反映した文学作品の一つであるが、その中ではラガシュの女神たちも守護する市区を見捨てて去り、「ラガシュの嫗」ガトゥムドゥグもまた「ラガシュで彼女の家を見捨てた。女神の羊小屋は空になってしまった」と嘆かれている。

キーワード：守護女神、夢解き
参考文献：「ウルの滅亡哀歌」、「グデアの神殿讚歌」(『古代オリエント集』52, 76-85頁)；MIHO MUSEUM 編『メソポタミアの神々と空想動物』40頁；クレーマー『聖婚』37-40, 268頁.

キ Ki
名前の意味・神格・属性：シュメル語で「(母

なる）大地」の意。シュメルの天空神アンの配偶女神。

概要：都市ラガシュ出土のテキスト「天地の呼応」には、「主なる天空神アンが若者として立った。天と地（アン・キ）が呼応して立った。その時代、エンキも——エンリルもいなかった」とあり、世界の最初に存在したのは天（アン）と地（キ）であったとされている。また、最初に存在したのは「原初の海」ナンム[†]女神であり、彼女は天と地が一つに結合した宇宙山を生んだが、この天と地からエンリルが生まれたとする説もある。同じくシュメル語テキスト「樹木と葦」の中では、「高き天なるアンは広い大地と交わり、木々や葦の種をその胎に注入した。（中略）美しい大地はアンのよき種を受け取った」とあり、天空神アンと大地女神キが植物によって象徴される万物の両親であったとされている。一方、「鶴嘴讃歌」や「ギルガメシュ、エンキドゥ、冥界」では、本来配偶神同士であり、神々の両親であった天と地が分離されたとしている。しかも前者では「彼の決定を誰も変えることはできない大いなる神エンリルは、天（アン）と地（キ）を引き離し、大地と天とは区別された領域とし、ドゥルアンキ（「天と地のつなぎ目」の意。エンリルの都市ニップルの聖所）で（中略）鶴嘴を創りだし、最初の人間が生まれた」とあり、後者では「アンが天を運び去った時、エンリルが大地を運び去った時」とある。つまり天地の分離において主導権を握ったのはエンリルであった。従って、この段階では大気神エンリルの力が天空神アンのそれを上回っている。エンリルはアン神の配偶女神にして彼自身の母でもあった「大地」を奪い、妻としたことによって人間の誕生、都市の建造、文明の創造のための舞台を用意した。また、アッカド語の天地創造神話「エヌマ・エリシュ」では、アンとキはその名前を変えながら登場している。原初の海の女神ティアマト[†]（シュメルの女神ナンムの後継者）と淡水の男神アプスーから生まれたものとして、ラフムとラハム、アンシャルとキシャルという男女の神々があげられていて、これらの神々はアンとキに相当する。なお、この神話では「アンシャルは長子アヌを自分と瓜二つに作った。そうして彼の生き写しのアヌはヌディンムド（エア）を生んだ」とあり、天空神はアンシャル及びアヌとして二度（父子として）登場する。アッカドの神アヌの配偶女神はアントゥ[†]とされる。

キーワード：大地、人間の創造、文明の創造、天地分離

参考文献：MIHO MUSEUM 編『メソポタミアの神々と空想動物』251 頁；岡田／小林『シュメル神話の世界』37-35, 145 頁；『古代オリエント事典』392 頁. 月本『古代メソポタミアの神話と儀礼』5-12, 27-28 頁；月本編『創成神話の研究』13-26 頁.

⇒ヌト

キュベレ　Cybele

名前の意味・神格・属性：名前については、カルケミシュのクババ（Kubaba）起源説と、フリュギア土着の女神で、その地の山々（キュベロン、ディンデュメ、アグドゥス）に由来する説の二つがある。別名はアグディスティス。アナトリア全土、とりわけフリュギアで崇拝された大女神。本来は豊穣多産を司る女神であったが、次第に戦い、予言、病気の治癒、山や森林の野生動物の保護などあらゆる面の力を有する者として絶大な信仰の対象となり、「山の女神」、「百獣の女主人」、「戦いの守護者」という形容辞が与えられた。やがてこの女神の神話と祭儀はギリシア、ついでローマに伝えられ、時に「マグナ・マテル[†]（偉大なる母）」、「神々の母」と呼ばれ、レア[†]と同一視された。

概要：キュベレの故郷アナトリアでは、彼女に関するまとまった形の神話や伝説を見出すことができないが、ギリシア・ローマにはいくつかの伝承が残されている。例えば、シチリアのディオドロス（前1世紀）によれば（3.58-59）、フリュギアとリュディアの王マイオンは妻ディンデュメが世継ぎの男の子ではなく、娘を生んだので、キュベロン山に捨ててしまった。ところが娘は野生の動物たちに育てられ、捨てられた山の名前にちなんで

キュベレ、石像、模写

キュベレと呼ばれるようになった。成長した彼女はアッティスに出会い、愛しあって彼の子供を身ごもった。一方、マイオンはキュベレを宮殿に連れ戻したが、彼女が一介の牧童の子を宿しているのを知ると、怒り狂ってアッティスを殺してしまった。キュベレが嘆き悲しんでアナトリア全土をさまよい歩くと、その地に不毛と飢饉が蔓延したので、人々は神託によって彼女を女神として崇め、アッティスの像を建てて、彼を供養する日を定めたという。小アジア出身のパウサニアス（2世紀）はキュベレの別名であるアグディスティスを取り上げ、次のような異伝を書き残している（7.17.5）。ある時、ゼウスは眠っていて大地（アグドゥス山、ディンデュメ山ともいう）に数滴の精子を放出した。その後、大地は半陰陽（両性具有）の怪物を生み、アグディスティスと名付けられたが、神々はその男根を切断した。その男根から一本の巴旦杏〔スモモの一種〕の木が育ち、やがて実がなった。サンガリオス河神の娘ナナが通りかかって、その実をもぎ取って膝の上にのせたところ妊娠し、一人の男の子を生み落とした。子供は山羊に養育され、アッティスと名付けられて非常に美しい青年に成長した。アグディスティスはこの青年に恋をしたが、青年がペッシヌス王の娘と結婚することになると、激しく嫉妬し、結婚式の式場にその姿を現した。その恐ろしい姿を見たアッティスは狂気にとりつかれて自分の男根を切断し、王も同じ行為をして死んでしまった。アグディスティスは青年の死を悲しんで、その身体が腐らないようにゼウスに願ったという。このほか、ローマのオウィディウス（前1世紀）の『祭暦』（4.223-245）にもほぼ同じような記述があり、これらのギリシアやローマの著述家たちが伝えるキュベレは、彼女自身もしくは恋人のアッティスが捨てられ、動物によって養育されたというエピソードやコロナ・トゥリタと呼ばれる城壁型の冠をかぶり、ライオンの引く馬車に乗って山野を駆け巡る姿によって、自然界との結合を顕示している。さらに、彼女のオルギー（狂騒・狂宴）を伴う祭儀においては犠牲獣の血が流され、その血を浴びた祭司たちがアッティスに倣って去勢したと伝えられ、そこで繰り返されている男根の切断というテーマもまた、彼女がかつて豊穣多産を司る女神であったことへの回帰であったということができよう。実際、女神が一度は愛しあい、交わった男性を死に追いやるというエピソードは、メソポタミアのイナンナ／イシュタル†やシリアのデルケト（＝アタルガティス†）、その娘のセミラミス†にも見られるが、キュベレのそれはアッティスと彼に倣った祭司たちが流す血が大地の死と再生、豊穣への祈願であったことは疑う余地がない。なお、キュベレの信仰や祭儀はキリスト教の勢力が拡大されるにつれて批判が強まり、彼女が「神々の母」であったという神格は、「悪魔の母」というものにまで貶められた（アウグスティヌス『神の国』2.7, 6.7）。

キーワード：豊穣女神、山、大地母神、戦闘女神、ライオン、治癒、悪魔

参考文献：フェルマースレン『キュベレとアッティス』142頁以下，245頁以下；パウサニアス『ギリシア記』471-472頁以下；ディ

オドロス『神代地誌』261-264頁；ベアリング／キャシュフォード『世界女神大全』II、56-73頁；オウィディウス『祭暦』145-148頁.

グラ　Gula

名前の意味・神格・属性：シュメル語で「偉大」の意。ニンカラク、ニンイシンナ†、ニンティヌッガ、バウ†とも呼ばれる。医薬・医者の守護女神、治癒女神。農耕・植物神、戦いの神でもあるニンウルタ（ニヌルタ）やパビルサグの、時に下位の植物神アブ（「植物の父」の意）の配偶女神とされ、また治癒神ダム、冥界神ニンギシュジダの母、天空神アヌの娘とされることもある。

概要：都市イシンに聖域があり、病気とその治癒を司る女神として重要であった。カッシート時代の境界石クドゥルには玉座に座る姿で描かれているが、かたわらに侍っている犬は随獣で、犬だけでもグラを象徴することがある。病気を癒す女神である反面、新アッシリア帝国の王エサルハドン（前680-669年）が発令した「アデー誓約」第五十二条には、皇太子アッシュル・バニパルを王位に就けることに反対した者に「グラ女神、偉大な女医が——病気と辛苦を、治りにくい傷を置くように、そして水のように血と膿を浴びせるように!」という呪いの言葉があり、敵対するものを病気にする両価的（アンビヴァレント）な、魔術的な力を有していたことがうかがえる。

キーワード：守護女神、治癒、農耕、植物女神、呪詛、犬

参考文献：岡田／小林『古代メソポタミアの神々』143、191、250頁；岡田／小林『シュメル神話の世界』271頁；MIHO MUSEUM編『メソポタミアの神々と空想動物』40頁；『古代オリエント事典』344、601頁；日本オリエント学会監修『メソポタミアの世界』「必携」63頁.
⇒キサカヒヒメ

ゲシュティンアンナ　Gestinanna

名前の意味・神格・属性：シュメル語で「天の葡萄の樹」の意。女神イナンナ／イシュタル†の夫（もしくは若い愛人）であるドゥムジの姉妹。地上では「天の葡萄の樹」、「蔓の貴婦人」と呼ばれる植物神であったが、冥界では「書記」としてエレシュキガル†に仕え、冥界神ニンギシュジダ（＝ニンギジダ）の配偶女神。夢解きと予言を行い、都市国家ラガシュの守護女神、王グデアの個人神でもある。

概要：シュメル語の「イナンナの冥界下り」、「ドゥムジの夢」、「ドゥムジとゲシュティンアンナ」という一連の神話テキストでは、ゲシュティンアンナは常にドゥムジの味方であり、イナンナや冥界のガルラ霊に迫害されるドゥムジを助けるためにあらゆる努力を惜しまない心優しい姉妹として描かれる。彼の不吉な夢解きをし、匿い、しかも彼が羊小屋で捕まり、殺されてしまうと、ゲシュティンアンナはイナンナの身代わりとして冥界に下るドゥムジと半年ずつ交代でその地に下り、留まることをイナンナに申し出ている。一方、ラガシュのグデア王（前22世紀）の石像に刻まれた碑文では、ニンギジュダ（植物の生育を司ると同時に冥界神でもある）神の「最愛の妻」と記録されているが、その他の都市国家ではニンギシュジダの妻はニンアジムア（「良き液を育てる女主人」の意）であったので、ゲシュティンアンナは彼女と習合している。さらにバビロニアに導入されたセム系の女神ベレト・セリ（「荒野の貴婦人」の意）とも同一視され、「冥界の書記」としてエレシュキガルに仕えたことが知られている。歌手・詩人として名高く、あるシュメル語のテキストは「彼女なしには合唱隊はうまく歌う

グラ女神（左）と随従の犬、円筒印章印影図

ことができなかった」と記している。
キーワード：葡萄、冥界、夢解き、予言、書記、歌手・詩人、守護女神
参考文献：「イナンナの冥界下り」『古代オリエント集』35頁；岡田／小林『シュメル神話の世界』167-171頁；月本『古代メソポタミアの神話と儀礼』73, 79頁；クレーマー『聖婚』201-222頁.

シドゥリ　Shiduri
名前の意味・神格・属性：アッカド語で「乙女」の意。フルリ系の女神。不死を求めて旅をする英雄ギルガメシュに助言・忠告する女性。名前に神格を表す記号（ディンギル印。上付きd.で示す。^{d}Šiduri）が付けられているので、彼女は単なる地上の女性ではなく、イシュタルが姿を変えたものであろうとも考えられる。また呪文集「シュルプ」では、「知恵の女神」、「生命の守護者」と呼びかけられている。
概要：シドゥリは酒場の「酌婦」もしくは「葡萄酒店の女主人」として『ギルガメシュ叙事詩』に登場するが、標準版よりも古バビロニア版の方が詳しい（「古バビロニア版M」第2-3欄）。標準版で第十書板に相当する箇所の古バビロニア版では、親友エンキドゥの死に打ちのめされ、「永遠の命」を求めて長く厳しい旅をしてきたギルガメシュに対して、「永遠の命は神々のものであって、人間には死が割り当てられている」ことを教え、「腹を満たし、妻子と楽しく過ごす」現実の生活を享受するよう忠告する。しかしギルガメシュがこれを拒絶すると、彼に「死の水」を渡ることの困難を説き、その水を安全に渡るためには「永遠の命の人」もしくは「不死を約束された人」ウタナピシュティム（標準版ではウトゥナピシュティム）の僕スルスナブ（標準版では船頭ウルシャナビ）の助けが必要であると教示する。ギルガメシュはシドゥリの教えに従って、「死の水」を渡り、はるかなるウタナピシュティムのもとに辿り着く。シドゥリは神々の一覧（KAV 173, 21）ではイナンナ／イシュタル[†]と同一視される。
キーワード：永遠の命、酌婦、死の水
参考文献：『古代オリエント集』159-160頁；『ギルガメシュ叙事詩』115-118, 212-215頁（「古バビロニア版M」第2-3欄）；矢島『メソポタミアの神話』106-107頁；ガスター『世界最古の物語』54-56頁；マッコール『メソポタミアの神話』83-86頁.

シャウシュガ　Shaushga
名前の意味・神格・属性：意味不詳。フルリ系の性愛と戦いの女神。天候神テシュブの姉妹。シュメルのウル第三王朝時代にはシャウシャという名前で知られ、ついで指小辞-kaが付いたシャウシュカ、もしくはシャウシュガという名前で一般化された。アッシリアではイナンナ／イシュタル[†]と同一視され、シリアの北部では女神イシュハラ[†]やアスタルテ[†]とも同一視された。
概要：東フルリ文化圏（ミタンニ王国を含む）、ヒッタイト、シュメル、アッシリア、シリア、エジプトで崇拝され、とりわけフルリ人のパンテオンでは最高女神の地位を獲得していた。後にヒッタイト王国に導入され、新王国時代のハットゥシリ三世（前1275-1250年頃）の個人神として崇拝された。フルリ神話をヒッタイト語に訳した「クマルビ神話」では、兄弟である天候神テシュブが宿敵（クマルビ）の息子ウルリクムミと戦い、劣勢であるのを知ると、この怪物を誘惑し、破滅させようとするが、ウルリクムミは全身が岩でできていて、「耳も聞こえず、目も見えない」ので失敗する。一方、アッシリアに伝えられたシャウシュガは、性愛と戦いを司るイシュタルと習合され、その重要な祭祀の中心地にちなんで「ニネヴェの母神」とも呼ばれた。ついで「法・誓約の女神」、「治癒の女神」イシュハラとも同一視され、その像がエジプト王アメンヘテプ三世（前1402-1364年）のもとに健康と長寿を祈って送られたことが知られている。なお、ヒッタイトの碑文にはシャウシュガが「武装」もしくは「男装」したとあり、アナト[†]にも似た戦いの女神であったことが示されているが、図像ではしばしばライオンの上に座って両肩から羽を生やし、片手

に黄金のカップを、もう片手には「善いもの」を表すシンボルを持つ姿で描かれた。シャウシュガには陪神としてニナッタおよびクリッタという奏楽女神が付き従うのが常であった。

キーワード：豊穣女神、性愛、戦闘女神、法・誓約、治癒、武装、男装、最高女神

参考文献：「クマルビ神話」『古代オリエント集』361 頁；『古代オリエント事典』110, 515-516, 522-621 頁；岡田／小林『古代メソポタミアの神々』158-160, 250 頁.

シャパシュ　Shapash

名前の意味・神格・属性：ウガリト語で「太陽」の意と考えられ、シャプシュとも呼ばれる。「神々の松明」、「神々の光」と形容される、太陽を神格化した女神。

概要：ウガリト神話「バアルとアナト」では、死の神モトとの戦いに敗れて姿を消したバアルを探し求め、冥界にまで下っていくアナト[†]と行動を共にしたシャパシュは、ようやく発見したバアルの死体をアナトに背負わせて地上に戻ってくる。ここに描かれているのは全土を照らし、万物を見渡す力を持ち、夜には冥界に下り、朝には再生する太陽の属性である。神話ではその後アナトが愛するバアルのためにモトと戦って滅ぼし、やがて復活したバアルとモトとの終わりなき戦いが繰り広げられるが、シャパシュはその場に調停者として登場し、モトに向かって「戦いを止めないと、最高神エルがお前の王座を引っくり返し、その支配の杖を折ってしまうぞ」と脅し、戦いに終止符を打たせている。おそらく、シュメルのウトゥ、アッカドのシャマシュといった太陽神が、毎日の行程を規則正しく運行することから、秩序を司り、正義の神、裁判の神とみなされるようになったのと同様に、太陽女神シャパシュにもそれらの属性が引き継がれたのであろう。

キーワード：太陽、松明、光、調停者、正義、裁判

参考文献：「バアールとアナト」『古代オリエント集』301-305 頁；グレイ『オリエント神話』227-228 頁；クレイギー『ウガリトと旧約聖書』112 頁.

シャラ　Shala

名前の意味・神格・属性：意味不詳。フルリ系の農耕女神。象徴は大麦の穂。メソポタミア北部の最高神で天候神（雷神）の〔（シュメル名ではイシュクル）の配偶女神。火神ギビル／ギッラの母神ともされる。後代、おとめ座のスピカ（ラテン語で「麦の穂」）がこの女神の星座とされた。なお、シュメルの牧畜神シャラ Shara とはまったく別の神格。

キーワード：農耕、麦の穂

参考文献：岡田／小林『古代メソポタミアの神々』160, 250 頁；『古代オリエント事典』293, 583, 667 頁；近藤『わかってきた星座神話の起源』37, 41, 56 頁.

セミラミス　Semiramis

名前の意味・神格・属性：古代シリア語で「ハト」の意。アッシリア王シャムシ・アダド五世（前 823-811 年）の王妃サンムラマトのこと。王の死後絶大な権力を振るった女性として名高い。彼女の母はデルケト（＝アタルガティス[†]）というシリアの半人半魚の女神とされ、自身も後に永遠の命を得て、ハトに変身して遠く飛び去ったと伝えられ、神格化された。

概要：シチリアのディオドロス（前 1 世紀）の大著『ビブリオテケ』(2.4) によれば、女神デルケトの生んだセミラミスは美しい娘に成長し、最初はアッシリア王の宰相オンネスの妻に迎えられた。彼女は二人の子をもう

シャラ、粘土製装飾板（部分）

け、平穏に暮らしていたが、後に王ニノスがバクトリアへ遠征、要害バクトラの包囲戦が長引くと、オンネスは妻が恋しくなり、彼女をその陣中に呼び寄せた。しかし男装して戦場に現れたセミラミスの美しさ、すぐれた才知に眼を奪われたニノスが、彼女を妻にしたいと乞い願ったうえに脅迫してきたので、オンネスは錯乱状態に陥り自殺した。再婚したセミラミスはニノスとの間に息子ニニュアスをもうけたが、王はまもなく死んだので、彼女は幼い息子に代わって権勢を振るい、エジプトをはじめエチオピア、インドにまで遠征し、また都市バビロンの城壁や壮麗な神殿などの大々的な建築事業を行ったと伝えられる。ここに描かれているセミラミスは女神ではなく、アッシリア王シャムシ・アダド五世の王妃、アダド・ニラリ三世（前810-783年）の母サムラマトのことであったというのが学界の定説である。おそらく、アッシリア史上に珍しく、宮廷を支配して君臨したサムラマト（摂政であったと推定されている）の姿が誇張され、その出自にシリアの女神デルケトを登場させることによって、実在の王妃の神格化・伝説化が図られたのであろう。ヘロドトス（前5世紀）の『歴史』(1.184) をはじめとするギリシア・ローマの著作家は、セミラミスの驚異的な建築事業を列挙し、はては世界の七不思議の一つ「空中庭園」をも彼女が造営したとすることによってその伝説化を、また当時メソポタミアとその周辺で崇拝され、信仰されていた様々な女神の神話を付け加えることによってその神格化を図った。例えば、セミラミスが兵士たちの中から、容姿の際立って優れた者を選び出しては相手をさせ、しかも彼らをすべて殺したという記述（ディオドロス、2.13）や、この女神を宦官の創始者とする説は、アナトリアのキュベレ（＝アグディスティス）が美貌の若者アッティに恋をし、裏切られると去勢に追いやって殺した神話の焼き直しである。また、モーセス・ホレナツィ（5世紀）の『アルメニア史』には、アルメニア王アラの美貌を伝え聞いて求愛するが、拒絶されて激怒し、大軍を率いてその国に侵入し、王を敗死させるセミラミスが登場する。しかも彼女は愛する者の死に直面して狂乱し、その傷口を舐める呪法によって蘇生を図ったが失敗したとされ、好色であると同時に残酷なその姿は、性愛と戦いの女神、哀哭の女神でもあるイナンナ／イシュタル†、イナル†、アナト†、シュウシュガ†などとの類似が顕著である。セミラミスの名前は長い間、オリエント全域で知られてきた。脚色され、肥大化したその伝承はギリシア・ローマ時代を経て西欧にまで伝わり、数多くの文学作品やオペラにもその名前を書き記されることになった。

キーワード：捨て子、ハト、性愛、戦争、泣く

参考文献：矢島『ヴィーナスの神話』72-73頁；『図説 古代オリエント事典』312頁；渋澤『黄金時代』16-39頁；ディオドロス『神代地誌』138-157頁；大貫良夫他『世界の歴史〈1〉人類の起原と古代オリエント』中公文庫, 2009年, 330-333頁；佐藤『アルメニア史』47-48頁.

タシュメートゥ Tashmetu

名前の意味・神格・属性：アッカド語のテシュム「傾聴・注目」に由来する名称か。バビロニアの慈悲、愛と生殖能力を司る守護女神。書記神ナブの配偶女神。ヘレニズム時代以降はアルテミス†、アプロディテ†、アナーヒター†などと同一視され、パルティア時代にも広く崇拝された。

概要：セム系起源の女神であったが、メソポタミアに伝えられ、南部の都市ウルクに祀られていた。前一千年紀にはボルシッパの都市神ナブの配偶女神となり、ナブがバビロンの守護神マルドゥクの「書記」、「執事」であり、その「長子」であったところから、バビロンのアキトゥ祭（新年祭）にタシュメートゥと共に招聘されて、数日間滞在し、すべての祭礼が終わると再びボルシッパに帰還したことが知られている。ついで新アッシリア時代になると、ナブとタシュメートゥとの「聖婚」の儀式はボルシッパからカルフにも伝えられ、アヤルの月（第二月）に執り行われた。なお、ナブの配偶女神としては、タシュメー

トゥのほかにもナナヤ†、ニサバ†があげられることがある。

キーワード：守護女神、慈悲、愛、聖婚、新年祭

参考文献：「バビロンの新年祭」『古代オリエント集』200頁；小林『古代メソポタミアの神々』249頁；『図説 古代オリエント事典』377-378頁；『古代オリエント事典』642, 668頁；松島『メソポタミアの神像』191-206頁．

タニト　Tanit

名前の意味・神格・属性：フェニキア語、ポエニ語に由来する名前と言われるが、意味不詳。母神であると同時に冥界の女神でもあり、生死を司る。別称はティニトなど。前一千年紀前半からフェニキアで知られており、アスタルテ女神との関連も考えられるが、前5世紀以降はアスタルテ†とはまったく別の神格として、カルタゴのバアル・ハモン神と並ぶ最高神として崇敬された。象徴は水平線の上に乗る円と下部の三角形で「タニトの記号」と呼ばれる。

概要：フェニキア（現在のシリア）を中心とし、カルタゴ（現在のチュニジア）など地中海世界で崇拝された。カルタゴ出土の多くの奉納碑文の冒頭の常套句では、タニト女神は「女主人《バアルの顔》であるタニトへ。そして主バアル・ハモンへ」と男神バアル・ハモンより先に書かれている。ある時期以降、カルタゴでは女神が本来の農耕神バアル・ハモンを凌駕しており、タニトの「母神であると同時に死と再生を司る女神としての存在」が大きくなってきたことを示している。フェニキア系植民都市によく見られるトフェトという名の聖所は、『旧約聖書』「列王記 下」(23.10)や「エレミヤ書」(32.35)などにあるように、エルサレム郊外の火葬／焼却地でフェニキア系の神バアル／モロク神に幼児犠牲を捧げたと言われる場所の地名トフェトに由来するが、カルタゴのトフェトではタニト女神への奉納碑文が多く出土していると共に、幼児の遺骨が非常に多く発掘されている。そのため、ここで幼児犠牲が行われたのではないかという説もあるものの、まだ不明のことが多い。

タニト女神（上段）と象徴（下段中央）、石製奉納板浮彫

キーワード：母神、死と再生、冥界

参考文献：『古代オリエント事典』586頁；『世界神話大事典』236-237頁；栗田他『通商国家カルタゴ』188-194頁（図版）．

ダムキナ　Damkina

名前の意味・神格・属性：シュメル語で「偉大な王妃」の意。ダムガル、ダムガルヌンナとも呼ばれる。母神。水神（シュメルのエンキ、アッカドのエア）の配偶女神。バビロニアの国家神マルドゥクの母。

概要：シュメル・アッカド、バビロニアで崇拝され、天地創造神話「エヌマ・エリシュ」の中では、エリドゥの聖所アプスーでエアと交わり、バビロンの守護女神であり、後にバビロニアの国家神・最高神となるマルドゥクを生んでいる。このほか、呪法の神アサルルヒ、農耕神エンビルル、夢解きの女神ナンシェ†などもその子供であり、「天地の貴婦人」、「深淵の女王」をその主要な修飾辞とする。エンキ／エアの配偶女神であるニンマフ†、ニンフルサグ†などと同一視されることもある。

キーワード：母神、守護女神

参考文献：「人間の創造」、「エンキとニンフルサグ」、「エヌマ・エリシュ」、「バビロンの

新年祭」『古代オリエント集』9, 16-22, 110, 203 頁；岡田／小林『古代メソポタミアの神々』249 頁；『古代オリエント事典』372, 667 頁；『図説 古代オリエント事典』86 頁.

ツァルパニートゥ　Zarpanitu

名前の意味・神格・属性： アッカド語で「銀のようにきらきら輝く者」の意。ザルパニートゥとも呼ばれる。豊穣女神。バビロニアの国家神マルドゥクの配偶女神。

概要： セム起源の女神であったが、メソポタミアに伝えられ、ハンムラビ王（前1792-1750年）によってバビロンが統一王国の首都になると、配偶神マルドゥクと共に次第にその勢力を拡大した。遅くとも前1200年頃には、マルドゥクは天上界および地上界の絶対的君主と認められ、バビロンにあるそのエサギラ神殿には、マルドゥク神と配偶女神ツァルパニートゥの神像が祀られていた。また、新年祭（の一部）では、この二柱の神像を着飾らせ、寝室に運んで夜の間並べておくことによって、彼らの結婚が成就されたとする、象徴的な儀式が知られている。この種の神の婚礼・婚儀の起源はシュメル時代のイナンナ／イシュタル[†]とドゥムジの「聖婚」にまで遡ることができるが、バビロニアのマルドゥクとツァルパニートゥのそれはナブとタシュメートゥ[†]に引き継がれた。

キーワード： 豊穣女神、新年祭、聖婚

参考文献： 岡田／小林『古代メソポタミアの神々』249 頁；『図版 古代オリエント事典』304, 488 頁；松島『メソポタミアの神像』210-213 頁.

ティアマト　Tiamat

名前の意味・神格・属性： アッカド語で「海」の意。別語形フブル、オモルカ。太古の海の女神。原初のカップルの女性要素であるこの女神は、男性要素のアプスーと交わり、「神々の母」となる。

概要： バビロニアの天地創造神話「エヌマ・エリシュ」で、ティアマトとアプスーは「塩水」と「真水」として始原の時に出現する。彼らの交わりから生まれた神々は次々に増え続け、その若い神々が引き起こす騒音は年老いた神々を悩ますようになったので、母神ティアマトの反対にもかかわらず、父神アプスーは若い神々を皆殺しにしようと企んだ。これを知った知恵の神エアは先手をうってアプスーを殺し、その死体の上に神殿を立て、配偶女神ダムキナ[†]と交わってマルドゥクを生んだ。一方、ティアマトは配偶神のアプスーを殺された復讐のために、十一頭の怪獣を創造し、愛人のキングゥに指揮権を与えて若い神々に戦いを仕掛けた。しかし女神もその軍団も、神々から総大将として任命されたマルドゥクと戦い、敗れた。女神の死体は「干し魚のように」二つに引き裂かれ、その半分で天が、もう半分で大地が創られた。また女神の胸は山々となり、その二つの目からはティグリスとユーフラテスの両河が流れ出し、太陽と月、星辰、雲と風、雨、霧、その他の万物が発生した。ティアマトはシュメルの海の女神ナンム[†]をモデルにしたと考えられるが、ナンムが宇宙山アン・キ、すなわち「天と地が一つに結合している山」を生み、ついで人間の創造に積極的に関与する創造女神そのものであったのに対し、ティアマトはその死体から万物が創造されていることからも明らかなように北欧神話のユミル、インドのプルシャ、中国の盤古にも通じる巨人死体化生神話の主人公に変貌し、また人間の創造には関与していない。ティアマトの別語形のフブルは「あらゆるものを創った母」、「冥界の川」を意味する。また、バビロンの神官ベロッソス（前3世紀）が書いた『バビロニア誌』に登場するオモルカという名前の婦人は、タラッタすなわち「海」であり、闇と水が覆う混沌の世界にうごめく怪物・怪獣を支配していた。やがて彼女はベロスに撃ち殺され、彼女の死体の半分から大地が、もう半分から天が創造された（I.2.2-3）。ベロスはマルドゥクの尊称ベール（「主」の意）のギリシア語形、タラッタもティアマト（「海」の意）のギリシア語訳であることから、このベロッソスの伝える物語は「エヌマ・エリシュ」の焼き直しであり、オモルカはティアマトにほかならないと考えられている。

ナナヤ、メリシパク王のクドゥル浮彫(部分)

キーワード:海、神の母、天地創造、死体化生

参考文献:「エヌマ・エリシュ」『古代オリエント集』105-111頁;『図説 古代オリエント事典』334-335頁;ベアリング/キャシュフォード『世界女神大全』I, 328-358頁;月本『古代メソポタミアの神話と儀礼』3-4頁;Burstein, *The Babylonica of Berossus*, 14-15.

デルケト　Derketo ⇒アタルガティス

ナナヤ　Nanaya
名前の意味・神格・属性:意味不詳。シュメル・アッカドの愛の女神。ナナ、ナナイア、またはアッカド語でベルトゥ(「女主人」の意)と呼ばれることもある。

概要:父神アン/アヌが守護する都市ウルクに本拠地があり、同じくアヌの娘であるイナンナ/イシュタル[†]に同行するため、両者はしばしば混同され、同一視される。前一千年紀のバビロニア系文書では、ナブとナナヤの「聖婚」儀礼が記録されているが、挙行された都市がナブの本拠地ボルシッパではなく、ウルクであるところから、アッシリア版のナブとタシュメートゥ[†]のそれとは異なり、ナブはこの天空神の娘との結婚によって「天の権威」を継承する権利を得たと考えられている。従って、ナナヤはタシュメートゥとはまったく別の出自の女神である。ヘレニズム時代になると、ナナあるいはナナイアと呼ばれてギリシア系の女神アプロディテ[†]、アルテミス[†]、アテナ[†]、あるいはイラン系のアナーヒター[†]とも同一視された。なお、この女神はパルティア時代からインドのクシャン王朝時代まで広く崇拝され、ソグド人の名前にもその痕跡を残している。

キーワード:聖婚、愛

参考文献:岡田/小林『古代メソポタミアの神々』202(図版), 249頁;『古代オリエント事典』277, 642頁;松島『メソポタミアの神像』122-123, 206-209頁.

ナルンテ　Narunte
名前の意味・神格・属性:意味不詳。エラムの豊穣女神。戦いに勝利をもたらす女神としての一面もあり、天空神フンバン(別名ナビリシャ)の配偶女神キリリシャ(別名ピンエンキル)の「七姉妹」の一柱。

概要:エラムの「七姉妹」(ナルンテ、ナルンディ、ニアルジナ、シャシュム女神など)は、メソポタミアの儀礼や占いの文書、呪文に現れる「七精霊」(シュメル語のイミンビやアッカド語のシビティなど)の原型と考えられる。「七精霊」はイシュハラ[†]女神の子供たちで、その中でもとりわけ有力なナルードゥは、ナルンテに由来するという説もある。また、ナルンテ女神坐像(スーサ出土)にはライオンが侍っているので、メソポタミアの愛と戦いの女神イナンナ/イシュタル[†]との類似が指摘されている。

キーワード:豊穣女神

参考文献:岡田/小林『古代メソポタミアの神々』146-147頁(図版);MIHO MUSEUM編『メソポタミアの神々と空想動物』80頁;『古代オリエント事典』276頁.

ナンシェ　Nanshe
名前の意味・神格・属性:意味不詳。シュメルの都市ラガシュの守護女神。水神エンキ/エアの娘。ラガシュの都市神ニンギルスや書記術の守護女神ニサバ[†]の姉妹。河川や水路を司る魚女神、夢解き・占いの女神でもあった。

概要：シュメル神話「エンキと世界秩序」では、水神であり知恵の神でもあるエンキが世界の運命を定める決意をし、天地をはじめ各都市国家、各地方に豊かさと秩序をもたらした時、ペルシア湾の「恐ろしい海の高波による洪水や魚たちの制御」をラガシュの女神ナンシェに委託している。その際、イナンナ／イシュタル†は「エンリルの姉妹アルル†やニントゥ†には出産、ニサバには書記術、ナンシェには鳥や魚の管理と、みんな何かしらの役割が与えられたのに、私には何も仕事が割り当てられない」と訴え、その結果「女性の魅力と話術、戦場では卜占によって吉兆や凶兆を伝える術」等々が彼女に与えられることになったという。一方、前2150年頃に刻まれた「グデアの円筒碑文A」では、ラガシュの支配者グデアが夢の中でニンギルス神から神殿の建立を命じられ、その曖昧な夢を解いてもらうためにシララ地区のナンシェの神殿に赴いたことが記されている。ナンシェは「夢の解読者」であると同時に、水と豊穣の女神でもあったので、そのシンボルは魚と水の器であり、妊娠している子宮を表していた。その聖域はシララ地区にあったので、前二千年紀前半の作品と目される「ウル滅亡哀歌」では、「シララの貴婦人」、「大いなる貴婦人」ナンシェ女神が「ラガシュを見捨てた」と歌われている。

キーワード：守護女神、洪水、魚、夢解き
参考文献：岡田／小林『古代メソポタミアの神々』248頁；岡田／小林『シュメル神話の世界』89-94, 299頁；クレーマー『聖婚』40-46, 272頁；「グデアの円筒碑文A／グデアの神殿讃歌」『古代オリエント集』76-85頁；『古代オリエント事典』646頁；『図版 古代オリエント事典』574-575頁.

ナンム　Nammu
名前の意味・神格・属性：ナンムを表す楔形文字は「海」、「深淵」の意。ナンマ、ナムムとも呼ばれる。シュメルの母神。原初の海。生命の創造者。「神々の母」と呼ばれ、息子のエンキの助言を受けて、自ら粘土で最初の人間を造った「陶工」でもある。

概要：天地や人間の創造を語るシュメルの神話テキストは複数発見され、相互に若干の相違点や矛盾が見出されるが、時間軸に沿って統合すると、次のような過程を辿った神話であると考えられる。始原の時、天地創造の前に存在したのは「原初の海」、「大いなる深淵」ナンムである。彼女は最初に宇宙山であるアン・キ、すなわち「天と地が一つに結合している山」を生んだ。「天」は男神アン、「地」は女神キであり、ナンムの息子と娘である彼らは交わって大気の神エンリルを生み、ついでエンリルはその両親を分離した。「天」を運び去ったのは父アンであったが、母であるキ、すなわち「地」を運び去ったのはエンリルであり、彼はこの母なる大地と交わり、多くの神々が生まれた。しかも神々は増え続け、彼らは食物を得るためにつらい仕事に耐えなくてはならず、不平・不満の声が上がった。一方、エンキは「始原の存在」、すべての「神々の母」、「女祖先」と称されるナンムの息子であり、水と知恵を司る神であったが、都市エリドゥで熟睡していた。母なるナンムは彼を起こして、神々の嘆きを伝えたので、エンキは神々の労役を肩代わりするように、深淵の粘土をこねて人間を創造することをナンムに助言する。そしてこの作業はナンムのほかに、ニンマフ†や七柱の女神が関与して達成された。「エンキとニンマフ」では、人間創造の成功を祝う宴会でビールを飲んだエンキとニンマフが争い、その結果不具であったり、まったく役に立たない無用の人間が誕生している。なお、人間創造の最初の段階で登場し、成功しているナンムは、アルル†やマミ†（明らかに「母」の意）、ディンギルマハ（「高貴な神」）、ニンマフ（「貴婦人」もしくは「偉大なる女主人」）、ニンメナ（「冠の婦人」）、ベレト・イリ†（アッカド語で「神々の女主人」）などと同様、メソポタミアの母神の一柱であり、またティアマト†の原型であったと推定されている。

キーワード：創造（天地と人間の）、神の母、女祖先、陶工
参考文献：『古代オリエント集』213頁；岡田／小林『シュメル神話の世界』26-35頁；

『図説　古代オリエント事典』477-478頁；月本編『創成神話の研究』13-16頁；月本『古代メソポタミアの神話と儀礼』7-8頁.

ニサバ　Nisaba

名前の意味・神格・属性：「穀物（シュメル語でシェ・ナガ＝ニダバ、アッカド語でニサブ）の女神」の意。ニダバとも表記され、別名はヌンバルシェグヌ[†]。シュメル・アッカドの農耕、穀物女神。書記術や学問の守護女神。天空神アンと配偶女神ウラシュの娘。ニンリル[†]女神の母、書記の神ナブの配偶女神とする説もある。

概要：シュメル神話「エンリルとニンリル」では、ニサバは処女ニンリルの母ヌンバルシェグヌとして登場し、娘がエンリルに誘惑されないように諭す「老賢婦人」である。一方、「エンリルとスド」では、大気神エンリルが妻を求めて諸国を巡り、エレシュ市でスドを見初めて求愛する。しかし娘からは拒絶されたので、娘の母であり「エレシュの女主人」であるニサバに使者を立てて正式に求婚し、莫大な贈り物をして、ようやく結婚が認められている。その結果、スドはエンリルの姉妹アルルを付き添い娘としてニップルのエンリルに輿入れし、ニンリルと改名したことが語られ、シュメル世界における「まともな結婚」には、娘の母が家長にも相当する保護者であり、その同意が必要であることのモデルを提供している。このほか、「エンメルカルとアラッタの君主」では、ウルク第一王朝の王エンメルカルがザグロス山脈を越えたはるか東方の都市アラッタ（現在地不明）の領主に色々な難題を突きつけられた時、その難題を解決する助言を与えてくれたのは知恵の神エンキと、穀物女神ニサバであったと語られている。その難題とは「網に包んで穀物を運ぶ」、「木製でも鉱物でもない王笏」、「色とりどりの犬」などで、ニサバは第一の難題に対して「穀物を水に浸して、もやしのように芽が出たものを網に包んで運搬する」ように教示している。エンメルカルの使者はザグロス山脈を幾度も往復して、両国の王の言葉を伝言しているうちに、息が上がって正確に復誦することができなくなった。そこでエンメルカル王は粘土の塊を手にとって、葦筆で文字を記し、史上初めて「文書」というものができた。この逸話は、書記術の守護女神としてのニサバへの賞讃であり、メソポタミアの文書には時代を問わず、内容の如何によらず、その末尾に「ニサバ女神に栄光あれ」という書記たちの讃辞がしばしば付け加えられている。ウル第三王朝の王シュルギもその『讃歌』の中で、「私はニサバ女神の賢い書記。女神は私を知恵において完全な人物とし、確かな言葉を私に得させた」と述べ、女神を褒め称えている。しかし前二千年紀後半からは、書記術の守護神としての地位はナブ神に取って代わられ、ニサバはその配偶女神とされた。

キーワード：守護女神、穀物女神、書記術、結婚、難題（謎解き）

参考文献：岡田／小林『古代メソポタミアの神々』248頁；岡田／小林『シュメル神話の世界』136-138, 147-148, 152-153, 186-189, 195頁；『古代オリエント事典』648頁；『古代オリエント集』9, 74-75, 83頁.

女神と考えられるニサバ（ニナあるいはイナンナ）。豊穣の象徴ナツメヤシを持つ奉納板浮彫。

ニンイシンナ　Ninisinna

名前の意味・神格・属性：シュメル語で「イシンの女主人」の意。ニンインシナ、ニンイシナ、ニニシナとも表記される。シュメルの

都市イシンの守護女神。天空神アンとウラシュの娘であり、ララクの都市神パビルサグの配偶女神。治癒と占いの神ダムの母。穀物女神として性愛にも関与し、癒し、安産をも司る。

概要：シュメルの神々は最初期からしばしば聖船で都市から都市を訪問したことが知られる。「ニンイシンナのニップル詣で」では、ニンイシンナは船で神々の王エンリルの治めるニップルを訪れている。この旅の目的は彼女の都市イシンのためにエンリルの祝福を得ることにあり、守護女神としての神格が前面におしだされているが、イシン第一王朝の王イッディン・ダガン（前1974-1954年頃）の作品「ニンイシンナ女神への讃歌」では、新年祭に執り行われた「聖婚」の式次第が詳細に物語られ、本来穀物女神であった彼女が「性愛」の領域に関わるようになっていたことがうかがわれる。また、医術に長け、安産を司る女神でもあり、そのため古バビロニア時代になると、医術、癒しのセム系の女神グラ†と同一視された。ニンイシンナは呪術に優れ、病魔を退散させたことでも知られ、病気に罹った人々は女神に大いなる神々アンやエンリルへの執り成しを懇願した。イシン第一王朝の五代目の王リピト・イシュタル（前1934-1924年頃）もこの女神の執り成しによってエンリル神から長命を約束されている。しかし前1794年頃ラルサがイシンに侵攻し、この都市を滅亡させたので、国土の母なるニンイシンナの悲嘆を描く多くの哀歌が残された。

キーワード：穀物女神、守護女神、性愛、安産、医術、治癒、呪術、執り成し、歌

参考文献：岡田／小林『古代メソポタミアの神々』248頁；『古代オリエント事典』344頁；『図版 古代オリエント事典』56頁；岡田／小林『シュメル神話の世界』128-129, 298頁.

ニンカシ　Ninkasi

名前の意味・神格・属性：シュメル語で「カシ」はビールを指し、「ビールの女主人」の意。ニンカスィとも表記。大地・豊穣の女神ニンフルサグ†の娘。「口を満たすもの」として生

ニンカシ女神の象徴であるビールをストローで飲む。円筒印章印影図。

み出され、治癒女神としてビールの醸造を司る。

概要：シュメル神話「エンキとニンフルサグ」では、清らかな土地ディルムン（「楽園」）でエンキは配偶女神ニンフルサグと交わり、また次々に生まれてきた娘たち（ニンニシグ、ニンクラ、ウットゥ）とも交わったので、怒ったニンフルサグは姿を消す。しかし狐に見つかって連れ戻された女神は、呪いで酷い病気に罹ったエンキのために八柱の治癒神を生んだ。ニンカシは四番目にエンキの「病む口」から出現し、ニンフルサグから「心身を満たすものとなれ」と祝福されている。「満たすもの」とは「胎児」であり、安産の女神であったとする説もあるが、「ニンカシ女神讃歌」では詳細なビールの醸造技術が言及されているので、薬としても処方されたビールの守護女神であろうと考えられる。新バビロニア時代の掌編「虫歯の物語」では、小さな虫が知恵の神エア（シュメルのエンキ）に食物を与えてくれるよう懇願し、口中に住まわせてもらったと語られ、また「病める口」（虫歯）に苦しんだ時には、「ビールと油を混ぜ、呪文を繰り返してから、それを痛む歯の上に置け」という処方が書かれていて、ビールが医薬品であったことを示している。

キーワード：ビール、守護女神、治癒、楽園

参考文献：岡田／小林『シュメル神話の世界』79-84頁；『図説 古代オリエント事典』286, 435頁；『古代オリエント集』15-22, 196頁.

ニンガル　Ningal

名前の意味・神格・属性：シュメル語で「偉

大なる女主人」の意。別名ニッカル。月神ナンナ／シンの配偶女神。太陽神ウトゥ／シャマシュの母。豊穣、性愛、戦いの女神イナンナ／イシュタル†の母ともされる。ニンガルから音韻変化してニッカルとなり、月の女神として崇拝された。

概要：シュメル・アッカドの女神でウルに主要な聖域があり、配偶神ナンナ／シンと共に崇拝された。シュメル語の聖婚テキストでは、ニンガルは花婿候補のドゥムジから莫大な贈り物を受けて、娘のイナンナに彼の求婚を受け入れるよう説得する母親としての役割を果たしているが、シンとその配偶女神ニンガルの結婚に関するアッカド語のテキストもある。一方、シュメル人社会が崩壊した時代に成立した「ウル滅亡哀歌」の中では、ニンガルは愛する都市ウルの滅亡を食い止めるために大いなる神々アンやエンリルに哀願するが、徒労に終わり、荒廃したその地を去らねばならなかったことが歌われている。ただしその終章には、ウルは再興し、ナンナとニンガルがウルに帰還して、「エキシュヌガル神殿にお入りになった」とあり、彼らの信仰は長く存続したことが知られる。ニンガル女神の祭儀はシリアに伝播し、名前をニッカルに変えて前二千年紀から後千年紀まで信仰された。ウガリト神話「ニッカルと月の結婚」では、月神ヤリフが「夏の王ハルハブ」の娘ニッカルに求婚し、莫大な花嫁料を申し出ている。父親のハルハブはこの求婚に難色を示し、むしろ月神にバアルの娘「光の少女」ピドラヤやヤブルドミヤに求婚し、バアルの婿になるよう進言している。しかし月神はあくまでニッカルとの結婚を望み、二人の結婚が挙行されたことが語られ、女神コシャロットが「豊穣多産」を祈願する祝婚歌を歌う。この「聖婚」によりニッカルには一人の息子が授けられている。

キーワード：月、歌、豊穣女神、聖婚

参考文献：岡田／小林『古代メソポタミアの神々』208, 248 頁；岡田／小林『シュメル神話の世界』107, 172, 302-304 頁；『古代オリエント事典』369, 437, 466, 649 頁、「図説 オリエント事典」387 頁；クレーマー『聖婚』126-131, 272 頁；「ニッカルと月の結婚」『古代オリエント集』342-345 頁.

ニンシュブル　Ninshubur

名前の意味・神格・属性：「シュブル」を北方の「蛮族スビル」と関連させ、「北方／東方の女主人」の意とする説もあるが、確定的ではない。別名ガシャンシュブラは「すべての神々（ディンギル／シュブラ）の女主人（ガシャン／ベールトゥ）」の意。女神イナンナ／イシュタル†の伝令、従者（女神）。天空神アン／アヌの伝令、従者（男神）と同名であることに注意。

概要：天地の全規範「メ」の争奪戦を描いたシュメル神話「イナンナとエンキ」では、イナンナがエリドゥのエンキを訪問し、すっかり酩酊したエンキからすべての「メ」を譲り受ける。酔いから醒めてあわてたエンキが次々と追っ手を繰り出して「メ」を取り戻そうとするが、イナンナはその都度従者のニンシュブルに救援を求め、追っ手をかわしてウルクの聖域エアンナに到着する。「イナンナの冥界下り」では、冥界制覇を目指したイナンナが、七つの門をくぐるごとに衣装を剥ぎ取られて、冥界の女王エレシュキガル†の前に引き出された時には素裸となり、死骸となって三日間冥界に吊るされてしまう。この時も従者のニンシュブル女神が大気神エンリル、月神ナンナ、知恵神エンキの神殿を巡って助命を嘆願し、イナンナは身代わりを差し出す約束でようやく地上に帰還することができた。その後イナンナは身代わりを求めてさまようが、最初に出会ったニンシュブルが女主人の死を悼んで喪服に身を包んでいるのを見て、この忠実な従者を冥界の悪霊に引き渡すことを拒み、結局、喪にも服さず、玉座に座る夫のドゥムジが冥界に連れ去られることになる。これらの神話におけるニンシュブルの役割は、イナンナの忠実な従者であり、イナンナの分身とも言える。また、ある聖婚テキストによれば、ニンシュブルはドゥムジの役を演じる王をイナンナ女神の膝元へと導きながら、王がシュメルとその隣接する国々を政治的に確固と治めることができ、大地の生

産力と田畑や家畜小屋の多産が約束されるように、そしてすべてのものが満ちたり、有り余りますようにと祈願している。このようにニンシュブル女神には王をイナンナのもとに導き、その願望を伝える伝令、もしくは執り成しの女神としての役割もあったと思われる。

キーワード：従者、伝令、聖婚、執り成し、祈願・願望

参考文献：岡田／小林『古代メソポタミアの神々』248 頁；岡田／小林『シュメル神話の世界』112-118, 162-165 頁；クレーマー『聖婚』139-141 頁.

ニンスン　Ninsun

名前の意味・神格・属性：「雌牛の女主人」の意。リマト・ニンスン、ニンスンナとも呼ばれる。別名はシルトゥル。シュメル・アッカド、バビロニアの母神。牧畜、灌漑を司る。ウルクの聖域クラバの保護者であり、英雄ギルガメシュの母。「気高い雌牛」、「すべてに通暁するもの」、「偉大な女王」を主要な形容辞とする。知恵と夢解きの女神。

概要：ウルク第一王朝の神格化された第三代王ルガルバンダの妻であり、同王朝の第五代王ギルガメシュの母であったとされる。『ギルガメシュ叙事詩』では、女神はギルガメシュが見た夢の意味を解いて、「友を助ける勇敢な仲間がウルクへやってくるであろう。その男は最強の力を持つものであり——そのものをお前は抱擁し、友となるだろう。彼は親友同士としてお前に助言し、援けることになるだろう」と語る（第一書板）。荒野からやってきた野人エンキドゥとギルガメシュは激しく戦うが決着がつかず、最終的にニンスンの予言どおりに「親友同士」になる（第二書板）。その後、二人は森の怪物フンババを退治に出かけるが、この時もニンスンは遠征の決意を告げるギルガメシュに太陽神シャマシュの加護があるように祈り、護符を与えるなど（第三書板）、あらゆる場面において忠告し、守護する役割を果たしている。また、ウル第三王朝の初代王ウル・ナンム（前2112-2095年）や第二代王シュルギ（前2094-2047年）も「ニンスン女神が生んだもの」とされ、彼女は支配者や英雄たちの母神として広く崇拝された。「シュルギ王讃歌」ではシュルギはギルガメシュの「兄弟」とみなされている。一方、シュメル神話「イナンナの冥界下り」の後半では、彼女はイナンナ／イシュタル[†]の愛人ドゥムジの母とされ、ゲシュティンアンナ[†]が弟の悲劇的な運命に泣き、イナンナがその年若い夫のために激しく泣く時、シルトゥル（＝ニンスン）もまた共に彼の死を嘆き、泣き叫んだことを記し、哀哭の女神としての一面が見られる。

キーワード：母神、家畜（雌牛）、灌漑、守護女神、夢解き、泣く

参考文献：『古代オリエント集』73, 140 頁；『ギルガメシュ叙事詩』19-22, 27-28, 35-40 頁；岡田／小林『古代メソポタミアの神々』248 頁；ベアリング／キャシュフォード『世界女神大全』Ⅰ, 262 頁；『図説　古代オリエント事典』533 頁.

ニンスン女神への石製奉納板

ニントゥ　Nintu

名前の意味・神格・属性：「万物を生む女性」、「出産と生命を司る女主人」の意。ニンフルサグ[†]の別名。ニントゥルとも呼ばれる。シュメルの母神。ケシュの都市（守護）女神。

概要：シュメル神話「エンキとニンフルサグ」において、ニンフルサグが神々を生む時の名

前として記録されているが、本来は「すべての幼子の母」の称号を持つケシュの都市女神であった。また、「シュメルとウルの滅亡哀歌」では、愛する都市ケシュがすっかり寂れ、蛇の棲家と化したのを見て、彼女の都市と神殿を偲んで泣いている。

キーワード：母神、出産、守護女神、泣く
参考文献：「エンキとニンフルサグ」、「ウルの滅亡哀歌」『古代オリエント集』16–18, 52頁；岡田／小林『古代メソポタミアの神々』248頁；岡田／小林『シュメル神話の世界』74–75, 296–299頁；『古代オリエント事典』652頁。

ニンフルサグ　Ninhursag

名前の意味・神格・属性：シュメル語で「山の女主人」の意。ニンフルサンガとも呼ばれ、ニンシキラ、ニントゥ†、ダムキナ†などの別名がある。シュメルの母神。水神エンキの配偶女神。豊穣多産、出産を司り、「神々の母」をその主要な形容辞とする。メソポタミアの王たちの守護女神でもあった。

概要：シュメル神話「エンキとニンフルサグ」によれば、ニンフルサグがエンキの配偶女神になる前の名前はニンシキラ、すなわち「清浄な乙女」だった。エンキの配偶女神としてはダムキナと呼ばれ、神々を生んだ後にはニントゥ、すなわち「出産と生命を司る女主人」となった。物語の冒頭で、ディルムン（「楽園」）で女神はエンキと交わり、ニンムもしくはニンニシグ（緑色野菜、青物の乙女）という娘を生む。エンキはこの娘にあたる女神と交わり、ニンクラ（薬草の女神か）が生まれ、さらにこの孫娘にあたる女神とも交わると、ウットゥ（植物の女神。織物と衣服の女神）が生まれた。ニンフルサグはウットゥに入れ知恵して、エンキとの近親相姦となる交わりをやめさせようと画策するが、結局その試みは失敗し、ウットゥはエンキの子種を宿し、その子種からは八種類の植物が発生した。ところがこれらの植物を見つけたエンキは従神イシムに引き抜いてこさせて全部食べてしまったので、怒ったニンフルサグはエンキを罰する呪いをかけ、自分は姿を消してしまう。

岩山上に座すニンフルサグとされる女神像。浮彫、模写。

その結果エンキは病気になり、地上には不毛が蔓延した。しかし狐に連れ戻された女神は、病気で苦しむエンキの姿に憐れみを覚え、八柱の神々を創造し、それらの神々はエンキの病んでいる八つの器官を治癒し、蘇生させた。この時、ニンフルサグがエンキの病気を癒すために生んだ八柱の神々のうち、女神はニンキリトゥ（鼻の病気治癒）、ニンカシ†（口の病気治癒）、ナズィ（喉の病気治癒）、アジムア（四肢の治癒）、ニンティ（肋骨の治癒）の五柱である。本来ニンフルサグは大地および大地に生える植物の母であったが、やがて出産の女神として知られるケシュの都市女神ニントゥと習合し、またシュメル神話「ルガルエ」では「偉大なる女主人」ニンマフ†とも同一視された。なお、男神の乱暴な行為に愛想を尽かして姿を消し、地上を不毛にするニンフルサグは、ギリシア神話のデメテル†、日本神話のアマテラス†に類似する「姿を消す神」の一例である。ニンフルサグに奉納された神殿はメソポタミア最南部のウバイド遺跡で発見されており、その社は紀元前4000–3500年頃にまで遡る。

キーワード：母神、姿を消す神、守護女神、楽園、近親相姦、狐、治癒、出産、都市女神
参考文献：岡田／小林『古代メソポタミアの神々』248頁；『古代オリエント集』15–22頁；

王像を胸に抱くニンマフ、浮彫（部分）

『古代オリエント事典』652頁；『図説　古代オリエント事典』387頁；『神の文化史事典』384頁；岡田／小林『シュメル神話の世界』74-80頁.

ニンマフ　Ninmah
名前の意味・神格・属性：「偉大なる女主人」の意。ニンマハとも呼ばれ、別名にニンフルサグ†、ダムキナ†、ニンリル†がある。シュメルの母神。人間の創造に関与し、水神エンキの、また大気の神エンリルの配偶女神。戦神ニンウルタ（アッカド名ニヌルタ）の母。
概要：シュメルの人間創造神話「エンキとニンマフ」では、「原初の海」の女神ナンム†が水底の深淵からいくらかの粘土をとり、人間を創造する仕事を、ニンマフは他の七柱の女神たちと共に助け、産婆、助産婦の役割を果たしている。ついで人間の創造を祝賀する宴会の席では、この大事業においてエンキとどちらが大きな業績をあげたかを競い合う、シュメル特有の「対論文学／論争詩」の場面が繰り広げられ、役にたたない劣悪な人間を創ったニンマフが敗者となっている。なお、母神としてのニンマフはアルル†、マミ†、ディンギルマハ†、ニンメナ、ニントゥ†、ベレト・イリ†、ナンムなどに相当し、またニンフリサグ†とも同一視される。ニンマフがニンフルサグと呼ばれるようになった経緯は、シュメル神話「ルガル」で次のように語られている。戦いの神、農業の神ニンウルタは山に住む悪霊アサグとその石の兵隊たちと壮絶な戦いを繰り広げ、二回目の攻撃でようやく退治した。ついで彼は治水灌漑事業にも着手し、その結果穀物や果実が豊かに実るようになったので、神々は大いに満足した。しかし彼の母ニンマフだけは息子の成功を快く思わなかったので、ニンウルタは山に勝利を記念する石塚を築き、その塚をフルサグ（シュメル語で「山」の意）と名付けて豊かな物産が産出するように手配し、母ニンマフをその塚にちなんでニンフルサグ（「山の女主人」）と改名させて機嫌を直させたと考えられる。その後、ニンウルタはニップルに凱旋し、父エンリルの祝福を受けるが、この神話ではむしろ軍功をあげ、農業神としても、「大地の主人」という称号にふさわしい業績をあげた息子を支配し、強い影響力を持つ母神ニンマフの存在が強調されている。

キーワード：創造（人間の）、産婆・助産婦、岩石、山

参考文献：岡田／小林『古代メソポタミアの神々』36, 248頁；岡田／小林『シュメル神話の世界』26-31頁, 264-268頁；月本『古代メソポタミアの神話と儀礼』7-8頁；『図説　古代オリエント事典』387頁；『ギルガメシュ叙事詩』354-355頁.

ニンリル　Ninlil
名前の意味・神格・属性：「大気、風の女主人」の意。別称はスド、ムリッス。シュメルの穀物女神。ニップルの都市（の守護）女神。大気神エンリルの月神ナンナ／シンの母。「老いた母」、「老賢婦人」と呼ばれる大麦の女神ヌンバルシェグヌ†の娘。
概要：シュメル神話「エンリルとニンリル」によると、ニップルに若者エンリルと乙女ニンリルが住んでいた。ニンリルの母ヌンバルシェグヌはいつもエンリルに気をつけるよう娘に諭していたが、ニンリルは母の忠告を無視して、気ままに振舞っていた。ある日、彼女が聖なる川で水浴びをしていると、エンリルは彼女を従神ヌスクの漕ぐ舟で攫い、その

思いを遂げた。シュメルの「大いなる五十柱の神々」と「運命を定める七柱の神々」は強姦の罪を犯したエンリルを逮らえ、冥界に追放した。しかし一度の交わりで月神ナンナを身籠ったニンリルは、エンリルのあとを追って冥界に下り、その地で門番、冥界を流れる川、渡し舟の船頭に変身したエンリルと交わり、冥界で彼らの身代わりとなるネルガル・メスラムタエア（冥界の王）、ニンアズ（治癒神）、エンビルル（灌漑を司る神）という三柱の神々を次々と生む。彼らを冥界に残して、エンリル、ニンリル、月神ナンナは地上に戻ることができたが、その後エンリルがナンナを空に持ち上げたので、そこに今日も月を見ることができるようになった。別のシュメル神話「エンリルとスド」では、エンリルは従神ヌスクを使者に立てて、スドの母ニサバ†と会見し、結納を贈って、結婚の許可をもらうという正式な手順を踏んでおり、花嫁は最初スドという名前で登場し、結婚後にニンリルと改名している。なお、この神話では母親は穀物女神のニサバということになっているが、スド／ニンリルもまたその母親と同じ穀物の女神であり、この神話におけるエンリルとの結婚は、毎年の地上の豊穣と多産を促す「聖婚」儀礼としての側面がうかがわれる。

アッシリアでは、ニンリルはその名前をムリッスと変え、国家神アッシュルの配偶女神として崇拝され、両者の「聖婚」儀礼が執り行われ、王権の守護と王の長寿が祈願された。

キーワード：大気・風、冥界、月、穀物女神、豊穣女神、聖婚、王権、長寿

参考文献：『古代オリエント事典』392, 466, 667 頁；岡田／小林『シュメル神話の世界』136-153 頁；『図説古代オリエント事典』290 頁；月本『古代メソポタミアの神話と儀礼』111 頁。

ヌンバルシェグヌ　Nunbarshegunu

名前の意味・神格・属性：シュメル語で「斑入り大麦の生命の女君」の意。ヌンシェバルグヌとも表記される、ニサバ†の別名。シュメルの穀物女神。ニンリル†（スド）の母。

概要：「エンリルとニンリル」では、ニップルの「老いた母」、「老賢婦人」と呼ばれ、娘のニンリルに思慮分別のない若者エンリルに近づかないよう「乙女としての心得」を説くが、無視される。一方、「エンリルとスド」では、娘のスド（結婚後に、ニンリルと改名）が拒絶したエンリルの求婚を母として「莫大な贈り物」をうけて承諾し、正式な結婚を挙行させる仲介者、執り成しの女神の役割を果たしている。

キーワード：穀物女神、執り成し、結婚

参考文献：岡田／小林『古代メソポタミアの神々』247 頁；岡田／小林『シュメル神話の世界』136-138, 147-148 頁。

バウ　Bau

名前の意味・神格・属性：意味不詳。シュメルの豊穣女神。ババ、バウァとも表記される。人間の誕生や病気の治癒に関わる。天空神アンの娘。ラガシュの都市神ニンギルスの配偶女神。シュルシャガナとイガリムの母、バビロニアの治癒女神グラ†とも同一視される。

概要：都市国家ラガシュの古い土着の母神だが、初期の王たち（前 2500-2350 年頃）の碑文にはその名前はほとんど見られず、末期の王ウルカギナ（前 2355 年頃。近年の読みではウルイニムギナとも）の治世に至って重要視されるようになり、后妃が祖先供養のために「バウ女神祭」を盛大に挙行したことが記録に残る。またウルカギナ王の改革によって、それまで王や王妃の所有とされていたラガシュの土地は（観念的にではあるが）都市神ニンギルスと配偶女神バウに返還されたので、バウの「所有」に帰する財産は膨大なものになったと考えられる。また、アッカド王朝末期のラガシュ王グデア（前 2144-2124 年頃統治）の碑文には、「元日に、バウに結納を贈った」、「王がニンギルス神のためにエニンヌを、バウ女神のためにエタルシルシル神殿を建てた」といった「聖婚」儀礼に関する記述が見られる。さらに、古バビロニア時代のイシンの支配者イシュメ・ダガン（前 1953-1935 年）による「バウ女神讃歌」の冒頭では、「母なるバウ、貴婦人の中の貴婦人、

アンの御子、人間に生命を与え、人間を生み出す『黒頭たち』の大医師、悪魔祓いをされる方、正義の貴婦人」と讃えられ、また「大気神エンリルに祈り、イシュメ・ダガンに良き運命を定めて下さるように」と嘆願する執り成しの女神の役割が与えられている。一方、シュメル神話「ルガルエ」の中では、ニンウルタ神（ニンギルスと同一視される）が病気あるいは病気を起こす悪霊であるアサグを退治する時、配偶女神のバウ（グラ）は共に戦い、病気を治癒することによってその敵を征伐している。またニンギルスがラガシュの都市神であり、戦いの神であると同時に農業・豊穣を司る神でもあったように、配偶女神のバウもまたラガシュの守護女神、豊穣女神であった。「シュメルとウルの滅亡哀歌」でも、その配偶神と共に滅んだ都市を偲んで泣き崩れている。

キーワード：豊穣女神、守護女神、誕生（人間の）、治癒、執り成し、泣く

参考文献：岡田／小林『古代メソポタミアの神々』247頁；岡田／小林『シュメル神話の世界』271，273，286，298-299頁；クレーマー『聖婚』266頁；『古代オリエント集』49-64，68-71，78頁.

ハンナハンナ　Hannahannas

名前の意味・神格・属性：「ハンナ」はヒッタイト語で「祖母」の意。ハッティ・ヒッタイトの母神。出産・創造を司る豊穣女神。

概要：メソポタミアからアナトリア（小アジア）にかけて広範囲に崇拝されていた女神で、楔形文字「ディンギル・マフ（DINGIR.MAH、シュメル語で「高貴な神」の意）」のヒッタイト名がハンナハンナである。バビロニア・アッシリアの神話などではベレト・イリ[†]（「神々の女主」の意）と呼ばれ、元来は偉大な女神の称号であった。標準版『ギルガメシュ叙事詩』（第一書板）ではベレト・イリが英雄ギルガメシュを、アルル[†]がもう一人の英雄エンキドゥを創造しているのに対し、ヒッタイト語版では、偉大な神々がギルガメシュを、ハンナハンナがエンキドゥを創造したとされ、彼らはおしなべて母神、出産もしくは創造を司る女神であったことが明らかである。なお、ヒッタイト神話「テリピヌ伝説」は、豊穣神テリピヌ（配偶女神はハテピヌ）が姿を消し、植物も動物も繁殖することを止めてしまったので、地には不毛が蔓延し、神々も飢えたところから物語が始まる。そこで天候神をはじめ八百万の神々がテリピヌの捜索に奔走するが、いずれも失敗する。最終的に母神ハンナハンナが小さなミツバチを捜索に遣わし、ようやくテリピヌを発見することができた。しかし彼の怒りを鎮めるためには様々な儀式や祭礼を執り行う必要があり、その結果として怒りを解いたテリピヌが神殿に戻り、地上に豊穣多産がよみがえったという。なお、テリピヌはシュメル・アッカドのドゥムジ／タンムズなどと同じく、オリエント神話の「姿を消す神」で、この神話も大地の豊穣と不毛との関連を物語るが、父はヒッタイトの最高神である天候神であり、その天候神の母がハンナハンナであることから、「おばあちゃん」と呼ばれたのであろう。

キーワード：母神、豊穣女神、不毛、姿を消す神

参考文献：『ギルガメシュ叙事詩』6，8-9，240-241頁；岡田／小林『古代メソポタミアの神々』247頁；『古代オリエント事典』524，614，700頁；『神の文化史事典』349頁；「テリピヌ伝説」『古代オリエント集』370-374頁.

ヘパト　Hepat

名前の意味・神格・属性：「ハラブ（現アレッポ）の女神」の意。ヘパト、ヒバトゥとも呼ばれる。元来はシリア土着の女神。後に「天の女王」という称号を得て、フルリ系の天候神テシュブの配偶女神となり、またアリンナの太陽女神[†]とも同一視された。男神シャルマや女神アランズの母。

概要：前14世紀頃、シリアからイラク北部、アナトリア高原にかけての地域で勢力を持っていたフルリ人が、ヒッタイト王国にもたらした女神。ヘパトは、その首都ハットゥサ（現ボアズキョイ）近隣の聖地ヤズルカヤにある「岩の神殿」の浮彫では、女神たちの

先頭に立ち、男神たちの先頭に立つテシュブと向かい合う姿で描かれている。ヘパトと背後に控える息子のシャルマはそれぞれ聖獣の豹もしくはライオンの背に乗り、襞のある長衣を纏い、ポロスと呼ばれる円筒形の冠をかぶり、さらにその後ろには娘アランズと孫娘（一説では、娘の名前はメズラ、孫娘はジントゥヒ）の二柱の女神を従えている。その姿は、この女神がヒッタイトの最高女神であることを示しているにもかかわらず、ヘパトが重要な役割を演じる神話の類はほとんど見あたらない。わずかにヒッタイトの「クマルビ神話」で、クマルビの息子であり、天界に侵入した「石の怪物」ウルリクムミの暴力に脅え、また配偶神テシュブが苦戦する姿に胸を痛め、哀哭する女神として登場するに過ぎない。なお、前13世紀中頃には、すでにヘパトはアリンナの太陽女神と同一視されていたことは、ヒッタイト王妃プドゥヘパの祈禱文などからも明らかである。この王妃やミタンニ王女タドゥヘパの名に含まれる「ヘパ」はヘパトの縮小辞（短形）であり、他の多くの女性名にもしばしば見出されるので、ヘパトが非常に信仰を集めた女神であったことがわかる。

キーワード：天の女王、太陽女神、泣く、最高女神

参考文献：岡田／小林『古代メソポタミアの神々』159, 162-163, 166, 247頁；『古代オリエント事典』734頁；『神の文化史事典』475頁；「クマルビ神話」『古代オリエント集』349-353頁；ビッテル『ヒッタイト王国の発見』134-145頁.

ベレト・イリ　Belet-ili

名前の意味・神格・属性：アッカド語で「神々の女王、女主人」の意。出産、創造を司るバビロニアの女神。

概要：標準版『ギルガメシュ叙事詩』では、ベレト・イリが「三分の二は神、三分の一は人間」である英雄ギルガメシュを「完璧に形作った」とされる。一方、バビロニアの洪水伝説「アトラ・ハシス物語」では、神々を日々の労苦から解放するために、女神は大いなる神々の決定に従って、男女七人ずつの人間を創造し、その後人間は地上に溢れるほどに増殖したと語られる。また新バビロニア時代の神話「人間と王の創造」では、ベレト・イリは「王の創造」にも関与したとされ、知恵の神エア（シュメルのエンキ）の指示に従って「王を形作り」、「美しい姿を王に付与した」と語られる。メソポタミアのアル†、ニンフルサグ†、ニンマフ†、ニントゥ†などと同様に、生殖や創造を司る出産の女神であり、後に王権の創造や授与にも関与した。

キーワード：出産、創造（人間と王の）、洪水、王権

参考文献：『古代オリエント事典』524頁；岡田／小林『古代メソポタミアの神々』247頁；『ギルガメシュ叙事詩』6頁；『古代オリエント集』170-173頁；月本『古代メソポタミアの神話と儀礼』24, 114頁；『世界神話大事典』175-179頁.

⇒マミ

ベレト・エカリム　Belet-Ekallim

名前の意味・神格・属性：アッカド語で「王宮の女王、もしくは女主人」の意。イナンナ／イシュタル†の形容辞、もしくは異名とも言われる。バビロニアの女神。シュメル語ではニンエガラといい、いずれも王宮の守護女神。ディルバトの都市神ウラシュの配偶女神。

概要：初期王朝時代からウル第三王朝まで、シュメル諸都市の各王宮の守護女神として祭儀が執り行われ、その後もバビロニア・アッシリア、シリア、エラムまでその信仰が伝播したことが知られている。なお、ハンムラビ王と同時代のマリ王ジムリ・リム（前1775-1761年）の宮廷女官の文書に、「私は夢の中でベレト・エカリムの神殿に入ったが、女神の神像はいつものところになく、いつもは女神像の前に置かれていた礼拝者たちの像もなかった」とある。その後にも「イシュタル・ビシュラ女神の神官長がベレト・エカリムの神殿の門のところでビールを捧げ、『ダガン神よ、帰りたまえ』と繰り返している夢を見た」という記述があり、その本意はまだ解き明かされていないが、他の「神託の報告書」

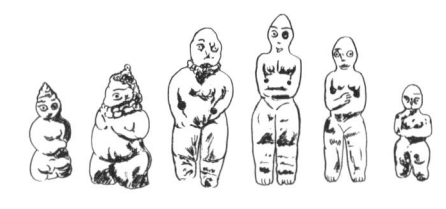

母神マミの原型、石像、模写

に登場するマリの女神アヌニトゥ†／アンヌニートゥム／と同様に、ベレト・エカリムには王国の内政や外交に関する試練や危険を予告する、あるいは夢解きや夢占いの女神の一面があったと考えられる。

キーワード：守護女神、夢解き
参考文献：岡田／小林『古代メソポタミアの神々』247頁；『古代オリエント事典』740頁；月本『古代メソポタミアの神話と儀礼』260-266頁.

ベレト・セリ　Belit-ṣeri
名前の意味：「荒野の貴婦人」の意。
⇒ゲシュティンアンナ

マミ　Mami
名前の意味・神格・属性：アッカド語で「母」の意。別称ママ、マンマ、マンミ、マハ。出産、誕生、特に人間の創造に関与する女神。後に名前の類似から「誓い・宣誓の女神」マミトゥと混同される。
概要：シュメル・アッカド、バビロニア・アッシリアなどメソポタミア全域で広く崇拝された。古バビロニア時代にはニントゥ†やベレト・イリ†とも同一視された。『ハンムラビ法典』序文には、「私（ハンムラビ）は、賢きママ女神が造りし王城と王冠にふさわしい君主であり、ニントゥ女神のために清らかな食事を豊かに供えるものである」とある。一方、洪水神話「アトラ・ハシス物語」前半では、日々の労役に苦しむ低位の神々はついに耐えられなくなり、大いなる神々に反乱を起こそうとしたが、知恵の神エンキ／エアが人間を創造し、神々の労苦を肩代わりさせたことが語られる。この大役を任せられたのがベレト・イリ、つまり「神々の産婆、出産の女神、人間の創造者」と呼ばれるマミ、もしくはニントゥであった。彼女はエアの指図で神々が「理解力のあるウェ・イラ」を殺害すると、その肉と血に粘土を混ぜ、神々の唾も加え、さらにこねて、呪文を唱えながら十四個の塊を作った。そしてマミは「私は神々を軛から解放し、自由を制定しました。今まではマミと呼ばれていた私ですが、これからはベレト・カラ・イリ（すべての神々の女王）と呼んで頂きたい」と宣言し、神々は快諾する。そこに十四柱の「出産の女神」が呼ばれ、彼女たちから男女各7名ずつの人間が誕生すると、彼らは対になり、次々と子孫が生まれ、ついには地上に溢れるほどになった。しかし神話の後半では、その人間たちが引き起こす騒音に耐えがたくなった神々が、様々な災害、とりわけ大洪水を送って絶滅させようとしたことが語られ、「神々の助産婦、賢いマミは涙を流しつつこの有様を見た」と記されている。メソポタミアの母神としては、マミ／ママのほかにアルル†、ナンム†、ニンフルサグ†、ニンマフ†、ニントゥなどが活躍する。

キーワード：出産、誕生、創造（人間の）
参考文献：岡田／小林『古代メソポタミアの神々』36, 246頁；『古代オリエント事典』744-745頁；『古代オリエント集』171-181頁；月本『古代メソポタミアの神話と儀礼』32頁.

ムリッス　Mullissu ⇒ニンリル

ラマ　Lama
名前の意味・神格・属性：シュメル語のラマ「豊潤」に由来する。シュメルの善良な守護女神（精霊）。アッカド語ではラマッス（Lamassu）と表記される。別称ランマ。
概要：恩恵・慈愛の女神とされ、比較的低位だが、バビロニア・アッシリアの円筒印章や奉納板の図柄では、顔の前で両手を合わせながら礼拝者を導き、大いなる神々に執り成しをする姿で描かれる。中期アッシリア時代以降はラマッスと呼ばれ、守護霊シェドゥと対

で王宮入り口の巨大な魔除けとして有翼人面獣の石像で表現された。

キーワード：慈愛、守護女神、執り成し、魔除け

参考文献：岡田／小林『古代メソポタミアの神々』61, 222-223（図版）, 227-233（図版）, 246 頁；『古代オリエント事典』523, 558, 801-802 頁；クレーマー『聖婚』271 頁.

ラマシュトゥ　Lamashtu

名前の意味・神格・属性：意味不詳。メソポタミアの全域で護符に刻まれた流産、死産、病害を引き起こす女神（鬼神）。天空神アヌの娘。象徴動物はロバ。

概要：邪悪な女の鬼神（デーモン）として恐れられる。流産や乳幼児の突然死の原因とされ、妊婦の腹部に七回触れて胎児を殺したり、乳母から子供を奪ったりすると考えられた。その魔除けはパズズと呼ばれる異形の呪術神が司り、妊婦や病人はパズズの顔や爪が描かれた青銅あるいは銅のお札（護符）を用いた。悪魔祓いの場面に描かれるラマシュトゥの図像は、ライオンの頭、ロバの牙、長い指に長い爪、脚部には猛禽のかぎ爪を持ち、全身体毛に覆われ、両手に蛇をつかんでいる。時に冥界の川に浮かぶ船に乗った姿で、またロバの耳を持ち、子豚と子犬が両乳房に吸い付いている姿で描かれる。

キーワード：鬼神（デーモン）、ロバ

参考文献：岡田／小林『古代メソポタミアの神々』222 頁（図版）；『古代オリエント事典』435-436, 801 頁；『図説古代オリエント事典』62, 274 頁；月本『古代メソポタミアの神話と儀礼』64 頁.

■執筆項目
岡田明子
アヌニトゥ、アヤ、アリンナの太陽女神、アントゥ、イシュハラ、イナンナ／イシュタル、ガトゥムドゥグ、キ、グラ、シドゥリ、シャラ、タシュメートゥ、タニト、ツァルパニートゥ、ナナヤ、ナルンテ、ナンシェ、ニサバ、ニンイシンナ、ニンカシ、ニンガル、ニンシュブル、ニンスン、ニンフルサグ、ニンリル、ヌンバルシェグヌ、バウ、ハンナハンナ、ヘパト、ベレト・イリ、ベレト・エカリム、マミ、ラマ、ラマシュトゥ

森雅子
アシェラ、アシュナン、アスタルテ、アタルガティス、アナト、アルル、イナル、エレシュキガル、カデシュ、キュベレ、ゲシュティンアンナ、シャウシュガ、シャパシュ、セミラミス、ダムキナ、ティアマト、ナンム、ニントゥ、ニンマフ

ラマシュトゥ、護符（部分）

エジプトの女神

田澤惠子

概説

【原典】

　古代エジプトはその長い歴史を反映して数多くの神話を残しているが、いわゆるそれらを集大成したような神話・伝説集はなく、断片的に文字と図像で現在まで残されているというのが実情である。前者、すなわち文字資料としては、創世物語、神々への讃歌と祈禱文、物語、宗教文書、葬祭文書、呪術文書、葬祭碑文、歴史碑文などがあり、図像資料としては彫像、神殿レリーフ、墓壁画、葬祭文書の挿絵などがある。

　創世物語については、四大神学（ヘリオポリス神学、ヘルモポリス神学、メンフィス神学、テーベ神学）が重要であり、ヘリオポリス神学には有名なオシリス神話が組み込まれている。一方で、太陽神ラーの涙から人類が生まれたという話や、クヌム神が土器作り用の轆轤を回して人類を作り出したという話などもある。神々への讃歌と祈禱文では、国家神アメン・ラーやアマルナ革命時に一神教崇拝されたアテン神、ラー・ホルアクティ神やオシリス神などが対象となっている。宗教文書及び葬祭文書では、古王国時代の『ピラミッド・テキスト』、中王国時代の『コフィン・テキスト』、新王国時代の『死者の書』『門の書』『冥界の書』『洞穴の書』『大地の書』などを挙げることができる。そして、神々の加護の下にエジプトを統治していた古代エジプトの王たちが残した歴史碑文にも、神々の物語が展開されている。また、第三者の目から見た古代エジプトの神話と神々についてはギリシアの歴史家ヘロドトスが『歴史』で報告している。

　彫像、神殿レリーフ、墓壁画、葬祭文書の挿絵からは、神々の物語が視覚的に我々に迫り、古代エジプト社会のあらゆる面に如何に神々が介在していたかを実感できる。これらを確認する資料（原典）としては発掘報告書からの抜粋が挙げられると思われるが、膨大な分量になるため本書では紹介を割愛する。

　日本では、杉勇、屋形禎亮ほかによる『古代オリエント集』に上記のようなジャンルを越えた神話群の翻訳がある程度まとめられている。このほか、矢島文夫『エジプトの神話——兄弟神のあらそい』や、プルタルコス『エジプト神イシスとオシリスの伝説について』（柳沼訳）、ヘロドトス『歴史』（松平訳）などから、古代エジプトの主要な神話や神々について詳細を確認することができる。しかし残念なことに、葬祭文書の多くは欧文の翻訳はあるが、日本語版がまだ少なく、Faulknerの英訳のほか、欧文訳文献を参照しなければならない。

【古代エジプトにおける男神と女神】

　古代エジプト人は自分たちをとりまく世界を二元論的に捉えていた。それゆえ、国土を上エジプト（南部）と下エジプト（北部）、ケメト（黒い土地＝ナイル川沿岸＝肥沃な耕地）とデシェレト（赤い土地＝砂漠＝不毛の地）、ナイル川の東方（生者の領域）と西方（死者の領域）などのように二分したり、社会は秩序と混沌のせめぎあい、善と悪の抗争、光と闇の対立から成り立っていると考えた。

　この二元性は彼らの宗教生活にも反映さ

概説

れ、神々の世界は男神と女神による配偶関係が基盤になっていた。創世神話のいくつかは、男神の配偶女神を作り出す必要性から、アマウネト†やラート†など男神の名前の女性形という、元来は存在しなかったであろう女神を作り出している。また、地域ごとに、この配偶関係にある夫婦神に子供の役割を果たすもう一柱の神（男女どちらでも）が加わって、古代エジプトに特徴的な三柱神を生み出した。

女神自身にもこの二元性を反映した属性が与えられている。主要な女神の多くは、攻撃性、残虐性、戦闘性を強調される一方、母性あふれる存在で、土母として土を慈しみ守り育てる存在であることも前面に打ち出されている。一見すると二律背反的なこの属性には、古代エジプト人の価値観や世界観が投影されており、「母」が愛する者を守るために持つ強さが二元的に表されているのかもしれない。

なお、原則として、本文中の女神の名前の古代エジプト語表記は Leitz, *Lexikon der ägyptischen Götter und Götterbezeichnungen*, vols. I-VIII、英語表記は Wilkinson, *The Complete Gods and Goddesses of Ancient Egypt*、日本語表記はウィルキンソン『古代エジプト神々大百科』に従っている。

【原典と略号】

『古代オリエント集』（筑摩世界文學体系 1），杉勇／屋形禎亮他訳，筑摩書房，1978 年
　⇒『古代オリエント集』「ウェストカー・パピルスの物語」「ホルスとセトの争い」
プルタルコス『エジプト神イシスとオシリスの伝説について』柳沼重剛訳，岩波文庫，1996 年
　⇒プルタルコス『イシスとオシリス』
ヘロドトス『歴史』上，松平千秋訳，岩波書店，1971 年
　⇒ヘロドトス『歴史』
矢島文夫『エジプトの神話――兄弟神のあらそい』筑摩書房，1983 年
　⇒矢島『エジプトの神話』「太陽神ラーとイシス」

Allen, T. G., *The Book of the Dead or Going Forth by Day: Ideas of the Ancient Egyptians Concerning the Hereafter as Expressed in Their Own Terms*, The University of Chicago Press, 1974
　⇒ 死者の書
Faulkner, R. O., *The Ancient Egyptian Pyramid Texts*, Oxford University Press, 1969
　⇒ ピラミッド・テキスト
Faulkner, R. O., *The Ancient Egyptian Coffin Texts*, Oxbow Books, 2004
　⇒ コフィン・テキスト
Lichtheim, M., *Ancient Egyptian Literature*, vol. I-III, Berkeley, Los Angeles, University of California Press, 1973-1980
　⇒ Lichtheim, AEL 'The Destruction of Mankind'
Pinch, G., *Handbook of Egyptian Mythology*, ABC-CLIO Ltd, 2002
　⇒ Pinch Handbook 'The Distant Goddess'

【参考文献と略号】

〔一般〕

松村一男／平藤喜久子／山田仁史編著『神の文化史事典』白水社，2013 年
吉田敦彦／松村一男／大林太良／伊藤清司編『世界神話事典――世界の神々の誕生』角川書店，2012 年

〔古代エジプト神話〕

イオンズ，ヴェロニカ『エジプト神話』酒井傳六訳，青土社，1988（原著 1968）年
ルルカー，マンフレート『エジプト神話シンボル事典』山下主一郎訳，大修館書店，1996（原著 1974）年
ウィルキンソン，リチャード『古代エジプト神々大百科』内田杉彦訳，東洋書林，2004（原著 2003）年
Helck, W., Westendorf, W., and Otto, E., *Lexikon der Ägyptologie*, Bds. 1-7. Harrassowitz, 1975-1992
　⇒ LÄ
Leitz, C., *Lexikon der ägyptischen Götter und*

Götterbezeichnungen, vols. I-VIII, Peeters, 2002
⇒ Leitz 2002

Pinch, G., *Egyptian Mythology: A Guide to the Gods, Goddesses, and Traditions of Ancient Egypt*, Oxford University Press, 2002
⇒ Pinch Mythology

Tazawa, K., *Syro-Palestinian Deities in New Kingdom Egypt: The hermeneutics of their existence*, Archaeopress, 2009
⇒ Tazawa 2009

Tazawa, K., "*Astarte in New Kingdom Egypt: Reconsideration of her Role and Function*" in Sugimoto, T-D. (ed.), *Ishtar/Astarte/Aphrodite:Transformation of a Goddess*, Academic Press; Vandenhoeck & Ruprecht, 2014
⇒ Tazawa 2014

エジプトの女神の事典

【補注】
形容辞
王名や神名に添えられ、王や神の属性を説明する形容詞やフレーズ。古代エジプトでは「～する者」「(場所の) 主」「(行為の) 主」などが多い。

古代エジプト語の読み方
母音がないため、子音のみで表記される。音価は24種類あるが、そのままでは読めないので、便宜的に子音と子音の間に「エ (e)」の音を補って読むことになっている。

＊見出しは、カナ読み表記、英語表記、古代エジプト語表記の順で記載。

アスタルテ（エジプトの） Astarte ʿstrt
名前の意味・神格・属性： 名前の意味はアスタルテ†（メソポタミア）を参照。戦闘女神、治癒女神、王母。

概要： メソポタミアのイナンナ／イシュタル†に相当するシリア・パレスティナ起源の女神で、新王国時代前半までにエジプトに伝わった。「天の女主人」「すべての神々の女主人」「二国の女主人」などの形容辞は、同じくシリア・パレスティナから導入された女神のアナト†及びカデシュ†との共有である。アスタルテはまた、プタハやラーを通じてもアナトやカデシュと結び付けられた。一方、「プタハ神の娘」の形容辞はこの女神とメンフィスのつながりを示唆し、「ラーの娘」の形容辞は、エジプト固有の女神イシス†、ハトホル†、ムト†、セクメト†、バステト†、アヌキス†などとの関連を示唆している。

外来の女神ではあったがエジプト王の守護女神とされ、第19王朝のセティ一世は自らを「モントゥ（戦闘神）とアスタルテに愛されし者」と称し、第20王朝のラメセス三世は、アナトと共にアスタルテを彼の「盾」になぞらえた。このようなアスタルテの「戦闘女神」としての属性は、彼女が馬や戦車と緊密に結び付いていたことを示す第18王朝のアメンヘテプ二世の資料からも明らかである。このように力強さによって弱者を守るということから、アスタルテは「癒しの女神」としても崇拝され、好戦的な姿と王母、そして守護女神としての一見二律背反的な属性は、「母なるもの」の代表である大女神ハトホルへの収斂を示唆している。

「戦闘女神」であるエジプトのアスタルテは、圧倒的に騎馬姿が多く、盾を持ち、槍を振りかざすのも一般的であった。アテフ冠、もしくは白冠（上エジプトの象徴）を被るのも、エジプトのアスタルテの特徴である（ただし、碑文などによる確定的な根拠もなしに、騎馬姿の女性をすべてアスタルテと考えるのは非常に危険である）。

プタハとのつながりに加え、「ペル＝ネフェルの女主人」という形容辞からメンフィスにアスタルテ信仰が定着していたことは明らかである。また、デルタのピラメセスには公式のアスタルテ神殿があったことが文書資料から知られている。

キーワード： 守護女神、戦闘女神、治癒女神、母性

参考文献： ウィルキンソン『古代エジプト神々大百科』；LÄ；Tazawa 2009 2.1.5 Docs. 1-48；Tazawa 2014.

アナト（エジプトの） Anat ʿnt
名前の意味・神格・属性： 名前の意味はアナト†（メソポタミア）を参照。戦闘女神、治癒女神。

概要： 起源はシリア・パレスティナで、特にウガリト（現在のシリアのラス・シャムラ）地域と関係する外来の女神。中王国時代末から新王国時代前半（前二千年紀中頃）までにはエジプトに導入されたと考えられる。信仰のピークは第19王朝のラメセス二世治下で、ウガリトの主神バアルと共に崇拝され、同王の娘や息子の名前（ビントアナト「アナトの娘」、マヒルアナト「アナトの乳を飲む者」）、愛犬の名前（アナトエムナケト「アナトは強し」）に用いられたり、王母として王と並ん

だ大型の座像が制作されるなど、同王の個人的な寵愛（王家の私的信仰）を受けていた。

ウガリトで与えられていた属性（「戦闘女神」）はエジプトでも引き継がれ、「戦士のように振る舞う女性」「男として衣をまとい、女として戦いに備える」などの形容辞を与えられた。ただし、こうした戦闘姿などの図像は現在までのところわずかしか確認されておらず、大半はシースルーの長衣をまとい、直立もしくは座った姿である。またウガリトの神話「バアルとアナト」に基づいて、バアルと同一視されたエジプト固有の神セトの配偶女神とされた。その一方で、エジプトでは「天の女主人」「神々の女主人」などの形容辞も持ち、「王母」として称えられ、王母女神イシス†やハトホル†と関連付けられた。

呪術文書からは、アナトが同じくシリア・パレスティナからもたらされた女神アスタルテ†と共に、エジプトにおいて「病や怪我を癒す女神」とみなされていたことがわかる。

アナトがウガリトで与えられていた「主神エルの娘」としての属性は、エジプトにおいては「ラーの娘」もしくは「プタハの娘」に替わったと言えるかもしれない。これらの父娘関係はアスタルテにも見られると同時に、エジプトの女神ハトホル、イシス、ムト†、セクメト†、バステト†、テフヌト†等との関連性もうかがわせるが、セクメトとは「戦闘女神」の点からも強い結び付きを築いていたと言える。

そして、これらの好戦的な姿や王母や癒しの女神としての一見二律背反的な属性によって、アスタルテやカデシュ†と共に、「母なるもの」の代表である大女神ハトホルと同一視されていくようになる。

キーワード：王母、戦闘女神、治癒女神
参考文献：ウィルキンソン『古代エジプト神々大百科』；LÄ；Tazawa 2009 2.1.4 Docs. 1-36；Tazawa 2014.

アヌキス　Anukis　ʿnḳt
名前の意味・神格・属性：「抱きしめるもの」「洪水」と関連するという説もある。上エジプト第一急端地域の女神。

概要：信仰の中心は上エジプトのナイル川第一急端地域。古王国時代から存在が確認され「ラーの娘」と呼ばれており、古代エジプトの他の多くの女神たち同様、ハトホル†との関連があったと考えられる。また、「王の母」という形容辞が与えられ、ヌビアのベイト・エル＝ワリ小神殿にはこの女神が王に授乳する場面が描かれていることから、「王母」という属性を通じても、アヌキスとハトホルが結び付けられていたことがわかる。一方、新王国時代以降、アヌキスはクヌムとサティス†の娘としてエレファンティネの三柱神を形成した他、末期王朝時代にはネフティス†とも関係付けられた。

アヌキスは、低く平らな冠に束ねられた羽毛を載せた頭飾りを被り、アンク・シンボルとパピルス杖を持った人間の女性の姿で表されるのが一般的だが、ハゲワシの姿をとることもあった。

キーワード：王母、三神群、ハゲワシ
参考文献：Leitz 2002；ウィルキンソン『古代エジプト神々大百科』；LÄ.

アマウネト　Amaunet　Imnt
名前の意味・神格・属性：「隠された婦人」の意。アメン神の配偶女神。

概要：アマウネトは、創世神話の一つで、原初世界の諸側面や世界の根源的存在を表すヘルモポリス神学において、アメン神（「隠された者」の意）の配偶女神として古王国時代から既に存在していた。古代エジプトでは二元論に基づいて多くの神々が配偶関係にあり、創世神話という点からも配偶女神が必要とされたので、ラーとラート†の配偶関係と同様に、アメン神の名前からアマウネト女神の名前を派生させたと考えられる。しかし、新王国時代以前のどこかの時点において、アメン神の配偶女神の地位はムト†に取って代わられた。

キーワード：二元論
参考文献：Leitz 2002；ウィルキンソン『古代エジプト神々大百科』；イオンズ『エジプト神話』.

アメンテト Imentet *'Imntt*
名前の意味・神格・属性：「西方」の意。西方（死者の領域）を司る女神。
概要：古代エジプト語の「西」を擬人化した女神。「西」は死者の領域であり、アメンテトはそこを司る女神であった。墓の壁画や、レリーフにおいては、死者を歓迎して水を与える姿で描かれ、頭上には「西」を意味する象形文字があしらわれている。しかし一方で彼女は、葬祭女神としてのハトホル[†]やイシス[†]の別の姿であるとの解釈もあり、この点でネフティス[†]とも関連付けられている。
キーワード：西、死者の領域、擬人化
参考文献：Leitz 2002；LÄ；ウィルキンソン『古代エジプト神々大百科』.

イシス Isis *3st*
名前の意味・神格・属性：「玉座」の意。王母、葬祭女神、呪術女神。
概要：オシリス神話で有名なイシスは古代エジプトの大女神の代表格のようにも思われているが、実はその出自はよくわかっていない。ピラミッド・テキストからは、古王国時代には既にイシスがかなり重要な存在となっていたことがうかがえるものの、彼女の姿が頻繁に確認されるようになるのはもっと後代になってからである。

特定の崇拝地を持たず、エジプト全土で知られた「遍在（女）神」ではあったが、この女神のための神殿が建立されたのは非常に遅く、現在、エジプト観光の目玉の一つとされているフィラエ島（エジプト南部のアスワン近郊）のイシス神殿は、主にプトレマイオス朝時代からローマ時代にかけて建立されたものである。

通常は、足首丈のシースルードレスを着て直立する女性の姿で表される。頭上にはその名前を表す「玉座」の象形文字があしらわれており、妹神のネフティス[†]と並んで描かれた際の判断基準となる。第18王朝以降は、日輪を挟んだ雌牛の角を頭上に載せている姿が一般的となるが、これはハトホル[†]女神との強い結び付きを示しており、両者の区別は添えられた碑文に頼ることとなる。同様に、イシスが携行することのあるシストラム（ガラガラのような楽器）やメナト首飾り（複数のビーズ紐を連ねて幅広にした首飾り。胸飾り装着時に重さのバランスを取るため首の後ろ側に垂らす錘の形をしており、しばしばハトホルの姿をしている）もハトホルから得たものと思われる。このほか、葬祭シーンでは跪いて死者を悼む人間の女性の姿で表されることもあった。また、蠍や鳶、雌豚や雌牛の姿で表されることもある。

イシスは古代エジプトにおいて、初期の様子がわからない割に、後代に至るにつれてその存在と影響力が増大した女神と言える。ギリシア・ローマ時代には広く地中海沿岸へとその信仰地を広げ、アテナイを始めとするギリシア諸都市、そしてその後はローマ市だけでなくローマ帝国内の多くの地域に、この女神に捧げられた神殿が建設された。そして、ローマ帝国統治下のエジプトにキリスト教が広まり、やがて帝国の国教となったために古代エジプトの伝統的な神々へ捧げられた神殿が封鎖された後にも、フィラエのイシス神殿は6世紀まで存続を許された。

イシスには以下のような複数の属性が与えられており、多くの女神たちと関連付けられている。

①オシリスの妹であり妻
太陽信仰の中心地であるヘリオポリスで編まれた神学では、単一神アトゥムからシュウとテフヌト[†]が生まれ、この兄妹夫婦から生まれたゲブとヌト[†]がオシリス、イシス、セト、ネフティスの四兄妹神を生み出した。この四兄妹神が中心となった神話がオシリス神話であり、イシス女神の属性の多くを決定付けている。

オシリスは賢王として人類の尊敬を集めながら地上を支配していたが、それを妬んだ弟神セトの謀略によって殺され、海に流されてしまう。オシリスの妹であり妻でもあるイシスはこれを嘆き、オシリスの遺体を探してビュブロス（現在のレバノンにある都市）の海岸へ到達する。そしてエジプトへ亡き夫の遺骸を持ちかえるが、隙をついてセトがその遺体を切断してエジプト全土にばらまいてしま

う。これを丹念に探し出したイシスは呪力でオシリスの体を接合し、彼と交わることでホルスを身籠るのである（別のヴァージョンでは、それ以前にホルスがオシリスとイシスの息子として登場している）。

②ホルスの母であり守護者

オシリス神話において、イシスは、オシリスとの間に授かったホルスをデルタのケンミシと呼ばれる沼地で生み、セトから隠して育てる。ホルスはやがて成長して父の仇を打ち、オシリスの正当な後継者としてエジプト全土の王となり、現世の王としてエジプトを治めることとなるが、ホルスを守り育てるイシスの姿は社会的、模範的な偉大なる母親像として古代エジプト人にムト†女神と共に認識された。このイシス－ホルス母子関係は後に一つのモチーフとして人気を得、座して膝に子供のホルスを抱き、授乳するイシスの姿を象った彫刻や護符が多数制作された。

③王の母

ホルスの母であることは、古代エジプトの現王（＝ホルス）の母、すなわち王母である

ことを意味した。ピラミッド・テキストでは、王は母であるイシスの胸から授乳されると記されており、図像でも文章でもイシスとホルスの母子関係が重要とされている。イシスの名が「玉座」を示す象形文字で書かれることも、現世の王の母であることと合致する。

④ラーの眼

イシスは太陽神ラーとも強い結び付きを持っており、「ラーの眼」と呼ばれた。これによって、イシスはハトホル、セクメト†、バステト†、ムト、テフヌト、アヌキス†などの女神たちと関連付けられていくと同時に、アスタルテ†やアナト†、カデシュ†といった外来女神たちとも関連付けられることとなる。

⑤大いなる呪力を持つ者

オシリス神話において、バラバラだったオシリスの遺体を呪力によって接合し、ホルスをもうけたことは、イシスが大いなる呪力を持つ存在であることを示す。この力ゆえに、イシスは助けを必要とする人々をホルスに置き換えて呪術によって救うとされ、崇拝・祈願の対象にされた。イシスが太陽神ラーの真の名前を知っていることを語った神話では、イシスがラーの涎と土を混ぜて作った蛇に噛みつかれたラーがその毒で苦しみ、そこから逃れ癒されるためにイシスに自分の真の名前を打ち明けたことが述べられている。イシスはラーの真の名前を知ったことで更に呪力を高めるのである。

⑥葬祭女神

イシスは妹のネフティスと共に、葬祭を司る女神としても敬われた。彼女たちは鳶の姿で描かれ、頭上には各々の名前であり、両者を識別させる象形文字の頭飾り（イシスは玉座、ネフティスは籠と長方形の周壁）を着けていた。これら二女神は同様の権能を持った人間の姿で表されることもあり、片手を顔の前に挙げ、嘆き悲しむ様子を描いている。

この二女神は、セルケト†、ネイト†と共に腕に翼をつけた有翼女神として描かれ、ツタンカーメンの石棺の四隅にこの棺を抱擁するように彫り込まれている。これらの四女神は同王のカノポス厨子（カノポス壺を納めたカノポス櫃を納める場所）を囲むようにも配

左下に彫刻されているのがイシス、カルナク神殿、本章の写真はすべて田澤恵子撮影

置されているが、四女神はカノポス壺（死者の胃、腸、肝臓、肺にミイラ処理を施して納めた壺で、「ホルスの四人の息子たち」と呼ばれる四柱の神によって守られているとされた）の中の臓器とも密接に関連付けられており、イシスは肝臓を守護する女神とされていた。

キーワード：王母、母性、呪力、葬祭女神

参考文献：ピラミッド・テキスト§§155, 164, 172, 210, 371, 379 他多数；矢島『エジプトの神話』「太陽神ラーとイシス」；プルタルコス『イシスとオシリス』13, 15-16, 18-19；LÄ；ウィルキンソン『古代エジプト神々大百科』；イオンズ『エジプト神話』；松村他編『神の文化史事典』82-83頁；吉田他『世界神話事典』92-93, 97-101頁.

イペト　Ipet　*Ipt*

名前の意味・神格・属性：「乳母」「産婆」の意とする説もある。王母、守護と扶養の女神。

概要：名前の意味は古代エジプト語の「計算」「後宮」とも関連があるかもしれないが、イペトは、ピラミッド・テキストでは「母」として王に授乳し、「王が永遠に渇くことも飢えることもないように」する存在として祈りを捧げられていること、「イペトウェレト」という形容辞と、雌カバ、ワニ、人間、ライオンの体を合体させて描かれた姿からタウェレト†女神との関連性もうかがえることを考えると、「乳母」「産婆」などを意味するとの指摘は無視できない。死者の書137章の挿絵には香炉に点火する姿が描かれ、「保護者」という形容辞が添えられている。テーベ（現在のルクソール）を中心に崇拝されていたと考えられる女神で、カルナク神殿域の中にはこの女神に捧げられた神殿がある。

キーワード：王母、扶養

参考文献：ピラミッド・テキスト§§381-382；死者の書137章；LÄ；ウィルキンソン『古代エジプト神々大百科』.

ウァジェト　Wadjet　*Wḏt*

名前の意味・神格・属性：「緑の女性」の意。王の守護女神、下エジプトの守護女神。

概要：ウァジェトは下エジプト（エジプト北部）の守護女神として、上エジプト（エジプト南部）の守護女神ネクベト†と対をなし、両女神はそのまま「二女神名」（王の五つの名前の一つ）として王の儀礼的称号に取り入れられたり、飾りとして王冠の前頭部分につけられた。しかし、ウァジェトと王とのこうした関係は現世でのものと考えられていたのか、王の死後の復活・再生を導くピラミッド・テキストでは、ウァジェトはそれほど重要な位置を占めていない。

ウァジェトは「炎を吐く」存在として知られ、その炎によって王の敵を倒すと考えられており、第19王朝のラメセス二世がヒッタイトとの闘いに関して残した碑文では、ウァジェトが「炎の息で王の敵を倒す」と記されている。

この女神が持つ「ラーの娘」という形容辞は、同じ形容辞を持つ他の女神たち（セクメト†、ハトホル†、イシス†、ムト†、バステト†、テフヌト†、アヌキス†など）との関連性を示唆しており、ネフェルテム神の母としてみなされる場合もある。

レネヌテト†やメレトセゲル†などのように、ウァジェトも鎌首をもたげたコブラの姿で表されるのが一般的だが、他の女神たちよりも幾分攻撃的な印象を与える感がある。ネクベトと対をなして籠の上に座する姿は第1王朝以降確認できるが、場面によっては両者の体躯的特徴が入れ違って表現されることもあり、その場合、白冠を被るコブラはネクベトで、ウァジェトはハゲワシか、蛇の頭とハゲワシの体が組み合わさった姿で表されることが多い。一方、「ラーの眼」としてのウァジェトはライオンの姿やライオンの頭部を持つコブラの姿で描かれることがある。

下エジプトの守護女神として、ウァジェトの信仰中心地はデルタのブトにあった。彼女の祠堂は「炎の家」と呼ばれ、先王朝時代には既にその存在が確認されている。

キーワード：蛇（コブラ）、守護女神

参考文献：ピラミッド・テキスト§§702, 1671, 1875；LÄ；ウィルキンソン『古代エジプト神々大百科』.

ウェレトヘカウ　Werethekau　*Wrt-ḥkȝw*

名前の意味・神格・属性：「呪術大いなるもの」の意。呪術を司る女神。

概要：一柱の独立した女神というよりは、イシス†やパケト†など何柱かの女神に形容辞のように用いられた。ピラミッド・テキストにおいては、聖蛇ウラエウスやウァジェト†の顕現として用いられた下エジプト冠と関連付けられている。コブラの頭部を持つ人間の女性の姿で表されることがあり、他の多くの女神と同じくアンク・シンボルとパピルス杖を手にしている。

キーワード：呪術

参考文献：ピラミッド・テキスト§§194, 196；LÄ；ウィルキンソン『古代エジプト神々大百科』。

カデシュ（エジプトの）　Qadesh　*ḳdšt*

名前の意味・神格・属性：ウガリト語では「神聖な」を意味し、古代エジプトでは音のみ受容されたと考えられる。豊穣女神。

概要：起源はシリア・パレスティナで、新王国時代前半（前二千年紀中頃）までにはエジプトに導入された外来の女神。彼の地では独立神とはみなされなかったようであるが、エジプトでは一柱の神として信仰を集めた。「天の女主人」「すべての神々の女主人」「二国の女主人」「偉大なる魔術」「星たちの女主人」などの形容辞はエジプト固有の女神にも与えられるものであり、これらの女神たちと同一視されていたことがわかる。特に「ラーの眼」という形容辞は、彼女をエジプトの女神（ハトホル†、イシス†、ムト†、セクメト†、バステト†、テフヌト†、アヌキス†など）と結び付けた。数はあまり多くないが、確認されている資料からは第19王朝が人気のピークであったと思われる。

カデシュは、裸の女性が正面を向いて立っている姿で表され、そのほとんどがライオンの背上に立ち、手には蛇や花を持っている。その立ち姿は、下半身も正面を向いているもの、下半身のみ横を向いているものの二パターンがあり、前者の場合、足は左右両側に開いた状態で、後者の場合は両足を揃えて左右どちらかに向けられた状態で描かれている。頭にはハトホルの鬘をつけており、その上にナオス・シストラムやアバカスと呼ばれる頂板、三日月、太陽の日輪を組み合わせた飾りを載せている。単独で描かれる場合と、シリア・パレスティナ起源の神レシェフとエジプト古来の神ミンを伴って三柱神を形成する場合があり、ミンがオヌリス神（エジプト古来の神）に替わることがあるものの、割合としては三柱神の方が多い。

出土地不明のものを除けば、資料はメンフィスとデル・エル＝メディーナに集中しており、それらは王家やエリートクラスに属するものではなく、いわゆる私人もしくは（エリート層ではないという意味での）「庶民」の日常生活の中に浸透していたと思われる。但し、当時のエジプトにはアジア（シリア・パレスティナ）系の人々が大勢居住し、またエジプト名を持っていたため、その他のシリア・パレスティナ起源の神々（バアル、レシェフ、ハウロン、アナト†、アスタルテ†）同様、この女神を信仰している人々が土着のエジプト人かどうかは確認が難しい。

キーワード：豊穣女神、三神群

参考文献：ウィルキンソン『古代エジプト神々大百科』；LÄ；Tazawa 2009 2.1.6 Docs. 1-21；Tazawa 2014.

ケベフウェト　Kebehwet　*ḳbḥwt*

名前の意味・神格・属性：「献水」の意。「天空」から派生した神名とする説もある。死者の浄めと復活を司る女神。天空女神。

概要：少なくとも古王国時代にはその存在が確認され、ピラミッド・テキストでは「アヌビス神の娘」と呼ばれ、故王に愛される者であり、故王の心臓を浄め、故王の復活を助ける役割を持っていた。また、同テキストでは、故王の体腔としても言及されている。

キーワード：天空女神、再生、浄化

参考文献：Leitz2002；ピラミッド・テキスト§§1180, 1348, 1564, 1749, 1995 他；ウィルキンソン『古代エジプト神々大百科』。

サティス　Satis　*stt/stjt*

名前の意味・神格・属性：「矢を放つ者」の意とする説もある。エジプト南部の守護女神、ナイル川の女神。

概要：「エレファンティネの女主人」と呼ばれ、同地に信仰の中心を持つ上エジプトの女神で、ナイル川上流とも結び付いていた。ピラミッド・テキストでは、エレファンティネで汲み四つの容器に入れた清めの水で故王を浄める存在として描かれるほか、ラーよりも強く獰猛な女神ともされた。後者の属性はコフィン・テキストにも見られ、矢によって死者を南からやって来る危険から守る女神とされている。

新王国時代以降、クヌム、アヌキス[†]と共に三柱神を形成したが、夫のクヌムが太陽神ラーと同一視されると、サティス自身も「ラーの眼」と呼ばれるようになり、他の女神同様ハトホル[†]、イシス[†]、ムト[†]、セクメト[†]、バステト[†]等との関連付けがなされた。

サティスは、古代エジプトに毎年恵みをもたらしたナイル川の氾濫の始まりを告げる天狼星シリウス（増水開始時期とシリウスが日の出前の東の地平線に現れる時期が一致する）とも同一視され、その神殿が建てられた場所では、ナイル川の実際の増水が目で確認されるより前に最初の水音が聞こえたとされている。これらは、サティスの豊穣女神としての属性を伝えると同時に、シリウスを擬人化した女神ソティス[†]との結び付きも示している。

サティスは上エジプトを表す白冠の横に羚羊の角か羽飾り、正面にウラエウスが付いた頭飾りを被った人間の女性の姿で表された。

キーワード：浄化、星（シリウス）、三神群、守護女神、豊穣女神、河川女神

参考文献：ピラミッド・テキスト§§812-814, 1116；コフィン・テキスト呪文 313；LÄ；Pinch Mythology 186-187；ウィルキンソン『古代エジプト神々大百科』；ルルカー『シンボル事典』．

シェスメテト　Shesmetet　*šsmtt*

名前の意味・神格・属性：「ベルト（に関連するもの）」の意。王母。

概要：初期王朝時代から確認され、「プントの女主人」の形容辞を持つ。ピラミッド・テキストにはこの女神が「王を生んだセクメト[†]女神」と同一、もしくはシェスメテト自身が王を生んだとする記述があるが、後には、王に限らず死者の母ともされた。

セクメトとの関連からわかるように、シェスメテトはライオンの姿か、もしくはライオンの頭部を持つ人間の女性の姿で表された。

キーワード：王母

参考文献：ピラミッド・テキスト§262；ウィルキンソン『古代エジプト神々大百科』．

セクメト　Sekhmet　*shmt*

名前の意味・神格・属性：古代エジプト語で「力強い」を意味する「セケム」の女性形。「力強き女性」の意。戦闘女神、守護女神、治癒女神。

概要：その名の通り二つの面で「力強い」女神であった。一つ目は「残虐で破壊的な力強さ」。『人類滅亡の物語』では、人類が自分に対して企てた謀略に怒った太陽神ラーが、人類を滅ぼすべく自分の娘ハトホル[†]を派遣するが、この女神が「ラーの眼」となって人類虐殺へ向かう姿はセクメトであったとされる。この「ラーの眼」を通じて、セクメトはハトホル、イシス[†]、ムト[†]、バステト[†]、テフヌト[†]、アヌキス[†]など多くの女神たちと関連付けられる。セクメトは炎の息を吹きかけることで敵を倒すと言われており、砂漠の熱風は「セクメトの息」とも呼ばれた。このような力は王にとって勝利をもたらす戦闘女神となり、セクメトは王の守護女神でもあった。ピラミッド・テキストにはこの女神が王を身籠ったとの記述があり（出産したのはシェスメテト[†]とされているが）、母としても王を守っていたことになる。二つ目は「治療と癒しの女神」としての側面。疫病をもたらす一方で、それらを防いだり、治癒する力も持ち合わせており「生命の女主人」の形容辞がある。

ライオンの頭部を持った人間の女性という姿で表されることが最も多く、立像、坐像のいずれでも表され、頭上に大きめの日輪が載せられている。ライオンの姿から、同じく

セクメト、メディネト・ハブ（ラメセス三世葬祭殿）

ライオン姿のバケト†女神と関連付けられた。このほか、ネコ姿の女神バステトとも結び付けられた。また、カルナクのムト神殿にはこのセクメトの像が大量に配されていることから、この二柱の女神が強く結び付けられていたことは明らかで、ライオン頭に二重冠をつけた姿の女神像はセクメトとムトの融合を示している。

セクメトはメンフィスに信仰の中心を持ち、プタハの配偶女神、ネフェルテムの母として三柱神を形成した。アブシールにも聖域が設けられており、第5王朝時代にこの女神が存在していたことが明らかである。

キーワード：王母、ライオン、三神群、殺戮、戦闘女神、守護女神、治癒女神

参考文献：Lichtheim, AEL 'The Destruction of Mankind'；ピラミッド・テキスト§262；LÄ：ウィルキンソン『古代エジプト神々大百科』.

セシャト　Seshat　sšỉt
名前の意味・神格・属性：「女性書記」の意。書記の守護女神、文字記録を司る女神。
概要：その名前（sš「書記」の女性形）が表す通り、文字記録すべてを司る女神で、「書物の家の長となる女性」と呼ばれていた。このほか、「建築師たちの女主人」とも称され、建築、天文、数学などの女神とされた。第2王朝のカセケムウイ王時代には存在が確認されている。ピラミッド・テキストでは、ネフティス†との同一視が確認でき、二柱の女神は共に死者の器官を修復するとみなされていた。このほか、いくつかの儀式場面において、ネフティスに加え、イシス†やハトホル†と関連付けられていた。

通常、セシャトは人間の女性の姿で表された。セム神官（葬祭神官）のシンボルでもあるヒョウの毛皮をまとい、肩から書記の持つパレットを下げている。片手で刻み目のあるヤシの葉肋（「年」を表す象形文字）を持ち、もう一方の手にペンと思われるものを持ってその葉肋に書き込みをしている。このヤシの葉肋の上端は曲線を描き、下端には「永遠」を意味する象形文字の上に「10万」を意味するオタマジャクシが座っている様子が表されている。頭上には、ロゼッタか七芒星のようなシンボルの上に弓か三日月と思われるものがあしらわれた頭飾りを載せている。

特定の神話に属することも、専用の神殿を持つこともなかった女神だが、神殿建設や増築の際のプラン策定の女神でもあったことから、多くの神殿にその姿が残されている。

キーワード：守護女神、書記、文字、天文、数学、建築

参考文献：ピラミッド・テキスト§616；Leitz 2002；LÄ：ウィルキンソン『古代エジプト神々大百科』.

セシャト、ルクソール神殿

セルケト　Serket　srḳt
名前の意味・神格・属性：「喉に呼吸をさせるもの」の意。葬祭女神、守護女神。
概要：第1王朝から存在する女神で、故王の守護女神としての役割がピラミッド・テキストから確認でき、そこでは「我が母はイシス、我が乳母はネフティス†、私に乳を与えてくれるのはセカトホル（天空の雌牛）、ネイト†は我が背後にあり、セルケトは我が前にある」（「我」は故王のこと）と記されている。ここで注目すべきは、文中に登場するイシス†、ネフティス、ネイト、セルケトの四女神が、ミイラ製作時に、遺体そのものと同じように防腐処理をされた特定の内臓を納めるカノポス容器（壺と櫃）と棺を守る役割を担っており、内臓に関しては、イシスは肝臓を、ネフティスは肺を、ネイトは胃を、セルケトは腸を納めたカノポス容器にそれぞれ対応していたことであろう。セルケトの形容辞「美しい家の女主人」は、葬祭関連施設（ペル・ネフェル「美しい家」）と彼女が深く結び付いていたことの証左であり、葬祭女神としての属性を確認できる。一方で、ピラミッド・テキストはセルケトを王の乳母としても位置付けている。また、蛇神ネヘブカウの母とも考えられていた。

通常は人間の女性の姿をとり、頭上に尾を振り上げた蠍を載せている。但し、その呪術的効力（解毒）を期待してか毒針は外されており、足やハサミも除かれていることが多い。

セルケトに捧げられた神殿や特定の祭儀があったというよりは、医療に携わる呪術師の存在につながっていたとする説があり、「毒をもって毒を制す」ことを期待して、蠍の女神であるセルケトに、毒を持つ生物の害を防ぎ、万が一の場合の治療の成果を祈っていたと思われる。
キーワード：葬祭女神、守護女神、王母、乳母、蠍
参考文献：ピラミッド・テキスト§§489, 1375, 1427；LÄ；ウィルキンソン『古代エジプト神々大百科』．

ソティス　Sothis　spdt
名前の意味・神格・属性：「シリウス」の意。ナイル川の氾濫を司る女神。
概要：一等星シリウスの擬人化。シリウスは、毎年ナイル川の氾濫が始まる時期と時を同じくして夜明けに東の地平線に現れる為、農耕を主業とする古代エジプト人にとっては非常に重要であった。そして、ナイル川上流域で信仰されていたサティス†と同一視されてサティス＝ソティス信仰が生まれ、プトレマイオス朝時代に特に崇拝された。ピラミッド・テキストにおいては、故王（＝オシリス神）と交わって明けの明星（金星）を生んだとされるなど、このオシリスとの関係からその妻イシス†と同一視されるようになり、習合神イシス＝ソティスが誕生した。また、故王を天へ押し上げる役目も担っていた。その一方、オリオン座の神サフを夫、ソプドゥを息子とする三柱神も形成した。

通常は上エジプトの白冠に似た冠の側面に長い角がついた頭飾りを被った女性の姿で描かれ、冠の上端には五芒星が載せられていた。イシス＝ソティスとして現れる時は、イヌの上に横乗りしている姿となる。
キーワード：星（シリウス）、擬人化、三神群、河川女神
参考文献：ピラミッド・テキスト§§341, 357, 363, 458-459, 632；LÄ；ウィルキンソン『古代エジプト神々大百科』；ルルカー『シンボル事典』．

タウェレト　Taweret　tȝ-wrt
名前の意味・神格・属性：「偉大なる女性」の意。妊娠、出産の守護女神。
概要：古王国時代から確認される女神で、出産と家庭を司る。同じく出産や妊婦の守護神であったベス神の配偶女神とされる一方で、雌カバの姿で表されることからセト（雄カバの姿で描かれることがある）との配偶関係も考えられている。死者の書186章の挿絵では雌牛姿のハトホル†と共にタウェレトが描かれることが多いが、呪文はハトホルのみに言及していることから、この二柱の女神は同一視されていることがわかる。第18王朝アメンヘテプ三世の王妃ティイが自らをこのタウェレトの姿で表現しており（伊トリノ博物

館蔵の木彫及び米メトロポリタン美術館蔵の石碑）、王家の私的信仰の対象であったことをうかがわせる。

カバ、ワニ、ライオンの体の部分を合体させた立ち姿で表され、垂れた乳房と大きく膨らんだ腹が特徴的である。通常、女性用の鬘をつけており、その上に羽根のついた頭飾りや日輪を挟んだ角が載ることもある。ライオンの前脚を象った手は「守護」を意味する「サァ」のシンボルを持っており、この女神の権能を表している。

タウェレト自身に捧げられた神殿は確認されていないが、関連付けられているイペト†の神殿がカルナクにある。特定の神話に登場したり、祭儀が行われたり、ということはなかったようだが、非常に人気のある女神で、護符などのモチーフとしても頻用された。また、ベッドや枕、調度品、化粧道具などにもその姿を確認することができる。アマルナ革命時のエル＝アマルナにおいてすら、出土した護符や部屋の遺構に残る図像から、ベスと並んで崇拝されていたことがわかる。この女神の信仰はエジプトの交易活動により地中海世界にも広がり、ミノア文明が栄えたクレタの図像表現に影響を与えたと言われている。

キーワード：妊娠、出産、家庭、カバ、ワニ、ライオン、守護女神

参考文献：死者の書 186 章；LÄ：ウィルキンソン『古代エジプト神々大百科』.

テフヌト　Tefnut　*tfnt*

名前の意味・神格・属性：「唾を吐くもの」の意。湿気の女神。

概要：ヘリオポリス神学に属する湿気の女神で、アトゥムの娘であり、シュウ（大気の神）の妻及び妹。両者の間には、ゲブ（大地）とヌト†（天空）が生まれるが、ピラミッド・テキストには、この兄妹神間にシュウではなくテフヌトが入ってヌトをその両腕で支え、まさに天と地を湿気が支えている様子が描かれている。形容辞の「ラーの眼」は、この女神とセクメト†、ハトホル†、イシス†、ムト†、バステト†、ウァジェト†との関連を示す。神話『遠方の女神』では、太陽神ラーと仲違いをしたテフヌトが怒ってライオンの姿になってヌビアに行ってしまうものの、後にトト神に説得されてエジプトへ戻ると語られている。その図像表現と獰猛性から、ここでもテフヌトとセクメトとの関連付けを見ることができる。

一般的には人間の女性の姿で表されるが、ライオンとの関連から、ライオンの姿もしくはライオンの頭部を頭に載せた人間の女性の姿でも表現された。人間の姿で表される時は、長い鬘に日輪とウラエウスを載せた頭飾りを着けていた。

ヘリオポリスとデルタのレオントポリスに信仰の中心地があるが、民間にはあまり浸透しなかったようである。

キーワード：ライオン、湿気

参考文献：ピラミッド・テキスト§1405；Pinch Handbook 'The Distant Goddess'；LÄ：ウィルキンソン『古代エジプト神々大百科』.

ヌト　Nut　*Nwt*

名前の意味・神格・属性：意味不詳。葬祭女神、天空女神。

概要：ヘリオポリス神学に属する、「空」を擬人化した大女神。アトゥムが単身で生みだしたシュウ（大気の神）とテフヌト†（湿気の女神）の娘で、大地の神ゲブと兄妹。この兄妹からオシリス、イシス†、セト、ネフティス†の四神が生まれ、ヘリオポリス九柱神が成立した。

ヌトは、大地（ゲブ）とその周囲にある混沌の海（ヌン）を隔てる天空を表す。太陽や星、月が日々地平線から消え、やがて再度地平線上に現れる様子は、これらの天体が毎日彼女に飲み込まれ、彼女の体腔を通過し、やがて彼女の子宮から生み出されるという概念を生んだ。そして、彼女は「天空の母」として、「空を覆う者」「太陽神ラーを守る者」「神々を生む者」「幾千もの魂を持つ者」などの形容辞を持つ。

亡くなったものを再生させる存在なので、復活・再生を望む古代エジプト人は葬祭女神ともみなした。死者は彼女の体内に入り、や

がて星になると考えられた。ピラミッド・テキストには数えきれない程登場し、いわゆる四つの「再生」テキストでは、「石棺の名において母なるヌトに王は与えられ、ヌトは棺の名において王を抱き、王は墓の名においてヌトにもたらされた」と記された。これに由来すると思われる文言はコフィン・テキストでも確認できる。しかしヌトは葬祭儀礼とは直接結び付かなかったようで、例えばカノポス容器とそこに納められたミイラ処理済みの内臓を守るとされたイシス、ネフティス、セルケト†、ネイト†のような扱われ方はしなかった。

ほとんどの場合は人間の女性の姿で表された。最も多いモチーフは、片膝を立て、片肘をついた格好で寝転んだ姿のゲブ（大地の神）の上方にアーチ型に覆いかぶさるもので、これら二柱の神の間には大気の神シュウが二者を分かつような、ヌトを持ち上げているような姿勢で配されている。ヌトの体が天の川となって、太陽の船がそこを航行する様子が描かれる場合もある。ヌトは裸だが、体内に星が描かれている場合もある。両足と両手の指先がそれぞれ地面に届いており、これらの四肢はそれぞれ東西南北（基本方位）に向けられているとの考えもある。有名なのは、テーベ西岸の王家の谷に残されている第20王朝の王ラメセス六世の墓天井の壁画で、アーチ型に体を曲げた二体のヌトが背中合わせに描かれ、昼と夜の姿を表している。片側のヌトの体内には、日没（＝死：太陽がヌトに飲み込まれる瞬間）から日の出（＝誕生：太陽がヌトの子宮から生み落とされる瞬間）に向かって進んでいる太陽の様子が描かれ、もう一方の体内は星で満たされている。

また、新王国時代以降、ヌトは手足を真上及び真下に伸ばした正面向きの姿で木棺・石棺の蓋内側に表されることが多くなった。これは、蓋を閉めた時、死者の身体にヌトの身体がアーチ状に被さることによって死者が母の体内に戻り、やがて再び生まれる準備をするという概念を表出している。死者の再生を導く「天空の母」としての姿であり、棺そのものも死者を再生させるヌト女神の体を象徴

していると考えられている。このほか、有翼のヌトが棺の蓋外側に見られることもあるが、これは蓋を跨ぐように大きく広げた翼で死者を守る様子を表している。

また、ヌトは「天空の雌牛」として雌牛の姿で表されることがあるが、これはラー・アトゥムを天へ持ち上げる時のモチーフで、彼女の四本の脚を支えるためにホルス、セト、トト、ソプドゥの四柱の神々が彼女の脚をそれぞれ押さえている。そして、この四肢は、東西南北の四方位を表したとされる。この姿は雌牛姿のハトホル†と結び付けられることがあり、そのためにハトホルも「天空の女神」と呼ばれるようになった。ヌトは時には雌豚として表現されることもあったが、その場合、彼女の乳を吸う子豚が一緒に描かれた。

ヌトは新王国時代には生命の木としても描かれ、聖なるシカモアの木から出現して、死者に水や食物を与える様子が表されている。これは、「シカモアの女主人」と呼ばれたハトホルとの同一視、葬祭女神でもあったイシスとの結び付きをうかがわせる。

天空の女神として棺や壁画に数多く登場しているものの、特定の祭儀や信仰中心地、そして神殿は持たなかったようである。宇宙の大義を示す重要な女神ではあったものの、五穀豊穣、家内安全、といった日々の生活に密着した女神たちとは異なる存在であったと言えよう。

キーワード：擬人化、葬祭女神、天空女神、天の川

参考文献：ピラミッド・テキスト§§616, 1344：コフィン・テキスト呪文44, 60, 61, 62, 80, 644, 648, 792, 803：LÄ：ウィルキンソン『古代エジプト神々大百科』：松村他編『神の文化史事典』385頁.

ネイト　Neith　*Nt*
名前の意味・神格・属性：「下エジプトの冠、氾濫」を意味するという説もある。戦闘女神、創造女神、葬祭女神。
概要：特定の神話体系には属していないが、古代エジプトの大女神。すでに先史時代にはその存在が確認されている。彫刻を施した墓

碑やラベル、護符、またこの女神に仕える女性神官の存在、ネイトホテプやメルネイトなどの王妃の名前から、第1王朝時代にはこの女神が大いに崇拝され、古代エジプト人の宗教生活の中で非常に重要な地位を占めていたと考えられる。

早い時期から武器類と関連付けられ、「戦士」としての性格を持っていたようで、初期の頭飾りが弓矢であったことや、「弓の女主人」「矢を支配する者」という形容辞がその根拠となる。古王国時代以降、「ラーの眼」の形容辞を持ち、獰猛な女神として他の女神たち（ハトホル†、イシス†、ムト†、バステト†、セクメト†、テフヌト†、アヌキス†、アスタルテ†、アナト†など）と同じ形容辞を共有した。新王国時代の物語『ホルスとセトの争い』（オシリス神話に基づいたホルスとセトによるオシリスの後継者争い）では、太陽神ラーがネイトに助言を求めるが、ネイトはそれに答えつつ自分の提案に従わないのであれば天を地に落としてしまうと脅しており、この女神の過激な性格が示されている。また、同時に、ラーの相談相手になるということはネイトが別格の存在であったことも示しており、同物語で「偉大な者、神の母、まず第一に人類を光被する者」と呼ばれるように、太古から崇敬を受けてきたことがわかる。

ネイトは創造女神ともみなされた。「大いなる雌牛」「大いなる氾濫」という形容辞は、彼女をメヘトウェレト†と結び付け、人類の創造主として位置付けている。この創造女神としての属性はネイトの「母性」につながる。ピラミッド・テキストですでにソベク神との母子関係が謳われ、神々の母であったネイトは新王国時代になると人類の母ともみなされるようになった。第18王朝のハトシェプスト女王葬祭殿には彼女の母（トトメス一世王妃）がアメン神と交わって彼女を受胎する場面がレリーフに残っているが、そのベッドを支えているのがセルケト†とネイトであることは、ネイトが「人類の母」であることを間接的に表している。

「創造女神」「神々の母」「人類の母」という属性に加え、ネイトは古くから葬祭女神としても存在していた。ピラミッド・テキストは、イシス、ネフティス†、セルケトと共にネイトが故王を守護する役目を担っていると述べており、これら四柱の女神はそのまま棺の側面に配されると同時に、ミイラ処理が施された特定の内臓を納める「ホルスの四人の息子たち」と呼ばれる四柱の神々に象徴されるカノポス壺をそれぞれ担当して守る存在とみなされた。ネイトは胃を納めたドゥアムトエフ（山犬の神）と結び付けられ、棺やカノポス厨子の東面に配置された。一方、コフィン・テキストではネイトと死者が同等とみなされ、死者の判事の一員となっている。機織りを司る女神ともみなされており、ミイラの包帯を準備する女神としても葬祭場面に関わっていたと考えられる。

ネイトは、先王朝時代にはシンボル（標章）で表されていたようであるが、その後、人間の女性の姿で表現されるようになった。最初期には交差した矢を盾にあしらったものを頭上に載せた姿で描かれており、戦士としての性格を表出していると考えられる。第5王朝になると、一般的によく知られている赤冠（下エジプトの象徴）を被った姿で描かれるようになった。信仰中心地が主としてデルタ（下エジプト）にあったことを考えれば無理もなく、下エジプトの象徴である赤冠を戴くということからその地での重要さがうかがえる。ヘロドトスによれば、彼がエジプトを訪れた時期のネイトは雌牛の姿で描かれ、日輪を挟んだ角を頭飾りとして載せていた。このほか、母なる女神、ソベク神の母としてのネイトに

ネイト、ルクソール神殿

は授乳のモチーフが与えられ、左右の乳房で一匹ずつワニに授乳している姿の護符が作られた。

古王国時代にはメンフィスに聖域があったようだが、コフィン・テキストでは「メンデスの女主人」という称号が与えられており、中王国時代にはこの地（東デルタのメンデス）がネイトの信仰中心地であったことがうかがえる。新王国時代以降は中心地を西デルタのサイスに移し、その地出身の王が統治した第26王朝時代には、当然ながらネイトの人気も高まった。ギリシア・ローマ時代にはテーベ（現在のルクソール）の南方エスナでクヌムと共に信仰の対象となり、ネイトの大祭も行われるほどであった。非常に長い期間に渡って崇拝され、信仰の厚さには時代による波もあったが、一貫して古代エジプトの主要神の座にあった。

キーワード：戦闘女神、創造女神、葬祭女神
参考文献：『古代オリエント集』「ホルスとセトの争い」；ピラミッド・テキスト§§510, 606, 1375；コフィン・テキスト呪文408, 630；ヘロドトス『歴史』59-62；ウィルキンソン『古代エジプト神々大百科』；LÄ；松村他編『神の文化史事典』388頁．
⇒アディティ、カーリー、ドゥルガー

ネクベト　Nekhbet　Nḫbt
名前の意味・神格・属性：「ネケブの女性」の意。王の守護女神。
概要：上エジプト（エジプト南部）第三ノモスの州都ネケブの主神。上エジプトの守護女神として下エジプトの守護女神ウァジェト†と対をなし、「二女神名」として王の儀礼的称号に取り入れられた。ツタンカーメンの黄金のマスクが着けているネメス頭巾（縞模様の布を額に巻き、頭の後ろで尾のように結んだもの）前頭部にあしらわれたハゲワシとコブラは、この二女神である。ピラミッド・テキストでは「ネケブに住み、白い頭巾（上エジプトの白冠のことか？）と大羽根をつけ、垂れ下がった乳房を持つ偉大な雌牛」、「王に乳を与える」王母とされている。一方で、アブシールのサフラー王の葬祭殿にある王の誕生場面では、王を守る乳母として描かれている。王母としてのこのような属性によって、他の多くの王母女神（セクメト†、ハトホル†、イシス†、ムト†、バステト†など）と結び付けられている。

一般的にはハゲワシの姿で表されることが多く、その際は横向き、もしくは顔だけ正面で体部は横向きに翼を広げた姿である。また、多くの場合「永遠（「シェン」）」を意味するシンボルをつかんだ姿である。「二女神」として籠の上に並んで描かれることの多いウァジェトと図像表現上の混乱が生じており、本来はハゲワシ姿のはずのネクベトが白冠（上エジプトの象徴）を被った蛇の姿で表されることもある。

キーワード：守護女神、ハゲワシ、蛇（コブラ）、王母、乳母
参考文献：ピラミッド・テキスト§§696, 1451；ウィルキンソン『古代エジプト神々大百科』．

ネフティス　Nephthys　nbt-ḥwt
名前の意味・神格・属性：「家の女主人」の意。葬祭女神。
概要：オシリス、イシス†、セトの兄妹神と共にヘリオポリス神学に登場する。オシリス－イシスの配偶関係に対応してセトと配偶関係にあったが、一方でオシリスとも交わり、その結果アヌビス神が誕生したとされる。いわゆるオシリス神話において、ネフティスが夫セトの味方になることはまったくなく、セトによって殺されたオシリスの死を嘆く姉イシスと共に兄の死を悲しみ、遺体を探す姉を助け、それが発見されると姉に協力して遺体をつなぎ合わせた。イシスとネフティスのこの役割は拡大して故王（＝オシリス）に対しても当てはまると考えられ、王は死後この二柱の女神によって「再びつなぎ合わされ」、復活と再生を果たすとされた。

このためネフティスはイシスと共に葬祭女神となり、王家だけでなく私人の復活・再生にも関わった。墓壁画には鳶もしくはハヤブサの姿を採って姉イシスと共に死者のミイラを見守る姿で描かれたり、カノポス壺などの

エジプト

副葬品を守る四柱の女神（ネフティス以外に、イシス、セルケト[†]、ネイト[†]）の一員になった。

末期王朝時代以降はアヌキス[†]とも関連付けられたが、イシスとの関わりが主であった。起源についてはよくわからず、姉イシスと比べるとその権能も非常に限られている。

通常は人間の女性の姿で表され、頭上には彼女の名前を意味する象形文字を載せている。姉イシスと共にミイラを見守る場面（多くは鳶の姿で描かれる）、また死者に対してその死を嘆く場面では、名前などの添え書きがない場合、頭上のそれらがないとどちらがイシスでどちらがネフティスか、判断不能となる。一方、石棺や木棺においては、イシスが死者の足元に配されたのに対し、ネフティスは頭部に近いところに描かれた。

葬祭女神という古代エジプトでは重要な役割を担っていたにもかかわらず、彼女自身のための神殿や信仰中心地、特定の祭儀は確認されていない。彼女の護符は数多くあるが、第26王朝以降のものがほとんどである。

キーワード：葬祭女神、姉妹、再生

参考文献：プルタルコス『イシスとオシリス』14, 38, 44, 59；ウィルキンソン『古代エジプト神々大百科』；イオンズ『エジプト神話』；松村他編『神の文化史事典』390頁；吉田他『世界神話事典』92-93, 97-101頁.

ネヘムトアウァイ Nehemtawy nḥmt-ꜥwꜣy

名前の意味・神格・属性：「奪われた者を救う女性」の意。トト神、もしくはネヘブカァウ神の配偶女神。

概要：トト神もしくはネヘブカァウ神の配偶女神と考えられ、新王国時代以降確認できる。人間の女性の姿で表されるものの、子供を膝に抱いて授乳する姿はイシス[†]やムト[†]と混同されやすい。頭飾りのシストラムによって区別できるが、シストラムからはハトホル[†]との関連付けも考えられる。また、ネフティス[†]との関連を示す資料もある。その信仰については、トト神の信仰中心地であるヘルモポリスでの崇拝が確認されるが、それ以外についてはほとんど知られていない。

参考文献：Leitz 2002；ウィルキンソン『古代エジプト神々大百科』.

バアラト Baalat bꜥrt

名前の意味・神格・属性：「女主人」の意。バアル神の配偶女神。

概要：新王国時代の女神。シリア・パレスティナからエジプトに伝わった豊穣神バアルに対応する存在で、バアルの女性形が名前の語源。古代エジプトではハトホル[†]と同一視され、単独での崇拝は行われなかったらしい。シナイ半島のセラビト・エル＝カディムのハトホル神殿から見つかったスフィンクス（スピンクス）小像には、古代エジプトの象形文字でハトホルの名前が、そしてラテンアルファベットの元になった原シナイ文字でバアラトの名前が一緒に刻まれている。

参考文献：Leitz 2002；ウィルキンソン『古代エジプト神々大百科』.

パケト Pakhet Pꜣḫt

名前の意味・神格・属性：「引っ掻く女性」の意。狩猟女神。

概要：中王国時代から知られる女神で、コフィン・テキストでは「鋭い目と尖った爪を持つ夜の女狩人」と描写される。獰猛な性格と考えられ、この点でセクメト[†]と関連付けられる。「ワディの入口にいる女神」という形容辞は、この女神とライオンの関係を示していると考えられる。ギリシア人は、この女神を狩猟女神アルテミス[†]と同一視していた。

パケトは雌ライオンの頭部を持つ人間の女性の姿で表されるのが一般的で、頭上には日輪を載せていることがあり、これによって太陽神（ラー）と結び付き、セクメトやバステト[†]とも結び付いた。

信仰の中心地は中部エジプトのベニ・ハサン周辺で、第18王朝の王ハトシェプストとトトメス三世が彼女の為にスペオス・アルテミドス（「アルテミスの洞窟」の意）に岩窟神殿を造営した。

キーワード：狩猟女神、ライオン

参考文献：コフィン・テキスト呪文470；ウィルキンソン『古代エジプト神々大百科』.

バステト　Bastet　*B3stt*

名前の意味・神格・属性:「ブバスティスの女性」の意。母性の象徴。

概要：第2王朝からその存在を確認。ピラミッド・テキストでは危害を加える女神とされる一方で、王母、もしくは乳母としても扱われており、他の多くの女神同様、二面性を示す。続くコフィン・テキストも、死者の守護女神としての性格と共に攻撃性について言及しており、穏やかな性格で「母性の象徴」という性質は、少なくとも中王国時代末以降になって定着したと言える。バステトは「ラーの娘」「ラーの猫」（太陽神に危害を加えようとする蛇アペピを退治する存在）とみなされており、ラーの介在によって他の多くの女神（ハトホル†、セクメト†、ムト†、イシス†、パケト†、アスタルテ†、アナト†、カデシュ†など）と関連付けられる。また「月の眼」とも称され、ホルスとの関係もうかがえる。

　バステトと言えば猫の姿、もしくは猫の頭部を持つ人間の女性像が護符やブロンズ像からよく知られているが、初期には雌ライオンの姿をしており、新王国時代末期以降、猫の頭部を持つ人間の女性の姿で表現されるようになった。彼女の信仰が非常に盛んになった末期王朝時代頃に猫の姿が定着したと思われ、猫はバステトの聖獣としてミイラ処理を施されて埋葬されるようになった。これは、属性が穏やかな性格で「母性の象徴」に定着する過程と連動していると思われる。

　信仰の中心地はデルタのブバスティスで、時代が下るにつれて人気が高まった。彼女の神殿の壮麗さについては、ヘロドトスが記録している。彼によれば、バステトはギリシアのアルテミス†と同一視され、かなり大規模な祭礼が行われていたようである。

キーワード：母性、王母、月、ライオン、猫、二面性

参考文献：ピラミッド・テキスト§§892, 1111；コフィン・テキスト呪文60；ヘロドトス『歴史』2, 59-60, 137-138；ウィルキンソン『古代エジプト神々大百科』；ルルカー『シンボル事典』；松村他編『神の文化史事典』407頁.

バト　Bat　*b3t*

名前の意味・神格・属性:「バァ（霊魂）」の女性形。天の雌牛。

概要：バトは先王朝時代後期から歴史時代初期に渡って重要な地位を占めた。一般には、ナルメル王のパレット上部に彫りこまれた正面向きの人間の顔と雌牛の角と耳を持った像がバト女神とされており、そこからこの女神の属性は天の雌牛と考えられている。ピラミッド・テキストでも「我（＝王）はその二つの顔を持つバトである」と故王の存在形態の一つとして言及されているが、時代が下るとハトホル†に吸収されたと考えられている。

キーワード：雌牛

参考文献：ピラミッド・テキスト§1095；Leitz 2002；ウィルキンソン『古代エジプト神々大百科』.

ハトホル　Hathor　*hwt-hr*

名前の意味・神格・属性:「ホルスの家」の意。王母、豊穣女神、葬祭女神、愛と芸術の女神。

概要：特定の神話体系には属さないものの古代エジプトの大女神の代表格で、おそらく先王朝時代もしくは初期王朝時代から存在していた。信仰の中心地は古くから上エジプトのデンデラであるが、その他の多くの場所でも崇拝された。雌牛そのもの、または正面を向いた雌牛の頭部、もしくは雌牛の角の間に日輪を挟んだ頭飾りを着けた人間の女性の姿で表された。最後の例は第18王朝以降イシス†にも当てはまり、神名が添えられていないと区別が難しい場合もある。

　大女神にふさわしく、以下のような複数の属性が与えられており、多くの女神たちと関連付けられている。

①ホルスの母もしくは妻

　その名前（「ホルスの家」）からもわかるようにホルスとの結び付きが強く、ホルスの母とみなされた。オシリス神話に基づいて、ホルスはイシスの息子とされることが多く、後代には、イシスがホルスに授乳する様子を表した神像が盛んに制作されたが、これはイシスとハトホルの強いつながりも示す。その一方、ハトホルはホルスの妻とも考えられ、年

ハトホル、デル・エル＝バハリ

に一度、自らの信仰中心地デンデラから、エドフにいる天空神ホルスのところへ輿入れをする祭りが催されるなどした。以上のように、ハトホルの名前がハヤブサの神であるホルスの住む「家」＝「天空」を指していること、ハトホルが天空神ホルスとの間に婚姻関係を結ぶことから、同女神には「天空女神」としての属性も与えられていた。

②王の母もしくは妻

ホルスの母であることは、古代エジプトの現王（＝ホルス）の母、すなわち王母であることを意味した。ピラミッド・テキストにも王はハトホルの息子と明記されており、それはそのまま王の称号の一つ「ハトホルの息子」になった。雌牛姿のハトホルが王に授乳している場面（デル・エル＝バハリ（ルクソール西岸）：ハトシェプスト女王、トトメス三世、アメンヘテプ二世）は、図像としてこの母子関係を語っている。王母としての属性はムト†やイシスも持ち合わせており、これら三女神の関連が認められる。また、ホルスの妻であることは、現王の妻であることも意味する。このことは、第4王朝のメンカウラー王の河岸神殿（ギザのピラミッド複合体）から出土した同王の彫像群に見られる。ハトホルはそこで、夫である王に妻として寄り添い立つ姿と、母として腰かけた姿の両方で表されている。

③ラーの妻または娘、もしくは眼

ハトホルは太陽神ラーとも強い結び付きを持ち、「ラーの妻」、「ラーの娘」、もしくは「ラーの眼」と呼ばれた。頭上にあしらわれた日輪は、この結び付きを表す。『人類滅亡の物語』では、不遜な人間たちの陰謀に怒り狂ったラーの「眼」として人類撲滅のために派遣されたが、この猛々しい性質を帯びたハトホルはセクメト†として表現されている。また、「ラーの眼」という形容辞は、ハトホルをセクメトのみならず多くの女神（ムト、イシス、バステト†、テフヌト†、アヌキス†など）と結び付けている。

④女性の性と母性の守護女神

ハトホルは女性の性の守護女神ともされ、そこから母性や豊穣女神とされるようになり、しばしば男性の性の守護神であり豊穣神であるミンと対比される。同じく王母とされていたイシスやムトがより社会的、模範的な母親像（「母であること」）を与えられていることに比べると、ハトホルはより性的な側面（「母になること」）が強く、「生」の喜びと結び付けられていた。

⑤音楽と娯楽の女神

ハトホルの「生」の喜びとの結び付きは、この女神を音楽や娯楽、酒とも結び付けた。「ナオスシストラム」と呼ばれる楽器には、ナオス（古代エジプトでは「小型の社、神殿」の意味）を頭上に載せたハトホルの頭部が飾りにつけられており、儀式の際の演奏に使われたものと思われる。酒との結び付きは、『人類滅亡の物語』において人類滅亡を思いとどまったラーが、赤く着色したビールを殺された人類が流した血に見立ててハトホル（＝セクメト）に飲ませて酩酊させることで、同女神の人類への虐殺行為継続を阻止したエピソードと関連している。

⑥葬祭女神

「生」との結び付きが重視された一方、早い時期からメンフィスで「シカモアの女主人」の名の下に樹木の女神として崇拝され、死者に飲食物を与える存在とされた。そして新王国時代に入ると、主にテーベ西岸において、墓地や死者の守護女神である「西方の女主人」として崇拝された。

⑦外国と外国品の女神

ハトホルはエジプトのみならず、外国や砂

漠とも結び付けられた。ビュブロスでは「ビュブロスの女主人」と呼ばれ、シナイ半島のセラビト・エル＝カディムのトルコ石鉱山では「トルコ石の女主人」（後に「ファイアンスの女主人」へも拡大）としてのハトホルのために、神殿が建立された。

キーワード：王母、豊穣女神、葬祭女神、天空女神、雌牛、宝石、芸術

参考文献：Lichtheim, AEL, *'The Destruction of Mankind'*；ピラミッド・テキスト§466；ウィルキンソン『古代エジプト神々大百科』；松村他編『神の文化史事典』411-412頁；吉田他『世界神話事典』94-95頁.

⇒アプロディテ、イシュタル、シュリー、スラー、フレイア

ヘケト　Heqat　*hkt*
名前の意味・神格・属性：意味不詳。妊娠・出産を司る女神。
概要：古代エジプトでは、一年のうちの決まった時期に姿を現したり、一度に沢山の卵を生んだりする蛙は豊穣のシンボルとされており、これに基づいて主に蛙姿で表されたのがヘケト女神である。子宮の中で子供を形作り（この点で、轆轤を使って人間を形作ると考えられたクヌム神と配偶関係を形成した）、誕生（特に分娩の最終段階）に携わる女神とみなされたヘケトは古王国時代には存在が確認されており、ピラミッド・テキストでは、天空を旅する故王を助けている。デル・エル＝バハリのハトシェプスト女王葬祭殿には、女王の母（トトメス一世王妃）がアメン神と交わって女王を身籠り、やがて出産に至る過程のレリーフが残されているが、ここでヘケトは蛙の頭部をつけた人間の女性の姿をして、分娩に向かう王妃の手を取り産屋へと先導している。出産に携わる女神として、ヘケトはメスケネト[+]と関連付けられていた。

ウェストカー・パピルスでは、ヘケトが第5王朝創始者の三人の王の誕生を促進したとされており、「ヘケトの従者」という用語が助産婦を意味した可能性もある。家庭と妊婦の守護女神と考えられ、中王国時代の象牙の短剣や拍子木などの呪術的工芸品にその姿や名前を記された。また新王国時代以降には、蛙の護符がよく作られた。

現在のエル＝アシュムネイン近郊に信仰の中心があったと考えられるが、第19王朝のセティ一世神殿では王から供物のワインを受け取る姿で描かれており、紀元前300年前後の墓の碑文にも登場する。目立つ女神ではなかったが、長い期間に渡って人々の信仰を集めた。

キーワード：妊娠、出産、蛙

参考文献：ピラミッド・テキスト§1312；『古代オリエント集』「ウェストカー・パピルスの物語」；Leitz 2002；LÄ；ウィルキンソン『古代エジプト神々大百科』.

⇒スショーバナー

ヘサト　Hesat　*hs3t*
名前の意味・神格・属性：「雌牛（乳牛）」の意。乳を供給する女神。
概要：ピラミッド・テキストで「故王の母」とされ、生前の王の乳母とされている。一方、人間への乳の与え手とも考えられていたようで、「ヘサトのビール」は渇きを癒すとされていた。プトレマイオス朝時代になるとイシス[+]と関連付けられ、イシス＝ヘサトとして信仰された。

キーワード：王母、乳母、雌牛

参考文献：ピラミッド・テキスト§1029；ウィルキンソン『古代エジプト神々大百科』.

マアト　Maat　*M3't*
名前の意味・神格・属性：「真実、真理、正義、宇宙秩序」の意。正義、真理、真実、秩序の女神。
概要：真実、真理、正義、秩序などを体現化した女神。古王国時代には存在が確認されており、世界創世時に創造神である太陽神ラーが確立した宇宙秩序であった。そのためにラーと関連付けられ、両者のつながりはピラミッド・テキストに記された。この宇宙秩序は創世時に確立されたまま永遠に継続するものではなく、常に更新・維持の努力が必要とされるものであったため、審判の概念に通じるようになった。これは、ピラミッド・テキス

トの「故王の権利の判定」に関する記述や、死者の書 125 章（オシリス裁判）で死者の裁判が行われる場所が「二つの真理の間」と呼ばれていたり、死者の否定告白に偽りがないことを確かめるために死者の心臓を秤にかける際の分銅としてマアトの「真実の羽根」もしくは女神自身が用いられることに反映している。

一方、マアトは新王国時代から「ラーの娘」と呼ばれるようになり、同じく「ラーの娘」もしくは「ラーの眼」の形容辞を持つ女神たち（イシス†、ムト†、セクメト†、バステト†、ハトホル†、テフヌト†、アヌキス†など）と関連付けられた。配偶神は書記・知恵の神トトと考えられたが、オシリスとも結び付けられた。

古代エジプトの王は「マアトの遂行」（正しく統治を行い、エジプト社会を混沌から守り秩序を維持すること）が義務付けられており、これを果たすことが王であることの正統性でもあったので、王の形容辞の一つに「マアトに愛されし者」があった。

通常は人間の女性の姿で表され、頭上に「真実の羽根」を載せているが、羽根だけで女神を表すこともある。新王国時代には王がマアトを神々に奉納する姿がよく見られ、差し出された王の手のひらにこの女神が載せられているが、座した人間の女性の姿、もしくは「真実の羽根」のミニチュアが主であった。この場面でのマアトは、その「神々の食物」という形容辞などから、神々に捧げられる一般的な供物と同じであったとの指摘もある。

キーワード：真実、正義、宇宙秩序
参考文献：ピラミッド・テキスト §§1582,

マアト（左端）、カルナク神殿

1774；死者の書 125 章；ウィルキンソン『古代エジプト神々大百科』；松村他編『神の文化史事典』499 頁.
⇒テミス

マフデト　Mafdet　M3fdt
名前の意味・神格・属性：「上る者、走る者」を意味するという説もある。守護女神、処刑役。
概要：個別の神話体系には属さないものの、第 1 王朝から存在が確認される。ピラミッド・テキストでは王や太陽神ラーを危険から守る役目を持つものとされ、同時に「処刑道具」とも深い関わりがあったと記されている。これらの権能から、中王国時代になると魔除けの女神となり、新王国時代には処刑役として来世の審判場面に現れるようにもなった。マングースと思われる動物の姿で表されることが多いが、実際のところ、どの動物なのかについてはっきりとはわかっていない。
キーワード：守護女神、処刑
参考文献：ピラミッド・テキスト§§230, 438, 440, 442, 677, 685, 1212；ウィルキンソン『古代エジプト神々大百科』.

ムト　Mut　Mwt
名前の意味・神格・属性：「母」の意。母性、王母。
概要：「母なる」大女神で、中王国時代末期以降から確認されるが、それ以前に信仰されていた可能性もある。テーベでアメン神の配偶神として重要な地位を有したが、アメンの配偶神は本来アマウネト†であり、どこかの時点でムトに入れ替わったと考えられる。

新王国時代に国家神アメンの信仰がピークを迎えると、妻であるムトもエジプト王妃と同一視され、王母として確固たる地位を築いた。同じように王母、または「母なる」大女神とされていたのがハトホル†だが、ハトホルとムトの違いは、前者が性的で享楽的な傾向にある若い女性の象徴として「母になること」に重点がおかれていたのに対し、後者は王権や国家に関わる社会的な場面で登場すべき模範的な大人の女性の象徴として「母であること」が重視されていた。その点はイシス†と通じるものがある。

ムトは「ラーの眼」の形容辞を持ち、ラーを仲立ちにしてハトホル、セクメト†、バステト†、イシス、アヌキス†、テフヌト†などと関連付けられた。そこには母として、また女性としての激高性や攻撃性と共に、一転して慈愛と癒し、寛容などが共通の属性として含まれている。

ムトの特徴として、葬祭信仰にはあまり関わらなかったことが挙げられる。死者の書 164 章には「魂と肉体を悪しき部屋にいる魔物たちの住処から救い出す」女神として言及されてはいるが、他の多くの女神たちが持つような葬祭女神としての決定的な特徴はなかったらしい。同じ王母のイシスとハトホルは葬祭女神としての存在も大きかったが、この点ムトは異なっている。

初出時（中王国時代末期）には雌ライオンの頭部を持った人間の姿で表されたが、やがて頭部も含め人間の姿で描かれるようになった。ただし、ライオンとの結び付きは後々まで残り、カルナクのムト神殿にはライオンの頭部と人間の体が合体した姿のセクメトの像が大量に建立された。通常、ムトはハゲワシの頭飾りをつけ、その上に上エジプトを表す白冠（これが彼女の出自を暗示しているかもしれないが）か、上下エジプト（エジプト全土）を象徴する二重冠（上エジプトの白冠と下エジプトの赤冠）を被っている。後者は神々の王であり国家神であるアメンの妻として、また王母としての姿と言える。

単身で描かれることもあるが、テーベの三柱神を形成する夫アメン、息子コンス と共に描かれることも多く、立像、坐像のどちらも見られる。後者の場合、胸に子供を抱き授乳する姿勢もあり、護符などに確認できるが、これはイシスと共通で、二重冠の存在や添え書きの碑文等がなければ同定が難しい。また、同じく死者の書 164 章では、ムトは三つの頭を持っていると記されており、一つ目がパケト†女神の頭つまりライオンで、二つ目が二重冠を着けた人間の頭部、三つ目が羽飾りをつけたハゲワシの頭となっており、挿絵に

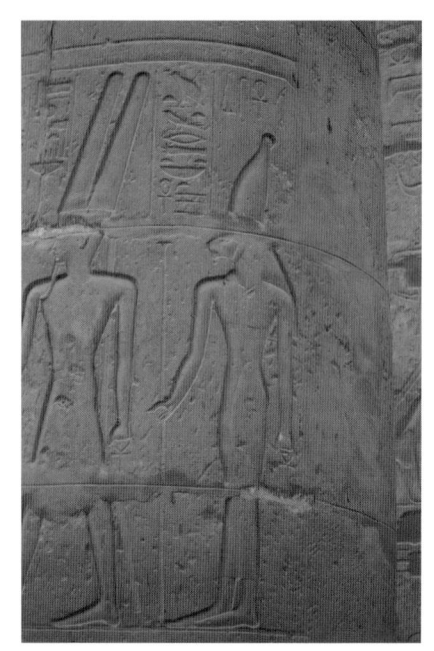

ムト（右側）、カルナク神殿

はこれら三種類の頭部を持った奇妙な姿も見られる。また、このムトは勃起した男根と広げた翼も持つが、これらは実際のレリーフや彫像では確認できない。

テーベが信仰中心地であり、アメンやコンスと一緒に描かれることが多かったが、一柱の女神としても独立しており、カルナクにこの女神のための神殿が、主に第18王朝（特にアメンヘテプ三世時代）に建立された。また、ほかにもヘリオポリスやギザに聖域を持ち、タニスには神殿が建立されたようである。国家神の配偶女神であること、王母であること、カルナクに広大な神殿を所有していることから、ムトは王家の女神と考えられがちだが、私的信仰の対象にもなっていたらしい。

キーワード：母性、王母、三神群
参考文献：死者の書164章；Tazawa 2009；ウィルキンソン『古代エジプト神々大百科』；LÄ.

メスケネト　Meskhenet　*mshnt*
名前の意味・神格・属性：「誕生地」の意。出産、子供の運命を司る女神。
概要：本来は出産と深く結び付いていた。ウェストカー・パピルスでは、生まれた三人の子供（ウセルカフ、サフラー、ネフェイルカラー）が第5王朝の最初の諸王になると運命付けており、新生児の運命を決定すると考えられていた。

通常は人間の女性の姿で表され、頭上に牛の子宮とされるものを載せていた。もう一つの特徴的な図像表現は、「誕生レンガ」（古代エジプトでは、出産時に妊婦が二つのレンガに跨って座り、そこで子供を生み落とすという方法を採っており、その時使われるレンガをこのように呼んだ）を擬人化したもので、死者の書125章で死者の心臓が計量のために天秤に載せられる場面に、長方形の片側の短辺に人間の女性の頭部をつけた姿で描かれることがある。ここから、女神は死者の復活・再生を手助けする存在であると考えられる。これらの図像からは、メスケネトがヘケト†に比べ、より具体的・実際的な出産の守護女神であったことがうかがえる。

キーワード：出産、子供、再生
参考文献：『古代オリエント集』「ウェストカー・パピルスの物語」；死者の書125章；ウィルキンソン『古代エジプト神々大百科』；ルルカー『シンボル事典』.
⇒アルテミス、エイレイテュイア

メヘトウェレト　Mehet-Weret　*mḥt-wrt*
名前の意味・神格・属性：「偉大な氾濫」の意。天空女神。
概要：創世の水中から現れて太陽神ラーを生んだとされる女神で、天空女神とも考えられ、ピラミッド・テキストでは「天上の水路」として言及されていると考えられている。ネイト†女神との関連が指摘されており、後代には「ラーの眼」の形容辞によってハトホル†、イシス†、ムト†、バステト†、セクメト†、テフヌト†、アヌキス†とも結び付けられた。

雌牛の姿で表されることが主で、ツタンカーメン王墓から出土した黄金の葬祭用寝台にはこの女神の木像があしらわれていた。一方、雌牛の頭部を持つ人間の女性の姿で表される

こともあった。いずれにしても、太陽神ラーの生みの母として、太陽の日輪を雌牛の角の間に挟んだモチーフの頭飾りを着けている。

個別の神殿や祭儀を有することはなかったようである。

キーワード：王母、太陽神の母、天空女神、雌牛

参考文献：ピラミッド・テキスト§§289, 508；ウィルキンソン『古代エジプト神々大百科』．

メレトセゲル　Meretseger　*mrs-gr*

名前の意味・神格・属性：「静寂を愛する女性」の意。テーベの墓地を司る女神。

概要：新王国時代以降に確認されるようになった女神で、テーベ西岸の王家の谷の中心にあるピラミッドの形をした山（エル＝クルン）に住んでいると考えられ、テーベの墓地全体を支配した。この山も古代はこの女神の名前で呼ばれており、一方で女神自身も「西の峰」などと呼ばれることもあった。王家の谷の王墓建設職人の村デル・エル＝メディーナの人々に特に崇拝されており、同村からはこの女神に捧げられた奉納碑が数多く確認されている。この女神は、犯罪者を盲目にするか、もしくは毒液を使って罰すると信じられていたが、これらの石碑には女神に許しを請い、治癒を願う祈りの言葉が刻まれており、最終的にはこれらの病む人々が健康を回復したことが記されている。

メレトセゲルは自らの支配地域であるテーベ王墓地の山そのものと同一視されることはあったが、山を模して描かれることはなく、とぐろを巻くか、鎌首をもたげたコブラの姿や、時に頭部だけ人間の女性で体はコブラの姿で表された。

第21王朝以降、テーベ墓域が放棄されるとこの女神の信仰も廃れていった。一つの地域と深く強く結び付いた女神の代表例で、同じく蛇の姿をした女神レネヌテト†と好対照である。

キーワード：治癒女神、蛇（コブラ）

参考文献：Leitz 2002；LÄ；ウィルキンソン『古代エジプト神々大百科』．

⇒カドルー、ジャラトカール

ラート　Raet　*rʿt*

名前の意味・神格・属性：「太陽神ラー」の女性形。ラーの配偶女神。

概要：アメン神の名前から派生してアマウネト†が作り出されたように、太陽神ラーの名前から派生させて配偶女神として意図的に創作された。「二国のラート」「天空の女主人」「神々の女主人」の称号を与えられたりしたが、同じくラーの妻とされたハトホル†に比べるとその役割は小さい。図像化されることもあまりなく、わずかな例ではハトホルと似た姿（頭上に角とウラエウス、もしくは日輪を戴く姿）で描かれていたとされる。

参考文献：Leitz 2002；LÄ；ウィルキンソン『古代エジプト神々大百科』．

レネヌテト　Renenutet　*Rnn-wtt*

名前の意味・神格・属性：「養う蛇」の意。豊穣女神、扶養女神。

概要：古王国時代から確認され、現世と来世の両方において王を守る存在であり、ピラミッド・テキストでは「火を吹く王のウラエウス（聖蛇）」としての性格をウァジェト†と共有し、また「神々が恐れる（王の為の）衣服」としてもみなされた。「肥沃な地の女主人」「脱穀場の女主人」「穀倉の女主人」などの形容辞は豊穣女神としての属性を表現しており、そこから扶養者としての性格も生まれ、「五穀豊穣・家内安全」への祈りが捧げられた。豊穣女神としては子供の成長とも結び付き、乳母としてのイシス†と同一視された。また、出産・誕生に関わる女神としてメスケネト†と同一視され、それはそのままハトホル†との同一視につながって、ハトホルの頭飾りをレネヌテトが着けることもあった。

中王国時代に農業生産の向上を目指して干拓が進められたファイユームでは、ソベク神・ホルス神と共に三柱神を形成した。

蛇の姿が主であり、頭上に日輪と雌牛の角を戴き、鎌首を持ち上げたコブラの姿が多く、日輪の上に二本の羽飾りが着くこともあった。人間の女性の姿、もしくは蛇の頭部を

持つ人間の女性の姿もあるが、その場合は立ち姿か玉座に座した姿である。

豊穣女神ゆえに、王家よりも農民からの信仰を集めていたらしい。中王国時代以降、穀物生産の一大拠点となったファイユームがこの女神の信仰中心地になったのは不思議ではなく、祭儀も執り行われていたようである。新王国時代には特にテーベで崇拝され、それ以外にもギザやアビュドスでも人気があった。農地や果樹園に彼女のための祠が建てられ、収穫祭のようなものが執り行われたことや、穀物貯蔵庫や倉庫にもそのような祠が設置されていたことがわかっている。

キーワード：豊穣女神、扶養、蛇（コブラ）、三神群
参考文献：ピラミッド・テキスト§§302, 454, 1755, 1794；LÄ；ウィルキンソン『古代エジプト神々大百科』.
⇒カドルー、ジャラトカール

レンペト　Renpet　*rnpt*

名前の意味・神格・属性：「年」の意。年の擬人化。

概要：確認例はわずかであるが、古王国時代には存在していたと思われる。「年」を擬人化した女神で、ピラミッド・テキストやコフィン・テキストは、ソティス†女神との同一視を示唆している。「年」を表す象形文字（「刻み目のついたヤシの枝」を象ったもの）を頭上に載せた姿で描かれる。その姿は神殿の壁画レリーフに多用されたが、特定の神話・神学はないらしい。

キーワード：年、擬人化
参考文献：ピラミッド・テキスト§965；コフィン・テキスト呪文689, 837；Leitz 2002；ウィルキンソン『古代エジプト神々大百科』.

アラビアの女神

森下信子

概説

【原典】

　アラビア半島で一神教が信仰される神々に関する資料は、イスラーム教創始以前の資料とイスラーム期の資料に二分される。前者には、7世紀以前の古代アラビア諸語やその他のセム系言語で刻まれた碑文群がある。これに関しては、ウィンネットやリードをはじめとする多数の研究があるが、その女神解釈には批判もある（Jamme 1972）。また、エピファニオスの『薬籠（パナリオン）』やヘロドトスの『歴史』など、アラビア半島外部の資料もこれに含まれる。後者は、イスラーム期に書かれた資料であり、代表的なものにイブン・カルビー（821年没）の『偶像の書』、イブン・イスハーク（773年没）の『ムハンマド伝』、タバリー（923年没）の『歴史』、預言者ムハンマドの言行録であるハディース、アズラキー（9世紀後半没）の『メッカ誌』、マクリズィー（1442年没）の『人類史』などがある。中でも『偶像の書』は、イスラーム創始以前の宗教やアラブ人の偶像崇拝に関する、著者イブン・カルビーの時代の口頭伝承を編纂した重要な書である。これらの資料は、大半がアラビア語やその欧文訳であるが、イブン・イスハークの『ムハンマド伝』には、後藤他訳『預言者ムハンマド伝』、座喜／岡島訳『預言者の生涯』がある他、ハディースについても、ブハーリー（870年没）には牧野訳『真正集』、ムスリム（875年没）には磯崎他訳『真正集』がある。また、『偶像の書』については、ファーリスの英訳がオンラインで公開されている。

　総じて、古代アラビアの宗教については、7世紀のイスラーム教到来によって預言者ムハンマドの時代にすでに多くが失われ、考古学的な資料が乏しい。現存する碑文群には、神々の名への言及が見られるものの、それらの神々が当時のアラブ社会でいかなる役割を果たしていたのかを明白に知る手がかりはない。また、イスラーム期に書かれた文献は、8世紀以降、イスラーム教徒たちの間で半ば伝説的に語り伝えられた古代アラビアの神々やそれに関わる習慣を示すものと考えるべきである。これゆえ、古代アラビアの女神崇拝についての史実は、かなり断片的にしか知られていないというのが現状である。

【男神と女神】

　イスラーム教成立以前のアラビアの神々は、男女の区別が明白ではないことが多い。例えば、マナート†、ルダー、ヌハーなどは、起源あるいは信仰された時代や地域によっては、女神ではなく男神でもあった。このことを前提に、代表的な女神として、ルダー、ヌハー、アタルサマイン、マナート、アッラート†、ウッザー†、ズー・ハラサ、ザート・バダンなどが挙げられる。イスラーム教が成立する以前のアラビア半島は、北方南部に王朝が設立され、陸海路に沿って国際交易によって発展した都市が点在するのみで、半島全域を統治する権力は存在しなかった。ゆえに、これらの女神は、多様な起源と性格を持ち、アラビア半島内の様々な地域で、異なる部族によって、異なる形態で信仰された。例えば、ルダーは、サカーカやタイマを中心にアラビ

ア半島の北中央部で信仰され、慈悲、喜び、愛、知性、完全さ、安全、健康、復讐、守護、偉大さ、統治力などの属性と関連していたことなどである。ただし、前1世紀-4世紀のサファーイ語資料では、際立って戦運祈願が多く見られ、女神たちの戦闘神としての性格が顕著に表れている。また、女神は星辰信仰と結合することがあったが、これは北アラビア以北に限定され、アラビア半島内における女神信仰の一般的な特徴ではない。

女神たちの神体は、主として手が加えられていない岩石か、彫刻がほどこされた石であったが、樹木や源泉などの場合もあった。3世紀には、フザーア族のアムル・イブン・ルハイイが、メソポタミアのヒートあるいはバルカのマアーブから、ジェッダ経由で、アラビア半島に偶像を導入したとの伝説があり、偶像も広く用いられるようになった。信者たちは、女神たちの聖域である禁足地や聖所に巡礼し、神体とされる霊石に触れ、口づけし、その周りを周回したり、供物や生贄を捧げたり、生贄の血を塗りつけたりした。神体の樹木は、色鮮やかな布や武器、ダチョウの卵などで飾られていたとされている。

アラビアの女神信仰の最古の記録は、前7世紀にケダル族の王ハザーイルが、新アッシリア王国のエサルハドン王（在位前681-669年）に、戦闘中に奪われた神々の返還を求めたとするアッシリア語の資料である（Borger 1967: 53）。ケダル族は、前6世紀頃に最盛を誇り、ペルシャ湾からシナイ半島にわたる北アラビア全域を支配したアラブ遊牧部族であり、アラビア半島外の諸文明との接触が最も多かった。アラビアの女神信仰の起源には、少なくともその一端にこのケダル族の関与があったと考えられている。3世紀-5世紀にかけては、アラビア半島内部で政変が起こったこと、また一神教の影響が強まったことにより、古代アラビアの女神信仰は徐々に衰退し、代わりにアッラー信仰が台頭しつつあった。5世紀には、クサイイという人物が、メッカの経済力や聖地としての地位を強化するため、アラビア半島内各地で信仰されていた他の神々と合わせて、女神たちをカアバ神殿に組み込んだ。これを機に、交易路に沿って影響力の強かった北方アラブ部族が信仰したマナート、ナジュドで信仰されたアッラート、クライシュ族が信仰したウッザーの三女神は、カアバ神殿においてアッラーの娘として習合されたのである。このメッカにおける女神の習合は、当時のメッカの特殊な経済的、政治的環境の産物であったと言えよう。

アラビアの女神たちは、男神よりも数が少ない。この理由は、厳密にはわからないが、いくらか推測はできる。古代アラビアの神々は、主に男性形で表現されたが、セム系諸語には中性形が存在しないため、神々の神格は、本来、男であったか無性別であった。アラビア半島起源の神々が敢えて女とされるようになったのは、女神信仰がすでに確立していた半島外の諸文化に触発された所以と考えられる。この背景には、アラブ社会における女性の地位の向上という要因があったかも知れない。これは、聖所に仕えた巫女の存在や、ムハンマドの第一妻ハディージャのような女富商の存在によっても裏付けられる。ただし、アラブ部族の社会は、基本的には家父長制であり、このような女性の影響はやはり限定的であったのであろう。なお、イスラーム以前のアラブ社会が母系制、あるいは女家長制、母権制であり、それゆえ女神信仰が興隆したとする説があるが、これにはまったく証拠がなく、知られている資料から判断する限り、誤りと言わざるをえない。

【原典】

al-Azraqī, *Akhbār Makkah wa mā jā'a fīhā min al-āthār*, Maktabat al-asadī li-l-nashr wa al-tawzī', 2003

al-Maqrīzī （ed. by Khālid Ahmad al-mullā al-suwaydī）, *Kitāb al-khabar 'an al-bashar fī 'ansāb al-'arab wa nasb sayyid al-bashar*. Beirut: al-Dār al-'arabīya li-l-mawsū'āt, 2013

Tabarī （ed. by Ehsan Yarshater, transl. by Franz Rosenthal et al.）, *The History of Al-Ṭabarī*. 40 vols., 1989-2007

概説

Saint Epiphanius (transl. by Frank Williams), *The Panarion of Epiphanius of Salamis: Defide. Books II and III. Brill:* Leiden, 2013; Hishām Ibn al-Kalbī (transl. by Nabīh Amīn Fāris), *The Book of Idols: Being a Translation from the Arabic of the Kitāb Al-asnām,* Princeton University Press, 1952 (http://www.answering-islam.org/Books/Al-Kalbi/index.htm)

Winnett, F. V. and Reed, W. L., *Ancient Records from North Arabia.* Toronto: University of Toronto Press, 1970.; Reviewed by A. Jamme in *Journal of the American Oriental Society* (92-4, Oct.-Dec., 1972) 519-529

Winnett, F. V., *A Study of the Lihyanite and Thamudic Inscriptions,* University of Toronto Press, 1937

『日亜対訳・注解聖クルアーン』日本ムスリム協会，1996 年

イブン・イスハーク『預言者ムハンマド伝』1-4 巻，イブン・ヒシャーム編註，後藤明・医王秀行・高田康一・高野大輔訳，岩波書店，2010-2012 年

イブン・イスハーク『預言者の生涯』1-4 巻，座喜純・岡村稔訳，ブイツーソリューション，2010-2012 年

ブハーリー編『ハディース イスラーム伝承集成』上中下巻，牧野信也訳，中央公論社，1994 年

ヘロドトス『ヘロドトス 歴史』上，松平千秋訳注，岩波文庫，1971 年

ムスリム編『日訳サヒーフ・ムスリム 預言者正伝集』全 3 巻，磯崎定基・飯森嘉助・小笠原良治訳，日本サウディアラビア協会，1991 年

【参考文献】

Borger, R., *Die Inschriften Asarhaddon, Königs von Assyrien,* Osnabrück: Biblio-Verlag, 1967

Hawting, G. R., *The Idea of Idolatory and the Emergence of Islam: From Polemic to History.* Cambridge: Cambridge University Press, 2004; Susanne Krone, *Die altarabische Gottheit al-Lāt.* Frankfurt am Main: Peter Lang, 1992

Hoyland, Robert G., *Arabia and The Arabs: From the Bronze Age to the coming of Islam.* London: Routledge, 2001

医王秀行『預言者ムハンマドとアラブ社会-信仰・暦・巡礼・交易・税からイスラム化の時代を読み解く』福村出版，2012 年

＊『クルアーン（qur'ān)』は英語圏などでは『コーラン』とも呼ばれるが，本書では原音に近い表記を採用する。

アラビアの女神の事典

アッラート　Allāt / ʾal-Lāt
名前の意味・神格・属性：「al-Lāt」は、セム語で神を示す「イル（Il）」や「エル（El）」の女性形に定冠詞をつけた「al-ilāt」という言葉の短縮形、「Allāt」はその派生形。「アッラー（Allāh）」の女性形ともされる。アッラートの神体は、手を加えていない岩石や、石に彫刻された擬人像。属性は、戦闘神、復讐神、守護神、母、生殖神、豊穣神、動物飼いなど。本来は、地上的な神ではなく天上的な神で、北アラビアでは星辰とも関連していた。

概要：イスラーム以前、アラビア半島の北部や中部、メソポタミア、シリアなど、広範囲にわたる地域で信仰されていた女神。その起源は、以前、メソポタミアのシュメル神話に登場する冥界神のエレシュキガル†（別名Allatu）とされていたが、現在は、北アラビア起源とする説が有力である。

アッラートに関する最古の記録は、下エジプトのテル・エル・マスクータで発見された、前5世紀の銀製の鉢である。鉢にはアラム語で「アブド・アムルの息子セハが、アッラート（h-n'-l-t = 神）に生贄を捧げた」と記されている。「セハ」は当時のエジプト人の名、「アブド・アムル」はアラブ人の名であり、前6世紀アケメネス朝ペルシャ王カンビュセス2世によるエジプト征服に、北方アラブ系遊牧民ケダル族の助けがあったことから、この鉢は、前5世紀頃アラビア半島からエジプトに移住したケダル族のものと推測されている。これに基づいて、アッラート信仰の起源は、前5世紀の北アラビアにまで遡ることができる。前5世紀に、アラブ人たちは、ギリシアのウラニアを「アリラート（Αλιλάτ）」と呼んで重視していた。また、同時代、シリアでは、四角形の白石をアッラートとして祀り、巡礼者がそれに供物や生贄を捧げたとする記録がある。

一方、アラビア半島内部の資料から、アッラートが信仰された厳密な年代やその具体的な内容を知ることは難しい。前4世紀以降、北西アラビアのサムード語やリヒヤーン語の資料では、その名が人名として現れ、信仰が定着していたことがわかる。アラビアの代表的な女神には、マナート†とウッザー†もいるが、マナートは最古のデダン王国時代から、ウッザーは次の前期リヒヤーン王国時代から、アッラートは後期リヒヤーン王国時代からそれぞれ信仰されていたことがわかっている。このことから、アッラートは、リヒヤーン王国に対して影響力の強かったナバテア王国から導入された神とも言われる。北東アラビアでは、タイイ、ラアス・タンヌーラ、カティーフのハサーウ語墓石や、同じ地域で発見された道具や偶像の地母神像などからその信仰の存在が知られる。また、エーゲ海のデロス島碑文は、東アラビアの伝説都市ジャルハ出身の商人の名が「アッラートの僕」であったことを伝えており、アッラート信仰の地域的広がりがうかがわれる。

一方、南アラビアでは、その重要性が低かった。神名を含む人名は、すべて後期サファーイ語資料にしか表れていないことから、主な信仰者は北東アラビア人であったと考えられている。

シリア砂漠から北東ヨルダン、メソポタミアにわたる地域では、サファー、ハッラ、ドゥラ・エウロポス、エメサ、ハトラ、ワーディ・スィルハーン南部から出土した前1世紀−後3世紀のサファーイ語資料によってその信仰が知られる。幸運、平和、戦運、安全、呪い、復讐の履行など、人々が数々の現世利益をアッラートに求めた様子がゴムに刻まれている。フェニキアやカルタゴなど地中海沿岸地域においては似た名の神が信仰されたが、それらがアッラートであったとの確証はない。

3世紀頃までの記録は、アラビア半島以北から出土したアラム語碑文やパルミラの神殿に残されている。アッラートは、ナバテア人やその他の遊牧民にも信仰されたが、ナバテア王国首都ペトラでは信仰されなかったようである。4、5世紀になると、アッラート信

仰は、北アラビアからほぼ消滅した。これは、3、4世紀の政変によって社会秩序が失われたことに起因する。この時期、ローマ帝国が拡大し、アラビアの王朝やメソポタミアの小国は消滅し、ナバテア王国も衰退した。273年にはパルミラ王国が瓦解し、多くの住民は遊牧民となった。こうして、4世紀初頭に北アラビアで姿を消したアッラート信仰は、6、7世紀に中央アラビアで復活する。

イスラーム教創始前夜、アッラートは、タイフやメッカで信仰されていた。ただし、アラブ古詩やアラブ人の人名にその名が表れる頻度が低いことから、当時重要性はあまり高くなかったと考えられる。メッカには、アラビア半島のあらゆる神々が祀られていたが、そこではウッザーやマナートに並んでアッラーの娘の一人とされた。ところで、「神の娘」という考え方は、その起源についていくつか説がある。一つは、前5世紀の『エノク書』にみられる「聖なる父と天使たち」、すなわち「最高神と仲介者としての従属神」を原型とする説である。他は、1世紀のパルミラや、それ以前に南アラビアから出土したカタバーン語やシバ語の資料に見られる「神の娘(たち)」という表現との関係を問う説である。また、メッカで信仰されたこれらの三女神を「三相一体」、つまり、三女神が主神の異なる性質を体現しているとする説もあるが、史実的には異論の余地も多い。

アッラートの神体は、その起源においては岩石であったが、時代や地域によって様々に異なる形で発展した。北アラビアではギリシア風の擬人的偶像、ナバテアでは、擬人的彫刻が施された岩石が主流であった。中央アラビアでは、何も手を加えていない素の岩石であり、後に偶像も用いられるようになった。アッラートは、ヘレニズム的に擬人化された姿で描かれることが多かったが、図像学的に、それらは三つのタイプに分類される。一つは、戦闘的なアテナ†のイメージで、槍やアイギス、ゴルゴネイオンと共に描かれている。これは、1世紀-3世紀にかけて、シリア、メソポタミア、ハウラーン、レバノンなどに見られる。二つ目は、シリアの地母神アタル

ガティス†や動物の女主人のイメージであり、二頭のライオンを伴って腰かけている。これは、1世紀-3世紀にかけて、シリアやハウラーンで見られる。三つ目は、ギリシアの運命と因果応報の神ネメシス†のイメージであり、車輪、天秤、手さげランプ、笏などと共に描かれている。これは、1世紀末-3世紀にかけて、ハトラ、エメサ、パルミラ、レバノンなどで見られる。

アッラートは、多くのセム系の神格と共通する二つの性格を持っていた。一つは、戦闘神、復讐神、守護神など攻撃的な性格であり、二つ目は、母なる神、生殖神、豊穣神など性的な性格である。加えて、動物の女主人という性格が認められることもある。また、アッラートは、本来、地上的な神ではなく天上的な神であった。北アラビアでは、月と見られる星辰崇拝と関連していたが、中央アラビアではそれが見られない。

その崇拝形態は、地域によって多様である。中央アラビアでは、聖所は社祠と岩石あるいは偶像だけの簡素なものであった。聖職者の仕事は、聖所の手入れと見張りであり、祭儀は参詣者によって行われた。一方、北アラビアでは、ギリシア・ローマ様式の大神殿が建てられ、聖職者の機関も存在した。聖職者には階級があり、祭儀は彼らに取り仕切られた。あらゆる地域で、その聖職は、特定の部族や親族の中で継承された。祭儀の内容は、巡礼、偶像や神輿を担いだ行列の行進、タワーフ(周回)、投石、偶像をなでる、生贄の血を塗りつけるなどであった。中央アラビアでは、アッラートに特殊な形式の祈祷が唱えられた。供物には、動物の生贄、髪の毛、生きた動物、香、硬貨、宝石などが奉納された。

イスラーム教創始前夜、アッラートは、アウス族、マズヒジュ族、カスィート族、クダーア族、サキーフ族、クライシュ族、ワバラ族など、多くの部族に信仰されていた。特に、サキーフ族のバヌー・アッターブ・イブン・マーリクは、聖所の管理を行い、タイフに社祠を建立した。630年、その社祠と偶像は、一神教を唱えるイスラーム教の預言者ムハンマドに派遣されたアブー・スフヤーン・イブ

ン・ハルブ、あるいはムギーラ・イブン・シュウバの部隊によって破壊された。タイフの町は、イスラーム教に改宗したマーリク率いるバヌー・ハワーズィン族の度重なる攻撃や封鎖を受け、預言者ムハンマドは、アッラートを信仰するタイフの住民と一切の和解交渉をすることなく、聖所を破壊した。タイフの住民たちは、聖所が破壊された後も、病気の回復を祈って密かにアッラート、ウッザー、フバルに助けを求めたと言われている。

キーワード：岩石、星、豊穣女神、戦闘女神、守護女神、生と死、動物の女主人

参考文献：Krone, Susanne, *Die altarabische Gottheit al-Lāt.* (Heideiberger Orientalistische Studien, Band 23), Peter Lang 1992.

ウッザー　'al-'Uzzā

名前の意味・神格・属性：「全能者」「非常に強力な者」。アラビア語では、a'azz の女性形 'uzzā に定冠詞（'al-）がついた形。リヒヤーン語 hn-'zy、古アラビア語 'l-'zy、ナバテア語 'l-'z、アラム語 'zy'、南アラビア語 'zyn など、すべての言語で同じ意味。岩石を神体とするアラビア半島起源の女神で、本来の神格や属性はあまり知られていない。アラビア半島外では、金星や他の女神と同一視されていた。愛と美と性の神、農業神、戦闘神、守護神など。

概要：イスラーム教の創始以前、アラビア半島、シリア、シナイ、メソポタミアにわたる地域で信仰された女神。ウッザー信仰の最古の記録は、北アラビアで出土した前4-3世紀のリヒヤーン語碑文である。このほか、神名を含む人名は、ナバテア語、サムード語、サファーイ語の碑文に見られ、特に、ペトラでは、ドゥシャラ（ズー・シャラー）に並ぶナバテア王国の主神とされた。紀元初期には、ハウラーン、ペトラ、ワディ・ラム、シナイ、ウラー（デダン）、中央アラビアのファウ村でも信仰された。3世紀以降、その信仰は南アラビアへと広がった。シバ語、カタバーン語、ミネア語などの南アラビア碑文には、ウッザーのために沐浴が行われたこと、アミール族が戦闘の勝利を謝して奉納を行ったこと、神託が下ったことなどが記されている。

ウッザーは、ヘレニズム文化の影響によって、しばしば他の神々や星辰と同一視されることがあった。例えば、前1世紀のコス島碑文では、ギリシアの愛と美と性の女神アプロディテ[†]と同一視されている。ペトラでは、アプロディテのほかにも、エジプトの女神イシス[†]や、ギリシアの運命神テュケ[†]とも同一視された。また、パルミラのアズィーズー、アラビアのルダー、アッラート[†]、マナート[†]などその例は多く、ウッザーが天地の諸力を示すセム人の偉大な女神と解されていたことがうかがえる。星辰との同一視については、時代が下った5世紀、アンティオキアのイサクがウッザーと惑星を関連付けた他、10世紀のキリスト教司教バル・バフルールが編纂した辞書では、金星と同一視されている。金星が中東地域では秋に見られることから、豊穣神と解されていた可能性がある。

ウッザー信仰は、6世紀に南メソポタミアで起こったラフム朝の王族に継承され、7世紀には、メッカとその近郊で確固たる地位を築き、多数のアラブ部族に信仰された。この中で、マズヒジュ族やサキーフ族が、アッラート、マナート、他の偶像神たちと並べて、ウッザーをメッカの主神に服従させたと伝えられている。

メッカは、アラビア半島のほかの地域で類をみない特殊な環境下にあった。宗教の混淆はその極みにあり、カアバ神殿には360体とも言われる様々な神々が祀られていた。カアバ神殿で、ウッザーは、アッラート、マナートに並んでアッラーの三人娘とされた。ウッザーは三つの女神の中では最も若く、最も重要な女神であった。これは、おそらくメッカの最有力部族であるクライシュ族がウッザーを信仰していたためである。イスラーム教の啓典『クルアーン』には「あなたがたは、アッラートとウッザーを何であると考えるか。それから第3番目のマナートを。これらの至高なるヌミディア鶴たち（女神の比喩）は、実に彼女らのとりなしが求められるものであろうぞ。彼女らのごときものは無視できぬぞ」（53:19-23）〔「悪魔の詩」として知られ、偽りの

ウッザー

啓示として後に排除されたが、初期の『クルアーン』に含まれていた］という節があり、イスラーム初期のアラビア半島における女神信仰の存在感を物語っている。女神にとりなしを求めるというこの伝承は、背景にあった政治的要因、つまり、一神教を標榜するようになった預言者ムハンマドが、多神教であった当時のアラビア半島の地元部族たちの圧力に屈したこと、メッカを支配していたクライシュ族に媚びる必要があったことなどを示唆するものである。また預言者ムハンマドの叔父アブー・ラハブは「ウッザーの僕(しもべ)」という名を持ち、ウッザーに忠誠を尽くしたことで知られており、預言者ムハンマド自身も赤い羊をウッザーの生贄としたことがある。イスラーム教に改宗したハーリド・イブン・ワリードの父も、ウッザーの聖所に参詣し、100頭のラクダと羊を生贄として捧げたとされる。

ヒジュラ暦8年（西暦629年頃）、ムハンマドは多神教を排除するため、ウッザーの聖所に軍を派遣した。その主な聖地は、タイフとメッカの間にあるナフラ渓谷（フラード・ナフラ・アッ＝シャアミーヤ）にあったが、聖所については様々な伝承があり、詳細が明白ではない。一説では、ナフラ渓谷の近郊に、クライシュ族が聖域としてウッザーに社祠を捧げたスカーム峡谷があり、そこはメッカに劣らない聖地とされていた。他の説では、ウッザーの偶像を広めたガタファーン族のザーリム・イブン・アスアドが、ナフラ渓谷にウッザーの社祠を築き、それをブッスと呼んだとされる。ブッスには、メッカのサファーとマルワの丘から運ばれた岩石があり、ガタファーン族のシルマ・イブン・ムッラ家が聖所番を務めていた。このブッスは、イスラーム教の到来によってズハイル・イブン・ジャナーブ・カルビーに破壊されたとされる。また、他の説によると、ナフラ渓谷の聖所には、三本のアカシアの木があり、クライシュ族やキナーナ族が聖所を管理し、クライシュ族と親交の深かったスライム族のシャイバーン家が聖所番を務めていたとされる。そこへ預言者ムハンマドが派遣したのは、ハーリド・イブン・ワリードであったとも、ムハンマドの従弟のアリーであったとも言われる。最後の聖所番ドゥバイヤ・イブン・ハラミーは、ハーリドの動きを知るや否や、剣を抜いてウッザーに駆(か)せ、次のように言いながら聖所へ急いだ。「ウッザーよ、これまでにない仕方でハーリド（の攻撃）に備え給え。あなたのベールを投げ捨てて、（ハーリドの攻撃に）備え給え。ウッザーよ、ハーリドのような男は、あなた自身が彼を殺さない限り、あなたを追放し、さっさとあなたを片付けてしまうでしょうから」。ハーリドは、30名の騎馬隊と共に聖所に到着すると、それを破壊した。その神体であったアカシアの木を伐採しようとすると、ウッザーはその一本から髪を振り乱したアビシニア女の姿で現れたとされる。

ウッザーの神体は、本来は岩石であったが、後には偶像、またアカシアの木に宿る精霊ともされた。ナバテアでは眼を刻んだ長方形の平石であり、同じような霊石が、ウッザーの象徴や墓標として西アラビア一帯に見られる。ペトラとその周辺地域にも、クトゥバやアタルガティス†、イシス†などを示す同じような霊石が見られる。ほかには、ざくろやぶどうの葉のモチーフ、独特な眼とぶどうの葉の冠のモチーフ、鼻を表す二線と四角い眼だけの抽象画など、様々な姿で表現されている。

シリア砂漠では、愛、戦闘、ベドウィンの守護神、ナバタイでは、アッラートと同じように農業神、戦闘神とされた。その聖所では、参詣、神託の授与、供物や生贄の奉納のほか、毎年この女神を讃える祭儀や、タワーフ（周回）やウクーフ（留礼）を含む巡礼も行われた。特に生贄奉納の習慣は、ウッザー信仰の重要な一部を成していた。ナフラ渓谷の聖所のガブガブとよばれる窪みには、動物の生贄の血が注がれ、生贄の肉は信者に分配された。6世紀のラフム朝では、ムンズィル四世が囚人を生贄としたこともあり、生贄は、動物だけではなく人間で行われた例もある。

メッカでアッラーの娘とされたアッラート、マナート、ウッザーの三女神は、近年の復興異教主義の影響によるものか、三相一体と解釈されるのを目にする。しかし、これには議論の余地がある。アラブの誓言は、ウッ

ザーとアッラートだけに言及するものが多く、三女神は歴史的に必ずしも一組として扱われてはいない。啓典『クルアーン』の引用にも、この傾向が確認される。三女神は、それぞれ異なる起源や歴史を持ち、アラビア半島の異なる地域で異なる集団に崇拝され、メッカにおいてのみ習合した。また、三女神を星辰と関連付けるアラブ系の資料はなく、女神の属性も固定的ではない。資料から知られる限り、アラビアの三女神を三相一体と判断できるような証拠はない。

キーワード：岩石、樹木、星、豊穣女神、戦闘女神、守護女神

参考文献：『クルアーン』; Macdonald, M. C. A. and Nehmé, Laila, "al-'Uzzā." *The Encyclopaedia of Islam*, Second Edition, vol. 10, 967-968 ; Krone, Susanne, *Die altarabische Gottheit al-Lāt.* (Heideiberger Orientalistische Studien, Band 23), Peter Lang 1992, 492-520.

フール　Ḥūr

名前の意味・神格・属性：「白い」を意味するアラビア語 aḥwar（女性形 ḥawrā'）の複数形。aḥwar／ḥawrā'、肌や強膜の白さを表し、それが対照として際立つ、「真黒で大きく美しい瞳を持つ者」の意。イスラームで、来世の報奨として信者に約束された純潔な配偶者。なお、本来は女性に限定されないが、男性優位の知的伝統の中、「天国の処女」と解されることも多い。

概要：『クルアーン』には、初期のメッカ期の啓示から各所にフールの記述が見られる。メッカ啓示は、世界の終末や最後の審判を強調し、天国の歓喜と地獄の苦難の感覚的な描写を特徴とする。背教者を待つ地獄の懲罰とは対照に、フールは天国で信者の配偶者として悦楽をもたらす存在である。「輝いた大きい目の乙女たちをかれらの配偶者にするだろう（44:54, 52:20）」「人間にもジンにもこれまで触れられていない、眼差しを押さえた淑やかな乙女たち（55:56, 55:74）」「かの女らはさながらルビーかサンゴのよう（55:58）」「秘蔵の真珠のよう（56:23）」「永遠の天幕に引き籠る（55:72）」「かれらの配偶として乙女を特別に創り、かの女らを永遠に汚れない処女にした（56:35-36）」「胸の脹れた同じ年頃の乙女たち（78:33）」「伏目がちの同じ年頃の乙女が侍る（55:56, 37:48, 38:52）」「純潔な配偶者（2:25, 3:15, 4:57）」など、フールは信者と同年代の容姿に優れた貞淑な処女として『クルアーン』に登場する。

このような『クルアーン』の記述に基づき、後世の知識人たちはフールの描写をさらに詳細に発展させた。例えば、フールはサフラン、麝香、琥珀、樟脳などから成り、白、緑、黄、赤などの色をしている。身体の肉は非常に繊細で、その筋肉の肌理は70枚の絹外套を通しても見られる。両胸にはそれぞれ神と夫の名が刻まれ、手足には多数の宝石を纏っている。処女膜は永遠に再生され、性交は現世と比べ100倍の快楽をもたらす。夫と天国の小川を散歩し、酔わない酒を嗜む。子供を生まず、月経も生理的欲求も出産の痛みもない、などである。

ただし、イスラームの知的伝統には、これらの感覚的で字義どおりのフール理解と平行し、それを天国で信者が経験する歓喜の比喩として、より精神的存在の象徴と解する潮流もある。この傾向は、『クルアーン』注釈者ほか、特に哲学者やスーフィーに顕著に見られる。

キーワード：処女、天国

参考文献：『クルアーン』; Wensinck, A.J., 'Ḥūr.' *The Encyclopaedia of Islam*, Second Edition.

⇒アプサラス、ヴァルキューレ、ダエーナー

マナート　Manāt

名前の意味・神格・属性：マナートの語の語根「m-n-w/y」はセム諸語で「数える」「配分する」「割り当てる」などを意味する。ここから、マナートとは、人生の日を数える、転じて「死」、各配分に割り当てる、転じて「運命」「宿命」の意。『クルアーン』に見られる古いアラビア語の形「m-n-w-t」は、アラム語から借用されたもので、ペトラのナバテア語の表記とも一致する。岩石や偶像などを神

体とする女神、あるいは男神。死の神、運命神、平和の神など。

概要：イスラーム教創始以前、アラビア半島を中心に信仰された女神。アラビアの最古の神格の一つ。その起源は、解釈によって大きく異なる。一説では、マナートは前サルゴン期（前2700－2350年）にイシュタルの別名として表れるセム人の最古の神格の一つ、「メヌートゥム」に遡るとされる。他の説では、その最古の記録は、前6世紀頃の北西アラビアにあるとされる。デダン王国からリヒヤーン王国に移行する時期、リヒヤーン王国最初期の資料に、その神名を含む人名が見られる。神名を含む人名、例えば「アブド・マナート（マナートの僕）」「ザイド・マナート」などは、神の恩恵を願って用いられ、ある神に対する信仰があったか否かを示す指標である。この名は、サムード語や東アラビアのハサーウ語資料にも見られるが、特にデダンから、ヒジュル（マダーイン・サーリフ）やタイマにかかる地域、つまり北西アラビアに集中している。ゆえに、資料的観点からは、北西アラビア起源説の方が信憑性が高い。

マナートは、コスモポリタンなアッラート†に比べると、地方色が強かった。タイマで出土した前2世紀のアラム語碑文やサムード語資料で、「女神たちの中の女神」とされ、タイマ周辺におけるその信仰の強さがうかがわれる。北アラビアにおいては、ナバテア人の神とされ、パルミラに神殿も建てられた。一方、南アラビアには信仰された痕跡がなく、この点は、南アラビア系の資料が豊富なウッザー†と対照的である。

本来は死の神、運命神であったが、この性格はまもなく弱まっていった。まず、シリアやアラビア半島北部で、ギリシア神話の運命と因果応報の神ネメシス†と同一視されていた。パルミラのモザイクでは、ネメシスに倣い、四つのぶどうの蔓と三日月を背景に小椅子に腰かけている。ギリシア風の衣装をまとい、小玉形の長い耳飾りをつけ、右手は笏を胸前にかざし、左手には槍を持っている。この聖像は、アッラートやアテナの像とも重複し、好戦的、攻撃的な性格が加われてい

る。ナバテア文化でも、墓石と関連付けられることがあり、死の神という属性がある程度は維持されていた。しかし、サムード語やナバテア語の資料では、主として「平和の女性」とされ、アラビア半島のメッカでは、フバルの妻、またアッラーの三人娘の一人とされた。タイマのアラム語碑文やサムード語資料では、男神版も存在した。後世、アラブの歴史家イブン・カルビー（819年没）も、男性として扱っている。このようにマナートの性格は多様に発展したが、本来は運命神であったという点を思えば、ギリシアのテュケー、ローマのフォルトゥーナ、ミトラ教やズルヴァーン主義のクロノスなどに相当すると言えなくもない。

マナートの神体は、元々、ヒジャーズ地方のクダイドにあった黒岩であった。この黒岩は、リヒヤーン族を祖先とし、メッカやタイフ近郊に住んだフザイル族が所有していた。偶像崇拝をアラビア半島にもたらしたアムル・イブン・ルハイイは、北方から入手したフバルに似た像をマナートとして紅海沿岸クダイドに据え、そこを聖所とした。聖所番はアズド族が務めていた。

マナートの信者は、メディナ周辺の遊牧部族やメッカ周辺の諸部族、また、シリアやイラクへ至る途上の諸部族であった。彼らは、女神を讃え、生贄や供物を捧げた。中でも、アウス族やハズラジュ族は、最も熱心なマナート信者であり、クダイドの聖所に足しげく通った。彼らは、メッカだけに巡礼を行うのは不完全と考え、巡礼行程の最後の剃髪は、クダイドのマナートの聖所で行う必要があるとした。

女神の偶像は、聖所だけではなく、人々の家にも置かれた。ハディース伝承者イブン・ヒザームの伝承によると、メディナの部族長アムル・イブン・ヤムーフは、マナートの木像を自宅に置いていた。この習慣は、他の部族長にも実践されていた。ある若者がイスラームに改宗した時、彼はアムルの家から偶像を盗み、それを堆肥穴に投げ込んだ。翌日、アムルはそれを見つけ、偶像をきれいに洗って香水をつけ、次のように言った。「神に誓

って、誰がこんなことをしたのかわからないが、マナートよ、この次は剣を見せてご自分で自身を守られよ」と。翌日、マナートの木像に再び同じことが起こった。アムルは同じように木像を元に戻したが、さらにその翌日も同じことが起こった。その後、アムルはイスラームに改宗した。この逸話そのものは、イスラーム教徒による伝説であるが、イスラーム教の創始当時、マナートがどのように信仰されていたかを示すエピソードと言える。

　クダイドのマナート聖所の破壊に関する物語は、ウッザーと似たような伝説に彩られている。692年、一神教を唱える預言者ムハンマドは、マナートの聖所を破壊するため、サアド・イブン・ザイド・アシュハリーをクダイドに派遣した。アシュハリーは、20名の騎士を伴って聖所番の前に現れ、マナートを破壊しに来たと伝え、その偶像に近付くと、突然、髪を振り乱した裸の黒人女性が立ち現れ、呪いの言葉を吐きながら自らの胸を打ったとされる。アシュハリーは、まず彼女を撲殺し、次いで騎士たちと共に偶像を破壊した。なお、マナートの聖所を破壊するためムハンマドに派遣されたのは、アブー・スフヤーンであったとも、ムハンマドの従弟のアリーであったともされている。アリーは、聖所を破壊した後、ガッザーン朝の王がマナートに捧げたとされる二本の剣を持ち帰ったと伝えられている。

　マナートは、しばしばアッラートやウッザーと共に、「アラビアの三相女神」とされることがある。三相女神とは、世界を創造した地母神の「処女」「母」「老婆」という三つの相を、これらの女神が表すという一つの解釈である。それはまた、上弦の月、満月、下弦の月という月の三つの相をも象徴し、死と再生の循環の表現とされる。この解釈に従えば、アッラーは地母神であり、ウッザーは処女、アッラートは母、マナートは老婆ということになろう。また、この三相女神の解釈によって、イスラームによる太陰暦の採用が解説されたり、イスラーム以前のアラビア社会は母系制など、誤解を生むような主張がなされることがある。しかし、資料に基づく限り、この解釈には妥当性がない。女神の習合は、メッカの特異な環境においてのみ起こり、習合が起こった時代、各女神の属性はすでに失われていたからである。あらゆる神々の聖地としてメッカが持つに至った政治力、経済力の方が、メッカにおける女神の習合をより正しく説明してくれるであろう。

キーワード：死の女神、運命の女神

参考文献：『クルアーン』；Fahd, T., "Manāt." *The Encyclopaedia of Islam*, Second Edition, vol. 10, 967-968；Krone, Susanne, *Die altarabische Gottheit al-Lāt.* (Heideiberger Orientalistische Studien, Band 23), Peter Lang 1992, 521-539.

ヨーロッパ

ギリシア・ローマ
ケルト
ゲルマン
北方

ギリシア・ローマの女神

平山東子

概説

【原典】

　ギリシア神話は長い年月をかけ、口承で伝えられてきた壮大な物語群であり、聖書のような教典ではない。ギリシア神話の最も重要な典拠は、ホメロスの二大叙事詩『イリアス』と『オデュッセイア』である。この長大な叙事詩は、10年間に及んだトロイア戦争とその後日談を軸に、オリュンポス（天界）の神々の物語とその血をひく英雄（半神）たちの栄光や葛藤を詠っている。作者とされる詩人ホメロスは前8世紀頃、スミルナもしくはキオス島で生まれた盲目の詩人と伝えられるが、その存在を疑問視する声もある。とはいえ、これらの大叙事詩の前提となる神話や英雄伝説は前8世紀までには確立され、前6世紀頃に文字によって現在に近い形にまとめられたと考えられる。

　一方、この世の始まりや宇宙の生成（創世神話）、オリュンポスの神々の系譜に関する神話は、ホメロスとほぼ同時代のヘシオドスによる『神統記』に語られている。ヘシオドスは、前7世紀末、ボイオティアの寒村で農業を行いながら詩作を行い『神統記』のほか、教訓詩『仕事と日』などを残している。また、オリュンポスの神々を讃美する『ホメロス風讃歌』（『デメテル讃歌』『アポロン讃歌』ほか33篇）は前7世紀から前4世紀までに成立したと考えられ、神々の出自や権能、エピソードが伝えられている。

　前5世紀にはアテナイを中心にギリシア神話を題材とする悲劇が発展し、アイスキュロスやソポクレス、エウリピデスなどの悲劇詩人が活躍した。『オイディプス王』や『メデイア』など、神々と英雄の物語に独自の解釈を加えた数々の悲劇が上演され、今日知られるギリシア神話が形成された。同時代に活動した、歴史の父ヘロドトスもその著書『歴史』の中で数多くのギリシア神話に関する伝承を記録している。

　やがて前2世紀、台頭したローマ人たちは、ギリシア世界を支配下におさめると、自分たちが信奉してきた古い神々をギリシア神話の神々と結びつけ（例えば、ギリシアの神々の長ゼウスとローマの大神ユピテルなど）、ギリシア神話を吸収し、自分たちの神話として継承した。ウェルギリウスによる『アエネアス』は、トロイア戦争後、英雄アイネイアス（アプロディテの息子）がイタリアに渡り、ローマの祖となる建国伝説であり、古代ローマ帝国の精神的基盤となった。また、前1世紀のオウィディウスは『変身物語（メタモルフォシス）』によって、数多くのギリシア神話を親しみやすいストーリーにして紹介し、ギリシア神話をローマ世界に普及させた。中世のキリスト教社会では、ギリシア神話は異教の教えとして排斥されたが、15、16世紀のルネサンスの文芸復興以降、ギリシア神話に題材を求めた文芸作品が数多く創作され、近代ヨーロッパ文明の基盤となった。

【男神と女神】

　ギリシア神話には、神々の長ゼウスを頂点とするオリュンポス十二神を中心に、旧世代のティタン神族、タナトス（死）やニケ[†]（勝利）など概念を神格化した擬人神、出産や富

といった人々のくらしを司る神、ニンフ†のような山河や樹木、森羅万象に宿る精霊など、無数の神が存在している。その多様性は、日本神話の八百万の神にも勝るとも劣らず、その権能や関係性も多岐にわたる。女神の数もまた、男神にひけをとらず、その性格や機能もまた様々なものとなっている。

ギリシャの女神のうちでも、最も強大な力を持つものは、大地の女神ガイア†や豊穣の女神デメテル†、ヘラ†、アルテミス†といった大女神 Great Mother たちである。こうした女神たちは、インド・ヨーロッパ系のギリシャ人がギリシャに定住するよりも古くから存在し、先住民たちの母系社会で崇拝されていた大地の女神（母神）に由来するという。大女神は、人間、家畜、穀物の多産と繁殖を司る豊穣の女神であると同時に、死と再生をもたらす畏怖すべき母神でもあった。こうした女神たちは、先住民がギリシャ人に征服され、同化されてゆく過程の中で、天空の神ゼウスを中心とする家父長的なギリシャ神話の中に組み込まれ、ヘラはゼウスの正妻、アルテミスはゼウスの娘といった役割を与えられたという。一方、アプロディテ†やキュベレ†は、オリエントに起源を持つ大女神であり、ギリシャ人が東方の文化を摂取する過程で神話の中に組み込まれていった。

また、ギリシャ神話には、神々の子を生み、神や英雄の母となった女神たちや、王女たち（彼女たちもまた神の子孫であることが多い）が数多く存在する。特にゼウスの相手となった女神や女性は、セメレ†、テミス†、レト†、デメテル†、マイア†、ダナエ†、エウロペ†、レダ†……と数知れず、生まれた息子たちは、ゼウスの血をひく英雄（半神）や神となり、ギリシャ各地の王家の先祖（名祖英雄）や土地の守護神として崇拝された。

【原典（邦訳）】
アポロドーロス『ギリシャ神話』高津春繁訳，岩波文庫，1978 年
ウェルギリウス『アエネーイス』岡道男，高橋宏幸訳，京都大学学術出版会，2001 年
オウィディウス『変身物語』中村善也訳，岩波文庫，1981 年
パウサニアス『ギリシャ案内記』馬場恵二訳，岩波文庫 1991 年
ヒュギーヌス『ギリシャ神話集』松田治／青山照男訳，講談社学術文庫，2005 年
ヘシオドス『仕事と日』松平千秋訳，岩波文庫，1986 年
ヘシオドス『神統記』廣川洋一訳，岩波文庫，1984 年
ヘシオドス『全作品』中務哲朗訳，京都大学学術出版会，2013 年
ヘロドトス『歴史』松平千秋訳，岩波文庫，1971 年
ホメロス『イリアス』松平千秋訳，岩波文庫，1992 年
ホメロス『オデュッセイア』松平千秋訳，岩波文庫，1994 年
ホメロス『ホメーロスの諸神讃歌』沓掛良彦訳，ちくま学芸文庫，1990 年

【参考文献】
青柳正規『皇帝たちの都　ローマ』中公新書，1992 年
青柳正規，平山東子『写真絵巻 描かれたギリシャ神話』講談社，1998 年
小川英雄『ローマ帝国の神々——光はオリエントより』中公新書，2003 年
長田年弘『神々と英雄と女性たち——美術が語る古代ギリシャの世界』中公新書，1997 年
久保正彰『オデュッセイア　伝説と叙事詩』岩波書店，1983 年
呉茂一『ギリシャ神話』上・下，新潮文庫，1979 年
グラント，マイケル／ヘイゼル，ジョン『ギリシャ・ローマ神話事典』西田実他訳，大修館書店，1988 年
ケレーニイ，カール『ギリシアの神話——神々の時代・英雄の時代』植田兼義訳，中公文庫，1985 年
桜井万里子『古代ギリシアの女たち——アテナイの現実と夢』中公新書，1992 年
ジャンメール，アンリ『ディオニューソス』小林真紀子他訳，言叢社，1991 年

高津春繁『ギリシア・ローマ神話辞典』岩波書店，1960 年

デュメジル，ジョルジュ『ローマの祭——夏と秋』大橋寿美子訳，法政大学出版局，1994 年

西村賀子『ギリシア神話　神々と英雄に出会う』中公新書，2005 年

フェルマースレン，マルタン『キュベレとアッティス——その神話と祭儀』小川英雄訳，新地書房，1986 年

藤縄謙三『ギリシア神話の世界観』新潮選書，1971 年

松村一男『女神の神話学——処女母神の誕生』平凡社，1999 年

松村一男／平藤喜久子／山田仁史編著『神の文化史事典』白水社，2013 年

マルタン，ルネ『図説 ギリシア・ローマ神話文化事典』松村一男訳，原書房，1997 年

ギリシア・ローマの女神の事典

アウロラ（アウローラ） Aurora（ローマ神話）⇒エオス

アステリア（アステリアー） Asteria Ἀστερία
名前の意味・神格・属性：「星座」の意。
概要：ティタン神族のコイオスとポイベの娘。レト†の姉妹。ティタン神族のペルセースと結婚し、ヘカテ†を生んだ。ゼウスに求愛された時、うずらに身を変えて逃れようとして、空から海に身投げし、アステリア（星の島）あるいはオルテュギア（うずらの島）と呼ばれる島になったと言われる。のちにこの島で姉妹のレトがアポロンとアルテミス†を生み、デロス島とよばれるようになった。
キーワード：変身、うずら
参考文献：高津『ギリシア・ローマ神話辞典』18頁.

アストライア（アストライアー） Astraia Ἀστραία
名前の意味・神格・属性：「星乙女」の意。正義を司る処女神。
概要：ゼウスとテミス†の娘。オウィディウス（『変身物語』1.149以下）によると、黄金時代、人間の世界に暮らしていたが、鉄の時代になると人の世に悪がひろまり、殺戮の血にまみれたため、天界に戻り、乙女座となった。ディケ†（正義の女神）と同一視される。
キーワード：正義、変身、星座
参考文献：高津『ギリシア・ローマ神話辞典』18頁；マルタン『ギリシア・ローマ神話文化事典』10頁.

アテ（アーテー） Ate Ἄτη
名前の意味・神格・属性：「狂気、破滅、愚行、妄想」の意。神や人の理性や道徳心を失わせ、盲目的な愚行を行わせる狂気の擬人化。
概要：ホメロス（『イリアス』19.91）ではゼウスの娘、ヘシオドス（『神統記』230）では不和と争いの女神エリス†の娘。ゼウスの息子ヘラクレスが、エウリュステウスより後に生まれることになったのも、この女神がヘラ†を嫉妬に狂わせたため。怒ったゼウスがアテを天界から投げ出し、女神は地上に落ち（『イリアス』19.126）、アテが送る狂気や愚行は、人間のぬぐいがたい属性となった。ホメロス（『イリアス』9.498）によると、ゼウスはその後、足の悪い娘のリタイ（祈願の女神たち）をアテの後につき従わせ、人々の愚行をただすようにしたという。
キーワード：狂気、妄想、追放、罪
参考文献：呉『ギリシア神話』上33頁；高津『ギリシア・ローマ神話辞典』20頁.

アテナ（アテーナー） Athena Ἀθηνᾶ
名前の意味・神格・属性：その語源には諸説あるが、クノッソスの線文字Bにすでに女主人アタナ A-ta-na という語が見られることから、古来より信仰された大女神であったと考えられる。また、アテナは元来、都市を守護する女神であり、その名は、アテナイ（現在の都市アテネ）の守護神「アテナイア Athenaia」に由来するとも考えられる。あらゆる技芸、手業（織物、陶芸、美術、音楽など）、知性、学問、都市、戦を司る女神。アテナイの守護女神。
概要：ゼウスと、ティタン神族のメティス†の娘。ゼウスは、ウラノスとガイア†から、最初の妻である思慮の女神メティスから生まれる子は、並外れて賢く、父に劣らぬ気性と思慮を備えた娘と、傲慢な心を持つ息子になるだろうという予言を授かる。そこでメティスが妊娠すると、かつての自分の父や祖父のように、自分の子に王位を奪われることを恐れ、身重の妻を呑み込み、自分の身体の中におさめてしまう（『神統記』886以下）。メティスが身ごもっていた赤児は、ゼウスの体内で成長し、月が満ちるとゼウスは耐え難い頭痛に襲われる。鍛冶の神ヘパイストス（もしくはプロメテウス）がゼウスの頭を斧で割ると、中から輝くアテナが武装した姿で飛び出

した。アテナが声をあげると、大地は地鳴りを上げ、海は大波に沸き返り、太陽は動きを止め、オリュンポスの神々は恐れおののいたという（アポロドロス『ギリシア神話』1.3.6、ホメロス風讃歌28「アテナへの讃歌」）。ゼウスの頭から誕生し、母体を経ずに父親が一人で出産したアテナは、ゼウスに最も可愛がられた娘であり、オリュンポスの神々の中でもきわめて重要な神の一つとなった（ホメロス『イリアス』5.864以下）。

　武装した姿で生まれたアテナは、とりわけ戦さの守護神として崇拝され、アテナ・ポリアス（都市を守護する女神）、アテナ・プロマコス（先頭に立って戦う女神）の名で畏敬され、都市の攻防や軍事、戦略など、戦いの知的な面を司った。一方、軍神アレスは戦場の暴力や殺戮を司り、アテナとは不仲で、対照的な神格であった。美術作品におけるアテナもまた、軍人の兜をかぶり、長衣の上にアイギス（山羊の毛皮で作った胸当てのような防具）を着け、手に長い槍と大きな盾を持つ武装した姿で表されることが多い。アイギスの中央には見る者を石にするゴルゴン†＝メドゥサ†の顔（ゴルゴネイオン）が付され、フクロウや勝利の女神ニケ†を伴う姿も多く見られる。アテナの目は、青い輝ける目、灰色のフクロウの目（グラウコピス・アテネ）とも呼ばれ、フクロウは彼女の聖鳥である。

　アテナは処女神だが、アルテミス†のように男性を避けるわけではなく、数多くの英雄の守護者でもあった。特にヘラクレス、ペルセウス、オデュッセウスの冒険には、たびたび登場し、救いの手を差し伸べ、彼らに不滅の栄誉を与えている。その一方で、彼女の純潔を汚そうとする者を決して許さず、彼女が水浴をしているところを偶然見かけたテイレシアスは、女神によって盲目にされ、同時に予言の力を与えられた。また、武器を作るためにヘパイストスの鍛冶場を訪れたアテナは、鍛冶の神に犯されそうになり逃げたが、足に精液が掛かったことに憤り、羊毛で拭いて大地に投げ捨てると、そこからエリクトニオスが誕生した。処女のまま母となったアテナは、エリクトニオスを不死の存在にしようと、籠に入れて神々に隠して養育し、アテナイの王とした。エリクトニオスは下半身が蛇の形をしていたと言われ、アテナイのアクロポリスにアテナの木像を祀り、アテナの大祭パンアテナイア祭を創始した（アポロドロス『ギリシア神話』3.14.6）。

　知恵や戦争の女神であり、都市の守護神でもあったアテナは、あらゆる技芸の神（アテナ・エルガネ）でもあり、馬をならす術、船を造る技術、ろくろなどを人々に教え、機織りや刺繍も自ら行ったという。そして他のギリシアの神々と同様、神を侮辱したり、神と競おうとする不遜（ヒュブリス）な人間には厳しい神罰を下した。リュディアのアラクネは機織りの技に優れていたが、アテナに向かって技比べを挑んだため、腹から糸を吐いて巣を作る蜘蛛に変身させられた（オウィディウス『変身物語』6）。

　アテナはケクロプス王（神話中のアテナイの初代王）の治世に、アテナイの覇権をポセイドンと争って手に入れた。アテナとポセイドンはアクロポリスの頂きで、いずれの神が

アテナ像、アンタルヤ考古学博物館

アテナイの人々に最良のものを与えられるかを競い、ポセイドンは三叉の鉾で地面を突いて塩水を（あるいは馬を）生じさせ、アテナはオリーブの若木を生えさせ、人々にその栽培方法を教え、ポセイドンに勝利してアテナイの町の守護神となった（ヒュギーヌス『ギリシャ神話集』164、オウィディウス『変身物語』6）。以来、オリーブの木はアテナの聖木となった。

アテナ信仰はギリシア世界全土に広まったが、アテナイの町にとってのアテナ女神は特別な崇拝の対象であり、その総本山とも言うべきアクロポリスには、処女神アテナ（アテナ・パルテノス）を祀った「パルテノン神殿」や、勝利のアテナの「アテナ・ニケ神殿」、アテナとポセイドン、エリクトニオスを祀った「エレクテイオン」など荘厳な神殿が建立された。ローマではエトルリア起源のミネルウァ†と同一視され、ユピテル、ユノ†と共にカピトリヌス丘に祀られ、カピトリノの三大神として崇拝された。アテナ（ミネルウァ）は、今日もなお、知恵のシンボルとして様々な意匠、モチーフなどに用いられている。

キーワード：処女神、戦闘女神、技術、技芸、罰

参考文献：高津『ギリシャ・ローマ神話辞典』305頁；松村他編『神の文化史事典』39頁以下；マルタン『ギリシャ・ローマ神話文化事典』11頁.

アプロディテ（アプロディーテー）
Aphrodite Ἀφροδίτη

名前の意味・神格・属性：泡（ἀφρός）から生まれたことに由来するという見解や、東方の女神を表す言葉と関連づける見解もある 愛と美、豊穣多産、愛欲の女神。戦闘女神。

概要：ヘシオドス（『神統記』178以下）によれば、息子のクロノスによって切り落とされたウラノス（天空）の男根が、海に投げ込まれ、まわりに生じた泡から誕生したと言われている（⇒ガイア）。生まれたばかりの女神はまずキュテラ島に寄り、その後、西風ゼピュロスに運ばれて、キュプロス島に上陸した。アプロディテが歩くまわりに花が咲き、ホーラ†たちが全裸のアプロディテに服を着せかけ、黄金の冠や首飾りをつけて正装させ、オリュンポスの神々の所へ連れて行くと、あらゆる神がこの女神を妻にしたいと願ったという（『ホメロス風讃歌』6「アプロディテへの讃歌」）。これにちなんで、アプロディテはアプロゲネス（泡から生まれた者）、アナデュオメネ（海からあがった者）、ペラギア（海の女神）と称される。一方、ホメロスは、アプロディテをゼウスとディオネ†の間に生まれた子とし、ディオネとアプロディテをオリュンポスに住まう母娘として描写している（ホメロス『イリアス』5.370以下）。

あらゆる男神から望まれたアプロディテは、オリュンポスの神々の中でも最も醜く、しかし驚くべき技をもった鍛冶の神ヘパイストスの妻となった。その理由は、ヘパイストスが贈った魔法の椅子に座って動けなくなったヘラ†を椅子から解放する際に、ヘパイストスが出した条件が、アプロディテとの結婚であったからである（ヘラに贈られた魔法の椅子に関しては⇒ヘラ）。だが、アプロディテはまもなく軍神アレスを愛人にし、ヘパイストスは仕返しに、二人が密会しているところを金の網で捕らえ、他の神々を呼び集め、寝たまま身動きのとれなくなった二人を笑いものにしたという。（ホメロス『オデュッセイア』8.267以下、ヒュギヌス『ギリシャ神話集』148）。金の網を解かれると、アプロディテは故郷、キプロス島のパポスへ、アレスはトラキアへ逃げるように帰ったが、二人のあいだには、ポボス（狼狽）、デイモス（恐慌）、ハルモニアが生まれ（『神統記』933以下）、エロスも二人のあいだの子だったとする伝承もある。アプロディテはアレスのほかにも、ヘルメスとのあいだに両性具有のヘルマプロディトス（ヒュギヌス『ギリシャ神話集』271、オウィディウス『変身物語』4.288以下）、ディオニュソスとの間には、巨大な男根を持つ豊穣の神プリアポスを生んだ（パウサニアス『ギリシャ案内記』9.31.2）。

「ほほえみを愛でる（ピロンメイデス）」の添え名を持つアプロディテは性愛の女神であり、愛欲を司り、愛の矢を放つエロスと美し

いヒメロス（欲望）を伴い、神々や人々の心に激しい欲望をかき立てた。アプロディテの前にはゼウスさえ屈服し、その力に逆らうことができるものは、三人の処女神アテナ†、アルテミス†、ヘスティア†だけであった。ゼウスはそこで、アプロディテにも恋の苦しみを味わわせるために一計を案じ、トロイアの牛飼いの美青年アンキセスに対する抗しがたい恋心をアプロディテの心に植え付けた。アプロディテは自分が女神であることを隠し、プリュギアの王女のふりをして、野獣が跋扈するイダ山を登り、牛飼い小屋を訪れ、アンキセスに妻にして欲しいと頼みに行く。一夜を共にした翌朝、正体を現した女神にアンキセスは狼狽するが（生身の男性が女神と交わると不具になると信じられていたため）、アプロディテは彼に、5年後にまばゆいばかりに成長した息子を連れてくることを約束し、このことを決して口外しないことを誓わせた。果たして、二人のあいだの息子アイネイアスは長じて、トロイア戦争の英雄となり、トロイアが陥落した後はイタリアに渡り、ローマの建国の祖となった（『ホメロス風讃歌』5「アプロディテへの讃歌」、ホメロス『イリアス』2.820）。

また、アプロディテは、キュプロスの没薬（ミュラ）の木の裂け目から生まれた美少年アドニスにも熱烈な恋をした。アプロディテは生まれたばかりのアドニスを籠に入れて隠し、ペルセポネ†に養育を託すが、ペルセポネもアドニスのことを気に入ったため、アドニスは、一年の三分の一をそれぞれアプロディテ、ペルセポネのもとで暮らし、残りの三分の一は一人で自由に暮らすことになった。しかし、アドニスはアプロディテの警告を聞かずに狩りに行き、手負いの猪の牙に突かれて死んでしまう。アプロディテは悲しみのあまり、アドニスから流れた血をアネモネに変え、アプロディテの涙からは薇の花が生まれた（オウィディウス『変身物語』10.520 以下）。女性たちはアドニスの死を記念してアドニア祭という祭儀を行った。それは、浅い鉢に作物の種を蒔いて小さな菜園「アドニスの園」を造り、種は芽を出して生長するが数日間で枯れ、これを八日目にアドニスの像と共に水の中に棄ててアドニスを悼み、再生を祈るというものであった。この儀式は、アドニスがもともとビュブロスで信仰されていたフェニキアの神アドン（主）に由来し、死と再生を繰り返す植物神であったことを示唆する。

神と人に対するアプロディテの影響力は絶大であり、「パリスの審判」ではトロイアの王子パリスに最も美しい人間の女性を与えることと約し、その結果パリスはスパルタの王妃ヘレネ†を略奪して、トロイア戦争を引き起こし、トロイアの滅亡を招いた。アプロディテは人々に愛の喜びを授けるが、女神を侮辱したり、供儀を怠った人間には、残忍な神罰を下す女神でもあった。テセウスの息子ヒッポリュトスは、アルテミスだけを敬ったため、アプロディテの怒りによって身の破滅を招き（エウリピデス『ヒッポリュトス』）、曙の女神エオス†はアプロディテの愛人アレスに恋をしたため、罰として人間の男性と数多くの報われない恋をすることになった。

アプロディテ像、アンタルヤ考古学博物館

アプロディテはギリシア世界全域で崇拝されたが、特にキュテラ島とキュプロス島では早くから信仰が広まり、キュプロス島はアプロディテの故郷として広く知られた。アプロディテは、オリエント地方の豊穣の大女神、シュメルのイナンナ†やセム系のイシュタル†、アスタルテ†に起源を持つとされ、フェニキア人を介してキュプロスに広まり、東地中海からギリシア世界に伝えられたと言われている（パウサニアス『ギリシア案内記』1.14.6）。スパルタとコリントスは特にアプロディテ信仰が盛んな地域で、スパルタではアプロディテは戦闘女神としても崇拝され、コリントスのアプロディテ神殿は多くの神殿娼婦がいたという（ストラボン『地誌』8.6.20）。

なお、ローマでは、菜園や庭園を守護する植物の女神だったウェヌス†と同一視された。ウェヌスに関する神話のほとんどがギリシア神話のアプロディテのものであるが、信仰のかたちは異なり、アプロディテ（ウェヌス）の子アイネイアスがローマ建国の祖となったことから、主として勝利と繁栄をもたらす母なるウェヌス（ウェヌス・ゲネトリクス）として信仰された（⇒ウェヌス）。

古代よりアプロディテ（ヴィーナス）は多くの絵画や彫刻に取り上げられてきたが、アプロディテ像は本来、信仰の対象であり、それが裸体で表現されたのは、前3世紀の彫刻家プラクシテレスによる《クニドスのアプロディテ》がはじめてであった。以来、《ミロのヴィーナス》（前2世紀）からボッティチェッリの《ヴィーナスの誕生》、ティツアーノ《ウルビーノのヴィーナス》をはじめ、時代・地域を問わず、理想的な女性美の体現として数多くのヴィーナス像が作り続けられている。

キーワード：豊穣女神、性愛、海、戦闘女神、植物女神
参考文献：高津『ギリシア・ローマ神話辞典』25頁；松村他編『神の文化史事典』59頁；マルタン『ギリシア・ローマ神話文化事典』50頁．
⇒シュリー、フレイヤ

アマルティア（山羊） Amaltheia
Ἀμάλθεια
名前の意味・神格・属性：「やさしい女神」の意。雌山羊。
概要：ゼウスを育てた雌山羊。クレタ島のイデ山の洞窟で幼いゼウスに乳を与えた。その山羊角には神々の食物アムブロシアと神酒ネクタルがあふれ、角が折れると無尽蔵に満たされた。この力はゼウスが与えたものであり、豊穣の角（コルヌコピア）と呼ばれた。オウィディウス（『祭暦』5.111以下）では、その角の一つが折れたので、ニンフ†たちが幼いゼウスのために果物で満たしたという。また死後、ゼウスはこの雌山羊をぎょしゃ座のカペラという星にした（ヒュギヌス『天文詩』2.13）。この盾はアテナ†に贈られ、聖なる盾「神盾（アイギス）」となった。
キーワード：豊穣女神、変身、星、山羊
参考文献：呉『ギリシア神話』上38, 113頁；高津『ギリシア・ローマ神話辞典』27頁．

アムピトリテ（アムピトリーテー）
Amphitrite　Ἀμφιτρίτη
名前の意味・神格・属性：「取り囲む第三のもの」＝海の意。聖獣はイルカ。海の女神。
概要：海の老人ネレウスとドリス（大洋神オケアノスの娘）の50人の娘ネレイスたち（複数形　ネレイデス†）の一人。ただし、アポロドロス（『ギリシア神話』1.2.2, 1.4.6）にはオケアノスの娘オケアニスたちの一人とする記述もある。海神ポセイドンの妃、海の女王。姉妹のネレイスたちと共にナクソス島付近で踊っていた時ポセイドンに見初められ、さらわれて妻になったと言われる。一方、伝エラトステネス（『星座物語』31）によれば、アムピトリテはポセイドンを恐れて、海の西端（アトラス、大西洋）に隠れ、イルカがそれを見つけて彼女を説得し、ポセイドンと結婚させたという。イルカはこの功績により星座に加えられた。

ポセイドンには数多くの妻があったが、アムピトリテは正妃とされ、元来、大地に関わる神であったポセイドンは、海神の娘である彼女と結婚したことにより、海の支配権

ギリシア・ローマ

を得たという。ホメロス(『オデュッセイア』12.60,12.97)では、アムピトリテ自身、大波を起こす力を持ち、たくさんの巨大な怪魚を飼っている。二人の間には、魚の尾を持つ海神トリトンや、太陽神ヘリオスの妻となったロデー、ベンテシキュメなど多くの子供がいる。また、ポセイドンの息子であるアテナイの英雄テセウスが、クレタ王ミノスの命令で、海中に投じられた指輪を取りに行かされた時、アムピトリテは海底を訪れたテセウスを歓迎し、黄金の冠を贈った(パウサニアス『ギリシア案内記』1.17.3)。

キーワード:海の女神、誘拐、失踪
参考文献:高津『ギリシア・ローマ神話辞典』29頁;グァント『ギリシア・ローマ神話辞典』70頁.

アリアドネ(アリアドネー) Ariadnē
Ἀριάδνη

名前の意味・神格・属性:「最も聖なる女神(ari-most adnos-holy)」の意。

概要:クレタ王ミノスとパシパエ†の娘。クレタの王女。アテナイの王子テセウスが、牛頭の怪物ミノタウロスを退治するため、怪物の犠牲に捧げられるアテナイの子供たちと共にクレタ島にやって来た時、彼を一目見て恋に落ち、妻にすることを条件に迷宮ラビュリントスから脱出するための糸玉を与えた。テセウスは迷宮に潜むミノタウロスを倒し、アリアドネが渡した糸玉を頼りに無事迷宮から脱出することに成功する。アリアドネはテセウスの一行と共に故郷クレタ島を発ち、アテナイを目指して出帆したが、途中寄港したディア(ナクソス)島で彼と別れることになる。その理由には諸説あり、テセウスが心変わりし、寝ている間に置き去りにされたためとも、つわりに苦しみこれ以上船旅が続けられなくなったためだったとも言われている。また、テセウスに置いていかれ、絶望していたところにディオニュソスが現れ、結婚したと言われ、ヘシオドス(『神統記』948)はゼウスが彼女をディオニュソスのため不老不死としたと伝える。また、結婚の贈り物としてヘパイストスが作った金の冠を与えられ、それが

かんむり座となった。なお、アポロドロス(『適要』I 8-9)によると、ナクソスでディオニュソスに見初められ、テセウスから奪われ、レムノス島に連れ去られ、ディオニュソスとの間に、トアース、オイノピオーンなど四人の子供が生まれたとされる。

一方、ホメロス(『オデュッセイア』11.324-325)では、クレタ島からの旅の途上、ディア島でアルテミス†に射られて殺されたため、テセウスは彼女をアテナイに連れて帰ることができなかったと語られている。また、プルタルコス(『テセウス』20)によると、アリアドネはテセウスに置き去りにされたあと、彼の子を出産するために命を落とし、テセウスはのちに島へ戻ってアリアドネの墓に詣で、犠牲と神像を捧げ、若者が出産に苦しむ女性のまねをする儀式をしてアリアドネの死を悼んだことや、キュプロス島のアマトゥスでは、アリアドネの墓のある森がアリアドネ・アプロディテの森と呼ばれていることが伝えられている。こうしたことから、アリアドネは元来、出産や婚礼にまつわる女神であったと考えられる。

キーワード:出産、裏切り(親・国王を)、英雄の援助者、捨てられた女
参考文献:高津『ギリシア・ローマ神話辞典』29頁;グラント『ギリシア・ローマ神話辞典』74頁;ジャンメール『ディオニュソス』313頁以下;マルタン『ギリシア・ローマ神話文化事典』27頁;松村他編『神の文化史事典』59頁;呉『ギリシア神話』上, 337-339頁.

アルクメネ(アルクメーネー) Alkmēnē
Alkmena   Ἀλκμήνη

名前の意味・神格・属性:詳細は不明だが「激しい怒り、勇気」とする解釈がある。

概要:ミュケナイ王エレクトリュオン(ペルセウスの息子)の娘。アムピュトリオン(ペルセウスの孫)の妻。ヘラクレスの母。

伝ヘシオドス『ヘラクレスの楯』(1-5)は、アルクメネはあらゆる人間の女性の中で、最も美しく、背が高く聡明と伝える。アルクメネとアムピュトリオンの結婚、そしてヘラクレスの誕生に関しては、アポロドロス(『ギ

リシア神話』2.4.5-8）に詳しい。これによるとイオニア海の島タポスの王プテレラオスの息子たちが、ミュケナイの領地を求め、アルクメネの父ミュケナイ王エレクトリュオンのもとにやってきたが、拒否されたため、報復として王の牛を奪った。このことから戦いがはじまり、エレクトリュオンの息子たちがタポス人に殺された。美貌のアルクメネを妻にと望んでいたティリンスの王アムピュトリオン（ペルセウスの孫でアルクメネの叔父に当たる）は、エレクトリュオンが戦いに出ている間、国を預かっていたが、運悪くアムピュトリオンが牛に投げた棍棒が誤ってエレクトリュオンに当たり、エレクトリュオンは死んでしまう。この一件のため、アムピュトリオンはミュケナイを追放され、アルクメネを連れてテバイに逃れた。テバイ王クレオンによってアムピュトリオンの罪は清められるが、アルクメネは夫アムピュトリオンに、タポス人に殺された自分の兄弟の敵を討つまで、床を共にできないという。そこでアムピュトリオンは、軍勢を率いて遠征に出かけ、様々な難局を乗り越え、タポス王プテレラオスを倒して帰途につく。

しかし、アルクメネが夫の帰りを歓迎しなかったため、不審に思ったアムピュトリオンが予言者テイレシアスに尋ねると、彼が帰ってくる日の前日に、アムピュトリオンの姿に化けたゼウスがアルクメネを訪ね、遠征中の話を聞かせて夫と信じ込ませ、床を共にしたこと、さらに太陽神ヘリオスに命じ、夜の長さを三倍にさせたことが判明する。これを知ったアムピュトリオンはあきらめて妻を許し、その結果、アルクメネは、ゼウスの子ヘラクレスと、アムピュトリオンの子イピクレスを相前後して身ごもり、双子として出産した。この話は古代ローマの劇作家プラウトゥスの『アンフィトルオ』の題材にもなった。また、生後八か月の時、嫉妬したヘラ†がこの双子を殺そうと蛇を送ったところ、アルクメネは大声を上げて夫に助けを求めたが、ヘラクレスは両手で蛇を絞め殺し、一方、イピクレスは逃げ、父親の違いを明らかにした。

ゼウスが、生まれてくる子はペルセウスの

アルクメネが描かれた赤像式クラテル、大英博物館

後裔であり、ミュケナイの王となるだろうと言ったところ、ヘラが怒り、出産の女神エイレイテュイア†にアルクメネの出産を阻むように指示し、まだ妊娠七か月であったエウリュステウス（ペルセウスの息子ステネロスの子）が先に生まれるように仕組んだ（エイレイテュイアの項目を参照）。アルクメネはそのため、七日間も陣痛に苦しみ、ヘラクレスは、自分より先に生まれたエウリュステウスに終生仕え、労苦を強いられることとなる。

ヘラクレスが死んで神格化されたのち、エウリュステウスとヘラクレスの後裔たちのあいだで戦いが起こり、アポロドロス（『ギリシア神話』2.8.1）によると、エウリュステウスが殺され、その首がアルクメネのもとに届けられると、アルクメネは死んだエウリュステウスの両目をえぐり出したという。その後、夫アムピュトリオンがテバイのために戦って死んだ後、アルクメネはクレタからテバイに亡命していたゼウスの子ラダマンテュス（冥界の審判者）の妻になってボイオティアで暮らしたとも、ヘラクレスの子孫と共に暮らし、死後は「幸福の島」（エリュシオン）でラダマンテュスの妻になったとも言われる。

キーワード：英雄の母、神の子を宿す女
参考文献：高津『ギリシア・ローマ神話辞典』33頁；マルタン『ギリシア・ローマ神話文化事典』61頁；松村他編『神の文化史事典』61-62頁．

アルケスティス（アルケースティス）
Alcestis Ἄλκηστις

名前の意味・神格・属性：不詳。類義語に「勇気」がある。夫婦愛、自己犠牲と貞節の象徴。

概要：イオルコスの領主ペリアスの娘。テッサリアの王アドメトスの妻。

アポロドロス（『ギリシア神話』1.9.15）によると、アルケスティスには数多くの求婚者がいたが、父のペリアスは獅子と猪をつないだ戦車を御せる者に娘を嫁すといい、彼女を妻に望むアドメトスは、アポロンの助けにより、アルケスティスを妻に迎えることに成功する。しかし、アドメトスは、アルケスティスとの結婚式の時にアルテミス†に犠牲を捧げることを忘れたため、女神の怒りを買い、寝室が無数の蛇で満たされてしまう。アポロンは、アルテミスの怒りをなだめ、さらにアドメトスは若くして死ぬことを運命づけられているが、もし彼の代わりに誰かが死ねば、アドメトスは死なずにすむ、という約束をした。アドメトスがいよいよ死ぬ日が来た時、彼の両親は身代わりとなって死ぬことを断ったが、妻のアルケスティスはみずからすすんで身代わりになって死んだ。しかし、冥界の王妃ペルセポネ†が彼女を地上に送り返したとも、ヘラクレスが冥界の王ハデスと戦ってアルケスティスを連れ戻したとも言われる。

エウリピデスがこの話を題材に喜劇風の『アルケスティス』（前438年上演）を製作した。ここでは夫の身代わりになって死んだアルケスティスの葬儀の準備のさなかに、トラキアへ向かう大食漢のヘラクレスが通りかかり、この一件を知り、冥府に行って死神タナトスと格闘し、アルケスティスをアドメトスのもとに連れ戻すという筋立てになっている。

キーワード：夫婦愛、自己犠牲、貞節、冥界からの帰還

参考文献：高津『ギリシア・ローマ神話辞典』34頁；マルタン『ギリシア・ローマ神話文化辞典』29-30, 62頁；松村他編『神の文化史事典』61-62頁.

アルテミス Artemis Ἄρτεμις

名前の意味・神格・属性：不明。非ギリシア語系の言語に由来。狩猟、野生動物、処女の守護神。

概要：ゼウスとレト†の娘。アポロンの双子の姉妹。オリュンポス十二神の一員で、処女神。狩猟と野生動物の女神にして、出産や少女、若い女性の守護神でもある。後に月の女神セレネ†やローマの狩猟の女神ディアナ†と同一視された。短いキトン（チュニック）を着て弓矢を持つ狩人の格好をした若い女性の姿が多い。アルカイック時代、野獣の女主人としての権能を示す場合、両手にライオンや豹などの獣を携え、背中に大きな翼が生えた姿で表される。

アルテミスとアポロンの母レトは、ゼウスの子を宿したためにヘラ†の怒りを受け、ヘラはレトに出産できる場所を与えてはならないという命令を出した。そこでゼウスが浮島だったデロス島を固定し、ようやくこの島で出産することができた。一方、『ホメロス風讃歌』3「アポロンへの讃歌」では、アルテミスはオルテュギア島で生まれたと言われる。また、生まれるやいなやレトの手を引いて海を渡り、デロス島で母がアポロンを出産

アルケスティスとアドメトス、フレスコ画、ナポリ国立考古学博物館

する際の添えをしたという伝承もある。ただしオルテュギア（うずらの島）はデロスの古名でもあるため、同じ島を指していたのか、同名の別の地を指していたのか定かではない。だが、アルテミスは出産や多産と結び付く神であり、出産の神エイレイテュイア[†]と同一視された。

ホメロス（『イリアス』21.470）ではポトニア・テロン（野獣の女主人）と呼ばれる野生動物の守護神で、狩猟の神。若き美貌の狩人で、ニンフ[†]たちを引き連れ、猟犬を伴い、山野を駆けめぐる。双子のアポロンと同様、弓に秀で、「遠矢射る」の異名を取り、疫病や突然の死をもたらす神としても畏怖された。誇り高く純潔を重んじ、これを侵す者、女神を怒らせた者を残忍なやり方で殺した。キタイロン山の狩人アクタイオンは、泉で沐浴をしていた女神の裸身を見たため怒りを買い、鹿に変えられ、自分の猟犬に引き裂かれて死んだ。巨人の狩人オリオンは女神の恋人だったが、アポロンの計略により、女神の矢で射られることになった。七人の息子と娘を持つニオベ[†]が、レトには子供が二人しかいないと言って自分の子だくさんを自慢したことに怒り、アルテミスとアポロンはニオベの子供たちをつぎつぎと射殺した。トロイア戦争では、ギリシア軍の総大将アガメムノンが狩りの腕前をアルテミスにも勝ると自慢したため、女神の怒りを買い、ギリシア軍はトロイア遠征を前に立ち往生し、アガメムノンの娘イピゲネイアがその怒りを鎮めるために、生け贄に捧げられることになる。しかし少女を憐れんだ女神は雌鹿を身代わりにして、イピゲネイアを連れ去り、タウリケのアルテミス神殿の女祭司としたという。このストーリーは前5世紀の悲劇詩人エウリピデスの『アウリスのイピゲネイア』、『タウリケのイピゲネイア』の題材となった。

また、アルカディアのニンフ、カリスト[†]は純潔の誓いを立ててアルテミスに仕えていたが、ある時ゼウスが、この女神の姿でカリストに近づき、彼女と交わって妊娠させた。カリストは妊娠をアルテミスに隠していたが、沐浴中に発覚し、アルテミスは罰として

エフェソスのアルテミス像（18世紀に作られた複製）

彼女を雌熊に変えた（ヘラの嫉妬によるという説もある）。熊になったカリストはアルテミスに殺されたとも、息子アルカスに射殺されそうになったところをゼウスが憐れみ、天空のおおくま座とこぐま座にしたとも言われている。しかし、熊になったカリストとは元来「アルテミス・カリステ（最も美しいアルテミス）」の呼び名を持つ女神自身であったとも考えられる。アルテミスは熊と結び付きが深く、アテナイでは少女たちがこの女神のために、黄色の衣を着て、熊を真似て踊る祭（アルテミス・ブラウロニア）があった。

アポロンと共に、ギリシア人到来以前の先住民の神であり、大地女神に由来する豊穣女神としてギリシア全土で崇拝され、アルテミスを祀った神殿や祠はギリシア文化圏各地にある。なかでも最大の聖地は、小アジア（トルコ西部）のエフェソスのアルテミス神殿であり、その壮麗さから古代の七不思議の一つに数えられていた。この地のアルテミス像は無数の乳房を持つ女神像であり（女神の犠

牲に捧げられた牡牛の睾丸という説もある）、多産や豊穣の要素が強調されている。
キーワード：狩猟、処女、動物の女主人、大地女神、月、豊穣女神、出産、守護女神
参考文献：高津『ギリシア・ローマ神話辞典』37-38頁；松村『女神の神話学』186頁以下；松村他編『神の文化史事典』65頁；マルタン『ギリシア・ローマ神話文化事典』33-35頁．
⇒アステリア

アレトゥサ（アレトゥーサ）Ἀρέθουσα Arethūsa
名前の意味・神格・属性：「急流」の意。ニンフ†。
概要：エリス地方のニンフ（ニュムペ）。オウィディウス（『変身物語』5.573以下）によると、純潔を重んじる狩猟の女神アルテミス†に仕える狩りの名手だったが、ある日、狩りを終えてアルペイオス川で水浴をしていると、その姿を見て欲情に駆られた河神アルペイオスに追いかけられた。アレトゥサは必死で逃げ、純潔を守るためアルテミスに助けを求めたので、女神は彼女を黒雲で隠し、水に変身させた。それでもなお、アルペイオスが追いかけたので彼女は地中に身を隠し、海底を通って、シチリアのオルテュギュアまで逃げ、そこから泉となってわき出し、「アレトゥサの泉」になったという。アルペイオスはさらにこれを追いかけ泉に流れ込んで彼女と交わったという。当時の人々が、「アレトゥサの泉」が海辺の泉であるにもかかわらず海水と混ざらないのは、アルペイオス川の水が、海底を通ってこの泉を湧き出させているためと考えたので、この物語が生まれたと考えられている。
キーワード：純潔、変身、泉
参考文献：高津『ギリシア・ローマ神話辞典』40頁；マルタン『ギリシア・ローマ神話文化事典』36頁．

イオ（イーオー）Io Ἰώ
名前の意味・神格・属性：アルゴス地方の方言で「月」の意。
概要：ゼウスの恋人、アルゴスの王女。アルゴスの王で河神イナコスと、オケアノスの娘メリアの娘。イオはヘラ†に仕える巫女だったが、ゼウスに愛されたために、ヘラに憎まれた。ゼウスはヘラの嫉妬からイオを守るため、彼女を白い雌牛に変身させた。ヘラは牛に化けたイオにゼウスが近づかないように、百の目を持つ巨人パノプテス（すべてを見る者）のアルゴスにイオを見張らせた。だが、ゼウスはヘルメスを遣わし、アルゴスを殺させた。そこでヘラは牛になったイオに虻を送り、イオは虻に脇腹を刺されて、各地を逃げ回り、海に飛び込んだ。その海はイオにちなんでイオニア海と呼ばれるようになり、イオが渡った海峡はボスポラス海峡（「牛の渡し」の意。トルコ、イスタンブールにあるヨーロッパとアジアを隔てる海峡）と呼ばれた。イオはエジプトまで泳いで渡り、そこで人間の姿に戻り、ゼウスの子エパポスを生んだ（アポロドロス『ギリシア神話』2.1.3他）。エジプトでは牛と関わりの深いイシス†と同一視され、エパポスは、エジプト王になり、娘リュビエはリビアの地名の由来となった（ヒュギヌス『ギリシア神話集』149）。

オウィディウス（『変身物語』1.583以下）によると、ゼウスは黒い雲になってイオに近づいたとされ、ヘラは、ヘルメスに殺されたアルゴスを悼み、アルゴスの百個の目を自分が飼っている孔雀の羽につけて宝石のように飾ったと語られる。ガリレオは最初に発見した木星の衛星にイオの名をつけた。
キーワード：雌牛、変身、嫉妬
参考文献：高津『ギリシア・ローマ神話辞典』

シラクサのテトラドラクマ銀貨を描いた1963年頃の切手、片面にアレトゥサ、もう片面にチャリオットが彫られている。

《イオ》ユピテルの愛の物語、コレッジョ、油彩、ウィーン美術史美術館

47頁：松村他編『神の文化史事典』77頁：マルタン『ギリシア・ローマ神話文化事典』42頁.

イノ（イーノー）　Ino　Ἰνώ

名前の意味・神格・属性：意味不詳。航海者を守護する海の女神（レウコテア）。

概要：テバイの王カドモスとハルモニアの娘。ディオニュソスの母セメレ†の姉妹（『神統記』976）。ボイオティア（もしくはテバイ）の王アタマスの後妻。アポロドロス（『ギリシア神話』3.4）によるとイノは、姉妹のセメレがゼウスとの子ディオニュソスを妊娠中にゼウスの雷によって焼死したので、夫のアタマスと共に、甥にあたる生まれたばかりのディオニュソスを預かり養育した。アタマスとイノ夫妻は、ディオニュソスの存在を快く思わないヘラ†の目を欺くため、ディオニュソスを少女と偽りかくまったが、やがてヘラの知るところとなり、ヘラは罰として夫妻を狂気に至らせる。その結果、アタマスは息子レアルコスを鹿と間違えて殺し、イノはもう一人の息子メリケルテスを煮立った大鍋に投げ込んで殺し、その遺骸を抱いて、自身も海へ身投げしてしまう。これを知り、憐れんだ神々が、イノをレウコテア（白い女神）という海の女神に、息子メリケルテスをパライモンという海の神に神格化した。オデュッセウスは、航海中、ポセイドンの怒りによって、嵐に遭い、海中に投げ出されたところをレウコテア（イノ）に救われた（『オデュッセイア』5.333）。

またイノには、アタマスの先妻ネペレの息子プリクソスと娘ヘレを疎んじ、麦の不作を口実にゼウスへの生け贄にしようとしたという伝承もある。しかし、その不作の理由は、イノが密かに種麦を焼いたことにあり、これを知ったネペレは、プリクソスたちをヘルメスから授かった金毛の羊に乗せて黒海沿岸の都市コルキスへ逃した（アポロドロス『ギリシア神話』1.9）。イアソンたちのアルゴー号遠征の目的となった黄金の羊皮は、その時の羊の毛皮だという。

キーワード：海の女神、狂気、継母・継子
参考文献：ケレーニイ『ギリシアの神話──神々の時代』323頁以下：高津『ギリシア・ローマ神話辞典』53頁.

イリス（イーリス）　Iris　Ἶρις

名前の意味・神格・属性：「虹」の意。伝令神。

概要：虹の擬人神。神々の使い（伝令神）。タウマス（大洋の神ポントスと大地の神ガイア†の子）と雲のニンフ†、エレクトラ（オケアノスの娘）の子。ハルピュイアの姉妹。俊足で知られ、ホメロス（『イリアス』2.786）は、「足速きこと風の如きイリス」と語られる。大きな翼と伝令の杖（ケリュケイオン）を持つ姿で表される。神々の使者とされたのは、ギリシア人が虹を神々からのメッセージと考えていたことにちなむと考えられる。主にヘラ†に仕えるが、ヘラだけでなく、ゼウスや他の神々の使いもした。イリスは、常に善良な使者として語られ、産気づいたレト†のため、エイレイテュイア†を迎えに行ったり、トロイア戦争でけがをしたアプロディテ†を助け、馬車に乗せて天界に連れて行ったり（『イリアス』5.353）、また、親友パト

ロクロスの葬儀に際して、薪に早く火が付くようにと祈るアキレウスのために、風神のもとへ飛んでいき、風を起こさせた(『イリアス』13.199以下)。神々に仕える処女神と考えられたが、後代には西風ゼピュロスの妻とされ、二人の間には息子ポトス(欲情の擬人神)がいる。また詩人のアルカイオス(断片327)は、愛の神エロスをイリスの息子としている。
キーワード：虹、伝令
参考文献：高津『ギリシア・ローマ神話辞典』58頁；マルタン『ギリシア・ローマ神話文化事典』47頁.
⇒ヴァルキューレ

ウィクトリア(ウィクトーリア)
Victoria ⇒ニケ

ウィリプラカ　Viriplaca
名前の意味・神格・属性：「夫の怒りを静める者」の意(placandis viris, vir-「男、夫」、placo「静める」)。ローマ神話の夫婦げんかを仲裁する神。
概要：ユノ[†]の添え名の一つでもある(ユノ・ウィリプラカ)。前1世紀前半、ローマのティベリウス帝時代の著述家ウァレリウス・マクシムス(『言行録』2.1.6)によると、パラティヌス丘にウィリプラカの祠があり、喧嘩になった夫婦がここにきてお互いのわだかまりをすべて語り、和解したという。
キーワード：仲裁者

ウェスタ　Vesta
名前の意味・神格・属性：意味不詳。印欧祖語の語根 wes-、「留まる」、「住む」、「夜を過ごす」にさかのぼるとする説がある。ローマ神話のかまど、火、家庭、国家の守護女神。
概要：ローマのかまどの女神で、国の守り神。サトゥルヌスの娘。ギリシア神話のヘスティア[†]と同一視される。処女神で、家庭やかまど、火の守り神であるだけでなく、国家のかまどの守護神としてローマ中の信仰を集めた。神像はなく、神話もない。火そのものがウェスタの神体として崇拝された。フォロ・ロマーノにある円形のウェスタ神殿は、ローマで最も神聖な場所とされ、聖火が絶えず焚かれていた。「ウェスタの巫女(ウェスタリス)」とよばれる女祭司たちが、貴族の幼い娘たちから選ばれた。巫女たちは、聖なる火を守り、30年間純潔を保つことが定められた。火は年に一度、古い新年の3月1日に取り替えられた。巫女たちの社会的地位は高く、神殿近くにある広大な「巫女たちの家」に住み、ローマで最も権威ある聖職者であった。しかし処女の禁を破った場合は、地下牢に幽閉され、生き埋めにされた。ローマの建設者ロムルスとレムスの母、レア・シルウィア[†]もウェスタの巫女であったが、マルスとの間に子を成したため、投獄された(テヴェレ川に投げ込まれたとも言われる)。ウェスタの巫女たちは、ローマのヌマ・ポンピリウス王(前715-673年在位)によって制定されてから、帝政末期の4世紀末にテオドシウス帝の命により解散されるまで、およそ1000年間聖火を守りつづけた。ウェスタの祭り(ウェスタリア)は毎年6月7〜15日に催され、神殿の倉が開けられ、女性たちが供物を捧げた。また、ウェスタの聖獣であるロバにも休日が与えられた(オウィディウス『祭暦』6.311以下)。
キーワード：火、炉、かまど、処女神、家庭
参考文献：高津『ギリシア・ローマ神話辞典』60頁；デュメジル『ローマの祭』58頁以下；松村他編『神の文化史事典』111頁；マルタン『ギリシア・ローマ神話文化事典』49頁.

ウェヌス　Venus
名前の意味・神格・属性：「魅力、愛」の意。敬うこと、敬愛を意味する動詞 venerarii に由来するという説、印欧祖語の語根 *wes-、「留まる」、「住む」、「夜を過ごす」にさかのぼるとする説などがある。愛、女性、性、金星。
概要：(神話は⇒アプロディテ)、ローマの植物の生育、菜園を守る女神だったが、ギリシアのアプロディテ[†]と同一視され、愛と美の女神となった。アプロディテと混交されるより以前の神話は知られておらず、神話のほとんどがアプロディテのものと同じである。ローマ建国伝説と関係が深い。トロイアの王族

《ヴィーナスの誕生》アレクサンドル・カバネル、オルセー美術館

アンキセスとの間に生まれたアエネアス（ギリシア語読みではアイネイアス）は、滅亡するトロイアの町から、老いた父と息子と共に脱出し、放浪の末、イタリアに渡り、ローマ建国の祖となった。オウィディウス（『変身物語』14）によれば、アエネアスは死後、ウェヌスがユピテルに懇願し、神格化された。カエサルやアウグストゥスや、ユリウス・クラウディウス朝の皇帝たちを輩出したローマの名門、ユリア氏族は、アエネアスの息子イウルス（アスカニオス）を祖とするとされ、ウェヌスを祖神に持つ。この場合女神は、ゲネトリクスという添え名が付され、ウェヌス・ゲネトリクス（母なるウェヌス）として崇拝された。カエサルはファルサロスの海戦でポンペイウスに勝利すると、フォロ・ロマーノにユリウス家の守護神ウェヌス・ゲネトリクスの壮大な神殿を建立した（前46年）。ローマにおけるウェヌス崇拝は、都ローマへの顕彰にも結び付き、皇帝ハドリアヌス（在位117-138年）がコロッセウムの近くに、ウェヌス・フェリクス（幸運のウェヌス）と女神ローマ（都ローマの擬人神）を祀った「ウェヌスとローマ神殿」を建設したことに示されている。そのほかにもウェヌスは、ウェヌス・ウィクトリクス（勝利のウェヌス）、ウェヌス・アナデュオメネ（海から生まれたウェヌス）、ウェヌス・カリピュゴス（美しいお尻のウェヌス）など数多くの添え名と共に崇拝され、《ミロのヴィーナス》、《アルルのヴィーナス》、《ヴィーナスの誕生》など多くの神像や絵画が残されている。金星（ヴィーナス）はウェヌスが支配する星と考えられ、金曜日（dies Veneris ウェヌスの日）の呼び名もこの女神に由来する。

キーワード：愛の女神、美の女神、星
参考文献：青柳『皇帝たちの都 ローマ』312頁；高津『ギリシア・ローマ神話辞典』60頁；松村他編『神の文化史事典』112頁；マルタン『ギリシア・ローマ神話文化事典』49頁．
⇒アスタルテ、イナンナ／イシュタル

エイレイテュイア　Eileithyia　Εἰλείθυια
［複数形　エイレイテュイアイ　Eileithyiai　Εἰλείθυιαι］

名前の意味・神格・属性：「助けに来る者、和らげる者」の意。出産の女神。

概要：ゼウスとヘラ†の娘。出産を助ける女神であり、妊婦はエイレイテュイアの加護がないと無事に出産ができないと考えられた（『神統記』922、『イリアス』11.270、『ギリシア案内記』1.18.5）。複数形のエイレイテュイアイで呼ばれることもある。美術作品では、二人一組で出産する者の両側に立つ姿で表されることが多い。

レト†がゼウスの子である双子のアポロンとアルテミス†を身ごもり、臨月を迎えた時、ヘラはエイレイテュイアがレトの助産に来ないように図り、レトの陣痛は9日9夜も続いた。これを知った他の女神たちが、伝令の女神イリス†に黄金の頸飾りを持たせてエイ

レイテュイアを呼びに遣わし、レトはようやくアポロンとアルテミスをデロス島で生むことができた（『ホメロス風讃歌』3「アポロンへの讃歌」91以下）。また、アルクメネ†がゼウスの子ヘラクレスを身ごもった時、エイレイテュイアはヘラに命じられ、アルクメネに対して、出産できなくなる呪いをかけた（『イリアス』19.103以下）。オウィディウス（『変身物語』9.281以下）によると、アルクメネは陣痛が起こってから7日間も出産できずに苦しみ続け、エイレイテュイアは祭壇に座って、両足を組み、両手の指を組み合わせて呪文を唱えた。アルクメネの難産が、エイレイテュイアのせいであることに気付いた侍女が、アルクメネが無事出産したという嘘を伝えると、驚いたエイレイテュイアはうっかり組んでいた指をほどき、呪縛が解かれ、出産できた。侍女はこのため女神の怒りを買い、イタチに変身させられたという。このようにヘラに命ぜられるまま、出産を助けるだけでなく、産婦を苦しませることもある女神であるが、女神自身に関する独立した神話はほとんどなく、その権能はヘラやアルテミスと関連づけられる。アテナイ、デロス、オリュンピアなど、ギリシア各地に女神の神域があった。クレタ島のアムニソスには女神を祀った洞窟があったと言われ（『オデュッセイア』19.188-190）、ミノア時代の出産の女神から派生した神格と考えられる。ローマではユノ†、ルキナと同一視される。

キーワード：嫉妬、出産女神、呪術
参考文献：高津『ギリシア・ローマ神話辞典』61頁.

エイレネ（エイレーネー）　Eirene Εἰρήνη
名前の意味・神格・属性：「平和」の意。
概要：平和と春の女神。ゼウスとテミス†の娘であり、ホーラ†（季節の女神、複数形はホーライ†）三女神の一員。春を司り、エウノミア（秩序）、ディケ†（正義）の姉妹（『神統記』901以下）。ローマのパクスと同一視される。神話はほとんど知られていないが、アテナイではスパルタとの戦いに勝利した前370年代中頃から信仰が高まりを見せ、アテナイのアゴラにブロンズ像が奉納された。この彫像は、大ケフィソドトス（彫刻家、プラクシテレスの父）の制作により、女神の腕には幼児の姿をしたプルトゥス（富の神）が抱かれていた（パウサニアス『ギリシア案内記』9.16.2）。プルトゥスは大地母神デメテル†の息子であり、ここに平和と繁栄の深い関連性が示されている。ローマでは平和の女神「パクス」として崇拝され、アウグストゥスによる平和の祭壇（アラ・パキス）が作られた。豊穣の角をかかえた姿で、姉妹のホーラたちと共に表される場合も多い。

キーワード：平和、春
参考文献：高津『ギリシア・ローマ神話辞典』61頁.

エウメニデス　Eumenides Εὐμενίδες ⇒ エリニュス

エウリュノメ（エウリュノメー）　Εὐρυνόμη Eurynomē
名前の意味・神格・属性：「広くさまよう者、広く統治する者」の意。海の女神、ゼウスの恋人（大洋神の娘、ゼウスの娘カリス†（優美の女神）の母）。
概要：ティタン神族の女神。大洋の神オケアノスとテテュス†（ウラノスとガイア†の娘）の娘。3000人いたとも言われるオケアノスの娘たち（オケアニデス†）の一人。ゼウスとのあいだにカリス（愛と優雅の女神たち）や河神アソポスを生んだ（『神統記』358, 907以下、アポロドロス『ギリシア神話』1.2.1ほか）。ヘパイストスが生後すぐ母のヘラ†に憎まれてオリュンポスから捨てられ、海に落ちた時、エウリュノメとテティス†（海の老人ネレウスの娘）が彼を保護した（『イリアス』18.398）。また、ロドスのアポロニオス（『アルゴナウティカ』1.503以下）によると、クロノスとレア†がこの世の支配権を手に入れる以前、夫の蛇神オピオンと共に世界を支配していたが、クロノスに敗れて、地底のタルタロスに落ちたという。この神話はオルペウス教の教義によると考えられる。

パウサニアス（『ギリシア案内記』8.41.4

以下）によると、エウリュノメはアルカディア地方で崇拝され、ネダ川とリュマクス川の合流地点にあるエウリュノメの神域に祀られた神像は、年に一度だけ開かれた。その像は腰から下が魚の形をしていて金の鎖につながれた女性の姿だったという。
キーワード：海、魚、人魚、蛇神
参考文献：高津『ギリシア・ローマ神話辞典』61頁．

エウロペ（エウローペー） Eurōpē Εὐρώπη
名前の意味・神格・属性：「広い」を意味するεὐρύς (eurus) と「眼や顔」を意味するὄψ/ὠπ-/ὀπτ- (ōps/ōp-/opt-)で、「大きな顔、眼」をした女、転じて、「広く見ること」や「広い方角」の意味があるという。エウロペがヨーロッパの語源になったと言われている。フェニキアの王女、ゼウスの恋人。
概要：フェニキアの都市テュロスの王アゲノルとテレパッサの娘。カドモスの姉妹。友人達と花を摘んでいる時に、ゼウスがエウロペを一目見て気に入り、美しい白い牡牛の姿に身を変えて彼女に近づいた。娘たちははじめ牛を怖がったが、牛がおとなしいので近づいて戯れ、やがてエウロペがその背中に乗ると、牛は突然走り出し、海に入りそのままクレタ島まで渡った（オウィディウス『変身物語』2.839以下、ヘシオドス『名婦列伝』断片19、19A）。ゼウスはここで正体を現し、ゴルテュンのすずかけの木の下か、幼時に養育された地ディクトュスの洞窟で、エウロペと結婚し、ミノス、ラダマンテュス、サルペドンが生まれた。ゼウスはエウロペに、島を守る青銅の人間タロスと、決して的を外すことのない槍、獲物を必ず捕らえる猟犬を与えた。彼女は後にクレタ王アステリオス（星の王）と結婚し、三人の息子は養子になり、さらに娘のクレテを生んだ。牡牛は天界に上げられて牡牛座になり、クレタの王位はミノスが引き継ぎ、以来、クレタ王朝はゼウスの血を引くこととなった。また、ラダマンテュスは冥界の裁判官、サルペドンはリュキアの王となった。なお、エウロペの父アゲノルは、誘拐された娘の帰りを待ちわび、三人の息子、カドモス、キリクス、ポイニクスに娘を探しに行かせ、連れ戻すまで帰ってきてはならぬと命じ、ついに誰も帰ってくることはなかった。カドモスはテバイの王になり、ポイニクスはフェニキアに、キリクスは小アジアのキリキアにそれぞれ居を構えた。またアポロドロス（『ギリシア神話』3.1.1）はエウロペをアゲノルの娘ではなく、その息子ポイニクスの娘とする説もあると伝えている。エウロペが牡牛に変身したゼウスに連れられて旅した地が、後にヨーロッパとよばれるようになったとも言われるが（ヘロドトス『歴史』4.45）、エウロペの神話は、フェニキア人の活発な交易と植民活動、クレタ島の牡牛崇拝などが背景となって形成されたと考えられる。
キーワード：牛、変身、誘拐
参考文献：高津『ギリシア・ローマ神話辞典』61頁；マルタン『ギリシア・ローマ神話文化事典』54頁．

エオス（エーオース） Ēōs Ἠώς
名前の意味・神格・属性：「曙」の意。曙の女神。
概要：両親はティタン神族のヒュペリオン（太陽と光明の神）とテイア（ウラノスとガイア†の娘、ヒュペリオンの姉妹）。オウィディウス（『変身物語』9.420）では巨人パラスの娘とされる。兄弟姉妹に太陽神ヘリオスと月の女神セレネ†がいる（アポロドロス『ギリシア神話』1.2以下）。最初の夫ティタン神族のアストライオスとのあいだに「晴れ空をもたらす」ゼピュロス（西風）、「脚の速い」ボレアス（北風）、ノトス（南風）、さらに暁をもたらす者（エオスポロス）である明けの明星と、天を飾る輝く星々を生んだ（ヘシオドス（『神統記』378以下）。毎朝、2頭立ての馬車を操り、太陽神ヘリオスの先駆けとして、天の扉を開き、天空を駆けた。馬車をひく馬の名前はランポス（光）とパエトン（輝かしきもの）。ホメロスはエオスに「クロッカス色の衣をまとう」（『イリアス』8.1）、または「朝のまだきに生まれ、指は薔薇色の」（『イリアス』24.788）といった美しい添え名を付している。

アポロドロス（『ギリシア神話』1.4.4以下）

によると、エオスはアプロディテ†の恋人の軍神アレスを取ったため、アプロディテに呪いをかけられ、常に若く美しい人間の男性と恋に落ちることになり、その恋はことごとく不幸な結末に終わった。

　例えば、エオスは巨人の狩人オリオンに恋をして、彼を掠ってデロス島に連れて行くが、オリオンはこの聖なる島でアルテミス†に殺された。また、エオスはアテナイのケパロスという新婚の男性に恋をし、彼をシリアに連れて行った。エオスはやがてパエトンという美しい子を生むが、ヘシオドス（『神統記』986以下）によると、その子供は幼いうちにアプロディテに掠われ、神殿の番人にさせられた。ケパロスは妻プロクルスのもとに帰ったが、これに腹を立てたエオスの策略で、ケパロスは狩猟中に誤って妻を槍で殺害してしまう（オウィディウス『変身物語』7.662以下）。さらに、『ホメロス風讃歌』5「アプロディテへの讃歌」（218 以下）によると、エオスは美しいトロイアの王子ティトノスに恋をし、ゼウスに祈り、この若い恋人のために永遠の命を懇願したが、永遠の若さを願うことを忘れてしまったため、ティトノスはエオスと暮らし、無限に老いながらも死ぬことはなく、ついに体が動かなくなり、蝉のような声だけになってしまった。一方、女神は不老不死なので、決して老いることはない。ついにエオスは彼を奥の部屋に寝かせて、扉を堅く閉ざし、声だけが部屋の外まで聞こえ続け、やがて彼を蝉に変じたという。この二人の間にはメムノンとエマティオンという息子があり、それぞれエティオピアとアラビアの王となった。メムノンはエティオピア兵を率いてトロイアの援軍として参戦し、活躍したが、アキレウスに殺された。これを知ったエオスは、怒りと悲しみのあまり、陽を昇らせることを忘れたという。エオスはメムノンを不死にすることをゼウスに願い、その遺骸を抱いてエティオピアに運び、そこで葬儀を行った。エオスの涙は、朝露となり、メムノンを焼く火の中からメムノニスという鳥が飛びたったという（オウィディウス『変身物語』13.576）。ローマの曙の女神アウロラ†と同一視され、転じてオーロラの語源となった。

キーワード：自然、曙、呪い、擬人化

参考文献：高津『ギリシア・ローマ神話辞典』67 頁；松村他編『神の文化史事典』130 頁；マルタン『ギリシア・ローマ神話文化事典』54 頁.

⇒ウシャス

エキドナ　Echidna　Ἔχιδνα

名前の意味・神格・属性：「毒蛇、蝮」の意。怪物。

概要：上半身は美しいニンフ†の姿で、下半身はまだらのある大蛇の怪物。様々な怪物の母。クリュサオルとオケアノスの娘カリロエの子、もしくは、ポリュキスとケトの子とする伝承や（『神統記』290 以下）、タルタロスとガイア†の娘とする説（アポロドロス『ギリシア神話』2.1.2）などがある。

　ヘシオドスによると、エキドナは大地の奥の洞窟に棲み、肩から百の蛇が生えた巨大な怪物テュポンとのあいだに数多くの「頑なな心を持つ」怪物、すなわち、三身一体の怪物ゲリュオン（エキドナの兄弟）の牧犬の双頭のオルトス、地獄の番犬で五十の首を持つケルベロス、レルナ湖の九つの首を持つ猛毒のヒュドラを生み、いずれもヘラクレスの 12 功業の中で退治された。さらに、エキドナ（あるいはヒュドラ）はキマイラを生み、キマイラは双頭の犬オルトスとの間にスピンクス、ネメアのライオンを生んだという。キマイラはライオンの頭と山羊の胴体、蛇の尾を持つ怪物で、ペガソスに乗ったベレロポン（コリントスの英雄）に退治された。また、ネメアのライオンは、ヘラクレスの 12 功業のうちの最初の敵であり、倒された後は、ヘラクレスがトレードマークとして身につけた獅子皮になった。ヘシオドス（『神統記』305）では、不老不死と詠われたが、アポロドロス（『ギリシア神話』2.1.2）によると、百目のアルゴスに眠っていたところを殺されたという。

キーワード：怪物の母、蛇

参考文献：高津『ギリシア・ローマ神話辞典』67 頁.

エリス Eris Ἔρις
名前の意味・神格・属性：「争い」の意。不和、争いの擬人化。
概要： 夜の女神ニュクス†の娘。ホメロス（『イリアス』4.441）では軍神アレスの姉妹（兵(つわもの)殺しのアレスの妹）。その場合は、ゼウスとヘラ†の娘。図像では有翼の女性として表される。ローマではディスコルディアと呼ばれた。ペレウスとテティス†の婚礼の際に、あらゆる神々が招待されている中で、自分だけが呼ばれなかったことに腹を立て、招かれざる客としてやってきて「最も美しい者へ」とかかれた黄金の林檎をその宴席に投げ込んだ。トロイア戦争を引き起こすことになる「不和の林檎」である。この林檎をめぐって、自分こそが最も美しいとヘラ、アテナ†、アプロディテ†の三女神が主張して決着がつかなかったので、女神たちはゼウスの勧めに従って、イデ山で羊飼いをしていたトロイアの王子パリスのもとへゆき、判定をゆだね、その結果として、トロイア戦争がはじまった（「パリスの審判」）。トロイア戦争では、軍神アレスと共に戦車に並んで乗り、血なまぐさい光景を見ては喜び、すさまじい雄叫びをあげては、兵士の士気を高め、戦いを煽った（ホメロス『イリアス』4.445 ほか）。ヘシオドスはニュクス（夜）から生まれた子とし、アパテ（欺瞞）、ピロテス（愛欲）、ゲラス（老い）の兄弟姉妹とし、ポノス（労苦）、レテ（忘却）、リモス（飢餓）、アルゴス（悲歎）、ヒュスミネ（戦闘）、マケ（戦争）、ポノス（殺害）、アンドロクタシア（殺人）、ネイコス（紛争）、プセウドス（虚言）、ロゴス（空言）、アンピロギア（口争い）、デュスノミア（不法）、アテ†（破滅）、ホルコス（誓い、わざと偽りの誓いを立てること）を生んだと語っている（『神統記』226 以下）。また、ヘシオドスは『労働と日』（12 以下）の中で、エリスには二種類あるとして、一つは戦いと抗争を引き起こす咎（とが）むべきもの、もう一つは漆黒のニュクス（夜）が長女として生んだもので、ゼウスによって人間にとって益のあるもの、人に向上心や、働く気をおこさせるものとしている。アイソポス（イソップ）寓話（129）には、アテナがヘラクレスに「敵愾心や争い、すなわちエリスは相手にならずに放っておけば元のままだが、揉み合うほどに増大する」と忠告する話がある。
キーワード： 争い、不和
参考文献： 高津『ギリシア・ローマ神話辞典』71 頁；マルタン『ギリシア・ローマ神話文化事典』56 頁．

エリニュス（エリーニュス） Erīnys Ἐρινύς［複数形　エリニュエス］
名前の意味・神格・属性：「報復するもの、追跡するもの」の意。正義と復讐の擬人神。
概要： 正義と復讐の女神たち。ゼウスの父クロノス（時の神）が父ウラノス（天空）の男根を切り落とした際に、母神である大地（ガイア†）に滴った精液と血から、ギガス（巨人族）やメリア（ニンフ†たち）と共に誕生した（『神統記』178 以下）。

アイスキュロスはエリニュスたちをニュクス†（夜）から生まれたと伝える（『エウメニデス』321）。彼女たちはオュリンポスの神々による世界支配の確立以前から存在した古いティタン神族に属し、それゆえオリュンポスの神々は彼女たちを容易に制御することはできなかった。もともとは不特定多数と考えられたが、やがてアレクト（休まぬ者）、ティシポネ（殺戮の復讐者）、メガイラ（嫉む者）の三女神とされるようになった。頭髪や体に無数の蛇が絡みつき、翼をそなえた姿で表され、冥府の暗闇エレボスに棲む。松明と鞭を手に、猟犬が獲物を駆り立てるように、罪人を追い立てて責めさいなみ続け、しばしば狂気に陥らせた。秩序、社会の掟、部族、血縁関係の掟における正義を象徴し、これにそむく犯罪、特に親殺しや肉親に対する罪に厳しい罰を与える「復讐の女神」であった。罪人がそれを償い、正当な権威によって容赦されるまで罪を糾弾し続けた。最も顕著な例はアイスキュロスの悲劇『オレスティア』三部作（前 458 年初上演）である。ミュケナイの王子オレステスは、父であるミュケナイ王アガメムノンを殺した母クリュタイムネストラを殺害し、父の仇を討った。これにより

母親殺しの重罪を犯したオレステスは、エリニュスたちに取り憑かれ、ついには呪いによって狂気に陥る。正義の神アポロンは、聖地デルポイでオレステスを庇護したが、エリニュスたちはオレステスにまとわりついて彼を糾弾しつづけ、アテナイのアレイオス・パゴス（アレスの丘）で裁判を受けるようにと追い詰める。アテナ[†]の裁きによって、オレステスの無罪が認められると、エリニュスたちは不服だったが、アテナイの慈しみの女神たち（エウメニデス[†]）となるようにと説得され、和解したという。本質的には、復讐者というより、秩序の守り手とみなされ「もし太陽が軌道を外れたら、エリニュスたちがそれを直すだろう」というイオニアの自然哲学者ヘラクレイトスの言葉がある（断片94）。ローマ神話ではフリアエ[†]、ディラエ、エリニュスと呼ばれた。恐るべき女神たちであり、本当の名を口にすることははばかられたので、エウメニデス（慈しみの女神たち）と呼ばれていた。

キーワード：冥界、地下、復讐
参考文献：高津『ギリシア・ローマ神話辞典』72頁；松村他編『神の文化史事典』136頁；マルタン『ギリシア・ローマ神話文化事典』56頁.

オケアニデス　Okeanides　Ὠκεανίδες ⇒ ニンフ

オプス　Ops
名前の意味・神格・属性：ラテン語で「豊か」の意。ローマ神話の豊穣と収穫の女神。
概要：豊穣と大地の女神で、農耕、収穫の守護女神。ローマ神話のサトゥルヌス（ギリシア神話のクロノス）の妻で、ギリシア神話のレア[†]と同一視された。ウラノス（カエルス）の娘であり、サトゥルヌスとの間にユピテル、ネプトゥヌス、プルトン、ユノ[†]、ケレス[†]、ウェスタ[†]が生まれた（ローマではオプスではなく、複数形のオピスと表記された）。コインや彫像では、王笏や豊穣の角（コルヌコピア）を手にした姿で表される。

オプスを祀った神殿がカピトリウムにあり、8月と12月に祭礼（オパリア祭）が行われた。農耕の女神として、穀物の守護神コンスス（地下に貯蔵された穀物の神）とも関わりが深く、8月25日にオピコンシウィアという祭礼がレギアで行われた。コンススはサトゥルヌスの別名であったと考えられる。

キーワード：豊穣女神、農耕、大地母神
参考文献：高津『ギリシア・ローマ神話辞典』88頁；デュメジル『ローマの祭』84頁以下.

ガイア（ゲー）　Gaia　Γαῖα（Ge　Γῆ）
名前の意味・神格・属性：「大地」の意。大地の母。
概要：大地の擬人化。ギリシア神話の創成に関わる原初の女神。万物の母であり大地と全世界を生んだ。ギリシア美術では、大地から上半身だけを出した姿で表された。ローマ神話のテルス（大地）と同一視される。万物の神であるガイアは、ギリシア各地で崇拝され、あらゆる事柄に対する誓願の神であり、予言の神でもあった。

ヘシオドス（『神統記』117以下）によれば、まず原初にカオス（混沌）が生成され、これに続いてガイア（大地）が、タルタロス（奈落）、エロス（愛）と共に生じた。ガイアは一人で天空神ウラノス、山、海を生み、こ

《パンの神話》ドッシ、J.P.ゲッティ美術館、中央の女性がガイアであるという解釈がある。

の世に空と海、平地と山を出現させた。ガイアは次に、息子の天空ウラノスとのあいだに12のティタン神族(オケアノス、コイオス、クロノス、レア†、テミス†、ムネモシュネ、テテュス†など)、一つ目の怪物巨人キュクロプス、ヘカトンケイル(50の首と100本の腕を持つ巨人)たちを生んだ。だが、夫ウラノスは、キュクロプスとヘカトンケイルたちを嫌い、地底深くに閉じこめ、ガイアは幽閉された子供たちを救うため、末子クロノスに復讐を依頼し、クロノスは鋼鉄の大鎌でウラノスの男根を切り落とした。その時流れたウラノスの血が大地(ガイア)に染み、復讐の女神エリニュスたちとギガス(巨人族)、メリアス(トネリコの木の精、槍に使われた木材)が生まれた。

やがてクロノスは、姉妹のレアと結婚するが、子供に権力の座を奪われるのを恐れ、生まれた赤ん坊を次々と呑み込んでしまう。そこでレアは夫に隠れ、末子ゼウスをクレタ島の洞窟で密かに生み、成長したゼウスは、祖母にあたるガイアの助言に従って、父クロノスを倒し、呑み込まれていた兄姉たち(オリュンポスの神々、ハデス、ポセイドン、ヘラ†、デメテル†など)を父の身体から救出した。その後、クロノスとその兄弟ティタン神族たちと、ゼウスらオリュンポス神たちとのあいだで戦争が始まるが(ティタノマキア『神統記』617以下)、戦いが膠着状態に陥った時、ガイアはゼウスに助言し、タルタロスに閉じ込められていたヘカトンケイルやキュクロプスたちを解放し、味方につけることを勧めた。これによりゼウスたちはティタン神族を破り、天界の支配者となった。しかし、ガイアは、オリュンポスの神々が、敗北したティタン神族をタルタロスに幽閉したことに腹を立て、ガイアの子供達であるギガス(巨人)たちを送り、神々と戦わせた(ギガントマキア、巨人族の戦い、アポロドロス『ギリシア神話』1.6.1以下)。再び長く激しい戦いが始まったが、屈強のギガスたちは、母なる大地(ガイア)から身体が離れると死ぬという弱点を持ち、身体が大地に接しているあいだだけは無敵であった。やがて、オリュンポスの神々が、ギガンテスを倒し、戦争に勝つと、ガイアは、タルタロスと交わり、百の竜の頭と毒蛇の足を持つテュポンを生み、再びゼウスを倒そうとした(『神統記』820以下)。ゼウスは、ガイアの末子にして最強の怪物と言われたテュポンと、世界を焼き尽くすほどの死闘を繰り広げたが、ついに雷を投げつけ、エトナ火山の下敷きにしてこの怪物をタルタロスに投げ込んだ。そして、この戦いを最後に、ガイアも最高神ゼウスによる神々の世界の統治を認めるようになったという。

とりわけヘシオドスが詳述している、子や孫たちをかわるがわる溺愛しては、絶え間ない諍いを引き起こし、次々と新しい生命を生み落としていくガイアの姿は、母性に対する原初的な畏怖を強調した神格であり、孫のゼウスは、これを制圧する新しい神々の父として対置されている。ガイアが生み出した神々や怪物はほかにも無数にあり、ガイアの存在は、すべてを生み出す万物の母であり、アイスキュロスが「養い育てたうえは、またふたたび種子をお納めになる大地」(『供養する女たち』127)と詠ったように、あらゆる生命を生み育て、やがてすべてを死滅させる大地の力そのものであった。それゆえキュベレ†、デメテルなどほかの大地母神と混同されることも多く、ギリシア世界で広く崇拝された。

キーワード:大地母神、豊穣女神、擬人化
参考文献:高津『ギリシア・ローマ神話辞典』94頁;松村他編『神の文化史事典』167頁;藤縄『ギリシア神話の世界観』78頁以下;マルタン『ギリシア・ローマ神話文化事典』81頁.
⇒ブーミ、プリトヴィー

ガラテイア Galatea Γαλάτεια

名前の意味・神格・属性:「乳白色の女」の意。海のニンフ†、ナイアデス。

概要:海の老人ネレウスとドリスの娘、ネレイデス†(海のニンフ)の一人。オウィディウス(『変身物語』13巻)によると、シチリアのニンフ、ガラテイアは、一つ目の巨人キュクロプスのポリュフェモスに求愛されたが、その外見を恐れてこれを拒んだ。ポリュ

フェモスは、ガラテイアが恋人の牧人アキスといるところを見て怒り、アキスに岩を投げつけて殺した。ガラテイアは悲しみ、アキスから流れた血を水に変え、彼をエトナ山の近くを流れる川（アキス川）にした。美しいガラテイアに対する怪物ポリュフェモスの報われない恋物語は古来より人気があり、多くの美術品や文学、音楽の題材となった（ラファエロ《ガラテアの勝利》1511年など）。このほか、アッピアノス（2世紀のローマの歴史家）の『イリュリア戦争』（1.2）では、ガラテイアがポリュフェモスと結ばれ、二人の間に生まれた子供たちがそれぞれガリア人、イリュリア人、ガラテイア人の先祖になったという伝承を伝えている。

キーワード：怪物、変身
参考文献：高津『ギリシア・ローマ神話辞典』100頁；マルタン『ギリシア・ローマ神話文化事典』86頁.

カリス　Charis　Χάρις［複数形　カリテス　Charites　Χάριτες］
名前の意味・神格・属性：「優美」の意。美と優美の女神。
概要：美しさと優美、典雅を擬人化した女神。ローマではグラティアと呼ばれ、英語のグレース（優美）の語源となった。ゼウスとエウリュノメ†（オケアノスの娘）の娘と言われるが、ゼウスとヘラ†、あるいはゼウスとエウノミア（秩序の擬人神）を両親とする伝承もある。詩歌や美術の主題として好まれ、図像では三人の若く美しい女神（三美神）が輪になった姿で描かれることが多い。しかし、カリスたちの数は不特定多数であり、名前もヘシオドス（『神統記』907以下）によれば、アグライア（輝く女）、エウプロシュネ（喜び）、タレイア（花の盛り）の三人の名が挙げられているが、パウサニアス（『ギリシア案内記』9.35.以下）によると、アテナイではアウクソ（成長させる女）、ヘゲモネ（統べる女）、スパルタでは、クレタ（呼ばれる女）とパエンナ（輝く女）がカリスとして崇拝されていたという。このほか、カレ（美女）、パシテア（万物の女神）などが知られ、

説得の擬人神ペイトも、カリスの一人とみなされることもある。彼女たちは、オリュンポスの山頂に住み、神々と共に暮らし、宴席で詩歌をうたったり、踊ったりする。伝承にもしばしば登場するが、彼女たちを主人公とする神話はほとんど伝えられていない。ホメロスは『イリアス』（18.382）で、カリスをヘパイストスの妻としているが、いずれのカリスかは言及していない。ヘシオドス（『神統記』945）はカリスの一人アグライアをヘパイストスの妻とし、『オデュッセイア』では、アプロディテ†がヘパイストスの妻となっている。また、カリスの中で最も若いパシテアは、ヒュプノス（眠り）の妻であり、『イリアス』（14.268）に、ヒュプノスはゼウスを眠らせた褒美としてヘラからパシテアを与えられた、と語られている。

キーワード：美神、優美、三神群、擬人化
参考文献：高津『ギリシア・ローマ神話辞典』100頁；マルタン『ギリシア・ローマ神話文化事典』86頁.

カリスト（カリストー）　Kallisto（Callisto）Καλλιστώ
名前の意味・神格・属性：「最も美しい」の意。ニンフ†、妖精、恋人。
概要：アルカディア地方のニンフ。アルカディアの王リュカオンの娘。アルテミス†を崇拝し、処女の誓いを立て、アルテミスに付き従って山野で狩りをしていたが、ある時ゼウスが彼女を見初め、アルテミスに変装して近づき、彼女を身ごもらせた。沐浴時に、カリストが身重になっている姿を見て、妊娠していることを知ったアルテミスは、処女の誓いを破った彼女を矢で射殺したとも、ゼウスがヘラ†の嫉妬から免れさせるために彼女を熊に変身させ、ヘラがアルテミスに依頼して彼女を殺させたとも言われる。カリストが殺された時、ゼウスは残された赤児をアルカスと名付け、マイア†に託し、死んだカリストは天空の星に変え、アルクトス（熊）と名付けたという（アポロドロス『ギリシア神話』3.8.2）。

この話には、ほかにも様々な異説があり、

オウィディウスでは（『変身物語』2.401 以下）、嫉妬したヘラがカリストの髪を摑んで熊に変身させ、熊になったカリストは森をさまよい、やがて成長した息子のアルカスに出会う。アルカスは近寄ってくる熊の正体を母とは知らず、熊を槍で殺そうとするが、ゼウスがこれを知って憐れみ、風を送って二人を天空に昇らせ、大熊座と子熊座にしたという。さらにこれを聞いたヘラが、海神オケアノスとテテュス†のもとを訪れ、この二つの星座が決して、海に沈んで休むことが決してないよう、北極星の周りを永遠に回り続けるようにしたと言われている。

キーワード：罰、処女性、妊娠、変身、熊、星座
参考文献：高津『ギリシア・ローマ神話辞典』100 頁；松村他編『神の文化史事典』180 頁；マルタン『ギリシア・ローマ神話文化事典』86 頁.

カリュプソ（カリュプソー） Calypso Καλυψώ

名前の意味・神格・属性：「隠す者」の意。ニンフ†、海の女神。

概要：天空を支える巨神アトラスの娘。一方、ヘシオドス（『神統記』359）によれば、オケアノスとテテュス†の娘、アポロドロス（『ギリシア神話』1.2.7）では、ネレウスの娘、ネレイデス†の一人とされている。オデュッセウスと一緒に暮らしたニンフ、海の女神。

『オデュッセイア』（1.14,5.13 以下）によると、彼女は地中海西部の絶海の孤島、オギュギア島の洞窟に住み、機を織って暮らしていた。そこへトロイア戦争のあと、故郷のイタカ島へ帰る途中で遭難した英雄オデュッセウスが漂着した。カリュプソはオデュッセウスを歓待し、7 年間共に暮らし、永遠の若さと不死を与えるから自分の夫になってほしいといって彼を引き留めた。だが、オリュンポスの神々は、オデュッセウスが定められた運命に従って故郷に帰還できるように取り計らい、伝令神ヘルメスを送ったため、カリュプソはやむなくこれに従った。そしてオデュッセウスに青銅の大斧や錐などを与え、筏を作るのを手伝い、沢山の葡萄酒と水、食料を与え、出発の日には順風を送り、彼を見送った。ヘシオドス（『神統記』1017 以下）では、オデュッセウスとのあいだに、二人の息子ナウシトオスとナウシノオス（あるいはラティノス）を生んだとされる。

キーワード：海、英雄の恋人、不死、機織り
参考文献：久保『オデュッセイア 伝説と叙事詩』300 頁以下；高津『ギリシア・ローマ神話辞典』101 頁；松村他編『神の文化史事典』180 頁；マルタン『ギリシア・ローマ神話文化事典』88 頁.

カルナ Carna もしくは カルデア Cardea

名前の意味・神格・属性：ラテン語 caro（「肉体」の意）より派生か。ローマ神話の健康の女神、家庭の守護神。

概要：人間の健康を守護するローマ神話の女神。特に心臓、肺、肝臓といった重要な臓器の機能を守り、滋養を司る女神でもあった。カルナの祭礼はブルトゥスによって始められ、毎年 6 月に行われた（オウィディウス『祭暦』6.101 以下）。人々はその年の健康を祈念して、干し肉とソラ豆、スペルト麦のスープを奉納した。このスープは特に滋養があると考えられた。

オウィディウスはこの女神のことを、家庭の守護女神の女神カルデアという他の女神と混同して伝え、これによるとカルナは、テヴェレ河畔の森に住むニンフ†で、処女の誓いを立て、山野で狩りをして暮らしていた。ある時ヤヌス神（門や扉の守り神。前後に二つの顔を持つ）に求愛され、逃げようとしたが、ヤヌスは隠れている彼女を見つけて陵辱した。ヤヌスはその代償として、彼女に門の蝶番（ちょうつがい）と、魔力のある山査子（さんざし）の枝を与え、これによりカルデア（カルナ）は蝶番、ひいては家庭生活の守護女神となった。家の門の蝶番は、家庭生活の要と考えられていたからである。また山査子の枝は、寝ている乳幼児の血を吸うと言われた怪鳥から子供を守る力があると信じられていた。

キーワード：健康、家庭、子供

参考文献：高津『ギリシア・ローマ神話辞典』103頁；デュメジル『ローマの祭』255頁以下；マルタン『ギリシア・ローマ神話文化事典』88頁.

カルメンタ　Carmenta［複数形　カルメンティス Carmentis］

名前の意味・神格・属性：ラテン語のcarmen（「神託、呪文」の意）に由来。ローマ神話の出産の女神、子供の生育や運命に関する予言を司る女神、新しい技術の守護女神。

概要：ローマの出産と健康の女神。生まれた子供の生育や運命を司り、また、予言を行う。カメナエの一人。カメナエとはローマ神話における水の女神、もしくは水のニンフ†（ナイアス†）であり、時に予言をさずけ、ギリシア神話のムーサ†たち（ムーサイ）とも同一視される。

ヒュギヌス（『ギリシア神話集』277）によればカルメンタは、もともとギリシア、アルカディア地方のニンフであり、ヘルメスの子エウアンドロスを生み、子供を連れてローマに渡った。カルメンタの息子エウアンドロスは長じてパラティノスの丘にパランティウムという町を造り、ローマの建国に関わる英雄となった。カルメンタの本名はニコストラテだが、予言の力を持つことからカルメンタ（魔力のある言葉の意）と呼ばれるようになった。ギリシア文字を使って、ラテン文字を考案したと言われる。

ローマの町を囲む「セルウィウスの城壁」の南東にある市門は、「カルメンタの門」とよばれ、門外に神聖な森と泉があり、カルメンタはそこに祀られていた（ウェルギリウス『アエネイス』8.337以下）。カルメンタの祭礼である「カルメンタリア祭」では、ウェスタ†の巫女がその泉から儀礼用の水を汲んだ。祭は1月11日と15日に行われ、特に女性たちによって祝われた（オウィディウス『祭暦』1.461以下）。カルメンタの神域に、革の服を着て入ったり、皮革製品を持ち込む事は固く禁じられていた。またカルメンタにはいくつかの相があり、出産の時、新生児の頭の向きに応じて、前向き（Antevorta）、後ろ向き（Postverta）のカルメンタ――それぞれポリマ女神（前向き）、ポストウォルタ女神と呼ばれる――、カルメンタの巫女もこれに応じて、その子の運勢を占ったという。

キーワード：健康、出産、子供、予言

参考文献：高津『ギリシア・ローマ神話辞典』103頁.

キュベレ（キュベレー）　Cybele　Κυβέλη

名前の意味・神格・属性：フリュギアの大地母神クババに由来するという説がある。大地母神、豊穣の女神。

概要：キュベレは、小アジア、アナトリアの山岳地帯で崇拝されていたフリュギアの山の神、大地母神。権能は多岐にわたり、肥沃な大地や山野に生きるあらゆる動植物の繁殖を司る豊穣の女神にして、死と再生の神でもあった。ギリシア神話に組み込まれると、ゼウスの母にあたる大地母神レア†や、デメテル†と同一視され、しばしば「イダの神々の母」とよばれ、ローマでも「マグナ・マテル†（大いなる母）」として広く信奉された。その信仰は熱狂的な乱舞や秘儀を伴った。

小アジアから招来されたこの大女神に関する逸話はあまり多くないが、いずれもその両性具有性と恋人のアッティスに関連している。パウサニアス（『ギリシア案内記』7.17.10以下）が、フリュギアの伝承として伝えるところによると、ゼウスが寝ている間に大地に流れた精子から両性具有の子供が生まれ、神々がこれを恐れて、その子の男性器を切り落とし、子供は長じてキュベレ（アグディスティス）という女神になった。一方、切除された性器は地に落ちて、アーモンドの木となり、やがてそのアーモンドの実がフリュギアの河神サンガリオスの娘の身体に入り、男の子が生まれた。この子は生後まもなく、山中に棄てられ、羊によって育てられ、アッティスと呼ばれる美しい青年に成長した。

この青年を一目見たキュベレは恋に落ちたが、アッティスはフリュギアのペッシヌスの王の娘と結婚することになる。キュベレは嫉妬に駆られ、アッティスとペッシヌスの王を

ライオンのひく二頭立て馬車に乗るキュベレ、フランシスコ・グティエレスによるシベーレスの噴水の彫刻、マドリード

発狂させ、彼らは自ら去勢した。アッティスはそのために死に、その時に流された血はスミレになった。キュベレはこれを深く悲しみ、アッティスの遺体が腐らないように、ゼウスに頼んだという。アッティスの遺体は小指が動き、髪は伸び続け、やがて松の木(キュベレの神木)になったと言われている。また、キュベレはアッティスに恋をして、自分の神官にしたが、川のニンフ†のサガリティスと交わったため、キュベレはアッティスに呪いをかけ、アッティスは自ら去勢して死んだという。キュベレの若い愛人アッティスは、アプロディテ†の愛人アドニスと同様に、植物の枯死と再生を表象した神と考えられる。

キュベレの祭儀は宗教的熱狂(オルギア)を伴うカルト的なもので、春分の日の頃に、キュベレの従者コリュバスたち(あるいはガッライともいう)が、武器を打ち鳴らしたり、太鼓やシンバルでけたたましい音楽を奏で、酒を飲み、激しい踊りを行い、宗教的陶酔の中で、アッティスに倣って、自ら去勢したり、牡牛を生け贄にし、その血を浴びた。その狂乱を伴う祭礼は葡萄酒と演劇の神であるディオニュソスの祭儀にも関連づけられる。

前3世紀末、キュベレ信仰がローマにもたらされ、キュベレはローマ神話の大女神マグナ・マテル、ボナ・デアと同一視された。この時期、ローマは第二次ポエニ戦争中であり「シビュレの書」にはペッシヌスのキュベレに関する予言の言葉があり、マグナ・マテルをローマに招けば敵を退けることができると

あったため、大スキピオはキュベレの象徴である大きな黒い石をローマに運ばせ、パラティヌスの丘に神殿を建てた。キュベレの祭礼は当初、禁じられたが、やがてローマにもこの狂気の祭儀が紹介された。キュベレは頭に城壁をかたどった冠をかぶり、片手にタンバリンを持ち、ライオンを従えた座像や、ライオンが牽く戦車に乗った姿で表される。

キーワード:豊穣女神、大地母神、去勢、死と再生、泣く

参考文献:小川『ローマ帝国の神々』85頁以下;高津『ギリシア・ローマ神話辞典』109頁;フェルマースレン『キュベレとアッティス』;マルタン『ギリシア・ローマ神話文化事典』94頁.

⇒キュベレ(メソポタミア)

キルケ(キルケー) Circe Κίρκη

名前の意味・神格・属性:kirkos(鷲、鷹などの猛禽を示す)に由来。魔女。

概要:太陽神ヘリオスとティタン神族のペルセイス(オケアノスの娘)の娘。コルキス王アイエテス(王女メデイア†の父)や、クレタ王ミノスの妻パシパエ†(ミノタウロスの母)の姉妹に当たる。伝説の島アイアイエ島に住む魔女、女神。魔法の薬草によって人を自在に変身させる。オデュッセウスとその部下たちはトロイア戦争の後、故郷のイタカへ戻る途中、嵐に遭い、この島に漂着する(『オデュッセイア』第10歌)。その宮殿のまわりには、キルケの魔法によって動物の姿に変えられた人間が沢山いた。オデュッセウスが部下たちを宮殿に遣わすと皆、薬草の入った酒によって、豚に変えられてしまった。一人難を逃れた部下のエウリュロコスが船に戻ってオデュッセウスにこのことを告げると、オデュッセウスは仲間の救出のため宮殿に向かう。オデュッセウスはヘルメスから、キルケの魔術から身を守るための助言と薬草モリュ(大蒜、黄花の行者大蒜)をもらい、仲間を助け、人間の姿に戻らせた。キルケは自分の魔法に屈しなかったオデュッセウスを歓待し、オデュッセウスは、部下たちと共にここに一年間留まった。キルケとの間にはテレゴ

ノスという息子が生まれた。やがて、オデュッセウスが旅立つ時、キルケは帰国のためにハデス（冥界）に行って死者の霊に会うことを勧め、歌声を聞くと死ぬという魔物セイレンから身を守る術も教えた。なお、ヘシオドス（『神統記』1011以下）では、キルケはオデュッセウスとのあいだに、テレゴノスのほか、アグリオスとラティヌスという子供を生み、子供たちは長じて、はるか遠くのテュルセノス人（エトルリア人）を治めたと語られる。

また、キルケは、海神グラウコスをめぐる恋の恨みから、美しいニンフ†のスキュラを毒薬で怪物の姿に変え、サトゥルヌスの息子でラティウムの王であったピクスに恋をして、拒まれたため、彼をキツツキに変えたという（オウィディウス『変身物語』14.40以下）。

キーワード：魔術、変身、薬（薬草）、英雄の恋人
参考文献：高津『ギリシア・ローマ神話辞典』110頁；松村他編『神の文化史事典』193頁；マルタン『ギリシア・ローマ神話文化事典』95頁.

ケル（ケール） Ker Κήρ［複数形 ケレス Κῆρες Keres］

名前の意味・神格・属性：「死霊」の意。死をもたらす悪霊、死の女神。

概要：死の女神、死霊、死の擬人化。特に暴力による死、戦場での死、事故や殺人、疫病による死を司る。ヘシオドス（『神統記』211以下）によれば、夜の女神ニュクス†が男性を介さずに一人で生み落とした子供の一人であり、モロス（死の定め）、タナトス（死）、ヒュプノス（眠り）、オネイロス（夢）、モモス（非難）、オイジェス（苦悩）と共に誕生した。また、モイラ†たち（運命）とも姉妹関係。ほかにニュクスとエレボス（暗黒）を両親に持つとする伝承もある。ケルたち（ケレス）は無数に存在し、巨大な爪を持ち、大群をなして戦場にあらわれ、恐ろしい眼と金切り声で、死体やまだ息のある者の両足を掴んで引きずり、衣を血に染め、歯を鳴らしながら、死体の取り合いをして、死者の黒い血をむさぼり飲む（伝ヘシオドス『ヘラクレスの楯』156-159、250-258、ホメロス『イリアス』18.535以下）。

死の運命、命運そのものを示す言葉としても使用され、『イリアス』（8.70）では、ゼウスがギリシア側とトロイア側両軍の運命を黄金の秤にかける描写にも登場し、また、アキレウスが、母テティス†から、彼を死に導く運命には二つあると言われ、一つは不朽の名誉を得るが短命に終わるもの、もう一つは故郷に帰り、栄誉は得られぬが長い命を得られるものと言われた、と語るくだりに見いだされる（9.411）。

キーワード：死、運命、悪霊、擬人化
参考文献：高津『ギリシア・ローマ神話辞典』122頁.

ケレス（ケレース） Ceres

名前の意味・神格・属性：「豊穣」の意。ローマ神話の収穫・豊穣の女神、大地母神。

概要：古代ローマで崇拝された豊穣の女神。草木の育成、穀物の収穫を司る。農耕神サトゥルヌスとオプス†の娘で、ユピテル（ゼウス）との間にプロセルピナ†（ペルセポネ†）を生んだ。大地母神テルス・マテルと共に祀られ、ギリシア神話のデメテル†と同一視された。ローマ神話におけるエピソードも、ほとんどがデメテルのものと重複し、古代ギリシアの植民都市があったシチリアや南イタリア（マグナ・グラエキア）で普及した。

ケレスは、前5世紀初頭に飢饉があった時、「シビュレの書」の啓示により、リベル、リベラと共にアウェンティヌスの丘に祀られ、神殿が建てられた（前493年）。これら三神は、「アウェンティヌス丘の三神群」として崇拝され、ギリシア神話のデメテル、イアッコス（デメテルとゼウスの息子、もしくはディオニュソス）、ペルセポネのトリオと同一視され、これにより、デメテル信仰がローマに広がった。アウェンティヌスの神域は平民の拠点でもあり、ケレスは平民の守護神とされた。ケレスの祭礼であるケレアリア祭は、4月中旬に8日間にわたって行われ、ケレス

と共に大地母神テルス・マテルに捧げられた。ケレスは穀物や植物、大地の豊穣を司ると共に、冥界を司る地下の女神でもあり、死者が出た家では、ケレスに犠牲を捧げることによって、死を浄められた。

キーワード：豊穣女神、穀物、冥界、地下、大地母神

参考文献：高津『ギリシア・ローマ神話辞典』124頁；松村他編『神の文化史事典』228頁；マルタン『ギリシア・ローマ神話文化事典』100頁．

ゴルゴン（ゴルゴーン）Gorgon Γοργών

名前の意味・神格・属性：「恐ろしいもの」の意。魔物のうなり声の擬音語に由来。魔除け。

概要：ポルキュス（海の神）とケト（海の怪物）の娘たち。三人姉妹で、それぞれの名をステンノ（強い女）、エウリュアレ（遠く飛ぶ女）、メドゥサ（女王）という。ポルキュスとケトは、ポントス（海の神）とガイア†（大地の女神）から生まれた兄妹であり、二人の間にはゴルゴン三姉妹のほかに、グライアイ（老女たち）の三姉妹やスキュラ、セイレンなどの怪物が誕生した（『神統記』270以下）。

ゴルゴンの三姉妹はオケアノスの彼方、西方の世界の果てにあるという洞窟に暮らし、髪の毛は無数の生きた蛇、猪の牙に青銅の手、黄金の翼を持つ恐ろしい姿をしていた。彼女たちの目を見た者は、すべて石になった。ステンノとエウリュアレは不死身であったが、メドゥサだけは死すべき身だった。オウィディウス（『変身物語』4.800以下）によると、メドゥサはかつて美しい女性であったが、アテナ†の神域で、海神ポセイドンと交わったため、アテナが罰としてメドゥサを醜く変じたという。

ゼウスがダナエ†に生ませた子ペルセウスは、母とセリフォス島に流れ着いたが、母ダナエを妻にと望んでいたセリフォス島の王ポリュデクテスに疎まれ、王の命によってゴルゴンの首を取りに行くという危険な旅に出ることになる。ペルセウスは、アテナやニンフ†、ヘルメスに助けられながら、オケアノスの彼方にあるメドゥサ（ゴルゴン）の居場所を突

ディディマ遺跡のアポロ神殿にあるメドゥサの頭の彫刻。

き止め、その目を見ないように、青銅の盾にその姿を映し、顔を背けながら、その首を鎌で切り落とした。切られたメドゥサの首からは、血と共に、有翼の馬ペガソスとクリュオサルが誕生した。ペルセウスは、切り落としたメドゥサの頭部を袋に入れて、セリフォス島に戻り、この危険な旅を命じた王ポリュデクテスにメドゥサの頭を見せた。それを見た王はそのまま石になって死に、復讐を果たしたペルセウスは母を救出し、ゴルゴンの頭をアテナに捧げ、アテナはこれを自分の盾アイギスに付け魔除けにしたという。

このことから、ゴルゴン（メドゥサ）の頭、ゴルゴネイオンは、災いを撥ね返す力を持つ強力なエンブレム（アポトロパイオン）となり、護符にされたり、盾などの武器や馬具、建物の軒飾り、陶器にも用いられ、古代ギリシア世界の随所で見られるようになった。ゴルゴネイオンは、真正面を向き、大きく見開いた眼、蛇が無数に生えた頭髪、あぐらをかいた鼻、髭や牙が生え、真っ赤な舌を出した大きな口を特徴とする鬼の面のような形相であり、しばしばメソポタミアの神話に登場、その恐ろしい顔が魔除けに使われたフンババとの結び付きが指摘される。紀元前5世紀中頃になると次第に、グロテスクなゴルゴネイオンの表現は影を潜め、美しい顔を持つ女性として表されるようになった。なお、アポロドロス（『ギリシア神話』2.4.3）は、ゴルゴンたちがその美しさをアテナと競おうとした

ために首を断たれたという伝承を伝える。
キーワード：怪物、邪視、避邪、魔除け、三相女神
参考文献：高津『ギリシア・ローマ神話辞典』127頁；松村他編『神の文化史事典』239頁；マルタン『ギリシア・ローマ神話文化事典』102頁.

コレ（コレー） Kore Κόρη ⇒ペルセポネ

シビュラ Sibylla Σίβυλλα
名前の意味・神格・属性：女予言者、巫女。語源不明。予言者、神託を授ける。
概要：シビュラは元々、アポロンの神託を告げる若い巫女の名前であったが、転じて、予言や神託を行う巫女全般を指すようになった。シビュラは、ギリシア、トルコ、イタリア、北アフリカなど地中海沿岸の各地に何人か存在し、伝承では四人、十人、中世には十二人いるとされた。最初のシビュラに関しては諸説あり、パウサニアス（『ギリシア案内記』10.12.1）は、ゼウスと、ポセイドンの娘ラミアとの間に生まれ、リビアのゼウス・アモン神殿の巫女をしていた「リビアのシビュラ」を最古としている。また、他の伝承で最古とされる「デルポイのシビュラ」は、パルナッソス山中にあるデルポイのアポロンの聖域で神託を下す巫女たちであった。デルポイの神託といえば、神域にある大地の裂け目から噴出するガスによって、神懸かり（トランス）状態となって神託を下すというアポロンの巫女ピュティアが広く知られ、「デルポイのシビュラ」とも混同されるが、両者は別の存在である。

最も有名なのは、「クマエ（キュメ）のシビュラ」である。クマエはイタリア、カンパニア地方にある古代ギリシア人の植民都市で、この地のシビュラは、アポロンの神託を伝える巫女であった。オウィディウス（『変身物語』14.130以下）によると、彼女は若い頃、アポロンの愛を受け入れる代わりに、望みのものを与えると言われ、手で摑めるだけ砂粒と同じ年数を生きることを望んだ。しかし、死ぬまで若くあることを願うのを忘れたうえに、アポロンの花嫁になることも拒んだため、ひたすらに老い続けながら、千年ものあいだ生き永らえる定めとなった。シビュラは年を経るごとに身体が縮んでいき、最後にはしわがれ声だけが響く蟬になり、クマエのアポロン神殿の篭にいれて吊され、死を願っていたという。「エリュトライ（小アジアのリュディア）のシビュラ」は、このクマエのシビュラと同一とされる。彼女はアイネイアスの冥府下りに同行し（ウェルギリウス『アエネイス』6）、「シビュレの書」をローマにもたらしたと語られる。この書はギリシアでソロンの時代（前6世紀）に、トロアス（トルコ、アナトリア半島北西部）のイダ山で「ヘレスポントスのシビュラ」によって記されたと言われ、ギリシア語のヘクサメトロス（六脚韻）で記されていた。「クマエのシビュラ」はこれを古代ローマの王タルクィニウスに売ろうとしたが、王があまりの高価さに取り合わなかったところ、シビュラは全9巻のうち3巻を焼き、残りの6巻を同じ金額で王に売るといった。王がこれをも拒むとシビュラはさらに3巻を火にくべ、残りの3巻を王に同額で売ろうとした。王はようやくこの3巻を9巻分の値段で購入したという。この書には地震や天変地異、疫病などの危機に際し、神々の怒りを解く方法や儀式のやりかたなどが記されていたと言われ、カピトリヌス丘のユピテル神殿に納められ、元老院によって厳重に管理された。前83年の神殿火災で焼失したが、近似する内容の書を各地からあつめて新たな「シビュレの書」が再編された。アウグストゥスは前12年、この書をパラティヌスの丘のアポロン神殿に移し、紀元408年にスティリコ（ローマ帝国末期の軍人）が焼き払うまでそこに存在したという。

ヨーロッパでは中世以降、シビュラはキリストの誕生を予言した存在として、キリスト教社会に受け入れられ、ミケランジェロがバチカンのシスティナ礼拝堂の天井画（1508-1512）に描いた五人のシビュラなど、文芸作品の題材にも取り上げられた。
キーワード：神託、予言
参考文献：小川『ローマ帝国の神々』25頁

以下：高津『ギリシア・ローマ神話辞典』133頁；松村他編『神の文化史事典』259頁；マルタン『ギリシア・ローマ神話文化事典』107頁.

ステュクス Styx Στύξ
名前の意味・神格・属性：「忌むべきもの、憎しみ」の意。死者の川の女神。
概要：冥界を流れる死者の川。誓いの川とも呼ばれる。冥界を九重に囲み、険しい岩場を流れ、この世とあの世をへだてている。ヘシオドス（『神統記』360以下、および775以下）によると、ステュクスは、大洋神オケアノスとその妻テテュス†の娘であり、オケアノスの娘たち（オケアニデス†、数千人いるという泉や地下水の女神たち）の中で最も畏れられた。オケアノスの水の十分の一がステュクスに注ぎ、ステュクスはさらに、レテ（忘却の川）、コキュトス（悲歎の川）、アケロン（苦痛の川）、ピュリプレゲトン（火焔の川）などの支流に分かれている。

ステュクスは、ティタン神族のクレイオスの息子パラスの妻となり、ゼロス（栄光、競争心）、ニケ†（勝利）、クラトス（威力、支配）、ビア（暴力）を生んだ。彼らは常にゼウスの館で暮らしているという。それは、ゼウスがティタン神族と戦った時、ステュクスがティタン神族の一員であるにもかかわらず、オケアノスの助言に従い、子供を連れて、最初にゼウスの加勢をしたからである。ゼウスはこの功績に対する報いとして、オリュンポスの神々が誓いをする時は必ず、ステュクスにかけて誓願を立てるように定めた（『神統記』383以下）。神々は伝令の神イリス†に命じて、ステュクスの川の水を汲んでこさせ、この水の前で誓いを立てた。もし、その誓いを破った場合、誓願した者（神）は、1年間呼吸と飲食を禁じられて昏睡状態になり、後の9年間はオリュンポスから追放される定めとなっていた（『神統記』780以下）。

この川の水には毒があるとも、人を不死にするとも言われ、アキレウスの母テティス†は、アキレウスが幼いころ、息子を不死にするため、ステュクスの水に浸したという。この時、テティスはアキレウスのくるぶしを持ったので、彼の身体はアキレス腱以外は不死身となった。
キーワード：死、冥界、河川女神
参考文献：高津『ギリシア・ローマ神話辞典』138頁；マルタン『ギリシア・ローマ神話文化事典』112頁.

セメレ（セメレー）（またはテュオネ／テュオーネー） Semele Σεμέλη ／ Thyone Θυώνη
名前の意味・神格・属性：「冥界の女」の意。トラキア、フリュギア系の大地を意味する語「ゼムリア」に由来するという説もある。テュオネは「熱狂する女」の意。古くは大地の女神、ゼウスの恋人、ディオニュソスの母。
概要：テバイの王カドモスとその妻ハルモニアの娘。ゼウスの子、ディオニュソスの母。セメレという名は、トラキアやフリュギアのゼメロ（大地）という語に由来すると言われ、大地、あるいは地下、冥界の女という意味を持つ。アウトノエ、アガウエ、イノ†、ポリュドロス、イリュリオスの姉妹。

アポロドロス（『ギリシア神話』3.4.2以下）やオウィディウス（『変身物語』3.260以下）によると、セメレがゼウスの子を宿したことを知ったヘラ†は嫉妬し、セメレのかつての乳母ベロエの姿に身をやつして、身重のセメレのもとを訪ねた。乳母に化けたヘラは、セメレの身を案じた風に、相手の男性の身元を聞き、その男が、はたして本物のゼウスなのか、あるいは神の名を騙って女性をだましている男なのかをはっきりさせるため、次に彼に会う時は、妃ヘラの前にいる時と同じ本来の姿で自分を訪ねることを頼むようにと忠告する。乳母になりすましたヘラを信じたセメレは、望むものを何でも与えるとステュクスの川にかけて誓ったゼウスに対し、ヘラと交わる時と同じ姿で自分にも会うことを願った。ゼウスは、セメレの言葉を遮ろうとしたが、間に合わず、やむなく自らの誓いを果たすため、雷鳴と稲妻を伴った本来の姿でセメレを訪問し、セメレは雷に焼かれて死んでしまう。ゼウスは彼女の焼けた体から胎児を取

り出し、自らの太腿に縫い込んで育てた。そして三か月後、太腿からディオニュソスが誕生し、ゼウスはこの赤児をヘルメスに託し、ニュサの山で密かに育てた。長じてディオニュソスは神として敬われるようになり、母セメレを冥界から救い出し、ゼウスも天界に迎え入れ、彼女をテュオネ(「熱狂する女」の意)という名の女神にしたという(アポロドロス『ギリシア神話』3.5.3)。

キーワード：冥界、神の恋人、神の母
参考文献：ジャンメール『ディオニュソス』465 以下；高津『ギリシア・ローマ神話辞典』133 頁；松村他編『神の文化史事典』300 頁.

セレネ(セレーネー)　Selene　Σελήνη

名前の意味・神格・属性：「月」の意。月の女神。
概要：ヘシオドス(『神統記』371)によればティタン神族のヒュペリオンとテイアの娘。暁の女神エオス†、太陽神ヘリオスの姉妹。兄弟の太陽神ヘリオスと同様に、毎日、有翼の馬に乗って天空を駆けたという。ローマ神話の月神ルナと同一視され、さらに月と関わりの深いアルテミス†(ローマではディアナ†)、ヘカテ†と同一視されることもある。

セレネにまつわる独自の神話はほとんど伝えられていないが、数少ないエピソードとして、エリス†の王エンデュミオンとの恋物語がある。セレネは美貌のエンデュミオンに恋をしたが、生身の人間であるエンデュミオンが老いて死んでしまうことに耐えきれず、ゼウスに願って彼に不老不死の永遠の眠りを与えたという(アポロドロス『ギリシア』1.7.5.)。エンデュミオンはカリアのラトモス山の洞窟に眠り、セレネはこの洞窟を訪れ、永遠に眠る恋人に会いに通い、50 人もの娘を生んだという。

セレネはこのほか、ゼウスとのあいだにパンディア(「あまねく輝く女」の意。露と満月の女神)という名の娘があり(『ホメロス風讃歌』32『セレネ讃歌』)、さらに牧神パンは美しい純白の羊毛をセレネに贈り(あるいは白い牡羊に変装し)、彼女の恋人になったという(ウェルギリウス『農耕詩』3.391 以下)。

キーワード：月の女神、神の母
参考文献：高津『ギリシア・ローマ神話辞典』142 頁；松村他編『神の文化史事典』300 頁；マルタン『ギリシア・ローマ神話文化事典』118 頁.

ダナエ(ダナエー)　Danae　Δανάη

名前の意味・神格・属性：「ダナオス人(ギリシア人の総称)の女性」の意。神(ゼウス)の恋人、英雄の母。

概要：アルゴスの王女。アルゴスの王アクリシオスと、ラケダイモンの娘エウリュディケ(あるいはアガニッペ)との娘。ゼウスとの間に英雄ペルセウスを生んだ。アポロドロス(『ギリシア神話』2.4.1 以下)やオウィディウス(『変身物語』4. 611 以下)の伝えるところによると、アルゴス王アクリシオスは、跡継ぎになる息子がなかったため神託を受けに行ったところ、娘から生まれる孫に殺されるという不吉な神託を授けられる。そこでアクリシオスは、孫が生まれてこないように、一人娘のダナエを青銅の部屋に閉じこめ、男を近づけないようにした。しかし、彼女を見初めたゼウスが黄金の雨に身を変じ、ダナエの上に降り注いで交わった。やがてアクリシオスは、幽閉していたダナエが妊娠し、子供を生んだことを知り、娘と赤児を箱に入れて海に流してしまう。箱は海をただよいセリフォス島に流れ着き、ダナエと息子のペルセウスは、島の漁師デュクテスに拾われて保護された。しかし、デュクテスの兄弟でこの島の王ポリュデクテスは美しいダナエを妻に望み、立派な青年に成長した息子の存在を疎ましく思っていた。ある時ポリュデクテスは、ペルセウスに、ゴルゴン†の首をとりにいくことを命じ、その間にダナエを自分の妻にしようとした。ペルセウスは神々の力を借りてゴルゴンの首を切り落とし、無事、島に帰還し、ポリュデクテスの前にゴルゴンの首を示して復讐を果たし、祭壇に逃げていたダナエを救った。

ウェルギリウス(『アエネイス』7.410)では、のちにダナエはイタリアに渡り、ラティウムの海岸に流れ着き、アルゴスからの移住

者のためにアルデアの町を創建する。ここで神ピルムヌスと結婚し、トゥルヌス（アイネイアスの宿敵）の祖父にあたるダウヌスを生んだという。ゼウスが変身した黄金の雨に打たれるダナエの姿は、ティツアーノ、レンブラントをはじめ、西洋絵画の主題として繰り返し取り上げられている。

キーワード：神託、神の恋人、箱船漂流型
参考文献：高津『ギリシア・ローマ神話辞典』145頁；松村他編『神の文化史事典』311頁；マルタン『ギリシア・ローマ神話文化事典』120頁．

ダプネ（ダプネー） Daphne Δάφνη

名前の意味・神格・属性：「月桂樹」の意。ニンフ†、神の恋人、勝利のシンボル。
概要：ダプネは、アルカディア地方のラドンという河神の娘とも、テッサリア地方のペネイオスという河神の娘とも言われる川のニンフ（⇒ナイアス）。アルテミス†を崇拝し、山野で狩りをして暮らし、恋愛や結婚を拒否していた。ある時、アポロンに見初められ、追いかけられたが、ダプネはこの偉大な神を拒み、逃げながら父親の河神に救いを求め、自分の身を隠してくれるように祈った。願いはすぐさま聞き入れられ、瞬く間に身体から根が生え、樹皮に覆われ、一本の美しい月桂樹になった。アポロンはそれでも彼女をあきらめられず、月桂樹を自分の聖木とし、月桂樹の葉で編んだ冠を、栄誉の印として勝利者に贈ることにした（オウィディウス『変身物語』1.452以下、ヒュギヌス『ギリシア神話集』203、パウサニアス『ギリシア案内記』10.7.8ほか）。

オウィディウス（『変身物語』1.452以下）によると、ダプネは恋多きアポロンの初めての恋人であり、この報われない恋のきっかけは、大蛇ピュトンを強弓で倒したばかりの若いアポロンが、小さな恋の弓矢で遊んでいた幼いエロスをからかったことにあるという。エロスはその仕返しに情熱的な恋をする黄金の矢をアポロンに、相手を嫌悪するようになる鉛の矢をダプネに放ち、その結果、アポロンはダプネに求愛し続け、ダプネはアポロンを避け、逃げ回るようになった。

アポロンに追いかけられた美しいニンフが月桂樹に身を変えた、というこの美しい物語は、月桂冠の由来を示す縁起譚でもあり、ギリシア神話の中でも非常に人気があり、これを題材にした美術品や音楽・文学作品が数多く知られている。

キーワード：変身、精霊、擬人化、勝利
参考文献：高津『ギリシア・ローマ神話辞典』146頁；松村他編『神の文化史事典』315頁；マルタン『ギリシア・ローマ神話文化事典』123頁．

《アポロンとダプネ》（彫刻1622年 ジャン・ロレンツォ・ベルニーニ作、ボルゲーゼ美術館

ディアナ（ディアーナ） Diana

名前の意味・神格・属性：印欧語の「天空の、神聖なるもの」に由来。ローマ神話の月、樹木、森、豊穣多産、狩猟の女神。
概要：ローマ神話では、狩猟、月、出産の神で、森林、野生動物の守護女神でもあった。のちにギリシアのアルテミス†と同一視されたが、元々、古代イタリアのラテン人や、サビニ人

に信奉された女神であった。月の女神としては、セレネ†（ローマではルナ）や夜と月の女神ヘカテ†とも同一視され、ウェルギリウスはディアナのことを三つの顔を持つ処女神（『アエネイアス』4.511）と呼んだ。その三つの顔とは月、狩猟、冥界の神としてのディアナである。

　古代イタリアでは、カプア近郊のティファタの森と、ローマ近郊ラティウムのアリキアの森が、古くからディアナ信仰の中心地とされていた。アリキアの森のディアナ（ディアナ・ネモレンシス）は、森の神ウィルビウスと共に祀られていた。森の泉の女神エゲリアもディアナに結びつけられ、ともに出産の女神としても崇拝された。前6世紀中頃、6代目のローマの王セルウィウス・トゥッリウスがアウェンティヌスの丘にディアナ神殿を建て、アリキアのディアナ信仰をローマに導入し、特に平民と奴隷階級に信奉され、8月13日に祭礼が行われた（⇒アルテミス）。

キーワード：月、森、冥界、出産、豊穣女神、狩猟女神、動物の女主人

参考文献：高津『ギリシア・ローマ神話辞典』149頁；松村他編『神の文化史事典』325頁；マルタン『ギリシア・ローマ神話文化事典』127頁.

ディオネ（ディオーネー）　Dione　Διώνη

名前の意味・神格・属性：ゼウス（Dios）の女性形。「天空の女神」もしくは「聖なる存在」の意。神託の女神、ゼウスの妻、タイタン神族（古い神々）。

概要：ウラノスとガイア†の娘でティタン神族の一人とされたり（アポロドロス『ギリシア神話』1.1.3）、大洋神オケアノスとテテュス†の娘とされ（『神統記』353）、名前がゼウス（ディオ）の女性形であることから、ゼウスと同様に天空の女神であったと考えられる。ゼウスの最大の聖地、エペイロス（エピルス）のドドナでは、ゼウスの后として合祀され、神託を司った。ドドナには、ゼウスに捧げられた聖なる樫の木があり、ディオネの女祭司（ペレイアデスと呼ばれる三人の女神官）が樫の葉がたてる音を聞いて神託を下したという。

　ホメロスは、ディオネはゼウスとの間にアプロディテ†を生んだと語る（『イリアス』5.370以下）。トロイア戦争では、息子のアイネイアスをかばおうとして、ディオメデスに腕を傷つけられたアプロディテが、オリュンポスに逃げ帰り、母親のディオネに慰められるくだりがある（『イリアス』5.370以下）。また、『ホメロス風讃歌』（3「アポロンへの讃歌」93）では、レト†がデロス島で難産に苦しんだ時、ヘラ†以外の主な女神がすべて集結したという記述の筆頭に、ディオネの名が挙げられている。

キーワード：神託

参考文献：高津『ギリシア・ローマ神話辞典』153頁；マルタン『ギリシア・ローマ神話文化事典』120頁.

ディケ（ディケー）　Dike　Δίκη

名前の意味・神格・属性：「正義」の意。正義の擬人化、ホーラ†の一人。

概要：ゼウスとテミス†（掟）の娘。ヘシオドス（『神統記』901）によるとテミスはゼウスとの間にホーライ（季節）の三女神、すなわちエウノミア（秩序）、ディケ（正義）、エイレネ†（繁栄）の三姉妹を生んだ。またヘシオドスは「正義」について詳述し（『仕事と日』212以下）、ディケ（正義）に耳を傾け、暴慢に心を向けぬよう注意を促し、ディケをオリュンポスの諸神の中でも最も畏れ多い女神と位置付けている。さらに、人間には、鳥獣とちがって「正義」という最善のものが与えられ、「正義」を傷つける者は、子々孫々零落するとしている。

　ディケは、アストライア†（星の乙女）やローマ神話のユスティティアと同一視される。アストライアは、オウィディウスによると（『変身物語』1.149以下）、太古の黄金時代、人間の世界に暮らしていたが、鉄の時代になると人の世に悪がひろまり、殺戮の血にまみれたため、天界に戻り、乙女座となったという。

キーワード：正義、擬人化

参考文献：高津『ギリシア・ローマ神話辞典』

154頁.

テティス（テーテュース） Thetis Θέτις
名前の意味・神格・属性：「はぐくむもの」に由来。海の女神、英雄の母。
概要：海の女神。海の老人と呼ばれる善良な海神ネレウスとドリスの50人の娘たち（ネレイデス[†]）の一人（『神統記』244）。ペレウスと結婚し、英雄アキレウスの母となる。予言や変身の力を持つ。

幼年時代は、ヘラ[†]の手で育てられ、その後、海底のネレウスの宮殿で、姉妹のネレイデスと共に暮らした。ヘラがオリュンポスから投げ落とした生後間もないヘパイストスを姉妹のエウリュノメ[†]と共に9年間、海底で育て、ディオニュソスも少年時代にトラキア王リュクルゴスによって追放された時、海底のテティスのもとに逃れたという（『イリアス』6.135;18.369;24.59以下、アポロドロス『ギリシア神話』3.5.1他）。

オリュンポスの神々とも親しかったテティスの結婚相手が、神ではなく、生身の人間のペレウスになった理由については（1）ゼウスもポセイドンも彼女を妻にと望んだが、将来、生まれてくる子供は、父親を凌ぐ者となるという予言をテミスから聞き、これを畏れた。（2）テティスから生まれた子は天を支配するという予言をプロメテウスから聞かされた。（3）ゼウスが求愛したが、ヘラに義理のあるテティスがこれを拒み、怒ったゼウスが彼女を人間の男性のもとに嫁がせることにした、など諸説ある（アポロドロス『ギリシア神話』3.13.5）。その結果、テティスはテッサリアのペレウスと結婚することになる。だが、浜辺に突然現れた人間の男性ペレウスからの求婚をテティスは拒み続け、次から次へと鳥や木、猛獣などに身を変じて逃れようとした。だが、ペレウスは、ケンタウロスの賢者ケイロンの助言に従い、彼女がどんな姿になっても抱擁を解かずにいると、テティスはついに根負けし、小さな魚の姿になって、ペレウスの求婚を承諾したという（オウィディウス『変身物語』11.221以下）。二人の婚礼はペリオン山で盛大に行われ、あらゆ

テティスとオケアノス、モザイク、アンタキヤ博物館

る神々が招かれ、様々な贈り物をして二人を祝福した。だが、そこに唯一、招かれなかった神が、争いと不和の女神エリス[†]であった。腹を立てたエリスはこの宴席に「最も美しい者へ」と記された黄金の林檎を投げ込み、この「不和の林檎」がやがてトロイア戦争を引き起こすことになる。

テティスはペレウスとの間に英雄アキレウスを生むが、人間を父に持つ息子を、神である自分と同じように不死にしたいと願い、赤児のアキレウスを冥府の川ステュクス[†]の水に浸し（しかし、くるぶしを持って川に入れたため、アキレス腱が彼の弱点となる）、あるいは、火に投じ、夫から受け継いだ死すべき部分を焼こうとした。そのためほかに六人いたというアキレウスの兄弟は、すべて焼かれて死んでしまったという伝承もある。この行為をペレウスにとがめられたテティスは憤慨し、家を出て故郷の海に帰ってしまう（アポロドロス『ギリシア神話』3.13.6）。

ペレウスの恩人でもあるケイロンに養育されたアキレウスは、やがて立派な勇者に成長したが、予言の術に長けたテティスは、息子に数々の助言を与え、過保護なまでに息子を支え続けた。テティスはトロイア戦争の徴兵がはじまると、彼がこの理不尽な戦いに参戦しないですむように、息子を侍女の姿に女装させスキュロスの王宮に隠し（すぐに発覚するが）、トロイア遠征に出た息子に「死に導く運命の道は二筋ある（中略）トロイエの町を攻め続けるならば、帰国の道は絶たれるが、不朽の名誉が残る。またもし懐かしい故国に

帰る場合には、輝かしい名声は得られぬが、命は長く、死はすぐには訪れぬであろう」（ホメロス『イリアス』9.379以下、松平千秋訳）と予言する。アキレウスは平安に暮らすことよりも誉れある死を選び、テティスはその後も戦地をたびたび訪問した。親友パトロクロスの死によってアキレウスの武具がすべて失われた時、テティスは新しい武具一揃いを鍛冶の神ヘパイストスに頼んで新調し、それを自らトロイアに運んで手渡し、憔悴した彼を励ました（『イリアス』18.368以下）。そしてアキレウスの死に際しては、姉妹のネレイデスを従えて海から立ち現れ、海原一面に響き渡るような悲しみの叫びを上げ、ヘパイストスが作った遺品の武具は、息子の形見として味方の軍勢に提供した（ホメロス『オデュッセイア』24.35以下）。その後孫のネオプトレモス（アキレウスの息子）の出陣に際しても姿を現し、嵐に遭わぬよう出発日を遅らせるようにと助言したという（アポロドロス『摘要』6.5）。

かつてヘラ、ポセイドン、アテナ†が共謀してゼウスを縄にかけた時、テティスは怪物ヘカトンケイルのブリアレオスをオリュンポスに呼びよせ、ゼウスの縛めを解いて、危機を救ったという逸話もあり（『イリアス』1.364以下）、テティスは元来、ネレイデスの一人としてよりも、はるかに強大な力を持った大女神であったと考えられている。テティスは、エウボイアやスパルタ、メッセニア、クロトンなどで祀られ、スパルタには木彫の神像が奉じられた神殿があったという（パウサニアス『ギリシア案内記』3.14.4）。

キーワード：海の女神、変身、予言、英雄の母

参考文献：高津『ギリシア・ローマ神話辞典』162頁；松村他編『神の文化史事典』342頁；マルタン『ギリシア・ローマ神話文化事典』137頁.

テテュス　Tethys　Τηθύς

名前の意味・神格・属性：「老いた女性、祖母、乳母」の意。ティタン神族（古い神々）、海の女神、海の豊穣の女神。

概要：ウラノスとガイア†の娘。ティタン神族の女神。大洋神オケアノスの妻であり、世界中の河川、泉の神々と3000いるというオケアニデス†（オケアノスの娘たちの意）を生んだ。ヘシオドス（『神統記』136,337以下）によれば、3000人もの美しいオケアニデスは海や川、湖、泉のすべてに宿り、それと同じ数だけの流れる数多の川の息子たちがいるという。テテュスに関するエピソードは、あまり多く知られていないが、ホメロス（『イリアス』14.200以下）は、テテュスがオケアノスと共にこの世の涯（はて）に住んでいること、幼い頃のヘラ†をレア†から預かり、大切に育てたのがテテュスであることを伝えている。また、オウィディウス（『変身物語』2.508以下）によると、ユノ†（ヘラ）は、養父母に当たる白髪のテテュスと年老いたオケアノスのもとを訪れ、大熊座として天界に昇ったカリスト†が、決して海に沈むことがないようにと頼んだという。

キーワード：海の女神、豊穣女神、河の神とオケアニデスの母

参考文献：高津『ギリシア・ローマ神話辞典』163頁；松村他編『神の文化史事典』343頁；マルタン『ギリシア・ローマ神話文化事典』139頁.

テミス　Themis　Θέμις

名前の意味・神格・属性：「掟、慣習、神託」の意。掟と神託の女神、ティタン神族（古い神々）

概要：掟、秩序の擬人化。ウラノスとガイア†の娘、ティタン神族の一人。ゼウスの二人目の妻となり（一人目はメティス†）、ホーライ（季節の女神）、モイライ†（運命の女神）を生んだ（『神統記』901以下）。ヘスペリデス†もテミスの子という伝承もある。テミスは予言に長け、アポロンが来る前は、テミスがデルポイで神託を授けていた（アポロドロス『ギリシア神話』1.4.1）。アイスキュロス（『慈みの女神たち』1以下）によれば、デルポイの神託所ははじめガイアが神託を行い、次いでテミス、ポイベ、アポロンの手に委ねられたという。テミスの神託について、オウ

ィディウス（『変身物語』1.320 以下）は以下のように記す。ゼウスが人類にもたらした大洪水を生き延びたプロメテウスの子、デウカリオンとピュラは、デルポイに行ってテミスに、人類が再び繁栄するためにどうしたらいいのかを尋ねた。そしてテミスの神託に従って、大地に向かって背中越しに石（母の骨）を投げると、そこから新しい人間が生まれてきた。

アイスキュロス（『縛られたプロメテウス』211 以下）はプロメテウスをテミスの息子とし、プロメテウスは「ネレウスの娘テティス†は、父よりも優れた子供を生む」という予言を母テミスから授かり、それを知ったゼウスやポセイドンは、テティスとの結婚をあきらめることになった（アポロドロス『ギリシア神話』3.13.5）。

ティタノマキアでゼウスたちが古いティタン神族を破り、ゼウスを頂点とするオリュンポスの神々による神界の支配体制が確立される中で、古い神々は次第に地位を失っていくが、その中でテミスだけはティタン神族でありながら、その地位を維持し、ゼウスの前妻であり、その優れた相談役として、オリュンポスに君臨した。ホメロス風讃歌（23『ゼウス讃歌』）では、テミスはゼウスの傍らに座り、親しく語らうと詠われ、オリュンポスの神々を集めて集会や饗宴を開催するのはテミスの役目であり、ヘラもテミスの手から喜んで杯を受けたという（ホメロス『イリアス』15.84 以下、20.5 以下）。

テミス信仰はギリシア各地に広まり、アテナイやテバイ、オリュンピアなどに聖所があった。ローマ時代にはユスティティア（正義の擬人神）と同一視され、天秤と剣を手にした姿で表された。

キーワード：掟、神託、擬人化
参考文献：高津『ギリシア・ローマ神話辞典』165 頁；松村他編『神の文化史事典』346 頁；マルタン『ギリシア・ローマ神話文化事典』141 頁.

デメテル（デーメーテール） Demeter
Δημήτηρ

名前の意味・神格・属性：「母なる大地」の意。大地母神、穀物の豊穣の女神。

概要：クロノスとレア†の娘。大地の豊穣を司る農耕の女神。ガイア†が大地の擬人化であるのに対し、デメテルは豊穣な大地を司り、農作物の栽培から、植物の生育と再生、ひいては人々の来世をも守護する大地母神である。ゼウスやヘラ†、ポセイドンたちの姉で、オリュンポス十二神の一人だが、デメテルにまつわる神話は古く、その原型はオリュンポスの神話体系が成立する以前、ミノア時代にさかのぼると考えられている。

神話の中核は、娘ペルセポネ†（コレ†、乙女の意）の略奪にまつわる物語である。ホメロス風讃歌（2『デメテルへの讃歌』）やオウィディウスの『変身物語』（5.341 以下）によると、デメテルはゼウスとの間に一人娘コレをもうけ、大切に育てていたが、その美しさ故に冥界の王ハデスに見初められた。コレが友人たちとニュサの野（シチリア島のエンナという伝承もある）で花を摘んでいたところ、急に地割れができ、四頭の黒馬がひく馬車にのったハデスが疾風のように現れ、彼女を冥界に連れ去った。娘の悲鳴を聞いたデメテルは、九日九夜、松明を手に地上を探し回ったが娘は見つからなかった。だが、太陽神ヘリオスが、デメテルにハデスが娘を略奪したこと、それをコレの父親であるゼウスが黙認していたことを告げると、デメテルは怒りのあまり、天上界を捨て、老婆の姿に身をやつして人間界に降りていった。女神はまずエレウシスの王ケレオスの家に滞在するが、悲しみにうちひしがれ、食物に手を付けることもできない。侍女のイアムベが機転を利かせ、詩を詠って女神を楽しませ、ようやく女神はキュケオン（ミントと麦で作る飲み物）を飲んだという。また、オルペウス教の伝承では、侍女のバウボ（「腹」の意）が自分の衣をまくりあげ、滑稽な踊りをして笑わせ、女神の気持ちを和ませたという。女神は彼らの歓待の返礼として、生後間もないケレオスの末子デモポンを不死にしようと、夜中に赤児を火の中に入れたところ、王妃に見つかり、とがめられる。怒った女神は赤児をその場に放り

出し、自分の正体を明かし、今後は、自分を祀った神殿と祭壇を造り、祭儀を行うようにと言って館から出て行った。ケレオスはその言葉に従って、エレウシスの彼らの館に神殿を造り、デメテルを祀り、祭礼を行った。なお、後代の伝承によると、デメテルはケレオスの館を出る前に、ケレオスの長男トリプトレモスに穀物の種を与え、牛で畑を耕し収穫を得る術を教え、麦の穂と竜にひかせた戦車を渡しすべての人に農業の技を伝える使命を与えたという。

デメテルが天界を去って以来、地表には何も生えなくなり、大地は穀物を実らせなくなった。このままでは大飢饉になると懸念したゼウスは、デメテルの怒りを解くため、ハデスに使いを送り、ペルセポネ（コレは冥界でペルセポネと呼ばれるようになっていた）をデメテルの許に返すことを命じた。ハデスはこれを了承するが、ペルセポネを帰す前に、柘榴の実を彼女に食べさせた。冥界のものを食べた者は二度とこの世に戻ることができない決まりになっているからである。ペルセポネは地上に戻り、母デメテルとの再会を果たし、デメテルは歓喜し、大地にふたたび緑が溢れた。だが、ペルセポネは冥界の柘榴を食べてしまったため、地上で完全に生活することは許されず、一年のうち三分の一は夫ハデスの待つ冥界で暮らし、残りの三分の二をデメテルと共に地上で暮らすことが定められた。そこでペルセポネが冥界にいるあいだ、デメテルは悲歎にくれ、大地の草木は枯れ、ペルセポネが地上に戻ってくる春の訪れをひたすら待ちわびているという。ペルセポネの略奪から、娘を探すためのデメテルの旅立ち、母神の悲歎と怒りによって引き起こされる飢饉、そして冥界からの娘の帰還、再会という一連のストーリーは、エレウシスにおけるデメテル信仰の縁起話であり、この神話はまた、農耕のライフサイクル、春の萌芽から冬の枯死までを語っている。

デメテルは、自分の分身とも言うべき娘ペルセポネと共にエレウシスの主神として祀られた。エレウシスで行われた祭儀は口外を禁じられた秘儀であり、その詳細は知られてはいないが、信者たちの来世の幸福を約束するものであったという。このほか、デメテルにはテスモポロス（掟を与える者）という添え名があり、アテナイでは秋にデメテルに豊穣を祈るための、女性だけの祭礼「テスモポリア祭」が行われた。なお、アルカディア地方では、デメテルは馬の姿をしたポセイドンとの間に、神馬アレイオンとデスポイナ（女主人の意。本名を明かすことを禁じられている）とよばれる娘を生んだと言われ、デスポイナの秘儀が行われた（『ギリシア案内記』8.25.3 以下）。また、アルカディアのピガリアには、馬の頭を持つデメテル（デメテル・メライア、《黒いデメテル》）の木像があり、太古のデメテル信仰の一形態を伝えている。デメテル信仰はガイア†やレア†などの大地母神とも結びつけられ、ローマではケレス†と同一視された。また、デメテル、コレへの信仰は、ギリシアのみならず、ギリシア系植民都市が数多く築かれ、小麦栽培が盛んであったシチリアや南イタリア地方（マグナ・グラエキア）にも広まり、やがてローマ世界にもたらされた。デメテルは頭からベールをかぶり、堂々たる体軀に長衣をまとい、麦の穂や松明を持った荘厳な姿で表現された。ペルセポネと共に表させる場合も多い。

キーワード：大地母神、豊穣女神、農耕、穀物女神、秘儀、地下、死と再生

参考文献：呉『ギリシア神話』上 298 頁以下；高津『ギリシア・ローマ神話辞典』165 頁；松村他編『神の文化史事典』347 頁；マルタン『ギリシア・ローマ神話文化事典』141 頁. ⇒アマテラス、イシス、キュベレ

テュケ（テュケー） Tyche Τύχη

名前の意味・神格・属性：「運、好機」の意。運の女神、都市の守護女神。

概要：運の女神。偶然的な運や好機を司る女神。擬人化。ヘシオドスは、オケアノスとテテュス†の娘たち（オケアニデス†）の一人としてその名を挙げ（『神統記』346 以下）、ゼウスの娘とする伝承もある。ホメロス風讃歌（2『デメテルへの讃歌』）では、ペルセポネ†が冥界へ誘拐される前に、ニュサの野で一緒

に花を摘んでいたオケアニデスの一人として その名が挙げられているが、テュケ自身の神話はほとんど知られていない。ヘレニズム時代になると、都市の繁栄や、定まらぬ運命を擬人化し、それを司る女神、さらには都市の守護神として信仰を集めた。各都市の城壁をかたどった「城壁冠」をかぶり、豊穣の角（コルヌコピア）や幼児の姿をしたプルトゥス（富の神）を抱いた姿で表され、コインや彫像などにその姿が残っている。ローマ神話のフォルトゥナ†（幸運の女神）とも同一視された。

キーワード：運、守護女神
参考文献：高津『ギリシア・ローマ神話辞典』167頁；マルタン『ギリシア・ローマ神話文化事典』141頁.

ナイアス Naiad Ναιάς［複数形 ナイアデス Naiads Ναϊάδες］

名前の意味・神格・属性：「流れるもの」の意。泉や川のニンフ†。

概要：泉や川、湖、湧水、池などの淡水にいるニンフ、泉や川の擬人化。ゼウスの娘、オケアノスの娘（オケアニデス†）とも呼ばれるが、多くの場合、泉や川の神の娘であり、一つの泉や川に一人、ないし複数名いる。長命だが不死ではない。予言の力や治癒の力があるとされ、その泉や川の水を飲めば、病気や怪我が治るとされた。

キーワード：水、河川、泉、精霊
参考文献：高津『ギリシア・ローマ神話辞典』178頁；マルタン『ギリシア・ローマ神話文化事典』152頁.
⇒アレトゥサ

ニオベ（ニオベー） Niobe Νιόβη

名前の意味・神格・属性：語源不明。テバイの王妃、神罰をうけた女性。

概要：父はリュディア王タンタロス、母はアトラスの娘ディオネ†。テバイの王アムピオン（ゼウスの子）の妃。ニオベはゼウスの血を引くアムピオンの子を男女それぞれ六人生み、自分は沢山の子供を生んだが、レト†は子供を二人しか生まなかったといって侮辱したため、レトの怒りに触れ、復讐された（⇒ レト）。ホメロス（『イリアス』24.603以下）が伝えるところでは、レトの二人の子供、すなわちアポロンとアルテミス†は弓でニオベの子供たちをことごとく殺し、さらにゼウスが、テバイの住民を石に変えてしまったため、子供たちを弔う人もなく、10日目になって、ようやく天空の神々が子供たちを葬った。ニオベは悲しみのあまり故郷のシピュロスの山の上で石になったという。オウィディウス（『変身物語』6.146以下）では、ニオベの子を男女各七人とし、ニオベはテバイの町の人々がレトの祭壇に詣でることも禁じようとしたこと、子供たちが皆殺しにされると、ニオベは石になり、テバイから故国リュディアのシピュロス山に運ばれ、大理石になった今でも泣き続けていることが語られる。また、アポロドロス（『ギリシア神話』3.5.6）の伝えるところでは、十四人のニオベの子供のうち、男の子ではアムピオン（もしくはアミュクラス）が、女の子ではクロリス（メリボイア）だけが生き残り、ニオベは嘆き悲しんで故郷のシピュロスに帰り、そこでゼウスに祈って姿を石に変えられたという。

キーワード：罰、傲慢、変身、岩石（石化）
参考文献：高津『ギリシア・ローマ神話辞典』180頁；松村他編『神の文化史事典』381頁；マルタン『ギリシア・ローマ神話文化事典』154頁.

ニケ（ニーケー） Nike Νίκη

名前の意味・神格・属性：「勝利」の意。勝利の女神。

概要：勝利の擬人化。勝利の栄誉をもたらす女神。ローマではウィクトリア†と同一視された。

ティタン神族のパラスとステュクス†（冥府の川）の娘で、ゼロス（競争）、クラトス（支配）、ビア（暴力）の姉妹。オリュンポスの神々がティタン神族と戦った時（ティタノマキア）、母ステュクスは、父である大洋神オケアノスの勧めに従い、ニケをはじめとする子供たちを連れてゼウスに加勢したので、その報賞としてステュクスの子供たちは、ゼウスのもとでとこしえに暮らすことになった

サモトラケのニケ、ルーヴル美術館

(『神統記』382 以下、アポロドロス『ギリシア神話』1.2.4 以下)。

ニケに関する独立した神話はほとんど知られていないが、ニケを表した神像やニケを祀った神殿は数多く知られ、通常、翼の生えた若い女性として表される(《サモトラケのニケ》ルーヴル美術館、前3世紀)。また、神々の使いとして勝利者に栄誉を授ける役割を担い、天空から競技会の勝利者のもとへ、月桂樹の冠を手に舞い降りる姿がしばしば表される。勝利の女神であることから戦いの女神としてのアテナ[†]と共に表される場合も多い。

キーワード:勝利の女神
参考文献:高津『ギリシア・ローマ神話辞典』180頁.

ニュクス　Nyx　Νύξ
名前の意味・神格・属性:「夜」の意。夜の女神。
概要:夜の女神、擬人化。ヘシオドス(『神統記』123以下)によると、原初のカオスからエレボス(幽冥、冥界の暗闇)と共に生まれた第一世代の神々(プロトゲノイ・原初の神々)の一人。エレボスとのあいだに、アイテル(澄明、清明な大気)とヘメラ(昼)が生まれた。その後、モロス(定業)、ケル[†](死の命運)、タナトス(死)、ヒュプノス(眠り)、オネイロス(夢)、モモス(非難)、オイジュス(苦悩)を生んだ。さらに、この世の果てで黄金の林檎を守るヘスペリス(黄昏の女神)、モイラ[†]たち(三人の運命の女神:クロト、ラシケス、アトロポス)、ネメシス[†](憤り)、アパテ(欺瞞)、ピロテス(愛欲)、ゲラス(老い)、エリス[†](争い)を生んだ。ニュクスは「破滅の夜」とも称される(『神統記』211以下)。数多くの神々を生んだにもかかわらず、独立した神話物語や崇拝はない。娘のヘメラ(昼)と対の存在とみなされ、この世の最果ての「恐ろしい館」に共に住んでいるが、二人は挨拶を交わすだけで、ニュクスが館に入ると、ヘメラが戸口から出て行き、ニュクス(夜)かヘメラ(昼)のどちらかが常に大地を巡り廻っている(『神統記』743以下)。オルペウス教では、パネス(光の神)の娘で、ウラノスに世界の支配権を譲った偉大なる創造神として畏怖された。

キーワード:夜、死、擬人化、原初(女神)
参考文献:高津『ギリシア・ローマ神話辞典』180頁;松村他編『神の文化史事典』382頁;マルタン『ギリシア・ローマ神話文化事典』154頁.

ニンフ(ニュムペ/ニュムペー)　Nymph Νύμφη [複数形　Nymphs　Νύμφαι]
名前の意味・神格・属性:「若い女性、結婚可能な女性、花嫁」の意。山河や洞窟などの自然、町、国など地域の守護者、精霊。
概要:山や川、洞窟、草原、泉、樹木、地域、町など様々なものに宿る精霊、妖精、擬人化された下位の女神。ゼウスの娘たちともされる(ホメロス『オデュッセイア』9.152以下)。若く美しい女性と考えられ、全裸もしくは半裸で表現される。彼女たちは不死ではないが、非常に長生きとされ、例えば、樹木のニンフは彼女が宿っていた樹木が枯れた時に死ぬという。ニンフたちは住む場所で分類され、オケアニデス[†](海のニンフたち、オケアノスの娘たち)、ナイアデス(ナイアス[†]たち、川や湖のニンフたち)、ネレイデス[†](海水、淡

水双方のニンフ達、ネレイデスの娘たち)、ポタメイデス(川のニンフたち)、ドリュアデス(もしくはハマドリュアデス、森や樹木のニンフたち)、オレイアデス(山のニンフたち)、アルセイデス(森のニンフたち)、ナパイアデス(谷のニンフたち)、ネフェライデス(雨雲のニンフたち)などの種類がある。

　ニンフたちは歌や踊りが好きで、神々に付き従って山野で狩りをして暮らし、神や英雄、生身の人間と恋をした。ニンフとの恋物語は、多くの場合、悲劇的な結末を迎え、アポロンからの愛を拒んで月桂樹に変えられたダプネ†(オウィディウス『変身物語』1.452)や、美少年ヒュラスのように泉のニンフ(ナイアデス)に愛され、水底にさらわれた男性も知られている(ロドスのアポロニオス『アルゴナウティカ』1.1177以下)。アキレウスの母テティス†や、オデュッセウスが一緒に暮らしたカリュプソ†は、海のニンフ、ネレイデスに属している。ニンフは予言の力を持ち、人々に様々な恩恵をもたらすと考えられた。各地の山河や泉、洞窟など様々な地域に土地のニンフを祀った祠があり、人々はそこで供儀を行い、祈りを捧げた。

キーワード:擬人化、自然、精霊
参考文献:高津『ギリシア・ローマ神話辞典』182頁;松村他編『神の文化史事典』383頁;マルタン『ギリシア・ローマ神話文化事典』154頁.
⇒アプサラス、ガラテイア

ネメシス　Nemesis　Νέμεσις
名前の意味・神格・属性:「分配する者」の意。運の配分、復讐を司る女神。
概要:人間の不遜な行為(ヒュブリス)に対する神の憤りと罰の擬人化。ニュクス†(夜)の娘であり、モイライ†(運命の女神)やアパテ(欺瞞)、プロテス(愛欲)、ゲラス(老い)、エリス†(争い)などの姉妹(『神統記』223以下)。ネメシスは元来「配給するもの」を意味し、神に対する人間の傲慢を制し、人々に幸運や不運を割り当て分配する神とされた。テュケ†(運)やテミス†(掟)など人の命運を司る女神と関連が深い。

パウサニアス(『ギリシア案内記』1.33.2以下)によると、アッティカ北東マラトン付近のラムヌウスに、ネメシスを祀った神域があり、巨大なネメシス像が奉じられていた。この像は林檎の枝とフィアレ(儀式用の平らな酒杯)を持ち、ニケ†や鹿が付された冠を被っていたという。このため、ネメシスは「ラムヌウスの女神、ラムヌウシア」とも呼ばれた。もともとネメシスはアルテミス†や、レア†、キュベレ†など豊穣の女神に近い権能を持っていたと考えられる。ボイオティアのアソポス川流域には、アルゴス王アドラストスが建立したネメシスの神殿があり、ネメシス・アドラステイア(「逃れられない」の意)という「必然」のネメシスが祀られていた(ストラボン『地理書』13.14)。

人の幸運・不運の配分を司るネメシスは、不遜を戒める女神として畏れられ、自分の美しさに心を奪われた美青年ナルキッソスに神罰を下したのもネメシスである(オウィディウス『変身物語』3.402以下)。また、トロイア戦争の原因になったスパルタの王妃ヘレネ†の母親はレダ†ではなく、ネメシスだったという伝承もある(アポロドロス『ギリシア神話』3.10.7)。ゼウスがある時ネメシスに求愛し、ネメシスは様々な姿に身を変じて逃げようとし、鵞鳥になった時に、ゼウスが白鳥の姿になって彼女と交わった。その結果、ネメシスは卵を生み、羊飼がこれを森で見つけてレダに与えた。レダが卵を大切に箱に入れておいたところ、月が満ちてヘレネが生まれ、レダは自分の娘として育てたという。

キーワード:擬人化、復讐、不遜、運、変身、鵞鳥、卵
参考文献:高津『ギリシア・ローマ神話辞典』185頁;松村他編『神の文化史事典』391頁;マルタン『ギリシア・ローマ神話文化事典』156頁.

ネレイデス(ネーレーイデス)　Nereïdes
Νηρηΐδες ⇒ニンフ(ニュムペ)

バウキス　Baukis　Βαυκίς
名前の意味・神格・属性:語源不明。フリュ

ギアの敬虔な老女神によって夫と共に木に変じられた。

概要：フリュギア出身の女性でピレモンの妻。オウィディウス（『変身物語』8.618）によると、ある時、ゼウスとヘルメスは貧しい旅人のなりをして地上を旅し、フリュギアの町で休ませてくれるところを探した。しかし、すべての家が扉を閉ざし、迎えてくれたのは質素な藁葺き屋根の小屋に住む、老婆バウキスとその夫ピレモンだけであった。貧しい老夫婦は、曲がった腰と震える手で、暖炉を勧め、長いすに旅人を座らせ、庭の菜園でとった野菜や、燻製にした豚の背肉の煮物などを作り、準備をする間もいろいろな話をして、客人にもどかしい思いをさせないようにつとめた。オウィディウスの記述によると、食卓を薄荷の葉で拭いて浄め、煮物のほかに、緑と黒のオリーブや山の木の実、チーズ、ゆで卵などを出し、混酒器（クラテル）に入った葡萄酒をブナの木で作った杯に注ぎ、デザートには乾燥させた無花果、クルミ、林檎、葡萄、蜂蜜が「善良な顔と、疲れを知らぬ好意」と共に並べられた。ゼウスもヘルメスもこの歓待に心打たれる一方、まわりの家の人々の不親切さに憤り、二人の家を残して、周囲の人々の家を洪水で水没させ、バウキスとピレモンの家を大理石の神殿に変えた。そして二人に何なりと望みのものを言うようにと言った。二人は話し合い、今後は神官として、この神殿を守り、行く末は同時に死にたいと願ったところ、神々はこの願いを聞き入れ、二人は神官となり、ある日、二人の身体を木の葉が覆いはじめ、樫の木と菩提樹の木になったという。

キーワード：長寿、死、洪水

参考文献：高津『ギリシア・ローマ神話辞典』188 頁；松村他編『神の文化史事典』391 頁；マルタン『ギリシア・ローマ神話文化事典』159 頁.

パシパエ（パーシパエー） Pasiphae
Πασιφάη

名前の意味・神格・属性：「広く輝く」の意。クレタの王妃、太陽神の娘。

概要：太陽神ヘリオスとペルセイス（オケアノスとテテュス†の娘、オケアニデス†の一人）の娘。コルキスの王アイエテス（メデイア†の父）、魔女キルケ†らの姉妹。メデイア、キルケと同じく魔法の力を持っていた。

クレタの王ミノスの妻となり、カトレウス、デウカリオン、グラウコス、アリアドネ、パイドラら数多くの子供を生んだが、神の呪いにより、ミノスが飼っていた白い雄牛に欲情を抱くようになった。その理由には諸説あるが、夫のミノスがかつてポセイドンとの約束を果たさなかったため（アポロドロス『ギリシア神話』3.1.4）、あるいはパシパエが長年アプロディテ†への祭儀を怠ったゆえ、アプロディテが神罰を下し、パシパエを狂わせたためと言われる（ヒュギヌス『ギリシア神話集』40）。

そこでパシパエは工匠ダイダロスに依頼して、車のついた木製の雌牛の模型を作らせ、その中に潜んで雄牛と交わり、その結果、人間の体に牛頭がついた半獣の怪物ミノタウロスが生まれた。ミノスはこれを恥じて、ダイダロスに命じて迷宮ラビュリントスを作らせ、ミノタウロスを迷路の奥深くに閉じこめ、人目に触れないようにした（⇒アリアドネ）。

パシパエは、姉妹のキルケや姪のメデイアと同様、魔術に長けていた。夫のミノスが多くの女性と関係を持つことを恨みに思い、ミノスが女性を抱こうとすると、彼の体から蛇やサソリが出てきて相手の女を殺すという魔法をかけた。これによって多くの女性が死んだが、アテナイの王女プロクリス（ケパロスの妻）だけは例外で、ミノスが宝にしていたアルテミス†から授かった「必中の槍」と猟犬ライラプスを譲り受けるという条件のもと、キルケの薬草をつかってパシパエの魔法を解いたという（アポロドロス『ギリシア神話』3.15.1）。この後、プロクリスは授かった槍と猟犬を夫のケパロスに与え、この槍によって命を奪われることになる。

なお、パウサニアス（『ギリシア案内記』3.26.1）によるとラコニア地方のイノ†の神域には、青銅製のヘリオスとパシパエの神像が祀られていたという。

キーワード：雄牛、魔法、罰、異類婚

《エヴァ・プリマ・パンドラ》クーザン、ルーヴル美術館

参考文献：高津『ギリシア・ローマ神話辞典』188頁：松村他編『神の文化史事典』407頁；マルタン『ギリシア・ローマ神話文化事典』161頁.

パルカ　Parca（ローマ神話）［複数形パルカエ　Parcae］⇒モイライ

パンドラ（パンドーラー）Pandora　Πανδώρα
名前の意味・神格・属性：「あらゆる贈り物」の意。最初の女性（もとは古い大地母神）。
概要：ギリシア神話における最初の女性。ヘシオドス（『神統記』560以下、『仕事と日』54以下）によると、ティタン神族アトラスの息子プロメテウスが、天界の火を盗んで人類に与えたことへの復讐として、ゼウスは人類（存在したのはまだ男性のみ）に大きな禍（わざわい）をもたらすことにした。それは「女性」を作って人類に贈ることであった。ゼウスはヘパイストスに命じ、まず土で美しい乙女の姿を作らせ、アテナ†や女神たちが衣や帯、黄金の冠で身を装わせ、美しい禍悪（カロン・カコン）と呼ばれる女を創造した。神々はそれぞれ彼女に特別な贈り物をして、アテナは彼女に技芸や布を織る技術を、アプロディテ†は思慕の想いと恋の苦しみを、ヘルメスは犬の心と不実の性を贈り、彼女を「パンドラ（すべての贈り物）」と名付けた。パンドラはヘルメスに連れられ人間界に降り立ち、プロメテウスの弟のエピメテウスという男に与えられた。プロメテウス（先に考える者の意）は、弟エピメテウス（後で考える者）に、ゼウスからの贈物は、決して受け取ってはならないと前から警告していたが、弟はパンドラの美しさに魅せられ、彼女を迎え入れ、結婚した。

ある時パンドラが甕の蓋を開けると、中に納められていたあらゆる災い、恨み、ねたみ、病気、猜疑心、不安、憎しみなどが飛びだした。パンドラは慌てて甕の蓋を閉じたが、間に合わず、この世にすべての苦難が広がった。ただ、甕の縁の下に「エルピス（希望）」だけが残っていた。「希望」が残っていたのは、ゼウスの計らいであり、それゆえ、人類はどんな災厄に見舞われても、希望だけは失わないでいることができる、という。エピメテウスとパンドラには、ピュラという娘があり、彼女はプロメテウスの息子・デウカリオンと結婚して、箱船で大洪水を生き延びた（⇒テミス）。

ギリシア陶器には、神々に造られたパンドラが大地から出現するような表現がしばしば見られるので、パンドラは元来、地下から人々に恵みをもたらす大地母神、豊穣の女神であった。

キーワード：女（最初の）、女の創造、罰、災い、タブー（あけてはいけない甕、受け取ってはいけない贈り物）、大地母神、豊穣女神
参考文献：高津『ギリシア・ローマ神話辞典』188頁：松村他編『神の文化史事典』407頁：マルタン『ギリシア・ローマ神話文化事典』161頁.
⇒ティローッタマー

フォルトゥナ（フォルトゥーナ）Fortuna
名前の意味・神格・属性：ラテン語で「幸運、運、好機」の意。ローマ神話の豊穣・多産の女神。幸運、運、好機の女神。
概要：運と好機の擬人化。この女神が司る運には幸運だけでなく、不運も含まれる。ギリシアの運命の女神テュケ†と同一視される。前6世紀中頃のローマ六代目の王セルウィウス・トゥリウスによってローマに導入されたと言われるが、元来、古代イタリアの豊穣の女神だったと考えられる。プラエネステ（現

パレストリーナ）や、アンティウム（現アンツィオ）のフォルトゥナ神殿には、古くから神託所があり、プラエネステのフォルトゥナ神殿は特に有名で、そこで与えられる神託は「プラエネステの籤」（sortes praenestinae）と呼ばれた。プラエネステのフォルトゥナは「フォルトゥナ・プリミゲニア（最初にもたらすもの）」と呼ばれ、豊穣や出産に関連が深く、既婚の女性たちに崇拝された。キリスト教が広まった後も、4世紀後半にテオドシウス1世によって禁止されるまで、神託が行われていたという。「豊穣の角（コルヌコピア）」や運を司る舵を手にした姿で表され、ルネサンス時代には球体に乗った姿で表現された。

キーワード: 幸運、運、擬人化、豊穣女神
参考文献: 高津『ギリシア・ローマ神話辞典』216頁；松村他編『神の文化史事典』443頁；マルタン『ギリシア・ローマ神話文化事典』178頁.

プシュケ（プシューケー） Psyche Ψυχή
名前の意味・神格・属性:「魂、息、生命」の意。王女、魂の擬人化（のちに神となる）神の恋人、神格化された女性。

概要: プシュケとは元来、魂、息、生命を意味する語であり、神話に語られるプシュケはこれらの概念が擬人化された女性である。2世紀のアプレイウスによる『変身物語、黄金のろば』（4.28以下）にプシュケとウェヌス†（アプロディテ†）の息子クピド（エロス、アモルと同義、愛の擬人化）の恋物語が詳述されている。これによると、ある国の王の三人娘の末娘プシュケはその美貌にもかかわらず、独身であったため、父親の王が心配し、アポロンの神託を仰いだ。すると、怪物の花嫁にするために、着飾らせ山頂の岩に立たせよとの託宣が下る。プシュケの父はやむなく神託に従ったが、これを憐れんだ西風（ゼピュロス）が突風を起こして、彼女を美しい庭園のある宮殿に運んだ。プシュケはここで歓待を受け、決して姿を見せようとしない宮殿の主と結婚して幸せに暮らす。しかし、これを知った彼女を妬む姉たちが、夫が怪物ではないかどうか、確かめて見るようにとそそのかす。プシュケは「決して見てはいけない」という夫の寝ている姿を夜中にランプで照らして見てしまう。夫の正体が怪物ではなく、美しく、まだ幼いクピドだったことを知ったプシュケは、驚いてランプの油を彼の顔にたらしてしまい、彼は火傷を負い、目を覚ますと同時に、姿を消してしまう。プシュケは後悔の念にかられ、クピドを探してさまよい、プシュケのことを憎んでいるウェヌス（クピドの母）から四つの困難な試練を課される。プシュケは苦心の末にこれらをはたし、四つめの試練であるプロセルピナ†が持っているという、美貌をもたらす「美の箱」をウェヌスに命じられて、冥界まで取りにゆく。だが、帰り道、自分の容貌に不安を感じたプシュケは「決して開けてはいけない」と言われた箱の蓋を開けてしまう。箱の中には「美」ではなく、「眠り」が入っていて、プシュケはその場で深い眠りに落ちてしまう。やがて、クピドは眠っているプシュケを発見して、天界へ連れて行き、ユピテル（ゼウス）に頼んで彼女を不死（神格化）にし、ウェヌスと和解する。かくして二人はあらためて結婚し、ヘドネ（快楽）という娘が生まれたという。

このお伽噺風の物語は、魂の不安や猜疑心が愛を損なうという寓話でもあり、魂と愛の関係に関心が高まったヘレニズム時代に生まれたと考えられている。後代の美術や文学作品にも繰り返し取り上げられた。

キーワード: 魂、擬人化、タブー（開けてはいけない）
参考文献: 高津『ギリシア・ローマ神話辞典』216頁；松村他編『神の文化史事典』445頁；マルタン『ギリシア・ローマ神話文化事典』179頁.

フリアエ Furiae （ローマ神話）⇒エリニュス

プレイアデス Pleiades Πλειάδες
名前の意味・神格・属性: pleio（「航海する」の意）に由来。航海の守護女神、星になった人間（女性たち）、英雄や神々の母。

概要: ティタン神族のアトラスとプレイオネ

（オケアノスの娘、海のニンフ[†]）のあいだに生まれた七人の姉妹たち。牡牛座のすばる（昴＝プレアデス星団）。アポロドロス（『ギリシア神話』3.10.1 以下）によると、彼女たちはアルカディアのキュレネ山で生まれたマイア[†]、エレクトラ、タユゲテ、アルキュオネ、ケライノ、ステロペ、メロペの七人姉妹である。長女のマイアはゼウスの子の伝令神ヘルメスを、エレクトラは、ゼウスとの間にイアシオンとダルダノス（トロイア王家の祖）を、タユゲテはゼウスの子ラケダイモン（スパルタの名祖英雄）を生み、アルキュオネとケライノはポセイドンとの間に、ステロペはアレスとの間にそれぞれ子供を生んだ。メロペは人間の中で最も狡猾と言われたシシュポスと結婚した。

彼女たちはボイオティア地方で、母プレイオネと一緒にいたところを、好色な巨人の狩人オリオンにみつかり、執拗に追いかけられ続けた。これを知って、憐れんだゼウスははじめ彼女たちの姿を鳩に変え、その後、天上に輝く一群の「すばる」にしたという。このほか、彼女たちの父親のアトラスがゼウスから天空を支える苦役を担わされたことを悲嘆し、天上の星になったという伝承もある。なお、メロペは自分の夫シシュポスだけが、神ではなく人間の男性であることを恥じ、他の姉妹の星に比して光り方が弱いと言われ、エレクトラは子孫が建国したトロイアが敗北した時、悲しみのあまり彗星になったと言われている。

古来より、「すばる」は人々の生活の指標の一つになっていたので、前700年頃の叙事詩人ヘシオドス（『仕事と日』383 以下、618 以下）は「プレイアデス（すばる）が昇る頃」（5月11日頃）、畑を刈り入れ、「プレイアデスが沈む頃」（10月末から11月はじめにかけて）種まきをはじめ、海は荒れるので船は陸に上げるようにと述べている。

キーワード：星座、名祖、航海の守護女神
参考文献：高津『ギリシア・ローマ神話辞典』220頁；松村他編『神の文化史事典』457頁；マルタン『ギリシア・ローマ神話文化事典』183頁．

プロセルピナ Proserpina （ローマ神話）
⇒ペルセポネ

フロラ（フローラ）　Flora
名前の意味・神格・属性：「花」に由来。ローマ神話の花と春の女神、植物の女神。
概要： 古代イタリアの花と春の女神。フロラはすべて咲き出るものの女神であり、オウィディウス（『祭暦』5.193 以下）によると、もとはギリシアの春の女神クロリスであったという。野原で遊んでいた美しいニンフ[†]のクロリスは、彼女を見初めた西風ゼピュロスに掠われてその妻となった。ゼピュロスは強引な結婚の代償に、クロリスを女神にし、花を支配する力を彼女に与えたという。さらにユノ[†]（ヘラ[†]）は、夫のユピテル（ゼウス）が妻を介さずに、一人でミネルウァ[†]（アテナ[†]）を妊娠し、頭から生んだことに腹を立て、自分も夫なしに子を生みたいと願っていた。フロラはその願いを叶えるため、触れただけで妊娠するという花を与え、ユノは一人

《フローラ》イーヴリン・ド・モーガン、ド・モーガン財団

でマルス（アレス）を生んだという。
　フロラは古代イタリアで最も古くから崇拝された女神であり、共和政ローマでは「シビュレの書」に従い、前238年頃、ローマのアウェンティヌスの丘の麓にフロラの神殿が創設され、例年4月28日から5月3日までフロリス祭が開催された。祭りには市民だけでなく娼婦なども参加し、踊りや競技会なども行われ、騒々しくて華やかなものだったという。
キーワード：花、春、豊穣女神、擬人化、植物女神
参考文献：高津『ギリシア・ローマ神話辞典』225頁；松村他編『神の文化史事典』457頁；マルタン『ギリシア・ローマ神話文化事典』183頁．

ヘカテ（ヘカテー）　Hekate Ἑκάτη
名前の意味・神格・属性：「遠くにいる女、遠くまで力の及ぶ者」の意。呪術、魔術、夜、死の女神、冥府の神、ティタン神族、大地母神。
概要：魔術や夜、月、冥界の女神。ティタン神族のペルセスとアスタリア（レト†の姉妹）の娘。もとは小アジア、カリア地方の豊穣の女神であったと言われる。ヘシオドス（『神統記』409以下）は、ゼウスがヘカテにいかなる神よりも大きな栄誉を与えたとし、大地と海、天に特権を与え、神々の中で最も敬われている女神としてヘカテを賞賛し、ヘカテに祈る者はみな幸運を与えられると記している。しかし、ほぼ同時代とされるホメロスの作品にはヘカテに関する記載が見当たらないことから、ヘシオドスがいたボイオティア地方で大きな信仰を集めていた女神と考えられる。
　ヘカテの中心的な権能は、魔術と呪術にあり、夜や月、地下世界、冥界とも関連が深かった。冥界の神としては、ハデス、ペルセポネ†、デメテル†とも関連が深く、ペルセポネが冥界に連れ去られたことをデメテルに告げたのはヘカテであった（『ホメロス風讃歌』2「デメテルへの讃歌」19以下）。また、魔術や呪術を司る女神として、コルキスの王女メデイアや魔女キルケ†が、魔術を使う際にヘカテに加護を願っている（オウィディウス『変身物語』7.174, 7.194, 14.505）。さらにヘカテは、夜道や三叉路を守る「三叉路のヘカテ」として、旅人や商人の守護女神、ひいては民間信仰の対象となり、十字路（辻）や三叉路に、三面一体のヘカテ像が建てられた。しばしば手に松明をかかげ、地獄の犬を従えた姿で表されたが、その姿はアルテミス†と混同された。また、月の女神セレネ†やペルセポネとも同一視された。
キーワード：冥界、夜、月、地下、大地母神、魔術、道祖神、犬、三相女神
参考文献：高津『ギリシア・ローマ神話辞典』227頁；松村他編『神の文化史事典』469頁；マルタン『ギリシア・ローマ神話文化事典』189頁．

ヘスティア（ヘスティアー）　Hestia Ἑστία
名前の意味・神格・属性：「炉辺」の意。かまど、炉、家庭の守護女神、火の神
概要：かまど、炉の守り神。クロノスとレア†の娘（長女）であり、ゼウスやヘラ†たちの姉。オリュンポスの12番目の女神（ただし、ヘスティアのかわりにディオニュソスを12番目の神とする伝承もある）。アポロンとポセイドンに求婚されたが、ゼウスに願って永遠に処女のままでいることを許され、結婚の代わりにすべての犠牲式の主催者となる栄誉が与えられた。それゆえ人々は犠牲式を行う時に、最初の一口をヘスティアに捧げ、祭礼では最初と最後に彼女に神酒を奉納するようになった。家族団らんの象徴である家庭の炉、かまどを守る女神として各家庭に祀られたが、町や都市国家の炉、すなわち公共の火の守護神でもあり、各都市のプリュタネイオン（会議場）に祭壇がもうけられ、すべての町で崇拝された。とりわけデルポイにある円堂型のヘスティア神殿は有名であり、世界の中心（へそ）と言われるデルポイの火を守るヘスティアは、全世界の火を守る女神として崇拝されていた。また、ローマ神話の女神ウェスタ†も同様に火の神であり、国家の守護女神でもあった。頭からヴェールをかぶった

姿の女性として表される。
キーワード：家庭、かまど、炉、火、擬人化、処女神、守護女神（かまど、炉、家庭の）
参考文献：高津『ギリシア・ローマ神話辞典』229 頁；松村他編『神の文化史事典』471 頁；マルタン『ギリシア・ローマ神話文化事典』190 頁.

ヘスペリデス Hesperides Ἑσπερίδες
[通常は複数形、単数形はヘスペリス Ἑσπερίς Hesperis]
名前の意味・神格・属性：「黄昏の娘たち」の意。黄昏のニンフ†、神の宝を守る精霊。
概要：この世の果てに住む黄昏の娘たち（ニンフ）。夜の女神ニュクス†が一人で生んだ娘たちであり、モイライ†やネメシス†の姉妹にあたる（ヘシオドス『神統記』215 以下）。このほか、アトラスの娘や、ゼウスとテミス†の娘とする伝承もある。娘たちの人数も三人、四人、七人と伝承によって異なり、アポロドロス（『ギリシア神話』2.5.11）では、アイグレ、エリテュイア、ヘスペリア、アレトゥサ†の名が挙げられている。ヘスペリデスは「ヘスペリデスの園」で百の頭を持つ竜（大蛇）ラドンと共に、黄金の林檎の木を守っている。この林檎の木はヘラ†がゼウスと結婚した際に、結婚祝いとしてガイア†（大地、ゼウスやヘラの祖母にあたる）から贈られ、この木に実る黄金の林檎を食べると不死になると信じられた。

英雄ヘラクレスの「十二功業（ミュケナイ王エウリュステウスに命じられた十二の難業）」のうち十一番目の難業が、このヘスペリデスの林檎を取ってくることだった。ヘラクレスは海の老人ネレウスに「ヘスペリデスの園」の場所を尋ね、ようやく園にたどり着き、黄金の林檎の木を守るラドンを倒し、林檎を手に入れた。一説によると、プロメテウスの助言により、アトラスがヘラクレスの代わりに林檎を取りにいき、その間、ヘラクレスがアトラスの代わりに天空を支えたという。ヘラクレスは手に入れた林檎をエウリュステウスに渡したが、最終的にアテナ†が受け取り、「ヘスペリデスの園」に戻されたと

いう。この神聖な林檎は「ヘスペリデスの園」以外の場所にあってはならないと定められていたからである（アポロドロス『ギリシア神話』2.5.11）。「ヘスペリデスの園」の場所については、オケアノス（大洋）の彼方の西の果て（『神統記』215 以下）、ヒュペルボレイオス人の国のアトラス山（アポロドロス『ギリシア神話』2.5.11）、エチオピア人が治める最果ての地（ウェスギリウス『アエネイス』4.480）、モロッコの大西洋岸（プリニウス『博物誌』5.3）など諸説ある。
キーワード：黄金の林檎、怪物、不老不死、精霊
参考文献：高津『ギリシア・ローマ神話辞典』230 頁；松村他編『神の文化史事典』471 頁以下；マルタン『ギリシア・ローマ神話文化事典』190 頁.

ヘベ（ヘーベー） Hebe Ἥβη
名前の意味・神格・属性：「青春、若さ」の意。若さ、青春の女神。英雄の妻。
概要：青春、若い盛りの美しさの擬人化。ローマ神話のユウェンタスと同一視される。ゼウスとヘラ†の娘、アレス、エイレイテュイア†の姉妹（『神統記』215 以下）。ホメロスに語られるヘベは、ゼウスの家の娘として、まるで侍女のように立ち働き、天上のゼウスの館で開かれる饗宴では、神々の黄金の杯に霊酒（ネクタル）を注いで回り（『イリアス』4.1）、母親のヘラが出掛ける際には、その戦車に車輪を嵌め、馬に馬具を装着して見送り（『イリアス』5.720 以下）、兄弟のアレスが怪我をして、戦場から戻ってきた時には湯浴みをさせて着替えを手伝っている（『イリアス』5.905）。

英雄ヘラクレスがその死後、天界に迎え入れられ神格化されると、ゼウスは娘のヘベを彼の妻として与え、ヘベはヘラクレスと幸せに暮らした、とヘシオドスは記している（『神統記』950 以下）。そして、これを機に、神々の酒宴でネクタルを注ぐ酌人の係は、ヘベからゼウスの寵愛する美少年ガニュメデスに交代したという。

ヘベに関する独立した神話も信仰もほとん

ど伝えられていないが、アテナイ郊外のキュノサルゲスにあるヘラクレスの神域に、ヘラクレス、ヘラクレスの母アルクメネ†、従者イオラオスと共に祀られていたという（パウサニアス『ギリシア案内記』1.19.3.）。
キーワード：青春の女神、英雄の妻
参考文献：高津『ギリシア・ローマ神話辞典』232頁.

ヘラ（ヘーラー） Hera Ἥρα
名前の意味・神格・属性：ヘロス（半神、英雄、保護者）に由来する「女主人」の意とする見解など諸説ある。結婚、出産、家庭、女性の守護神。

概要：クロノスとレア†の娘（『神統記』453）、ゼウスの姉にして妻で、天空と結婚、女性の生活と出産の守護神。オリュンポスの神々の中でも最も強大な権力を持つ女神で、ローマ神話ではユノ†と同一視される。ヘラは、他の兄弟姉妹と同様に、レアから生まれて間もなく父クロノスに飲み込まれたが、末弟ゼウスがクロノスに薬を飲ませ、吐き出させて救出した（アポロドロス『ギリシア神話』1.1.5以下）。その後、ヘラは大洋神オケアノスと妻のテテュス†の許で育てられたとも（ホメロス『イリアス』14.202以下）、ホーライが養育したとも、アルカディア地方やアルゴスで育てられたとも言われる。

ゼウスとの結婚に関しても諸説あるが、ゼウスがアルゴスの森でヘラを見初め、嵐を起こし、雨に打たれたカッコウに変身して、ヘラに近づいたとも、ヘラを追いかけてキタイロン山の洞窟で結婚したともいう。結婚の地はサモス島やクレタ島だったという説もあり、いずれの地もヘラ崇拝の中心地である。ゼウスはそれ以前にメティス†（知恵の女神）やテミス†（掟の女神）と結婚し、テミスとの間にはホーライ（季節）やモイライ†（運命）などの娘たちをもうけ、ドドネではディオネ†を后としていた。そこでヘラは自分を正式な妻の立場にすることを条件に結婚承諾したという。ゼウスとヘラの祖母に当たるガイア†（大地）は、二人の結婚を祝してヘスペリデス†の黄金の林檎を贈った。二人の間には、軍神アレス、青春の女神ヘベ、出産の女神エイレイテュイア†、火と鍛冶の神ヘパイストスの四人の子供が生まれた（『神統記』921）。なお、ヘパイストスは、ゼウスを介さずにヘラが一人で生んだ子とも言われ、生来、足が悪かったため、ヘラは天上界から生まれたばかりの息子を放り投げた。赤児は海底に落ち、海の女神テティス†と姉妹のエウリュノメ†によって養育された。ヘパイストスは、長じて優れた鍛冶職人になり、ある時、自分を捨てた母親のヘラに復讐するため、美しい玉座を贈ることを思いつく。それは一度、座ると立ち上がれなくなる巧妙な仕掛けが施された豪華な椅子であり、知らずに座ったヘラは、身動きがとれず困り果て、手を尽くしてヘパイストスを天上界に呼び戻し、彼と和解し、椅子から解放されたという（パウサニアス『ギリシア案内記』1.20.3）。

ゼウスはヘラや前妻たちのほかにも、アルクメネ†、イオ†、レト†、セメレ†、ダナエ†ら数多くの人間の女性と関係を持ち、アポロンやアルテミス†、ディオニュソス、ヘラクレス、ペルセウスなど名だたる神々や英雄を生ませたが、ゼウスと関係した女性達やその子供に対して、ヘラが行った数々の残忍な復讐はそれぞれの女性の項を参照。それは一夫一婦制の結婚を守護する女神ヘラの使命であり、ゼウスとヘラの結婚は「聖婚（ヒエロス・ガモス）」であった。ギリシア各地ではこれを記念し、木彫の男女をつかった祭儀が行われ、アテナイでは「ガメリオンの月（1月から2月半ば。ガメリオンは結婚の意）に結婚式を行い、花嫁に柘榴を食べさせるしきたりがあったという。

結婚や家庭、出産の守護神であるヘラは、もともとは先住民が信仰してきた大地母神であったらしく、ギリシア各地に古くからのヘラ崇拝の痕跡が残っている。一方、ゼウスはギリシアの地に後から南下してきたインド・ヨーロッパ系民族が信仰した天空神と考えられ、両者の結婚は、先住民と新来の民の融合の象徴であったと思われる。ヘラにまつわるエピソードがしばしば彼女に好意的でないのは、こうした背景の影響があるのかもしれな

い。ヘラにまつわる神話の舞台として繰り返し登場するアルゴスやサモスは、ヘラ信仰の一大中心地であり、ヘラに奉じられた大きな神域があった。現代でも、オリンピックの聖火をともす儀式が行われるオリュンピアのヘラ神殿（前6世紀初頭）は現存する最古のギリシア神殿の一つである。ヘラは堂々とした威厳ある婦人として表され、円筒形の帽子（ポロス）をかぶり、王笏を持ち、長い外衣を着た姿で表現されることが多い。

キーワード：結婚、家庭、出産、豊穣女神、大地母神

参考文献：高津『ギリシア・ローマ神話辞典』232頁；松村他編『神の文化史事典』475頁；マルタン『ギリシア・ローマ神話文化事典』193頁.

ペルセポネ（ペルセポネー） Persephone
Περσεφόνη

名前の意味・神格・属性：「死をもたらすもの」の意か。植物の生育を守護する女神。春をもたらす女神。冥府の女王。

概要：ゼウスと大地の豊穣の女神デメテル†の娘。単に「コレ†（乙女、若い娘の意）」とも呼ばれる。冥界の神ハデスの妻。野原で花を摘んでいたペルセポネがハデスに強奪され、妻になったいきさつと、母のデメテルが行方不明になった娘を探し、やがて再会する物語は、デメテルの項を参照。

野原から地下世界に誘拐され、再び大地に姿を現し、また冥界に戻ってゆくペルセポネは、大地に蒔かれる穀物の種の化身とも言われ、ペルセポネの旅は、冬のあいだ大地に眠り、春が来ると地中から芽を出し生長し、花をつけ、やがて実を結び、朽ちて再び大地に帰ってゆく穀物の生涯の比喩でもあった（ギリシアでは多くの植物が枯死する夏を死の期間と見なし、ペルセポネが冥府にいる期間を夏とする見解もある）。

また、ペルセポネは、アプロディテ†と美少年アドニスを取り合い、夫ハデスの愛人のニンフ†のメンテ（もしくはミンテ）を踏みつけ、ニンフは踏まれると芳香を放つミントの草になったという（オウィディウス（『変身物語』10.728）。

エレウシスでは、デメテルと共に二大女神として信仰を集め、彼女の冥界からの帰還は、信者たちの来世での幸福を約束するものとして崇拝された。ペルセポネは、ローマ神話ではプロセルピナ†の名で呼ばれた。プロセルピナは、もとは青麦の生長を司る農耕の女神だった。

オルペウス教独自の神話では、ペルセポネは蛇の姿に身を変えたゼウスと交わり、ザグレウスを生み、ゼウスはザグレウスを自分の後継者にするつもりで大切にしていたが、ヘラ†がこれに嫉妬し、ティタンたちに命じて八つ裂きにして食べさせる。残っていた心臓をアテナ†が救い出し、ゼウスがこれをセメレ†の胎内で再び育て、生まれたのがディオニュソスであった（ヒュギヌス『ギリシア神話集』167、セメレの項参照）。オルペウス教では、特に主神ディオニュソスをザグレウスの生まれ変わりと見なしていたので、ペルセポネも主神の母として崇拝された。

キーワード：冥界、植物女神、春、誘拐、死と再生、地下、秘儀

参考文献：高津『ギリシア・ローマ神話辞典』252頁；松村他編『神の文化史事典』482頁；マルタン『ギリシア・ローマ神話文化事典』201頁.

ヘレネ（ヘレネー） Helen Ἑλένη

名前の意味・神格・属性：「光り輝く、光で照らすもの、松明」の意。美女。トロイア戦争の原因。古い豊穣の女神。

概要：ギリシアで最も美しいと言われた女性。トロイア戦争を引き起こす原因となった。ゼウスの娘で、レダ†あるいはネメシス†の娘、双子の英雄ディオスクロイ（カストルとポリュデウケス）やクリュタイムネストラ（アガメムノンの妻）の姉妹。元々は鳥や木に関連した古い女神、もしくは先住民の崇拝した豊穣の女神であったという。

ヘレネの母レダは、スパルタ王テュンダレオスの妻であるが、白鳥の姿に化けたゼウスに求愛され、その結果、レダは卵を生み、卵からヘレネが生まれた。また、同じ卵から（あ

るいは別の卵から)、双子の英雄ディオスクロイが誕生したという。このほか、ゼウスとのあいだに卵を生んだのは、ネメシスであり、レダはこれを羽化させて育てたという伝承もある (⇒レダ、ネメシス)。

テュンダレオスは、自分の子 (クリュタイムネストラなど) と共に、ゼウスと妻の間に生まれた子供達、ヘレネやディオスクロイも養育した。ヘレネは幼い頃、テセウスに誘拐され、ディオスクロイが彼女を取り返したというエピソードもあり (ヒュギヌス『ギリシア神話集』79、プルタルコス『英雄伝』31-34)、やがて絶世の美女に成長し、ギリシア中の王侯や英雄から求婚された。ヘレネの養父テュンダレオスは彼らの中から、一人の婚約者を選ぶことで、後に争いが起こることを懸念し、オデュッセウスの発案で「今後、ヘレネの夫となる男性からヘレネを奪おうとする者が現れ、この結婚が損害をこうむった場合には、求婚者たちが全員で協力してヘレネの夫を助けること」という誓いを立てさせ、ヘレネ自身に婿を選ばせた (ヒュギヌス『ギリシア神話集』78、アポロドロス (『ギリシア神話』3.10.9))。

ヘレネは、ミュケナイ王アトレウスの息子メネラオス (アガメムノンの弟、アガメムノンはヘレネの姉妹クリュタイムネストラの夫

《ヘレネの誘拐》グイド・レーニ、ルーヴル美術館

でもあった) を夫に選び、メネラオスは、テュンダレオスの後、スパルタの王位を継承し、ヘレネはスパルタの王妃となった。二人の間には、ヘルミオネという娘が生まれた。その後、トロイアの王子パリスがスパルタを訪問し、メネラオスの留守中に、王妃のヘレネと恋に落ち、彼女をトロイアに連れて帰るという事件が起こった。パリスがヘレネを誘拐したのは、「不和の林檎」をめぐって三大女神、ヘラ†、アテナ†、アプロディテ†が争った「パリスの審判」で、パリスがアプロディテを勝者に選んだことが原因であった (⇒エリス、テティス、アプロディテ)。この一件を知ったメネラオスの兄、ミュケナイ王アガメムノンは、ギリシア中の王侯や英雄に呼びかけ、かつての盟約を果たし、ヘレネをトロイアの王子の手から連れ戻すため、トロイア遠征に赴き、共に戦うことを求めた。ここに10年に及ぶトロイア戦争が始まった。

トロイアでパリスの妻となったヘレネは、大戦争の原因になった者としてトロイアの人々に嫌われたが、トロイア王プリアモスや王子たちは彼女を丁重に保護した (『イリアス』4.139以下)。戦争中のヘレネにまつわるエピソードも数多くあり、パリスがメネラオスとの一騎打ちの途中で、アプロディテの計らいでヘレネに会いにいき、パリスの不甲斐なさをヘレネがなじった話 (『イリアス』3.421以下)、かねてからヘレネを一目見たいと思っていたアキレウスが、母テティス†の計らいでヘレネと逢い引きをした話 (『キュプリア』)、トロイアの町に忍び込んでパラディオン (トロイアの命運を握る神像) を盗もうとしたオデュッセウスに、ヘレネが神像の場所を教えた話 (『小イリアス』) などがある。パリスの死後、ヘレネはパリスの弟デイフォボスと結婚。トロイアが陥落すると、メネラオスが復讐にやってきたが、10年ぶりに再会したヘレネの美しさに剣を落とし、手を引いて連れて帰ったという。

その後、ヘレネとメネラオスは地中海をさまよい8年かけてスパルタに帰り、幸福に暮らし、死後は女神になったとも、メネラオスと共に「エリュシオンの野」(冥界の楽園)

に迎えられ、そこで永遠に暮らしているとも言われる（アポロドロス『摘要』6.29）。あるいは、ヘレネは夫を捨てた不義とトロイア戦争の責任を問われ、アガメムノンの息子オレステスに、あるいは彼女の友人に殺されたという伝承もある。そのほか、メネラオスが、帰国途中にエジプトに漂着し、本物のヘレネは、パリスと出奔した際にエジプトで匿われ、ずっとエジプト王プロテウスの許にいたことを知り、それまでトロイアでパリスと暮らしていた女性は、雲でできた偽のヘレネだったと言われ、本物のヘレネを連れてスパルタに帰ったという異説もある（エウリピデス『ヘレネ』）。このエピソードは、ヘレネの不貞を非難する詩を書いたため、神罰によって盲目にされた詩人ステシコロス（前6世紀）が、神の怒りを鎮めるため、ヘレネが潔白であることを詠ったパリノデ（取り消しの歌）に語られていたと伝えられている。また、ヘレネがこのように多情で、戦争の原因を作るような女性になったのは、ヘレネの王テュンダレオスがアプロディテに生贄を捧げるのを忘れたことに対するアプロディテからの神罰であったとも言われる（ヘシオドス断片247, 298）。

キーワード：美女、誘拐、戦争（の原因）、罰、豊穣女神

参考文献：高津『ギリシア・ローマ神話辞典』255頁：松村他編『神の文化史事典』487頁：マルタン『ギリシア・ローマ神話文化事典』205頁.

⇒ドラウパディー

ホーラ（ホーラー） Hora Ὥρα ［複数形ホーライ Ὧραι Horai］

名前の意味・神格・属性：「時間、季節」の意。季節、時間、秩序の女神。

概要：ゼウスとテミス†の娘たち。季節と自然界の秩序を擬人化した女神たちであり、運命の女神モイライ†の姉妹でもある。その人数や権能は伝承によって異なり、ヘシオドス（『神統記』901以下）によると、エウノミア（秩序）、ディケ†（正義）、エイレネ†（平和）の三人姉妹だが、パウサニアス（『ギリシア案内記』9.35.2）は、アテナイでは季節の女神として、秋の女神カルポ（収穫）と春の女神タロ（萌芽）がいたと伝えている。もともとホーライは、大自然の力や植物の生育を司る女神であったが、その権能は季節の循環や自然の秩序へと広がり、さらに道徳的な秩序に及び、エウノミアは法、ディケは裁判、エイレネは平和を見守る女神となった。また、ヒュギヌス（『ギリシア神話集』183）は九人から十二人のホーライがいたとしている。

ホーライに関する独立した神話はあまり伝えられていないが、季節や時間を司る女神として、カリス†（優美の女神）やモイライ（運命の女神）などと共にその名が挙げられ、雲を動かして、天界と地上を結ぶ「天の門」を管理する番人（『イリアス』8.393以下）として、またヘラ†やヘルメス、ディオニュソス、アプロディテ†を育んだ女神として語られる。多くの場合、ゼウスやヘラ、アポロンなどオリュンポスの大神たちに随行し、季節を示す持物（花の咲いた枝、穀物の穂、葡萄の木など）を手にする三人一組となった若い女性の姿で表される。

キーワード：時間、季節、秩序、擬人化、三相女神

参考文献：高津『ギリシア・ローマ神話辞典』263頁：マルタン『ギリシア・ローマ神話文化事典』216頁.

マイア Maia Μαῖα

名前の意味・神格・属性：「母、乳母」の意。神（ゼウス）の恋人、神（ヘルメス）の母、星。

概要：ティタン神族のアトラスとプレイオネの娘。牡牛座のすばるになったプレイアデス†の七人姉妹の長女。ヘルメスの母。マイアは「母」「乳母」を表す一般名詞であり、おそらくアルカディア地方の古い母神であったと考えられる。

マイアは、アルカディアのキュレネ山の洞窟で静かに暮らしていたが、夜中にゼウスが密かに訪れるようになり、やがてヘルメスの母となった（ホメロス風讃歌4『ヘルメスへの讃歌』、アポロドロス『ギリシア神話』3.10.1以下、ヘシオドス『神統記』938以下）。

ヘルメスは生まれながらにして賢く、生まれた日にはリクノン（箕、脱穀用の籠状の農具、赤児を寝かせる時にも使われた）から抜け出し、テッサリアのピエリアで放牧されていたアポロンの牛の群れを盗んで、焼いて食べ、残りの牛を洞窟に隠した。さらに、帰り道で亀を捕まえ、甲羅で竪琴を作ることを考案した。アポロンは牛を盗んだ犯人が、生後間もないヘルメスであることを知り、キュレネの洞窟に行って問いただしたが、マイアはむつきに巻かれて寝ているヘルメスを指すばかりであったという（アポロドロス『ギリシア神話』3.102 以下）。ヘルメスは、ゼウスから牛を返すように言われても応じず、彼が発明した竪琴を牛の群れと交換し、さらにアポロンから占術を教わった。ゼウスは幼いヘルメスの才気に感じ入り、彼を天界の伝令神とし、やがてヘルメスは旅人、商人、盗人の守護神として、広く敬愛された。ヘルメスの狡猾さは生来のもので、ゼウスがヘラ†の目を盗んでマイアの許に通い、生まれた子であることに起因すると言われている。

また、アルテミス†の従者だったニンフのカリスト†が、ゼウスの子を宿したため、アルテミス（もしくはヘラ）の怒りによって熊に変身させられた神話で、残されたゼウスの子供のアルカスを、ゼウスから預かり、養育したのはマイアだった（アポロドロス『ギリシア神話』3.8.2）。その後、マイアは、ほかのプレイアデスの姉妹と同様に、好色な狩人オリオンに追いかけ回され、これを憐んだゼウスによって天空に迎えられ「すばる」（プレイアデス星団）になったという（⇒プレイアデス）。

ローマにも、マイアと呼ばれる春を司る豊穣の女神があり、ウルカヌス（ヘパイストス）と共に祀られ、5月1日に祭礼が行われていた（ここから「5月」の名称が生じた）。この女神は、やがてギリシア神話のマイアと混同され、メルクリウス（ヘルメス）の母として崇拝されるようになった。

キーワード：神の母、星座、大地母神
参考文献：高津『ギリシア・ローマ神話辞典』269頁.

マイナス Mainas Μαινάς ［複数形 マイナデス Mainades Μαινάδες］

名前の意味・神格・属性：「わめく者」、「狂女」の意。神（ディオニュソス）の従者。

概要：ディオニュソスの眷属、女性信者たちの総称。テュイアデス、バッカイ（バッコスの信女たち）とも呼ばれる。英語読みではメナード。葡萄酒と演劇の神ディオニュソス（バッコス）に付き従い、ディオニュソスの男性の眷属である半人半獣で好色なサテュロス（山羊の耳と尾のある人間）と戯れ、ディオニュソスのもたらす狂乱、酩酊状態の中で山野を駆けめぐり、時には、野獣を八つ裂きにして生肉を食べた。ギリシア陶器などに見られるマイナスたちは、長い髪を振り乱し、木蔦の葉冠をかぶり、子鹿や豹の毛皮をまとい、松かさに木蔦の蔓を巻きつけた杖（テュルソス・霊杖）をふりまわし、乱舞している。ディオニュソスがリュディア、プリュギア地方からトラキアを経て、ギリシアに入った際にも神に従って旅をし、ディオニュソスへの信仰を邪魔立てしたテバイの王ペンテウスやオルペウスを八つ裂きにした（アポロドロス『ギリシア神話』1.3.2、エウリピデス『バッカイ』）。

キーワード：酒、狂乱、酩酊
参考文献：ジャンメール『ディオニューソス』217頁以下；高津『ギリシア・ローマ神話辞典』269頁.

マグナ・マテル（マグナ・マーテル） Magna Mater

名前の意味・神格・属性：「大いなる母」の意。ローマ神話の大地母神。

概要：プリュギア起源の大地母神キュベレ†のローマでの呼び名。大いなる母の意。第2次ポエニ戦争中、スキピオ・アフリカヌス（大スキピオ）が「シビュレの書」の神託に従い、ハンニバルを討つため、キュベレ＝マグナ・マテル信仰をローマに導入した。そこで、小アジアのペッシヌスでキュベレとして崇拝されていた黒い隕石がローマに運ばれ、パラティウムの丘の神殿に奉納され、マグナ・マテル神殿が建立され、メガレシア祭が創設され

た。
キーワード：大地母神、岩石
参考文献：高津『ギリシア・ローマ神話辞典』271頁.

ミネルウァ Minerva （ローマ神話）⇒アテナ

ムーサ Musa Μοῦσα［複数形 ムーサイ Musai Μοῦσαι］
名前の意味・神格・属性：「思う、思索する」に由来する。文芸、詩歌の女神。
概要：ゼウスと記憶の女神ムネモシュネの娘。詩歌の女神。文芸、音楽、哲学、科学などあらゆる人間の知的活動を守護する女神。芸術家や詩人、音楽家に霊感を与えると信じられた。英語ではミューズ。ムーサに捧げられた神域（ムセイオン）は、次第に学舎、教育機関を表す一般名詞になり、今日の博物館の語源となった。

オリュンポスからほど近いピエリア山でゼウスが九夜ムネモシュネと交わり、九人の娘が生まれた（『神統記』36以下、アポロドロス『ギリシア神話』1.3.1以下）。ムーサの人数や名前は時代や地域によって異なり、古くは、神々を讃える歌を詠う泉のニンフ†のような存在であったが、次第に司る領域が定められた九人のムーサが定着した。それぞれのムーサの名前と担当する分野（カッコ内はそれぞれの持物）は以下の通り：カリオペ―叙事詩（鉄筆・書板）、クレイオ―歴史（巻物）、エウテルペ―叙情詩（笛）、タレイア―喜劇（喜劇の仮面、羊飼いの杖）、メルポメネ―悲劇（悲劇用の仮面、靴）、テルプシコラ―合唱抒情詩、舞踊（竪琴）、エラト―独吟叙事詩（竪琴）、ポリュムニア―讃歌、ウラニア―天文（杖、コンパス）。

ムーサたちにまつわる神話はあまり多くなく、神々に美しい讃歌を捧げ、アポロンと共に詩歌を吟じ、詩人たちに霊感を与える存在として語られるが、彼女たちと技を競おうとする不遜な人間には、厳罰が下された。例えばトラキアの吟遊詩人タミュリスはムーサたちと競い、盲目にされ音楽の技を奪われた（『イリアス』2.594以下）、ペラ（マケドニア）のピエロスの九人の娘たちもムーサイと詩歌の技を競おうとして鵲（かささぎ）に変えられた（オウィディウス『変身物語』5.294以下）。

ムーサ信仰はボイオティアのヘリコン山周辺で広まり、テスピアイの町では5年ごとにムーサの祭礼が行われ、詩歌の競技会が開催された。また、デルポイやアテナイ、オリュンピア、スパルタなどギリシア世界全土にムーサに奉じられた聖所や泉や井戸、神域があり、プトレマイオス朝エジプト、プトレマイオス1世が設立したムセイオン（ムーサの神域）には古代世界の最大の図書館があった。
キーワード：詩歌、文芸、音楽、演劇、芸術
参考文献：高津『ギリシア・ローマ神話辞典』277頁；松村他編『神の文化史事典』528頁；マルタン『ギリシア・ローマ神話文化事典』224頁.

メディア（メーデイア） Medea Μήδεια
名前の意味・神格・属性：「企てる、たくらむ」に由来。コルキスの王女、魔女、英雄（イアソン）の妻。
概要：コルキス（現在のグルジア西部）の王アイエテスの娘。太陽神ヘリオスの孫、魔女キルケ†の姪にあたり、魔術に長じていた。イオルコス（テッサリア）の王子イアソンの妻。

英雄イアソンが、アルゴ号でコルキス王が宝としている金毛羊の毛皮を手に入れるため、黒海東岸のコルキスまでやってきた時、王女メディアはイアソンに恋をし、自分の家族を裏切り、魔術によって彼が金毛羊を手に入れるのを助けた（ロドスのアポロニオス『アルゴナウティカ』第3,4巻、アポロドロス『ギリシア神話』1.9.23以下）。イアソンがアルゴ号で帰国する時、メディアも幼い弟アプシュルトスを連れてアルゴ号に乗り、共にコルキスを去ろうとするが、アイエテスが追ってきたのを知ると弟を殺害、その遺体を八つ裂きにして海に投げ入れ、アイエテスの追跡を逃れた。

帰国の途上で二人は結婚し、故郷イオルコ

スでイアソンは、メデイアの魔術の力を借りて、父王アイソンを苦しめた叔父ペリアスに復讐する。それはメデイアが、若返りの術と称してペリアスの娘たちを騙し、老いたペリアスの身体を切り刻ませ、魔法の薬が入った釜で煮させるというものだったが、ペリアスは若返るどころか、そのまま死んでしまう。この一件で、罪人となったイアソンとメデイアはイオルコスを追われ、コリントスに居を構えることになる。その後の悲劇は、エウリピデスの名高い悲劇『メデイア』(前431年上演)に詳しく語られるとおりである。コリントスでメデイアは二人の息子に恵まれ平穏な日々を送ったが、イアソンはメデイアを裏切り、コリントス王クレオンの娘グラウケと結婚することを決め、メデイアを国外追放しようとした。これを知ったメデイアは復讐のため、結婚祝いとして、毒を塗った花嫁衣装をグラウケに贈り、グラウケとその父を殺す。さらに、イアソンとの間に生まれた二人の子供も殺害し、戦慄したイアソンの見ている前で、子供たちの遺骸を抱え、祖父の太陽神ヘリオスが遣わしたドラゴンの牽く戦車に乗って天空へ去ったという。

その後、メデイアはアテナイに逃れ、アテナイ王アイゲウスの後妻となり一子メデイオスをもうけるが、アイゲウスの長子でトロイゼンからアテナイに上ってきたテセウスを毒殺しようとして追われ、息子メデイオスを連れて黒海沿岸の祖国コルキスへ帰ったとも(メデイオスは後にメデイア王国の祖になったという)、エリュシオンの野で暮らしたとも言われている。

キーワード：魔女、魔術、若返り、嫉妬、殺戮、子殺し、英雄の妻

参考文献：高津『ギリシア・ローマ神話辞典』280頁；松村他編『神の文化史事典』532頁；マルタン『ギリシア・ローマ神話文化事典』228頁.

メティス（メーティス） Metis Μῆτις

名前の意味・神格・属性：「知恵、思慮、助言」の意。ティタン神族、ゼウスの最初の妻、アテナ†の母 知恵、思慮、助言の女神。

概要：オケアノスとテテュス†の娘、知恵や思慮、助言を擬人化した女神。ゼウスの父クロノスが、レア†との間に生まれた子供を次々と呑み込んでしまったので、レアがこれに怒り、末子のゼウスだけはクレタ島で生み、密かにニンフ†やアマルティア†に育てさせた。成長したゼウスは、クロノスに呑み込まれた兄姉たちを救出するため、知恵の女神メティスに協力をあおいだ。メティスはゼウスに吐き薬を与え、その薬をクロノスに飲ませると、今まで呑み込んでいた子供たち（ヘスティア†、デメテル†、ヘラ†、ハデス、ポセイドン）が次々と吐き出された（アポロドロス『ギリシア神話』1.2.1）。ゼウスは、賢いメティスを最初の妻に選んだが、メティスははじめ、近づいてくるゼウスを避けるため、様々な形に姿を変えて、彼を拒んだという（アポロドロス『ギリシア神話』1.3.6）。やがてメティスはアテナを身ごもったが、ガイア†とウラノスが、ゼウスに、知恵の女神メティスから生まれる子供は、並外れて賢い子供たちであり、父に劣らぬ気性と賢い思慮を備えた娘と、傲慢な心を持つ息子が、神々の王として生まれると予言した。これを聞いて、子供に王位を奪われることを恐れたゼウスは、身重のメティスを言葉巧みに欺き、彼女を呑み込んでしまう。それ以来メティスは、ゼウスの腹の中で善きこと悪しきことを助言するようになったという（ヘシオドス『神統記』886以下）。そしてメティスが身ごもっていたアテナは月が満ちて、ゼウスの頭から武装した姿で誕生し、知恵と戦いの女神となった。

キーワード：知恵、助言、擬人化

参考文献：高津『ギリシア・ローマ神話辞典』281頁；松村他編『神の文化史事典』533頁；マルタン『ギリシア・ローマ神話文化事典』231頁.

メドゥサ（メドゥーサ） Medoūsa
Μέδουσα ⇒ゴルゴン

モイラ Moira Μοῖρα［複数形 モイライ Moirai Μοῖραι］

名前の意味・神格・属性：「割り当て、運命」

の意。運命の女神、死をもたらす女神。

概要：運命を司る三人の女神。複数形はモイライ。人間の運命、とりわけ人生の長さや死期を定め、見守る女神。ヘシオドスはモイライを三人の女神としたが、原初の女神ニュクス[†]が一人で生んだ子供たち（『神統記』211以下）とも、ゼウスとテミス[†]の娘で、ホーライの姉妹（同901以下）とも述べ、その系譜や位置付けは曖昧である。

一方、ホメロスはモイラ（運命）を人格を持った複数の女神としてではなく、単数の「モイラ」として語り、宿命のような「避けがたい運命」としてとらえていたらしい。モイラはオリュンポスの神々でさえ変更できないものであり、例えばアキレウスとヘクトルの運命をゼウス自身が秤で量っているように（ホメロス『イリアス』22.209以下）、神さえあらかじめ定められた運命が施行され、命運がつきるのを見届けるほかなかったようである。

ヘシオドス以降、モイライは、1．運命の糸を割り当てるラケシス（配給する者）、2．人間の運命の糸を紡ぐクロト（紡ぎ手）、3．運命の糸を断ち切るアトロポス（変えるべからず者）の三人の老婆に擬人化された。なお、ローマではパルカイ（子を生む者の意）と同一視され、それぞれラケシスはデキマ（誕生）、クロトはノナ、アトロポスはモルタ（死）と呼ばれた。モイライに関する神話物語はあまり多く伝えられていないが、カリュドンの王の息子メレアグロスが生まれた時、7日目にモイライがやってきて、クロトはメレアグロスが高貴な人物となることを、ラケシスは彼が強い英雄となることを予言し、アトロポスは暖炉で燃えている薪を見て、この薪が燃え尽きた時にメレアグロスは死ぬであろうと言った。そこで母のアルタイアは急いで暖炉から薪を取り出し、火を消して宮殿の床に隠したという（アポロドロス『ギリシア神話』1.8.2、ヒュギヌス『ギリシア神話集』171）。また、モイライはギガスたちとの戦い（ギガントマキア）にも参加し、アグリオスとトオンという名のギガスと棍棒で戦って殺したと伝えられ（アポロドロス『ギリシア神話』1.6.2）、さらにゼウスがテュポンと戦った時は、テュポンに「さらに強くなる」と欺いて「無常の果実」を食べさせ、怪物を弱らせた（同1.6.3）と言われている。

キーワード：運命、糸紡ぎ、擬人化、三相女神

参考文献：高津『ギリシア・ローマ神話辞典』290頁；松村他編『神の文化史事典』538頁；マルタン『ギリシア・ローマ神話文化事典』234頁.

ユウェンタス（ユウェンタース）
Juventas （ローマ神話）⇒ヘベ

ユスティティア　Jusititia　（ローマ神話）
⇒ディケ、ホーラ

ユノ（ユーノー）　Juno

名前の意味・神格・属性：「若さ」を表すiuvenisに由来。ローマ神話の結婚、出産を司る女神。

概要：古代ローマ最大の女神。サトゥルヌスとレア[†]の娘、最高神ユピテルの妻、ギリシア神話のヘラ[†]に相当する。「ユノ・レギナ」（女王）として、ユピテル、ミネルヴァ[†]と共にカピトリウムの三神としてユピテル神殿に祀られた。

ユノは元来、月の満ち欠けに関連した女神だったとされるが、女性の生活全般、特に女性の結婚生活を司り、主婦と新生児の守護者であった。「ユノ・ルキナ」（子供を光の中へ導く女神、誕生の女神としてのユノ）は、特に出産を守護し、出産の女神エイレイテュイア[†]（ローマ神話ではイリテュイア）にも関連付けられ、3月1日にはクイリナリスの丘の神殿で大祭マトロナリアが行われた。この日は、ユノがマルスを生んだ日でもあった（ユノが夫を介さず花の力で妊娠し、一人でマルスを生んだ話についてはフロラの項を参照）。

ユノには「ユノ・モネタ（警告する女神としてのユノ）」という尊称もあり、ガリア人がローマに侵攻した時に、ユノの鵞鳥が警告を発し、ローマを救ったという故事にちなんでいる。ローマの人々はユノに感謝し、カピ

《ヴェネツィアに贈り物を授けるユノ》ヴェロネーゼ、パラッツォ・ドゥカーレ

トリウムの丘の北の頂上（アルクス）に、ユノ・モネタ神殿（前344年）を建立し、ユノを助言者として崇拝した。その後、この地に貨幣鋳造所が置かれたため、貨幣がモネタ moneta と呼ばれるようになり、英語のマネーの語源となった。また、古代イタリアでは農閑期の6月が慣例的に結婚の月であったため、この月に結婚の守護神ユノの名を冠し、ジューン・ブライド（6月の花嫁）の由来となった。

キーワード：結婚、出産
参考文献：高津『ギリシア・ローマ神話辞典』293頁；松村他編『神の文化史事典』552頁；マルタン『ギリシア・ローマ神話文化事典』236頁．

ルナ（ルーナ） Luna （ローマ神話）⇒セレネ

レア（レアー） Rhea Ῥέα
名前の意味・神格・属性：「流れ出す、放つ」を意味する ῥέω（rheo）、もしくは豊穣のシンボル、柘榴 ῥόα に由来。豊穣の女神、神々の母、最高神ゼウスの母。
概要：原初の神々ウラノス（天空）とガイア†（大地）の娘。ティタン神族の一人。最高神ゼウスをはじめとするオリュンポスの神々の母。ローマ神話ではサトゥルヌスの妻オピスと同一視される。

ヘシオドス（『神統記』133以下）によると、レアは末弟のクロノスの妻となり、三人の女神と三人の男神（ヘスティア†、デメテル†、ヘラ†、ハデス、ポセイドン、ゼウス）を生んだが、クロノスは生まれた子供に王位を奪われることを恐れ、赤児を次々と呑み込んでしまった。そこでレアは両親のガイアとウラノスに相談し、末子のゼウスだけは、クロノスに殺されないようクレタ島のリュクトスで密かに出産することにした。そして赤児に似せた石に産着を着せたものをクロノスに渡し、これをゼウスの代わりに呑み込ませた。ゼウスはクレタ島のイデ山で、ニンフ†たちと雌山羊アマルティア†によって育てられ、成長すると、レアとメティス†の助言に従ってクロノスに復讐し、兄姉たちを救出した（ヘシオドス『神統記』453以下、アポロドロス『ギリシア神話』1.4.5、ヒュギヌス『ギリシア神話集』序文，139、クロノスへの復讐に関しては⇒メティス）。

レアは元来、クレタ起源の古い大地母神であったと考えられ、ローマ時代には偉大なる神々の母マグナ・マテル†として、プリュギアの大地母神キュベレ†と混同され、城壁をかたどった冠を被り、獅子が牽く戦車に乗った姿で表された（オウィディウス『変身物語』10.686以下、ホメロス風讃歌 第14歌『神々の母への讃歌』）。また、ヒュギヌス（『ギリシア神話』139）が伝えるところでは、レアが隠した赤児のゼウスのまわりで、クレテスともコリュバンテスともよばれるクレタの少年たちが、騒々しく青銅の盾を打ち鳴らし、ゼウスの泣き声がクロノスの耳に届かないようにしたという、キュベレ信仰のコリュバン

テスの狂躁的な祭儀を思わせる記述があり、ここでもレアとキュベレの関連性が見いだされる。
キーワード：大地母神、豊穣女神、神の母
参考文献：高津『ギリシア・ローマ神話辞典』305頁；松村他編『神の文化史事典』576頁；マルタン『ギリシア・ローマ神話文化事典』242頁.

レア・シルウィア　R(h)ea Silvia
名前の意味・神格・属性：レアは王位regnumもしくはギリシアの大地母神レアに、シルウィアは森silvaもしくはアルバ・ロンガの王シルウィウスに由来。ローマの建国者ロムルスとレムスの母。
概要：ローマの建国者ロムルスとレムスの母。トロイア滅亡後、イタリア半島に渡ったトロイアの英雄アイネイアスの娘とも、その子孫のアルバ・ロンガ王ヌミトルの娘とも言われる。アイネイアスの血を引くことからイリア（「イリオン、即ちトロイアの女」の意）とも呼ばれるが、もとは森に関連した古い女神だったとも言われる。リウィウス『ローマ建国史』（第1巻）によると、父ヌミトルの王位を奪った叔父のアムリウスによって、生涯、結婚できない「ウェスタ[†]の巫女」にさせられたが、祭礼のために泉に水を汲みに行ったところを（あるいは泉で眠っているあいだに）、軍神マルスに犯され、ロムルスとその双子の兄弟のレムスを生んだ。双子は生後間もなく、籠に入れてティベリス川に流されるが、河岸に流れ着いて雌狼に育てられ、その後、羊飼いに発見される。成長した二人は自分たちの素性を知り、叔父のアムリウスを殺して父の仇を討ち、その後、ロムルスがローマを建設する。

レア・シルウィアのその後については諸説あり、ウェスタの巫女であったにもかかわらず、禁を破って子供を生んだため、投獄された、もしくは川に投げ込まれて殺された、あるいは、河神ティベリヌスの妻になったとも、のちに息子たちに救出されたとも言われている。
キーワード：建国

参考文献：高津『ギリシア・ローマ神話辞典』310頁.

レウコテア（レウコテアー）　Leukothea
Λευκοθέα ⇒イノ

レダ（レーダー）　Leda　Λήδα
名前の意味・神格・属性：おそらく小アジア、リュキアの女神ラダに由来（レト[†]と同様）。ゼウスの恋人、ディオスクロイの母。
概要：アイトリア王テスティオスの娘、スパルタ王テュンダレオスの妻。絶世の美女ヘレネ[†]の母となった女性。レダは、国を追われていたテュンダレオスが、父テスティオスの許で客人になっていた時に結婚し、後にスパルタの王妃となった。

ある時、ゼウスがレダを見初め、白鳥の姿となってレダと交わり、さらに同じ夜にテュンダレオスと同衾したため、レダは四人の子供を生んだ。子供たちがいずれの父親の子であるのかという問題に関しては諸説あり、アポロドロス（『ギリシア神話』3.10.5以下）では四人の子供のうち、ヘレネとポリュデウケスはゼウスの子であり、クリュタイムネストラとカストルは夫のテュンダレオスの子であった、としている。一方、ホメロス風讃歌（17, 33『ディオスクロイ讃歌』）では、カストルとポリュデウケスは、いずれもゼウスの息子として語られ、さらにアポロドロス（『ギリシア神話』3.10.7）はヘレネを生んだのは、レダではなく、復讐の女神ネメシス[†]だったとしている。ゼウスは鵞鳥の姿をしたネメシスと白鳥の姿になって交わり、その結果、ネメシスは卵を生み、ある羊飼いがこれを森で見つけてレダに与えた。レダが卵を大切に箱に入れておいたところ、月が満ちてヘレネが生まれたという。

レダの四人の子供たちは、いずれもギリシア神話の重要人物となり、ヘレネは絶世の美女に成長し、メネラオスと結婚してスパルタ王妃となったものの、トロイアの王子パリスに誘拐され、トロイア戦争の原因となり、クリュタイムネストラは、ミュケナイ王アガメムノンの妻であり、イピゲネイアやオレステ

スの母となり、トロイア戦争が終わった後、愛人と謀って夫を殺し、息子に殺された女性である。そして、ポリュデウケスとカストルは、ディオスクロイ（ゼウスの息子たちの意）と呼ばれて崇拝されたスパルタの双子の英雄であり、のちに天空に昇って双子座となった。

神なる白鳥が、裸形のレダと交わるというイメージは、古代ギリシアからイタリア・ルネサンスの美術家の創造力を大いに刺激し、レオナルド・ダ・ヴィンチ、ミケランジェロ、コレッジオなどにより繰り返し美術作品の題材として取り上げられた。

キーワード：卵、変身、英雄の母、神の恋人
参考文献：高津『ギリシア・ローマ神話辞典』308頁；松村他編『神の文化史事典』576頁；マルタン『ギリシア・ローマ神話文化事典』242頁.

レト（レートー） Leto Λητώ

名前の意味・神格・属性：おそらく小アジア、リュキアの女神ラダに由来。神（ゼウス）の恋人、神々（アポロン、アルテミス†）の母。豊穣と育児の女神。

概要：ティタン神族のコイオスとポイベの娘。ティタン神族の一人。ゼウスとの間にアポロンとアルテミスを生んだ。おそらくリュキアの女神ラダに起源を持ち、元来は豊穣と子供の守護女神であったと考えられる。ローマ神話ではラトナとよばれる。

ゼウスに愛されたレトは双子を身ごもるが、臨月が近づいても出産する場所がなく、安住の地を求めてさまようことになった。ゼウスの妻ヘラ†が、あらゆる国と地域に身重のレトに出産する場所を提供してはならない、レトに太陽のあたる所で子供を生ませてはならない、と命じたからである。そこでレトがいかなる苦難の末に、輝かしい双子の神アポロンとアルテミスを生んだか、そのいきさつを語った伝承は数多くあり、例えば『ホメロス風讃歌』3「アポロンへの讃歌」では、身重のレトはギリシア全土をさまよい歩き、アルテミスをオルテュギアで、アポロンをデロス島で生んだ。レトはデロス島に来た時、この島に祈り、もし自分の出産を受け入れてくれるなら、輝けるアポロンの社殿をこの地に築き、この島が人間たちに讃えられる地になることを誓い、デロス島はレトを受け入れることを承諾した。だが、その後レトは九日九夜にわたる生みの苦しみに耐えなくてはならなかった。ヘラ以外のギリシア中の主な女神がデロスに集まったが、出産の女神エイレイテュイア†だけはヘラの策謀でレトの許にこなかったからである。出産の女神が来ないと、子供は無事に生まれないので、女神たちは大きな首飾りを与えることを条件に伝令の女神イリス†を遣わし、ヘラに知られぬようにエイレイテュイアをデロスに呼んだ。出産の女神が島に足を踏み入れるやいなやレトは産気づき、川岸の棕櫚の木に両腕を巻きつけ、草の上に膝をついて（あるいは、キュントス山の頂に背をもたせ、川辺の棕櫚の木の傍らで）アポロンを生んだ。その瞬間、大地はほほえみ、デロスは歓喜にあふれ、島全体が花で覆われ、アポロンとアルテミスを讃える歌が響き渡ったという。

一方、ヒュギヌス（『ギリシャ神話集』53, 140）の伝えるところでは、ゼウスははじめ、レトの姉妹アステリア†に求愛したが、拒まれたため、ゼウスはアステリアを鶉に変え、海に投じてオルテュギア（鶉）という名の浮島にしてしまった。その後、ゼウスによって妊娠したレトが、ヘラの怒りによって出産の地を失ったため、ゼウスは風神ボレアスに命じ、レトをポセイドンの所へ連れて行った。ポセイドンはレトを保護したが、ヘラの命に背かぬよう、レトを彼女の姉妹が浮島になったオルテュギア島へ下ろし、この島を波で隠した。レトはこの島でオリーヴの木につかまって、アポロンとアルテミスを生んだ。オルテュギア島はその後、ポセイドンによって高いところへ移され（ピンダロスでは、それまで浮島だった島が、四本の柱で支えられるようになった）輝く島、すなわちデロス島という名で呼ばれるようになったという。また、アポロドロス（『ギリシア神話』1.4.1）では、レトはデロス島で、まずアルテミスを生み、生後間もないアルテミスを産婆とし、アポロンを生んだという。それゆえアルテミスは出

産の女神としての権能も与えられた。
　その後、アポロンはデルポイで神託を下す神となり、レトもデルポイに行ったところ、欲情にかられた巨人ティテュオスがレトを引き寄せたので、レトはアポロンとアルテミスに助けを求め、ティテュオスは両神の矢によって射殺されたという（アポロドロス『ギリシア神話』1.4.1）。また、テバイのアムピオンの妻、ニオベ†が自分の子供の多さを自慢し、レトのことを子供が二人しかいないと侮辱したので、アポロンとアルテミスは、母レトの屈辱を晴らすため、ニオベの子供たちをすべて弓で射殺し、ニオベは悲しみのあまり石になったという。レトは、ゼウスの子でオリュンポス十二神となったアポロンとアルテミスを生んだので、古い世代のティタン神族ではあったが別格の神格を与えられ、二人の子供と共にギリシア各地の神域に祀られ、ギリシア中で崇拝された。

キーワード：大地母神、豊穣女神、神の母、出産、罰

参考文献：高津『ギリシア・ローマ神話辞典』309 頁；松村他編『神の文化史事典』581 頁；マルタン『ギリシア・ローマ神話文化事典』243 頁．

ケルトの女神

渡邉浩司

概説

【原典】

　ギリシア語の「ケルトイ」に由来する「ケルト」は元来、大陸のケルト人のみを表し、ブリテン島やアイルランドに住むケルト人を指していた訳ではない。しかし19世紀以降になり、大陸と島の双方に住んでいたケルト人に言語・神話・文化の点で数多くの共通項が確認され、現在「ケルト」は総称として使われている。それでも便宜上、「大陸のケルト」「島のケルト」と二つに分けて議論される傾向にある。

　「大陸のケルト」の代表格はガリア人である。知識階級に属するドルイド僧が文字の使用を禁じていたため、ガリア人自らが著した文献は存在しない。ガリア神話を伝えてくれるのは、カエサル『ガリア戦記』(紀元前51年頃)を始めとした、古代ギリシア・ローマの著作家たちによる間接的な証言である。神名の刻まれた碑文や、神々を象った彫像は数多く出土しているが、その解釈は容易ではない。

　これに対して「島のケルト」では、中世キリスト教の修道院文化が古いケルトの伝承を保存した。今日慣例で「ケルト神話」と呼ばれるものは、アイルランドの修道士たちが10世紀から15世紀にゲール語で書き留めたものに多くを負っている。アイルランド神話の最古の痕跡は、900年頃成立した『コルマクの語彙集』や、日本の『風土記』を想起させる地誌集成『ディンヘンハス』(9世紀から12世紀にかけて成立)に認められる。アイルランド神話を詳細に伝えてくれるのは複数の物語群であり、現存最古の写本は、1100年頃にクロンマクノイズ修道院で筆写された『赤牛の書』である。また物語群の中でアイルランド神話の核となるのは、「神話物語群」、「アルスター物語群」、「フィアナ物語群」である。

　神話物語群には、疑似歴史的な物語の集成『アイルランド来寇の書』、トゥアタ・デー・ダナン族の活躍を描く『マグ・トゥレドの戦い』、ヒロインの変身が印象的な『エーダインへの求婚』、白鳥乙女の登場する『オイングスの夢想』などが含まれる。アルスター物語群は叙事物語『クアルンゲの牛捕り』を中心に展開し、英雄クー・フリンの武勇に焦点が当てられている。若きコナレ・モールを主人公とする『ダ・デルガの館の崩壊』もアルスター物語群の代表作の一つであり、その冒頭にはエーダインの娘メス・ブアハラがエダルシュケール王と出会う場面が描かれている。このエーダイン[†]は、二度目の誕生をしてエオヒド・アレウの妃となったエーダインの同名の娘である。

　フィン・マク・クウィルを頭領とする戦士団の活躍を描くフィアナ物語群の中で特に有名なのは、老齢のフィンとの結婚を望まぬ若き美女グラーネ[†]が、若き美男ディアルミドと駆け落ちする物語『ディアルミドとグラーネの追跡』である(アルスター物語群に属し、美女デルドレ[†]をヒロインとする『ウシュリウの息子たちの流浪』も同種の駆け落ち譚である)。以上の物語群のうち邦訳で読むことのできる原典からの訳は、松村賢一訳『ダ・デルガの館の崩壊』のみであるが、『クアル

334

ンゲの牛捕り』は古アイルランド語からの英訳をもとにした重訳（樹木訳）『トーイン』で読むことができる。

中世ウェールズでも神話伝承に依拠した11編の物語が作られ、慣例では『マビノギオン』という総称で知られている（邦訳は中野訳）。このうちウェールズ神話の影を色濃く留めているのは「マビノーギの四つの物語」であり、スィールの一族とドーンの一族が活躍する。このほかには「カムリ（ウェールズ）に伝わる四つの物語」と「アルスル（アーサー）の宮廷の三つのロマンス」がある。この物語集の全編は、『レゼルッフの白い本』（1300-25年）と『ヘルゲストの赤い本』（1375-1425年）という二写本により伝わる。物語の原型は詩人（バルズ）たちが長らく口承で伝えてきた話であり、修道士たちは南ウェールズの僧院で11世紀の後半頃から編纂を始めたと考えられる。ウェールズにはさらに、歴史・伝説を扱った押韻詩集成『ブリテン島三題歌』が伝わり、価値の高い資料となっている（1ダースを越える13-17世紀の写本が現存）。

こうしたケルトの神話伝承は、12世紀から15世紀にかけてヨーロッパで人気を博した「アーサー王物語」の中にも受け継がれている。原典からの邦訳は、アーサー王物語の父と評されるクレチアン・ド・トロワから、アーサー王物語を集大成したトマス・マロリーに至るまで数多く存在する。またアーサー王物語の誕生に多大な貢献をした、ジェフリー・オヴ・モンマスの『ブリタニア列王史』と『マーリン伝』（『マーリンの生涯』）も、ラテン語原典からの邦訳（瀬谷訳）がある。

【ケルト神話における男神と女神】

「大陸のケルト」の代表格ガリアの神々については、カエサルが『ガリア戦記』第6巻17-18で行っているローマ風解釈によれば、メルクリウスが最も崇められ、その次にアポロンとマルス、ユピテルとミネルウァ[†]が崇拝され、ガリア人はみなディス・パテル（父なる神ディス）の子孫だと吹聴したという。カエサルは属性の似ているローマの神々の名でガリアの神々を呼んでいるが、「あらゆる技術の発明者」メルクリウスに相当するのはルグスであろう。ルグスはアイルランドではサウィルダーナハ（「百芸に通じた」）の異名を持つルグ、ウェールズではスェウの名で登場する万能神であり、ヨーロッパには「ルグの城砦」を意味する都市名（リヨン、ライデン、ライプツィヒなど）が今も残る。マルスとユピテルは、ルカヌス（39-65年）が『内乱』（通称『パルサリア』）でテウタテスと共に挙げているエスス（きこり姿の神）とタラニス（雷神）を、「病魔を払う」アポロンは太陽神ベレノス（またはベレヌス、ベリヌス、ベル）を指していると思われる。またディス・パテルはガリアの各部族の守護神テウタテス（「民の父」）と同一の神かもしれない。ミネルウァは後述するアイルランドのブリギッド[†]に相当する大女神であろう。他の文献では、ルキアノス（2世紀）の『ヘラクレス』が雄弁の神オグミオスを伝えるが、女神では馬との関連が強いエポナ[†]への言及がアプレイユス（2世紀）の『変身物語』を始めとした複数の文献に見つかる。

ガリアからは数多くの碑文が出土し、神名の宝庫となっている。碑文ではローマ風解釈を施された神名も多く、当該神の属性を推測するための手掛かりを与えてくれる。神々の彫像も数多く出土しており、なかでもエポナの神像は200以上も見つかっている。また三者一組の座像で表されることの多い母神（マトレス）像や、両膝に一人か二人の赤子を乗せて乳を与える女神（デア・ヌトリクス）像も数多く出土しており、母神信仰を伝える貴重な証言となっている。彫像には夫婦像も数多く、男神の属性を補強するために女神が添えられている。例えばメルクリウスにはロスメルタ、アポロンにはダモナ[†]やシロナ[†]、スケッルス[†]（「良き叩き手」）にはナントスエルタ[†]が配偶神となっている。

これに対し、神話文献が数多く伝わるのが「島のケルト」であり、アイルランドでは中世盛期から後期にかけて修道士たちが文字で書き留めた。アイルランドの代表的な神族は、『アイルランド来寇の書』（11世紀）が伝え

るトゥアタ・デー・ダナン族である。彼らは島の最後の征服者ミールの息子たち（アイルランド人の祖先）との戦いに敗れ、シードと呼ばれる異界へ逃れ去った（今でもハロウィンに一時的に姿を見せると言われる）。トゥアタ・デー・ダナン族は島に上陸後、マグ・トゥレドの平原で、まずフィル・ヴォルグ族（雷族）を破り（第一の戦い）、次に島の先住民族フォウォレ族を絶滅させる（第二の戦い）。奇怪な巨人集団であり原初の闇を具現する魔族フォウォレを、技芸に長けた神族トゥアタ・デー・ダナンが駆逐したことは、アイルランドに高度な文化体制が敷かれたことを表している。トゥアタ・デー・ダナンとは「女神ダナの民」の意であり、代表的なメンバーには万能神ルグのほか、「善良な神」ダグダ、雄弁の神オグマ、「銀の手の」ヌアドゥ、鍛冶神ゴヴニウなどがいる。ルグはキアン（トゥアタ・デー・ダナン族の医術神ディアン・ケーフトの息子）を父に、エトネ†（フォウォレ族の巨人バラルの娘）を母に持つことから、神族と魔族の混血である。

こうしたアイルランドの神界の中で、特異な役割を果たしているのが大女神である。『コルマクの語彙集』（900年頃成立）によると、すべてのアイルランド人はすべての女神をブリギッドと呼んだとされるが、その根拠としてダグダの三人の同名の娘ブリギッドがそれぞれ、詩・医術・鍛冶工芸の守護女神だったことが挙げられている。元来三姉妹は別存在ではなく、一柱の大女神が三重化した姿である。大女神は神々にとって母と妻と娘を兼ねた存在であり、ブリギッドはエーダインやボアンドなど様々な名を持つ大女神の名の一つである。

三神群の姿をとる女神には、モリーガン†、ボドヴ†、マハ†の三姉妹もいる。この三姉妹は、戦場に武器を取ることなく現れ、魔法を操って武者たちの戦闘心を掻き立てる。鳥の姿で戦いの行く末を知らせるボドヴが、ガリアの碑文の中にカトゥボドゥアの名で見つかることは、大陸にも同じ信仰があったことの証である（鳥女としてのボドヴは、ゲルマン神話のヴァルキューレを想起させる）。ローマ軍に反乱を起こしたブリタニアの女王ボウディッカが加護を求めた女神アンドラスタも、戦闘女神の系譜に連なる。また物語の世界では、『クアルンゲの牛捕り』で自らも剣を手にして軍勢を先導するコナハト王妃メドヴ†や、『エウェルへの求婚』で英雄クー・フリンに武術の手ほどきをする女武者スカータハ†に、戦闘女神の姿が重なってくる。

アイルランドには、夫の兄にあたるダグダとの不倫関係からオイングスをもうけたボアンド†がボイン川になる神話があるが、ケルトの女神の中にはこのように個別化され、特定の河川や泉などの守護神に昇格したものもいる。ガリアではセクアナ†とマトロナ†がそれぞれセーヌ川とマルヌ川の名祖になり、ブリテン島ではコウェンティナ†に泉と井戸が捧げられている。女神と大地の同一視は豊穣だけでなく支配権との関連で重要であり、アイルランド神話ではエーリウ†、フォードラ†、バンヴァという名の三姉妹が島自体の象徴となっている（アイルランドの正式名称エーレはエーリウの与格形である）。

中世ウェールズでは、『マビノギオン』の最初に収録される「マビノーギの四つの物語」に神的存在が数多く登場する。四つの物語はプレデリの生涯を軸として相互につながっている。第一話では、ダヴェドの大公プイスとリアンノン†の子として生まれたプレデリが誕生日に誘拐され、プイスの臣下テイルノンのもとで育ち、やがて身許が判明して帰還するまでが描かれる。第二話では、アイルランド王と結婚したブランウェン†が異国の地で迫害を受け、その報に接したブランウェンの兄ベンディゲイドブラン王がブリテン軍を率いて、アイルランドへ攻め入る。壮絶な戦闘の後、プレデリはブリテン軍の七人の生存者の一人として帰還する。第三話ではプレデリの母リアンノンがマナウィダンと再婚し、第四話ではマソヌイの息子マースとの戦いの最中に、プレデリはマースの甥グウィディオンにより殺される。

このうち第二話に登場するベンディゲイドブランとその妹ブランウェン、弟マナウィダンはいずれもスィール（海）の一族、第四話

に登場する魔術師グウィディオンとその姉妹アランロド†、弟ギルヴァエスウィらはいずれもドーンの一族とされる。ドーン†はアイルランドのトゥアタ・デー・ダナン族のダナ†と語源（「流れる」）を同じくし、いずれも神族の母神の位置にある（ドーンはドン、ドナウ、ドニエプルなどヨーロッパの河川名にその名を残している）。またアランロドが兄弟のグウィディオンとの近親相姦からもうけたとされる双子の一人スェウ・ァゥ・ゲフェス（「器用な手を持つ光輝く人」）は、アイルランド神話のルグに相当する。女神的存在として重要なのは、第一話と第三話に登場するプレデリの母リアンノンである。「大王妃」を指すケルト語リーガントナーに由来するリアンノンは、「大女王」と解釈されるアイルランドの戦闘女神モリーガンとの関連を示唆するだけでなく、馬との密接な関連からガリアの女神エポナや、アイルランドの女神マハとのつながりが指摘されてきた。

ケルトの神話伝承を受け継ぐアーサー王物語の作中人物では、アーサー王の妃グウィネヴィア†、アーサーの姉妹モーガン・ル・フェイ†、魔法使いマーリンの恋人ヴィヴィアン†、トリスタンの恋人イズー†は、ケルトの女神の属性を受け継ぐ代表的なヒロインたちである。またフランス西部ポワティエのリュジニャン一族の始祖妖精メリュジーヌとその二人の姉妹は、三神群で登場するガロ＝ローマ期の母神やアイルランドのブリギッドのようなケルトの女神を想起させる。

【原典】

アイルランド

『ダ・デルガの館の崩壊』松村賢一訳（『ケルティック・テクストを巡る』中央大学出版部，2013年）

カーソン，キアラン『トーイン クアルンゲの牛捕り』栩木伸明訳，東京創元社，2011年

ウェールズ

『マビノギオン 中世ウェールズ幻想物語集』中野節子訳，JURA出版局，2000年

ガリア

カエサル『ガリア戦記』国原吉之助訳，講談社学術文庫，1994年

ルーカーヌス『パルサリア』大西英文訳，岩波文庫，2012年

その他

クードレット『妖精メリュジーヌ物語』松村剛訳，講談社学術文庫，2010年

アーサー王物語

ヴァース『アーサー王の生涯』原野昇訳（『フランス中世文学名作選』白水社，2013年

ジェフリー・オヴ・モンマス『ブリタニア列王史』瀬谷幸男訳，南雲堂フェニックス，2007年

ジェフリー・オヴ・モンマス『マーリンの生涯』瀬谷幸男訳，南雲堂フェニックス，2009年

クレチアン・ド・トロワ『ランスロまたは荷車の騎士』神沢栄三訳（『フランス中世文学集3』白水社，1991年）

クレチアン・ド・トロワ『ペルスヴァルまたは聖杯の物語』天沢退二郎訳（『フランス中世文学集3』白水社，1991年）

ゴットフリート・フォン・シュトラースブルク『トリスタンとイゾルデ』石川敬三訳，郁文堂，1976年

作者不詳『アーサー王の死』天沢退二郎訳（『フランス中世文学集4』白水社，1996年）

マロリー，トマス『アーサー王物語（Ⅰ）-（Ⅴ）』井村君江訳，筑摩書房，2004-2007年

ベルール『トリスタン物語』新倉俊一訳，およびトマ『トリスタン物語』新倉俊一訳（『フランス中世文学集1』白水社，1990年）

【参考文献】

ケルト全般（事典）

グリーン，ミランダ・J『ケルト神話・伝説事典』井村君江監訳，東京書籍，2006年

マイヤー，ベルンハルト『ケルト事典』鶴岡真弓監修，平島直一郎訳，創元社，2001年

マルカル，ジャン『ケルト文化事典』金光仁三郎・渡邉浩司訳，大修館書店，2002年

ケルト全般（研究書）

カンリフ，B『図説ケルト文化誌』蔵持不三

也監訳，原書房，1998 年
木村正俊『ケルト人の歴史と文化』原書房，2012 年
クルータ，V『ケルト人』鶴岡真弓訳，白水社，1991 年
ジェームズ，S『図説ケルト』井村君江監訳，東京書籍，2000 年
鶴岡真弓『ケルト美術』ちくま芸術文庫，2001 年
鶴岡真弓・松村一男『図説ケルトの歴史』河出書房新社，1999 年
原聖『ケルトの水脈』講談社，2007 年
ブレキリアン，ヤン『ケルト神話の世界』上・下，田中仁彦／山邑久仁子訳，中公文庫，2011 年
マッカーナ，P『ケルト神話』松田幸雄訳，青土社，1991 年

アイルランド

ディロン，マイルズ『古代アイルランド文学』青木義明訳，オセアニア出版社，1987 年
松岡利次『アイルランドの文学精神』岩波書店，2007 年

ウェールズ

加藤忠興・加藤公恵・中野節子『マビノギオンの世界』JURA 出版局，2006 年

ガリア

ベック，F／シュー，E『ケルト文明とローマ帝国』鶴岡真弓監修，遠藤ゆかり訳，創元社，2004 年

アーサー王物語

青山吉信『アーサー伝説——歴史とロマンスの交錯』岩波書店，1985 年
佐佐木茂美『トリスタン物語』中央大学人文科学研究所，2013 年
佐藤輝夫『トリスタン伝説』中央公論社，1981 年
バーバー，R『アーサー王——その歴史と伝説』高宮利行訳，東京書籍，1983 年
ベルトゥロ，A『アーサー王伝説』松村剛監修，村上伸子訳，創元社，1997 年
リトルトン，C・S／マルカー，L・A『アーサー王伝説の起源——スキタイからキャメロットへ』辺見葉子／吉田瑞穂訳，青土社，1998 年

渡邉浩司『クレチアン・ド・トロワ研究序説』中央大学出版部，2002 年

アイルランドの女神

アナ Ana
名前の意味・神格・属性:「恵み」や「豊穣」と関連（古アイルランド語 anae「富、繁栄」や ana「豊穣」、古ブルトン語 anau「富」、中期ウェールズ語 anaw「富」を参照）。アイルランドの神々の母。別称はアヌ Anu。エルンワスの娘で、ボドヴ†とマハ†の姉妹。
概要:『コルマクの語彙集』（900年頃成立）では「アイルランドの神々の母」として、語源の注解『コール・アンマン』ではマンスター地方に富と豊穣を授ける繁栄の女神として記述されている。「アヌの両乳房」と呼ばれるケリー州にある双子山は、神々を養うアナの母性的な側面を際立たせている。中期アイルランド語期になるとアナは、重要な女たちの目録『バンヘンハス』が記述するように、女流詩人でドルイド尼僧とみなされるようになる。アナはダナ Dana と混同されることがあるが、本来はおそらく別々の神格であり、それぞれ神々の養育と出産を主な役割としていたと思われる。アイルランドの初期のキリスト教世界では、アナは聖母マリアの母アンナとして受容された可能性がある。
キーワード: 神の母、豊穣女神、三姉妹
⇒アディティ、ダナ

エーダイン Étaín
名前の意味・神格・属性: etan（「詩」）や étan（「額」）と関連。アイルランドの神話物語群に登場し、変身を繰り返すヒロイン。
概要: ①ミディルの妻
『エーダインへの求婚』（8-9世紀）によると、トゥアタ・デー・ダナン族に属するミディルが、里子オイングスの住むブルグ・ナ・ボーネを訪ねた時に怪我を負う。その代償としてオイングスに要求したのが、アリル王の娘エーダインである。アイルランドで最も美しいエーダインをミディルが娶ったため、前妻フアムナハは嫉妬に駆られ、エーダインを魔術で紫色の蠅に変え、嵐を起こして吹き飛ばしてしまう。7年さまよったエーダインはオイングスの上着の中に舞い降り、「太陽の部屋」に匿われる。これを知ったフアムナハは再び魔法の風でエーダインを吹き飛ばす。その後、蠅は武者エーダルの館に落ち、エーダルの妻に呑み込まれ、エーダインは最初の誕生から1012年後に二度目の誕生をする。
②エオヒド・アレウの妃
生まれ変わったエーダインは、エオヒド・アレウ王の妃となる。その後、最初の夫ミディルがエーダインを白鳥の姿に変え、自らも白鳥になり、エオヒド王の館から一緒に逃げ出す。エオヒド王からエーダインの返還を求められたミディルは、同じ外見で同じ衣装を着た50人の女を連れてくる。その中からエオヒド王が選んだ女は、彼自身がエーダインとの間にもうけた実の娘だったことが後に発覚する。エーダインという名の実の娘が宿した王の子供は、エダルシュケール王の妻（メス・ブアハラ）となり、コナレ・モールをもうける。
③大女神の化身
異界の王の妻でありながら、生まれ変わって人間界の王と結婚するエーダインは、神々にとって母と妻と娘の役割を同時に果たすアイルランドの大女神の化身に他ならず、同名の母娘は互いに分身の関係にある。コナレ・モールを主人公とする『ダ・デルガの館の崩壊』（9世紀）の冒頭では、エオヒド王の前に美しいエーダインが現れる。彼女は「支配権」を具現する女神の化身にふさわしい。
キーワード: 変身、白鳥、大女神、王権、母、王の妻、娘
参考文献: ディロン『古代アイルランド文学』103-109頁；マッカーナ『ケルト神話』176-180頁.
⇒ウルヴァシー、グウィネヴィア

エトネ Eithne
名前の意味・神格・属性: etla（「清らかさ」）、etne（「クルミ」）、étan（「額」）、etan（「詩」）と関連。アイルランド神話に登場する母神。この名を持つ人物は複数登場する。エーダイ

ン†はエトネと同系の名である。

概要：神話物語群に属する『マグ・トゥレドの戦い』（11世紀頃）によると、エトネはフォウォレ族の統率者、隻眼の巨人バラルの娘であり、トゥアタ・デー・ダナン族の医術神ディアン・ケーフトの息子キアンとの間に、ルグをもうける。長じてフォウォレ族との戦いでトゥアタ・デー・ダナン族を勝利に導くルグは、「エトネの子」（マク・エトネン）と呼ばれる。

同じ物語群に属する『トゥレンの息子たちの最期』は、トゥアタ・デー・ダナン族に属するトゥレンの三人の息子（ブリアン、イウハル、イウハルバ）が、血縁にあたるルグの父キアンを殺害し、ルグから途方もない難題を課される物語である。この物語では、エトネはトゥレンの娘であり、悲劇的な死を迎える三兄弟の姉妹である。

『二つの牛乳差しの館の滋養』によると、オイングスがエルクワルからブルグ・ナ・ボーネの館を奪い取った頃、館の家令ディフの妻が産む娘がエトネである。長じたエトネの令名は国外にまで広まるが、ある時、来訪者から侮辱を受けて以来、自分で搾る雌牛の乳しか喉を通らなくなる。元来トゥアタ・デー・ダナン族の一員だったエトネは、こうしてキリスト教徒になったという。

アルスター物語群に属する『クー・フリンの病』は、クー・フリンが美しきファン（海神マナナーン・マク・リルの妻）と逢引きの約束をしたことを知った妻エウェルの嫉妬を描く物語であるが、物語の前半ではエウェルがエトネ・イングヴァの名で登場している。また歴史物語に登場する「長い舌の」エトネは、紀元2世紀に生きたとされる王、コン・ケードハタハ（「百戦のコン」）の最初の妃である。エトネの二人の息子アルトとコンラのうち、コンラは妖精に恋して人間界を去って行く（『コンラの異界行』）。

これらすべてのエトネは、神々にとって母と妻と娘の役割を同時に果たす、アイルランドの大女神の化身であり、姿を見せる場面に合わせて異なる役割を与えられている。

キーワード：母神、大女神

⇒アディティ

エーリウ　Ériu

名前の意味・神格・属性：ケルト語*(p)īuerion-（「豊満な者」、「肥沃な者」）に由来。アイルランドの祖先神。トゥアタ・デー・ダナン族の王マク・グレーネ Mac Gréine（「太陽の息子」）の妻。同族の王ブレスの母。

概要：『アイルランド来寇の書』（11世紀）によると、エーリウはバンヴァ†とフォードラ†という名の姉妹と共に、大洪水の200年前にアイルランドに初めて到着したとされる。現代アイルランド語形エーレ Eire（エーリウの与格形）はアイルランドの国名であり、英語形エリン Erin（エーリウの属格形）はアイルランドの雅語となっているが、これはエーリウを含む三姉妹が、島の最後の征服者ミールの息子たちに、彼女たちの名前が島に冠せられるよう求めたためである。一方で『マグ・トゥレドの第二の戦い』によると、エーリウはデルバエトの娘であった。エーリウは銀の舟に乗ってやって来た金髪の美男子を実の兄エラタ（フォウォレ族の王）と知らずに交わり、トゥアタ・デー・ダナン族の暴君となるブレスをもうけている。地誌集成『ディンヘンハス』散文版109章によると、エーリウは里親にアイルランドの土地を拡大させ、食べ物の供給に寄与したという。

キーワード：祖先（神）、名祖、近親相姦、三姉妹

⇒イザナミ

カイル・イヴォルメト　Caer Ibormaith

名前の意味・神格・属性：カイルは「球状の塊、滴」、イヴォルメトは「イチイの実」の意。アイルランド神話のオイングスの恋人。コナハトの妖精王エタル・アンヴーイルの娘。白鳥に変身する。

概要：アイルランドの神話物語群に属する『オイングスの夢想』（8世紀）によると、ダグダとボアンドの息子オイングスが、夢に現れた美女に恋をし、憔悴してしまう。長い探索の末に探し出された美女は、コナハトのエタル王の娘カイル・イヴォルメトだった。娘と

オイングスとの縁談を拒んだエタル王は、戦いの末に囚われの身となる。するとエタル王は、娘が一年おきに人間と白鳥の姿を繰り返す定めにあることを明かす。オイングスはサウィン祭（11月1日）の夜に、湖で150羽の白鳥を認め、その中からカイルを見つけ出す。すると自らも白鳥に変身して、自分の住むブルグ・ナ・ボーネに向けてカイルと共に旅立っていく。このようにサウィン祭に白鳥に変身するカイル・イヴォルメトは、冬至と周期的な光の再生を具現する存在である。また白鳥は光明神アポロンとの結び付きが強い鳥であるが、カイルの恋人オイングスにも太陽神としての属性が備わっている。

キーワード：白鳥、変身、冬至
⇒ウルヴァシー

グラーネ　Gráinne

名前の意味・神格・属性：grian（「太陽」）に由来。アイルランドのフィアナ物語群に登場する若武者ディアルミド・ウア・ドゥヴネの恋人。タラの上王コルマク・マク・アルトの娘で、武者集団の頭領フィン・マク・クウィルの婚約者。太陽女神の化身。

概要：①駆け落ち譚

フィアナ物語群に属する『ディアルミドとグラーネの追跡』（9-10世紀に成立、現存最古の版は15世紀）によると、フィアナ戦士団の年老いた頭領フィンと婚約していたグラーネは、婚礼の宴の席で、若き美男ディアルミドに愛を告白する。求愛を拒まれたグラーネはディアルミドに禁忌（ゲシュ）をかけ、彼女と駆け落ちさせる。二人はフィンが率いる戦士団の追跡を恐れてアイルランド中を逃げ回るが、危険が迫るとディアルミドの里親オイングスに助けられる。オイングスの仲介により和解が成立するが、その後フィンはディアルミドにかけられていた禁忌を破らせ、彼の命を奪う。猪狩りを禁じられていたディアルミドは、ベン・グルバンの雄猪との格闘で瀕死の重傷を負ってしまうのである。フィンの両手から直接飲む水は、どんな傷でも治す力があったが、フィンは水を三度汲んではこぼしたため、ディアルミドは事切れて

しまう。恋人の死を悲しむグラーネが四人の息子たちに父の仇を討つように説く一方で、里親のオイングスはディアルミドの亡骸をブルグ・ナ・ボーネへと運び去って行く。

②三角関係と禁忌

若き恋人たちの駆け落ち譚は、年老いた求婚者と若き娘と青年からなる三角関係を描く物語の代表例であり、アイルランドのアルスター物語群に属する『ウシュリウの息子たちの流浪』が描くデルドレ[†]とノイシウの駆け落ち譚と筋書きを同じくする。グラーネはその名の通り太陽女神の化身であり、トリスタン物語のヒロインである「金髪のイズー」の原型の一つと考えられている。中世ヨーロッパのトリスタン物語では、船上で誤って口にする媚薬がトリスタンとイズー[†]に恋心を芽生えさせることになるが、この媚薬に相当するのはグラーネやデルドレが恋人にかける禁忌である。

キーワード：タブー（ゲシュ）、駆け落ち、太陽女神
参考文献：ディロン『古代アイルランド文学』84-93頁；マッカーナ『ケルト神話』224-229頁；ブレキリアン『ケルト神話の世界』下，205-216頁．

スカータハ　Scáthach

名前の意味・神格・属性：scáth（「闇」、「暗がり」、「影」）に由来。アイルランドのアルスター物語群に登場する女武者。前途を嘱望された若者たちに、武術や魔術のほか性愛の手ほどきも行った。

概要：『クアルンゲの牛捕り』の「前話」の一つ、『エウェルへの求婚』（8-9世紀に成立）によると、スカータハはスコットランドにウアタハという名の娘と共に住んでいた。アルスターの英雄クー・フリンは少年時代に、スカータハの許で武術と性愛（「両腿の友情」）を学んだ後、帰国してエウェルに求婚し、課されていた難題を果たして結婚を実現する。『エウェルへの求婚』の中には「スカータハの言葉」と題された33行の詩が含まれており、そこでスカータハは『クアルンゲの牛捕り』の経過と結末を予言している（8世紀に

成立したとされるこの詩は、『クアルンゲの牛捕り』に関する最古の証言の一つである)。

スカータハの許で修業しクー・フリンの義兄弟になったフェル・ディアドは、後にコナハトの武者となり、クー・フリンとの対決を余儀なくされる。この決闘でフェル・ディアドに致命傷を与えたガイ・ボルガ(「雷の投擲」)という名の槍は、クー・フリンがスカータハの国から持ち帰った、彼にしか操ることのできない秘法である。『エウェルへの求婚』には、武者修業中のクー・フリンが、スカータハのライバルにあたる女武者アイフェの許で一時的に過ごす場面がある。その折にアイフェとの間にもうけた息子コンラを、クー・フリンは後に決闘で相手を我が子と知らずに、ガイ・ボルガで殺めてしまう。

娘ウアタハ(「恐ろしい女」)と共に「闇」を具現するスカータハの住む北方の国は、輝かしい履歴を約束された英雄クー・フリンが、通過儀礼の一環で行う必要のあった「冬の闇の横断」に他ならない。

キーワード：女武者、魔術、性愛、闇、通過儀礼

参 考 文 献：Sjoestedt, *Dieux et héros des Celtes*, pp.115-117.

⇒ヴァルキューレ、シンヒカー、スラサー

ダナ　Dana

名前の意味・神格・属性：ケルト語 dā-(「流れる」)に由来。アイルランドの神々の母。別称はダヌ Danu。ダナの名は、ドン Don、ドニエプル Dniepr、ドニエストル Dniestr、ドナウ Donau など、ヨーロッパの河川名に残されているほか、古代ギリシア人のダナエ Danae の後裔やダナイデス Danaides などの神話の人名と関連するらしい。

概要：『アイルランド来寇の書』(11世紀)によると、大洪水後に島へ四番目に入植したのはトゥアタ・デー・ダナンである(ダナン Danann はダナの属格形)。この種族の名は「女神ダナの民」を指し、ダナは「神々の母」とされる。同書によると、モリーガン[†]がデルバエト(別名トゥレン)との間にもうけた三兄弟ブリアン、イウハルバ、イウハルは「ダナの三柱神」と呼ばれ、モリーガン[†]とダナは同一視されている(800年頃成立した『二賢者の対話』では、この三兄弟の母はブリギッド[†]とされている)。『コルマクの語彙集』(900年頃成立)ではアナ[†] Ana を「神々の母」と説明しているが、語源的に「恵み」や「豊穣」と関連するアナは元来、ダナとは別の女神だったと思われる。

キーワード：神の母、河川

⇒アディティ

デヒティネ　Deichtine

名前の意味・神格・属性：古アイルランド語 decht(「純粋な」、「洗練された」)と関連。従来の説ではラテン語 dextera(「右」、「公明正大」)との関連を重視。アイルランドのアルスター物語群に登場するクー・フリンの母。別称はデヒティル(デヒティレ) Deichtir(e)。コンホヴァル・マク・ネサ王の妹(または娘)。コンホヴァルの母ネサによって王位を奪われた、アルスターの前王フェルグスの妻となる。

概要：『クアルンゲの牛捕り』の「前話」の一つ、『クー・フリンの誕生』(8-9世紀)によると、アルスターに鳥の大群が現れたため、これを追い払うためにコンホヴァル王が臣下と共に戦車で出立したが、その際、御者を妹のデヒティネが務めた。その晩、一行に宿を提供した家の妻が出産した赤子を、デヒティネは館へ連れ帰って養子として育てる。しかし子供は病死し、葬儀から戻ったデヒティネは、一匹の虫が入り込んだコップの水を飲む。その日の夜、デヒティネの夢枕にルグ神が現れ、彼女がルグの子を産むと述べると、その通り身ごもる。コンホヴァルは泥酔したまま妹と同じベッドで眠っていたため、近親相姦を疑われる。そこでコンホヴァルは、妹を臣下のスアルティウ・マク・ロイヒに嫁がせる。デヒティネはお腹にあったものを吐き出し、処女の身に戻ってスアルティウとの間に子供をもうける。誕生してシェーダンタ(「己の道を進んで行く者」)と名付けられた子供はその後、少年時代に鍛冶師クランの猛犬をやむなく殺め、以後は犬に代わって家畜番を行う

と約束したため、クー・フリン（「クランの犬」）と呼ばれることになる。このようにデヒティネはクー・フリンの誕生までに三度の出産を経験したことになる。クー・フリンと同じく、デヒティネの兄コンホヴァルも異常出産を経験している。その母ネサは二匹の虫を呑み込んで妊娠し、コンホヴァルは生まれた時、両手に小さな虫を握っていたとされるからである。

キーワード：英雄の母、異常出産
⇒ガーンダーリー、クンティー

デルドレ　Deirdre

名前の意味・神格・属性：「危険」の意。アイルランドのアルスター物語群の悲劇のヒロイン。コンホヴァル・マク・ネサ王に仕える詩人の娘。古い語形はデルドリウ Derdriu。

概要：①駆け落ちを主導する女

　『ウシュリウの息子たちの流浪』（9-10世紀）によると、詩人フェドリウィドの館で開かれた祝宴が終わる頃、詩人の妻が一人の女児を出産する。ドルイド僧カトヴァドは、この赤子がやがて比類なき美女となり、アルスター全土に憎悪と凶事の種を蒔くと予言する。それでもコンホヴァル王は、デルドレと名付けられた女児の命を救い、将来自分の妃にしようと考え、人目の届かぬ里家で育てさせる。長じたデルドレはある年の冬、ワタリガラスが雪の上で血を飲むさまを見て、「ワタリガラスのような黒い髪、血のような紅い頬、雪のような白い肌」を持つ男が理想だと養母レヴォルハム[†]に伝える。すると養母はふさわしい美男としてウシュリウの息子ノイシウの名を挙げる。デルドレはノイシウの両耳をつかみ、拒むことのできない禁忌（ゲシュ）をかけて駆け落ちさせる。ノイシウの二人の弟（アルダーンとアンレ）も同行する。

②名誉ある死を選ぶ女

　事の次第を知ったコンホヴァル王は激怒するが、フェルグス・マク・ロイヒらを保証人に指名し、逃亡者たちに身の安全を保障して帰国させる。ところがノイシウを含む三兄弟は帰国後に、エオガン・マク・ドゥルタハトに殺害され、デルドレはコンホヴァル王の許で一年囚われの身になる。一年後にデルドレは最も憎む男としてコンホヴァルのほかに、ノイシウを殺したエオガンの名を挙げたため、コンホヴァルはデルドレにエオガンとの暮らしを強要しようとする。そこでコンホヴァルとエオガンに挟まれて宮殿に向かう途中、デルドレは馬車から身を投げ、岩に頭をぶつけて息絶える。デルドレは恋人の殺害者と暮らす不名誉よりも、自ら死を選んだのである。

③季節神話の残映

　この悲劇は、年老いた王から求婚された美貌の娘が、若い恋人と共に駆け落ちするという図式を踏襲し、行動の主体は女性の方である。ここに認められる三角関係は、アイルランドのフィアナ物語群に属する『ディアルミドとグラーネの追跡』にも認められる。この図式の背景には、冬を象徴する老王が若き太陽英雄に王妃を奪われるという季節神話が見え隠れしている。

キーワード：美女、タブー（ゲシュ）、駆け落ち、悲恋、季節、運命の女（ファム・ファタル）
参考文献：ディロン『古代アイルランド文学』31-38頁；マッカーナ『ケルト神話』192-197頁；ブレキリアン『ケルト神話の世界』下，188-204頁．
⇒グラーネ、ドラウパディー、ヘレネ

ニアヴ　Niamh

名前の意味・神格・属性：「輝き」や「美」を指す古アイルランド語 niam と関連。アイルランドのオシーン伝説に登場する「常若の国」（ティル・ナ・ノーグ）の王女。「金色の髪のニアヴ」（Niamh Chinn Óir）と呼ばれる。

概要：アイルランドで3世紀頃に活躍したとされるフィアナ戦士団の偉業を伝える『古老たちの語らい』には三つの校訂本があるが、そのうち14-15世紀成立の校訂本と、18世紀末-19世紀成立の校訂本によると、聖パトリックの対話の相手はオシーン（フィン・マク・クウィルの息子）となっている。パトリックは5世紀に活躍した聖人とされるため、オシーンは驚くほど長生きしたことになる。イェイツの『オシーンの放浪』（1899年）に

結実する、オシーンによる「常若の国」訪問を主題とした物語詩の伝統はおそらく、彼の長命と生存を説明するために生まれた。文献上最初に登場するのは、18世紀半ばにコミーンが作ったとされる「常若の国に行ったオシーンの物語詩」である。

この物語詩によると、ある時フィアナ戦士団が湖の岸辺で狩りをしていると、白馬に乗った金髪のニアヴが現れる。オシーンに恋をした彼女は、一緒に「常若の国」へ来るよう彼に禁忌（ゲシュ）を課す。「常若の国」に着いたオシーンはニアヴと結婚し、子宝にも恵まれるが、やがて望郷の念に襲われる。ニアヴから何とか帰国の許可を取りつけたオシーンは、白馬を借りて故郷エリン（アイルランド）へと向かう。別れの時にニアヴは夫に、決して故郷の大地に足を触れぬよう警告する。帰国したオシーンは、故郷がすっかり荒れ果てているのを目の当たりにし、300年の歳月の経過を知る。やがて落馬したオシーンは地面に触れ、たちまち盲目の老人になってしまう。

類話は中世アイルランドの『ブランの航海』（8世紀初）に認められる。航海譚（イムラウ）最古のこの例によると、王宮にある女が現れ、死や老いとは無縁の、女だけが住む島について歌う。この女が姿を消した翌日、フェヴァルの息子ブラン一行がこの島を目指して船出する。「女人の島」に到着した一行は手厚い歓待を受け、島での暮らしを始める。一行は島で一年だけ過ごしたつもりだったが、実際には多くの年月が経過していた。やがてブランの同行者ネフタンが望郷の念に襲われたため、一行は故郷エリンに戻ることにする。別れの時に女王はブランに、故郷に戻ったら大地に触れぬよう警告した。ところが一行が故郷の岸辺に着くと、ネフタンが舟から飛び降り、たちまち灰と化してしまう。

ブランの訪れた「女人の島」は、アーサー王物語に登場するアヴァロン島と同じく不老不死の国であり、時間の観念は存在しない。アヴァロン島は海の彼方にある「リンゴの島」であり、ジェフリー・オヴ・モンマス作『マーリン伝』（ラテン語、1150年頃）によると、モーガン・ル・フェイ†（モルゲン）を含む九人姉妹が住んでいる。金髪のニアヴの住む「常若の国」も、こうしたケルト的異界の伝統を受け継ぐ国であり、日本の浦島伝説を想起させる。異界へ赴いた人間が、故郷へ帰還して大地と接触することは、圧縮された人間的時間（例えば300年）との接触に他ならない。一方でニアヴがオシーンに課した禁忌は、アイルランドのアルスター物語群に属する『ウシュリウの息子たちの流浪』に登場するデルドレ†や、フィアナ物語群に属する『ディアルミドとグラーネの追跡』に登場するグラーネが恋人に課す禁忌と同じく、逃れられない運命的な呪いである。

キーワード：金髪、常若の国、異界、タブー（ゲシュ）

参考文献：渡邉浩司「浦島伝説の日本語版とフランス語版の比較」，吉村耕治編『現代の東西文化交流の行方』二，大阪教育図書，2009年；渡邉浩司「〈アーサー王物語〉における〈異界〉――不思議な庭園とケルトの記憶」，細田あや子他編『異界の交錯』上，リトン，2006年，127-148頁．

⇒グラーネ、モーガン・ル・フェイ

ネウィン　Nemain

名前の意味・神格・属性：nem-（「聖なる」）と関連。アイルランドの戦闘女神。モリーガン†の姉妹ボドヴ†と同一視される。

概要：『コルマクの語彙集』（900年頃成立）によると、ネウィンはゴイデル人（ゲール人）の戦闘神ネード Néit の妻とされる。一方で、『クー・フリンの病』を収録する『赤牛の書』（1100年頃成立の写本）の注釈によれば、ネウィンの夫はテトラ Tethra（フォウォレ族の王）とされる。『レンスターの書』（1160年頃成立の写本）が収録する『クアルンゲの牛捕り』によると、ボドヴと同一視されるネウィンは、アイルランドの四州連合軍を混乱させ、恐怖を撒き散らして100人の武者を死に至らしめている。ネウィンは恐ろしい叫び声をあげて、戦闘のさなかに武者の精神を狂わせることから、ボドヴに備わる好戦的な側面、つまり戦場での狂乱を具現する存在と考えら

れる。夫テトラの名がボドヴと同じく「ハシボソガラス」を意味するのも偶然ではない。
キーワード：戦闘女神
参考文献：Le Roux et Guyonvarc'h, *Mórrígan-Bodb-Macha*, pp.111-132.
⇒ヴァルキューレ、カーリー、ドゥルガー

バンヴァ　Banba

名前の意味・神格・属性：banb（「乳飲みの子豚」、「猪」）やブルトン語 banv（「乳飲みの子豚を持つ雌豚」）と関連づける説、古アイルランド語 ben（「女」）と関連づける説などがある。アイルランドの祖先神。トゥアタ・デー・ダナン族の王マク・クル Mac Cuill（「ハシバミの息子」）の妻。

概要：『アイルランド来寇の書』（11世紀）によると、バンヴァはフォードラ†とエーリウ†という名の姉妹と共に、大洪水の200年前に150人の女と三人の男を連れてアイルランドに初めて到着した。この一団は疫病で絶滅するが、その後バンヴァは二人の姉妹と共に、トゥアタ・デー・ダナン族の三人の女王の一人として再登場する。島には大洪水以降、五つの種族が順に来寇するが、最後の征服者ミールの息子たちは、バンヴァを含む三姉妹と出会い、彼女たちの名前を島に冠することを約束して、三人の王のもとへ案内してもらう。こうしてバンヴァの名は姉妹の名と共にアイルランドを指す雅語となる。その名が「豚」や「猪」との関連を持っているとすれば、バンヴァもこうした動物たちと同じく異界の存在と考えられる。

キーワード：祖先（神）、名祖、三姉妹
参考文献：デュメジル『デュメジル・コレクション〈1〉』丸山静他編、ちくま学芸文庫、2001年、『ユピテル・マルス・クイリヌス』第6章第5節.

ファン　Fann

名前の意味・神格・属性：「燕」の意。海神マナナーン・マク・リルの妻。アルスターの英雄クー・フリンに恋をする、美貌を備えた女神。

概要：アルスター物語群に属する『クー・フリンの病』によると、クー・フリンはサウィン祭の日に二羽の鳥に向けて槍を投げる。槍は一羽の鳥の羽に突き刺さるが、二羽とも逃げ去る。悔しがったクー・フリンが眠り込むと、そこへ二人の女が現れてクー・フリンを打ち据える。そのためクー・フリンは以後、言葉を失ったまま病床に就く。一年後、女神ファンが彼に恋していることを伝えられると病が癒える。その後、ファンの姉妹リー・バンに招かれ、マグ・メル（「喜びの平原」）に行ったクー・フリンは、リー・バンの夫ラヴリドの敵を倒し、その見返りとして一か月間、ファンと共にいることを許される。クー・フリンの妻エウェルは、夫がファンと逢引きの約束をしたことを知ると激しい嫉妬に駆られ、ファンを亡きものにしようと出立する。ところが逢引きの場所へマナナーンが突然現われて、妻のファンを異界へと連れ戻す。その折にマナナーンは、クー・フリンとファンが二度と会うことのないよう、二人の間に長い上着を広げた。ドルイド僧たちは、恋人を失って悲しむクー・フリンに呪文を唱えて正気を取り戻させ、エウェルには忘却の薬を飲ませて夫への恨みを忘れさせた。

　主人公のクー・フリンは、アイルランドの暦で年始にあたるサウィン祭（11月1日）に昏睡状態に陥り、一年後のサウィン祭に回復し、異界での戦いを制して恋人ファンと一か月を過ごし、妻エウェルの住む人間界へ戻っている。最終段階で争いを調停するのは海神マナナーンである（マナナーンのウェールズ版マナウィダンも『マビノーギ』第三話で、混沌状態に陥っていた国に秩序をもたらしている）。クー・フリンが儀礼的に体験した一連の事件の中で、「昏睡」状態の彼を「覚醒」させたファンは、「燕」を指すその名の通り、美しき季節を具現する存在である。

キーワード：神の妻（海神の）、美女、燕、季節
参考文献：G.Dottin, *L'Épopée irlandaise*, Rennes, Terre de Brume, 2006, pp.130-149.

フォードラ　Fótla

名前の意味・神格・属性：意味不詳。アイル

ランドの祖先神。トゥアタ・デー・ダナン族の王マク・ケーフト Mac Cécht（「犂の刃の息子」）の妻。

概要：『アイルランド来寇の書』（11世紀）によると、フォードラはエーリウ†とバンヴァ†という名の姉妹と共に、大洪水の200年前にアイルランドに初めて到着した。フォードラの名が姉妹の名と共にアイルランドを指すようになったのは、島の最後の征服者ミールの息子たちに、彼女たちの名前が島に冠せられるよう求めたためである。フォードラは姉妹と同じく、タルティウの戦いでミールの息子たちに討たれたという。エーリウ、バンヴァ、フォードラ三姉妹の夫にあたるトゥアナ・デー・ダナン族の三人の王は、神話学者デュメジルが提唱したインド・ヨーロッパ語族の三機能体系に対応し、マク・グレーネ（「太陽の息子」）は神聖性（第一機能）、マク・クル（「ハシバミの息子」）は戦闘性（第二機能）、マク・ケーフト（「犂の刃の息子」）は生産性（第三機能）を具現する存在である。したがって三人の女王は、三機能を統合する単独の女神が三重化した姿であると考えられる。

キーワード：祖先（神）、名祖、三機能、三姉妹、三重化
参考文献：デュメジル『デュメジル・コレクション〈1〉』丸山静他編，ちくま学芸文庫，2001年，『ユピテル・マルス・クイリヌス』第6章第5節.

ブリギッド　Brigit

名前の意味・神格・属性：*bhrgh-ntī（「高い」）に由来（古アイルランド語 brí「丘」と関連）。アイルランドの大女神。ブリテン島のブリガンテス族の守護女神ブリガンティア†とは語源が同一。キルデア修道院の創設者・聖女ブリギッドは、同名の女神の属性を受け継いでいる。

概要：①女神ブリギッド

『コルマクの語彙集』（900年頃成立）によると、すべてのアイルランド人がすべての女神をブリギッドと呼んだ理由として、ダグダの三人の娘ブリギッドを挙げている。学識があり賢明なブリギッドは詩人に崇められ、同名の姉妹はそれぞれ医術、鍛冶工芸との関連を持っていた。この点でブリギッドは、カエサルが『ガリア戦記』でローマ的解釈から『ネ

《聖ブリギッド》ジョン・ダンカン、スコットランド・ナショナルギャラリー

ルァ†と呼んでいる、「工芸を教える」ガリアの女神と属性を共有している。ブリギッド三姉妹はもともと別存在ではなく、三神群の戦闘女神（ボドヴ†、マハ†、モリーガン†）や、ガリアの母神マトレス†と同様に、一柱の大女神が三重化してその力を強調した姿であると考えられる。『二賢者の対話』（800年頃成立）によると、ルグの父キアンを殺害したために、ルグから複数の難題を課されるトゥレンの三人の息子（ブリアン、イウハル、イウハルバ）の母は、ブリギッドとされる。

②聖女ブリギッド

異教の女神ブリギッドの記憶は、アイルランドで聖パトリックに次ぐ人気を誇る聖女ブリギッドの伝説の中で生き延びた。ギラルドゥス・カンブレンシス『アイルランド地誌』（1188年）によると、キルデア修道院ではブリギッドと19人の修道女たちが、永遠に燃える聖火を交替で管理していたという。家畜と大地の産物と密接な関連を持つ聖女ブリギッドの祝日2月1日が、アイルランドの春の祭りインボルグと同じ日であるのは偶然ではない。伝承によると彼女は日の出の刻に家の敷居で生まれ、赤い耳を持つ白い雌牛の乳で育ったという。聖女ブリギッド信仰は、コギトススがラテン語で執筆した『ブリギッド伝』（650年頃）により、アイルランド中に広まった。フランスのブルターニュ地方ではベレの名で崇敬を受ける聖女ブリギッドは、ベツレヘムの宿屋の娘で生まれつき腕がなかったが、聖母マリア†の出産を手伝うと奇跡的に両腕が生え、幼子イエスを抱くことができたという。

キーワード：大女神、三神群、聖女、牧畜、三姉妹、三重化
参考文献：マッカーナ『ケルト神話』69-74頁；ブレキリアン『ケルト神話の世界』上，105-107頁．

フリディシュ　Flidais

名前の意味・神格・属性：この名が古アイルランド語 os（「鹿」）の属格形を含むという説がある。アイルランドのアルスター物語群に登場するフェルグス・マク・ロイヒの妻。いにしえの鹿と牛の女神の化身とされる。『アイルランド来寇の書』では四人の娘と共にトゥアタ・デー・ダナン族に属し、家畜の所有者とされる。

概要：『クアルンゲの牛捕り』の「前話」の一つ、『フリディシュの牛捕り』によると、フリディシュは富裕な家畜飼育者だった夫アリル・フィンを顧みず、惚れこんだフェルグス・マク・ロイヒに毎週伝言を送る。アルスターから亡命したフェルグスは、コナハトのアリル王の伝令としてアリル・フィンを訪ね、家畜の提供のみならず、フリディシュとの会見をも求めるが拒まれる。その後、双方に争いが起こり、アリル・フィン側が壊滅すると、コナハト軍は多くの家畜を奪っていく。この「牛捕り」の最中に、フリディシュは常にフェルグスに味方する。

多くの文献に出てくる「フリディシュの畜獣」は、元来「猟獣」や「鹿」を指す雅語だったと思われる。マンスター州のエオガナハト・カシルの古い家系図によると、「美しい髪の」フリディシュは、牛と鹿によって養われたニア・シェガワイン（鹿の贈り物＝子孫のニア）という名の王の母とされる。

キーワード：鹿、牛
参考文献：C.Sterckx, *Mythologie du monde celte*, Marabout, 2009, pp.336-337.

ボアンド　Bóand

名前の意味・神格・属性：*bowo-winda-（「白い雌牛」）に由来（2世紀の地理学者プトレマイオスの書には bououinda という本来の形が見られる）。アイルランド東部を流れるボイン Boyne 川の名祖。ネフタン（またはエルクワル）の妻。オイングスの母。

概要：①母なる曙

アイルランドの神話物語群に属する『エーダインへの求婚』（8-9世紀）によると、ボアンドは夫の留守中にダグダと不倫関係を持ち妊娠する。ダグダは太陽の運行を九か月停止させたため、ボアンドは懐胎の日に息子オイングスを出産する。『妖精の塚の奪取』によると、成長したオイングスは策を弄して、エルクワルからブルグ・ナ・ボーネ Brug na

Bóinne（「ボアンドの住居」）を奪い取る。太陽神の属性を持つオイングスの母ボアンドは、闇を追い払う太陽の母としての曙を彷彿とさせる。
②河川の母
　アイルランドの地誌『ディンヘンハス』散文版によると、ダグダとの姦通の罪を清めるためボアンドは泉へ赴き、太陽の運行と逆向きに泉の周囲を三度回った。すると清めの水が彼女を襲い、逃げ出した彼女を海まで追いかけて溺死させてしまう。『ディンヘンハス』韻文版では、川と化したボアンドが世界を経巡り、すべての大河の母になったという。このように水を解放し世界を潤すボアンドは、インド神話のサラスヴァティー[†]やイラン神話のアナーヒター[†]と同じく水の女神の系譜にも連なっている。
③昼と夜の太陽
　『ディンヘンハス』の韻文版で、ボアンドの川の一部が「ヌアドゥの妻の腕とその脚」と呼ばれていることから、ボアンドはダグダのほかに、片腕を失ったヌアドゥ王とも不倫関係にあったことになる。ボアンドの夫エルクワル（「とても性悪な者」）および別の不倫相手オグマと、ダグダおよびヌアドゥはそれぞれ夜の太陽と昼の太陽を具現する。そのため曙としてのボアンドは、双方から奪い合いの対象となっていることになり、インド・ヨーロッパ語族の描く曙光の女神たちの近親相姦を想起させる。

キーワード：名祖、不倫、曙、泉、溺死、河川女神

参考文献：Dumézil, *Mythe et épopée III*, 1ère partie.

⇒アナーヒター、ウシャス、サラスヴァティー

ボドヴ　Bodb
名前の意味・神格・属性：「ハシボソガラス」の意。アイルランドの戦闘女神。バドヴ Badb は後代の形。母はエルンワス、姉妹にモリーガン[†]、マハ[†]、アナ[†]がいる。フランス・オート＝サヴォワ県レ＝ファン＝ド＝レ Les Fins-de-Ley で発見されたガリアの碑文に見つかる「カトゥボドゥア」Catubodua（catu

は「戦い」の意）はボドヴと同一の戦闘女神かもしれない。
概要：①戦闘女神
　「戦いのハシボソガラス」という隠喩（『ブリクリウの饗応』）がボドヴと解釈される通り、ボドヴは鳥の姿で戦場に現れることが多く、武者たちの闘争心をあおる。彼女が戦死者の頭蓋骨を集めるさまは、ゲルマン神話のヴァルキューレ[†]を想起させる。トゥアタ・デー・ダナンの王ヌアドゥの無敵の剣は「ボドヴの鞘」に収まり、戦死者の骸は「ボドヴの悲しき山」、戦闘の結末は「ボドヴの裁き」、殺戮の話は「ボドヴの話」と呼ばれる通り、ボドヴと戦闘とのつながりは強い。トゥアタ・デー・ダナン族とフィル・ボルグ族との戦いを描く『マグ・トゥレドの第一の戦い』では、ボドヴは姉妹のモリーガン[†]とマハ[†]と共に、フィル・ボルグ族へ「ドルイドの魔法のにわか雨」、雲、炎の雨、血の滴りを送り込んでいる。
②運命の予告
　ボドヴはさらに、戦いの行く末を予言し、世界の終末が近いことを告げ知らせる役割も担っている。トゥアタ・デー・ダナン族とフォウォレ族との戦いを描く『マグ・トゥレドの第二の戦い』では、ボドヴは「やがて目にする世界は、私には気に入らぬものとなろう」と述べ、世界の終末が近いことを予告する。『ダ・コガの館』によると、ボドヴは「浅瀬の洗濯女」の姿で、コルマク・コン・ロンガス王の前に姿を現し、王の死を予告する。ボドヴは王の戦車と武具を洗った後、その腕を浅瀬に浸すと水は血で染まるが、腕を引き上げると浅瀬は干上がってしまう。武具の洗濯は亡くなった王を清める儀礼に他ならない。
③英雄クー・フリンとの関係
　ボドヴはアルスター物語群の英雄クー・フリンとつながりが深い。『クアルンゲの牛捕り』では、コナハトの女王メドヴ[†]が率いる軍勢を前にクー・フリンは孤軍奮闘する。彼が戦いの最中に恐ろしい形相になり、身体が千変万化した時、その頭上に現れる「赤い火花」は「ボドヴの光」だった。またマグ・ムルテウネの平原での戦いの最中に、瀕死の

クー・フリンの肩の上にとまりに来た鳥たちは、ボドヴが変身した姿だとされる。
キーワード：戦闘女神、鳥（女）、世界の終末、予言
参考文献：Le Roux et Guyonvarc'h, *Mórrígan-Bodb-Macha*, pp.102-111.
⇒イナンナ／イシュタル、ドゥルガー、ネウィン

マハ Macha
名前の意味・神格・属性：ケルト語 *magesiā（「平原」）に由来。アイルランドのアルスター物語群に登場する至高女神。『アイルランド来寇の書』（11世紀）によると、エルンワスの娘で、戦闘女神ボドヴ[†]とモリーガン[†]の姉妹とされる。マグ・マハ Mag Macha（「マハの平原」）、アルスター王の首府エウィン・ワハ Emain Macha（「マハの双子」）、聖パトリックが布教活動の拠点としたアーマー Armagh（アルド・マハ Ard Macha「マハの高み」）という地名の名祖。
概要：神話学者デュメジルは、三つの異なる文献に登場する三人のマハが、インド・ヨーロッパ語族の三機能体系に対応すると指摘している。

①透視者としてのマハ
最初のマハは『アイルランド来寇の書』に、ネウェド（「神聖な者」）の妻として登場する。ネウェドは、ノアの大洪水から300年後にアイルランドへ来寇したパルトローンの種族が絶滅した後、島へ入植した集団の統率者である。マハは、後に『クアルンゲの牛捕り』の最中に起きる悲劇を夢で目にした後、心労で息絶えた。マハの名は、ネウェドが開墾した12番目の平原の名に残されたという。ここでマハが発揮する透視力は、第一機能＝魔術性の特徴である。

②女武者としてのマハ
二人目のマハは、『レンスターの書』（1160年頃成立の写本）が伝える『ミールの息子たちの時代からトゥアタル・テフトワルの時代までのアイルランドの支配権』によると、ディトルバとキンバイトと共にアルスターを七年ごとに統治していたアイド・ルアドの娘である。アイド・ルアドが「赤の瀑布」で溺死すると、マハはディトルバとキンバイトに、取り決めに従って父の王位の順番を彼女に譲り渡すよう求める。拒まれたマハは二人を戦いで破り、女王となる。マハによる7年の支配期間中にディトルバが死去すると、マハは彼の五人の息子（ブレト、ブラス、ベタハ、ウアラハ、ボルブハス）を戦いで破って追放し、キンバイトと結婚する。その後マハは、ハンセン病患者に身をやつしてディトルバの息子たちの許を訪ね、怪力で彼らを縛りあげ、エウィン・ワハの要塞を建設させたという。このように女武者としてのマハは、第二機能＝戦闘性に対応し、彼女の異名「赤いたてがみのマハ」に認められる「赤」はこの機能を象徴する色である。

③農夫の妻としてのマハ
三人目のマハは『ウラドの人々の衰弱』（8-9世紀）に登場する。物語によると、多くの息子に恵まれていた富裕な農夫クルンフは妻を亡くした後、長らくやもめ暮らしだったが、ある日、若くて美しい女マハを迎え入れる。マハは何も言わぬまま家事をこなし、クルンフ一家が必要な食料、衣服などをすべて調達し、クルンフをさらに富裕にする。ところがある日、クルンフはアルスター王の前で、王の所有する二頭の馬よりもマハの方が速く走ると自慢したため、マハの死を招くことになる。妊娠中で出産間近のマハは夫の命を救うために、王の馬たちとの競走を余儀なくされる。競走を制したマハは激痛の中で双子を産んで息絶える。アルスターの首府がエウィン・ワハ（「マハの双子」）と呼ばれる所以である。アルスターの成年男子が危急存亡の時に産褥の苦しみを味わうようになったのは、自分の受けた屈辱への報復としてこのときマハがかけた呪いによる。このように豊作と富をもたらすマハは、第三機能＝豊穣性に対応している。さらにアルスター王の持ち馬との競走の件は、マハがガリアの女神エポナ[†]やウェールズ神話のリアンノン[†]と、馬の女神としての属性を共有していることの証である。

以上のように、透視者、女武者、農夫の妻

というマハの見せる三つの姿は、元来単独神である大女神が三重化したものであり、それぞれが異なる機能を担当している。種族の統率者（ネウェド）、アルスターの王（キンバイト）、富裕な農夫（クルンフ）というマハの三人の夫が担う職務も、こうした見方を後押ししている。

キーワード：名祖、透視者、女武者、農婦、馬（の女神）、大女神、戦闘女神、三機能、三重化

参考文献：マッカーナ『ケルト神話』170 - 174 頁；Dumézil, *Mythe et épopée I*, 4e partie, chap.2.

⇒イナンナ／イシュタル、ヴァルキューレ、ドゥルガー、ドルワースパー

メドヴ　Medb

名前の意味・神格・属性：古アイルランド語 medb（「陶酔させる」）に由来（「蜂蜜酒」を指すインド・ヨーロッパ語の *medhu- とも関連）。アイルランドのアルスター物語群に登場するコナハト王アリルの妃。アイルランド王エオヒド・フェドレフの娘。アイルランドの九人の王と順に結婚したとされる。

概要：アイルランド最大の叙事文学『クアルンゲの牛捕り』（三つの版が現存し、古い版は1100年頃成立の写本『赤牛の書』に収録）の冒頭、コナハトのアリル王とメドヴ王妃は、寝物語でお互いの財産を自慢しあう。アリルが所有する雄牛フィンドヴェナハを除けば、二人の富が互角と知ったメドヴは、夫の牛よりも立派な雄牛ドン・クアルンゲの獲得を望む。そこでメドヴはコナハト軍を含む四州連合軍を率いて、目指す雄牛のいるアルスターへ侵攻する。女神マハ†の呪いによりアルスターの成年男子は衰弱状態にあり、呪いを免れたクー・フリンが孤軍奮闘して敵軍の前進を阻止する。メドヴ王妃は美しい娘フィンダヴィルを利用して、武者たちを次々に送り込むが、ことごとくクー・フリンに打ち負かされてしまう（クー・フリンの義兄弟フェル・ディアドも犠牲者の一人である）。コナハト連合軍は大打撃を受けるが、メドヴは雄牛の獲得には成功する。しかしメドヴの帰国後、ドン・クアルンゲはアリルの所有する牛と争い、いずれも息絶えてしまう。

メドヴは常に愛人を隠し持っており、アルスター遠征の最中には、アルスターからコナハトへと亡命してきたフェルグス・マク・ロイヒとの不倫現場を、アリル王の御者に目撃されてしまう。フェルグスが巨人のように背が高く、一度の食事で七頭の豚と七頭の牛をたいらげる大食漢であるだけでなく、並外れた性欲の持ち主で、毎晩七人の女を求めたという伝説の持ち主であるのも偶然ではない（フェルグスは「男らしさ」、ロイヒは「種馬」の意）。「聖娼」のごときメドヴは、手中に収めるのが困難な「支配権」を具現する存在であり、彼女の意に適うのは「嫉妬せず、恐怖を知らず、物惜しみしない」夫だけなのである。戦場では自ら剣を手にし、軍勢を先導するメドヴは、戦闘女神の化身でもある。

キーワード：雄牛、王妃、不倫、戦闘女神

参考文献：デュメジル『デュメジル・コレクション〈1〉』丸山静他編，ちくま学芸文庫, 2001年，『ユピテル・マルス・クイリヌス』，第3章第6節；ブレキリアン『ケルト神話の世界』下，pp.52-77, Dumézil, *Mythe et épopée II*, 3e partie, chap.5.

⇒イナンナ／イシュタル、ヴァルキューレ、グウィネヴィア、ドゥルガー、ボドヴ、モリーガン

モリーガン　Mórrígain

名前の意味・神格・属性：『コルマクの語彙集』（900年頃成立）によると「夢魔の女王」。中高ドイツ語 mara（「夜の亡霊」）、現代ドイツ語 Mahr（「（悪夢をもたらす）悪魔」）と関連。「大女王」（mór「大」+ rígain「女王」）という解釈は後代のもの。アイルランドの戦闘女神。『アイルランド来寇の書』（11世紀）によるとエルンワスの娘で、姉妹にボドヴ†とマハ†がいる。

概要：アイルランドの神話文献によると、モリーガンは神々や英雄たちの運命と密接なつながりを持っている。中でもダグダおよびクー・フリンを相手にした挿話群は、モリーガンに備わる属性を浮き彫りにしてくれる。

①ダグダとの聖婚

『マグ・トゥレドの戦い』(11世紀)によると、トゥアタ・デー・ダナン族のダグダが、フォウォレ族との最終決戦の前日にあたるサウィン祭（11月1日）に、コナハトの川のほとりでモリーガンに出会う。彼女は九本の三つ編みの髪を垂らし、片足を川の南、もう片足を川の北に乗せて水浴中だった。二人が交わった場所は「夫婦のベッド」と呼ばれるようになる。その後ダグダはモリーガンから、彼の一族への援助の約束を取りつける。『エーダインへの求婚』(8-9世紀)によると、ダグダは弟の妻ボアンドと不倫関係になり、太陽を九か月停止させ、太陽神オイングスを懐胎の日に誕生させる。この挿話によりダグダには昼の太陽の属性が備わっていることが明らかである以上、彼との聖婚を行うモリーガンには曙の女神の属性が備わっているのかもしれない。

②クー・フリンの強敵かつ援助者

コナハトのメドヴ†王妃が率いる四州連合軍を前に、孤軍奮闘するアルスターの勇士クー・フリンの活躍を描く『クアルンゲの牛捕り』では、モリーガンはクー・フリンに対して相反する振舞いに及ぶ。『クアルンゲの牛捕り』の「前話」の一つ『レガヴォンの牛捕り』によると、眠っていたクー・フリンは、北方から響いてきた恐ろしい叫び声で目を覚ます。その後、戦車で出立した彼は、一本足の赤い馬が引く戦車に乗った「赤い女」に出会う。赤い眉をした女は、まとう服も赤かった。戦車に乗る大男も赤い上着をまとい、ハシバミの熊手を使って雌牛を追い立てていた。クー・フリンに威嚇された女は、風刺詩を歌うと姿を消し、鳥になって枝に止まる。その後も鳥はクー・フリンと話を続け、クー・フリンへの保護を約束し、「クアルンゲの牛捕り」を予告すると同時に、戦いの最中にはウナギの姿で邪魔をしに行くと告げる。クー・フリンがウナギを砕いてやると述べると、相手は灰色の雌狼になってクー・フリンの片目をつぶし、浅瀬には赤い耳の白い雌牛の姿で現れて攻撃すると言い返す。クー・フリンがなおも威嚇したため、鳥は姿を消す。この物語に「女流風刺詩人」の姿で現れた女はモリーガンであり、英雄の運命を告げる役割を担っている。また「赤い女」としてのモリーガンは、「赤いたてがみの」と形容される『レンスターの書』が伝える姉妹マハと同じく、神話学者デュメジルが提唱するインド・ヨーロッパ語族の三機能のうち、「赤」が象徴する第二機能＝戦闘性を具現する存在である。

『赤牛の書』(1100年頃成立の写本)が伝える『クアルンゲの牛捕り』本編では、クー・フリンの前に現れた若き美女は、彼の名声を聞いて彼に恋し、財宝と家畜を授けにやって来たと述べる。モリーガンに他ならないこの女は、クー・フリンに戦いでの援助を約束するが、愛の申し出を拒まれると彼に威嚇を始める。自らはウナギや雌狼になり、浅瀬では彼に家畜を放ってやると女が述べると、クー・フリンは投石器で女の片目をつぶし、片脚を折り、彼から祝福の言葉を受けぬ限り治癒が不可能にしてやると応酬する。実際に物語の先の場面では、手負いの女が老女の姿で現れ、クー・フリンに祝福され、怪我を治してもらう。

『レンスターの書』(1160年頃成立の写本)が収録する版によると、クー・フリンによって片目をつぶされたモリーガンは、黒いウナギに続いて灰色と赤の雌狼に変身する。これを相手にしていたクー・フリンは敵兵から胸に怪我を負わされる。その後、クー・フリンは乳房が三つある雌牛の乳を搾る老女に変身したモリーガンに出会い、老女から三度搾った牛乳をもらうと、お礼に老女を三度祝福して老女が負っていた怪我を治す。このようにモリーガンはクー・フリンに対し、敵対と保護という二重の役割を担っている。こうした両義的な関係は、アーサー王物語でモリーガンの属性を受け継ぐモーガン・ル・フェイ†が、異父兄弟のアーサーに対して見せる関係を想起させる。

③死の予告

アルスターへ侵攻するコナハト軍の指揮者として、自らも戦場で剣を握るメドヴ†王妃とは異なり、通例「戦闘女神」とされるモリーガンは自らが戦うことはなく、その攻撃は呪

術的なものにとどまっている。変身能力を備えたモリーガンが鳥の姿を取る時、それは姉妹の一人ボドヴ†(「ハシボソガラス」)と同一視できる。マグ・ムルテウネの平原での戦いで、瀕死のクー・フリンが石柱に自分で体を結わえつけ、立ったまま死ねるようにした時、飛んできて彼の肩に止まった鳥たちは、モリーガンと共に三神群をなすボドヴの姿である。特別な日に武器を手にした者は永遠の名声を手にするが短命になると、クー・フリンは少年時代にドルイド僧のカトヴァドから教えられ、ギリシア神話のアキレウスと同じく名声の道を選んだ。こうして短命の英雄を襲う死を見届けるのが、モリーガンなのである。モリーガンとその姉妹の母エルンワスの名が、「武器(鉄)による死」を意味するのも偶然ではない。

　戦死者を選ぶ役割を担った北欧神話のヴァルキューレと同じように、モリーガンも戦いの行く末を見通す力を備えている。『マグ・トゥレドの第一の戦い』では、モリーガンは姉妹のボドヴとマハと共に、トゥアタ・デー・ダナン族に敵対するフィル・ボルグ族へ、火と血の雨という異常な自然現象を突き付け、一族の敗北を告げ知らせている。さらに『クアルンゲの牛捕り』では、モリーガンは「ウラド(アルスター)の人々の不幸」を予告し、「牛捕り」の発端となった雄牛ドン・クアルンゲの前にはハシボソガラスの姿で現れ、「人々が死んだ後には、そなた自身の死が待っている」と予言している(『赤牛の書』が収録する版による)。

キーワード：戦闘女神、変身、死、曙、聖婚、三機能、第二機能、予言、鳥、ウナギ、狼、三姉妹
参　考　文　献：Le Roux et Guyonvarc'h, *Mórrigan-Bodb-Macha.*
⇒イナンナ／イシュタル、ヴァルキューレ、ウシャス、ドゥルガー

レヴォルハム　Leborcham
名前の意味・神格・属性：「すらりとした跛行の女」の意。アルスター王コンホヴァル・マク・ネサの使者。醜い魔女として、人を害する呪詛により恐れられた。デルドレ†の養母。
概要：アイルランドのアルスター物語群に属する『ウシュリウの息子たちの流浪』(9-10世紀)によると、コンホヴァル王に仕える詩人の妻が出産した女児デルドレに、養母として仕えたのがレヴォルハムである。長じたデルドレがある日、雪の中に流れ出た赤い血をワタリガラスが啄むのを見て、理想の男性像を思い描いた時、レヴォルハムは美男の候補としてウシュリウの息子ノイシウの名を挙げることで我知らず、悲劇の発端を作り出している。

キーワード：養女、魔女
⇒マンタラー

ウェールズの女神

アランロド Aranrhod
名前の意味・神格・属性：「大きな輪」。別名アリアンロド Arianrhod は「銀の輪」の意。中世ウェールズの神話物語集『マビノーギ』第四話「マソヌウイの息子マース」に登場するドーン[†]の娘。マース王の姪。カエル・アランロド（「アランロドの砦」）は「かんむり座」を意味する。
概要：『マビノーギ』第四話によるとアランロドは、双子の母として登場する。
①処女性を試される女
　グウィネッズの領主マースの足支え役ゴイウィン[†]が、マースの甥ギルヴァエスウィによって処女を奪われ、その任務を果たせなくなると、別の甥グウィディオンが姉妹のアランロドをマースに推薦する。マースは宮廷でアランロドの処女性を確かめるために、魔法の杖を跨がせる。するとアランロドは貴族たちの面前で、赤子を生み落とす（マースに引き取られたこの子は海の性質を身につけ、ディラン・エイル・トン「海の波の息子」と名付けられる）。さらにアランロドは宮廷を後にする時、戸口で小さな物を落としていく。この小さな物も後に赤子と判明し、グウィディオンが密かに育てる。やがて立派に成長した若者を、グウィディオンがアランロドに彼女の息子として紹介すると、アランロドは自分の恥だと述べる。彼女の生んだ双子がグウィディオンとの近親相姦によるものだったためであろう。
②母性を拒否する女
　アランロドはグウィディオンが育てた息子に三つの呪いを順にかける。一つ目は彼女自身が名付けぬ限り、名前を持てないという呪い、二つ目は彼女自身が与えぬ限り、武器を持てないという呪い、三つ目はいかなる種族の女からも、妻をめとることができないという呪いである。幸い、グウィディオンの策略

が功を奏し、若者はスェウ・スァウ・ゲフェス（「器用な手を持つ光り輝く人」）という名を得て武器を手にする他、グウィディオンがマースの協力を得て魔法で花から作った女ブロダイウェズ[†]を妻に迎える。
　アランロドによる三つの呪いは、神話学者デュメジルが提唱したインド・ヨーロッパ語族の三機能のそれぞれに対応し（名前は第一機能＝神聖性、武器は第二機能＝戦闘性、妻は第三機能＝豊穣性）、若者が結果的に呪いを免れているのは偶然ではない。スェウ Lleu は、アイルランド神話に登場しサウィルダーナハ（「百芸に通じた」）の異名を持つルグ Lug のウェールズ版だからである（一人であらゆる仕事をこなせるルグは、三機能を結集した存在である）。アランロドの名に含まれる「輪」(rhod) が従来の説のように「運命」の象徴であるなら、彼女は三つの呪いにより息子の「運命」を左右する存在と言えるだろう。妻をめとることができないという呪いは、『キルッフとオルウェン』(12世紀前半)の冒頭で主人公キルッフが継母からかけられる呪いを想起させる。
キーワード：双子の母、輪、運命、三機能、呪い
参 考 文 献：Le Roux et Guyonvarc'h, *La société celtique*, pp.176-184.

アンガラット・ラウ・エヴラウク
Angharad Law Eurwawc
名前の意味・神格・属性：「黄金の手のアンガラット（大変愛された者）」の意。中世ウェールズのアーサー王物語の一つ『エヴラウクの息子ペレドゥルの物語』に登場し、主人公が恋する女性。
概要：『ペレドゥルの物語』は同名の主人公が、荒野育ちの素朴な若者から一人前の騎士へ成長していく過程を描く。冒険の旅の途中でペレドゥルが、カエル・スィオンのアーサー（アルスル）の宮廷を訪ねた時、城の中で出会い、理想の女性と考えたのが「黄金の手のアンガラット」である。彼女から愛を拒まれたペレドゥルは、すべての男の中で彼を一番愛すると彼女が告白してくれぬ限り、どんな

キリスト教徒とも口をきかないと宣言して旅立つ。そのためペレドゥルは「沈黙の騎士」の異名を持つことになった。その後、「丸い谷」で異教徒の巨人たちを降参させたペレドゥルは、キリスト教徒と口をきかぬままアーサーの宮廷へ向かう。その途中でアーサーの騎士を雄々しく撃退するペレドゥルの姿を見たアンガラットが、彼に会いに行き、口をきけないとしても彼を一番愛おしく思うと述べる。そこで身許が判明したペレドゥルは、アーサーの宮廷に滞在することになる。こうしてペレドゥルはアンガラットの愛を得るが、物語はこの後二度と彼女に触れることはなく、ペレドゥルとクリスティノビルの女帝との出会いを語る挿話へと移る。

キーワード：美女、黄金の手
参考文献：中野「『マビノーギ』研究（10）」．

エレン・ルイダウク　Elen Luydawc

名前の意味・神格・属性：「軍勢を率いるエレン」の意。ウェールズ地方の伝承物語の一つ『マクセン・ウレディクの夢』のヒロイン。ローマ（ルヴァイン）の女帝となる。

概要：物語によると、ローマ皇帝マクセン・ウレディクは、狩りの途中で眠りに落ち、夢で見た美しい乙女に恋い焦がれる。そこで実際に自ら探索に出かけ、ブリテン（プリダイン）島に渡り、アベル・セイントの城で乙女を見つけだす。乙女は、ローマに代わってセゴンティウム（現在のカナーヴォン）を守っていたブリトン人の長エウダヴの娘エレンだった。エレンは皇帝に結婚の贈り物として、三つの地（アルヴォン、カエル・スィオン、カエル・ヴィルディン）に彼女が支配する城を建設してもらい、後に軍隊を動員して三つの城を結ぶ公道を作る。その道は「軍勢を率いるエレンの道」と呼ばれた。こうしてマクセンがブリテン島に七年留まると、ローマでは新皇帝が選出されてしまう。そこでマクセンは軍勢を率いてローマに戻り、エレンの二人の兄ケナンとガデオンの助力を得て新皇帝を倒し、ローマを奪還する。物語が描くエレンは、美貌と知恵を駆使して自らの運命のみならず、周囲の男たちの運命をも変えていく力強いケルトの女性である。

キーワード：美女、女帝
参考文献：中野「『マビノーギ』研究（7）」．

オルウェン　Olwen

名前の意味・神格・属性：「白い足跡」（ol「足跡」+ gwyn「白い」）の意。ウェールズ語による最古のアーサー王物語『キルッフとオルウェン』（12世紀前半）のヒロイン。巨人の長イスバザデンの娘。

概要：キルッフ（「豚の囲い」）は、継母からオルウェンと結婚しないかぎり、妻を持つことができないという呪いをかけられる。そこで伯父アーサー（アルスル）の助力を得て、まずはオルウェンを見つけ出す。彼女の父イスバザデンから結婚の条件として39（異本では38）の難題を命じられたキルッフは、アーサー一行に助けられ、難題をすべて解決し、オルウェンとの結婚を実現する。中でも困難を極めたのは、イスバザデンの髪を整えるのに必要な櫛と大鋏を両耳の間に持つ猪トゥルッフ・トゥルウィス狩りだった。イスバザデンは娘が結婚すると死ぬ定めになっていたのであり、キルッフが一連の難題を通じて獲得した品々はすべて、娘の婚礼の宴に必要なものであった。こうした筋書きは、アールネとトンプソンによる民話の国際話型AT313「悪魔の娘」に即したものである。

キルッフの前に初めて姿を見せた時のオルウェンの描写は、赤と白を基調としている。炎のように燃える真紅の絹のローブを身にまとい、赤金のトルクを首につけていたオルウェンは金髪で、肌の白さは波の泡よりも澄み、手と指も白く、鷹のように輝く目をし、真紅の花よりも紅い唇をしていた。彼女が「白い足跡」と呼ばれたのは、歩くとその足許から四つの白いクローバーの花が咲き出たからである。オルウェンはおそらく曙と美しい季節を具現する存在であり、人間の恋人により囚われの身を解かれている。赤金のトルクを首につけたオルウェンの姿は、北欧神話に登場するフレイヤ[†]の異名の一つメングロス（「首飾りを喜ぶ女」）を想起させる（フレイヤは装身具ブリーシンガメンの所有者であ

る）。オルウェンの雛形が曙の女神であるなら、トルクは一年のサイクルや美しい季節がもたらす富の象徴であろう。

キーワード：美女、白、曙、季節
参考文献：中野「『マビノーギ』研究（5）」；木村正俊「『キルフッフとオルウェン』における語りの構造と様式」, 中央大学人文科学研究所編『ケルト口承文化の水脈』中央大学出版部, 2006年.
⇒スセリビメ、プシュケ

キグヴァ　Kicua（Cigfa）
名前の意味・神格・属性：「明るい場所」（「明るい」kig＋「場所」を指す接尾語 ma）。中世ウェールズの神話物語集『マビノーギ』第一話と第三話に登場するプレデリの妻。
概要：『マビノーギ』第一話「ダヴェドの大公プイス」の最後に、プイスの息子プレデリの妻として名前が挙がるキグヴァは、第三話「スィールの息子マナウィダン」では不思議な体験をする。第三話によると、まずは未亡人だったプレデリの母リアンノン†がマナウィダンと再婚し、キグヴァと夫プレデリを含む四人はダヴェドの地（南ウェールズ）で共同生活を始める。その後四人は、イングランドでの生活を経てダヴェドに戻ると、プレデリとマナウィダンは狩猟暮らしを始める。その一年後、プレデリが白い猪を追跡するうちに失踪し、母リアンノンも息子を探しに出て姿を消すと、残されたマナウィダンはキグヴァを連れてイングランドへ赴いて靴作りをする。再びダヴェドへ戻った二人は麦畑を三つ作るが、収穫時になるとネズミの大群に小麦を食い荒らされる。マナウィダンが一匹のネズミを捕まえたことを契機に、ダヴェドの地が魔法にかけられていたことが判明する。そこでマナウィダンが魔法を解除させると、ダヴェドが元通りになり、プレデリとリアンノンも帰還する。この筋書きの中でキグヴァは、思慮を欠き魔法の犠牲者となる夫プレデリから、冷静で賢明な保護者マナウィダンにその身を託されている。夫の不在の間、マナウィダンと共に小麦の収穫を行ったキグヴァは、悪しき季節に豊穣を約束する存在である。

キーワード：豊穣女神
参考文献：中野「『マビノーギ』研究（4）」.

クリスティノビルの女帝　Amherodres Cristinobyl
名前の意味・神格・属性：クリスティノビルはコンスタンティノープルを指すと思われる。中世ウェールズのアーサー王物語の一つ『エヴラウクの息子ペレドゥルの物語』に登場する謎の女帝。
概要：物語中でこの女帝への言及が現れるのは、主人公のペレドゥルが洞窟に棲むアダンクという化物を退治し、「悲しみの小山」で黒蛇を殺めた後、とある渓谷に立ち寄った時のことである。ペレドゥルはそこで行われた馬上槍試合で大活躍し、観戦に来ていた女帝と面会する。ペレドゥルはアダンク退治に先立ってある女と出会い、誰にも姿が見えないアダンクの姿が見えるようになる石をもらっていた。女はその見返りとして、すべての女の中で彼女を一番愛することを彼に誓わせていた。その時の女こそ「クリスティノビルの女帝」であった。ペレドゥルと再会した女帝は、この約束を彼に思い出させ、二人は以後14年間、国を共同統治したという。

　ところがその後、ペレドゥルは再び冒険を続け、最後にはカエル・ロイウの魔女たちを退治し、従兄弟の仇討ちを果たす。この仇討ちは、不当に奪われていた領地の正当な支配権の回復に他ならない。物語中唐突に現れる「女帝」エピソードは、「支配権」を具現する女神（「女帝」はその化身）と王との結婚が国土の安寧に不可欠だという思想を反映したものであろう。

キーワード：女帝、王権
参考文献：中野「『マビノーギ』研究（10）」.

ケリドウェン　Ceridwen
名前の意味・神格・属性：ケルト語 *karito-winda「白い＋愛される女」。「鉤のように曲がった女」（Cyrridfen = cyrrid+ben）と解釈する説もある。ウェールズの伝承に登場する女魔法使い。夫はテギド・ヴォエル（「禿げ

頭のテギド」)、息子はモルヴラン(「海のカラス」)とアバグズ(「黒い怪獣」)、娘はクレイルゥイ。詩人タリエシンの母。

概要: ケリドウェンが魔法を駆使する話は『タリエシン物語』が伝える。この物語の原型は9世紀まで遡ることができるが、現存最古の版はエリス・グリフィズの『世界年代記』(16世紀) が伝える散文版である。

ケリドウェンは醜い息子アバグズの将来を案じ、予言能力を授けようとする。そのためには、数種類の薬草を魔法の大釜の中で一年と一日煮詰め、最後に飛び出してくる三滴を、息子が口にする必要があった。ところがその滴は、大釜の火焚き番をしていた若者グウィオン・バッハの指に落ちる。滴の熱さに驚いて思わず指を口に入れると、若者は知恵に満たされる (この挿話は、アイルランド神話のフィン・マク・クウィルが、賢者の捕えた鮭の料理中に火傷した親指を口に入れて、予言能力を獲得する件と同工異曲である)。

事の真相を知ったケリドウェンは激怒し、若者の追跡を始める。若者が野兎になるとケリドウェンは黒い猟犬になって追い、その後は互いに変身を繰り返す。若者が納屋に追い詰められて小麦の粒に姿を変えると、黒い雌鶏になったケリドウェンがこれを呑み込む。九か月後に彼女は男児を出産するが、殺める気にはならず、皮袋に包み舟に乗せて海へ流す。舟は無事着岸し、ウェールズ北部海岸沖の領主グウィズノ・ガランヒルの息子エルフィンに発見される。その折に皮袋から出てきた男児の額を見て、「これは輝く額(タリエシン)だ」とエルフィンが述べたことが、生まれ変わった子供の名の由来である。エルフィンに引き取られたタリエシンは、長じて立派な詩人になる (転生前のタリエシンの名の前半部分グウィオン Gwion は、「毒性の強い流体」を指すケルト語 *uis-onos に由来するという説があるが、この「流体」は詩人が時に用いる呪詛＝風刺を想起させる)。

ケリドウェンとグウィオン・バッハが様々な姿に変身する挿話は、アイルランドの神話物語群に登場し変身を繰り返すエーダイン† を想起させる。ケリドウェンは「夜」のみならず、おそらく「月」との関連も持っているほか、魔法と特殊な受胎能力を介して、知恵と豊穣を司るガリアの女神ロスメルタ† と属性を共有している。

キーワード: 女魔法使い、変身、豊穣女神
参考文献: 松村『神話思考 I』344-368 頁；ブレキリアン『ケルト神話の世界』下, 26-29 頁.

ゴイウィン　Goewin

名前の意味・神格・属性: 名前の後半部分は gwyn (「白」) と関連。中世ウェールズ神話物語集『マビノーギ』第四話「マソヌウイの息子マース」に登場するマース王の足支え役。

概要: 『マビノーギ』第四話によると、北ウェールズのグウィネッズの領主マースは、戦時以外は両足を一人の処女の膝に置かなければ生きていけない運命にあった。その役割を果たしていたのが、地方で最も美しいゴイウィンだった。ところがマースの甥ギルヴァエスウィがゴイウィンに恋をしたため、兄グウィディオンは南ウェールズのダヴェドとの間に戦争を起こし、マースを出陣させる。ギルヴァエスウィはマースの不在に乗じてゴイウィンへの情欲を満たす。戦いを終えて帰還したマースは、処女を失ったゴイウィンを妻に迎えて領主権を委ねると共に、罰として二人の甥を魔法で三度、一年ごとに異なる動物の番に変える。

足支えは中世ウェールズには役職として実際に存在し、「ウェールズ法」には王の足許に座り王と同じ皿で食事をする「足支え役」(troedawc) が、王宮の下級役人の一人として挙げられている (この役人は男性であった可能性が高い)。これに対しゴイウィンが果たした役割は神話的なものであり、二つの解釈が可能である。一つは娘の膝が女性性器、王の足が男性性器を象徴し、足支えは老王に娘の生命力を授けるという解釈であり、もう一つは娘が豊穣の力を王に授けることで、王による領土の支配を確実なものにするという解釈である。いずれにしても娘が処女を失った途端、その力は失われてしまう。

キーワード: 足支え役、処女、美女

参考文献：中野「『マビノーギ』研究（4）」．
⇒アランロド

ドーン　Dôn

名前の意味・神格・属性：ケルト語 dā-（「流れる」）に由来。アイルランド神話のトゥアタ・デー・ダナン族の名祖ダナ†Dana も語源を同じくする。ウェールズの伝承に登場する神族の母。

概要：中世ウェールズの神話物語集『マビノーギ』第四話によると、ドーンはマソヌウイの娘であり、マース（「熊」、「宝」、「善意」）の妹にあたる。ドーンの子供には魔術師グウィディオン（「博識」）、ギルヴァエスウィ（「恋する者」）、アマエソン（「偉大な耕作者」）、ゴヴァンノン（「偉大な鍛冶師」）という息子たちと、娘アランロド（「大きな輪」）がいる。アランロドの生む二人の息子ディラン・エイル・トン（「海の波の息子」）とスェウ・スァウ・ゲフェス（「器用な手を持つ光り輝く人」）はおそらく双子であり、スェウはアイルランド神話の万能神ルグのウェールズ版にあたる。神話学者デュメジルは、「ドーンの一族」がインド・ヨーロッパ語族の三機能体系をもとに形成されていると考えた。

　ウェールズ語による歴史・伝説を扱った押韻詩集成『ブリテン島三題歌』第35番「ブリテン島から出発した三つの召集軍隊」によると、アランロドはベリの娘とされ、さらにベリとドーンは夫婦の関係にあることから、ベリと共にブリトン人の始祖とされるアンナはドーンと同一視できるかもしれない。アンナはジェフリー・オヴ・モンマス『ブリタニア列王史』によるとアーサー王の妹で、ガウェインの母となる人物である。そのためフィリップ・ヴァルテールは、ドーン（＝アンナ）の息子の鍛冶師ゴヴァンノンがガウェインに相当すると推測する。ヴァルテールはさらに、ドーンの子供たちの誕生が兄マースとの近親相姦による可能性も指摘している。

キーワード：神の母、近親相姦、三機能

参考文献：マッカーナ『ケルト神話』147
－152 頁；Dumézil, *L'oubli de l'homme et l'honneur des dieux*, pp.93-111；Walter,
Gauvain, le chevalier solaire, chap.3.
⇒アディティ

ブランウェン　Branwen

名前の意味・神格・属性：「白いワタリガラス」（古い綴り Bronwen は「白い胸」の意）。中世ウェールズの神話物語集『マビノーギ』第二話「スィールの娘ブランウェン」のヒロイン。ブリテン島の三大女家長の一人で絶世の美女。兄弟にベンディゲイドブラン（「聖なるブラン」）とマナウィダン（「マン島の人」）がいる。トリスタン物語の女主人公イズーの侍女ブランジアン Brangien は、ブランウェンに由来するという説がある。

概要：歴史・伝説を扱った押韻詩集成『ブリテン島三題歌』第53番「ブリテン島の三つの不吉な激しい平手打ち」と、第95番「悲しみゆえに心臓が破裂した三人」にその名が挙がるブランウェンの悲劇は、『マビノーギ』第二話で詳述されている。

①異国へと嫁ぐ女

　アイルランド王マソルッフがブランウェンに求婚するため、ブリテン島へやって来る。宮廷で会議が開かれて結婚が決まり、祝宴が催されると、ブランウェンの異父兄エヴニシエンが現れて、マソルッフの持ち馬を痛めつける。縁談が自分への相談なしに進められた腹いせである。そこでブランウェンの兄ベンディゲイドブランは、死者を蘇らせる魔法の大釜を贈ることでマソルッフの怒りを鎮める。その後、帰国したマソルッフはブランウェンとの間に、グウェルン（「ハンノキ」）という名の息子をもうける。

②苦難を耐え忍ぶ女

　アイルランドでは、マソルッフがブリテン島で受けた侮辱への報復を望む声が高まり、ブランウェンは降格されて料理人として働かされただけでなく、毎日肉屋に頬を平手で打たれるようになる。名家の娘に不相応な屈辱的な生活が三年続く間に、ブランウェンはムクドリを調教し、手紙を兄ベンディゲイドブランに届けさせる。妹の苦難を知ったベンディゲイドブランが大軍を率いてアイルランドへ向かうと、マソルッフ王は息子グウェル

ンに王権を授けることで和平を図る。ところがエヴニシエンがグウェルンを燃える炎の中に投じて殺し、それが両軍の壮絶な戦いの契機となる。ブランウェンは生き残ったブリテン軍の七人の男と共に故郷のアングルシー島にたどり着くが、アイルランドとブリテン島を眺めながら、自分が招いた悲劇を思い、心臓が張り裂けて死んでしまう。

③囚われた曙

「白い胸」を意味するブランウェンの古い綴りは、『キルッフとオルウェン』の女主人公オルウェン（「白い足跡」）と同じように、ブランウェンの雛形として曙の女神を想定させてくれる。そのため、彼女が異国で耐え忍ぶ姿は囚われた曙を喚起する。またブランウェンを救う兄ベンディゲイドブランは、妹と同じく「ワタリガラス」を指す「ブラン」を名に含んでいるため、二人は元来双子だった可能性もある。

キーワード：美女、カラス、曙
参考文献：マッカーナ『ケルト神話』154-157頁；ブレキリアン『ケルト神話の世界』下、11-26頁．

ブロダイウェズ　Blodeuwedd

名前の意味・神格・属性：「花のような顔」（blodeu「花のような」＋ wedd「顔」）の意。中世ウェールズの神話物語集『マビノーギ』第四話「マソヌウイの息子マース」に登場するスェウ・スァウ・ゲフェスの妻。魔法で花から作られた女。

概要：『マビノーギ』第四話によると、北ウェールズのグウィネッズの領主マースの足支え役を務めていた美女ゴイウィン[†]が、マースの甥ギルヴァエスウィによって処女を奪われ、任務の資格を失う。そこでゴイウィンの後継者に指名されたアランロド[†]が、処女性を試すためにマースが差し出した杖を跨ぐ。するとアランロドはその場で男児を生み、さらに戸口に小さな物を落とす。この小さな物も男児であり、アランロドの兄弟グウィディオンが密かに育てる。長じた若者は母のアランロドから、名前と武器と結婚についての呪いを順にかけられる。グウィディオンの策略によって若者がスェウ・スァウ・ゲフェスという名前を得て武器を手にした後で、グウィディオンは伯父マースの助力を得て、デリ（カシ）の花とバナディル（エニシダ）とエルヴァイン（シモツケソウ）の花から、美しい乙女ブロダイウェズを作り、スェウに妻として与える。

ところがスェウの留守中にブロダイウェズは、狩りをしていたグロヌウ・ベビルと出会って相思相愛になり、ついにはグロヌウをけしかけてスェウを槍で突かせる。するとスェウは鷲になり、鋭い悲鳴を残して姿を消す。グウィディオンはこの鷲を探し出して元の姿に戻す一方で、ブロダイウェズを他の鳥たちから目の敵にされるフクロウに変えて森へ追放する。ブロダイウェズの侍女たちは逃げる途中に湖で溺死し、グロヌウはスェウの投げる槍に貫かれて息絶える。

物語は、「美しい季節」を具現するブロダイウェズを軸に、アイルランドの万能神ルグ Lug のウェールズ版にあたるスェウ Lleu（「光」）と、猟犬を連れた狩人グロヌウを対立させている。色恋ゆえに命を落とすグロヌウはギリシア神話の狩人オリオンに、ブロダイウェズの侍女たちはプレアデス星団に相当するのかもしれない。またスェウ殺害の経緯は、アイルランド神話でクー・ロイ・マク・ダーリが、その妻ブラートナド（「小さな花」）と共謀したクー・フリンに討たれる状況と同一である。

キーワード：花、不倫、変身、フクロウ
参考文献：中野「『マビノーギ』研究（4）」．

モドロン　Modron

名前の意味・神格・属性：ケルト語 *Mātronā（「母神」）に由来。ウェールズ語による最古のアーサー王物語『キルッフとオルウェン』（12世紀前半）に登場するマボンの母。ウェールズの民間伝承では、オウァインとモルヴィドの母とされる。

概要：『キルッフとオルウェン』は、アーサー（アルスル）の甥キルッフが、巨人の長イスバザデンから課された39の試練を果たし、その娘オルウェンを妻に迎える話である。こ

のうち26番目の試練が、生後三日後に姿を消したマボンの探索であり、マボンの母とされるのがモドロンである。マボンはベレヌス（ガリアのアポロン）の異名マポヌスに対応し「若き太陽」を表すため、その母モドロンは「夜」に対応している。

歴史・伝説を扱った押韻詩集成『ブリテン島三題歌』第47番「ブリテン島の三つの聖なる出産」では、アヴァサハの娘モドロンがウリエンとの間に、息子オウァインと娘モルヴィドをもうけたと述べられている。またペニアルス147番写本が伝えるウェールズ民話に登場する洗濯女は、おそらくモドロンであると考えられる。この民話によると、「遠吠えの浅瀬」の近くでレゲドのウリエンが洗濯女に出会う。それまで吠えたてていた犬たちが静かになり、ウリエンが洗濯女と交わる。女は異界（アンヌウヴン）の王の娘であり、魔法のせいでキリスト教徒の子を妊娠するまで浅瀬で洗濯をする運命にあった。一年後に浅瀬へ戻ったウリエンは、女からオウァインとモルヴィドを受け取ったという。

モドロンと思われる洗濯女は、人間界と神界のみならず、キリスト教と異教を媒介する存在である。また吠えたてる犬たちのせいで誰も近づくことのない、洗濯女の佇む浅瀬は、武者にとっての試練の場である。こうしてモドロンの息子として生まれたオウァイン Owein は、中世フランスのアーサー王物語ではイヴァン Yvain の名で登場する。後期流布本物語群の『メルラン（マーリン）続編』によれば、ユリアン（ウリエン）はアーサーの姉妹モルガーヌ（モーガン・ル・フェイ[†]）との間にイヴァンをもうけたことになっている。逸名作者はモドロンをモルガーヌに代えることで、イヴァンをアーサーの甥にしたのである。

キーワード：母神、夜
参考文献：Sterckx, *Mythologie du monde celte*, pp.241-246.

リアンノン　Riannon（Rhiannon）
名前の意味・神格・属性：*Rīgantonā（「大王妃」）に由来。中世ウェールズの神話物語集『マビノーギ』第一話「ダヴェドの大公プイス」ではプイスの妻、第三話「スィールの息子マナウィダン」ではマナウィダンと再婚。ガリアの女神エポナ[†]や、アイルランドの女神マハ[†]と同じく、馬との関連が深い。

概要：①プイスの妻（『マビノーギ』第一話）
この話では、プイスが異界アンヌウヴンの王アラウンと友誼を結ぶ話に続き、古老ヘヴェイズの娘リアンノンとの出会いが語られる。ある日プイスがアルベルスの丘に座っていると、青みがかった白毛の立派な馬に乗ったリアンノンが現れる。彼女の馬は緩やかに走っているようで速く、家臣たちは誰も追いつくことができない。意に染まぬ婚儀を嫌う彼女は、プイスとの結婚を望んでやって来たのだった。二人は婚約するが、一年後の婚礼の席上でプイスが不用意な発言をしたため、恋敵のグワウルにリアンノンを奪われてしまう。その一年後にグワウルが婚礼の席を設けると、プイスはみすぼらしい身なりで現れ、持参した袋に食べ物を詰め込んでもらう。その折にグワウルは袋の中に閉じ込められ、命乞いをして自分の領地へ戻る。こうしてプイスはリアンノンと結婚する。

結婚後三年目にリアンノンは男児を授かるが、誕生したその日に赤子が姿を消す。侍女たちから子殺しの罪を不当に負わされたリアンノンは、以後七年間、償いとして毎日、門の脇にある乗馬台に座り、通行人に自分の罪を語り、希望する者があれば背負って運ぶことになる。この間、プイスのかつての家臣テイルノン（グウェント・イス・コイトの領主）は、リアンノンの息子を「黄金色の髪のグウリ」と名付け、我が子のように育てていた。テイルノンが赤子を発見したのは、5月1日の前夜のことだった。毎年この日には、彼の雌馬が出産する子馬が姿を消したため、その年に馬小屋で待機する。すると窓から突っ込まれた大きな鉤爪が子馬をつかんだため、テイルノンはその腕を切り捨てる。この腕の持ち主を追跡し見失った後、帰宅すると、赤子が戸口に置かれていたのである。成長したグウリはプイスと酷似し、さらにリアンノンの苦行の噂を耳にしたため、テイルノン夫妻は

少年を連れてダヴェドへ向かう。こうして息子の帰還を見届けたリアンノンが「心配（プレデリ）から解き放たれる」と述べたため、グウリは以後プレデリと呼ばれ、プイスの死後ダヴェドの地を治めた。

リアンノンと馬との関連は深く、プイスとの初対面では不思議な馬に乗って現れ、息子の失踪後に罰として通行人を背負って運ぶ彼女の姿は荷馬そのものである。リアンノンに備わる馬の属性は息子にも受け継がれ、プレデリ（グウリ）はテイルノンが赤子の彼を戸口で発見した日に、馬小屋で難を逃れた子馬と共に育ち、同じ馬に乗ってリアンノンの許へ帰還する。つまり象徴的には、プレデリは同じ5月1日前夜に生まれた子馬と同一視できる。「光の神ベレヌスの火」を指すベルティネの祭にあたる5月1日生まれの赤子を、テイルノン夫妻が「黄金色の髪のグウリ」と名付けたことは、赤子が太陽との関連を持っていることを表している。『キルッフとオルウェン』に登場する、生後三日後に母モドロン†の許から姿を消したマボンと同じく、グウリ＝プレデリは「若き太陽」を表し、リアンノンの贖罪期間は、幽閉された「太陽」が戻るまでの長い眠りに相当する。また彼女が耐え忍ぶ苦難は、『マビノーギ』第二話の女主人公ブランウェン†が嫁ぎ先のアイルランドで経験する苦難を想起させ、いずれも忍耐強い女性像をなしている。

②マナウィダンの妻（『マビノーギ』第三話）

第一話の最後でリアンノンは寡婦となり、息子のプレデリはキグヴァ†を妻に迎えた。第三話ではリアンノンがプレデリの勧めで、アイルランド戦役からブリテン島へ帰還したマナウィダンと再婚する。この二組のカップルはダヴェドの地で共同生活を始めるが、ある時、雷鳴がとどろき、深い霧が立ち込め、人も家畜も住居も消えてしまう。そこで四人は二年間自給自足の生活をし、イングランドでの生活を経て、再びダヴェドに戻ると、マナウィダンとプレデリは狩猟を始める。その一年後、プレデリは巨大な白い猪を追いかけ、砦の中に入り、泉の上に置かれた黄金の鉢に触れて動けなくなる。その後、息子を探しに出かけたリアンノンも、同じ目に遭う。この砦が霧に包まれて姿を消すと、マナウィダンは残されたキグヴァとの生活を余儀なくされる。二人がダヴェドで三つの麦畑を作ると、収穫時にネズミの大群に小麦を食い荒らされたため、マナウィダンが捕えたネズミを処刑しようとする。これを契機に、麦畑を荒らしたのも、ダヴェドに魔法をかけたのも、グワウルの従兄スィウィトの仕業だったことが判明する。それはかつてグワウルがプイスから受けた侮辱への報復だった。こうしてマナウィダンの賢明な行動により、魔法が解除されてダヴェドが元通りになり、プレデリとリアンノンも戻ってくる。

『マビノーギ』第三話が「メンウァイル（干し草の首）とメンオルズ（大槌の首）のマビノーギ」と呼ばれる理由として物語は最後に、幽閉中のプレデリが首の周りに杭打ちの大槌をぶらさげ、リアンノンが干し草を運ぶロバの耳飾りをつけていたことを明らかにする。ロバは馬科の哺乳類であることから、ここでもリアンノンは馬の姿をとっていたに等しい。第一話でのプレデリの失踪と帰還の話は、第三話では母リアンノンを伴う形で反復され、両者の帰還と共にダヴェドの地で家畜と人家が元通りになるのは偶然ではない。ここでも幽閉されていた「若き太陽」としてのプレデリの帰還は、悪しき季節が支配し荒地と化していた領土に、美しい季節をもたらすのである。また息子と同時に帰還するリアンノンには、馬のひく車に乗り太陽に先立って東の空に現れる、曙の女神の属性が認められる。

③リアンノンの小鳥たち

『マビノーギ』第二話「スィールの娘ブランウェン」によると、アイルランド戦役を生き延びたプレデリとマナウィダンを含む七人のブリトン兵が、ハルドレッフで七年にわたって宴を設けた時、三羽のリアンノンの小鳥がやって来て、優しく美しい歌をうたって聞かせたという。また『キルッフとオルウェン』では、オルウェンとの結婚を望むキルッフが、彼女の父イスバザデンの課す39の試練を果たすことになるが、その中に「リアン

ノンの小鳥たち」の獲得が含まれている。イスバザデンによると、この小鳥たちは「死者を目覚めさせ、生者を眠りに誘い込む」という。
キーワード：馬、鳥、無実の罪、忍耐、失踪、曙
参考文献：マッカーナ『ケルト神話』158-161頁；ブレキリアン『ケルト神話の世界』上, 96-100頁：Gricourt,《Epona-Rhiannon-Macha》.
⇒ウシャス

ガリアの女神

アブノバ　Abnoba
名前の意味・神格・属性：ケルト語 *ab-（「流れる水」）と関連。ドイツ南西部の山脈シュヴァルツヴァルト（「黒い森」）に相当する古代の地名であると同時に、同じ森林山地周辺で崇拝された女神。ドイツで発見された奉献碑文が10点残る。

概要：女神アブノバへの奉献碑文が発見されたのは、カールスルーエ＝ミュールブルク Karlsruhe-Mühlburg、プフォルツハイム Pforzheim、ヴァルトメッシンゲン Waldmössingen、レーテンベルク Rötenberg、シュトゥットガルト＝バート・カンシュタット Stuttgart-Bad Cannstatt、ミューレンバハ Mühlenbach（ハースラハ Haslach 近郊）、バーデンヴァイラー Badenweiler である。このうちの二つの奉献碑文では、アブノバはローマ風解釈により、森の女神ディアナ†と同一視されている。

キーワード：森、水

アルティオ　Artio
名前の意味・神格・属性：ケルト語 *artos（「熊」）に由来。豊穣と多産を司る女神。4点の奉献碑文が残る。

概要：アルティオの名は、ドイツのシュトックシュタット Stockstadt、ヴァイラーバッハ Weilerbach、ダウン Daun から出土した碑文から見つかるほか、スイスのベルン近郊ムーリ Muri で発見された影像の台座にも刻まれている。現在ベルン歴史博物館が所蔵する高さ約20センチのこのブロンズ像は、椅子に腰かけて右手に杯を持った女が象られている。女の左側には果物籠を載せた供物台が置かれている。女の正面には樫の木が聳え、その木を伝い降りたと思われる熊が女の方へ向かっている。

『母権論』で有名なバッハオーフェンは、『古代の宗教における熊』（1863年）の中で、この影像の女が豊穣の女神であり、熊はその原初的な姿であると考えた。籠に入った果物と「熊」を意味する女神の名がその傍証となる。こうした熊女神の淵源は、新石器時代の狩猟と森林の女神と、青銅器・鉄器時代の農耕の女神の中間に位置するのかもしれない。これに対してクリスティンガーは『古代スイス神話』（1963年）の中で、世界樹に他ならない樫の木から降り立った天神が雄熊の姿で、豊穣を約束する大地女神アルティオを受胎させにやって来る場面を想定した。後者の見方が正しければ、雄熊と女神との出会いは、動物による女性誘拐の形で表された聖婚に相当することになる。

アルティオは、ウォコンティイ族が崇拝したアンダルタ†と共に、熊女神信仰がガリアの地に広く存在したことを明らかにしてくれる。ところがローマの支配下に入ったガリアが、宗主国の影響を受けて男権制の色合いを見せ始めると、人々の記憶の中で熊女神の姿が希薄になり、熊男神がこれにとって代わり始めたと思われる。フランス・イゼール県のボークロワッサン Beaucroissant の奉献碑文に現れ、ローマ風解釈によりメルクリウスと同一視されているアルタイオス Artaios は、こうした交代劇を裏付けてくれる。

キーワード：熊、豊穣女神、聖婚

参考文献：鶴岡『ケルト美術』147-150頁；渡邉浩司「クマをめぐる神話・伝承」，天野

女神アルティオと熊、スイス、ベルン歴史博物館蔵、ブロンズ像、M.Green 画

哲也他編『ヒグマ学入門』北海道大学出版会，2006 年；Duval, *Les dieux de la Gaule*, p.51；Christinger et Borgeaud, *Mythologie de la Suisse ancienne*, pp.49-54.
⇒アルドゥインナ

アルドゥインナ Arduinna
名前の意味・神格・属性：「高地」(「高い」を意味するアイルランド語 ard やウェールズ語 ardd と関連)。ケルト語の *artos「熊」の派生語と考える説もある。ベルギー南部からフランス北東部に広がるアルデンヌ地方で信仰された。2点の碑文が残る（ドイツのデューレン Düren とイタリアのローマ）。
概要：ローマで発見された「アルドゥインナへ ARDVINNE」という碑文のある彫像は、現在のアルデンヌ地方に住んでいたガリアのレミ Remi 族出身のクアルティニウス・サビヌスが3世紀に、故郷の女神に捧げたものである。この女神がディアナ[†]の姿で描かれていることから、アルドゥインナは森に住む動物たちの守護神であったと考えられる。6世紀の歴史家トゥールのグレゴリウスは、アルデンヌ地方のモン=サン=ヴァルフロワ Mont-Saint-Walfroy で大きなディアナ[†]像が破壊されたと伝えているが、これは同地方でのアルドゥインナ信仰を裏付ける証言なのかもしれない。

フランス国立考古学博物館（サン=ジェルマン=アン=レー）が所蔵する、右手に狩猟

アルドゥインナを象ったとされるブロンズ像、フランス国立考古学博物館蔵、渡邊浩司撮影

に使う短剣を持って猪に跨った小さな女神像は、慣例でアルドゥインナを象ったものだとされてきたが、台座に碑文がないため確証はない。アルデンヌ地方で出土したこのブロンズ像がアルドゥインナを表しているなら、狩猟の女神としての側面が明瞭になってくる。元来アルドゥインナが狩猟者（人間）とその標的（動物）双方の守護女神であったとすれば、その両義的な役割は、狩猟者が動物の了解を得て狩りを行い、獲物に敬意を払うという狩猟伝承に基づくのかもしれず、その淵源は新石器時代まで遡る可能性もあるだろう。

猪に跨る女神がアルドゥインナである場合、女神の名がケルト語「熊」の派生語とする説が正しければ、彫像はまったく異なる意味合いを帯びてくる。なぜなら、ケルト世界では猪は祭司階級、熊は戦士階級を象徴するからである。中世ウェールズの最古のアーサー王物語『キルッフとオルウェン』（12世紀前半）のクライマックスは、アーサー（アルスル）一行による猪の長トゥルッフ・トゥルウィス狩りであるが、熊戦士アーサーが勝利するこの狩猟は象徴的には、戦士階級の肉体的な力が祭司階級の霊的な力を凌駕したと読むことができる。同じように猪に跨る雌熊アルドゥインナも、祭司階級に対する戦士階級の優位を表しているのかもしれない。

近年では大胆な仮説として、その名が「高い」を意味するケルト語 *bhrgh-ntī に由来するアイルランドの大女神ブリギッド[†]と、語源上の意味が重なるガリアのアルドゥインナを関連づける説も出されている。この見方が正しければ、キルデア修道院の創設者ブリギッド（女神ブリギッドの属性を受け継ぐ聖女）の崇敬が、ベルギー南部のワロニア地方で驚くべき広がりを見せたことがよく理解できる。

キーワード：森、狩猟、熊、動物の女主人
参考文献：渡邊浩司「クマをめぐる神話・伝承」，天野哲也他編『ヒグマ学入門』北海道大学出版会，2006 年；Duval, *Les dieux de la Gaule*, p.51.
⇒アルテミス

ガリア

アンカムナ　Ancamna
名前の意味・神格・属性：意味不詳。ドイツで発見された奉献碑文が5点残る。
概要：ドイツ西部のトリーア、その北部にあるメーンで発見された奉献碑文ではそれぞれレヌス、スメルトリウスと共にアンカムナの名が刻まれている。レヌスとスメルトリウスはいずれも、ローマ風解釈によりマルスと同一視される神であるため、アンカムナはマルスの伴侶と考えられていたようである。なおスメルトリウスの図像は、パリのノートルダム大聖堂の下から発見された、パリの船乗りたちがユピテル神に奉献した装飾柱の一角に見つかり、右手の棍棒で蛇を叩こうとする髭の生えた男として描かれている。

アンダルタ　Andarta
名前の意味・神格・属性：「大きな（強大な）雌熊」の意。ガリア南部で崇拝された女神。フランスで発見された奉献碑文が8点残る。
概要：フランス南部ドローム県の町ディーDieやその近郊で見つかった奉献碑文にアンダルタの名が刻まれていることから、周辺に住んでいたガリアのウォコンティイ族が崇拝した女神と考えられている。酷似した名を持つブリトン人の戦闘女神アンドラスタ[†]と同じく、勝利の女神だった可能性が高い。奉献碑文の出土地の一つディオワでは、ヴェルコール山地に棲む熊たちが、「雌熊」アンダルタと関連づけられている。
キーワード：熊、勝利の女神
参考文献：Duval, *Les dieux de la Gaule*, p.51 et p.58.

イカ　Ica
名前の意味・神格・属性：「健康」の意か。アドリア海沿岸イストリア半島のフィアノナとポラで出土した二点の奉献碑文で知られる。
概要：イカの名はイカウナ[†]やイコウェラウナ[†]と類似しているため、病気を治してくれる水源と関連するのみならず、ガリアの治癒神アポロンの数多くの伴侶のうちに数えられる。イカは、ギリシア神話で健康を司る女神ヒュギエイア（医神アスクレピオスの娘）と属性を共有している。
キーワード：健康、水
⇒シロナ

イカウナ　Icauna
名前の意味・神格・属性：「健康をもたらす女」「治癒を行う女」の意。ガリアの川の女神。オーセール（フランス中部）で出土した奉献碑文で知られる。
概要：イカウナはヨンヌ川（フランス中部のモルヴァン山地に源を発し、セーヌ川に注ぐ）のケルト語名であるため、ヨンヌ川と同一視され、船頭たちの崇敬を集めていた。ガリアで代表的な治癒神アポロンには数多くの伴侶がいたとされるが、イカウナもその仲間であると考えられる。イカウナは、ギリシア神話で健康を司る女神ヒュギエイア[†]（医神アスクレピオスの娘）と属性を共有している。
キーワード：健康、河川女神
⇒イカ、イコウェラウナ、シロナ

イコウェラウナ　Icovellauna
名前の意味・神格・属性：「健康を増進させる者」の意か？（アイルランド語 icc「治癒」、ウェールズ語 iach およびブルトン語 iac'h「健康な」と関連）。フランス・ロレーヌ地方のマルゼヴィルとドイツのトリーアから出土した複数の奉献碑文が伝える。
概要：ガリアでは、病気を治してくれる水源の女神が数多く崇敬されていたが、イコウェラウナはその仲間であり、主な信仰地はドイツのトリーアである。イコウェラウナは、ギリシア神話で健康を司る女神ヒュギエイア[†]（医神アスクレピオスの娘）と属性を共有している。
キーワード：健康、水源の女神
参考文献：Duval, *Les dieux de la Gaule*, p.57.
⇒イカ、イカウナ、シロナ

エポナ　Epona
名前の意味・神格・属性：「馬の女神」（古代ケルト語 *epos「馬」＋神名の接尾辞 ona）。古代のケルト文化圏全域で信仰された女神。

馬のみならず、馬とつながりが深い人々（騎兵隊、飼育者、馬丁など）の守護女神。
概要：エポナの名は、イベリア半島からブリタニア、ガリアからバルカン半島に及ぶ地域から出土した約60点の奉献碑文に見つかる。エポナの名にはサンクタ Sancta（「聖なる」）、レギナ Regina（「女王」）、アウグスタ Augusta（「神聖な」）という形容語が添えられることもある（碑文に唯一見つかる添え名マンディカ Mandica は「繁殖用雌馬」を指すと思われる）。エポナの彫像は250点以上現存し、馬との関連が強い図像表現は二つに大別できる。一つは雌馬の背に横座りした女神像で、もう一つは二頭以上の馬の間に描かれた女神像である。エポナの彫像の中で、果物や穀物の籠や角を手にした彫像は豊穣の力を、赤子を抱える彫像は母性的側面を、小犬や鳥を連れている彫像は霊魂導師としての役割を強調したものであろう。

　元来はケルトの女神であり、なかでもガリアとラインラントで人気の高かったエポナは、ローマ人の間でも称えられた。イタリア北部の村から発見された「グイディッツォーロの暦」（1世紀）の断片によると、ローマでは「エポナの祭日」が冬至に近い12月18日に行われていたという。エポナ信仰を伝えるローマの文学的証言も複数存在し、詩人ユウェナリス（67?-127年以降）は『風刺詩』7-157で、ローマの上流階級に属する者が、馬丁のようにエポナに誓いを立てる習慣を侮っている。アプレイウス（125年以降生まれ）の『変身物語』第三巻27では、ロバに変身したルキウスが、厩舎の梁を支える大黒柱の中央に、真新しいバラの花環をかけられたエポナ像を見つけている。エポナへの言及は初期キリスト教会の護教家教父の著作にも見られ、テルトゥリアヌス（160年頃-222年頃）の『護教論』第16章には、エポナと一緒に荷役の家畜やロバが祀られていたことを明かす一節があり、ミヌキウス・フェリクス（2世紀または3世紀に活躍）も『オクタウィウス』28-7でエポナ信仰に触れている。

　偽プルタルコスが、アゲシラオスの『イタリア史』第三巻に依拠して述べたところによると、女嫌いだったフルウィウス・ステルスが雌馬と交わってもうけたのが美しいエポナであり、後に馬の女神になったという。この出生譚の背景には、王国を象徴する白い雌馬と実際に（あるいは象徴的に）王が性交を行うことで国の繁栄を手にするという、インド・ヨーロッパ起源の儀礼が垣間見られる（代表例は古代インドの馬祀祭アシュヴァメダ）。島のケルト伝承では、アイルランドの女神マハ†や、ウェールズのリアンノン†が馬の女神の系譜に連なる。「女王」を指すエポナの添え名レギナは、リーガントナー *Rīgantonā（「大王妃」）に由来するリアンノンのみならず、キリスト教の聖女レーヌ Reine（「王妃」）にも対応している。

キーワード：馬、豊穣女神、母神、霊魂（導師）
参考文献：鶴岡『ケルト美術』147-150頁；Duval, *Les dieux de la Gaule*, pp.49-50 et pp.116-117.

馬の背に横座りしたエポナ、ドイツ、トリーア出土の浮彫り

シロナ　Sirona
名前の意味・神格・属性：「星の女神」の意と考えられる（「星」を指すウェールズ語 ser、コーンウォール語 steyr、ブルトン語 sterenn と関連）。別名はディロナ Dirona、ツィ

ロナ Thirona。薬用泉とのつながりが深い。ガリアのアポロンと共に夫婦神とされることが多い。約30点の奉献碑文が残る（多くはガリアのトレウェリ族が住んでいたモーゼル川下流域から出土）。

概要：トレウェリ族の聖地ホーホシャイト（ドイツのトリーアとマイセンの間）で発見されたシロナとアポロンを祀った神殿が、薬効のあるとされる泉の周りに建てられていたことは、この夫婦神が治癒神とみなされていたことの証である（カエサルの『ガリア戦記』第6巻17でも、ガリアのアポロンは「病魔を払う」神とされている）。神殿の高浮彫りに、竪琴を持ちグリフォンを従えたアポロンと一緒に描かれているシロナは、右腕に蛇を巻き付け、左手に三個の卵が入った皿を持ち、子犬を従えている（犬と蛇の存在はシロナの治癒神としての側面を示している）。蛇を巻き付けた姿は、ギリシア神話で健康を司る女神ヒュギエイア（医神アスクレピオスの娘）から着想を得たものかもしれない。シロナはトレウェリ族の領土以外（例えばドイツのヴィースバーデンやフランスのリュクスイユ）でも治癒の神殿で祀られていることから、その信仰の範囲は大陸に広く及んでいたと思われる。

　彫像の中には、シロナが麦の穂やブドウの房を持っているものもあり、豊穣や再生の役割が強調されている。一方ドイツ西部ケルンで出土した、シロナが片足を雌牛の頭に置いている彫像は、シロナがガリアの女神ダモナ[†]（「神聖な牛」）と同一視されていた可能性も示唆する（ダモナも泉と温泉の女神である）。事実、ブルゴーニュ地方北東部コート＝ドール県のアリーズ＝サント＝レーヌから出土した彫像では、シロナとダモナがアポロンの伴侶となっている。

　治癒や豊穣を司るシロナの名が、語源的に天上界との関連を持っていることの説明は難しい。頭上に三日月を載せている彫像を根拠にシロナを「月」の擬人像とみる説、配偶神のアポロンが「太陽」を喚起するグランヌス Grannus を添え名に持つことからシロナを「太陽」の母としての「夜」とみる

シロナ（左）、フランス、ディジョン美術館所蔵のブロンズ像。右側はアポロン

説、さらには夜に輝く「北極星」（ブルトン語では Sterenn）とみる説などが出されている。このうちグランヌスは、アイルランド語の grian（「太陽」）と関連づけられてきたが、近年ではその語根が grenn（「ひげ」）と解釈されている。「成長」や「発育」を喚起するこの解釈が正しければ、グランヌス（＝アポロン）は豊穣の神となり、シロナと同じ属性を共有することになってくる。

キーワード：泉、治癒、豊穣女神、星、蛇、犬

参考文献：Duval, Les dieux de la Gaule, pp.56-57, p.75 et p.86.
⇒イカ、イカウナ、イコウェラウナ

スレウィアエ　Suleviae

名前の意味・神格・属性：「善良な女支配者たち」（ケルト語の su-「善良な」＋ *leuia「女支配者」）。ガリアを中心にケルト文化圏で、複数形で信仰された女神。別名スレイアエ Suleiae。約40点の奉献碑文が残る。

概要：この女神たちへの奉献碑文は、ライン

ラント（ドイツ西部）で多く出土しているほか、ドナウ川沿岸地域やナルボネンシス（現在のフランス南部、ラングドック地方とプロヴァンス地方）、ブリタニアでも見つかっている。スレウィアエは、同じく複数形で信仰されていたユノネス Iunones（女性の守護神、女神ユーノーの複数形）、マトレス†やマトロネス（母神たち）とは明確に区別されていたようである（スレウィアエとマトレスがともに現れるのは、イングランドのコルチェスター出土の碑文のみである）。碑文に認められる「彼らのスレウィアエに Suleis Suis」や「私のスレウィアエに」（Meisque Sulevis）などの表現から、スレウィアエは碑文の奉納者にとって個人的な守護女神であったと思われる。イングランドのバース Bath で信仰されたスリス† Sulis（ローマ風解釈によりミネルウァ†と同一視された）とスレウィアエは名前が類似しているが、両者に直接の関連はないようである。

キーワード：守護女神

参考文献：Duval, *Les dieux de la Gaule*, p.55 et p.85.

セクアナ　Sequana

名前の意味・神格・属性：インド・ヨーロッパ語 *seik-（「流れる」）＋神名の接尾辞 ana。フランス北部パリ盆地を流れるセーヌ川にその名を残す。河川名としてのセクアナは、カエサル『ガリア戦記』第一巻1に言及があり、古代ギリシアの地理学者ストラボンの『世界地誌』ではセコアナス川と呼ばれている。

概要：セクアナ信仰は、セーヌ川水源地から出土した八つの碑文から明らかになった。現在ディジョン考古学博物館が所蔵する、ガチョウのかたちをした小舟に立つ着衣の女性像（青銅製）は、セーヌ川水源地のセクアナの聖域で発見されたものであり、セクアナを象ったものと考えられている。同じ聖域からは、200点近い木像の断片が発見されている。

キーワード：河川

参考文献：鶴岡『ケルト美術』154頁；Duval, *Les dieux de la Gaule*, p.60.

セクアナ、フランス、ディジョン考古学博物館蔵、ブロンズ像

ダモナ　Damona

名前の意味・神格・属性：「神聖な牛」（ガリア語 damos「牛」＋神名の接尾辞 ona）。ガリアの泉と温泉の女神。フランスで発見された奉献碑文が16点残る（このうちフランス・ブルゴーニュ地方のコート・ドール県アリーズ＝サント＝レーヌの碑文では、マトゥベルギニス Matuberginis「すぐれて良き（？）」という形容語が添えられている）。語源と属性から、アイルランドの女神ボアンド†（「白い雌牛」）と類似する。

概要：フランス中部のブルボン＝ランシーおよびフランス東部のブルボンヌ＝レ＝バンから出土した碑文では、ダモナはボルウォ Borvo 神の伴侶である。その名がケルト語 *bher-w-「沸騰する」から派生したボルウォは、温泉地で信仰された神であるため、伴侶のダモナもその属性を共有している。フランス・ブルゴーニュ地方のシャスレとアレシアから出土した碑文では、ダモナはそれぞれアルビウスとモリタスグスの伴侶とされる（いずれの男神もガリアの治癒神アポロンの異名）。チェシャー平野（イングランド中西部）を流れる川の名デイン Dane は、ダモナの記憶を留めている。

キーワード：泉の女神、温泉、牛

参考文献：Duval, *Les dieux de la Gaule*, p.57, p.75 et p.86.

デア・ヌトリクス　Dea nutrix
名前の意味・神格・属性:「子供を育てる女神」の意。ガリア各地で大量に作られた小さな石像や土偶の母子像。

概要: 慣例により「デア・ヌトリクス」というラテン名で呼ばれる小像は、高い枝編細工の椅子に座って正面を向き、両膝に一人か二人の赤子を乗せて乳を与えている女神を象ったものである。西ヨーロッパで独自の展開を見せた最古の「母子像」タイプとして重要である。主な製作地はガリア中央部、ブルターニュ（フランス北西部）、ラインラント（ドイツ西部）であり、製作時期は1世紀から2世紀の頃である。このタイプの母子像は、神殿や居住跡のみならず、墓所からも出土している。パリ郊外サン＝ジェルマン＝アン＝レーのフランス国立考古学博物館の展示品が示すように、アリエ県（フランス中央部オーヴェルニュ地方）やソーヌ＝エ＝ロワール県（フランス中部）の工房で、母子像は鋳型を使って大量生産され、ガリア全土に広まっていた。母子像の基本的な構造は同一であり、違いが認められるのは女神の髪型、顔の形や表情である。

デア・ヌトリクス、フランス、マコン美術館蔵、テラコッタ像

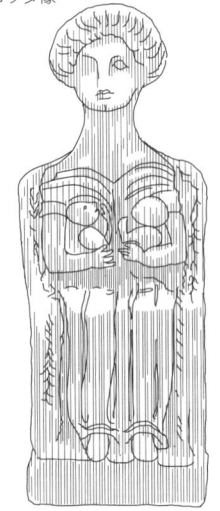

大半が12世紀のロマネスクの時代に作られた、幼子キリストを抱く「黒マリア」像は、その色から大地母神の記憶を受け継ぐ存在と考えられるが、ガリアの母子像と少なからぬ関連があるのかもしれない。「黒マリア」像の出土地域は山間（ピレネー山脈東部、中央山塊のオーヴェルニュ地方、およびプロヴァンス地方）に集中し、一方のデア・ヌトリクス像は墓所に埋められることもあったことから、いずれの像にも死後の再生と復活という願いが込められていた可能性がある。

キーワード: 母神
参考文献: 鶴岡『ケルト美術』156-158頁.

ディアナ（ガリアの）　Diana
名前の意味・神格・属性:「天空女神」または「大女神」の意か。ローマの狩猟と月の女神。ケルト文化圏から出土した碑文では、土着の女神の多くがディアナの名で呼ばれている。アイルランドのアルスター物語群に登場する鹿と牛の女神の化身フリディシュ[†]は、島のケルト版ディアナである。

概要: ローマ帝国の属州では、ケルトの狩猟の女神がローマのディアナと融合した。西ドイツ中西部の町マインツから出土した浅浮彫りでは、ハンマーを手にした男神の伴侶として、弓と矢筒を持ったディアナが描かれている。ベルギー南部からフランス北東部に広がるアルデンヌ地方から出土した、右手に狩猟に使う短剣を持って猪に跨った小さな女神像（慣例ではアルドゥインナ[†]）も、ドイツ南西部の山脈シュヴァルツヴァルト（「黒い森」）で崇拝された女神アブノバ[†]も、ディアナと同一視された土着の女神である。ドイツの有名な温泉地の一つヴィースバーデンから出土した碑文では、泉の女神マッティアカ[†]がディアナと呼ばれている。

ディアナ信仰は中世初期のガリアでも根強く残っていた。『聖シュンポリアヌス伝』によると、フランス・ブルゴーニュ地方オータン出身の同名の聖人は、異教の女神キュベレ[†]、アポロンやディアナの信仰を望まなかった。そのため、群衆が荷車で運んでいたベレキュンティアと呼ばれる女神像の礼拝を拒

み、執政官の許へ連行されると、アポロンは昔の羊飼いに過ぎず、ディアナは森を駆け抜け人々を惑わせる「真昼の悪魔」だと述べたという。同じ出来事は、トゥールのグレゴリウスが6世紀に著した『証聖者たちの栄光』77章にも記されている。

キーワード：月、森、狩猟、泉
参考文献：Duval, *Les dieux de la Gaule*, p.100 et p.114.
⇒アルテミス

ナントスエルタ　Nantosuelta
名前の意味・神格・属性：「戦いを一変させる者」（ケルト語 *nantos「戦い」+ *swel-「回転させる」）の意か。ケルト語 *nantos は、アイルランド神話の戦闘神ネード Néit（戦闘女神ネウィン†の夫）の語根でもある。ローマ領だったガリアで出土した彫像の中には、スケッルス（「良い叩き手」）と共に描かれた夫婦像もある。
概要：ドイツのザールブルク Saarburg から発見された祭壇（フランスのメッス博物館所蔵）には夫婦神が描かれ、上に刻まれた献辞にはスケッルスとナントスエルタの名が記されている。スケッルスは壺とハンマーを、ナントスエルタは左手に小さな家が頭飾りとなった長い笏を持ち、夫婦神の下にはワタリガラスが大きく描かれている。この図像の解釈は一筋縄ではいかない。

笏についた小さな家が蜜蜂の巣箱を表すと考えれば、ナントスエルタは健康と家の守護神となり、豊穣や繁栄を司る女神と考えられる（その場合スケッルスは樽職人の守護神として、ブドウ栽培およびワインの製造と関連する）。一方でハンマーを手にするスケッルスを冥界の神ディス・パテルと同一視する従来の説に従えば、笏の先の小さな家は骨壺と解釈され、ナントスエルタも冥界の女神となってくる。

女神の名は従来、「曲がりくねった（蛇行する）小川」と解釈されてきたが、ナントスエルタを戦闘女神として捉えれば、図像に登場するワタリガラスはアイルランド神話のボドヴ†と同じく、女神が戦場に現れる時の姿を現しているのかもしれない。この説が正しければ、スケッルスの持つハンマーは、一方の先端で叩けば相手を殺め、もう一方の先端で叩けば死者を蘇らせるという、アイルランド神話のダグダが持つ棍棒を想起させ、スケッルスとナントスエルタ、ダグダとボドヴというペアが呼応しあうことになる。

キーワード：豊穣女神、冥界、戦闘女神
参考文献：Duval, *Les dieux de la Gaule*, p.57 et p.61；Le Roux et Guyonvarc'h, *Mórrígan-Bodb-Macha*, pp.118-124.

ネハレンニア　Nehalennia
名前の意味・神格・属性：「舵を取る女」の意。オランダ・ゼーラント州の海辺の町ドムブルク Domburg で崇敬されるケルトの女神。
概要：豊穣の女神であり、おそらく塩の製造とのつながりも深いネハレンニアは、名前の分からないガリアの海神の伴侶とされる。ライン河口では船乗り、交易者、旅行者がこの女神に航海の安全を祈願した。ライデンの国立考古学博物館が所蔵するネハレンニア像

は、貝形の天蓋の下に座り、犬を従え、果物籠を横に置いている。
キーワード：豊穣女神、塩、航海
参考文献：鶴岡『ケルト美術』152頁；Duval, *Les dieux de la Gaule*, p.57 et p.83.

ネメトナ　Nemetona
名前の意味・神格・属性：「聖域の者」（ラテン語 nemus「森」と同義のケルト語 nemeton から派生）。奉献碑文が5点残る。
概要：ネメトナは、ドイツ・ラインラント＝プファルツ州のアルトリップ Altrip で発見された碑文ではマルス、イングランド南西部のバース Bath で発見された碑文ではマルス・ロウケティウス Loucetius の伴侶とされる。さらにネメトナの名はドイツでは、トリーアで発見された2点の碑文と、クライン＝ヴィンテルンハイム Klein-Winternheim で発見された1点の碑文にも見つかる。いずれもモーゼル川下流域に住んでいたケルト＝ゲルマン系のトレウェリ族との関連が深い（バースの碑文の寄進者も同じ部族の一員である）。

　ネメトナはその語源から「聖なる森」の女神と考えられてきたが、それはケルトの聖域がすべて聖なる森だとみる自然崇拝に基づいた誤解である。マルスの伴侶であるネメトナはむしろ戦闘女神であり、ドイツ・ラインラント＝プファルツ州のグロースクロッツェンブルク Grosskrotzenburg で発見された碑文でマルスの伴侶とされる勝利の女神と同一視すべきだろう。この推測が正しければネメトナは、アイルランドの戦闘女神ネウィン[†] Nemain（「聖なる女」）と属性を共有することになる。
キーワード：森、戦闘女神
参考文献：Duval, *Les dieux de la Gaule*, p.57 et p.86.

ブリクタ　Bricta
名前の意味・神格・属性：「呪術、魔法」の意（古アイルランド語 bricht「まじない」、「呪文」と関連）。ガリアの泉の女神。別名ブリクスタ Brixta。ルクソウィウス Luxovius の伴侶。奉献碑文が2点残る。
概要：フランス中東部フランシュ＝コンテ地方のオート＝ソーヌ県にある、リュクスイユ＝レ＝バン Luxeuil-les-Bains の泉から出土した奉献碑文に、ルクソウィウスと共に名が見つかることから、ブリクタは泉の女神であったと思われる。配偶神ルクソウィウスは、名前の類似から信仰地のリュクスイユとの密接なつながりが想定でき、いずれの名も「光」を表すラテン語 lux（さらにはインド・ヨーロッパ語 *leuk-）を語根とするのに対し、ブリクタの属性についてはほとんど知られていない。ブリクタと関連づけられる古アイルランド語 bricht の語基 brig「見せる」が、「輝く」を意味する語根 bh(e)reg- と関連するため、ブリクタにも「光」の要素が隠されているのかもしれない。アイルランドの大女神ブリギッド[†]の属性を受け継ぐ聖女ブリギッド（キルデア修道院の創設者）と関連づける説もあるが確証はない。イタリア北部ロンバルディア州の町ブレシア Brescia は、古代ローマ時代のガリアではブリクシア Brixia と呼ばれたが、これはブリクタの別称と考えられる。
キーワード：泉、光
参考文献：Duval, *Les dieux de la Gaule*, p.57, p.80 et p.86.

ベリサマ　Belisama
名前の意味・神格・属性：「とても輝かしい」、「とても強い」（インド・ヨーロッパ語 *bhēl「輝く」や bel(l)o-「力」、「強い」と関連）。ガリアのアポロンの異名ベレヌス Belenus（またはベレノス Belenos、ベリヌス Belinus、ベル Bel）は同系統の神名である。ガリアの太陽女神。フランスで発見された奉献碑文が2点残る。ブリーム Blismes、ブレーム Blesmes、ベレーム Belesmes など数多くの地名に女神の名が残る。
概要：ピレネー山脈に近いフランス・アリエージュ県のサン＝リジエ Saint-Lizier から発見されたラテン語碑文では、ベリサマはローマ風解釈によりミネルウァ[†]と同一視されている。カエサルの『ガリア戦記』第6巻17が記述するように、ミネルウァ[†]に相当するガ

リアの女神は、工作と手芸の手ほどきをする役割を担うと考えられていた。また南フランスのアヴィニョン北東の町ヴェゾン＝ラ＝ロメーヌ Vaison-la-Romaine から発見されたギリシア文字によるガリア語碑文は、ニーム出身のガリア人セゴマロスが、ベリサマの聖域（ネメトン）へ奉納したものである。

キーワード：太陽女神

参考文献：ブレキリアン『ケルト神話の世界』上，218-221頁；Duval, *Les dieux de la Gaule*, p.81.

ベルグシア　Bergusia

名前の意味・神格・属性：「高所の支配者」の意？（ケルト語 *bhrgh-ntī と関連）。冶金術の守護女神。

概要：古代アレシアのオソワ山（フランス・ブルゴーニュ地方、アリーズ＝サント＝レーヌ郊外）で発見されたガリア語の奉献碑文によると、ベルグシアはウクエティス Ucuetis の伴侶とされる。同じオソワ山で発見されたラテン語の碑文は「ダノタロスの息子マルティアリスが、アリーズでウクエティスを称える鍛冶師たちと共に、ウクエティスにこの建物を捧げた」と記していることから、ベルグシアは鍛冶師や冶金工の守護神ウクエティスと同じ役割を担っていたと思われる。

キーワード：鍛冶（冶金）、守護女神

参考文献：Duval, *Les dieux de la Gaule*, p.57 et p.86.

⇒イシコリドメ

マッティアカ　Mattiaca

名前の意味・神格・属性：「好意的な」または「熊の姿をした」の意か？（「良い」「好意的な」の意の形容詞か、「熊」の意の名詞と考えられるケルト語 matu- と関連）。ヴィースバーデン Wiesbaden（ドイツ連邦共和国ヘッセン州）から出土した碑文にディアナ[†]の添え名として現れる。この名は、ヴィースバーデン近くにいたゲルマニアの一部族マッティアキー Mattiaci の名とも類似する。

概要：ヨーロッパで最も古い温泉地の一つであるヴィースバーデンで崇敬された、泉と健康を司る女神。狩猟を司り野獣を守護するローマの女神ディアナとの習合を想定することができる。

キーワード：泉、健康

マトレス　Matres

名前の意味・神格・属性：「母たち」の意。ガリアを中心にケルト文化圏全域で信仰された母神。同じく複数で信仰されていた女神の一群スレウィアエ[†]とは、明確に区別されていたようである。ラインラント（ドイツ西部）とガリア・キサルピナ（イタリア北部）ではマトロナエ Matronae と呼ばれた。

概要：マトレス信仰は、2世紀から4世紀にかけて多くのケルト人やゲルマン人が住んでいたローマ帝国領から発見された、1100を超える奉献碑文と石像が伝えてくれる。マトレス像は三者一組の座像で表されることが多く、二つの類型に分かれる。一つは、母神のそれぞれが果物の入った籠や豊穣の角を手に持つタイプで、代表例はフランス・リヨンのガロ＝ローマ文明博物館が所蔵する2点の石像である。もう一つは母神のそれぞれが赤子、おしめ、入浴用具を手にするタイプである。その代表例であるフランス・コート＝ドール県ヴェルトール出土の石像では、三人の女性のいずれも胸がはだけて乳房が露わになっており、母神が乳母にもなりうることを示している。新生児と産婦の守護神を象ったこのタイプの像で、母神の一人が手にする秤や紡錘は、赤子の体重のみならず生命の尺度を測る道具であり、運命の女神との類縁性を感じさせる。

母神たちへの信仰がケルト文化圏全域に伝播していた証拠として、地方名や部族名を示す形容語を伴うマトレスの名を挙げることができる。マトレスは、南フランスの町ニームとグラサムではそれぞれナマウシカエ Namausicae とグラニカエ Granicae、フランス南東部の町ニースとグレウー＝レ＝バンではそれぞれウェディアンタエ Vediantae とグリセリカエ Griselicae、フランス・リヨン南方イリニィのイヴールではエブルニカエ Eburnicae、フランス・サヴォワ地方の

ガリア

マトレス、フランス、リヨン、ガロ＝ローマ文明博物館蔵、石像

温泉地エクス＝レ＝バンではコメドウァエ Comedovae、モーゼル川下流の渓谷にいたトレウェリ族ではトレウェラエ Treverae と呼ばれた。

ゲルマニアの母神たちとしては、ドイツ北西部アイフェル地方のペシュ Pesch でその聖域が発見されたウァカリネハエ Vacallinehae や、ボンで発見された2世紀頃の石碑が証言するアウファニアエ Aufaniae が有名である。後者の母神たちはアウファニアエ・ドメスティカエとも呼ばれるため、ブリテンの母神たちマトレス・ドメスティカエ信仰との関連を想定する説もある。しかしドメスティカエ Domesticae は、単に土着の神であることを示す形容語の可能性も高い。

マトレスの別称マトロナエの単数形マトロナ† Matrona は、セーヌ川の支流マルヌ川の名祖であり、ソウコンナ Souconna はフランス東部を流れるソーヌ川の名祖である。町の守護女神としては、ビブラクタ Bibracta がアエドゥイ族の首都ビブラクテ、アウェンティア Aventia が現在のスイスにいたヘルウェティイ族の町アヴァンシュの名祖になっている。このように母神たちの中には個別化されて、特定の属性を備えた女神へと昇格したものもいる。こうしてベリサマ†（太陽女神）、エポナ†（馬の女神）、ナントスエルタ†（戦闘女神？）、ロスメルタ†（豊穣の女神？）、セクアナ†（セーヌ川の女神）、シロナ†（治癒の女神）などが、ガリアの神界を形成することになった。さらにガリア各地では、1世紀から2世紀にかけて、デア・ヌトリクス†（「子供を育てる女神」）と呼ばれる、両膝に一人か二人の赤子を乗せて乳を与える単独の母神像が大量生産されて人気を博した。

キーワード：母神

参考文献：マッカーナ『ケルト神話』98-100頁；Duval, *Les dieux de la Gaule*, pp.54-56.

⇒サプタ・マートリカー、七母神、八母神

マトロナ　Matrona

名前の意味・神格・属性：「母神」の意。ガリアの女神。マルヌ川（セーヌ川の支流）にその名を残している。

概要：マトロナの名は、フランス・ブルゴーニュ地方のバレーム Balesmes（ラングル Langres に近いマルヌ川水源地）で出土した奉献碑文に認められる。また河川名としてのマトロナは、カエサルの『ガリア戦記』第一巻1が証言している。それによると、本来のガリア人（ケルタエ人）とベルガエ人の居住地の境界がマトロナ川とセクアナ川とされた（それぞれ現在のマルヌ川とセーヌ川に相当する）。

キーワード：母神、河川

参考文献：Duval, *Les dieux de la Gaule*, p.60.

⇒マトレス

372

リタウィス　Litavis

名前の意味・神格・属性：「広き者」（＝「大地」）を指す古代インド語 prth(i)vī や現代ブルトン語 ledan と関連。フランスで発見された奉献碑文が5点残る。

概要：フランス・ブルゴーニュ地方北東部コート＝ドール県では、リタウィスへの奉献碑文がエニェ＝ル＝デュックで1点、マランで4点見つかっている。碑文にはローマ風解釈によりマルスと同一視されるキコッルス Cicollus（「偉大な守護者」）の名も刻まれている。キコッルスの伴侶としてリタウィスは戦闘女神であったと考えられるほか、名前の語源から「大地」や「国」を具現する女神であったとも考えられる。リタウィスのウェールズ語形スァダウ Llyddaw は、フランスのブルターニュ地方を指している。

キーワード：大地女神、戦闘女神

参考文献：Duval, *Les dieux de la Gaule*, p.57 et p.86.

⇒プリトヴィー

リトナ　Ritona

名前の意味・神格・属性：「浅瀬」（*pritona-）と関連（ガリア語 rhyd、ラテン語 portus を参照）。浅瀬や川を司る女神。奉献碑文は4点伝わる。

概要：リトナの名を刻む奉献碑文は、フランス南部のモンタランで1点、フランス東部のサン＝トノレ＝レ＝バンで1点、ドイツのトリーアから2点出土している。リトナの守護領域である浅瀬や川は、通過儀礼的な戦いの舞台であり、古代宗教でも重要な場所である。リトナは、生命の根源である水のみならず、自己の超越と未知の発見を可能にする川の通過とも密接なつながりのある女神である。

キーワード：河川

参考文献：Duval, *Les dieux de la Gaule*, p.57.

⇒アナーヒター、サラスヴァティー

ロスメルタ　Rosmerta

名前の意味・神格・属性：「各人にその運命を割り当てる者」（強意の接頭辞 ro ＋ケルト語 *smer-「運命」）の意。豊穣の女神として単独で、あるいはメルクリウスの伴侶として信仰された。

概要：彫像のロスメルタはメルクリウスと共に夫婦神として表現されることが多く、特にガリアの中部と東部（ローヌ川、ムーズ川、モーゼル川、ライン川両岸）で信仰された。ヴァッセルビリグ（ルクセンブルク東部）では、232年に寄進されたメルクリウスとロスメルタの神殿が発見された。ドイツのトリーアからは両神を彫った1世紀の石碑が、イングランドではバースやグロスターから浮彫りが見つかっている。こうした彫像でロスメルタが手にする果物籠、豊穣の角、パテラ（供物皿）や財布は、豊穣の女神としての属性を明らかにしてくれる。財布は商売の神としてのメルクリウスの持ち物でもある。

ロスメルタの彫像には単独で描かれた作例もあり、フランス・ヨンヌ県のエスコリーヴ＝サント＝カミーユ出土の遺跡では、彼女だけが豊穣の角と共に壁龕に描かれている。フランス・コート＝ドール県のジセ＝ラ＝ヴィ

ロスメルタ（左）、ドイツ、シュパイヤー、プファルツ歴史博物館蔵、浮彫

エイユ出土の彫像は、聖なる泉の女神の姿である。ローマ＝ケルトの習合を思わせる夫婦神像では、ロスメルタはメルクリウスの引き立て役に映るが、単独で描かれた作例の存在は、彼女がメルクリウス信仰に先立つ独自の神格（「運命」の割り当て役）を持っていたことを明らかにしている。

　こうした観点に立つと、フランスのポワティエから出土した碑文に認められるアドスメリウス Adsmerius が重要性を帯びてくる。ローマ風解釈によりメルクリウスと同一視されているこの男神は、「運命」を表すケルト語の語根 *smer- を共有することから、ロスメルタの伴侶であった可能性が出てくるためである。フランス東部オート＝マルヌ県のコルジュバンの森から出土した奉献碑文に見つかる女神アテスメルタ Atesmerta も、語根 *smer- を介してロスメルタと同じ女神の系譜に連なる。さらに同じ語根を含む神名には、スメルトリウス Smertorius とカンティスメルタ Cantismerta もある。ディス・パテルやマルスと同一視されるスメルトリウスが「運命」の動因であるなら、「運命」を擬人化したロスメルタは「偉大な供給者」であり、カンティスメルタは「確実（完全）な運命」を具現することになるだろう。

キーワード：運命、豊穣女神
参考文献：鶴岡『ケルト美術』152 頁；Duval, *Les dieux de la Gaule*, p.56.
⇒ノルン、モイラ

その他のケルトの女神

アエレクラ　Aerecura
名前の意味・神格・属性：ラテン語 aes（「青銅」）や era（「女主人」）、ギリシアの女神ヘラ†の名と関連づける節がある。大陸のケルト文化圏で広く崇拝されていた冥界の女神。奉献碑文は十数点残る。別称はアエリクラ Aericura、エラクラ Eracura、エレクラ Erecura、ヘレクラ Herecura。
概要：アエレクラの名が刻まれた碑文の出土地は大半がドイツで、そのほかにもオーストリア、ベルギー、フランス、イタリア、ルーマニア、スロヴェニアでも見つかっている。ドイツ・ヘッセン州ズルツバッハの碑文のように、アエレクラの名をディス・パテルの名と共に記している碑文は、アエレクラが冥界の神の伴侶と考えられていた証左となる。
キーワード：冥界
⇒ヒナ、ペルセポネ

アネクストロマラ　Anextlomara
名前の意味・神格・属性：「女守護神」（古アイルランド語 anacul「守護」と関連）の意。スイスのアヴァンシュ Avenches で出土した碑文が唯一伝える女神。
概要：アネクストロマラの男性形アネクストロマルス Anextlomarus は、フランスのル・マンとイングランド北部のサウス・シールズで出土した碑文に見つかり、そこではアポロンと同一視されている。カエサルが『ガリア戦記』第6巻17でローマ風解釈により「病魔を追い払う」アポロンとして挙げた神にこの男神が相当するのであれば、アネクストロマラはその伴侶もしくは女性版かもしれない。
キーワード：守護女神

アルネメティア　Arnemetia
名前の意味・神格・属性：「森」を指すギリシア語 nemos やラテン語 nemus と同義のケルト語 nemeton と関連。聖域（神殿）を守る女神の総称だったのかもしれない。ブリテン島の女神。泉や水域の守護神。
概要：イングランド中部ダービーシャー州のバクストンにある神聖な泉が、かつて「アルネメティアの水」（Aquae Arnemetiae）と呼ばれていたことから、アルネメティアは聖域の中心か内部にとどまる、泉や水域の女神だったと考えられる。同じダービーシャー州のブラフ＝オン＝ノウからは、「女神アルノメクタに」（Deae Arnomecte）と記された碑文が出土しているが、これはアルネメティアの別称と考えられる。
キーワード：泉、水、聖域

アンドラスタ　Andrasta
名前の意味・神格・属性：「無敵の」の意と考えられる。ブリトン人の女神。ローマ帝政期の歴史家ディオーン・カッシウス（235年頃没）の『ローマ史』に、アンドラスタ信仰に関する証言が認められる。ガリアの女神アンダルタ Andarta（「大きな（強大な）雌熊」）と同一の女神かもしれない。
概要：『ローマ史』によると、紀元後61年、ブリタニアのイケニ族の女王ボウディッカが、ローマの圧政と重税に苦しむ先住民を糾合し、ローマ軍に対して反乱を起こした時、女神アンドラスタの加護を祈ったという。アンドラスタはおそらく勝利の女神であり、アイルランド神話の戦闘女神ボドヴ†やモリーガン†の系譜に連なる。
キーワード：戦闘女神
参考文献：Duval, *Les dieux de la Gaule*, p.58.
⇒イナンナ／イシュタル、ヴァルキューレ、ドゥルガー

イッコナ　Iccona
名前の意味・神格・属性：「健康の女神」または「健康を授ける者」の意。古代ローマの属州ルシタニア（現ポルトガル）で崇拝された女神。碑文には語義が不明のロイミンナ Loiminna という形容語を伴って現れる。
概要：ポルトガルの考古学遺跡カベソ・ダ

ス・フラグアスからは、ルシタニアの神々を祀るために用いられた建物のほか、ルシタニア語を含むラテン語の碑文が見つかっている。現在グアルダ博物館が所蔵するこの碑文には、「トレボパラ Trebopala（部族の守護女神）には雌羊を一頭、ラエボ Laebo には雄豚を一頭、イッコナ・ロイミンナには雌馬を一頭、トレバルナ Trebaruna には一歳の雌羊一頭と種牛を一頭（捧ぐ）」と刻まれている。これは紀元前5世紀に清めの儀礼で行われた、豚・羊・牛の犠牲（スオウェタウリーリア）を描写したものである。雌馬が奉納されているイッコナを、ガリアの馬の女神エポナのルシタニア版と考える説もあるが、イカ†、イカウナ†、イコウェラウナ†などの類例から、イッコナはギリシア神話で健康を司る女神ヒュギエイア（医神アスクレピオスの娘）と属性を共有し、健康を司る女神の系譜に連なると考えるべきだろう。
キーワード：健康

ウェルベイア　Verbeia
名前の意味・神格・属性：「水ぶくれした者」（ケルト祖語 *werbā-「水ぶくれする」と関連）または「曲がっている者」（インド・ヨーロッパ祖語 *wer-bhe-「曲がる」と関連）の意？ヨークシャー（イングランド北東部）のウォーフ Wharfe 川の名祖である女神。
概要：ウェルベイアの名は、ヨークシャーのイルクリーで発見された祭壇に認められる。同じイルクリーにある、両手に蛇を持つ女性の立像の浅浮彫りは、ウェルベイアを象ったものかもしれない。
キーワード：河川、名祖

コウェンティナ　Coventina
名前の意味・神格・属性：ラテン語 cum「～と共に」+ vent「市場・販売」とみる説、ウェールズ語 gover「小川」との関連をみる説、cov「記憶」や cofen「記念物」との関連から「記念碑」とみる説、コン Con 川＋ウェント Went 川＋タイン Tyne 川と解釈する説などがある。ローマ帝国支配下のブリテン島で崇拝された水の女神。奉献碑文が12点残

る。
概要：イングランド北部にあるハドリアヌスの長城付近のカローバラの聖域には、コウェンティナに捧げられた泉と井戸があった。ジョン・クレイトンが1876年に発掘したこの聖域からは、宝石、装飾用の小像、ピンなどのほか、1万4千個のコインが発見されている。聖域から出土した奉納物には、半裸で打ち寄せる波にもたれかかり、右手に睡蓮の葉を持ち、左肘を水の溢れる壺に置く女神の姿が描かれている。また別の彫刻では、三人のニンフが大杯で水をそそぐ姿で表現されている。コウェンティナの名の語源説のうち、三つの川の名の組み合わせと解釈する説は、レリーフに描かれた三人のニンフを根拠にしたものであるが、その真偽は不明である。
キーワード：水の女神
参考文献：鶴岡『ケルト美術』152-153頁.

スリス　Sulis
名前の意味・神格・属性：アイルランド語 súil（「目」）と関連。水域を司るケルトの女神。ローマ風解釈により、ミネルウァ†と同一視された。
概要：スリスの主な信仰地は、その名を留めるアクアエ・スリスであり、イギリス南西部の温泉保養地バースに相当する。神殿跡から出土した奉納物から、眼病の治癒を望む人たちがスリスに加護を求めたことが分かる。
キーワード：水、病気（眼）

ダユ　Dahud
名前の意味・神格・属性：「善良な魔女」（ガリア語 dagos「善良な」+ uidla「魔女」）の意。フランス・ブルターニュ（古名はアルモリカ）地方の伝説の女。コルヌアーユの王グラドロンの娘。
概要：ブルターニュ地方のドゥアルヌネ湾に伝わる話によると、グラドロン王には、スカンディナビアの妖精との間にもうけた、ダユという名の一人娘がいた。ダユは美しかったが、放蕩娘だった。ある日、ダユのもとにハンサムな青年に化けた悪魔が現れる。青年に恋をしたダユは、愛の証として町の城壁の水

門の鍵を渡してしまう。イスと呼ばれた町は、海面よりも低い位置に建てられていた。皆が寝静まった頃、悪魔が鍵で水門を開けると、町は押し寄せる波に飲み込まれてしまう。グラドロンはダユを馬の後ろに乗せて逃げようとするが、娘を海へ突き落とすよう命じた天の声に従うことで、自らは無事脱出する。

この話は世界中に伝わる、水没した国や町の神話の類型に属する。イスの町の伝説では、住人たちが快楽に身を任せて罪にまみれたため、神罰によって町が水没したとされている。異教（ドルイド教）と女権社会を具現するダユは物語の中で悪魔化され、キリスト教と男権社会に対立する存在となっている。しかし元来ダユは太古の水の女神の化身であり、水に飲み込まれた後も死んだわけではなく、精霊のごとく海底で生き続けている。ダユはアヴァロン島に逗留するアーサー王のように、集団の無意識の中に潜在しているのである。民間伝承によれば、相変わらず海底にあり、見ることも中に入ることもできるとされるイスの町は、ケルト的な「異界」像の一つである。

キーワード：魔女、水の女神、異界

参考文献：ギヨ『沈める都 イスの町伝説』有田忠郎訳，鉱脈社，1990 年；原聖『ケルトの水脈』講談社，2007 年，191-194 頁．

ノレイア　Noreia

名前の意味・神格・属性：意味不詳。大陸ケルトの女神。ノリクム Noricum 王国の主要都市ノレイアの名祖。

概要：ドナウ川とアルプス山脈の間、現在のオーストリアとスロヴェニアに位置したノリクム王国（紀元前 2 世紀に成立）で信仰されていた女神。当初はイリュリア人がこの地域に住んでいたと思われるが、その後タウリスキ族などの様々なケルト人部族が支配するようになった。そのためノレイアが元来、どの民族が崇拝する女神だったのかを特定するのは難しい。ノリクムは紀元前 15 年頃ローマ帝国の属州となり、産出した多くの鉄鉱石はローマで武具の材料に使われた。

キーワード：名祖

ブリガンティア　Brigantia

名前の意味・神格・属性：*brig-（「高い」）と関連（アイルランドの女神ブリギッド†Brigit と語根が同一）。奉献碑文が 7 点残る。

概要：ブリテン島でも特にブリガンテス族のもとで信仰された女神。奉献碑文の中には、ローマの勝利の女神ウィクトリアと同一視されたものが 2 点（カースルフォードとグリートランド）、山野に住む自然の精ニンフと同一視されたものが 1 点（ハドリアヌスの長壁）、アフリカ起源の女神カエレスティスと同一視されたものが 1 点（コーブリッジ）ある。スコットランド南部ミドルビー近郊ビーレンズ出土のレリーフには、玉を手にし槍で武装した、翼のある姿で描かれている。

キーワード：勝利の女神

メリュジーヌ　Mélusine

名前の意味・神格・属性：フランス西部ポワティエの「リュジニャン一族の母」（メール・リュジーニュ Mère Lusigne）。なおリュジーニュは、誕生の女神としてのユノの呼称ルキナ Lucina および聖女ルキア Lucia（フランス名リュシー Lucie）と関連する。元来はフランス各地の民間伝承の中で生き延びてきた名もなき地霊や妖精であったが、リュジニャン一族の始祖伝説と関連づけられて以来、メリュジーヌとして知られる（メリュジーヌはリュジニャン Lusignan のアナグラム）。

概要：①リュジニャン一族の始祖

メリュジーヌという妖精の名が初めて登場するのは、ジャン・ダラスとクードレットがそれぞれ散文（1392 年頃）と韻文（1401 年頃）で著したフランス語の『メリュジーヌ物語』である。いずれも 11 世紀から 13 世紀にかけて興隆を見せた、ポワティエのリュジニャン一族の始祖譚である。物語によると、騎士レイモンダンが森での狩りの最中に誤ってポワティエ伯を殺め、傷心のまま騎行を続けるうちに、泉で美しいメリュジーヌと出会い、結婚して富裕になる。メリュジーヌは開墾と灌漑を行い、多くの町も建設したほか、彼女のもうけた息子たちは各地へ遠征に出かけ、他国の王や公になる（長男はキプロス王

となり、史実のリュジニャン一族と接続する）。歴史家ジャック・ルゴフがメリュジーヌに備わる「母と開拓者」としての側面を強調した所以である。

結婚にあたりメリュジーヌはレイモンダンに、毎週土曜日には彼女の姿を決して見てはならないという禁忌を課していた。ところが実の兄弟から悪い噂を聞かされたレイモンダンは、ある土曜日、妻の部屋に穴をあけて中を覗いてしまう。入浴中だったメリュジーヌは、腰から下が蛇の姿になっていた。その後、息子の一人ジョフロワが僧職を選んだ兄弟のフロモンを許せず、僧院ごと焼き払った事件を契機に、逆上したレイモンダンが妻を「蛇」呼ばわりする。こうして決定的に禁忌が破られると、メリュジーヌは蛇に姿を変え、叫び声をあげて鳥のように空へ飛んでいく。

②禁忌とその違反

人間に恋をした超自然的な存在が人間界にやって来て、禁忌を守ってもらう条件で人間と結婚するものの、人間が禁忌を犯したため、子孫を残して一人で異界へ戻っていくタイプの話は「メリュジーヌ型」と呼ばれ、世界中にその類話が見つかる。日本の記紀神話であれば、トヨタマビメ[†]が八尋ワニの姿で出産している場面を夫ホヲリ（山幸）に覗き見られ、単身で海神の宮へ帰ってしまう話が想起される。禁忌の対象は、女性の名前や産褥・裸体など多岐にわたる。民話であれば、異類の姿を覗き見られた時点で妻は夫の許を去って行くが、ジャン・ダラスとクードレットによる『メリュジーヌ物語』では、禁忌の違反が二段階（「見るな」＋「言うな」）になっている。

『メリュジーヌ物語』では、ヒロインの両親の物語にも同じ筋書きが認められる。それによると、前妻を亡くしたアルバニア王エリナスは森での狩りの途中で、海の精のごときプレジーヌと出会い結婚する。エリナスは禁忌を犯して産褥の場を見てしまったため、プレジーヌはメリュジーヌを含む三人の娘を連れてアヴァロン島へ向かう。成長した娘たちは母からこの話を聞くと、父を山中に幽閉してしまう。プレジーヌはこの暴挙に立腹し、娘たちに懲罰を与える。メリュジーヌが土曜日ごとに下半身が蛇になるのはそのためである。

③メリュジーヌの蛇身

メリュジーヌという固有名は持たないとしても、同種の妖精は早くも12世紀のラテン語による著作に認められる。ティルベリのゲルウァシウスの『皇帝の閑暇』（1209-14年頃）が収録する、エクス＝アン＝プロヴァンスのルーセ城の奥方の話では、城主が禁忌を犯して妻の水浴を覗き見たところ、妻が蛇に変身して水中に姿を消したという。シトー会士ジョフロワ・ドーセールの『黙示録についての説教』（1188-94年）が収録する類話では、ラングル司教区の貴族が森で美しい女に出会い、連れ帰って妻とする。女はよく水浴したが、裸体を見られるのを嫌った。召使いが好奇心から壁の穴越しに覗き見ると、中には蛇がいたため、これを聞いた夫が部屋へ押し入ると、蛇は姿を消し二度と戻らなかったという。このようにメリュジーヌ神話の最初期の例で、出自の分からぬ美女が「蛇」と関連づけられているのは、著作家たちがエバ[†]を誘

メリュジーヌの変身と飛翔。『メリュジーヌ物語』1692年のトロワ版の本扉

惑する『創世記』の蛇を念頭に置いていたからである。

しかしメリュジーヌの蛇身は、聖書ではなく異教神話に由来する。蛇・魚・鳥の属性を併せ持つ彼女の混成体としての姿は、エーモン・ド・ヴァレンヌの『フロリモン』(1118年)に登場する、豹の頭で大蛇の体を持ち、腰が蛇と魚である巨人ガルガネユスだけでなく、ガロ=ローマ期のユピテルの円柱に象られた、騎馬姿の天空神が踏みつける蛇身の巨人をも想起させる。メリュジーヌの10人の子供たちがそれぞれ、頬から生えた獅子の前足、口からはみ出す牙のような歯、三つ目など、動物的な特徴を伴って生まれたのも、母に神的な属性が備わっていたからである。

④メリュジーヌの雛形

父を山中に幽閉した娘たちは母から罰を与えられ、メリュジーヌの姉妹のうちメリオールはハイタカの城で立派な騎士を待ち受けることになり（第二機能＝戦闘性）、パレスティーヌはカニグーの山で財宝を守ることになった（第三機能＝豊穣性）。メリュジーヌは夫に一族の威光を保障する存在（第一機能＝神聖性）であることから、三姉妹は神話学者デュメジルが提唱したインド・ヨーロッパ語族の三機能を具現していることになる。一方でメリュジーヌ(MElusINE)の名前に注目すると、それが姉妹のメリオール(MElior)とパレスティーヌ(PalestINE)の名を併せ持っているのは偶然ではない。三姉妹の祖型は、三神群の姿をとるガロ=ローマ期の「母神」像やアイルランド神話のブリギッド[†]のように、ケルトの単独神が三重化した姿なのである。三姉妹は単独の女神が担うべき三機能を分担しているのである。またメリュジーヌが蛇・魚・鳥の姿を取ることができるのも、雛形となる大女神に備わる変身能力の残映に他ならない。

ジャン・ダラスがメリュジーヌの水浴の場面で、蛇の尾のかたちをした彼女の下半身が「鰊樽のように大きかった」と述べているのは示唆的である。「鰊樽」への言及は、彼女の神話的な姿が塩気の強い魚であることを表している。腐敗を阻む塩が不死と関連し、塩と海水との関連からメリュジーヌの祖型が海の妖精であるなら、彼女が毎週土曜日に水浴するのは、神的な力を持つ塩をあえて洗い流すことで、不死を捨てて人間の女性になるための試みなのである。母から受けた懲罰の結果、メリュジーヌは禁忌を守り通すことのできる人間の男と結婚できれば、人間の女として一生を終えることができる定めとされたが、ここには零落した女神の姿が垣間見られる。一族に威光を与えた半神的な妖精メリュジーヌは、キリスト教思想の影響の下で悪魔化され、男性社会の掟に屈することで幸福を約束される存在に成り下がってしまったのである。

キーワード：始祖、妖精、異類婚、タブー（「見るな」の）、蛇、塩、海水、三機能、三神群、母神、開拓、人頭蛇身、鳥

参考文献：篠田知和基『竜蛇神と機織姫――文明を織りなす昔話の女たち』人文書院，1997年；ルゴフ『もうひとつの中世のために――西洋における時間、労働、そして文化』白水社，2006年，第16章；マルカル『メリュジース――蛇女・両性具有の神話』中村栄子他訳，大修館書店，1997年；ヴァルテール『中世の祝祭』渡邉浩司他訳，原書房，2007年，246-251頁；Walter, *Mélusine, le serpent et l'oiseau.*

⇒イザナミ、エウリュディケ、トヨタマビメ

アーサー王物語の女性たち

イズー　Yseu(l)t, Iseu(l)t

名前の意味・神格・属性：フランス語ではイズー、ウェールズ語ではエシスト Essyllt。語源の候補として、古ブリテン語 *adsiltia（「見つめられる女」）、アイルランド語 sillid（「術策を弄する女」、「魔法使い」）などが挙げられている。アーサー王物語でトリスタンの恋人となるアイルランドの王女。コーンウォール王マルクの妻となる。英語名イゾルト Isolt、イソード Isoud。ドイツ語名イゾルデ Isolde、イザルデ Isalde。ウェールズの『ブリテン島三題歌』第80番には、「ブリテン島の不実な三人の妻」の一人として「金髪のイズー」が挙げられている。

概要：トリスタンとイズーの悲恋は、12世紀から13世紀にかけてフランス語の韻文や散文で著された物語のほか、中世のドイツ語版やノルウェー語版によって伝わる。物語の山場は、トリスタンがアイルランドに渡り、巨竜を退治しその褒賞として国王から王女イズーを勝ち得て、コーンウォールに向かう舟の中で、イズーと共に誤って媚薬を口にする場面である。トリスタンはコーンウォールのティンタジェルに居城を持つ伯父マルクの婚約者としてイズーを獲得したが、帰国後は口にした媚薬のせいで、マルクの妻となったイズーと逢瀬を重ねざるをえなくなる。

①媚薬の犠牲者

トリスタンとイズーに情熱的な恋愛を経験させた媚薬の効果（三年か四年）が停止すると、二人には悔恨の念が生まれ始める。絶対的で理不尽な恋愛の契機となる媚薬は、アイルランドの駆け落ち譚の一つ『ディアルミドとグラーネの追跡』で、年老いたフィン・マク・クウィルとの結婚に不満な若き美女グラーネ[†]が、若き美男ディアルミドにかける禁忌（ゲシュ）と同じ役割を果たしている。類例は『ウシュリウの息子たちの流浪』にも見つかり、年の離れたコンホヴァル王との結婚を望まぬ絶世の美女デルドレ[†]が、美男のノイシウに禁忌をかけて駆け落ちさせる。

自由意志による恋人の選択を認めない媚薬が登場する物語群は「流布本系」と呼ばれ、ベルール『トリスタン物語』（フランス語、1160年頃）、アイルハルト・フォン・オーベルク『トリストラントとイザルデ』（ドイツ語、1170年頃）、『トリスタン佯狂』ベルン本（フランス語、12世紀末）がこれに属する。伝説の本来の姿に近いこの系統によれば、イズーはトリスタンと共に媚薬を飲み干すことで同時に破滅と死を飲んだとされる。ベルールの物語によれば、媚薬は「薬草入りのワイン」と呼ばれ、二人がこれを飲み干したのは、聖ヨハネ祭（6月24日）とされる。そのため、媚薬の主成分はヨモギ、オトギリソウ、クマツヅラなどからなる「聖ヨハネ祭の草」だと考えられる。

「流布本系」とは異なり、若い二人が初対面から恋愛感情を抱き、相手を自らの意志で選んだとするのが「騎士道本系」の作品群であり、トマ『トリスタン物語』（フランス語、1170-73年頃）、ゴットフリート・フォン・シュトラースブルク『トリスタンとイゾルデ』（ドイツ語、1200-10年頃）、修道士ローベルト『トリストラムとイーソンドのサガ』（ノルウェー語、1226年）、『トリスタン佯狂』オックスフォード本（フランス語、12世紀末）がこれに属する。この系統によれば、媚薬はすでに芽生えていた愛を確固たるものにする純愛の象徴であり、その効力に限界はない。

②魔法使い

イズーの名が本来は固有名でなく、「術策を弄する女」から転じて「魔法使い」を指す普通名詞だったという推定は蓋然性が高い。母娘の名がそろってイズーであるのは、その名が「治療師」を指す世襲の職業名であるなら不思議ではない。物語の中では、コーンウォールに人身御供を毎年要求しに来た巨人モロルト（イズーの伯父）と一騎討ちで深手を負ったトリスタンの傷を治癒する件に、イズーに備わる「魔法使い」としての属性が認められる。さらに同じ属性は、彼女が難局を

トリスタンを庇護するイズー、オーブリー・ビアズリーによる挿画

乗り切るために用いる狡知（ギリシア語の「メティス」に相当）にも認められ、その典型例はトリスタンとの不倫を疑われたイズーが弁明を行う場面である。イズーは直前にハンセン病患者になりすましたトリスタンに跨って浅瀬を渡った後、「浅瀬の向こうに運んでくれたハンセン病患者、それに我が夫のマルク王以外には、いかなる男も我が股の間に入ったことなし」と述べて参列者を納得させてしまう。

③二人の男に愛される女

トマ『トリスタン物語』によると、「金髪のイズー」との不倫が発覚して別離を余儀なくされたトリスタンは、海を越えてフランスのブルターニュへ渡り、「白い手のイズー」と結婚する。その後、毒槍を受けて病床に就くトリスタンの許へ、「金髪のイズー」を乗せた白い帆の張られた舟がやって来る。そこで「白い手のイズー」から黒い帆の張られた舟の到着という虚報を伝えられたトリスタンは絶望して息絶え、やがて合流した「金髪のイズー」は彼の亡骸にすがって事切れる。イズーの夫マルク王を残忍な男として描く『散文トリスタン物語』（フランス語、1240年以降）では、イズーを前にして竪琴を演奏していたトリスタンにマルクが毒槍で致命傷を負わせ、瀕死のトリスタンの抱擁によりイズーが息絶える。

トマの物語には、泥水が「白い手のイズー」の股にかかり、「トリスタンがそう求めたよりも高く私の股まで上がって来た」と兄に述べて、トリスタンとの間に肉体関係のないこと（「白い結婚」）が示唆される件がある。これに類似する件が『ディアルミドとグラーネの追跡』に認められるため、グラーネがイズーの雛形とされてきた。アイルランド語 grian（「太陽」）に由来するグラーネ Gráinne は、その名の通り太陽女神の化身であるため、「金髪のイズー」に対応する。これに対し「白い手のイズー」は、不吉な「月」の化身である。そのため、二人の男（マルクとトリスタン）に愛される女（「金髪のイズー」）という図式が、トマの物語では、二人の女（「金髪のイズー」と「白い手のイズー」）に愛される男（トリスタン）という図式へと反転している。

16世紀ウェールズの作品『トリスタン物語』は、制作年代こそ新しいが、そこには古い神話的モチーフが含まれている。この物語によると、トリスタンとマルクがイズーをめぐって三度干戈を交え、最後はアーサー王の裁定により、冬の間はマルクが、夏の間はトリスタンがイズーを所有することになる。これは、地上と冥界の往復を毎年反復することで季節の交替を生みだす、ギリシアのペルセポネ†神話の変奏に他ならず、冬の王マルク（その名は「馬」を意味し冥界と関連）と夏の王トリスタンが、太陽女神である「金髪のイズー」を半年ごとに共有するさまを描いている。同種の季節神話はウェールズ語による最古のアーサー王物語『キルッフとオルウェン』（12世紀前半）にも、グウィン（ニッズの息子）が銀の腕のスィッズの娘クライディラトを、グウィシル（グライダウルの息子）から力ずくで奪う話に認められる。ここでイズーに相当するのはクライディラトであり、アーサーの調停により二人の恋敵は毎年5月1日（ベルティネ祭）に戦うことになる。

④三人のイズー

『キルッフとオルウェン』には、キルッフ

が伯父のアルスル（アーサー）の戦士たちと貴婦人たちの長いリストを披露する件があるが、その最後に「うなじ白きエシストとうなじかほそきエシスト」の名が挙がる。この二人はおそらく「白い手のイズー」と「金髪のイズー」に対応している。この二人のイズーにアイルランド王妃イズーを加えた三人のイズーは、ケルトの神話伝承に登場する三神群の女神を淵源に持ち、ギリシア・ローマ世界の運命の女神（モイラ†またはパルカ）たちと役割を共有している。王妃イズーは、娘とトリスタンのその後の運命を決する媚薬の調合者として「運命を割り当てる」ラケシスに、王女イズーは、マルクの妻でありながらも術策を弄してトリスタンとの逢引を重ねる女として「運命の糸を紡ぐ」クロトに、「白い手のイズー」は恋敵への嫉妬心から虚報を伝えることでトリスタンの死を招くため「運命の糸を断つ」アトロポスに相当する。

⑤鳥女

アイルハルトによる中世ドイツ語版によると、マルクは甥のトリスタンに王位を譲るために独身を通していたが、家臣たちから結婚を強く勧められ、大広間で悩んでいると、窓から二羽の燕が入って来て、一本の金髪を落としていく。マルクはその金髪の持ち主としか結婚しないという無理難題を皆に押し付けるが、この女性こそトリスタンがアイルランドで獲得する「金髪のイズー」である。このようにアイルランドおよび鳥との深いつながりから、イズーは大女神ブリギッド†との接点を持っている。『コルマクの語彙集』（900年頃成立）によると、ダグダの娘にあたるブリギッドには同名の姉妹が二人おり、三人はそれぞれ詩、医術、鍛冶工芸の守護女神だったという。重傷を負ったトリスタンを治癒する術を心得ていたばかりか、愛の短詩を作って甘美な声で歌うこともできたイズーは、ブリギッドの属性を受け継ぐ人物である。また三人のブリギッドが一柱の女神の三重化した姿であり、神々にとって母・娘・妻を兼ねる存在であったことは、イズーの三重化を別の角度から説明してくれる（アイルランド王妃と「金髪のイズー」は母と娘、「白い手のイズー」はトリスタンの妻）。さらにケルトの大女神は変身能力も備えているため、物語の古層ではマルク王の許へ一本の金髪を落とした二羽の燕は、イズー親子が変身した姿であったと考えられる。

キーワード：不倫、魔法、魔女、タブー（ゲシュ）、太陽女神、月、大女神、鳥（女）、三神群、季節、燕

参考文献：佐藤『トリスタン伝説』；佐々木『トリスタン物語』；渡邉浩司「西欧中世の韻文〈トリスタン物語〉におけるイズー像とその原型をめぐって」，佐藤清編『フランス――経済・社会・文化の位相』中央大学出版部，2005年，97-112頁．

⇒イゾルデ（オペラ）

ヴィヴィアン　Viviane

名前の意味・神格・属性：ブロセリアンドの森のはずれにある川の名ニニアン Ninian（「水の精」を指すブルトン語に由来？）と関連。アーサー王物語に登場する魔法使いマーリン（フランス語名メルラン）の恋人。ランスロット（フランス語名ランスロ）の育ての親。フランス語名はヴィヴィアーヌ Viviane、ニニアーヌ Niniane、ニヴィエンヌ Nivienne（中世の写本ではvとnはよく混同される）。トマス・マロリーの『アーサー王の死』ではニミュエ Nimue。

概要：①「湖の貴婦人」あるいは水辺の妖精

13世紀中頃に成立した、古フランス語散文による聖杯物語群所収『ランスロ本伝』では、「湖の貴婦人」と呼ばれる。大陸でガリアとの境に位置したベンウィック（ベノイック）のバン王の息子ランスロットを連れ去り、錯覚で湖中にあるように見える森の中の不思議な国で育てる。18歳になったランスロットが騎士叙任を望むと、彼に騎士道の意味を教え諭した後、アーサー王の宮廷に連れて行く。ランスロットの従兄弟にあたるライオネル（リヨネル）とボース（ボオール）も一緒に育てる。ランスロットの幼年時代を語る中高ドイツ語版『ランツェレト』（12世紀末）によると、ランツェレト（ランスロットのドイツ語名）を連れ去ったのは、周囲に湖が広

がる常春の国を支配する女王であり、そこには男の姿を目にしたことのない1万人の婦人が住んでいたという。
②マーリンの弟子
　聖杯物語群（流布本系）所収『メルラン続編』によると、マーリンはブルターニュのブロセリアンドの森でヴィヴィアンに出会って魅了され、多くの魔法を教えることを条件に彼女の愛を得る。教養七学科（リベラル・アーツ）を修めていたヴィヴィアンは、マーリンから習った魔法をすべて文字で書き留める。やがて彼女は体得した魔法を使って、サンザシの木の下でマーリンを眠らせ、空気で作った塔の中に彼を永久に閉じ込める（ラファエル前派を代表する画家バーン＝ジョーンズが『欺かれるマーリン』で描いたのはこの場面である）。ヴィヴィアンは好きな時に塔を訪れ、外に出られなくなったマーリンに会う。
③ディアナの化身
　マーリンを幽閉する以前、ヴィヴィアンは彼と会う度に、学んだ魔法を使って彼を眠らせて処女の身を守り続けた。そこでは古くからディアナ[†]と同一視されているギリシア神話の処女神アルテミス[†]の姿が重なりあう。実はヴィヴィアンは父ディオナスを介してディアナとの接点を持っていた。ディオナスはブルゴーニュ公に仕え、公の姪を妻に迎えた男であるが、名付け親にあたる森の女神ディアナから、将来生まれる娘がこの世で最も博識な男から熱烈に愛されると言われていた。この予言がヴィヴィアンとマーリンの出会いの形で実現する。聖杯物語群（流布本系）以降に成立した後期流布本系『メルラン続編』では、マーリンはヴィヴィアン（ニヴィエンヌ）をディアナの湖まで案内し、女魔法使いだったディアナが恋人のフォニュスの命を残酷に奪った経緯を語る。マーリンのその後を予告するこの話は、ヴィヴィアンがディアナの化身であることを明らかにしている。後に「危険な森」でヴィヴィアンはマーリンを眠らせ、彼を墓の中に投げ込み、墓石を置いて出られなくしてしまう。物語の中では、同じくマーリンから魔術を習ったモーガンが、兄弟にあたるアーサー王の殺害を何度も試みる

ランスロットを連れ去るヴィヴィアン

が、その折にヴィヴィアンが王を助けている。
④妖婦
　19世紀に入るとヴィヴィアンは、マーリン伝説から着想を得たドイツ・ロマン派の作家たちの作品に再び姿を見せる。ドロテーア・シュレーゲル作『魔術師マーリンの物語』（1804年）や、カール・インマーマンの劇作『マーリン』（1832年）がその代表作である。イギリスの詩人アルフレッド・テニスンは『国王牧歌』（1859-85年）の中で、アーサー王国の崩壊をヴィヴィアンの放埓と結びつけている。アーサー王は重要な顧問役だったマーリンを失うことで、権力の基盤を奪われることになったが、マーリンの失踪を招いたのは狡猾なヴィヴィアンである。アーサー王に対する憎しみゆえに、ヴィヴィアンは円卓騎士団にとって執念深い敵となる（中世フランスの聖杯物語群では認められなかった側面である）。こうした妖婦としてのヴィヴィアン像は、彼女とマーリンの話を詩的探求の寓意として描いたフランスの詩人アポリネール（1880-1918年）の作品『腐ってゆく魔術師』や、詩集『アルコール』所収「メルランと老婆」、死後刊行の詩「水晶の館」にも登場する。

キーワード：湖、魔法、魔女、森、処女神、運命の女（ファム・ファタル）

参　考　文　献：Harf-Lancner, *Le Monde des fées dans l'occident médiéval*, Hachette Littératures, 2003, pp.91-101.

エレイン　Elaine

名前の意味・神格・属性： トロイア戦争の原因となった絶世の美女ヘレネ[†]（Helen）に由来する名前。アーサー王物語に登場するランスロット（フランス語名ランスロ）の母。フランス語名エレーヌ Hélène。

概要： 13世紀中頃に成立した、古フランス語散文による聖杯物語群の中核をなす『ランスロ本伝』冒頭によると、ガリアと小ブリテンの辺境に位置したベンウィック（ベノイック）国のバン王は、若き王妃エレイン（エレーヌ）との間にランスロット（ランスロ）をもうけていた。隣国のクラウダス（クローダス）王がベンウィックに攻め入り、最後の砦トレベス（トレーブ）城が陥落すると、バン王は絶望のうちに息絶える。エレインが夫の亡骸と対面している間に、揺籠に入れられていた幼いランスロットを「湖の貴婦人」ヴィヴィアン[†]（ヴィヴィアーヌ）が連れ去り、18歳になるまで自国で育てる。子供を奪われて悲しみに暮れるエレインは、通りかかった尼僧院長に事の次第を伝え、その場で尼僧にしてもらう。バン王の亡骸は埋葬され、エレイン王妃の住む「王立修道院」には多くの尼僧が集まるようになったという。

「悲しみの王妃」と呼ばれるエレインは、物語によるとダビデの子孫とされる。そのため、エレインの息子ランスロットと、後に聖杯の探索を完遂する彼の息子ガラハド（ガラード）は、イスラエル王の家系に属することになる。一方で、アーサー王を含む歴代のブリタニア王のルーツは、ジェフリー・オヴ・モンマスの『ブリタニア列王史』（ラテン語、1138年頃）以来、トロイアの英雄アエネアスの子孫ブルートゥスまで遡るとされる。このように『ランスロ本伝』は、母エレインの家系を聖書起源とすることで、暗黙のうちにランスロットをアーサー王よりも上位に置いているばかりか、ランスロットの息子ガラハドがキリストの再来となることを予告している。

キーワード： 英雄の母、誘拐

グウィネヴィア　Guinevere

名前の意味・神格・属性： ウェールズ語名グウェンホヴァル Gwenhwyvar は「白い幽霊」か「白い女魔術師」の意（gwen は「白い」、hwyvar はアイルランド語 síabar「魔術」「幽霊」に対応し、語源的には古アイスランド語 sidha「魔法にかける」と関連）。アイルランドのアルスター物語群に登場するコナハトの王女フィンダヴィル Findabair は語源的にグウィネヴィアと同一。中世のアーサー王物語に登場するアーサー王の妃。ジェフリー・オヴ・モンマス『ブリタニア列王史』（ラテン語、1138年頃）によればローマ人貴族の家系出身。古フランス語散文による聖杯物語群（13世紀）によれば、カルメリッド国レオドゥガン王の娘。フランス語名グニエーヴル Guenièvre、ドイツ語名ギノヴェーア Ginover、ラテン語名グエンフウァラ Guenhuuara。

概要： ①不貞の妻

中世ヨーロッパ文学の中でグウィネヴィアを「不貞の妻」の代名詞にしたのは、クレチアン・ド・トロワ作『荷車の騎士』（1177-81年頃）であり、彼女とランスロット（フランス語名ランスロ）の姦通愛はアーサー王国崩壊の遠因となる。ランスロットの登場しない『ブリタニア列王史』では、アーサー王のローマ遠征中に、王の甥モードレッドがグウィネヴィアと罪深い情欲で結ばれる。そのためアーサー王はブリタニアへ引き返してモードレッド軍と壮絶な戦いを繰り広げたため、絶望したグウィネヴィアは修道女になる。13世紀の聖杯物語群では、グウィネヴィアが窮地に陥るたびに、不倫相手のランスロットが彼女を救い出す。ゴール王国の王子メリアガント（メレアガン）に拉致された時も、

《エレイン》ヘンリー・ウォリス

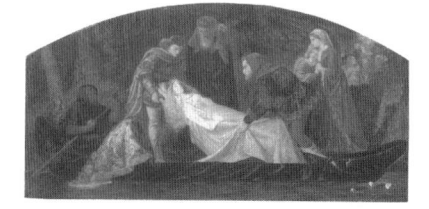

ある騎士が毒入りの果物を食べて死んだ事件の首謀者として告発された時も、王妃を助けるのはランスロットである。聖杯物語群の掉尾を飾る『アーサー王の死』（1230年頃）では、王に反旗を翻したモードレッド（モルドレ）によりロンドン塔に幽閉されたグウィネヴィアは、祖先の設立した女子修道院で生涯を閉じる。

中世のキリスト教的な立場から見れば、誤って媚薬を服用したためトリスタンに恋をしたイズー†とは異なり、自らの意思でグウィネヴィアが続けたランスロットとの不倫関係は大罪に映ったに違いない。しかし中世の宮廷で貴婦人たちが好んだ文学作品として捉えれば、グウィネヴィアの話は南仏詩人（トルバドゥール）が称揚した「至純の愛」を物語化したものであり、恋する男（ランスロット）は意中の既婚女性（グウィネヴィア）に対して無条件に服従し、数々の試練を克服するという原則に従っているにすぎない。そもそも姦通愛である「至純の愛」は結婚とは相容れぬものであり、グウィネヴィアはこうした反社会的な恋愛へとランスロットを誘う存在なのである。

②誘拐される女

北イタリア・ロンバルディアにあるモデナ大聖堂の北面の扉上部には、1120年頃の作とされる浮彫りの群像が見られる。そこでは、城中に囚われた女を救い出すために、城の双方から馬上の騎士たちが攻撃を仕掛けている。10名の騎士のうち9名には名が彫られ、城の左側には「ブレタリアのアルトゥス」が含まれている。つまりこの図柄は、アーサーが戦友たちの助力を得て、誘拐された王妃を救出する場面である。こうした筋書きはラテン語による聖人伝にも認められ、サンカルヴァンのカラドグの『ギルダス伝』（12世紀前半）では、サマセットの王メルワスがアーサーの妃を誘拐しグラストニアに幽閉する。アーサーは一年間探し回った末に、軍勢を率いてメルワスを攻めるが、ギルダスとグラストンベリ修道院長が両者を調停し、アーサーは王妃を取り戻す。メルワスが王妃を幽閉したグラストニア Glastonia（「ガラスの島」）は、ヨーロッパの民話に頻出する「ガラスの山」や「水晶の宮殿」と同じくケルト的な異界である。クレチアンの『荷車の騎士』は、元来アーサーが担っていた王妃救出の役割をラン

グウィネヴィアとランスロットの初めての口づけ、フランス国立図書館蔵、118番写本より

スロットに任せ、王妃の幽閉先を「そこから誰も戻ることのない国」、つまり冥界へと改変している。クレチアンは王妃の誘拐譚を創作するにあたって、初夏の頃に冥界の王が天界の王と大地女神を奪い合う季節神話から着想を得たのである。

③支配権を握る女

グウィネヴィアには、ランスロット以前にもモードレッド以外に、アーサーの執事騎士ケイ、アーサーの甥ガウェイン、「熊殺し」の異名を持つイデールなど数多くの騎士と性的な関係を持ったとされる。それは不貞の妻や誘拐される妻が、簡単には獲得できない「支配権」を具現する証なのである。アイルランドのアルスター物語群に登場するコナハト王妃メドヴ[†]はその典型例であり、常に愛人を隠し持っている。ケルト世界では、「支配権」を握る女との婚姻を経て、王はようやく権力を手中に収めることができる。「聖娼」の様相を呈するグウィネヴィアはアーサー王国の基盤となる存在なのであり、彼女を失うことは王国の崩壊につながる。こうした思想はインド・ヨーロッパ語族の世界に広く認められ、ギリシア神話ではトロイア王子パリスによるヘレネ[†]（スパルタ王妃）の誘拐（ホメロス『イーリアス』）、インド神話では羅刹の王ラーヴァナによるシーター[†]（ラーマの妻）の誘拐（『ラーマーヤナ』）が想起される。

④異界の女

グウィネヴィアを伝える最古の伝承はウェールズにある。元来アーサーはヨーロッパのほぼ全域を支配した「王」ではなく、ネンニウスの『ブリトン人の歴史』（9世紀前半）が伝えるように、サクソン軍の来襲を一時的に撃退したブリトン軍の「戦闘隊長」だった。こうした雄々しい戦士団の首領としてのアーサー像を提示するのは、ウェールズ最古のアーサー王物語『キルッフとオルウェン』（12世紀前半）であり、この中でグウェンホヴァル（グウィネヴィア）は「ブリトン島第一の女人」とされ、すでにアルスル（アーサー）の妻として言及されている。

ウェールズ語による歴史・伝説を扱った押韻詩集成『ブリトン島三題歌』第53番と第84番によると、グウェンホヴァルが妹のグウェンホヤッハから平手打ちを受けたことが、アーサーの死を招くカムランの戦いの発端だという。また第56番「アーサーの三人の偉大な妃」には、三人のグウェンホヴァルが異なる父の名と共に挙げられており、そこには単独神であるケルトの女神が三重化した姿が認められる。しかも三人目の父が「巨人」と記されていることから、その父は『キルッフとオルウェン』のヒロインの父で巨人の長イスバザデンのごとき恐るべき存在だったのかもしれない。この推測が正しければ、クレチアンの『荷車の騎士』でランスロットが、異界（ゴール王国）へ連れ去られた王妃を救出するために耐え忍ぶ過酷な試練は、『キルッフとオルウェン』と同じく民話の国際話型AT313「悪魔の娘」の筋書きを踏襲している可能性がある。

『荷車の騎士』でランスロットが異界へ向かう件には、ある泉の近くで彼が王妃の金髪の残った櫛を見つけて気を失わんばかりになる場面があるが、ここには「白い幽霊」、つまり異界の女＝妖精であるグウィネヴィアが鳥に変身して泉へ水浴びに来たという筋書きが想定できる。これはトリスタン物語の異本の一つで、広間の窓から入って来てマルク王の前に一本の長い金髪を落としていく二羽の燕が、「金髪のイズー」とその母イズーの変身した姿と推測できるのと同じである。

キーワード：不倫、誘拐、異界、王妃、王権、季節、三重化、娼婦（聖なる）

参考文献：D. Rieger, *Guenièvre, reine de Logres, dame courtoise, femme adultère*, Klincksieck, 2009.

⇒エーダイン、ドラウパディー

モーガン・ル・フェイ　Morgan le Fay

名前の意味・神格・属性：「妖精モーガン」。ケルト語 *mori-gena「海で生まれた女」に由来。フランス・ブルターニュ地方の伝承には、海底の宮殿に住む一族として登場。アーサー王の異父姉（父はティンタジェル公、母はイグレーン）。中英語読みではモーガン、フランス語名モルガーヌ Morgane、ラテン

語名モルゲン Morgen。
概要：①アヴァロン島の女王

　アーサー王伝承の中でモーガンに関する最初期の証言は、ジェフリー・オヴ・モンマス『マーリン伝』（ラテン語、1150年頃）に認められる。モーガン（モルゲン）は、海の彼方にあるアヴァロン島（「リンゴの島」）に住む九人姉妹の長女。この島が「至福の島」とも呼ばれるのは、あらゆるものを自然に生み出すからである。モーガンの姉妹たちの名は、モロノエ Moronoe、マゾエ Mazoe、グリテン Gliten、グリトネア Glitonea、グリトン Gliton、チュロノエ Tyronoe、ティテン Thiten、ティトン Thiton である。MとGとTで始まる名前が三つずつあり、それぞれのグループで名前が類似するのは偶然ではない。これはガリアの母神マトレス†や、アイルランドの女神ブリギッド†のように、ケルトの単独の女神が取る三神群の姿の名残であり、モーガンが三重化を反復したものだと考えられる。中世フランスの代表的な喜劇、アダン・ド・ラ・アル作『葉陰の劇』（1276年）でもモーガンは妖精モルグとして、マグロールとアルジルと共に三者一組で登場する。

②霊魂導師

　モーガンの雛形と考えられるアイルランドの戦闘女神モリーガン†にも、ボドヴ†とマハ†という名の姉妹がおり、三姉妹はしばしば同一視されている。モリーガン Mórrígain の名は慣例では「大女王」（mór「大」＋ rígain「女王」）と解釈されているが、『コルマクの語彙集』（900年頃成立）の解釈が示すように、本来は「夢魔の女王」を指していた。『マーリン伝』のモーガン（モルゲン）

《モーガン・ル・フェイ》フレデリック・サンズ、バーミンガム市立美術館

が霊魂導師として、カムランで致命傷を負ったアーサーをアヴァロン島へ運ぶ姿には、「夢魔の女王」が二重写しになってくる。古フランス語散文による聖杯物語群の掉尾を飾る『アーサー王の死』（1230年頃）のモーガンはアーサーの妹とされ、ソールズベリの合戦で瀕死の重傷を負ったアーサーを、貴婦人たちの乗る舟で迎えにやって来る。

③医術と変身

ジェフリーの『マーリン伝』によると、モーガンは治療術に熟練し、薬草の効能に通じていただけでなく、変身や空の飛翔もできたという。クレチアン・ド・トロワの作品群で言及される「モルグ（モーガン）の膏薬」は、医術との関連を伝えている。この膏薬は、『エレックとエニッド』（1170年頃）では冒険の途上で負傷した騎士エレックを癒し、『イヴァンまたは獅子の騎士』（1177-81年頃）では狂気に陥って森で野人同然の暮らしをしていたイヴァンに正気を取り戻させる。モーガンに備わる変身能力については、雛形となるモリーガンが『クアルンゲの牛捕り』で見せる様々な変身が想起される。モリーガンは若い美女の姿で、アルスターの英雄クー・フリンに愛を求めて拒まれると、その報復として順に黒いウナギ、灰色の狼、赤い雌牛に変身して攻撃を仕掛けるだけでなく、クー・フリンが敵軍との戦いで瀕死の状態になると、鳥に変身して彼の肩にとまる。

④妖女

13世紀の古フランス語散文による聖杯物語群では、モーガンは「帰らずの谷」（または「不実な恋人たちの谷」）と呼ばれる場所を作る。恋人ギオマールから捨てられたモーガンは、意中の女性に対して不実だった騎士をことごとく、妖術によりこの谷へ幽閉する。ランスロットにも恋をしたモーガンは、魔法を使って彼を捕えるが逃げられてしまう。『アーサー王の死』によれば、モーガンの館に幽閉されたランスロットは、室内の壁に彼と王妃グウィネヴィアとの出会いを描いたが、後にモーガンはこの壁絵を兄のアーサーに見せることで王妃の不倫を暴露する。こうしてモーガンはアーサー王国を崩壊へと導く

ことになる。このように独占欲の強いモーガンには、運命を司るケルトの女神の記憶が認められる（彼女を形容する「妖精（ル・フェイ）」は「運命」を意味するラテン語 fatum の複数形 fata に由来する）。

モーガンの不幸は、好意を寄せる相手から愛されぬところにあり、彼女は嫉妬心から凄まじい報復に出る。聖杯物語群以降に成立した後期流布本物語群に属する『メルラン続編』によれば、モーガンはもともと美女だったが、マーリンから妖術を習うと、色欲と魔術の実践の影響で容色が衰え、醜女になってしまったという。同じ物語では、ユリアン（英語名ユーリエンス）と結婚してイヴァン（英語名ユーウェイン）をもうけるモーガンは、夫の殺害を目論むだけでなく、恋人アカロン（英語名アコーロン）を使ってアーサー王の殺害までも試みる。こうした魔性のモーガンに対抗するのはヴィヴィアン[†]であり、黒魔術と白魔術との戦いの様相を呈している。アイルランドの戦闘女神モリーガンの属性を受け継ぐモーガンは、騎士たちを庇護するかと思えば、血と復讐に飢えて破壊を撒き散らすこともある両義的な存在であったが、物語世界ではキリスト教思想の浸透と共に負の面のみが強調され、妖女へと変貌していく。

キーワード：妖精、妖女、魔法、変身、戦闘女神、霊魂（導師）、運命の女（ファム・ファタル）、三神群、三重化、三姉妹、夢魔の女王、妖術、医術

参考文献：渡邉浩司「メリュジーヌとモルガーヌ―ケルトの大女神の化身たち」、『流域』第69号、青山社、2011年.
⇒イナンナ／イシュタル、ヴァルキューレ、ドゥルガー、メドヴ

ローディーヌ　Laudine

名前の意味・神格・属性：ケルト文化圏で最も重要な神ルグス Lugus の名と関連づける説がある。ルグス（アイルランド語名はルグ Lug）はヨーロッパの数多くの町の名祖（例えばリヨン Lyon、ラン Laon、ライデン Leiden はルグドゥーヌム Lugudunum「ルグの城砦」に由来）であり、その名はインド・

ローディーヌ

ヨーロッパ語 *leuk-（「光」「輝く」）に由来。古フランス語韻文によるアーサー王物語の一つ、クレチアン・ド・トロワ作『イヴァンまたは獅子の騎士』（1177-81 年頃）のヒロイン。ロデュデ Laududet 公の娘で、ランデュック Landuc の姫君と呼ばれる。ブロセリアンドの森（フランス・ブルターニュ地方）にあるバラントンの泉の女城主。

概要：クレチアンの『イヴァンまたは獅子の騎士』によると、同名の主人公はブロセリアンドの森で泉の番人「赤毛のエスクラドス」を倒し、未亡人となった「泉の貴婦人」ローディーヌを妻に迎える。ローディーヌが夫の殺害者との再婚に踏み切ったのは、如才のない侍女リュネットが仲介したためである。イヴァンは結婚後、騎士としての本分を忘れぬため、ローディーヌから一年間留守にする約束を取りつけ、馬上槍試合を転戦する。ところがこの約束を忘れ、使者を介して妻からの絶縁状が突き付けられると、狂気に陥り森で野人同然の暮らしを送る。その後、狂気を脱してライオンを戦友に得たイヴァンは「獅子の騎士」と呼ばれ、窮地にあった人たちを次々に救う。最後には泉へ帰還し、再び侍女リュネットの策略が功を奏し、ローディーヌと和解する。物語のウェールズ語版『ウリエンの息子オウァインの物語』（1200-25 年頃）では、ヒロインは固有名ではなく「泉の貴婦人」や「伯爵夫人」と呼ばれ、ここでも侍女（リネット）が女主人と主人公との仲を取り持つ。

物語の背景にあるのはおそらく、フレーザーが『金枝篇』の冒頭で取り上げているネミの森の祭司王の伝説である。死と再生を象徴するネミ湖のディアナ[†]に仕える祭司王は、その活力が衰えぬうちに別の力強い挑戦者に殺される。こうした交代劇が湖に永遠の生命を約束するのである。この神話的な筋書きでは、ディアナはアルテミス[†]の属性を受け継ぐ処女女神に他ならないため、『イヴァンまたは獅子の騎士』の中では既婚女性のローディーヌよりもその侍女リュネット Lunette（「小さな月」）こそ、ディアナにふさわしいと考えられる。つまりクレチアンは物語の中で、月の女神ディアナを太陽女神の化身ローディーヌに取って代わらせたのである。そのため、泉での彼女とイヴァンとの結婚は聖婚の様相を呈してくる。ローディーヌは、自ら治める所領＝大地のみならず、豊穣の恵みをも象徴する存在なのである。

キーワード：泉、貴婦人、豊穣女神、太陽、大地女神、王権

参考文献：渡邉『クレチアン・ド・トロワ研究序説』第Ⅱ部第 4 章；ブレキリアン『ケルト神話の世界』下、99-110 頁.

⇒エーダイン、グウィネヴィア

ゲルマンの女神

松村一男

概説

【原典】

　ゲルマン神話として最も豊富に資料が残っていて、主たる資料となっているのは北欧アイスランドの神話集『エッダ』と伝説集『サガ』である。『エッダ』には韻文の『古エッダ』と、アイスランドの政治家・文人のスノリ・ストゥルルソンが纏めた散文の『スノリ・エッダ』(または『散文エッダ』、『新エッダ』とも呼ばれる)の二種類がある。『エッダ』の個別編および他の原典の日本語名称とその原語名は、この概説の末尾に示してある。『スノリ・エッダ』としては「ギュルヴィたぶらかし」(項目中では「ギュルヴィ」と略する)と「詩語法」の二つが重要。「ギュルヴィたぶらかし」では、ギュルヴィ王がガングレリという老人に変装して神々の住むアースガルズに行き、神々から神話について話を聞くという体裁を取っている。また「詩語法」では、エーギル(別名フレール)という男が神々の住むアースガルズに旅をして、そこで神々から神話に見られる詩的表現について説明を受けている。韻文で書かれている『古エッダ』では十分に説明されていない神話も、散文で書かれたこれらスノリの二作品によって内容を知ることができる場合が少なくない。

　『古エッダ』と「ギュルヴィたぶらかし」は谷口訳『エッダ』があり、『古エッダ』の冒頭に置かれている最も重要な一篇「巫女の予言」には別に菅原訳もある。神話が伝説化された作品としてはサクソ・グラマティクスの『デンマーク人の事績』のうちの神話・伝説的要素が濃厚な最初の九書について谷口訳がある。なお、『ヘイムスクリングラ』と呼ばれる北欧王朝史があるが、その序章の「ユングリンガサガ」は日本の『古事記』のように神話時代から歴史的王朝の発生までを述べており、サクソと並んでゲルマン人の神話的歴史観を知るうえで貴重な史料となっている。『サガ』は極めて種類も数も多い(谷口『エッダとサガ』を参照)。主要な『サガ』には邦訳がある。『エッダ』や『ニーベルングの歌』に詠われる英雄シグルズ(ジークフリート)については、その一族の悲劇を述べる「ヴォルスンガ・サガ」が重要である(谷口訳『アイスランドサガ』所収)。

　このように主たる資料が北欧のものなので、ゲルマン神話は北欧神話と呼ばれることも多いが、両者は基本的に同一である。以上のほかにゲルマン神話についての資料としては、大陸ゲルマン人の伝説集『ニーベルングの歌』、古英語で書かれた英雄伝説『ベーオウルフ』、大陸ゲルマン人についてのローマの文人・軍人のタキトゥスによる『ゲルマーニア』などがある。

【男神と女神】

　ゲルマン神話の特徴の一つは男神優位であろう。この点はかつてフランスの神話学者デュメジルが指摘した(デュメジル 1993、デュメジル 2001)。ゲルマン神話は全体として最終戦争ラグナレクに向かう過程として構想されており、その結果、神々も敵対する巨人や怪物たちも全体として戦闘的特質を帯びる傾向にあり、そのためパンテオン全体としても男神と巨人や怪物との戦闘の方によりス

概説

ポットが当たり、ギリシア神話、日本神話、インド神話などと比べると女神の役割が小さくなっている。

しかしやはりデュメジルが明らかにしているように（デュメジル 1987）、インド・ヨーロッパ語族に属するゲルマン語派は言語においてだけでなく、神話においても他のインド・ヨーロッパ語族との共通性を保持している面がある。例えば、ゲルマンのノルン†、ギリシアのモイラ†、ローマのパルカイといった三人の運命の女神やギリシアに見られるような抽象的観念を女神と形象することは、ゲルマン神話においても多く認められる。オーディンによって戦場に遣わされ、終末戦争ラグナレクのための戦士をオーディンの「戦の館」バルハラに連れて行く戦乙女ヴァルキューレ†は北欧神話の女神として特に名高いが、戦闘女神としてはほかにもインド神話のドゥルガー†、ケルト神話のモリーガン†、バドヴ（ボドヴ）†などがいる。しかし、たとえそうした他のインド・ヨーロッパ語族神話の戦闘女神との共通の基盤はあるにせよ、ヴァルキューレの重要性はやはりゲルマン神話全体の戦闘化の傾向の結果であろう。

また戦を象徴する乙女像としてのヴァルキューレの問題と関連するのが、巨人や女巨人が数多く登場するというやはりゲルマン神話に独特の傾向である。ゲルマン神話は悪しき力を巨人や怪物として表現している。その中でも女巨人が数多いことが印象的である。善と悪の戦いがゲルマン神話構造の中心であり、善の側の神々が戦の男神中心となる以上、その裏返しとして女性が悪の側に女巨人としてイメージ化されるのも必然的だったのかも知れない。これはギリシア神話においてトロイア戦争の神話の一部をなす『オデュッセイア』において故郷に戻るまでの海上での苦難の旅に女怪物が多く登場することにも対応しているだろう。

なお女神の名前の日本語表記は原則として谷口幸男氏の翻訳に従っている。

【原典】

「ヴォルスンガ・サガ」，『アイスランドサガ』谷口幸男訳，新潮社，1979 年

『エッダ——古代北欧歌謡集』谷口幸男訳，新潮社，1973 年（同書所収の「ギュルヴィたぶらかし」

「スノリ『エッダ』「詩語法」訳注」谷口幸男訳『広島大学文学部紀要』43，1-121，1983 年

「ユングリンガサガ」，ストゥルルソン，スノリ『ヘイムスクリングラ——北欧王朝史』〈1〉，谷口幸男訳，北欧文化通信社，2008 年，33-125 頁．

『ニーベルンゲンの歌』相良守峯訳，前篇・後編，岩波文庫，1955 年

『ベーオウルフ——中世イギリス英雄叙事詩』忍足欣四郎訳，岩波文庫，1990 年

グラマティクス，サクソ『デンマーク人の事績』谷口幸男訳，東海大学出版会，1993 年

ノルダル，シーグルズル『巫女の予言——エッダ詩校訂本』菅原邦城訳，東海大学出版会，1993 年

タキトゥス『ゲルマーニア』泉井久之助訳注，岩波文庫，1979 年

〔原典リスト〕

『エッダ』Edda 諸編

「巫女の予言」Vǫlospá
「オーディンの箴言」Hávamál
「ヴァフズルーズニルの歌」Vafðrúðnismál
「グリームニルの歌」Grímnismál
「スキールニルの旅」For Scírnis
「ハールバルズの歌」Hárbarðzlióð
「ロキの口論」Locasenna
「スリュムの歌」Þrymsqviða
「ヒョルヴァルズの子ヘルギの歌」Helgaqviða Hiǫrvarðzsonar
「グリーピルの予言」Grípisspá
「レギンの歌」Reginsmál
「シグルドリーヴァの歌」Sigrdrífomál
「グズルーンの歌 I」Guðrunarkviða I
「バルドルの夢」Baldrs draumr
「ヒュンドラの歌」Hyndlolióð

その他

「ギュルヴィたぶらかし」Gylfaginning
「詩語法」Skáldskaparmál

「ヴォルスンガ・サガ」Vǫlsunga saga
「ヘイムスクリングラ」Heimskringla「ユングリンガ・サガ」Ynglinga saga
『ニーベルンゲンの歌』Nieberungenlied
『ベーオウルフ』Beowulf
サクソ・グラマティクス Saxo Grammaticus
『デンマーク人の事績』Gesta Danorum

【参考文献】
〔一般〕
谷口幸男『エッダとサガ——北欧古典への案内——』新潮社、1976 年
デュメジル，ジョルジュ『神々の構造』松村一男訳, 国文社, 1987 年（原著は 1958 年）
デュメジル，ジョルジュ『ゲルマン人の神々』松村一男訳, 国文社, 1993 年（原著 1959 年）
デュメジル，ジョルジュ『ゲルマン人の神話と神々』（デュメジル・コレクション 2）松村一男訳, ちくま学芸文庫, 2001 年（原著 1939 年）
松村一男／平藤喜久子／山田仁史編著『神の文化史事典』白水社, 2013 年
吉田敦彦／松村一男編著『アジア女神大全』, 青土社, 2011 年〔ゲルマン神話〕
Lindow, John, *Norse Mythology*, Oxford U.P., 2001

ゲルマン神話の女神の事典

アウズムラ（異称アウズフムラ、アウズムブラ） Auðumla, Auðhumla, Auðumbla
名前の意味・神格・属性：auðr「富」＋ humall「ホップ」か。原初の雌牛。
概要：「ギュルヴィ」6に登場する。氷河と活火山が特徴的なアイスランドの国土にふさわしく、アイスランドに伝えられてきた現行のゲルマン神話の世界起源の個所では、北のニヴルヘイムからの霜と南のムスペルからの熱風がぶつかって滴が生じ、そこから原初巨人のユミルが生まれるのだが、ユミルの次には同じようにして雌牛アウズムラが生じた。その乳首からは四つの乳の川が流れだし、ユミルはこれによって養われた。「ギュルヴィ」はギュルヴィ王がガングレリという旅人に姿を変えて神々の世界アースガルズを訪れ、そこで神々から様々な神話を聞くという体裁になっているが、アウズムラについてもガングレリ（ギュルヴィ王）は「雌牛自身は何を食べていたのですか」と問うている。すると神ハールは、「雌牛は塩辛い霜で覆われた石を舐めたのだ。最初の日のことだ。石を舐めていると、夕方になって人間の髪の毛が石から出てきた。翌日には人間の頭が、三日目には人間全体がそっくり現れた。その人間はブールといい（以下、略）」と答えている。このブールの子孫がオーディン、ヴィリ、ヴェーの三神で、彼らが原初巨人ユミルを殺害して、その死骸から世界を造るのである。アウズムラは、外見は雌牛だが、原初巨人ユミルを育て、神々の祖となるブーリを生み出したのだから、原初女神と呼んでも構わないだろう。敵対する巨人と神々のどちらにとっても祖という位置付けは世界神話においてもユニークだろう。

タキトゥスの『ゲルマーニア』5章には、「牛たちが彼ら〔ゲルマン人〕には唯一にして最も貴重とする財産である」とある。

雌牛の姿の女神はほかにエジプトのハトホル†がいる。しかし一般に牛の姿の女神は少ない。男神なら牡牛の姿はギリシア神話でエウロペを誘拐する際のゼウスや、エジプトのアピス、カナンのバアルなどあちこちにいる。ギリシア神話のイオ†は雌牛の姿になるが、それはゼウスが浮気をヘラの目から欺くためであり、本質的なものではない。

キーワード：原初（女神）、雌牛
参考文献：松村他編『神の文化史事典』25頁.

《アウズムラ》N・A・アビルゴー

アングルボザ　Angrboda
名前の意味・神格・属性：前半は angr「悲しみ、嘆き」だが後半は不明。女巨人で悪神ロキとの間に終末時に世界を破壊する怪物たちを儲ける。

概要：「ヒュンドラの歌」40には「ロキはアングルボザと〔間にフェンリル〕狼を生み」とある。また「バルドルの夢」は、バルドルが見た悪夢の意味を知るために「老いたガウト」と添え名があるオーディンが死者の世界ニヴルヘルに下り、巫女の墓に至り、巫女を蘇らせて、夢の解釈をさせるという筋書きである。そこで巫女は終末戦争ラグナレクについて語るのだが、その最後でオーディンは彼女に対して、「そなたは巫女でも賢者でもなく、三人の巨人の母だろう」と述べ、ヘル†とイェルムンガンドル(ミズガルズ蛇)とフェンリル狼という三人の怪物(＝巨人)の母であるアングルボザが巫女に変装していると見破っている。スノリの「ギュルヴィ」34には「ヨーツンヘイム〔巨人の国〕にアングルボザという女巨人がいるが、ロキはこの女との間に三人の子供をつくっている。第一が、フェンリスウールヴ〔フェンリル狼〕、第二がヨルムンガンド、すなわちミズガルズの大蛇、第三がヘルだ」とある。

怪物の母としてはほかにギリシア神話のエキドナ†(オルトス、ケルベロス、レルネのヒュドラ、キマイラ、スピンクス、ネメアのライオン、ヘスペリデスの竜、プロメテウスの鷲などを生んだとされる)や古英語叙事詩『ベーオウルフ』で怪物グレンデルともどもベーオウルフと戦って殺されるグレンデルの母†がいる。

キーワード：巨人、怪物の母
参考文献：松村他編『神の文化史事典』70頁.
⇒ヴィナター、カドルー

イズン　Idun（現代語表記）**Iđunn**（古ノルド語表記）
名前の意味・神格・属性：語源不明。動詞 iđja「行う」や名詞 iđja「仕事」と関係するか。不老の女神。

概要：「ロキの口論」の冒頭では「ブラギとその妻イズン」とある。またその17章でロキはイズンに対して、「あらゆる女の中で……一番の淫婦」とか「自分の兄を殺した男を……その腕で抱いた」と述べている。スノリ「ギュルヴィ」26は、ブラギを知恵の神・雄弁の神・詩の神と形容した後、「ブラギの妻がイズンだ。イズンは、神々が年とった時、食べなくてはならぬ林檎を梣の箱に仕舞っている。それを食べれば、神々はみな若返って、神々の終末まで年をとらないでおれるのだ」と述べている。スノリ「詩語法」2は、イズンと彼女のリンゴが巨人に奪われて、いかに取り返されたかを述べている。オーディン、ロキ、ヘーニルが旅の途中で鷲の姿に変身した巨人のスィアチに出会う。ロキは鷲にさらわれ、解放される条件としてイズンとそのリンゴを要求される。ロキはイズンを騙して、リンゴを持って森に来させる。そこに鷲の姿のスィアチが現れて、イズンとリンゴを巨人の国に持ち去る。同3では神々はリンゴを奪われたので衰えはじめ、集会でロキが犯人であることが判明する。神々に脅迫されたロキはフレイヤ†の持つ鷹の羽衣を借りて巨人の国に飛び、スィアチの不在を利してイズンを木の実に変え、アースガルズに向けて飛ぶ。しかし、戻ってきたスィアチがイズンの不在に気付いて鷲の姿で追跡してくる。鷲の姿のスィアチが見えると、アース神たちは鉋屑の山を作って火を放った。スィアチは翼に火がついて墜落し、アース神たちに殺された(「ハールバルズの歌」19のトールの言葉によれば、殺したのはトール)。こうしてイズンとそのリンゴは再びアースガルズに留まることになった。ギリシア神話ではヘスペリデス†が世界の涯で黄金のリンゴを護っているが、これはイズンの場合とは少し違う。

キーワード：不死、若返り、リンゴ
参考文献：松村他編『神の文化史事典』85頁.

ヴァール　Vár
名前の意味・神格・属性：várar(複数形のみ)「誓い」(ドイツ語 wahr「本当の、真実の」と同根)から。(男女の愛の)誓いの遂行を見張る女神。

概要:「スリュムの歌」30では巨人の王スリュムが、「花嫁を浄めるための槌をもってこい。ミョルニルを娘の膝におけ。ヴァールの手でおれたち二人は浄めてもらうのだ」と述べている。これは巨人によって奪われたミョルニル槌を奪い返すため、巨人殺しの神トールが花嫁衣裳に身を包んで、女神フレイヤ†に扮するという滑稽な場面なのだが、婚姻に際して浄めの品として槌が花嫁の膝に置かれたらしいこと、そしてヴァールはこの儀式を司る女神と考えられていたことがうかがえる。スノリ「ギュルヴィ」35は女神の羅列だが、その中で「九番目のヴァールは、男女の間で互いに交わされる誓いや、取り決めに耳を傾ける。そのため、取り決めをヴァーラルというのだ。女神はそれを破る者に復讐する」とある。

キーワード:結婚（式）、（男女の愛の）誓いの監視

参考文献:Lindow, p.312.

ヴァルキューレ　Valkyrja

名前の意味・神格・属性:val「戦死者」+ kyria「選ぶ女性」（< kjósa「選ぶ」から。英語の choose と同語源）で、「戦死者val を選ぶ女神」の意。オーディンは最終戦争ラグナレクに備えて勇敢な戦士を選んでヴァルキューレにヴァルハラ「戦士の館」に連れてこさせる。

概要:ヴァルキューレの姿とその成立の過程については、次のように述べられている（谷口『エッダとサガ』21頁注108）。「オーディンに仕える武装した乙女らで、馬を駆り、戦場で倒れた勇士たちを、天上のヴァルハラ宮殿に導く。このヴァルキューレのイメージは、多くのサガに見える人間の守護霊フュルギアから発していると思われる。このフュルギアは睡眠中に人間の肉体から出て、よそに現れることができる。おそらく、夢にその源を持つフュルギアに武装した乙女の姿が与えられたのであろう。この乙女は白鳥その他のものに化身することができる。「フンディング殺しのヘルギの歌」や「シグルドリーヴァの歌」では英雄の恋人となって登場する。それがさ

ヴァルキューレ、*Motif Mythologiques* より

らに進んで、戦士の神であるオーディンの使い姫にまで成長したものであろう」。

「巫女の予言」30では巫女が「ヴァルキューレたちが、英雄たちのもとへ、馬をはしらせんと、彼方より天翔けるのを、私は見た。スクルドは楯を持ち、次にスケグル、グン、ヒルド、ゲンドゥル、ゲイルスケグルとつづく。ヘリアンの娘たち、地上に馬をはしらせんとするヴァルキューレたちの名を数えあげればこうだ」と述べている。「グリームニルの歌」36にも13名のヴァルキューレの名前が挙げられ、「彼らは戦士に麦酒を運ぶ」とされている。「ヒョルヴァルズの子ヘルギの歌」9ではヴァルキューレのスヴァーヴァが英雄ヘルギに目を留めて、口のきけなかった彼に名前を与えて言葉を喋れるようにして、「空と海を駆け」て「しばしば戦で彼を守った」とされている。二人は愛しあう間柄になるが、戦でヘルギは倒れる。同書末43では、「ヘルギとスヴァーヴァは生まれ変わったといわれている」。「シグルドリーヴァの歌」は英雄シグルズが山上で光焔を見て行ってみると、楯の垣があり、その中に完全武装の人物が横たわっていた。名剣グラムで鎧を外すとそれはヴァルキューレのシグルドリーヴァであった。目を覚ました彼女は、オーディンの命令に背いたため、眠りの荊で刺されたこと、そして恐れを知らない男と以外は結婚しない誓いを立てていたので、馬で焔を越えてくる勇者を待っていたと語る。しかし『ヴォルスンガ・サガ』21では、シグルズの相手の名前はシグルドリーヴァではなくブリュンヒ

ルド†となっており、これは大陸ゲルマンの『ニーベルンゲンの歌』での主人公ジークフリートの相手のヴァルキューレの名前もそうである。「シグルドリーヴァの歌」が例外なのである。「グズルーンの歌Ⅰ」19では、シグルズを殺されたグズルーンが、「かつてわたしはヘリアン（オーディン）のどの女（ヴァルキューレ）より優れた者と英雄たちから思われていたものですのに」と述べている。スノリ「ギュルヴィ」36では、上掲の「グリームニルの歌」36も引用しつつ、ヴァルキューレは「ヴァルハラにはべって、飲み物を運んだり、食卓や酒器を受け持つ」とされ、また、「オーディンが彼らをすべての戦につかわし、彼らは人々の死の色を見て取り、勝敗を決める」と言われている。また同49のバルドルの葬儀の場面では、「オーディンと一緒にフリッグ†とヴァルキューレたちとオーディンの鴉がきた」と言われている。

彼女たちは戦場に現れるが、直接戦闘を行う訳ではないので、その点でアナト†、アテナ†、カーリー†、ドゥルガー†などと異なる。

キーワード：守護（霊）、戦闘女神
参考文献：『エッダとサガ』；松村他編『神の文化史事典』102頁.

ウルズ　Urðr

名前の意味・神格・属性：三人の運命の女神ノルン（ノルニル）†の一人。verða「なる」、「起こる」の過去形から。「なった」「成就した」の意。

概要：「巫女の予言」19では世界の中央にあるユグドラシルというトネリコの大樹（宇宙樹、世界樹）のことが語られ、「ウルズの泉 Urðarbrunn のほとりにいつも青々と緑の樹が、高く聳えている」と述べられている。そして同20では、「この樹の下にある海から三人の物識りの娘たちがやってくる。一人の名はウルズ、もう一人の名はヴェルザンディ——二人は木片に彫った——三人目の名はスクルドという。女たちは人の子らに運命を定め、人生を取り決め、運命を告げる」とある。「オーディンの箴言」111には「ウルズの泉のほとりの賢者の椅子」とある。「ギュルヴィ」15の内容は「巫女の予言」20と重複するが、ウルズの「泉のそばには美しい館があって」三人の運命の女神はこの館に住んでいるとされる。

「ギュルヴィ」の同個所によれば、世界樹ユグドラシルは三つの世界に三本の根を伸ばし、それぞれにある泉から水分を摂取している。天にある根はウルザンブルンという泉につながり、霜の巨人の世界に伸びる根は知恵者ミーミルの泉につながり、ニヴルヘイムにある。「グリームニルの歌」31ではユグドラシルの三本の根はヘル†の世界、霜の巨人の世界、そして人間たちの世界にあるとなっているので、必ずしもここでの位置付けとは一致していない。ゲルマン（北欧）神話の宇宙観（コズモロジー）におけるウルズの泉の位置は必ずしも明確ではない。

キーワード：運命の女神
参考文献：松村他編『神の文化史事典』126頁.
⇒モイラ

ゲヴィウン　Gefjon

名前の意味・神格・属性：gefa「与える」（英語の give と同語源）から「与える女神」の意。豊穣女神。

概要：「ギュルヴィ」1では、ゲヴィウンは「アース神の一人」で、「スヴィジオーズ（Svíþjóð、スウェーデン）……を治めていた」ギュルヴィ王から「余興の御礼として、四頭の牛が一昼夜かかって鋤くことのできるだけの土地を与える」ことを認められた。そこで女は「北のヨーツンヘイム〔巨人の国〕から四頭の牛を連れてきた。これは巨人と女〔ゲヴィウン？〕の間にできた子供たちで、これを鋤の前につないだ。……地面が削られ、牛は地面を西の海に向かって引っ張り、とある海峡でやっととまった」。この土地がセルンドで、削られたところはスヴィジーズでレグル（メーレル）湖となった。また同35の女神のリストでは四番目に名前が挙げられ、「この女神は乙女神で、乙女で死んだ者が女神に仕えている」と述べられている。

キーワード：豊穣女神、土地、乙女神、国土創成

参考文献: 松村他編『神の文化史事典』221頁.

ゲルズ（ゲルズル） Gerd
名前の意味・神格・属性: 古ノルド語Gerðrから。アース神の世界アースガルズÁsgarðrの後半部garðr「庭」（英語のyard, garden）と同語根と思われ、「大地」を意味したか。美しい女巨人。

概要:「スキールニルの旅」では、豊穣の神フレイが美しい女巨人ゲルズを見初めて恋の病にかかる。召使いのスキールニルは主人から恋の悩みを聞くと、ゲルズのところに旅をして、フレイと結婚するように説得する。「ヒュンドラの歌」29では単に「フレイはゲルズを妻にした」とだけある。スノリの「ギュルヴィ」37では、「ギュミルという男がいた。妻はアウルボザという。この女は山の巨人の出だ。二人の娘はゲルズといい、あらゆる女のうちで最も美しい女だ」と述べている。その後の部分にはフレイが彼女の姿を見て恋の病にかかり、召使いのスキールニルがゲルズのもとに向かうという上述の物語がより詳しく書かれている。もしゲルズがギリシアのガイア†のような大地女神の残存とするならば、フレイとの結婚は、豊穣神と大地女神の聖婚神話の一種とも考えられる。

キーワード: 聖婚
参考文献: 松村他編『神の文化史事典』226頁.

シヴ Sif
名前の意味・神格・属性: sif「仲間」（英語sib, sibling, ドイツ語Sippe）から。トールの妻。

概要:「詩語法」43は「黄金はどうしてシヴの髪と呼ばれるのですか」という問いへの答えとなっている。これによれば、ロキがシヴの髪を刈ってしまったことがあった。これを知ると彼女の夫のトールはロキを捕えて、黒い妖精にシヴの髪を黄金で作らせた。その際小人たちはシヴの髪のほかにスキーズブラズニルという魔法の船とグングニルという槍も作ったとされる。そしてさらに別の小人たちも黄金の剛毛の生えた猪、ドラウプニルという九夜毎に同じ腕輪八つを滴らす黄金の腕輪を、そして最後に槌を造り上げた。これらの魔法の品々のうち、シヴへの黄金の髪と槌はトールに、槍と腕輪はオーディンに、そして船と猪はフレイに与えられた。なお「ギュルヴィ」31によれば、シヴとトールとの間にはウルという息子がいる。

キーワード: 黄金、髪、英雄の妻
参考文献: 松村他編『神の文化史事典』253頁; Lindow, p. 266.
⇒シェヴン

シギュン Sigyn
名前の意味・神格・属性: sigr「勝利」から。この語を含む名前は大変に多い（シグルズ、シグムンド、シグニなど）。悪神ロキの妻。

概要:「ギュルヴィ」33によれば、ロキとの間にナリ別名ナルヴィという息子がいる。また同50では、バルドル殺しの罪でロキが岩に縛り付けられ、上から毒蛇の毒を浴びるという罰を与えられた時には、「彼の横に立って、毒の滴の下に洗桶を支えている。それがいっぱいになると、もって行って、それを捨てる。だが、その間は、ロキの顔に毒が滴るのだ。すると彼は猛烈にもがくので大地が震

シギュン、《ロキとシギュン》M・E・ウィンジ

え。これを、お前たちは地震〔land-skjálfti〕と呼んでいるのだ」と書かれている。「ロキの口論」66 もほぼ同一の文章。また「巫女の予言」35 の「シギュンは夫の身を案じて、そばに坐っている」もこの場面を指していると思われる。
キーワード：悪神の妻、地震
参考文献：松村他編『神の文化史事典』255 頁.

スカジ　Skadi
名前の意味・神格・属性：Skaði は「傷つける者」。skeðja「傷つける」、skaða「傷、怪我」参照。ニョルズの妻。スキーの女神。フレイ、フレイヤ[†]の母か。

概要：「ギュルヴィ」23 によればスカジは巨人スィアチの娘でニョルズの妻。父のスィアチがアース神たちに殺される顛末についてはシヴ[†]の項を参照。ニョルズとの結婚については「詩語法」3 に次のように記されている。「……スカジは……武器を帯びて、父の仇討ちにアースガルズに向かった。アースたちはスカジに和解とつぐないを申し出、まず最初にアースたちの中から、足だけを見て、それ以上他のところは見ずに夫を選ばせた。そこでスカジは一人の男の特別きれいな足を見ていった。『この人を選んだわ。バルドルに醜いところはないでしょう』。ところがそれはノーアトゥーンのニョルズだった。さらにスカジはアースたちができそうにないと思ったこと、つまり彼女を笑わせることを条件に入れていた。そこでロキは一頭の山羊のひげに紐の一方を結び、もう一方の端を自分の陰嚢に結びつけ、相互に引っ張らせた。そこで二人とも大声で悲鳴をあげた。ロキはスカジの膝の中に転がり込み、スカジは笑った。こうしてアースたちとスカジの和解がなったのだ」さらに同 4 では、「オーディンはスカジに対する償いとして、スィアチの眼を取って天に向かって投げ、それから二つの星を作ったと言われている」となっている。

彼女は山奥にある父の館スリュムヘイム（「グリームニルの歌」11 参照）に住みたいと望むが、海神ニョルズは海岸の自らの館ノーアトゥーン（「船の屋敷」＝港。「グリームニルの歌」16 参照）に住みたいと望む。そこで九日はスリュムヘイムに、次の九日はノーアトゥーンに住むという妥協をするが、結局スカジは海の世界に慣れることができず、山の館に住むようになったらしい。ただし離縁したのではないようで、「ロキの口論」の冒頭や 49、51 では妻としてニョルズと一緒にいる。

「ギュルヴィ」23 の続く個所では、「スカジはスキーをよく使い、弓矢を携えて、獣を射たものだ。それでスキーの神とか、スキーの女神とか呼ばれている」とある。アルテミス[†]のような山野の女神、獣の女主人であろうか。「ギュルヴィ」24 の冒頭では「ニョルズは……二人の子供を得た。息子の名はフレイ、娘はフレイヤという」とあるが、母の名前は述べられていない。しかし、直前の 23 末尾では「グリームニルの歌」11 を引用して、「神〔ニョルズ〕の麗しき花嫁／スカジ」と述べているのだから、フレイ、フレイヤの母はスカジなのであろう。

キーワード：巨人の娘、スキー、狩猟、山の女神、動物の女主人
参考文献：松村他編『神の文化史事典』281 頁.

ノルン（ノルニル）　Norn, Nornir
名前の意味・神格・属性：語源不明。ウルズ[†]、ヴェルサンディ、スクルドという三人の運命の女神で、過去・現在・未来を定める。ウルズ「なった」については、同項目を参照のこと。ヴェルサンディ Verðandi は verða「なる」、「起こる」の意。スクルド Skuld は skulu「～なべきだ、～でなければならない」（英語の shall, should と同語源）からで「これから起こる」の意。

概要：「巫女の予言」20 では、宇宙樹のトネリコ、ユグドラシルの「樹の下にある海から三人の物識りの娘たちがやってくる。一人の名はウルズ、もう一人の名はヴェルザンディ——二人は木片に彫った——三人目の名はスグルドという。女たちは、人の子らに運命を定め、人生を取り決め、運命を告げる」とされている。スノリ「ギュルヴィ」15 では、「トネリコの下の泉のそばに美しい館があっ

ノルン、Motif Mythologiques より

て、ウルズ、ヴェルサンディ、スクルド」という「人間の寿命を決める」、「ノルニル（運命の女神）」が住んでいるのが述べられている。ただし、「このほかにまだ多くのノルニルがいて、人が生まれると必ずそこへ寿命を決めに行く。神族もあれば、妖精族も、小人族のものもある」と神以外のノルンもいるという見方が述べられている。また同 37 では戦乙女ヴァルキューレ†との関連で、「（ヴァルキューレの）グズとロタと、スクルドという運命の女神のうちの一番末の者が、絶えず馬にまたがって戦死者を選び、戦いの決着をつける」とされている。運命の女神の一人がヴァルキューレと同様に馬に跨って戦場で戦死者を定めるという伝承は珍しい。

キーワード：運命の女神、トリアッド
参考文献：松村他編『神の文化史事典』394 頁．
⇒モイラ

フリッグ　Frigg
名前の意味・神格・属性：　古英語 frigu「愛」やゴート語 frijōn「愛する」と同語源。オーディンの妻、王妃。
概要：「ギュルヴィ」9 は、「オーディンの妻……フィヨルギュンの娘」で、「彼ら二人から……アース神族……が由来する」と述べる。ゲルマン神界の最高神オーディンの妻であるということは、ギリシアのヘラ†やローマのユノ†に対応する。フィヨルギュンは別名フォロージュン、大地の女神でトールの母でもある（「巫女の予言」56「ギュルヴィ」51）。同 49 では、オーディンとの息子バルドルが悪い夢を見たので、心配したフリッグはあらゆるものに対してバルドルに危害を加えないと誓わせた。安心した神々は気晴らしにバルドルに様々なものを投げて遊んでいた。ロキはそれが気に食わず、女に変装してフリッグを訪ねて、また若木だった寄生木だけには誓わせなかったことを聞き出した。そしてフリッグとロキのもう一人の息子で盲目のヘズに遊びに加わるように誘い、寄生木を投げさせて、バルドルの命を奪う。この事態に、フリッグは「神々の中で……冥府への旅路につき、そこでバルドルを見つけ出して、彼をアースガルズに返してくれるよう、ヘル†に身代金を差し出す者はいないか」と尋ねる。それをオーディンの子ヘルモーズが引き受け、オーディンの愛馬の八本足のスレイプニルに乗って冥界に向かう。しかしまたしてもロキの邪魔のためにバルドルの復活は叶わない（⇒ヘル）。これについて「巫女の予言」33 は、「フリッグはヴァルハラの惨事〔バルドルの死〕に、フェルサリル〔フリッグの宮殿の名〕で慟哭した」と述べている。フリッグはマリア†のような「悲しみの母」（マテル・ドロローサ）である。

「グリームニルの歌」序ではオーディンとフリッグが互いの養子について言い争う。そしてその後、オーディンが自分の養子のゲイルロズの元にグリームニルに変装して訪れ、神々について様々なことを語るという構成になっている。オーディンとフリッグの口論は物語の枠を提供するための方便らしく、両者が対立していたという証拠とみなすことは難しい。「ヴァフズルーズニルの歌」1-4 では、オーディンが物識り巨人のヴァフズルーズニルのところに出かけたいと相談すると、フリッグは、最初は引き留めるが、夫の決意が固いと見ると、励まして送り出している。「ロキの口論」26 では、ロキが「フィヨルギュンの娘で、いつも男狂いだったな。ヴィ

ズリル〔オーディンの別名〕の妻よ。前にヴェーイとヴィリの二人をその胸に抱いたことがあったっけね」と述べている。

フリッグは愛の女神としてローマのウェヌス†と同一視された。このためローマで「ウェヌスの日」であった金曜日はゲルマン世界では「フリッグの日」＝フライデーとなった。
キーワード：最高神の妻、愛の女神、母
参考文献：松村他編『神の文化史事典』453頁．

ブリュンヒルド　Brynhildr
名前の意味・神格・属性：brynja「鎧」＋hildr「戦さ」。英雄シグルズの悲劇の元となるヴァルキューレ†。
概要：「グリープニルの予言」では、訪ねてきたシグルズに対して、予言の力を持つ従兄弟のグリープニルが、ブリュンヒルドという美女が彼に不幸をもたらすだろうと告げる。彼女はブズリの娘で、優れた王で厳しい男ヘイミルが育てている（27）。彼女がシグルズからすべての喜びを奪う（29）シグルズは一晩ギョーキの客となる（31）。グリームヒルド（ギョーキ王の后）の企みで彼女の娘（王女グズルーン）が差し出される（33）。シグルズは王子グンナルと兄弟の契りを結び、グズルーンを妻とすることになる（34）。ギリームヒルドは息子グンナルのためにシグルズにブリュンヒルドに求婚することを頼む（35）。シグルズはグンナルと姿を変える（37）。そしてグンナルとしてブリュンヒルドと婚約する（39）。シグルズとグズルーンそしてグンナルとブリュンヒルドとの婚礼が同時に行われる（43）。ブリュンヒルドは騙されたと知り、復讐の策を巡らす（45）。グンナルとその兄弟たちはシグルズ殺害を図る（50）。グズルーンは悲嘆にくれる（51）。シグルズは彼を待ち受ける運命についての予言を聞くと、「運命には勝てない」と言って、立ち去る（53）。

ブリュンヒルドとシグルズを中心とした悲劇については『ヴォルスンガ・サガ』21-41がもっと詳しい。ヴァルキューレのブリュンヒルドは、オーディンの命令に反した行動をしたため、眠りの茨で刺され、人間と結婚するように申し渡されるが、自分を恐れる者とは結婚しないという誓いを立てる。そして山の上の楯の城で完全武装した姿で眠っていたが、その眠りをシグルズが醒ます。二人は互いに愛を誓い合って別れる。シグルズはライン川の南のギョーキ王の国に到着する。王にはグンナル、ホグニ、グットナムという三人の王子がいた。またグズルーンという王女もいた。王妃のグリームヒルドは魔法を使えた。グリームヒルドはシグルズがグズルーンと結婚してくれたらと願い、シグルズに忘れ薬の飲み物を飲ませた。このためシグルズはブリュンヒルドのことを忘れてしまう。そしてグンナルに頼まれて、グリームヒルドの魔法によってグンナルの姿になって、ブリュンヒルドの住む館を取り巻く焔の壁を飛び越えて、ブリュンヒルドのもとに赴く。そしてグンナルとブリュンヒルドとの婚姻が執り行われ、シグルズも参列するが、宴会が終わると忘れ薬の効力も失われ、シグルズはブリュンヒルドとの約束を思い出す。しかしすでに時遅かった。ブリュンヒルドとグズルーンは一

ブリュンヒルド、アーサー・ラッカム

緒にライン川で水浴をするが、口論になり、グンナルだと思ったのは実はシグルズであったことを知らされる。ブリュンヒルドはシグルズが彼女との誓いを破ったとして、グンナルに対してシグルズを殺すようにと迫る。しかしグンナルとホグニはシグルズと兄弟の誓いを立てていたので、殺害はできない。しかし末弟のグットルムは誓いに加わっていなかったので、グンナルは彼に殺害させることにする。シグルズはグズルーンを抱いて眠っている時にグットルムに剣で刺されて死ぬ。しかしその前に自らの剣グラムを逃げるグットルムに向かって投げ、彼を真ん中で両断する。シグルズが殺されたと聞くと、ブリュンヒルドはグンナルたちを前に剣をわき腹に突き立て自害する。そして自分の亡骸をシグルズのそれと一緒に茶毘に付して欲しいと望み、その通りに実行される。なお、この後の部分ではグンナル、ホグニ、グズルーンの悲劇が語られる。

キーワード：美女、復讐、自殺、自己犠牲
参考文献：松村他編『神の文化史事典』454 頁.
⇒ブリュンヒルデ（オペラ）

フレイヤ　Freya

名前の意味・神格・属性：フレイ「主人」の女性形で「女主人」。フレイの名はギリシア語 kyrios「主、主人」と同語源。恋愛の女神。

概要：「ギュルヴィ」24 は、彼女がヴァン神族ニョルズの娘でフレイが双子の兄と述べる。さらに、「フレイヤはアース女神の中で最も有名だ。この女神は天にフォールヴァングという住居を持っている。どこへでも戦に出かける時は、戦死者の半分は女神のものとなり」とか、「女神は出かける時には、二匹のネコをつれて車にのる。……女神は恋歌をとても愛好される。だから、恋愛問題を祈願するにはうってつけの方なのだ」とも述べられている。また同 35 も、「フレイヤはフリッグ[†]と並ぶ最も優れた女神で、オーズという男の妻になったが、二人の間に生まれた娘がフノスだ。……オーズは長の旅路に出た。フレイヤは慕って泣いた。その女神の涙が赤い黄金なのだ。フレイヤはたくさんの名前を

フレイヤ、*Motif Mythologiques* より

持っている。それはオーズを探すために、よその国の人々のところを巡った時、様々の名を名乗ったからなのだ」と述べている。姿を消した愛しい者を探す姿は、デメテル[†]やs[†]と共通する。戦死者の半分はフレイヤのものとなるという記述は「グリームニルの歌」14 にも見られるが、恋愛の女神という性格とはそぐわないし、それに対応する神話も見当たらない。女神の本質を規定するような記述とは言えないだろう。

「ロキの口論」ではロキがフレイヤに対して、「ここにいるアース神や妖精はみなお前の情人だったじゃないか」(30) とか、「魔女だ、お前は。けしからぬことばかりしおって。お前の兄といるところをやさしい神々がふみ込んだ時にゃ、フレイヤ、お前は臭いやつを一発放ちやがって」と誹謗している。「スリュムの歌」3 ではロキがフレイヤから羽衣を借りている（⇒イズン）。そして「ヒュンドラの歌」47 では、女巨人ヒュンドラが訪ねてきたフレイヤに対して、次のように罵倒を行っている。「いつも情欲を燃やしてオーズを追っかけたけど、たくさんの者があんたの前掛けの下に潜り込んだものね。ちょうど山羊が雌山羊と一緒に走るみたいに、気高いあんたは、夜の夜中に外を跳ね回るのさ」(47)。これは上記のロキの誹謗と類似の内容であり、フレイヤが性愛や豊穣の女神であったことを示すだろう。

キーワード：愛、夫婦（夫を探す女神）
参考文献：松村他編『神の文化史事典』457 頁.
⇒アプロディテ、イナンナ／イシュタル、ウェ

ヌス、シュリー

ベストラ　Bestla
名前の意味・神格・属性：オーディンの母の女巨人。
概要：最初の人間ブーリに生まれた息子がボルだが、そのボルの妻となるのがベストラで、スノリ「ギュルヴィ」6には「ボルは巨人ボルソルンの娘ベストラを妻に娶り、二人の間に三人の男子が生まれた。一人がオーディン、もう一人がヴィリ、三人目がヴェーだ」とある。また「オーディンの箴言」140ではオーディンが、「ベストラの父、ベルソルの音に高い息子たちから、わしは九つの魔法の歌を習い、そしてオーズレルの宝の蜜酒を一飲みした」と述べている。これによれば、オーディンの母方は巨人族ということになろう。
キーワード：最高神の妻
参考文献：Lindow, p.77.
⇒アディティ、アナ、レア

ヘル　Hel
名前の意味・神格・属性：「隠すもの」の意で、「冥府」の擬人化。英語 hell、ドイツ語 Hölle と同じ。
概要：「ギュルヴィ」34によれば、悪神ロキは女巨人アングルボザ†との間に三人の子供を儲けた。第一がフェンリル狼、第二がヨルムンガンド（ミズガルズの蛇）、そして第三がヘルである。同49によれば、ロキのためにオーディンの子バルドルが命を落とした時、オーディンのもう一人の子ヘルモーズがヘルのもとを訪れて、バルドルを返してくれるように懇願した。するとヘルは言った、「バルドルが噂どおり、皆に愛されているか、調べてみなければならぬ。そして『もし世界中のものが、生きているものも、死んでいるものも、彼のために泣くなら、彼をアース神のもとに戻そう……』」。しかしこの条件もまたロキの策略のために失敗に終わり、バルドルの復活は叶わなかった。
　冥界の支配者は男神の場合（インドのヤマ）、男女の神の場合（ギリシアのハデスとペルセポネ†）、女神の場合（メソポタミアの

ヘル、*Motif Mythologiques* より

エレシュキガル†、イザナミ†、ヒネ†、ヘル）と様々にイメージされている。ギリシア神話でオデュッセウスが漂着するオギュギア島のニンフのカリュプソ†も「隠す者」という意味の名前で、死の女神と考えられている。
キーワード：冥界（の女王）、死の女神
参考文献：松村他編『神の文化史事典』479頁.

ヨルズ　Jörd
名前の意味・神格・属性：「大地」（英語のearth、ドイツ語のErdeと同語源）の意。大地の女神。
概要：「ギュルヴィ」9は、「ヨルズは彼〔オーディン〕の娘で同時に妻であり、彼女からオーディンは最初の息子を作った。それがアーサソール〔トール〕だ」と述べる。普通はオーディンの妻はフリッグ†とされるし、娘で同時に妻とか、最初の子がトールだというのも普通にはない伝承形である。
キーワード：大地女神
参考文献：Lindow, pp. 205-206.
⇒ガイア

ラーン　Rán
名前の意味・神格・属性：海の女神。海神エーギルの妻。
概要：「ヒョルヴァルズの子ヘルギの歌」18でも「レギンの歌」冒頭でも名前だけ。しか

し、スノリ「詩語法」83（33）では、エーギル（フレール）が詩で「海」はどのように言い換えるのかと問うと、詩人ブラギは多くの表現を挙げるが、その中には「ラーンの夫」、「ラーンの国」という言い方が見られる。また、同88では、「白きラーンの口（海の深み）」という表現も見られる。同290には「ラーンの道」という海の別名が挙げられ、ついで、「エーギルとラーンの娘は九人いて（中略）ヒミングレーヴァ、ドゥーヴァ、ブロ－ズグハッダ、ヘヴリング、ウズ、フロン、ビュルギャ、ドゥロヴン、コールガ」とされている。これらの娘は波の表現である。ギリシア神話のニンフ[†]やネレイデス[†]（ネレイスたち）のように、海の自然の化身として数多く存在することの方が多い。ポセイドンの后で海の女王と称されているアムピトリテ[†]もネレイスである。単体の海の女神は日本神話のトヨタマビメ[†]もそうだがあまり多くない。そして普通は異界の女性として地上の王者と交わり、子孫を残すというパターンが多い。

キーワード：海の女神
参考文献：Lindow, pp. 258-9.

ロヴン　Lofn

名前の意味・神格・属性：縁結びの女神。
概要：スノリ「ギュルヴィ」35の女神のリストで八番目に名前が挙げられ、「祈願に対して優しく親切なので、男女を、たとえ以前は禁じられたり、拒絶されたりしていても、結びつける許可を、万物の父（オーディン）か（その妻の）フリッグ[†]にもらっているほど」とされ、「それゆえこの女神にちなんでロヴ（許可）とそれは呼ばれ」と説明されている。この女神は最高神オーディンとその妻のフリッグに気に入られているので、周囲に結婚を反対されている男女がこの女神に願うと結婚の許可が下りるということらしい。

キーワード：結婚、縁結び
参考文献：Lindow, p. 213.

ゲルマン小女神群の事典

「ギュルヴィ」35 には女神のリストがあり、十四の女神が挙げられている。その中には筆頭のフリッグ†、四番目のゲヴィウン†、六番目のフレイヤ†、八番目のロヴン†、⑨番目のヴァール†のように独立した項目を立てた女神もあるが、それ以外の小女神についてはここに一括して挙げられている順に述べておく(②サーガ†、③エイル†、⑤フッラ†、⑦シェヴン†、⑩ヴェル†、⑪スュン、⑫フリーン、⑬スノトラ†、⑭グナー†)。このほか、古英語詩『ベーオウルフ』に登場する怪物グレンデルの母についても項目を設けた。

ヴェル　Vär
名前の意味・神格・属性：varr「気付く」、「注意深い」(英語 aware と同根)。気付く女神。
概要：「賢明で何一つ隠せないほど詮索好きだ。女があることを知るとき、ヴェルになるという言い廻しがある」とある。スノリ以外では知られていない女神。
キーワード：詮索、察知
参考文献：Lindow, p.319.

エイル　Eir
名前の意味・神格・属性：eir は「平和」。医療の女神。
概要：「すぐれた医者」とある。神話はない。名前だけの存在か。
キーワード：医術、医師
参考文献：Lindow, p.105.

グナー　Gná
名前の意味・神格・属性：以下のスノリ説では gnæfa「飛び出す」から。フリッグ†に仕える騎馬で世界を駈ける使者の女神。
概要：「フリッグによって様々な世界に使者にやられる。グナーは空も海も駈けるホーヴァルプニルという馬をもっている……高く駈ける者がグネーヴァルと呼ばれるのはグナーの名にちなんでいわれるのだ」とある。
キーワード：使者、メッセンジャー
参考文献：Lindow, p.146-7.
⇒ヴァルキューレ

グリーズル　Gríð
名前の意味・神格・属性：gríð「過度の情熱」から。女巨人、トールの援助者、オーディンの愛人でヴィーザルの母。
概要：「詩語法」26 によれば(「ギュルヴィ」には登場しない)、トールとロキは巨人ゲイルロズを訪れる旅の途中にグリーズルのところに泊めてもらう。ロキの失敗のためにトールは巨人に立ち向かうのに武器のミョルニルも力帯も鉄の手袋も持っていなかった。そこで女巨人は自分の力帯と鉄の手袋とグリーズルの棒という杖をトールに貸してやった。それらのおかげでトールは巨人を退治することができた。
キーワード：英雄の援助者
参考文献：松村他編『神の文化史事典』210頁；Lindow, p.149.
⇒アテナ

グレンデルの母　Grendel's mother
名前の意味・神格・属性：原語では Grendies mōðor.
概要：古英語詩『ベーオウルフ』(700-1000？年) 第 19 節に登場するグレンデルの母の女怪。デーン人の王フロースガールが建てた王宮に巨人グレンデルが現れて戦士たちを殺す。その怪物のことをスウェーデン南部のイェーアト族の勇士ベーオウルフが聞き、従士と共に王宮に赴き、襲ってきたグレンデルの片腕をもぎ取る。その復讐にグレンデルの母が現れ、殺害を行ったので、ベーオウルフは住処である荒れ地の沼に潜り、水底の洞窟で格闘となる。ベーオウルフは彼女を退治し、そこですでに死んでいたグレンデルの首を持って無事帰還する。
キーワード：怪物の母、怪物
参考文献：松村他編『神の文化史事典』216頁.
⇒ティアマト

サーガ　Sága
名前の意味・神格・属性：sjá「見る」から。巫女か。
概要：「セックヴァベック（Søkkvabekk）に住んでいる」とだけある。この館については「グリームニルの歌」7 に「冷たい波がその上に立ち騒ぐ第四の館はセックヴァベックといい、そこでオーディンとサーガが毎日楽しく黄金の杯から酒をくむ」とあり、サーガはオーディンの妻フリッグ[†]の別名かも知れない。
参考文献：Lindow, p.264-5.

シェヴン　Sjöfn
名前の意味・神格・属性：sefi「心、愛情」（アングロサクソン語 sibb「愛情、友情、平和、幸福」）、sif（単数）sifjar（複数）「（結婚による）親族関係」などと関連する名前。愛の女神。
概要：「男女の心を愛に向けることに大変気を配っている。その名にちなんで恋愛はシアヴニ（sjafni）と呼ばれている」とある。
キーワード：愛の女神、（愛の）誓い、復讐
参考文献：Lindow, p.268, 312.
⇒アプロディテ、シヴ、テミス

スノトラ　Snotra
名前の意味・神格・属性：snotr（アングロサクソン語 snotor）「賢い」の意。賢明なる女神。
概要：「賢明で立ち振る舞いが上品……彼女にちなんで節度のある男女のことをスノトルという」とある。
キーワード：知恵
参考文献：Lindow, p.278.
⇒アテナ

スュン　Syn
名前の意味・神格・属性：syn「否定、抗議」から（アングロサクソン語 synn「損傷、敵意、復讐、罪、犯罪」）。裁きの場面で援助する女神。
概要：「館の扉の番をしていて、入ってはならぬ者に扉を閉ざす。そして民会において論駁しようとする訴訟について異議を唱えるために出席する。そのため人が否認する時、スュンが置かれる（否認する）という言い廻しができた」とある。
キーワード：否認
参考文献：Lindow, p.284.
⇒テミス

ディース　Dís（単数形）Dísir（複数形）
名前の意味・神格・属性：dís「姉妹、少女」。
概要：「レギンの歌」24 ではフニカル（オーディンの別名）が、「もしお前がいざ戦さという時につまずいたら、それはよい前兆ではない。奸智に長けたディースたちがお前の両脇にいて、お前が傷つくのを見たがっているのだ」と述べている。戦さや死に関わる運命の女神的存在と思われ、ノルン（ノルニル）[†]やヴァルキューレ[†]と複合している。
参考文献：Lindow, p.95-6.

ナンナ　Nanna
名前の意味・神格・属性：nenna「戦う」からか。ゲルマン系の名前には後半に -nand「戦う者」が付く例が多い。バルドルの妻。
概要：「ギュルヴィ」32 はバルドルとの間に息子フォルセティを儲けたと述べる。同 49 は、バルドルが殺されてその葬儀が行われる場面を次のように述べている。「バルドルの死体は船に運ばれた。彼の妻、ネブの娘ナンナがこれを見ると、悲しみのあまり心臓が張り裂けて死んだ。ナンナは火葬薪の上に運ばれ、荼毘にふされた」。
　デンマークの歴史家サクソ・グラマティクス（1150 年頃-1220 年）は北欧神話を基にした歴史書『デンマーク人の事績（ゲスタ・ダノールム）』をラテン語で書いたが、その第三書では、ナンナは半神バルデルに見初められ、求婚されるが、彼女自身はホテルに好意を感じている。ホテルはバルデルと戦って勝利し、ナンナを妻にする。その後ホテルとバルデルは何度も戦いを繰り返すが、最後にはホテルがバルデルを殺害する。しかし奇妙なことに両者の争いの原因であったナンナは途中からまったく登場しなくなる。
キーワード：愛の死
参考文献：Lindow, p.236.

⇒ジュリエット

フッラ　Fulla
名前の意味・神格・属性： full「満ちた、十分な」から。豊穣と関係か。フジックの侍女。
概要：「乙女神……フリッグ[†]の長持をさげ、フリッグの靴の世話をし、その秘密にあずかっている」。また「グリームニルの歌」序では「フリッグは召使のフッラをゲイルロズのところにやった」とある。
キーワード： 豊穣女神、侍女
参考文献： Lindow, p.132.

リンド　Rind
名前の意味・神格・属性： オーディンの愛人
概要：「ギュルヴィ」30 にはオーディンとの間にアーリ（またはヴァーリ）という名射手の神を儲けたとある。また「バルドルの夢」11 には「リンドが西の広間でヴァーリを生み、このオーディンの子が一夜にして戦うことになるでしょう」とある。

　デンマークの歴史家サクソ・グラマティクス（1150 年頃-1220 年）は北欧神話を基にした歴史書『デンマーク人の事績（ゲスタ・ダノールム）』をラテン語で書いたが、その第三書では、オーディンが殺された息子バルデル（バルドル）の敵討ちのために新たな息子を儲けようとし、予言に従ってロシア王の娘リンダに求婚するが、何度も断られ、様々に変装し、さらには強姦までして、最後にようやく息子ボウを得る。そしてこのボウがバルデルを殺したホテルを殺して復讐を果す。筋書に一部変更はあるが、神話が歴史化された例として興味深い。
キーワード： 愛人（英雄を儲ける）
参考文献： Lindow, p.262-263.

概説

シベリアとアイヌの女神

荻原眞子

概説

【シベリアとは】

ユーラシア大陸の中でシベリアが占める位置はウラル山脈から東、太平洋沿岸まで、南はモンゴル・中央アジア（中央ユーラシア）、北は北極海沿岸までである。ここでは、シベリアの諸民族文化を横断的に眺め、古い時代から継承されてきた神話的観念に照準を合わせて女神の姿を追い求めてみよう。特に、シベリア諸民族の神話の土壌には人々の自然界での営みがあったことに焦点を当てることにしよう。全般的に共通する特徴には、自然諸現象を女性とみる観念、自然界の諸現象を掌握して人間に対して影響力を持つ女主の観念、動物の女主・女神と人との個別の関わりを語る「人と動物の婚姻譚」、大母神・出産と子供の守護神、火の女神がある。さらに、必ずしも全体的に共通した特徴ではないが、天界から降下した女神、創造に与った女神もシベリアの諸処に認められる。

【神話・口承文芸】

シベリアの先住民に伝えられてきた豊富な口承文芸の中に、「神話」という学術用語に対応する分類概念を見出すことはできない。一般には二つの分類があるようで、それは「謡う」と「語る」という口演の仕方に基づいているように思われる。例をあげれば、アイヌではそれぞれ yukar/uwepeker、ナーナイでは ninguman/telung、モンゴルでは tuuli/uliger である。そして、学術的な「神話」に該当するような叙事詩は前者の「謡う」分類に入っており、これにはしばしば英雄叙事詩も含まれている。とはいえ、「神話」に相当するような内容やテーマの話は、しばしば「語る」分類にもあり、この二つの分類は截然としている訳ではない。ケートの例では、至高神エシが吹雪をおこし、そのために親の言を無視して防寒着を身につけずに出かけた息子が死んでしまう。それに憤慨し嘆き悲しんだ妻は夫のもとを去って、地上の神となる。主人公が至高神とその妻ではなく、お爺さんとお婆さんにとって代わると、この神話は昔話となり、そのような形でケートに膾炙している。

【男神と女神】

シベリアの口承文芸の中の神話的な話の中で、神が男性であるのか女性であるかについてみると、一般的には、至高神はしばしば天、空と同一視され、男性神である。南シベリアのテュルク語諸族では創造神はウリゲン、エルリクの兄弟神、エヴェンキの場合には兄弟神であり、また、天神が単独である場合もある。サハの場合には至高神・天神に大勢の息子や娘がいるが、神話の中ではその役割は必ずしも明らかでないように思われる。北東シベリアのコリャク、チュクチなどでは、至高神、創造神がクイキニャーク、クルキルなどの名で呼ばれているが、これはしばしば「大ワタリガラス」でもあり、そこに女神が登場することはない。ただ、イテリメンでは至高神クトフが妹神と共に水界に降下して、大地を創造するが、その役割はそれだけに留まり、地上世界の創造は息子によってなされる。

パンテオンの中で至高神と供伴する女神が

多少とも明らかに認められるのは西シベリアにおいてである。ケートでは至高神エシは雷神であり、また人間の望みを叶える神でもあるが、その妻はカレシ（Kales'）である。しかしながら、その性格は必ずしも明確ではない。夫婦神としてはエネツの至高神ンガ Nga とヂヤ・メニュウ D'ya-menyu'u（Dya-menyuo）があるが、この女神は地上にあって出産や子供の守護に当たり、天には時折（虹が出る時に）帰る。ネネツにおいても至高神ヌムの妻はヤ・ネビャ ya-nebya（母・大地）で、あらゆる生き物の守護者であり、ヂヤ・メニュウと同様、特に女性の出産に関わる善良な女神である［Топоров 1969:126-147］。

このようにケートやサモディ語グループのネネツ、エネツでは至高神の配偶神は大地母神として、出産や子供の成長を守護するが、このような役割を持つ女神はシベリアの他の地域にも広く認められる。代表的な女神はウマイ[†]であるが、このウマイは起源的には至高神や男性神とは縁がなく、また、パンテオンの中には位置付けられることもなく、人々の生活の中に深く根を下ろし信仰されてきた。この出産と子供の守護女神を含め、シベリアおよびアイヌの女神として全般的に共通する特徴には、自然現象を女性とみる観念、自然界の諸現象を掌握して人間に対して影響力を持つ主(ﾇｼ)の観念（この観念を背景とする「人と動物の婚姻譚」は盛んにある）、火の女神などがある。さらに必ずしも全体的に共通する特徴ではないが、天界から降下した女神、創造に与った女神もシベリアの諸処に認められる。

【アイヌの神話、男神と女神】
このシベリアの中でアイヌの神話・口承文芸をとりあげる理由は、その比較検討の可能性を北方に求めたいがためである。かつてアイヌの生活文化はサハリンやアムール川流域の諸民族と同様に自然環境に大きく依存しながら、豊かな口承文芸の伝統を保持しつづけていた。神話に相当する伝承はシベリアの諸民族の場合と同様、「謡う」ことを特徴とする領域ユカラに属しているといってよい。

これには動物などのカムイが自叙する神謡と文化英雄アイヌラックル（アエオイナカムイなどいくつか異名がある）が主人公となる聖伝と呼ばれるユカラがある。地上世界の創造神はコタンカラカムイ（国造神）とその妻もしくは姉妹であるが、その伝承はユカラではなく、昔話や伝説に留められている。女神として特筆に値するのは、このコタンカラカムイの妻とアイヌラックルの一伝に語られる女神である。前者は創造を終えた時にコタンカラカムイと共に天へ去っていくが、その前後に唾や洟が白鳥や葦、萩になり、肌身につけていたものが海に落ちて亀や蛸になったという。また、アイヌラックルと共に天界から降下した天女は、アイヌの女性がなすべき刺繍などの針仕事や首飾りなどを携えてきたことになっている。神格的な女神は必ずしもはっきりしないが、自然界のもろもろの現象を女性とみる観念はアイヌの口承文芸では大きな特徴となっている。

I　自然現象の女性性
アイヌの民族文化では自然界の万物は一般的にカムイ（kamuy/kamui）とみなされ、世界はカムイと人間・アイヌ（ainu）によって成り立ち、両者の相互依存の絶妙なバランスのうえにある。アイヌの口承文芸の中で神話的な内容を持っているのは主として神謡（カムイユカラ）と文化英雄の所業をテーマとする聖伝（オイナ）であるが、部分的には英雄叙事詩（ユカラ）にも織り込まれている。神謡とは文化英雄や人間が主体となる叙事詩ではなく、自然の諸々の存在、すなわち、地上の多くの生き物が「わたしは……」と一人称形式で身の上に起こった出来事や経験を、「サケヘ」という繰り返しの句を交えて謡う短い形式の叙事詩である。この類の説話はヴァリエーションに富んでおり、様々な生き物や自然現象が「女神」として登場する。例えば、男性神の妻や妹（熊神、天神である狼神の妻、村主の梟神の妹など）、川鴉、蜘蛛の女神、さらには胡桃や栗の老木、古船などが女神として擬人化される。自然現象の中では、蒼天を領するカムイ、森や樹のカムイ、水、

風などが女神として語られるが、カムイという語には女神の意味はないため、女神であることは説話の中で明らかになる。女神と考えられているのは、水の神ワッカウシカムイ Wakka-ush kamui/ペトルウシマッ petorush-mat（mat＝女）、狩猟神ハシナウ・コル・カムイ、それと火のカムイである。

　自然現象に女性性を付与するというアイヌの叙事詩における観念との関連で興味深いのは、アイヌから遠く離れたユーラシアの西端、スカンジナビア半島のフィンランドの『カレワラ』に様々な自然現象が接尾辞「〜タル(-tar)」を伴って、女神とみられていることである。『カレワラ』の中に明確な役割機能を持った神として語られている女神は少ない。ところが、呪文などでは「〜タル」が付された次のような女神がみられる。エテラタル＝南風の女神、クータル＝Kuutar 月の娘、スウエタル＝夏の女神、タムマタル＝樹の女神、テルヘネタル＝Terhenetar 雲（霧）の女神、トゥオメタル＝エゾウワミズの女神、パイワタル＝Paivatar 太陽の女（一説に夏の女神とも言われる）、ピヒラヤタル＝ナナカマドの樹の精などである。

II　自然界・動物の女主人

　ユーラシアの諸民族に一般的な自然観・世界観に主がある。それは自然界のあらゆる現象、すなわち、自然の景観である山野、河川や湖水、海や大洋の諸処に所在するとみる考えかたである。例えば、川漁に際してはそこの主になにがしかの贈り物（煙草や食べものなど）を水に投じて、川が穏やかで、漁の獲物に恵まれるよう唱えごとをした。そればかりでなく、西シベリアのケートが、春先なによりも待ち望んでいたのは、川の氷が動いて、割れ目ができる最初の時であった。その時には水の中の「川の母」へ贈り物（ビーズや雷管）を投げ入れ、煙草やパンをご馳走して、早く氷がなくなって、自分たちが孤立した冬のキャンプから出られるよう祈願した。山野では野営の天幕や小屋でその地の主に獲物の下賜を願い、村から持参した贈り物を供した。地の主は特定の存在ではなく、猟師は行く先々でその地の主にいわば仁義をきることになる。それは不可視で形を持たない存在である。主が具体的な形象を持って登場するのは昔話や神話においてである。すなわち、話では山野や海で狩人や漁師たちが出会うのは白髪の老人や様々な動物（トラやクマ、アザラシなどの大型の動物ばかりでなく、リスなどの小動物の場合もある）であるが、それがしばしば自然界の主、動物の女主人として人間に関わりあう。そのようなテーマを持つ話はシベリアばかりでなく北半球の諸民族の社会ではかなり広範囲に認められる。

　自然界の主・動物が一般的に人々と関わる一方、それが特定の人間と深い関係を持つ説話がユーラシアには広く認められる。この動物と人間との婚姻をテーマとする「人と動物の婚姻譚」はシベリアに広範に及んでいる。この主の説話では、当然のことながら、一つは人間の漁師や狩人（男性）と動物の女主人との婚姻、もう一つは人間の女性と動物の主（男性）との婚姻という場合がある。動物の女主人がその恩寵を人間・猟師に授けるのはもちろん前者の場合であり、そこでは動物の女主人は女神であると言えよう。ただ、この女神たちは様々な姿をとって現れる。ある場合には小さなリス（ケート）やイタチ（ニヴフ）として心ある狩人の前に現れて豊富な獲物を得させる。また、狩場の小屋へやってきて男のために食事の世話をする山の女が実は雌グマであるという話もある（アイヌ、ニヴフなど）。また、真夜中にタイガ（森）の中で女の声が男に獲物の所在を教えてオオジカを獲らせ、漁の仕方を指南し、やがて声の主の女が小屋に現れるという話がある（オロチ）。さらには、カイグーシ（ケート）、カルガマダ（ネギダル）など動物の女主が狩人の前に福娘として顕現する場合がある。

III　大地母神・出産と子供の守護神

　シベリアばかりでなく、ユーラシアの広範な地域には、地上の人間生活により積極的、具体的に関わりのある大地の女神が認められる。それは神話の世界だけに留まらず、人々の信仰や習俗の中で重要な位置を占め、地上

のあらゆる生命の守護に与っている。なかんずく、この大地の女神が共通して持っているのは子供の出産、誕生と成長に与り、守護する大母神としての役割である。それは南シベリアではウマイ、ジアイイク、西シベリアではカルタシュやプホス、東シベリアのサハではアイシット、アムールランドのトゥングース語系諸族ではサグジ・ママ†、オムスン・ママ†などとして知られ、今日もなお根強く人々の生活に関わっている。

Ⅳ 火の女神

人間の日常的な生活の中で最大の関心事が子供と家族の命を維持することにあるのは、人類史を通じて地上のあらゆる社会に普遍的なことであった。人間の生活の中で火は最も重要不可欠の文化であり、シベリア諸民族ではしばしば火の神は年寄りの女神である。しかしながら、ヤクートやブリヤートでは男性神とされ、また、火の神と家の神とが夫婦であるという場合もある（例：アイヌ）。今日の社会では火を得ることはいたって容易なことであるが、シベリアの酷寒の地で火がなくなることは死を意味したことを考えるなら、火を保持しつづけ、火種を絶やさずにいることがどれほど大事なことであったかは想像に難くない。火と火の神は家族生活の中心にあり、それは立ち上る炎によって人々の願望を天界の神々に伝える仲介者の役割を果たしていた。火の女神の名は一般に「火の竈(おうな)」とか「火の母」などの語で表現されているのが特徴的である。ただ、南シベリアのテュルク語系諸族では火の神についての記述はあまり明らかでない。火や炉の神は男性神のようであるが、一方、例えば、ハカスではシャマンが子供に恵まれない女性のために子供の霊魂を求めて山へ赴くという儀礼 Ymaj tartar（＝ウマイを引寄せる）の際に、火の主に向かって「火の主 Ot iddze とウマイ主 Ymaj iddze とは姉妹である」と告げる。また、アルタイ・キジでは各家（ユルタ）には炉の主がおり、この女神と天の女神ジアイイク D'aiyk と扉の女神の三者は人間を悪霊から護ってくれるが、人間からは敬意と供物を求めるという。

Ⅴ 天界から降下した女神

シベリアの女神にはいくつもの異なる由来が想定される。概して、シベリア諸民族の女神には大地とそこの人間と生き物の生命、生活に深く関わっていることが大きな特徴である。このような女神の素性は必ずしも定かでない。それに対して、神話の中には、女神が元来天にあり、天神や至高神と夫婦もしくは至高神の娘であったが、何かの事情で地上に降下して、大地の守護神や悪神になったという話がある。

Ⅵ 水の母・創造の女神

動物の女主人、出産と子供の守護神とは別にシベリアの諸処には特異な女神が認められる。このような女神は個別的で、シベリアの諸民族の神話・伝承を通じて共通性を見出すことは今のところ難しい。そのような女神として原初の世界や人間と生き物の創造主を挙げることができる。また、ブリヤートでは天の川は天の女神の胸からほとばしった乳であるとされている。

【参考文献】

荻原眞子「アムール川地域の神話世界」，君島久子編『日本民間伝承の源流——日本基層文化の探究』小学館，1989年，211-244頁

荻原眞子「北東シベリアにおける〈結婚したがらない娘〉の伝承」，岡田宏明編『環極北文化の比較研究』北海道大学文学部，1993年

荻原眞子「オイナの神話——巫者論に寄せて」，北方言語研究者協議会編『アイヌ語の集い』北海道出版企画センター，1994年，49-72頁

荻原眞子『東北アジアの神話・伝説』東方書店，1995年

荻原眞子「『人と動物の婚姻譚』の背景と変容——ユーラシア東端地域の場合について」，松原孝俊／松村一男編『比較神話学の展望』青土社，1995年，139-156頁

荻原眞子『北方諸民族の世界観——アイヌとアムール・サハリン地域の神話・伝承』

荻原眞子「アイヌの神話」, 大林太良／吉田敦彦／青木周平編『日本神話事典』1997年, 大和書房, 377-387頁

荻原眞子「乙女と水の主：水神への犠牲」, 篠田知和基編『神話・象徴・図像Ⅰ』楽瑯書院, 2011年, 147-156頁

荻原眞子「狩人と『女神』——伝承のなかの自然界の主」, 篠田知和基編『愛の神話学』楽瑯書院, 2011年, 395-407頁

荻原眞子「フィンランド叙事詩『カレワラ』を読む—文学作品としての叙事詩」, 『千葉大学　ユーラシア言語文化論集』13号, 2011年, 21-38頁

荻原眞子「ユーラシアのウマイ女神——後期旧石器時代の洞窟絵画によせて」, 吉田敦彦／松村一男編著『アジア女神大全』青土社, 2011年, 571-591頁

荻原眞子「ユーラシア口承文芸の二つの様態」, 『千葉大学　ユーラシア言語文化論集』15号, 2013年, 1-9頁

金成まつ, 金田一京助『アイヌ叙事詩ユーカラ集』Ⅰ-Ⅶ, 三省堂, 1959-1966（再1976）年

金田一京助『アイヌ叙事詩　ユーカラの研究』東洋文庫, 1931（1967）年

金田一京助『アイヌ叙事詩　ユーカラ概説』青磁社, 1942年

久保寺逸彦『アイヌ叙事詩　神謡・聖伝の研究』岩波書店, 1977年

斎藤君子編訳『シベリア民話集』岩波文庫, 1988年

更科源蔵編『アイヌ民話集』北書房, 1970（1963）年

更科源蔵編『アイヌ伝説集』北書房, 1971年

更科源蔵編『アイヌの神話』（『アイヌ関係著作集　Ⅲ』）, みやま書房, 1981年

知里真志保『知里真志保著作集1、2』平凡社, 1973年

知里真志保『分類アイヌ語辞典　人間編』『知里真志保著作集　別巻Ⅱ』平凡社, 1975年

知里幸恵編訳『アイヌ神謡集』岩波書店, 1978年

ハルヴァ, ウノ『シャマニズム　アルタイ系諸民族の世界像』田中克彦訳, 三省堂, 1971年

Алексеев, Н.А., *Якутские мифы*. Новосибирск, 2004

Алексеев, Н.А., *Шаманизм тюркоязычных народов Сибири*, Новосибирск, 1984

Березницкий, С.В., *Мифология и верования орочей (Серия «Фольклор народов Маньчжурии» Выпуск 2)*, Санкт-Петербург, 1999

Березницкий, С.В., *Этнические компоненты верований и ритуалов коренных народов Амуро-Сахалинского региона*, Владивосток, 2003

Василевич, Г. М., *Материалы по эвенкийскому(тунгусскому) фольклору*, Л., 1936

Василевич, Г. М., *Исторический фольклор эвенков. Сказания и предания*, М-Л, 1966

Василевич, Г. М., *Эвенки (Историко-этнографические очерки XVIII- начало XX в.)*, Москва, 1969

Горбавева, В.В., *Обряды и праздники коряков*, Санкт-Петербург, 2004

Гурвич, И.С., *Культура северных якутов-оленеводов*, Москва, 1977

Долгих, Б.О., *Мифологические сказки и исторические предания энцев*, ТИЭ новая серия, том LXVI, Москва, 1961

Иванов Вяч. Вс., Топоров В.Н., Комментарий к описанию кетской мифологии. Кетский сборник. Москва, 1969:pp.148-166

Иванов, С. В., *Материалы по изобразительному искусству народов Сибири XIX - начала XX в*, М.-Л., 1954

Кызласов, И.Л., Изображение тенгри и умай на сулекской писанице. Этнографическое обозрение. №4, 1998: 39-53

Куприянова, З.Н., *Эпические песни ненцев*, Москва, 1965

Laufer, B., Preliminary Notes on Explorations among the Amoor Tribes, *American Anthropologist.* Vol.2, 1900

Lopatin, I.A., Tales from the Amur Valley, *The Journal of American Folk-lore*, Vol.46. No.181, 1933

Меновщиков, Г.А., *Сказки и мифы народов Чукотки и Камчатки.* Москва, 1974

МНМ (Токарев С. А.), *Мифы народов мира* т. 1, т. 2, Новосибирск, 1980, 1992

МС (Мелетинский Е.М.), *Мифологический словарь*, Москва, 1990

Островский, А.Б., *Мифология и верования нивхов*, Санкт-Петербург, 1997

Потапов, Л.П., Умай–божесвтво древних тюрков в свете этнографических данных, *Тюркологический сборник1972*, Москва, 1973:pp.265-286

Потапов, Л.П., *Алтайский шаманизм*, Ленинград, 1991

Сагалаев, А. М., *Алтай в зеркале мифа*, Новосибирск, 1992

Сагалаев, А. М., Птица, дающая жизнь (из тюрко-угорских мифологических параллелей), *Мировоззрение финно-угорских народов*, Новосибирск, 1990

Серошевский, В.Л., *Якуты (опыт этнографического исследования)*, С.-Петербург, 1896(1994)

Топоров, В . Н „О типологическом подобии мифологических структур у кетов и соседних с ними народов, *Кетский сборник.*, Москва, 1969:126-147

Цинциус, В.И., *Сравнительный словарь тунгусо-манчьжурских языков*. 1.2, Ленинград, 1977

シベリアの女神の事典

アィシート Ajysyt （サハ＝ヤクート）
名前の意味・神格・属性：「女神」の意。豊穣の女神。
概要：東シベリアのレナ川流域はヤクーチア、すなわち、ヤクート＝サハの国であるが、この民族の言語ヤクート語は系統上テュルク語に属す。この民族は原郷地南シベリアから13世紀ごろに北上して今日の住地に定着したと考えられている。南シベリアや中央ユーラシアのテュルク語系諸族ではウマイ信仰やウマイ女神は広範に及んでいるが、サハではこのウマイ女神の名称は明らかではない。それに共通する特徴を持っているのはアィシートという豊穣神である。この女神は天界ではなく大地に近いところの東におり、夏に太陽が昇るところには人間のアィシート、冬に太陽が昇るところには馬のアィシート、地下には牛のアィシートがいる。

アィシートには「陽気な笑い」を願い、新生児が生きて、その子供が「自分で座れるようになり、幸せに成長するように」と祈る。かつて裕福なヤクートでは妊娠中にアィシートに家畜を捧げた。家畜を屠るのは出産の折で、その時には女神が「無垢の少年と少女、草や樹、大地の精霊たちを引き連れて」産婦の枕もとにやってきた。赤ん坊か産婦が死ぬような時には、アィシートの代わりに悪魔がやってくる。犠牲にした家畜の内臓は煮てアィシートに捧げ、肉は家族や見舞い客や、産婆と産婦自身が食した。出産の時に、赤ん坊をとり上げた産婆は、「アィシートよ、赤ん坊を下さって感謝します、そしてこれからも赤ん坊をお願いします」と唱えた。アィシートは三日間産婦の家に留まるが、その間産婦は産屋に寝ていなければならない。三日目に産婦は床上げをして、自分の寝所に戻る。その時に男性は家の中にいてはならない。火の回りには帽子をかぶった女性たちが車座になって、溶かしたバターを火に注ぎ、それを食べ、手にとって顔にぬり、三回笑い声をたてる。このバターはあらかじめアィシート、産婆、それに客たちのために三つのカップに用意しておく。

ヤクーチアの北方にいるトナカイ牧民の間では出産を守ってくれる女神はアィーヒトと呼ばれ、その象徴は脚のついたままのウサギの毛皮である。その眼窩にはビーズ、耳にはイヤリングが付けられ、産婦のそばに吊るされる。出産後にはアィシートの場合と同じように女性だけの儀礼があり、大声で笑ってこの女神を送り出す。

キーワード：豊穣女神、笑い、出産
参考文献：Серошевский, *Якуты*, pp. 673-675；Гурвич, *Культура северных якутов-оленеводов*, pp.135-137.
⇒ウマイ、オムスン・ママ、サグジ・ママ、バンガム、ヤネビャ

アク・エネ Ak-ene （アルタイ）
名前の意味・神格・属性：「白い母」の意。
概要：原初の母・水の母。19世紀末のアルタイの記録には原初水界に女神アク・エネがいて、創造神ウリゲンを導いたという次のような話がある。まだ、空も大地もないころ、独りウリゲンが果てしない水界の上をさまよっていたが、立てるような固い所はなかった。その時ウリゲンは自らの内に「前をつかめ、前をつかめ」という声が聞こえ、それを口に出して言いながら、片手を伸ばして前をつかんだ。すると、水の中から差し出された石が手にのった。ウリゲンはその石の上に座り、「前をつかめ、前をつかめ」と唱えつづけ、何をどうやって創ったものかと考えた。突如として水の中からアク・エネが出てきて、「創ろうと頭に浮かんだものを、『創った、できた』と言うだけでよろしい。その通りになるだろう」と言って、姿がみえなくなり、それからは再び現れることはなかった……ウリゲンは考えが浮かぶと、声に出した。「大地を創れ、大地を創れ」と。すると大地が創られた。

この原初水界の母について類例はシベリアの他の民族や地域ではまだ見つけることがで

きないが、北欧のフィンランドの『カレワラ』には天地創造のはじめに水の母が登場する。イルマタル[†]という乙女が天界から原初の水の上に降り立ち、海の波の上を漂っているうちに風によって妊み、至高神ワイネモイネンを宿しながら、大地を創造する。イルマタルがこの原初の創造の場面だけで語られていることも、アク・エネの伝承と類似している。

キーワード：原初（母神）、水の母、大地の創造

参考文献：Сагалаев, *Алтай в зеркале мифа*, pp. 83-89.

⇒アディティ

ウマイ　Umaj　（テュルク語系諸族）

名前の意味・神格・属性：「母胎」、「女性性器」の意。出産と子供の守護女神。

概要：南シベリアのアルタイ・サヤン地域はテュルク語系民族のアルタイ、ハカス、ショル、テレウト、トゥヴァなどの居住するところであるが、それぞれの民族にはさらにいくつものローカルグループがある。ここには広くウマイの観念や信仰、ウマイを大母神とする神話や儀礼などが認められている。ウマイの語は、1) 母胎、女性性器、後産、へその緒など、2) 子供（生まれてから歩き、しゃべりはじめる、およそ3歳くらいまでの）や家畜の霊魂、3) 母神など多義的であり、このような多様な意味合いを含めたウマイ信仰が人々の生活の中で非常に大きな役割を持っていた。総じて、ウマイ信仰・ウマイ母神の本質的な役割は出産を見守り、生まれた子供の命を一生を通じて守護することにあるといえよう。

ただ、その呼び名や特徴は地域や民族集団ごとにいろいろに多様である。ショルではウマイ・エージは地上の主霊であるといい、クマンジンではウマイは天に在る高位の神で、懐胎と同時に母親の胎内に現れ、誕生から死ぬまで子供を守るという。そして、ウマイ女神は出産の神として難産の時にはシャーマンがウマイ・エネ（母なるウマイ）に援けを求める。また、ウマイには「へその緒を切る姥 bij」、「（赤ん坊の）まつげを清める姥」の別名がある。シャーマンは火に向かって、「わが母なるウマイ」と呼びかける。テレウトではマイ・エネは波打つ白銀色の髪を持つ若い女（乙女）で虹にのって天から降下して、金の弓を持って子供を守る。北アルタイやショルでは、ウマイ女神が子供の胚胎から誕生、その生育を見守る守護神であるということから、一方では死をも司る天使、死者を連れ去る精霊、もしくは死者の霊魂を受けとる精霊とみなされている。同様に、テレウトではエネム・ディアイウチ（母なる創造者）が子供の霊魂クトを授け、一方では人間の死をも司るという話がある。それによると、子供の霊魂クトを創造したのは天神のウリゲンであるが、それを人間に授けたのはこの女神である。そして、天の第四層に住むこの女神が人間からその霊魂シュルを除くように指示すると、その人間は死ぬ。

ウマイ女神は中央アジアのテュルク系諸族（カザフ、ウズベク、キルギスなど）にも共通して認められるところから、ウマイ信仰の起源は古代テュルクの時代にまで遡るものと推測される。

キーワード：守護女神（出産と子供の）

参考文献：荻原眞子「ユーラシアのウマイ女神」；坂井弘紀「中央ユーラシアの母神ウマイ」, 『千葉大学　ユーラシア言語文化論集』第16号, 2014年, 13-30頁.

⇒アィイシート、オムスン・ママ、サグジ・ママ、バンガム、ヤネビャ

カルマグダ　Kalmagda　（ネギダル）

名前の意味・神格・属性：アムールランドのネギダル語では「美女」、「福嫁」（つまり、大きな婚資の要る嫁）の意。オロチ語ではカマジャ（縫いものや刺繍の上手な娘）、ウリチ語ではカルマジャ（美女）である。

概要：ネギダルの説話では狩場へ向かう少年に特別に狩の助言をする娘があり、そのことによって初めて狩りをした少年が豊富な獲物に恵まれる。この娘カルマグダは姿は娘ではあるが、本質的に動物の女主人としての特性を秘めている。

キーワード：自然の主、動物の女主人、狩猟、

福娘

参考文献：Цинциус, *Сравнительный словарь тунгусо-маньчжурских языков* 1,2；Цинциус В.И., *Негидальский язык*, Л.1982: 124-127.

キムレグト kymulegut （コリャク）
名前の意味・神格・属性：「火打ち金の婆さん」の意。
概要：この火の女神の形はトナカイの毛皮に包んだ石である。毛皮に包まれていないこともある。この火の女主は炉の仲間とみなされて、そのそばに置かれる。現代では年配の女性はこの石をレンジの傍にマッチと並べておき、常にトナカイの骨髄を食べさせ（塗りつけ）て、困った時にはそれに祈る。トナカイ牧民は家畜トナカイを守護してくれるように、また、赤ん坊に命名する際にも食べ物を供え、加護を祈る。
キーワード：火の女神、供物
参考文献：Горбачева, *Обряды и праздники коряков*, 2004, p.60.
⇒アペフチカムイ、ファジャ・ママ

サグジ・ママ／オムスン・ママ Sagdi-mama / Omson-mama （極東地域のトゥングース語系諸族）
名前の意味・神格・属性：「大いなる母」、「大いなる婆」の意。オムシ・ママ（満州語）とも。天神。
概要：ユーラシア東端のアムール川流域のトゥングース語系の諸民族には子供の誕生に関わり、子供を守護する大母神が共通して認められる。沿海州のウデゲではサグジ・ママ（大婆さん）は子供の霊魂を授けて、それを見守る媼神である。この媼神は山上の高いところにある樹（フイガ）の巣（オメ）に子供の霊魂（オミ）を持っており、生まれた子供の健康や幸福な生活、成長に関心を払い、見守っている。そして、もしも、子供が両親に十分面倒を見てもらえず、病気になると、その霊魂を奪い返して保護する。つまり、それは子供の死である。ナーナイの神話では天に太陽と媼神オムソン・ママの領域があり、そこはオミア・ボアニもしくはドンコニと呼ばれている。そこにある巨大な樹オミヤ・モアニ（モオニ）には小さな鳥の姿をした霊魂が実のようについている。人が死ぬと霊魂はその身体を捨てて、オムソン・ママの許へ飛び去り、そこから戻ってきて再び女性の胎内に宿るか、もしくは何かの動物や植物に再生する。中国東北部の満族、オロチョンにも出産と子供を守護する女神があり、満族では媼神オモシ・ママといい、オロチョンではウメ（烏麦）と呼ばれている。
キーワード：出産、子供、守護女神
参考文献：Иванов С.В., Представление нанайцев о человеке и его жизненном цикле. (И.С.Вдовин ред.), *Природа и человек в религиозных представлениях народов Сибири и Севера*, Ленинград.Л., 1976, pp.163-165；Nowak, M. & Durrant, S., *The Tale of the Nisan Shamaness, A Manchu Folk Epic*, University of Washington Press 1977, pp.77-78；荻原眞子「山の神と産の神」、『東北学』10巻、2004年；荻原眞子「ユーラシアのウマイ女神」.
⇒アィシート、ウマイ、ヤネビャ、バンガム

ジアイイク D'aiyk （アルタイ）
名前の意味・神格・属性：意味不詳。人間の守護女神。
概要：天界の至高神、創造神とならんでジアイイクという女神がある。この女神は至高神ウリゲンによって人間をあらゆる不幸や悪から守護するために地上に遣わされたという。それ以来、どの村（アイル）にも住むようになった。また、ウサギの毛皮を着てユルタ（天幕）の中にいるという。その具体的な象徴は白いウサギの毛皮で、目には青いボタンを付け、脚に白いリボンを結んである（ヤクーチア北方のトナカイ牧民のアィイシート[†]も同様にウサギの毛皮につつまれている）。アルタイ・キジではジアイイクは火の女神、扉の神たちと共に人間を悪霊から守るが、人がしきたりに反すると守護しないこともある。
キーワード：守護女神、火の女神

参考文献：Алексеев, *Шаманизм тюркоязычных народов Сибири*.

テム・ママチャニ　temu mamachan' （オロチ）

名前の意味・神格・属性：海の主「temu の妻」の意。海魚の主・女神。

概要：海の主は temu/toomu, namu ezeni などと呼ばれ、白髪の大男の老爺と考えられている。この主はずっと北のほうの海に棲み、人間オロチに魚を授けてくれる。また、海の主とはシャチであるという見方もある。オロチは漁の前に海の主に煙草やエゾノウワミズザクラを馳走して好天と豊漁を祈願し、魚が獲れるとその一部をシャチにお返しする。海の主の妻は海魚の女神タイフンザもしくはテム・ママチャニである。この女神は海の魚を川へ追いやる。そうすると魚は川魚の主の領域に入る。この主は人間の頭を持った巨大な魚の姿をしている。漁の前にはこの川の主に煙草やエゾノウワミズザクラを馳走する。つまり、前日に用意しておいたこの草を細かく刻んで川に投げ入れ、願いごとを唱える。

キーワード：（海の主の）妻、魚の女神
⇒セドナ

トゥールママ　tuurmama　（ニヴフ）

名前の意味・神格・属性：意味不詳。火の姥神。

概要：サハリンのニヴフではトゥールママは頭が縮れ毛で編んではおらず、赤ら顔、背丈は人くらい、魚皮の服を着て火の中に棲んでいるという。一説では火の姥神は小さな、背中の曲がった老婆とみなされている。また、火の女主トウグルマムは女性が月の障りの時に湯で体を洗うと怒るという。

キーワード：魚、姥神

参考文献：Штернберг Л.Я., *Гиляки, орочи, гольды, негидальцы, айны*, Хабаровск 1933, pp. 320-321.
⇒アペフチカムイ、キムレグト、ポージャ／プジャ、ファジャ・ママ

トゴ　ムスン　togo musunin　（エヴェンキ）

名前の意味・神格・属性：「火の霊、主」の意。火の姥神。

概要：中央シベリアのエヴェンキでは、トゴムスンは年寄りの女神で、家の炉に棲む。そのために、この火の女神を傷つけないように気を配り、刃物や針などの尖端を火に向けて置かない。「お婆さんの目がつぶれる」ので、針を火に投げ入れない。「お婆さんの目がやにでくっついてしまう」ので、モミや松、杉などのマツボックリを火にくべない。水や液体は飲み過ぎになるのでだめである。火のそばで薪を割ってはならない。というのは、「お婆さんの足に当たるといけない」からである。「お婆さんが怒る」ので鳥や獣の血を流してはならない。焚き火の薪を刃物や尖ったもので触れてはならない。「お婆さんの目に怪我をさせる」からであるなどなど。

シベリアの多くの民族では一般に火の神は生活の基盤である狩りや漁の首尾や家族の安寧に直接関わっている。食事の時には、人は自分が肉を口にする前に、まず、「こんなのを寄こしてください」、「獣を寄こしてください」と唱えながら燃えている火や炉に一切れを投げ入れる。火は家族の幸せの守護者であるから、火に脂身や肉を投ずる時には、自分たち家族に温もりと食べ物が欠けないようにこう祈る。「火の母さん、私たちを暖めてください。もっと燃えてください。獣を贈ってください。」食肉だけでなく、毛皮をとる獲物についても、毛皮を剥ぐ時に脂身や肉を火に放りこんで、同じように唱えた。

花嫁は婿の家の火に脂身を「ご馳走してから」その氏族の一員となった。

火は舌である炎によって家族にいろいろな伝達をする。例えば、食事の時に燃えている薪がパチパチとはぜると、キャンプを「移動しなければならない」と考え、その音が朝聞こえると、それは吉兆であるが、夜であれば良くないことの前兆とみなされた。また、狩りに出かけようという時に薪がはぜると、それは不猟の兆しだとして狩人は家に留まったという説話がる。

キーワード：炉、狩猟、家族、火の女神、供物、呪文

参考文献：Василевич, *Эвенки (Историко-этнографические очерки XVIII- начало XX в.)*, pp. 221-222；Цинциус, *Сравнительный словарь тунгусо-маньчжурских языков 2*.
⇒アペフチカムイ、キムレグト、ファジャ・ママ

バンガム　Bangam　（ケート）
名前の意味・神格・属性：「大地の母」の意。
概要：西シベリアのオビ川中・下流域に居住するケートでは大地の母バンガムは、人間、獣、鳥（留鳥）、植物その他自然の事象および人間を取り囲む世界の想像上の住者イリバング（息をする大地の意）の祖先である。大地と原初の絆の象徴は大地によって生まれたあらゆるものにあるへその緒（トィリ）である。へその緒が母と子を結びつけているように、あらゆる対象は大地の中心（イリバングの世界の中心とも）と目に見えない糸でつながっている。この中心は大地のへそバングトィリとして人格的に女性とみなされているが、また、あるコンテクストでは大地と同体ともみられている。大地のへそに対応して、その上方には天のへそ（天上にみえる北極星）があるという。

地上の人間（ケート）・「明るい人間たち」は大地のへそを持っており、それを通じて大地につながっている。新生児のことを母親は「大地の母がわたしにくれた革紐」と言い、赤ん坊が死ぬと「大地の母がわたしの革紐を食べてしまった」と言った。「紐」という語は「赤ん坊」、「子供」の婉曲な表現である。民族誌によると、亡くなった女性の服から革紐を裂く習慣があった。それは後でこの家族もしくは近い親族に最初に生まれる子供のためである。

一方、ケートの伝統では大地は人間を含めた森羅万象の始祖であるばかりでなく、人の死の原因でもある。しかし、それは悪をなすホーセダム女神の役割になっている。
キーワード：大地母神、へそ（大地の、天の）、子供
参考文献：Алексеенко Е.А., *Мифы, предания, сказки кетов*, Москва, 2001.

ファジャ・ママ　fadzja-mama　（ナーナイ）
名前の意味・神格・属性：「火の婆」の意。
概要：この女神は赤い服を着たよぼよぼの、背中の曲がったお婆さんとみられている。火の女神には祈りと供物を捧げる。結婚に際しては新郎の父が花嫁を火のところへ連れていって、「火の母よ、この二人に良き暮らしを与えてください。たくさんのたくさんの子供を授けてください」と唱える。そして火に粥、魚、煙草を投げいれ、杯の酒を振りかける。日常的には食事の時に家長が自分の皿から少しばかりを取って火にくべ、飲み物、特に酒を振りかける。タイガの中の狩場ではいっそう頻繁に供物を捧げ、獲物の下賜を願った。つまり、焚き火で食事を作ると、狩人は自分が食べる前にその料理のわずかな一部を火に投げ入れ、また喫煙の時には、煙草を一つまみ火の姥神に分つ習慣であった。
キーワード：母（火の）、結婚、子供、供物
⇒アペフチカムイ、キムレグト

プホス女神とカルタシュ女神　Pukhos, Kaltash-ekva　（ハンティ・マンシ）
名前の意味・神格・属性：オビ・ウゴール語系のハンティではプゴス Anki-pugos、マンシでは Yoli-torum-shan', Kaltash-shan'-torum とも呼ばれる。異なる名称は地域差による。出産や子供の守護女神。
概要：出産や子供を守護する女神であるが、この女神にもまたいくつもの異なる特徴がみられる。①ハンティのプゴスは出産を助ける女神。ヴァフ川のハンティでは女神プゴス・ルングは陽光にのせて子供を地上に送ると考えられている。②マンシのカルタシュは天神ヌミ・トルムの妻もしくは姉妹で、地上に子供の命を授ける。③カルタシュは「下界の母」、「大地の母」とも呼ばれ、大地の豊穣と結び付いている。④カルタシュはまた若く美しい乙女として謡われている。⑤儀礼や祈り言葉の中では、カルタシュは白樺の樹梢に降下する鳥として歌われる。

キーワード：守護女神（出産と子供の）、妻（天神の）、豊穣女神、樹木（白樺）
参考文献：Сагалаев, *Мировоззрение финно-угорских народов*, pp. 21-34.
⇒バンガム、ヤネビャ

ポージャ／プジャ　pozja/puzja（アムールランドのトゥングース語系諸族）

名前の意味・神格・属性：「火の霊、主」の意。火、火の主。ネギダル語、ナーナイ語、ウリチ語ではポージャ、オロチ語ではプジャ。

概要：このほかに火はトまたはタヴァといい、火の神はト・エジェニ（オロチ）、タヴァ・エデニ（ウイルタ）とも呼ばれる。家の主、炉の主ハ・エジェニは年寄りの男性で、ポージャとは夫婦ともみなされている。ある村のオロチの考えでは、プジャは痩せた老婆で、炉、焚き火やマッチの火などどこにでも居り、いつでも凍えていて食べ物をほしがっている。それで焚き火には絶えず薪をくべ、肉切れや水を与えなければならない。火の神が狩人や狩りと関わっている話がある。すなわち、火の媼神の夫は蟻の主 ikta adzani で朽ち木や蟻塚に棲んでいる。その家来はイノシシである。狩人が蟻塚を荒したり、そのそばでイノシシや野生のブタを悪し様に言うと、イノシシはそれを聴いて火の神に話す。すると火の主はその狩人に罰を与える。それで狩人は目が腫れたり、身体中に腫れ物ができて治らなくなるという。また、焚き火の火に飛んでくる蛾は火の神の助手だと考えられており、捕まえて贈り物とする。すると火の神はそのお礼に狩りや漁で獲物を授けてくれるという。沿海州にあるオロチのダータ村には休火山があるが、昔は火が噴き、溶岩が流れだしていた。オロチはその山の内部には火の神プジャがいると信じ、山へ行くとそれに食べ物を与えた。今日でも火の神はオロチにとって善神であり、若い狩人でも狩りや漁の前にはエゾノウワミズザクラ、煙草などを火に投げ入れて火の神に捧げ、様々なタブーを守っている。ウデヘでは火の主プジャ・アザニは年寄りの白髪の女性とみなされているが、一方、イマン川地域では若者と考えられており、同じ民族でも地域によって違いがある。

キーワード：火、炉、媼神、狩猟、動物（蟻）、イノシシ
参考文献：Березницкий, *Мифология и верования орочей*, pp.36-37；Цинциус, *Сравнительный словарь тунгусо-маньчжурских языков 2*.
⇒アペフチカムイ、キムレグト、トゴ　ムスン、ファジャ・ママ

ホーセダム　Khosedam　（ケート）

名前の意味・神格・属性：「Khosei の母」の意。地上の悪女神。

概要：天界から降下して地上を領することになった女神。ケートのパンテオンの頂点には天神エシがいる。かつて女神ホーセダムはエシの妻であったが、夫婦喧嘩のあげく、エシは妻を地上に追いやった。仲違いの理由はホーセダムが月神のもとに走ったからだとも、エシが息子を凍死させたことを怒ったからだとも説明されている。こうして、ホーセダムは地上へ降下して、地中もしくはエニセイ川河口の岩のチュム（天幕）か海に住んで、疫病やその他の病、悪天候、嵐などの悪事をなすようになった。一方、シム川流域のケートではホーセダムは地上にいる善良な女神とみられている。

キーワード：悪神
参考文献：Алексеенко Е.А., *Мифы, сказки и легенды кетов*, Москва, 2001.

マンザン・グルム　manzan gurum(e)（ブリヤート）

名前の意味・神格・属性：意味不詳。

概要：ブリヤートでは天の川は女神の乳からできたという伝承がある。それによれば、ある天神がグルムを酔わせ、この女神が眠っている間にその宝の小箱から大切な宝物を奪って逃げた。グルムは目が覚めると、この泥棒を追いかけていき、自分の乳房をしぼって天に乳を撒いた。それが天の川（乳の道）であるという。

キーワード：天の川
参考文献：ハルヴァ『シャマニズム　アルタ

メメレネン村の娘　Memerenenskaya（チュクチ）

名前の意味・神格・属性：説話「玩具の民」の主人公。名はない。「メメレネン村の娘」と呼ばれている。

概要：北東シベリアからアラスカ、カナダにかけての諸民族には「結婚したがらない娘」というテーマの説話が広く共通している。エスキモーのセドナもその一つである。チュコト半島のチュクチではそのような娘が陸海の生き物や人間の創造者となったという次のような話がある。

メメレネン村の娘は嫁にいくようにという父親を拒み、ある夜、子供の玩具であるアザラシやセイウチの歯や骨、トナカイの歯、ネズミの毛皮、クジラのひげと小骨などが入ったいくつもの袋を持って、家出をする。そして、一人でウテンという土地にやってくると、そこでアザラシの歯を海に投げ入れて、「たくさんのアザラシが海辺にいますように」と唱える。それから、セイウチの歯を海や砂の上にばらまき、クジラの骨とひげを海の遠くに投げ入れて、セイウチやクジラを創る。次には石と芝草で家を建て、二つの石で人間の男女を創り、ネズミの毛皮で着る物を作った。それからツンドラへ行って、そこで白や黒、斑の石でトナカイを創ると、それを飼う牧民の男女をも石で創造する。

キーワード：創造女神、結婚したがらない娘、人間と生き物の創造、岩石

参考文献：Меновщиков, *Сказки и мифы народов Чукотки и Камчатки*, №56；荻原眞子『東北アジアの神話・伝説』37-42頁.
⇒セドナ

ヤ・ビャ　Ya-nebya　（ネネツ）

名前の意味・神格・属性：「大地・母」の意。善神。

概要：天神ヌムの妻で、生きものすべての誕生を守護し、特に女性と密接に関わってその出産を見守る。ほぼ同じ性格の女神として、エネツにはヂヤ・メニュウまたはヂヤ・メニュオ（大地・姥）、セリクプのイレンダ・コタ（命の姥）がある。西シベリアのサモディ語グループのネネツ、エネツ、セリクプ、ガナサン、ウゴール語グループのハンティ、マンシでは、至高神を別として女神については資料が少なく、また、テキストの採集地やインフォーマントなどによって情報がまちまちであり、全容を明確にすることが難しい。概して、本来は至高神の妻として天に在ったが、仔細があって地上に降下したことになっており、共通した特性は人間と生きものの出産と成長に与る守護女神である［Топоров 1969:126-145］。

その役割は、子供の誕生を知らせ、またある伝承では生まれくる子供の霊魂を自分のところか、（世界）樹の洞に囲い持ち、必要に応じて朝日の光にのせて地上に送る。また、新生児に生殖器を付与し、生まれる子供たちの寿命を書に記す。そして、子供の病気を治し、家と家族と炉を守り、婚期になった娘たちに縫い物を教える。イレンタコタは新生児にゆりかごを、死者には棺を、シャマンには衣装と太鼓の枠を与えるともいう。

キーワード：大地母神、老婆、火の女神、魚の女神、神の妻、守護女神

参考文献：МНМ(*Мифы Народов Мира*) т. 2. 1982, pp.398-399.

アイヌ

アイヌの女神

アペフチ・カムイ ape-huchi-kamui
名前の意味・神格・属性：アペ＝火、フチ＝婆、カムイ＝カミ。火の姥神
概要：北海道でもサハリン（樺太）でも火の神は年寄りの女神である。幌別ではアペ・フチ・カムイのほかアペ・フチ ape-huchi＝火婆、カムイ・フチ kamuy-huchi＝神婆、サハリン西海岸ではカムイ・メムペ kamuy-mempe＝神婆、ウンチ・メムペ unchi-mempe＝火婆、サハリン東海岸ではカムイ・アハチ kamuy-axchi＝神婆、ウンチ・アハチ unchi-axchi＝火婆のほか、モシル・コル・フチ mosir-kor-huchi＝国土を領わく嫗、イレス・フチ iresu-huchi＝我らを育む嫗などと呼ばれた。一説によれば、この火の女神は囲炉裏の中央の灰の下の黄金の家に住んでおり、炎や煙はその家から立ち上る。叙事詩の中では六枚の小袖を重ね着し、さらに六枚の小袖をその上に羽織り、ねじれ曲がった杖を手にして登場する。また、火花と共に立ち上り、煙に身を交えて昇天するともいう。火おこしの木ハルニレ媛を母として生まれたという説話がある。また、人間の国土が創造された時、最初にこの国土を守護するために天つ国から降臨し、常に神々と人間との中間にあって、至らぬ人間の言葉を神々へ伝えてくれる仲介者とされている。火は生活の中心にあり、それゆえアイヌは葬式やその他の凶事はもちろん、どのような儀礼や祭祀を行うにも、まず炉の横座の前に火の嫗神のためにチェホロカケップという小さなイナウ（木幣）を立てこれに祈りや願事を唱えた。
キーワード：火、姥神、囲炉裏
参考文献：知里『分類アイヌ語事典』；久保寺『アイヌ叙事詩』14-15 頁.
⇒キムレグト、ファジャ・ママ

カント・コル・カムイ kanto-kor kamui
名前の意味・神格・属性：天を領するカムイ。リクン・カント・コル・カムイ（rikun-kanto-kor-kamui）＝上天を領するカムイとも。
概要：儀礼や信仰ではなく、アイヌの叙事詩に登場する女神。この女神が文化英雄アイヌラックルに神々の由来を知る金の提子と杓子、銀の提子と杓子の所在を教え、また、人間にユカラなどを広めるよう教え諭す話がカムイユカラ（神謡）にある。
キーワード：自然の主
参考文献：久保寺『アイヌ叙事詩』.

春楡媛（チキサニヒメ） chiki-sani-hime
名前の意味・神格・属性：チキサニはハルニレの木のこと。この木が叙事詩では女神とか媛神と呼ばれている。儀礼や信仰の対象としてではなく、神話だけに登場する。
概要：ハルニレはチキサニ媛としてアイヌの神話でたいへん美しく語られている。アイヌの祖として生活の礎を創った文化英雄アイヌラックルはこの地上の存在であるが、一伝ではその両親は雷神とハルニレの女神である。その出生については次のような話がある。国造り神によってこの国土が造られた時には地上は荒涼としていた。そこへ最初に天から降ろされたのがチキサニ媛であった。蒼天の主神は兄弟二人で、その弟神がこの媛を愛して地上へ訪ってきた。そして媛は懐妊し、生まれたのがアイヌラックルであるという。ハルニレは発火に使われる木で、この木を訪れた天神は雷神とみられている。

アイヌの叙事詩には樹木の女神として、チキサニ媛のほかにも森の女神（kechan-kor kamui）、森の立樹の女神 (shirampa kamui) が登場する。
キーワード：樹木（ハルニレ）、母神、母（文化英雄の）
参考文献：金成他『アイヌ叙事詩』Ⅱ.

チセカッケマッ cise katkemat
名前の意味・神格・属性：チセ＝家・カッケマッ＝奥さん・婦人。家婦人
概要：アイヌ語では家はチセといい、名詞には性の区別がないが、家そのものが女神とさ

れているようである。家の守護神チセコロカムイは男性であり、その妻は火の女神とされている。また、中川裕の話によると稲や粟を搗く杵は男性で、臼は女性とされている。大風の時に、屋根が飛ばないように臼を梁からつりさげて、穀物を少し入れて搗きながら、cise katkemat yaitupare, nisu katkemat eci=koasurani na（家の女神さま、気をつけて！ 臼の女神さま、危険をお知らせしますよ！）と唱える呪文がある。

キーワード：家、火の女神
参考文献：中川裕『アイヌ語千歳方言辞典』草風館, 1995年；田村すず子『アイヌ語沙流方言辞典』草風館, 1996年.

ハシナウ・コル・カムイ　hashinau-kor kamui

名前の意味・神格・属性：「枝のあるイナウ」の意（hash= 枝、inau =イナウ、kor =持つ、カムイ）。狩猟女神。

概要：この女神は神の国に在って、絶えず人間から捧げられる木幣や酒で神々を招いて饗宴を催すことを常としている。地上に人間の主要な食糧である魚や鹿などの獲物がいなくなると、人間は飢餓に苦しむ。この媛神はそのような人間界の窮状を天神である鹿のカムイや魚のカムイに伝え、飢饉の原因が人間たちが魚や鹿を粗末に扱うことにカムイが憤っているためであることを明らかにする。この媛神によって鹿や魚のカムイは怒りをとき、再び地上に鹿や魚が下されることになり、人間アイヌたちは窮状から救われる。狩りや漁をする人間に直接働きかける神格ではない。この女神と同様の役割をフクロウや嘴細烏（川鴉）の神が果たすカムイユカㇻ（神謡）がある。

キーワード：狩猟、飢饉、仲介者、自然の主
参考文献：知里『アイヌ神謡集』；久保寺『アイヌ叙事詩』.

ペトルンカムイ　petornkamui

名前の意味・神格・属性：ペット＝川のところにいるカムイ。また、ワッカ・ウッシュ・カムイ（wakka-ush-kamui）ともいう。ワッカ＝水のこと。水の女神。

概要：水はこの女神の乳房から出る尊い乳汁とみなされている。カムイユカㇻの中には狩猟の媛神と同様に水の女神が人間界の飢饉を救う話がある。配偶神があるとする地方もある。沢尻の神、川尻の神、井の神など眷属があると考えられ、戸外の祭壇では向かって右端に木幣（イナウ）を立てる。

キーワード：水、河川
参考文献：久保寺『アイヌ叙事詩』.

スラヴの女神

荻原眞子

概説

【原典】

　スラヴ神話とは、紀元一千年期末までカルパチア山脈地域に依拠していた古代スラヴ（先スラヴ）人の神話の総称である。その故地から集団が分散・移住し、それにしたがってスラヴ神話には分化や地域的なヴァリエーションが生じた。しかし、各地に広がった伝統の中に古代のスラヴ神話の主要な特徴が保持されている。それはバルトスラヴや東スラヴに顕著であるが、南スラヴや西スラヴでははっきりしないという。

　一般にスラヴ神話のテキストは残っていないと言われているが、それはキリスト教の普及と共にスラヴの神話・信仰宗教は「異教」としてそっくり破壊されてしまったからである。そのためにスラヴ神話を復元するには中世の文書、ドイツ語やラテン語の資料や年代記、ビザンチンの諸家による記録、中世のアラビアや西欧の著述などによってなされている。また、他のインドヨーロッパの神話、古典的な要素をより多く残しているバルトスラヴ諸族の神話との比較研究も重要な手がかりとなっている。9世紀以降に普及しはじめたキリスト教（東方教会）のもとで、古代スラヴ神話の神々は否定されるか、キリスト教の神々や聖者にとって代わったが、一方では人々の生活の根幹を支えてきた古からの神々や神霊など神話的存在は民間信仰や儀礼の中により深く沈潜したかのように見える。それは主として、生産と命・生死に関わりのある神々や精霊であり、限りない習合や変容を繰り返しながらなお今日に至っていると思われる。要するに、キリスト教の神々に置換されたのは天界に属する神々であるのに対して、地上世界の神々は姿や性格を変えながら、根強く民間の伝承や儀礼、迷信や習俗の中に生き続けてきていると見られる。このいわゆる二重信仰はスラヴ文化の顕著な特徴である。

【男神と女神】

　古代スラヴ（Praslav）の神々として最高神ペルーン（バルトスラヴではペルクーナス）とヴェーレス（ヴォーロス）のほかに、スヴァログ（火神）、ズアラジズ、ダジボグ（セルビアではダボグ、太陽神）、バルトスラヴではヤリーラ[†]とヤロヴィト（春の豊穣神）などの名が挙げられている。ペルーンは雷神、至高神、ヴェーレスは家畜の神、農耕神で、男性神であるが、これに並ぶ女神は明らかではない。ただ、10世紀末にキエフのウラジーミル・スビャトスラヴィチ公が丘の上に立てた万神像にはペルーン、ヴェーレス、ホルス、ダジボーグ、ストリボーグ（風神）、シマルグル（不詳）と並んで唯一モーコシ[†]女神像があった。この糸紡ぎに関わる女神はスラヴ各地の女性たちの民間信仰や儀礼の中に引きつがれてきた。988年にキリスト教が受容されると、この万神像は破壊され、スラヴ伝来の神々の信仰や儀礼は禁じられた。とはいえ、下位の生業や年中行事に関わる神々はスラヴの人々の生活の中で生きつづけてきた。

　実際のところ、他の地域や民族文化に見られるような女神はスラヴ神話ではほんのわずかしか見出すことができない。ところが、『スラヴ神話百科事典』（1995、モスクワ刊）を

繙くと、主として東スラヴ（ロシア、ウクライナ、ベラルーシ）の年中行事、通過儀礼、日常的な習俗や慣習、呪文などに関わりのある神々、精霊や悪霊、妖怪などの中にはかなり女性的な存在が見て取れる。このことは狭義の神話学の範疇に入らないかもしれない。また、特徴的なことには、明らかに女神として意識され信仰されている神格とならんで、女神としてではなく、大地（ゼムリャー）そのもののように母神・母性として根強い信仰の対象となっている存在がある。ここでは、上記の書を参考に女神、女神らしき存在を拾ってみる。それはとりもなおさず、私たちが女神とみなす神話・宗教的な存在の本質にも少なからず示唆を与えるものと思われる。

【参考文献】

MHM (Мифы Народов Мира.), Москва, 1982

Сербские народные сказки, Москва, 1956

Ivanis, Linda J., *Russian Folk Belief*, New York, 1989

Мелетинский, Е.М. и др., *Мифологический словарь*, Москва, 1990

Петрухин, В.Я. и др., *Славянская мифология*, Москва, 1995

Саука, Донатас, *Литовский фольклор*, Вильнюс, 1986

『イーゴリ遠征物語』木村彰一訳，岩波書店，2000年

アファナーシエフ『ロシア民話集　上下』中村喜和編訳，岩波文庫 1987年

アレグザンスキー G.／ギラン F.『ロシアの神話　スラヴ・リトアニア・フィンランド』小海英二訳，みすず書房，1960年

斎藤君子『ロシアの妖怪たち』大修館書店，1999年

佐野洋子『ロシヤの神話　自然に息づく精霊たち』三弥井書店，2008年

中村喜和編訳『ロシア英雄物語』平凡社，1994年

松村一男／平藤喜久子／山田仁史編『神の文化史事典』白水社，2013年

森安達也編『スラヴ民族と東欧ロシア』（民族の世界史10）山川出版社，1986年

ワーナー，エリザベス『ロシアの神話』斎藤静代訳，丸善，2004年

スラヴの女神の事典

ヴィーラ／サモヴィーラ　vila, samovila
名前の意味・神格・属性：名前の意味不詳。南スラヴの神話で下位にある善良なる女神。

概要：ブルガリアでは13世紀の文献に登場する。通常はすらりと背が高く、明るい色の衣や被り物を身につけた若い娘であるが、反対にしばしば着物の下にロバか牛馬のような蹄の脚を隠し、翼があり、大きな乳房を背中にかけた悪魔のようにも考えられている。セルビアの民話の継子話では継子娘がヴィーラのように美しいことが、「天使のように穏やかで、パンのように善良で、樅のように背が高く、ネコヤナギのようにすらりとして、リンゴのように赤い頬で、ヤマユリのような白い顔をしていた」とある。その棲むところは人里から遠い山間、稀には天や雲とされているが、特に、泉や滝など水と関わりが深い。また、ヴィーラは朝露から生まれたとか、美しい娘がヴィーラになったという見方があり、草木と深い関わりがある。しかも、歌舞が得意で、ヴィーラの踊るところには一面にキノコが生えるか、逆に草ばかりになると言われている。概して、人には好意的で、幸運や豊作や金銀を贈り、畑仕事を手伝い、子供を見守り、怪我を治してくれるというので、病気の際にはヴィーラに救いを求め、その木（サンザシ）に葡萄酒を供えて祈る。ただ、人間の良からぬ行いには相応に対処して、病気や怪我を負わせ、また、死に至らしめることもある。南スラヴのフォークロアにはヴィーラの歌やブイリーナが多くある。

キーワード：善なる女神、美神

参考文献：*Сербские народные сказки*；Петрухин, *Славянская мифология*.

⇒アプサラス、シュームスカ・マイカ、ドドーラ

ヴェージマ　ved'ma
名前の意味・神格・属性：東および西スラヴの魔女、妖女。語源は古代ロシア語のved「知識」。

概要：現実の女性が好むと好まざるとに関わらず悪霊、悪魔、死霊が憑いてヴェージマとなる。また、女性が悪魔（chert）、鬼（bes）や蛇と暮らすとか、それらと契約を結ぶことによってヴェージマとなる。その呪術的力は母ヴェージマから受け継がれるが、それには、例えば、母親が死に際に自分の妖術（精霊）を娘に移す。ヴェージマの容姿は異形で、その特徴は、尻尾、角や翼があること、赤い飛び出た目や尋常でない目つきをしていること、また、その目にはものや人が逆さに映るとも言われている。一般に白髪のみだれ髪、かぎ鼻、骨張った腕をした老女で、しばしば一人暮らしで無愛想、奇行がある。ヴェージマが現れるのは大きな祭日、満月や新月、雷雨の夜などで、犬、猫などの動物、カササギ、鳥、梟などの鳥、蝿、蝶などの昆虫ばかりでなく、車輪やざる、干し草などに変身したり、また、透明にもなる。この魔女の悪行は人が飼っている牛や豚や鶏に働きかけて、乳や脂身、卵をわが物としたり、糸紡ぎの邪魔をしたりする。そのために家畜や人間は病気になり、また、死に追いやられる。子供は夜泣きをし、家人はけんかをし、糸はもつれ、結婚式が台無しになったりなど、要するに日常生活に変調がおこる。ウクライナやカルパチア地方ではヴェージマは霞や嵐、洪水や火事、干ばつを呼び起こすと考えられている。ヴェージマを防ぐには家や家畜小屋の戸口にロウソクを灯し、あるいは、箒や刃物、棘のある枝をかかげるなど様々な習慣があった。

キーワード：魔法、魔女、契約、異形

参考文献：Петрухин, *Славянская мифология*.

⇒ヴェーシュチナ

ヴェーシュチナ　veshtina
名前の意味・神格・属性：南スラヴの鬼女、東スラヴのヴェージマに相当。

概要：セルビアの信仰では、悪魔の霊にとり憑かれるとか、悪魔と取引したとか、悪魔に

自分の魂を売った女性がヴェーシュチナになるという。その姿はヴェージマと同じように異形、背中の曲がった毛深い老女で、脚には毛があり、眉はつながり、目は深く落ちくぼんで意地悪く、長い鼻がある。隠れた尻尾や翼があり、また、夜の蝶や蛾をはじめ、様々な鳥や犬猫などに姿を変えることができ、家畜や鶏に悪さをし、人や家畜に病気や怪我を負わせ、日照りや洪水などの悪天候を招く。その上、この鬼女は赤ん坊を喰い、眠っている人の心臓を取り出して喰う人喰いでもある。特に妊婦や新生児はその餌食になりやすい。病気でもない赤ん坊の突然死はこの鬼女のせいであると言われる。元々が誰であるか正体が明らかな時には村人が悪事を止めるように説得すると、そのヴェーシュチナは魔力を失って元の人間に戻る。

キーワード：鬼、異形、人喰い
参考文献：Петрухин, *Славянская мифология*.
⇒ヴェージマ

オリースニツィ orisnitsy
名前の意味・神格・属性：語義不明。ナレチニィツィ、ロジェルニツィなどとも。南スラヴの運命の女神。
概要：誕生した子供のところへ（しばしば三日めに）やってきて、その子の運命、すなわち、人生（結婚、子供の誕生、病気や死など）を予言する。人は自分たちの人生のよくない出来事もこの女神によって決められていたのだと考える。そして、人にはそれぞれ自分のオリースニツィがあり、死ぬ時にはこの女神がやってくる。その在所は世界の果て（太陽のいる天とも、神のいる楽園とも）で、目には見えないが、それがわかるのは赤ん坊の母親か、その身近な女性である。母親は夢の中で赤ん坊の運命を知る。この女神は普通は三人、まれには一人のこともある。白い衣を着た若い娘と見られているが、そうではなくたいへんな老婆でもあり、姿形も多様である。糸紡ぎの棒と鉛筆と紙を持って夜中にやってくると、ベッドの傍らや敷居や炉、窓辺に立って互いに話しあって子供の運命を決める。この時には炉の火を絶やさず、赤ん坊に大人の服（父親や母親などの）を被せ、枕の下には金貨や銀貨など、さらに鉛筆と紙を置いておく。オリースニツィの来訪がわかるのは、赤ん坊の鼻、眉間や顎に斑点が現れたり、顔に発疹がでたりすることによる。親は子供の運命だけでなく、その性格にも望みをかけ、子供が勤勉であるように男の子には斧、女の子には鋏などを揺りかごの下にいれておく習慣がある。ブルガリアの村々では現在まで自分のオリースニツィを探しに行く話や、運命に逆らえず16歳の日に井戸で死んだ若者や娘の話が伝えられている。スラヴにはオリースニツィと同様な女神としてスージェニツィ、ロジャニツィなどが知られている。

キーワード：誕生（子供の）、運命、三神群
参考文献：Петрухин, *Славянская мифология*.
⇒ヴィダートリ、スージェニツィ、ダードリ、ノルン、モイラ

キキーモラ／シシーモラ kikimora (shishimora)
名前の意味・神格・属性：キキー（？鳥の鳴き声とも言われている）とモラ（古代の女神？）からなる合成語。家の悪神。
概要：東スラヴの神話では家神ダマヴォイの妻と見られることもあるが、小さな女の姿をした家の悪神で、眼には見えない。現れるのは、暮れから新年にかけてのクリスマス週間（スビャートキ）か、クリスマスの前夜だけとも考えられている。家に入ってきたキキーモラは食器を割り、ものを投げるなどして騒ぎを起こすばかりでなく、家人の髪をひっぱり、鶏の羽を抜き、羊の毛を切るなどの悪さをする。夜な夜な現れては小さな子供を泣かせ、編み物をもつれさせる。というのは、この女神が自分で糸紡ぎやレース編みが好きだからで、キキーモラの糸紡ぎの音はその家に不幸を招くことになるという。ロシア北方では主婦がやりかけた糸紡ぎをそのままにして眠ってしまうと、夜中にキキーモラがそれを続けてやってくれるが、糸を切ったり、もつれさせたりするために、農婦たちは「キキー

モラのシャツはいつまでたってもできやしない」と言った。また、ロシア北方ではキキーモラは小さな背中の曲がった醜い婆さんで、ぼろをまとった、汚ならしい、変わり者と見られている。その住処は道の辻や自殺者が葬られている「不浄」な場所にある。この女神が家や家畜小屋や風呂場、脱穀場に現れると、不幸の前兆と恐れられた。また、男嫌いであるために主人を家から追い出したり、家畜、特に鶏に悪さをする。それを防ぐのは難しいが、穴の開いた石、割れた花瓶や壺の長い首などをお守り(「鶏の神」)として鳥小屋の止まり木の上に吊るすか、置く。キキーモラはスラヴの女神モーコシの形象を引き継いでいると考えられている。

キーワード:悪女神(家の)、いたずら、糸紡ぎ、老婆

参 考 文 献: Петрухин, *Славянская мифология*；Ivanits, *Russian Folk Belief*；斎藤『ロシアの妖怪たち』.

⇒モーコシ

コストロマー kostroma

名前の意味・神格・属性:この名は麻や亜麻の梳き屑もしくは植物の皮を意味するロシア語のkoster'/kostra(チェコ語ではkoctroun)と関係付けられている。東スラヴの神話における豊穣の人格化。

概要:ロシアの「春送り」(コストロマー送り)では若い女性が白い布に包まれ、両手に樫の杖を持ち、合唱隊といっしょに歩く。送り儀礼では人形(かかし)のコストロマーが燃やされるか、バラバラにされ、泣き歌や笑いで葬られるが、コストロマーは蘇る。この儀礼は豊穣祈願である。

キーワード:豊穣女神、かかし、死と再生

参 考 文 献: Петрухин, *Славянская мифология*；*Мифологический словарь*, Москва 1990.

⇒ヤリーラ

ゴルゴーニヤ gorgoniya

名前の意味・神格・属性:ギリシア神話の三人姉妹ゴルゴン†に由来する怪物。メドゥサ。

概要:ゴルゴーニヤはあらゆる生きものの言葉を知っていたというが、その顔を見た者は死ぬことになった。ある魔法使い(volkhv)が騙してその首を切り、その頭を持ってどのような敵にも打ち克つことができたという。

キーワード:死の視線

参 考 文 献: Петрухин, *Славянская мифология*；松村他編『神の文化史事典』239頁.

⇒ゴルゴン

シュームスカ・マイカ shumska maika

名前の意味・神格・属性:語義は「森の母」。セルビアの女神。

概要:その姿は若い美女で、豊かな胸と長い髪、長く伸びた爪を持ち、裸身か白衣である。それとは別に、歯の抜けた醜い老女という見方もある。干し草の山や様々な動物(七面鳥、牛馬や犬など)に変身する。また、手には魔法の杖を持ち、しばしば真夜中に出てくる。その性格は二面的で、新生児や妊婦を守り、子供のできない女性に薬草を与えるなど善意ある存在であるが、他方では色欲が強く男性を森の奥へ誘い込むともいう。それにはユーラシアの狩猟民世界に共通する森の主もしくは動物の女主人としての本来の性格が明らかにみてとれる。ブルガリアのゴルスカ・マイカ「山の母」はこれに近い。

キーワード:母(森の)、変身、動物の女主人

参 考 文 献: Петрухин, *Славянская мифология*.

⇒ウマイ

スージェニツィ sudenitsy

名前の意味・神格・属性:ロシア語では語根sud-は判断、評価、審判の意で、スージェニツィは審判する女神の意の複数形。人間の誕生に際してその運命を定める三人姉妹の女神。

概要:普通は赤ん坊が生まれて七日目に遠くからその家へやってきて、その子の人生を判定し、名前をつける。ブルガリアの伝統ではこの判定はまず一番下の妹神、次に真ん中の

女神が当たり、姉神が最終的に決める。セルビアでは一番上の姉神が新生児に死を、真ん中の妹神は身体的な欠陥を提案するが、一番若い妹神の希望によって、穏やかな人生が定められ、子供は何年生き、いつ結婚し、人生でどのような出来事に出会うか、どのような幸運に恵まれるかが決められる。そして、この判定は赤ん坊の額に記されると考えられている。この女神たちはギリシアのモイラに相当する。チェコ人の観念ではこの女神は白い衣を着て、ロウソクを手にしている。似たような女神はバルトスラヴ（デクラ Dekla、カルタ Karta、ライマ Laima）のほか、カフカスや他の民族にも見られる。

キーワード：三神群、子供、運命
参考文献：Петрухин, *Славянская мифология*.
⇒ヴィダードリ、オリースニツィ、ダードリ、ノルン、モイラ、ラウマ

ゼムリャー・マーチ（ゼムリャー・シーラ・マーチ）　zemlya mat' (zemlya syra mat')

名前の意味・神格・属性：「大地・母」、「大地・潤い・母」の意で、大地と母は同格である。これは大地の神格化であり、「ゼムリャー」には生きとし生けるものの母の意が込められ、ロシア人の心性にとっては生まれ、素性（rod）、故郷・母国（rodina）と結び付いた観念である。

概要：ロシア正教では聖母像と結び付いて「ボゴロージツァ」（聖母）となり、「大地母神」信仰となった。大地の母性には、作物の豊穣をもたらす雨、水も含まれ、ゼムリャー・シーラ・マーチの「シーラ」は「潤い」という意味で、ゼムリャー（大地）の枕詞である。この語は播種の時に祈り詞の中でくりかえされる。また、「大地母、天父」、「天の鍵、大地の錠」という唱え詞には天と地が夫婦もしくは一対として観念されている。

死者の埋葬は母の胎内に帰ることであったから、ロシア人は大地・母を汚さないために死者には清潔な衣を着せた。また、瀕死の人の臭気は「大地の匂い」と言い、死相に現れる斑点は「大地が出てきた」と言った。

ロシア文化における大地に対する根強い観念は様々な場面で見られる。ある所では干ばつの時に農婦たちが畑の土塊を棒で打ち、「聖母自身を叩いて」責め、また、野で食事をする時には水ではなく土で手を清めたともいう。大地を耕すことは母の胸を鋤で穿ち、鍬で引っ掻いて血を流す罪深いこととみなされた。スラヴの観念では大地は冬には眠り、春に目覚めることになっているが、また、詩歌では大地は母や未亡人のように災害の被災者や戦死者を嘆き悲しんで涙すると謡われる。反対に大地は罪人を罰しようとするが、神はそれを宥めようとするとも見られている。古代ロシアで最も恐れられたのは、大地に接吻したり土を口にして唱える呪いであった。また、「神と母なる大地」に対して懺悔することや、病気や死に際して大地に許しを乞うことも起源的には古い。スラヴの世界観では大地は祖先崇拝と結び付き、墓参りの墓地や家での食事には祖先も与ることによって、一族の一体性と世代の継続がはかられ、祖先の生者に対する好意によって大地の豊穣、豊かな降雨がもたらされる。大地はまた故郷や故国でもある。旅には故郷の土を一つかみ袋に入れて携えてゆき、旅先で死んだ時には墓にそれを入れ、また、流刑から帰ってきた時には大地に接吻をした。東スラヴでは大地は聖なるものであった。

キーワード：大地母神、豊穣女神、聖母、祖先崇拝
参考文献：Петрухин, *Славянская мифология*.
⇒ガイア、ブーミ、プリトヴィー、モーコシ

ドドーラ　dodola

名前の意味・神格・属性：語根 dhu-（雷神が「髭を振るわせる」の意）の反復。雷神ペルーンと関連があるとされる。南スラヴの神話で雨乞い儀礼の際に登場する女神。セルボクロアチア語ではドドーラのほか duduleika, dodolitsa, dodilash, ブルガリア西部では dudula, dudulitsa, dudole と呼ばれている。ポーランドではジジーリャ。他の伝承にも類似の存在がある。

スラヴ

概要：歌や儀礼に歌われているところからみると、ドドーラは元来神話のうえでは雷神の妻であり、儀礼では祭司であったらしい。その儀礼の痕跡として、セルビアの雨乞い祭では 12-16 歳の少女六人のうち、四人が歌い、二人が雷神とその妻を演ずる。花冠を飾った少女たちには水を振りかけ（雨を呼ぶ）、パンを捧げる。歌の中では雨や潤い＝露の願いが歌われる。

キーワード：雨乞い、雷神、神の妻（雷神の）
参考文献：*Мифологический словарь*, Москва, 1990；Петрухин, *Славянская мифология*.
⇒シヴ

バーバ baba

名前の意味・神格・属性：バーバは共通スラヴ語。ロシア語では日常的に若くはない女性に対して親しみを込めて使われるが、他方では多少蔑称ぎみに日本語の「婆・ばばあ」と同じようなニュアンスで使われるなど、非常に汎用の広い語である。

概要：ロシアの民間文学では神話上の女性、魔女（ヴェジマ）を指すが、そのほかにも祭礼や儀礼、遊covyや仮装などに様々な姿で登場する。バーバとヂェド（ded＝爺さん）とは伝統的な意味合いでは死んだ祖先や不浄な人物をいう。

東スラヴのバーバ・ヤガー[†]のようにバーバはしばしば魔女であるが、その所在する場所は様々である。ロシアではバーバ・セレダ（糸紡ぎや織物に関係）、レーシャ・バーバ／レーシャチカ／ベーラヤ・バーバ（水の魔女）、バーバ・ザペチェリツァ（炉のうしろに潜む魔女）、バンニャヤ・バーバ（バーニャすなわち風呂場にいる魔女）など。ウクライナ語のザリズナ・バーバはトウモロコシの中にいる精霊、ジトナ・バーバは若い夫を誘惑する。バーバはまた広く魔女、妖術師をも云い、セルビア語では女魔法使いである。

キーワード：魔女、精霊
参考文献：Петрухин, *Славянская мифология*；斎藤『ロシアの妖怪たち』.
⇒バーバ・ヤガー

バーバ・ヤガー baba yaga

名前の意味・神格・属性：「鬼婆」、「森の老魔女」の意。ヴェジマ。

概要：森の魔女として恐れられる存在であるが、ロシアの民話（スカースカ）ではしばしば主人公や継母に虐められる娘を助ける。東スラヴや西スラヴの民話では、その家は森の中にあるイズバー（丸太小屋）で、鶏の脚の上にあり、垣根は人の骨でできていて、垣根の上には両目のついたされこうべが載っている。夜にはその両目が光り、あたりが昼間のように明るくなる。門の柱は人間の脚、かんぬきは人間の両手、錠は尖った歯のある口である。かまどではさらってきた子供を焼こうとし、迷い込んできた人間はことごとく食べようとするが、民話や叙事詩の中では機智に富む対話によって窮地を脱することも稀ではない。ヤガー婆は一本の骨ばった脚で、臼に乗って杵で漕ぎ、箒で跡を消しながら疾走するらしい。ある民話ではヤガー・ヤギシュナ、スロヴェニア語ではエジ・バーバは蛇の母で、英雄の敵である。その姿は骨の浮き出た一本脚、眼は見えないか、もしくは病んでおり、大きな乳房をしている。野生の獣や森と関わりがあるところから、原初は野獣の女主であったという説もある。

キーワード：魔女、森、臼、箒
参考文献：Ivanits, *Russian Folk Belief*.
⇒ヤマンバ

ピャートニツァ／パラスケーヴァ・ピャートニツァ pyatnitsa / paraskeva-pyatnitsa

名前の意味・神格・属性：ロシア語で「金曜日」。パラスケーヴァはギリシア語で「金曜日」の意。

概要：東スラヴと南スラヴの女神で、古代スラヴの神格の中の唯一の女神モーコシを継承しているとされる。古代スラヴの神話では男性・女性の対比が様々に象徴されたが、奇数と偶数もそれぞれ男性と女性に当てられ、週の木曜日（奇数）は至高神ペルーンの日、金曜日（ピャートニツァ）はモーコシの日として擬人化された。キリスト教が受容されると、このピャートニツァは聖パラスケーヴァ（キ

リスト受難の金曜日に生まれ、3世紀のディオクレティアヌス帝時代に殉教した処女聖人）と習合し、パラスケーヴァ・ピャートニツァとして根強く信仰されてきたとされている。東スラヴでは殊に結婚と出産の守護女神として、聖母のイコンと同じほどに親しまれている。ピャートニツァは別名リニャニツァ「亜麻女」と呼ばれ、糸紡ぎや亜麻の守護神であり、また、バービヤ・スビャタヤ「聖なる媼」、つまり、産婆でもあった。東スラヴの神話ではその姿は麗しい乙女で、白い着物に腰布をつけているか、もしくはぼろをまとった女で、しばしばその着衣には編み針や紡錘を刺して出た血のしみがついている。聖パラスケーヴァの祭日は10月28日で、その日はピャートニツァ（金曜日）と呼ばれているが、実際の祭礼は必ずしも金曜日と重ならない。この日には女性は縫いものや刺繍、機織り、畑仕事や洗濯をしてはならないことになっており、その禁を破ったものはパラスケーヴァ・ピャートニツァに厳しく罰せられるという。出産の時にこの女神を招来しても、産婦がそれまで何回聖金曜日に働いて禁を犯したかによって、女神はやってくるのを遅らせるという。また、古くには男性もこの女神に埃や塵がかかってはならないとして、畑仕事を控えたという。

キーワード：偶数、金曜日、聖女、守護女神

参　考　文　献：Петрухин, *Славянская мифология*；Ivanits, *Russian Folk Belief*；佐野『ロシアの神話』.

⇒エイレイテュイア、シュームスカ・マイカ

ボギーンキ　boginki

名前の意味・神格・属性：ポーランド語で「妖精」、「ニンフ」の意。西スラヴの魔女。マムナ、ジヴォジェネ、ボソルカ、ヴェシュツァ、マラともいう。

概要：南ポーランドやカルパチア地方では子供を誘拐したり、すり替えたりする。ルサールカ[†]に近い。その姿は大きな頭、垂れ下がった乳房、膨れたお腹の醜い老女で、足は曲がり、黒い牙のような歯がある。稀には青白い若い娘とも見られている。ヴェジーマと同様、犬や猫、カエルなどの動物の姿をとることも、影となって見えないこともある。ボギーンキとなるのは、カトリック教会の信徒になる儀式の済んでいない産婦、この魔女にさらわれた子供や女、流産したり子供を死なせた女、自殺者や出産で死んだ女などと言われていた。

キーワード：魔女、子供、産婦

参　考　文　献：Петрухин, *Славянская мифология*.

⇒ヴェジーマ、ルサールカ

ポルードニツア　poludnitsa

名前の意味・神格・属性：ロシア語polden'（真昼）から、「真昼の女」の意。

概要：スラヴ神話では畑の精霊で、太陽の光を体現する女神。白い衣を着た長い髪の乙女、もしくは、乱れ髪の老婆とも見られ、通常はライ麦畑に現れて、そこで働く人々に悪さをする。そのために、ルジャニツァ（ライ麦女）とも呼ばれる。特に、畑に置き去りにされている子供を掠ったり、菜園に入ってくる子供を脅したりする。民間信仰では時にルサールカと同一視される。

キーワード：精霊

参　考　文　献：Петрухин, *Славянская мифология*；斎藤『ロシアの妖怪たち』.

⇒ルサールカ

マレーナ　marena

名前の意味・神格・属性：マラーナ、モレーナ、マルジャーナ、マルジェーナなどとも。マーラ（mara）は「死」、「悪霊」を意味する。

概要：死の権化で、再生儀礼、雨乞い儀礼では藁人形に象徴される。西スラヴの春祭りでは死（モール）と冬を象徴する藁人形がバラバラにされて燃やされる豊作祈願がなされた。西スラヴの神話のマルジャーナはローマの豊穣神ケレス、モラーナはギリシアのヘカテ[†]と同一視され、この女神の名前と藁人形の習俗は各地にある。ベラルーシではマーラは穢れを意味すると同時に、ヨハネ祭（旧6月24日）の夜に燃やされる藁人形のことである。元来、マーラ、マルーハ、モーラ、キ

キーモラ†はスラヴ神話では悪霊であり、それがマレーナに見られるように、死を体現するようになったとも説かれている。
キーワード：死、再生、雨乞い
参考文献：Петрухин, *Славянская мифология*；*МНМ*, т. 2.
⇒キキーモラ

モーコシ　mokosh'
名前の意味・神格・属性：スラヴ祖語の語根 *mok- に由来する「湿潤」の意味を持つ。東スラヴの女神。
概要：マーチ・スィラ・ゼムリャー（母なる湿潤の大地）とも関係付けられている。古代ロシアのパンテオンでは唯一の女神で、キエフではペルーンやその他の神々の像とならんで丘の上に立っていた。ウクライナでは19世紀中頃まで記憶されていたが、北ロシアではこの女神は大きな頭と長い腕を持った姿で夜な夜な農家に入ってくると考えられていた。そのために主婦はやりかけの糸紡ぎをそのままにして寝てはならないことになっていた。さもないと「モーコシがそれをほどいてしまう」からである。この女神はロシア正教ではパラスケーヴァ・ピャートニツァ†に継承された。ピャートニツァは白衣に手織のスカートをつけた乱れ髪の美しい乙女か若い女性で、19世紀のウクライナでは、彼女のために紡績や亜麻糸を井戸に捧げ入れるモクリダという儀礼があった。モーコシの語源には「湿潤」のほかに「糸紡ぎ」の意があったと想定されている。これと類似するのはロシアの女神スレダー、セレダー（水曜日の意）で、機織りや麻布を晒す手伝いをしてくれるが、水曜日に働く者には罰を与えると思われている。モーコシはスロヴェニアの昔話や西スラヴの地名にも類語が見られ、共通スラヴの神格と見られている。
キーワード：糸紡ぎ、機織り、守護女神
参考文献：松村他編『神の文化史事典』540－541頁；Петрухин, *Славянская мифология*；*МНМ*, т. 2.
⇒アナーヒター、パラスケーヴァ・ピャートニツァ、マレーナ、モイラ

ヤリーラ　oarila
名前の意味・神格・属性：oarilo（ロシア）、oarylo（ベラルーシ）、oarilo（セルボ・クロアチア）。この語の語根 yar- は激情、自然の猛威、動物のさかりなどを意味する語構成に見られ、春、オオムギや家畜の豊穣をもたらす生産力を表す。スラヴの神話と儀礼では豊穣、特に春の生殖力の象徴。
概要：ベラルーシの春の祭ではヤリーラは白い衣を着た女性で、頭に野の花の冠をかぶり、ライ麦の穂を左手に持って、杭につながれた白馬に乗せられ、その回りを娘たちが花輪を手に、歌を歌いながら回った。歌のはじめでは、「ヤリーラの歩いたところでは野が蘇り、子供が殖える。裸足の足で踏んだところには穀物が育ち、眼を向けたところには麦穂がたわわになる」という意味を言祝ぐ。一方ではヤリーラ祭はイヴァン・クパーラ（聖ヨハネ）祭（旧暦6月24日）の一週間前と直前に行われ、生と死、若さと老齢、男と女の対立を中和するカーニバル的な性格を持っていた。ヤリーラはその性格から見て、コストロマー†やバルトスラヴのヤロヴィート（ローマのマルス神に同じ。軍神であると同時に春の豊穣祭の主）と共通性を持っており、また、セルビアにはジャリーロという祭で人形が作られる。しかしながら、ヤリーラはロシアのパンテオンには含められてこなかった。
キーワード：春、豊穣女神、麦、仮装、裸足
参考文献：Петрухин, *Славянская мифология*；*МНМ*, т. 2；佐野『ロシアの神話』；森安編『スラブ民族と東欧ロシア』.
⇒コストロマー

ラウマ　lauma
名前の意味・神格・属性：lauma（ラトヴィア）、laume（リトアニア）。魔女で、妖怪となった。
概要：この魔女は家の中に入り込んできて、主婦の家事にちょっかいを出す。直接には手を出さずに、人の真似をするだけであるが、一端始めると止めることができないために、糸紡ぎでは紡ぐ亜麻がなくなると、麻屑でも人の髪の毛でも手当たり次第に紡ぎつづけるという。ライ麦の収穫を手伝えば、その報酬

に多大な食べ物を主婦に要求するが、それがかなわないとやり終えた仕事を元のままに放り出す。そのために、ラウマに関わりあうことは危険きわまりない。また、夜には若者のところへ現れるが、若者は身のまわりに輪を描いて、ラウマを避ける。ただし、悪いことばかりでなく、ラウマと親しくなることもある。つまり、若者がラウマと結婚して一緒に暮らすとか、ラウマが貧しい小作人の赤ん坊に幸運や富を授け、反対に貪欲な金持ち女を罰してこの子供を死なせることもある。

キーワード：糸紡ぎ、穀物（ライ麦）、家事
参考文献：Донатас Саука, *Литовский фольклор*, Вильнюс, 1986 ; *МНМ*, т. 2.
⇒キキーモラ、モーコシ

リブーシェ　libushe
名前の意味・神格・属性：意味不詳。
概要：チェコの伝説上の女神で、12世紀の「年代記」によると、英雄クロクKrok（ポーランドのクラコフの創設者Krak）の三人娘の一人。長姉のカジは優れた予言者・医術師、二番目のテトカは山や森の精霊、水のニンフなど精霊信仰の創設者である。リブーシェは三人姉妹のうちで最も聡明な娘で、父親の死後、一族の長となり、プラハの基礎を築いた。神話上三人姉妹は文化英雄であり、東スラヴなどの系譜上の英雄である三人兄弟の伝承に相当する。

キーワード：創設者、三神群（姉妹）、始祖（都市の）
参考文献：Петрухин, *Славянская мифология*.

リーホ　likho
名前の意味・神格・属性：ロシア語では「災い」、「災難」、「不幸」の意。
概要：東スラヴの神話で悪い運命や悲嘆（ドーリャDolya）の擬人化で、一つ目の痩せた女とみなされているが、時には人喰いの女巨人とも考えられている。それに出会うと片手をとられるか、死ぬという。

キーワード：災い、擬人化
参考文献：Петрухин, *Славянская мифология*.

リホラートキ　likhoradki
名前の意味・神格・属性：トリャサーヴィツィtryasavitsyともいう。「熱病」の意。ロシアでは女の姿をした病魔。
概要：その数は一般に十二人で、ロシアの呪文では一人ずつ名が唱えられる。スラヴやロシアの悪魔学におけるアポクリファ（聖書の外典）的な部分に関係しているようで、「十二」の「熱病姉妹」はユダヤのヘロデ王の娘に関係して、頭に何もかぶらない悪魔の顔をした女と見られている。呪文によっては、その数は十二とは限らないが、民間伝承ではこの女神は一人でも徘徊するとも言われ、直接のその名を口にせず、優しい親しみのある別称で呼ばれている。

キーワード：呪文、病魔（熱病）
参考文献：Петрухин, *Славянская мифология*.

ルサールカ　rusalka
名前の意味・神格・属性：ルサーリア（ラテン語のrosalia、roza 薔薇）に由来。スラヴの春のルサーリア週（聖霊降誕祭の前後1週間）に登場する精霊。
概要：ルサーリー、ルサールチェ、ルサーリレと呼ばれ、危険な精霊と見られている。川底の水晶の館に住んで、夜な夜な岸辺に上がってきては、歌い踊り、髪を梳る。そうして、旅人を水辺に誘ってはくすぐり、溺れさせ、不実な恋人たちに復讐し、地上の若者の愛を求めて無限の富を約束するという。

東スラヴではルサーリア週（トロイツァの前後1週間）に死者の世界から地上に現れる。このことは東ポーランド、スロヴァキア・カルパチアや、ルーマニアやブルガリア北部にも共通し、結婚前に死んだ娘、婚約しながら結婚にいたらなかった娘、ルサーリア週に亡くなった娘や子供、この期間に水死したものをルサールカと呼んでいる。その姿は一様ではなく、南部（ポレーシエやウクライナの西部、ドニエプル川などの低地）では裸身か白衣の若い美女とか、埋葬された時の華やかな

（婚礼）衣装に、お下げをほどいた髪に冠をかぶっているという。ベラルーシなどの一部では、恐ろしげな醜い、乱れ髪の毛深い老女で、垂れ下がった乳房を肩ごしに投げかけ、裸身もしくはぼろをまとい、手には先の曲がった杖か火かき棒、杵を持って歩く。南ロシアでは異界の妖怪とみなされ、その姿は白い衣を着て、お下げをほどいた長い髪をしているが、顔は見えず、冷たい手をした長身の娘である。ところによっては、水の精として半人半魚と想像されている。

ルサールカが出現するトロイツァやルサーリア週間はライ麦の開花の頃に当たり、その姿はライ麦や麻の畑だけでなく、水辺や樹々の上、野原や森、四つ辻や墓場に見られる。そうして、ルサーリア週が過ぎると、ルサールカはまた元の場所である、水の中、海、墓場、木々を伝って天界へ戻っていく。川や湖水、森は現世と異界とを往還する通路である。ルサールカは北ロシア西部ではロザーリアやロゼムンダと呼ばれているが、ルサールカの語源がルサーリア、ラテン語の rosalia（roza 薔薇）に由来することから、植物の開花、豊穣と関係があるとも見られている。その一方、しきたりに反してルサーリア週間に働く者を罰したり、早死にした他の死者と同じように天候を支配して、嵐や日照りをもたらすとも言う。この世界にやってきたルサールカたちは夜な夜な水浴びをし、水辺で長い髪を梳き、白樺の枝でブランコをし、昼間は野や畑で踊ったり笑いさざめく。人に悪さをしないという見方もあるが、多くの場合ルサールカは人を道に迷わせたり、水辺に誘って溺れさせたり、人を動物に変えたり、家の中へ入ってきて糸紡ぎをだめにし、また、赤ん坊をさらっていくとも言われる。

ルサーリア週間には人々はルサールカを刺激しないよう、糸紡ぎや機織り、刺繍をやめ、畑仕事や薪とりに行くことを控える。その週間の終わりにはルサールカがあちらの世界へ帰っていくと考え、『ルサールカ送り』をする所がある。19世紀のロマン主義的な文学では、溺死した娘、水の乙女として描かれる。

キーワード：精霊、妖怪、乙女、死者、水の精、豊穣女神

参 考 文 献：Петрухин, *Славянская мифология*；佐野『ロシアの神話』；斎藤『ロシアの妖怪たち』.

⇒パラスケーヴァ・ピャートニツァ、モーコシ

カレワラの女神

荻原眞子

概説

【原典】

『カレワラ』はエリアス・リョンロット（1802-1884年）の編集になる文学作品と言ってよい。リョンロットはフィンランドやカレリアなどの各地で吟唱詩人から聞き取った詩篇（物語）を自らの構想に即してモザイク状に組みあわせて一大叙事詩を創りあげた。それがフィン人の民族的叙事詩、フィンランドの国民的叙事詩として受容され、その後の多様な文化芸術の揺籃となった。カレワラの出版には『原カレワラ』（16章、1833年）、『古カレワラ』（32章、1835年）、『新カレワラ』（50章、1849年）の3篇がある。これはリョンロットがフィンランドやロシア北方のカレリアの各地で吟遊詩人から新たに入手した詩篇を付加編纂したことによる。いわゆる『カレワラ』として広く知られ、邦訳があるのは『新カレワラ』である。

『カレワラ』の構成は、その主題によって「ワイナモイネン・サイクル」、「レンミンカイネン・サイクル」、「結婚歌謡」、「クッレルボ・サイクル」から成り立っている。各サイクルには、また、いくつもの物語・詩篇が含まれるが、そこに一貫する特徴はワイナモイネンをはじめとするカレワ人の世界と北方にあるポポヨラの女性たちの世界との空間的な広がりの中で繰り広げられる生と死、愛と結婚の挿話である。『カレワラ』は全体として吟唱詩人・呪術師でもある老ワイナモイネンを中心とする叙事詩にまとめあげられている。

【男神と女神】

『カレワラ』にはフィンランドやカレリアの人々の間に伝えられてきた神話と呪文、儀礼歌などが非常に多く織り込まれ、それには人々の自然観・世界観が反映している。具体的には「見えない神が自然万物に宿っている。それにはウッコ（ユーマラともいう）という最高の神があり森・海・大地・川・湖・風・樹・四季・星辰・日月・雲・血管その他多くのものに、神・女神・矮人・巨人・精女などが宿っている」という［松村：24］。

天・天神であるウッコ、もしくはユーマラの名は頻繁に祈りの中で唱えられ、ワイナモイネンばかりでなく、カレワの人々が苦難や苦痛、窮地にある時に救いを求めて呼びかけるのは絶対的な神ウッコに対してである。ウッコに並ぶ女神は明らかではないが、自然界の主や冥界の主については、その配偶神として女神の名が見られる。海や川の女神ベッラモ／ウエルラモ（水もしくは海の主であるアハト／アフトの妻とも）、冥府の王の妻ツオネタル＝Tuonetar、他界／死者の世界の娘マナラタル＝Manalartar、オスモタル Osmotar＝オスモ一族の女性（ビールの醸造に携わる）などであるが、概して、『カレワラ』の中では明確な機能役割を持った神として語られている女神は多くはない。

ところが、『カレワラ』で頻繁に唱えられる呪文の中には自然の様々な現象に女性を示す接尾辞～タル (-tar) が付され、娘とか「女神」と訳されている。クータル＝Kuutar 月の娘、パイワタル＝Paivatar 太陽の女神（一説に夏の女神とも言われる）、テルヘネタル＝Terhenetar 雲（霧）の女神、スウェタル＝夏の女神、エテラタル＝南風の女神。ま

た、具体的には明らかでないが、ルオンノタル＝「創造の娘」がある。事物については、カンカハタル＝織機の女神、メラタル＝舵の女神、カンテレタル＝Kanteletarまたはカンテレ（竪琴）の女などがいる。キヴタル＝苦痛の娘というのは、苦痛をおこす娘というより苦痛そのものが女性とみなされているということになろうか。同様に、スオネタル＝Suonetar血管の女神は英雄の血管をつくりなす女神であるが、『カレワラ』15章では、殺されてばらばらにされた息子レミンカイネンの身体を整え直した母親が、血管を再生するために「血管のいとも麗しき女神、スオネタルよ」と呼びかけて、血管を結合し、動脈や小さな血管、毛細管をつなぎあわせてくれるように懇願する。このほかには花や樹木についてシネタル＝花を青く染める精、タムマタル＝橅（かしわ）の樹の女神、トゥオメタル＝えぞうわみずの女神、ピヒラヤタル＝ななかまどの樹の精が挙げられる。

【参考文献】

『フィンランド国民的叙事詩　カレワラ』上・下，森本覚丹訳，講談社学術文庫，1993（1983）年

荻原眞子「フィンランド叙事詩『カレワラ』を読む」，『千葉大学ユーラシア言語文化論集』第13号，2011年，21-37頁

松村武雄『フィンランドの神話伝説』（世界神話伝説体系　31）名著普及会，1980（1929）年

リョンロット編『フィンランド叙事詩　カレワラ』上・下，小泉保訳，岩波文庫，1976年

Конкка У.С., *Карельские народные сказки*, Москва/Ленинград, 1963

Pentikäinen Juha Y., trans. and ed. by Ritva Poom, *Kalevala Mythology*, Indiana Univ. Press, 1989

カレワラの女神の事典

イルマタル　Ilmatar
名前の意味・神格・属性：「大気の女」の意。水の母、創造女神。『カレワラ』の主人公ワイナモイネンの母。
概要：『カレワラ』は神話とみなされる話と神話とは言えない民間伝承や儀礼歌などによって紡がれている。また、編者であるエリアス・リョンロットによる創作や改編があることも明らかにされており、「水の母」という性格付けはその一つであるという。イルマタルの話は、天界から水界への降下、風による懐胎と長期の妊娠、鳥の卵からの宇宙生成（卵生神話）、大地の創造、ワイナモイネンの誕生のエピソードからなる。その後この創造神はもう一度だけ姿を見せるが、それは嫁となるはずの娘アイノの死のために悲嘆にくれる息子ワイナモイネンに助言を与える慈母としてである。

叙事詩の冒頭では、大気の広い館にいた乙女が侘しさのあまり、海原に降りて、波間を漂い、風に吹かれているうちに生命を宿す。その重荷を抱いた乙女は「七世紀の間、人の一生の九倍もの間」海の上を漂っているが、子供はなかなか生まれない。乙女は天神ウッコに苦痛から免れさせたまえと訴える。まもなく、一羽の小鴨が飛来する。乙女はその小鴨が巣を作れるように、水の上に膝をたてる。小鴨はそこに巣をつくり、「金の卵を六つ、銀の卵を七つ」生み、それを抱きはじめる。乙女は膝に熱さを覚え、やがてあまりの熱さに耐えきれず、膝を引くと、卵は水中に落ちて、千々に砕けた。そして、割れた卵の下の破片(かけら)から大地が、上の破片からは空の穹窿が、卵黄(きみ)からは太陽が、卵白(しろみ)からは月が生まれ、雑色の中身は星、黒い中身は雲となった。こうして世界が卵から生成する。

その陽の光、月明かりの下で、乙女・水の母はなおも漂いながら、海より頭を上げて創造を始める。自ら指さす所に岬を、足を休めた所に魚のための洞を、水に潜った所に大海原の深みを作った。そして、陸地に向いて延々とした浜辺を作り、陸に脚をのばした所には鮭の漁場、頭が陸に触れた所には入江が現れ、暗礁や島、岩ができた。それでも子供・ワイナモイネンは生まれなかった。

ワイナモイネンは「三十回の夏の間、三十回の冬の間」海の上の母の身内にいて、やがてそこから逃れようとする思いを月や太陽、大熊星に訴え、みずから海の水の中へ生まれでる。そうして大海原の中に五歳も六歳も七歳も八歳も待ちつづけ、やがて陸地に膝をつき、腕に身を支えて立ち上がる。こうして「名高き吟唱詩人」ワイナモイネンは創造の母、イルマタルから生まれた。

ワイナモイネンは若い詩人ヨウカハイネンを歌競争と決闘で打ち負かし、その妹アイノを嫁に迎えることになるが、乙女は老詩人との結婚を嫌がって入水する。その死を嘆き悲しむワイナモイネンに母は海の下から蘇って、「汝はポホヤの娘を求めよ、その地の娘は殊に美しく、愛らしく、敏捷である」と助言する。
キーワード：水の母、創造女神、卵、感生（感精、風による）
参考文献：『フィンランド国民的叙事詩　カレワラ』上，第1,5章：リョンロット編『フィンランド叙事詩　カレワラ』上，第1,5章．
⇒アディティ、ガーンダーリー

シュオヤタル　Shuoyatar
名前の意味・神格・属性：フィンランドの東、ロシアのカレリアの魔女。スラヴのバーバ・ヤガー[+]と同じように民話の中でよく知られた魔女。
概要：人間を獣に変えることや自分が他人になりすますことができるが、樹脂（タール）の穴で焼かれる時に、「自分の体の各部が様々な生きもの（スズメやカラス、蛇など）になろう」と呪詛する。他方、古くは海の波間に漂う蛇であったという伝承から、水神とも想定されている。
キーワード：魔女、水の女神

参 考 文 献：Конкка У.С., *Карельские народные сказки*, Москва, Ленинград, 1963, pp.22-23.
⇒バーバ・ヤガー、ヤマンバ

ミエリッキ　Mielikki
名前の意味・神格・属性：森の女主人。
概要：『カレワラ』では、森の主タピオと女主人ミエリッキ、息子のヌーリッキ、娘テッレルウォが人格的な存在として森という大きな館に住まい、その配下には猟獣の世話をして働く采配者の女性たちが想定されている。狩人は森へ入ると山々や樹々に自分を迎えいれてくれるよう呼びかける。次いで森の主タピオに「獲物が得られる丘へ」導いてくれるよう、息子ヌーリッキには森の中で進むべき「道を照らしてくれるよう」訴える。タピオは「背が高く、褐色の長いあご髭を生やし、木苔の衣をまとい、樅の葉の帽子をかぶった」姿で想像されている。そうして、森の女主人であるミエリッキには、「美貌の御母よ」と呼びかけ、「金の鍵をとり、タピオの蔵、森の城」を開けてくれるようにと哀願する。そこには森の獣や鳥などの獲物がしまわれている。この女神は「手頸には金の腕輪、指には金の指輪をはめ、頭には金の冠をいただき、金貨で髪を飾り、耳には金の耳輪を下げ、頸には麗しい連珠をつけている」と表され、その配下には「猟獣の配剤者」と呼びかけられる乙女や女たちがいる。また、タピオの娘、テッレルウォはトゥーリッキとも呼ばれているが、やはり猟獣を司り、狩人に獲物を放つ。このように『カレワラ』では森の主、女主人の表象が文学的に語られているが、一般に森の主、動物の女主人の観念は広くユーラシアの諸民族文化の古層に属しながら、近年にまで引き継がれてきている。
キーワード：自然の主、動物の女主人、森（の女主人）、狩猟
参考文献：『フィンランド国民的叙事詩　カレワラ』上，第14章；リョンロット編『フィンランド叙事詩　カレワラ』上，第14章．
⇒ヤマンバ

ロウイアタル　Lowyatar
名前の意味・神格・属性：トゥオニの娘の一人。疫病の母。
概要：『カレワラ』第45章では、「盲の老婆、トゥオニの娘の中で最悪、マナの乙女の中で最も邪悪な」娘で、諸悪の源、数多の不幸の源であり、肌の色は黒く、真っ黒な顔をしている。彼女は田舎の道で藁の寝床にいて風に吹かれているうちに妊娠した。月満ちて、出産をする場所を求めて沼地や湖水、激流や滝を徘徊したあげく、ユーマラ（創造主）に救いを求める。ユーマラはポホヨラがその場所であると告げる。ロウイアタルはそこの湯殿で9人の子供を生み、名前をつけて育てた。すなわち、肋膜炎、疝痛、痛風、瘰癧（＝頸腺結核）、腫物、疥癬、癌腫、ペストで、残る一人は「湖水の中の魔法師として、低き地方をかき乱すため、至る所を悪くするため」に遣わした。その子供たちは人の世界へいき、老ワイナモイネンの民を病気や苦痛で滅ぼそうとする。「老いて不抜なるワイナモイネン」は魔法と呪文、軟膏などの妙薬によって民を救い、疫病を駆逐する。要するに、ロウイアタルは「自然の悪い破壊力を表象する者」であるという。
キーワード：疫病の母、悪神
参考文献：『フィンランド国民的叙事詩　カレワラ』下，第45章；リョンロット編『フィンランド叙事詩　カレワラ』上，第45章．

ロウヒ　Louhi
名前の意味・神格・属性：原義は不詳。北方の国土を意味するポホヨラ Pohjola／ポホヤ Pohja の女主人。
概要：フィンランド人はポホヨラを「いばらの国、猛獣の国、恐るべき森林の国、太陽と月のない国」、荒涼とした異境とみなしていた。『カレワラ』の中ではポホヨラはしばしば冥府マナと言い換えられている。『カレワラ』の別の章（第45章）では、疫病の母ロウイアタルと言い換えられ、疫病を遣わしてワイノラの人々・カレワの民を滅ぼそうとする。さらには、太陽と月を盗んでポホヤの山中の岩に隠し、世を闇にする（第47章）。

そこでは「ポホヨラの老主婦、古りしポホヤの歯抜け婆」は、新たな光明やこの女主人を捕縛する首輪を鍛造している鍛冶イルマリネンの工房へ、鷹に変じて飛来する。「ロウヒ、ポホヨラの老主婦は、ポホヤのふりし歯抜け婆は、自ら両つの翼をつけて、飛ぶため両つの翼をひろげ、ポホヤの湖水を真っ直ぐによぎり」鍛冶場までやってくる。このようにロウヒは『カレワラ』の中では明るい此岸に属する老ワイナモイネンや鍛冶イルマリネンに対し、彼岸・冥界の女領主として対立関係にあると言えよう。

キーワード：疫病、悪神、冥界の女主人
参考文献：『フィンランド国民的叙事詩　カレワラ』下，第45, 47章；リョンロット編『フィンランド叙事詩　カレワラ』下，第45, 47章．
⇒ロウイアタル

レンミンカイネン（Lemminkainen）の母
名前の意味・神格・属性：死んだ息子レンミンカイネンを愛と魔力で生き返らせる。
概要：一般的に神話や英雄叙事詩に登場する女性には強力な呪力や秀でたシャーマン的な資質があるが、この母は広くユーラシアの叙事詩を鳥瞰した中でも傑出した存在であると思われる。

『カレワラ』の第14, 15章には次のような話がある。放蕩男児の美青年レンミンカイネンは北のポホヨラへ遠征して花嫁を求めるが、その母は幾つかの難題を課す。三つめの課題である黄泉トゥオネラの川の白鳥を得ようとして、若者は怨念をはらすために待ち伏せていた羊飼いに射たれ、川の中に投げこまれ、その体は切り刻まれる。

息子のヘヤブラシから血が滴っているのをみて、その死を知った母親はトゥオネラの川へ馳せる。そうして、鍛冶イルマリネンの作った鉄の長い熊手で川を浚い、息子の体のすべての肉片、頭や手、背骨をかき集める。その肉の片々を寄せ集めてレンミンカイネンの形を作り、肉に肉を合わせ、骨に骨を接ぎ、関節に関節を接ぎ、血管に血管を接ぎ合わせる。そうして、母は「血管のいとも麗しき女神、スオネタルよ、銅の紡錘もて、鉄の糸車もて、実にも細き織機にて働く細脈の愛らしき織手よ、おん身の前掛に細脈を一ぱい持って来給え、かくて血管を接ぎ合わせ、その端々を接ぎ給え」と祈る。息子の体が形作られた時、母親は「言葉を回復し、歌を歌う」ことができるようにするため、「蜜蜂、蜜の鳥よ、あらゆる森の花の王よ、軟膏として蜜を持ってこよ」と訴え、それが効を奏しないと、再び三度蜜蜂に異なる方角にある軟膏を持ちくるように依頼する。こうして「創造主がすべての苦痛を癒し給うとき、至高なるユーマラが用い給う全能の膏薬」を得て、それを息子の骨、関節、頭から全身に塗り、「起きよ」と告げると、息子は「長い眠りから覚める」。蘇生したレンミンカイネンは母親の問いに、殺されたいきさつを明かし、さらにトゥオネラの白鳥を射て、ポホヤの麗しい娘を嫁に迎えたいと告げる。母親はそれを諫め、共に家路につく。

文学的な見地からは、この母は母性愛の象徴と言えるが、それだけでなく生命の蘇生・維持に関わる呪法を駆使するという点で、ユーラシアの諸民族の叙事詩に登場する女性像に共通する特徴を持っているとみることができる。

キーワード：母、シャーマン、蘇生、呪文、シャーマン
参考文献：『フィンランド国民的叙事詩　カレワラ』下，第14, 15章；リョンロット編『フィンランド叙事詩　カレワラ』下，第14, 15章．
⇒サシクニワカヒメ

アメリカ大陸

ネイティヴ・アメリカン
メソアメリカ

ネイティヴ・アメリカンの女神

荻原眞子

概説

【アメリカの先住民について】

 北アメリカの先住民(ネイティヴ・アメリカン、インディアン)の祖先は氷河期にユーラシアから数次にわたって移動した。それは今から1万4000年以上前のことで、今日のベーリング海峡一帯が氷結して陸橋となり、人や動物が渡渉できた頃である。ベーリング海峡はユーラシア大陸の最東北端とアメリカ大陸の最西北端、すなわち、アラスカとを隔てる狭い海峡で、その地域には水深の浅い大陸棚が広がっている。最終氷期には海面が約100〜120メートル低下していたと見られ、この大陸棚はほとんど陸地になっていたと考えられている。つまり、アメリカ先住民の祖先、先モンゴロイドの人々は寒冷な氷河期に陸となっていた今日のベーリング海峡地域(ベーリンジア)を移動して、アメリカ大陸へ渡り、北から南アメリカにまで拡散していった。神話の比較研究の関心事の一つはアメリカ先住民の神話や伝承の中に旧大陸の諸民族との類似や関連を見出し、この先史人類の移動の足跡と今日のグローバルな諸民族の在りようを明らかにすることにもある。

 北アメリカについて言えば、その先住民文化には次のように七もしくは八つの文化領域(文化圏)が区分されている。すなわち、極北、亜極北(この二つを北極・亜北極とする場合がある)、北西海岸、大平原、東部森林、西部、南西部、南東部文化領域であり、それぞれ異なる自然環境に即して古くから固有の先住民族の文化が営まれてきた。先住民の言語もまた非常に多様で、その数は200とも言われ、いくつかの言語群に分類されている。アメリカの文化人類学者・言語学者サピアによる六分類では、(1)エスキモー・アレウト大語族、(2)ナ・デネ大語族、(3)アルゴンキン・ウォキャッシ大語族、(4)アズテク・タノア大語族、(5)ペヌート大語族、(6)ホケン・スー大語族が分けられている[『ブリタニカ国際大百科事典』第三版]。その主な地理的分布は、(1)エスキモー・アレウト大語族は北極、亜北極地帯、(2)ナ・デネ大語族(アパッチ語、ナヴァホ語などのアサバスカン語族、イーヤク語、トリンギット語、ハイダ語など)は北西海岸〜カリフォルニア〜南西部〜大平原地帯、(3)アルゴンキン・ウォキャッシ大語族のうち前者は東部森林地帯、後者は北西海岸、(4)アズテク・タノア大語族(ユト・アズテク語族とタノア・カイオワ語族からなる)は南西部、(5)ペヌート大語族の諸言語は西部の各地、(6)ホケン・スー大語族に属する諸言語のうちスー語族は大平原、イロコイ語族は東部森林地帯である。[青木『アメリカ・インディアン』49-182頁]

【北アメリカの文化的特徴】

 以上のように、特徴を異にするいくつもの文化領域には、それぞれに古代からの生活様式、社会組織や信仰・儀礼などが営まれ、またコロンブス以前には諸族間での交渉や戦争があり、それ以降には白人による征服や滅亡などの歴史があった。そのような史実もまた諸民族の神話や伝承に反映し、影響を与えている。

 ただ、北半球の先住民文化という鳥瞰的な

視点から、ユーラシアの北方であるシベリアと北アメリカを比較した場合、両者の間には大きな違いが目につく。概して言えば、シベリア先住民社会の基盤には先史時代からの狩猟民文化があり、動物飼育としてはトナカイ牧畜が北極海の縁辺部に発達していた。狩猟民文化には、例えば、西シベリアや極東、オホーツク海沿岸の河川での漁撈、北太平洋沿岸部での海獣狩猟など地域差はあるが、それを含めてシベリアの先住民文化には狩猟民文化の伝統が根強くあったと言ってよかろう。それに対して、北アメリカ先住民の場合には、極北、亜極北、北西海岸、森林地帯文化領域においては狩猟民文化が卓越していたが、それより南の文化領域ではトウモロコシや豆、瓜や南瓜を主とする農耕文化が営まれ、町が形成され、部族連合などの社会組織が形成されていた。また、狩猟獣としてはカリブーや鹿など多種な獲物のほかに、大平原ではバッファロー（アメリカ野牛）が人々の食糧としてばかりでなく、衣服やティピ（天幕）の素材となっていた。さらに、煙草とパイプは喫煙儀礼として特別な役割を持っていた。このようなアメリカ先住民文化の多様性は直接的にその神話や説話の特徴ともなっている。

【原典】

北アメリカ先住民の神話にとって最も基礎的な研究はフランツ・ボアズ（1858-1942年）に負っている。ボアズはアメリカ人類学の父と称され、地理学、言語学、民俗学、民族学者として活動し、特に、北西海岸のクワキュートル、チムシアン、トリンギットなどいくつもの民族の調査を行い、『北西海岸インディアンの説話 (Indianische Sagen von der Nord-Pacifischen Küste Amerikas)』（1895年、ドイツ語）をはじめ、多くの説話集を出した。1914年の論文「北アメリカインディアンの神話と民話」（ボアズ『北米インディアンの神話文化』第12章に邦訳）では、先人たちによるテキストの採録・研究方法に批判的な検討を加え、当時のウィーン学派やアメリカの人類学者の諸説を踏まえながら、北アメリカの神話の体系化に向けた考察を行っている。ボアズの歴史的な業績はアメリカ自然史博物館によるジェサップ北太平洋調査を主導し、ベーリング海を挟む北太平洋両岸地域の総合的な民族学的調査（1897－1902年）にシベリアの研究者とアメリカの研究者を動員したことである。この調査の目的はアメリカ大陸の先住民の祖先がユーラシア大陸から移住したことを明らかにすることにあったが、実際にはすでに衰退の危機にあった先住民文化の記録保存に重点がおかれた。その成果は"Jesup North Pacific Expedition, Memoir of the American Natural History"叢書として10巻余りが刊行されている。各巻にはこの地域の神話・伝承のテキストが収録されており、また1900年代初めの各種の学会誌などに数多くのテキストや研究成果が公表されている。

北アメリカには数多くの言語集団があり、テキストの採録は膨大な数に及ぶが、全体を鳥瞰するような概説書は必ずしも多くない。しかも、その中から女神を拾いだすことは、はなはだ難しい。そうした中で手がかりとなるのはWeb "God checker: Native American mythology/A-Z list"である。これは多くの文献から神名を拾いだし、一定の書式に従ってテキストを付し、事典を作成することを目的としているが、未完成である。しかしながら、そこに取りあげられた神名を手がかりに元の文献に当たることはほとんど不可能である。というのは、19-20世紀前半くらいのアメリカでの出版物を今日日本で入手することはとてもできる相談ではないからである。本稿ではこのWeb資料を手がかりに、その他の文献で確認できる女神について取りあげた。

【北アメリカの神話】

歴史的な観点から見るなら、北アメリカの神話には、シベリアに共通する特徴、白人との接触による影響、黒人からの影響などがあり、その広がりは地域によって濃淡の違いがある。シベリアに共通する特徴には、先住民の祖先が旧大陸から担ってきたものと想定されるモチーフがある。また、白人からの影響

も、東海岸や北部と南部の大平原地域では異なり、特に、後者の神話伝承にはメソアメリカからのスペイン文化の影響が及んでいると見られている。

ところで、「神話」という語は学術用語として一定の概念規定がなされているが、一般にユーラシアの北方地域、シベリアの諸民族にはそれに該当するような用語は見受けられない。北アメリカの先住民の場合も同様で、その文化の研究では神話 "myth" と民話 "folk-tale" とが明確に区別されないで用いられてきたという。その状況を批判した上で、ボアズは先住民の人々の考えでは二種の話が区別されてきたと説いている。すなわち、「神話とは世界が未だ現在のような姿にならず、人類が現在あるような習俗や技を持っていなかった頃にあった出来事に関する話であり、民話や歴史的物語には現代の話が含まれている。神話は動物や英雄の事績を扱うが、現代の我々は、そうした話を神話的とするか歴史的とするのか迷うだろう。なぜなら、動物の力を信ずるインディアンは動物の超自然的能力を認めているので、歴史的な話でも神話時代の出来事と同じになってしまうからである。そこに登場する動物は超自然的な援助者になって、めざましい活躍をするし、人間に新たな儀礼を授ける、という」。[ボアズ『北米インディアンの神話文化』196頁参照] そしてボアズは、「神話は先住民自身の考えにある明確な概念と対応しているので、西欧的な観点から『神話』と『民話』に恣意的な区別をせずに、両者を神話語りの人々の考えにある『一体』として扱おう」と提言している。[同、197頁参照]

要するに、ユーラシアを含め一般に先住民文化における「神話」は、人々が語り継いできた、いわゆる口承伝承としてあり、そこには学術的な意味での神話、昔話、歴史伝承などが含まれていると言うことができる。そのような「神話」では、「神」という言葉、概念は必ずしも明確ではない。このことを前提にして、以下では北アメリカの処々に伝えられている女神を取り上げる。

シベリアの神話・伝承と比較してみるなら、顕著な特徴の一つは創世神話などに多くの動物が、しかも人間以前に登場することである。典型的な主人公として、アラスカとブリティッシュコロンビアではワタリガラス、その南ではミンク、ブルージェイなど、西部平原ではコヨーテがある。このような主人公は文化英雄であると同時にしばしばトリックスターとして豊富な話に登場する。さらに、バッファローやクモは特に重要な存在である。そのほかワシやオオカミ、シャチなどが信仰儀礼の対象でもあり、トーテムポールに特異な造形として現れ、社会生活と深く結び付いている。

【男神と女神】

動物主人公が男神か女神かは話の中では判然としない。一般には神は人間の社会や生活を反映して、単独ではなく配偶者や兄弟姉妹がいることが少なくない。ところが、北アメリカ先住民の神話では話の中にそのような配偶神などが必ず登場するとは限らない。しばしば太陽は男性のようであり、創造神と見られているが、その配偶神として月が登場することはあっても、両者の関わり方が語られるということにはなっていない。また、太陽が女神で月がその夫であるという話もあり、さらには、月男に憧れた女がその嫁となり、夫に代わって満ち欠けの仮面を持って天空を移動するはめになったという話もある。

女神について言えば、様々な動物や生き物の女性、例えば、クモ婆、蝶の女神、アビ女などが登場する。極北のエスキモー(イヌイット)では海や海獣を司るセドナ†が特徴的である。この女神の神話は北極海周縁のカナダ、グリーンランドのエスキモーにも広く伝えられているが、この伝承の背景には「結婚したがらない娘」というモチーフがある。そして、それはベーリング海の西、チュコト半島やカムチャトカ半島のチュクチやコリヤクの神話にも共通している。北アメリカで広く共通して認められるのは大地の母神、トウモロコシの女神、バッファロー女である。今日でもトウモロコシはアメリカでの主要な作物の一つであるが、それは各地の先住民社会での主要

な食糧であり、その起源の話にはヴァリエーションが多い。また、大地の女神が様々な姿で語られ、栽培植物の起源と関わる地母神であるばかりでなく、宇宙を体現しているように見受けられる場合もある。

【参考文献】
青木晴夫『アメリカ・インディアン』講談社現代新書，1979年
アードス，リチャード／オルティス，アルフォンソ『アメリカ先住民の神話伝説』上下，松浦俊輔他訳，青土社，1997年
石川栄吉他編『文化人類学事典』弘文堂，1987年
ギブニー，フランク・B編『ブリタニカ国際大百科事典　第3版』TBSブリタニカ，1996年
クラーク，エラ・E.『アメリカ・インディアンの神話と伝説』岩崎美術社，1972年
ジョーンズ，D・M／モリノー，B・L『ヴィジュアル版世界の神話百科——アメリカ編』蔵持不三也監訳，原書房，2002年
ゾルブロッド，ポール・G『アメリカ・インディアンの神話——ナバホの創世物語』金関寿夫他訳，大修館書店，1989年
デュル，ハンス・ペーター『再生の女神セドナ』原研二訳，法政大学出版，1992年
バーランド，C『アメリカ・インディアン神話』松田幸雄訳，青土社，1990年
ボアズ，フランツ『北米インディアンの神話文化』前野佳彦編・監訳，磯村尚弘他訳，中央公論新社，2013年
松村一男／平藤喜久子／山田仁史編著『神の文化史事典』白水社，2013年
宮岡伯人『エスキモー　極北の文化誌』岩波書店，1987年
Boas, Franz, *Indian Myths and Legends from the North Pacific Coast of America*, Talonbooks, 2002
Thompson, Stith, *Tales of the North American Indians*, Indiana University Press, 1929.
Matthews, Washington, *Navaho Legends*, University of Utah Press, 1994(1897)
Мифологический словарь, Москва, 1990

Web "God checker: Native American mythology/A-Z list""

ネイティヴ・アメリカンの女神の事典

アウィテリン・ツタ　Awitelin-tsta　(ズニ族)

名前の意味・神格・属性：多産な大地の母神。

概要：太陽神・創造神アウォナウィロナによって原初の泥から創造されたとされる。大神はこの女神とその夫アポヤン・タチに創造力を授け、女神を大地へ放った。大地は裸で空疎だった。やがてこのアウィテリン・ツタの子宮が命を宿し、あらゆる生き物を生んだ。夫のアポヤン・タチは男の子を望んでいた。

古い伝承によるとアウォナウィロナ(アワナウィロナイス)は淀んだ緑の海からあらゆるものを創造したことになっている。浮いた泡は固まって二つの泡袋となり、それが空アポヤン・タチと大地アウィテリン・ツタになった。

キーワード：創造女神

参考文献：Web "God checker: Native American mythology/A-Z list"

アレウト　Aleut　(イヌイット)

名前の意味・神格・属性：月の妻。

概要：アレウトは月の中の男を崇拝し、月の妻となった。ところが、男は月の中にはおらず、空のどこかにあるごく普通の小屋にいることがわかって失望した。男が一晩中外にいて、昼間はずっと眠っているので、彼女はほとんど独りぼっちだった。それに部屋の隅の帳の中をみることも許されなかった。ある時、彼女はそこを覗いてみようとした。そこには月の銀の仮面、弦と角があった。その時「これでわたしの秘密がわかったね」という声がした。そして今やアレウトは毎晩出かけ、一晩中満ち欠けのある月の仮面をつけている。一方、月男はのんびりと暮らし、働くのは月に一度、満月の仮面をつける時だけである。

キーワード：月、仮面

参考文献：Web "God checker: Native American mythology/A-Z list"

イアティク　Iyatiku　(アコマ・プエブロ集落)

名前の意味・神格・属性：「命を与える」の意。二人姉妹の女神、もう一人はナオツィティ(「籠の中身がどれも多い」の意)。創造神の娘で、地上世界の生き物と植物を創造し、人間の生活の基礎をもうける。創造女神・文化英雄。

概要：地下界に生まれた二人の姉妹が精霊ツィトクティナコ(女性)から助言をうけながら、やがてあらゆる種類の種子やたくさんの動物の小像がはいっている二つの籠を持って、セミと共に地上に出る。二人は創造神ウトクツィティの娘で、父神によって地上世界のさらなる創造を果たす使命を担っていた。イアティクの籠には聖なる粗挽きトウモロコシの種子が入っていて、彼女はヤカハノ族、つまり赤トウモロコシ族の祖に、ナオツィティは太陽族となろうとする。二人は籠の中のトウモロコシを蒔いて、太陽へ捧げものをしながら、その生長を見守り、火を焚いてトウモロコシを焼いて食べる。さらに太陽に祈りを捧げて籠の中の塩に命をあたえたので、塩は東西南北のすべてに存在するようになった。次いで、籠の中の動物たちの餌となる草の種をばらまいて草を生えさせ、そこへ二十日ネズミ、熊ネズミ、モグラ、プレイリードッグのそれぞれの名を唱えながら命を与え、地中に住むようにと言った。次には籠の中の石を投げて山々を造り、様々な木や実のなる木々の種を蒔き、さらに南瓜、スカッシュ(南瓜の一種)、豆などの種子も蒔いた。女神姉妹は成長し、命をあたえた動物である数種の兎、アンテロープ(羚羊)、鹿、エルク、バッファローなどを平原や山に放ち、それが大きくなるとその肉を食べた。そして、豹やオオヤマネコ、熊、鷲や鷹、七面鳥、様々な小鳥を創り、魚や蛇、亀を創り、その肉を試食した。そのうちに、ナオツィティは虹によって妊娠し、二人の男の子を生む。イアティクはその一人を育てる。男の子は大人になると、イアティ

クの夫となり、この結婚からナオツィティの一族、太陽族の一員となる女の子が生まれる。そして産後四日が過ぎたところで、赤ん坊の手に花粉と聖なる粗挽きトウモロコシを握らせて抱き上げ、太陽に祈りを捧げた。イアティクは地上を支配するために、籠から取り出した土に命を吹き込み、東西南北にそれぞれ季節の精霊を遣わし、役割をあたえた。さらに籠から泥を取り出して、神々をつくり、儀礼を教えた。

キーワード：土中からの誕生、姉妹、世界創造、食物の創造、原初（女神）

参考文献：アードス／オルティス『アメリカ先住民の神話伝説』上，「上の世界に出る」131-141頁．

⇒アマテラス

イオイ Ioi （チヌーク族）

名前の意味・神格・属性：「仲人の女神」の意。

概要：イオイは、鳥姿のトリックスターのブルージェイに嫁をもらえばおとなしくなるだろうと、結婚するようしつこく言った。ブルージェイは渋々承諾したが、結婚相手は酋長の死んだ娘だった。イオイはがっかりしたが、ブルージェイは自分が死霊の国へ行って、その娘を連れもどすという。娘をつれて戻ってくると、酋長はブルージェイにその髪の毛を結婚の支度金として求めた。ブルージェイは「いやだ」と言って、鳥のように飛んで逃げた。すると娘はまた死んでしまった。そこでブルージェイは再び死霊の国へ行ったが、そこではイオイが死霊たちの嫁にされようとしている。人間の姿をした死霊たちに取り囲まれたブルージェイが持ち前の金切り声を上げると、死霊たちは恐れおののいて骨と化してしまった。ブルージェイは大急ぎで骨を集めて、繋ぎあわせたが、手足や頭をまともな形にはしなかった。こうして、ブルージェイはイオイをつれ、死んだ娘は置き去りにして戻ってきた。ブルージェイ（チヌーク、サリッシュ）はイオイの兄弟で、騒々しく叫ぶトリックスターである。

キーワード：仲人、結婚、冥界訪問

参考文献：Web "God checker: Native American mythology/A-Z list"

ウトセト Utset （北アメリカ各地）

名前の意味・神格・属性：トウモロコシの女神。

概要：下界が原初の洪水に見舞われていた時、ウトセトはその大部分の住人たちを上界に引き上げて救った。この女神の持ち物の中に袋いっぱいの星があったが、女神はそれをカブトムシに大事にするようにと預けた。ところがカブトムシはそれをひっくり返して、空一面に星をまき散らした。ウトセトはあわててそれを拾おうとしたが、つかむことができたのはほんの少しだけだった。その時救った人間たちに食べ物がないことに気付き、急いで戻ると、自分の心臓の一部を植えた。それが生長して、花が咲き、トウモロコシとなった。

キーワード：ハイヌウェレ型

参考文献：Web "God checker: Native American mythology/A-Z list"

⇒ウケモチ、オホゲツヒメ、ハイヌウェレ

エスタナトレーヒ Estsánatlehi ［英 Changing Woman］（ナヴァホ族）

名前の意味・神格・属性：Estsán =「女」、natlehi =「変化する」の意。変化する女神。

概要：自然もしくは移ろいゆく一年の神格化。ナヴァホの伝承によく登場するが、シャーマンの話ではいっそう多く語られる。一つの姿をしているのではなく、老女になるかと思えば、時間の流れと共に再び若い娘となるといったように、際限なく変化を繰りかえしながら、決して死ぬことがない。また、ナヴァホの長い起源神話の中では太陽の妻として語られ、人間や季節、栽培植物などの創造女神である。彼女は北西の山で最初の女によって発見され、四日間で成長し、森の中で立派な男、太陽に会う。太陽は四日間エスタナトレーヒを訪れ、それから去った。女神は双子の男の子を生む。子供たちは四日で成長して大人になり、父親探しの旅に出る。成長した子供たちは太陽の家に着くが、そこで厳しい試練を課され、その結果太陽はその子供たちが自分の不死の息子であることを認める。双子は

太陽の父から魔法の武器、すなわち、鉄鉱石をちりばめた上着と大きなナイフ、黒と赤の風のお守り、雷の包みをもらい、人々を苦しめている怪物や巨人を征伐する遠征に出る。その仕事が完遂した時、双子は魔法の武器を太陽のもとへ返しにいく。太陽は地上に二つの立派な家を建てるように言う。西にはエスタナトレーヒの宮殿が建てられ、太陽は毎日旅の終わりに彼女の美しさを見られることになった。

ところが、地上には人が少なくなっていた。双子の母であるエスタナトレーヒがそれぞれ白いトウモロコシの挽粉と黄色トウモロコシの挽粉の入った籠を手にして、乳房を振ると、粉の中に塵が落ちた。それから水で粉を捏ね、白い粉からは男の形、黄色の粉から女の形を作って一晩おいた。翌朝、それらは生きた人間になった。この人間たちから四日ごとに人間が作られ、やがてナヴァホ族の四氏族が生まれた。エスタナトレーヒは西の家へ行き、日没の国の女神となった。

キーワード：変化、自然、年、太陽の妻、創造女神、人間の創造

参考文献：Matthews, *Navaho Legends*；バーランド『アメリカ・インディアン神話』195-197頁.

⇒女媧、ヨルカイ・エストサン

カナネスキ・アナイェヒ　Kananeski-anayehi　（チェロキー族）

名前の意味・神格・属性：意味不詳。火を運ぶクモの女神。

概要：バスケットと糸を持って地下界から地上へと火を運んだ女神。背中に黄色がかった赤い毛があるので、この女神だとわかる。異伝によると、暗黒の世界に人間たちのために光をもたらそうとしてフクロネズミ、次にハゲタカが世界の向こう側へ飛んでいって盗んでくる。ところが、太陽の熱のためにフクロネズミは尾が焼けて短くなり、ハゲタカは頭の毛が焼けてしまった。そこでクモ婆さんが粘土で厚手の鉢を作り、ついで世界の向こう側まで届くクモの巣をかけた。クモ婆さんは体が小さかったので、そこの人々に気付かれずにすばやく太陽を引っつかんで鉢に入れると、クモの巣の一本の糸をたどって戻ってきた。クモ女はチェロキーに太陽だけでなく、それといっしょに火をもたらし、その上、焼き物の技術を教えた。

キーワード：クモ、火、光、太陽、土器

参考文献：アードス／オルティス『アメリカ先住民の神話伝説』上,「蜘蛛婆さん、太陽を盗む」197-198頁.

クグ・エ・ビーン・グワ・クワ　Kug-e-been-gwa-kwa　（ウィネベーゴ族）

名前の意味・神格・属性：「盲目の女」の意。山ネズミの女神。

概要：大地がまだ新しかった始まりの頃、支配者であった動物たちは人間を狩り、殺して食べていた。残ったのは隠れて住んでいた一人の少女と弟だけだった。弟は新生児ほどの大きさしかなかったが、少女はふつうの大きさだった。ある日、姉が食料を集めに行ってしまうと、その小さな弟は他の人間を探しに出かけた。途中で横になって休んでいると、太陽が照りつけ、弟の着ている雪姫鳥の羽のローブが駄目になってしまった。しばらく後に、弟は姉に輪縄を作ってもらい、太陽に罠を仕掛けて捕まえた。するとその日は昼がなく、光も暖かさもなかった。動物たちは太陽を捕らえている縄をかみ切って、太陽をとりもどすために、一番大きく恐ろしい動物をやることにした。それは山ネズミだった。山ネズミは罠にかかっている太陽を見つけ、縄をかじり、嚙み切った。太陽は自由になり、空にのぼって、またすべてを明るくした。ところが、山ネズミの体は現在の大きさにまで縮み、目は太陽光線のせいでほとんど見えなくなった。それで「盲目の女」クグ・エ・ビーン・グワ・クワという名になった。太陽を罠で捕らえた小さな弟こそ、この世で最も賢く偉大な力を持つものであるということになり、それ以来、人間が動物の支配者となり、狩りをされる側ではなく、狩りをする側になった。

キーワード：太陽、熱、ネズミ、盲目

参考文献：アードス／オルティス『アメリカ先住民の神話伝説』上,「小さい弟、太陽を

罠で捕まえる」208-210頁.
⇒ヒナ

コヤングウティ　Koyangwuti　（ホピ族、ナヴァホ族）

名前の意味・神格・属性：創造女神。クモ女、クモ婆さん、コキャングウティ Kokyanguwuti ともいう。

概要：試行錯誤を重ねたあげくに人間の祖型を創る。そして、ソックナンが世界を創造し、それからあらゆる生き物を創ってそこへ住まわせるのを手伝った。

　ナヴァホの英雄説話では、クモ女コヤングウティは地下界へやってきた双子のナヤネズガニとトバズィスツィニの親探しを助ける。双子は両親を探しに出かけて、穴に落ちる。それはコヤングウティの居所に通じていた。この女神は双子の兄弟に行く先に苛酷な試練があると教え、魔法の羽根を授ける。地上に出た二人は火のような目をした酋長に捕まり、毒や蒸気で試され、大釘のうえに挿されるが、羽根のお陰でそれに耐える。感心した酋長は自分がツォハノアイであると名乗る。それこそ二人の父親であった。それから「魔物退治に行く」という息子たちに父親は特別な武器（電光・稲妻）を与える。

キーワード：創造女神、クモ女、双子、太陽
参考文献：Web "God checker: Native American mythology/A-Z list"
⇒エスタナトレーヒ

白いバッファローの女　White-she-buffalo　（ブルーレ・スー族、ラコタ族）

名前の意味・神格・属性：White-buffalo-woman とも。

概要：はじめ人間の姿で登場するが、同時にバッファローでもあった。白いバッファローはすべての大平原族にとって聖なる存在で、その生皮は聖なるお守りとして大事にされた。

　この女神は人々に聖なるパイプを授け、その喫煙の儀礼と意義を伝え、自ら雌のバッファローとなる。ブルーレ・スーでは次のような話が伝えられている。

　大昔のある夏、日照りで収穫がなく、人々は飢えていた。部族の首長は獲物を探すために二人の若者を使いにやった。二人はある丘の上で美しい女性に出会う。彼女は見事なヤマアラシの針で装飾された白の素晴らしい鹿革の服を着ており、黒青い髪と輝く黒い瞳を持ち、手には大きな包みとセージの葉があった。若者の一人が彼女に触れようと手を伸ばすと、直ちに稲妻が襲ってその男を焼き殺した。女神はもう一人の若者に「バッファローの国から聖なるものを持ってきた。24本のポールを使ってロッジを建てるように」と告げる。若者はその言葉を首長に伝えた。キャンプでは大きなティピ（天幕）を建てて、女神を迎えた。そして、その指示でティピの真ん中に赤土で聖なる祭壇（オワンカ・ワカン）を設け、そこにバッファローの頭蓋骨を置き、三本の枝木で作った台を用意した。女神はその祭壇の軟らかな土の上に指である図柄を描いて見せると、小屋の中を太陽の巡る方向に回った。そして、首長のまえで包みをあけた。中には聖なるパイプ（チャヌパ）があった。女神はパイプを取り出して、人々に見せた。人々は甘い草（ワカンガ）を袋に入れた水に漬けて、それを女神に振りかけた。今日でもそれは清めの儀式である。女神は人々にパイプの使い方や作法を教え、さらにお祈りの仕方、正しい言葉、作法などを教えた。この女神はその聖なる子宮の中に女たちのためにトウモロコシ、ワスナ（ペミカン）、野蕪を持っており、女たちに炉の火のおこし方や料理の仕方を教えた。そして、子供たちにはいつかそのパイプを吸い、それを使って祈ることになるだろうと告げる。聖なるパイプは死んだ者の魂を永遠にし、また、パイプを通して偉大なる神秘の精霊ワカンタンカと話ができると告げる。それから女神はやってきた方向へ夕日を背にして帰っていく。その途中、女神は四回転がり、一度目は黒いバッファローに、二度目は茶色のバッファローに、三度目に赤いバッファローに、そして最後の四度目に白い雌のバッファローになった。この聖なる女神が消えた瞬間、バッファローの大群が出現した。バッファローは人々に食糧としての肉、

衣服やティピのための皮、道具に使う骨など、人々に必要なものすべてを与えた。
キーワード：パイプ、バッファロー、飢饉、食糧
参考文献：アードス／オルティス『アメリカ先住民の神話伝説』上、「白いバッファローの女」73-79 頁：松村他編『神の文化史事典』「ホワイト・バッファロー・カーフ・ウーマン」498 頁．

白トウモロコシの乙女　Whitecorn maiden　（サンファン・テワ族）
名前の意味・神格・属性：「鹿の狩人」と呼ばれる狩の名手と夫婦になり、死後も霊界へ行かなかったために、夫と共に天空に放たれ、星になる。
概要：昔、サンファン族の原住地の村に不思議なほどの才能を持った若者がいた。一人は「鹿の狩人」と呼ばれる狩の名人、もう一人は白トウモロコシの乙女で、焼き物や刺繍の名人であった。二人は村一番の美男美女で、結婚したが、それ以来いつも一緒にいて、若者は狩りには行かず、乙女は焼き物や刺繍をしなくなった。村人は神々の怒りで飢饉や洪水、病気などの災いがおこるのではないかと恐れた。そのうち、突然、白トウモロコシの乙女が病気で亡くなった。若者は深く悲しんだ。亡くなった魂は四日間、自分の村の中や周りをさまよい、死者が生前に悪いことをした相手に許しを乞うという。その間に彼女に会えるかも知れないと知って、若者は村はずれをさまよった。そして、霊送りの行われる四日目の日没のこと、鹿の狩人は生前と変わりない美しい姿の妻を見つけ、家に連れかえった。やがて、死者である妻の姿は変わり、嫌な臭いがしてきて、若者は妻から離れ、逃げたが、骨と皮ばかりになった白トウモロコシの乙女はその後を激しく追いかけた。ある霧の深い朝、背の高い堂々とした人影が現れた。真っ白な鹿革ロープを着て、大きな弓を手にしていて、背中の矢筒には大きな矢が二本入っていた。男は霊界からの使いであった。「どうしてもいっしょにいたいというなら、空で永遠に追いかけあっているがいい」と言って、「鹿の狩人」を矢につけて西の空に放ち、白トウモロコシの乙女も別の矢につけて夫のすぐ後ろに放った。村人たちは西の空に二つの新しい星があることに気付いた。
キーワード：死、星
参考文献：アードス／オルティス『アメリカ先住民の神話伝説』上、「鹿の狩人と白玉蜀黍の乙女」217-220 頁．
⇒イザナミ

セドナ　Sedna　（イヌイット）
名前の意味・神格・属性：セドナとは「下に居る者」の意とされ、エスキモー・イヌイットに広く伝わる海の女神、海獣の母。各地にヌリアユク（嫁のような女）、アルナルクアグサック（年寄り女）、イマピヌア（海の母）とか、「嫁にいきたがらない女」のほかいろいろな名がある。アルナールクアグサグ、ネリヴィク、ヌリアジュク、シアールナクなど。
概要：その姿は膨れた体で、片目、指のない醜い老女であるが、また、アザラシの姿で想像されていることもある。伝承の一つでは、セドナは巨人の娘で、人喰いであった。ある時、寝ている両親の脚を食いはじめたので、両親は恐怖の余りその子を皮舟（ウミアク）に乗せて海へ連れて行き、そこで娘の指を切り離した。指は海に落ちるとクジラやアザラシや魚になり、巨人の両親はそれになおいっそう驚き、娘を海に投げ出すと、急ぎ家へ漕いで帰った。娘は海のあらゆる生き物の母セドナとなり、クジラ、セイウチ、アザラシや魚の回遊を支配し、また海に嵐をおこす。バッフィンランドの伝承では、人間と結婚したがらない娘が犬を夫にして子供をもうけ、父親から肉をもらって子供を育てている。ある時、やってきた見目麗しい男とその舟で男の村へ行く。そこはウミツバメの村で、男はウミツバメであった。父親はいなくなった娘を捜して、その村へやってくると、娘を舟の中に隠して海上を漕ぎ出す。やがて、夫は舟で追いかけてくるが、娘が姿を見せようとしないので、今度はウミツバメとなって追ってくる。そのうちに風雨で海は大荒れになり、父親は夫の復讐を恐れ、海神の怒りを鎮めよう

しろとうもろこしの ― たいようのむすめ

として娘を海に投げ込む。娘が舟べりにしがみつくと、父親は斧をとりだして、娘の手の指を次々に斬り落とす。指は海に落ちてクジラや様々なアザラシになる。それでも舟べりにしがみついている娘の目を父親は櫂でたたいた。娘は海に落ちてセドナとなり、海の中で石とクジラの骨でできた家に住んでいる。その家には父親も、犬もいる。この女神はアザラシやセイウチだけでなくカリブー、魚や鳥をも領して人間の生業活動を支配するとみなされ、イヌイットは獲物の一部を捧げものとして海に投げ入れる。カナダの北極海沿岸地域ではセドナは最も強力な女神で、天候や地下世界をも支配する。

キーワード：海、海獣（の女神）、女巨人、人喰い、結婚したがらない娘、犬

参考文献：宮岡『エスキモー　極北の文化誌』88-92頁；バーランド『アメリカ・インディアン神話』22-26頁；デュル『再生の女神セドナ』；松村他編『神の文化史事典』「セドナ」298-99頁；*Мифологический словарь*.

セル　Selu（チェロキー族）
名前の意味・神格・属性：トウモロコシの大母神。
概要：カナティイ（幸運な狩人）の妻であるが、自分の腹をこすり、それから異常な便通によってトウモロコシを創った。そして、彼女を魔女に違いないと思う双子の息子サンダーツイン（雷の双子）によって殺される。これに類する別伝（クリーク？）では、トウモロコシの起源はある老婆（地母神）と結び付いている。この老婆は家からの小道を平らになるまで踏みつけていた。ある日、そこに血の塊を見ると、それを瓶で覆った。後にそれを動かすと、下に男の赤ん坊がいた。その子は成長すると、狩に出かけてたくさんの獣を獲った。ところが、男の子にはどの獣からお婆さんがトウモロコシと青い豆の団子を作るのかがわからなかった。ある日、覗き見をしていると、お祖母さんは着物を脱ぎ、腿を搔くと片方からはトウモロコシ、もう一方からは豆が落ちた。秘密を知られたお婆さんは少年を旅に出すことにして、「最初に会った娘と結婚して、帰ってこなければならない」と言う。少年はお婆さんを中に入れたまま、家に火をつけた。お婆さんが定めたように火はすべてを焼き尽くす。やがて、妻を連れて戻ってきた少年はその場所にトウモロコシと豆に覆われた大地を見る。

キーワード：トウモロコシ、豆、ハイヌウェレ型、死と再生

参考文献：バーランド『アメリカ・インディアン神話』「トウモロコシの起源」217-223頁；松村他編『神の文化史事典』、（コーン・メイドン）233-34頁.
⇒オホゲツヒメ、ハイヌウェレ

太陽の娘　Sun Maiden（チェロキー族）
名前の意味・神格・属性：太陽（母）の娘は天空の真中、大地の真上に住む。娘は誤って殺されるが、死霊の国から戻る途中で猩々紅冠鳥（cardinal bird）になる。
概要：太陽と月は姉弟である。人々が太陽を見る時には眩しさで顔をしかめるので、太陽は人々を憎み、暑熱で人々を殺すので、死者が続く。二人の人間が大海蛇とガラガラ蛇となって、太陽を殺そうとするが、母太陽ではなく、その娘が死ぬ。母太陽が哀しみ、娘の家に引きこもったので、世は暗闇になる。困った人々は太陽を取り戻すために、娘を死霊の世界から取り戻すことにする。西の死霊の国では死霊たちが躍っているが、その輪の中から娘をさらって箱の中に入れて連れ帰る。途中で息苦しくなった娘のために箱のふたを少し開けると、何かが音と共に飛び出し、猩々紅冠鳥の鳴き声がする。村に着いて見ると、箱は空になっている。母太陽は悲しみ、涙にくれ、その涙で大洪水が起こる。人々は太陽を慰めるために、その前で歌や踊りを繰り広げ、ようやくその笑みを取り戻す（この話はオルペウスの神話、黄泉の国訪問、天の岩戸の神話に共通する）。

キーワード：太陽、闇、冥界訪問
参考文献：アードス／オルティス『アメリカ先住民の神話伝説』上、「太陽の娘」194-97頁.
⇒アマテラス、イザナミ

チェフーイト　Chehooit　（南カリフォルニア、トングヴァ族）

名前の意味・神格・属性：大地母神。
概要：この女神は七人の巨人に守られていたが、ある時巨大なカエルや他の動物たちが女神の中にトンネルを掘って潜りこみ、丘や谷、野原や川を造ったという。またある時、巨人の一人が宇宙を支えていると頭が寒いと言って、女神の帽子をもらった。ところがこの巨人は人間たちが北の氷原で体を丸めているのに気付き、その帽子を与えた。人間たちはその大きな帽子の中にキャンプを作り、そこで長い間快適な暮らしを続けていたが、ウェイウォトが全員を南カリフォルニアに連れて行った。そして彼らがトングヴァ族となったという。また、チェフーイトは大地の母として豊富な薬用の草や植物を授けたと伝えられている。今日でもその薬草は盛んに取り引きされている。
キーワード：宇宙、地上の創造、大地母神
参考文献：Web "God checker: Native American mythology/A-Z list"

ドーン　Dawn　（イロコイ族）

名前の意味・神格・属性：「夜明け」の意。空の女神。
概要：その額には金星ゲンデンウィサが付いている。ゲンデンウィサ姫に狩人のソソンドワが心を寄せていた。狩人はドーンから天での見張り役を仰せつかっていた。ところが、仕事のない時にブルーバードかブラックバード（ムクドリ）となってこの姫の許へ飛んでいく。ある時、愚かにもこの見張り役は彼女を連れて天へ飛んでいった。そこでドーンの怒りに触れ、姫は彼女の額の真ん中に珠玉となって付けられてしまい、永久にソソンドワの手の届かないところにつり下がっている。それはモーニング・スター（明けの明星、金星）と呼ばれる。
キーワード：夜明け、星
参考文献：Web "God checker: Native American mythology/A-Z list"
⇒スショーバナー

ノコミス／ノコモス　Nokomis/Nokomos　（北東地域）

名前の意味・神格・属性：大地の女神、水の母。
概要：若く美しい女神として天にいた頃、天から吊した葡萄蔓のブランコ乗りが好きだった。ある時その蔓を切られ、原初の海原にまっさかさまに落ちた。天へ戻る術はなかった。女神は風と波に揺られて漂い、それでみごもり、あらゆるものを生んだ。海の上を漂っている間に命を宿した女神の体はますます膨れて大きくなり、ある時女神はこの大地ほど大きく丸くなった。彼女は大地のすべての母神たちの祖である。
キーワード：原初（女神）、大地の創造
参考文献：Web "God checker: Native American mythology/A-Z list"
⇒イルマタル

フルイング・ウーティ　Huruing-wuhti　（ホピ族）

名前の意味・神格・属性：東と西の神、創造女神。
概要：二人の女神は大地と天空の接点、太陽の出没する東と西を司り、地上の生き物の創造に当たる。大地には水以外何もなかった頃、東には岩や粘土や鉱物など堅い物質の女神の一人、フルイング・ウーティが海にすんでいた。その家は現在のホピ族のキーヴァ（一部または全部が地下に造られている）であった。そのキーヴァに繋がる梯子にはいつも灰色と黄色の狐の皮が一枚ずつ結んであった。西の方にはもう一人別のフルイング・ウーティがやはりキーヴァに住み、こちらの梯子には亀の甲羅でできたガラガラが付けてあった。

　この水の世界を太陽が昇り、そして沈んだ。太陽は東に現れる少し前に灰色のきつねの毛皮を身に着けて、白い夜明けを創り、ほどなくして、それを脱いで黄色の皮に着替えると、黄色い夜明けになる。やがて、太陽はキーヴァから出て空に昇り、空を渡って西に着くと、ガラガラを鳴らして、西のフルイング・ウーティに自分の到着を告げる。それからキーヴァの中に入り、その北側にある出口を通って、今度は水の中を東に向かって進ん

だ。

　まもなく、二人の女神は乾いた地面が現れるようにと水を東と西に退かせた。その地面の上を通った太陽は、そこに生き物がいないことを女神たちに告げた。女神たちは粘土でミソサザイをはじめ様々な鳥や動物を作り、それぞれに歌や言葉を教えて外へ出した。それから女神たちは人間を創造することにして、粘土で白い女と白い男を一人ずつ作って、息を吹き込み、平板に木の枝で象形文字を書いてこの二人に渡し、言葉を教えて、住みたいところへ行くようにと送り出した。

　そのころクモ女もまた粘土で人間を創ったが、その中に喧嘩を繰りかえす男女があった。そのために今でも夫婦の間には諍いが多い。最後に西と東のフルイング・ウーティは海の中に住むことにすると言って、去って行った。

キーワード：太陽、西と東、生き物の創造、人間の創造、声、言葉、諍い

参考文献：アードス／オルティス『アメリカ先住民の神話伝説』上,「ホピ族の白い夜明け」151-154頁.

⇒エスタナトレーヒ、女媧

ヨルカイ・エストサン　Yolkaí Estsán
（ナヴァホ族）

名前の意味・神格・属性：Yo =「ビーズをつくる貝」、Ikaí=「白い」、Estsán =「女」。白い貝の女。海・水の女神。

概要：エスタナトレーヒ[†]と同時に生まれたことになっている。その妹。エスタナトレーヒが大地の宝石ターコイズ（トルコ石）で創られ、土地に結び付いているのに対して、この女神は海の貝で創造され、水と関係している。

キーワード：貝、海、水、姉妹

参考文献：Matthews, *Navaho Legends,* p.34.

メソアメリカの女神

笹尾典代

概説

【原典】

メソアメリカの神々や神話を伝える文字資料には、大きく分けて次の二種類がある。

Ⅰ．16世紀のスペイン征服以前に制作された、一般にコディセ códice、コデックス codex と呼ばれる絵文書。

Ⅱ．スペイン植民地期初期に、スペイン人宣教師や年代記者、およびスペイン人に教育された先住民によって、スペイン語ないしはローマ字化されたナワトル語やマヤ語などの土着言語で記された（多くは絵入りの絵文書形式を伴う）諸文書。

このほか、考古学的遺跡や遺物に刻まれた碑文や図像、石彫なども、断片的な描写・説明に留まるものの神話上の神々やそのエピソードを題材としたものも多く、メソアメリカの神々や神話伝承に関する上記文字資料の解読を助ける不可欠な史料となっている。

Ⅰの、先スペイン期に制作されたと考えられる絵文書（コデックス）で現存するのは、18点のみである。このうち、先スペイン期のメキシコ中央高原部（アステカ）で編まれた5点のコデックス（①『ボルジア絵文書』、②『フェイエルヴァーリ・マイヤー絵文書』、③『コスピ絵文書』、④『ロード絵文書』、⑤『ヴァチカヌスB絵文書』）は、「ボルジア・グループ」と呼ばれる。

これらは、アステカの神々とその物語を、暦や祭祀、宇宙観、易占と共にビジュアルに表現するきわめてユニークかつ重要な資料であり、すべて1960-70年代にオーストリアのグラスで翻刻されている（*Akademische Druck-und Verlagsanstalt*, Graz, Austria.）。同じメキシコ中央高原部（アステカ）からはほかに、アステカの祭祀と神々について詳しい『ボルボニクス絵文書』や、トラスカラで制作されたものと考えられている『オーバンのトナラマトル』、またオアハカ西部地方のミシュテカ人の神々や王の系譜を記した『ヴィーン絵文書』『コロンビーノ絵文書』など、後古典期（900年頃-1521年）のアステカおよびその周辺部族の神々や祭祀暦、社会を伝える9点のコデックスが発見されている。

マヤ地域については、マヤ文明の最盛期であった古典期（250-900年頃）に作成されたものは残っておらず、その衰退期である後古典期に入ってから書かれたと思われるわずか4点のコデックス（①『ドレスデン絵文書』、②『マドリッド絵文書』、③『パリ絵文書』、④『グロリア絵文書』）が現存するのみである。現在、これら四つの絵文書はLee,V.R., *Los Códices Maya* にまとめて復刻されている。

Ⅱの、征服後にスペイン人およびその指導を受けた先住民によって制作された諸文書のうち、アステカに関する代表的なものとしては、征服直後に、フランシスコ会のベルナルディーノ・サアグン修道士の指揮下で先住民貴族たちがローマ字化したナワトル語で記した『フィレンツェ文書（*Códice florentino*）』、およびそのナワトル語テキストにサアグン自身によるスペイン語訳が付された『ヌエバ・エスパーニャ総覧（*Historia General de las Cosas de Nueva España*）』と、ドミニコ会のディエゴ・ドゥラン修道士が記した『インディアス誌（*Historia de las Indias de Nueva*

概説

España e islas de Tierra Firme)』がある。前者は、先住民の情報提供者から長期にわたり収集したアステカ文明全般に関する記録を集大成した、いわばアステカの百科事典であり、アステカの社会、文化事情、自然を包括する博物誌的情報が豊富な図像と共に掲載されている。後者には先スペイン期のアステカ人とその周辺部族の歴史、暦、宗教儀礼について、古い絵文書に基づいたと考えられる絵をともなって記述されている。さらに、特にアステカの神話・伝承を数多く収録した貴重な史料として、アンドレス・デ・オルモスをはじめとするフランシスコ会修道士たちによって収集・編纂されたとされる『絵によるメキシコ人の歴史（*Historia de los mexicanos por sus pinturas*)』、『メキシコの歴史（*Historia de México*)』、『太陽の伝説（*Leyenda de los Soles*)』がある。サアグンとドゥランの文書に関しては抄訳が出ている（サアグン『神々とのたたかいI』、ドゥラン『神々との戦いII』）。また『絵によるメキシコ人の歴史』ほかの資料については、いくつかの主要な神話がタウベ『アステカ・マヤの神話』）に紹介されている。

マヤ地域については、16世紀中に書かれた数少ない記録の中でも特に重要な資料として、フランシスコ会宣教師ディエゴ・デ・ランダが自ら見聞きしたユカタン半島マヤ先住民の暦法・文字・宗教・生活習俗全般を克明に記録したマヤ民族誌とも言うべき『ユカタン事物記（*Relatión des choses de Yucatan*)』(1566年頃執筆)がある。征服以前に記された絵文書を「悪魔の書」としてことごとく焚書するなど、マヤ先住民の宗教の根絶・撲滅に力を注いだランダであったが、先住民の「邪教」の根絶に尽力した自らの改宗化活動の正当性を主張するために著されたとされるこの『ユカタン事物記』が、皮肉にも今日、征服期前後のマヤの文化、社会を伝えるきわめて希少な資料となっている（ランダ『ユカタン事物記』）。さらに、マヤ地域の神話や伝承を知る上での原典資料として特に異彩を放っているのが、グアテマラのキチェ・マヤ族に古来より伝わる神話・伝承をまとめた『ポポル・ヴフ（*Popol Vuh*)』である。原書は、スペイン征服直後の1550年代に書かれたと考えられている。筆者は不明だが、キチェ族（スペイン人到来時のグアテマラにおける最大のマヤ系先住民の集団）の誰かが、彼らの間でかつては存在したが今や人々の記憶にしか残されていなかった古絵文書の内容や口承伝承を何とか文字記録として子孫に伝えようとして、習いたてのアルファベットを使ってキチェ語で記したものらしい。その後、18世紀初頭にグアテマラ、チチカステナンゴにあるサント・トマス教会でドミニカ会宣教師フランシスコ・ヒメネス神父によって発見された。残念ながら今日その原書は失われており、残っているのはヒメネス神父によってスペイン語訳が付されたその原書の写本である。その後、アドリアン・レシノスのスペイン語訳を通じて各国語に重訳され、1971年に林屋永吉による邦訳も出版されている（レシノス原訳『ポポル・ヴフ』）。また、デニス・テドロックによるキチェ語から直接訳した英語版（1985年）もある。このほか、『チラム・バラムの書』と呼ばれる、マヤ族の最後のかつ最も偉大とされるバラム（最高神官）の語録を収めた記録文書が残されている。これは、植民地時代を経て19世紀になってもなおユカタン北部を中心に各地のマヤ系先住民の間で「神聖な書」として伝えられ尊重されていたもので、現在、全部で10の文書がそれぞれの属する町や村の名が付されて存在しており、中でも『チュマイルの「チラム・バラムの書」』『ティシミンの「チラム・バラムの書」』『マニの「チラム・バラムの書」』はその価値がマヤ研究者の間でも高く評価されている。天地創造の神話をはじめ、部族の歴史（起源神話）や年代記、予言、暦（天文学的知識）、祭祀・儀式の頌詞、病気治療法に至るまでが、時に予言と史実がほとんど区別できないほどに入り混じりながら語られており、キリスト教との混淆も散見されるものの、今日、マヤの人々の古来からの根源的な世界観・宇宙観そして宿命観（歴史観）を伝える貴重な史料とされている。上記三つの「チラム・バラムの書」の一部は望月芳郎訳『マヤ神話――チ

ラム・バラムの予言』に邦訳されている。

【メソアメリカ神話における男神と女神】
　メソアメリカ神話は、その構造原理が相互補完的二元論の思考に貫かれていることを、最大の特徴としている。メソアメリカの二元論的思考において、万物は、それぞれの性質をもとに、相互に依存、補完しあう対立（対応）要素からなる二大区分のいずれかに分類される。そして宇宙はこの対立しあう力（要素）の組み合わせによって生成変化するとされる。つまり対立する二つの力はつねに相互に依存しあう一組（ペア）として捉えられており、このペアの間に優劣の価値的差は存在しない。このことを最も明快に示す例が男（神）／女（神）のペアであり、アステカにおけるオメテオトル神（＝二人の神）はこうした相互補完的二元論の創造原理を体現する至高の創造神である。オメテオトルは男性原理であるオメテクトリ神と女性原理であるオメシワトル†神が合体した両性具有の創造神であり、メソアメリカでは世界の創造と維持は、つねに宇宙の活力を生み出す一対の男神（男性原理）と女神（女性原理）二人の作業と考えられていた。
　男性／女性以外の対立ペアとしては、熱／冷、生／死、天空／大地、天頂／地下、乾季／雨季、昼／夜、太陽／月、火／水、明／暗、戦闘／農耕などがあるが、左右の対立項はそれぞれが男性原理と女性原理の二つの二大区分にグルーピングされる。ここで男性原理に結び付くグループは「熱、生、天空、天頂、乾季、昼、太陽、火、明、戦闘」、女性原理に結び付くグループは「冷、死、大地、地下、雨季、夜、月、水、暗、闇・農耕」である。メソアメリカの一連の世界創造神話には、地上世界のあらゆる創造物が、この天空世界に宿る男性的な力（男性原理）と地下世界に宿る女性的な力（女性原理）という対立原理が、天空―地上―地下を垂直に貫く世界樹を、かたや下降し、かたや上昇し、地上世界で合流・混合することで生成・生起すると考える宇宙観が貫かれている。
　しかし、こうした宇宙の男性原理と女性原理の対は、そのまま単純な外見上の男神／女神の対に対応はしない。絵文書や彫刻物において女性的なモチーフ（乳房やスカートなど）と共に示される女神であっても、例えば大地母神シワコアトル†や月神コヨルシャウキ†のように強力な戦士として表現される女神たちがいる。逆に、基本的に男性的なモチーフ（下帯など）と共に描かれる男神であっても、例えば水神トラロクやトウモロコシ神シンテオトルのように女性的な原理を強く体現する神々もいる。すなわち重要なのは、宇宙には男性原理と女性原理に連なる二つの大きな区分があり、それぞれの区分に分類される要素一つひとつがさらに相互補完的な二つの対立要素によって構成されていると考えられていることである。いわゆる男神であれ女神であれ、一柱の神はこれら両方の原理をつねに内包する存在とするのがメソアメリカの神概念の特徴と言えよう。

【参考文献】
〔原典〕
ベルナルディーノ・デ・サアグン『神々とのたたかい I』篠原愛人／染田秀藤訳, 岩波書店, 1992年
ドゥラン, ディエゴ『神々とのたたかい II』青木康征訳, 岩波書店, 1995年
ランダ, ソリタ『ランダ ユカタン事物記』大航海時代叢書（第 II 期）13, 林屋永吉訳, 岩波書店, 1982年
レシーノス, アドリアン原訳『ポポル・ヴフ』林屋永吉訳, 中公文庫, 1977年
ル・クレジオ原訳・序『マヤ神話 チラム・バラムの予言』望月芳郎訳, 新潮社, 1981年
Anales de Cuauhtitlán, in, Códice chimalpopoca, UNAM, 1992
Códice Borbónico, F. Andres, M. Jansen and L. R. García, ed., FCE, 1991
Códice Borgia, F. Andres, M. Jansen and L. R. García, ed., FCE, 1993
Códice Cospi, C. Aguilera, ed., INAH, SEP, 1988
Códice Fejérváry-Mayer, F. Andres, M.

Jansen and L. R. García, ed., FCE, 1993

Códice Laud, F. Andres, M. Jansen and L. R. García, ed., FCE, 1994

Códice Magliabechiano, F. Andres and M. Jansen, ed., Códice Vaticano B, F. Andres and M. Jansen, ed., FCE, 1993. FCE, 1996

Códice Telleriano-Remensis (*Codex Telleriano-Remensis*), Eloise Quinones Keber, ed., University of Texas Press, 1995

Códice Vaticano A, F. Andres and M. Jansen, ed., FCE, 1996

Códice Vaticano B, F. Andres and M. Jansen, ed., FCE, 1993

Durán, Diego, *Historia de las Indias de Nueva España e islas de la Tierra Firme*, vol. 2, Editorial Porrúa, 1984

Historia de los mexicanos pos sus pinturas, in, Rafael Tena, *Mitos e historias de los antiguos nahuas*, CONACULTA, 2002

Historia de México, in, Rafael Tena, *Mitos e historias de los antiguos nahuas*, CONACULTA, 2002

Leyenda de los soles, in, *Códice chimalpopoca*, UNAM, 1992

Lee,V.R., *Los Códices Maya*, Universidad Autonoma de Chiapas, 1985

Sahagún, Fray Bernardino de, *Florentine Codex: General History of the Things of New Spain*, Book 1-12, Arthur J. O. Anderson and Charles E. Dibble, trans., The School of American Research and The University of Utah, 1953-1981

〔一般〕

タウンゼント，リチャード・F『図説アステカ文明』増田義郎監修，武井摩利訳，創元社，2004年

コウ，マイケル・D.『古代マヤ文明』加藤泰建／長谷川悦夫訳，創元社，2003年

高山智博『アステカ文明の謎』講談社現代新書，1979年

タウベ，カール『アステカ・マヤの神話』藤田美砂子訳，丸善，1996年

ジョーンズ，D・M／モリノー，B・L『ヴィジュアル版・世界の神話百科／アメリカ編』蔵持不三也監訳，井関睦美／田里千代訳，原書房，2002年

土方美雄『マヤ・アステカの神々』増田義郎監修，新紀元社，2005年

ミラー，メアリー／タウベ，カール『図説マヤ・アステカ神話宗教事典』武井摩利訳，東洋書林，2000年

ロペス＝アウスティン，アルフレッド『メソアメリカの神話学 月のうさぎ』篠原愛人／北条ゆかり訳，文化科学高等研究院出版局，1993年

吉田栄人編『メキシコを知るための60章』明石書店，2005年

メソアメリカの女神の事典

イシュ・チェル　Ix Chel
名前の意味・神格・属性：「虹の婦人」（Ix が「婦人」、Chel が「天のアーチ」「虹」）の意。出産、生殖、豊穣を司る女神、水の女神、産婆、薬、癒し、機織りの守護女神、怒れる老母神、洪水を引き起こす死と破壊の女神、予言の女神。

水を放出する女神O（＝イシュ・チェル）、『マドリッド絵文書』より

概要：マヤで古くから広く信仰されたきわめて重要な女神であり、多様な属性を備えている。征服期以前（後古典期）に作成された絵文書などでは、マヤの創造神イツァムナ（もしくはその昼の神としての化身である太陽神キニチ・アハウ）の配偶神とされている。出産、妊娠、五穀豊穣を司り、時には薬、癒し、機織りの守護神ともされた。また生命の源である水の女神とも考えられ、雨をもたらす恵みの神としての一面と、ひとたび怒りが度を超えると天の水瓶をひっくり返して人間に豪雨と洪水をもたらす「怒れる老婆」と称され恐れられた、死と破壊の一面をも併せ持つ女神である。

16世紀のスペインによる征服以前に制作された絵文書では、この女神はチャック・チェルと呼ばれ、通常、その頭には蛇が巻き付いており、その手はジャガーのかぎ爪で、十字に組んだ骨の文様のあるスカートをはいた老婆の姿で描かれ、背景には死と破壊の象徴を伴っていることが多い。こうした容貌と共に、時には槍と盾を持つ完全武装した女性戦士の姿で描かれることもあることから、アステカの大地母神コアトリクエ†やトラルテクトリ†との共通性がしばしば指摘されている。

かつてマヤ人は、生贄をささげることを怠ればイシュ・チェルは暴風雨を引き起こし、町を破壊して人間を殺すと考えていた。メキシコ・ユカタン半島北東岸のコスメル島とムヘーレス島には、そんなイシュ・チェル崇拝のための神殿があり、その内部はこの女神の像で埋め尽くされていたという。スペイン征服期にも、そこはユカタン全土から多くの女性たちが巡礼に訪れる「女の島」と呼ばれる聖地であった。

「シェルハスの神々」の分類リスト（征服期以前に作成された絵文書3冊に登場するマヤの神々を、P・シェルハスが体系的に整理してアルファベット文字で分類したもの）では、老女の姿をした「女神O」がイシュ・チェル（チャック・チェル）に相当すると考えられている。また『ドレスデン絵文書』の中でひときわ目を引く、半裸姿で様々な男神とたわむれる若く美しい「女神I†」および古典期マヤ美術にしばしば描かれている月の女神をイシュ・チェル（の若い頃）とする見方もあるが、いずれも同一視する根拠がなく、今日では一般的には別の女神とみなされてきている。

キーワード：老母神、出産、豊穣女神、機織り、癒し、水の女神、洪水、死と破壊
参考文献：ミラー／タウベ『図説マヤ・アステカ神話宗教事典』；コウ『古代マヤ文明』、第9章；ジョーンズ／モリノー『ビジュアル版・世界の神話百科／アメリカ編』．

イツパパロトル　Itzpapalotl
名前の意味・神格・属性：「黒曜石の蝶」（itz [tli] が「黒曜石」、papalotl が「蝶」）の意。暗闇の星の女神、死の女神。

概要：元来はメソアメリカ北部の狩猟民によって崇拝されていた星の女神であり、やがて

イツパパロトル、『ボルボニクス絵文書』より

中央高原でも、暗闇で魔物化して死と破壊をもたらす女神として非常に恐れられるようになった。16世紀の征服前後に作成された絵文書では、この女神は骸骨のような容姿と共に、背中には蝶、鷲、蝙蝠の羽や、先端がナイフ状に削られた黒曜石の翼をつけ、トラルテクトリ†やコアトリクエ†といった大地母神たちと同様に、鋭いかぎ爪のついた手足を持った恐ろしい姿で描かれる。その出自からして狩猟との結び付きが強く、この地域の代表的な狩猟神ミシュコアトルは、この女神の息子であるとされる。イツパパロトルは中央高原部において「ツィツィミメ†」と呼ばれる、暗闇ですべてをむさぼり食う恐るべき魔物に変身すると考えられた星の女神たちの中の代表的な一神である。この点で、同じような攻撃的な性格を持つ、出産で死んだ女性たちの魂「シワテテオ†」とも強く結び付いている。

キーワード：宝石（黒曜石）、星、闇、死
参考文献：ミラー／タウベ『図説マヤ・アステカ神話宗教事典』；土方『マヤ・アステカの神々』．
⇒カーリー

イラマテクトリ　Ilamatecuhtli
名前の意味・神格・属性：「老女の主」（ilamaが「老女」、tecuhtliが「主」）の意。大地の女神、死の女神。天空（天の川）の神。
概要：メソアメリカ中央部で崇拝されていた大地と死と天空の女神である。16世紀の征服前後に作成された絵文書では、この女神はむきだしになった歯茎から舌を突き出し、「シトラリ・イクエ（星のスカート）」と呼ばれる貝殻のふちどりがされたスカートをはき、手には盾と織り棒を持った老女の姿で描かれている。大地母神シワコアトル†の化身の一人とも、また老いて枯れたトウモロコシの神格であるとも考えられており、「老いた母神」として死と再生の生命循環の一部を担う重要な神であった。アステカの18の年中祭祀の一つ「ティティトル」（「萎れた、しわのある」の意）は、この女神のための祭りであり、祭りの終盤ではこの女神に扮した女性が生贄とされ、その後、神官の一人が、切り落とされたイラマテクトリの頭を手にぶら下げて踊りを先導したとされる。

キーワード：大地、老い、死、トウモロコシ
参考文献：高山『アステカ文明の謎』，第Ｖ章；ミラー／タウベ『図説マヤ・アステカ神話宗教事典』；ジョーンズ／モリノー『ヴィジュアル版・世界の神話百科／アメリカ編』．

オメシワトル　Omecihuatl
名前の意味・神格・属性：「二の女」（omeが「二」、cihuatlが「女」）、あるいは「二元性の女」の意。至高の二元性原理。
概要：女神オメシワトルは、常に男神オメテクトリと二神一組で、メキシコ中央部の宇宙論における始原の二元論的創造原理を体現する両性具有の至高神オメテオトル（＝「二人の神」）である。この中央部の二元性宇宙論において、オメテクトリが宇宙の男性的要素

イラマテクトリ、『ボルボニクス絵文書』より

（天空・光・火・硬・戦争……）とその創造力を現すのに対し、オメシワトルは女性的要素（大地・闇・水・柔・農耕……）とその創造力を現すとされるが、その男性的創造力と女性的創造力は決して対立する二元的な力ではなく、常に相補的に作用することで世界を創造・維持する力である。アステカ人の宗教伝統では、オメテクトリ・オメシワトルの二神は、天空の最も高い場所に位置するオメヨカン（「二元性の場所」）に住むとされる。この二神は世界を超越した始原の創造至高神であるがゆえに、図像によって表現されることはなく、またこの二神のための特別な神殿も祭祀も存在しないが、この二神（多くはオメテオトル）に向けて唱える祈りの言葉は多数存在した。オメシワトルは別名をトナカシワトル（「我らの肉と糧の女王」）、オメテクトリはトナカテクトリ（「我らの肉と糧の王」）とも言う。ある資料では、すべての始まりに女神トナカシワトルと男神トナカテクトリが存在し、やがてこの夫婦が四柱の神々を生む。この四柱の神々——世界の四方向、あるいは四大要素（地・水・火・風）を表現すると考えられる——は、具体的な世界創造の役割を引き受ける。こうして十三層の天空世界と九層の地下世界、原初の水とそこに漂う怪物トラルテクトリ†、水を司る男神トラロクと女神チャルチウトリクエ†、地下世界を司る男神ミクトランテクトリと女神ミクテカシワトル†、最初の人間の夫婦である夫オショモコと妻シュムカネ†（シパクトナル）、そして時間（暦）などが創造された。メソアメリカの宇宙論においては、世界の諸事物とそれらを司る神々は、宇宙の創造原理としてのオメテクトリ・オメシワトルが様々なあり方で具現化・特殊化したものである。

キーワード：二元性、創造女神

参考文献：高山『アステカ文明の謎』, VI章; タウンゼント『図説アステカ文明』, 第7章; ミラー／タウベ『図説マヤ・アステカ神話宗教事典』.

コアトリクエ　Coatlicue

名前の意味・神格・属性：「蛇の腰巻」（coatl が「蛇」、cue [itl] が「腰巻」）の意。大地母神、太陽と月と星の母。

概要：アステカの支配部族であるアステカ人（メシーカ人）が崇拝していた大地母神。メキシコ国立人類学博物館には、高さ約3メートル、重さ約9トンの巨大なコアトリクエ像が展示されている。無惨にも切り落とされたその首からは、吹き出す血が絡み合う蛇の姿となって頭部を形作り、さらに、その名前に示される通り、腰巻のようになって下半身を覆い尽くしている。メソアメリカの宗教伝統において、山や洞窟から出現する蛇は、大地が有する強烈な産出力を象徴するものであり、生贄の切断された体から流れ出る血が蛇に姿を変えて大地に浸み込み、そこから作物が実るといった意匠の図像は数多く見受けられる。また、この女神像の胸部には、切り取られた二つの心臓と、四つの手のひらでできたネックレスが垂れ下がり、へその辺りには一つのドクロがついている。心臓は生命力を、手のひらは神々の原初的な造形力を、ドクロは死の力を表現するものと考えられる。またかぎ爪のついたその足の裏面には、大地の（女）神トラルテクトリ†の姿が彫刻されている。このことはコアトリクエがトラルテクトリと同様に、創造と破壊の力を兼ね備えた両義的な神であることを示している。

『フィレンツェ文書（*Códice florentino*）』と呼ばれる資料には、この女神に関する次のような神話が記されている。昔、コアテペク（「蛇の山」）と呼ばれる山があり、そこにコアトリクエという女神が住んでいた。これはセンツォン・ウィツナワ（「四百の南の者たち」）という兄弟と、その姉コヨルシャウキ†（「鈴の飾り」）の母であった。ある時、天から羽のようなものが舞い降りて来て、それに触れたコアトリクエは懐妊してしまう。コヨルシャウキとセンツォン・ウィツナワたちは母が懐妊したことを知って怒り狂った。そしてコアトリクエと胎児を殺すために、コヨルシャウキを先頭にコアテペクへと向かった。これを知ったコアトリクエは恐れおののいたが、胎内の子供が「母よ、恐れることはない」と声をかけてコアトリクエを激励する。

コアトリクエ ー コヨルシャウキ

コアトリクエ、メキシコ国立人類学博物館所蔵

コヨルシャウキらの軍勢がコアテペクに到着するやいなや、盾と矢で武装した立派な戦士がコアトリクエの胎内から生まれ出た。この戦士こそ、後にアステカの守護神となる太陽神ウィツィロポチトリ(「南のハチドリ」)である。ウィツィロポチトリは、シウコアトル(「炎の蛇」)という名の強力な武器でコヨルシャウキを刺し貫き、その頭を切り飛ばした。コヨルシャウキの体は山のふもとへと転げ落ち、ばらばらになった。ウィツィロポチトリはさらにセンツォン・ウィツナワたちに襲いかかり、完膚なきまでに彼らを打ちのめした。こうしてウィツィロポチトリは勝者としてこの世界に君臨したのだった。

このウィツィロポチトリ誕生神話は、アステカの首都テノチティトランで行われた国家的大祭「パンケツァリストリ」で、毎年、儀礼的に再現されていた。そこでは早朝、日の出と共に中央神殿のピラミッド祭壇(コアテペクを模したもの)から現れ出たウィツィロポチトリの化身が、テノチティトランに従属するいくつかの都市を駆け巡り、各地で生贄(コヨルシャウキの軍勢を表現したもの)を殺す儀礼を行い、最後に再び中央神殿に戻っ

てきた。

この神話は、他部族を武力によって征圧することで打ち立てられたアステカ帝国の世界秩序を、理念的に根底から支える神話であった。それはアステカ帝国に敵対する諸民族に対するアステカ人の勝利を表現するものであると同時に、月神(コヨルシャウキ)と星神(センツォン・ウィツナワ)に対する太陽神(ウィツィロポチトリ)の勝利という、宇宙的闘争を表現する神話でもあった。しかし注意したいのは、この神話が世界の太陽神話にしばしば見られるような、闇の勢力に対する、光の勢力の完全なる勝利の神話ではないという点である。メソアメリカの宇宙論を貫くその二元論的思考(宇宙を「光・火・天空・生・男性」の領域と、「闇・水・大地・死・女性」の領域という、二つの相互補完的な領域に区分する宇宙論)においては、コアトリクエは基本的に後者の領域に属している。しかしウィツィロポチトリ誕生神話においては、コアトリクエは、光の神と、それに敵対する闇の神々の両者を生む偉大なる母神として、すなわち創造と破壊の二つの力を湛えた両義的な創造神として、メソアメリカ宇宙論における相補的二元性原理を象徴するきわめて重要な始原神である。マヤなどの他の民族と比較して、アステカ人の宗教伝統は、一般的には太陽神(男神)中心主義的な性格が強かったと見られがちであるが、ここでは必ずしも男性中心主義的ではない、世界を男性的・女性的創造力が相補的に交わることで生成・維持される両義的なものとして捉える、先スペイン期のメソアメリカ宇宙論の一端を見て取ることができよう。

キーワード:大地母神、蛇、両義性、二元性
参考文献:土方『マヤ・アステカの神々』;高山『アステカ文明の謎』,第Ⅴ,Ⅵ章;タウンゼント『図説アステカ文明』,第3章;ジョーンズ/モリノー『ヴィジュアル版・世界の神話百科/アメリカ編』.
⇒チャルチウトリクエ、トラソルテオトル

コヨルシャウキ Coyolxauhqui
名前の意味・神格・属性:「鈴の飾り」(coyol[li]

が「鈴」、xauhquiが「飾り」)の意。闇と死の女神、月の女神。

概要：アステカの創世神話であるウィツィロポチトリ誕生譚において、重要な役割を果たす女神。この神話ではコヨルシャウキは闇の軍勢を率いて、自らの母コアトリクエ†とその不義の子である太陽神ウィツィロポチトリのいるコアテペク山(「蛇の山」)に攻め入るが、ウィツィロポチトリの返り討ちにあって体をばらばらにされてしまう。この女神が特に注目されるようになったのは、1978年、メキシコ市中心部の地下から、この女神の姿が彫刻された巨大な円形石盤(直径約3メートル、重さ約8トン)が発見されたことによる。その場所はアステカ帝国の首都テノチティトランの最も重要な宗教施設である「大神殿(テンプロ・マヨール)」のあった区画であり、この発見を機に、大規模な発掘プロジェクトが実施された。そこではメソアメリカの二元論的宇宙論を見事に表現する「双子の神殿」や、多量の奉納物などが発掘され、アステカ宗教に関する知識は飛躍的に高まることとなった。

このコヨルシャウキの石盤には、ウィツィロポチトリ誕生神話に語られるとおり、体をばらばらにされた姿の女神が彫刻されている。一般にこの女神は、太陽神(ウィツィロポチトリ)の敵対者としての月神であると考えられているが、一説には、夜空の天の川が神格化されたものとも言われる。いずれにせよコヨルシャウキが、その腰の部分にあるドクロの装飾にも示されるように、イツパパロトル†やシワテテオ†といった女神たちと同様に、死と闇の力に関わる女神であったことは間違いない。

また注目されるのは「ばらばらになった体」という神話的主題である。これはこの女神が〈死体化生型神話〉(原初の神や巨人の体の各部位から世界の諸事物が作り出されたとされる神話)の主人公としての大地母神トラルテクトリ†と、何らかの象徴的連関性を有していることを示す。

ウィツィロポチトリとコヨルシャウキ(およびこの女神が率いる闇の軍勢)の間の戦い

コヨルシャウキ、テンプロ・マヨール博物館所蔵

は、太陽と月・星との間の宇宙的闘争の物語であると同時に、アステカ帝国とそれに敵対する諸部族の間の戦いを象徴するものでもある。そしてウィツィロポチトリがコヨルシャウキたちを打倒し殺戮するという物語は、アステカ人が絶えざる征服戦争と人身供犠の儀礼を行う上での一つの神話的根拠ともなった。

キーワード：闇、死、月、天の川、死体化生
参考文献：高山『アステカ文明の謎』, 第VI章；土方『マヤ・アステカの神々』；タウンゼント『図説アステカ文明』, 第7章；ジョーンズ／モリノー『ヴィジュアル版・世界の神話百科／アメリカ編』.
⇒ハイヌウェレ

シュムカネ　Xmucane

名前の意味・神格・属性：「老女」の意。人類の始祖母、占い師
概要：キチェ・マヤ族の聖なる書『ポポル・ヴフ』で、夫のシュピヤコクと共に人類を創造した占い師であり始祖母神。二人はツィテ豆を使った占いで創造神による数回にわたる人類の創造を助け、最終的にはシュムカネが挽いたトウモロコシの粉から真の人間が作られた。『ポポル・ヴフ』に登場する双子フン・フナフプとブクブ・フナフプの母である。シュムカネとシュピヤコクの二神は、占星術を

シュムカネとシュピヤコク、『ボルボニクス文書』より

ショチケツァル『ボルボニクス絵文書』より

発見し、時を数える暦法を作ったとされる、アステカの始祖の老夫婦神オショモコとシパクトナリの二神に相当する。
キーワード：始祖母、占い、暦
参考文献：レシーノス原訳『ポポル・ヴフ』：ミラー/タウベ『図説マヤ・アステカ神話宗教事典』：ロペス＝アウスティン『月のうさぎ』.

ショチケツァル　Xochiquetzal
名前の意味・神格・属性：「花の羽」（xochi [tl] が「花」、quetzal が「（ケツァル鳥の）羽」）、あるいは「高貴な花」の意。植物・穀物神。愛と職工の守護神。豊穣の喜びの女神。
概要：後古典期のメソアメリカ中央部で崇拝されていた植物の女神であり、愛と踊りの男神ショチピリ（「花の貴人」）を配偶神に持つ。16世紀の征服前後に作成された絵文書では、頭に二つのケツァル鳥の羽飾りをつけた華やかな姿で描かれる。それは咲き誇る花のように、若々しい生命力と官能性・喜びに満ちた女神であり、織物、金細工、彫刻、絵画などの工芸・芸術に携わる人々や、また売春婦の守護者でもあった。アステカにおいて毎年、雨期到来の少し前から約五か月間にわたってトウモロコシの豊作を祈願して行われた一連の豊穣儀礼の最初となる国家的大祭「トシュカトル」では、この女神の化身となった女性は、創造神テスカトリポカの化身とされた若い男性と性的関係を結び、最後にその若者と共に生贄となって死ぬ。この犠牲なくしてはトウモロコシが発芽しないと考えられていたからである。一般にメソアメリカでは「花」は創造の力を表現する最も重要な象徴の一つである。トシュカトルの儀礼では、ショチケツァルは自らの死によってその体に秘められた若い生命力と創造力を解き放ち、宇宙全体に豊穣の喜びをもたらすのである。
キーワード：花、愛、生命力、犠牲、芸術、豊穣女神、再生、植物女神
参考文献：高山『アステカ文明の謎』、第Ⅴ章：ミラー/タウベ『図説マヤ・アステカ神話宗教事典』：土方『マヤ・アステカの神々』：ジョーンズ/モリノー『ヴィジュアル版・世界の神話百科/アメリカ編』.
⇒シロネン、チコメコアトル、マヤウエル

シロネン　Xilonen
名前の意味・神格・属性：「柔らかいトウモロコシの穂の女神」（xilo [tl] は「柔らかいトウモロコシの穂」）の意。豊穣の女神、トウモロコシの女神。
概要：メソアメリカ中央部で広く崇拝されていた若いトウモロコシの女神。16世紀の征服前後に作成された絵文書では、最初に収穫される若く柔らかいトウモロコシの穂の頭飾りをつけた姿で描かれる。トウモロコシ農耕を生活の基盤とするメソアメリカでは、実ったばかりの若いトウモロコシの女神であるシロネンは、成熟した、あるいは収穫後に翌年

のために干して乾燥させた播種用の老いたトウモロコシの女神イラマテクトリ†やチコメコアトル†、および収穫後に食用とされるトウモロコシ一般の化身とされる男神シンテオトルらと共に、トウモロコシの豊穣と生命周期の一部を司る神として大いに崇拝された。

　毎年、六月の雨季の到来と共に始まるトウモロコシの種まきを直前に控えた五月の「トシュカル」から「ウェイ・テクイルウィトル」までの約五か月間、アステカでは豊穣を祈る一連の国家的大祭が執り行われた。「トシュカル」の祭礼では、戦士の守護神テスカトリポカの役を演じる若い戦士が生贄にされるまでの20日間、その妻となる四人の処女の一人にシロネンの名前が付けられた。

　「ウェイ・テクイルウィトル」においては、豊穣の女神シワコアトル†と一体化されたと考えられるシロネンを主役とする祭祀が行われた。大祭の直前になると、シロネンの衣装を身に着けた女性が、この女神の化身として様々な宴の場や、人々が多く集まる市場で、その華やかな姿を披露する。大祭当日の夜、この女神の化身は、数人の女性たちと共に、トウモロコシの男神シンテオトルの神殿広場で、太鼓とほら貝の音色に合わせて歌い踊る。そして夜明け間近になると、この女神は神殿の階段を昇っていき、シンテオトルの神像の前で神官に仰向けの形で背負われ、その首を──新しく実ったトウモロコシの穂が茎からもぎとられるが如く──切り落とされる。そしてその神秘的な豊穣の力を秘めた血液が、神殿の各所に振りまかれたという。

キーワード：トウモロコシ、豊穣女神、生贄
参考文献：高山『アステカ文明の謎』，第Ⅴ章；タウンゼント『図説アステカ文明』，第7章；ジョーンズ／モリノー『ヴィジュアル版・世界の神話百科／アメリカ編』．

シワコアトル　Cihuacoatl

名前の意味・神格・属性：「女の蛇」（cihua [tl]が「女」、coatlが「蛇」）の意。地母神、豊穣神、出産、助産婦の守護女神、戦いの女神。

概要：メソアメリカ中央部で崇拝されていたコアトリクエ†、トラソルテオトル†、シワテテオ†、イラマテクトリ†、シロネン†、トナンツィン†といった主要な地母神・豊穣神たちとその諸属性や性質を共有分有しあう、きわめて重要な女神であったと考えられる。この女神の性格や属性の複雑性・多様性は、アステカ人がメキシコ高原中央部の覇者となるに至る他部族の征服の過程において、周辺部族の様々な神々や神話・儀礼を吸収していったアステカ宗教の広い受容性を物語っている。16世紀の征服前後に作成された絵文書では、しばしば大きく開いた口から歯をむきだしにし、頭部に鷲の羽の飾り物を付け、一方の手には織物の道具（織り棒）、もう一方には鷲の羽の盾を持った勇猛な女戦士の姿で描かれるが、時には若く美しい姿で、また時には骸骨のような恐ろしい姿で描かれることもある。

　アステカ帝国の首都テノチティトランでは、毎年、国家的大祭「ウェイ・テクイルウィトル」において、この女神に感謝を捧げるための祭祀が行われたが、この祭祀でシワコアトルは、若いトウモロコシの女神シロネンと一体化され、シワコアトルの地母神、豊穣神としての属性が顕わにされた。

　シワコアトルのもう一つの重要な属性は、この女神が助産婦と出産の守護者でもあったことである。（この点でこの女神は、別の助産婦の守護神トシ†とも関係していると考えられる。）『太陽の伝説（*Leyenda de los soles*）』という資料に記された神話では、シ

シロネン、『マグリアベッキ絵文書』より

ワコアトルはキラストリという名称で、人類の誕生において重要な役割を果たしている。あるとき創造神ケツァルコアトルは、大洪水で滅んでしまった世界が神々によって再建された後、地上に再び人間を住まわせるために、ミクトランテクトリとミクテカシワトル†の二神が支配する地下世界（死者の国）を訪れた。そしてケツァルコアトルは二神の許しを得て、古い世界の人間の骨を貰い受けた。しかしその帰途に、ケツァルコアトルは心変わりした地下世界の神々による猛追を受けて転倒し、その骨は粉々に砕け散ってしまった。そこでケツァルコアトルはその破片を、「創造の地」タモアンチャンに住むシワコアトル＝キラストリのもとに持っていった。この女神はすり鉢で破片をねって粉状にし、それにケツァルコアトルが自らの性器から流れ出る血液を加えた。こうしてこの混ぜ物を原材料として、人間が創造された…。シワコアトルが出産を司る女神であることと、武装した戦いの女神であることとの間には、本質的なつながりがある。戦闘的な性格が顕著なアステカの宗教伝統では、女性が子供を産むことは、戦士が戦場で敵を打ち負かし捕虜を獲得することに等しいこととされた。なぜならいずれも、人間が多大なエネルギーを振り絞って、死の危険と向かいあいながら、人間を獲得する行為に他ならないからであり、アステカではそうした行為による死（出産による死、戦死）は最も名誉ある死とされていた。テノチティトランでシワコアトルが篤く崇拝されていたという事実は、アステカ人が「戦士」としての女性の聖性に多大な敬意を払っていたことの証左に他ならない。出産によって死んだ女性がシワテテオと呼ばれる魂となって、戦場で栄誉の死を遂げた戦士と同じように天空世界に昇り、太陽の従者となって行進するとされたのも、同じ理由からであり、シワコアトルはこのシワテテオの守護神ともされていた。

なおテノチティトランの中央祭祀区域では、この女神の神殿は、アステカの主神である太陽神ウィツィロポチトリの神殿に隣接して建てられていた。またアステカの政治制度

シワコアトル,『ボルボニクス絵文書』より

には、〈トラトアニ〉と呼ばれる王のほかに、〈シワコアトル〉という称号を持つ、トラトアニの補佐役（副王あるいは摂政のようなもの）が存在した。歴史上実在した〈シワコアトル〉としては、四代の王たちに仕えて帝国の拡大繁栄に尽力したトラカエレルという人物（性別は男性）が特に有名である。以上の点からして、女神シワコアトルは、男神ウィツィロポチトリの配偶神として、アステカの世界観を貫く相補的二元性を体現する存在であり、現実のアステカ社会体系の中でもきわめて重要な地位を占めていたものと考えられる。

キーワード：蛇、大地母神、豊穣女神、守護女神、戦士。

参考文献：高山『アステカ文明の謎』，第Ⅴ章；タウンゼント『図説アステカ文明』，第4章；ジョーンズ／モリノー『ヴィジュアル版・世界の神話百科／アメリカ編』；ミラー／タウベ『図説マヤ・アステカ神話宗教事典』；土方『マヤ・アステカの神々』．

シワテテオ　Cihuateteo

名前の意味・神格・属性：「女の神々」（cihua [tl] が「女性」、teteo が「神々」）の意。戦いの女神、死の女神。

概要：アステカ人の間で崇拝されていた、出産と戦いにまつわる女神。アステカでは、女性が命の危機に面しながら子供を産むということは、戦場において戦士が敵を倒し捕虜と

することに等しいこととされた。また女性が初産で死ぬことは、戦いで栄誉の死を遂げることに等しい。それゆえアステカの戦士たちは、初産で死んだ女性（モシワケツケと呼ばれた）の遺体の一部を争って手に入れ、戦場において勇気と幸運を与えてくれる貴重なお守りとした。シワテテオとはこうした出産で死んだ女性たちの魂が神格化したものである。アステカ人の信仰によると、太陽は日の出から正午までは勇敢な戦士の霊を従者として天空を行進し、その後、正午から日没まではシワテテオたちを従者として行進を続けると考えられた。

戦士に武勇をもたらしてくれる女神であるが、同時に、危険な魔物的存在としての性質も持っていた。アステカの街の十字路にはしばしばこの女神の祠が祀られていて、夜になるとこの女神は通りかかる者に害をなすと恐れられた。この点でシワテテオは、暗闇の中で人々に襲う恐ろしい女神たち、イツパパロトル†やツィツィミメ†ときわめて類似している。実際、メキシコ人類学博物館に展示されているシワテテオの石像は、骸骨のような顔の上に髑髏の頭飾りをつけ、その両手両腕は敵に襲い掛かる猛獣のように振り上げられており、これを見る者に不気味な印象を与える。また大地母神コアトリクエ†の石像と同様に、胸部に骸骨や手のひらの装飾が施されており、両者の関連性がうかがわれる。

キーワード：戦闘女神、死、出産
参考文献：ミラー／タウベ『図説マヤ・アステカ神話宗教事典』；ジョーンズ／モリノー『ヴィジュアル版・世界の神話百科／アメリカ編』；土方『マヤ・アステカの神々』．
⇒トラルテクトリ

チコメコアトル　Chicomecoatl
名前の意味・神格・属性：「七の蛇」（chicomeが「七」、coatlが「蛇」）の意。トウモロコシ・植物の女神、豊穣と再生の神。
概要：メソアメリカ中央部で広く崇拝されていたトウモロコシの女神。16世紀の征服前後に作成された絵文書では、通常、赤く彩色された顔に巨大な花冠の頭飾りをつけ、手にトウモロコシの穂を持った姿で描かれる。トウモロコシ農耕を生活の基盤とするメソアメリカには、この植物の化身としての神々が複数存在した。例えばシンテオトルは、特に収穫後の食用にされるトウモロコシ一般の神、シロネン†は実ったばかりの若く柔らかいトウモロコシの女神、そしてチコメコアトルは、収穫後に翌年の播種用に乾燥させた堅い老いたトウモロコシの女神であった。収穫期の秋分の頃に催されるアステカの国家的祭祀「オチパニストリ」では、これらの神々が重要な役割を果たした。そこではチコメコアトルを体現した女性が、神殿の上からトウモロコシやカボチャの種をばらまき、人々はそれを拾って翌年の播種に用いた。そして最後に、この女神の体現者は生贄となって死ぬ。ドミニコ会士のドゥランの記録には、その様子が記されている。祭りの最後に、この女神の化身はトウモロコシの束の上に横たえられ、その首が切り落とされる。流れ出る血液が容器に集められ、チコメコアトルの神像と、トウモロコシの穂、トウガラシ、カボチャ、様々な種や野菜の上に振りかけられる。そしてその

シワテテオ、メキシコ国立人類学博物館所蔵

チコメコアトル『ボルボニクス絵文書』より

女神の体から皮がはぎとられ、その皮と、チコメコアトルの衣装を身にまとった神官が、太鼓の音にあわせて人々の前ではげしく踊る……。こうしてチコメコアトルは自らの死によって、その体（血液）に宿された強力な生命力を植物たちに吹き込むのである。

キーワード：トウモロコシ、豊穣女神、再生、生贄、生命力、植物女神
参考文献：高山『アステカ文明の謎』，第5章；タウンゼント『図説アステカ文明』，第7章；ジョーンズ／モリノー『ヴィジュアル版・世界の神話百科／アメリカ編』．
⇒マヤウエル

チャルチウトリクエ　Chalchiuhtlicue
名前の意味・神格・属性：「ヒスイの腰巻」（chalchihu［itl］が「ヒスイ」、cue［itl］が「腰巻」）の意。水（湖・泉・川・水路）の女神。大地・豊穣・農耕の神。
概要：メソアメリカ中央部で広く崇拝されていた水の女神。アステカの主神の一つである雨神トラロクの配偶女神ないし姉妹であり、主に泉、湖、川、などの水を司るとされたため、その祠堂の多くは小川や湧水、灌漑用水路のそばに作られた。その名前に示されるとおり、この女神の最も重要なシンボルはヒスイである。

　チャルチウトリクエは創造と破壊の力を兼ね備えた女神である。アステカに伝わる「五つの太陽」の伝説では、かつて世界は四度滅亡し、現在は第五番目の〈動きの時代〉を迎えているとされた。その第四番目の〈水の時代〉を司り、またその滅亡を引き起こしたのが、チャルチウトリクエであった。この女神の時代は、大雨が降って天が落下し、世界は洪水で押し流され、人々は魚に変身して、終焉を迎えた。

　ある資料には、この女神の創造と破壊の威力に関する、興味深いエピソードが記されている。ある時アステカの八代目の王アウィツォトルは、首都テノチティトランに、遠方の泉の水を引く大規模な治水工事を行った。完成した水路から水が流れてきた時、王はチャルチウトリクエに、次のような感謝の言葉を捧げた。「ああ力強き水の女神よ、汝の都にようこそいらっしゃった。［…］我々は汝の水を飲むことを必要とする。汝なしには何者も生きられぬ。喜ばしきことに、汝によって作物は実り、汝が慈しみ育てる数々の生き物を、我々は食することができる。」ところが水路から流れ込む水は止まることを知らず、やがて都は洪水により壊滅状態に陥った。意気消沈したアウィツォトル王は、これは人間が勝手に治水工事を行ったことに対する女神の怒りであると考え、水路を壊して元の状態に戻し、女神に宝石や生贄を捧げて、必死に許しを乞うたのだった。

　16世紀の征服前後に作成された絵文書では、しばしばチャルチウトリクエは、足元から大量の水を放出している姿で描かれる。それは人間たちが羊水と共に生まれ出ているようにも、また逆に、大水によって流され滅ぼされているようにも見える。トウモロコシ農耕を生活の基盤とするメソアメリカの人々は、あらゆる生命の源である水を司る、ふだんは恵み深いこの女神が、時に大雨や洪水によって、あるいはまったく雨を降らせないことによって、自分たちの生命を脅かすことを大いに恐れた。一説には、この水の女神はアステカ文明に先行する偉大な古代文明であるテオティワカン文明（前100-後750年）の主神であったとも言われ、この地域では古くから篤い崇拝が捧げられてきた。アステカ帝国で毎年、雨季の直前に行われる「アトルカ

左＝チャルチウトリクエ、『ボルボニクス絵文書』より
右＝ツィツィミメ、『マグリアベッキ絵文書』より

ワロ」をはじめとする国家的祭祀では、この女神が住むとされる山や湖や泉に子供の生贄が捧げられた。

キーワード：水、豊穣女神、農耕、創造と破壊

参考文献：ミラー／タウベ『図説マヤ・アステカ神話宗教事典』；ジョーンズ／モリノー『ヴィジュアル版・世界の神話百科／アメリカ編』；高山『アステカ文明の謎』，第Ⅴ章；タウンゼント『図説アステカ文明』，第7章；土方『マヤ・アステカの神々』．

ツィツィミメ　Tzitzimime

名前の意味・神格・属性：「矢（の女たち）」(tzitzimi[tl] が「矢」、-me は複数形）の意。夜の星の女神、死の女神。

概要：メソアメリカ中央部において恐れられた女神たちであり、16世紀の征服前後に作成された絵文書では、骸骨の顔に、鋭いかぎ爪のついた手足を持った姿で描かれている。イツパパロトル†（「黒曜石の蝶」）はその中の一神である。ツィツィミメは恐ろしい闇の女神たちであり、日食現象はこの女神たちが太陽を攻撃しているものと考えられた。またアステカ帝国の首都テノチティトランで52年ごとに催されていた「新しい火の祭り」では、夜に都市の火がすべて消されて、あたりを闇が支配する中、ツィツィミメたちが夜空から降りてきて、そのかぎ爪で人々を襲うとされた。この祭りの間、人々は闇の中で恐怖に打ち震えながら、近隣の聖なる山の頂上で「新しい火」が点火される瞬間を待った。やがて天頂をプレアデス星団（すばる）が通過

するのを合図に祭壇に火が灯され、その「新しい火」が都市にもたらされた時、人々はツィツィミメの恐怖から開放されて安堵の息を吐いたのであった。

ツィツィミメたちは、暗闇の中で人々を襲う恐ろしい女神であるという点で、これと同じような性格を持つ、出産で死んだ女性たちの神「シワテテオ†」と強く結び付いている。また太陽に敵対する星の女神であるという点では、太陽神ウィツィロポチトリに戦いを挑んだ月神コヨルシャウキ†（とその星の軍勢）とも関連性がある。これら闇と死の女神たちは、チコメコアトル†やマヤウエル†などの植物の女神が顕著に示す恵み深さとは対照的な、破壊的で攻撃的な力を体現していると言えよう。

キーワード：星、闇、死

参考文献：ミラー／タウベ『図説マヤ・アステカ神話宗教事典』；ジョーンズ／モリノー『ヴィジュアル版・世界の神話百科／アメリカ編』．

⇒コアトリクエ

テオティワカンの大女神　Great Goddess of Teotihuacan

名前の意味・神格・属性：意味不詳。創造女神、水と豊穣の女神。

概要：メソアメリカの偉大な都市文明テオティワカン（前100-後700年）の創造神・最高神であったと考えられる女神。この時代の文字資料は存在しないため、その名前は不明である。遺跡内の「テパンティトラの壁画」には、世界樹の根元に立つこの女神の両手か

ら、生命の水や穀物が降り注ぎ、その下方世界では、女神の恵みを受けた人々が楽しげに歌い踊っている様子が描かれている。この楽園的世界は、数百年後のアステカ時代に「トラロカン」(トラロク神が司る地下世界の楽園)と呼ばれていた楽園的世界と、様々な点において象徴的連続性が認められる。また水の女神という点では、アステカの女神チャルチウトリクエ†との連続性がうかがわれる。また図像学的にはこの女神は「蜘蛛」の性質が認められるため、「テオティワカンの蜘蛛女」と呼ばれることもある。

キーワード：創造女神、水、豊穣女神、世界樹

参考文献：ジョーンズ/モリノー『ヴィジュアル版・世界の神話百科/アメリカ編』；ミラー/タウベ『図説マヤ・アステカ神話宗教事典』.

トシ Toci

名前の意味・神格・属性：「我らの祖母」(to が「我らの」、ci [htli] が「祖母」)の意。大地の母、出産と産婆の守護女神、蒸し風呂・治癒者の守護女神。

概要：メソアメリカ中央部で古くから崇拝されていた大地と出産・産婆の守護女神、また蒸し風呂(テマスカル)の女神であり、またの名をテテオ・インナン(神々の母)あるいはトラリ・リョロ(大地の心臓)とも言う。16世紀の征服前後に作成された絵文書では、この女神は頭に糸紡ぎの棒を付けた老女の姿で描かれている。大地母神のシワコアトル†やトラソルテオトル†、産婆の神であるシワテテオ†と共通した属性を持つほか、蒸し風呂の女神として病気治療に関わることから治癒者・医者の守護神でもあった。アステカの18の年中祭祀のうち、11番目の月に執り行われるオチパニストリはこの女神のための祭りであった。

キーワード：出産、大地母神、治癒、守護女神

参考文献：高山『アステカ文明の謎』，第Ⅴ章；ジョーンズ/モリノー『ヴィジュアル版・世界の神話百科/アメリカ編』；ミラー/タウ

トシ、『ボルボニクス絵文書』より

ベ『図説マヤ・アステカ神話宗教事典』；土方『マヤ・アステカの神々』.

トナンツィン Tonantzin

名前の意味・神格・属性：「我らの母様」(to が「我らの」、nan [tli] が「母」、tzin が「様」)の意。大地の女神。アステカの諸々の大地母神たちを広く呼び表す一般的名称。

概要：アステカの首都テノチティトランの北にある「テペヤクの丘」には、かつてこの女神の神殿があったと言われる。この同じ場所に、スペイン人による征服直後の1531年、先住民フアン・ディエゴの前に聖母グアダルーペが顕現した。この奇跡の出来事の後、「テペヤクの丘」には大聖堂が建立され、そこはメキシコの聖母崇拝の一大中心地となった。この聖母グアダルーペの肌の色は褐色であったことから、聖母グアダルーペは、この地の先住民と白人征服者たちとの融和と混交の象徴となり、この地でのその後のキリスト教の浸透に大きな役割を果たした。現在、12月12日の祭日には、メキシコさらにはラテンアメリカ各地から数十万人の信者たちがこの場所を訪れ、篤い崇拝を捧げる。

キーワード：聖母

参考文献：ミラー/タウベ『図説マヤ・アステカ神話宗教事典』；吉田栄人編『メキシコを知るための60章』，第34章；D. A. Brading, *Mexican Phoenix: Our Lady of Guadalupe: Image and Tradition across Five Centuries*, Cambridge University Press,

メソアメリカ

グアダルーペのマリア（トナンツィン）

Cambridge, 2003.
⇒シワコアトル

トラソルテオトル　Tlazolteotl
名前の意味・神格・属性：「不浄・悪徳の女神」（tlazol［li］が「不浄・悪徳」、teotlが「神」）の意。地母神、穢れの浄化と治癒の女神。
概要：元来はメキシコ湾沿岸部のワシュテカ起源の女神が、アステカによる征服後にその神体系に組み込まれて中央部でも崇拝されるようになった地母神である。16世紀の征服前後に作成された絵文書では、しばしば二つの木綿の糸巻きの頭飾りと、月の象徴の鼻飾りを付けた姿で描かれる。この女神はトラルテクトリ†やチャルチウトリクエ†などの女

トラソルテオトル、『ボルジア絵文書』より

神たちと同様に、様々な生命を生み出し、養い育てる力を持った大地母神であり、糸巻きの象徴が示すように家庭内の女性の仕事を司る女神である。
　メソアメリカのほかの女神たちと比較すると、トラソルテオトルにはある独特の性質が認められる。それは、この女神の呼称「不浄の女神」が意味するように、この世の生命を生み養うだけでなく、過剰な肉欲の結果としての病気や穢れ・悪徳を吸収して、それらを浄化し治癒する力を持つことである。絵文書などで、しばしばこの女神の口（下顎）の部分が黒く塗られているのは、この女神が別名でトラエルクアニ「排泄物を食べる者 Tlaelcuani」（tlael［li］が「排泄物」、cuaが「食べる」、niが「〜する者」の意）と呼ばれることに関係していると考えられる。この女神は人間の性的な「穢れ」を清める力も持っており、アステカ人はこの女神の像の前で、自らが犯した奔放な性行為やその肉欲を告白し、その罪の許しを願う儀礼を行った。ここには、メソアメリカの女神たちに広く認められる両義性、すなわち創造の力（産み養う力）と破壊の力（形あるものを融解する力）の兼備という性質における、後者の力の独特の現れ方を見ることができよう。

キーワード：大地母神、肉欲、穢れ、悪徳、浄化
参考文献：ミラー／タウベ『図説マヤ・アステカ神話宗教事典』；ジョーンズ／モリノー『ヴィジュアル版・世界の神話百科／アメリカ編』．
土方『マヤ・アステカの神々』。
⇒シワコアトル

トラルテクトリ　Tlaltecuhtli
名前の意味・神格・属性：「大地の主」（tlal［li］が「大地」、tecuhtliが「主」「王・女王」）の意。原初の大地母神。
概要：「大地の主」という字義通りには両性具有神であるが、図像や資料では女性として表現されていることが多いことから、メソアメリカ中央部において通常は女神としてみなされていたと考えられる神である。この女神

は口から牙をむきだし、鋭いかぎ爪のついた手足を持つ巨大なワニ、あるいは太ったカエルのような獣の姿で、たいていは女性の出産時のようなしゃがんだポーズをとっている。その姿はしばしば、生贄の心臓と血を入れるためのクアウシカリ（cuauhxicalli「鷲の箱」）と呼ばれた容器や、様々な宗教的オブジェの接地面（例えばアステカのコアトリクエ†神像の足裏など）に彫刻された。いくつかの考古学的遺物や、16世紀の征服前後に作成された絵文書では、この女神は太陽や死者たちを飲み込む大きな顎骨として描かれることもある。

『メキシコの歴史（*Historia de México*）』には、この女神に関する次のような神話が記されている。現在の世界が誕生する以前、世界は水で覆われ、その上をワニのような怪物（後のトラルテクトリ）がまたがっていた。この怪物のすべての関節には眼と口がたくさんついており、猛獣のように歯を嚙み鳴らして、人間の肉と血を欲していた。世界を再創造しようと天空世界から舞い降りたケツァルコアトルとテスカトリポカの二柱の創造神はこれを見て、この怪物を退治する策略を練る。二神は大きな蛇になり、一神は怪物の右手と左足、もう一神は左手と右足をつかみ、それを強くねじって半分に引き裂き、体の片方で大地を創り、もう片方を天空へと押し上げた。こうして大地の主であるトラルテクトリが誕生した。この偉業がなされた後、天空のすべての神々がトラルテクトリの上に降りてきて、この女神の体から様々な自然物を創りだ

すことにした。こうして、その髪の毛で木や草花が、その肌で小さな草花が、その眼で沼や泉や洞窟が、その口で川や渓谷が、その鼻で谷や山々が創られた。しかしながら、この女神は夜な夜な人の心臓を欲して泣いた。人間の生贄が与えられなければ、大地は人間が必要とする食糧を供給しようとしなかった。

以上の神話はトラルテクトリという女神が、この世界の様々な事物を生み出す力と、それを飲み込み破壊する力を兼ね備えた両義的な神であることを示す。また、宇宙の運行と存続のプロセスには相互補完的な二つの力が存在するが、この女神はメソアメリカ世界のそのような二元性原理を象徴する原初神である。こうした両義性・相互補完的二元性は、メソアメリカのほかの女神たち（チャルチウトリクエ†、トラソルテオトル†、コアトリクエなど）に共通する特徴であり、トラルテクトリはそれら女神の原型である。またこの世界が、分断され解体された女神の体から創造され、この女神が人々に食料となる植物を与える代償として、人間の心臓や血を要求するということは、つまりこの宇宙はその始まりにおいて、供犠（生贄の儀礼）を根本的原理として成立したものであるということを意味している。ここに、アステカ人が生贄とする捕虜の獲得を目的に征服戦争を続けた理由があり、生命の循環や宇宙の互酬性に関するメソアメリカの人々のラディカルな宗教的実存のあり方を見てとることができる。

キーワード：大地母神、生贄、両義性、二元性、死体化生

参考文献：ジョーンズ／モリノー『ヴィジュアル版・世界の神話百科／アメリカ編』；高山『アステカ文明の謎』，第VI章；タウンゼント『図説アステカ文明』，第7章；ミラー／タウベ『図説マヤ・アステカ神話宗教事典』．

マヤウエル　Mayahuel
名前の意味・神格・属性：「マゲイの丸さ」（ma ⇒ metl が「マゲイ」、yahuel ⇒ yahualli が「丸・円」）の意。マゲイの神、植物女神、大地母神。

トラルテクトリ、メキシコ国立人類博物館所蔵

概要：メソアメリカ中央部で崇拝されていたマゲイ（リュウゼツラン）の女神。トウモロコシの女神チコメコアトル[†]と同様に、地上の生命を養い育てる慈悲深い植物女神である。古典期後期には、多産と豊穣を司る女神として、水の女神チャルチウトリクエ[†]とも同一視された。16世紀の征服前後に作成された絵文書では、この女神はマゲイそのものの姿をしており、またしばしば月の象徴の鼻飾りを付けた姿で描かれている。マゲイはトウモロコシと並んでメキシコで最も重要な作物であり、その葉からは糸、針、燃料が得られ、また根の部分は宗教儀礼には欠かせない聖なる飲み物、プルケー酒の原料になる。なおマヤウエルの配偶神の男神パテカトルは、マゲイの発酵力が神格化されたものである。『メキシコの歴史（Histoyre du mécique）』には、この女神について次のような神話が記されている。そもそもマヤウエルは天空世界に住む若く美しい乙女であった。ある時神々は、人間には食料としてトウモロコシやその他の食用植物をもたらしたものの、人間が神々を崇め、踊り、歌うことができるようになるには、何か他の物が必要であると考えた。そこでケツァルコアトル神が、地上に降りることとなった。風の神エヘカトルの姿となったケツァルコアトルは、厳しい始祖母ツィツィミトルに監視されていたマヤウエルを誘い出し、二人はツィツィミトルの追手を逃れて地上に降り、互いにからみあう二本の樹木となった。

これを知ったツィツィミトルは激怒し、その木を引き裂き、マヤウエルの木を粉々にしてしまう。その後、なんとか無事に元の姿に戻ることができたケツァルコアトルがマヤウエルの骨を土に埋めると、やがてそこからマゲイが生えてきた。おかげで人間はプルケー酒を飲むことができるようになった……。メソアメリカでマヤウエルが篤く崇拝された理由は、プルケーという酒に秘められた、こうしたマヤウエルの悲恋の末の犠牲と、神々との交流を可能にするその神秘的な力にあったと言えよう。

キーワード：大地母神、植物女神、豊穣女神、酒

参考文献：ミラー／タウベ『図説マヤ・アステカ神話宗教事典』；ジョーンズ／モリノー『ヴィジュアル版・世界の神話百科／アメリカ編』；土方『マヤ・アステカの神々』.

⇒ツィツィミメ、ハイヌウェレ

マヤの「女神I」

名前の意味・神格・属性：意味不詳。多産、生殖、愛欲の女神、月の女神。

概要：征服期以前に作成されたマヤの絵文書の中で、ひときわ目を引く半裸姿の若く美しい女神で、「シェルハスの神々」では「女神I」として分類されている。女神Iはよく様々な男神と対になって戯れている姿や複数の子供を抱えている姿で描かれていることから、多産や生殖、愛欲の女神とされていたと考えられる。また、マヤの絵文書にはイシュタブと呼ばれるやはり半裸の若い女神で、空からロープで首をつられた姿で描かれることが多いため「首つりの女神」とも呼ばれる女神がおり、この女神を女神Iと同一視する見方もある。マヤでは、首つり自殺をした者や、戦死者、出産で死んだ女性、生贄になった者と生贄を殺した神官などは、イシュタブによって天国に導かれると信じられており、病気や災難で苦しむ者たちの間では、首つり自殺が一般的に行われていた。

この女神Iをイシュ・チュル[†]の若い頃の姿として、また月の女神として捉える見方もあるが、いずれもその根拠はない。

マヤウエル、『フェイエルヴァーリ・マイヤー絵文書』より

男神NやAと戯れる女神Iおよび子供二人を抱える女神I（『ドレスデン絵文書』より）

キーワード：生殖、愛欲、首つりの女神
参考文献：ミラー／タウベ『図説マヤ・アステカ神話宗教事典』；マイケル・D・コウ『古代マヤ文明』加藤泰建／長谷川悦夫訳，創元社，2003年，第9章；ジョーンズ／モリノー『ヴィジュアル版・世界の神話百科／アメリカ編』．

ミクテカシワトル　Mictecacihuatl
名前の意味・神格・属性：「ミクトランの女」（Mic[tlan]が「ミクトラン」）、cihuatlが「女」）の意。死者世界の女神。

概要：死の男神ミクトランテクトリの配偶神であり、ミクトランテクトリと共に死者世界「ミクトラン」を治める神としてメソアメリカ中央部で広く知られ篤く崇拝されていた。ミクトランは地下世界にあると考えられた、自然死した人間が死後に赴く死者世界であった。そこで死者は、当初四年にわたって試練の時を過ごす過程で肉は体からそげおち、その魂が純化されて、最終的に地上での一切の苦役から解放された静寂と永遠の消滅に至るとされた。アステカの大神殿「テンプロマヨール」から発掘されたミクテカシワトル・ミクトランテクトリの二体の像は、ともにかぎ爪のついた手を振り上げ、肋骨と内臓がむきだしになった骸骨化する人間の姿をしている。興味深いのは、この二体の像に容姿や身体上の相違がなく、外見上では男女の判別ができないことである。ここには、男神・女神の区別を、単にその外見上の身体的あるいは生物学的な相違から捉えるのではなく、世界の創造と維持につながる男性的創造力と女性的創造力という二種の相補的な力とその聖性に見る、メソアメリカにおける二元論的宇宙論の特徴が看取されよう。尚、その容貌からは、同じく死の女神であるシワテテオ[†]やツィツィミメ[†]との関連がうかがわれる。

ミクテカシワトル，テンプロ・マヨール博物館所蔵

キーワード：死、地下
参考文献：ミラー／タウベ『図説マヤ・アステカ神話宗教事典』；高山『アステカ文明の謎』，第VI章；ジョーンズ／モリノー『ヴィジュアル版・世界の神話百科／アメリカ編』．

オセアニア

インドネシア
オーストラリア
ミクロネシア
メラネシア
ポリネシア

オセアニアの女神

後藤 明

概説

【原典】

　オセアニアで最も神話研究の盛んなポリネシアを中心に原典を見ていくと、現地語対訳の形で神話を記述している代表がT・アンリの『古代タヒチ』であろう（Henry 1928）。そしてこの本の神話解釈については近年異論が出されているが（Bodin 2006）、このような再解釈が可能であるのは、とりもなおさず現地語との対訳の形で神話が提示されているからである。そしてこのような文献批判に堪えうる文献として代表的なものが、ハワイではA・フォルナンダーの『ハワイ民俗コレクション』9巻（Fornander 1916-1920）、N・エマーソンの『ペレとヒイアカ』（Emerson 1915）、ベックウィズの『クムリポ：ハワイの創世神話』（Beckwith 1940）などである。ニュージーランド・マオリではJ・ホワイトの『マオリの古代史：その神話と伝統』全6巻が代表的である（White 1887）。

　またJ・シイカラの書いた南クック諸島の神話分析（Siikala 1991）、S・エルバートとT・モンバーグのポリネシア飛び地・レンネルおよびベロナ島の口頭伝承（Elbert & Monberg 1965）もポリネシア語対訳の貴重な資料である。さらにS・バルテルはラパヌイ（イースター島）秘伝の創世神話を記した手稿Eの対訳（Barthel 1974）、またマルケサス語とドイツ語対訳の翻訳部分を英訳した書物（von den Steinen 1988）なども基礎文献とすることができる。

　さてポリネシアの神話を概観するためには上記の『古代タヒチ』がタヒチ神話と比較して中央ポリネシアの類例を紹介している。古典であるがR・ディクソンの『オセアニア神話』は東南アジア、オーストラリアからミクロネシア、メラネシア、ポリネシアを概観しており今なお読む価値が高い（Dixon 1916）。また対訳ではないがベックウィズの『ハワイ神話』はハワイの神話を広くポリネシア全域の類例と比較しており基礎文献として利用価値が高い（Beckwith 1940）。なおポリネシアを含めたオセアニア全体を概観するためには翻訳もあるポイニャントの『オセアニア神話』、アルパーズの『ニュージランド神話』（1997）などが基礎文献となろう。

　メラネシアでは対訳を探すと、ビスマルク諸島の神話の独語対訳（Kleintitschen 1906; Meier 1909）がある。ミクロネシアでは戦前に日本の土方の著した言語に忠実な訳『パラオの神話と伝説』はいまなお価値を失わない。

　インドネシアではスラウェシ島のブギス族の創世神話の仏語対訳（Hamonic 1987）、チモールのブナク族の神話の仏語対訳（Berthe 1972）などがあげられる。対訳ではないがトラジャの神話ならオランダ語訳の文献が基礎資料となる（Woensdregt 1925）。インドネシア神話の概観で定評があるのはドイツ語文献である（Münsterberger 1939; Stöhr 1976）。

【インドネシア・オセアニア神話における男神と女神】

　インドネシアとポリネシアなどオセアニア島嶼部はオーストロネシア語族という共通性はあるが、インドネシアは歴史の過程で仏教、

概説

ヒンドゥー教、イスラーム教、場所によってはキリスト教など高宗教の影響を受け神話にもその傾向が強い。女神に限っても魔女ランダ[†]はヒンドゥー教起源である可能性がある。ヒンドゥーやイスラム以前に存在していたと思われるロロ・キドゥル[†]も王権神話と密接に結び付きインド洋の航海者の航海安全の思想などとの関連を追究していく必要があろう。その他の女神シ・ボル・デアック・パルジャル[†]やブルサパリも王権の成立や権力闘争と結び付いている。

インドネシアの女神の中で広くオセアニアや日本と対比すべきは死体化生型神話のモデル、ハイヌウェレ[†]であろう。ハイヌウェレは体から様々な財宝を出すとされるが、これらはほとんどが外来の交易品で婚資になる物品である。ハイヌウェレ神話は死んで体から作物を出す女神の事例として有名であるが、婚資と作物はともに人類社会の再生産に必要なものである。この神話の原型は次に論ずるオセアニアに見られる作物を体から生じる神であろう。この意味でニ・ポハチの神話はより原型に近いのではないか。農耕文化や金属器文化が進むことによってハイヌウェレには財宝を出すという性格が付与されたのであろう。

メラネシアは死体化生型神話の宝庫であるが、実は「女神」を抽出することは困難を極める。女性が主人公になる神話は多いが、固有名詞では語られないことも多く、それが女神と言えるのかどうかは判断に苦しむケースが多い。そもそもメラネシアはオーストラリアと共に、宇宙や世界は最初から存在していたと語られ創世神話の欠如する地域である。女性が主人公になる神話の一形態は脱皮型の神話である。かつて人間は脱皮して再生していたが、祖母が脱皮しようとした時に男の孫が見わけがつかなくなって泣いたので、しかたなくまた古い皮を着けた。そのため人間は脱皮して再生することが叶わなくなり、死ぬ運命になったとされる。ここには祖母が若返ると孫が祖母と交わってしまう可能性があるからだという暗示がある。

次に顕著なのは雌の蛇の物語である。男性が森で娘と出会い子供ができる。畑仕事に行っている間に娘の母＝大蛇が来て子守をしている。恐ろしくなった男が首を切り落とすとそこからココヤシが生まれてきた、という話である。この神話は母系社会に多いように見受けられる。そこでは妻の母親が孫の面倒を見る立場であるからだ。

ところがこの種の話はポリネシアにくると逆転する。その主人公がポリネシアで最も広範囲に知られる女神ヒナ[†]の話である。ヒナに恋したウナギ（ポリネシアに蛇はいない）が殺されて頭からココヤシを生じる神話である。これ以外でもポリネシアでは作物起源の死体化生型神話は男神が主流である。ハワイのタロイモの起源も父アーケアと娘の神の禁断の交わりから生まれた不完全な男子から生まれる。次に父が母パパと正しい関係を持って生まれたのがハワイ人である。したがってハワイ人はタロイモを兄として崇めるのである。

ポリネシアの女神神話で特徴的なのはペレ[†]にまつわる一連の話である。ペレの妹ヒイアカは火山という恐ろしいパワーを制御する巫女的な立場に思えるし、ライバルの雪の女神ポリアフ[†]とペレの関係は水と火、川と火山、豊穣と破壊など自然の営みを美しい物語にしているのである。

一方オーストラリアには死体化生型神話は欠如している。ここに住む先住民のアボリジニは狩猟採集民であって農耕を行わないのでそれは当然かもしれない。世界的に見ると、盤古型神話のように神々の体から作物ではなく、自然や天体、あるいは動植物が生まれてもいいわけだが、メラネシアと同様、オーストラリアではそもそも世界は最初から存在していたと語られる傾向があるのがもう一つの理由であろう。ただし蛇の形をした女神エインガナ[†]がすべてのものを吐き出したという神話は、農耕以前の思想を反映している可能性がある。この意味ではミクロネシアのウワブ[†]やリゴアブブ[†]のように様々なものを生み出す女神との対比を今後していく必要がある。

またこれ以外では、オーストラリアの女神

475

はしばしば太陽とされる点が特徴的である。さらに女神、特に姉妹の女神が原初の土地を旅して世界を秩序化する、あるいは豊穣化するという点がこの地の女神の大きな役割である。

【参考文献】

アルパーズ、アントニー『ニュージランド神話』、青土社、1997年

土方久功『パラオの神話と伝説』三一書房、1993年

ポイニャント、R『オセアニア神話』豊田由貴夫訳、青土社、1993年

Barthel, Thomas, *The Eighth Land: The Polynesian Discovery and Settlement of Easter Island*, University Press of Hawaii, 1974

Beckwith, M., *Hawaiian Mythology,* Yale University Press, 1940

Beckwith, M., *Kumlipo: A Hawaiian Creation Chant*, University of Hawaii Press, 1981

Berthe, Louis, *Bei Gua Ininéraire de Ancêtres: Mythes des Bunaq de Timor*, Centre National de la Recherche Scientifique, 1972

Bodin, Vonnick, *Tahiti: La Langue et la Société*, L'Université de la Polynésie Française, 2006

Dixon, Roland, *The Mythology of All Races: Oceanic,* Marshall Jones, 1916

Elbert, Samuel and Monberg,T., *From Two Canoes: Oral Traditions of Rennell and Bellona Islands,* The Danish National Museum, 1965

Emerson, Nathaniel B., *Pele and Hiiaka : a myth from Hawaii*, Honolulu Star-Bulletin Limited, 1915

Fornander, Abraham, *Fornander Collection of Hawaiian Antiquties and Folklore* (Memoirs in polynesian Ethnology and Natural History Vols V-VII), B.P.Bishop Museum, 1916-1920

Hamonic, Gilbert, *Le Langade des Dieux,* Centre National de la Recherche Scientific, 1987

Henry, T., *Ancient Tahiti.* B.P. Bishop Museum, Bulletin 1928

Kleintitshcen, P., *Mythen und Erzählungen eines Melanesierstammes aus Paparatava, Neupommern,* Münster, 1906

Meier, P. *Mythen und Erzählungen der Küstenbevohner der Gazell-Halbinsel* (Neu-Pommern), i.W., Aschendorff, 1909

Münsterberger, W., *Ethnologische Studien an Indonesischen Schöpfungsmythen,* Haag, 1939

Siikala, Jukka, '*Akatokamanāva: Myth, History and Society in the Southern Cook Islands*, the Polynesian Society, 1991

Steinen, von den, *Von Den Steinen's Marquesan Myths,* Target Oceania, 1988

Stöhr, W., *Die Altindonesischen Religionen,* E.J. Brill., 1976

White, John, *The Ancient History of the Maori, His Mythology and Traditions,* G. Didsbury, government printer, 1887

Woensdregt, Jac, *Mythen en Sagen der Berg-Toradja's van Midden-Selebes,* Weltevreden G. Kolff, 1925

インドネシアの女神

シ・ボル・デアック・パルジャル　Si Boru Deak Parujar
名前の意味・神格・属性：意味不詳。バタク族の創世の女神。
概要：上界の神バタラ・グルには二人の娘ソルバヤティとシ・ボル・デアック・パルジャルがいた。姉のソルバヤティはバタラ・グルの兄弟で下界の神マンガラブランの息子のラジャ・オダプ・オダプと結婚することになっていた。しかしオダプ・オダプは妹のシ・ボル・デアック・パルジャルの方が好きだった。ソルバヤティは恥ずかしさのあまり、踊りの最中に家から身を投げてしまった。彼女の体から竹と籐が生まれた。トカゲの姿をしていたオダプ・オダプから逃れたいシ・ボル・デアック・パルジャルは中間世界にある原初の水の中に降りた。彼女は至高神ムラ・ジャディ・ナ・ボロンの助力をうけて最初の大地を整え、深淵の蛇のナガ・パドハの背の上にしっかりそれを固定した。その後彼女は人間の姿になったラジャ・オダプ・オダプとの結婚を受諾する。彼らの結婚から最初の人間の男女が生まれた。成長すると彼らはすぐ結婚したが、彼らの親たちは中間世界から上界に戻ったので地上と天界との絆は断ち切られた。
キーワード：死体化生、姉妹、原初、天地分離
参考文献：ボンヌフォワ編『世界神話大事典』金光仁三郎他訳，大修館書店，2001年，1050頁.
⇒ニ・ポハチ、ハイヌウェレ

デヴィ・スリ（スリ）　Dewi Sri, Sri
名前の意味・神格・属性：インド文化の影響のある名前で、サンスクリット語のdevi「女神」とsri「美しい」から。インドネシア全域で信仰される米の女神。米の熟成と収穫を象徴する。
概要：蛇のオントコボが地下世界からもたらした宝石から少女ディスナワティが誕生する。天の神バタラ・グルは少女と結婚を望むが、少女は抵抗して死ぬ。埋葬された遺体から様々な植物が生えてくる。頭からはココヤシ、性器からは米、手のひらからはバナナの木、歯からはトウモロコシなどである。国王がその稲田を訪れると大きな蛇がいた。王が近づくと蛇は少女に変わり、自分はヴィスヌ神の妻デヴィ・スリの変身した姿だと告げ、王の妻となった。
　同じように死んで米などの植物を体から生じさせるニ・ポハチ[†]の事例も関連が深く、ニ・ポハチはサン・ヒヤン・スリという名称でも知られる。これらの女神は地下と対の原初の女神の擬人化ではないかと考えられる。
キーワード：擬人化、穀物女神、食物起源、死体化生、王の妻
参考文献：ボンヌフォワ編『世界神話大事典』金光仁三郎他訳，大修館書店，2001年，1053頁；松村他編『神の文化史事典』336-337頁；Weijden, Gera van der, *Indonesische Reisrituale,* Museum für Völkerkunde, Basel, 1981.
⇒ハイヌウェレ

ニ・ポハチ　Nyi Pohaci
名前の意味・神格・属性：意味不詳。米の神。
概要：米の神ニ・ポハチは地下界の蛇、デワ・オントの涙でできた卵から孵化した。デワ・ウェナンは天の神バタラ・グルが自分と結婚するのを恐れて、ニ・ポハチに天の楽園の果実を食べさせた。極上の味を覚えた彼女は他の食物で我慢できなくなって飢えで死ぬ。その墓に多種多様な食物が生えてきた。頭からココヤシ、目からは米、股からは竹といった具合にである。食物はシリワンギ王のところに運ばれ、王は妻天の月の精霊デヴィ・ナワン・サシに米の世話を任せた。そしてこの女が米を火にかける方法を民衆に教えた。当時は一本の穂を煮れば100人の人を養えた。しかしシリワンギ王は調理用具に触れてはいけないという禁令を犯したのでそれ以後米は火にかけても増えなくなった。それはデヴィ・

ナワン・サシが天に戻ってしまったからだ。
キーワード：米、死体化生、食物女神
参考文献：ボンヌフォワ編『世界神話大事典』金光仁三郎他訳，大修館書店，2001年，1053頁．
⇒シ・ボル・デアック・パルジャル、ハイヌウェレ

ハイヌウェレ　Hainuwele
名前の意味・神格・属性：「ココヤシの小枝」の意。
概要：インドネシア・セラム島のウエマーレ族に伝わる死体化生型の作物起源神話である。原初の頃、まだ人類は九つの氏族にわかれて聖なる山ヌヌサク山に住んでいた。英雄アメタはイノシシを追っているうちに見知らぬ果実を発見した。それはココヤシで植えると立派な樹木に生長した。しかし椰子酒を作るために樹液を集めているうちにアメタは指を切ってしまった。その時流れた血と樹液の混じった液から少女が生まれた。

少女は三日後にもう年頃の娘に成長しハイヌウェレと名付けられた。ハイヌウェレはマロという盛大な舞踏祭りに招かれた。九つの氏族に属する男たちが螺旋状に並びその真ん中に女たちが座ってビンロウジを差し出すのが習いだった。二日目の晩にハイヌウェレが差し出したのは美しい珊瑚でみなその輝きに驚いた。三日目には中国製の陶磁器、四日目には磁器の大皿、五日目には鉄の鉈、六日目にはビンロウジ用の銅器、七日目には耳飾り、八日目には銅鑼だった。こうして日増しに値打ちの高くなる品目は彼女の糞便が形を変えたものだった。嫉妬した男たちは踊りの場所の中央に穴を掘って、九日目の晩にハイヌウェレをそこに落として殺してしまった。

娘が帰宅しないのを心配してアメタは探しに出かけ娘を掘り出したがすでに死んでいた。これがこの世で最初の死者であった。そこでアメタはハイヌウェレの体をばらばらにして埋めた。するとその体からイモが生まれてきた。それはウエマーレ族の主食である。アメタは腕だけは切り取ってムルア・サテネの所に持って行った。彼女は人間の創造にさいして未熟なバナナから生まれ人間を支配していた女性である。彼女はハイヌウェレの殺害に怒り、男たちをハイヌウェレの腕で打った。すると豚や鳥や魚に姿が変わってしまった。人間のままであった男たちもいたが命に限りが生まれてしまった。その後ムルア・サテネは聖なる山サルフア山に行って住み死者の魂を支配するようになった。

キーワード：死の起源、作物、死体化生、食物女神
参考文献：A. イェンゼン『殺された女神』大林太良他訳，弘文堂，1977年，53-58頁；A. Jensen, *Hainuwele*, New York: Arno Press, 1978, pp.59-67.
⇒オホゲツヒメ、シ・ボル・デアック・パルジャル、デヴィ・スリ、ニ・ポハチ

プルバサリ　Purubasari
名前の意味・神格・属性：意味不詳。
概要：ジャワ島西部のパシル・バタン王には娘が七人いた。姉のプルバラランは妹のプルバサリに嫉妬深い憎しみを抱いていた。妹の美貌に嫉妬したのだ。ある時姉は妹をやっかい払いにして森に追放した。憐れな妹はやがて大猿のルトゥン・カサルンと一緒に住むようになった。この猿は神であるグリアン・トゥンガルの化身で彼は自分の母親とうり二つの婚約者が現れるのを待っていたのだ。ルトゥン・カサルンはプルバサリのために魔法の宮殿を造り始める。そして姉からおわされた苦しみから不幸な娘を救い出してやろうとする。こうしてプルバサリは苦しみをいやし、やせた田畑を開墾して姉の鼻をあかす。プルバラランは悔しがってルトゥン・カサルンと自分の婚約者であるインドラジョヨとではどちらが美男子か競争しようと申し出る。その時ルトゥン・カサルンは持ち前の神々しい姿に成り代わっていたのでプルバラランは敗北を認めざるを得なくなる。プルバサリは王国に帰って姉の跡を継いで王座を得る。大祝宴が催されるが、プルバラランは飼育場の番人に落ちぶれる。

キーワード：姉妹、美女と野獣
参考文献：ボンヌフォワ編『世界神話大事

子供を食べる魔女ランダの像、インドネシア、バリ島

典』金光仁三郎他訳，大修館書店，2001年，1059頁．
⇒プシュケ

魔女ランダ　Rangda
名前の意味・神格・属性：「寡婦」または「離婚した女性」の意。
概要：ランダはバリ島の伝承に登場する魔女で、悪霊レヤックや魔女の軍団を統べる存在である。ランダの原義は寡婦である。ヒンドゥーのサティー[†]と呼ばれる慣習では、夫に先立たれた妻は、夫に従って死ぬのが理想とされる。バリ・ヒンドゥーでも19世紀までこの慣習が続けられていた。しかし、実際には、現世への思いが深く墓場をさまようケースも生まれる。そんな寡婦は、時として子供を食べる羅刹の類であって、転じてバリでは、あらゆる恐ろしげな存在に対してランダの語が用いられることになった。

ランダの姿は変幻自在であり、人に呪いをかけたり病気にさせることで災いを撒き散らすという。ランダのモデルはヒンドゥー教のドゥルガー[†]であるとされ、一般的にはザンバラ頭の醜い老婆として描かれるが、黒魔術を志す者の前には美少女の姿で現れる。ランダは奇怪な老婆で、墓場あるいは辻など霊的に危険な場所で弟子と共に裸で踊る。長い白髪を振り乱し、目を見開き口には牙を持つ。またランダは赤く長い舌を出して炎を放つ。乳房は長く垂れ下がり手には白手袋をはめ長い爪を持つ。右手には白い布（一種の武器）を持ちランダが不可視であることを示す。

ランダはバリ・ヒンドゥーの悪の側面を象徴しており、反対に善を象徴する神獣バロンと対を成す。たとえ倒されても必ず生まれ変わり、バロンと終わりのない戦いを続ける。また、ランダはシヴァの妻であり、シヴァの破壊的な面を表すドゥルガーの化身ともされる。ランダの像には、子に乳を与える姿と子を食いちぎる姿が見られる。子供を食べるというのは天然痘などを引き起こす病魔を意味しているとも思われる。

ランダは基本的には人間に災いをもたらす魔術しか使えない。しかし、誰かの温かい心に触れて良心に目覚めることができれば、人間を治癒する魔術をも行使できるようになるとされる。

キーワード：魔女、寡婦、悪
参考文献：ミゲル・コバルビアス『バリ島』，平凡社，1991年；中村雄二郎『魔女ランダ考：演劇的知とはなにか』岩波書店，1990年．
⇒ハーリーティー

ラピエ　Rapie
名前の意味・神格・属性：「月の娘」の意。
概要：セラム島のウエマーレ族の間でラピエ・ハイヌウェレと呼ばれることもあるため女神ハイヌウェレ[†]と同一神とされることもあるが独立した女神としても登場する。太陽男のトゥワレがラピエを妻にしようと思ったがラピエの一族はそれを認めなかった。そこでトゥワレは彼女を木の根につけて地中に沈めた。人々は根元を掘って彼女を救おうとし

たがかえって彼女は深く潜ってしまった。彼女が首まで沈んだ時に母親に言った。「私を連れて行くのはトゥワレです。豚を供犠にしてください。私が死んだら三日後にみなで天を見上げなさい。そこに私は光となって現れます」。親族が言われたとおり豚を供犠にして三日間死者祭宴を行った後、彼らは東天に昇る満月を見た。このようにしてラピエは死者祭宴を創設した。

キーワード：月、死
参考文献：A. イェンゼン『殺された女神』大林太良他訳，弘文堂，1977年，59-60頁；Jensen, A., *Hainuwele*. New York: Arno Press, 1978, pp. 67-68.

ロロ・キドゥル　Loro Kidul
名前の意味・神格・属性：ロロは「未婚の娘」ないし「処女」、キドゥルは「南」の意。
概要：ロロ・キドゥルあるいはラトゥ・キドゥルはジャワ島の南海岸に君臨し、ヒンドゥーあるいはイスラムの影響以前から存在すると思われる神。ジャワ島の南海岸は海流と漂砂が危険な場所で港も少ない。そしてヨーロッパのローレライの伝説のようにこの女神は軽率な船人を引きつけ事故を起こすので、漁師たちは危険から身を守るためにこの女神に信仰を捧げる。例えば高価なイワツバメの巣にある卵を断崖に取りに行くのは危険な作業で漁師は安全を祈るためにこの女神に供物を捧げる。しかしある日父親と共に巣の卵を取りに出かけた少年は空腹のあまりその供物をつまみ食いしてしまった。すると女神の怒りで断崖の洞窟に棲むトカゲに変えられてしまった。カラン・ボロン地区ではこの女神に対する信仰が特に盛んで、新たな収穫の前には必ずこの女神の「寝床」の前に供物を供える。またこの海岸近くでは女神の怒りを買う緑色の服を避ける。

　ロロ・キドゥルはもともと西ジャワのパジャジャラン王国の女王であったが結婚を嫌い、男装の能力を持っていたから王宮を出て、山中で禁欲生活を送っていた。やがて彼女は南海に王宮を築いた。一方、ロロには未婚という意味のほかに病という意味もあるとされる。その説に従うと彼女は若い頃、レプラ（癩病）を患い、南海岸の近くの井戸で水浴して治療していた。ある日顔を洗おうとして水面を見ると自分の姿に驚き、そのまま海に飛び込んで霊界の住人となった。

　16世紀後半、マラタム王朝の創始者のセナパティはこの女王と結婚し、女王に従うすべての霊と婚姻関係を結ぼうとした。ある夜セナパティがジョクジャカルタの南の通称パラン・トリティスという所の海岸近くで瞑想していると女王が現れた。女王はセナパティを自分の宮殿に招き、三日三晩二人は愛しあった。セナパティは結婚を申し込んだが女王は南海を統べる地位を選んだ。しかし彼女はセナパティにいかにして精霊や悪霊を克服するかを教えた。この時以来、ロロ・キドゥルはセナパティの子孫に永遠の庇護を与え続け、セナパティの子孫だけがこの女王の姿を見ることを許されたとされる。ジャワ島の中央部の宮廷では、セナパティとロロ・キドゥルの結婚を記念する神聖な儀式が行われる。王は即位記念日にベドヨ・クタワンという神聖な舞踏を見学する。この踊りには九人の女性の踊り手がおり、そこにロロ・キドゥルが加わるが、女神の姿は王にしか見えない。王の誕生日には王の衣類をパラン・トリティスまで厳かに持って行って海に流す。その後、海から女王が従者を連れて人間のもとを訪れるが、その姿は恐ろしい嵐である。

　南海の女王にはこのような民話もある。ある時ガムラン楽師である兄弟の兄が急死した。弟が師匠に兄の死の理由を尋ねると「ロロ・キドゥルに連れ去られた」と言う。弟は師匠の助言で南の海の宮殿を目指した。弟は河口まで行って海を見ると驚いたことにあるはずの海は見えずに立派な宮殿が目に入った。宮殿に入った弟は居合わせた人（実は精霊たち）に尋ねてみると、「女王が息子の嫁にムラピ火山の王女さんを迎える。そのお祝いにみなが集まって歌って踊るのだ」と言う。弟が大広間に行くと死んだ兄が太鼓を叩いていた。兄は「おまえは俺の後を追ってきたのか。何の用だ？」と言った。弟は「兄さんは自分でここに来たのではない。一緒に帰りま

しょう」と促した。しかし兄は「ここでは稼ぎは多いし、本物の阿片やおいしい食い物にありつける」と言った。集まっていた精霊や妖精たちは二人の言い合いを聞きに近寄るとみな気を失った。居合わせた長老が、生臭い未熟な人間のにおいで気を失ってしまうのだと言うが早いか、長老も気を失った。やがて気がついた長老の勧めで兄弟は現世に帰ることになった。帰りの旅費を長老からもらって兄弟はこの世に帰り着いた。河口に来た時振り返るとそこには青い海しかなかった。兄は宮殿での楽しい時間を惜しんだが弟は兄の魂が迷わなかったことを喜んだ。

キーワード：海、女王
参考文献：ボンヌフォワ編『世界神話大事典』金光仁三郎他訳，大修館書店，2001年，1040頁；中島成久『ロロ・キドゥルの箱——ジャワの性・神話・政治』風響社，1993年．

オーストラリアの女神

ウリウプラナラ　Wuriupranala
名前の意味・神格・属性：意味不詳。バサースト島とメルビル島のティウィ族に伝わる太陽の女神。
概要：最初の女性ウリウプラナラは昔兄のプルクパリからたいまつを一本受け取って常に火の番をしていた。兄が死んだ後、ウリウプラナラは太陽の女神となり天の旅を始めるために東の地平線上にある高い山に登った。ときどき太陽の女神は出かける前に赤土色の粉を体に振りかけるが、その粉が空や雲に飛び散ってこの世の人が朝焼けを見ることになる。天頂に行く途中でウリウプラナラは食料を集めてそれを正午に熱い火であぶる。そうすると地上ではぎらぎらする太陽を浴びて我慢できないほど熱くなるので人々は日陰に引っ込んで休み午後になってから仕事を再開する。午後の旅の途中で太陽の女神は食料を集めて夫の淡水アンジャイルイの所に持って行く。

また日没前にもウリウプラナラが赤い絵の具で身を飾ると人々は夕焼けを見ることになる。ウリウプラナラはたいまつの火を次の日まで絶やさないようにするので次の朝も太陽は昇る。ときおり太陽が隠れるのは夫の淡水アンジャイルイが自分のすみかに連れて行くからである。ウリウプラナラはその時たいまつの火を消してしばらくの間、渇のそばの山の上で休む。それから冥界イララを通り東に向かって帰途に就く。その時はたいまつの端に赤く輝く火花が道を指し示す。

月男のチャラパはウリウプラナラの兄、プルクパリとの激しい戦いのあと傷ついて天へ昇った。月男の顔には戦いの傷が未だに残っている。プルクパリは一度死んだら生物は二度と生き返らないようにしたが、逃げたチャラパだけは毎月死んでも三日後に蘇ることができた。チャラパは生き返るといつでもたくさんマングローブを飲み込むので太って真ん丸になってしまった。二週間後にチャラパは死病にとりつかれてだんだんやせていき、一度死ぬがまた蘇る。

ティウィ族によると宇宙は冥界イララと地上、天界およびさらにその上の上界という四つの世界からなると信じられている。冥界に足を踏み入れられるのは太陽女ウリウプラナラと月男チャラパだけである。イララは間に深い谷が横たわる二つの岩だけの山脈からできている。山上からは泉が流れ出し二人はその水を飲んで元気を回復する。二人は冥界から出て再び地上に現れる。大地の上に星の人たちが夜間逗留する天の世界ユウクがあり、ここを通って太陽と月男が旅をする。雨期の間、雷鳴男パカドリンガとその二人の妹、モンスーン女のトミトゥカと落雷女ブメラミも家族を連れてこの天の世界にとどまる。

ユウクの上にある上界トゥニルナには昼の間ユウクの住民たちがとどまる。乾期の間は雨をもたらすパカドリンガとトミトゥカとブメラミもここにキャンプを設営する。太陽の女神が地上の西の縁に姿を消すとトゥニルナの住民たちのかがり火が上界をあかあかと照らし出す。地上の雨期が始まる前にトゥニルナではそこの植物や動物の生命の霊が水滴に集まり、雨期のはじめにパカドリンガの雷雲とトミトゥカのモンスーンの雨の中へ入って地上に運ばれ、新たな生命を生み出す。
キーワード：太陽女神
参考文献：『世界の民話：オーストラリア』関楠生訳，ぎょうせい，1986年，15-16頁．
⇒アマテラス、スーリヤー

エインガナ　Eingana
名前の意味・神格・属性：意味不詳。アーネムランドの始祖蛇。
概要：夢の時代にいた最初の動物。母と呼ばれる。水、石、木、人間、鳥、カンガルー、コウモリ、エミューなどすべてのものを創り出した。蛇の形をしていたとされる。エインガナはすべての人間を飲み込み、母胎に人間を入れたまま水の中に連れて入り、再び水の中から浮かび上がった。彼女は地上の上で転

げ回りうめき声をあげた。すべての人間、すべての生物を身ごもった陣痛の叫びであった。老人バルライヤはその声を聞いてエインガナにそっと近づいて行った。蛇がうめき叫びながらもだえているのを見てバルライヤは槍を肛門に突き刺した。するとそこから血が流れすべての人間が出てきた。

　バルライヤがエインガナに槍を突き刺さなかったらどんな生物も正常な方法では生まれなかった。エインガナはすべてのものを吐き出さねばならず、今日のように子供が腹から生まれることはなかった。だからバルライヤがエインガナの体に穴を開けなくてはならなかったのだ。バルライヤはこのあと旅をして自分のすみかに戻り、岩に自分の姿を描いた。それから青い翼のある「わらいかわせみ」に姿を変えた。

　エインガナは大きな川を作った。彼女が一度飲んで吐き出した人間はその時、蛇や鳥に姿を変えた。しかし再び飲み込んで吐き出すとすべて虹蛇ボロングと化してしまった。

　誰もエインガナを見ることはできない。エインガナは水の中にいる。雨期になって水が増えてくるとエインガナは大水の真ん中に立ち上がる。彼女は辺り一帯を見渡してすべての鳥、蛇、動物、そして人間の子供たちを自由にする。つまりそれらはすべて自分が吐き出したものだからだ。大水が引くと自分のすみかへ戻っていく。

　エインガナはトゥーンと呼ばれる腱で作った紐の端をつかんでいる。この紐の一方の端はそれぞれの生物のかかとの上で大きな腱に固定されている。エインガナはこの紐をいつもつかんでいる。だからわれわれはエインガナを母と呼ぶのだ。われわれが死んだ時エインガナははじめてこの紐を放す。

キーワード：原初（の動物）、蛇、母神、原初（女神）、祖先母、人類の起源
参考文献：『世界の民話　オーストラリア』関楠生訳．ぎょうせい，1986年，46-49頁．
⇒アディティ、イザナミ、ワラムルングンジュ

クナピピ　Kupapipi
名前の意味・神格・属性：アーネムランドの「偉大な母」（属性の意味）。
概要：アーネムランド東部では偉大なる母はクナピピと呼ばれる。ここに住むアラワ族の人はクナピピがローパー川の河口にやってくる歌を伝承している。「潮が満ちあふれ、波頭に白い泡が立つ・みずみずしい雨の水が川に注ぎ込む……雨は雲から降り、川の水は渦巻く……そこへクナピピは姿を現し、乾いた地を歩く」。クナピピは恵みの雨を象徴し、豊穣の儀礼自体もクナピピと呼ばれる。クナピピの娘たちはワウィラクの姉妹[†]と同義とされる。

　クナピピはその娘たちの魅力によって若い男性を誘惑し、殺して食べてしまった。クナピピが男たちを吐き出そうとしても現れたのは骨だけであった。蟻たちも彼らを生き返らせることができなかった。このような状態がしばらく続き、屈強な男「ワシタカ」は多くの男性が消えてしまった原因を探った。ワシタカはクナピピが犯人と知りクナピピを捕らえて殺してしまった。クナピピは断末魔の叫び声をあげその声はすべての木の中に入り込んだ。ワシタカが木を倒すとクナピピの声が再び響き渡る。

キーワード：母、豊穣女神、人喰い、死
参考文献：ポイニャント『オセアニア神話』325-328頁．

ジャンカウ　Djanggawul
名前の意味・神格・属性：「多産なる母」の意。
概要：アーネムランド北東部に住むウランバ族の人々は宇宙のすべてをドゥワ半族あるいはイリチャ半族に属するものとして分類する。この配分は夢の時代にジャンカウという二人の姉妹とその一人の兄弟によって定められた。彼らは東方の島から海を渡って上陸した。絶えず身ごもっているとされるジャンカウの姉妹は多産なる母の象徴である。姉妹と兄弟そして仲間のブラルブラルの四人は、櫂を操り、死者のすみかであるトゥワの島ブラルグからの旅へと導く明けの明星の軌道をたどっている。彼らは神聖な儀礼に用いる円錐形に編んだむしろと聖なる小袋、そしてランガの紋章を持っている。むしろは子宮を表し

オーストラリア

ランガは男根のシンボルであり、時には姉妹が生み出す子供たちと同一視された。姉妹は太陽の象徴とも言われる。

ある日女性たちは聖なる品々を野営地に残したまま蟹を捕まえに出かけてしまう。兄弟と仲間は野営地に残された聖なる道具を盗んだ。鳥が鳴くので何かよくないことが起こったと察知した姉妹は引き返してことの次第を知った。二人は男たちの足跡を追ったが、男たちは棒を打ち鳴らして聖なる歌を歌った。女性たちはおそれて引き下がった。この時から聖なる歌と儀礼を行う力は女性から男性に移行した。

ジャンカウたちはアーネムランドの北の海岸にそって沈む太陽の方へと旅をしながら子供を生み続け、人々が生きていくための規則を確立した。ジャンカウの物語が再現される「ナラ」の儀式では聖なる地の上の大枝で作った日よけや小屋が、ンガインマラのむしろと母親の子宮の両方を表現する。その儀礼は神の啓示を告げるという意図を持っており、イニシエーションを完全に済ませた男性を聖なる生活のさらに奥深くへ導く。この儀礼に同席する女性たちは一緒に集められむしろの下に隠される。男たちはその周りで踊りながら槍や棒で女性やイニシエーションを受けていない者たちをつつき、それに応じて彼らは子宮の中の子供のようにうごめく。彼らがむしろの下から現れジャンカウの子宮から彼らの祖先が誕生する初めての時を再現すると儀礼は最高潮に達する。

キーワード：姉妹、原初（の母）
参考文献：ポイニャント『オセアニア神話』316-324頁.

ワウィラクの姉妹　Wawlag sisters
名前の意味・神格・属性：意味不詳。
概要：精霊たちが最初に現れた夢の時代（ドリーミングタイム）に、ワウィラクの二人姉妹が南の方からやってきた。二人は関係を禁じられている氏族の男と寝てしまったので故郷を追放されたのだった。旅の途中で妹は女の子を生んだ。二人はユルルングルという蛇が所有する聖なる場所にやって来た。それは岩のニシキヘビの背と呼ばれた泉であった。泉の底には祖先の蛇の霊が棲んでいた。姉が動物を料理しようとすると、それは飛び跳ねて泉の中へ飛び込んだ。次に姉は妹の子供のために樹皮を集めようとして泉の方に行った。すると彼女の経血が泉におち、ユルルングルのすみかまで達した。

蛇は血の匂いを嗅ぎ、上に向かって行った。すると洪水が起き、二人の少女はその中に巻き込まれた。姉妹は危険を察知し、儀式の歌を歌い踊ることで雨を上がらせ、近づいてくる蛇の歩みを止めようとした。しかし、蛇の霊は二人を捕らえ、体を舐め、その鼻にかみついた。そして二人の少女とその赤子を呑み込んでしまった。しかしユルルングルが蛇たちの会合で自分の子孫を食べてしまったことを告白すると風が吹き出し蛇たちはみな避難してしまった。恥じたユルルングルは二人の少女と赤子を吐き出した。姉妹の安否を心配して探しに来た男たちは彼女らが無事なのを知った。姉妹は人々にユルルングルが起こした雨や洪水を止めるための歌や儀式のやり方を教えた。

キーワード：蛇、儀式の起源、姉妹
参考文献：ポイニャント『オセアニア神話』324-326頁；『世界の民話　オーストラリア』関楠生訳, ぎょうせい, 1986年, 66-81頁.
⇒クナピピ

ワラムルングンジュ　Waramurungundjy
名前の意味・神格・属性：アーネムランドの「我々を作った母」（属性の意味）。
概要：アーネムランド西部で地形を作り、自分の体からたくさんの子や動物、植物を生み出し、地上に分散させそれぞれの集団に一つずつ言語を作り与えたとされる。

キーワード：原初（の母）
参考文献：ポイニャント『オセアニア神話』314頁.
⇒エインガナ

ミクロネシアの女神

ウワブ Uwab
名前の意味・神格・属性：意味不詳。ミクロネシア・パラオの創世の女神。
概要：はじめに天の神ウヘル・ア・ヤングヅがいた。天神は天から風雨に乗せて一つの星を降らせた。それがガリヤップ島になった。天神はそこに一つのア・キム貝を下ろした。この貝からラッツムギカイが生まれた。ラッツムギカイは海に住んでいたが孕んで出産する時になって女陰がないので子供を生むことができず困っていた。そこでア・キムに相談すると外套膜を貸してくれたのでそれを股間につけて子供を生んだ。その子供がオボハヅ女神である。オボハヅはハヅ（人間）の祖である。オボハヅは岩穴を造り、火を焚いて海を造り、水を造り、人間を造った。オボハヅは男神なくして独り身で女神ツランを生んだ。ツランも独り身にして大女神ウワブを生んだ。

ウワブはどんどん大きくなった。はじめ座らせたがあまり大きくなったので、次には跪かせたが、さらに大きくなったので立ってもらった。食物は棒の先につけて与えた。しかしもっと大きくなって棒を継ぎ足しても足らなくなった。それでラッツムギカイに相談すると足の下に薪を積んで焼くがいいと言った。薪を積み上げると上からウワブは何をするのかと尋ねた。そこで火をたきたいのでお前の足が熱くないように木を積んでおくのだと答えた。しかしウワブは自分が焼かれるのを知って嘆いた。火が燃え上がりウワブは倒れてパラオの土となった。
キーワード：原初（女神）、巨人、土
参考文献：土方『パラオの神話と伝説』3-8頁.

オボハヅ Obohaz
名前の意味・神格・属性：ミクロネシア・パラオの創世の女神。
概要：オボハヅ女神が人間を創った時、石を飲ませようか、どうしたものかと考えていると、テリーズ鳥が来て「だめです。風を飲ませたらいいでしょう」といって風を飲ませてしまった。このために石のごとく永久であるべき人間の命は、風がなくなると死んでしまうようになった。またオボハヅは人間に食物と金とを与えようと考えたが、またテリーズが来てだめだと言った。このために人間は自分で働かなければ食物や金を得ることができなくなってしまった。テリーズはなにかにつけてやかましいことをいうので女神オボハヅが怒って頭を殴った。このためにテリーズ鳥の頭は赤く割れている。
キーワード：バナナ型、創造女神（人間の）、死の起源
参考文献：土方『パラオの神話と伝説』3頁.
⇒イハナガヒメ、コノハナノサクヤビメ

リゴアププ Ligoapup
名前の意味・神格・属性：ミクロネシア・カロリン諸島の創世の女神。
概要：創世神ルークが大地を創造し植物を植えた後、神は娘のリゴアプブを地上に送った。女神は喉が渇き木のくぼみにたまった少量の水を飲んだ。水の中にいた小動物を気がつかず飲んでしまったリゴアプブは妊娠した。臨月になって娘が生まれた。彼女の腕から男の子が生まれた。また片方の目から男子が、もう一方の目から女子が生まれた。彼らが人間の始祖となった。

リゴアプブの弟がオロファトである。オロファトは天から下界を眺めると自分の兄弟（リゴアプブの息子、すなわち甥）が自分より見栄えがいいのに気がついた。それで兄弟たちが鮫を池に飼って遊んでいたので、鮫に歯を与えた。鮫は子供たちの手を噛んだ。子供たちは泣き叫んで母親のリゴプブのところに走っていった。リゴアプブは誰かそこにいなかったかと尋ねると子供たちは見たこともない美男子がいたと言った。リゴアプブはそれが弟のオロファトであると察知しその男はどこにいるか尋ねた。男は海岸にいるというので子供たちに命じて彼を連れてこさせた。

ついてみると白髪のみすぼらしい老人しかいなかった。そのことを帰って母親に告げると母親はもういちど行ってよく探せと命じた。息子たちが再び行くとたんなるゴミの山しか見つけられなかった。子供たちが三度目に戻り命じられたとおりにゴミの山に声をかけるとたちまちハンサムな男性に変わった。一緒にリゴアププのもとに行くと彼女は「なぜあなたはそんなに人を欺くのか」とオロファトに尋ねた。オロファトが答えるに「はい、私は父を恐れているのです」と。「それはそうでしょう。あなたは鮫に歯を与えてしまったのだから」。するとオロファトは言った。「私は兄弟たちを自分よりハンサムにそしてもっと力を持つように造ったルークに怒っているのです。だから私は鮫の全部に歯を与えるでしょう。そうすればカヌーが通り過ぎた時、鮫たちは乗っている人間を残らず食べてしまうでしょう」。

このやりとりを天からみていたルークは妻のイノアエマンに言った。「オロファトは天に戻した方がいいのではないか。悪事ばかり働いているから」。妻もそれに同意し「私もそう思うわ。でないと彼は人間を滅ぼしてしまうから」。

キーワード：人類の起源、祖先母、世界巨人、サメ

参考文献：R. Dixon, *Mythology of All Races: the Oceanic*, 1916, p. 258.

⇒イザナミ

メラネシアの女神

アグヌア　Agunua
名前の意味・神格・属性：意味不詳。北西ソロモン諸島の創世神。
概要：サン・クリストバル島では創造神は蛇のフィゴナであると言われる。その一種ハトゥイブワリは人間の顔を持つ翼のある蛇であり、目が四つ、乳が四つあり創り出した物すべてに乳をあたえていた。そのフィゴナの中で最も偉大なのがアグヌア（一説では男）であり、他のフィゴナはすべてその化身であった。アグヌアはすべての種類の野菜や果物を作り出したが、兄弟がそのいくつかを炉で焼いてしまい永久に食べられないようになった。アグヌアは男子を一人創り出したが、この子供は自分の世話ができないので、火をたいたり料理をしたり、草を刈ったりする女性を一人創り出した。ヤシの木から最初にとれる飲料のココヤシはアグヌアに捧げられた。
キーワード：原初（女神）、祖先母、人頭蛇身、創造女神
参考文献：C. Fox, *The Threshold of the Pacific*, 1924, pp. 235-236.
⇒女媧

ヌアウィラコイ　Nuawirakoi
名前の意味・神格・属性：意味不詳。ワロペン族の創世神話。
概要：ヌアウィラコイという娘がいた。死者のために儀礼をしたいと思い、彼女は母と共にサゴ林に行った。彼女は眠くなり、眠ってしまった。目が覚めてのどの渇きを覚え、水を飲んだ。しかし彼女は蛇の卵も一緒に飲んでしまった。次に彼女はサゴの木にゆき、熱を感じ、母に言った。母は娘と一緒に行き、二人はカヌーを漕いで帰った。

そして娘は妊娠し、ある朝蛇のシロエイ(Siroei)を生んだ。男たちは殺そうと思ったが、ヌアウィラコイはそれを生かしておいた。ヌアウィラコイは蛇を入れておく皿を持っていた。母は蛇が皿の中に横たわっているのを見て、一緒に蛇を育てた。蛇が成長すると、人々はマングローブに行って貝を探した。蛇は先回りして岸に横たわり人々を殺そうとして待ちかまえていた。人々が来ると彼らを飲み込んでしまった。幾人かは水に飛び込み逃げた。しかし彼らは助かる方法がわからなかったので蛇を殺そうと思った。

人々は周辺の村に使者を送り助力を願った。そして蛇をビーズ、腰の飾り、花飾り、水飲み、匙などで飾った。彼らはカヌーに蛇の入った皿を積み込んだ。蛇の母ヌアウィラコイは悲しんだので、シロエイは母に聞いた。「お母さん、どうしたの。なぜ泣いているの？」と。母は答えた。「私はお前が悲しくて」と。「われわれはお前を遠くに運び、そこで鼻を突き刺して殺すのだ。私はお前を忘れられない。だから泣いているのよ」。

彼らはカヌーに蛇を積み込んで出発した。蛇は泣き始め、ココヤシを投げ捨てるとそれは上流の方で沈んだ。人々はそこがタブーの場所だったので急いでカヌーを漕いで離れた。彼らは下流に行った。そこで彼は壺を投げ捨て、それは沈んだ。それが沈むとき、彼らは急いで離れた、そこもタブーの場所になるからだ。彼らはカマリソノ岬に到着した。

彼らは蛇を殺して皮をはぎ、料理壺で煮てしまった。ヌアウィラコイの祖母が料理をした。料理の間、彼の首は壺の口から突き出ていた。そして彼は彼女に向かって叫んだ。「僕はシロエイだ！　あなたは僕を食べようとしているが、僕はもっとずる賢いぞ」。人々は中に入ってきて、壺から飛び出た首を見ようとしたが、彼らが来ると首はすぐ中に入ってしまった。彼らがそこで出ていって、サイラ祭りの歌を歌うと、また首が出てきた。そして彼女に言った「僕はシロエイだ。あなたは僕を食べようとしているが、僕はもっとずる賢いぞ」。彼らは蛇を分けて食べてしまった。全員が食べた。すると皆毒にあたってしまい人々はみんな死んでしまった。
キーワード：蛇（の母）
参考文献：D. Teljeur, "The eel in the

cooking pot: notes on the social organization and the origin myth of Foya and Mafa in south Halmahera." In: E. Mashinambow (ed.), *Maluku dan Irian Jaya,* Jackarta, 1984, pp.232-233.

ワタルハンガ　Wataruhanga
名前の意味・神格・属性：「非常に大きい」の意。北西ソロモン諸島の創造の蛇神。
概要：ワタルハンガは普通の女性から生まれた蛇女であった。ワタルハンガの母はその奇妙な姿ゆえ、娘を夫から隠していたが、次の子供が生まれた後で、自分と夫が畑に行くときは、その蛇女に下の子の面倒を見させていた。やがて父親は不審に思い、ある日、畑からこっそり戻って盗み見をすると、蛇女が子守歌を歌って子供をあやしていた。父親はその姿を見て恐ろしくなり、ワタルハンガを八つ裂きにしてしまった。すると八日間雨が降り続きその後でワタルハンガの体はつながって元に戻り、旅を始めた。

ワタルハンガは憎しみを抱くようになり人間たちを追いかけて食べるようになった。そして再び人々に捕らえられ八つ裂きにされて料理された。一人の女とその子供を除いた全員がこれを食べた。その骨は海に投げ込まれたが再びつながり、また八日間雨が降った。雨の後でその骨に再び肉がついた。そしてワタルハンガは八つの大きな波を集め村を波でさらって破壊した。蛇を食べなかった女と子供だけが生き残り、ワタルハンガは二人のためにヤムイモとタロイモとココヤシを創り出し、きれいな水が流れるようにした。その後ワタルハンガは消え去った。

人々は以後、その背の高い邪悪な姿とその長い曲がった歯を恐れるが、消えた場所に守護霊として残っていると信じている。
キーワード：蛇、津波、ココヤシ、芋
参考文献：C.E. Fox, *The Threshold of the Pacific,* London: Keagan Paul, 1925.

ポリネシアの女神

ハウメア Haumea
名前の意味・神格・属性：原義は不明だが「ハナウメア＝神聖な生まれ」という説がある。
概要：主にポリネシアのハワイで豊穣の女神として知られる。ニュージーランド・マオリの間ではハウミア・ティキティキとして語られ食料生産の神であるが同時に自分の子供を食べてしまう怪物ともされる。マルケサス諸島ではハウメイと呼ばれ、人喰い、特に目を好物とする怪物である。ツアモツではウナギ女ファウメアと言われる。

ハワイではカネやカナロア神の姉妹とされる場合もあるが、カナロアの妻であり女神ペレ†やヒイアカの母親ということになっている。またワーケアの妻パパ†とは同一視される場合もある。ハワイの創世神話『クムリポ』では子孫がハウメアの脳から生まれたとされる。

マケレイという魔法の杖を持っており、それには魚を引き寄せ食料の生産を助ける魔力がある。また、若い娘に姿を変え、自分の息子あるいは孫と交わって子供を作り、人類の子孫繁栄を支えるとされる。それ故ハウメアは多産や子宝の神ともされる。

有名な首長の娘であるムレイウラがお産で苦しんでいた。その声を聞いたハウメアは彼女の前に姿を現した。ハウメアは人間がお腹を切り裂いて出産していたのを知った。ハウメアはカニカウィの木の花から痛み止めを作ってムレイウラに与えた。すると彼女は痛みもなく出産し、これ以後、人間は正常な出産をするようになった。

キーワード：豊穣女神、近親相姦、出産、人喰い
参考文献：Beckwith, *Hawaiian Mythology*, pp. 276-290.

パパ Papa
名前の意味・神格・属性：原義は「岩」や「基盤」。大地母神。
概要：ニュージーランドのマオリ神話では天地創造のあと、天空神ランギは地母パパの上に覆い被さっていた。その抱擁からタネ、タンガロア、トゥなどの神々が生まれた。両親の抱擁に困った子供たちが無理矢理二人を引き離そうとした。この企てにさいして兄弟で意見が合わず、彼らは互いに争い、それが雷鳴のような自然現象を引き起こした。タネ神が逆立ちして足で天を押し上げて天地を分離した。すると闇（ポー）の中に光明が射し、昼が生まれた。別れた天地は互いに相手を思い、妻なる大地の溜め息は霧となって天に昇り、夫である天の嘆きは涙の雨となって降り注いだ。

パパという神名はポリネシアで広く見られるが、その相方は東部ポリネシアではランギではなくむしろワーケアないしアーケアである。ワーケア、アーケアの原義は空気であり、その下にいるパパは地ないし基盤を意味する。ハワイでは二つの王家ウルとナナウルの祖先はワーケアとパパから始まるとされる。二人は夫婦であり娘ホオホク・オ・カ・ラニが生まれたが、ワーケアが娘と交わって生まれたのが不完全な体の男の子ハー・ロア（長いイモの蔓の意味）であった。それを埋めるとタロイモが生えてきた。その後ワーケアとパパは正しい交わりを持ちハワイ万民が生まれた。だからハワイの民にとってタロイモは兄なのである。

またワーケアとパパの間には島生みの話がある。二人は交わってハワイ島とマウイ島を生む。しかしワーケアは女神ヒナと密通し、生まれたのが三日月形のモロカイ島である。それを知って怒ったパパがルアと寝て生まれたのがオアフ島である。そのあと元の鞘に収まり、ワーケアとパパの間にカウアイ島が生まれた。

マルケサスではパパという神名のみ知られ、パパ・ウカ（山のパパ）、パパ・アオ（空のパパ）と呼ばれ、前者が女神、後者が男神となっている。西部ポリネシアのサモアでは平たい石のパパが女陰を持たない状態で生ま

パパとランギの像、オークランド博物館、ニュージーランド

れたとされる。その夫のオロマタウアが計略を案じ、鮫の歯のナイフで秘部を切り裂くとパパは妊娠した。生まれたのがウルファヌアセエセエであるが、彼はシナファロフトゥ（女神ヒナの一形態）をめとり双子を生んだ。彼らはサモアに最初の入れ墨をもたらした。

キーワード：大地母神、天地分離、島生み型、芋

参考文献：アルパーズ『ニュージーランド神話 マオリの伝承世界』井上英明訳、青土社、1997年、24-47頁；Beckwith, *Hawaiian Mythology*, pp.293-306.

⇒イザナミ、ヌト

ヒイアカ Hi'iaka

名前の意味・神格・属性：火山の女神ペレ[†]の妹。

概要：火山の女神ペレの兄姉たちの一番下の妹。母親ハウメアの口から卵の形で生まれたとされる。姉ペレの脇の下で育った。ある日ペレと姉妹たちは海岸に遠足に出かけた。そこでヒイアカの友達ホーポエとハーエナが踊った。それが終わるとペレは妹たちに誰かお返しに踊れと言ったが誰もできなかった。それでヒイアカが好きなレフアの花を髪に着けて踊った。彼女の踊りはハワイのフラのはじまりであると言われる。ヒイアカはそのためにフラの守護神とされフラのチャントにはヒイアカやペレの名前が冠されている。

ヒイアカが最も活躍するのは姉のペレが見初めた王子ロヒアウをカウアイ島に迎えに行く時の冒険物語である。お供の半神や少女を連れたヒイアカがハワイ島を横断していた時、邪悪な怪物モオ（オオトカゲ）の男パナエワは霧、豪雨そしてツタのジャングルで行く手を阻んだ。ヒイアカは魔法の腰巻を振り竹のナイフを使って霧や雨を払っていった。たくさんの神々がヒイアカを天から見守り、最後には姉のペレが怒りの炎をあげパナエワ一味を粉砕した。島北部ワイピオ谷で海を泳いで渡る時に待ちかまえていた人食い鮫もティの枝を削って作った白い棒で水面におびき寄せて倒した。また幽霊の神ヒナヒナ・クー・イ・カ・パリは裸になって衣を頭の上にのせて川を泳いで渡るヒイアカ一行を牽制したが言い負かされた。

マウイ島のイアオ谷ではヒイアカたちのもてなしを拒否した首長オレペウが寝ている間、オレペウの浮遊する魂をつかまえそれをワイヘエ近くのパハレレの岩にたたき付けて非礼に復讐した。オアフ島でもチャントを歌いながらすすみ、邪悪なオオトカゲを粉砕した。

カウアイ島に着いてみるとペレを待ちこがれたロヒアウは死んでいた。ヒイアカはロヒアウの体を盗み洞穴深く隠したホノプの女たちから体を取り戻し魔法で女を滅ぼし、さらに飛び立とうとしていたロヒアウの魂を捕ま

えて蘇生させようとした。ヒイアカが崖によじ登り十日間フラを踊り続けるとロヒアウは生き返った。

ロヒアウを連れた帰りの旅も苦難の連続であった。カウアイ島とオアフ島の間では鮫神と海の女神が嵐を起こした。そこでヒイアカは人間であるロヒアウを守るために陸路を行き、おとりにするために二人のおつきの娘に海路を行かせた。

しかし帰り着いてみると姉のペレはヒイアカがロヒアウと密通したと思いこみ怒りの炎で二人を焼き尽くしてしまった。神であるヒイアカは無事だったが人間のロヒアウは焼け死んでしまった。ヒイアカは地面を掘ってロヒアウの魂を追い、十番目の地下の層で海に旅立とうとするロヒアウの魂を捕まえた。彼は息をしていなかったが鳥の使者が目覚めさせると生き返った。ヒイアカとロヒアウはついに一緒になった。

キーワード：卵、舞踊
参考文献：ポイニャント『オセアニア神話』96-102頁；Beckwith, *Hawaiian Mythology*, pp. 180-189; N. B. Emerson, *Pele and Hi'iaka; a myth from Hawaii*, 1915.

ヒナ（ヒネ）　Hina, Hine

名前の意味・神格・属性：「女性」を意味した可能性がある。月の女神、タパ打ちの女神、最初の死をもたらす女神、マウイの母など。

概要：ポリネシア各地でヒナ、ヒネ、イナ (Ina)、シナ (Sina) などと呼ばれる最も広く知られる女神。さらに各島でその名称のあとに二次的名称が付けられて多様な神格として語られる。最も一般的には月に住み、月の模様は女神がタパを打っている姿とされる。それに伴って、特に夜、星を見て航海するポリネシア人の安全を見守る女神だともされる。

ハワイではトリックスター神マウイの母で、マウイはヒナの髪の毛を釣り糸にして島を釣り上げたとか（島釣り神話）、太陽の運行が早すぎてヒナはタパ打ちや洗濯物を干せなくて困っていたのでマウイが太陽を捕らえて正常な運行にさせた（太陽捕獲）という話がある。聖書の影響があるかもしれないが、ラパヌイ（イースター島）ではヒナはチキが土から作ったとされる。チキはヒナと交わり神々が生まれた。

タヒチでは兄弟の航海士ルーと一緒にポリネシア中を航海していたとされる。ヒナは船首で星を見て方角を指示し、ルーは船尾で舵櫂を握ってカヌーを操作した。航海途中、ある島に留まり、タパ（樹皮布）を広げて干した。そのそばに立っていたパノキから白いタパを作った。地面には平たい石が横たわっていたが、それが後世のタパ打ち用の台になった。異伝ではこの大航海の間に訪れた月をヒナは気に入ってその後ずっと月に住んだ。こうして彼女は女性のタパ打ちの神になった。ある満月の夜、ヒナは一人で月をカヌーで航海した。月につくと、彼女はカヌーを流してしまい、月に留まった。それ以来、ヒナは夜、航海者の守護神となった。彼女が誤ってパノキの枝を折ってしまいそれが地上におちてライアテア島の浜に刺さった。そこから地上のパノキが広がった。

タヒチの神話では、タヒチのパペウリリには太陽と月に見守られた美しい娘ヒナが住んでいた。彼女はその美貌と高い地位のため滅多な者とは婚約できない宿命であった。太陽と月は、山の中のヴァイヒラ湖の王子とヒナを婚約させた。王はファアラヴァアイ・アヌという名前であった。ヒナは「精神」と「頭脳」を従えて、山に嫁入りした。花嫁の一行は着飾り、笛や太鼓の音楽を奏でて花婿のもとに向かった。山から花婿一行が下りてくるのを見ると、恐ろしいことに花婿は巨大なウナギであった。それを見たヒナは山を下りて、従者を連れ、マウイ神の洞窟を訪れ助けを願った。ヒナがマウイに話をしていた時、二人は珊瑚礁の水路を押し破って迫り来る巨大なウナギを見た。マウイは恐れ、すぐ神に祈って石斧を研ぎ釣針を用意した。ウナギが迫ってきたので、マウイはおびき寄せるためにヒナの髪の毛で釣針にえさをつけた。ウナギはマウイを見て叫んだ。「マウイよ！　俺の花嫁をよこせ！」と。マウイは言った。「私は勇敢な神マウイだ。誰も私から逃れることはできない」。ウナギは大きな口を開けて釣針に

食いついた。それをマウイは力一杯岸に引き寄せた。マウイはウナギの頭を切り離し、タパでくるんで、ヒナに贈った。そして「これを持て。しかし家に着くまではおろしてはならない。家についたら神殿の庭の真ん中に埋めよ。ウナギの頭にはたいへんな宝が入っているから。頭からは家を葺く材料や食物、飲み物が得られるであろう」と言った。ヒナはそれを持って帰途についた。途中、喉が渇いていたので水を飲もうと思って、ヒナはうかつにも包みを地面においてしまった。気がつくとウナギの頭は地面に突き刺さり、地下に根を張っていた。そして芽が出ているではないか！　こうしてココヤシの木が生まれた。その流れはルロアと二人の息子の領分であった。ヒナは彼らに貴族の地位を与え、二人の息子の長男と結婚した。しかしすぐ夫が死んだので、弟と結婚し、子をなした。ある日ヒナの二人の娘がココヤシの実を持っていると虹に捕らえられ、ツアモツ諸島のアナ島まで運ばれた。これがアナ島のココヤシの起源である。

　クック諸島ではヒナの神話は娘イナの話となっている。イナの住む家の近くにはウナギが棲む小川があった。ある日彼女が川で水浴をすると大ウナギが出てきて体をすり寄せてきた。イナは最初、気味悪く思ったが、毎日同じことが続いたので慣れてきた。ある日、驚いたことに、ウナギは男に変身した。ウナギは言った。「私は淡水ウナギの守護神トゥナである。私はあなたの美しさに魅惑された」と。それ以来、ウナギは毎日人間に変身してイナと逢瀬を繰り返した。しかしある日ウナギは言った。「お別れの時が来た。私の思い出にあなたに大いなる恵みを与えよう。明日、強い雨が降り、洪水が起こるであろう。しかし恐れることはない。それは私がウナギの姿で、お前のもとを訪れるためである。私は自分の頭をお前の家の入り口に横たえる。そうしたら頭を切り取って埋めてくれ。そして毎日そこを訪れて生えてくるものを見守って欲しい」と。その夜から激しい雨が降り出した。人々は避難したが、彼女はウナギの言葉を思い出し家に留まった。次の日、水が畑を覆い家の入り口まで迫って来た。水の中には大ウナギがいた。彼女は斧を取ってウナギの頭を切り落とし、頭を家の裏手に埋めた。雨は止み、二、三日すると水はひいた。イナは約束通り毎日その場所を訪れた。やがて青い芽が出てきた。芽は二股に分かれ、どんどん生長し、木になって実をつけた。二つの木はトゥナの半分に割れた頭の脳から成長したものだった。一方は赤い実、もう一方は白い実をつけた。それは今もなおあるココヤシの二つの種類の起源であった。赤い方はタンガロアの神、白い方はロンゴの神に捧げるための神聖な実とされる。

　マンガレヴァ島の神話では創世神タンガロア神には二人の息子がいた。息子たちは嫁を探すためにカヌーで船出した。ある島でヒナ・ラウレガという女性に会った。彼女は天の川の星の光の髪を持つと称される美しい女神であった。彼女を巡って兄弟は争い、兄を打ち殺したタマ・キテが彼女を娶ることになった。二人は嵐の海を越えて安全な場所に行った。嵐を起こしたのはテ・トゥムヘであった。ヒナ・ラウレガが砂浜で水浴をしていると、テ・トゥムヘが誘惑して海底に連れ去ってしまった。父のタンガロアは息子に「椰子の実の殻で釣針を作って妻を釣り上げなさい」と言った。さっそくタマ・キテとタンガロアは釣針を作った。タンガロアはテ・トゥムヘに言った。「おお、テ・トゥムヘよ、汝の釣針に食いつきなさい」。しかしテ・トゥムヘは答えた。「椰子の実で作った釣針になど食いつく馬鹿がどこにいる！」。これを聞いてタマ・キテは海に飛び込み海底に潜って妻を救い出した。それで彼女は本当に彼に惚れたのであった。

　ニュージーランドのマオリ族では、ある時マウイは父と偉大なる死の女神ヒネの話をした。マウイは仲間の鳥たちに、女神の体内に入って口から這い出てやろう、それがうまくゆけば、死など恐れる必要がなくなると言った。鳥たちは恐れ、やめさせようとしたが、マウイは「もしおれが女神の女陰を通り抜ける時おまえたちが笑えば女神が気付いておれは殺される。もし最後まで静かにしていれば、

無事女神の体内を通り抜け、もう死を恐れる必要はなくなる」と言った。マウイはヒネの体に入るため、まず鼠の格好になった。しかし鳥の忠告で虫になった。マウイが女神の女陰に入ろうとした時、孔雀鳩が我慢しきれずクスクス笑ってしまった。女神は気付き、マウイは女陰の歯で噛み殺された（ヴァギナ・デンタータのモチーフ）。

　またマオリや一部の島ではヒナは冥界の女神でもある。創造の神タネは土で女の人形を作った。そしてこれと交わり、娘ヒネを生んだ。タネは成長したヒネを妻にした。ヒネは夫が実の父親であることを知り、恥ずかしさのあまり自殺した。ヒネは黄泉の国に行って夜の女神になった。タネは妻を追って冥界に行き、ヒネの家の戸をたたいた。しかしヒネはタネを中に入れなかった。彼が一緒に地上に戻ってくれと懇願すると、ヒネは言った。「あなたは一人で地上に戻り、明るい太陽のもとで子孫を養いなさい。わたしは地下の国に留まり、彼らを暗黒と死の国に引きずり下ろすでしょう」。この後、生者と死者の世界に交流がなくなった。この話は記紀神話のコトドワタシとの類似が注目される。

キーワード：月、タパ、ココヤシ、ヴァギナ・デンタータ、冥界、ハイヌウェレ型、死、夜、ウナギ、釣針

参考文献：ポイニャント『オセアニア神話』青土社、1993年；後藤明『ハワイ・南太平洋の神話』中央公論、1996年；後藤明『南島の神話』中公文庫、2002年；Henry 1928: pp.615-18；吉田敦彦『日本神話の源流』講談社学術文庫、2007年；Beckwith, *Hawaiian Mythology*, pp.214-225.

⇒イザナミ、ハイヌウェレ

ペレ　Pele, Pere

名前の意味・神格・属性：「溶岩、火山、爆発」の意味で使われることもある。火山の女神。

概要：ハワイの火山の女神でハワイ以外ではソシエテ諸島にも存在した可能性がある。ハワイ神話では女神ハウメアと夫モエモエの夫婦の間に、ハワイより南の土地カヒキで生まれたとされる。家族は八人姉妹と五人兄弟であった。彼らはカヒキより偉大なカヌーホヌア・イア・ケアに乗ってハワイにやってきた。ペレは安住するために十分深い穴を北のカウアイ島から次々と掘った。オアフ島ではダイアモンドヘッド、ココヘッド、マカプウ岬の噴火口を掘った。マウイ島では最高峰ハレアカラ山の火口を掘った。家族はペレに従って、次第に南に移動して、最後には最南端ハワイ島のキラウエア火山に落ち着いた。このプロセスはハワイ諸島が火山から形成された時の実際の順序を反映している。

　ある日ペレは眠りにおち、その魂はカウアイ島に旅し、美しい王子ロヒアウと出会う。眠りから覚めるとペレは妹の誰かをカウアイに遣わしてロヒアウを連れてこさせようとした。妹たちは誰も申し出を受けず、末っ子のヒイアカ[+]がその任にあたった。ペレはヒイアカに四十日以内に戻ること、そしてロヒアウの体には指一本触れないことを約束させ、ヒイアカを遣わした。ヒイアカは途中で魔物に襲われるなど困難な旅を続けたが、カウアイ島に無事着き、ロヒアウをハワイ島に連れて行く帰りの旅も苦難の連続であった。妹の帰りが遅いのは不義をしたためと勘違いしたペレは怒りの炎を上げヒイアカの象徴であるレフアの花咲く森を焼き尽くしていた。やがてロヒアウは自分を命がけで守ってくれるヒイアカに思いを寄せ、キラウエア火山の頂で、ペレの見ている前で二人は堅く抱き合った。ペレの怒りの炎は二人を焼き尽くした。人間であるロヒアウは焼け死に、神であるヒイアカは助かった。のちにヒイアカは天に昇ろうとするロヒアウの魂を捕まえ、蘇生させた。こうして二人は結ばれた。

　王ケアリイクキイの御代、プナの首長であるカハワリは彼のお気に入りの部下と、丘でソリを楽しんでいた。丘の麓には、それを見ようとしてたくさんの人が集まっていた。人々を楽しませるための楽隊や踊り子もいた。踊りが始まり、太鼓の音と共にソリが始まった。それを聞いてペレはキラウエアから降りてきた。丘の頂上に女の姿になって立ったペレは、カハワリとソリの競争をした。ペレはソリになれていなかったので細い板の上

でバランスを崩した。観衆はカハワリが戻ってくると拍手を送った。

　また競争を始める時ペレは彼にソリを貸してくれるように言った。しかしカハワリは断り、遅れるのに我慢ができないとばかりに、また丘をすべりおりた。ペレは怒り、地面を足で踏みつけると、地震が起こり丘をゆらした。彼女が叫ぶと火と溶岩がわき起こった。ペレは超自然の姿になって、丘を駆け下りた。カハワリは溶岩が迫ってきているのに気がついた。彼は槍をとって友と共に逃げたが、楽隊と踊り子は溶岩に呑まれてしまった。カハワリは家まで逃げ、お気に入りの豚の鼻にさわり、家の中に逃げ込んで母の鼻に触れて言った「同情します。あなたの死が迫っている！」と。

　そこから離れて彼は妻に会い、お別れをした。溶岩が迫っていた。妻は彼にここで一緒に死のうと言った。しかし彼は「いや」と言って二人の子供に別れを告げた。彼の友が助けを求めたので、槍を差し出して助けた。海岸に出ると弟が漁から帰ってきたので、そのカヌーに乗って海上に逃げた。ペレはそれを見て、溶岩で海を煮えたぎらせて追ってきた。カハワリは槍をマストにして東風に乗ってマウイ島まで逃げた。それからラナイ、モロカイに逃げて最後にオアフに来た。そこで父と妹に会い、ずっと一緒に暮らした。

　二人の少女がパンの実を焼いていた。年下の娘は老婆がいるのに気がついた。彼女はかわいそうになって助けに行こうと言ったが、年上の娘は放っておきなさいと言った。実が焼けたので、年上の娘は「さあ食べましょう」と言った。すると「私に食べ物をください。私は一日中、何も食べていないから」という老婆の声に娘たちはびっくりした。彼女は弱々しく腰が曲がり、杖にすがって歩いてきたのだ。年上の娘が「私たちには見知らぬ人に与える食べ物などありません。帰って孫にもらったらどうなの」と言った。しかし年下の娘は老婆を座らせて、葉に実をくるんであげた。

　老婆はすぐ食べてしまったので娘たちはびっくりした。年上の娘はもう上げる物はない、という態度を示したが、年下の娘はまた実を上げた。それを食べた老婆は年下の娘にだけそっと言った。「あなたはよくしつけられている」。そう言うと老婆はまた道を上がっていった。彼女は突然立ち止まり、振り向いた。彼女は年下の娘を見つめた。老婆の目は若々しく、そして爛々と輝いていた。老婆は言った。「山の方でおかしな事が起こるでしょう。帰って家族の者に言いなさい。タパの切れ端を家の前に掛けておくのです。それを十日間続けるように言いなさい。そうすれば安全だから」と。

　娘はなんて変なことを言う婆さんだと思った。二人は食べ終わって家に帰った。年下の娘は出来事を家族に話した。すると祖母は「おお、お前はいい子だ」と答えた。「老人はきつい仕事はできないのだよ。だから他の人が助けてやらなくてはね」と母も言った。そして娘は老婆の様子と彼女が言ったことを家族に教えた。娘の両親は祖母を見て、すぐにそれに従うべきだと言った。祖母は娘に振り向いて言った。「その老婆はペレだよ」と。

　幾日か過ぎた夜、隣人が来て「見なさい。ペレが怒っている。彼女はマウナロアの火口をかき回している！」と言った。家族が外に出てみると大きな火柱が上がっていた。火柱の上には雲が立ちこめ、そこには女の姿が見えた。彼女はとても若く、綺麗で、逆立つ髪をしていた。娘は叫んだ。「あの目！　あの目は老婆の目と同じじょ」と。

　次の日溶岩が流れ始めた。人々はみなペレに捧げ物をした。娘の父もポイとアワを捧げた。しかし祖母は言った。「今やもう、どんな供義をしてもペレの怒りを収めることはできないよ。彼女は自分に親切にしなかった者を罰しようとしているのだから」と。

　人々は息を潜めた。溶岩は煙を上げ木々を焼いて、畑や家を呑み込んだ。年上の娘の家は逃げ出した。年下の娘も祖母の手を取って逃げようとすると、祖母は「大丈夫よ。ペレは自分の言葉を忘れないから」と言った。溶岩が迫ってきたので少女は恐れたが、不思議なことに溶岩は娘の家と畑の所で二筋に分か

れたのだ。娘の家だけが島のように残されたのだ。溶岩はゆっくりと流れ落ちていった。それを見て家族はペレに感謝の祈りを捧げた。

キーワード：火山の女神、姉妹、地震

参考文献：Th.G.Thrum, *Hawaiian Folk Tales Thrum* 1907, pp.39-42, Pukui 1949, pp.51-55; Beckwith, *Hawaiian Mythology*, pp.167-179; N. B. Emerson, *Pele and Hi'iaka; a myth from Hawaii*, 1915.

ポリアフ　Poliahu

名前の意味・神格・属性：雪の女王。名称には抱擁の意味が含まれる。

概要：ハワイの最高峰マウナ・ケア（「白い山」の意）の山頂に座す雪の女神。ある日カウアイ島の王子アイウォヒクプアがハワイ島の海岸で美しい女性が海の岩で休んでいるのを見た。彼女の白いマントは岩の上にかけてあった。彼が近づいて結婚を申し込むと、彼女は彼の持っているマントと引きかえに婚約に応じるといった。王子は一度島に帰り、白いマントと王の象徴である赤い羽毛のヘルメットをかぶり、楽隊やお付きの者を従えた船団でやってきた。

ポリアフが他の山の雪の女神たちと白い衣を着て迎えに降りてくると、海岸まで冷たい風が吹き抜けた。カウアイ島の人々は血まで凍りそうになったので、雪の女神たちは衣を脱ぎ、陽射しを呼んだ。すると雪は山々の頂まで戻り、金色の太陽の光の衣をまとった女神たちは友を出迎えることができた。

王子とポリアフは結婚するためにカウアイ島へ行った。しかし王子はマウイ島の王女とすでに婚約していた。彼女は王子とポリアフの婚姻の日に現れ、王子の不貞をなじった。それを聞いたポリアフは結婚を辞退した。そしてカウアイの王子とマウイの王女の婚姻の日となった。その時王女は言いしれぬ冷たい空気に囲まれているのを知った。王子は「これはポリアフの氷の衣だ！火のある場所へ逃げろ！」と言った。しかし火のある場所に行くと、ポリアフの太陽の衣が散乱していたため、二人は焼けこげそうになった。「この熱はポリアフの怒りだ！」と王女は叫ぶと、マウイ島に逃げ戻って行った。ポリアフと友たちは陽の光輝く雪のマントを着て人々の前に現れた。彼女らは冷たい息を人々に吹きかけて南の島、ハワイ島へ戻っていった。

ポリアフはある日、友と一緒に山から下りて、海岸で波乗り競争をして遊んでいた。突然霧の中から美しい女が現れた。ポリアフは彼女を歓迎し、競争を続けた。すると急に地面が熱くなったのでポリアフは女が自分の宿敵、ペレ[†]であることを悟った。ペレは衣を脱ぎ捨て、マウナ・ケア山に続く地下洞穴を掘り、溶岩を流してポリアフに迫った。ポリアフは、衣を焼かれたが、頂まで逃げた。頂で力を取り戻したポリアフは雪のマントを山に掛けて応戦した。

溶岩と雪の戦いで地震が起こり、大地と海が揺れた。大きな岩は裂け、雲が山々の頂を覆った。この雲はポリアフの呼び寄せたもので、雪を降らせて溶岩を冷却させた。ペレの家来はこうして主人の企ての足枷になった。固まった溶岩は噴火口を閉じ、海に達した溶岩の川は細り、海に落ちた溶岩は波の餌食になって死に絶えた。やがて、ラウパホエホエという不毛の溶岩台地ができあがった。

キーワード：雪、地震

参考文献：Beckwith, *Hawaiian Mythology*, p.222; W. D. Westervelt, *Myths and Legends of Hawaii* (Tales of the Pacific) , 1987, pp.49-53.

⇒白い魔女（ジェイディス〈ナルニア国ものがたり〉）

聖典

旧約聖書

新約聖書

キリスト教の聖女と魔女

旧約聖書の女神

松村一男

概説

　旧約聖書はイスラエル（ヘブライ）民族の聖典である。それは神ヤハウェによる世界と生物の創造から神とイスラエル民族の契約、そしてその後の民族の歴史を述べており、建前としては歴史であり神話ではない。しかし、旧約聖書は様々な時代に複数の編集者たちが異なる伝承を一書にまとめた産物であり、ヤハウェ（Y）資料、祭司（P）資料、エロヒム（E）資料、申命記（D）資料などが識別されている。また旧約聖書の特に「創世記」には周辺諸民族の女神と共通する存在が認められる。エバ†やリリス†などはその例である。サラ†、リベカ†、ラケル†、レア†といったイスラエル民族の祖先となる族長の妻たちは、歴史的人物とされているが、むしろ様々な状況での彼女たちの振る舞いはある種の規範として描かれており、「歴史化された神話的モデル」と呼べるものである。

　イスラエル民族は男系で続くが、妻＝女性は外部から娶らねばならず、この女性を提供する外部集団をどのように位置付けるかが旧約聖書の女性像理解の要となっている。女性は子孫を残すために不可欠だが、しかし、周辺の多神教信仰の部族から娶れば、多神教を信仰する母親によって子供が育てられ、一神教信仰が損なわれる危険がある。このため、旧約聖書では女性について、「近くて同時に遠い」という二律背反的な神話表現が行われる傾向が強いように思われる。

【参考文献】

ブレンナー, アタルヤ『古代イスラエルの女たち』山我陽子／山我哲雄訳, 新地書房, 1988年

モルトマン＝ヴェンデル, E.『乳と蜜の流れる国——フェミニズム神学の展望』大島かおり訳, 新地書房, 1988年

アームストロング, カレン『キリスト教とセックス戦争——西洋における女性観念の構造』高尾利数訳, 柏書房, 1996年

ベアリング, アン／キャシュフォード, ジュールズ『世界女神大全』II, 藤原達也訳, 原書房, 2007年

Meyers et al., *Women in Scripture*, Eerdmans, 2000.

引用について

　旧約聖書と新約聖書は日本聖書協会版を参照した。旧約と新約には多くの翻訳があり、細部に違いがあるが、どれか特定の一つの翻訳に依拠せず、最大公約数的にわかりやすい表現を旨とした。聖書外典とグノーシス関係文書は該当項目の参考文献に記載した。

旧約聖書の女神の事典

アシェラ Asherah
名前の意味・神格・属性： 名前の語源不明。ウガリトの叙事詩「バアルとアナト」や「ケレト」にはアシラト（アーシラト）'Aṭirat の名で登場し、最高神イル（イルウ、エル）El の配偶女神だが、カナンでは以下に見るように豊穣神バアル Baal の配偶女神とされた。

概要： 旧約聖書「出エジプト記」では、カナンに入っていくイスラエルの民に対して神ヤハウェがカナンに信仰に染まらないように、「彼らの祭壇を破壊し、彼らの石柱を粉砕し、彼のアシェラを切り倒しなさい」と警告している（出エジプト記 34.13）。アシェラは男神の配偶女神であり、男神が石柱であるのに対して、木柱であったと思われる。

「士師記」には「イスラエルの人々は（中略）彼らの神、主を忘れ、バアルとアシェラに仕えた」とあり（士師記 3.7）、カナンにおいてイスラエル人が唯一神ヤハウェの信仰の保持に苦労していたことがうかがえる。

さらに「列王記上」では、北イスラエルの王アハブがシドン人（フェニキア人）の王エトバアル（「バアルはいます」の意）の娘イゼベル（「君主（ゼブル＝バアルの称号）はどこにいますか」の意）を妻とし、自らもバアルの信者となり、バアル神殿をサマリアに建立し、またアシェラ像も作ったと述べられている（列王記上 16.28-33）。ここからアシェラがカナンにおいてバアルの妻としてバアルと並んで崇拝されており、その信仰がイスラエル民族にも及んでいたことがわかる。

預言者エリヤ（エリヤフ）はバアルとアシェラの崇拝に反対し、ヤハウェとバアルのどちらが勝っているか決着をつけようと、アハブ王に対して「イゼベルの食卓につくバアルの預言者四百五十人、アシェラの預言者四百人をカルメル山の私のもとに集めなさい」と求め（列王記上 18.18）、人々の前でヤハウェの偉大さを示し、人々にバアルの預言者を皆殺しにさせている。しかし、アシェラの預言者の方については殺害の記述はない。バアル信仰が中心で、バアル信仰が止めば、アシェラ信仰も自動的に消滅したという見方であろうか。アシェラ信仰は他の王の時代にもあったとされる（列王記上 15.13、下 23.4-7、歴代誌下 33.3）。

シナイ半島北部のクンティレト・アジュルドで出土した前8世紀のヘブライ語碑文には、「サマリアのヤハウェと彼のアシェラによって祝福する」という表現が見られるという。唯一神ヤハウェの信仰にも配偶女神アシェラが入り込んでいた場合もあったらしい。

キーワード： 豊穣女神

参考文献： 池田裕訳『列王記』（旧約聖書IV），岩波書店，1999年，補注用語解説「アシェラ」；宮田玲「旧約聖書におけるアシェラ」，『基督教研究』65，2003年，96-108頁；Emerton, J. A., "Yahweh and His Asherah", Vetus Testamentum 49 (1999), pp.315-337.
⇒アナト

アシュトレト Ashtaroth［ギリシア語］Astarte
名前の意味・神格・属性： ヘブライ語 astoret「増大」「子孫」から。

概要： カナンの豊穣の女神アスタルテ†の旧約聖書での名称。「士師記」2.13、10.6、「サムエル記上」7.3-4、12.10、31.10、「列王記上」11.5、11.33、「列王記下」23.13 などでバアルと並んで名前が挙げられている。

キーワード： 豊穣女神

参考文献： Meyers et al., pp.512-513
⇒アプロディテ

エステル Esther
名前の意味・神格・属性： ペルシア語名。ペルシア語 stara「星」に由来し、「星子」あるいは「星娘」の意。ペルシアに住むヘブライ人とされているので、ペルシア語の名前となっている。アッカドの女神イシュタル Ishtar の名前ともつながるか。ヘブライ語名

はハダッサ　Hadassah。ヘブライ語hadas「ミルトス、てんにんか」myrtle から。樹や花は仮庵の祭や花嫁の花輪に用いられる。旧約聖書「エステル記」の主人公。
概要：ペルシア王アハシュウェロシュ（クセルクセス一世を指すらしい）の時代（紀元前5世紀前半）に王は新しい后を迎えることになり、全土に命を発して美しい女性を集めさせた。その中にスサの町のユダヤ人モルドカイの養女エステル（ペルシア語名、ヘブライ語名はハダッサ）がいた。彼らはエルサレムが滅ぼされてバビロンに連れてこられた捕囚民だが、その後バビロニアがペルシアに滅ぼされたので、ペルシアに住んでいたのである。エステルはクセルクセス王に気に入られ、王妃となった。王の大臣はアガグ人のハマンだったが、彼はエステルの養父のモルデカイが気に入らず、彼一人ではなく彼の民族ユダヤ人すべてを滅ぼそうと画策し、王に対してその権威に従わないユダヤ人は滅ぼすべきだと進言した。この計画を知ったエステルは命の危険を冒して王に直談判をして、ハマンの計画を中止させ、ユダヤ人の命を救った。この記念に行われるようになったのがプリム祭とされる（プリムとはプル「籤」から。ハマンがいつユダヤ人殺害を実行するかを籤で占ったとされていることから）。
キーワード：救国者
参考文献：Meyers et al., pp.74-77
⇒ユディト

エバ（イヴ）　Eve
名前の意味・神格・属性：ヘブライ語 hawwāh は hay「生命あるもの」から（創世記3.20）。旧約聖書「創世記」で人類最初の女性。イヴは英語読み。
概要：イスラエル民族の神ヤハウェによる人類創造の神話は二種類併記されている。最初の方はより新しく、祭司（P）資料によるもので、「神は自分の像に人を創造した。神の像にこれを創造した。彼らを男と女に創造した」（創世記1.27）と男女は同時に創造されたとする。これに対して、それに続くより古くかつより有名なヤハウェ（Y）資料では、まず神は土から最初の人間を作ったが、「人が一人でいるのはよくない。彼と向かい合うような助け手を造ってあげよう」（2.18）と思い、獣や鳥を創造するが、いずれもふさわしい助け手とは思われなかったので、「神は人の上に深い眠りをくだした。彼が寝込むと、神ヤハウェは彼の肋骨を一本取り、代わりにそこを肉でふさいだ。神は肋骨を一人の女に造り上げ、彼女をその人の所に連れて来た」

《エデンのアダムとイヴ》マゾリーノ・ダ・パニカーレ、サンタ・マリア・デル・カルミネ聖堂

(2.21-22)。すると人は、「これを妻（イッシャー）と名付けよう、夫（イーシュ）から取られたのだから」と言った (2.23)。

この段階では男にも女にもまだ名前はない。二人は蛇に唆され、神の命令に背いて園の中央にある善悪を知る木の実を取って食べる。そして裸であることを恥じるようになり、そのことが神に知られる (3.1-13)。男と女は命令に背いた罰として神から呪いを受ける。女に対する呪いは次のようなものだった。「わたしはあなたの労苦と身ごもりとを増し加える。苦労の中であなたは子を生む。あなたの想いはあなたの夫に向かい、彼があなたを治めるであろう」(3.16)。「人はその妻をエバと名付けた。彼女が生命あるものすべての母となったからである」(3.20)。そして二人は楽園を追放される (3.24)。その後、アダムと交わり、カインとアベルの兄弟を生む。当初、彼女は名前がなかった。エバという名前は、彼女が子供を生んで母となったからつけられた名前である。

エバはアダムを唆して禁断の果実を食べさせたことになっている。それゆえ神は、彼女以降のすべての妻は夫に従うようにすべしと規定する (3.16)。最初の女性で、最初の男は彼女と交わり、子孫をもうけることなる。しかしそうしたセックスによる子孫の再生産は同時に親の世代の死を伴うので、最初の女性の誕生は性行為の発生でも、死の発生でもある。また男女の性行為は男による大地への種まきと同一視され、農耕作業は性行為との類比で理解された。性行為によって子孫を残し、親の世代は衰えて死ぬのだから、男は大地を耕作する労働により衰えて死ぬとされた。だから最初の男アダムに対する神の罰は、「お前は、生涯食べ物を得ようと苦しむ。（中略）お前は顔に汗してパンを得る。土に返る時まで」(3.17-19) となっている。

最初の女にして母であり、そのため性行為・労働・死の始まりとも結び付くというエバの位置付けは、ギリシア神話のパンドラ†や日本神話のイザナミ†に似ている。同じような神話的女性像の発想である。そして始原と終末は対として観念され、この世に生命を生み出す存在は女性なのだから、生命に終わりをもたらしたのも女性であるとする対概念の考えも認められる。

キーワード：女（最初の）、女の創造、母、誘惑する女（夫を）、罪、性行為、労働、追放（楽園追放）

参考文献：ベアリング／キャシュフォード『世界女神大全』II. 第十三章「イヴ」；若桑みどり『象徴としての女性像』筑摩書房, 2000年, 第二章「禍いをもたらす女」第二節「エバ――懲罰された女」149-178頁；大貫隆他編『岩波キリスト教辞典』岩波書店, 2002年, エ068.

エフタの娘　Daughter of Jephthah

名前の意味・神格・属性：父エフタの戦勝祈願のために神への犠牲とされる娘。

概要：旧約聖書「士師記」11.1-40は、ギレアドの人エフタが勇者、士師としてアンモン人と戦い撃退するが、その代償として一人娘を失うという話である。戦の前にエフタは神に対して、もし勝利を収めさせてくれるなら、「戦いから無事に帰るとき、私の家の戸口から私を迎えに出てくる者を」主に捧げ、「焼き尽くす捧げ物」とすることを誓う。彼が勝利を収めて家に来ると、娘が鼓を打ち鳴らし、踊りながら迎えた。娘は一人っ子であった。エフタは娘を神への捧げ物としなければならなくなり苦しんだ。娘は父からそのことを聞くと、承知し、しかし二か月間の自由を与えて、友達と山々に出かけ、そこで処女のまま亡くなることを嘆き悲しませて欲しいと語り、その期間の後、「エフタは誓いどおりに娘を捧げた」（士師記11.39）。これ以降、イスラエルの娘たちは年に四日間、エフタの娘の死を悼んで家を出るとされている。戦での成功のために娘が神への捧げ物とされる例として、ほかにはギリシアのトロイア戦争におけるアガメムノンの娘イピゲネイアが知られている。神に対する犠牲として父が子供を捧げるという点では「創世記」のアブラハムの息子イサクの供犠が似ているが、こちらでは神はアブラハムの信仰心の強さを確認すると、最後にはイサクの代わりに雄羊の供犠と

している（創世記22）。エフタの娘（女）とイサク（男）は対照的な構図中に位置付けられている。

キーワード：人身供犠

参考文献：吉田敦彦「聖書説話の神話的構造——エフタの娘とイサク」，『神話と近親相姦』青土社, 1982 (1993) 年, 第二章（初出「エフタの娘とイサク——聖書説話の神話的構造」,『現代思想』3-11, 1975 年, 203-223 頁)；エドマンド・リーチ「ソロモンの正統性——旧約聖書物語のある構造的側面」,『神話としての創世記』江河徹訳, 紀伊國屋書店, 1980 年, 37-149 頁.

サラ　Sarah

名前の意味・神格・属性：ヘブライ語サラ śārāh もサライ śāray もヘブライ語 śāra「王女」から。

概要：旧約聖書「創世記」に登場する最初の族長アブラハムの妻。異母妹。最初はサライという名で後にサラと改名（創世記11.29、17.15）。最初は不妊で（11.30）、侍女ハガルに自分の代理として夫と交わらせ、ハガルはイシュマエルを生む（16）。その後、晩年になって神の配慮によりイサクを生む（21.1-3）。イサクが生まれるとサラはハガルとイシュマエルが疎ましくなり、夫に二人を追放させる（21.9-20）。旧約聖書では、イスラエルの族長の系譜を継ぐ特別な子は高齢まで不妊であった女性に神の恵みの結果として生まれるとするモチーフがしばしば見られる。

キーワード：不妊、嫉妬

参考文献：大貫隆他編『岩波キリスト教辞典』岩波書店, 2002 年, サ 069.
⇒ラケル

シバ（シェバ）の女王　Queen of Sheba

名前の意味・神格・属性：ソロモン王を訪ねた、知恵に勝れた異国シバの女王。ダビデ王の后でソロモン王の母バト・シェバ†（「シバの娘」？）との関係は不明。

概要：シバ（シェバ）はエチオピアとイエメンの二説がある。ソロモンの名声を聞き、難問によってその知恵を試そうとした（旧約聖書「列王記上」10.1-13、「歴代誌下」9.1-12）。新約聖書ではイエスがパリサイ人に徴しを見せてほしいと言われた時に、今の時代には徴しは与えられず、最後の審判の時に与えられ、そこでは「南の女王」も裁きに加わるとされている（マタイ12.42、ルカ11.31）。ヨセフス『ユダヤ古代誌』8.6.5-6 では「エジプトとエチオピアの女王」と呼ばれ、知恵に勝れていたので、ソロモンの名声を聞き、その知恵を試そうとソロモンを訪るが、その知恵を認めて彼を賞賛して自分の国に帰って行ったとされる。『クルアーン』27「蟻」22-45 では、鳥のヤツガシラがソロモン（スライマーン）の元に来て、サバア（古代南アラビア王国、シャバ）は一人の女王が治めていて、アッラーではなく太陽を崇拝していると知らせ、ソロモンは女王にアッラーを崇拝するようにとの手紙を出し、女王がソロモンの元に来て、その知恵に驚いて、アッラーを崇拝するようになったと述べられている。

キーワード：女王、知恵

参考文献：フラウィウス・ヨセフス『ユダヤ古代誌』3, 秦剛平訳, ちくま学芸文庫, 1999 年, 61-64 頁；『コーラン』中, 井筒俊彦訳, 岩波文庫, 1958 年, 230-233 頁；矢島文夫「シェバの女王とその時代」, 板垣雄三編『世界の女性史 13 中東・アフリカ　東方の輝き』評論社, 1977 年, 47-75 頁.

スザンナ　Susanna

名前の意味・神格・属性：ギリシア語で「百合」。ヘブライ語の sosanna に由来。

概要：旧約聖書「ダニエル書」のギリシア語訳には正典にない三篇の付録がついており、そのうちの一つが「スザンナ」である。これによれば、エルサレムがバビロニアに滅ぼされ、多くのユダヤ人がバビロンに連れてこられたが、その中にヨアキムという裕福な人物がいて、スザンナという美しい女性を妻としていた。ある年、ユダヤ居留民の中から二人の老人が選ばれて裁判人となったが、彼らは悪人だった。二人はスザンナの水浴をしてい

て、召使いの女たちがいなくなった隙にスザンナに性交を迫った。彼女は言いなりになることを拒否して大声を出した。二人の老人は彼女が若い男と抱き合っているのを見たと証言した。二人は長老で裁判官だったので人々は彼らの証言にしたがってスザンナを死刑に処そうとした。その時、神から霊を送られたダニエルという若者が現れ、判決に異議を唱えた。そして二人の老人を別々にして、それぞれにどこでスザンナと若い男を見たのかと尋問した。二人の証言は食い違い、嘘であることが露見した。そして二人の老人の方が処刑された。西洋美術では美女の水浴の構図としてバト・シェバ†の場合と並んで人気があった。反対に女性が男性に言い寄り、拒絶されると虚偽の証言をして男性を窮地に追い込む例としては、ほかにパイドラとポティファルの妻†がある。

キーワード：美女と老人

参考文献：「スザンナ」，関根正雄編『旧約聖書外典』下，新見宏訳，講談社学芸文庫，1999年所収．

ソフィア（ホクマー）　[ギリシア語] Sophia [ヘブライ語] Hokmah

名前の意味・神格・属性：ギリシア語ヘブライ語ともに「知恵」の意。

概要：古代オリエントには知恵文学というジャンルがあり、「シュメールの格言と諺」、「バビロニアの智慧文学」、アラム語で書かれた「賢者アヒカルの言葉」、そしてエジプトの「アメンエムオペトの教訓」などが知られている（いずれも『古代オリエント集』所収）。旧約聖書でも「箴言」「コーヘレト書（または伝道の書）」「詩篇」など、そして旧約聖書外典では「ベン・シラ（の知恵）（または集会の書）」、「ソロモンの知恵」などもある。こうした「知恵」の観念の重要性は「箴言」8.12-36の「知恵」の言葉に典型的に現れている。知恵は神により真っ先に創造され、神の世界創造を助けたとされている。紀元後2世紀から3世紀にかけてユダヤ教やキリスト教はプラトン哲学、ギリシア神話といったヘレニズム文化の影響を受けて新たな宗教思想としての異端思想のグノーシス主義を生み出した。その思想を記している一例が、エジプトのナグ・ハマディで発見されたのでナグ・ハマディ文書とよばれているグノーシス文書群の一篇「ヨハネのアポクリフォン」である。同書では、まず至高神が自らの似姿であるバルベーローを発出する。そして次にバルベーローが「不滅性」、「真理」、「言葉」、「愛」などの様々なアイオーン（神的存在）を生み出し、完全な秩序に満たされたプレローマ界を創造する。ソフィアはこのプレローマ界の最下層に位置する女性的存在であるが、至高神と同様に自分の似姿を発出したいと願う。しかし伴侶なしで行われた創造行為であったため不完全なものとなり、ソフィアは蛇とライオンの容貌をした怪物を流産する。ソフィアは他のアイオーンたちにこのことを知られないように怪物をプレローマ界から投げ捨てる。こうして投げ捨てられたヤルダバオートが今度はプレローマ界を模倣して物質世界を作ることになる。この思想では天上のプレローマ界に対して地上の物質世界は不完全なのだが、その世界が生じる原因になったのはソフィアの願望と至高神の不完全な模倣であったとされている。このように知恵・ソフィア・ホクマーは女神的存在だが、古代オリエント、旧約聖書（外典を含む）、グノーシス文書では性格付けが異なっている。

キーワード：知恵の女神、模倣、世界創造（不完全な）、流産、怪物

参考文献：『古代オリエント集』杉勇他訳，筑摩書房，1978年；関根正雄編『旧約聖書外典』上下，講談社文芸文庫，1998, 1999年；『救済神話』荒井献他訳（ナグ・ハマディ文書I），岩波書店，1997年；大貫隆『グノーシス神話』岩波書店，1999年，70-77頁；ベアリング／キャシュフォード『世界女神大全』II，第十五章「ソフィア」．

⇒アテナ

タマル　Tamar

名前の意味・神格・属性：ヘブライ語 tāmār は「ヤシの木」。

概要：旧約聖書「創世記」38に述べられて

いる、イスラエル十二部族の祖先の一人ユダの妻。当初はユダの長男エルの妻だったが、エルは何か神の怒りを買う行為をしたため死んでしまう。そこで、ユダは亡くなったエルの子孫を残すため、二男のオナンにタマルとの間に子をもうけるように命じるが、オナンは生まれる子は自分のものとならないし、兄の子が生まれればその分だけ自分が受ける父の遺産が減るので、わざと精液を地面に流し、子をもうけないようにした。これは神の意に反する行為であったので、オナンも罰として死ぬ。ユダは三男のシェラが成人するまで実家に戻って寡婦として待つよう命じた。これは最後の息子も死んでは困ると思ったからであろう。つまり、タマルは不吉な存在であり、彼女を遠ざけようという計略であったと思われる。

その後、ユダの妻が亡くなった。タマルはシェラが成人しても自分は妻とはしてもらえないと考え、寡婦の衣服を脱いで、神殿娼婦に変装して、わざとユダに自分を誘わせた。そして、印章と杖を未払いの代金（仔山羊一頭）の代わりに預かると姿を消した。この交わりで彼女は身ごもり、後に彼女の妊娠が明らかになる。寡婦のはずのタマルが妊娠したことは姦淫の結果とみなされ、タマルは火刑に処せられることになる。しかしタマルは自分の子供の父親がユダであることを証拠の印章と杖によって示したので、ユダは彼女を許した。そしてタマルはペレツとゼラという双子を生んだ（以上、創38）。ユダとタマルの双子のうち、ペレツの子孫は、ボアズとルツ[†]の子オベド、その子エッサイ、そしてその子であるダビデ王へと続いていく（ルツ記4.12、18-22）。

キーワード：策略、王の系譜、双子の母、誘惑する女（義父を）
参考文献：大貫隆他編『岩波キリスト教辞典』岩波書店、2002年、タ087.

ディナ　Dinah
名前の意味・神格・属性：ヘブライ語 dyn「裁きを下す、弁護する」から
概要：旧約聖書「創世記」でヤコブの唯一の娘。母はレア。十番目の息子のゼブルン（母はレア）と十一番目の息子ヨセフ（母はラケル[†]）の間に生まれる（創世記30.21）。ヤコブとその家族は現在のシリアになるシケムに住んでいたとされるが、ディナはそこで土地の娘たちと出かけ、そこの首長であったヒビ人ハモルの息子シケムに見初められ、強引に同衾を強要されて「辱められた」（34.2）。シケムはディナを妻としたいと願い、父ハモルを通じて彼女の父のヤコブや兄たちに結婚を求める。兄たちはこの事を聞くと、「互いに嘆き、また激しく憤った」。彼らはシケムが「イスラエルに対して恥ずべきことを行った」（34.7）と考え、ハモルとシケム父子を欺いて復讐しようとした。そこで割礼を受けていない、つまり神ヤハウェとの契約をしていない男に妻として与えることはできないので、まず割礼をしてほしいと求めた。ハモル、シケム父子とその一族はみな割礼を行ったが、彼らがまだ傷の痛みに苦しんでいる時にヤコブの二人の息子シメオンとレビがハモルたち全員を殺害した。父のヤコブがイスラエルの民は少数派なのにこの事件によってカナン人やペリジ人から憎まれ、滅ぼされてしまうのではないかと息子たちを責めると、彼らは「妹が娼婦のように扱われてもかまわないのですか」と言い返す（34.14-31）。この物語でも結婚可能な範囲が問題とされており、融合派と分離派が対立している。ディナは一言も喋っておらず、「裁き」という名前が示すように抽象的概念のように扱われている。このためこの物語の作者・編者はディナがシケムをどのように思っていたと構想したのかはわからない（そもそもそんなことは考えなかったのかもしれないが）。

キーワード：強姦、結婚（異民族との）
参考文献：Meyers et al., pp.69-70.

デボラ　Deborah
名前の意味・神格・属性：ヘブライ語 deborah の意味は「蜂」。女預言者。
概要：旧約聖書「士師記」に述べられている。カナンの地で王制となる以前の指導者は士師と呼ばれ、彼らの活動を記したのが士師記だ

が、その中で特異な女性預言者。ラピドトの妻。彼女は「デボラのなつめ椰子」の下に座っていて、イスラエルの人々は彼女の裁きを求めてそこに来たとされる（士師記 4.1-24）。敵のカナン人の将軍シセラと王ヤビンが滅びると、デボラは神ヤハウェを讃える長大な褒め歌を作った（5.1-31）。これは旧約聖書中最古の詩文とされる。愛称のデビー Debbie と共に現在もキリスト教文化圏でよく見られる名前。

キーワード：女預言者
参考文献：大貫隆他編『岩波キリスト教辞典』岩波書店，2002年，テ072.
⇒ミリアム

デリラ　Delilah

名前の意味・神格・属性：①「夜の女」（「夜」layla と関連させる。⇒リリス）とする説や、②アラビア語 dallatum「浮気者」から「浮気な女」、③ヘブライ語 dll「衰える、やつれる」から「衰えさせる女」とする説がある。旧約聖書「士師記」に登場する裁き人士師の中で最も有名なサムソン Samson を滅亡させる異邦人ペリシテ人の女。①は民間語源らしいが、サムソン šimšōn の名前は太陽 šemeš に由来するのなら、太陽を衰えさせる夜の女神というのは「太陽神話」的解釈として面白い。

概要：ペリシテ人の領主たちに頼まれてサムソンの怪力の秘密を聞き出そうとするが、三度失敗する。しかし最後にはその力の源泉が髪の毛にあることを聞きだし、髪の毛を切られたサムソンは力が「衰えて」（士師記 16.17）捕らえられ、両目をえぐられて奴隷とされるが、最後に再び伸びてきた毛髪によって力を回復し、多くの敵を道連れに自害する。デリラは報酬として領主たち一人ずつからそれぞれ銀千百枚を与えられた（16.5）とされ、金銭のために色香によって男性を没落させる女として後の「運命の女」ファム・ファタルのモデルとなった（13.1-25; 16.1-31）。

キーワード：運命の女（ファム・ファタル）
参考文献：Mayers et al., p.68；大貫隆他編『岩波キリスト教辞典』岩波書店，2002年，テ 085.
⇒サロメ

バト・シェバ（バテシバ）　Bathsheba

名前の意味・神格・属性：ヘブライ語 bat「娘」と seba「シバ（Sheba）」あるいは「豊かさ」から「シバの娘」あるいは「豊かな娘」。ダビデ王の妻、ソロモン王の母。ソロモン王を訪ねる、知恵に勝れた異国シバの女王†との関係は不明。

概要：旧約聖書「サムエル記下」11-12章はバト・シェバがどのようにしてダビデの妻となったかを述べる。彼女は最初、ダビデの将軍であったヘテ（ヒッタイト）人ウリヤの妻であったが、夫が出陣中に屋上で水浴していたバト・シェバの姿をダビデが見て、彼女を招いて交わった。これによって彼女は妊娠したので、ダビデは彼女の夫ウリヤをわざと危険な戦いに赴かせて、彼が戦死するとバト・シェバと結婚した。しかしこの行為は神ヤハウェの怒りを買い、生まれてきた子供は死んだ。その後、ダビデは悔い改めたので、バト・シェバは今度はソロモンを生んだ。ダビデが死ぬと後継者争いが起こったが、バト・シェバは預言者ナタンらの支持を受けてソロモンを王位につけることに成功した（列王記上 1.11-53）。水浴する彼女の姿はスザンナ†と同様に多くの画家のテーマとなった（例えば、レンブラント「ダビデの手紙を持つバテシバ」、1654年、ルーヴル美術館）。

キーワード：王母、王の妻
参考文献：Meyers et al., pp.57-58.

ポティファルの妻　Wife of Potiphar

名前の意味・神格・属性：旧約聖書「創世記」に登場するエジプト人の人妻。男を誘惑するが拒絶され、犯されそうになったと虚偽の証言をして男を窮地に陥れようとする。

概要：ヤコブの子ヨセフは兄弟たちに嫌われ、ミディアン人の隊商に売られてしまう。そしてエジプト王の侍衛長ポティファルに家奴隷として買われる。ポティファルの妻はヨセフが気に入り、彼を誘惑するが拒絶される。そこで逆にヨセフが彼女を犯そうとしたという

虚偽の訴えをして、その結果、ヨセフは牢獄に送られる（創世記39.1-23）。男を誘惑し、失敗すると逆に男に強姦された（あるいはされそうになった）と虚偽の告白をして男を滅亡に追いやるという神話的女性像ではギリシアのパイドラとこのポティファルの妻が双璧である（ほかにはベレロポンの言い寄ったアンテイアまたはステネボイアもいる）。しかし確かにヨセフはその虚偽の告発のために牢屋に送られるが、そこで夢の謎を解いてみせ、その力が後にエジプト王ファラオに認められて、王の宰相に取り立てられる。そして飢饉の時に兄弟がエジプトにやって来ると彼らを救い、そしてさらには父のイサクやイスラエルの民がエジプトにやって来て、やがてエジプトから出て行く（出エジプト）という旧約聖書の一大イベントにつながる。つまり「創世記」においては、悪女の虚偽の告発も、神とイスラエル民族の契約の成就の過程の一部に組み込まれている。「ポティファルの妻」はK2111と番号がつけられた民話モチーフの名前ともされており、その分布はユーラシア大陸では地中海沿岸、北ヨーロッパ、インド、中国、さらには北米、南米にまでおよぶ。男性の方が性交を迫り、拒否されると虚偽の証言をして女性を窮地に追い込むのがスザンナ†の場合である。

キーワード：虚偽の訴え、誘惑する女（奴隷を）
参考文献：トンプソン，ステイス『民間説話』荒木博之／石原綏代訳，八坂書房，2013年，第二部第四章；Aycock, Alan, "Potiphar's Wife: Prelude to a Structural Exegesis", Man 27 (1992), pp.479-494.

ミリアム　Miriam
名前の意味・神格・属性：ヘブライ語 miryām. 名前の意味は不明。ギリシア語形ではマリアとなる。モーセとアーロンの姉妹。
概要：旧約聖書「出エジプト記」と「民数記」に登場するモーセとアーロンの姉妹（民数記26.59）。赤子のモーセがナイル川に捨てられた時、ファラオの娘が拾い上げるのを見て、乳母を見つけてくると言ってモーセの母を連れて来た「姉」というのはミリアムと思われるので、モーセよりだいぶ年上のはずだが（出エジプト記2.4-8）、アーロンより年上かは不確実。出エジプトで葦の海を無事に渡り終えた後の「海の歌」ないしは「勝利の歌」の場面では、「女預言者」とされ、女たちと共にタンバリンを持って輪になって踊り、短い歌を歌ったとされる（出エジプト記15.20）。この歌は「旧約聖書中最古の歌の一つ」とされている。しかし「民数記」12章でのミリアムはモーセに敵対的で、彼の妻（ツィポラ Zipporahか、それとも別の女性か）を異邦人だと非難し、またモーセの権威も批判する。このため彼女は神に罰せられて、重い皮膚病にかかり、悔い改め、モーセの執り成しによってようやく治癒される。その後は目立った活動はなく、荒野での旅の途中に亡くなり、葬られる（民数記20.1）。彼女は夫がいたとも、子供がいたとも記されていない。「出エジプト記」でのミリアムは嬰児モーセの命を助け、イスラエル民族の救いの場としての葦の海の奇跡の場面では、勝利の歌と踊りを主導するという肯定的な姿で描かれるが、「民数記」では対照的にモーセを批判して神に罰せられる否定的な姿で描かれている。両者は異なる伝承なのか。あるいは、女性の二面性を意図的に表現しようとしているのか。あるいは、男性優位の旧約聖書世界では、女性が最高の予言者の地位を狙ったら、たとえどれほどそれ以前に功績があったとしても神から罰せられるというメッセージを伝えるために構想されたのか。

キーワード：女預言者
参考文献：Meyers et al., pp.127-129.
⇒デボラ

ユディト　Judith
名前の意味・神格・属性：ヘブライ語 yehudit, ギリシア語 ioudith は「ユダヤ人（の女）」
概要：旧約聖書外典「ユディト書」の主人公。バビロニア王（ただし同書では「アッシリア王」）ネブカドネザルが将軍のホロフェルネスに命じてユダヤ全土を攻略させる。ホロフェルネスはエルサレムへの途中の町ベツ

リア（同書以外に見当たらない地名）を歩兵十二万、騎兵一万二千の大軍で包囲して兵糧攻めにする。食糧も尽きて町の人々が絶望している時、この町に住む子供のない寡婦のユディトはこの危機を打開しようと、侍女一人のみを連れて町から出て敵の陣営を訪れ、仲間を裏切って情報を提供するふりをしてホロフェルネスに近付く。ホロフェルネスはユディトの美貌に魅了され、二人だけになって交合の機会を待つが、自分が先に酔いつぶれてしまう。ユディトはホロフェルネスの剣でその首を切り落とすと、侍女の食糧袋に入れて、祈りに行くふりをして陣営を出て町に戻り、町を救った。

ユディトが斬首する場面は、カラヴァッジョやアルテミシア・ジェンティレスキの絵画によって良く知られている。去勢の比喩ともされる。男性が女性を斬首するのはペルセウスによるメドゥサの場合（ゴルゴン†の首＝ゴルゴネイオン）があり、英雄の行為とされるが、その逆の女性が男性を斬首する（あるいはさせる）例はこのユディトのほかにはサロメ†、そしてギリシア神話でのマイナス†たちによるオルペウスの斬首が知られている。サロメとマイナスたちは男を去勢する否定的なイメージだが、ユディトは単身町を救う愛国者として肯定的に描かれている。

キーワード: 斬首、救国者、寡婦（子供のない）
参考文献:「ユデト書（抄）」、関根正雄編『旧約聖書外典』上、新見宏訳、講談社文芸文庫、1998年；若桑みどり『象徴としての女性像』、筑摩書房、2000年、第五章「女英雄ユーディットの変容」409-488頁；Meyers et al., pp.104-16.
⇒エステル

ラケル（とレア）　Rachel, Leah

名前の意味・神格・属性: ラケルはヘブライ語rahel「雌羊」から。レアはヘブライ語le'a「雌牛」から。

概要: ラケルとレアは旧約聖書「創世記」28-35に述べられている。ヤコブの母リベカ†の兄ラバンの娘のうち、姉がレアで、妹がラケル。兄弟のエサウとの争いを避けるため、母リベカによって兄のもとに送られたヤコブは、まずラケルと出会って恋をして、彼女を妻にしたいと伯父のラバンに求める。ラバンは承知して、その代わりにヤコブに七年間の労働を求める。ヤコブが約束を果たすとラバンは結婚の祝いを行うが、その晩、彼の相手となったのはラケルではなく姉のレアであった。ヤコブがこの事について抗議をするとラバンは、ここでは妹を姉より先に嫁がせることはないので、まずレアと結婚すべきであり、ラケルとも結婚させるが、さらに七年間労働を続けてほしいと求める。ヤコブはレア、そしてレアの女奴隷のジルパ、そしてラケルの女奴隷ビルハとの間に十人の男の子と一人の女の子をもうけるが、ラケルには子供ができない。しかし最後に神に願いが聞き入れられ、ラケルはヨセフを生んだ。ヤコブはラバンが彼と妻、子供たちを自分の故郷に返そうとしないので、実力行使に出て、ラバンが不在の間に故郷に旅立つ。その際、ラケルは家の守り神の像（テレピム）を持ち出す。やがてヤコブたちの不在に気付いたラバンが一行に追いつき、守り神の像の捜索をするが、ラケルはそれをラクダの鞍の下に入れて自分はその上に座り、ラバンに対しては、月経中なので立てないと虚偽を語って、捜索を逃れた。故郷に戻ってからラケルは再び子を宿すが、難産で末子のベンヤミンを出産の後、亡くなる。

ラケルとレアはその召使いの女性たちと共にイスラエルの十二部族の祖となる息子たちをヤコブとの間にもうけたので、「イスラエルの家を建てたかの二人の妻」（ルツ記4.11）と呼ばれる。しかし、その後、これらの部族はイスラエルとユダの王国に分裂し、どちらの王国も滅亡する。後の預言者エレミアは、神がイスラエルと「新しい契約」を結び、イスラエルを再建すると宣言するが、その中に「ラケルが息子たちのゆえに泣いている……主はこう言われる、泣きやむがよい……あなたの苦しみは報いられる」（エレミヤ書31.15-16）という一文があり、ラケルはイスラエル全体の母の象徴とされている（この箇所は新約聖書の「マタイによる福音書」2.18のヘロデによる幼児大虐殺の場面にも引用さ

キーワード：三角関係、不妊、姉妹（の争い）、民族の母
参考文献：Meyers et al., pp.138-140.

ラハブ　Rahab
名前の意味・神格・属性：ヘブライ語 rahab は語根 rhb「広げる」から。
概要：旧約聖書「ヨシュア記」に登場するエリコの町の遊女。ヨシュアはカナン攻略のために二人の斥候を送る。彼らはエリコでラハブのところに泊まる。その時、エリコの王にイスラエルの偵察が来ているという通報があり、ラハブの宿に王の部下が斥候を捕らえに来るが、ラハブは斥候たちに自分とその一族を救うことを条件に王の使いに嘘をついて、二人を逃す。（ヨシュア記 2.1-24）。その後、二人の報告をもとにヨシュアに率いられたイスラエル人はエリコを攻め、占領する。そして約束の通り、ラハブとその一族は殺害を免れる（6.22-25）。「ヨシュア記」にはラハブのその後は述べられていないが、新約聖書の「マタイによる福音書」の冒頭にあるイエスの系図では「サルモンはラハブによってボアズを」（マタイによる福音書 1.5）とあり、ダビデやイエスの系譜に組み込まれている。そして「ヘブライ人への手紙」11.31 や「ヤコブの手紙」2.25 でも「娼婦ラハブ」は信仰によって命が救われた義の人として賞賛されている。イスラエル人ではないが、信仰によって民族の中核的系譜に位置付けられる点ではルツ†と同じで、また娼婦という身分から宗教的な義の存在に上昇する点はマグダラのマリア†と同じ。
キーワード：娼婦（聖なる）
参考文献：Meyers et al., pp.140-142.

リベカ　Rebekah, Rebecca
名前の意味・神格・属性：ヘブライ語 ribqah はヘブライ語 baqar「雌牛」が音位転換（metathesis）により ribqa となったものか。
概要：旧約聖書「創世記」において族長アブラハムの息子イサクの妻、イサクの従兄弟の娘。ヤコブとエサウの母。同書 24 において、アブラハムは息子の嫁を求めて召使いをアラム・ナハライム（メソポタミアのアッシリア地方）に住む兄弟ナホルのもとに遣わす。召使いは井戸でリベカに会い、イサクの妻にふさわしいと認め、リベカの兄のラバンに会いに行き、その許可を得てリベカを伴ってカナンに連れ帰る。この直前にイサクの母サラ†は亡くなっており、「イサクは、リベカを愛して、亡くなった母に代わる慰めを得た」（創世記 24.67）。リベカはエサウとヤコブという双子を生む（25）。父のイサクは長子エサウに祝福を与えようとするが、リベカはヤコブの方を愛していたので、策略を用いて父の祝福をヤコブに与えさせる（27）。

　アブラハムは異教徒であるカナンの娘をイサクの妻とはしたくなかったので、はるかに離れてはいるが、兄弟の娘を求めた。「創世記」には近親間での結婚の記述が多いが、これは異教徒の女性との結婚を信仰の堕落とみなすからであり、理想論の産物であり、実際の状態とみなすべきではない。そしてその逆に異教徒の女性を多く妻にかかえるダビデやソロモンの状態は、信仰の堕落の表現と捉えることができる。井戸は異邦人との出会いの場としてしばしば登場する。リベカの名前は現代でもリベッカ Rebecca やその愛称のベッキー Becky としてキリスト教文化圏で広く見られる。
キーワード：不妊、近親婚、策略
参考文献：大貫隆他編『岩波キリスト教辞典』岩波書店，2002 年，リ 020.
⇒ラケル（とレア）

リリス（リーリース）　Lilith
名前の意味・神格・属性：ヘブライ語 līlīt は、元来はシュメール語 līl「風」に由来するらしい。旧約聖書「イザヤ書」(34.14) では「夜の魔女」と呼ばれているが、ヘブライ語のライル layla（夜）と発音が似ているためだろう（余談だが、アラビア語の物語集『アラビアンナイト』=『千一夜物語』の「夜」も同じ語のライラー）。メソポタミアに起源し、カナンの多神教で崇拝されていた女神だが、旧約聖書では魔女として敵視されている。

概要：リリスに影響を与えた悪霊としてはシュメール神話「ギルガメシュ、エンキドゥ、冥界」に登場する「娘リル」がいる。ユーフラテス河畔にハラブ（フルップ）の木があり、イナンナ†がこれを見つけてウルクの自分の庭に植え替えたが、根元には蛇が、梢には猛鳥アンズーが、そして幹には悪霊「娘リル」が住むようになった。イナンナは太陽神ウトゥの力を借りてこれらを退け、その幹からプックとメックを作った。リルは荒野に逃げて行ったとされる。「娘リル」はアッカド神話でパズズ（Pazuzu）の配偶者とされる魔の女神ラマシュトゥ（Lamaštu）とも同一視された。これら二悪霊の姿が旧約聖書のリリスのモデルとされる。「イザヤ書」34は神ヤハウェの怒りによって世界が荒廃する様を述べている。その14節には、「荒野の獣はジャッカルと出会い、山羊の魔神はその友を呼び、夜の魔女はそこに休息し、休み所を見つける」とある。魔女として敵視しているので、もちろん物語はない。後代、ユダヤ教神秘主義思想によって旧約聖書モーセ五書（トーラー）への註解書として『ゾーハル』Zohar（『光輝の書』とも）が編まれたが、そこではリリスはエバ†以前にアダムの妻であったとされている。その中でも、8世紀から11世紀の間に書かれた『ベン・シラのアルファベット』と呼ばれる書での伝承が最も有名である。これによると、神はアダムとリリスを同時に創造したが、リリスは自分がアダムと対等であり、服従することはないとして、アダムから飛び去った。神から派遣された天使がリリスに戻るように命じたが、リリスは命令を拒否したので毎日子供が死ぬことになったという。タルムードの時代には、アダムの最初の妻とされた。

キーワード：神の妻、魔女、夜

参考文献：『旧約聖書Ⅶ　イザヤ書』岩波書店，1997年，145注3；『ギルガメシュ叙事詩』月本昭男訳，岩波書店，1996年，295頁；岡田明子／小林登志子『シュメル神話の世界』中公新書，2008年，224頁；ベアリング／キャシュフォード『世界女神大全』II，第十三章「イヴ」，207-213頁；若桑みどり『象徴としての女性像』，筑摩書房，2000年，第二章「禍いをもたらす女」第四節「原初の女『リリト』——最も危険なもの」196-237頁；Patai, Raphael, *The Hebrew Goddess*, Avon Books, 1967, chap7. Barb, A. A., "Antaura: The Mermaid and the Devil's Grandmother", *Journal of the Warburg and Courtauld Institutes* 29 (1966), pp.1-23.

⇒鬼子母神

ルツ　[英] Ruth

名前の意味・神格・属性：ヘブライ語 rūt は語根 r-w-y「満足するまで飲む」からの派生語で、「堪能、満足」の意。異邦人の女性だが、その子孫がダビデ王となる。この女性の名前は旧約聖書にも同時代の碑文にもほかには見られないという。

概要：旧約聖書「ルツ記」の主人公で、異邦人のモアブ人女性。飢饉を避けるためモアブの地にやってきたイスラエル人に嫁ぐが、夫は若くして亡くなる。離縁せずに姑のナオミと共にイスラエルに行き、落ち穂拾いによって姑を支えて暮らしていたが、ナオミの示唆によって亡夫の親族であるボアズを誘惑し、オベドを生む。その子エッサイ、そしてその子がダビデ王となる（4.12、18-22）。

キーワード：策略、王（の系譜）、誘惑する女（夫の親戚を）

参考文献：『旧約聖書XIII』岩波書店，1998年，183；大貫隆他編『岩波キリスト教辞典』岩波書店，2002年，ル 018, 019.

⇒タマル

ロトの妻と娘たち　Wife and Daughters of Lot

名前の意味・神格・属性：ロト lōṭ は族長アブラハムの甥。住んでいたソドムの町が神によって滅ぼされた時、その妻は禁止を守らず振り向いたために塩の柱となり、残された二人の娘は父と交わってモアブ人、アンモン人の祖先を生んだ。歴史的・民族的に近い二民族の起源説話だが、否定的な記述となっている。

概要：旧約聖書「創世記」によれば、族長ア

ブラハムの甥のロトはアブラハムと別れて低地の方に行き、悪徳の町ソドムに住んだ（創世記 13.12-13）。神ヤハウェはソドムとゴモラの町の人々が邪悪であるとして、これらの町を滅ぼそうとしたが、善良なロトとその家族は救うことにした（18.16-19.14）。神から遣わされた二人の天使はロトと家族に対して、振り向かないで高地に逃げるように教えると、硫黄の雨を降らせてソドムとゴモラの全住民を滅ぼした（19.15-25）。逃げたロト、その妻、二人の娘のうち、ロトの妻は天使の教えに背いて後ろを振り向いたので、塩の柱になった（19.26）。生き延びたロトと二人の娘は山の中の洞窟で暮らしていたが、姉は妹と謀り、父のロトに葡萄酒を飲ませて酔わせて父と交わり、子孫をもうけた。姉からはモアブ人の祖先が生まれ、妹からはアンモン人の祖先が生まれた（19.30-38）。どちらの部族もイスラエルとは敵対関係にあった。旧約聖書は理想としての族内婚と現実としての族外婚のズレの問題の解決をつねに模索していた。イスラエルの周辺の民族は地理的・経済的には自分たちと近い存在だが、ヤハウェだけを神とする一神教徒ではなく豊穣の神々を信仰する多神教徒であることでは遠い存在であり、モアブ人とアンモン人がロトとその娘の近親相姦に由来するという伝承はそうした近くて遠い状態の神話的表現とも言えるだろう。さらに言えば、アブラハムと別れた甥のロトはイスラエルの本流とは切れており、その子孫は父と娘の近親相姦によって生まれた軽蔑すべき存在であるという表現であるかもしれない。父と娘たちだけになるという状況を作り出すためには妻は邪魔であり、民話的な「振り向くなのタブー」と人に似た塩柱の光景が組み合わされて、ロトの妻の話となったのであろう。

キーワード： タブー（「振り向くな」の）、近親相姦、誘惑する女（父を）

参考文献： 大貫隆他編『岩波キリスト教辞典』岩波書店，2002年，ロ 029.

《ロトと娘たち》アルトドルファー、ウィーン美術史美術館

概説

新約聖書の女神

松村一男

概説

　旧約聖書と同じく新約聖書も唯一の男性神の信仰なので、建前としては女神を認めていない。しかし、男女によって構成される社会において女性的力をつねに男性的力に従属させるあるいはその力の存在を否定するような神学体系にはやはり無理があり、女性的要素の神格化つまり女神は公認されない形で存在し続ける。以下に見るように、神の子とされるイエスの周辺の女性たちはいずれも女神的である。母マリア†は処女のままイエスを生む。これは神話的表現であり、他地域の神話に類例がある。マグダラのマリア†には、蔑視される生活を送ってきた女性が悔悛によってイエスに最も近い女性になるという神話的な「死と再生」あるいは「反対物の一致」の逆説が認められる。サロメ†は近代になって「運命の女」ファム・ファタルの観念が生まれると、元来は無名の少女であったのに、典型例として広く知られるようになった。

【参考文献】

ベアリング, アン／キャシュフォード, ジュールズ『世界女神大全』II, 藤原達也訳, 原書房, 2007 年

Meyers et al., *Women in Scripture*, Eerdmans, 2000.

《玉座の聖母》コズメ・トゥーラ、ロンドンナショナル・ギャラリー

新約聖書の女神の事典

エリザベト Elizabeth ［ヘブライ語］ Elishaba

名前の意味・神格・属性：祭司ザカリアの妻で洗礼者ヨハネの母、イエスの母マリア†の親戚。スペインやフランスではイザベル、イザベラ Isabel(la) となる。

概要：洗礼者ヨハネの誕生や両親の記述は「ルカによる福音書」のみに見られ、他の三つの福音書には述べられていない。ザカリアとエリザベトは老夫婦で子供がなく、エリザベトの必死の願いによって神から子供を授かった（ルカによる福音書 1.5-25）。サラ†、ラケル†と同様で、旧約聖書にしばしば見られる特別な子供の誕生譚に属する。エリザベトと同じ頃、エリザベトの親類の娘マリアが神の子を受胎する（1.26-38）。マリアはエリザベトを訪問する。するとエリザベトの胎内の子が喜んで踊った（1.39-45）。「ルカによる福音書」では子供である洗礼者ヨハネとイエスが二重写しにされ、それぞれの母のエリザベトとマリアも二重写しされている。

キーワード：神の母

参考文献：Meyers et al. pp.73-74.

サロメ Salome ［ギリシア語］ Salāmē

名前の意味・神格・属性：ヘブライ語「平和」（šalôm）に由来。

概要：一般に、ガリラヤ領主ヘロデ・アンティパスの宴席で巧みに踊った少女。ヘロデは少女に褒美を与えるとしたが、少女は母親ヘロディアの言葉に従って洗礼者ヨハネの首を所望した（マルコによる福音書 6.14-29、マタイによる福音書 14.1-12）。この少女の名前は福音書には記されていないが、ヨセフス『ユダヤ古代誌』18.136-137 はサロメという名を記しているので、一般的にこの名前で呼ばれている。中世からルネサンス、そして現代に至るまで、踊るサロメの姿や斬首された洗

《サロメ》コルネリス・ファン・オストサーネン、アムステルダム国立美術館

礼者ヨハネの首を皿に載せて持つ姿など、ある種の運命の女（ファム・ファタル）の典型として芸術家のテーマとなってきた。

キーワード：運命の女（ファム・ファタル）、斬首

参考文献：大貫隆他編『岩波キリスト教辞典』岩波書店，2002 年，サ 078.

⇒マイナス、ユディト

マグダラのマリア Mary Magdalene

名前の意味・神格・属性：magdalene は「力の搭」の意味だが、元来は町の名前（アラム語で Magdala、ヘブライ語で Migdal、ギリシア語では Taricheae「塩漬け魚」。これは町の主要産業からの命名）。

概要：ガリラヤ湖畔の都市マグダラ出身。七人の悪霊に憑りつかれていたがイエスによって癒され、イエスに従うようになった（ルカによる福音書 8.1-2）。イエスが十字架にかかった時もそばにいた（マルコによる福音書 15.40）。亡くなったイエスが三日目に蘇った時、真っ先に彼女のもとに現れた（マルコ 16.9、ヨハネによる福音書 20.11-18）。またイエスがパリサイ派のシモンの家に招かれて食事をしていた時に「罪の女」が「香油の入った石膏の壺を持参し、泣きながらうしろから足元により、まず涙で足を濡らし、髪でそれを拭い、足に口づけして香油を塗った」（ル

《マグダラのマリア》ティツィアーノ、エルミタージュ美術館

カ 7.36-38)。シモンはその行為を咎めたが、イエスは彼女を褒め、「あなたの罪は許されている」と宣言した (7.39-48)。この「罪の女」と直後に名前の出るマグダラのマリアは同一人物であるとする見方がある。またベタニアのラザロの姉妹マリアについても、「主に香油を塗り、その足を自分の髪で拭いた」とあるので、彼女を「罪の女」そしてマグダラのマリアと同一視することがある（ヨハネ 11.1-2)。イエスの最も近くにいた女性として、後代、イエスとマグダラのマリアは結婚していたという言説も生まれた。ダン・ブラウン『ダビンチ・コード』はそうした筋書を踏まえて書かれている。

キーワード：娼婦（聖なる）、女（罪の）、悔悛

参考文献：岡田温司『マグダラのマリア』中公新書, 2005 年；植田重雄『守護聖者』中公新書, 1991 年, 第五章「聖マグダレーナ（マグダラのマリア）」；大貫隆他編『岩波キリスト教辞典』岩波書店, 2002 年, マ 066.
⇒ラハブ

マリア Mary ［ギリシア語］Maria
名前の意味・神格・属性：ヘブライ語では miryām。

概要：聖母 Holy Mother、処女マリア Virgin Mary、ノートルダム Notre Dame（我らが貴婦人）、マドンナ Madonna（同）などの異称もある。ガリラヤのナザレの人。大工ヨセフの妻。処女のまま懐妊し、イエスの母となる（ルカによる福音書 1.26-35)。洗礼者ヨハネの母エリザベト[†]とは親族 (1.36)。イエスのほかにヤコブ、ヨセ、ユダ、シモンの母、そのほか、名前の述べられていない姉妹たちの母とも（マルコによる福音書 6.3)。ただイエス以外はマリア自身が生んだ子供かどうか不明。

新約聖書外典「ヤコブ原福音書」によればマリアはヨアキムとアンナの子。二人には子がなかったが、天使が来て、神が願いを聞き入れて子を授けたと伝える（ヤコブ原福音書 4.1)。マリアと名付けられた (6.2) 子は天使の手から食物を受け取り育った (8.1)。12 歳になった時に天使の命令で結婚相手を選ぶことになり、男やもめたちに杖を持って大祭司のもとに集まるようお触れが出された。大祭司がヨセフの杖を受け取り神殿に入ると、杖から鳩が出て、飛んでヨセフの頭に止まった。すると大祭司はヨセフが「主の処女」を引き取って保護するくじを引き当てたと宣言した (9.1)。しかしヨセフは自分にはもう息子たちもいるし、年寄りだから少女の夫になって世間の物笑いになりたくないと断ろうとするが、神の指示に逆らってはいけないと言われる (9.2)。以下、処女懐胎やエリザベトとの出会いは「ルカによる福音書」と同様。皇帝アウグストゥスの命令に従って住民登録を行うためベツレヘムに向かうが、ベツレヘムに後二マイルとなったところでマリアが急に産気付いたので (17)、ヨセフは洞窟を見つけてマリアをそこに連れて行き、息子たちをそばに立たせておいて、ベツレヘムの近くにヘブライ人の産婆を探しにいった (18.1)。産婆はイエスを生んだ後もマリアが処女のままであることを確認して大いに驚いた (19-20)。

13 世紀にキリスト教の伝承がイタリア、ジェノヴァの大司教であったヤコブス・デ・

ウォラギネ（1230年頃-98年）によって『黄金伝説』Legenda aurea として集成されたが、そこではマリアの生涯が順不同で以下のように述べられている。第一巻6「主のご降誕」、37「聖母マリアのお潔め」、50「主のお告げ（マリアお告げ）」、第三巻113「聖母マリア被昇天」、125「聖母マリアお誕生」。「聖母マリア被昇天」ではマリアは14歳でイエスを身ごもり、15歳で出産、その後、33年経ってイエスが亡くなり、その後24年間生きて、72歳で亡くなったという説と、イエス亡き後生きたのは12年間で、60歳で亡くなったという説の二つが紹介されている。住んでいたのは「シオンの丘」つまりエルサレムであったとなっている（他の伝承では小アジアのエペソス）。またマリアの死に際してはイエス、天使、殉教者たちが天から来て、埋葬が行われたが、その後復活して、天に上げられたとされている。

　マリアはカトリックと正教会では神の子を生んだ「聖母」theotokos とされ特別な存在とされる。プロテスタントでは聖人を認めないから、マリアは特別な存在とはされない。しかしカトリックではキリストに勝るほどの崇拝を受け、実質的には女神となっている。12世紀以降のヨーロッパでは多くの教会がマリアに捧げられた（パリのノートルダム教会、フィレンツェのサンタ・マリア・デル・フィオーレ「花の聖母教会」など）。またマリアの出現の奇跡によりフランスのルルド、ポルトガルのファティマ、メキシコのグアダルーペなどは多くの巡礼者を集めている。教義的にも処女のまま神の子を懐妊して出産後も処女のままであった、死後は天に上げられた（＝不死の女神となった）など、ギリシア神話のアテナ†、日本神話のアマテラス†などと同じく「処女母神」の特徴を備えている。

キーワード：処女懐胎、処女母神、聖母
参考文献：荒井献編『新約聖書外典』講談社文芸文庫，1997年；ヤコブス・デ・ウォラギネ『黄金伝説』1-4，前田敬作他訳，人文書院，1979-1987年；ベアリング／キャシュフォード『世界女神大全』II，藤原達也訳，第十四章「マリア」；大貫隆他編『岩波キリスト教辞典』岩波書店，2002年，マ064；植田重雄『聖母マリヤ』岩波新書，1987年；竹下節子『聖母マリア――異端から女王へ』講談社，1998年；若桑みどり『象徴としての女性像』，筑摩書房，2000年，第二章「禍いをもたらす女」，第三節「第二のエバ――マリア」179-195頁；関一敏『聖母の出現』日本エディタースクール出版部，1993年；Warner, Marina, *Alone of All Her Sex: the Cult of the Virgin Mary*, Weidenfeld & Nicholson, 1976.

キリスト教の聖女と魔女

松村一男

概説

　この事典にキリスト教の聖女を取り上げるのは、信仰ではなく文化的重要性の観点による。また、聖女はキリスト教以前の女神の系譜を継承しているという考え方にもよる。信仰者には満足のいかない記述のスタイルもあろうが、他の文化圏の女神との比較を可能にするため、共通のフォーマットに従って書いてある。

　キリスト教は異教・多神教にとって代わる際に対立を避けるため異教的要素を取り込んだ。こうしたシンクレティスム（宗教混淆）は日本でも神道と仏教の融合（神仏混淆）に認められる。この結果、唯一神の下位に聖人を配置し（列聖）、それまでの多神教の神々の役割を引き受けさせた。異なる職業の守護聖人がいるのは、多神教の異なる職能を守護する神々の後継者だからである。プロテスタントはそうした多神教的要素は純粋な一神教の立場からは受け入れがたいとしてカトリックと分離した。聖人は一神教がそれ以前からあった多神教の神々を内部に取り込む手段として発生したのだから、多神教の利点を生かした一神教の形を保持しようとする宗教形態においては存在し続ける。

　当然ながら男の聖人と並んで、聖女も誕生した。そのうち新約聖書に登場するマリア[†]、アンナ[†]、マグダラのマリア[†]および歴史的人物であるジャンヌ・ダルク[†]、マザー・テレサ[†]については、別に取り上げられている。また以下に示す聖女は網羅的ではなく、比較的よく知られている一部に過ぎない。

　以下に見るように聖女には大別して二つのタイプがある。①信仰を貫くため残虐な拷問を受けるが、それに平然と耐え、亡くなる。受難が聖女の証しである。②奇跡を体験する、あるいは奇跡の場面に立ち会う。キリスト教が公認される以前の弾圧されていた時代の聖女は①の受難・殉教型であり、公認・国教化されて後は奇跡型になるという具合に、時代状況によって二つのタイプが生じた。

　信仰篤い女性の神聖化である聖女は、当然その裏返しとしての不信仰の女性ないしはキリスト教を敵視して異教・多神教に帰依する「魔女」の概念を生み出す。こちらは個別の名前を持たない。すべて単に「魔女」である。こうした理由で、固有名詞はないが、聖女と対概念をなす存在として、項目を立てた。

【参考文献】

ヤコブス・デ・ウォラギネ『黄金伝説』1-4，前田敬作他訳，人文書院，1979年，84，86，87頁

池田敏雄『聖人たちの生涯』中央出版社，1967年

池上俊一『魔女と聖女』講談社現代新書，1992年

シュトレーター・ベンダー，ユッタ『聖人』進藤英樹訳，青土社，1996年

Attwater, Donald, *The Penguin Dictionary of Saints*, Penguin Books, 1965

キリスト教の聖女と魔女の事典

聖女アガタ　St. Agatha
名前の意味・神格・属性：ギリシア語 agathos「良い」の女性名詞形。
概要：『黄金伝説』によれば、3世紀シチリア島のカタニア市の貴族の娘とされる。信仰が篤く、シチリア州の総督クィンティアヌスが彼女を愛人にしようとするが拒絶される。彼はアガタを女郎屋に送り込むが、それでも彼女の意志が変わらないので、キリスト教を放棄してローマの神々に供犠をするか、あるいは拷問を受けるかと迫った。信仰を棄てることを拒絶すると、乳房が切り落とされた。その後牢に入れられるが、夜半に聖ペテロが現れて彼女の傷を癒した。再度の拷問が行われ、灼熱した石炭の上に陶器やガラスの破片を投げ、アガタを全裸にしてその上を転がした。これにより彼女は死ぬが、罪のない聖女を拷問にかけたため、大地震が起きた。その後クィンティアヌスは乗っていた馬車の馬に蹴られて、川に転落して亡くなった。こうした物語から切り取られた乳房を皿に乗せて持つ姿で描かれる。乳房が釣鐘に形が似ることから、鐘職人の保護者とされる。
キーワード：受難、殉教、乳房
参考文献：『黄金伝説』39番（1.394-401）; Attwater, p.34.

聖女アグネス　St. Agnes
名前の意味・神格・属性：ギリシア語 agnes「仔羊」から。
概要：304年頃にローマで殉教した。その後、葬られた場所には350年頃に協会が建てられた。『黄金伝説』によれば、十三歳で信仰の道に入った。ローマ都長官（裁判官）の息子が彼女を見初めて妻にと望んだが、彼女は信仰を理由に結婚を拒絶した。裁判で裁判官は、「純潔を守りたければ、乙女たちと一緒に神殿に行って、竈の女神ウェスタ[†]に供物を捧げよ、さもなければ娼婦となって肉体を汚すがよい」と宣言した。いずれもアグネスが拒否したので、裁判官は服を脱がせて全裸で娼家に引き立てていくように命じた。すると神がアグネスの髪を長く伸ばし、その全身を覆った。裁判官の息子がやって来て、アグネスに触れようとしたが、悪魔に絞殺されてしまった。裁判官は息子を生き返らせてくれと頼み、アグネスが祈ると息子は生き返った。しかしこの事が逆に民衆に彼女が魔女であると騒動を引き起こさせたので、新たにやって来たアスパシウスという別の裁判官はアグネスを火の中に抛り込ませた。しかし火が二つに分かれ、火傷もしなかったので、今度は首に剣を突き刺すよう命じた。こうして彼女は死んだ。その後埋葬された墓には、白い仔羊を連れたアグネスが出現した。仔羊と共に描かれる。
参考文献：『黄金伝説』24番（1.267-274）.

聖女ヴェロニカ　St.Veronica
名前の意味・神格・属性：俗ラテン語 veraiconica から。verus「本当の」+ iconicus「姿の」（icon「イコン」参照）。元来はイエスの顔の聖遺物の布（聖帛）のことであったらしいが、それがその聖帛を持つ聖女の名前となった。
概要：『黄金伝説』によれば、皇帝ティベリウスは重病に罹り、「医者」としてイエスを連れて来るように部下に命じた。部下はエルサレムに来て、かつてイエスと親しかったヴェロニカという婦人に偶然に出会い、イエスの居場所を尋ねた。そしてヴェロニカからすでにイエスが処刑されたことを教えられた。落胆する部下にヴェロニカは、かつて自分がイエスに会えない時のために肖像画を画家に描いてもらおうとしたことがあったが、画布を持って画家のところに向かう道中でイエスと出会い、旅の理由を話すと、イエスが画布を受け取り、返してもらうと画布にはイエスの顔が描かれていたという話をした。ヴェロニカは皇帝の部下に伴われてローマに向かい、皇帝に向けてその画布を掲げた。すると皇帝は直ちに完治した。イエスの顔を描

いた聖帛を掲げた姿で描かれる。
キーワード：絵姿
参考文献：『黄金伝説』51番（1.527-8, 533-4）.

聖女ウルスラ　St.Ursula
名前の意味・神格・属性：ursa「雌熊」からか。
概要：『黄金伝説』によれば、ブリタニア（ブリテン島）にいたキリスト教徒の王にウルスラという王女がいた。評判が高く、イングランド王が一人息子の妻にと望んできた。強大な権力を持つ異教徒の王からの結婚の申し込みに王も王女も困惑したが、王女は実現困難と思われる条件を出して、申し出を取り下げさせようとした。それは、イングランド王と父王の二人が十人の乙女を選りすぐって自分の側女とし、さらにウルスラと十人の乙女のそれぞれに千人の侍女を与え、ウルスラと乙女と侍女が乗る船を数隻用意し、結婚までに三年の猶予を与え、イングランド王子は洗礼を受けて三年はキリスト教の教義を勉強するというものだった。ウルスラの期待に反して王子はこの条件を受諾した。そこでウルスラはキリスト教のための戦士になろうという計画を乙女たちに打ち明け、皆も賛成して武装訓練に励んだ。そして船に乗ってローマに向かい、教皇に拝謁した。しかしローマ軍の二人の将軍はキリスト教の勢力が盛んになる様を見て快く思わず、密かにフン族の王ユリウスに使者を送り、乙女たちはキリスト教徒であり、帰路にケルンを通るので、そこで皆殺しにしてほしいと伝えた。この結果、ウルスラと乙女たちはフン族に包囲され、皆殺しにされた。この惨劇については、「殉教の栄冠が授けられた」と形容されている。
キーワード：殉教
参考文献：『黄金伝説』151番「一万一千童貞殉教女」（4.121-126）.

聖女カテリナ（アレクサンドリアの）
St.Katherine of Alexandria
名前の意味・神格・属性：ギリシア語名Aikaterinē、語源不明。ラテン語名Katerina、後Katharina。ギリシア語katharos「純粋な、清らかな」と関係付けられて綴りが変わったらしい。カタリナとも。
概要：『黄金伝説』によれば、マクセンティウス帝（在位306-312年。コンスタンティヌス帝と対立し、戦いに敗れて自害）またはマクシミヌス帝（在位285-305年はディオクレティアヌス帝時の副帝、在位305-308年は西ローマの正帝）の時代のキプロス島王の娘。皇帝はアレクサンドリアにおいてキリスト教徒を迫害していた。これを見たカテリナは皇帝に向かって異教の神々を信仰することの過ちを論じた。皇帝はカテリナの聡明さと美しさに感動し、第二皇后として迎えたいと申し出たが、カテリナは信仰から拒絶したので、怒った皇帝は彼女を裸にしてサソリ鞭（逆さ鉤または鎖のついた鞭）で打たせて牢獄に閉じ込め、食事を与えないように命じた。皇帝はしばらく不在となったが、その間にカテリナに好意を寄せる皇后と親衛隊長がカテリナを訪れた。そして彼女の言葉によって、皇后も親衛隊長もその部下もみな入信した。また鳩が天上の食物を持ってきて彼女を養った。皇帝は彼女が自分に屈しないのを見ると死刑に処することに決めた。そして残虐な方法として、尖った釘を打った車輪を四つ作り、カテリナをその車輪に縛って、車輪を逆方向に回転させて、その体を八つ裂きにしようとした。ところが天使が現れて車輪を破壊したので、飛び散った破片で4000人もの異教徒が死んだ。やがて皇帝は皇后も親衛隊長もその部下さえもキリスト教徒になったと知り、全員を死刑にし、最後にカテリナの首を刎ねさせた。するとその体から血の代わりに乳が流れ出した。亡骸は天使たちによってシナイ山に運ばれ、葬られた。

釘のついた車輪（の断片）と共に描かれる。
キーワード：車輪
参考文献：『黄金伝説』166番（4.322-338）；Attwater, p.209-210.

聖女カトリーヌ・ラブレ　St.Katherine Labouré
名前の意味・神格・属性：カトリーヌの名前については聖女カテリナ（アレクサンドリアの）の項を参照。姓ラブレは形容詞では「耕

された」、名詞では「耕作地、田畑」の意。

概要：（1806-1876年）農家の娘カトリーヌ（本名はゾエー、Zoe。カトリーヌは洗礼名）・ラブレは1830年、24歳の時にパリの愛得姉妹会の付属神学校に見習修道女としてやって来た。七月に彼女は夜、白い服を着た四、五歳の子供にチャペルで聖母マリアが待っていると起こされ、様々なことを聞かされた。四か月後の十一月に再び聖母は彼女の前に現れ、十字架の上に大文字のMが掛かり、その下にマリアとイエスの二つの聖心（心臓）がある幻視（ヴィジョン）を示して、これをモデルにメダルを作るなら特別な加護が与えられるというメッセージを授けた。そしてカトリーヌは十二月にも三度目の聖母のヴィジョンを見た。翌1831年、カトリーヌは神学校を卒業して正式に修道女となった。上司の告解僧アラデル師はメダルのヴィジョンについても報告を受けていたが、まずは彼女をパリ郊外の養老院に配属した。カトリーヌはそこで45年間働いて70歳で亡くなった。他方アラデル師はパリ大司教にマリアのメダルの刻印の可能性についておうかがいを立て、認められるとその制作を進め、カトリーヌの名前は伏せたまま、愛徳姉妹会での聖母の出現を公表した。そして出現の二年後の1832年にメダルが出されると、大人気となり、メダルはローマ法王にまで届いた。勿論、カトリーヌも受け取った。1876年に彼女が亡くなると、彼女が語ったヴィジョンの記録が公にされ、聖女化が進み、1947年に聖女とされた。

キーワード：幻視（ヴィジョン）
参考文献：竹下節子『パリのマリア』筑摩書房, 1994年, 第一章「パリのマリア」8-38頁.

聖女ジュヌヴィエーヴ　St. Geneviève
名前の意味・神格・属性：ラテン語では聖女ゲノウェウァ Sancta Genovefa。語源は前半部はラテン語 genos やゲルマン語 keno（英語の kin）「氏族」だが、後半部は不明とするものとゲルマン語の wefa（英語の wife）「妻」とする二説がある。パリを危機から救った。パリの守護聖人。

概要：（419/422年頃 – 502/512年頃）西ローマ帝国時代のガリア（フランス）のキリスト教徒。現在はパリの一部であるナンテール Nanterre に生まれ、パリで亡くなった。451年、アッティラに率いられたフン族が北ガリアに攻め込んできた時、祈りによって敵の進攻を防いだとされる。またその後464年にフランク族の王キルデリック一世（Childeric I）がパリを包囲した時も、王と交渉して食料を市内に持ち込ませ、さらにその息子のクローヴィス王（Clovis）には捕虜を釈放させたという。歴代のフランス王の墓所となっているサン・ドニ大修道院聖堂も彼女によって建てられたものという。
参考文献：『黄金伝説』4.94 注13; Attwater, p.147.

聖女ブリギッド（キルデアの）Brigid of Kildare
概要：（451年頃-525年）アイルランドの修道女。ブリジッドとも。聖パトリック、聖コルンバと共にアイルランドの守護聖人。祝日の二月一日はアイルランドでは四季祭の一つで春の最初の日とされるベルティネ Beltaine。ブリギッドという名前はケルト神話の女神から取られている。キリスト教徒となり、つねに貧者に施しをしていた。父親は娘が尼僧として生きるのが適当と考えて修道院に入れた。彼女は修道院へ入るとすぐに、アイルランド各地に修道院を建てていった。キルデアで亡くなり、自身が建てたキルデア修道院内に埋葬された（後にダウンパトリック（Downpatrick）にあるダウン聖堂へ移された。そこには聖パトリックと聖コルンバの墓もある）。ゲール（アイルランド）のマリアとも呼ばれた。

キーワード：聖女
参考文献：Attwater, p.75.

聖女ベルナデッタ　Bernadette
名前の意味・神格・属性：本名マリー・ベルナルド・スービルー（Marie Bernarde ('Bernadette') Soubirous）。ベルナデッタは愛称。南フランス、ルルド生まれ。

概要：（1844-1879年）ルルドで聖母の出現

を体験し、後にヌヴェールの愛徳女子修道会の修道女となる。ベルナデッタが発見した洞窟の泉の水によって不治の病の治癒例が多く見られ、教会が公認したものだけでも68例にのぼり、ルルドはカトリック教会の最大の巡礼地の一つとなった。1933年に列聖された。

キーワード：洞窟、泉、聖水

参考文献：関一敏『聖母の出現』日本エディタースクール出版部，1993年；寺戸淳子『ルルド傷病者巡礼の世界』知泉書館，2006年；Attwater, p.65.

聖女マルガレタ　St. Margareta

名前の意味・神格・属性：ギリシア語 margaritēs は「真珠」から。

概要：ディオクレティアヌス帝の時代（3世紀末-4世紀はじめ）にトルコにいたとされる。洗礼を受け、15歳の時に土地の長官（裁判官）に見初められて求婚されるが、信仰ゆえに断り、彼に信仰を説いた。長官は怒って彼女を投獄し、鉄の櫛で骨が露わになるまで肉を引き剝がさせた。その後、再び牢に入れられると、今度は悪魔が竜の姿で出現した。これについては、単に竜を退けたというだけでなく、竜に呑み込まれたが、信仰の力により竜を破裂させ、無傷で出てきたという異伝がある。その後も悪魔が出現するが、彼女は投げ倒して足で踏みつけて降参させた。最後に長官は彼女を裸にして松明の火で体を炙り、刑史に剣で首を刎ねさせた。

　呑み込まれた竜の腹から無傷で出てきたという伝承から安産の保護聖人とされる。また竜と対決する姿で描かれることが多い。聖女カテリナ†（アレクサンドリアの）、聖バルバラ†と共に「聖三童貞」と呼ばれることもあり、ともに聖母マリアと描かれることもある。

キーワード：殉教、竜（との戦い）、斬首

参考文献：『黄金伝説』88番（418-424）．

聖女ルキア（ルチア）　St. Lucia

名前の意味・神格・属性：lux「光」から。

概要：310年頃殉教したシチリア島のシラクサの貴族の娘とされる。母の病からの快癒を願って聖女アガタの墓に一緒に詣でた時、幻の中にアガタが現れて、ルキア自身の信仰の篤さで母は治ったと告げた。ルキアには婚約者がいたが、彼女は母に持参金を貧者に施すことを求めた。婚約者は彼女がすべての財産を施してしまったと知ると、彼女がキリスト教徒で皇帝の命令に背く者であると裁判所に訴えた。彼女が「処女を守り、純潔に生きる者は、聖霊の神殿です」と宣言したので、裁判官パスカシウスは彼女を娼婦の館に連れて行き、凌辱して、聖霊を追い出させようとした。しかしどれだけ多くの人が動かそうとしても彼女を動かすことはできなかった。そして喉に刀を突き刺されても死なず、キリスト教徒を迫害してきた皇帝マクシミアヌスが死に、ディオクレティアヌスは帝位を追われたと告げた。その時、ローマからの使者が来て、パスカシウスを連行し、ローマで裁判にかけた。彼は私服をこやしていたことが判明し、斬首された。ルキアは司祭が来て、聖体を拝受した後、亡くなり、その場所に埋葬され、そこには彼女のための教会が建てられた。サンタ・ルチアはナポリの港の名前となっている。カンツォーネの曲で有名。

キーワード：処女

参考文献：『黄金伝説』4番（1.73-79）．

聖テレサ（アビラの）　St.Teresa de Ávila

名前の意味・神格・属性：本名テレサ・デ・セスペーダ・イ・アフマダ Teresa de Cespeda y Ahumada。神秘思想家、聖女。

概要：（1515-1582年）スペインのカスティーリア地方アビラに生まれ、1533年、同地のカルメル会修道院に入る。神秘体験を得て、回心した。カルメル会の刷新を行った。著書に『完徳の道』（1574年）などがある。

キーワード：聖女

参考文献：Attwater, p.318-9.

聖バルバラ　St.Barbara

名前の意味・神格・属性：歴史的実在には疑問が提示されている。このため東方教会では聖ワルワラの名で聖人だが、カトリックでは1969年以降、聖人暦に入っていない。

概要：4世紀、ローマ皇帝マクシミアヌスの治世、小アジア半島のニコメディア（現在のイズミット）に富裕な商人がいて、バルバラという美しい一人娘を持っていた。多くの男たちが求婚したが、父親は高い塔を立てて彼女を住まわせていた。しかし彼女は侍女の感化によってキリスト教に帰依した。これを知ると父親は激高し、彼女を剣で切ろうとした。しかしバルバラが祈ると岩が二つに裂けて彼女を包んで逃がした。羊飼いが彼女を発見し、父親に通報したので、彼女は再び捕えられ、キリスト教徒としてその地の総督に引き渡された。総督は彼女を死刑にするに忍びなくて偶像の崇拝を勧めたが、彼女は拒絶したので、彼女は裸にされて牛の筋鞭で打たれた。しかし神の力により彼女は傷付かなかった。今度は胸に松明が押し当てられ、さらに鉄槌でも叩かれたが、傷付かなかった。さらに槍で胸を刺し貫かせたが、彼女は不死身であった。次に総督は彼女を裸にして群衆の面前で鞭打たせた。しかし神は天使を遣わして白い雲を衣にして彼女の体を隠した。最後に彼女は父の振りかざす剣によって斬首され殉教した。

ヤン・ファン・エイクの絵（1473年、アントウェルペン王立美術館）やティルマン・リーメンシュナイダーの彫刻（1510年頃、バイエル州国立美術館）がある。また、米国カリフォルニア州はかつて多くのカトリックミッションがあったので、都市名サンタ・バーバラが残っている。

キーワード：斬首

参考文献：Attwater, p.57；植田重雄『守護聖者』中公新書，1991年，第四章「聖バルバラ—殉教の処女」.

ヒルデガルド・フォン・ビンゲン（ビンゲンのヒルデガルド）Hildegard von Bingen

名前の意味・神格・属性：古高地ドイツ語でhildi「戦さ」+ gardi「知る者」（gardan「知る」）。ビンゲンの修道院長、神秘家。

概要：（1098–1179年）1141年、神の啓示の幻視体験をする。神学者、薬草学者、作曲家としても著名。

キーワード：幻視（ヴィジョン）

参考文献：種村季弘『ビンゲンのヒルデガルトの世界』青土社，2002年；Attwater, pp.170-171.

魔女（キリスト教の）witch

名前の意味・神格・属性：witch は古英語 wicce から。wicce は wicca「魔法使い」（後に wizard の形となる）の女性形。彼女たちが行う悪事がウイッチクラフト witchcraft「魔法」で、「魔法にかかる」のが bewtiched。

概要：様々な宗教や神話において害をなす女性像が見られるが、キリスト教では、「悪魔と契約を結んで力を得て、災いをなす存在」である。一神教のつねとして、善悪は女性像においても峻別されるから、絶対的善の存在としての聖女が想定されれば、当然その裏返しの絶対的悪の存在の魔女も想定されることになる。絶対的悪の男性版である悪魔と定期的に魔女の集会サバトを催すとされた。その際、悪魔はキリストの象徴としての純白の仔羊の裏返しとして黒山羊とされ（フランシス・ゴヤの「魔女の集会」）、魔女たちはこの悪魔とみだらな性的交わりに耽るとされた。魔女たちは特別な軟膏を持ち、それを塗ることで箒に跨って空を飛翔し（ハンス・バルドゥング・グリーンの多くの魔女の図像参照）、魔女の集会に集まるとも観念された。こうした魔女の観念は、科学思想が高まる16-17世紀の近世ヨーロッパにおいて逆に魔女狩りや魔女裁判の動きを高め、多くの人々が犠牲となった。

参考文献：安田喜憲編『魔女の文明史』八坂書房，2004年；池上俊一『魔女と聖女』講談社現代新書，1992年；上山安敏『魔女とキリスト教』人文書院，1993年；高橋義人『魔女とヨーロッパ』岩波書店，1995年；大和岩雄『魔女はなぜ空を飛ぶか』大和書房，1995年；大和岩雄『魔女はなぜ人を喰うか』大和書房，1996年；ミシュレ『魔女』上下，篠田浩一郎訳，岩波文庫，1983年.

⇒アルテミス、キュベレ、ディアナ、ヘカテ、リリス

現代

ファンタジー
メルヘンと児童文学
オペラ
女神的存在

ファンタジー

ファンタジー、メルヘン、児童文学の女神

沖田瑞穂　大澤千恵子

概説

沖田瑞穂

　本章ではファンタジー、メルヘン、児童文学といった、神話・伝承・民話の収集・採録に基づいた物語や、それらの影響下にある物語の中の女神的存在を取り上げる。

　こうした物語における女主人公や女性登場人物の神性には、いくつかの類型が考えられる。

　①試練を経て神性を獲得する女主人公、女性登場人物。試練により成長する女主人公の姿が描かれているという点で、古代の叙事詩にはなかった役割を果たしている。多くの古代叙事詩において、女性の役割は「娘」か「妻」か「母」に限定され、女性自身の試練や成長が描かれることは非常に稀であった。少女の成長のモデルを示すことによって、現代の神話としての役割を果たしている。また多くの作品において、少女たちは自らの隠れた能力に目覚めていく。これは主人公だけが特別な能力を持っていることを伝えているのではなく、人は誰しも本人の気付かない特別な力を持っていて、重要なのはそれに気付くことなのだ、という若い読者に向けたメッセージなのである。⇒アリス†、アン・シャーリー†、ソフィー†、〈夜咲花〉†、ハーマイオニー・グレンジャー†　供王珠晶／蔡朱晶†、景王陽子／中嶋陽子†、狭也†

　②聖少女。少女としての存在そのものが聖化されている。⇒アリス、アン・シャーリー、供王珠晶／蔡朱晶、景王陽子／中嶋陽子、白雪姫†、シンデレラ†、ナウシカ†、眠れる森の美女†

　③主人公、女主人公を見守る女性の存在も重要である。彼女たちの役割は神話の母神のそれに相当する。⇒ミネルバ・マクゴナガル†、モリー・ウィーズリー†、リリー・ポッター†

　④悪の化身のように描かれる女性もいる。大母神の恐るべき側面が縮小化されて現れたものと考えられる。⇒白い魔女†、荒れ地の魔女†、雪の女王†

　以下の作品は偉大なファンタジー作品ではあるが、女性登場人物には女神性を見出せないため、本事典では取り上げなかった。
1. 『指環物語』（Tolkien, J. R. R., The Lord of the Rings, 1954-1955）
2. 『ナルニア国ものがたり』（Lewis, C. S., The Chronicles of Narnia, 1950-1956）

　その理由は、以下の通りである。

　1＝『指輪物語』では、女性登場人物はそもそもきわめて少なく、その少ない女性登場人物の活躍も、物語全体から考えると、比重が小さい。「旅の仲間」の九人は、全員が男性である。女性登場人物としては、エルフのガラドリエル、エルフのアルウェン、人間のエオウィンが挙げられる。この中で最も女神に近いのはガラドリエルであり、旅の仲間のそれぞれに贈り物を授け、その贈り物の力が最後まで物語に影響を与えるという点では、重要な役割を果たしている。しかしそのガラドリエルであっても、物語全体に対する影響

力の比重は小さく、女神とまでは言えない。もう一人のエルフ、アルウェンはこの物語の主人公の一人で人間世界の王となるアラゴルンの妃となるが、そのことのほかにはほとんど役割を持たない。エオウィンに関しては、男装して戦争に出る勇敢な女性として描かれているが、戦女神というほどでもなく、神性は低い。

2＝『ナルニア国ものがたり』の二人の女主人公、ペペンシー四兄妹のうちのスーザンとルーシィは、たしかにナルニアの女王になるが、その資格はあくまで「人間であること」にある。作中における「イブの娘たち」という表現からもそのことが読み取れる。しゃべる動物たちの国を人間が治めるという、聖書そのままの構図である。アスランという雄ライオンが体現する男性一神教的世界の中に、やはり女神はいないのである（白い魔女については、例外的に項目として取り上げた）。

これら女神性を持つ女性が現れない二作品に共通していることは、作者がキリスト教徒の男性であるということである。男性キリスト教徒によるファンタジー作品の限界とも言えるだろう。

【参考文献】
安藤聡『ナルニア国物語解読 C.S. ルイスが創造した世界』彩流社，2006 年
河合隼雄『物語とふしぎ』岩波書店，1996 年
ダウニング，デヴィッド・C『「ナルニア国物語」の秘密』唐沢則幸訳，バジリコ，2008 年
中沢新一『人類最古の哲学』講談社選書メチエ，2002 年
日本イギリス児童文学会編『英米児童文学ガイド 作品と理論』研究社出版，2001 年
宮崎駿『風の帰る場所——ナウシカから千尋までの軌跡』文春ジブリ文庫，2013 年
吉田純子編『身体で読むファンタジー——フランケンシュタインからもののけ姫まで』人文書院，2004 年

ファンタジーの女神の事典

沖田瑞穂

荒れ地の魔女　Witch of the Waste

名前の意味・神格・属性：ダイアナ・ウィン・ジョーンズ作『魔法使いハウルと火の悪魔』（「ハウルの動く城」1，1986年）に登場する年を経た魔女。ハウル、ソフィーなど作中の様々な人物に呪いをかける。

概要：女主人公ソフィーを呪いによって老婆に変えることで、物語の進行に大きく寄与する。魔法使いハウルにも、イギリスの詩を利用した呪いをかけていて、ハウルはその呪いが成就しないよう、呪いの一部を構成している、「誠実な美女」が存在しないことを立証するために、魔法でめかしこんで多くの美女を口説いて回っている。王室付き魔法使いサリマンや、王弟ジャスティンも呪いをかけられている。最後にはハウルが、魔女と、魔女と契約を結んでいた火の悪魔（もと流れ星）を殺す。

　この年を経た大魔女は、神話における大女神の一つの側面、「恐るべき女神」の系譜にある。太古の大いなる女神「グレートマザー」は、正の側面と負の側面の両方を包含する。命を生み育てる良き母としての面と、その生命を「回収」する、すなわち殺す、「恐るべき母」の側面である。大母神の恐るべき側面は次第に独立し、戦さ女神として神話に現れるようになる。メソポタミアのイシュタル[†]、インドのドゥルガー[†]やカーリー[†]などである。概して魔女とは、これらの恐るべき女神の後裔であり、「荒れ地の魔女」もその系譜にあり、強力な呪力によって物語を操る、隠れた主役なのである。

　一方、同名の宮崎駿のアニメにおける「荒れ地の魔女」は、最初は恐るべき魔女として現れるが、最終的にはハウル・ファミリーの一員となり、老母神的な側面を表すことで、古の大母神の良き側面を取り戻している。

キーワード：魔女、大女神、母神、恐るべき女神

参考文献：ダイアナ・ウィン・ジョーンズ『魔法使いハウルと火の悪魔』（ハウルの動く城 1）．西村醇子訳．徳間書店，1997年．
⇒ソフィー・ハッター

供王珠晶／蔡珠晶
（きょうおうしゅしょう／さいしゅしょう）

名前の意味・神格・属性：名称の意味は「珠のように晶(あき)らかな」「輝かしい」。小野不由美作「十二国記シリーズ」の『図南(となん)の翼』（初出1996年、講談社X文庫）の女主人公。12歳にして恭国の女王となる（称号は供王、国は恭と漢字が使い分けられている）。

概要：中国風ファンタジー「十二国記シリーズ」の世界観において、世界の中央には黄海があり、さらにその中央に蓬山がある。黄海を取り巻くようにして十二国がある。それぞれの国の王は聖獣麒麟が選定する。王が不在の国は妖魔が跋扈し、自然は猛威をふるい荒れ果てる。恭国は先王が亡くなって27年間、王が立っていない。珠晶は「大人が蓬山に昇らないなら、私が行く」と決意し、堅固に守られた裕福な家から抜け出し、一人蓬山へ向かい、蓬山にいる恭国の麒麟・供麒に王としての資質を問いに行く。昇山は至難をきわめたが、珠晶は多くの難局を自らの理知によって解決し、旅の仲間に助けられ、神の助力をも得て、ついに麒麟に迎えられ、恭国の女王となる。

　王は神籍に入る。麒麟に王として選ばれた者は神になるのである。したがってこの物語は、少女の成長の物語であると同時に、聖性の獲得の神話でもある。昇山は珠晶のイニシエーション（通過儀礼）であるのだ。

　「十二国記シリーズ」は、ほかに少女王がもう一人いるが（景王陽子[†]）、現在刊行されている段階で、成熟した女性の王はいない。あるいは、いても国を荒らしすぐに退位する（王の死を意味する）。老女と思われる女王もいるが、生殖適齢期の女王はいない。成熟した女性の聖性、性の力の否定を感じさせるが、これは神話として高度に論理的であるためであって、女性を貶めているわけではない。不老不死と生殖は両立しないというのが、神話

の論理なのである（「バナナ型」）。
キーワード：少女神、少女王、少女の成長、聖少女
参考文献：小野不由美『図南の翼』新潮文庫，2001年.

景王陽子／中嶋陽子
（けいおうようこ　なかじまようこ）

名前の意味・神格・属性：名称の意味は「太陽のように輝かしい子」。1970年代に多くこの名が命名された。小野不由美作「十二国記シリーズ」の『月の影　影の海』（初出1992年、講談社X文庫）の女主人公。現代日本の高校に通う少女で、凡庸な少女であったが、他界の王として即位することになる。

概要：本シリーズの舞台は中国風の異世界・十二国である。前出項目の供王珠晶†は十二国の生まれだが、陽子の場合、物語は現代の日本から始まる。十二国と日本は「蝕」によってつながることがあるアナザー・ワールドという設定になっており、陽子は本来十二国に生まれるはずだったが、蝕によって陽子の入った胎果（十二国で子供は果実として木になる）が日本に流され、現代日本で生まれた。高校に通う普通の少女であったが、突然やって来た男（景麒）に異世界（十二国）に連れて行かれた。景麒がなぜか姿を消したため、たった一人で襲いかかる妖魔と闘いながら、異世界の人々に裏切られ続け、翻弄され、人を信じる心を見失う。しかし半獣の楽俊と出会い、信じる心を取り戻し、景国の女王としての自覚をうながされ、即位を決意し、隣国延王の助力によって自らの半身、彼女を王に選んだ慶国の麒麟・慶麒を救い、即位する。

陽子の苦難は彼女が王となるために通らねばならないイニシエーション（通過儀礼）である。王となることは、人として死んで、神として生まれ変わることを意味する。陽子が人を信じる心を失った時、彼女は功国の麒麟に襲われて大けがを負う。この時陽子は一度死んだのだと言える。そして楽俊と出会う。楽俊の看護によって命を救われた陽子は、この時心も救われ、王にふさわしい資質を備えた聖少女として再生したのだ。

十二国の王は即位するとその後は結婚することができない。神であるからだ。陽子は性成熟の途中で時が止まり、少女王として国を治める。ここからは、少女の聖性の強調と、性成熟した女性の神性のゆるやかな否定を感じさせる。十二国にはもう一人少女王（恭王珠晶）がおり、ほかに女王としては老女王と思われる采女黄姑がいるが、明らかに生殖適齢期の女王は現段階ではいないようである。過去に、陽子の前の景王（予王）は自らの麒麟・景麒に恋慕して国を滅ぼしたという例からも、王という立場と、恋・結婚・生殖とが両立しないことが示されている。なお、十二国において子供は夫婦が神に祈願して、木に果実として生ることになっている。ここにも女性の生殖力のゆるやかな否定が見て取れる。

これらの現象は、次のような図式として考えることができる。

【王のあり方】不老不死・子孫×・聖
【人間のあり方】老いて死ぬ・子孫○・俗
キーワード：女王、少女神、イニシエーション（通過儀礼）、死と再生、少女の成長、聖少女
参考文献：小野不由美『十二国記　月の影　影の海』上・下，新潮文庫，2012年.

狭也
（さや）

名前の意味・神格・属性：狭也のサは上代語で神稲の意。荻原規子作『空色勾玉』（初出1996年）の女主人公。闇の氏族の巫女姫でありながら、輝（かぐ）にあこがれる。

概要：時は輝の大御神（イザナキに相当）の双子の御子、照日王（てるひのおおきみ）・月代王（つきしろのおおきみ）と、闇の氏族が激しく争う戦乱の世。狭也は闇の氏族の巫女姫・水の乙女で、青の勾玉の主。しかし15歳になるまでそのことを知らなかった。月代王に見出され、輝の宮・まほろばへ行き采女（みめ）となり、妃にと望まれるも、輝の清らかさが血の犠牲のもとにあることに気付き、童（わらわ）としてもぐりこんでいた闇の氏族の鳥彦を助けるため、宮から大蛇の剣を持ち出し、囚われていた輝の御子の第三子、稚羽矢と共に宮を出る。その後輝と闇の戦さに加わり、稚羽矢とのきずなを深めるも、月代王に捕えられ、宮に連れ戻され、照日王の手にかかって

死に、闇の女神（イザナミに相当）のもとへ行く。追ってきた稚羽矢に激怒した女神に向かって、狭也は御魂鎮めを行う。女神はなだめられ、狭也は老齢の岩姫を形代として黄泉に残し、生き返る。地上に出て来た狭也に闇の女神が降臨し、輝の御神と言葉を交わす。両神は長きにわたる不和を解消する。狭也と稚羽矢は祝言を交わす。

狭也は死に、黄泉の国で女神をなだめる大がかりな御魂鎮めを行う。これが狭也のイニシエーションとなる。これによって狭也は成長を遂げ、生き返り、今度は女神の依代となり輝の御神をなだめることになる。

変若を行うことで永遠に生きる輝の御子たちと、死んでも蘇ることを繰り返す闇の氏族は、命のあり方が根本的に異なる。闇の巫女姫でありながら、輝の御子と結ばれた狭也は、二つの族の仲介者であるのだ。

キーワード：死と再生、少女の成長
参考文献：荻原規子『空色勾玉』徳間文庫, 2010 年.

白い魔女 The White Witch
名前の意味・神格・属性：Ｃ・Ｓ・ルイス作「ナルニア国ものがたり」(1950-1956) に登場する魔女。ナルニアを長きにわたり冬の中に閉じ込める。

概要：「ナルニア国ものがたり」1 の「ライオンと魔女」において、しゃべる動物たちの国ナルニアを、冬の中に閉じ込めている。その出自は、アダムの最初の妻リリスの血を受け継ぎ、ジンと呼ばれる天魔のたぐいで、人間以前の巨人の血が混じっていると説明される。アダムの息子たちとイブの娘たち（ペベンシー四兄妹）が王座につく時に白い魔女の圧制は終わることになっている。そのため魔女はエドモンドを魔法の菓子で誘惑し、兄妹を裏切らせる。その罪はナルニアの創造主であるライオンのアスランの自発的な犠牲によって贖われる。アスランはナルニアができる以前から存在する魔法の力によって再生し、魔女を倒す。

「ナルニア国ものがたり」6 の「魔術師のおい」では、この魔女がナルニアへやって来たいきさつが説明されている。それによると魔女は異世界にあるチャーンの都の女王で名をジェイディスといい、そこを訪れた人間の男の子ディゴリーによって目覚めさせられ、できたばかりのナルニアに連れ込まれる。ディゴリーとその友人ポリーは、魔女を連れてきてしまった罪を購うため、アスランの命令でリンゴを探しに行く。このリンゴは「ひとのために」取るのでなければ尽きない絶望を与えるというものであるが、ディゴリーは誘惑に勝ってアスランのためにリンゴを取る。しかし魔女は自らのためにリンゴを取って食べ、不老不死となるが、同時に尽きない絶望を引き受けることになる。魔女はそのリンゴを食べるようディゴリーを唆すが、ディゴリーは魔女を退ける。

「ナルニア国ものがたり」4「銀のいす」では、この白い魔女と「同類」とされる「緑の衣の貴婦人・夜見の国の女王」が登場し、ナルニアの王子を魔法で束縛する。その本当の姿は蛇であり、旧約聖書の誘惑の蛇を想起させる。人間のユースチスとジル、リリアン王子によって倒される。

白い魔女が最初から悪の化身として描かれる理由は、彼女の「傲慢」にあると指摘されている。神になり代わろうとする傲慢である。

白い魔女と夜見の国の女王、どちらにしても、善を体現する雄ライオンのアスランに対抗する存在として描かれ、最後にはアスランかその意思を代行する人間の子供たちに倒される。キリスト教的な構図がそのままファンタジーに取り入れられている。唯一の男性の神を信仰するキリスト教において、当然女神の居場所はどこにもない。女神的存在は、人間の女に姿を変えるか、あるいは魔女となって善なる男神に対立するしかないのである。

キーワード：魔女、冬、雪
参考文献：安藤『ナルニア国物語解読』第 1 章.
⇒荒れ地の魔女

ソフィー・ハッター Sophie Hatter
名前の意味・神格・属性：名称の意味は「帽子屋のソフィー」。「ソフィー」の語源は古代ギリシア語の「ソピア」で、「智慧・叡智」

を意味する。ダイアナ・ウィン・ジョーンズ作『魔法使いハウルと火の悪魔』(ハウルの動く城1，1986年)の女主人公。魔法が現実に存在する国・インガリーで、裕福な帽子屋の三人姉妹の長女として生まれる。

概要：ソフィーには自分では気付いていない魔法の力があり、彼女が心をこめて作った帽子は持ち主を幸せにする。ある日「荒れ地の魔女†」がやって来て、ソフィーを90歳の老婆に変えた上に「その呪いのことは誰にも言えないからね」と言って去っていく。ソフィーは母を驚かせまいと、肩掛けをはおり、食糧を持って家を出て、途中で通りかかった魔法使いハウルの動く城に入り込む。ソフィーとハウル、ハウルの弟子マイケル、火の悪魔カルシファーとの不思議な同居生活が始まる。最後にソフィーは魔力を自覚し、それを用いてハウルとカルシファーを救い、すべての呪いは解けて、ハウルとソフィーはめでたく結ばれる。

ソフィーという一人の少女の成長の物語である。呪いで老婆にされるというのは、神話における通過儀礼と見ることができるだろう。子供でも大人でもない、一種の超越した状況に置かれ、そのことによってソフィーは元来の内気な性格を克服していく。

キーワード：魔女、少女の成長
参考文献：ダイアナ・ウィン・ジョーンズ『魔法使いハウルと火の悪魔』(ハウルの動く城1) 西村醇子訳，徳間書店，1997年.

照日王（てるひのおおきみ）

名前の意味・神格・属性：荻原規子作『空色勾玉(くう)』(初出1996年)に登場する女神。輝の大神（イザナキ）の娘神であり、構造的には日本神話のアマテラス†に相当する。

概要：父神の地上への降臨のため、対立する闇(くら)の陣営との戦闘指揮をとる戦さ女神。アマテラスは流血を嫌う柔和な女神であるが、照日王は荒々しい性情で、他者の血によって自らの聖性を保つ。幼い少女の姿に身を変え、闇の陣営にまぎれこみ、狭也（物語の主人公）の付き人で妊娠中の奈津女を殺し、その二人分の命によって自らを清める。狭也を殺すのはこの照日王であるが、その理由は闇の女神（イザナミ†に相当）に会いに行かせることである。彼女は狭也の亡骸を敬虔な巫女のように、祈るかのように見守る。

父である輝の御神（イザナキに相当）に憧れている。照日王のすべての行動の根底には父を慕う思いがある。最終的には望んで輝の天の宮へ弟の月代王と共に行き、地上を去る。

この新たな太陽女神・照日王は、「マザーコンプレックス」の神スサノヲと構造的に対応関係にある。亡き母イザナミを慕うスサノヲには、日本男児の原型が示されていると指摘されている。それに対応するかのように女神照日王は父神を慕うのであるが、ここには現代女性の心理が描き出されている。スサノヲはマザコンを克服することはできず、最終的に根の国の支配者となることで黄泉のイザナミと同化する。同様に照日王も父神への憧れを抱き続け、最終的には天に住まうことで父と同化する。女性作家による作品において示されるこのような構造は、現代女性の生き方の一つのモデルを提示すると同時に、親からの自立を究極的には求めない、日本特有の文化を表現してもいる。

キーワード：ファザーコンプレックス
参考文献：荻原規子『空色勾玉』徳間文庫，2010年；河合隼雄，湯浅泰雄，吉田敦彦『日本神話の思想――スサノヲ論』ミネルヴァ書房，1983年.
⇒狭也(さや)

ハーマイオニー・グレンジャー　Hermione Granger

名前の意味・神格・属性：名称のハーマイオニーはギリシア神話の登場人物ヘルミオネの英語読み。J・K・ローリング作「ハリー・ポッター・シリーズ」(1997-2007年)の女主人公。主人公ハリー・ポッターと、ロン・ウィーズリーの親友。物語はこの三人の友情を中核として進行する。学年一の秀才。冷静な論理と勇気を持つ。

概要：優れた知識と行動力によって友人たちを導き、救う。「アテナ†型」の少女神的存在である。最終巻において、闇の帝王ヴォルデ

ファンタジー

モートの分割された魂を閉じ込めた「分霊箱」を探す三人だけの旅で、諍いが起こってロンが去っても、ハーマイオニーは悲しみにくれながらも、辛抱強くハリーとの旅を続ける。ハリーの故郷であるゴドリックの谷に二人で変装して訪れた時、ハリーは両親の墓と対面する。ハーマイオニーはハリーの手を握り、ハリーは握り返す。ハーマイオニーは魔術でクリスマス・ローズの花輪を咲かせ、ハリーはそれを両親の墓に供えた。二人は寄り添って――この二人はあくまでも友人である――雪の中を沈黙の中去っていく。この場面におけるハーマイオニーは、まさしく英雄の導き手であり、オデュッセウスを導くアテナさながらである。しかし、ハリーと苦をも共にしている点では、現代的な意味も加えられた新たな女神像であると言える。

キーワード：守護女神（英雄の）、知恵の女神、少女の成長

参考文献：寺島久美子『ハリー・ポッター大事典』Ⅱ，原書房，2008年，「グレンジャー、ハーマイオニー」；Leslee Friedman, "Militant Literary: Hermione Granger, Rita Skeeter, Dolores Umbridge, and the (Mis)use of Text", *Reading Harry Potter Again*, ABC-CLIO, 2009, 13.

⇒ミネルバ・マクゴナガル

ミネルバ・マクゴナガル Minerva McGonagall

名前の意味・神格・属性：名称はローマの女神ミネルヴァに由来。ギリシア神話の正義と戦争の女神アテナ[†]に相当する。J・K・ローリング作「ハリー・ポッター・シリーズ」（1997-2007年）の登場人物。ハリーらが所属するグリフィンドール寮の寮監にして、「変身術」の教授。ホグワーツ魔法学校の副校長。校長ダンブルドアの最も忠実な部下。

概要：厳格かつ公平な理想的な教師。学年一の秀才ハーマイオニー・グレンジャー[†]がすべての授業を履修できるように、「逆転時計」（タイムターナー）を渡したところからは、知識の授与に熱心であることがうかがわれる。学校の秩序の安定のために役割を果たす。ダンブルドアの停職

中と死去後には校長を務め、正義の守り手として学生たちを導き守る、名前にふさわしい働きをする。

キーワード：女賢者、正義

参考文献：寺島久美子『ハリー・ポッター大事典』Ⅱ，原書房，2008年，「マクゴナガル、ミネルバ」

ハリー・ポッター・シリーズの中の女性たち

概要：女性作者によるファンタジーの代表ともいえる、大ロングセラーとなったJ・K・ローリングの「ハリー・ポッター・シリーズ」（1997-2007年）には、多くの女性が登場し、多方面から物語に影響を与えている。たしかにこの物語の中核をなすのは、主人公ハリーと、よき指導者ダンブルドア、暗黒の帝王ヴォルデモートという三人の男性である。しかし彼らを取り巻く女性の多様さ、その描写の細やかさの中に、彼女たちの神性が見て取れる。

ジニー（ジネブラ）・ウィーズリー Ginevra Molly Weasley：ハリーに恋する無力な少女であったが、闇の帝王ヴォルデモートに身体を支配された事件の後、大きく成長を遂げ、ハリーを支える心強い恋人となる。【成長する少女】。

フラー・デラクール Fleur Isabelle Delacour：美しい少女の魔女。ウィーズリー家のビルと婚約する。ビルが人狼に咬まれ醜い顔となっても、「自分が二人分美しい」と言って愛を誓う強さを持つ。【成長する少女】。

ベラトリックス・レストレンジ Bellatrix Lestrange：闇の帝王ヴォルデモートの腹心の部下。その心は悪に染まりきっている。ヴォルデモートに心酔している。【大女神の負の側面の弱体化】。

ルーナ・ラブグッド Luna Lovegood：ハリーの一学年後輩にあたる魔女。風変わりな言動をするためいじめにあっているが、ハリーの良き理解者となる。【成長する少女】。

シビル・トレローニー Sybill Patricia Trelawney：ホグワーツ魔法学校の「占い学」の教授。普段はニセ予言者風であるが、真実の予言を二つしており、その重要性は物語の核心に迫る。【予言者】。

ドローレス・アンブリッジ Dolores Jane Umbridge：粘着質な性質の魔法省の役人。ハリーたちをとことん嫌って苛め抜く悪役。【大女神の負の側面の矮小化】。

アリアナ・ダンブルドア Ariana Dumbledore：ホグワーツ魔法学校校長のアルバス・ダンブルドアの妹。精神の安定を失い魔力を制御することができない。事故により死亡。無双の魔法使いであるダンブルドア校長の、心の影。その「死」によって決定的な役割を物語にもたらす。【死ぬ女神】の系譜。

参考文献：板倉厳一郎『大学で読むハリー・ポッター』松柏社, 2012年；清水正『宮崎駿を読む——母性とカオスのファンタジー』鳥影社, 2001；寺島久美子『ハリー・ポッター大事典』Ⅱ, 原書房, 2008年；中村圭志『これから「ハリー・ポッター」の話をしよう——20歳になってわかる寓意文学の哲学』サンガ, 2010年；中村圭志『宗教で読み解くファンタジーの秘密』Ⅰ, Ⅱ, トランスビュー, 2014年；*Critical Perspectives on Harry Potter,* Edited by Elizabeth E. Heilman, Routledge, 2003.;Timmerman, John H. and Hettinga, Donald R., *In The World: Reading and Writing as a Christian,* Baker Academic, 2004.;*Reading Harry Potter Again: New Critical Essays,* Edited by Giselle Liza Anatol, ABC-CLIO, 2009.

もののけ姫／サン
名前の意味・神格・属性：宮崎駿監督のアニメ「もののけ姫」（1997年公開）の主人公。山犬に育てられた少女。名前はサン。まわりの人間は「もののけ姫」と呼ぶ。
概要：赤子のサンを両親は自分たちが逃げるために山犬に投げ与えた。その山犬がサンを育てた。そのため人間を憎んでいる。しかし人間の少年アシタカと心を通わせるようになる。人間と森の動物たちとの戦いがおこり、そのさ中、生と死を司るシシ神が人間に首を取られ、首を求めて猛威をふるい森と村を破壊する。アシタカがサンと共にシシ神に首を返す。サンは森で、アシタカは山中のタタラ場で暮らし、時々会うことを約束する。

山犬の背に乗って森を駆け巡るサンの姿は、ギリシア神話の獣の女主人・処女神のアルテミス[†]に通じるところがある。

最初はすべての人間を憎んでいたサンは、アシタカと出会い、彼にだけは心を開いた。しかしサンの森の処女神としての聖性は、アシタカによって弱められたとも言える。恋を知ったからだ。サンは恋によって人間として目覚め、女性として成長したが、それは処女神としての聖性の喪失の始まりでもあるのだ。

キーワード：処女神、森（の女主人）、聖性（の喪失）

参考文献：吉田純子「もののけ姫の汚い、危険な身体」, 吉田純子編『身体で読むファンタジー』人文書院, 2004年, 第五章.

モリー・ウィーズリー Molly Weasley
名前の意味・神格・属性：名称 Molly は Mary の幼児語的発音から生まれた名。18世紀に「ふしだらな女」という意味を持つようになり、名前としてあまり使われなくなった。J・K・ローリング作「ハリー・ポッター・シリーズ」（1997-2007年）の登場人物。ハリーの親友ロンの母。
概要：ウィーズリー家を取り仕切る良き母。五男一女を産む。ハリーに実の母のように愛情を注ぐ。最終巻において、闇の帝王ヴォルデモートの腹心の部下ベラトリックスを倒し、わが子を守るところなどは、大いなる母神に通じる。
キーワード：母神、良き母
参考文献：寺島久美子『ハリー・ポッター大事典』Ⅱ, 原書房, 2008年,「ウィーズリー、モリー」.

〈夜咲花〉 Flower-in-the-Night
名前の意味・神格・属性：ダイアナ・ウィン・ジョーンズ作『アブダラと空飛ぶ絨毯』（「ハウルの動く城」2, 1990年）の女主人公。スルタンの姫君。生まれた時に、最初に会った男と結婚するという予言がなされたため、父は政略結婚に利用するため男性を一切見せな

ファンタジー

いで育てた。
概要：所はスルタンが治めるラシュプート国のザンジブ市。〈夜咲花〉の屋敷の庭園に、夜、魔法の空飛ぶ絨毯に乗って、絨毯商人の青年アブダラが現れる。〈夜咲花〉は父以外の男性を見たことがなかったので、アブダラを女性と勘違いする。次の日の夜、アブダラが189枚の男性の肖像画を持ってきて見せると、姫はそれらの中のどのような美男子よりも、アブダラが美しく、性格も親切だといって愛を告白し、結婚が決まっているオキンスタン（インガリー）の王子ではなく、アブダラと結婚したいと言う。そこで魔法の絨毯が話題にのぼる。アブダラは絨毯の上で眠っている間に〈夜咲花〉の庭園に来たので、絨毯の使い方を知らないのだ。それを聞いた〈夜咲花〉は、際立った論理的思考を発揮して、絨毯の使い方を解き明かしてみせる。その次の夜、アブダラは駆け落ちの準備を整えて絨毯に乗って〈夜咲花〉を迎えに行くが、姫が絨毯に乗る寸前に、ジンの手によってさらわれてしまう。

アブダラがどうにかジンの城にたどり着くと、〈夜咲花〉をはじめ、城に集められた30人の王女たちは、一致協力して脱出計画を練り上げていた。助けを待つばかりの女主人公の像はかけらも見当たらない。〈夜咲花〉は箱入り娘であったので本から得た知識しか持たなかったが、ジンの城で出会った様々な国の王女たちに教えられ、生来の聡明さによってジンを翻弄するまでに変化を遂げる。王女たちは知略を尽くし、アブダラをうまく使って、皆で協力してジンから自由を勝ち取る。その後〈夜咲花〉とアブダラはインガリー国王に「大使」の任を与えられ、祝福されて結婚する。

誘拐される王女という点ではインド叙事詩『ラーマーヤナ』のラーマ王子の妃シーター[†]が想起される。シーター妃は羅刹のラーヴァナに誘拐され幽閉される。状況は〈夜咲花〉とほぼ同じである。しかしシーターがひたすらに貞操を守りながら夫による救いの手を信じて待つことに徹していたのに対し、〈夜咲花〉はじめジンにとられた30人の王女た

ちは、配偶者や婚約者の助けなどはなからあてにしていない。自分たちの持つ最良のもの——知恵と、仲間を使って、能動的に周囲を巻き込みながら、脱出に成功する。時代に応じた、新たな女主人公の像が描き出されている。

キーワード：誘拐、少女の成長
参考文献：ダイアナ・ウィン・ジョーンズ『アブダラと空飛ぶ絨毯』（「ハウルの動く城」2）西村醇子訳, 徳間書店, 1997年.

リータ・スキーター　Rita Skeeter
名前の意味・神格・属性：名称のリータはイタリア語およびスペイン語のMargaritaの短縮形。J・K・ローリング作「ハリー・ポッター・シリーズ」（1997-2007年）の登場人物。新聞記者。
概要：『日刊予言者新聞』の記者。「自動速記羽根ペンQQQ」であることないこと書きまくる。非公認の「動物もどき（アニメーガス）」で、第四巻でコガネムシに変身して盗聴していたところを、ハーマイオニーに気付かれて捕まった。「売れれば内容は何でもいい」というポリシーのもと、人々の人生を暴露記事によって滅茶苦茶にしてきたという点、そして変身という特技は、神話のいたずら者の神「トリックスター」に通じるものがある。
キーワード：トリックスター
参考文献：寺島久美子『ハリー・ポッター大事典』II, 原書房, 2008年,「スキーター、リータ」.
⇒アマノサグメ

リリー・ポッター　Lily Potter
名前の意味・神格・属性：名称のリリーはユリの花を意味するラテン語lilium が語源。J・K・ローリング作「ハリー・ポッター・シリーズ」（1997-2007年）の登場人物。主人公ハリーの母。
概要：息子ハリーが闇の帝王ヴォルデモートの破壊者となるという予言があったため、ヴォルデモートはハリーの父ジェームズを殺し、次にハリーを殺そうとするが、息子を庇ったリリーが殺された。しかし彼女の愛の力が

ハリーの内に宿り、ヴォルデモートはハリーに向けて放った死の呪文をはね返されて瀕死の状態に陥る。

　ハリーの通う魔法学校ホグワーツの校長ダンブルドアのスパイであるセブルス・スネイプは、学生の頃からリリーに叶わぬ恋心を抱き、その想いのゆえに、リリーの忘れ形見ハリーを、複雑な思いを抱えながらも陰ながら見守った。スネイプの守護霊は雌鹿、リリーと同じである。このことは彼の思いが、時がどれほど経とうとも変わらないことを示している。

　リリーの息子への愛、そしてスネイプのリリーへの愛が、この物語の通奏低音なのである。

　名称の「リリー」はユリ、聖母マリアの表象である。犠牲となって死んで、蘇る主人公ハリーの母の名として、示唆的である。

キーワード：母神、愛
参考文献：寺島久美子『ハリー・ポッター大事典』Ⅱ，原書房，2008 年，「ポッター、リリー」．

メルヘンと児童文学の女神の事典

大澤千恵子

アリス　Alice

名前の意味・神格・属性：イギリスで出版されたルイス・キャロル（1832-98年）のファンタジー児童文学『不思議の国のアリス』（*Alice's Adventures in Wonderland*, 1865）と『鏡の国のアリス』（*Through the Looking-Glass*, 1871）の主人公の少女。オックスフォード大学クライスト・チャーチ学寮長の娘であるロリーナ、アリス、イーディスの三姉妹の次女アリス・リデル（1852-1934年）がモデル。

概要：アリスが川辺に退屈しながら座っていると、そこに服を着た白ウサギが人間の言葉を話しながら通りかかる。驚いたアリスはウサギを追いかけてウサギ穴に落ちる。アリスは体が小さくなったり、大きくなったりするなど不思議な体験をしたり、様々な奇妙な鳥獣たちとおかしなやり取りをしたりする。また、陪審員の動物たちに混じってトランプたちの裁判を見物する。証人として呼ばれたアリスは何も知らないと証言するが、王たちが証拠をこじつけているため、裁判の馬鹿げたやり方を非難し、「あんたたちなんか、ただのトランプのくせに！」と叫ぶ。いっせいに舞い上がるトランプに、驚いて悲鳴をあげた途端目を覚まし、自分が夢を見ていたことに気付く。

　著者ルイス・キャロルがリデル三姉妹を聞き手として、ボート遊びの際に即興で語ったものが原話となっており、奇想天外な筋とノンセンスで児童文学に革命を起こした。教訓なしに、ただ楽しませる目的で書かれた先駆的なファンタジー作品。ウサギ穴を通過することで現実世界から一時離れ、不思議の国での身体的「変化」を経て、最初の場面に戻るという通過儀礼的なパターンを提示しており、子供の変化、成長が語られている。アリスははじめ不条理な世界に翻弄されるが、理不尽なハートの女王がただのトランプに過ぎないことを見抜いて、大人の世界の権威と力の実態を暴き、これに対する抗議の告発をして終わる。さらに『鏡の国のアリス』では、自らが女王になることを予感させる。

　身体的には子供でありながら、大人のような表情を見せる実在のアリスの写真やジョン・テニエルが挿し絵として描いたアリスからもよく伝わるように、キャロルはアリスに妖精ないし少女神のイメージを付与した。これについては、少女を美化し、神格化する当時の一部の風潮の影響を指摘する説もある。大人の女性よりも少女との付き合いを好んだキャロルにとって、12歳の少女というのは、「理想の女性」という鋳型に押し込まれることのない、豊かな可能性を秘めた存在であったのだろう。

　また、アリスに母性の象徴を見ようとする説もある。公爵夫人が放り投げる赤ん坊を守ろうとするなど、作中に垣間見られる母性は、チェシャ猫や飼い猫ダイナなどの猫との関連において象徴される。

キーワード：少女神

参考文献：日本イギリス児童文学会編『英語圏諸国の児童文学Ⅰ──物語ジャンルと歴史』ミネルヴァ書房, 2011年,「ファンタジー」；定松正編『世界少年少女文学ファンタジー編』自由国民社, 2010年,「不思議の国のアリス」；定松正／本多英明編『英米児童文学辞典』研究社, 2001年,「Alice」；ハンフリー・カーペンター／マリ・プリチャード『オックス・フォード世界児童文学百科』神宮輝夫監訳. 原書房, 1999年,「不思議の国のアリス」.

アン・シャーリー　Anne Shirley

名前の意味・神格・属性：カナダのL・M・モンゴメリ（1874-1942年）作『赤毛のアン』（*Anne of Green Gables*, 1908）の主人公。「アン」の名は聖母マリアの母・聖ハンナ（アンナ）の変形。

概要：カナダ、プリンス・エドワード島のアヴォンリー村で農場を営むマシュウとマリラのカスバート老兄妹は、孤児院から手伝いを

してくれる男の子を引き取ろうとするが、手違いでやってきたのは、やせっぽちでそばかすだらけの赤毛の少女アン・シャーリーだった。女の子が苦手なはずの兄マシュウはなぜかその日のうちからアンのおしゃべりに魅せられ、最初は反対していた妹マリラも受け入れる。20世紀初頭のカナダ・プリンス・エドワード島を舞台に、豊かな想像力を持つアンが行く先々で巻き起こす様々な騒動が、四季折々の島の風景の中で描かれる。アンは、その独特な個性を認めるマシュウやマリラ、牧師夫人や教師に温かく見守られながら成長していく。少女小説の代表的存在とされるシリーズの一冊目で、続編が十編あり、母となったアンの娘リラの時代まで続いている。

養い親である初老の独身女性マリラはアンを育てることによって次第に母性を引き出されていく。この意味でアンは母としてのマリラを生み出しているとも言える。

カスバート家の近くのオーチャード・スロープに住むダイアナ・バリーはアンが「腹心の友」と表現する親友で、黒い髪とばら色の頬をしている。ダイアナという名前は、ギリシア神話の女神アルテミス（ディアナ）に由来するが、敬虔なクリスチャンであるマシュウはまるで非キリスト教徒のようで好ましくないと感想を述べている。ディアナは、豊穣の神・安産の神でもあるが、ダイアナも「肘にエクボができる」ふくよかさや可愛らしい服に身を包む女性らしさを持っており、アンとは対照的である。

アンとダイアナは一目あった時から意気投合し、終生の変わらぬ友情を誓い合うが、アンが誤ってダイアナに果実酒を飲ませて酔わせてしまったことでダイアナの母親の怒りを買い、一緒に遊ぶことはもちろん、学校で言葉を交わすことさえ禁止されてしまう。しかし、その窮状は、アン自身に備わっていた他の少女たちとは異なる才覚によって切り開かれる。さながら薬草を駆使する魔女のごとく、劇薬の吐根剤（イピカック）を扱い、咽頭炎に罹って重体に陥っていたダイアナの妹ミニー・メイの命を救う。ダイアナの母親のアンに対する誤解も解けて元通り仲良くする

ことを許される。なお、ミニー・メイのミニーとは学問と工匠を司る古代イタリアの女神「ミネルヴァ」に由来する愛称であり、バリー家の姉妹はギリシア的な女神の名前を付けられている。

アンの名の由来である聖ハンナは、キリスト教上の重要な役割を果たしていると同時に土着的な大地母神と混淆しているものだが、アンも聖書に登場するマタイ（マシュウ）の受難を招くといったキリスト教的なモチーフを持つ。その一方で、魔女の特質を発揮して、ギリシア神話に由来するダイアナを解放し、ミニーを救うといった働きをみせるところに従来の枠組みを超えた新しい女神像を描き出そうとしたモンゴメリの意図を見て取れる。

キーワード：豊穣女神、安産の女神
参考文献：モンゴメリ『完全版　赤毛のアン』山本史郎訳, 原書房, 2000年；モンゴメリ『赤毛のアン』松本侑子訳, 集英社, 1993年；モンゴメリ『赤毛のアン』神山妙子訳, 新学社, 1973年；モンゴメリ『険しい道』山口昌子訳, 篠崎書林, 1979年.
⇒アリアドネ、サロメ、ダナエ、ディアナ、マグダラのマリア

エリーザ　Elisa

名前の意味・神格・属性：デンマークのハンス・クリスチャン・アンデルセン（1805－75年）作『野の白鳥』（1838年）の主人公。ドイツやデンマークの民話、グリム童話KHM49『六羽の白鳥』等の類話の中では固有名はなかったが、アンデルセンが再話する際、主人公の少女にエリーザと名付けた。エリーザの名は「神の栄光」を意味する。

概要：ある王に11人の王子と末の妹エリーザという王女がいたが、邪悪な継母の魔法によって王子たちは白鳥の姿に変えられてしまう。エリーザは、その魔法をとくために棘のあるイラクサでシャツ作りを始める。しかし、完成させて全員に着せるまでは一言も口をきいてはならなかった。森の中にいたエリーザは別の国の王に見初められるが、誤解から魔女として死刑を宣告されてしまう。今まさに火刑に処せられるという時、白鳥たちが飛来

し、エリーザはイラクサで編んだシャツを投げ着せた。末の兄の片袖は未完成であったが、無事元の人間の姿に戻った王子たちによって彼女の無実は証明され、晴れて王と結婚して幸せに暮らす。

　白鳥モチーフの物語は、12世紀初頭に端を発し、ヨーロッパ全土に広がった。「いわれのない中傷からの救済」というゲルマン起源のものと「動物に変えられた男の兄弟を女の兄弟が救出する」というケルト起源の二種があり、いずれもこの物語では踏襲されている。

　アンデルセンはマティアス・ヴィンターの『デンマークの民話』(Danske Folkeeventyr, 1823)「11羽の白鳥」やグリム童話『六羽の白鳥』、ギリシアの伝説を参照して独自のイメージを付け加えて創作した。中でもアンデルセンが「エリーザ」と名付けた末の妹には、従来の物語には見られない個性が与えられている。

　グリム童話では、恐ろしい継母の正体を知った末娘は直接対決を逃れているが、エリーザは継母の邪悪な力をはねのける強い聖性が付与されている。

　美しいエリーザを妬ましく思った邪悪な継母は、三匹のヒキガエルを入れた湯にエリーザを入れて兄達にしたのと同じように呪いをかけようとするが、心の清い彼女には魔法がきかない。また、くるみの汁を塗って醜い姿に変えられても、森の湖の清らかな水で体を洗うことで元の美しい姿に戻るのだ。その名が示す通り、エリーザは「神の栄光」を体現していると言えるが、このような邪悪なものに対抗する生来の聖性は、グリム童話には見られないものである。

　森の中で美しく成長したエリーザはある国の王に見初められ妃となる。グリム版で彼女を陥れようとするのは結婚に不満な王の母親だが、アンデルセン版では大司教がその役割を担っている。彼女を深く愛していた王は、真夜中に墓場のイラクサを摘みに出かけるエリーザを見た大司教から、教会の懺悔室でひどい呪いの言葉と共にそのことを告げられ、ついに疑いの心を抱く。その際、教会の聖人像はエリーザに罪がないことを示そうとするが、大司教は罪のある証拠だと反対の意味に受け止める。大司教よりも、エリーザの方が神の栄光をあらわす者であると言えるだろう。

　最後のイラクサ摘みに出かけたエリーザの後をつけた王は、臣民に判断を委ねることにするが、彼らの判断は「魔女として火刑に処する」というものであった。魔女が焼き殺されるところをひと目見ようと町の門にあつまって来た人々は、今尚最後のシャツを編み続けるエリーザを罵り、邪魔をしようとする。しかし、白鳥が現れて翼をはためかせると、それは天啓であり、女に罪はないことをささやきあうが誰もそれを大きな声ではっきりと言うことはできない。とうとう、兄たちを元の人間の姿に戻したエリーザが、「わたくしに罪はございません」と身の潔白を宣言すると、今度は一斉に恭しく聖女を拝むように彼女に向かって頭を下げる。さらに兄が一連の経緯を話すと、バラの香りが漂い、火刑の薪に根が生え、枝が出て花を咲かせるという奇跡が起こるのは、エリーザの神聖さの証である。

キーワード：白鳥、聖女
参考文献：アンデルセン『完訳　アンデルセン童話集　第1巻』大畑末吉訳, 岩波書店, 1984年；日本アンデルセン協会『アンデルセン研究　第3号』1984年；鈴木徹郎『ハンス・クリスチャン・アンデルセン——その虚像と実像』東京書籍, 1979年.
⇒ウルヴァシー、エーダイン

白雪姫　［英］Snow white　［独］Sneewittchen

名前の意味・神格・属性：ドイツのグリム兄弟がカッセルで、ハッセンプフルーク家の口承より採集した物語の主人公。初版 (KHM53) は1812年。雪の降る日、王妃は窓辺で針仕事をしていて、指を刺し、血が雪の上に落ちた。それがとても美しかったので、王妃はこの雪のように (肌の) 白く、血のように (唇の) 赤く、黒檀の窓枠のように (髪の) 黒い子供がいたらと考えた。まもなく王

白雪姫

妃にその通りの女の子が生まれたため、「白雪姫」と名付けられた。このような極端な色彩の表現はアイルランドの神話に登場するデルドレ[†]が述べた理想の男性の容姿とほぼ同じものである。

概要： 白雪姫の誕生後、王妃は亡くなり、王は美しいが気位の高い傲慢な後妻を迎えた。彼女は不思議な鏡を持っており、その鏡に国一番の美人は誰かと問うと、鏡はいつも「お妃様」と答えていた。白雪姫が七歳になった時、鏡が「白雪姫はお妃より千倍も美しい」と答えたため、嫉妬に狂った妃は、姫を森の中で殺して内臓を持ってくるよう狩人に命じた。狩人は白雪姫を可哀想に思い、森の中に逃がして代わりに動物の内臓を妃に差し出した。森の中をさまよった白雪姫は、鉱物探しの仕事をする七人の小人の家にたどり着き、家事をすることを条件に匿ってもらう。

一方、妃は鏡の応答から白雪姫がまだ生きていることを知り、小間物商人に変装して姫に近付いた。紐や櫛で命をねらうが、その都度小人たちの機転によって白雪姫は事なきを得る。しかし、とうとう三度目に毒リンゴによって殺害されてしまったために、小人たちはガラスの柩を作って姫を入れた。

あるとき、森に迷い込んだ若い王子がその柩の中の白雪姫を見て気に入り、小人に柩を譲ってもらい帰る途中、柩を担いでいた家来がつまずいた拍子にリンゴが白雪姫の口から飛び出したことで蘇生した。帰国した王子と白雪姫の婚礼に招かれた妃は、罰として火で焼かれた鉄の上靴を履いて死ぬまで踊り続けさせられた。

グリム兄弟は聞き取った原話に改変を行い、初版以前のエーレンベルク稿から決定稿の第7版（1857年）まで約半世紀の間改訂を続けた。その間物語は、重要なディテールが大きく変わっている。例えば、白雪姫の殺害を企てたのは継母として知られるが、エーレンベルク稿と初版では、どちらも実母であった。エーレンベルク稿では、母親は白雪姫を棄てようとするだけだが、初版では殺害を企て、内臓を食べようとする。

キリスト教以前の社会では、動物を屠畜し、食べることは神聖な意味を持っていた。太古の時代の儀礼としての親殺し・子殺しのイメージの中に白雪姫物語の祖型を見ることができる。そうした儀礼的風習はスラヴやゲルマン諸族の俗信の中に見られるが、やがてキリスト教によって魔女の夜宴（サバト）として攻撃されるようになった。

白雪姫の殺害を企てただけでなく、その肉を食べようとしたことは継母が魔女と考えられていたことを物語っている。魔女狩りが盛んであった時代のヨーロッパでは、魔女は人肉嗜食をすると信じられており、グリム兄弟は、はっきりと魔女（Hexe）の語を用いてはいないが、不思議な鏡を操る母（継母）は、魔女であると言える。版を重ねるごとに継母の魔女化は進行し、「女王＝継母＝悪の権化＝魔女」のイメージと対照的な「白雪姫＝純血＝正義の女神＝聖なる乙女」のイメージが付与された。魔女が、厳しい火刑に処されるのは、正義による悪の駆逐、勝利を意味した。そこにキリスト教による非キリスト教的なものの悪魔化を見ることができる。

物語の中で重要な役割を果たす「魔法の鏡」や「小人たち」は、キリスト教以前からあったと思われる神話的なモチーフである。

魔女は鏡を通して未来を透視する力を持つとされ、鏡は何でも知っており、答えることができる悪魔の誘惑の道具であった。物語の中でも、国中で誰が一番美しいかはもちろん、妃が死んだと思っていた白雪姫が実はまだ生きており、森の奥深くで小人たちと共に暮らしていること、王子と結婚して若い女王になったことも知っていた。スコットランドやグリムの別の類話には、鏡の代わりに犬や鱒が答えるものもあるが、やはり魔法の鏡は摩訶不思議なメルヘンの世界へと読者を引き込み、『白雪姫』の物語をより一層魅力的なものにしていると言える。また、七人の小人たち Zverg（ツヴェルク）は、北欧神話における闇の妖精ドヴェルグ（dvergr）に由来する。英語圏ではドワーフ（dwarf）となる。

白雪姫の、白は清らかさを、赤は人間的な温かさを、黒は大地や自然への忠誠を表しているというように太古の、土着的な宗教との

関連を指摘する説もある。しかし、白雪姫の姿には、むしろ近代的なプロテスタンティズムの影響が大きい。グリム兄弟は、キリスト教プロテスタント改革派の敬虔な信徒であった。第2版（1819年）以降メルヒェンは宗教的価値理念を基盤とした教育書として意図されるようになり、版を重ねる毎にその傾向が強まった。白雪姫も例外ではなく、性別役割分業として家庭を切り盛りする良妻賢母像が認められる。シンデレラではいじめの象徴であった家事労働は、小人たちの家においてもらう条件であり、これまでのプリンセス像とは一線を画すキリスト教的市民階級のイメージとなっている。

　改革派と同じカルヴァン派の流れを汲むピューリタンであったウォルト・ディズニー（1901-66年）は、グリム兄弟と同じ意図を持って最初のアニメーション映画『白雪姫』（1937年）を製作し、その理想的女性像をさらに強化した。ディズニー版では、汚れていて散らかり放題の小人たちの家を、白雪姫が自ら進んで歌を歌いながら楽しく掃除したり、おいしいスープを飲んだ小人たちの方からぜひ自分たちのところにいてほしいと頼んだりするという原作とは反対の状況設定となった。ここには1930年代のアメリカ合衆国での家庭の中を清潔で見栄えよくし、楽しく家事をして家族の帰りを待つ専業主婦の姿を見ることができる。白雪姫の物語には、時代や地域ごとの社会生活・人々の心性が刻印されている。

キーワード：正義、聖少女
参考文献：石塚正英『白雪姫とフェティッシュ信仰』理想社，1995年；小澤俊夫・寺岡壽子・原研二／堅田剛／谷口幸男『ドイツ・ロマン派全集　第15巻　グリム兄弟』国書刊行会，1989年；鈴木晶『グリム童話――メルヘンの深層』講談社現代新書，1991年，「第5章 グリム童話の面白さ」；高橋義人『グリム童話の世界――ヨーロッパ文化の深層へ』（第5章「白雪姫」の魔法の鏡の謎）岩波新書，2006年。

シンデレラ　［仏］Cendrillon　［英］

Cinderella　［独］Aschenputtel
名前の意味・神格・属性：フランス語のサンドリヨンCendrillonは、灰(cendre)に縮小辞illonがついたもので、「灰っ子ちゃん」の意味合い。暖炉の隅の灰の上に座っていて灰まみれであったため付けられた、正式名称不明の主人公のあだ名。ドイツ語ではアッシェンプッテルAschenputtelで、「灰かぶり」あるいは「灰まみれ」と訳される。シンデレラは、18世紀のイギリスで英訳されて定着した名前。シンデレラ型の物語は世界各地に分布しているが、フランスのシャルル・ペロー（1628-1703年）が再話した、妖精やガラスの靴が登場する『サンドリヨン、または小さなガラスの靴』（*Cendrillon, ou la petite pantoufle verre*, 1697）が最もよく知られている。

概要：ペロー版によると、むかし、ある貴族が高慢な女と再婚した。女には母親そっくりの二人の娘がおり、貴族にも美しく気立てのいい娘がいた。継母たちはこの娘をサンドリヨンと呼んで、家でも一番みじめな仕事を押し付け、ひどい服を着せていた。ある時、王子の催す舞踏会に身分の高い人たちは皆招かれ、二人の姉も出かけて行った。一人残されたサンドリヨンが泣いていると、名付け親の妖精が現れて魔法でカボチャを馬車に、ボロボロの着物を美しいドレスに変え、世界一美しいガラスの靴を贈る。魔法は十二時を過ぎると効力がなくなるので、必ずそれまでに戻るように告げる。王子はサンドリヨンの美しさにすっかり魅了されるが、サンドリヨンは十二時の鐘が打ち始めると慌てて帰り、ガラスの靴を片方落としてしまう。王子はその靴に合う娘と結婚するとお触れを出した。

　サンドリヨンの家にも靴が持ってこられ、姉たちが失敗した後でサンドリヨンが試すと足にぴったりと合った。サンドリヨンは王子と結婚したが、これまでの意地悪を謝罪した姉たちも許される。

　古今東西に類話を見ることができるが、迫害されている主人公の美徳や援助者には各時代や地域の特性が表れている。

　今日よく知られているのは、17世紀フランスのペロー版「サンドリヨンまたは小さな

ガラスの靴」と19世紀ドイツのグリム版「灰かぶり」(Aschenputtel)だが、発見された最古の文献は、9世紀の中国の「葉限」の物語である。陶芸が得意で利口者の葉限であったが、ある日大事に育てていた魚を意地悪な継母に食べられてしまう。その魚の骨の超自然的な力によって願い事が叶えられ、王の妻となる。青色の晴れ着を身に着け、金の靴を履いた葉限は、女神のように美しかったとされている。

ペロー版にも当時のフランスにおける美徳や土着的な信仰が色濃く表れている。主人公は、美しさと優しさに加え、「気品」(la bonne grace)があり、ファッションセンスにも秀でていたが、援助者も運命の女神の要素を持っている。フランスはヨーロッパの中でも土着的な妖精信仰が盛んであったが、助けてくれる名付け親の妖精(fée)は、その語源が示す通りの運命(fate)そのもの、運命の女神である。したがって、サンドリヨンが王子と結婚するという結末は持って生まれた運命であったことになり、そこには古来の運命観が息づいており、王位を神より授かったものとして身分制度を肯定する当時の価値理念を見ることができる。

ドイツのグリム版で、主人公を助けるのは、鳥と小さな木である。それらは亡き生みの母親の化身のような役割を果たしている。意地悪な継母たちに難題を出され、窮地に陥ると鳩がやってきて助けてくれたり、木を揺すると舞踏会に必要なドレスや靴が落ちてきたりする。妖精の魔法ではなく亡き母親の愛が娘の幸せに貢献している。また、シンデレラ型の類話の中でも、姉たちも美しいグリム版は、主人公の美しさに重きをおいていない点に特徴がある。美しさよりも信心深く善良であることこそが神の救済を得て幸せになるための美徳なのである。

これらは、キリスト教プロテスタントの価値理念としての女性の理想像や予定説に基づくものである。したがって、グリム版では意地悪をした姉たちの処遇として鳩たちに目をつつきだされるという厳罰を受けている。すなわち、主人公はカルヴァン主義的な「選ばれし者」、姉たちは「呪われし者」として神の徳に対する贖いと罪に対する罰とがより鮮明に対比されている。

ウォルト・ディズニー製作のアニメーション映画『シンデレラ』(1949年)は、ガラスの靴やカボチャの馬車といったモチーフからもわかるようにペロー版を原作としている。しかし継母や姉たちはよりひどい仕打ちをシンデレラにする悪役として描かれ、グリム版のような厳罰は描かれてはいないものの、最後までその敵対関係は変わらない。

また、大衆の人気を得たアメリカ版のシンデレラは、作家のコレット・ダウリングによって提唱された「シンデレラ・コンプレックス」の概念にも用いられた。自分からは何もせずにただ王子様を待っているシンデレラの姿は、女性の幸せは男性によって決まると考え、自立しようとしない女性の依存願望と重ね合わせられて批判の対象となり、洋の東西を問わない普遍的な現象として認知されてきた。

キーワード：継母・継子、妖精、魔法、靴
参考文献：アラン・ダンダス編，池上嘉彦，山崎和恕『シンデレラ 9世紀の中国から現代のディズニーまで』三宮郁子訳，紀伊國屋書店，1991年；片木智年『ペロー童話のヒロインたち』せりか書房，1996年、「サンドリヨン，もしくは小さなガラスの靴」；ハンフリー・カーペンター，マリ・プリチャード『オックスフォード世界児童文学百科』神宮輝夫監訳，原書房，1999年、「シンデレラ」；松村一男他編著『神の文化史事典』白水社，2013年、「シンデレラ」。

ナウシカ　Nausicaä

名前の意味・神格・属性：宮崎駿の映画および漫画『風の谷のナウシカ』の主人公。宮崎は、この名前について、『ギリシア神話小事典』(エヴスリン、小林稔訳、社会思想社、1979)に掲載されたナウシカの物語からとったことを表明している。ナウシカアーは、ギリシアの叙事詩『オデュッセイア』に登場するスケリア島の王女。

概要：風の谷の城に飾られているタピスト

リーには「その者　青き衣をまといて　金色の野におりたつべし　失われし大地との絆を結び付いに人々を　青き清浄の地に導かん」という古の言い伝えが図像化されており、救世主の到来が描かれている。ナウシカは、王蟲の群れの暴走を止め、その怒りを鎮めるために自ら身を投げ出したことで、その予言を実現させる。怒り狂った王蟲の群れの中に身を投げ出す勇敢さと自己犠牲の精神に加え、その死と復活によって、より一層の神聖さを帯び、救世主として顕現したといえよう。

王蟲たちの無数の金色の触手によって体を持ち上げられ蘇生し、王蟲の血で青く染まった服を着てバランスをとりながら歩く彼女は、あたかも金色の野原に降り立ったかのようであった。

慈愛に満ちた美しい姫君として風の谷の人々から慕われるナウシカは、動物や虫のように言葉を持たない異類とも意思疎通できる不思議な力を持っている。風を読み、メーヴェという飛行用具を使って空を飛ぶこともできるし、城の地下で腐海の植物を育てるだけの科学的知識もある。このような特質は、独りで森に住み、怪しげな薬を調合し、箒にまたがって空中浮遊する魔女のイメージとも共通している。

ナウシカが幼い頃の自分を回想する場面でも、彼女の魔女的な性質が示されている。王蟲の幼虫を隠していたナウシカは、大人たちによって大木の根元に追い詰められる。大人たちの無数の手と言葉が幼いナウシカに迫り、彼女から王蟲を取り上げる。蟲と人間は同じ世界には住めないと彼らは論じ、ナウシカのことを「やはり、蟲に取り憑かれていたか」と懸念する。「取り憑かれる」とは、悪魔や悪霊などに対して用いられる言葉だが、要するに人間に害を及ぼすものと通じていることを表す。キリスト教徒たちがキリスト教以前の宗教における人間の力の及ばないものに対して有害であると烙印を押し、排斥したのと同様である。

風の谷の族長であるジルは腐海の毒に侵されて病床にあり、父の代理で国を治める16歳の娘ナウシカは、テクノロジーと自然と人間のすべてを包み込む太母の側面を併せ持つ。毒気を発する「腐海」の浄化作用に気付き、人間の文明とは相容れない大地の精霊ともいえる「王蟲」と心を通じさせてその暴走を止める。映画の原作となっている漫画では、1000年前に産業文明を崩壊させた「火の七日間」で世界を焼き払ったと言われる「巨神兵」のような大量破壊兵器でさえも、正常起動させてオーマと名付けてもおり、その際、巨神兵は彼女を母親と認識していることは注目に値する。

宮崎は、少年を中心とした冒険物語の慣例と期待を裏切るために、少女や女性を戦闘の場に積極的に用いている。本作品においてもナウシカは少女戦士でもあるし、ほかにクシャナという女性戦士も登場する。映画『もののけ姫』（1997年）のサンやエボシ御前といった人物像にも当てはめられる。

武器を手にしたり、戦闘に闊歩して赴いたりする女性の姿を意図的に描いた宮崎は、戦争のテクノロジーに関する人間の知覚や関係性の転換をはかろうと試みたのだという。すなわち、銃や道具やエンジンといった、男性的なものとしてコード化されたテクノロジーを用いる役割を女性に担わせることで、女性像の慣例的なイメージを瓦解し、機械的なもの、産業的なものとしてのテクノロジーそのものへの問いにも目を向けさせることに成功している。

キーワード：少女神、戦闘女神、母神、魔女、聖少女

参考文献：宮崎駿，スタジオジブリ編『出発点——1979〜1996』徳間書店，1996年；トーマス・ラマール『アニメ・マシーン』藤木秀朗監訳，大崎晴美訳，名古屋大学出版会，2013年；ジブリ・ロマンアルバム『風の谷のナウシカ』徳間書店，2003年.

⇒イシュタル、ドゥルガー

人魚姫　［デンマーク語］Den Lille Havfrue　［英］The Little Mermaid
名前の意味・神格・属性：女性の人魚（デンマーク語で hav 海 +frue 女）、ハンス・クリスチャン・アンデルセン『小さい人魚姫』（1837年）

の主人公。

概要：深い海の底に住む人魚一族の王の幼い末の姫は、嵐の海で遭難した若い王子を助けて、以来彼を愛するようになる。海の魔女に頼んで声とひきかえに人間の足をもらい、王子のそばで幸せなひとときを過ごすが、結局王子は隣国の王女と結婚することになる。別の女性と結婚する王子を殺さなければ、翌朝には海の泡になる人魚姫だったが、自己犠牲を選択する。しかし、人魚姫は死んだのではなく、空気の娘に転生しており、良いことをすれば300年の後には人間と同じ不死の魂が得られることを知る。

アンデルセンのオリジナルの作品であるが、水の精霊の伝承や物語から素材を借りてきている。地上の人間の世界と海の底の人魚の世界は相容れない世界であり、15歳の誕生日を迎えるまでは地上の世界を直接見ることができない。この決まりは通過儀礼的な要素も持っている。人魚姫は、王子を助けて以降、すっかり心を奪われて、海の底の人魚の世界とは異なる人間の世界への憧れを募らせていく。

物語の中では、人魚と人間の最も大きな違いは足の有無ではなく、限りある肉体とは異なる不死の魂を持つか否かであると語られる。人魚は300年という寿命を持つものの、死んだら水の泡となってお墓に眠ることもないが、人間は不死の魂を持ち、体は土にかえっても、魂は未知の美しい天の世界まで昇っていく。もし人間の愛を得ることができるならば人魚も人間の持つ不死の魂を得ることができるというが、人間は必ず裏切り、愛は破綻するというのが慣例であった。

王子との愛を成就できず翌朝海の泡になる人魚姫は姉たちから魔法のナイフを渡される。そのナイフで王子の胸を一突きし、その返り血を浴びれば元の人魚の姿に戻れるという。人魚姫は、一旦は試みようとするものの愛する王子の命を奪うことはできず、自らの身を海に投げ出し、体が溶けていくのを感じる。ところが、朝日の中で自分は死んでおらず、透き通った空気の精になって浮かんでいることに気がつく。空気の精は人間の目には見えないし、声も聞こえないが、300年の間良いことをすると人間のような不死の魂を得ることができると告げられる。

これまで伝承の中で語られた水の精霊たちは、人間への愛と永遠の魂を求めようとしながらも、自分を裏切った相手に報復としての死を与え元の姿に戻っていった。ところが、アンデルセンの人魚はそうした自らの本性を超克し、王子への愛を優先し自己を犠牲にしたことで、人間の愛という不確かなものによらずに不死の魂を手に入れる可能性を得た。そこには人間以外の異類も救済されるとするアンデルセン独特の宗教観を見ることができる。

さらに、アンデルセンのファンタジーは物語の外側にいる子供たちにも開かれている。かわいそうな人魚姫の物語に小さな胸を痛めている子供たちも救済の手助けができるという。子供たちに空気の精となった人魚姫が笑顔を見せると300年のうち一年が減らされるとして、物語中の人魚姫と読者である子供たちの現実とが有機的なつながりを持つことが示されているのだ。つまり、読者は現実の私たちの日々の生活もまた空気の精となった人魚姫に見守られていると感じることが可能となり、慈愛に満ちた女神に転生していると言える。

キーワード：人魚、愛の犠牲
参考文献：ヴィック・ド・ドンデ『人魚伝説』荒俣宏訳，創元社，1993年；松浦暢『水の妖精の系譜——文学と絵画をめぐる異界の文化史』研究社，1995年；キャサリン・ブリッグズ『妖精の時代』石井美樹子・海老塚レイ子訳，筑摩書房，2002年；A・S・マーカンタンテ『空想動物園』中村保男訳，文化放送出版，1977年；アンデルセン『完訳　アンデルセン童話集　第7巻』大畑末吉訳，岩波書店，1984年．

眠れる森の美女　［仏］La Belle au bois dormant［英］Sleeping Beauty
名前の意味・神格・属性：フランスのシャルル・ペロー（1628-1703年）が再話した昔話の主人公。原語のフランス語 La Belle au bois

dormantの直訳は「眠っている森の美女」。形容詞転移の代換法で「眠っている」は「美女」にかかる。同じ物語のドイツのグリム童話「Dornröschen」は、「いばら姫」と訳されることが多い。

概要：子供ができないことを悩んでいた王とお妃のもとにやっと一人の王女が生まれ、盛大な洗礼式が行われた。国中から招待された七人の妖精たちは、お祝いに「美しさ」「優しさ」「優雅さ」などを贈るが、招待されなかったことに腹を立てていた年老いた妖精は、「王女は紡錘で怪我をしてそのために命をおとす」と予言した。まだ贈り物をしていなかった若い妖精は、その予言を修正し、死ぬのではなく百年間の眠りに変えると共に、一人の王子によって目を覚ますとした。

物語の主題である「百年の眠り」は、予言によってもたらされる運命的な要素を持つと共に、眠りという一時的な仮の死からの目覚めは死と再生を意味する。ヨーロッパの民話中に類話は少なく、文芸の伝統の影響を受けて、ペローが再話した物語である。ペローは著者不詳のフランス中世文学『ペルセフォレ物語』*Percéforest* の挿話「トロイリュスとゼランディーヌの物語」"*Histoire de Troïlus et de Zellandine,*" (Book III, chapter lii) や 17 世紀前半にナポリで出版されたバジーレの『五日物語（ペンタメローネ）』中の「太陽、月、ターリア」から着想を得ている。

フランスでは、生得的な資質を妖精たちの贈り物とする民俗信仰があり、北西部のブルターニュ地方では、出産の際に妖精のための食卓を別室に用意する風習も残っているが、妖精の贈り物というような土着的な信仰の残滓は、先行の文芸的伝統の中にはみられない。したがってペローは文芸的伝統と土着的な妖精信仰を融合させて物語を再話したと言えるが、物語に登場する妖精のこうした特質は運命の女神から受け継いだものだ。フランス語の妖精フェ（fée）とラテン語のファータ（fata）に遡ることができる。

メソポタミアのギルガメシュ叙事詩にも「運命を生み出す者」として冥界の女神マミトゥムが登場しているし、エジプト神話の女神ハトホル[†]たちは新生児の運命を定める託宣を行っている。

ギリシア神話では三人の運命の女神モイライ[†]がそれぞれ運命の糸を紡ぎ（クロト）、分け与え（ラケシス）、断ち切る（アトロポス）とされる。出生時に死ぬ日について予言するとされた彼女たちの役割をこの物語に登場する妖精たちは与えられているのだ。

グリム童話の『いばら姫』は、『眠れる森の美女』とほぼ同じで、「百年の眠り」というモチーフは引き継がれている。しかし、第 2 版からはフランスの影響を受けた超自然的な存在である妖精ではなく賢い女 weise Frau となっている。賢い女とは、巫女あるいは不思議な力を操る女とされ、彼女たちの知恵は人間の運命の絡み合いを探り、困難な状況において忠告を与えたり、また誕生の際に予言や天分を与えたりする。ヨーロッパでも、妖精の話はケルトとフランスに多く分布していて、ドイツ起源のものはほとんどみられない。妖精は、人間の対応次第で幸も不幸ももたらす両義的な存在であり、ペロー版ではうっかり招待し忘れたため怒りを買って死の予言がなされたが、グリム版では、皿が足りないという理由から意図的に十三人のうちの一人だけ招待されないのである。招待されなかった女には数字の不祥と共に魔女的な特質が付与されて、その傾向は強まっている。

バレエ『眠れる森の美女』のカラボスや、アメリカのディズニー映画『眠れる森の美女』（1959 年）のマレフィセントは完全に招かれざる客の黒い魔女であり、他の妖精との異質性は明らかである。その後も姫の許嫁である王子と対立し、悪の象徴として強い存在感を放っている。王子は百年の眠りを経ることなく自らの剣でイバラを切り開き、マレフィセントを打ち破ることで晴れて王女と結ばれる。このように 20 世紀半ばには、男女の愛を阻む悪の権化として描かれたマレフィセントであったが、2014 年には彼女が主人公の映画が同じディズニー配給で製作され、その内なる母性は男女の愛を超える真実の愛として描かれ好評を博した。

キーワード：眠り、妖精、魔女

参考文献：ペロー『完訳ペロー童話集』新倉明子訳，岩波書店，1982年；グリム兄弟『完訳グリム童話Ⅰ』小沢俊夫訳，ぎょうせい，1985年；奈倉洋子『グリムにおける魔女とユダヤ人——メルヒェン・伝説・神話』鳥影社，2008年；片木智年『ペロー童話のヒロイン』せりか書房，1996年，「眠れる森の美女」．
⇒雪の女王

雪の女王 ［デンマーク語］Sneedronningen ［英語］The Snow Queen
名前の意味・神格・属性：雪（Snee）＋女王（dronnig）＋定冠詞（en）。デンマークのハンス・クリスチャン・アンデルセン（1805-75年）の創作童話『雪の女王』（*The Snow Queen*, 1846）の登場人物。デンマークの土着的な信仰に由来する「氷娘」にアンデルセンが詩的なイメージを付け加えた。
概要：いいものや美しいものは見えなくなり、醜いものはより一層ひどく映る悪魔の鏡の破片が、少年カイの目と胸に入ってしまう。そのためカイは人が変わったように、周りの人や幼馴染みの少女ゲルダにもひどいことをするようになる。まもなく氷のように美しいが残酷な雪の女王に連れ去られる。ゲルダは彼を探しに出かけ、数々の不思議な冒険の旅をして、ようやく見つけ出し、涙でカイの心の鏡のかけらを溶かす。本来の心を取り戻したカイと連れ立って住んでいた町に戻るが、いつのまにか二人は大人になっていた。

ラップランドのさらに北に雪の女王の宮殿はある。すらりと背の高い輝くばかりの女性で、大きな真っ白のソリに乗り、粗い白い毛皮にくるまって、白い粗い帽子をかぶっていたが、それらは雪でできている。城の壁は降りしきる雪で、窓や戸は身を切るような風でできており、大広間も吹き寄せられた雪でできていた。見渡す限り一面の氷が寒々と光っており、喜びというものがなかった。

女王は一人でソリ遊びしていた少年カイを、その城に連れ去った。彼女のキスは氷よりも冷たく心臓に直にしみわたるもので、凍死あるいは水死を暗示する。カイは今にも死にそうな気がしたものの、すぐに気持ちが良くなり寒さも感じなくなるが、もう一度キスをされたら死んでしまうところであった。

雪の女王のイメージは、アンデルセンが子供の頃、父親から聞いた民間伝承に基づいている。父親は、凍りついた窓を指さして、窓の氷の模様が、まるで氷娘が両手を広げているようだと語り、「氷娘は私のことが欲しいのだ」とふざけて語ったという。その父親が若くして亡くなった際に、母親も「氷娘に連れ去られてしまった」と嘆いていたことを後年述懐している。このように、「氷娘」は、父の死を知らせる凶兆を人格化したものだが、雪の女王もその延長線上にあると言える。父母の口から語られた民間伝承からインスピレーションを得て、アンデルセンはオリジナルの長編童話『雪の女王』を創作した。また、人間の男性を死の世界へと誘う雪と氷の精霊という同様のモチーフは、滞在していたスイスを舞台とした『氷姫』（*Iisjomfruen*）でも描かれている。

アンデルセンの『雪の女王』を原作にしたディズニー長編アニメーション映画『アナと雪の女王』（原題*Frozen*, 2013）は、その主題歌と共に空前の世界的な大ヒットとなった。1939年、ウォルト・ディズニーは『雪の女王』の映画化の構想を練っていたが叶わず、約70年の時を経てその遺志を継ぐ者たちによって登場人物もプロットも現代的に脚色され実現した形だ。だが、物語を貫く「愛は弱さに打ち勝つ」というテーマは共通しており、製作者らによれば現代の弱さとは「恐れ」であるという。姉のエルサは自らの本性としての超自然的な力の現出を恐れていた。ゲルダのカイを思う熱い涙が悪魔の鏡のかけらを溶かしたように、互いを思うエルサとアナの姉妹の強い愛と絆が冷たい氷のかけらを溶かしたのだ。

従来のおとぎ話を原作としたディズニー映画は善と悪の対立、男女の愛が強調されていたが、本作にはどちらもみられないのが大きな特色で、善悪を超えた本性の現出と男女の愛を超えた真実の愛のありようが多くの現代人の心を捉えたと考えられる。

キーワード：雪、死、氷

参考文献：鈴木徹郎『ハンス・クリスチャン・アンデルセン——その虚像と実像』東京書籍，1979年；アンデルセン『アンデルセン自伝　わが生涯の物語』大畑末吉訳，岩波書店，1981年；アンデルセン『完訳　アンデルセン童話集　第2巻』大畑末吉訳，岩波書店，1984年；アンデルセン『アンデルセン自伝』鈴木徹郎訳，潮文庫，1972年．

概説

オペラの女神

沖田瑞穂

概説

　神話を題材としたオペラは数多くある。しかし本事典では、そのような作品に登場する女神や女性はあえて取り上げなかった。オペラの女性における神性について重要なことは、一見死すべき人間の身であるが、オペラの中で、新たな意味で女神の地位を獲得するに至ったということである。これにはいくつかの系統がある。

1 「運命の女」の系統
　その美貌によって男たちの運命を狂わせる。豊穣の女神の系譜に連なる。⇒カルメン、マノン

2 「愛の犠牲」
　女性の死によって男性の罪が浄められるというテーマ。女性の聖性が極度に称揚されている。⇒エリーザベト、ブリュンヒルデ

3 「愛の死」
　「愛の死」とは、真実の愛は地上においては完成されることはない、死によってはじめて完成される、という考え。ワーグナーが特に好んで用いたテーマである。オペラにおいて新たに息を吹き込まれた神話と言える。そこでは、愛と死の関係が古代神話とは大きく異なる。神話における死と愛・生殖の関係は、バナナ型と呼ばれる神話によって説明される。昔、石とバナナが口論をし、バナナが勝ったので人間はバナナのような生を定められた。つまりバナナのように子を生み、バナナのように死ななければならない。もし石が勝っていたら、人間は石のように不死になれたのに（インドネシアの神話）。これを図式化すると、以下のようになる。

〈石の生・非現実の生〉不死、個として存続、愛の不在、子孫の否定
↕
〈人間の生・現実の生〉可死、種として存続、子孫を残すための愛

　他方、オペラにおける愛と死の関係は、古代神話とは大きな転換を見せる。

〈非現実の生〉真実の愛、愛の死、子孫の否定
⇒アイーダ、イゾルデ、ブリュンヒルデ、トスカ、ヴィオレッタ
↕
〈現実の生〉現実の愛、愛なき死、子孫の獲得、主君／家族への忠義・忠誠　⇒蝶々夫人

　オペラにおいて、昇華された愛は「愛の死」を迎えることによって、矛盾するようであるが、「不死」の神話的領域に属するものとなったのだ。

【参考文献と略称】
『ＤＶＤ＆ＢＯＯＫ　魅惑のオペラ』全20巻，小学館，2006-2008年
　⇒『魅惑のオペラ』
『ＤＶＤ＆ＢＯＯＫ　魅惑のオペラ　特別版』
《ニーベルングの指環》全4巻，2008年
　⇒『魅惑のオペラ特別編』
『スタンダード・オペラ鑑賞ブック　ドイツ・オペラ』上，音楽之友社，1998年
　⇒『オペラ鑑賞ブック　ドイツ』上

『スタンダード・オペラ鑑賞ブック　ドイツ・オペラ』（下）音楽之友社，1998 年
　⇒『オペラ鑑賞ブック　ドイツ』下
『スタンダード・オペラ鑑賞ブック　イタリア・オペラ』上，音楽之友社，1998 年
　⇒『オペラ鑑賞ブック　イタリア』上
『スタンダード・オペラ鑑賞ブック　イタリア・オペラ』下，音楽之友社，1998 年
　⇒『オペラ鑑賞ブック　イタリア』下
西原稔『世界史でたどる名作オペラ』東京堂出版，2013 年
堀内修『ワーグナーのすべて』平凡社新書，2013 年
石川栄作『トリスタン伝説とワーグナー』平凡社新書，2013 年

オペラの女神の事典

アイーダ　Aida
名前の意味・神格・属性：語義未詳。ヴェルディのオペラ「アイーダ」（初演1871年）の女主人公。エチオピアの王女だが、エジプトの奴隷となって王女アムネリスに仕えている。
概要：エジプト軍の総大将ラダメスと恋仲であるが、ラダメスは王の命令でアムネリスと結婚することになる。アイーダはラダメスに密かに会い、真意を問いただそうとするが、その機会を狙っていた父であるエチオピア王アモナズロの命令で、ラダメスから軍事機密を聞き出す。これが露見してラダメスは生き埋めの刑となる。彼は地下の墓室に閉じ込められるが、そこにはアイーダがいた。ラダメスの刑を予見して先に墓室に入って待っていたのだ。アイーダは死後の愛の成就を歌いあげ、恋人の腕の中で息を引き取る。

　アイーダの死の背後には、死によって真実の愛が成就するとする「愛の死」のテーマが見られる。アイーダが最期の時に歌う歌詞に、「天国において不滅の愛の法悦が始まる」とあることからも、このテーマが読み取れる。「愛の死」は、ドイツでワーグナーが好んで用いた、新たな「神話」である。ワーグナーが楽劇「トリスタンとイゾルデ」を初演し、その中でイゾルデが「愛の死」を歌い上げて死んだのは1865年、その6年後にイタリア人のヴェルディが「アイーダ」を初演している。これはおそらく偶然ではない。この時代に、人々が「愛の死」という新たな神話テーマを求めたのであろう。

　子孫の獲得と引き換えに成就される「愛の死」、現実世界では叶わぬ真実の愛は、愛の価値観——結婚して子供を産む——を根底から変え、神話の領域に属するものとなった。これは同時に、忠義、忠誠の否定としても描かれている。アイーダは父を捨て、ラダメスは罪に対する一切の弁明を拒み死刑を受け入れることで、主君への忠義を捨てた。
キーワード：王女、愛の死
参考文献：『オペラ鑑賞ブック　イタリア』下，191-212頁；『魅惑のオペラ』第6巻「アイーダ」．
⇒イゾルデ

イゾルデ　Isolde
名前の意味・神格・属性：名称の意味はケルトの項目イズー[†]を参照。ワーグナーの楽劇「トリスタンとイゾルデ」（初演1865年）の女主人公。アイルランドの王女。騎士トリスタンへの恋心を秘めながら、マルケ王に嫁ぐ。
概要：イゾルデはトリスタンに連れられてマルケ王に嫁ぐため船でコンウォールに向かう。船の中で二人は毒入りの盃を飲むはずが、誤って愛の薬を飲んでしまう。二人の間に狂おしい愛が目覚める。イゾルデはマルケ王の妃となるが、トリスタンと密会を続けている。それはマルケ王の知るところとなり、密告者メロートがトリスタンに切り付け深手を負わせる。トリスタンは瀕死の状態で自分の領地で目覚める。そこに待ち焦がれたイゾルデがやって来るが、トリスタンは力尽き命果てる。イゾルデは死後の愛の成就を高らかに歌い上げ、後を追う。

　「愛の死」のモチーフが最も純化された形で表れるのがイゾルデの死である。彼女の死によって二人の愛は完成される。だからイゾルデは喜びにあふれて死に赴く。彼女の死の喜びは歌詞の中で、「宇宙の中に溺れ、沈み、我を忘れる、こよない悦び」と表現される。イゾルデとトリスタンの愛は、個人の愛を超越する。イゾルデは最後に、「大宇宙へと溶け込む」と歌う。これは、インド哲学において個人の魂アートマンが宇宙の最高原理ブラフマンと合流することを目指すことに通じる。ただしその手段は苦行や瞑想ではなく、愛である。ワーグナーが生み出した新たな神話、その女神がイゾルデである。
キーワード：愛の死
参考文献：『オペラ鑑賞ブック　ドイツ』下，79-108頁；『オペラ対訳ライブラリー　ワーグナー　トリスタンとイゾルデ』高辻知義訳．

音楽之友社，2000年；石川栄作『トリスタン伝説とワーグナー』平凡社新書，2013年．
⇒ブリュンヒルデ

ヴィオレッタ・ヴァレリー　Violetta Valérie

名前の意味・神格・属性：語源はイタリア語のヴィオラ（Viòla）「すみれ」。etta は指小辞。ヴェルディのオペラ「椿姫」（「ラ・トラヴィアータ」（「道を踏み外した女」））（初演1853年）の女主人公。パリの高級娼婦。

概要：パリの自宅で開かれたサロンで出会った若者アルフレードに熱烈に求愛され、悩んだ末に派手な社交界を捨てて郊外でひっそりと二人で暮らしていたが、ある日そこを訪れたアルフレードの父によって、アルフレードの妹の結婚に差し障るので別れてくれるよう懇願され、別れを決意し、パリに戻る。数か月後、ヴィオレッタは病の床にある。すべてを知ったアルフレードがそこにかけつけ、彼の父もやって来るが、愛を確かめあい、未来に希望を寄せたのも束の間、ヴィオレッタは命尽きる。

ヴィオレッタは高級娼婦として偽りの愛に生きてきた。しかしアルフレードによって真実の愛を知り、成就させようとするが、結末は死である。「真実の愛は現実においては成就しない」、「真実の愛は地上のものではない」という新たな神話メッセージを感じさせる。

キーワード：愛（真実の）、死ぬ女神

参考文献：『オペラ鑑賞ブック　イタリア』下，87-108頁；『魅惑のオペラ』第2巻「椿姫」．

エリーザベト　Elisabeth

名前の意味・神格・属性：名称の語源はヘブライ語 Ĕlīshébha（「エルは誓いなり」）。前半部分の「エル」はカナンの天空神・豊穣神の名。後半部分は「7」の意。バビロニアで7は神聖な数であり、誓いの象徴であった。ワーグナーのオペラ「タンホイザー」（初演1845年）の女主人公。清らかな乙女。その死によって恋人の罪を購う。

概要：タンホイザーは異教の愛の女神ヴェーヌス（ヴィーナス）の世界で愛欲に耽溺していた。これはキリスト教社会からすると、最悪の大罪である。しかし彼は過剰な愛欲に嫌気がさしてヴァルトブルクに戻ってきて、かつての恋人エリーザベトと再会する。歌合戦の最中に彼がヴェーヌスの世界にいたことが明らかになり、この大罪をつぐなうためローマへ巡礼の旅に出かけるが、赦しは得られなかった。エリーザベトは、自らの命と引き換えにタンホイザーの罪を浄める。エリーザベトが死に、タンホイザーに赦しが与えられたことが、教皇の杖に緑の新芽が生え出るという奇跡によって証明される。タンホイザーはエリーザベトの亡骸に取りすがって死ぬ。

清らかな乙女エリーザベトの神聖性が極度に称揚され、その「死」に特別な意味が与えられている。彼女の女神性は、次の場面に示されている。教皇の赦しを得ることができなかったタンホイザーは自暴自棄になり、ヴェーヌスの世界に帰ろうとして女神を呼ぶ。その時親友のヴォルフラムがタンホイザーを救うため、エリーザベトの名を呼べば、君は解放されるのだと言う。タンホイザーは我に返り、「エリーザベト」と唱える。姿を現しかけていたヴェーヌスは消え去る。愛（アガペー）のために死んだ乙女が、愛欲（エロス）の女神に勝利した瞬間である。ここでワーグナーが表現した神話とは、清らかな乙女の死によって罪深い男の罪業が浄められるというものであり、その源泉は『神曲』において天国にあってダンテを助けるベアトリーチェに遡り、さらには、人間の罪を自らの死によって浄めたキリスト自身にも通じるところがあると思われる。

キーワード：聖女、乙女、愛の犠牲、自己犠牲

参考文献：『オペラ鑑賞ブック　ドイツ』下，28-50頁；『魅惑のオペラ』第26巻「タンホイザー」．
⇒ブリュンヒルデ

カルメン　Carmen

名前の意味・神格・属性：語源はラテン語 carmen「歌（い手）」。ビゼーのオペラ「カルメン」の女主人公。バスク出身のジプシー。

美しく恋多き悪女。「運命の女（ファム・ファタル）」。

概要：自分を助けてくれた同じバスク出身の竜騎兵ドン・ホセに恋をし、一時二人は愛しあうが、次第にカルメンの愛は冷め、闘牛士のエスカミーリョを愛するようになる。ホセはカルメンに復縁をせまるが、冷たく断られた上に、自分が贈った指輪を投げつけられて逆上し、カルメンを刺し殺す。

カルメンとホセが最初に出会った時、カルメンは花をホセに投げる。この時の音楽は、最後にカルメンが指輪を投げつける場面と同じ、カルメンの死を暗示する「運命の動機」である。恋の始まりから、すでに破滅も始まっているのである。

「運命の女（ファム・ファタル）」としてのカルメンは、恋多き豊穣の女神であるメソポタミアのイシュタル[†]にその原型を見ることができるかもしれない。イシュタルは『ギルガメシュ叙事詩』において多くの恋人を破滅に追いやったことが語られているからである。

キーワード：運命の女（ファム・ファタル）、豊穣女神

参考文献：『魅惑のオペラ』第3巻「カルメン」.

蝶々夫人　Madama Butterfly

名前の意味・神格・属性：プッチーニのオペラ「蝶々夫人」（初演1904年）の主人公。没落士族の生まれで、父の死によって芸者となった。純情だが思い込みの強い15歳の少女。

概要：台本のもとになったのはデーヴィッド・ベラスコの戯曲『蝶々夫人』である。可憐な日本女性の悲劇が描かれたこの作品を見たプッチーニは涙を流して感激し、オペラ化した。

アメリカ海軍中尉ピンカートンの現地妻となった蝶々は、ピンカートンとの真実の愛を信じて疑わない。一子を儲けるが、夫はアメリカから帰らず、三年の月日が経つ。名高いアリア「ある晴れた日に」はこの場面で歌われる。ある日ピンカートンの船が港に入り、再会を心待ちにする蝶々だが、ピンカートンは現れず、その妻ケートを見ることになる。蝶々さんは言われるままに息子をケートに引き渡し、父の形見の短刀で自害する。

蝶々の愛は、「愛の死」の反転した形である。どこまでも現実に即した、不実な愛である。その代わりに、「愛の死」においては否定された子供が生まれる。「真実の愛」の代償としての「子孫の獲得」である。（オペラにおける「愛の死」と「いつわりの愛」の関係については、オペラ概説を参照）。

キーワード：愛（いつわりの）、自殺

参考文献：『オペラ鑑賞ブック　イタリア』上, 201-220頁：『魅惑のオペラ』第8巻「蝶々夫人」；小川さくえ『オリエンタリズムとジェンダー──「蝶々夫人」の系譜』法政大学出版局, 2007年.

トスカ　Tosca

名前の意味・神格・属性：語義未詳。プッチーニのオペラ「トスカ」（初演1900年）の女主人公。その激情と嫉妬心が破滅を招く。善良で信心深く隠し事ができない。

概要：舞台はローマ。恋人のカヴァラドッシが政治犯を匿った罪で警視総監スカルピアから拷問を受けると、恋人を救うため卑劣なスカルピアに身を任せるようみせかけ、スカルピアを殺害する。カヴァラドッシと共に逃亡を図るも、偽装処刑で本当に処刑されてしまった恋人の後を追い、サンタンジェロ城の城壁から身を投げる。

トスカの死の後、オペラは「星は光りぬ」の曲で締めくくられるが、この曲はカヴァラドッシがトスカとの愛の日々を歌った曲である。二人の恋人が死によって結ばれたとも解釈できる終わり方である。死の直前に、二人が「心は愛の陶酔に到達する」と歌っていることも、両者の愛の、最終的な成就を裏付けている。ワーグナー、ヴェルディの作品に見られた「愛の死」のテーマが、プッチーニにも受け継がれていると見ることができるだろう。

キーワード：愛の死

参考文献：『オペラ鑑賞ブック　イタリア』上, 184-200頁：『魅惑のオペラ』第12巻「ト

スカ」.
⇒マノン・レスコー

パミーナ　Pamina

名前の意味・神格・属性：トリックスター的登場人物パパゲーノの「パ」、主人公タミーノの「ミ」と対になっている名前。モーツァルトのオペラ「魔笛」（初演1791年）の女主人公。王子の助けを待つ受動的な乙女から、王子と共に試練を乗り越える能動的な女性へと成長する。

概要：最初は絵姿として登場する。絵姿に一目ぼれしたタミーノが、夜の女王[†]の依頼を受けてパミーナ救出に旅立つ。パミーナを誘拐したのはイシス[†]とオシリスの宮殿の大祭司であるザラストロだが、彼は善と法を体現する人格者として描かれ、パミーナ誘拐も、悪い母から隔離するためということになっている。「白い肌の」パミーナは、ザラストロの神殿に仕える「黒人」モノスタトスにしつこく言い寄られる。白と黒の対比が明確に表現されている。そこにパパゲーノがやって来て、彼女に恋をするタミーノが助けに来ることを告げる。パミーナとパパゲーノによって、愛の二重奏が歌われる。第二幕では、母である夜の女王に短剣を渡され、ザラストロの命を奪うように命じられ、苦悩する。沈黙の行を守るタミーノのところに行くと、口をきいてもらえず絶望する。そこに現れた三人の童子に案内されて、タミーノと共に試練をくぐり抜ける。

　パミーナに関して、受け身の女主人公のように見えて、実は主要登場人物のすべてと直接の関わりを持ち、そのことによって物語を動かしている、中心的存在であるという指摘がなされている。「無の中心」、一種の「中空構造」とも言えるだろう。しかし最後にはタミーノと共に試練に立ち向かう、能動的な一人の女性に成長を遂げる。

　母である夜の女王とパミーナの関係は、ギリシア神話の大地母神デメテル[†]と、冥王ハデスに誘拐される娘神ペルセポネ[†]に相当するという指摘もある。

キーワード：少女の成長

参考文献：『オペラ鑑賞ブック　ドイツ』上，84-104頁；『魅惑のオペラ』第5巻「魔笛」；長野順子『オペラのイコノロジー3　魔笛――〈夜の女王〉の謎』ありな書房，2007年.

ブリュンヒルデ　Brünnhilde

名前の意味・神格・属性：名称の後半部分ヒルデは古高地ドイツ語 hildi（「戦い」）が語源。前半部分 bryn は「胸につける鎧」。「胸に鎧をつけた戦さ女神」。ワーグナーの楽劇「ニーベルングの指環」（初演1876年）の女主人公。もとヴァルキューレ[†]（戦さ乙女）の筆頭で、ヴォータン（オージン）と知恵の女神エルダの娘。英雄ジークフリートの妻。

概要：父神ヴォータンの寵愛を一身に集めていたが、双子の兄ジークムントの子を宿したジークリンデを助けたため父神の怒りを買い、神性を奪われ人間となり、炎に取り巻かれた岩窟で眠りにつく。ジークリンデの子ジークフリートが成長してブリュンヒルデを目覚めさせ、ニーベルングの指環（無限の権力を与えるが呪いがかかっていて持ち主を不幸にする）を彼女にわたす。二人は愛しあうが、ジークフリートはブリュンヒルデの愛馬グラーネに乗って旅に出る。途中立ち寄ったグンターの屋敷で、指輪の作り手アルベリヒの息子ハーゲンの策略によって忘れ薬を飲まされ、愛する妻ブリュンヒルデを忘れ、グンターの妹グートルーネと結婚し、グンターのためにブリュンヒルデの岩屋に侵入し指環を取り上げる。ブリュンヒルデはグンターと意に染まぬ結婚をする。ジークフリートに裏切られたと思ったブリュンヒルデは復讐を誓い、ジークフリートの唯一の弱点をハーゲンに教えてしまう。ジークフリートはその弱点である背中をハーゲンに刺されて命を落とす。すべてを理解したブリュンヒルデはジークフリートの火葬の薪をライン河畔に積み上げさせ、火をつけ、指輪をその黄金が取られたライン川に返すと誓い、ジークフリートへの愛を歌い上げながら愛馬グラーネと共に夫を焼く火の中に入る。炎は世界を焼き、ライン川がすべてを浄める。ここにはゲルマン神話のラグナロク（世界の終末）のイメージが

借用されている。ゲルマン神話において、世界はスルトの火によって滅び、海に沈み、海から新たな大地が浮かび上がるとされている(『エッダ』「巫女の予言」41-66)。

ブリュンヒルデは父に逆らうことによって女神性を剥奪され、人間の女となる。しかしジークフリートとの愛と、自らの「愛の死」によって、世界の滅亡と再創造を導く新たな女神性を獲得したと言える。

ジークフリートは近親相姦を犯した双子の兄妹の息子である。そのジークフリートとブリュンヒルデもまた、近親相姦の関係にある。ジークフリートはヴォータンの孫、ブリュンヒルデはヴォータンの娘であるからだ。つまり二人の愛は二重に近親相姦なのである。このことは劇中でも明確に意識されている。第二夜「ジークフリート」においてジークフリートに目覚めさせられたブリュンヒルデは、「私は以前から、あなたが胎内にいた時から、あなたを守り、愛していたのです」と言う。これは母の息子に対する愛にきわめて近い。

キーワード：世界滅亡、創造、近親相姦、愛の死

参考文献：『オペラ鑑賞ブック ドイツ』下, 140-240 頁；『魅惑のオペラ特別版』第 1 巻「ラインの黄金」, 第 2 巻「ワルキューレ」, 第 3 巻「ジークフリート」, 第 4 巻「神々の黄昏」；吉田敦彦『神話と近親相姦』青土社, 1993 年, 第 1 章.
⇒イゾルデ、ブリュンヒルド（ゲルマン）

マノン・レスコー　Manon Lescaut

名前の意味・神格・属性：語義未詳。プッチーニのオペラ「マノン・レスコー」（初演 1893 年）の女主人公。絶世の美貌の少女。享楽的で自由奔放だが、恋人に対して純粋な愛を捧げる。

概要：修道院に入る旅の途中で青年騎士デ・グリューと恋仲になり共に暮らすが、貧乏暮らしに耐えかねて大金持ちの老人ジェロントの愛妾となる。そこにデ・グリューが現れ二人は仲を取り戻すが、逢い引きを見て怒ったジェロントが警察を呼び、捕われたマノンは姦通の罪でアメリカに流刑になる。デ・グリューは水夫としてマノンと共にアメリカに行くが、新天地でもマノンの美貌が災いを引き起こし、二人は追われて荒野をさまよい、命を落とす。

美貌の少女マノンは、デ・グリュー、ジェロント、そしてアメリカでも男を魅了し、惑わし、恋人と自らを破滅に追いやる。「運命の女」（ファム・ファタル）である。しかしカルメン[†]のような情熱と激情の女ではない。マノンの愛は純粋で、少女の真の愛をデ・グリューに示す。一方で豪華な衣装や宝石などの享楽を好むが、それに飽きてもいる。人物像にやや矛盾があるように思えるが、「マノン・レスコー」はプッチーニの出世作であり、したがって初期の作であるから、彼自身の理想の女性像と、「運命の女」の原型が複雑にからみあった結果であるのだろう。

第一幕冒頭部分で、学生のエドモンドがジェロントを「ハデス気取り」と言い、マノ

ブリュンヒルデが登場するオペラ『ワルキューレ(ヴァルキューレ)』のポスター。

ンを、ハデスに誘拐される女神ペルセポネ[†]にたとえ、「ペルセポネはどうするかな、あの花は手折られてしまう」と言っていることは注目に値する。マノンは冥界の王に誘拐される植物の女神の系譜にあるのだ。同時にこのことは、マノンの運命をも予告している。ハデスに魅入られた美しき少女は、死の世界を思わせる異国の荒野で命を落とすのである。

キーワード：運命の女、植物女神、死ぬ女神
参考文献：『オペラ鑑賞ブック　イタリア』上，146-160 頁；『魅惑のオペラ』第 21 巻「マノン・レスコー」．

夜の女王　Königin der Nachat　ケーニヒン・デア・ナハト
名前の意味・神格・属性：モーツァルトのオペラ「魔笛」（初演 1791 年）に登場する夜の女神。女主人公パミーナ[†]の母。イシス[†]とオシリスの神殿に仕える大祭司ザラストロを宿敵として憎む。
概要：夜の女王は宿敵ザラストロにさらわれた娘パミーナの救出を旅の王子タミーノに託す。この場面で夜の女王の二つのアリアの一つ目が歌われ、娘を想う母の悲しみが表現される。しかしタミーノはザラストロの徳に感化する。夜の女王は自らパミーナの前に現れ、二つ目のアリア「地獄の復讐に燃え立つ」を歌い、「その手でザラストロの息の根を止めないならば、もはやわが子ではない。血肉の絆は永遠に断たれる」と言って娘に復讐を命じる。タミーノはパミーナと共にザラストロの課す試練をくぐりぬける。夜の女王はお供の三人の侍女を従えて復讐に現れるが、ザラストロの前で落雷と稲妻と共に一瞬のうちに消え去る。夜の女王の体現する「悪」の敗北と、徳を体現するザラストロの勝利が表現される。

夜の女王の二つのアリアはどちらも最高音をハイ F とする超絶技巧のコロラトゥーラで歌われる。しかしそれぞれの歌において表される夜の女王の性格は正反対である。娘を奪われた悲しみの女神が、娘に復讐を強要する恐るべき母神へと変貌している。大いなる矛盾がここに見出される。

長野順子によると、誘拐された娘を案じ、探し求めるという点では、夜の女王はギリシア神話で冥界の王ハデスに誘拐された娘ペルセポネ[†]を探し求める母神デメテル[†]に似ている。また彼女は月と共に登場する場合があるが、月との関わりにおいてはイシスと似ている。アプレイウスの『黄金のろば』において、イシスは月にたとえられている。そしてそのイシスの「天の女王」「三日月」の表象は、キリスト教の聖母マリア[†]の像の中に受け継がれており、その点でマリアと夜の女王とが繋がるのであるという。

夜の女王は、オペラの前半と後半でまったく異なる性格描写をされている。この変化は一体何を表しているのか。私見によれば彼女の変貌は、ザラストロの登場によってもたらされたと考えることができる。ザラストロの登場が、彼と夜の女王との間に明確な二項対立を生じさせているのである。前半部分で娘を誘拐された悲しみの母神は、ザラストロの善と法に対立する、悪の女王として変貌させられたのである。ザラストロが善と法を体現する以上、夜の女王の性質の変化は、ほとんど必然であったとも言えるだろう。この変化は、前半の多神教的世界観から、後半の一神教的世界観へ、という変化とも見ることができる。ザラストロという、「善」を一手に引き受ける男性の唯一神的存在の前には、〈女神〉の居場所は当然どこにもなくなり、悪魔とならざるをえないのである。このことに関して、ザラストロの語源がゾロアスターであることも考慮に値するだろう。ゾロアスターを開祖とするゾロアスター教は、アフラ・マズダーという男性の唯一神を信仰する一神教である。夜の女王の描かれ方の不自然さは、一神教的世界観の不自然さを反映しているとも読み取れる。このような解釈に立つと、夜の女王とザラストロの性質の対照性は意味深い。女と男、闇と光、悪と善、そして魔術と法。夜の女王はタミーノに魔笛を、パパゲーノに魔法の鈴（グロッケンシュピール）を与える。これらの魔法の楽器は、物語の中で重要な役割を果たすことになる。このような女

王の「魔術」に対するのは、ザラストロの「法」と組織だった「秩序」であろう。そして最後には法と秩序が勝利する。ただ、このオペラがイシスとオシリスの讃歌で終わっているところなどは、一義的な解釈を許さないこの作品の複雑さを表してもいる。

キーワード:夜(の女神)、母神、恐るべき女神、復讐、一神教、多神教

参考文献:『オペラ鑑賞ブック　ドイツ』上, 84-104 頁;『魅惑のオペラ』第 5 巻「魔笛」;長野順子『オペラのイコノロジー（3）　魔笛——〈夜の女王〉の謎』ありな書房, 2007 年.

女神的存在

松村一男

概説

　近現代社会でもそれ以前の伝統社会と同じく社会の統一性を可視的に表現するためにシンボルが用いられている。最もわかりやすいシンボルとは人間的な形象のものである。様々な用途の人間的形象のシンボルの中には女性の姿のものが多い。このことは古くから多くの社会で行われてきており、近現代社会もそれを継承している。近現代社会では個人としての女性が活躍する場が広がり、宗教や政治や文化において評価され、理想化されて聖女とか女神と賞賛されることがしばしば行われるようになった。これは言葉を変えれば、男性の場合には伝統社会からつねに理想としての「英雄」が生みだされてきていたが、近現代においては、女性の社会進出と共に、男性の「英雄」に相当する女性の理想的モデルが「聖女」や「女神」の名称のもとに生産されるようになったとも表現できるだろう。

　さらに近年のマスメディアの発達によって、フランスの思想家ロラン・バルトが指摘したように、実在する女性も、実在しない創造された女性像もメディア（写真、動画）によって広く宣伝されることでオーラを帯びて普通の存在以上の女神的な位置に上昇することが起きている。それが少女の場合ならば、そうした「神話的少女」ないし「少女神」たちは、現実の少女たちの生きるモデルとなっている。

　本篇で取り上げた近現代の歴史的および非歴史的な女神の存在は、それまでなかった女神的な位置付けを獲得しており、いずれも賞賛されている。しかし男たちはこうした新しい時代の女神化について、必ずしも諸手を挙げて賛成しているだけではなかった。アメリカの比較文学者ブラム・ダイクストラが指摘するように、進化論の時代であった19世紀には、女性を男性よりも進化の過程で遅れてより劣った存在としたいがために、男や子供を殺すとか男を破滅させるとかいった、意図的に否定的な神話的女性像をメディアで宣伝することも行われていたのである。

【参考文献】

バルト，ロラン『現代社会の神話1957』下澤和義訳，みすず書房，2005年

ダイクストラ，ブラム『倒錯の偶像——世紀末幻想としての女性悪』富士川義之他訳，パピルス，1994年

＊以下の項目の中には「ドロシー・ゲール」、「ハイジ」、「セーラームーン」など「児童文学」や「ファンタジー」の範疇に属すると思われるものも含まれている。これらの項目は、本事典に含めるべきという考えを私が提示し、最初の二つの項目については自分で原稿を書き、三つ目については自分では書けないので、私が勤務する大学の卒業生である古川萌さんに依頼し、その原稿を本事典の体裁に則るように私が一部改訂したものである。そのため、そうした責任の所在を明らかにするためにも、他の執筆者の項目と混在しないように自分の書いた「近現代の女神的存在」に入れることにした。歴史的に実在の女性であれ、創造された女性像であれ、近現代の社会が神話化する女性像ということで本質的な差はないと考え結果として、こうした異なるジャンルの混在についてもご理解いただけたら幸いである。

女神的存在の事典

エヴァ・ペロン（エヴィータ）Eva Perón (Evita)
名前の意味・神格・属性：エヴァ・ドゥワルテとしてアルゼンチンに生まれる。
概要：（1919-1952年）私生児として生まれる。1934年、15歳の時に首都ブエノスアイレスに来る。女優となり、24歳の時、陸軍大佐フワン・ドミンゴ・ペロンと知り合いになる。彼は陸軍副大臣、労働大臣兼厚生大臣と出世したが、それは逆に富裕層の恨みを買い、1945年ペロンは逮捕される。その際、エヴァはペロン支持者（ペロニスト）を組織して彼の釈放を実現させる。こうしてエヴァは「エヴィータ」としてペロンに劣らぬ人気を獲得する。二人は結婚し、ペロンは大統領に選出される。1950年代になると、労働者階級の支持を得るための大盤振る舞いから財政危機となり、ペロンの人気も落ちる。その頃、まだ30代であったエヴァは子宮ガンとなる。病と闘いながら夫の支持を訴える彼女のおかげでペロンは再選されたが、エヴァは1952年に33歳の若さで亡くなった。その三年後にペロンは革命によってアルゼンチンを追われることとなった。彼女の生涯は後にマドンナ†が彼女役となってハリウッドで映画化された。
キーワード：国母
参考文献：バーンズ、ジョン『エビータ』牛島信明訳、新潮文庫、1982年；フレイザー、ニコラス／ナヴァーロ、マリサ『エビータ』阿尾正子訳、原書房、1997年．

オードリー・ヘップバーン Audrey Hepburn
名前の意味・神格・属性：イギリス人、アメリカの女優。スタイル、ファッション、映画でのヒロインとして役柄などで世界中の憧れの存在となった。
概要：（1929-1993年）多くの映画作品に出演したが、『ローマの休日』（*Roman Holiday*, 1953年）のアン王女、『ティファニーで朝食を』（*A Breakfast at Tiffany*, 1961年）のホリー・ゴライトリー、『マイ・フェア・レディ』（*My Fair Lady*, 1964年）のイライザ・ドゥリトルなどは、今なお多くの人々に鮮烈な印象を与え続けている。『ローマの休日』のアン王女は、王女が庶民に交じってローマ観光や恋をするという地位の逆転や変身が神話的であった。『マイ・フェア・レディー』にもピュグマリオン神話の現代版としてロンドン下町の花売り娘イライザがヒギンズ教授によってそのコックニー訛りを改めて、上流階級の淑女になりすますという地位の逆転や変身が認められる。その他の作品でも、『麗しのサブリナ』（*Sabrina*, 1954年）ではお抱え運転手の娘からパリ仕込みのレディーに、『パリの恋人』（*Funny Face*, 1957年）ではアメリカ娘からパリのファッションモデルに、『おしゃれ泥棒』（*How to steal a Million*, 1966年）ではパリ娘から泥棒になど、やはり非現実的＝神話的な変身をする主人公を演じることが多い。
キーワード：王女（の失踪）、変身
参考文献：吉村英夫『ローマの休日』朝日文庫、1994年；吉村英夫『誰も書かなかったオードリー』講談社＋α文庫、2001年．
⇒グレース・ケリー

グレース・ケリー Grace Kelly
名前の意味・神格・属性：アメリカの女優、後、モナコ公国の王妃となる。
概要：（1929-1982年）アメリカ、ペンシルヴァニア州フィラデルフィアの富裕な名門出身で、その美貌からハリウッドスターとなり、『真昼の決闘』（*High Noon*, 1952年）、『裏窓』（*Rear Window*, 1954年）、『ダイヤルMを廻せ！』（*Dial M for Murder*, 1954年）、『上流社会』（*High Society*, 1956年）などに出演した。マリリン・モンロー†とは異なる高貴さの漂う美女として、「クール・ビューティー」と呼ばれた。しかしそのキャリアの絶頂にあって、カンヌ映画祭でモナコの大公

レーニエ三世に見初められて王妃となるという、現実には有り得ないだろうと思われていたシンデレラ・ストーリーを実現し、女優業から引退してしまった。交通事故によって52歳の若さで死去する。彼女の名を冠したものにはエルメスのケリー・バッグやバラのプリンセス・ド・モナコなどがある。

キーワード：プリンセス

参考文献：山崎洋子『「伝説」になった女たち』講談社文庫，1994年．

⇒シンデレラ、ダイアナ元妃

ココ・シャネル　Coco Chanel

名前の意味・神格・属性：本名ガブリエルGabrielle。フランス南西部オーヴェルニュ地方のソーミュール生まれ。パリで死去。フランスのファッション・デザイナー（couturière）。

概要：（1883-1971年）離婚した父に捨てられ、孤児院や修道院で育つ。ココは愛称。パリに来て歌手を目指していた時の持ち歌「誰かココを見なかったか？」から取ったらしい。1909-1910年にパリで帽子屋を開き、それがオートクチュール（haute couture）となっていく。1920年代にコルセットなしのシンプルなデザインのドレスや有名な香水シャネルの五番（1922年）を作り、新しい時代の女性のファッションリーダーとなる。ジャン・コクトーの映画「オルフェ」などの衣装もデザインした。デザイナーとしてだけでなく、結婚せずに多くの男性と浮名を流す彼女の生き方も女性の憧れとなった。1969年にはブロードウェイ・ミュージカル「ココ」（主演キャサリン・ヘップバーン）が上演され、その後、四本の映画も作られた①「ココ・シャネル」1981年（主演マリー・フランス・ピジュ）、②「ココ・シャネル」2008年（主演シャーリー・マクレーン）、③「ココ・アヴァン・シャネル」2009年（主演アンヌ・フォンテーヌ）、④「シャネル&ストラヴィンスキー」2009年（主演アンナ・ムグライス）。

キーワード：創造（女性美の）

参考文献：海野弘『ココ・シャネルの星座』中公文庫，1992年；ヘードリッヒ，マルセル『ココ・シャネルの秘密』山中啓子訳，ハヤカワ文庫，1995年；山口昌子『シャネルの真実』新潮文庫，2002年．

ジャンヌ・ダルク　Jeanne d'Arc

名前の意味・神格・属性：「ダルク（d'Arc）家のジャンヌ」の意。15世紀フランス王国の少女軍人。フランスの国民的ヒロインで、カトリック教会における聖人。「オルレアンの乙女」（la Pucelle d'Orléans）とも呼ばれる。

概要：（1412年頃 - 1431年）フランス東部に農夫の娘として生まれた。イングランドに占領されていたフランス領を奪還せよという神の「声」を聞いたとされる。そしてイングランドとの百年戦争において苦戦中だった王太子シャルル七世の元に駆けつけた。ジャンヌの言葉を信じたシャルル七世は、イングランド軍に包囲されて陥落寸前だったオルレアンへとジャンヌを派遣し、オルレアン解放の任に当たらせた。ジャンヌはオルレアンでは古参指揮官たちから冷ややかな態度で迎えられたが、わずか九日間で兵士の士気を高めることに成功し、徐々に名声を高めていった。そして続く重要ないくつかの戦いの勝利にも貢献し、劣勢を挽回したシャルル七世はランスでフランス王位に就くことができた。しかしその後ジャンヌはブルゴーニュ公国軍の捕虜となり、身代金と引き換えにイングランドへ引き渡された。イングランドと通じていたボーヴェ司教ピエール・コーションによって「不服従と異端」の疑いで異端審問にかけられ、最終的に異端の判決を受け、19歳で火刑に処せられた。

　ジャンヌの死去から25年後に、ローマ教皇カリストゥス三世の命でジャンヌの復権裁判が行われ、その結果、無実と殉教が宣言された。その後、1909年に列福、1920年には列聖され、聖ドニ、聖マルタン、聖王ルイ、聖テレーズと同じく、フランスの守護聖人の一人となった。

キーワード：戦士、聖女

参考文献：竹下節子『ジャンヌ・ダルク─超異端の聖女』講談社新書，1997年．

⇒自由の女神

自由の女神 ［英］Statue of Liberty ［仏］Statue de la Liberté
名前の意味・神格・属性： 元々はローマ神話の自由の女神リベルタース Libertas に由来。
概要： 近代になり、革命期のフランスでフランス共和国を象徴する女性像、もしくはフランス共和国の擬人化されたイメージ、自由の象徴とされ、自由の女神とかマリアンヌ (Marianne) と呼ばれ、ドラクロワの絵画『民衆を導く自由の女神』（ルーヴル美術館）に描かれた。この絵では、フランス革命の際に民衆（サン・キュロット）の象徴とされたフリジア帽と呼ばれる帽子をかぶっている。フランスのユーロ硬貨・切手・国璽などに描かれ、庁舎などの公的施設に彫像が設置され、共和制及び自由の象徴となっている。

しかし、より一般には自由を象徴する女神像のことで、ニューヨーク港の入口にあるリバティー島にあるものが最も有名。アメリカの独立 100 周年を祝って、アメリカとフランス両国の友好のために、フランスの歴史家で政治家のエドゥアール・ド・ラブレーが女神像のアメリカ寄贈を提案し、フランス民衆の募金を中心に、フランスの建築家のフレデリック・バルトルディ（1834-1904 年）が設計、鉄橋技師のギュスターヴ・エッフェル（1832-1923 年）が製作し、1866 年に完成した。正式名称は、「世界を照らす自由」（Liberty Enlightening the World）。高さが 46m で、奴隷制と独裁政治を意味する鎖を踏みつけて立っており、右手には、自由を掲げる松明、左手には、1776 年 7 月 4 日と記した独立宣言書を抱えている。この像のほかにも、パリや像の作者フレデリク・バルトルディの故郷コルマールをはじめ、ポワチエやサン＝テティエンヌ、アングレーム、ボルドーなどを含めフランス各地に点在している。日本でも東京お台場や青森県おいらせ町にレプリカがある。

キーワード： シンボル、寓意、自由
参考文献： 小田基『「自由の女神」物語』晶文社, 1990 年.
⇒ジャンヌ・ダルク

ジュリエット Juliet
名前の意味・神格・属性： イタリア語の Giulietta から（Giulietta は Giulia の指小辞形で、Giulia はラテン語でカエサルの属する一族 gens の名前ユリウス Julius の女性形ユリア Julia から。元来は「ユリウス家の女」の意）。七月 July もユリウス・カエサルにちなんで名付けられているし、芝居はこの時期の出来事として設定されている。ウィリアム・シェイクスピア（1564-1616 年）の悲劇「ロミオとジュリエット（Romeo and Juliet）」（1595 年）のヒロイン。初恋に一途になり悲劇的死を遂げる乙女の原型となり、その後の多くの恋する少女像に影響を与えた。

概要： 7 月 14 日前後の北イタリアの都市ヴェローナ。貴族キャピュレット家の一人娘ジュリエットは後二週間ほどの 31 日に十四歳の誕生日を迎える。舞踏会が行われ、そこに宿敵のモンタギュー家の一人息子ロミオが仮面で顔を隠して現れるが、二人は瞬時に恋に落ちる。しかし互いが宿敵の一族に属していると知って落胆する。その晩ロミオは密かにジュリエットの窓の下に忍び寄って、彼女の独白を聞いて相愛であることを知ると、名乗りを挙げて、二人は一夜を共にする。二人は修道僧ロレンスのもとを訪れて結婚の希望を伝える。修道僧は二人の結婚が争う両家の和解の契機になると思い、協力を約束する。しかし、その直後、ロミオは友人と共に街頭での争いに巻き込まれ、親友マキューシオが殺される。このことに逆上したロミオは、キャピュレット夫人の甥ティボルトを殺してしまう。ヴェローナの大公エスカラスは、ロミオに追放の刑を下す。一方、悲しみにくれるジュリエットに父キャピュレットは、大公の親戚のパリスとの結婚を命じる。ジュリエットに助けを求められたロレンスは、彼女をロミオに添わせるべく、仮死の毒を使う計略を立てる。しかし、この計画は追放されていたロミオにうまく伝わらなかった。そのため、ジュリエットが死んだと思ったロミオは、彼女の墓で毒を飲んで死に、その直後に仮死状態から目覚めたジュリエットも、ロミオの短剣で後を追う。事の真相を知って悲嘆に暮れる両

家は、ついに和解する。
　まだ14歳にもならない子供が瞬時に恋に落ち（相手も同様）、結婚するためなら、たとえ相手が身内の殺害者であろうと、策略を行おうと意に介さず、しかし最後には互いに相手を思って自害するという筋書きのうち、誤解から自害するという部分は、オウィディウス『変身物語』(4. 56-168)の「ピュラモスとティスベ」がモデルらしい。
　現代では、ブロードウェイ・ミュージカル「ウェストサイド・ストーリー」(1957年)とその映画化(1961年)において、ニューヨークの下町を舞台として縄張り争いで対立する二つの移民集団の少年たち（一方はプエルトリコ系、他方はポーランド系）の娘マリアと青年トニーの悲劇的恋として再話された。

キーワード：初恋、愛の死
参考文献：Frenzel, Elisabeth, *Stoffe der Weltliteratur: Ein Lexikon dichtungsgeschichtlicher Längschinitte*, Kröner, 1963, 554-557.

セーラームーン（月野うさぎ）Sailor Moon

名前の意味・神格・属性：武内直子(1967年－)によるマンガおよびそれを原作とするアニメの主人公である月野うさぎは「月のウサギ」から採られた名前を持ち、月の女神の化身で、仲間の少女たちも惑星の女神たちの化身とされる。

概要：月野うさぎは中学二年生の普通の少女だが、黒猫ルナと出会って生活が一変する。月の光を浴びながら「メイクアップ」という言葉を唱えるとセーラー戦士に変身し、街の平和を脅かす妖魔と戦うことになる。その後、セーラーマーキュリー（水星）、セーラーマーズ（火星）、セーラージュピター（木星）、セーラーヴィーナス（金星）など徐々に仲間が増えていく。最後に、彼女がかつて月に存在していた「シルバーミレニアム」の王女「プリンセスセレニティ」であったことが明らかになる。「セーラームーン」では少女たちが戦うというバトルシーンがありながら、少女マンガ特有の恋愛要素も織り込まれている。月野うさぎの恋人である地場衛も、戦闘シーンではタキシード仮面として登場する。その地場衛の前世は地球国の王子「エンデュミオン」であり、「プリンセスセレニティ」の恋人であった。女神という点では、セーラーヴィーナスも注目される。セーラーヴィーナスは当初、セーラームーンよりも先にセーラー戦士として活躍していた。一時は月野うさぎとライバル関係になるが、その後は、セーラー戦士の一人としてセーラームーンと共に活躍する。

　アニメ「セーラームーン」は1992年3月から1997年2月まで放映された。その後、「美少女戦士セーラームーン20周年プロジェクト」が行われたり、グッズが販売されていることから、アニメ放映時に番組を観ていた女児が、大人になっても相変わらずファンであることがうかがえる。ファン層は主に10代から30代前半の女性だが、一部男性からも「美しい女性像」、「かわいいアイドル」としての人気がある。セーラー服のコスチュームや化粧を思わせる「メイクアップ」という変身の呪文は、少女たちの女子高生への憧憬や羨望を呼び起こすものであったと思われる。

　「少女が変身して敵と戦う」という設定は、少女マンガでは珍しい。「戦う少女」としては、手塚治虫の「リボンの騎士」もある。しかし、「リボンの騎士」は「両性の心を持つ少女が少年として振る舞い戦う」という設定であり、主人公に明らかな男性要素が含まれている。これに対して、セーラームーンの主人公には男性的な設定は一切なく、あくまでも「少女」として戦う。「戦う＝男性、守られる対象＝女性」という性差概念に寄り添っておらず、この点も少女マンガとしては珍しい。また、「リボンの騎士」の主人公は自分の性別を隠すため孤独な戦いであるのに対し、セーラームーンは仲間と助け合い、共に敵と戦うところも特徴的である。戦いの中で培われる「女の友情」が描かれている点で、少年マンガと少女マンガの要素が組み合わされている。

　モデルとなった女神は、①ギリシア神話の月の女神セレネ[†]（恋人である衛の前世がエンデュミオンであることから、この神話を強く意識していると考えられる）、②ローマ神

話のルナ†（作中で月野うさぎがセーラームーンに変身するきっかけの猫の名前に用いられている）、③ローマ神話のウェヌス†（ヴィーナス。金星を司る戦士セーラーヴィーナスは、作中で「愛の戦士」と呼ばれている）であろう。

キーワード：月、変身、戦士（少女）

参考文献：志水義夫『少年少女のクロニクル』新典社，2013 年，第一章第三節「『美少女戦士セーラームーン』の作品構造」．

ダイアナ元妃（ウェールズ公妃ダイアナ）
Diana, Princess of Wales（全名 Diana Frances、旧姓 Spencer）

名前の意味・神格・属性：ローマの狩猟の女神ディアナ†の名前の英語読み。ウェールズ公チャールズの最初の妃。

概要：（1961-1997年）。1981年、20歳で結婚、ウィリアムとヘンリーという二人の王子を儲けるが、1996年に離婚。対人地雷廃止運動やエイズ撲滅活動に従事していたが、1997年、パリで交通事故により死亡、享年36。その後、ウェストミンスター寺院で国葬に準ずる盛大な葬儀が行われた。当時の首相トニー・ブレアは聖書から「愛の讃歌」を朗読し、友人であった歌手のエルトン・ジョンは自曲「キャンドル・イン・ザ・ウィンド」を歌った。山野を闊歩する狩猟の女神ディアナに通じる名前や長身で短髪の容姿、そして葬儀での神格化するような特別扱いは、ダイアナ元妃がマザー・テレサ†と並ぶ現代の女神であったことを示している。

キーワード：女神化、プリンセス

参考文献：松村一男『神話思考Ⅱ』言叢社，2013年，「女神になったダイアナ」．

ドロシー・ゲイル　Dorothy Gale

名前の意味・神格・属性：ドロシーはドロテア Dorothea の愛称。ドロテアはより古いテオドラ Theodora「神からの贈り物（の子）」を倒置した形。ゲイル Gale は、元来は Gael で、「ゲール人」つまり「スコットランド人（あるいはケルト人）」という名前。アメリカ人作家フランク・バウム Frank Baum（1856-1919年）のファンタジー『オズの魔法使い（*The Wonderful Wizard of Oz*）』（1900年）の主人公の少女。

概要：原作と以下で述べる映画とでは違いがある。映画の方が広く知られているので、映画版を基本として紹介し、原作が異なっている個所はカッコで注記する。アメリカ中西部カンザス州の草原に、両親のいない少女ドロシーはオジオバ夫妻〔原作ではドロシーは孤児、orphan〕とその三人の使用人たちと住んでいた〔原作では使用人はいない〕。サイクロン（竜巻）でドロシーは愛犬トートーと一緒に家ごと巻き上げられ、見知らぬ土地に落ちる。するとマンチキンという小人たちと善良な北の魔女が現れ、ドロシーが邪悪な東の魔女を退治してくれたとお礼を述べる。落ちてきた家が魔女を下敷きにして退治したのだった。ドロシーは北の魔女から、ここは魔法使いオズの支配する国で、東西南北四つの王国に分かれており、中央にはエメラルドの都があって、オズが住んでいるから、オズに頼めば、カンザスに帰れるかも知れないと教えられ、死んだ東の国の魔女の履いていたルビーの靴〔原作では銀の靴〕を履いてオズに会いに出かける。途中で脳ミソのほしい案山子、心のほしいブリキの木こり、そして勇気のほしい気の弱いライオンが加わって様々な苦難を乗り越えてエメラルドの都にたどり着く。オズは一行に難題を課すが、みんなで協力してついにそれぞれがほしかったものを手に入れ、ドロシーも愛犬と共に故郷に戻る。目が覚めると彼女は元の家の自分のベッドに寝ていて、オジオバ夫妻も使用人たちも心配そうにドロシーのことを見ている。ドロシーはサイクロンで気を失って、オズの国とはドロシーの夢だったとされる。案山子、ブリキの木こり、ライオンは三人の使用人と同じ顔をしている〔原作では三人の使用人はいないからその場面はないし、夢ではない〕。

1939年にはジュディー・ガーランド（1922-1969年）がドロシーを演じる同題のカラーのミュージカル映画が製作された。主題歌「オーバー・ザ・レインボー」はアカデミー賞を受賞した。上記のように映画は原作を変更している部分がある。確かにドロシーは

「お家よりいいところはないわ」(There is no place like home)と言うが、カンザスは原作では暗い(dark)世界である。原作者バウムは中西部の農民たちの貧しい生活と孤独な孤児の心情も描こうとしているが、大衆娯楽としての映画ではふさわしくないとされ、貧しさや孤独はあまり描かれていない。それでも映画ではオズの国はカラーで、そしてカンザスはモノクロで撮られていて、両者の違いを示している。

ドロシーはオデュッセウスのように故郷に戻ることを切望する。そしてそのためにやはり欠如を解消することを求める男の存在を次々と仲間に加え、魔女退治の難題を協力して解決する。男にとっての守護女神的少女として、ドロシーはアテナ†やジャンヌ・ダルク†とも比較できるだろう。また、受身で待ち続け、最後に王子様に見出されてハッピーエンドとなる伝統的なヨーロッパの昔話のヒロインたち(シンデレラ†、白雪姫†)と異なり、現代アメリカのヒロインであるドロシーは勇気と知恵を使って自らの力で帰還の望みを実現させている。それが原作も映画も古典として長く愛され続けている理由かも知れない。そのたくましい姿は宮崎駿のヒロイン、ナウシカ(風の谷の)†とも共通するものがある。

キーワード：少女、冒険、難題、魔女退治、帰還

参　考　文　献：Nathanson, Paul, *Over the Rainbow: The Wizard of Oz as a Secular Myth of America*, State University of New York Press, 1992；Attebery, Brian, *The Fantasy Tradition in American Literature*, Indiana University Press, 1980, chap.5, "Oz", pp. 83-108；ザイプス，ジャック『おとぎ話が神話になるとき』吉田純子／阿部美春訳，紀伊國屋書店，1999年，第5章「アメリカの神話としてのオズ」。

ハイジ（アルプスの少女） Heidi
名前の意味・神格・属性：アーデルハイト Adelheid という名前の愛称。adelは「高貴、貴族の」の意。スイスの作家ヨハンナ・シュピリ（又はスピリ）Johanna Spyri（1827-1901年）の児童文学作品『ハイジ（*Heidi*）』(1880-1981年)の主人公。日本では1974年に一年間放送されたアニメ「アルプスの少女ハイジ」によって広く知られることになった。

概要：舞台はスイス南東部グラウビュンデン州マイエンフェルト周辺。オーストリアやリヒテンシュタインとの国境。幼い頃両親を亡くした五歳の少女ハイジはおば(亡き母の妹)デーテによって村を離れて山の上に一人住んでいる父方の祖父アルムじいさんに預けられる。ヤギ飼いの少年ペーターやその祖母とも知り合いになり、ハイジの明るい性格によってみな癒される。三年後、おばのデーテがハイジをドイツのフランクフルトに住む大金持ちの家の娘クララの遊び相手にしようとやって来て、なかば強引にハイジを連れ去る。クララはハイジより年上だが、病弱で歩くことができない。ハイジはクララの喜びとなるが、都会での生活は自然の中で暮らしてきたハイジには辛く、彼女は夢遊病になってしまう。クララの主治医のクラッセンはハイジを診察し、山に帰すことが必要だと宣言する。ハイジは再び故郷に戻ることができ、元気を取り戻す。やがてクララもスイスにやって来て、そこでの暮らしがすっかり気に入る。そしてハイジとペーターの力を借りて、一人で歩けるようになる。

幼くして孤児となるか両親が亡くなって、親族あるいは他人に引き取られて育った少女が、逆境にもめげずにその明るい性格で周囲に幸福をもたらすというパターンは、ドロシー・ゲイル†、アン・シャーリー†、ナウシカ†などに共通する。人々が少女の理想像として描く姿とその神話に合致するのであろう。そしてそれは少女たち自身にとっても神話モデルなのだろう。なお、現実のスイスは長らく資源に乏しい、険しい山だらけの貧しい国というイメージで見られていたが(男たちは傭兵として雇われていた)、この作品ではスイスの山での牧歌的な生活が都会から来た人々の心を浄化するさまが描かれスイスの聖化が行われている。『ハイジ』はスイス人の国民神話でもある。

アニメとの相違点としては、祖父が「アルムおんじ」と呼ばれること、そして彼がヨーゼフという名のセント・バーナード犬を飼っていることなどがある（原作には登場しない）。ただし犬については、1937年にハリウッドで子役スターのシャーリー・テンプルを主人公に作られた映画ですでに登場している。

参考文献：ヴェスメール，ジャン＝ミシェル『ハイジ神話——世界を征服した「アルプスの少女」』川島隆訳, 晃洋書房, 2015年; ちばかおり・川島隆『図説アルプスの少女ハイジ』河出書房新社, 2013年; ビュトナー, ペーター『ハイジの原点』川島隆訳, 郁文堂, 2013年.

ビアトリクス・ポッター　(Helen) Beatrix Potter

名前の意味・神格・属性：英国ロンドンに生まれる。画家・児童文学作家。

概要：（1866-1943年）豊かだが厳格な家庭に育ったため正式の教育を受ける機会には恵まれなかったが、幼い頃から動植物に関心があり、生物学者になることを夢見たが叶えられず、動物を主人公としたイラスト入りの物語を書くようになり、1900年に私家版で発表して以来、『ピーター・ラビット』（1902年）などの彼女の作品は世界中でベストセラーとなった。その後彼女は環境問題に関心を深め、湖水地帯を開発から防ぐため私費で土地購入を進めた。これがナショナル・トラスト運動の基となった。人間のように話したり行動したりする動物は神話にも昔話にもたくさんいるが、ポッターは獣の女主人アルテミス†のごとく、彼女の生み出した人間くさい身近な動物キャラクター（ウサギ、ネコ、ネズミ、カエル、フクロウ、リス、キツネ、ハリネズミ）を駆使して、現代にふさわしい新たな動物神話を創造した。

キーワード：女主人（小動物の）

参考文献：レイン, マーガレット『ビアトリクス・ポッターの生涯』猪熊葉子訳, 福音館書店, 1986年; 坂井妙子『おとぎの国のモード』勁草書房, 2002年; 矢野智司『動物絵本をめぐる冒険』勁草書房, 2002年.

フローレンス・ナイチンゲール　Florence Nightingale

名前の意味・神格・属性：近代看護学確立の功労者。苦しむ者を救う天使的イメージを付与される看護師の代名詞となる。Florenceはラテン語 flor, floris「花」に由来し、フランス語を経て英語に入った女性名。イタリアの都市フィレンツェも同じくラテン語に由来するので、この都市の英語名としても用いられている。姓の Nightingale は同名の鳥（ヨナキドリ）と同じ綴り。night + *galan「唄う」。ドイツ語では Nachtigall。

概要：（1820-1910年）クリミア戦争での負傷兵たちへの献身や統計に基づく医療衛生改革で著名。1854年にクリミア戦争が勃発したが、前線での負傷兵の扱いが悲惨であると知ると、同年自ら志願して38名の看護師を率いて看護婦として従軍した。その働きぶりから「クリミアの天使」と呼ばれた。看護師を「白衣の天使」と呼ぶのは、ナイチンゲールに由来する。イギリスの看護婦、近代看護教育の母。

キーワード：女神化

参考文献：湯槇ます監修, 薄井坦子他編訳『ナイチンゲール著作集』現代社, 1974年, 75, 77頁.

⇒マザー・テレサ

ヘレン・ケラー　Helen Adams Keller

名前の意味・神格・属性：アメリカの社会運動家、著述家、講演家。アメリカ南部のアラバマ州に生まれる。

概要：（1880-1968年）二歳の時に猩紅熱に罹り、その結果、全盲で聾となる。そのため言葉も話せなかった。しかし家庭教師のアン・サリヴァンによって読み書き話すことを学ぶ。ハーヴァード大学女子部のラドクリフ・カレッジを最優秀の成績（cum laude）で卒業し、盲聾者の教育や社会生活改善のための基金を集める講演活動を世界各地で行った。サリヴァンとの出会いと両者の苦闘は『奇跡の人』（the Miracle Worker）という題で1959年に舞台化され、1962年には映画化された。「奇跡の人」は日本でも数多く上演さ

れている。
キーワード：奇跡
参考文献：ケラー，ヘレン『奇跡の人 ヘレン・ケラー自伝』小倉慶郎訳，新潮文庫，2004年．

マザー・テレサ　Mother Teresa
名前の意味・神格・属性：「マザー」は指導的立場にある修道女への敬称で、「テレサ」は修道名。テレサという名は起源が明確でないが、16世紀スペインの修道女でカルメル会を改革した聖女アヴィラ Avila のテレサが有名。その後、オーストリアの大公妃マリア・テレジア（1717-1780年）もこの名であった。
概要：（1910-1997年）現在はマケドニアになっている当時のオスマントルコでルーマニア系少数民族のアルーマニア人の父とアルバニア人の母の間に生まれる。本名はアルーマニア語でアグネサ／アンティゴナ・ゴンジャ・ボヤジ（Agnesa/Antigona Gongea Boiagi）、アルバニア語ではアグネス・ゴンジャ・ボヤジュ（Agnesë Gonxhe Bojaxhiu）。カトリック教会の修道女で修道会「神の愛の宣教者会」の創立者。

カトリック教会の福者。若いころからコルカタ（カルカッタ）で始まった貧者のための活動をした。「死者の家」をはじめとする福祉活動は後進の修道女たちに継承されている。生前からその活動は高く評価され、1979年にノーベル平和賞を受賞。1997年死去。2003年、当時の教皇ヨハネ・パウロ2世によって列福された。
キーワード：聖女
参考文献：和田町子『マザーテレサ』清水書院，1994年．
⇒ダイアナ元妃、フローレンス・ナイチンゲール

マドンナ　Madonna
名前の意味・神格・属性：1958年にアメリカ、ミシガン州ロチェスターのイタリア系家族にマドンナ・ルイーズ・ヴェロニカ・チッチョーネとして生まれる。本名のマドンナ[†]（聖母マリアの尊称の一つ「我らが貴婦人」）をそのまま芸名としたもの。
概要：ダンサーから歌手に転じ、1985年に「ライク・ア・ヴァージン」が大ヒットした。また同年、映画『マドンナのスーザンを探して』もヒットし、女優としても地位を固めた。1996年の映画『エビータ』ではエヴァ・ペロン[†]役をやり、また主題歌「エビータ」（Don't cry for me, Argentina）も歌った。英語圏で「ヴァージン」といえば「聖処女」マリア[†]を指すが下着姿で「マリアのように」と歌う性的逸脱は、新しい現代の女神のアイコン（セックス・シンボル）として人々に衝撃を与えた。セックス・シンボルとしてマリリン・モンロー[†]の系譜を継承していると考えられ、クール・ビューティー系のグレース・ケリー[†]や妖精系のオードリー・ヘップバーン[†]と対比をなす。
キーワード：反対物の一致、セックス・シンボル
参考文献：アンダーセン，クリストファー『マドンナの真実』小沢瑞穂訳，福武書店，1992年．
⇒マグダラのマリア

マリー・アントワネット　Marie Antoinette
名前の意味・神格・属性：ドイツ語名 Maria Antonia のフランス名。庶民によって捕らえられて死刑とされた悲劇の女王。
概要：（1755-1793年）フランス国王ルイ十六世の妃。夫と共にフランス革命によってギロチン刑で亡くなる。オーストリア・ハプスブルグ帝国の皇帝の王女マリア・アントニアとしてウィーンに生まれ、15歳でフランスの王子に嫁ぐ。世間知らずのお嬢様でヴェルサイユに農家を作って農風の生活をするなど浪費を重ね、フランス革命の一因となる。日本では池田理代子の漫画『ベルサイユのばら』が宝塚の舞台と共に大ヒットしたことが彼女の存在を大きく印象付ける要因となった。
キーワード：女王（悲劇の）
参考文献：安達正勝『マリー・アントワネット』中公新書，2014年；石井美樹子『マリー・アントワネット』河出書房新社，2014年．

マリリン・モンロー　Marilyn Monroe
名前の意味・神格・属性：本名ノーマ・ジーン・モーテンセン Norma Jean Mortensen。アメリカ、カリフォルニア州ロサンゼルス生まれ。スクリーンの女王、セックス・シンボル。マリリンはマリア（メアリー）の愛称形の一つ。モンローはケルト系の苗字で、アメリカ第五代の大統領（1817-1825年）に彼の名を冠したモンロー主義で有名なジェイムズ・モンローがいる。マリリンとmの音が続く語調の良さで選ばれた苗字か。

概要：（1926-1962年）私生児で、養護施設で育った。『百万長者と結婚する方法』（How to Marry a Millionaire, 1953年）、『紳士は金髪がお好き』（Gentlemen Prefer Blondes, 1953年）、『七年目の浮気』（The Seven Year Itch, 1955年）、『お熱いのがお好き』（Some Like It Hot, 1959年）などのコメディー風作品でセクシーな女性を演じた。スターとなる以前のヌード写真、大リーガー・ジョー・ディマジオや作家ヘンリー・ミラーとの結婚、地下鉄の風で舞い上がるスカートの写真、ケネディー大統領との醜聞、全裸での自殺など多くの話題を提供したが、そのコケティシュな演技やセクシーな微笑みは今でも多くの熱烈な男性ファンを持ち、女神のように崇拝されている。アンディー・ウォーホールによる彼女の顔写真のシルクスクリーン作品はポップ・アートの代表作。同じ映画女優ではマドンナが同じセクシー派に属し、清純派のグレース・ケリー[†]や妖精派のオードリー・ヘップバーン[†]とは対照的。

キーワード：セックス・シンボル
参考文献：亀井俊介『マリリン・モンロー』岩波新書，1987年．
⇒マドンナ

あとがき

本書には三人の編者がいる。それぞれに思いがあるので、一人が代表してあとがきを書くのではなく、三人別々に書くようにした。

     *

編集を終えて
松村一男

私が編者に加わることになった経緯から述べたい。森雅子さんとはかれこれ三十年近くになる長いお付き合いである。森さんは昔から女神に関心があり、女神についてのご自身の著作(『西王母の原像』、『神女列伝』、ともに慶應義塾大学出版会)はもちろん、女神についての大冊の翻訳(『世界女神大全』Ⅰ、Ⅱ、原書房)や、アジアの女神についての論文集兼小事典(『アジア女神大全』、青土社)も企画されてきた。そしてその延長として、韓国神話の依田千百子先生や日本神話の古川のり子先生と語りあって、この女神事典を構想されたと伺っている。当初は翻訳の可能性も検討されたが、海外の女神事典は漢字文化圏への目配りが不十分で、それについては新たに項目を立てて書かねばならないということが明らかになった。それなら全編オリジナル原稿で作ってはということになったが、諸般の事情で依田先生と古川先生は編者を辞退されたので、お二人に代わって私が加わり、そしてより若くて新しい感覚の女神像を提示してくれることを期待して沖田瑞穂さんにも参加していただくことになった。

当初の私の考えでは、企画には協力するけれど、女神の事典らしく執筆はすべて女性に委ねるというものであった。しかし二つの点からこの理想は叶わなかった。理由の一つは私の名前が編者の中にあった方が少しは余分に売れるだろうという出版社からの指摘だった。昨今の出版事情の中で出版してもらうのだから、我々には出版社には大いに恩義がある。ということで私も執筆者に加わり、ゲルマン、新旧約聖書、キリスト教の聖女、近現代の女神などいくつかの分野を書くことになった。もう一つはケルト神話の女神については渡邉浩司先生以上の、オセアニア神話については後藤明先生以上の、道教神話については櫻井龍彦先生以上の、そしてイラン神話については青木健先生以上の適任者がいないというのが編集委員三人の一致した意見だったので、男性だが四先生にも執筆ををお願いした。そうした私も含めた五名の例外はあるが、その他の十二名は女性執筆陣である。これはアカデミズムにおけるジェンダー・バイアスが指摘されている折に大いに誇ってよいことだと思う。

編者の一人としてこの事典で試みたことはもう二つある。

一つは以前にやはり私が編者となって作った『神の文化史事典』(白水社)での項目のスタイルを踏襲したことである。そのスタイルは元々私が考えて提案したものだから、自分ではそれが事典項目としては最も優れていると自負しており、今回もそのスタイルを執筆者に求めた。特徴は語源の重視、概要の書き方の統一、タイプ分類・出典箇所・参考文献などの明示、そして関連他項目の指示などである。つまり関心を持った女神について他の女神と比較したり、原典に遡ったり、参考文献でより詳しく調べたりすることを容易にするスタイルである。これは自分が各種の神話事典を利用しながら、これまでもどかしく感じていた点を解消しようとしたものだ。

もう一つの私の主張は、従来の女神観を打破して、幅広い分野から「女神」を取り入れ

ようというものだ。旧約聖書・新約聖書の女性、キリスト教の聖女、伝説化した女性たち、芸術作品に登場する存在なども項目に取り上げてみた。もちろん、これには賛否両論があると思う。しかし新しい時代の新しいタイプの女神像を提案することは試みる価値がある企てではないだろうか。もっとも、そうして書かれたこれまでにない新しい項目には、まだ未熟さもあるだろう(少なくとも自分で書いていた項目についてはそう感じている)。だがそれでも、とにかく我々は新しい時代の女神研究のパイオニアとしての役割は果たしえただろうと密かに誇りに思っている。

*

あとがきに代えて
森 雅子

　五月末のある日に、その知らせは届いた。
「前略　悲しいお知らせがあります。依田千百子先生がご逝去なさいました。五月十九日、縁者がご自宅マンションを訪ねたところ、既にお亡くなりになっていた由。火葬だけ済ませ、葬儀は執り行われなかったと、縁者より大学の事務室に連絡があったそうです。私は学部の現職教員のメールで知りました。個人的にも親しくして頂いたので、深い悲しみを覚えます。今は依田先生のご冥福をお祈りするばかりです。不一」
　摂南大学の谷口義介先生からのそのはがきを手にしたまま、しばらく呆然と立ち尽くした。数日前、依田先生からは『世界女神大事典』に取り上げる図版のこと、これから伝説や昔話が西欧から朝鮮に伝えられたルートや時代、もたらした民族(ソグド人)の研究をする予定なのだけれど、あと二十年、せめて十年の時間が残されていますようにという、生涯現役で仕事に取り組む言葉で結ばれたお手紙を頂いたばかりであった。
　数年前に腰骨骨折で入院されて以来、首まで固めたコルセットが苦しげで、学会に出ていらしてもしばしば中座し、外のベンチで横になっていらっしゃったけれど、激しい痛みや体調不良のことは一言もこぼさず、私はいつも彼女におだてられ、叱咤激励されて前回の『アジア女神大全』(青土社)を編み、今回の『世界女神大事典』の仕事に着手してきたのであった。編者としては、在京ということで私の名前が挙げられているが、実質的には私と依田先生は一心同体であり、言い換えれば二人で一人前でもあった。
　「これが完成したら、次は『世界英雄大事典』を創りましょうね!」と目をキラキラさせていた依田先生が一人で、誰にも気づかれないままひっそりと旅立ったこと、またあんなにも楽しみにしていた『世界女神大事典』の完成を待てなかったことが痛烈に悲しく、今も私には彼女におくる別れの言葉、適切な追悼の辞が浮かんでこない。ただ、学問の道に進んでから初めて出逢った親友を、最愛の同志を喪ったこと、私はこれからも彼女に話しかけ、いつものように神話や伝説の夢を語り、郵便箱の音がすると筆まめだった先生の手紙が着いたのではないかと思ったりするのであろうことだけは確かである。
　依田先生、あなたの棲んでいるところにも郵便局はありますか。郵便配達夫は私の言葉を届けてくれますか。

*

女神の力
沖田瑞穂

　まずはじめに、若輩の私が本事典の編集に加わることができたのは、松村一男先生、森雅子先生のご推薦によるものである。記して感謝申し上げる。
　本事典では、女神の概念を広く取っている。人類最古の信仰の一つである女神信仰が、古代神話だけでなく現代にまで命脈を保っているという考えのもと、様々な分野の女性を女神として分析することを試みた。これを契機として、今後検証が始まることを願う。
　本事典の構想がまとまり、執筆が始まった頃、母が亡くなった。亡くなる二週間前からベッドに付き添った。母は、朧朧とした意識

の中、私を呼んで頭を抱き寄せ、娘に最後の、そして最大の愛情を示してくれた。全てを浄化し、今後永遠に私を守ってくれる母の愛だと思った。

　女神信仰の背景には、このような母の愛があるのかもしれない。

　最後に、編集委員および執筆者一同より、原書房の大西奈已さんに篤く御礼申し上げる。各地域の担当者への執筆依頼にはじまり、原稿の回収、時には催促、編集委員と執筆者間の連絡、調整、細かい表記の統一、索引の作成など、大西さんのご尽力なくしては本事典の完成は見られなかったであろう。

索　引

キーワード索引

神名索引

索引

略記表

索引中の省略表記は、以下の該当地域を示す。

アイヌ	［アイ］	児童文学とメルヘン	［児］
アイルランド	［Ir］	シベリア	［シ］
アーサー王	［王］	新約聖書	［新］
アラビア	［Ar］	スラヴ	［ス］
イラン	［イ］	その他のケルト	［ケ］
インド	［印］	中国	［中］
インドネシア	［尼］	朝鮮半島	［朝］
ウェールズ	［ウ］	道教	［道］
エジプト	［エ］	日本	［日］
沖縄	［沖］	ネイティヴアメリカン	［ネ］
オーストラリア	［オ］	ファンタジー	［フ］
オペラ	［Op］	仏教	［仏］
ガリア	［ガ］	ポリネシア	［ポ］
カレワラ	［カ］	ミクロネシア	［ミ］
旧約聖書	［旧］	女神的存在	［存］
ギリシア・ローマ	［GR］	メソアメリカ	［MA］
キリスト教の聖女	［キ聖］	メソポタミア	［MP］
ゲルマン	［ゲ］	メラネシア	［メ］
ゲルマン小女神	［ゲ小］		

キーワード索引 目次

神話のモチーフや話型のキーワードから項目を引くことができる

1 超自然的存在 570

神 570
先祖 575
妖精・精霊・妖怪・怪物など 575
悪魔・悪神 576
英雄・文化英雄・トリックスター 576

2 時間 576

起源・原初 576
季節 577
一年 577
一日 577
時間 577

3 環境 577

異界 577
自然 578
天体 579
土地 580
世界 580
災害 580

4 生物と無生物 580

植物 580
食物 580
動物 581
鳥／哺乳類／家畜／両生類／虫・クモ類／爬虫類／海の生物 物 582
鉱物／食物／儀式／道具／その他

5 身体 583

身体 583
容姿 583
生死 584

6 女性と性 584

男神との関係 584
女性 585
生殖・出産・誕生 586
性 587
男女 587
結婚・夫婦・家庭 588
家族／家庭／養育

7 活動 589

生成・変化 589
創造／創作・製作／変化
行動 590
争い／破壊

8 生業 591

農耕・牧畜・採集 591
職業 591

9 権力 591

王族 591

10 法・契約・審判 592

11 精神 592

感情・能力・神徳 592
愛情／知恵／その他

概念 594
言葉／タブー／抽象概念／善悪／受難

12 宗教 594

儀礼 594
祭儀 595
聖性 595
超常現象 595
利益・加護 595
運／運命／利益／加護：技術・芸術／加護：病気・治癒・医療

13 魔術 596

占い・予言 596
魔術 596
呪術 597

14 数 597

15 理論 597

話型 597

索引

1 超自然的存在

神

愛の女神　ウェヌス［GR］
　　　　　シェヴン［ゲ小］
　　　　　フリッグ［ゲ］
　　　　　ジェフ［イ］
雨水の女神　雲帝夫人［朝］
　　　　　　鵄述嶺神母［朝］
安産の女神　アン・シャーリー［児］
生き神　クマリ［印］
　　　　ユタ［沖］
泉の女神　ダモナ［ガ］
姥神　アペフチ・カムイ［アイ］
　　　トウールママ［シ］
　　　ポージャ／プジャ［シ］
海の女神　アムピトリテ［GR］
　　　　　イノ［GR］
　　　　　テティス［GR］
　　　　　テテュス［GR］
　　　　　媽祖［道］
　　　　　ラーン［ゲ］
運命の女神　　　ヴィダートリ［印］
　　　　　ウルズ［ゲ］
　　　　　ダートリ［印］
　　　　　ノルン（ノルニル）［ゲ］
　　　　　マナート［Ar］
恐るべき女神　　荒れ地の魔女［フ］
　　　　　カーリー［印］
　　　　　チャームンダー［印］
　　　　　夜の女王［Op］
女主人　ロウヒ［カ］
女主人（小動物の）　ビアトリクス・ポター［存］
火山の女神　ペレ［ポ］
河川女神　アナーヒター［イ］
　　　　　イカウナ［ガ］
　　　　　サティス［エ］
　　　　　湘妃［中］
　　　　　ステュクス［GR］
　　　　　ソティス［エ］
　　　　　洛神［中］
厠神　紫姑［道］
首つりの女神　マヤの「女神Ⅰ」［MA］
航海の守護女神　プレイアデス［GR］

弁才天［沖］
ムナカタサンジョシン［日］
鉱山の女神　カナヤマビメ［日］
穀物女神　アシュナン［MP］
　　　　　鵄述嶺神母［朝］
　　　　　デヴィ・スリ（スリ）［尼］
　　　　　デメテル［GR］
　　　　　ニサバ［MP］
　　　　　ニンイシンナ［MP］
　　　　　ニンリル／ムリッス［MP］
　　　　　ヌンシェバルグヌ［MP］
　　　　　柳花［朝］
護国神　護国三女神［朝］
最高女神　シャウシュガ［MP］
　　　　　ドゥルガー［印］
　　　　　ヘパト［MP］
魚の女神　テム・ママチャニ［シ］
　　　　　ヤ・ビャ［シ］
自然の主　カルマグダ［シ］
　　　　　カント・コル・カムイ［アイ］
　　　　　ハシナウ・コル・カムイ［アイ］
　　　　　ミエリッキ［カ］
死ぬ女神　ヴィオレッタ・ヴァレリー［Op］
　　　　　マノン・レスコー［Op］
死の女神　エレシュキガル［MP］
　　　　　ニルリティ［印］
　　　　　ヘル［ゲ］
　　　　　マナート［Ar］
　　　　　ムリトゥユ［印］
蛇神　エウリュノメ［GR］
守護女神　アスタルテ［MP］
　　　　　アスタルテ［エ］
　　　　　アッラート［Ar］
　　　　　アネクストロマラ［ケ］
　　　　　アリンナの太陽女神［MP］
　　　　　アルテミス［GR］
　　　　　アールマティ［イ］
　　　　　イナル［MP］
　　　　　イナンナ／イシュタル［MP］
　　　　　ウァジェト［エ］
　　　　　ウッザー［Ar］
　　　　　ガトゥムドゥグ［MP］
　　　　　九天玄女［中］
　　　　　グラ［MP］
　　　　　ゲシュティンアンナ［MP］
　　　　　サグジ・ママ／オムスン・ママ［シ］
　　　　　サティス［エ］

570

キーワード索引

	ジアイイク［シ］	沼河女神	ヌナカハヒメ［日］
	シワコアトル［MA］	勝利の女神	アンダルタ［ガ］
	スレウィアエ［ガ］		ニケ［GR］
	セクメト［エ］		ブリガンティア［ケ］
	セシャト［エ］	植物女神	アプロディテ［GR］
	セルケト［エ］		ショチケツァル［MA］
	タウェレト［エ］		チコメコアトル［MA］
	タシュメートゥ［MP］		フロラ［GR］
	ダムキナ［MP］		ペルセポネ［GR］
	テュケ［GR］		マノン・レスコー［Op］
	トシ［MA］		マヤウェル［MA］
	ナンシェ［MP］	食物女神	オホゲツヒメ［日］
	ニサバ［MP］		トヨウケ［日］
	ニンイシンナ［MP］		ニ・ポハチ［尼］
	ニンカシ［MP］		ハイヌウェレ［尼］
	ニンスン［MP］	処女神	アテナ［GR］
	ニンフルサグ［MP］		ヴィヴィアン［王］
	ネクベト［エ］		ウェスタ［GR］
	バウ［MP］		ドゥルガー［印］
	ピャートニツァ／パラスケーヴ・		ヘスティア［GR］
	ピャートニツァ［ス］		海娘［朝］
	ブホス女神とカルタシュ女神［シ］		もののけ姫／サン［フ］
	ヘスティア［GR］	処女性	カリスト［GR］
	ベレト・エカリム［MP］	処女母神	マリア［新］
	マフデト［エ］	水源の女神	イコウェラウナ［ガ］
	モーコシ［ス］	正義の女神	白雪姫［児］
	ヤ・ビャ［シ］	青春の女神	ヘベ［GR］
	ラマ［MP］	戦闘女神	アスタルテ［エ］
	ヲナリ神［沖］		アスタルテ［MP］
守護女神（馬の）	ドルワースパー［イ］		アッラート［Ar］
守護女神（英雄の）	ハーマイオニー・グレンジャー［フ］		アテナ［GR］
			アナト［エ］
守護女神（子どもの）	パッティニ［印］		アナト［MP］
守護女神（出産と子供の）	ウマイ［シ］		アナーヒター［イ］
守護女神（都市の）	ランカー［印］		アヌニトゥ［MP］
出産女神	エイレイテュイア［GR］		アプロディテ［GR］
	タングムエギ［朝］		アンドラスタ［ケ］
	熊女［朝］		イシュハラ［MP］
	臨水夫人［道］		イナル［MP］
狩猟女神	ディアナ［GR］		イナンナ／イシュタル［MP］
	パケト［エ］		ヴァルキューレ［ゲ］
少女王	景王陽子／中嶋陽子［フ］		ウッザー［Ar］
少女神	アリス［児］		カーリー［印］
	供王珠晶／蔡珠晶(［フ］		九天玄女［中］
	クマリ［印］		キュベレ［MP］
	景王陽子／中嶋陽子［フ］		グラ［MP］
	ナウシカ［児］		シャウシュガ［MP］

索引

戦闘女神　シャウシュガ［MP］
　　　　　女媧［中］
　　　　　シワテテオ［MA］
　　　　　西王母［中］
　　　　　セクメト［エ］
　　　　　ドゥルガー［印］
　　　　　ナウシカ［児］
　　　　　ナントスエルタ［ガ］
　　　　　ネウィン［Ir］
　　　　　ネメトナ［ガ］
　　　　　魃［中］
　　　　　ボドヴ［Ir］
　　　　　媽祖［道］
　　　　　マハ［Ir］
　　　　　メドヴ［Ir］
　　　　　モーガン・ル・フェイ［王］
　　　　　モリーガン［Ir］
　　　　　リタウィス［ガ］
善なる女神　アールマティ［イ］
　　　　　　ヴィーラ、サモヴィーラ［ス］
草原の女神　カヤノヒメ［日］
葬祭女神　イシス［エ］
　　　　　セルケト［エ］
　　　　　ヌト［エ］
　　　　　ネイト［エ］
　　　　　ネイト［エ］
　　　　　ネフティス［エ］
　　　　　ハトホル［エ］
創造女神　アウィテリン・ツタ［ネ］
　　　　　アグヌア［メラ］
　　　　　アマミキヨ［沖］
　　　　　アルル［MP］
　　　　　イルマタル［カ］
　　　　　エスタナトレーヒ［ネ］
　　　　　オメシワトル［MA］
　　　　　コヤングウティ［ネ］
　　　　　ソルムンデハルマン［朝］
　　　　　ダートリ［印］
　　　　　テオティワカンの大女神［MA］
　　　　　ネイト［エ］
　　　　　創造の母［シ］
創造女神（人間の）　オボハヅ［ミ］
大女神　荒れ地の魔女［フ］
　　　　イズー［王］
　　　　エーダイン［Ir］
　　　　エトネ［Ir］
　　　　デーヴィー［印］

　　　　ブリギッド［Ir］
　　　　マハ［Ir］
大地女（母）神　アルテミス［GR］
　　　　　アールマティ［イ］
　　　　　イザナミ［日］
　　　　　ヴァスダラー［仏］
　　　　　オプス［GR］
　　　　　ガイア（ゲー）［GR］
　　　　　キュベレ［MP］
　　　　　キュベレ［GR］
　　　　　ケレス［GR］
　　　　　堅牢地神后［仏］
　　　　　コアトリクエ［MA］
　　　　　后土夫人［道］
　　　　　サヨツヒメ［日］
　　　　　シーター［印］
　　　　　シワコアトル［MA］
　　　　　スセリビメ［日］
　　　　　ゼムリャー・マーチ［ス］
　　　　　仙桃聖母［朝］
　　　　　智異山聖母［朝］
　　　　　チェフーイト［ネ］
　　　　　チャチュンビ（慈充姫）［朝］
　　　　　デメテル［GR］
　　　　　トシ［MA］
　　　　　トラソルテオトル［MA］
　　　　　トラルテクトリ［MA］
　　　　　パパ［ポ］
　　　　　バンガム［シ］
　　　　　パンドラ［GR］
　　　　　ブーミ［印］
　　　　　プリトヴィー［印］
　　　　　ヘカテ［GR］
　　　　　ヘラ［GR］
　　　　　マイア［GR］
　　　　　マグナ・マテル［GR］
　　　　　マミ［MP］
　　　　　マヤウエル［MA］
　　　　　ヤ・ビャ［シ］
　　　　　ヤマンバ［日］
　　　　　熊女［朝］
　　　　　ヨルズ［ゲ］
　　　　　リタウィス［ガ］
　　　　　レア［GR］
　　　　　レト［GR］
　　　　　ローディーヌ［王］
太陽女神　イズー［王］

キーワード索引

	ウリウプラナラ［オ］	豊穣女神	アシェラ［旧］
	グラーネ［Ir］		アシェラ［MP］
	ヘパト［MP］		アシュトレト［旧］
	ベリサマ［ガ］		アスタルテ［MP］
太陽神の母	メヘトウェレト［エ］		アタルガティス［MP］
知恵の女神	ソフィア（ホクマー）［旧］		アッラート［Ar］
	ハーマイオニー・グレンジャー［フ］		アナ［Ir］
治癒女神	アスタルテ［エ］		アナト［MP］
	アナト［エ］		アプロディテ［GR］
	セクメト［エ］		アマツヲトメ［日］
	メレトセゲル［エ］		アマテラス［日］
月の女神	セレネ［GR］		アマルティア［GR］
天空女神	ケベフウェト［エ］		アヤ［MP］
	ヌト［エ］		アリンナの太陽女神［MP］
	ハトホル［エ］		アルティオ［ガ］
	メヘトウェレト［エ］		アルテミス［GR］
天の女神	ヘパト［MP］		アン・シャーリー［児］
道祖神	イザナミ［日］		イシュ・チェル［MA］
	ヘカテ［GR］		イナンナ／イシュタル［MP］
	媽祖［中］		ウッザー［Ar］
動物の女主人	アッラート［Ar］		エポナ［ガ］
	アルテミス［GR］		オプス［GR］
	アルドゥインナ［ガ］		オホゲツヒメ［日］
	カルマグダ［シ］		ガイア（ゲー）［GR］
	シュームスカ・マイカ［ス］		カデシュ［エ］
	スカジ［ゲ］		カルメン［Op］
	西王母［中］		キグヴァ［ウ］
	仙桃聖母［朝］		キュベレ［GR］
	ディアナ［GR］		キュベレ［MP］
	平那山の山女神［朝］		許黄玉［朝］
	ミエリッキ［カ］		クナピピ［オ］
都市女神	イナル［MP］		ゲヴィウン［ゲ］
	ニンフルサグ［MP］		ケリドウェン［ウ］
土地（の女神）	イヅヲトメ［日］		ケレス［GR］
	ヤガミヒメ［日］		后土夫人［道］
美神	ヴィーラ、サモヴィーラ［ス］		コストロマー［ス］
	カリス［GR］		サティス［エ］
	シュリー［印］		シャウシュガ［MP］
火の女神	キムレグト［シ］		シュリー［印］
	ジアイイク［シ］		ショチケツァル［MA］
	チセカッケマッ［アイ］		シロナ［ガ］
	トゴ ムスン［シ］		シロネン［MA］
	ヤ・ビャ［シ］		シワコアトル［MA］
美の女神	ウェヌス［GR］		ゼムリャー・マーチ［ス］
夫婦神	女媧［中］		耽羅国三姓始祖の妻［朝］
豊穣女神	アィイシート［シ］		チコメコアトル［MA］
	アシ［イ］		チャチュンビ（慈充姫）［朝］

573

索引

豊穣女神	チャルチウトリクエ［MA］		タニト［MP］
	ツァルパニトゥ［MP］		ダムキナ［MP］
	ディアナ［GR］		春楡媛（チキサニ）［アイ］
	テオティワカンの大女神［MA］		デア・ヌトリクス［ガ］
	テテュス［GR］		ディティ［印］
	デメテル［GR］		ナウシカ［児］
	トヨウケ［日］		ニンスン［MP］
	ナルンテ［MP］		ニンフルサグ［MP］
	ナントスエルタ［ガ］		ハンナハンナ［MP］
	ニンガル［MP］		白衣観音［仏］
	ニンリル／ムリッス［MP］		仏眼仏母［仏］
	ネハレンニア［ガ］		マートリカー［仏］
	バウ［MP］		マトレス［ガ］
	ハウメア［ポ］		マトロナ［ガ］
	ハトホル［エ］		メーナー［印］
	ハーリーティー［仏］		メリュジーヌ［ケ］
	パンドラ［GR］		モドロン［ウ］
	ハンナハンナ［MP］		モリー・ウィーズリー［フ］
	フォルトゥナ［GR］		夜の女王［Op］
	フッラ［ゲ小］		リリー・ポッター［フ］
	ブホス女神とカルタシュ女神［シ］	水の女神	閼英［朝］
	フロラ［GR］		アナーヒター［イ］
	ヘラ［GR］		アーパス［印］
	ヘレネ［GR］		イシュ・チェル［MA］
	マヤウエル［MA］		コウェンティナ［ケ］
	ヤクシー［仏］		シュオヤタル［カ］
	ヤリーラ［ス］		スショーバナー［印］
	瑤姫［中］		ダユ［ケ］
	ヨロヅハタトヨアキツシヒメ［日］		ミツハノメ［日］
	レア［GR］		洛神［中］
	レト［GR］		柳花［朝］
	レネヌテト［エ］	森（の女主人）	ミエリッキ［カ］
	ロスメルタ［ガ］		もののけ姫／サン［フ］
	ローディーヌ［王］	山の女神	ウムカヒヒメ［日］
母神	アディティ［印］		雲帝夫人［朝］
	アルル［MP］		護国三女神［朝］
	荒れ地の魔女［フ］		コノハナノサクヤビメ［日］
	ヴィシュヴァ・マーター［仏］		サヨツヒメ［日］
	ヴィナター［印］		鵄述嶺神母［朝］
	エインガナ［オ］		スカジ［ゲ］
	エトネ［Ir］		西王母［中］
	エポナ［ガ］		仙桃聖母［朝］
	カドルー［印］		智異山聖母［朝］
	羲和［中］		平那山の山女神［朝］
	鵄述嶺神母［朝］		碧霞元君［道］
	七母神［印］		メーナー［印］
	四仏母四明妃［仏］	雷神	電母［道］

キーワード索引

		ドドーラ［ス］	怪力	サンアイ・イソバ［沖］
		イナル［MP］	鬼女	ヴェーシュチナ［ス］
霊導神		バリ公主［朝］	巨人	アングルボザ［ゲ］
老女神		チャームンダー［印］		ウワブ［ミ］
		テナヅチ［日］		セドナ［ネ］
老母神		イシュ・チェル［MA］		ソルムンデハルマン［朝］
人頭蛇身		モーガン・ル・フェイ［王］		智異山聖母［朝］
			巨人の娘	スカジ［ゲ］
先祖			クモ女	コヤングウティ［ネ］
			穀物（穀霊）	あれ［沖］
女先祖		ナンム［MP］		ヨロヅハタトヨアキツシヒメ［日］
始祖		メリュジーヌ［ケ］	守護（霊）	ヴァルキューレ［ゲ］
		タングムエギ［朝］	人首（頭）蛇身	女媧［中］
始祖（王朝の）		甄萱の母［朝］	人頭蛇身	アグヌア［メラ］
始祖（都市の）		リブーシェ［ス］		メリュジーヌ［ケ］
始祖母		姜嫄［中］	精霊	ダプネ［GR］
		シュムカネ［MA］		ナイアス［GR］
		簡狄［中］		ニンフ［GR］
祖先		ジャラトカール［印］		バーバ［ス］
祖先（神）		エーリウ［Ir］		ヘスペリデス［GR］
		バンヴァ［Ir］		ポルードニツア［ス］
祖先崇拝		ゼムリャー・マーチ［ス］		ルサールカ［ス］
祖先母		アグヌア［メラ］	仙女	何仙姑［道］
		カーラカー［印］	天女	アドリカー［印］
		エインガナ［オ］		アプサラス［印］
		プローマー［印］		アマツヲトメ［日］
		アディティ［印］		アマテラス［日］
		リゴアププ［ミ］		アマテラス［日］
名祖		ウェルベイア［ケ］		アンジャナー［印］
		エーリウ［Ir］		ヴァルガー［印］
		ノレイア［ケ］		ウルヴァシー［印］
		バンヴァ［Ir］		グリターチー［印］
		フォードラ［Ir］		四姉妹天女（四波羅蜜）［仏］
		プレイアデス［GR］		トヨウケ［日］
		ボアンド［Ir］		飛天［仏］
		マハ［Ir］		メーナカー［印］
				ランバー［印］
妖精・精霊・妖怪・怪物など			人魚	エウリュノメ［GR］
				人魚姫［児］
怪物		ガラテイア［GR］	白鳥（処女）	織女［中］
		グレンデルの母［ゲ小］	半人半獣	西王母［中］
		ゴルゴン［GR］	人喰い	ヴェーシュチナ［ス］
		ソフィア（ホクマー）［旧］		クナピビ［オ］
		ヘスペリデス［GR］		セドナ［ネ］
怪物の母		アングルボザ［ゲ］		ハウメア［ポ］
		エキドナ［GR］		ハーリーティー［仏］
		グレンデルの母［ゲ小］		ヤクシー［仏］

索引

人喰い	羅利女［仏］	
亡霊	今女［沖］	
	カンツメ［沖］	
魔女	ヴィヴィアン［王］	
水の精	ルサールカ［ス］	
水の母	アク・エネ［シ］	
	イルマタル［カ］	
夢魔の女王	モーガン・ル・フェイ［王］	
	モリーガン［王］	
妖怪	ルサールカ［ス］	
妖女	クリティヤー［印］	
	モーガン・ル・フェイ［王］	
妖精	シンデレラ［児］	
	眠れる森の美女［児］	
	メリュジーヌ［ケ］	
	モーガン・ル・フェイ［王］	
竜	ウルーピー［印］	
	カドルー［印］	
	准胝観音［仏］	
	ミツハノメ［日］	
竜殺し	クシナダヒメ［日］	
竜女	ジャラトカール［印］	
	鶩旻義［朝］	
竜（との戦い）	聖女マルガレタ［キ聖］	
霊魂（導師）	エポナ［ガ］	
	モーガン・ル・フェイ［王］	

悪魔・悪神

悪神	ホーセデム［シ］	
	ロウイアタル［カ］	
悪神（冥界）	ロウヒ［カ］	
悪の女神	アーズ［イ］	
悪の妖精	バリカー［イ］	
悪魔	アスタルテ［MP］	
	カーラカー［印］	
	キュベレ［MP］	
	他化自在天女［仏］	
	ブローマー［印］	
悪鬼	羅利女［仏］	
悪魔の神格化	羅利女［仏］	
悪魔の母	ディティ［印］	
悪霊	ケル［GR］	
鬼神（デーモン）	ラマシュトゥ［MP］	

英雄・文化英雄・トリックスター

救国者	エステル［旧］	
	ユディト［旧］	
トリックスター	リータ・スキーター［フ］	
	アマノサグメ［日］	
	リータ・スキーター［フ］	
文化英雄	女媧［中］	

2　時間

起源・原初

天地分離	キ［MP］	
死の起源	オボハヅ［ミ］	
	ハイヌウェレ［尼］	
人類・万物の創造	女媧［中］	
人類の起源	エインガナ［オ］	
	リゴアブブ［ミ］	
	アディティ［印］	
	ヤミー［印］	
原初	シ・ボル・デアック・パルジャル［尼］	
原初（の水）	アーパス［印］	
原初（の動物）	エインガナ［オ］	
原初（の母）	ジャンカウ［オ］	
原初（女神）	アウズムラ［ゲ］	
	アディティ［印］	
	イアティク［ネ］	
	エインガナ［オ］	
	女媧［中］	
	ニュクス［GR］	
	ノコミス／ノコモス［ネ］	
	梵天女［仏］	
	ウワブ［ミ］	
	アグヌア［メラ］	
	アク・エネA［シ］	
原初の母	ワラムルングンジュ［オ］	
大地の創造	アク・エネ［シ］	
動物（の起源）	ローヒニー［印］	
食物の起源	デヴィ・スリ［尼］	
創造（女性美の）	ココ・シャネル［存］	
農耕（の起源）	耽羅国三姓始祖の妻［朝］	
	チャチュンビ（慈充姫）［朝］	
牧畜（の起源）	耽羅国三姓始祖の妻［朝］	
	チャチュンビ（慈充姫）［朝］	
戦争（の原因）	ドラウパディー［印］	
	ヘレネ［GR］	

キーワード索引

季節

春　アマノウズメ［日］
　　イヅシヲトメ［日］
　　エイレネ［GR］
　　コノハナノサクヤビメ［日］
　　フロラ［GR］
　　ペルセポネ［GR］
　　ヤリーラ［ス］
冬　イハナガヒメ［日］
　　白い魔女［フ］
　　ピーレ・ザン［イ］
冬至　カイル・イヴォルメト［Ir］
季節　イズー［王］
　　オルウェン［ウ］
　　グウィネヴィア［王］
　　サヨツヒメ［日］
　　デルドレ［Ir］
　　ファン［Ir］
　　ホーラ［GR］

一年

年　エスタナトレーヒ［ネ］
年　レネヌテト［エ］
十二か月　サヨツヒメ［日］
暦　シュムカネ［MA］

一日

夜明け　ドーン［ネ］
暁　アヤ［MP］
曙　ウシャス［印］
　　エオス［GR］
　　オルウェン［ウ］
　　ブランウェン［ウ］
　　ボアンド［Ir］
　　モリーガン［Ir］
　　リアンノン［ウ］
朝焼け　デンニーツァ［ス］
夕焼け　デンニーツァ［ス］
夜　ウパシュルティ［印］
　　黒闇天女［仏］
　　ニュクス［GR］
　　ヒナ［ポ］
　　ヘカテ［GR］
　　モドロン［ウ］
　　ラートリー［印］
　　リリス（リーリース）［旧］
夜（の女神）　夜の女王［Op］

時間

時間　黒闇天女［仏］
　　ホーラ［GR］

3　環境

異界

異界　グウィネヴィア［王］
　　ダユ［ケ］
　　ニアヴ［Ir］
異界（海上）　許黄玉［朝］
異界（海の国）　耽羅国三姓始祖の妻［朝］
異界訪問　翥旻義［朝］
　　水路夫人［朝］
　　バリ公主［朝］
常若の国　ニアヴ［Ir］
楽園　ニンカシ［MP］
　　ニンフルサグ［MP］
地下　エリニュス［GR］
　　ケレス［GR］
　　デメテル［GR］
　　ヘカテ［GR］
　　ペルセポネ［GR］
　　ミクテカシワトル［MA］
地獄　ジェフ［イ］
天国　フール［Ar］
冥界　アエレクラ［ケ］
　　アリンナの太陽女神［MP］
　　イシュハラ［MP］
　　イナンナ／イシュタル［MP］
　　エリニュス［GR］
　　エレシュキガル［MP］
　　ゲシュティンアンナ［MP］
　　ケレス［GR］
　　后土夫人［道］
　　スセリビメ［日］
　　ステュクス［GR］
　　セメレ［GR］
　　タニト［MP］
　　ディアナ［GR］
　　ナントスエルタ［ガ］

索引

	ニンリル／ムリッス［MP］		テオティワカンの大女神［MA］
	ヒナ［ポ］		ナイアス［GR］
	ヘカテ［GR］		ペット・オル・ウシュ・カムイ［アイ］
冥界	ペルセポネ［GR］		ヨルカイ・エストサン［ネ］
	ヨモツシコメ［日］	氷	雪の女王［児］
冥界（の女王）	ヘル［ゲ］	雲	瑤姫［中］
冥界からの帰還	アルケスティス［GR］	大気	ニンリル／ムリッス［MP］
冥界訪問	イオイ［ネ］	湿気	テフヌト［エ］
	太陽の娘［ネ］	泉	アリンナの太陽女神［MP］
			アルネメティア［ケ］

自然

			シロナ［ガ］
			聖女ベルナデッタ［キ聖］
自然	エオス［GR］		ディアナ［ガ］
	ニンフ［GR］		ナイアス［GR］
火	アペフチ・カムイ［アイ］		ブリクタ［ガ］
	イザナミ［日］		ボアンド［Ir］
	ウェスタ［GR］		マッティアカ［ガ］
	カナネスキ・アナイェヒ［ネ］		ローディーヌ［王］
	スヴァーハー［印］	河川	ウェルベイア［ケ］
	ヘスティア［GR］		セオリツヒメ［日］
	ポージャ／プジャ［シ］		セクアナ［ガ］
	ヤマンバ［日］		ダナ［Ir］
光	アヤ［MP］		ナイアス［GR］
	カナネスキ・アナイェヒ［ネ］		ペット・オル・ウシュ・カムイ［アイ］
	光音天女［仏］		ボアンド［Ir］
	金剛燈菩薩［仏］		マトロナ［ガ］
	シャバシュ［MP］		リトナ［ガ］
	八供養菩薩［仏］	河川（女神）	ガンガー［印］
	附宝［中］		サラスヴァティー［印］
	ブリクタ［ガ］	湖	ヴィヴィアン［王］
	マーリーチー［仏］	海	アシェラ［MP］
闇	イツパパロトル［MA］		アスタルテ［MP］
	黒闇天女［仏］		アプロディテ［GR］
	コヨルシャウキ［MA］		エウリュノメ［GR］
	スカータハ［Ir］		カリュプソ［GR］
	太陽の娘［ネ］		水路夫人［朝］
	ツィツィミメ［MA］		セドナ［ネ］
影	シンヒカー［印］		ティアマト［MP］
	チャーヤー［印］		トヨタマビメ［日］
水	アーパス［印］		ヨルカイ・エストサン［ネ］
	アブノバ［ガ］		ロロ・キドゥル［尼］
	アルネメティア［ケ］	海水	メリュジーヌ［ケ］
	イカ［ガ］	土	ウワブ［ミ］
	イヅノメ［日］	岩石	アッラート［Ar］
	ククリヒメ［日］		イシコリドメ［日］
	スリス［ケ］		イハナガヒメ［日］
	チャルチウトリクエ［MA］		ウッザー［Ar］

キーワード索引

岩石	簡狄［中］		**天体**	
	鳰述嶺神母［朝］			
	スセリビメ［日］		星	アッラート［Ar］
	創造の母［シ］			アナーヒター［イ］
	タマヒメ［日］			アマルティア［GR］
	塗山氏［中］			イツパパロトル［MA］
	ニンマフ［MP］			イナンナ／イシュタル［MP］
	バーヌー・パールス［イ］			ウェヌス［イ］
	マグナ・マテル［GR］			ウッザー［Ar］
	マリアイ［印］			織女［中］
岩石（石化）	ニオベ［GR］			シロナ［ガ］
山	イザナミ［日］			ツイツイミメ［MA］
	ウマー［印］			ラートリー［印］
	キュベレ［MP］		星（シリウス）	サティス［エ］
	テナヅチ［日］			ソティス［エ］
	ニンマフ［MP］		星座	アストライア［GR］
	パールヴァティー［印］			アヌニトゥ［MP］
	ヲモトオナリ［沖］			カリスト［GR］
森	アブノバ［ガ］			プレイアデス［GR］
	アルドゥイナ［ガ］			マイア［GR］
	ヴィヴィアン［王］		北斗七星	斗姆元君［道］
	ディアナ［GR］		月	アルテミス［GR］
	ディアナ［ガ］			アレウト［ネ］
	ネメトナ［ガ］			イズー［王］
	バーバ・ヤガー［ス］			義和［中］
草	カヤノヒメ［日］			コヨルシャウキ［MA］
大地	アリンナの太陽女神［MP］			細烏女［朝］
	イラマテクトリ［MA］			セーラームーン（月野うさぎ）［存］
	ヴァスダラー［仏］			ディアナ［ガ］
	キ［MP］			登比氏［中］
	堅牢地神后［仏］			ニンガル［MP］
	地慧童女［仏］			ニンリル／ムリッス［MP］
虹	イリス［GR］			バステト［エ］
	附宝［中］			ヒナ［ポ］
風	湘妃［中］			ヘカテ［GR］
	ディティ［印］			ラビエ［尼］
霧	ムナカタサンジョシン［日］		太陽	アカルヒメ［日］
雷	附宝［中］			アマテラス［日］
天地	ナンム［MP］			アヤ［MP］
自然	エスタナトレーヒ［ネ］			アリンナの太陽女神［MP］
雪	雪の女王［児］			カナネスキ・アナイェヒ［ネ］
	白い魔女［フ］			キサカヒヒメ［日］
	ポリアフ［ポ］			義和［中］
雨	瑤姫［中］			クグ・エ・ビーン・グワ・クワ［ネ］
雨乞い	ドドーラ［ス］			コヤングウティ［ネ］
	マレーナ［ス］			細烏女［朝］
	臨水夫人［道］			シタデルヒメ［日］

579

索引

太陽	シャパシュ［MP］
	太陽の娘［ネ］
	登比氏［中］
	フルイング・ウーティ［ネ］
	マーリーチー［仏］
	ローディーヌ［王］
天の川	コヨルシャウキ［MA］
	織女［中］
	ヌト［エ］
天の川	マンザン・グルム［シ］
天文	セシャト［エ］
天空	アントゥ［MP］
宇宙	チェフーイト［ネ］
星	白トウモロコシの乙女［ネ］
	ドーン［ネ］

土地

西と東	フルイング・ウーティ［ネ］
西	アメンテト［エ］
神格化（都市の）	ランカー［印］
都市	リブーシェ［ス］
土地	ゲヴィウン［ゲ］
洞窟	キサカヒヒメ［日］
	聖女ベルナデッタ［キ聖］
洞窟（の女神）	柳花［朝］
温泉	ダモナ［ガ］

世界

世界創造	梵天女［仏］
世界創造（不完全な）	ソフィア（ホクマー）［旧］
世界（の修復）	女媧［中］
世界の終末	ボドヴ［Ir］
世界巨人	リゴアブブ［ミ］
世界樹	テオティワカンの大女神［MA］
世界滅亡	ブリュンヒルデ［Op］

災害

飢饉	ハシナウ・コル・カムイ［アイ］
洪水	イシュ・チェル［MA］
	女媧［中］
	塗山氏［中］
	ナンシェ［MP］
	ベレト・イリ［MP］
	バウキス［GR］

地震	ベレ［ポ］
	ポリアフ［ポ］
津波	ワタルハンガ［メラ］
飢饉	白いバッファローの女［ネ］

4 生物と無生物

植物

稲	アマテラス［日］
	サヨツヒメ［日］
稲田	クシナダヒメ［日］
ココヤシ	ヒナ［ポ］
	ワタルハンガ［メラ］
樹木	ウッザー［Ar］
	パッティニ［印］
	ヤクシー［仏］
樹木（白樺）	プホス女神とカルタシュ女神［シ］
樹木（ハルニレ）	春楡媛（チキサニ）［アイ］
樹木（月桂樹）	ダプネ［GR］
竹	湘妃［中］
花	イズシヲトメ［日］
	カデシュ［エ］
	コノハナノサクヤビメ［日］
	金剛華菩薩［仏］
	サムスンハルマン［朝］
	ショチケツァル［MA］
	八供養菩薩［仏］
	フロラ［GR］
花女	ブロダイウェズ［ウ］

食物

食糧	白いバッファローの女［ネ］
塩	ネハレンニア［ガ］
	メリュジーヌ［ケ］

穀物・芋・豆

穀物	ケレス［GR］
穀物（穀母）	閼英［朝］
粟	オホゲツヒメ［日］
芋	オホゲツヒメ［日］
	パパ［ポ］
	ワタルハンガ［メラ］
米	ニ・ポハチ［尼］
タパ	ヒナ［ポ］
トウモロコシ	イラマテクトリ［MA］

キーワード索引

トウモロコシ	シロネン [MA]		ハト	アタルガティス [MP]
	セル [ネ]			セミラミス [MP]
	チコメコアトル [MA]		フクロウ	ブロダイウェズ [ウ]
豆	セル [ネ]			
麦	ヤリーラ [ス]		**哺乳類**	
麦の穂	シャラ [MP]		犬	グラ [MP]
ライ麦	ラウマ [ス]			シロナ [ガ]
				セドナ [ネ]
果物				ヘカテ [GR]
黄金の林檎	ヘスペリデス [GR]		猪	ポージャ／ブジャ [シ]
リンゴ	イズン [ゲ]			マーリーチー [仏]
葡萄	ゲシュティンアンナ [MP]		狼	モリーガン [Ir]
桃	何仙姑 [道]		カバ	タウェレト [エ]
			狐	塗山氏 [中]
酒				ニンフルサグ [MP]
酒	スラー [印]		熊	アルティオ [ガ]
	マイナス [GR]		熊	アルドゥインナ [ガ]
	マヤウエル [MA]			アンダルタ [ガ]
ビール	ニンカシ [MP]			カリスト [GR]
				塗山氏 [中]
				熊女 [朝]
動物			猿	アンジャナー [印]
			鹿	サヨツヒメ [日]
動物	ワンチュクマ [仏]			シャーンター [印]
				フリディシュ [Ir]
鳥				マーダヴィー [印]
鳥	精衛 [中]		虎	平那山の山女神 [朝]
	モリーガン [Ir]		猫	バステト [エ]
	リアンノン [ウ]		ネズミ	クグ・エ・ビーン・グワ・クワ [ネ]
鳥（女）	ボドヴ [Ir]		バッファロー	白いバッファローの女 [ネ]
	イズー [王]		ライオン	キュベレ [MP]
鳥（女神）	ヴィナター [印]			セクメト [エ]
	九天玄女 [中]			タウェレト [エ]
ウグイス	ウムカヒヒメ [日]			テフヌト [エ]
ウズラ	アステリア [GR]			パケト [エ]
鷲鳥	ネメシス [GR]			バステト [エ]
カラス	ブランウェン [ウ]			
孔雀	大孔雀明妃 [仏]		**家畜**	
燕	イズー [王]		牛	エウロペ [GR]
	九天玄女 [中]			ダモナ [ガ]
	ファン [Ir]			フリディシュ [Ir]
白鳥	アマツヲトメ [日]			ローヒニー [印]
	エーダイン [Ir]		雄牛	パシパエ [GR]
	エリーザ [児]			メドヴ [Ir]
	カイル・イヴォルメト [Ir]		雌牛	アウズムラ [ゲ]
ハゲワシ	アヌキス [エ]			イオ [GR]
	ネクベト [エ]			ニンスン [MP]

索引

	バト［エ］	ワニ	ヌアウィラコイ［メラ］
	ハトホル［エ］		ヴァルガー［印］
	ヘサト［エ］		ウシャス［印］
	メヘトウェレト［エ］		タウェレト［エ］
山羊	アマルティア［GR］		
馬	エポナ［ガ］	**海の生物**	
	サティヤヴァティー［印］	魚	トゥールママ［シ］
	サンジュニャー［印］		エウリュノメ［GR］
	馬頭娘［中］		ナンシェ［MP］
	リアンノン［ウ］	ウナギ	ヒナ［ポ］
馬（の女神）	マハ［Ir］		モリーガン［Ir］
ロバ	ラマシュトゥ［MP］	サメ	リゴアブブ［ミ］
		ワニ（＝フカ、サメ）	タマヒメ［日］
両生類			トヨタマビメ［日］
蛙	嫦娥／常義［中］	貝	ヨルカイ・エストサン［ネ］
	スショーバナー［印］		ヨルカイ・エストサン［ネ］
蛙	ヘケト［エ］	貝（赤貝）	キサカヒヒメ［日］
		貝（蛤）	ウムカヒヒメ［日］
虫・クモ類		海獣（の女神）	セドナ［ネ］
蟻	ポージャ／プジャ［シ］		
トンボ	ヨロヅハタトヨアキツシヒメ［日］	**物**	
クモ	カナネスキ・アナイェヒ［ネ］		
蠍	セルケト［エ］	**鉱物**	
		鉄	サヨツヒメ［日］
爬虫類		土（粘土）	ハニヤスビメ［日］
亀	カメヒメ［日］	宝石	ハトホル［エ］
蛇	アタルガティス［MP］	宝石（翡翠）	ヌナカハヒメ［日］
	ウルーピー［印］	宝石（翡翠）	ヤガミヒメ［日］
	エインガナ［オ］	宝石（黒曜石）	イツパパロトル［MA］
	エキドナ［GR］	黄金	シヴ［ゲ］
	カデシュ［エ］		
	グナケーシー［印］	**儀式**	
	コアトリクエ［MA］	鏡	アマテラス［日］
	ジャラトカール［印］		イシコリドメ［日］
	准胝観音［仏］		電母［道］
	シロナ［ガ］	玉	アカルヒメ［日］
	シワコアトル［MA］		サヨツヒメ［日］
	大孔雀明妃［仏］		シタデルヒメ［日］
	テナヅチ［日］		タマヒメ［日］
	ワタルハンガ［メラ］		タマヨリビメ［日］
	メリュジーヌ［ケ］		トヨタマビメ［日］
	ワウィラクの姉妹［オ］		ヌナカハヒメ［日］
蛇（コブラ）	ウァジェト［エ］		
	ネクベト［エ］	**道具**	
	レネヌテト［エ］	井戸	アリンナの太陽女神［MP］
	メレトセゲル［エ］		ヤガミヒメ［日］
蛇（退治）	臨水夫人［道］		
蛇（の母）	カドルー［印］		

582

キーワード索引

囲炉裏	アペフチ・カムイ［アイ］		髪	シヴ［ゲ］
臼	バーバ・ヤガー［ス］		去勢	キュベレ［GR］
かかし	コストロマー［ス］		声	フルイング・ウーティ［ネ］
鉤	召請童女［仏］		死の視線	ゴルゴーニヤ［ス］
かまど	ウェスタ［GR］		女性器	アマノウズメ［日］
	ヘスティア［GR］			ウムカヒヒメ［日］
仮面	アレウト［ネ］		大便	ハニヤスビメ［日］
櫛	クシナダヒメ［日］		男根	海娘［朝］
靴	シンデレラ［児］		血	カーリー［印］
車輪	聖女カテリナ（アレクサンドリアの）［キ聖］		血（の穢れ）	クマリ［印］
船舶	アスタルテ［MP］		乳房	聖女アガタ［キ聖］
松明	シャパシュ［MP］		熱	クグ・エ・ビーン・グワ・クワ［ネ］
壺	タレジュ［仏］		裸（体）	ウシャス［印］
釣り針	ヒナ［ポ］		裸足	ヤリーラ［ス］
土器	カナネスキ・アナイェヒ［ネ］		へそ（大地の、天の）	バンガム［シ］
パイプ	白いバッファローの女［ネ］		放尿	辰義［朝］
武器	ジャヤー［印］			文姫［朝］
	スプラバー［印］		眼	ターラー［仏］
箒	バーバ・ヤガー［ス］		盲目	クグ・エ・ビーン・グワ・クワ［ネ］
矢	キサカヒヒメ［日］			
炉	ウェスタ［GR］		**容姿**	
	トゴ　ムスン［シ］			
	ヘスティア［GR］		異形	ヴェージマ［ス］
	ポージャ／プジャ［シ］			ヴェーシュチナ［ス］
羽衣	アマツヲトメ［日］		金髪	ニアヴ［Ir］
			醜女	イハナガヒメ［日］
その他				魃［中］
絵姿	聖女ヴェロニカ［キ聖］			ヨモツシコメ［日］
輪	アランロド［ウ］			嫘祖［中］
肉塊	ガーンダーリー［印］		美女	アンガラット・ラウ・エヴラウク［ウ］
白	オルウェン［ウ］			エレン・ルイダウク［ウ］
人形	織女［中］			オルウェン［ウ］
				ゴイウィン［ウ］
5　身体				コノハナノサクヤビメ［日］
				嫦娥／常義［中］
身体				水路夫人［朝］
				ティロータマー［印］
健康	イカ［ガ］			デルドレ［Ir］
	イカウナ［ガ］			桃花女［朝］
	イコウェラウナ［ガ］			ファン［Ir］
	イッコナ［ケ］			ブランウェン［ウ］
	カルナ［GR］			ブリュンヒルド［ゲ］
	カルメンタ［GR］			ヘレネ［GR］
	マッティアカ［ガ］			瑤姫［中］
ヴァギナ・デンタータ		ヒナ［ポ］		洛神［中］
黄金の手	アンガラット・ラウ・エヴラウク［ウ］			柳花［朝］
髪	髻設尼童女［仏］			

583

索引

生死

生まれ変わり	ヴェーダヴァティー［印］
	サティー［印］
永遠の命	シドゥリ［MP］
老い	イラマテクトリ［MA］
再生	チコメコアトル［MA］
	ケベフウェト［エ］
	ネフティス［エ］
	メスケネト［エ］
	アマテラス［日］
再生	アマノウズメ［日］
	ウムカヒヒメ［日］
	カムムスヒ［日］
	キサカヒヒメ［日］
	サシクニワカヒメ［日］
	ショチケツァル［MA］
死	雪の女王［児］
	カーリー［印］
	ニルリティ［印］
	ムリトゥユ［印］
	夜摩女［仏］
	ラピエ［尼］
	クナピピ［オ］
	ヒナ［ポ］
	イツパパロトル［MA］
	イラマテクトリ［MA］
	コヨルシャウキ［MA］
	シワテテオ［MA］
	ツィツィミメ［MA］
	ミクテカシワトル［MA］
	ケル［GR］
	ステュクス［GR］
	ニュクス［GR］
	バウキス［GR］
	イハナガヒメ［日］
	カメヒメ［日］
	ヤマンバ［日］
	ヨモツシコメ［日］
	モリーガン［Ir］
	白トウモロコシの乙女［ネ］
死と再生	イザナミ［日］
	オホゲツヒメ［日］
	カナヤマビメ［日］
	キュベレ［GR］
	ククリヒメ［日］
死と再生	景王陽子／中嶋陽子［フ］
	コストロマー［ス］
	狭也［フ］
	セル［ネ］
	タニト［MP］
	チャチュンビ（慈充姫）［朝］
	デメテル［GR］
	ペルセポネ［GR］
	マレーナ［ス］
死と破壊	イシュ・チェル［MA］
死の視線	ゴルゴーニヤ［ス］
死の女神	アーズ［イ］
死の水	シドゥリ［MP］
死者	ルサールカ［ス］
死者の領域	アメンテト［エ］
自殺	サティー［印］
	蝶々夫人［Op］
	ブリュンヒルド［ゲ］
生と死	アッラート［Ar］
	后土夫人［道］
	チャームンダー［印］
生命力	チコメコアトル［MA］
蘇生	サーヴィトリー［印］
	レーヌカー［印］
	レンミンカイネンの母［カ］
魂	プシュケ［GR］
長寿	斗姆元君［道］
	ニンリル／ムリッス［MP］
	バウキス［GR］
溺死	湘妃［中］
	精衛［中］
	ボアンド［Ir］
	洛神［中］
非業の死	今女［沖］
	カンツメ［沖］
	カンツメ［沖］
	ヘスペリデス［GR］
霊魂	ショチケツァル［MA］

6　女性と性

男神との関係

神妃	遮文茶［仏］
神の妻	功徳天［仏］
	鳩摩利［仏］
	サラスヴァティー［印］

584

キーワード索引

神の妻	自在女 [仏]	神の母	エリザベト [新]
	シャチー [印]		セメレ [GR]
	シュリー [印]		セレネ [GR]
	大自在天妃 [仏]		ダナ [Ir]
	帝釈天妃 [仏]		ティアマト [MP]
	デーヴィー [印]		ドーン [ウ]
	那羅延天妃 [仏]		ナンム [MP]
	パールヴァティー [印]		フセライ [沖]
	毘紐女 [仏]		マイア [GR]
	ミーナークシー [印]		レア [GR]
	ヤ・ビャ [シ]		レト [GR]
	夜摩女 [仏]	最高神の母	ベストラ [ゲ]
	リリス (リーリース) [旧]	英雄の母	アルクメネ [GR]
	ファン [Ir]		アンバーリカー [印]
	ドドーラ [ス]	英雄の母	アンビカー [印]
最高神の妻	フリッグ [ゲ]		エレイン [王]
悪神の妻	シギュン [ゲ]		カウサリヤー [印]
王の妻	エーダイン [Ir]		ガーンダーリー [印]
	デヴィ・スリ (スリ) [尼]		クリピー [印]
	バト・シェバ (バテシバ) [旧]		クンティー [印]
王子の妻	サーヴィトリー [印]		スバドラー [印]
	シーター [印]		テティス [GR]
	耶輸陀羅菩薩 [仏]		デヒティネ [Ir]
聖仙の妻	アドリシャンティー [印]		マードリー [印]
	アナスーヤー [印]		レダ [GR]
	アハリヤー [印]	聖仙の母	レーヌカー [印]
	アルンダティー [印]	聖仙の娘	シャクンタラー [印]
	サティヤヴァティー [印]		デーヴァヤーニー [印]
	シャーンター [印]	戦士の母	ヴィドゥラー [印]
	スカニヤー [印]	双子の母	アランロド [ウ]
	プラマッドヴァラー [印]		タマル [旧]
	レーヌカー [印]	太陽の養母	ウシャス [印]
明王の妻	無能勝妃 [仏]	太陽の娘	スーリヤー [印]
天神の妻	プホス女神とカルタシュ女神 [シ]		タパティー [印]
英雄の妻	ウッタラー [印]	愛人 (英雄を儲ける)	リンド [ゲ小]
	サティヤバーマー [印]	神の恋人	セメレ [GR]
	シヴ [ゲ]		ダナエ [GR]
	スバドラー [印]		レダ [GR]
	チトラーンガダー [印]	英雄の恋人	カリュプソ [GR]
	ヘベ [GR]		キルケ [GR]
	メデイア [GR]	神の子を宿す女	アルクメネ [GR]
	ルクミニー [印]	英雄の援助者	アリアドネ [GR]
太陽の妻	サンジュニャー [印]		グリーズル [ゲ小]
海の主の妻	テム・ママチャニ [シ]		
母 (河の神とオケアニデスの)	テテュス [GR]	**女性**	
神の母	アシェラ [MP]		
	アナ [Ir]	悪女	カイケーイー [印]

索引

いなくなった女	玉メガ［沖］	聖母	マリア［新］
	普天間権現［沖］	セックス・シンボル	マドンナ［存］
乳母	セルケト［エ］		マリリン・モンロー［存］
	ネクベト［エ］	聖女	エリーザ［児］
	ヘサト［エ］		エリーザベト［Op］
	タマヨリビメ［日］		ジャンヌ・ダルク［存］
運命の女（ファム・ファタル）	ヴィヴィアン［王］		聖女ブリギッド（キルデアの）［キ聖］
	カルメン［Op］		聖テレサ（アビラの）［キ聖］
	サロメ［新］		ブリギッド［Ir］
	デリラ［旧］		マザー・テレサ［存］
	デルドレ［Ir］	聖少女	白雪姫［児］
	マノン・レスコー［Op］		ナウシカ［児］
	モーガン・ル・フェイ［王］	聖母	ゼムリャー・マーチ［ス］
乙女	エリーザベト［Op］		トナンツィン［MA］
	ダエーナー［イ］		ピャートニツァ/パラスケーヴ・
	ルサールカ［ス］		ピャートニツァ［ス］
乙女神	ゲヴィウン［ゲ］	貞節	サーヴィトリー［印］
女（最初の）	エバ（イヴ）［旧］		アルケスティス［GR］
	パンドラ［GR］	童女	クマリ［印］
女（罪の）	マグダラのマリア［新］	福娘	カルマグダ［シ］
寡婦	魔女ランダ［尼］	福を与える女	善花公主［朝］
寡婦（子供のない）	ユディト［旧］		平康公主［朝］
貴婦人	ローディーヌ［王］	遊女	マグダラのマリア［新］
国母	閼英［朝］	老女	イシコリドメ［日］
	柳花［朝］		キキーモラ（シシーモラ）［ス］
産婦	ボギーンキ［ス］		サンアイ・イソバ［沖］
少女	ドロシー・ゲイル［存］		スヴァヤンプラバー［印］
少女王	供王珠晶/蔡珠晶(［フ］	老婆	ヤマンバ［日］
少女の成長	供王珠晶/蔡珠晶(［フ］		ヤ・ビャ［シ］
	景王陽子/中嶋陽子［フ］		
	狭也［フ］	## 生殖・出産・誕生	
	ソフィー・ハッター［フ］		
	ハーマイオニー・グレンジャー［フ］	安産	ニンイシンナ［MP］
	パミーナ［Op］	異常出産	ガーンダーリー［印］
	〈夜咲花〉［フ］		デヒティネ［Ir］
娼婦	ジェフ［イ］	感生（感精）	思松金［沖］
娼婦（聖なる）	グウィネヴィア［王］		キサカヒヒメ［日］
	マグダラのマリア［新］		正見母主［朝］
	ラハブ［旧］		柳花［朝］
処女	アルテミス［GR］		簡狄［中］
	ゴイウィン［ウ］		姜嫄［中］
	聖女ルキア（ルチア）［キ聖］		羲和［中］
	パッティニ［印］		附宝［中］
	フール［Ar］	子授け	観音娘娘［道］
捨てられた女	アリアドネ［GR］		三霄娘娘［道］
聖少女	供王珠晶/蔡珠晶(［フ］		斗姆元君［道］
	景王陽子/中嶋陽子［フ］		ハーリーティー［仏］

キーワード索引

子授け	織女［中］		妊娠	タウェレト［エ］
	碧霞元君［道］			ヘケト［エ］
子孫繁栄	アマツヲトメ［日］			カリスト［GR］
	カムムスヒ［日］		妊娠（長期にわたる）	イルマタル［カ］
	トヨウケ［日］		不妊	サラ［旧］
出産	アィイシート［シ］			ラケル（とレア）［旧］
	アヌニトゥ［MP］			リベカ［旧］
	アリアドネ［GR］		母胎	カナヤマビメ［日］
	アルテミス［GR］		流産	ソフィア（ホクマー）［旧］

性

出産	アルル［MP］			
	イシュ・チェル［MA］		愛欲	アプサラス［印］
	カルメンタ［GR］			マヤの「女神Ⅰ」［MA］
	コノハナノサクヤビメ［日］		強姦	ディナ［旧］
	サグジ・ママ／オムスン・ママ［シ］		性	イザナミ［日］
出産	サムスンハルマン［朝］		性愛	アタルガティス［MP］
	シワテテオ［MA］			アナト［MP］
	タウェレト［エ］			アプロディテ［GR］
	ディアナ［GR］			アヤ［MP］
	トシ［MA］			カデシュ［MP］
	ニンフルサグ［MP］			シャウシュガ［MP］
	ハウメア［ポ］			スカータハ［Ir］
	ピャートニツァ／パラスケーヴ・			セミラミス［MP］
	ピャートニツァ［ス］			ニンイシンナ［MP］
	ヘケト［エ］			ラーダー［印］
	ベレト・イリ［MP］		性器（の神格化）	オホトノベ［日］
	マミ［MP］		性行為	エバ（イヴ）［旧］
	メスケネト［エ］		性転換	イラー［印］
	ヤマンバ［日］		多情	洛神［中］
	ユノ［GR］		肉欲	トラソルテオトル［MA］
	レト［GR］			

男女

処女懐胎	簡狄［中］			
	姜嫄［中］			
	羲和［中］		男女の誕生	アヤカシコネ［日］
	正見母主［朝］			オホトノベ［日］
	仙桃聖母［朝］		男女の断絶	タマヒメ［日］
	附宝［中］		男女一対	アヤカシコネ［日］
	マリア［新］			オホトノベ［日］
	柳花［朝］		誘惑する女（夫を）	エバ（イヴ）［旧］
生殖	マヤの「女神Ⅰ」［MA］		誘惑する女（夫の親戚を）	ルツ［旧］
	アシェラ［MP］		誘惑する女（義父を）	タマル［旧］
卵	簡狄［中］		誘惑する女（奴隷を）	ポティファルの妻［旧］
	ネメシス［GR］		誘惑する女（父を）	ロトの妻と娘たち［旧］
	ヒイアカ［ポ］			
	レダ［GR］			
誕生（子供の）	オリースニツイ［ス］			
誕生（人間の）	バウ［MP］			
土中からの誕生	イアティク［ネ］			

索引

結婚・夫婦・家庭

異類婚	ウルヴァシー［印］
	ガンガー［印］
	鬻旻義［朝］
	甄萱の母［朝］
	スショーバナー［印］
	塗山氏［中］
	パシパエ［GR］
	馬頭娘［中］
	平那山の山女神［朝］
	メリュジーヌ［ケ］
異類婚	熊女［朝］
異類婚（の失敗）	タマヒメ［日］
縁結び	ロヴン［ゲ］
駆け落ち	グラーネ［Ir］
	デルドレ［Ir］
結婚	イオイ［ネ］
	織女［中］
	ニサバ［MP］
	ヌナカハヒメ［日］
	ヌンシェバルグヌ［MP］
	ピャートニツァ／パラスケーヴ・ピャートニツァ［ス］
	ファジャ・ママ［シ］
	ヘラ［GR］
	ユノ［GR］
	ロヴン［ゲ］
結婚（異民族との）	ディナ［旧］
結婚（婚姻制度の起源）	スセリビメ［日］
結婚（式）	ヴァール［ゲ］
結婚（死霊との）	桃花女［朝］
結婚（天神と山の女神）	正見母主［朝］
結婚したがらない娘	創造の母［シ］
	セドナ［ネ］
婚姻制度の発案者	女媧［中］
仲人	イオイ［ネ］
不倫	アハリヤー［印］
	イズー［王］
	グウィネヴィア［王］
	ターラー［印］
	ブロダイウェズ［ウ］
	ボアンド［Ir］
	メドヴ［Ir］

家族

母	エーダイン［Ir］
	エバ（イヴ）［旧］
	クナピピ［オ］
	サシクニワカヒメ［日］
	フリッグ［ゲ］
	ヨロヅハタトヨアキツシヒメ［日］
	レンミンカイネンの母［カ］
母（火の）	ファジャ・ママ［シ］
母（文化英雄の）	春楡媛（チキサニ）［アイ］
母（森の）	シュームスカ・マイカ［ス］
国母	エヴァ・ペロン（エヴィータ）［存］
民族の母	ラケル（とレア）［旧］
良き母	モリー・ウィーズリー［フ］
継母・継子	イノ［GR］
	シンデレラ［児］
太陽の妻	エスタナトレーヒ［ネ］
ファザーコンプレックス	照日王［フ］
夫婦（夫を探す女神）	フレイヤ［ゲ］
姉妹	イアティク［ネ］
	イナンナ／イシュタル［MP］
	ウシャス［印］
	エレシュキガル［MP］
	シ・ボル・デアック・パルジャル［尼］
	ジャンカウ［オ］
	辰義［朝］
	ネフティス［エ］
	プルバサリ［尼］
	文姫［朝］
	ペレ［ポ］
	ヨルカイ・エストサン［ネ］
	ワウィラクの姉妹［オ］
姉妹（の争い）	ラケル（とレア）［旧］
娘	エーダイン［Ir］
子供	カルナ［GR］
	カルメンタ［GR］
	サグジ・ママ／オムスン・ママ［シ］
	スージェニツィ［ス］
	バンガム［シ］
	ファジャ・ママ［シ］
	ボギーンキ［ス］
	メスケネト［エ］
双子	コヤングウティ［ネ］

家庭

家	チセカッケマッ［アイ］
家の悪女神	キキーモラ（シシーモラ）［ス］

キーワード索引

家事	ラウマ［ス］
家庭	ウェスタ［GR］
	カルナ［GR］
	タウェレト［エ］
	トゴ　ムスン［シ］
	ヘスティア［GR］
	ヘラ［GR］

養育

育児	碧霞元君［道］
	レト［GR］
子殺し	メデイア［GR］
捨て子	姜嫄［中］
	セミラミス［MP］
授乳	アシェラ［MP］
成長	后土夫人［道］
	イシュハラ［MP］
母性	アスタルテ［エ］
	イシス［エ］
	観音娘娘［道］
	バステト［エ］
	ムト［エ］
扶養	イペト［エ］
	レネヌテト［エ］
養育	アシェラ［MP］
養女	レヴォルハム［Ir］

7　活動

生成・変化

創造

生成	カムムスヒ［日］
万物の生成	イザナミ［日］
天地と人間の創造	ナンム［MP］
天地創造	ティアマト［MP］
世界創造	イアティク［ネ］
大地の創造	ノコミス／ノコモス［ネ］
地上の創造	チェフーイト［ネ］
文明の創造	キ［MP］
国土創成	イザナミ［日］
	エヒメ［日］
	ゲヴィウン［ゲ］
	ソルムンデハルマン［朝］
建国	閼英［朝］
	許黄玉［朝］
	耽羅国三姓始祖の妻［朝］

建国	熊女［朝］
	柳花［朝］
	レア・シルウィア［GR］
食物の創造	イアティク［ネ］
生き物の創造	フルイング・ウーティ［ネ］
創造	ブリュンヒルデ［Op］
人間の創造	エスタナトレーヒ［ネ］
	キ［MP］
	ニンマフ［MP］
	フルイング・ウーティ［ネ］
	マミ［MP］
人間と生き物の創造	創造の母［シ］
人間と王の創造	ベレト・イリ［MP］
女の創造	エバ（イヴ）［旧］
	ティロータマー［印］
	パンドラ［GR］
	ローパームドラー［印］

創作・製作

糸紡ぎ	キキーモラ（シシーモラ）［ス］
	ダートリ［印］
	モイラ［GR］
	モーコシ［ス］
	ラウマ［ス］
機織り	イシュ・チェル［MA］
	ヴィダートリ［印］
	思松金［沖］
	カリュプソ［GR］
	細烏女［朝］
	織女［中］
	ダートリ［印］
	モーコシ［ス］
	ヨロヅハタトヨアキツシヒメ［日］
鍛冶	イシコリドメ［日］
	ベルグシア［ガ］
建築	セシャト［エ］
創造と破壊	チャルチウトリクエ［MA］
製鉄	カナヤマビメ［日］

変化

変身	アステリア［GR］
	アストライア［GR］
	アマルティア［GR］
	イオ［GR］
	エウロペ［GR］
	エーダイン［Ir］
	オードリー・ヘップバーン［存］

索引

変身	カイル・イヴォルメト［Ir］	賭博	アプサラス［印］
	ガラテイア［GR］		ダマヤンティー［印］
	カリスト［GR］	泣く	アナト［MP］
	キルケ［GR］		キュベレ［GR］
	ケリドウェン［ウ］		セミラミス［MP］
	シュームスカ・マイカ［ス］		ナキサハメ［日］
	セーラームーン（月野うさぎ）［存］		ニンスン［MP］
	ダプネ［GR］		バウ［MP］
	テティス［GR］		ヘパト［MP］
	塗山氏［中］	難題（謎解き）	ニサバ［MP］
	ニオベ［GR］	眠り	眠れる森の美女［児］
	ネメシス［GR］		プーシャースプ［イ］
	プロダイウェズ［ウ］	否認	スュン［ゲ小］
	モーガン・ル・フェイ［王］	不遜	ネメシス［GR］
変身	モリーガン［Ir］	不和	エリス［GR］
	レダ［GR］	冒険	ドロシー・ゲイル［存］
変身（動物から人間の女に）	鵜述嶺神母［朝］	放浪	ハヤサスラヒメ［日］
	熊女［朝］	酩酊	マイナス［GR］
		妄想	アテ［GR］
		模倣	ソフィア（ホクマー）［旧］

行動

いたずら	キキーモラ（シシーモラ）［ス］
忌み籠り	熊女［朝］
裏切り（親・国王を）	アリアドネ［GR］
仮装	ヤリーラ［ス］
帰還	ドロシー・ゲイル［存］
競争	サムスンハルマン［朝］
虚偽の訴え	ポティファルの妻［旧］
空中飛行	ヨーギニー［印］
航海	プレイアデス［GR］
	媽祖［道］
	ネハレンニア［ガ］
策略	タマル［旧］
	リベカ［旧］
	ルツ［旧］
察知	ヴェル［ゲ小］
自己犠牲	アルケスティス［GR］
	エリーザベト［Op］
	フレイヤ［ゲ］
失踪	アムピトリテ［GR］
	リアンノン［ウ］
邪視	ゴルゴン［GR］
スキー	スカジ［ゲ］
詮索	ヴェル［ゲ小］
怠惰	プーシャースプ［イ］
男装	チャチュンビ（慈充姫）［朝］
	シャウシュガ［MP］

誘拐	アムピトリテ［GR］
	エウロペ［GR］
	エレイン［王］
	グウィネヴィア［王］
	シーター［印］
	ドラウパディー［印］
	ペルセポネ［GR］
	ヘレネ［GR］
	〈夜咲花〉［フ］
夢	辰義［朝］
	トリジャター［印］
	プーシャースプ［イ］
	文姫［朝］
労働	エバ（イヴ）［旧］
笑い	アィイシート［シ］
	アマノウズメ［日］
	ナキサハメ［日］

争い

争い	エリス［GR］
諍い	フルイング・ウーティ［ネ］
斬首	ユディト［旧］
	サロメ［新］
戦争	セミラミス［MP］
執り成し	アシェラ［MP］
	アナト［MP］
	ニンイシンナ［MP］

590

キーワード索引

執り成し	ニンシュブル [MP]			媒祖 [中]
	ヌンシェバルグヌ [MP]		早魃	女媧 [中]
	バウ [MP]			魃 [中]
	ラマ [MP]			

職業

復讐	エリニュス [GR]		足支え役	ゴイウィン [ウ]
	シェヴン [ゲ小]		女戦士	アナト [MP]
	ネメシス [GR]		女武者	スカータハ [Ir]
	ブリュンヒルド [ゲ]			マハ [Ir]
	夜の女王 [Op]		女預言者	デボラ [旧]
暴力	アナト [MP]			ミリアム [旧]
			歌手・詩人	ゲシュティンアンナ [MP]
破壊			産婆・助産婦	ニンマフ [MP]
切り刻み	ガーンダーリー [印]		使者	グナー [ゲ小]
殺戮	アナト [MP]		侍女	シャルミシュター [印]
	カーリー [印]			フッラ [ゲ小]
	セクメト [エ]		酌婦	シドゥリ [MP]
	メデイア [GR]		従者	ニンシュブル [MP]
斬首	聖バルバラ [キ聖]		書記	セシャト [エ]
破滅	ニルリティ [印]			ゲシュティンアンナ [MP]
			神女	煽りやへ [沖]

8 生業

農耕・牧畜・採集

				あれ [沖]
				聞得大君 [沖]
狩猟	アナト [MP]		戦士	シワコアトル [MA]
	アルテミス [GR]			ジャンヌ・ダルク [存]
	アルドゥインナ [ガ]		戦士（少女）	セーラームーン（月野うさぎ）[存]
	カデシュ [MP]		伝令	イリス [GR]
	カルマグダ [シ]			ニンシュブル [MP]
	スカジ [ゲ]		陶工	アルル [MP]
	ディアナ [ガ]			ナンム [MP]
	トゴ ムスン [シ]		農婦	マハ [Ir]
	ハシナウ・コル・カムイ [アイ]		メッセンジャー	グナー [ゲ小]
	ポージャ／プジャ [シ]			
	ミエリッキ [カ]		## 9 権力	
作物	ハイヌウェレ [尼]			
農耕	イザナミ [日]		### 王族	
	オプス [GR]			
	オホゲツヒメ [日]		王（の系譜）	ルツ [旧]
	グラ [MP]		王の系譜	タマル [旧]
	シャラ [MP]		王権	シュリー [印]
	チャルチウトリクエ [MA]			マーダヴィー [印]
	デメテル [GR]			アマテラス [日]
	柳花 [朝]			トヨウケ [日]
不毛	ハンナハンナ [MP]			西王母 [中]
牧畜	ブリギッド [Ir]			瑤姫 [中]
養蚕	馬頭娘 [中]			文姫 [朝]

591

索引

　　　　平那山の山女神［朝］
　　　　エーダイン［Ir］
　　　　クリスティノビルの女帝［ウ］
　　　　グウィネヴィア［王］
　　　　イナンナ／イシュタル［MP］
　　　　ニンリル／ムリッス［MP］
　　　　ベレト・イリ［MP］
　　　　ローディーヌ［王］
王女　　ウッタラー［印］
　　　　サティヤヴァティー［印］
　　　　シャーンター［印］
　　　　スカニヤー［印］
　　　　ドラウパディー［印］
王女　　レーヌカー［印］
　　　　アイーダ［Op］
王女（の失踪）　オードリー・ヘップバーン［存］
王妃　　アンバーリカー［印］
　　　　アンビカー［印］
　　　　ヴァイダルビー［印］
　　　　カイケーイー［印］
　　　　カウサリヤー［印］
　　　　シャイビヤー［印］
　　　　シャクンタラー［印］
　　　　スミトラー［印］
　　　　ダマヤンティー［印］
　　　　メドヴ［Ir］
　　　　グウィネヴィア［王］
王母　　アナト［エ］
　　　　アヌキス［エ］
　　　　イシス［エ］
　　　　イペト［エ］
　　　　シェスメテト［エ］
　　　　セクメト［エ］
　　　　セルケト［エ］
　　　　ネクベト［エ］
　　　　バステト［エ］
　　　　ハトホル［エ］
　　　　ヘサト［エ］
　　　　ムト［エ］
　　　　メヘトウェレト［エ］
　　　　バト・シェバ（バテシバ）［旧］
女王　　ロロ・キドゥル［尼］
　　　　シバ（シェバ）の女王［旧］
女王（悲劇の）　マリー・アントワネット［存］
女帝　　エレン・ルイダウク［ウ］
　　　　クリスティノビルの女帝［ウ］
プリンセス　グレース・ケリー［存］

　　　　ダイアナ元妃［存］

10　法・契約・審判

宇宙秩序　マアト［エ］
掟　　　　テミス［GR］
契約　　　ヴェージマ［ス］
裁判　　　シャパシュ［MP］
処刑　　　マフデト［エ］
誓約　　　イシュハラ［MP］
　　　　　ムナカタサンジョシン［日］
（愛の）誓い　シェヴン［ゲ小］
（男女の愛の）誓いの監視　ヴァール［ゲ］
仲介者　　ハシナウ・コル・カムイ［アイ］
仲裁者　　ウィリプラカ［GR］
調停者　　シャパシュ［MP］
追放　　　アテ［GR］
追放（楽園追放）　エバ（イヴ）［旧］
罰　　　　アテナ［GR］
　　　　　カリスト［GR］
　　　　　ニオベ［GR］
　　　　　パシパエ［GR］
　　　　　パンドラ［GR］
　　　　　ヘレネ［GR］
　　　　　レト［GR］
法・誓約　シャウシュガ［MP］
無実の罪　リアンノン［ウ］

11　精神

感情・能力・神徳

愛情
愛　　　　アシェラ［MP］
　　　　　イシュハラ［MP］
　　　　　イナル［MP］
　　　　　イナンナ／イシュタル［MP］
　　　　　金剛嬉菩薩［仏］
　　　　　シュリー［印］
　　　　　ショチケツァル［MA］
　　　　　タシュメートゥ［MP］
　　　　　ナナヤ［MP］
　　　　　八供養菩薩［仏］
　　　　　リリー・ポッター［フ］
愛（いつわりの）　蝶々夫人［Op］
愛（真実の）　ヴィオレッタ・ヴァレリー［Op］
愛の犠牲　人魚姫［児］

キーワード索引

愛の犠牲	エリーザベト［Op］		言語	ヴァーチュ［印］
愛の死	アイーダ［Op］		詩	サラスヴァティー［印］
	イゾルデ［Op］		詩歌	ムーサ［GR］
	トスカ［Op］		助言	メティス［GR］
	ブリュンヒルデ［Op］		文字	セシャト［エ］
	ナンナ［ゲ小］		言葉	フルイング・ウーティ［ネ］
	ジュリエット［存］			
祈願・願望	ニンシュブル［MP］		**タブー**	
慈愛	ラマ［MP］		タブー	エレシュキガル［MP］
慈悲	タシュメートゥ［MP］		タブー（開けてはいけない）	プシュケ［GR］
初恋	ジュリエット［存］		タブー（開けてはいけない、受け取ってはいけない）	パンドラ［GR］
悲恋	デルドレ［Ir］		タブー（ゲシュ）	イズー［王］
夫婦愛	アルケスティス［GR］			グラーネ［Ir］
				デルドレ［Ir］
知恵				ニアヴ［Ir］
女賢者	ミネルバ・マクゴナガル［フ］		タブー（「振り向くな」の）	ロトの妻と娘たち［旧］
知恵	シドゥリ［MP］		タブー（見せるなの）	ウルヴァシー［印］
	メティス［GR］		タブー（見るなの）	イナル［MP］
	シバ（シェバ）の女王［旧］			翳旻義［朝］
	スノトラ［ゲ小］			スショーバナー［印］
智恵（智慧）	地慧童女［仏］			デルドレ［Ir］
	優婆髻設尼童女［仏］			ニアヴ［Ir］
	髻設尼童女［仏］			メリュジーヌ［ケ］
	法波羅蜜菩薩［仏］		避邪	ゴルゴン［GR］
			穢れ	トラソルテオトル［MA］
その他			近親相姦	エーリウ［Ir］
悔悛	マグダラのマリア［新］			ドーン［ウ］
狂気	アテ［GR］			ニンフルサグ［MP］
	イノ［GR］			ハウメア［ポ］
狂乱	マイナス［GR］			ブリュンヒルデ［Op］
傲慢	ニオベ［GR］			夜摩女［仏］
嫉妬	イオ［GR］			ヤミー［印］
	エイレイテュイア［GR］			ロトの妻と娘たち［旧］
	メデイア［GR］		近親婚	女媧［中］
	スセリビメ［日］			リベカ［旧］
	サラ［旧］			
祟り	今女［沖］		**抽象概念**	
	カンツメ［沖］		円環的思想	アディティ［印］
忍耐	リアンノン［ウ］		円環的世界観	スラー［印］
不和	マンタラー［印］		擬人化	アメンテト［エ］
喜び	金剛嬉菩薩［仏］			エオス［GR］
	八供養菩薩［仏］			ガイア（ゲー）［GR］
				カリス［GR］
概念				ケル［GR］
				ソティス［エ］
言葉				ダプネ［GR］
会話	アヤカシコネ［日］			

索引

擬人化	ディケ［GR］	受難（の女神）	タングムエギ［朝］
	デヴィ・スリ（スリ）［尼］		バリ公主［朝］
	テミス［GR］		柳花［朝］
	ニュクス［GR］	災い	パンドラ［GR］
	ニンフ［GR］		
	ヌト［エ］	## 12　宗教	
	ネメシス［GR］		
	フォルトゥナ［GR］	一神教	夜の女王［Op］
	プシュケ［GR］	多神教	夜の女王［Op］
	フロラ［GR］		
	ヘスティア［GR］	**儀礼**	
	ホーラ［GR］		
	メティス［GR］	生贄	シロネン［MA］
	モイラ［GR］		チコメコアトル［MA］
	レンペト［エ］		トラルテクトリ［MA］
境界	タマヒメ［日］	イニシエーション（通過儀礼）	景王陽子／中嶋陽子［フ］
	トヨタマビメ［日］		
	ヤガミヒメ［日］	儀式の起源	ワウィラクの姉妹［オ］
寓意	自由の女神［存］	犠牲	ショチケツァル［MA］
自由	アディティ［印］	儀礼	アヤカシコネ［日］
	自由の女神［存］	供物	キムレグト［シ］
真実	マアト［エ］		トゴ　ムスン［シ］
シンボル	自由の女神［存］		ファジャ・ママ［シ］
正義	アストライア［GR］	殉教	聖女アガタ［キ聖］
	シャパシュ［MP］		聖女ウルスラ［キ聖］
	ディケ［GR］		聖女マルガレタ［キ聖］
	マアト［エ］	浄化	イヅノメ［日］
	ミネルバ・マクゴナガル［フ］		ククリヒメ［日］
秩序	ホーラ［GR］		ケベフウェト［エ］
難題	ドロシー・ゲイル［存］		サティス［エ］
反対物の一致	マドンナ［存］		セオリツヒメ［日］
平和	エイレネ［GR］		トラソルテオトル［MA］
優美	カリス［GR］		ハヤアキツヒメ［日］
両義性	コアトリクエ［MA］		ハヤサスラヒメ［日］
	トラルテクトリ［MA］	神託	シビュラ［GR］
			ダナエ［GR］
善悪			ディオネ［GR］
悪	魔女ランダ［尼］		テミス［GR］
悪徳	トラソルテオトル［MA］	人身供犠	エフタの娘［旧］
罪	アテ［GR］		聖女アガタ［キ聖］
	エバ（イヴ）［旧］	通過儀礼	シンヒカー［印］
罪（穢れ）	セオリツヒメ［日］		スカータハ［Ir］
	ハヤアキツヒメ［日］		スラサー［印］
	ハヤサスラヒメ［日］	秘儀	デメテル［GR］
			ペルセポネ［GR］
受難			
受難	聖女アガタ［キ聖］		

キーワード索引

祭儀

新年祭	タシュメートゥ［MP］
	ツァルパニトゥ［MP］
シャーマン	闕英［朝］
	雲帝夫人［朝］
	百度踏み揚がり［沖］
	ユタ［沖］
	媽祖［道］
	臨水夫人［道］
	レンミンカイネンの母［カ］

聖性

聖域	アルネメティア［ケ］
聖婚	闕英［朝］
	アヤ［MP］
	アルティオ［ガ］
	アントゥ［MP］
	イナンナ／イシュタル［MP］
	ゲルズ（ゲルズル）［ゲ］
	タシュメートゥ［MP］
	智異山聖母［朝］
	ツァルパニトゥ［MP］
	ナナヤ［MP］
	ニンガル［MP］
	ニンシュブル［MP］
	ニンリル／ムリッス［MP］
	モリーガン［Ir］
	瑤姫［中］
聖水	聖女ベルナデッタ［キ聖］
聖性の喪失	もののけ姫／サン［フ］

超常現象

奇跡	ヘレン・ケラー［存］
幻視（ヴィジョン）	聖女カトリーヌ・ラブレ［キ聖］
	ヒルデガルド・フォン・ビンゲン（ビンゲンのヒルデガルド）［キ聖］
透視者	マハ［Ir］
幻	マーヤー［印］

利益・加護

運

運	テュケ［GR］
	ネメシス［GR］
	フォルトゥナ［GR］
運命	ダートリ［印］
	オリースニツィ［ス］
	スージェニツィ［ス］
	ケル［GR］
	モイラ［GR］
	アランロド［ウ］
	ロスメルタ［ガ］
幸運	アシ［イ］
	功徳天［仏］
	フォルトゥナ［GR］

利益

勝利	ダプネ［GR］
富	ヤクシー［仏］
宝	弁才天［仏］
	宝波羅蜜菩薩［仏］
	イヅシヲトメ［日］

加護：技芸

学問	サラスヴァティー［印］
開拓	メリュジーヌ［ケ］
灌漑	ニンスン［MP］
技芸	アテナ［GR］
技術	アテナ［GR］
書記術	ニサバ［MP］
水門	ハヤアキツヒメ［日］
橋	ヤガミヒメ［日］

加護：芸術・芸能

歌	金剛歌菩薩［仏］
	八供養菩薩［仏］
演劇	ムーサ［GR］
音	光音天女［仏］
音楽	サラスヴァティー［印］
	ムーサ［GR］
芸術	ショチケツァル［MA］
	ハトホル［エ］
	弁才天［仏］
	ムーサ［GR］
芸能	アマノウズメ［日］
舞踊	百度踏み揚がり［沖］

索引

	ヒイアカ［ポ］		ナンシェ［MP］
	アマノウズメ［日］		ニンスン［MP］
文芸	ムーサ［GR］	予言	カルメンタ［GR］
			ゲシュティンアンナ［MP］

加護：病気・治癒・医療

医師	エイル［ゲ小］		シビュラ［GR］
医術	エイル［ゲ小］		テティス［GR］
	ニンイシンナ［MP］		ボドヴ［Ir］
	モーガン・ル・フェイ［王］		モリーガン［Ir］
癒し	イシュ・チェル［MA］	予知	ウパシュルティ［印］
疫病	チャームンダー［印］	預言	アヌニトゥ［MP］
	ロウヒ［カ］		
疫病の母	ロウイアタル［カ］	## 魔術	
薬（薬草）	キルケ［GR］		
治癒	イシュハラ［MP］	女魔法使い	ケリドウェン［ウ］
	イナンナ／イシュタル［MP］	魔術	キルケ［GR］
	カムムスヒ［日］		スカータハ［Ir］
	キュベレ［MP］		ヘカテ［GR］
	グラ［MP］		メデイア［GR］
治癒	シャウシュガ［MP］	魔女	荒れ地の魔女［フ］
	シロナ［ガ］		ヴェージマ［ス］
	トシ［MA］		クリティヤー［印］
	ニンイシンナ［MP］		シュオヤタル［カ］
	ニンカシ［MP］		白い魔女［フ］
	ニンフルサグ［MP］		ソフィー・ハッター［フ］
	バウ［MP］		ダーキニー［仏］
	碧霞元君［道］		ダユ［ケ］
病気	パッティニ［印］		ナウシカ［児］
	織女［中］		眠れる森の美女［児］
病気（眼）	スリス［ケ］		バーバ［ス］
病魔（熱病）	リホラートキ［ス］		バーバ・ヤガー［ス］
不死	カリュプソ［GR］		パリカー［イ］
	イズン［ゲ］		ボギーンキ［ス］
	嫦娥／常儀［中］		魔女（キリスト教の）［キ聖］
不死薬	バリ公主［朝］		魔女ランダ［尼］
			メデイア［GR］
			ヨーギニー［印］

13　魔術

占い・予言

			羅刹女［仏］
			リリス（リーリース）［旧］
			レヴォルハム［Ir］
		魔女退治	ドロシー・ゲイル［存］
占い	何仙姑［道］	魔法	イズー［王］
	紫姑［道］		ヴィヴィアン［王］
	シュムカネ［MA］		ヴェージマ［ス］
卜占	イシュハラ［MP］		シンデレラ［児］
夢解き	ガトゥムドゥグ［MP］		パシパエ［GR］
	ベレト・エカリム［MP］		モーガン・ル・フェイ［王］
	ゲシュティンアンナ［MP］	魔法（水術）	智異山聖母［朝］

596

キーワード索引

魔物の女	カイカシー［印］		二元論	アマウネト［エ］
	サラマー［印］		二重性	ダエーナー［イ］
	ジャラー［印］		二面性	バステト［エ］
	シュールパナカー［印］		第二機能	モリーガン［Ir］
	タータカー［印］		三機能	アランロド［ウ］
	トリジャター［印］			ドーン［ウ］
	ヒディンバー［印］			フォードラ［Ir］
魔物の母	カイカシー［印］			マハ［Ir］
魔除け	ラマ［MP］			メリュジーヌ［ケ］
	ゴルゴン［GR］			モリーガン［Ir］
夢買い	辰義［朝］		三機能（総合女神）	ヴァーチュ［印］
	文姫［朝］			サラスヴァティー［印］
妖術	モーガン・ル・フェイ［王］			マーダヴィー［印］
若返り	メデイア［GR］			柳花［朝］
	イズン［ゲ］		三重化	フォードラ［Ir］
				ブリギッド［Ir］

呪術

				マハ［Ir］
呪い	アドリカー［印］			グウィネヴィア［王］
	アランロド［ウ］			モーガン・ル・フェイ［王］
	ヴァルガー［印］		三神群	アナーヒター［イ］
	エオス［GR］			アヌキス［エ］
	ランバー［印］			イズー［王］
呪術	ウェレトヘカウ［エ］			オリースニツィ［ス］
	エイレイテュイア［GR］			カデシュ［エ］
	ニンイシンナ［MP］			カリス［GR］
呪詛	イシュハラ［MP］			サティス［エ］
	グラ［MP］			スージェニツィ［ス］
呪文	アンジャナー［印］			ソティス［エ］
	准胝観音［仏］			ブリギッド［Ir］
	スヴァーハー［印］			ムト［エ］
	大随求菩薩［仏］			ムナカタサンジョシン［日］
	陀羅尼［仏］			メリュジーヌ［ケ］
	トゴ　ムスン［シ］			モーガン・ル・フェイ［王］
	白傘蓋仏母［仏］		三神群（姉妹）	リブーシェ［ス］
	仏頂尊勝母　［仏］		三相女神	ゴルゴン［GR］
	レンミンカイネンの母［カ］			ヘカテ［GR］
呪力	イシス［エ］			ホーラ［GR］
	シャーンディリー［印］			モイラ［GR］
	細烏女［朝］		三柱神	セクメト［エ］
				レネヌテト［エ］
			三角関係	ラケル（とレア）［旧］

14　数

			三姉妹	アナ［Ir］
二元性	オメシワトル［MA］			エーリウ［Ir］
	コアトリクエ［MA］			バンヴァ［Ir］
	トラルテクトリ［MA］			フォードラ［Ir］
				ブリギッド［Ir］
				モリーガン［Ir］

索引

	モーガン・ル・フェイ［王］	女神化	フローレンス・ナイチンゲール［存］
トリアッド	ノルン（ノルニル）［ゲ］	卵生神話	イルマタル［カ］
数学	セシャト［エ］		

15　理論

話型

芋掘り長者譚	善花公主［朝］
オルペウス型	プラマッドヴァラー［印］
死体化生	シ・ボル・デアック・パルジャル［尼］
	デヴィ・スリ（スリ）［尼］
	ニ・ポハチ［尼］
	ハイヌウェレ［尼］
	コヨルシャウキ［MA］
死体化生	トラルテクトリ［MA］
	マッサビ［沖］
	ティアマト［MP］
島生み型	パパ［ポ］
姿を消す女神	ニンフルサグ［MP］
	ハンナハンナ［MP］
潜水型（創造神話）	精衛［中］
天地分離	シ・ボル・デアック・パルジャル［尼］
	パパ［ポ］
天人女房	天女［沖］
	アマツヲトメ［日］
	ウルヴァシー［印］
	ガンガー［印］
	タパティー［印］
ハイヌウェレ型	イザナミ［日］
	ウトセト［ネ］
	オホゲツヒメ［日］
	サティー［印］
	セル［ネ］
	ヒナ［ポ］
	ヤマンバ［日］
箱舟漂流型	許黄玉［朝］
	仙桃聖母［朝］
	ダナエ［GR］
	耽羅国三姓始祖の妻［朝］
バナナ型	アディティ［印］
	コノハナノサクヤビメ［日］
	オボハヅ［ミ］
美女と野獣	プルバサリ［尼］
美女と老人	スザンナ［旧］
女神化	ダイアナ元妃（ウェールズ公妃ダイアナ）［存］

598

神名索引

[あ]

アィイシート［シ］413, 415
アイウォヒクプア［ポ］495
アイエテス［GR］301, 316, 327
アイグレ［GR］321
アイゲウス［GR］328
アイーダ［Op］543, 545
アイテル［GR］314
アイド・ルアド［Ir］349
アイヌラックル［シ］408
アイネイアス（アエネアス）［GR］276, 282, 283, 291, 304, 307, 308, 331
アイノ［カ］435
アウィテリン・ツタ［ネ］444, 445
アウォナウィロナ［ネ］444
アウクソ［GR］298
アウズムラ［ゲ］393
アウトノエ［GR］305
アウロラ［GR］279, 294
アエレクラ［ケ］375
煽りやへ［沖］63, 65
アガウエ［GR］305
アガスティヤ［印］137, 148, 157, 161, 176
アガツヒメ［日］21
アガメムノン［GR］287, 295, 323, 324, 325, 331, 501
アカルヒメ［日］15, 18, 48
アカロン［王］388
アキス［GR］298
ア・キム［ミ］485
アキレウス［GR］137, 167, 290, 294, 302, 305, 309, 310, 315, 324, 329, 352
アク・エネ［シ］413, 414
アクタイオン［GR］287
握登［中］88
アグニ［印］128, 153, 158, 161
アグヌア［メ］487
アグライア［GR］298
アグリオス［GR］302, 329
アクリシオス［GR］306
アゲノル［GR］293

アーサー［ウ］353, 354, 355, 357, 358, 359, 363
アーサー王［王］337, 381, 382, 383, 384, 386, 388
アサグ［MP］234, 236
アサマンジャス［印］146
アサルルヒ［MP］225
アシ［イ］196, 197, 198, 199
アシェラ［MP］208, 209, 210, 211, 218
アシェラ［旧］499
アジシキタカヒコネ［日］47
アジスキタカヒコネ［日］58
アシナヅチ［日］43, 44, 51
アジマア［MP］221, 233
アシュヴァッターマン［印］132, 139, 140, 164
アシュヴァパティ［印］140
アシュヴィン［印］128, 140, 143, 144, 154, 156, 170, 176
阿如来［仏］180, 181, 183
アシュトレト［旧］499
アシュナン［MP］202, 208
アース神［ゲ］394, 396, 397, 398, 399, 401, 402
アスクレピオス［GR］364, 366, 376
アスタルテ［MP］208, 209, 210, 211, 218, 222, 225, 283
アスタルテ［エ］243, 244, 246, 248, 254, 257
アスタルテ［旧］499
アースティーカ［印］148, 149
アステリア［GR］279, 332
アステリオス［GR］293
アストライア［GR］279, 308
アストライオス［GR］293
アスラ［印］121, 125, 135, 136, 148, 149, 151, 156, 157, 159, 160, 161, 162, 163, 167, 169, 183
アソポス［GR］292
アタマス［GR］289
アダム［旧］10, 500, 501, 509
アタルガティス［MP］209, 210, 211, 214, 220, 223, 269, 271
アダンク［ウ］355
闕英［朝］102, 103, 105, 110
アッティス［MP］［GR］220, 224, 278, 300, 301
アッラート［仏］265, 266, 268, 269, 270, 271, 272, 273, 274
アテ［GR］279, 295
アディティ［印］120, 123, 128, 159, 176, 255
アーディティヤ神群［印］123, 176
アテナ［GR］9, 163, 227, 269, 279, 282, 283, 295, 296, 303, 310, 314, 317, 319, 321, 323, 324,

索引

328, 396, 514, 527, 528, 558
アトゥム［エ］245, 252, 253
アドニス［GR］112, 282, 301, 323
アドメトス［GR］286
アトラス［GR］283, 299, 313, 317, 318, 319, 321, 325
アドラストス［GR］315
アトリ［印］124, 546
アドリカー［印］124, 129
アドリシャンティー［印］124
アトレウス［GR］324
アトロポス［GR］314, 329, 382, 540
アドン［GR］282
アナ［Ir］339, 342, 348
アナーヒター［イ］7, 8, 22, 117, 143, 196, 197, 198, 199, 224, 227, 348
アナシヒメ［日］50
アナスーヤー［印］124
アナト［MP］78, 208, 209, 210, 222, 223, 224, 396
アナト［エ］136, 243, 244, 246, 248, 254, 257
アナラー［印］176
アヌ［印］149, 162
アヌキス［エ］243, 244, 246, 247, 248, 249, 254, 256, 258, 260, 261, 262
アヌニトゥ［MP］211, 238
アヌビス［エ］248, 255
アネクストロマラ［ケ］375
アバグズ［ウ］356
アハシュウェロシュ［旧］500
アーパス［印］124
アパテ［GR］295, 314, 315
アハナギ［日］55
アハナミ［日］55
アパラージター［印］179
アハリヤー［印］125
アバンド［MP］214
アピス［エ］393
アビマニユ［印］132, 155
アブ［MP］221
アプサラス［印］124, 125, 133, 139, 146, 151, 155, 167, 168, 171, 174, 175, 187
アプシュルトス［GR］327
アプスー［MP］219, 225, 226
アブノバ［ガ］362, 368
アブラハム［旧］501, 502, 508, 509, 510
アフラ・マズダー［イ］194, 196, 197, 198, 199
アプロディテ［GR］10, 112, 126, 152, 197, 209, 210, 224, 227, 270, 276, 277, 281, 282, 283, 284, 289, 290, 294, 295, 298, 301, 308, 316, 317, 318, 323, 324, 325
アペフチ・カムイ［シ］420
アポヤン・タチ［ネ］444
アポロン［GR］276, 279, 286, 287, 291, 292, 296, 304, 307, 308, 310, 313, 315, 318, 320, 322, 325, 326, 327, 332, 333, 335, 341, 359, 364, 366, 367, 368, 369, 370, 375
アマウネト［エ］241, 244, 261, 263
天女［沖］65, 69, 70
アマツヲトメ［日］15, 18
アマテラス［日］7, 8, 10, 14, 15, 16, 17, 18, 19, 20, 21, 22, 23, 24, 25, 26, 32, 34, 36, 39, 41, 47, 51, 52, 53, 57, 58, 62, 107, 118, 130, 131, 132, 233, 482, 514, 527
アマノウズメ［日］16, 20, 22, 23, 25, 26, 27, 132
アマノオシホミミ［日］20, 23, 58, 62
アマノサグメ［日］16, 27, 28
アマノジャク［日］27, 28
アマノヒホコ［日］33
アマノホアカリ［日］62
アマミキヨ［沖］66, 72
アマルティア［GR］283, 328, 330
阿弥陀［仏］187
アムシャ［印］123
アムシャ・スプンタ［イ］194, 197
アムピオン［GR］313, 333
アムピトリテ［GR］283, 284, 403
アムピュトリオン［GR］284, 285
アムル［MP］218
アメタ［尼］478
アメノクヒザモチ［日］55
アメノミクマリ［日］55
アメワカヒコ［日］27, 47, 53
アメン［エ］244, 254, 259, 261, 262, 263
アメンテト［エ］245
アヤカシコネ［日］15, 28, 29, 37
アラウン［ウ］359
アラクネ［GR］280
アラッタの君主［MP］202, 216, 229
アランロド［ウ］353, 357, 358
アリアドネ［GR］284, 316
アリアナ・ダンブルドア［フ］529
アリス［児］532
アーリヤカ［印］138
アリヤマン［印］39, 123

600

神名索引

アリル［Ir］350
アリンナの太陽女神［MP］212, 236, 237
アルカイオス［GR］290
アルカス［GR］287, 298, 299, 326
アルキュオネ［GR］319
アルクトス［GR］298
アルクメネ［GR］284, 285, 292, 322
アルケスティス［GR］286
アルゴス［GR］288, 294, 295
アルジュナ［印］127, 129, 132, 134, 136, 140, 145, 155, 158, 159, 164, 169
アルジル［王］387
アルスター［Ir］349
アルセイデス［GR］315
アルタイア［GR］329
アルタイオス［ガ］362
アルダーン［Ir］343
アルティオ［ガ］362
アルテミス［GR］224, 227, 256, 257, 277, 279, 280, 282, 284, 286, 287, 288, 291, 292, 294, 298, 306, 307, 308, 313, 315, 316, 320, 322, 326, 332, 333, 383, 389, 398, 529, 533, 559
アルト［Ir］340
アルドゥインナ［ガ］363, 368
アルナ［印］130
アルネメティア［ケ］375
アルビウス［ガ］367
アルペイオス［GR］288
アールマティ［イ］194, 196, 197, 198
アル［MP］213, 228, 229, 234, 236, 237, 238
アルンダティー［印］126, 154
あれ［沖］66
アレイオン［GR］312
アレウト［ネ］440, 444
アレクト［GR］295
アレス［GR］280, 281, 282, 294, 295, 296, 319, 320, 321, 322
荒れ地の魔女［フ］522, 524, 527
アレトゥサ［GR］288, 321
アーロン［旧］506
アン／アヌ［MP］208, 213, 215, 216, 217, 218, 219, 221, 226, 227, 229, 230, 231, 235
アンカムナ［Ir］364
アンガラット・ラウ・エヴラウク［ウ］353
アンキセス［GR］282, 291
アンギラス［印］153
アングルボザ［ゲ］394, 402

アン・シャーリー［児］532, 533
アンジャイルイ［オ］482
アンジャナー［印］126
アンシャル［MP］219
アンシュマット［印］146
アンダルタ［ガ］362, 364
アントゥ［MP］213, 219
アンドラスタ［ケ］364, 375
アンドロクタシア［GR］295
アンナ［新］513
アンバー［印］126, 127
アンビカー［印］127, 162
アンピロギア［GR］295
アンラ・マンユ［イ］195, 196, 198
アンレ［Ir］343

［い］

イアシオン［GR］319
イアソン［GR］289, 327, 328
イアッコス［GR］302
イアティク［ネ］444, 445
イアムベ［GR］311
イヴァン［王］359, 388, 389
イウハル［Ir］340, 342, 347
イウハルバ［Ir］340, 342, 347
イウルス（アスカニオス）［GR］291
イエス［新］10, 508, 511, 512, 513, 514
イェルムンガンドル［ゲ］394
イオ［GR］288, 322, 393, 394
イオイ［ネ］445
イカ［ガ］364, 376
イカウナ［ガ］364, 376
イガリム［MP］235
イグレーン［王］386
イコウェラウナ［ガ］364, 376
イサク［旧］501, 502, 506, 508
イザナキ［日］19, 22, 23, 28, 29, 30, 31, 32, 34, 36, 37, 41, 42, 44, 48, 49, 50, 52, 53, 54, 55, 56, 57, 61, 62, 130, 172, 525, 527
イザナミ［日］14, 15, 19, 23, 28, 29, 30, 31, 32, 34, 35, 36, 37, 38, 41, 42, 44, 45, 46, 47, 48, 49, 50, 52, 53, 54, 55, 57, 59, 60, 61, 62, 130, 171, 172, 218, 402, 501, 526, 527
イシコリドメ［日］16, 32, 33, 371
イシス［エ］8, 240, 241, 243, 244, 245, 246, 247, 248, 249, 250, 251, 252, 253, 254, 255, 256,

601

索引

257, 258, 259, 260, 261, 262, 263, 270, 271, 288, 401, 548, 550, 551
イシム［MP］233
イシュクル［MP］223
イシュタル⇒イナンナ／イシュタル［MP］
イシュ・チェル［MA］456, 470
イシュハラ［MP］213, 214, 215, 217, 222, 227
イシュマエル［旧］502
イズー［王］337, 341, 380, 381, 382, 385, 386, 545
イスバザデン［ウ］354, 358, 360, 361, 386
イズン［ゲ］394, 401
イゾルデ［Op］543, 545
イチキシマヒメ［日］58
イツァムナ［MA］456
イッコナ［ケ］375, 376
イヅシヲトメ［日］15, 33, 34
イヅノメ［日］34
イツパパロトル［MA］456, 457, 460, 464, 466
イツヒメ［日］34
イナ⇒ヒナ［ポ］491, 492
イナコス［GR］288
イナル［MP］214, 224
イナンナ⇒イナンナ／イシュタル［MP］509
イナンナ／イシュタル［MP］75, 112, 136, 196, 202, 204, 208, 209, 211, 213, 214, 215, 216, 217, 220, 221, 222, 224, 226, 227, 228, 231, 232, 237, 243, 273, 283, 499, 524, 547
イノ［GR］289, 305, 316
イノアエマン［ミ］486
イハツツノメ［日］19
イハナガヒメ［日］15, 31, 32, 34, 35, 37, 45, 46, 48, 49, 60, 62, 133, 166
イハノヒメ［日］35
イピクレス［GR］285
イピゲネイア［GR］287, 331, 501
イブキドヌシ［日］49, 56
イベト［エ］247, 252
今女［沖］65, 66, 67
イミンビ［MP］227
イラー［印］127, 128, 137, 146, 150, 362, 508
イラマテクトリ［MA］457, 462
イリス［GR］289, 290, 291, 305, 332
イリュリオス［GR］305
イル［旧］499
イルヴァラ［印］176
イルマタル［カ］414, 435
イルマリネン［カ］437

イルヤンカ［MP］214
インドラ［印］120, 123, 125, 128, 130, 132, 138, 139, 140, 146, 147, 148, 149, 150, 151, 152, 156, 158, 159, 160, 161, 162, 163, 164, 166, 167, 171, 172, 174, 175, 184, 478
インニン⇒イナンナ／イシュタル［MP］217

［う］

禹［中］74, 77, 85, 86, 87, 89
ヴァイシュナヴィー［印］146, 186, 189
ヴァイダルビー［印］128, 146
ヴァサンタ［印］166
ウァジェト［エ］247, 248, 252, 255, 263
ヴァシシュタ［印］124, 126, 137, 154, 157, 175
ヴァス王［印］120, 124, 137, 155
ヴァースキ［印］148, 149, 151
ヴァスダラー［印］179
ヴァスデーヴァ［印］155
ヴァスマナス［印］169
ウアタハ［Ir］341, 342
ヴァーチュ［印］123, 128, 129, 143, 188
ヴァフズルーズニル［ゲ］391, 399
ヴァーユ［印］126, 140
ウアラハ［Ir］349
ヴァラーハ［印］146, 189
ヴァーラーヒー［仏］146, 179, 189
ヴァール［ゲ］394, 395, 404
ヴァルガー［印］129
ヴァルキューレ［ゲ］336, 348, 352, 391, 395, 396, 399, 400, 405, 548, 549
ヴァルナ［印］123, 128, 138, 142, 156, 158, 163, 172
ヴァールニー［印］151, 156
ヴァールミーキ［印］121, 145
ヴィヴァスヴァット［印］144, 159
ヴィヴィアン［王］382, 383, 384, 388
ヴィオレッタ・ヴァレリー［Op］546, 547
ウィクトリア［GR］290, 313, 377
ヴィシュヴァーヴァス［印］129, 151, 168
ヴィシュヴァカルマン［印］121, 144, 151, 154, 160, 163, 176
ヴィシュヴァ・マーター［仏］179
ヴィシュヴァーミトラ［印］146, 148, 155, 157, 169, 171, 172, 174, 175
ヴィシュヌ［印］120, 125, 131, 134, 135, 138, 139, 142, 146, 147, 150, 151, 152, 155, 156, 162,

神名索引

163, 165, 167, 168, 170, 171, 172, 175, 177, 179, 186, 187, 189
ヴィシュラヴァス［印］134
ヴィダートリ［印］129, 157
ヴィチトラヴィーリヤ［印］124, 126, 127
ウィツィロポチトリ［MA］459, 460, 463, 466
ヴィドゥラー［印］129
ヴィドヤーダラ［印］150, 151, 183
ヴィナター［印］120, 130, 135, 146
ヴィビーシャナ［印］134
葦花（ウイファ）［朝］117
ヴィヤーサ［印］123, 124, 127, 138, 165
ヴィーラ［ス］424
ヴィラータ［印］132, 164
ヴィリ［ゲ］393, 400, 402
ウィリプラカ［GR］290
ウィルビウス［GR］308
ヴェー［ゲ］393, 402
ヴェーイ［ゲ］400
ウェ・イラ［MP］238
ヴェージマ［ス］424, 425, 429
ヴェーシュチナ［ス］424, 425
ウェスタ［GR］7, 290, 296, 300, 320, 331
ウェスタ［キ聖］516
ヴェーダヴァティー［印］131
ヴェーナ［印］168
ウェヌス［GR］283, 290, 291, 318, 400, 557
ヴェル［ゲ小］404
ヴェルサンディ［ゲ］396, 398, 398, 399
ウェルベイア［ケ］376
ヴェーレス［ス］422
ウェレトヘカウ［エ］248
ウカノメ［日］24, 41, 51
ウガヤフキアヘズ［日］50, 131
ウクエティス［ガ］371
ウケモチ［日］7, 23, 31, 35, 36, 60, 61
ウシーナラ［印］169
ウシャス［印］12, 26, 131, 132, 174
ウシャナス［印］149, 161, 162
ウシュリウ［Ir］334, 341, 343, 344, 352
ウセルカフ［エ］262
ウタナピシュティム［MP］222
ウッコ［カ］435
ウッザー［Ar］265, 266, 268, 269, 270, 271, 273, 274
ウッタラー［日］132
ウッチャイヒシュラヴァス［印］130, 135

ウットウ［MP］230, 233
ウヅヒコ［日］26
ウトゥ［MP］203, 212, 215, 222, 223, 231, 509
ウトゥナピシュティム［MP］222
ウトセト［ネ］7, 445
優婆髻設尼童女［仏］179
ウパシュルティ［印］132, 147
ウパスンダ［印］160, 161
ウパナンダ［仏］183
ウパリチャラ王［印］124
ウヘル・ア・ヤングヅ［ミ］485
ウマー［印］127, 132, 133, 137, 166, 171, 177, 184
ウマイ［シ］408, 410, 411, 413, 414, 415
ウムカヒヒメ［日］15, 35, 41, 46
浦島子［日］39, 40
ウラシュ［MP］213, 229, 230, 237
ウラニア［GR］327
ウラノス［GR］279, 281, 292, 293, 295, 296, 297, 308, 310, 314, 328, 330
ウリウプラナラ［オ］482
ウリゲン［シ］407, 413, 414, 415
ヴリシャパルヴァン［印］149, 162
ウリヤ［旧］505
ウルヴァシー［印］120, 125, 133, 137, 155, 157, 175
ウルカヌス［GR］326
ウルシャナビ［MP］222
ウルズ［ゲ］396, 398, 399
ウルセム［MP］212
ウルーピー［印］134
ウルファヌアセエセエ［ポ］490
ウルリクムミ［MP］222, 237
ウワブ［ミ］475, 485
雲華夫人［中］89
雲霄［道］95, 96
雲梯山聖母⇒雲帝夫人［朝］105
雲帝夫人［沖］103, 105

［え］

エア［MP］203, 219, 225, 226, 227, 230, 237, 238
エイル［ゲ小］404
エイレイテュイア［GR］285, 287, 289, 291, 292, 321, 322, 329, 332
エイレネ［GR］292, 308, 325
エインガナ［オ］482, 483
エヴァ・ペロン［存］553

索引

エウアンドロス［GR］300
エウェル［Ir］336, 340, 341, 342, 345
エウダヴ［Ir］354
エウテルペ［GR］327
エヴニシエン［ウ］357, 358
エウノミア［GR］292, 298, 308, 325
エウプロシュネ［GR］298
エウメニデス［GR］292, 295, 296
エウリュアレ［GR］303
エウリュステウス［GR］279, 285, 321
エウリュディケ［GR］168, 306
エウリュノメ［GR］292, 293, 298, 309, 322
エウリュロコス［GR］301
エウロペ［GR］277, 293, 393
エーダイン［Ir］334, 336, 339, 347, 351
エオガン［Ir］343
エオス［GR］279, 282, 293, 294, 306
エオスポロス［GR］293
エオヒド・アレウ［Ir］334, 339
エオヒド・フェドレフ［Ir］350
益［中］85
エキドナ［GR］294, 394
エーギル［ゲ］390, 402, 403
エゲリア［GR］308
エサウ［旧］507, 508
エシ［シ］418
エスタナトレーヒ［ネ］445, 446, 451
エスタン⇒アリンナの太陽女神［MP］217
エステル［旧］499, 500
エタル［Ir］340, 341
エタル・アンヴーイル［Ir］340
エダルシュケール［Ir］334, 339
エッサイ［旧］504, 509
越女［中］78, 83
エトネ［Ir］77, 336, 339, 340
エネム・ディアイウチ［シ］414
エバ（イヴ）［旧］10, 378, 498, 500, 501, 509
エパポス［GR］288
エヒメ［日］15, 36
エピメテウス［GR］317
エフタの娘［旧］501, 502
エポナ［ガ］199, 335, 337, 349, 364, 365, 372
エマティオン［GR］294
エーリウ［Ir］336, 340, 345, 346
エリクトニオス［GR］10, 280, 281
エリーザ［児］533, 534
エリーザベト［Op］543, 546

エリザベト［新］512, 513
エリス［GR］279, 288, 295, 306, 309, 314, 315, 324
エリテュイア［GR］321
エリナス［ケ］378
エリニュス［GR］295, 296, 297
エリヤ［旧］499
エリン［Ir］340
エル［MP］208, 209, 210, 211, 223
エル［旧］504
エルクワル［Ir］340, 347, 348
エルフィン［ウ］356
エルリク［シ］407
エルンワス［Ir］339, 348, 349, 350, 352
エレイン［王］384
エレクトラ［GR］289, 319
エレクトリュオン［GR］284, 285
エレシュキガル［MP］204, 216, 217, 218, 221, 231, 268, 402
エレック［王］388
エレボス［GR］295, 302, 314
エレミア［旧］507
エレン［Ir］354
エレン・ルイドウク［Ir］354, 355
エロス［GR］89, 174, 281, 290, 296, 307, 318, 322, 546
エンキ［MP］208, 215, 217, 218, 225, 227, 228, 229, 230, 231, 233, 237
エンキドゥ［MP］202, 203, 213, 219, 222, 232, 236, 509
エンキムドゥ［MP］215
冤禽［中］84
エンデュミオン［GR］306
エンビルル［MP］225, 235
焔摩七母天［仏］180, 182, 186, 190
焔摩天［仏］179, 183, 190
エンメルカル［MP］202, 216, 229
エンリル［MP］202, 203, 204, 208, 213, 214, 215, 217, 219, 228, 229, 230, 231, 234, 235, 236

［お］

オイジェス［GR］302, 314
オイノピオーン［GR］284
オイングス［Ir］334, 336, 339, 340, 341, 347, 348, 351
オウァイン［ウ］358, 359
王夫人［中］86

神名索引

王母娘娘［中］86, 91
オカミ［日］36, 57
オキツクシヰ［日］54
オキツシマヒメ［日］58
オケアニス［GR］283
オケアニデス［GR］292, 296, 305, 310, 312, 313, 314, 316
オケアノス［GR］283, 288, 289, 292, 294, 297, 298, 299, 301, 303, 305, 308, 309, 310, 312, 313, 314, 316, 319, 321, 322, 328
オショモコ［MA］458, 461
オシラサマ［日］88
オシリス［エ］8, 240, 241, 245, 246, 247, 251, 252, 254, 255, 256, 257, 260, 548, 550, 551
オシーン［Ir］343, 344
オーディン［ゲ］391, 393, 394, 395, 396, 397, 398, 399, 400, 402, 403, 404, 405, 406
オデュッセウス［GR］7, 144, 280, 289, 299, 301, 302, 315, 324, 402, 528, 558
オトタチバナヒメ［日］44
オードリー・ヘップバーン［存］561
オナン［旧］504
オヌリス［エ］248
オネイロス［GR］302, 314
オピオン［GR］292
オピス［GR］330
オプス［GR］296, 302
オベド［旧］504, 509
オホクニヌシ［日］20, 22, 24, 27, 33, 39, 43, 44, 46, 47, 48, 49, 59
オホゲツヒメ［日］7, 15, 31, 35, 36, 37, 39, 47, 60, 61
オホトノヂ［日］28, 37
オホトノベ［日］15, 28, 37
オホナホビ［日］34
オホナムチ［日］35, 41, 46, 48, 49, 55, 59
オボハヅ［ミ］485
オホヒルメノムチ［日］19, 23
オホマガツヒ［日］34
オホヤマツミ［日］41, 133, 166
オムスン・ママ［シ］410, 415
オメシワトル［MA］454, 457, 458
オメテオトル［MA］454, 457, 458
オメテクトリ［MA］454, 457, 458
思松金［沖］67, 71
オモダル［日］28, 29, 37
オモルカ［MP］226

オリオン［GR］251, 287, 294, 319, 326, 358
オリースニツィ［ス］425
オルウェン［Ir］353, 354, 355, 358, 360
オルウェン［ウ］381, 386
オルトス［GR］294, 394
オルペウス［GR］326
オレイアデス［GR］315
オレステス［GR］295, 296, 325, 331
オロファト［ミ］485, 486
オロマタウア［ポ］490
温達［朝］114, 115
オントコボ［尼］477

[か]

ガイア［GR］277, 279, 281, 289, 292, 293, 294, 295, 296, 297, 303, 308, 310, 311, 312, 321, 322, 328, 330, 397
懐王［中］88
カイカシー［印］134
カイケーイー［印］134, 135, 144, 155, 170, 171
戒波羅蜜菩薩［仏］182
解慕漱［朝］116, 117
カイル［Ir］340, 341
カイル・イヴォルメト［Ir］340, 341
カーヴィヤ・ウシャナス［印］149
カウサリヤー［印］134, 135, 155, 156, 170
ガウタマ［印］125
カウマーリー［印］145, 179
カウラヴァ百兄弟［印］120, 138, 139, 164, 165
ガウリー［印］166
赫居世［朝］103, 105, 110
カグツチ［日］36, 41
娥皇［中］80, 81, 86
カジ［ス］431
カシュヤパ［印］130, 135, 159, 176
華胥［中］79
カストル［GR］156, 323, 331, 332
何仙姑［道］94
何泰［中］94
カチャ［印］161
羯磨波羅蜜菩薩［仏］179, 182, 183, 188
ガーディ［印］142
ガデオン［ウ］354
カデシュ［MP］218
カデシュ［エ］243, 244, 246, 248, 257
カトヴァド［Ir］343, 352

索引

ガトゥムドゥグ［MP］218
ガトートカチャ［印］167
カドモス［GR］289, 293, 305
カドルー［印］120, 130, 135, 146, 176, 263
カナティイ［ネ］449
カナネスキ・アナイェヒ［ネ］446
カナヤマビコ［日］38, 54, 57
カナヤマビメ［日］15, 37, 38, 54, 57
ガニュメデス［GR］321
カヌヴァ［印］146, 172
河伯［中］23, 89, 116, 117
カハワリ［ポ］493, 494
カピラ［印］128, 137
カーマ［印］166, 174, 175
カムナホビ［日］34
カムムスヒ［日］15, 19, 25, 35, 36, 38, 39, 41, 52, 62
カメナエ［GR］300
カメヒメ［日］15, 39
カヤノヒメ［日］15, 41
カラ［印］153
ガーラヴァ［印］150, 169
カーラカー［印］135, 169
カーラチャクラ［仏］179
ガラテイア［GR］297, 298
カーリー［印］78, 121, 136, 142, 145, 159, 166, 255, 396, 524
カリ［印］158
カリオペ［GR］327
カリス［GR］292, 298, 325
カリスト［GR］287, 298, 299, 310, 326, 554
カリュプソ［GR］299, 315, 402
カルコータカ［印］158
カルタシュ［シ］410, 417
カールッティケーヤ［印］132, 152, 161
カルナ［GR］134, 140, 246, 247, 250, 252, 260, 261, 262, 299
カルポ［GR］325
カルマグダ［シ］414
カルマーシャパーダ［印］124
カルメン［Op］543, 546, 547, 549
カルメンタ［GR］300
ガルラ［MP］221
カレ［GR］298
ガンガー［印］121, 126, 132, 137, 151, 155, 171
韓湘子［道］94
寒［中］89

ガーンダーリー［印］123, 128, 138, 146
ガンダルヴァ［印］125, 129, 133, 151, 152, 157, 167, 168
ガンダルヴィー［印］176
カンダルパ［印］175
カンツメ［沖］67
簡狄［中］77
カント・コル・カムイ［アイ］420
江陵大守純貞［朝］109
観音娘娘［道］92, 94, 97
願波羅蜜菩薩［仏］182
韓流［中］90

［き］

弃［中］79
キ［MP］218, 219
キアン［Ir］336, 340, 347
ギオマール［王］388
ギガス［GR］295, 297, 329
キキーモラ［ス］425, 426, 429
キグヴァ［ウ］355, 360
聞得大君［沖］63, 65, 67, 69, 70, 72
キコッルス［ガ］373
キサカヒヒメ［日］15, 35, 38, 39, 41, 42, 46
鬼子母神［仏］8, 179, 186
キシャル［MP］219
キニチ・アハウ［MA］456
ギビル／ギッラ［MP］223
キマイラ［GR］294, 394
金信［朝］106, 114
キムレグト［シ］415
九天玄女［中］77, 78, 82, 83, 85
九霊太妙亀山金母［中］86
キュクロプス［GR］297
キュケオン［GR］311
キュベレ［GR］277, 278, 297, 300, 301, 315, 326, 330, 331, 368
キュベレ［MP］8, 210, 211, 214, 219, 220, 224
堯［中］74, 79, 80, 81, 85
供王珠晶／蔡珠晶［フ］522, 524, 525
姜［中］78, 79
玉女［道］98
玉女大仙［道］97
玉葉［道］98
許黄玉［朝］102, 106
甄萱（けんけん）［朝］109

606

キリリシャ［MP］227
ギルヴァエスウィ［ウ］353, 356, 357, 358
ギルガメシュ［MP］203, 204, 213, 214, 216, 219, 222, 232, 234, 236, 237, 509, 540, 547
キルケ［GR］301, 302, 316, 320, 327
キルッフ［ウ］353, 354, 358, 360, 381, 386
キルッフ［王］381
羲和［中］74, 79, 80, 86
金光聖母［中］96, 97
キンナラ［印］152
キンバイト［Ir］349, 350
金母元君［中］86

［く］

グアダルーペ［MA］467
クイキニャーク［シ］407
グウィシル［王］381
グウィズノ・ガランヒル［ウ］356
グウィディオン［ウ］353, 356, 357, 358
グウィネヴィア［王］384, 385, 386, 388
グウィン［王］381
グウェルン［ウ］357, 358
グウェンホヴァル［ウ］384, 386
グウェンホヤッハ［ウ］386
クー・フリン［Ir］334, 336, 340, 341, 342, 343, 344, 345, 348, 349, 350, 351, 352
クー・フリン［王］388
クー・ロイ・マク・ダーリ［Ir］358
グガルアンナ［MP］217
クグ・エ・ビーン・グワ・クワ［ネ］446
ククリヒメ［日］15, 42, 43
クシイナダミトアタハスマヌラヒメ［日］43
クシナダヒメ［日］15, 43, 44, 51
クシヤタマ［日］54
グズ［ゲ］399
グズルーン［ゲ］391, 396, 400, 401
グデア［MP］204, 218, 221, 227, 228
功徳天［仏］179, 186
グナー［ゲ小］404
グナケーシー［印］138
クナビビ［オ］483
クニノクヒザモチ［日］55
クニノミクマリ［日］55
クヌム［エ］240, 244, 249, 255, 259
クババ［GR］300
クピド［GR］318

クー・フリン［Ir］358
クベーラ［印］129, 134, 152, 174, 175, 179
クマーラ［印］179
鳩摩利［仏］179
クマリ［印］55, 123, 138, 139
クマルビ［MP］203, 222, 223, 237
グラ［MP］221, 230, 235
グラーネ［Ir］380, 381
グライアイ［GR］303
クライディラト［王］381
グラウケ［GR］328
グラウコス［GR］302, 316
クラウンチー［印］176
クラオカミ［日］57
グラティア［GR］298
クラトス［GR］305, 313
グラーネ［Ir］334, 341, 343, 344
クラミツハ［日］44, 57
クラン［Ir］342, 343
グランヌス［ガ］366
グリアン・トゥンガル［尼］478
クリシュナ［印］132, 142, 155, 163, 165, 172, 173, 174, 175
クリスティノビルの女帝［ウ］354, 355
グリーズル［ゲ小］404
グリターチー［印］124, 125, 139, 151, 175
クリッタ［MP］217, 223
クリティヤー［印］139
グリテン［Ir］387
グリトネア［Ir］387
グリトン［Ir］387
クリパ［印］121, 139
クリピー［印］139, 140
グリームニル［ゲ］391, 395, 396, 398, 399, 401, 405, 406
クリュサオル［GR］294
クリュタイムネストラ［GR］295, 323, 324, 331
クル［印］157
クルキル［シ］407
クルンフ［Ir］349, 350
クレイオ［GR］327
クレイオス［GR］305
グレース・ケリー［存］553
クレオン［GR］285, 328
グレース・ケリー［存］561
クレタ［GR］298
クレテ［GR］293

索引

グレンデル［ゲ］394, 404
クロク［ス］431
クロト［GR］310, 314, 329, 382, 540
グロヌウ［ウ］358
グロヌウ・ペビル［ウ］358
クロノス［GR］273, 281, 292, 295, 296, 297, 311, 320, 322, 328, 330
クロリス［GR］313, 319
グワウル［ウ］359, 360
クンティー［印］126, 140, 146, 167, 170

［け］

ケアリイクキイ［ポ］493
啓［中］86
羿［中］80, 85, 89
景王陽子／中嶋陽子［フ］522, 524, 525
髻設尼童女［仏］179, 180
瓊霄［道］95, 96
ゲイルロズ［ゲ］399, 404, 406
ケイロン［GR］309
ゲヴィウン［ゲ］396, 404
ケーサリン［印］126
ゲシュティンアンナ［MP］202, 204, 211, 216, 221, 232
ケツァルコアトル［MA］463, 469, 470
ケト［GR］294, 303
ケナン［ウ］354
ケパロス［GR］294, 316
ゲブ［エ］245, 252, 253
ケベフウェト［エ］248
ケライノ［GR］319
ゲラス［GR］295, 314, 315
ケリドウェン［ウ］355, 356
ゲリュオン［GR］294
ケル［GR］302, 314
ゲルズ［ゲ］397
ケルベロス［GR］294, 394
ケレオス［GR］311, 312
ケレス［GR］296, 302, 303, 312, 429
牽牛［中］7, 83, 84
玄妻（＝眩妻）［中］89
建疵［中］77
ケンタウロス［GR］309
ゲンデンウィサ［ネ］450
堅牢地神［仏］180
堅牢地神后［仏］180

［こ］

コアトリクエ［MA］456, 457, 458, 459, 460, 462, 464, 469
ゴイウィン［ウ］353, 356, 358
コイオス［GR］279, 297, 332
コウェンティナ［ケ］376
光音天［仏］180
光音天女［仏］180
姮娥［中］80, 89
香金剛女［仏］191
坑三姑娘［道］96
后稷［中］78, 79
句践［中］78
黄帝［中］74, 76, 77, 78, 82, 86, 87, 88, 90, 97
后土娘娘［道］91, 92, 95
后土夫人［道］91, 95
高乙那［朝］111
[中］74, 77, 79
黒闇天女［仏］180
五金剛女［仏］180
護国三女神［朝］103, 106
ココ・シャネル［存］554
コシャロット［MP］231
コストロマー［ス］426, 430
魖魅（こそう）［中］81
コタンカラカムイ［アイ］408
コナレ・モール［Ir］334, 339
コノハナノサクヤビメ［日］15, 31, 32, 34, 35, 37, 45, 46, 49, 60, 62, 114, 133, 145, 166
コヤングウティ［ネ］447
コヨルシャウキ［MA］454, 458, 459, 460, 466
コリュバス［GR］301
ゴルゴーニヤ［ス］426
ゴルゴン［GR］280, 303, 306, 328, 426, 507
コルマク・マク・アルト［Ir］341
コレ［GR］304, 311, 312, 323
鯀（こん）［中］86
コン・ケードハタハ［Ir］340
金剛歌菩薩［仏］180
金剛嬉菩薩［仏］180
金剛華菩薩［仏］181
金剛焼香菩薩［仏］181, 182
金剛塗香菩薩［仏］181
金剛燈菩薩［仏］181
金剛波羅蜜菩薩［仏］179, 181, 182, 183, 188

神名索引

金剛舞菩薩［仏］181
金剛鬘菩薩［仏］182
コンス［エ］261, 262
コンスス［GR］296
コンホヴァル［Ir］380
コンホヴァル・マク・ネサ 342, 343, 352
コンラ［Ir］340, 342

［さ］

細鳥女［朝］102, 107
サーヴァルニ［印］159
サーヴィトリー［印］140, 141
サヴィトリ［印］123, 140
サウィルダーナハ［Ir］353
サーガ［ゲ小］405
サガラ［印］128, 137, 146
ザカリア［新］512
サガリティス［GR］301
サグジ・ママ［シ］410, 415
作帝建［朝］108, 109
ザグレウス［GR］323
サシクニワカヒメ［日］15, 35, 46
沙蘇［朝］107, 110
サティー［印］139, 141, 142, 166, 479
サティス［エ］244, 248, 249, 251
サティヤヴァット［印］140, 141
サティヤヴァティー［印］124, 142, 143
サティヤバーマー［印］142, 143
サテュンパ［中］23
サテュロス［GR］326
サトゥルヌス［GR］290, 296, 302, 329, 330
サヌキヒコ［日］50
サハデーヴァ［印］140, 164, 170
サフ［エ］251
サプタ・マートリカー［印］143
サフラー［エ］255, 262
三神婆（サムスンハルマン）［朝］103, 107
狭也［フ］525, 526, 527
サヨツヒメ［日］15, 46, 47
サヨリビメ［日］58
サラ［旧］502, 508, 512
サラスヴァティー［印］7, 8, 22, 117, 129, 143, 177, 188, 196, 348
サラマー［印］144, 165
サルタヒコ［日］21
サルペドン［GR］293

サロメ［新］502, 507, 511, 512
サンアイ・イソバ［沖］68
サンヴァラナ［印］157
サンガリオス［GR］220, 300
サンジュニャー［印］144, 159
蚕女［中］87
三霄娘娘［道］95, 96
サンダーツイン［ネ］449
サン・ヒヤン・スリ［尼］477

［し］

ジアイイク［シ］410, 415
シーター［印］83, 120, 121, 124, 131, 142, 144, 145, 153, 154, 156, 165, 170, 174, 175, 386, 530
シヴ［ゲ］397, 398
シヴァ［印］126, 127, 128, 132, 133, 134, 136, 137, 138, 139, 141, 142, 144, 145, 146, 147, 150, 152, 153, 158, 159, 160, 162, 163, 164, 165, 166, 167, 171, 174, 177, 182, 184, 479
シェヴン［ゲ小］405
シェスメテト［エ］249
シェーダンタ［Ir］342
シェドゥ［MP］238
地慧童女［仏］182
シェーニー［印］176
ジェフ［イ］195, 198, 199
シェラ［旧］504
シェリダ［MP］212
色金剛女［仏］191
シギュン［ゲ］397, 398
ジークフリート［ゲ］390, 396
シグルズ［ゲ］390, 395, 396, 397, 400, 401
シグルドリーヴァ［ゲ］391, 395, 396
シケム［旧］504
紫姑［道］95, 96
慈航大士［中］94
始皇帝［中］81
紫光夫人［道］97
自在女［仏］182
四姉妹天女［仏］182
鵄述嶺神母（しじゅつれいしんぼ）［朝］103, 104, 108
シシュパーラ［印］175
シシュポス［GR］319
シセラ［旧］505
シタデルヒメ［日］15, 18, 47, 48

索引

七姑［道］96
七母神［印］139, 143, 145, 146, 172, 179
質怛羅童女［仏］183
十波羅蜜［仏］182
シドゥリ［MP］222
シナファロフトゥ［ポ］490
ジニー（ジネブラ）・ウィーズリー［フ］528
シバ（シェバ）の女王［旧］199, 502
四波羅蜜［仏］179, 182, 183, 188
シビ［印］169
シビティ［MP］227
シビュラ［GR］304, 320
シビル・トレローニー［仏］528
四仏母［仏］180, 183
シ・ボル・デアック・バルジャル［尼］475, 477
シマルグル［ス］422
シモン［新］512, 513
シャイビヤー［印］128, 146
シャウシュガ［MP］222
シャクティ［印］124, 162, 163, 174, 191
シャクンタラー［印］146, 147, 171
シャシュム［MP］227
シャターニーカ［印］164
シャチー［印］132, 147, 148
シャトルグナ［印］155, 171
ジャナメージャヤ［印］135, 149
シャニ［印］159
シャパシュ［MP］223
シャバリー［印］148
シャマシュ［MP］203, 212, 223, 231, 232
ジャマドアグニ［印］142, 175, 176
遮文茶［仏］183
ジャヤー［印］148
ジャヤドラタ［印］164
シャラ［MP］223
シャラ［印］155
ジャラー［印］148
シャラドヴァット［印］139
ジャラトカール 148, 149, 263
シャリヤーティ［印］154
シャールヴァ［印］126, 140
シャールドゥーリー［印］176
シャルミシュター［印］149, 161, 162
ジャンカウ［オ］483, 484
シャーンター［印］149, 150
シャンタヌ［印］124, 137, 139, 155
シャーンディリー［印］150

ジャンヌ・ダルク［存］554
シュウ［エ］245, 252, 253
蚩尤［中］74, 78, 87
シュヴェーター［印］176
修己［中］77
自由の女神［存］555
シュオヤタル［カ］435
シュカレトゥダ［MP］215, 216
シュムカネ［MA］458, 460, 461
シュームスカ・マイカ［ス］426
朱蒙［朝］19, 23, 24, 102, 111, 116, 117
シューラ［印］140
シュリー［印］120, 121, 144, 145, 150, 151, 152, 160, 163, 164, 165, 175, 177, 179, 186, 190, 213
ジュリエット［存］555
シュル［シ］414
シュルギ［MP］202, 229, 232
シュルシャガナ［MP］235
シュルタカルマン［印］164
シュルタセーナ［印］164
シュールパナカー［印］134, 144, 153
俊［中］79
舜［中］24, 71, 74, 79, 80, 81, 85, 86, 88
順懿夫人［道］100
純狐［中］89
准胝観音［仏］177, 183, 185
順天聖母［道］100
女媧［中］84
象［中］81
昌意［中］90
嫦娥［中］80, 89
尚儀［中］80
常儀［中］⇒嫦娥［中］80
常義［中］74, 79, 80, 86
商均［中］86
湘君［中］80, 81, 86
上元夫人［中］86
城隍神［道］95
湘山［中］81
成就持明仙女［仏］183
精進波羅蜜菩薩［仏］182
湘妃［中］80, 81, 86
湘夫人［中］80, 81, 86
上駢［中］82
鍾離権［道］94
女英［中］80, 81, 86, 507
女媧［中］10, 74, 75, 81, 82, 83, 84, 91

610

神名索引

女媧［中］86
織女［中］7, 20, 83, 84, 107
女脩［中］77
女枢［中］88
ショチケツァル［MA］461
旻義［朝］102, 108
白雪姫［児］534, 535, 536
シリワンギ［尼］477
白いバッファローの女［ネ］447
白い魔女［フ］522, 523, 526
白トウモロコシの乙女［ネ］448
シロナ［ガ］365, 366, 372
シロネン［MA］461, 462, 464
シワコアトル［MA］454, 457, 462, 463, 467
シワテテオ［MA］457, 460, 462, 463, 464, 466, 467, 471
シン［MP］231
辰義［朝］102, 108, 109, 114
甄萱の母［朝］102, 109
甄后［中］90
シンテオトル［MA］454, 462, 464
シンデレラ［児］536, 537
神農［中］74, 82, 84, 88
シンヒカー［印］153

［す］

ズアラシズ［ス］422
スアルティウ・マク・ロイヒ［Ir］342
スィアチ［ゲ］394, 398
スィウィト［ウ］360
スィッズ［王］381
水路夫人［朝］102, 109
スヴァーヴァ［ゲ］395
スヴァーハー［印］126, 153, 154, 161
スヴァヤンプラバー［印］154
スヴァログ［ス］422
シェウ・シャウ・ゲフェス［ウ］353, 357, 358
スカジ［ゲ］398
スカータハ［王］336, 341, 342
スカニヤー［印］154
スカンダ［印］132, 152, 153, 154, 161, 166
スキュラ［GR］302, 303
スキールニル［ゲ］391, 397
スクナヒコネ［日］55
スクルド［ゲ］395, 396, 398, 399
スケッルス［ガ］369

スサノヲ［日］19, 20, 22, 23, 24, 25, 30, 34, 36, 39, 43, 44, 46, 47, 48, 49, 51, 58, 59, 527
スザンナ［旧］502, 503, 505, 506
スージェニツィ［ス］425, 426
スショーパナー［印］133, 154, 155
スセリビメ［日］15, 48, 49, 59
ステュクス［GR］305, 309, 313
ステロペ［GR］319
ステンノ［GR］303
スド［MP］202, 229, 234, 235
ストゥーラケーシャ［印］168
ストリボーグ［ス］422
スノトラ［ゲ小］405
スバドラー［印］155
スピンクス［GR］256, 294, 394
スプラバー［印］148, 155
スミトラー［印］135, 155, 171
スムカ［印］138
スメルトリウス［Ir］364, 374
スユン［ゲ小］405
スラー［印］5, 8, 9, 156
スラサー［印］153, 156, 176
スリス［ケ］367, 376
スーリヤー［印］156
スーリヤ［印］12, 131, 174, 189, 482
スリュム［ゲ］391, 395, 398, 401
スルスナブ［MP］222
スレイプニル［ゲ］399
スレウィアエ［ガ］366, 367, 371
スレダー［ス］430
スンダ［印］160, 161
スンバ［印］184

［せ］

精衛［中］81, 84
西王母［中］8, 10, 23, 76, 77, 78, 80, 83, 84, 85, 86, 89, 91, 92, 98, 563
正見母主［朝］103, 109
声金剛女［仏］191
青女（青霄玉女）［中］80
聖女アガタ［キ聖］516, 519
聖女アグネス［キ聖］516
聖女ヴェロニカ［キ聖］516
聖女ウルスラ［キ聖］517
聖女カテリナ［キ聖］517
聖女カトリーヌ・ラブレ［キ聖］517

索引

聖女ジュヌヴィエーヴ［キ聖］518
聖女ブリギッド［キ聖］518
聖女ベルナデッタ［キ聖］518
聖女マルガレタ［キ聖］519
聖女ルキア［キ聖］519
聖テレサ［キ聖］519
聖バルバラ［キ聖］519
セイレン［GR］302, 303
ゼウス［GR］167, 214, 220, 276, 277, 279, 280, 281, 282, 283, 284, 285, 286, 287, 288, 289, 291, 292, 293, 294, 295, 297, 298, 299, 300, 301, 302, 303, 304, 305, 306, 307, 308, 309, 310, 311, 312, 313, 314, 315, 316, 317, 318, 319, 320, 321, 322, 323, 324, 325, 326, 327, 328, 329, 330, 331, 332, 333, 393
セオリツヒメ［日］15, 49, 56
セカトホル［エ］251
セクアナ［ガ］367, 372
セクメト［エ］243, 244, 246, 247, 248, 249, 250, 252, 254, 255, 256, 257, 258, 260, 261, 262
セシャト［エ］250
契（せつ）［中］77, 78
セト［エ］244, 245, 251, 252, 254, 255
セドナ［ネ］442, 443, 448, 449
セナパティ［尼］480
ゼピュロス［GR］281, 290, 293, 318, 319
ゼブルン［旧］504
セミラミス［MP］210, 220, 223, 224
ゼムリャー・マーチ［ス］427
セメレ［GR］277, 289, 305, 306, 322, 323
ゼラ［旧］504
セーラームーン［存］556
セル［ネ］7, 449
セルケト［エ］246, 251, 253, 254, 256
セレダー［ス］430
セレネ［GR］286, 293, 306, 308, 320, 330, 556
ゼロス［GR］305, 313
繊阿（せんあ）［中］80
善花公主［朝］102, 110
顓頊［中］88, 90
センツォン・ウィツナワ［MA］458, 459
閃電娘娘［道］96, 97
仙桃聖母［朝］102, 103, 109, 110
禅波羅蜜菩薩［仏］182

［そ］

宋江［中］78
曹国舅［道］94
送子娘娘［道］92, 93, 95
桑林［中］82
素娥［中］80
触金剛女［仏］183, 191
ソソンドワ［ネ］450
ソティス［エ］249, 251, 264
ソフィア［旧］503
ソフィー・ハッター［フ］526
ソプドゥ［エ］251, 253
ソベク［エ］254, 263
ソルバヤティ［尼］477
雪饅頭婆（ソルムンデハルマン）［朝］103, 110, 111
ソロモン［旧］502, 503, 505, 508
孫悟空［中］85, 87

た

ダイアナ元妃［存］10, 557
大孔雀明妃［仏］184
泰山玉女［道］97
大自在天妃［仏］184
帝釈天妃［仏］148, 184
大随求菩薩［仏］184
ダイダロス［GR］316
大日如来［仏］179, 180, 181, 182, 186, 187
太陽の娘［ネ］449
太霊九光亀台金母［中］86
タウェレト［エ］247, 251, 252
ダウヌス［GR］307
タウマス［GR］289
ダエーナー［イ］194, 198
タカオカミ［日］57
タカヒメ［日］47, 58
タカミムスヒ［日］20, 22, 24, 38, 39, 62
ダガン［MP］211, 214
タギツヒメ［日］58
ダーキニー［仏］184, 185
タキリビメ［日］47, 58
ダクシャ［印］123, 141, 142, 148, 153, 155, 159, 176
ダグダ［Ir］336, 340, 346, 347, 348, 350, 351, 369
タケイハ［日］50
他化自在天［仏］185

神名索引

他化自在天女［仏］185
タケミカヅチ［日］20
タコリヒメ［日］58
ダジボーグ［ス］422
ダシャグリーヴァ［印］134
ダシャラタ［印］134, 135, 144, 155, 170, 171
タシュメトゥ［MP］224, 226, 227
タータカー［印］157
ダートリ［印］129, 157
ダナ［Ir］339, 342
ダーナヴァ［印］152
ダナエ［GR］77, 277, 303, 306, 307, 322, 342
タナトス［GR］276, 286, 302, 314
タニト［MP］225
ダヌヴァンタリ［印］151
タネ［ポ］489, 493
タパティー［印］137, 157, 159
タピオ［カ］436
ダビデ［旧］502, 504, 505, 508, 509
ダプネ［GR］307, 315
タマ・キテ［ポ］492
タマヒメ［日］15, 49
玉メガ［沖］68
ダマヤンティー［印］158
タマヨリビメ［日］15, 50, 52, 131
タマル［旧］503, 504
ダム［MP］221, 230
ダムキナ［MP］204, 225, 226, 233, 234
ダモナ［ガ］366, 367
ダユ［ケ］376, 377
タユゲテ［GR］319
ターラー［印］158, 183, 185, 188
ダラ［印］155
タラッタ［MP］226
陀羅尼［仏］177, 183, 184, 185, 187, 188, 190
タリエシン［ウ］356
タル［MP］212
タルクィニウス［GR］304
ダルダノス［GR］319
タルタロス［GR］292, 294, 296, 297
タレイア［GR］298, 327
タレジュ［仏］185
タロ［GR］325
タロス［GR］293
タンガロア［ポ］489, 492
タングムエギ［朝］103, 107, 111
檀波羅蜜菩薩［仏］182

タンムズ［MP］112, 204, 215, 216, 236
耽羅国三姓始祖の妻［朝］102, 111

［ち］

ヂェド［ス］428
チェフーイト［ネ］450
春楡媛［アイ］420
チコメコアトル［MA］462, 464, 465, 466, 470
智異山聖母［朝］103, 112
チセカッケマツ［アイ］420
チセコロカムイ［アイ］421
チトラヴァーハナ［印］158
チトラーンガダ［印］124, 158
チヤヴァナ［印］154
慈充姫［朝］112
チャック・チェル［MA］456
チャームンダー［印］136, 146, 159, 183
チャーヤー［印］144, 159
チャラパ［オ］482
チャルチウトリクエ［MA］458, 465, 466, 467, 468, 469, 470
チャンダ［印］136, 148, 159, 183, 184
チャンディカー［印］120, 121, 136, 162, 163
註生娘娘［道］95, 101
チュロノエ［王］387
チュンダー［仏］185
張果老［道］94
趙公明［道］95
召請童女［仏］185
蝶々夫人［Op］543, 547
猪八戒［中］80

［つ］

ツァルパニートゥ［MP］204, 213, 226
ツィツィミトル［MA］470
ツィツィミメ［MA］457, 464, 466, 471
ツォハノアイ［ネ］447
ツクヨミ［日］19, 22, 34, 36
ツラナギ［日］55
ツラナミ［日］55
ツラン［ミ］485

［て］

デア・ヌトリクス［ガ］368, 372

索引

テイア［GR］306
ディアナ［GR］286, 306, 307, 308, 383, 389, 533, 557
ディアナ［ガ］362, 363, 368, 369, 371
ティアマト［MP］6, 125, 219, 226, 228
ディアルミド［Ir］334, 341, 343, 344, 380, 381
ディアルミド・ウア・ドゥヴネ［Ir］341
ディアン・ケーフト［Ir］336, 340
ディオスクロイ［GR］156, 323, 324, 331, 332
ディオニュソス［GR］281, 284, 289, 301, 302, 305, 306, 309, 320, 322, 323, 325, 326
ディオネ［GR］281, 308, 313, 322
ディケ［GR］279, 292, 308, 325
ティシポネ［GR］295
帝女雀［中］84
ディース［ゲ小］405
ディスコルディア［GR］295
ティタン神族［GR］276, 279, 292, 293, 295, 297, 301, 305, 306, 308, 310, 311, 313, 317, 318, 320, 323, 325, 328, 330, 332, 333
ディティ［印］159
ティテュオス［GR］333
ティテン［王］387
ティトノス［GR］294
ディトルバ［Ir］349
ティトン［王］387
ディナ［旧］504
ディフ［Ir］340
ティベリヌス［GR］331
デイモス［GR］281
ディヤウス［印］131, 168
ディラエ［GR］296
ディラン・エイル・トン［ウ］353, 357
テイルノン［ウ］359, 360
テイレシアス［GR］128, 280, 285
ティローッタマー［印］120, 121, 160, 161, 176
鄭和［道］100
ディンギルマハ［MP］228, 234
ティンタジェル［王］380, 386
ディンデュメ［MP］219, 220
デーヴァセーナー［印］161
デーヴァヤーニー［印］149, 161, 162
デーヴィー［印］7, 120, 121, 136, 142, 159, 162, 163, 170, 183, 184, 186
デヴィ・スリ［尼］7, 477
デウィ・ナワン・サシ［尼］477
デウカリオン［GR］311, 316, 317

テオ・インナン［MA］467
テオティワカンの大女神［MA］466
テギド・ヴォエル［ウ］355
デキマ［GR］329
テシュブ［MP］212, 217, 222, 236, 237
テスカトリポカ［MA］461, 462, 469
テスティオス［GR］331
デスポイナ［GR］312
テセウス［GR］282, 284, 324, 328
テッレルウオ［カ］436
テティス［GR］137, 138, 167, 292, 295, 302, 305, 309, 310, 311, 315, 322, 324
テテュス［GR］292, 297, 299, 305, 308, 310, 312, 316, 322, 328
テ・トゥム［ポ］492
テトカ［ス］431
テナヅチ［日］15, 43, 44, 51
デヒティネ［Ir］342, 343
テフヌト［エ］244, 245, 246, 247, 248, 249, 252, 254, 258, 260, 261, 262
デボラ［旧］504, 505
テミス［GR］279, 292, 297, 308, 309, 310, 315, 321, 322, 325, 329
テム・ママチャニ［シ］416
デメテル［GR］23, 26, 30, 233, 276, 277, 292, 297, 300, 302, 311, 312, 320, 323, 328, 330, 401, 548, 550
デモポン［GR］311
テュイアデス［GR］326
テュオネ［GR］305
デュクテス［GR］306
テュケ［GR］270, 273, 312, 313, 315, 317
デュスノミア［GR］295
テュポン［GR］214, 294, 297, 329
テュルセノス［GR］302
テュンダレオス［GR］323, 324, 325, 331
テリーズ［ミ］485
テリピヌ［MP］203, 236
デリラ［旧］505
デルケト［MP］210, 214, 220, 223, 224, 227
テルス［GR］296
テルス・マテル［GR］302, 303
デルドレ［Ir］334, 341, 343, 344, 352, 380, 535
照る日［沖］68, 69
照日王［フ］525, 527
テルプシコラ［GR］327
テレゴノス［GR］301, 302

神名索引

テレパッサ［GR］293
デワ・ウェナン［尼］477
デワ・オント［尼］477
天后娘娘［道］92, 99
天仙聖母碧霞元君［道］97
天仙娘娘［道］97
天帝［沖］66
天帝［中］7, 77, 78, 79, 83, 84, 87, 89
電母［道］92, 96, 97

［と］

トアース［GR］284
トゥ［ポ］489
湯［中］88
トゥアタ・デー・ダナン［Ir］334, 336, 337, 339, 340, 342, 345, 346, 347, 348, 351, 352
ドゥアムトエフ［エ］254
トウオニ［カ］436
東海龍王［道］99, 107
東岳大帝［道］97, 98
桃花女［朝］102, 113
魚氏［中］90
トゥナ［ポ］492
登比氏［中］86
ドゥフシャンタ［印］146, 147
ドゥムジ［MP］202, 204, 215, 216, 217, 221, 226, 231, 232, 236
ドゥルヴァーサス［印］140, 150, 151
トゥルヴァス［印］149, 162
ドゥルガ［印］8, 120, 121, 136, 145, 159, 161, 162, 163, 166, 170, 180, 185, 255, 391, 396, 479, 524
ドゥルフュ［印］149, 162
ドゥルヨーダナ［印］138, 139, 164
トゥレン［Ir］340, 342, 347
塗山氏［中］86, 87
トシ［MA］467
トスカ［Op］543, 547, 548
兜卒天女［仏］186
土地爺［道］95
トト［エ］253, 256
ドドーラ［ス］427, 428
トナカシワトル［MA］458
トナカテクトリ［MA］458
トナンツィン［MA］462, 467, 468
トバズィスツィニ［ネ］447
斗姆元君［道］92, 97

斗姆娘娘［道］97
トミトゥカ［オ］482
トユケ［日］24
トヨウカノメ［日］24, 51
トヨウケ［日］15, 51
トヨタマビメ［日］15, 40, 50, 52, 53, 131, 155, 378, 403
ドラウパディー［印］121, 142, 143, 144, 145, 153, 155, 158, 163, 164, 165, 170
トラソルテオトル［MA］462, 467, 468, 469
トラリ・リョロ［MA］467
トラルテクトリ［MA］456, 457, 458, 460, 468, 469
トラロク［MA］454, 458, 465, 467
トリジャター［印］144, 165
トリシラス［印］147
ドリス［GR］283, 297, 309
トリスタン［王］337, 338, 341, 380, 381, 382, 385, 386
ドリダスユ［印］176
ドリタラーシュトラ［印］123, 127, 138
ドリタラーシュトリー［印］176
トリトン［GR］284
トリプトレモス［GR］23, 312
ドリュアデス［GR］315
トール［ゲ］394, 395, 397, 399, 402, 404
ドルーアスポ［イ］199
ドルパダ［印］127, 153, 163
ドルワースパー［イ］198, 199
斗姥［道］97
ドロシー・ゲイル［存］557
ドロレス・アンブリッジ［フ］529
ドーン［ウ］357
ドーン［ネ］450
ドン・クアルンゲ［Ir］350, 352

［な］

ナイアス［GR］300, 307, 313, 314
ナイチンゲール［存］10
ナウシカ［児］537, 538
ナウシトオス［GR］299
ナウシノオス［GR］299
ナオミ［旧］509
ナーガ［印］134, 135, 138, 146, 151, 152, 156, 169, 176
ナガ・パドハ［尼］477

索引

ナキサハメ［日］16, 26, 53
ナクラ［印］140, 164, 170
ナズィ［MP］233
ナナヤ［MP］225, 227
ナビリシャ［MP］227
ナブ［MP］224, 226, 227, 229
ナフシャ［印］132, 147, 148
ナホル［旧］508
ナムタル［MP］217
ナヤネズガニ［ネ］447
ナラ［印］158
那羅延天妃［仏］186
ナラクーバラ［印］174, 175
ナーラダ［印］138, 140, 151, 166
ナーラーヤナ［印］167, 173
ナルードゥ［MP］227
ナルキッソス［GR］315
ナルンテ［MP］214, 227
南解次次雄［朝］105
南海大士［道］94
ナンシェ［MP］218, 225, 227, 228
ナンダ［仏］183
ナントスエルタ［ガ］369, 372
ナンナ［MP］203, 215, 217, 230, 231, 234
ナンナ［ゲ小］405
ナンム［MP］213, 219, 226, 228, 232, 234, 238
南林の処女［中］78, 83

［に］

ニアヴ［Ir］343, 344
ニア・シェガワイン［Ir］347
ニアルジナ［MP］227
ニオベ［GR］287, 313, 333
ニギハヤヒ［日］62
ニケ［GR］276, 305, 313, 314, 315
ニサバ［MP］225, 227, 228, 229, 234, 235
ニスンバ［仏］184
ニナッタ［MP］217, 223
ニニギノミコト［日］114
ニヌルタ［MP］214, 221, 234
ニ・ボハチ［尼］475, 477
ニュクス［GR］295, 302, 314, 315, 321, 329
ニョルズ［ゲ］398, 401
ニルリティ［印］136, 165, 191
ニンアジムア［MP］221
ニンイシンナ［MP］202, 221, 229, 230
ニンウルタ［MP］221, 234, 236
ニンカシ［MP］202, 230, 233
ニンガル［MP］204, 230, 231
人魚姫［児］538, 539
ニンキリトゥ［MP］233
ニンギルス［MP］218, 227, 228, 235, 236
ニンクラ［MP］230, 233
ニンシュブル［MP］215, 216, 217, 231, 232
ニンスン［MP］232
ニンティ［MP］221, 233
ニントゥ［MP］213, 214, 228, 232, 233, 234, 237, 238
忍辱波羅蜜菩薩［仏］182
ニンニシグ［MP］230, 233
ニンフ［GR］125, 277, 283, 287, 288, 289, 294, 295, 297, 298, 299, 300, 301, 302, 303, 307, 313, 314, 315, 319, 321, 323, 326, 327, 328, 330, 403
ニンフルサグ［MP］202, 203, 204, 213, 225, 230, 232, 233, 234, 237, 238
ニンマフ［MP］202, 208, 213, 225, 228, 233, 234, 237, 238
ニンメナ［MP］213, 228, 234
ニンリル［MP］202, 204, 229, 234, 235

［ぬ］

ヌアウィラコイ［メ］487
ヌアドゥ［Ir］336, 348
ヌディンムド［MP］219
ヌト［エ］245, 252, 253
スナカハヒメ［日］15, 53, 54, 59
ヌム［シ］419
ヌリシンヒー［印］146
ヌーリッキ［カ］436
ヌン［エ］252
ヌンバルシェグヌ［MP］229, 234, 235

［ね］

ネイコス［GR］295
ネイト［エ］246, 251, 253, 254, 255, 256, 262
ネウィン［Ir］344, 369, 370
ネウェド［Ir］349, 350
ネオプトレモス［GR］310
ネクベト［エ］247, 255
ネサ［Ir］343

神名索引

ネード［ガ］369
ネハレンニア［ガ］369
ネフェイルカラー［エ］262
ネフェライデス［GR］315
ネフェルテム［エ］247, 250
ネブカドネザル［旧］506
ネフタン［Ir］344, 347
ネフティス［エ］244, 245, 246, 250, 251, 252, 253, 254, 255, 256
ネプトゥヌス［GR］296
ネヘムトアウァイ［エ］256
眠れる森の美女［児］539, 540
ネメシス［GR］269, 273, 314, 315, 321, 323, 324, 331
ネメトナ［ガ］370
ネルガル［MP］217, 218, 235
ネレイデス［GR］283, 297, 299, 309, 310, 314, 315, 403
ネレウス［GR］283, 292, 297, 299, 309, 311, 321

[の]

ノイシウ［Ir］341, 343, 352
ノコミス［ネ］450
悩室朱日［朝］109
悩室青裔［朝］109
ノトス［GR］293
ノナ［GR］329
ノルン［ゲ］391, 396, 398, 399, 405
ノレイア［ケ］377
ノロ［沖］66, 69

[は]

バーバ［ス］428
バアラト［エ］256
バアル［MP］203, 208, 209, 210, 211, 223, 225, 231, 243, 244, 248, 256, 393, 499
バアル・ハモン［MP］225
バアル／モロク［MP］225
ハー・ロア［ポ］489
ハイジ［存］558
パイドラ［GR］503, 506
ハイヌウェレ［尼］475, 478, 479
バウ［MP］202, 221, 235, 236
バウキス［GR］315, 316
バウボ［GR］23, 26, 311

ハウメア［ポ］489, 490, 493
ハウロン［エ］248
パエトン［GR］293, 294
ハーエナ［ポ］490
パエンナ［GR］298
バガ［印］123
パカドリンガ［オ］482
ハガル［旧］502
バギーラタ［印］137
穆王［中］85
パクス［GR］292
朴提上［朝］104, 108
パケト［エ］248, 250, 256, 257, 261
バーシー［印］176
パシテア［GR］298
ハシナウ・コル・カムイ［アイ］409, 421
パシパエ［GR］284, 301, 316
パシル・バタン［尼］478
パズズ［MP］239, 509
バステト［エ］243, 244, 246, 247, 248, 249, 250, 252, 254, 255, 256, 257, 258, 260, 261, 262
バタラ・グル［尼］477
八供養菩薩［仏］186
八母神［印］139, 146, 165
魃（ばつ）［中］87
バッカイ［GR］326
バッコス［GR］326
パッティニ［印］165
パテカトル［MA］470
ハ　デス［GR］204, 286, 297, 302, 311, 312, 320, 323, 328, 330, 402, 548, 549, 550
ハテピヌ［MP］236
バト［エ］257
馬頭娘［中］87, 88
バト・シェバ［旧］502, 503, 505
ハトホル［エ］208, 243, 244, 245, 246, 247, 248, 249, 250, 251, 252, 253, 254, 255, 256, 257, 258, 259, 260, 261, 262, 263, 393, 540
パトリック（聖）［Ir］343, 347, 349
パトロクロス［GR］289, 310
ハニヤスビコ［日］54, 57
ハニヤスビメ［日］15, 54, 55, 57
ハニヤマビメ［日］54, 55, 57
パーヌー・パールス［イ］197, 199
ハヌマット［印］126, 145, 153, 154, 156, 174
パネス［GR］314
パノプテス［GR］288

パパ［ポ］31, 475, 489, 490
バーバ・ヤガー［ス］428, 435
バービヤ・スピャタヤ［ス］429
バビルサグ［MP］221, 230
パペウリリ［ポ］491
ハーマイオニー・グレンジャー［フ］527, 528
ハマドリュアデス［GR］315
ハマン［旧］500
パミーナ［Op］548, 550
ハモル［旧］504
ハヤアキツヒコ［日］55
ハヤアキツヒメ［日］15, 49, 55, 56
ハヤサスラヒメ［日］15, 49, 56, 57
バラ［印］155
パライモン［GR］289
パラーシャラ［印］124
パラシューラマ［印］126, 142, 175
パラス［GR］293, 305, 313
パラスケーヴァ・ピャートニツァ［ス］428, 429, 430, 432
バラル［Ir］336, 340
ハリー［印］176
ハリ［印］172, 173
ハリアシュヴァ［印］169
パリカー［イ］199
パリクシット［印］132, 133, 154
バリ公主［朝］103, 113, 114
パリス［GR］282, 295, 324, 325, 331, 386, 555
ハーリーティー［仏］177, 186
パールヴァティー［印］142, 166, 174, 177
バルカ［GR］382
バルカイ［GR］329, 391
バルドル［ゲ］391, 394, 396, 397, 398, 399, 402, 405, 406
バルナシャバリー［仏］185
ハルハブ［MP］231
ハルピュイア［GR］289
ハルモニア［GR］281, 289, 305
バルライヤ［オ］483
パレスティーヌ［ケ］379
バンヴァ［Ir］336, 340, 345, 346
バンガム［シ］417
盤古［中］57, 74, 226, 475
パーンダヴァ五王子［印］120, 132, 136, 138, 139, 140, 142, 143, 153, 163, 164, 165, 167, 169
パーンドゥ［印］127, 140, 170
パンドラ［GR］161, 317, 501

パンナガ［印］176
ハンナハンナ［MP］236
般若波羅蜜菩薩［仏］182

[ひ]

ビア［GR］305, 313
ビアトリクス・ポッター［存］559
ヒイアカ［ポ］489, 490, 491, 493
ピエロス［GR］327
ヒカミトメ［日］50
ヒコホホデミ（山幸彦）［日］40, 50, 52
ピシャーチャ［印］152
ビーシュマ［印］126, 127, 137, 170, 175
毘紐女［仏］186
ヒディンバー［印］148, 166, 167
ヒディンバ［印］167
飛天［仏］187
ピドラヤ［MP］231
ヒナ［ポ］31, 475, 489, 490, 491, 492, 493
ヒネ（＝ヒナ）［ポ］31, 171, 402
鼻荊［朝］113
ビーマ［印］126, 140, 158, 164, 167
ヒマヴァット［印］137, 166, 171
ヒメロス［GR］282
白衣観音［仏］92, 177, 187
白傘蓋仏母［仏］187
ピャートニツァ［ス］428, 429, 430, 432
ヒュギエイア［GR］364, 366, 376
ヒュスミネ［GR］295
ビュティア［GR］304
ヒュドラ［GR］394
ピュトン［GR］307
ヒュプノス［GR］298, 302, 314
ヒュペリオン［GR］293, 306
ピュラ［GR］317
ヒュラス［GR］315
ヒョルヴァルズ［ゲ］391, 395, 402
ヒルコ［日］29, 130
毘盧遮那如来［仏］181, 188
毘盧遮那仏［仏］179, 183, 186, 188
ヒルデガルド・フォン・ビンゲン［キ聖］520
ピルムヌス［GR］307
ピーレ・ザン［イ］199
ピレモン［GR］316
ピロテス［GR］295, 314
ピンエンキル［MP］227

618

神名索引

[ふ]

ファアラヴァアイ・アヌ［ポ］491
ファジャ・ママ［シ］417
フアムナハ［Ir］339
ファン［Ir］340, 345
フィゴナ［メ］487
プイス［ウ］355, 359, 360
フィン［Ir］334, 341, 343, 347, 350
フィン・マク・クウィル［Ir］334, 341, 343, 356, 380
夫乙那［朝］111
フェドリウィド［Ir］343
フェルグス［Ir］342, 343, 347, 350
フェル・ディアド［Ir］342, 350
フェンリスウールヴ［ゲ］394
フェンリル［ゲ］394, 402
フォウォレ族［Ir］336, 340, 344, 348, 351
フォードラ［Ir］336, 340, 345, 346
フォルトゥナ［GR］313, 317, 318
萱花［朝］117
不空成就如来［仏］179, 181
伏羲［中］74, 75, 79, 81, 82, 89
宓妃［中］89
ブクプ・フナフプ［MA］460
ブゴス［シ］417
ブジャ［シ］418
ブーシャースプ［イ］200
フシャスラ［イ］197
プシュカラ［印］158
プシュケ［GR］318
プセウドス［GR］295
フセライ［沖］69
ブダ［印］127, 128
ブタハ［エ］243, 244, 250
仏眼仏母［仏］187, 188
仏頂尊勝母［仏］188
フッラ［ゲ小］406
武帝［中］74, 85, 87
ブテレラオス［GR］285
普天間権現［沖］69
扶都［中］88
フパシャ［MP］214
フブル［MP］226
附宝［中］88
プホス［シ］410, 417

ブーミ［印］127, 167
ブメラミ［オ］482
フユキヌ［日］46
フュルギア［ゲ］395
ブラギ［ゲ］394, 403
プラジャーパティ［印］128, 129, 130, 135, 161
ブラス［Ir］349
プラタルダナ［印］169
プラティヴィンディヤ［印］164
フラー・デラクール［フ］528
ブラートナド［ウ］358
プラバンカラ［印］158
ブラフマー［印］120, 121, 124, 135, 136, 143, 144, 145, 146, 150, 151, 153, 154, 157, 160, 161, 162, 163, 165, 167, 169, 171, 189
プラマッドヴァラー［印］168
ブラルブラル［オ］483
ブラン［Ir］336, 344
ブランウェン［ウ］357, 358, 360
ブランジアン［ウ］357
ブーリ［ゲ］393, 402
フリアエ［GR］296, 318
プリアモス［GR］324
ブリアレオス［GR］310
ブリアン［Ir］340, 342, 347
ブリガンティア［ケ］346, 377
ブリギッド［Ir］335, 336, 337, 342, 346, 347, 363, 370, 377, 379, 382, 387
ブリグ［印］142, 154, 175
プリクタ［ガ］370
プリクティ［仏］188
フリッグ［ゲ］396, 399, 400, 401, 402, 403, 404, 405, 406
フリディシュ［Ir］347
プリトゥ［印］168
プリトヴィー［印］168
ブリハスパティ［印］131, 147, 158, 161
ブリハドラタ［印］148
ブリュンヒルデ［Op］543, 548, 549
ブリュンヒルド［ゲ］395, 400, 401
フール［Ar］272
ブール［印］149, 162
フルイング・ウーティ［ネ］450, 451
フルウィウス・ステッルス［ガ］365
ブルクパリ［オ］482
ブルサパリ［尼］475
ブルージェイ［ネ］442, 445

索引

プルシャ［印］127, 226
プルトゥス［GR］299
プルトゥス［GR］292, 313
プルトン［GR］296
プルバサリ［尼］478
プルバララン［尼］478
ブルーラヴァス［印］120, 125, 127, 128, 133, 155
フレイ［ゲ］397
プレイアデス［GR］318, 319, 325, 326
プレイオネ［GR］318, 319, 325
フレイヤ［ゲ］354, 394, 395, 398, 401, 404
プレジーヌ［ケ］378
ブレス［Ir］340
武烈［朝］114
ブレデリ［ウ］355, 360
ブレト［Ir］349
プロクリス［GR］316
プロクルス［GR］294
プロセルピナ［GR］302, 318, 319, 323
ブロダイウェズ［ウ］353, 358
プロテス［GR］315
ブローマー［印］135, 169
プロメテウス［GR］279, 309, 311, 317, 321, 394
フロラ［GR］319
文姫［朝］102, 108, 114
ブンジカスタラー［印］126
フンババ［MP］232, 303
フンバン［MP］227
フン・フナフプ［MA］460

［ヘ］

平康公主［朝］102, 114, 115
炳霊侯［道］97
ペイト［GR］298
平那山の山女神［朝］115
ベーオウルフ［ゲ］394, 404
ペガソス［GR］294, 303
ヘカテ［GR］279, 306, 308, 320, 429
ヘカトンケイル［GR］297, 310
碧霞元君［道］91, 92, 97, 98, 99, 101
碧霄［道］95, 96
ヘクトル［GR］329
ヘケト［エ］259, 262
ヘゲモネ［GR］298
ヘサト［エ］259
ベス［エ］251, 252

ヘスティア［GR］7, 282, 290, 320, 328, 330
ベストラ［ゲ］402
ヘスペリア［GR］321
ヘスペリス［GR］314, 321
ヘスペリデス［GR］310, 321, 322, 394
ベタハ［Ir］349
ヘックシキ［日］54
ペトルンカムイ［アイ］421
ヘーニル［ゲ］394
ペネイオス［GR］307
ヘパイストス［GR］279, 280, 281, 284, 292, 298, 309, 310, 317, 322, 326
ヘパト［MP］212, 236, 237
ヘベ［GR］321, 322
ヘーマー［印］154
ヘメラ［GR］314
ヘ　ラ［GR］75, 147, 199, 210, 277, 279, 280, 281, 284, 285, 286, 287, 288, 289, 291, 292, 294, 295, 296, 297, 298, 299, 302, 305, 308, 309, 310, 311, 319, 320, 321, 322, 323, 324, 325, 326, 328, 329, 330, 332, 335, 375, 393, 399
ヘラクレス［GR］279, 280, 284, 285, 286, 292, 294, 295, 302, 321, 322, 335
ベラトリックス・レストレンジ［フ］528
海娘［朝］104, 115, 116
ベリアス［GR］286, 328
ヘリアン［ゲ］395, 396
ヘリオス［GR］284, 285, 293, 301, 306, 311, 316, 327, 328
ベリサマ［ガ］370, 371, 372
ヘル［ゲ］391, 394, 395, 396, 399, 402
ベルグシア［ガ］371
ペルセイス［GR］301, 316
ペルセウス［GR］280, 284, 285, 303, 306, 322, 507
ペルセポネ［GR］30, 282, 286, 302, 311, 312, 320, 323, 381, 402, 550
ヘルマプロディトス［GR］10, 281
ヘルミオネ［GR］324
ヘルメス［GR］10, 281, 288, 289, 299, 300, 301, 303, 306, 316, 317, 319, 325, 326
ベルーン［ス］422, 427, 428, 430
ペレ［ポ］475, 489, 490, 491, 493, 494, 495
ペレウス［GR］137, 167, 295, 309
ペレツ［旧］504
ベレト・イリ［MP］213, 228, 236, 237, 238
ペレドゥル［ウ］353, 354, 355
ベレト・エカリム［MP］237, 238

神名索引

ベレト・セリ［MP］221, 238
ベレヌス［ガ］359, 360
ヘレネ［GR］7, 23, 24, 156, 167, 282, 315, 323, 324, 325, 331, 384, 386
ベレロポン［GR］294, 506
ヘレン・ケラー［存］559
ベロエ［GR］305
ベロス［MP］226
ヘロデ［旧］431, 507
ヘロデ［新］512
弁才天［沖］67, 69, 70, 72
弁才天［仏］69, 188
ベンザイテン［日］56
弁才天［仏］143, 196
ベンディゲイドブラン［ウ］357, 358
ペンテウス［GR］326
ベンテシキュメ［GR］284

［ほ］

ボアズ［旧］504, 508, 509
ボアンド［Ir］336, 340, 347, 348, 351
ポイベ［GR］279, 310, 332
法界金剛女［仏］191
望舒［中］80
宝生如来［仏］181, 182, 188
方相氏［中］90
ボウディッカ［ケ］375
宝波羅蜜菩薩［仏］179, 182, 183, 188
法波羅蜜菩薩［仏］179, 182, 183, 188
方便波羅蜜菩薩［仏］182
方累氏［中］90
ホオホク・オ・カ・ラニ［ポ］489
ボギーンキ［ス］429
ポージャ［シ］418
ポストウォルタ［GR］300
ポセイドン［GR］23, 280, 281, 283, 284, 289, 297, 303, 304, 309, 310, 311, 312, 316, 319, 320, 328, 330, 332, 403
ホーセダム［シ］417, 418
ポタメイデス［GR］315
ポティファルの妻［旧］503, 505, 506
ボドヴ［Ir］336, 339, 344, 345, 347, 348, 349, 350, 352, 375, 387
ポトス［GR］290
ボナ・デア［GR］301
ポノス［GR］295

ホノニニギ［日］10, 20, 22, 23, 32, 34, 45, 48, 52, 62, 133
ホーポエ［ポ］490
ポボス［GR］281
ホーラ（複数：ホーライ）［GR］281, 292, 308, 310, 322, 325, 329
ポリアフ［ポ］475, 495
ポリマ［GR］300
ポリュキス［GR］294
ポリュデウケス［GR］156, 323, 331, 332
ポリュデクテス［GR］303, 306
ポリュドロス［GR］305
ポリュフェモス［GR］297, 298
ポリュムニア［GR］327
ボルウォ［ガ］367
ポルキュス［GR］303
ホルコス［GR］295
ホルス［エ］8, 241, 246, 247, 253, 254, 255, 257, 258, 263, 422
ポルードニツア［ス］429
ボルブハス［Ir］349
ボレアス［GR］293, 332
ホロフェルネス［旧］506, 507
ボロング［オ］483
ホヲリ［日］45, 50, 52, 53, 131, 155, 378
梵天女［仏］189
ポントス［GR］289, 303, 304
宝姫［朝］114

［ま］

マアト［エ］259, 260, 261
マーリン［王］382, 383, 387, 388
マイア 277, 298, 319, 325, 326
マイオン［MP］219, 220
真乙姥［沖］70
マイナス［GR］326, 507
マウイ［ポ］491, 492, 493
マク・クル［Ir］345, 346
マク・グレーネ［Ir］340, 346
マクセン［Ir］354
マクセン・ウレディク［ウ］354
マグダラのマリア［新］508, 511, 512, 513
マグナ・マテル［GR］219, 300, 301, 326, 330
マグロール［王］387
マケ［GR］295
マザー・テレサ［存］560

索引

マザー・テレサ［存］10
魔女（キリスト教の）［キ聖］520
魔女ランダ［尼］475, 479
マース［ウ］353, 356, 358
媽祖［道］67, 70, 72, 91, 92, 93, 97, 98, 99, 100
マゾエ［王］387
マソルッフ［ウ］357
マーダヴィー［印］142, 169, 170
マタラベ［沖］67
マータリ［印］138, 156
マータンギー［印］176
マッサビ［沖］70
マッティアカ［ガ］368, 371
マードリー［印］140, 170
マートリカー［仏］143, 189
マトレス［ガ］367, 371, 372
マトロナ［ガ］371, 372
マトロナエ［ガ］371, 372
マトロネス［ガ］367
マドンナ［存］10, 560
マナ［カ］436
マナウィダン［ウ］355, 357, 359, 360
マナート［Ar］265, 266, 268, 269, 270, 271, 272, 273, 274
マナナーン・マク・リル［Ir］340, 345
マナナーン［Ir］340, 345
マヌ［印］159, 168, 176
マノン・レスコー［Op］549
マハ［Ir］336, 337, 339, 347, 348, 349, 350, 351, 352, 359, 365
マハーラクシュミー［印］146
マヒシャ［印］163
マフデト［エ］261
マーヘーシュヴァリー［印］145
マボン［ウ］358, 359, 360
マーマキー仏母［仏］187
マミ［MP］213, 214, 228, 234, 237, 238
マーヤー［印］170, 174
マヤウエル［MA］466, 469, 470
マヤの「女神Ⅰ」［MA］470
マーラ［ス］429
マリア［新］6, 10, 77, 88, 339, 347, 399, 511, 512, 513, 514, 560
マリアイ［印］170
マリー・アントワネット［存］560
摩利支天［道］97
マーリーチー［仏］185, 189

マーリーチャ［印］157
マリリン・モンロー［存］561
マルク［王］380, 381, 382, 386
マルジャーナ［ス］429
マルス［GR］290, 320, 329, 331, 335, 345, 346, 364, 370, 373, 374, 375, 430
マールターンダ［印］123
マルト［印］123
マルドゥク［MP］204, 213, 224, 225, 226
マレーナ［ス］429, 430
満［中］85
マンガラブラン［尼］477
マンザン・グルム［シ］418
マンタラー［印］28, 134, 170, 171

［み］

ミエリッキ［カ］436
ミクテカシワトル［MA］458, 463, 471
ミクトランテクトリ［MA］458, 463, 471
味金剛女［仏］191
ミシュコアトル［MA］457
ミツハノメ［日］15, 19, 36, 41, 54, 56, 57
ミディル［Ir］339
ミトラ［印］123, 128
ミーナークシー［印］171
ミネルウァ［GR］281, 319, 327, 329, 335, 346, 367, 370, 376, 528, 533
ミネルバ・マクゴナガル［フ］528, 529
ミノス［GR］284, 293, 301, 316
ミノタウロス［GR］284, 301, 316
ミリアム［ポ］506
ミン［エ］248, 258
ミンテ［GR］323

［む］

ムーサ［GR］144, 300, 327
ムジャンス［朝］113
ムト［エ］243, 244, 246, 247, 248, 249, 250, 252, 254, 256, 257, 258, 260, 261, 262, 263
宗像三女神［日］16, 47, 57, 58
ムネモシュネ［GR］297, 327
無能勝妃［仏］179, 189
ムラ・ジャディ・ナ・ボロン［尼］477
ムリガマンダー［印］176
ムリギー［印］176

622

神名索引

ムリッス［MP］204, 234, 235, 238
ムリトゥユ［印］121, 136, 171
無量寿如来［仏］180, 181
ムルア・サテネ［尼］478
ムンダ［印］68, 136, 146, 159, 183
文道令［朝］112

［め］

メガイラ［GR］295
メスケネト［エ］259, 262, 263
メデイア［GR］276, 301, 316, 320, 327, 328
メデイオス［GR］328
メティス［GR］279, 310, 322, 328, 330, 381
メドヴ［Ir］336, 348, 350, 351
メドゥサ［GR］280, 303, 328, 426, 507
メーナー［印］132, 171
メーナカー［印］146, 168, 171, 172
メネラオス［GR］324, 325, 331
メヘトウェレト［エ］254, 262
メムノン［GR］294
メメレネン村の娘［シ］419
メリア［GR］288, 295
メリアス［GR］297
メリオール［ケ］379
メリケルテス［GR］289
メリュジーヌ［ケ］82, 337, 377, 378, 379, 337
メルクリウス［GR］326, 335, 362, 373, 374
メルポメネ［GR］327
メルワス［王］385
メレアグロス［GR］329
メレトセゲル［エ］247, 263
メロペ［GR］319
メンテ［GR］323

［も］

モイラ（複数：モイライ）［GR］7, 302, 310, 314, 315, 317, 321, 322, 325, 328, 329, 382, 391, 427, 540
モエモエ［ポ］493
モーガン・ル・フェイ［王］, 337, 344, 351, 359, 383, 386, 387, 388, 319
モーコシ［ス］422, 426, 428, 430, 432
モーセ［ポ］506, 509
モト［MP］211, 223
モードレッド［王］384, 385, 386

モドロン［ウ］358, 359, 360
もののけ姫［フ］523, 529
モモス［GR］302, 314
百度踏み揚がり［沖］70
モラーナ［ス］429
モリー・ウィーズリー［フ］529
モリーガン［Ir］336, 337, 342, 344, 347, 348, 349, 350, 351, 352, 375, 387, 388, 391
モリタスグス［ガ］367
モルヴィド［ウ］358, 359
モルヴラン［ウ］356
モルタ［GR］329
モルデカイ［旧］500
モロス［GR］302, 314
モロノエ［王］387
文殊菩薩［仏］179, 180, 182, 183

［や］

ヤガミヒメ［日］15, 58, 59
ヤクシー［仏］177, 186, 189, 190
ヤクシャ［印］152, 157
ヤコブ［旧］504, 505, 507, 508
ヤコブ［新］513, 514
ヤザドギルド三世［イ］199
耶輸陀羅菩薩［仏］190
ヤソマガツヒ［日］34
八咫烏［日］20, 24
ヤチホコノカミ［日］54
ヤドゥ［印］140, 149, 155, 162
ヤヌス［GR］299
ヤハウェ［旧］10, 498, 499, 500, 504, 505, 509, 510
ヤ・ビャ［シ］419
ヤビン［旧］505
ヤブルドミヤ［MP］231
ヤマ［印］141, 159, 163, 168, 179, 190, 199, 402
ヤマ［仏］172
ヤマタノヲロチ［日］43, 44, 51
ヤマツチ［日］41
ヤマトタケル［日］9, 20, 21, 44
ヤマトヒメ［日］9, 20, 59
夜摩女［仏］190
ヤマンバ［日］59, 159
ヤミー［印］144, 159, 172
ヤヤーティ［印］149, 161, 162, 169
ヤリフ［MP］231
ヤリーラ［ス］422, 430

ヤロヴィート［ス］430
ヤロヴィト［ス］422
良乙那［朝］111

[ゆ]

ユウェンタス［GR］321, 329
熊女［朝］102, 116
雪の女王［児］541
ユスティティア［GR］308, 311, 329
ユタ［沖］64, 67, 70, 71
ユダ［旧］504
ユダ［新］513
ユディシュティラ［印］140, 164
ユディト［旧］506, 507
ユノ［GR］281, 290, 292, 296, 310, 319, 322, 329, 330, 377, 399
ユノ・ヴィリプラカ［GR］290
ユノネス［ガ］367
ユピテル［GR］276, 281, 289, 291, 296, 302, 304, 318, 319, 329, 335, 345, 346, 350, 364, 379
ユーマラ［カ］433, 436, 437
ユミル［ゲ］226, 393
ユリアン［王］359, 388
ユルルングル［オ］484

[よ]

ヨアキム［旧］502
ヨアキム［新］513
葉衣観音［仏］177, 185, 190
ヨウカハイネン［カ］435
瑤姫［中］88, 89
瑤池金母［中］86
ヨーギニー［印］172, 184
ヨセ［新］513
ヨセフ［旧］502, 504, 505, 506, 507
ヨセフ［新］512, 513
ヨハネ［新］512, 513
ヨモツシコメ［日］15, 61, 62
ヨルカイ・エストサン［ネ］451
〈夜咲花〉［フ］522, 529, 530
ヨルズ［ゲ］402
夜の女王［Op］548, 550
ヨルムンガンド［ゲ］394, 402
ヨロヅハタトヨアキツシヒメ［日］15, 62

[ら]

ラー［エ］243, 257, 262
ラート［エ］241, 244, 263
雷祖［中］90
ライラプス［GR］316
ラヴァ［印］145
ラーヴァナ［印］131, 134, 144, 145, 153, 165, 174, 175, 386, 530
ラウマ［ス］430, 431
ラヴリド［Ir］345
ラークシャサ［印］135, 148, 152, 156, 157, 166, 169, 190
ラクシュマナ［印］145, 148, 153, 155, 157, 165
ラクシュミー［印］144, 146, 150, 151, 164, 175
洛神［中］81, 89, 90
ラクタビージャ［印］136
雛嬪（らくひん）［中］89
ラケシス［GR］329, 382, 540
ラケダイモン［GR］306, 319
ラケル［旧］498, 504, 507, 512
ラシケス［GR］314
ラジャ・オダプ・オダプ［尼］477
羅刹女［仏］144, 145, 153, 156, 157, 165, 167, 190, 191
ラーダー［印］172, 173, 174, 175
ラダマンテュス［GR］285, 293
ラッツムギカイ［ミ］485
ラティ［印］166, 174
ラティヌス［GR］290, 301, 302, 304
ラートリー［印］12, 131, 174, 180
ラドン［GR］307, 321
ラハブ［旧］508
ラハム［MP］219
ラバン［旧］507, 508
ラピエ［尼］479, 480
ラフム［MP］219
ラーマ［印］120, 124, 125, 126, 131, 134, 135, 142, 144, 145, 148, 153, 155, 156, 157, 165, 170, 171, 174, 175, 176
ラマ［MP］238
ラマシュトゥ［MP］239
ラマッス［MP］238
ラミア［GR］304
ラムヌウシア［GR］315
ラムポス［GR］293

ラーン［ゲ］402, 403
ランカー［印］144, 145, 165, 174
ランギ［ポ］31, 489, 490
藍采和［道］94
ランスロット［王］382, 383, 384, 385, 386, 388
ランバー［印］174, 175

[り]

リアンノン［ウ］336, 337, 349, 355, 359, 360, 365
力波羅蜜菩薩［仏］182
リゴアププ［ミ］475, 485, 486
リゴププ［ミ］485
リシュヤシュリンガ［印］149, 150
リタイ［GR］279
リタウィス［ガ］373
リータ・スキーター［フ］530, 531
リチーカ［印］142
李鉄拐［道］94
リトゥパルナ［印］158
リトナ［ガ］373
リー・バン［Ir］345
リブーシェ［ス］431
李夫人三娘［道］101
リベカ［旧］498, 507, 508
リベラ［GR］302
リベル［GR］302
リーホ［ス］431
リホラートキ［ス］431
リモス［GR］295
柳花［朝］19, 23, 24, 102, 103, 111, 116, 117, 118
劉杞［道］101
リュカオン［GR］298
リュクルゴス［GR］309
リュネット［王］389
リュビエ［GR］288
呂洞賓［道］94
リリス［旧］498, 505, 508, 509
リリー・ポッター［フ］530
リル［旧］509
臨水夫人［道］91, 98, 100, 101
リンド［ゲ小］406
林夫人紗娘［道］101

[る]

ルー［ポ］491

嫘祖［中］74, 90
ルーク［ミ］485, 486
ルガルバンダ［MP］202, 216, 232
ルキウス［GR］365
ルキナ［GR］292
ルグ［Ir］335, 336, 337, 339, 340, 341, 342, 343, 347, 353, 358
ルクソウィウス［ガ］370
ルクミニー［印］175
ルクミン［印］175
ルサールカ［ス］429, 431, 432
ルツ［旧］504, 507, 508, 509
ルトゥン・カサルン［尼］478
ルナ［GR］306, 308, 330
ルーナ・ラブグッド［フ］528
ルル［印］168

[れ]

レア［GR］292, 296, 297, 300, 310, 311, 315, 320, 322, 328, 329, 330
レア［旧］504, 507
レア・シルウィア［GR］290, 331
レアルコス［GR］289
霊均［中］89
霊恵妃［道］100
霊恵夫人［道］100
レイモンダン［ケ］377, 378
レヴォルハム［Ir］343, 352
レウコテア［GR］289, 331
レシェフ［MP］248
レダ［GR］167, 315, 323, 331
レテ［GR］295
レト［GR］286, 291, 308, 313, 320, 322, 331, 332, 333
レーヌカー［印］175
レヌス［Ir］364
レネヌテト［エ］247, 263
レムス［GR］290, 331
レヤック［尼］479
レンペト［エ］264
レンミンカイネン［カ］437
レンミンカイネンの母［カ］437

[ろ]

ロウイアタル［カ］436

ロウヒ［カ］436, 437
ロヴン［ゲ］403, 404
ロキ［ゲ］391, 394, 397, 398, 399, 401, 402, 404
六金剛女［仏］191
ロゴス［GR］295
ロスメルタ［ガ］356, 372, 373, 374
ロタ［ゲ］399
ロデー［GR］284
ローディーヌ［王］388, 389
ロトの妻と娘たち［旧］509
ローパームドラー［印］161, 176
ロヒアウ［ポ］490, 491, 493
ローヒニー［印］176
ローマパーダ［印］149
ロムルス［GR］207, 290, 331
ロロ・キドゥル［尼］475, 480

[わ]

ワイナモイネン［カ］433, 435, 436, 437
ワイネモイネン［カ］414
ワウィラクの姉妹［オ］483, 484
ワカヒルメ［日］20, 23
ワクムスヒ［日］54, 57, 62
ワーケア［ポ］489
ワシタカ［オ］483
ワタツミ［日］155
ワタルハンガ［メ］488
ワラムルングンジュ［オ］484
王建［朝］108
ワンチュクマ［仏］191

[を]

ヲナリ神［沖］67, 70, 71, 72
ヲモトヲナリ［沖］72

執筆者紹介

松村一男（まつむら　かずお）
1953年千葉県市川市生まれ。東京大学大学院人文科学研究科、宗教学・宗教史学専攻博士課程単位取得退学。カリフォルニア大学ロサンゼルス校印欧語族研究プログラム留学、天理大学を経て、現在、和光大学表現学部教授。神話学、宗教史学専攻。国際比較神話学会会員。著書に『神話思考』I, II（言叢社）、『神話学講義』（角川叢書）、『女神の神話学』（平凡社選書）、『この世界のはじまりの物語』『神の文化史事典』（白水社）などがある。

森　雅子（もり　まさこ）
慶應義塾大学大学院文学研究科史学（東洋史）博士課程修了。文学博士。著書に『西王母の原像　比較神話学試論』『神女列伝　比較神話学試論2』（慶應義塾大学出版会）、『アジア女神大全』（共著、青土社）、訳書にクレーマー『聖婚』（共訳、新地書房）、グレイ『オリエント神話』（青土社）、張光直『古代中国社会　美術・神話・祭祀』（共訳、東方書店）、ベアリング／キャシュフォード『世界女神大全』（共訳、原書房）などがある。

沖田瑞穂（おきた　みずほ）
1977年生まれ。学習院大学大学院人文科学研究科日本語日本文学専攻博士後期課程修了。博士（日本語日本文学）。現在、中央大学・日本女子大学等非常勤講師。専攻はインド神話、比較神話。著書に『マハーバーラタの神話学』（弘文堂）、共著書に『アジア女神大全』（青土社）、『神の文化史事典』（白水社）などがある。

古川のり子（ふるかわ　のりこ）
学習院大学大学院人文科学研究科、博士課程単位取得退学。現在、東洋英和女学院大学国際社会学部教授。日本文学、神話学。著書に『昔ばなし　あの世とこの世を結ぶ物語』（山川出版社）、『日本の神話伝説』（共著、青土社）。論文に「寒戸の婆と赤猪子」『現代思想』、「姥皮とタニシ息子の物語―『ハウルの動く城』」『死生学年報』などがある。

福寛美（ふく　ひろみ）
1962年生まれ。学習院大学大学院人文科学研究科博士後期課程単位取得退学。文学博士。琉球文学・民俗学・神話学専攻。法政大学文学部兼任講師・法政大学沖縄文化研究所兼任所員。主な著書に『歌とシャーマン』（南方新社、2015年）、『ぐすく造営のおもろ』（新典社、2015年）、『『おもろさうし』と群雄の世紀』（森話社、2013年）ほか。

依田千百子（よだ　ちほこ）
國學院大學文学部卒業。東京大学教養学部研究生。文学博士。元摂南大学・大学院教授。専攻は東アジア文化人類学、神話学。著書に『朝鮮民俗文化の研究』『朝鮮神話伝承の研究』（瑠璃書房）、『朝鮮の王権と神話伝承』『朝鮮の祭儀と食文化』（勉誠出版）、『アジア女神大全』（共著、青土社）、訳書に『韓国の民俗と伝承』（桜楓社）などがある。

櫻井龍彦（さくらい　たつひこ）
名古屋大学大学院国際開発研究科教授。
名古屋大学大学院文学研究科博士後期課程中退後、龍谷大学、中京大学を経て現職。
専門は東アジア（日中韓）の比較民俗学と中国少数民族の文化人類学的研究。編著に『東アジアの民俗と環境』（金壽堂出版、2002年）、『変わる中国　変わらない中国』（全日出版、2003年）、『東北アジア朝鮮民族の多角的研究』（ユニテ、2004年）などがある。

青木健（あおき たけし）
1972年生まれ。東京大学文学部卒。東京大学大学院人文社会系研究科博士課程修了。博士（文学）。現在、慶應義塾大学言語文化研究科兼任所員。専攻は、ゾロアスター教研究、マニ教研究。著書に『ゾロアスター教史』、『ゾロアスター教ズルヴァーン主義研究』（刀水書房）、『マニ教』、『古代オリエントの宗教』（講談社）などがある。

岡田明子（おかだ あきこ）
1942年東京生まれ。早稲田大学史学科・大学院文学研究科(文学修士)、慶應義塾大学哲学科・大学院文学研究科（美学修士）。シュメル学、美術史学専攻。ＮＨＫ学園通信教育講座「古代オリエント史」「30人の画家で知る西洋絵画の楽しみ方」講師。共著『古代メソポタミアの神々』（集英社）、『シュメル神話の世界』（中公新書）。訳書にハロー『起源』（青灯社）などがある。

森下信子（もりした のぶこ）
1975年生まれ。アラビア語写本研究、イスラーム思想専攻。東京大学大学院人文社会系研究科・文学博士。ロシア科学アカデミー東洋写本研究所客員研究員を経て、現在アナトリア民俗文化財団客員研究員。著書「イブン・シーナーの寓意物語」『イスラーム哲学とキリスト教中世』（岩波書店、2012年）ほか。

平山東子（ひらやま とうこ）
平山郁夫シルクロード美術館学芸室長。神奈川県生。1992年慶応義塾大学卒、東京大学大学院で古代ギリシア美術を学ぶ。博士（文学）。日本学術振興会特別研究員等を経て現職。著書に『描かれたギリシア神話（1998年 講談社 青柳正規共著）、『ギリシアの陶画家クレイティアスの研究』（2005年 中央公論美術出版 地中海学会ヘレンド賞）ほか。

渡邉浩司（わたなべ こうじ）
1964年生まれ。名古屋大学大学院文学研究科博士課程（仏文学）満期退学。文学博士（課程博士）。現在、中央大学経済学部教授。中世フランス文学専攻。著書に『クレチアン・ド・トロワ研究序説』（中央大学出版部）、編著書に Voix des mythes, science des civilisations（Peter Lang）、訳書にマルカル『ケルト文化事典』（大修館書店）、ヴァルテール『中世の祝祭』（原書房）などがある。

荻原眞子（おぎはら しんこ）
千葉大学名誉教授。学術博士。ユーラシア民族学、アイヌ民族学、口承文芸研究。著書に『東北アジアの神話・伝説』（東方書店）、『北方諸民族の世界観―アイヌとアムール・サハリン地域の神話・伝承』（草風館）、論文に「オイナの神話－巫者論に寄せて」（『アイヌ語の集い』北海道出版企画センター）、「ユーラシアのウマイ女神―後期旧石器時代の洞窟絵画によせて」、『アジア女神大全』（共著、青土社）ほか。

笹尾典代（ささお みちよ）
筑波大学大学院博士課程 哲学・思想研究科宗教学・比較思想学専攻単位取得退学。博士（文学）。現、恵泉女学園大学人文学部教授。比較宗教学、メソアメリカ宗教史専攻。著書に『世界の民衆宗教』、『宗教学入門』（共著、ミネルヴァ書房）、『世界平和とキリスト教の功罪』（編著、現代人文社）、『太陽神の研究』（共著、リトン）、The Oxford Encyclopedia of Mesoamerican Cultures（共著、Oxford U. P.）などがある。

後藤 明（ごとう あきら）
1954年生まれ。ハワイ大学人類学Ph.D.取得。南山大学人文学部教授、同人類学研究所所長。海洋人類学と天文人類学を主領域とする。主な著作『ハワイ・南太平洋の神話』、『南島の神話』（中央公論）、『海を渡ったモンゴロイド』、『海から見た日本人』（講談社）、他。日本航海

協会副理事長を務めるなど伝統文化復興活動にも従事。

大澤千恵子（おおさわ　ちえこ）
東京大学大学院人文社会系研究科宗教学・宗教史学専門分野博士課程修了。博士（文学）、博士論文『児童文学の宗教性─「宗教」・子ども・ファンタジー』。現在、東京学芸大学人文社会科学系国語科教育学分野准教授。宗教児童文学、初等国語科教育学専攻。著書に『見えない世界の物語』（講談社選書メチエ）、『夢と幻視の宗教史　上』（共著、リトン）。

図版

佐野市立吉澤記念美術館
栃木県佐野市 葛生東 1-14-30
http://www.city.sano.lg.jp/museum/

兵庫県立美術館
兵庫県神戸市 中央区脇浜海岸通 1-1-1
http://www.artm.pref.hyogo.jp/

広島県立美術館
広島県広島市 中区上幟町 2-22
http://www.hpam.jp/

福井県立美術館
福井県福井市文京 3-16-1
http://info.pref.fukui.jp/bunka/bijutukan/bunka1.html

福岡市美術館
福岡県福岡市中央区大濠公園 1-6
http://www.fukuoka-art-museum.jp/

白山比咩神社
石川県白山市三宮町 2-105
http://www.shirayama.or.jp/

八重垣神社
島根県松江市佐草町 227
http://www.shinbutsu.jp/45.html

大阪市立美術館
京都国立博物館
堂本印象美術館
栂尾山 高山寺
学研フォトアーカイブス
123RF
imagenavi
Motifs Mythologiques

世界女神大事典

2015年9月30日　第1刷

編者……………松村一男
　　　　　　　森　雅子
　　　　　　　沖田瑞穂
装幀……………岡　孝治
発行者…………成瀬雅人
発行所…………株式会社原書房
〒160-0022 東京都新宿区新宿1-25-13
電話・代表　03(3354)0685
http://www.harashobo.co.jp/
振替・00150-6-151594
印刷……………新灯印刷株式会社
製本……………東京美術紙工協業組合
©Kazuo Matsumura, Masako Mori, Mizuho Okita 2015
ISBN978-4-562-05195-3, printed in Japan